U0916182

# 文山州2010年经济社会指标统计表

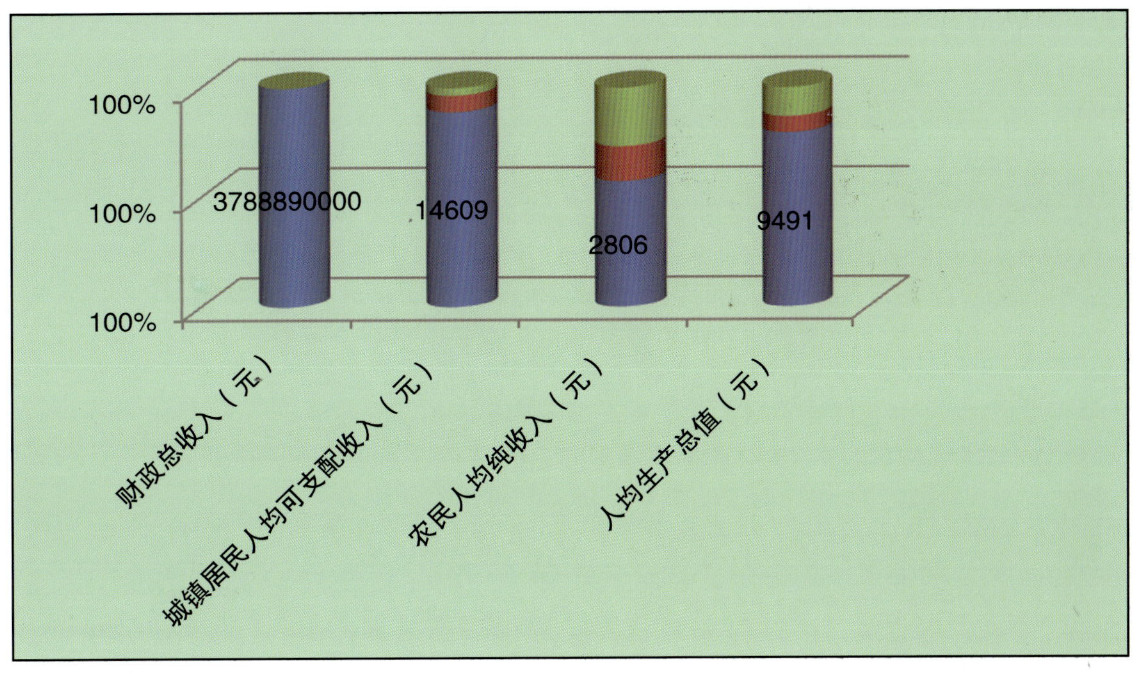


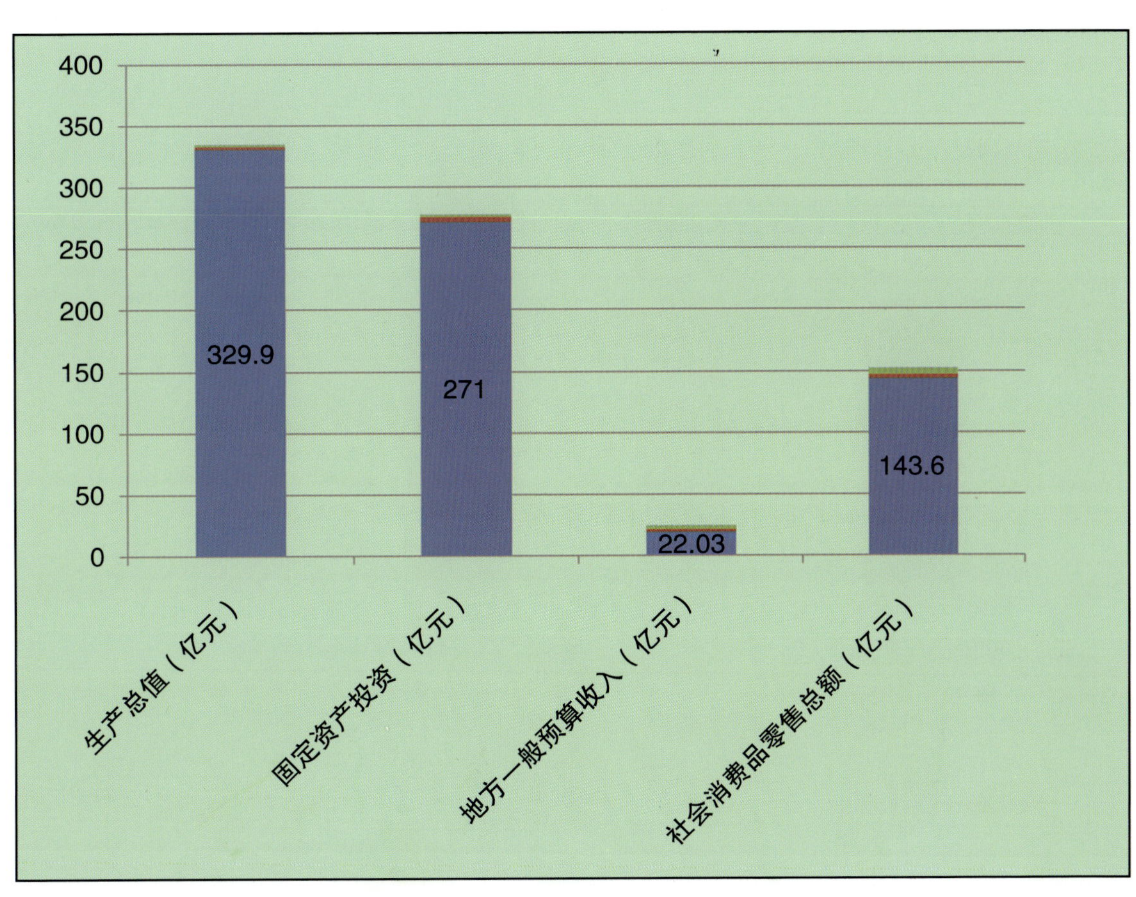

# 文山普者黑机场

省委书记白恩培到文山参加省运会开幕式

文山普者黑机场地处文山壮族苗族自治州砚山县境内，总投资3亿多元，距州府所在地文山县城23公里。建设等级为4C级支线机场，可起降波音737客机，航站区按满足年旅客吞吐量15万人次设计，为了达到通透，机场大量采用玻璃幕墙，屋顶还设有玻璃窗，整个候机楼最多可同时容纳1500人。航站区按满足2010年旅客吞吐量15万人次、货邮吞吐量1100吨设计。该机场是云南第十一个建成运营机场，也是珠江水系上游流域第一个民用机场。为大力开发文山州丰富的旅游资源，提升文山州AAA级旅游景区普者黑的知名度，促进航空与旅游业的有机结合，经中国民用航空总局批准，文山机场命名为“文山普者黑机场”。

文山机场项目概算投资为26267万元，环保投资概算为2463.3万元，实际总投资2975.6万元，占工程总投资的11.33%。机场有专用公路与文砚二级公路相连，到达机场后有便利的交通车直达文山各地。作为云南建成通航的第11个支线机场，文山普者黑机场的通航结束了滇东南没有民航运输的历史，使云南支线航空网络更加完善，同时拉动文山地区的经济发展。

多年来，经过机场全体员工的共同努力和开拓创新,机场先后被评为省级“卫生机场”、集团“先进基层党组织”、云南地区“国内航线优秀代理”、文山州“先进集体”、州共青团“青年文明号”砚山县“文明单位”等荣誉称号。

大年三十，文山州委常委、副州长姚堂文慰问机组。

文山机场举行安全审计暨航空保安审计情况通报会。民航西南地区管理局局长郭为民、民航云南监管局局长余国强、州长黄文武、州政协主席王云凌出席通报会。

云南机场集团、东航云南分公司、云南祥鹏航空及文山州、县领导对2009年度应急救援综合演练进行评价。

文山机场开展春节特色服务

文山机场组织全体职工捐款，全力支持抗旱工作。

机场为群众送水抗旱

# 文山民丰村镇银行

副省长曹建方（中）在州委书记李培的陪同下到文山民丰村镇银行调研

省政府金融办主任刘建华在副州长李国沛等领导的陪同下到文山民丰村镇银行调研

省政府金融办主任刘建华及有关领导听取客户对文山民丰村镇银行的服务评价

文山民丰村镇银行是根据《中国银行业监督管理委员会关于调整农村地区银行业金融机构准入政策，更好支持社会主义新农村建设的若干意见》的精神，在省、州政府新型金融机构试点工作领导小组领导下设立的国有参股地方性股份制银行，是由曲靖市商业银行、文山州人民政府、文山市人民政府等12家股东共同出资3500万元发起设立，成立于2008年6月28日。

市场定位

立足文山，根植本土，服务“三农”和广大市民，支持中小企业。

经营范围

（一）吸收公众存款；

（二）发放短期、中期和长期贷款；

（三）办理国内结算；

（四）办理票据承兑和贴现；

（五）从事同业拆借；

（六）从事银行卡业务；

（七）代理发行、代理兑付、承销政府债券；

（八）代理收付款项及代理保险业务；

（九）经银行业监督管理机构批准的其他业务。

业务发展情况

截止2010年末，文山民丰村镇银行存款余额32,342万元，比上年末增加7,844万元，增幅为32.02%；各项贷款余额20,473万元，比上年末增加6,328万元，增幅为44.74%。其中涉农贷款余额15,395万元，占比达75.2%。到期贷款现金收回率和应收利息收回率均为100%；实现税前利润721万元。

主要监管指标完成情况

1、资本充足率：标准值≥8%，实际20.81%；

2、核心资本充足率：标准值≥4%，实际19.82%；

3、不良贷款率：允许值≤5%，实际为0；

4、资产收益率：标准值≥0.6%，实际1.97%；

5、净资产收益率：标准值≥11%，实际13.97%；

6、综合利息收回率：标准值≥85%，实际100%；

7、存贷比：允许值≤75%，实际63.3%；

8、超额存款准备金：标准值≥4%，实际26.22%；

9、拨备覆盖率：标准值≥100%，实际100%；

10、流动性比例：标准值≥25%，实际66.77%；

营业机构名录

总行机关 文山市开化镇开化北路63号 0876－8895991 8880983

营业部 文山市开化镇泰康中路1号 0876－8888961 8895777

开化支行 文山市开化镇三鑫机电城1幢6–8号 0876－8895771 8895772

盘龙支行 文山市建禾西路开化商贸城一楼 0876－8895990 8895997

人行昆明中心支行行长周振海(前排中)在州人行行长蔡永林(前排左四)陪同下到文山民丰村镇银行调研时与员工合影留念

董事长兼行长段宝辉（后排中）带领员工参加公众教育服务日活动

# 开放文明和谐发展中的新文山

州委书记李培授市委牌

州长黄文武授市人民政府牌

2010年是文山市经济社会发展面临严峻考验的一年。在州委、州人民政府及市委的正确领导下，市人民政府团结带领全市各族群众，迎难而上，真抓实干，积极应对百年不遇的特大旱灾和国际金融危机的持续影响，全面推进科学发展、和谐发展，取得了可喜成绩，圆满或超额完成了县十五届人大三次会议确定的各项目标任务。

**【抗旱救灾】**2009 年10月以来，文山市遭遇了百年不遇的特大旱灾，全市624个水源点和8座小水库枯竭，16.8万人、9.6万头大牲畜饮水困难；农业受灾严重，13.7万亩小春作物绝收；持续的高温干燥天气，导致森林火灾频繁发生；工业企业生产经营受到严重影响。旱灾持续时间长，影响面广，危害程度深，共造成直接经济损失2.7亿元。在省、州党委、政府和社会各界的关心支持下，我们采取积极有效措施，把抗大旱、保民生、抓春耕、促发展作为压倒一切的中心工作，把群众生活放在抗旱救灾工作的首位，万众一心，全力以赴，组织动员30万人次参与抗旱救灾，筹集资金3072万元，运送水50.8万吨，临时解决了16.8万余人和9.6万余头大牲畜的饮水困难，保障了灾区4.6万缺粮群众的基本生活。坚持一手抓抗旱救灾，一手抓发展生产，及时采取“小春损失大春补、粮食损失经济作物补、种植业损失畜牧业补、农业损失非农补”的工作措施，实现了大灾之年农业增效、农民增收，大春作物播种面积比2009年增加7.4万亩。

**【经济综述】**全市生产总值突破百亿大关，达100.1亿元，比上年增长14.8%。其中，第一产业实现增加值10亿元，增长3%；第二产业实现增加值48.1亿元，增长19.4%；第三产业实现增加值42亿元，增长13%。三次产业结构由上年的11.5：46.1：42.4调整为10：48.1：41.9。财政总收入和地方收入分别完成11.7亿元和6.8亿元，分别比上年增长25.6%和26.9%。全年实现农业总产值16亿元，比上年增长3.5%。实现工业总产值86.1亿元，比上年增长33.5%。完成全社会固定资产投资75亿元，比上年增长25.1%。农民人均纯收入达3547元，增收602元，比上年增长20.4%，创历史新高。城镇人均可支配收入达15837元，比上年增长13.0%。完成社会消费品零售总额45.1亿元，比上年增长21.0%。

**【农村经济】**培育壮大特色农业经济，调整优化农业产业结构，促进了农业增效和农民增收，农村经济保持平稳较快发展，实现农业总产值16亿元，比上年增长3.5%。粮食产量达1.52亿公斤，比上年增长2.4%；收购烟叶18.5万担，比2009年增加4万担；畜牧业产值达6.5亿元。在巩固提升烤烟、畜牧传统产业的同时，三七、甘蔗、辣椒等优势农特产业不断发展壮大，种植核桃24万亩、油茶3.6万亩。投资7000万元实施90个新农村建设，追栗街镇整乡推进扶贫试点工作效果明显，累计完成投资 5500 万元。

**【工业经济】**大力实施“工业强市”战略，把工业经济的发展作为加快市域经济发展的着力点，依托资源优势和区位优势，走科技含量高、经济效益好、资源消耗低、环境污染小的新型工业化路子，工业经济实现的量的扩张和质的提升。全年完成工业总产值86.1亿元、增加值38.2亿元，分别比上年增长33.5%和20.3%，工业经济占GDP的比重达38.5。全力推进大项目建设，总投资47亿元的年产80万吨氧化铝项目工程基本完工，10万吨烧碱等配套项目正在抓紧实施，云科药业文山产业基地启动建设。企业“退城入园”取得新进展，云荷纸业、通用机械厂搬迁工作顺利推进。紧紧围绕国家产业政策和投资导向，加大招商引资力度，改善投资环境，超前谋划和储备一批事关全市长远发展的大项目、好项目，增强市域经济发展后劲。商贸物流日趋活跃，“万村千乡”及“乡村流通”工程稳步推进，涌现出一批超市、连锁店、电子商务、信息传输等新兴现代服务业，全面加快第三产业发展。

文山盘龙体育城主会场

七花广场夜景

市区一角

【城乡建设】以举办省第十三运动会为契机，大力实施城市基础设施建设，城市规模进一步扩大，功能不断完善，人居环境得到优化。启动实施了29个重点市政基础项目，游泳馆、综合训练馆、网球馆等省第十三届运动会比赛场馆按时竣工投入使用，普阳路延长线、卧龙路连接普阳路、阳光外滩连接金色水车等道路桥梁建成通车，城南公园、城市排水管网工程建成投入使用，人工湖、天然气管道等工程有序推进。实施了开化中路、普阳路等绿化、亮化改造提升工程。盘龙河市区段综合治理取得明显成效，卧龙大桥至盘水桥段河堤工程基本完成。

【基础设施】认真实施大项目带动战略，积极向上争资金、争项目，相继启动实施了66个重点建设项目，完成固定资产投资75亿元，比上年增长25.1%。全面完成文都、文天两条二级公路文山段路基工程，环西路二期、三期改造工程基本完成，126公里通达工程有序推进，建成5个农村客运站。布都河水库和以腻资水库建设工程进展顺利，建设各类水利工程4309件，新增灌溉面积2.3万亩，解决了2.7万农村人口饮水困难。

【社会事业】教育事业取得可喜成绩，48个校安工程全面完成，新增校舍3.9万平方米，“两基”工作顺利通过国家教育督导评估。医药卫生体制五项重点改革顺利推进，新农合参合率达95.7%，68.5万人次获医疗补偿金4591万元，补偿人次和补偿金分别比2009年增加6.9万人次和1020万元。计划生育农业人口独身子女“奖优免补”政策全面落实，人口自然增长率降至6.34，继续保持低生育水平。认真落实创业扶持政策，开发就业岗位2196个，发放创业贷款1360万元，带动450人就业。转移劳动力1.5万人，实现劳务收入1.2亿元。各类社会保险征缴面进一步扩大，参保人数达8.9万人。实施城乡医疗救助4364人，保障了2.7万低收入群众基本生活。全面完成11.36万平方米廉租住房建设任务，已有1402户困难群众入住。文明城市创建扎实推进，城乡文明程度进一步提高。社会治安综合治理深入开展，严厉打击各种违法犯罪活动，妥善化解各种社会矛盾，社会大局保持稳定。

【撤县设市】2010年12月30日，文山县成功实现撤县设市，这是文山县45.5万各族人民社会生活中的一件大事，标志着文山县进入了一个崭新的历史阶段。在撤县设市的申报过程中，文山县走过了17年不凡的历程，战胜了种种困难和挑战。期间：1993年申报时，由于经济社会发展较滞后，部分指标未达到撤县设市标准，国家民政部批复暂不同意文山县撤县设市；2000年申报时，文山县人口和经济社会主要指标均已达到或超过了撤县设市标准，且符合作为“自治州政府所在地”和作为“具有政治、军事、外交等特殊需要的地方”2个在撤县设市时可以适当放宽条件的规定，撤县设市条件已基本具备，但由于1997年中央冻结县改市工作，致使申报未获批准。在各级各部门的关心支持下，通过战后10多年来的恢复建设和历届县委、县人民政府的努力，至2008年底，全县经济社会取得了显著成绩，城市化进程进一步加快。对照《国务院批转民政部关于调整设市标准报告的通知》（国发〔1993〕38号），我县撤县设市的各方面标准和条件已经完全具备。为此，在广泛征求文山社会各界人士、广大人民群众意见的基础上，县委、县人民政府研究决定，再次申报撤县设市。经国务院批准，国家民政部于2010年12月2日下发了《关于同意云南省撤销文山县设立文山市的批复》（民函〔2010〕295号），同意文山县撤县设市。

【省运会筹办】文山市主要承担云南省第十三届运动会部分体育设施建设和有关赛前准备工作。累计投入资金5.4亿元，建成了文山体育中心盘龙体育场、综合训练馆、网球馆、游泳馆、篮球场、市一中运动场等比赛场馆，承担了省运会田径、游泳、球类等20多个大项比赛项目，满足了各项赛事需要。一批省运会重点项目全面完成，卧龙路、普阳路延长线一、二标段，阳光外滩至金色水车道路桥梁建成通车，打通了城区部分“断头路、丁字路”确保了省运会期间文山交通通畅。加大市区环境综合整治，营造良好氛围，更新安装普阳路、环城西路、环城南路等道路的路灯及七花广场亮化设备196套，在省运会开、闭幕式上成功表演了《春雨》、《摇摆甩》、《花灯歌舞》、《祝福文山》等舞蹈节目，广受来宾和群众称赞。

施工中的80万吨氧化铝厂

追栗街塘子边新农村

# 文山州委宣传部

2010年，文山州委宣传部围绕学习型党组织建设，抓好全州各级党组织和党员干部理论学习，不断提高干部理论水平和解决实际问题的能力；以科学发展为主题，以舆论引导为核心，以经济宣传为重点，突出抓好重大会议、重大部署、重大活动的宣传，为经济社会发展营造良好的舆论环境。始终把建设社会主义核心价值体系作为精神文明建设重要的基础工程和灵魂工程，融入国民教育和精神文明建设全过程，扎实推进思想道德建设，深化拓展群众性精神文明创建工作，建设和谐文化，培育文明新风，努力提高公民文明素质和城乡文明程度；围绕州委提出的打造“三张文化名片”工作思路，按照“文化乐民、文化育民、文化富民”的要求，以改革创新为动力、维护和发展人民群众基本文化权益为目标，不断推进文化产业和文化事业发展；重点用好“两个平台”抓外宣，即：用好媒体平台抓外宣。以各种重大节会活动为载体，围绕州委、州人民政府重大部署，加强与国内主流媒体的合作，对外新闻宣传工作有新突破。用好边疆地区平台抓外宣。多次开展边境对外宣传工作调研活动，有针对性地开展边境外宣工作。进一步提高壮、苗、瑶等民语广播电视节目在边境一线和东南亚的覆盖率；全力抓好新闻宣传、社会宣传和文艺表演；始终把重视民生、改善民生作为坚持群众路线、转变工作作风、维护和发展群众利益的重要抓手。全年，在深入调查研究的基础上，解决资金50余万元，投入扶贫开发、文化阵地建设、边疆解“五难”、抗旱救灾等工作；按照“个人形象一面旗，工作热情一团火，谋事布局一盘棋”的要求，组织开展系列活动。全力抓好创先争优活动、学习型党组织建设和队伍建设。

深入农家书屋调研

深入田间地头调研

视察文化展版

与群众交谈

慰问困难群众

到基层指导工作

# 文山州中级人民法院

2010年，全州法院以邓小平理论和“三个代表”重要思想为指导，以科学发展观为统领，深入贯彻党的十七大和十七届三中、四中、五中全会精神，坚持“党的事业至上、人民利益至上、宪法法律至上”，牢固树立为民宗旨，在州委、州人大和上级法院的领导、监督和指导下，在州政府的大力支持和州政协的民主监督下，紧紧围绕“为大局服务，为人民司法”工作主题，深入贯彻落实州委的重要战略决策和总体部署、全州两级法院始终坚持围绕稳定发展大局，以高度的责任感和使命感充分发挥审判职能作用，积极服务于文山经济建设，取得了较好的社会效果。全年全州法院共受理各类案件14309件、审结13695件，与上年同比分别上升1.24%、0.5%，结案率为95.72%。其中，州中级法院受理各类案件2844件，审结2778件，结案率为97.68%。

2010年3月27日州政协主席王云凌宣布全州法院系统“天平杯”运动会开幕

2009年11月13日云南省高院院长许前飞在文山中院调研时作重要讲话

2010年6月文山中院党组书记、代理院长吕俊深入基层法院调研工作。

2010年6月22日州人大主任付加兴宣布文山州中级人民法院建院60周年书画摄影展开展

领导班子会议

# 文山·中国中药生物谷

文山壮族苗族自治州位于云南省东南部，北回归线横贯州内广南、西畴、文山3个县（市），境内最高海拔 2997 米，最低海拔 110 米，独特的地理、立体气候环境，不仅孕育了文山丰富浓郁的民族风情，同时也孕育了文山丰富的中药生物资源。境内居住着11个民族。在生物资源上，除有长期人工种植历史的三七、草果、八角、油桐、辣椒、阳荷、八宝贡米外，野生中药资源多达 3000 多种，其中：三七、重楼、铁皮石斛（黑节草）、杜仲、董棕、肉桂等38种大宗药材的品质最为地道，为国际国内中医界所称道。

随着云南绿色经济及民族文化强省建设的稳步推进，利用丰富生物资源，变资源优势为经济优势已引起地方各级党委、人民政府的高度重视和社会各界有识之士的高度关注。并以建立自然保护区的形式实现文山丰富中药生物的有效保护。目前，州内已建立各类自然保护区 5 个，面积8万多公顷。其中文山老君山国家级自然保护区面积达14万亩，被誉为北回归线上的“动植物基因库”。为文山生物开发工程的发展奠定良好基础。

为推动文山生物开发工程的发展，中共文山州委书记李培多次强调指出，要充分发挥文山得天独厚的生物资源优势，聚合全国乃至世界生物高新技术，将三七、生物制药产业进一步发展壮大，力争将生物制药开发列入国家和省的重点发展规划，采取政府主导、企业运作、有关部门参与的形式，实施创建“文山·中国中药生物谷”战略。大力实施生物种质资源保护与生物资源开发创新工程，着力打造“文山·中国中药生物谷”，使生物资源开发和生物产业发展成为文山州新的经济增长点。

目前相关部门已开展创建“文山·中国中药生物谷”调研，从中药材组培、产品研发、加工、销售、品牌打造、产业文化等方面入手，建立协调项目整体启动运行机制，保证建设开发计划的稳

步实施。

文山地区规划建设以文山老君山为核心区的珍稀药物、珍稀植物、珍稀动物、珍稀花卉、经济农作物5个园区及中药与生物制药研究、中药饮食养生购物、休闲度假、运动健身4个中心，中药饮片、保健食品、生物制药3个加工基地，珍稀植物药物工厂化育苗组培馆、中药博物馆，民族中药特色医院、药翁古镇等建设内容。作为“文山·中国中药生物谷”第一批实施项目，规划涉及全州8县（市），总规划面积约70平方公里。五大种药用植物种植基地分别为：文山老君山规划片区、马关古林箐规划片区、丘北普者黑湿地规划片区、西畴小桥沟规划片区、富宁驮娘江规划片区，首批药用植物以三七、重楼、铁皮石斛、板蓝根等已开始实施栽种。文山市天生桥至召伍区加工、展示、育苗基地项目规划用地12平方公里，是以建立全生态环保的中药生物谷为目标，其地处文山市马塘工业园区与市区的连接重要部位，建成后将成为文山市区的后花园，成为云南继“西双版纳热带植物园”之后的又一影响深远，体现云南特色的伟大工程，对文山市打造“山水园林型城市”建设起到积极的推动作用。

目前该项目各项可研、论证工作已基本完成，正积极组织申报，以便尽快实施。

# 文山·中国中药生物谷

云南省文山壮族苗族自治州将大力实施生物种质资源保护与生物资源开发创新工程，积极打“文山·中国中药生物谷”，使生物资源开发和生物产业成为文山州新的经济增长点。

文山州委书记李培提出，要充分发展文山得天独厚的生物资源优势，聚合全国乃至世界生物高新技术，将三七、生物制药产业进一步发展壮大，力争将生物制药开发列入国家和省的重点发展规划，采取政府主导、企业运作、有关部门参与的形式，实施创建“中国文山中药生物谷”战略。

文山州位于云南省东南部，境内民族风情浓郁，光、热、水、气资源得天独厚，植物种类丰富，盛产三七、八角、草果、油桐、辣椒等。其中，作为三七的原产地和主产区，文山州三七种植面积和产量常年居全国首位，是著名的“中国三七之乡”。

目前相关部门已开展创建“中国文山中药生物谷”调研，从研发、加工、销售、品牌打造、产业文化等方面入手，建立协调项目整体启动运行机制，保证建设开发计划的稳步实施。首先在文山地区规划建立以文山老君山为主种植区的五大种药用植物种植基地和1个加工、展示、育苗基地。作为“文山·中国中药生物谷”第一批实施项目，规划涉及全州8县，总规划面积约70平方公里。五大种药用植物种植基地分别为：文山老君山规划片区、马关古林箐规划片区、丘北普者黑湿地规划片区、西畴小桥沟规划片区、富宁驮娘江规划片区，首批药用植物以三七、铁皮石斛、重楼、板蓝根等已开始实施栽种。基地项目规划用地12平方公里，是以建立全生态环保的中药生物谷为目标，其地处文山市马塘工业园区与市区的连接重要部位，建成后将成为文山市区的后花园，对整个文山市的城市建设起到积极的作用，目前该项目正积极申报批复，尽快实施。

# 云南·文山开开

云南省关心下一代工作委员会主任张宝三为文山开开药业有限公司题词

云南天开药业办公大楼

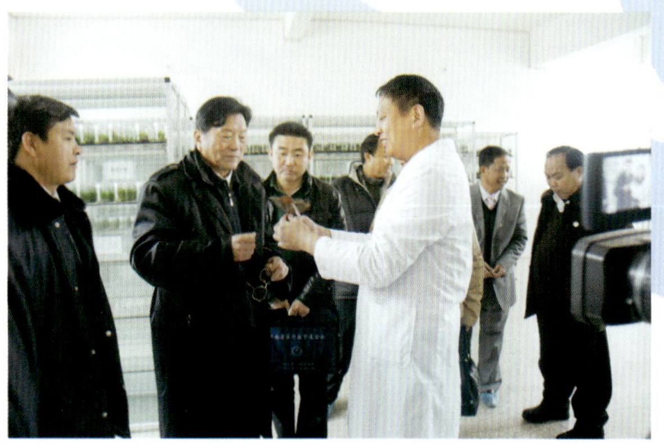

省领导张宝三（左二）、郭金娣及州委领导到开开生物科技考察参观。

文山州委常委、常务副州长徐爱民（右一）到公司检查指导工作。

云南·文山开开药业有限公司创建于2002年3月，是文山州首家获得药品批发经营资格和通过国家GSP认证的民营企业，是文山州具有一定规模的集药品批发、零售为一体的主要医药骨干企业。

开开宝药堂是文山州首家处方药、非处方药分类管理的示范药店，是文山州、县城镇职工基本医疗保险定点单位。公司拥有固定资产1.5亿元，经营的品种有7000余种，与500多个厂家建立了业务关系。

公司以“竭诚信用，药真价实，关爱健康、回报社会”为经营宗旨。累计安置社会就业2000余人（其中大中专毕业生1500余人），累计上缴税金600余万元，为当地经济和社会发展作出了积极的贡献，赢得了良好的声誉和社会的认可。

文山开开药业为谋求更大的发展，本着“走出去、做强、做大、做好”的经营理念，于2006年在昆明成立了“云南天开药业有限责任公司”，投入资金4000万元，建成了面向全省市场的药品配送中心。

2009年8月公司董事长邓汝开向云南省医疗扶贫基金会捐赠488.8万元，同年12月被授予“云南省医疗扶贫基金会常务理事单位”。随着文山州新型农村合作医疗事业的开展，公司积极参与州、县政府药品招投标采购并已获得配送权。2008年公司在螺峰路自购了办公大楼及药品批发（配送）中心（仓库），公司的仓库面积由1095平方米增加到近5000平方米，仓储容量和药品分类摆放条件更加完善。新办公大楼暨药品批发（配送)中心落成，标志着公司的硬件设施在规模和档次上又上了一个台阶，2009年又相继自购东门开开宝药堂经营地点258.56平方米，凯旋门经营地点1558平方米，砚山开开宝药堂经营地点300平方米，文山州药检所2072.8平方米，是公司发展壮大的又一大标志。

依托文山独特的地理自然和气候优势，孕育出丰富无比的生物物种。文山州优势野生药材资源如灯盏花、重楼、白芨、苦参、石斛、金线莲、大血藤、何首乌、山楂等中药材品种，由于多年过度和无计划采挖，已经濒临灭绝，导致这些中药材的市场供应紧张，价格持续上扬，严重制约了云南省生物产业的发展。针对这一实际，云南天开药业有限责任公司、文山开开药业有限公司通过与云南农业大学、西南林学院、海南大学、云南热带作物职业学院、四川光大制药厂、文山学院等合作，已从根本上解决了石斛、金线莲、白芨、重楼等濒临灭绝药材品种的人工种植技术问题。目前已建成500平方米的组培室；石斛、金线莲驯化、育苗基地各100亩；拥有年产石斛苗20万瓶、金线莲苗20万瓶的组培育苗厂，建成了300亩重楼育苗示范基地。公司将沿老君山保护区周边，按照“公司+基地+农户”的运行模式，建设重楼、石斛、金线莲、白芨、三七等规模化、规范化种植基地，打造以生态、观光旅游为一体的文山中国中药生物谷。

州政协副主席、州工商联主席李春林（右二）到马关铁皮石斛基地考察。

# 药业有限公司

## 大爱无疆 赤子情怀

**邓汝开董事长捐赠488.8万元**

**成立云南省医疗扶贫基金会**

基金会一成立，基金会工作人员就依照基金会的宗旨，主动积极联系寻找第一批1-2家扶贫定点医院，10-20个因病贫困的困难家庭帮助对象，以及医疗器械设备捐赠。

## 让关爱之花开遍七彩云南高原大地

## 拟向基层医疗单位捐赠的有关医疗器械

**自动生化分析仪、彩色B超机、彩超工作站**

**数码电子阴道镜** （面对全省州、市、县人民医院）

**臭氧治疗仪** （面对全省州、市、县计划生育站）

**肿瘤治疗仪** （面对全省州、市、县人民医院）

# 云南三鑫集团

三鑫集团董事局主席金朝水先生创办的云南三鑫集团,下辖38个法人公司、189个分支机构（单位），拥有6813名员工，分布在文山、昆明、曲靖、楚雄、红河、保山、福州等地，主要从事房地产、建筑、建材、旅游、餐饮住宿、娱乐、文化、教育、科研、电力、矿产、冶炼、金属制品、运输、种植、养殖、专业市场、物管、物流、租赁、金融、影视、广告、医药、医疗、外贸、工业、地质勘探28个行业。开辟经营了建材、农机、机电、钢材、机动车、摩托车、二手车、水果、窗帘、玻璃、石材、金属制品、综合批发、花鸟、家具、仓储物流16个专业市场，投资了一个工业区、、两个风景区、两所独立民办学院（3.6万人）、三所中专（3万人）、五个林牧场、六个酒店、七个冶炼厂、八个水电站、九个建材基地、十个宾馆、三十三个矿区，开办了文山民丰村镇银行（下设三个支行）。截至2010年末，三鑫集团已累计完成投资38亿元，完成建筑面积301万平方米。累计上缴税金3亿元，为社会公益事业累计捐款6676万元。已直接解决了6万多人的经营和居住问题。现正在投资53亿元，项目总建筑面积为300多万平方米，该工程建成后可直接解决就读、就业和居住的人数达10万人。

三鑫集团连续16年被工商部门评为“重合同守信用单位”，银行授信级别为“AAA级企业”，房地产开发资质和建筑施工资质为二级，先后荣获“国际信用企业”、“中国优秀企业”、全国“质量、服务、信誉AAA级示范单位”，“云南省先进私营企业”、“文山州纳税大户”称号。荣列“中国最具生命力百强企业”第38名，“2005中国成长企业100强”第48名，“中国房地产企业200强”第164名，“中国最具发展潜力百强企业”第36名，“云南省百强企业”第72名，云南省非公企业“吸纳农村劳动力十强”第6名，“文山州私营十强企业”前列。

文山三鑫建材机电城

三鑫集团在创业的36年间，承建了700多幢房屋，合同履行率为100%。1994年，率先开发丘北普者黑旅游风景区，先后投资7000多万元，促成普者黑升格为国家AAAA级旅游风景区，带动了周边几万群众脱贫致富；2000年以来，投资6亿元，建成占地399亩、建筑面积56万平方米的文山三鑫建材机电城，已被评为“中国优秀投资环境商业楼盘”、“中国百强建材市场”；2002年以来，投资3.6亿元，开发的占地560亩、建筑面积33万平方米的文山三鑫别墅苑，已获得“中国优秀旅游文化楼盘”殊荣；2003年以来，投资3亿多元，开发了福州青芝山风景区、东南角斗城、旅游购物中心和厂房等项目；2004年以来，投资6亿元，进行总装机容量12.7万千瓦的文山、马关、麻栗坡、丘北境内的8个梯级水电站开发；2005年以来，投资3.8亿元，建设建筑面积8万平方米的文山三鑫商厦、麻栗坡金属硅厂、文山金属门业加工厂、文山两个新型墙体材料厂和两个砂石厂及广南、丘北、砚山等地2.6万亩的种植养殖基地，并在普者黑、文山和楚雄等地新建和修建了十个二星至五星级标准宾馆等等；2006年以来，总投资12亿多元，建设总面积达91万平方米的云南三鑫开化商贸城（三鑫第一城）、文山三鑫汽车销售中心、文山三鑫建材超市、福建青芝山金山御景、文山三鑫风情苑等项目；　2007年以来，投资3亿元，建成文山、丘北等三个中等职业技术学校，办学规模3万多人；2008年以来陆续投资20亿元，在丘北、富宁、广南、马关、文山、砚山和屏边取得560平方公里的锰矿、金矿、铁矿、钨矿、多金属矿和高岭土矿等26个矿区及铁合金厂、金属硅厂、金属电解锰厂等；2008年以来，陆续投资26亿元，在云南文山和楚雄建设两个高等职业技术学院，办学规模3.6万人，一期工程于2009年9月正式投入使用。

云南三鑫职业技术学院二期鸟瞰图　于2009年9月开学招生

# 脚踏实地 勤奋进取　　勇于开拓 持之以恒

## 认真、快速、诚信、谦容

容量1亿立方米的花坝子水电站水库　文山三鑫工业区　法果电站（1万千瓦）　丘北电解锰厂

在事业发展过程中，金朝水以“兴企报国”为奋斗目标。他主动帮助政府排忧解难，捐赠公益，扶贫济困。截至2009年末，累计为社会公益事业捐款6536万元。其中主要的公益性项目有：捐款建成了总长10多公里的文山“文化长廊”、“千人书林”和“奇石书林”，以展示中华古今书法成就和世界、中国、云南、文山的五千年历史。捐款1500多万元，建立了“金朝水教育扶贫促进会”、“文山州朝水文学艺术促进会”，并在云南财经大学设立“金朝水奖学金”，每年资助贫困学生3000多名和优秀大学生168名。在文化产业方面，迄今已主办、承办、协办了大型节庆活动53次，在景区和下乡演出1898场，给300多万人次带来了愉悦和欢乐，在文山还全额借款建成了七花广场、双桥花园和清真寺，并促成了公交车的开通和南环路的扩建。

文山三鑫别墅苑

金朝水先生以突出的业绩和广泛的社会影响力，先后荣获“全国优秀创业企业家”、“中华爱国企业家”、“中国杰出民营企业家”、“世界华人突出贡献专家”、“中国光彩事业奖”、“云南省优秀中国特色社会主义事业建设者”、“云南省非公企业优秀企业家”、“云南光彩之星”、“文山州突出贡献人才奖”、“文山县荣誉市民”等荣誉称号。现担任世界华商经济促进会主席、世界金氏宗亲联合会主席、中国国际跨国公司促进会副会长、中外企业信用联盟常务副理事长、中国工商理事会副理事长、中国企业联合会和企业家协会常务理事、中国光彩事业促进会理事；云南省政协委员、云南闽滇经济促进会会长、省工商联副主席和省商会副会长，省企业联合会和企业家协会、省光彩事业促进会、省旅游文化研究会、省小额贷款协会副会长；文山州和文山县政协常委、工商联副会长；文山州革命老区建设促进会、海外联谊会、旅游协会、房地产协会、规划协会、建筑协会副会长，文山州外来投资企业协会、“金朝水教育扶贫促进会”和“文山州朝水文学艺术促进会”会长等33个社团职务。

金朝水先生已取得西南大学研究生学历，还获得“中国高级职业经理”、“企业管理高级研究员”的资格认证和“高级工程师”职称；被中国管理科学研究院聘为“首席专家”、“客座教授”，还被云南财经大学聘为客座教授。现兼任云南现代职业技术学院和云南三鑫职业技术学院董事长。

三鑫人将在金朝水先生的领导下，传承“脚踏实地、勤奋进取、勇于开拓、持之以恒”的企业精神和“认真、快速、诚信、谦容”的作风，一步一个脚印，迈向更加辉煌的明天。

（尊询热线：0876-2153788）

云南现代职业技术学院总体鸟瞰图　于2011年9月开学招生

# 云南三鑫集团

## 云南三鑫集团旅游服务有限公司

本公司系中国优秀企业——云南三鑫集团的骨干企业之一，下辖青之山风景区、普者黑度假村（三星）、普者黑度假村贵宾楼（五星）、普者黑宾馆（三星）、普者黑西南角斗城（二星）、丘北花园宾馆（二星）、云南文山三鑫旅行社等7个旅游服务接待单位。共有客房1336个床位，可以满足不同消费层次的旅客需求。设有260人至40人的大小会议室8个，大小卡拉娱乐厅16间，有自由浴垂钓中心、狩猎场、VCD制作中心、康体中心等设备设施齐全配套。在普者黑西南角斗城内每晚均有一流演艺水平的三鑫歌舞团、三鑫杂技团、动物角斗表演队给您献上一台既有浓郁地方民族特色，又有现代文艺气息的大型民族篝火歌舞盛会，它将把您带回原始古老的民族文化世界。

普者黑之春

青芝山风景区大门

普者黑之夏

普者黑之秋

普者黑之冬

青芝寺

青芝山瀑布

林森藏骨塔

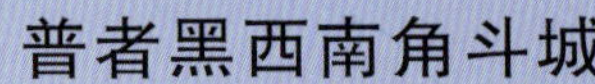

## 普者黑西南角斗城

普者黑西南角斗城

本公司系中国优秀企业——云南三鑫集团的骨干企业之一，下辖青之山风景区、普者黑度假村（三星）、普者黑度假村贵宾楼（五星）、普者黑宾馆（三星）、普者黑西南角斗城（二星）、丘北花园宾馆（二星）、云南文山三鑫旅行社等7个旅游服务接待单位。共有客房1336个床位，可以满足不同消费层次的旅客需求。设有260人至40人的大小会议室8个，大小卡拉娱乐厅16间，有自由浴垂钓中心、狩猎场、VCD制作中心、康体中心等设备设施齐全配套。在普者黑西南角斗城内每晚均有一流演艺水平的三鑫歌舞团、三鑫杂技团、动物角斗表演队给您献上一台既有浓郁地方民族特色，又有现代文艺气息的大型民族篝火歌舞盛会，它将把您带回原始古老的民族文化世界。

总经理：袁兴文　18987603636　13887632631
副总经理、宾馆经理：陆　鹏　18987603189
副总经理、房务总监：赵智勇　18987602611
总台：0876-4610222　4129312
传真：0876-4610378　4129312
地址：云南丘北普者黑景区中心

斗马

斗牛

篝火晚会

# 脚踏实地 勤奋进取　　勇于开拓 持之以恒

**认真、快速、诚信、谦容**

## 普者黑宾馆度假村

普者黑度假村位于国家重点风景名胜区云南省丘北普者黑景区中心，是云南三鑫集团有限公司为开发普者黑于1994年投资，1997年批准为中国二星级酒店，2008年批准为中国三星级酒店。酒店占地面积4.8万平方米，酒店分A区（度假村）、B区（宾馆）、C区（角斗城）三个区，共有客房223间，床位487个，可以满足不同消费层次旅游需求。有中餐厅2个，风味小吃店1个，大小会议3个，大小卡拉娱乐厅16个，并设有康体中心，垂钓中心，民族歌舞表演中心等，设备设施齐全。是您旅游、休闲、度假、商务、会议的理想之地。在康体中心为您提供桑拿、足浴、按摩、棋牌、茶品等。

（尊询热线：0876-4610333）

普者黑度假村

普者黑宾馆大门

普者黑宾馆

普者黑垂钓中心

## 普者黑贵宾楼

普者黑度假村贵宾楼，是由三幢两层小别墅组成，三面环湖，所有房间均为湖景房，超宽的阳台，落地飘窗，饱览万顷秀水荷花，得天独厚的稀缺自然景观加上完备的休闲度假设施配套，融入湖光山水间，让你远离城市的喧嚣，感受与大自然的舒畅。在这里寻觅一片属于自己的广阔天地。惬意地感受生活，聆听大自然的声音，感受另一种人生。

无论您是商务旅游还是情侣蜜月，入住普者黑贵宾楼，都会给你带来无尽的享受和难忘的回忆。

尊询热线：0876-4610222

普者黑贵宾楼

## 丘北花园宾馆

丘北花园宾馆是云南三鑫集团在丘北县城投建的第四家酒店，位于县城中心地段三鑫花园旁，占地1.8亩，共拥有豪华套房、豪华标间、标间、单间等108间，共计248个床位，是丘北县单体容量最大的准二星宾馆。宾馆安全卫生、热情温馨、质优价惠，是典型的商务经济型宾馆。其环境优雅、交通便利、购物便捷，房间宽敞、整洁、一客一换一消毒、市话、彩电、独卫、24热水，功能齐全，是您“普者黑之旅”的理想下榻之地。

尊询热线：0876-4128288　4129388

丘北花园宾馆

大酒景

## 文山三鑫宾馆、大酒店

文山三鑫宾馆、酒店地处文山县城开化北路的交通要道，左侧是文山高快客运站，右侧是全省规模最大的文山三鑫建材机电城，对面是文山七花广场。

宾馆尊询热线：0876-2196666　酒店尊询热线：0876-2196665

文山三鑫大酒店

文山三鑫宾馆

## 楚雄三鑫大酒店

楚雄三鑫大酒店是云南三鑫集团在楚雄投资建设的一所具备五星级的大酒店，总占地面积405亩，建筑面积为3万平方米，房间208间，能容纳500多人就宿。

尊询热线：0878-3890880

楚雄三鑫大酒店

# 2010年文山公安

副州长、州公安局党委书记、局长李俊彪

纪委书记祝正礼（左二）深入西畴县公安局检查两车治理工作

2010年，全州公安机关围绕上级公安机关中心任务，扎实工作，开拓创新，喊响“稳扎稳打、再接再厉、从胜利走向胜利”的口号，公安工作和队伍建设实现了跨越式发展。

一是重拳出击，严打整治，专项行动，全力营造和谐稳定的社会治安环境。全州公安机关以打黑除恶、打击“两抢一盗”、打击拐卖妇女儿童等犯罪为载体，深入推进禁毒人民战争，深化打击经济犯罪，破获了一批大案要案，打掉一批犯罪团伙，抓获一批违法犯罪人员，增强人民群众的安全感。

副州长、州公安局党委书记、局长李俊彪到砚山民族地区调研维稳工作

二是安全保卫，严之又严，细之又细，高标准、高起点确保万无一失。全州公安机关在州县市城主要街道、交通枢纽、繁华商业网点、流动人口聚居区、案件高发区等重点区域、重点部位、重点路线及边境地区开展公安、武警、公安边防联合武装巡逻。共出动民警10000人（次）、武警2372人（次），出动车辆1562辆（次）进行巡逻，圆满完成州民运会、省运会、上海世博会、广州亚运会等安保任务。

三是民本为基，管理服务，多措并举，推出创新社会管理新举措。全州公安机关积极探索和创新，推出行业管理“四级分管”管理模式；在全州所有乡镇建立义务消防队，实现“一乡、一车一泵”目标；实施爱民固边战略，以“各民族和谐促进边境地区和谐，以边境稳定保全州稳定”为目标，构建边境地区“内和”，以跨州、跨省、跨国警务区域合作“外合”举措；以“西畴现象”为标杆，创新警务运行模式和联勤防控模式。

四是命案全破，逃犯必抓，两高一低，命案侦破工作再创历史至高点。全州公安机关围绕侦破命案工作“两高一低”和“命案必破”的原则，以“一长双责制”、“现行命案快侦快破工作机制”为核心的侦破命案工作机制，命案侦破工作取得了可喜的成绩。全州公安部列为考评的8类命案64起，破64起，破案率为100%，全州8县市实现命案全破。

局党委副书记何元昶（左二）深入西畴检查指导工作

局党委副书记赵云华（右二）深入者兔派出所检查指导工作

局党委委员、副局长李行杰（左）到基层看望老党员

# 亮点纷呈成绩斐然

局党委委员、副局长、消防支队支队长朱长江（左）慰问贫困群众

五是公安信息，公安科技，两轮驱动，为公安工作跨跃式发展助推。全州公安机关共投入信息化建设工作经费3000余万元，建成警务信息综合应用平台并推广应用；实现网络升级改造；成功安装运用计算机桌面终端安全管理系统；对公安信息中心技术系统进行改造，对110接处警系统进行重建；在全州建设1041个城市报警监控点，在40条道路上建设86个公路卡口抓拍系统视频抓拍点。推行网上查询、网上预警、网上布控、网上办案。

六是大教育，大培训，提素质，公安队伍建设违法违纪实现“零”发案。州公安局党委提出“建一流队伍，创一流业绩”的奋斗目标。狠抓班子建设，强化制度保障，突出教育培训，严格纪律要求，开展立功创模活动、落实关爱措施等7项工作。组织民警参加各类培训3604次，州县公安机关组织培训44期3222人（次），使全州队伍建设全省考核排名第一。

七是心系民安，情牵民难，抗旱救灾，警民情深无私大爱再次彰显。全州公安机关在百年不遇的旱灾中，把抗旱救灾保民生、保稳定作为第一要务，为群众挑水送水、挖水井、寻找水源、修建水窖、捐款捐物。共出动车辆1978台（次），出动人员7455人（次），运送水16555吨，解决近17万人生活用水困难，向灾区群众捐款238万余元。

八是典型引路，十大机制，网评月考，执法规范建设如火如荼。2010年是执法规范化建设推进年，州公安局积极探索，建立“十大机制”推进执法制度建设。麻栗坡县公安局被公安部确定为全国执法规范化示范单位，砚山县公安局刑侦大队被省公安厅命名为全省公安机关执法示范单位，西畴县公安局等8个基层单位被列为州级示范单位。

九是贴近民生，倾听民意，亲情服务，阳光办事群众满意率逐年提升。全州公安机关坚持把加强和改进公安行政管理作为服务经济社会发展的重要内容，在强化管理中体现服务，在优化服务中强化管理。以76条便民利民措施为切入点，推行网上办证、网上咨询、QQ社区警务室等服务群众新举措，推进阳光政府“四项制度”实施，解答政务信息查询4次，回复群众“96128”查询电话35次，群众满意率达100%。

十是创先争优，牢记使命，无私奉献，警营楷模争相涌现。全州公安机关广大民警牢记宗旨，服务大局，开拓创新，无私奉献，在维护稳定、省运安保、打击犯罪、服务群众工作中，涌现出一大批先进集体和个人。共有2个集体荣立二等功，31个集体荣立三等功，经侦支队被公安部授予全国公安机关打击假币犯罪“09行动”先进集体；王裕宁被评为“全国先进工作者”并被公安部授予二级英模荣誉称号，赵云华被评为“全国维护妇女儿童权益”先进个人，邵卫民被评为“云南省公安机关第二届百姓最喜爱的十大人民警察”，王春获得提名奖；1名民警荣立一等功，7名民警荣立二等功，112名民警荣立三等功。

局党委委员、副局长罗荣（右三）深入企业大走访

局党委委员、副局长程军（左二）深入麻栗坡县检查指导工作

局党委委员、副局长马贵迎在第二届警营开放日致词

局党委委员、副局长邵卫民荣获云南第二届十大人民警察载誉归来

局党委委员、政治部主任陈树林做客七乡观察解答热线问题

局党委委员、副局长赵保钢在青春五月平安出行启动仪式上讲话

局党委委员庞少才（右）到基层检查指导工作

局党委委员、交警支队支队长王春林冒雨检查道路交通工作

# 腾飞的雄关

## ——纪念中国共产党

## 领导视察

滇南雄关麻栗坡县位于云南省文山壮族苗族自治州南部，与越南社会主义共和国接壤，自古以来，作为“南方丝绸之路”重要组成部分的“交址古道”通达海外，商贾云集，商贸繁荣。中华人民共和国成立后，国务院批准天保为国家级口岸，是中国西南地区通往东南亚，走向太平洋的主要陆路通商口岸之一。麻栗坡县历史悠久，人文厚重，资源丰富，民族风情浓郁，自然风光旖丽。古往今来，独特的地理环境，让麻栗坡凸显出独特的区位优势，素有“边陲重镇”“南疆宝地”的美誉。

党的十一届三中全会以来，麻栗坡县加大改革开放步伐，努力践行中央提出的“走出去”的战略，引导和推动区域合作进程，全县经济繁荣，社会进步，边防巩固，民族团结。

县委书记彭辉（右二）陪同国土资源部领导视察稀土矿治理工作

县委副书记、县长彭正兴（右一）会见越南宣光市友好代表团团长

县人大主任冉忠平（左二）深入天保农场调查廉租房建设情况

县政协主席项廷超（右一）为猛硐中学“爱心图书室”授牌

成立九十周年麻栗坡县成就展

## 市政建设

现代化办公大楼

商业街

广场文化

城北开发区一角

县城全景

# 腾飞的雄关

——纪念中国共产党

## 农牧渔林

农业立县，大力发展区域特色农业，加快推进农业生产经营标准化、专业化、集约化、规模化发展，提高农业现代化水平和农民生活水平。

烟苗

茶叶基地

三七种植

核桃育苗基地

农田改造

稻田养鱼

收获烤烟

大牲畜交易市场

经济林育苗基地

# 成立九十周年麻栗坡县成就展

## 生态资源

生态科学考察

生态植物研究

珍稀植物保护

国家级珍稀动物保护

# 腾飞的雄关

——纪念中国共产党

## 企业风彩

产业强县，依托资源优势与区位优势，加强招商引资。实现资源优势向经济优势转化，做强做大企业。提高企业自我发展能力。

紫金钨业

南疆水泥

玉尔贝矿泉水

马鹿塘库区

南方电网服务大厅

金融保险服务行业风貌

# 成立九十周年麻栗坡县成就展

## 交通 通讯

现代化的交通设施

高等级公路建设

国际大通道

科学化的通讯设施

服务『三农』

# 腾飞的雄关

## ——纪念中国共产党

### 教育 卫生

科教兴县，公共教育性资源向“少、边、穷”地区倾斜，创新培养和引进优秀人才政策，加快普及高中阶段教育步伐，缩小教育差距，提高科教发展水平。

麻栗坡高级中学

麻栗坡县民族职业高级中学

义务教育在乡村

丰富的校园文化

现代化的山村教育

乡村幼儿教育

麻栗坡县人民医院新姿

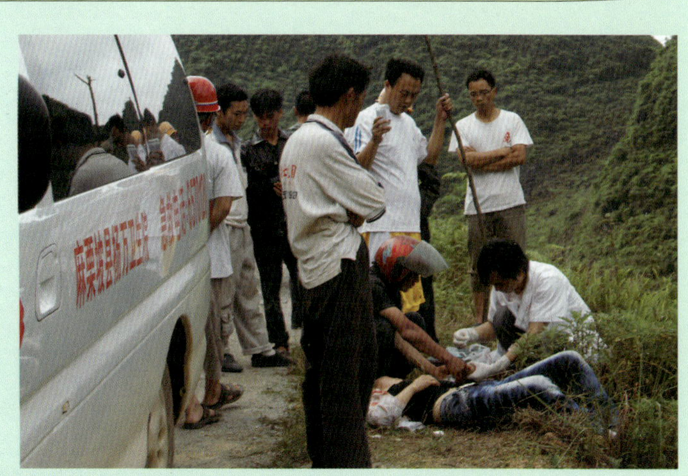

乡村医疗救护

# 成立九十周年麻栗坡县成就展

## 文化　广播电视　体育

繁荣的文艺作品

丰富的社科成果

图书管理

电子图书阅览中心

青少年文化活动

专业舞蹈排练

群众文化

知识走进农家

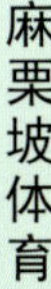

麻栗坡体育馆

新闻报道

# 腾飞的雄关

## ——纪念中国共产党

## 商贸 物流

开放活县，依托国内国外“两个市场”，发挥好自然、人文“两种资源”优势，抓实“引进来，走出去”，推动对内对外开放水平不断提高。

国境线上的边贸市场

超 市

繁华的中越边贸交易会市场

边贸会上的越南来宾

边贸交易会商品展销

# 成立九十周年麻栗坡县成就展

## 旅游

老山爱国主义教育基地

老山作战纪念馆

国家一类口岸-天保口岸国门

星级宾馆

充满现代化气息的国界碑

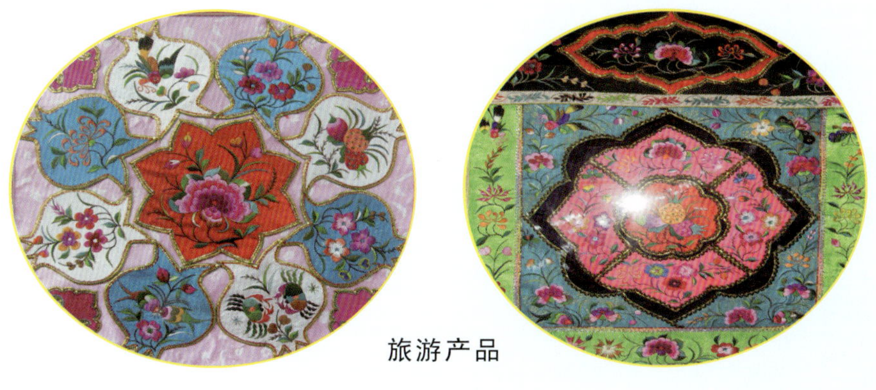

旅游产品

# 腾飞的雄关

——纪念中国共产党

## 新农村建设

城镇促县，实现边疆少数民族贫困山区的“城镇化”建设。

外援扶贫工程

乡镇风貌

外交部扶贫项目-国境线上的苏麻弯苗寨新风貌

丰盛的农家宴

新农村建设

# 成立九十周年麻栗坡县成就展

## 法制建设　　军民共建

和谐稳县，加强社会管理能力建设，创新社会管理机制，完善基本公共服务体系，保障和改善民主，推进基本公共服务均等化。

法制宣传

鱼水情深

见义勇为捐款现场

抢险救援

拥军

拥政

策划：彭正兴　王学祥　杨桂林
摄影：杨桂林　陆天佑　肖波
部分图片提供：县委、人大、政府、政协办公室；公安局、边防大队、扶贫办、林业局、畜牧局、文化局、保险公司。

# 和谐边疆

县委书记　兰朝明

县长　李献文

版画《金色阿峨》

大吉厂云海

马关特产草果

抗旱通水

新农保金发放

整村推进塘子边项目村

县医院整体搬迁工程开工仪式现场

# 开放马关

州长黄文武到马关调研工业经济发展情况

“两污”合作建设签约仪式

合源矿业公司硫化锌冶炼车间

锌铟公司选矿车间

达号水库工程施工全貌

二级公路

# 丘北 辉煌“十一五”

县委书记　余波

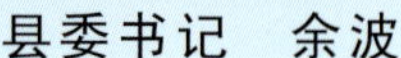

县长　李华富

“十一五”期间，在州委、州政府的正确领导下，丘北县各族干部群众坚持以邓小平理论和“三个代表”重要思想为指导，深入贯彻落实科学发展观，把加快发展作为工作的主旋律，抢抓国家实施西部大开发和扩大内需的机遇，克服了全球金融危机带来的不利影响，战胜了历史罕见的低温冷冻和百年不遇的旱灾，牢牢把握加快发展第一要务，紧紧扭住经济建设这个中心，坚持好字优先、好中求快，主要经济指标连续五年保持在两位数以上增长。2010年，完成地区生产总值263953万元，比上年增长12.3%，完成“十一五”目标任务的105.6%，按可比价计算年均增长12.3%，其中：第一产业107476万元，比上年增长7.7%；第二产业48374万元，比上年增长26%；第三产业108103万元，比上年增长11%；三次产业结构由2005年的49：12：39调整到2010年的41：18：41。实现农业总产值185200万元，比上年增长12%，比2005年增长103.4%，年均增长15.3%。实现工业总产值117271万元，比上年增长14.8%，比2005年增长2.2倍，年均增长26.5%；完成工业增加值28526万元，按可比价计算比上年增长11.3%，比2005年增长1.2倍，年均增长16.5%。全社会固定资产投资232800万元，比上年增长67.3%，完成“十一五”目标任务的155.2%，年均增长44.6%；五年累计完成固定资产投资573800万元，是“十五”期间的5.4倍。地方财政一般预算收入16298万元，比上年增长23.8%，完成“十一五”目标任务的155.2%，年均增长25.9%。社会消费品零售总额100093万元，比上年增长33%，完成“十一五”目标任务的166.8%，年均增长22.5%。农民人均纯收入2636元，比上年增长19.4%，完成“十一五”目标任务的131.8%，年均增长14.9%。城镇居

普者黑风光

景观大道

建成的普炭一级公路

椒莲广场

万人抹花脸狂欢活动创造世界吉尼斯纪录

辣椒加工

民家庭人均可支配收入14049元，比上年增长10.3%。年末金融机构各项存款余额283487万元，比上年末增长38.3%,比2005年末增加206811万元，年均增长29.9%；年末各项贷款余额163139万元，比上年末增长21.5%，比2005年末增加98644万元，年均增长20.4%。万元地区生产总值综合能耗五年累计降低12%。接待游客116.7万人（次），比2005年增长59.1%，年均增长9.7%；旅游综合收入49000万元，比2005年增长3.5倍，年均增长34.9%；实现旅游直接收入2622万元，比2005年增长1.8倍，年均增长22.9%。2010年末，县城建成区面积从2005年的5.1平方公里扩大到8平方公里，城镇人口10万人，城镇化率从2005年的14.3%提高到20%。

“十一五”期间，丘北县经济社会持续快速健康发展。2008年，丘北县深化“路、站、运、管、安一体化”试点工作被省政府列为“丘北经验”在全省推广。2007年、2009年丘北县先后被省委、省政府命名为“平安县”和“先进平安县”。2009年，被省人民政府评为云南省县域经济发展先进县；被科技部表彰为全国科技进步考核先进县。2010年，被评为全国“五五”普法先进县；被省人民政府表彰为全省教育工作先进县；被农业部表彰为全国粮食生产先进县。

葡萄酒生产车间

丘北辣椒基地展示区

畜牧业——规模化养殖

丘北县生态特色优质烟叶开发科技项目展示区

# 句町故地 魅力

县委书记　任 安

县长　张如黎

县委书记任安、县长张如黎陪同副州长胡荣深入农村指导抗旱救灾工作。

县委书记任安陪同州长黄文武（中）深入八宝 镇指导抗旱救灾工作

广南县位于云南省东南部，文山州东北部，滇、桂、黔三省（区）交界处。全县总面积7810平方公里，居全省第3位，总人口79万人。辖18个乡镇、174个村委会、3247个村小组，2010年全县生产总值42.16亿元，地方财政收入1.62亿元，农民人均纯收入2626元，人均有粮331公斤，属国家重点扶持县。

历史悠久、文化厚重、资源丰富是广南的基本县情特点。一是历史悠久。公元前三世纪，我县境内就居住着以句町部族为主的句町国，西汉元鼎六年（公元前111年）汉武帝开南中，改句町国置句町县，唐为僚子部（侬氏据地），宋为特磨道，隶邕州（今广西南宁），元为广南西路宣抚司，明洪武十五年（公元1382年）设广南府，民国二年（公元1913年）废府设县至今。境内共有省级文物保护单位5处，州级文物保护单位5处，县级文物保护单位23处。1999年，县城被命名为“云南省历史文化名城”。2001年，被省委列为“6个西部文化资源保护与文化产业开发试点县”之一。2002年，被纳入中国第一“文化蓝皮书”《2001—2002年：中国文化产业发展报告》国情研究报告范围。2005年，被列为“云南省十个文化产业特色县”建设。二是文化厚重。广

# 壮乡——广南

县委书记任安深入指导新农村建设工作

县委书记任安调研油茶产业

南是一个以壮族为主体、多种民族杂居的县份。县内居住着壮、汉、苗、瑶、彝、回、蒙古、傣、布依、仡佬等 13 个民族，其中，壮族 32.3 万人，占 42.7 %。长期以来，多民族共同繁荣、共同发展，造就了广南丰富的民族文化，各种民俗节庆丰富多彩。壮族三月三“花街节”、“接皇姑”苗族“踩花山”、瑶族“度戒”以及跑马节、斗牛节、河灯节等民俗节庆活动流传至今。2003 年以来，我县每年都隆重举办“壮族花街节”和“皇姑节”活动，吸引了众多游客。依靠民间艺人挖掘整理的句町礼乐在云南省歌舞乐比赛中两次夺冠，获得专家学者和游客广泛好评，堪称云南民间艺术一杰。三是资源丰富。从生物资源看，广南是八宝米、茶叶、油茶、烤烟、甘蔗、桑蚕、药材、畜禽等种养业适宜区，盛产八宝贡米、底圩茶叶、高峰黄牛等名特产品，是“中国八宝贡米之乡”。从矿产资源看，现已发现锑、金、水晶、重晶石、冰州石等 165 个矿床（点）30 余种金属和非金属矿藏；煤炭已探明储量 34 万千克，远景储量大于 1 亿千克；这里自然景观绮丽，有“世外桃源”坝美、省级风景名胜区八宝、“天下第一奇村”峰岩洞等独具特色的旅游资源。境内冬无严寒、夏无酷暑，是一个集旅游观光、休闲度假、民俗考察、寻幽探险为一体的综合性旅游胜地。

县长张如黎带领工作组慰问农村困难老党员

县长张如黎深入实地查看广南宏顺硅业发展情况

# 富宁 辉煌“十一五”

县委书记 王 毅

代理县长 崔同富

“十一五”期间，富宁县以邓小平理论和“三个代表”重要思想为指导，全面贯彻落实科学发展观，认真贯彻执行党的路线方针政策，抓住国家实施西部大开发等战略机遇，克服国际金融危机造成不利影响，战胜洪涝、特大干旱等重大自然灾害，实施农业立县、工业强县、城镇富县、开放活县、科教兴县、和谐稳县“六大战略”，加快产业培植、工业发展、基础设施和通道经济建设，保持了经济平稳较快发展，全面完成了十一五规划确定的发展目标，为十二五发展奠定了坚实的基础。

**综合经济实力大幅提升。**与2005年相比，2010年实现地区生产总值33.71亿元，增加16.67亿元，增长74.0%；完成全社会固定资产投资37.24亿元，增加15.92亿元，增长74.7%；财政总收入完成3.18亿元，增加1.99亿元，增长166.4%，其中地方财政一般预算收入完成1.8亿元，增加1.65亿元，增长139.6%；完成社会消费品零售总额19.92亿元，增加12.69亿元，增长175.5%；城镇居民人均可支配收入和农民人均纯收入分别达13599元和2739元，分别增加5735元和1351元，增长72.9%和97.3%；三次产业比重由34.0：31.2：34.8调整到25.4：35.0：39.6。

**农业农村经济稳步发展。**全面落实各项强农惠农政策，制定出台种植养殖大户以奖代补扶持办法，重奖全县种养大户。五年间，累计发展甘蔗种植30.7万亩，油茶新植和低产林改造30.81万亩，种植核桃18.42万亩。到2010年，粮食总产量达1.32亿公斤，实现农业总产值13.88亿元，比“十五”期末增长73.5%。

**工业经济持续快速发展。**五年来，引资建成高钛渣、花甲锰粉厂、永鑫糖厂、富嘉油茶加工厂等一批重点工业项目；日产2000吨新型干法水泥生产线建成投产，普阳煤矿年产150万吨生产线技改稳步推进，金泰得公司产品研发和经济效益实现新突破；建成了谷拉、小寨、百达等15座水电站，总装机容量达18万千瓦。到2010年底，规模以上工业企业发展到13家，工业总产值从“十五”期末的8.89亿元提高到22.15亿元，工业对财政的贡献率从“十五”末的31.4%提高到66.6%。

**基础设施建设快速推进。**五年间，广昆高速公路富宁段建成通车，富宁港一期工程建设基本完成，云桂铁路富宁段全面启动建设，开通农村客运班线；清华洞水库二期工程建设全面完成，全面实施“五小水利”工程和党团员爱心小水窖工程建设；建成220千伏普厅变电站和110千伏新华、里达变电站；天成体育馆、县城垃圾处理厂、县城污水处理厂及城区污水管网改造全面完成，社会中心福利院、民族运动场等市政项目启动建设；剥隘、田蓬、里达、归朝等重点集镇建设稳步推进，新农村建设项目、兴边富民工程、一事一议财政奖补、革命老区等建设成效显著。

甘蔗喜获丰收

油茶低产林改造结硕果

驻富官兵为木央镇群众送水

省委书记白恩培在富宁调研与群众交谈

国务院扶贫办主任范小建（右三）到富宁县“山瑶”村寨调研

**社会事业取得长足发展。**“两基”攻坚目标如期实现，排除8.5万平方米学校D级危房，高考创20年来最好成绩，杨志超、赵佳两名学子分别被清华大学、北京大学录取。农业科技先进实用技术和科技项目得到推广应用和实施，科技对全县经济社会的贡献率不断提高。县乡村卫生医疗条件不断改善，新农合参合率逐年提高，食品药品市场秩序逐步理顺，城乡人民群众饮食用药安全逐步得到保障，卫生保障能力不断增强，奖优免补政策得到全面落实，人口自然增长率控制在指标范围内。《中国富宁壮族坡芽歌书》被成功列入第三批国家级非物质文化遗产保护名录，成功承办第十三届省运会富宁分会场比赛项目和全国青年体操锦标赛。广播、电视覆盖率分别提高到87.5%和92.5%。山瑶群众“五难”问题受到党中央和省州主要领导高度关注，关系民生的住房、就业和社会保障体系建设全面加强。

**改革开放步伐不断加快。**集体林权制度主体改革顺利完成，在全州率先出台13项林改配套政策；金坝华侨林场、供销社“二次创业”体制改革稳步推进；新一轮政府机构改革基本完成。先后与浙江嘉兴南湖区、广东乳源县等5县区及越南同文、苗旺两县建立了友好合作关系。“十一五”期间，共引进合作项目68项，协议总投资154亿元，实际到位资金30.9亿元；边境贸易稳步增长，完成进出口贸易总额3.4亿元，增长16%。

**和谐社会建设全面加强。**五年来，认真落实维稳工作责任制，深入开展党政领导干部大下访、大接访活动，及时妥善处理百色水利枢纽剥隘库区移民、高速公路征迁和普阳能源开发等重大项目建设中引发的热点难点问题。全面加强社会治安综合治理，严厉打击各类刑事犯罪活动，省级先进平安县创建工作通过考核验收。全面贯彻落实党的民族宗教政策，社会主义新型民族关系得到巩固和发展。严格落实安全生产责任制，抓好重点安全隐患治理，防止了重特大安全生产事故的发生。加强应急救援体系建设，防灾救灾能力不断提升。“五五”普法成效明显，公民法律意识不断增强。扎实推进“双拥”工作，连续六届荣获省级“双拥”模范县称号。

**党建科学化水平明显提高。**五年来，先后组织开展了解放思想大讨论、学习实践科学发展观、“三个一”主题实践和创先争优等一系列教育活动；建立了科级领导班子和领导干部绩效评价、公信度测评、执行力考核等干部选拔、管理、监督制度，推进公开选拔、竞争上岗等工作，一批政治坚定、素质过硬、实绩突出、群众公认的干部走上领导岗位；深入实施“云岭先锋”工程和“边疆党建长廊”建设，全部建成村级（社区）组织活动场所和农村党员干部现代远程教育站点，在符合条件的非公企业和新社会组织中建立党组织；全面推行乡镇党代表常任制，圆满完成第三届社区、第四届村“两委”和乡镇党委换届选举工作；建立健全政务服务中心、农民服务站和“农事e网通”等服务机制，群众办事难、办事贵的问题逐步得到解决；认真落实党风廉政建设责任制，深入开展廉政文化建设，构建惩治和预防腐败体系，加大治庸、治懒、治散力度和违法违纪案件的查处，党风廉政建设和反腐败斗争不断加强。

“十二五”时期，富宁县将紧紧抓住国家实施新一轮西部大开发和云南省实施“两强一堡”战略以及文山州推进“新高地”建设等良好机遇，以发展农业产业化、新型工业化、城镇规模化和教育现代化为重点，全力打造云南红都、蔗糖产业大县、油茶产业大县、中国八角之乡、承接产业转移试验示范区、云南东大门、珠江第一港、特困群体扶持新模式、中国富宁壮族坡芽文化、云南低海拔体育训练基地十大品牌，努力建设富裕富宁、生态富宁、开放富宁、文化富宁、和谐富宁。

“坡芽情歌”进军中央台

云南省第十三届运动会富宁分会场

“普阳杯”全国青年体操锦标赛

# 文山州体育局

2010年8月18日，云南省第十三届运动会在文山隆重开幕。图为开幕式现场。

2010年8月18日，省委书记、省人大常委会主任白恩培宣布『云南省第十三届运动会开幕』。

文山州体育局是州政府管理体育行政事务的工作部门，承担着全州体育行政管理事务和提高全州各民族身体健康素质、培养竞技体育后备人才的职责，为促进全州经济社会协调发展、构建和谐文山服务。

州体育局内设一室四科（办公室、群众体育科、竞赛训练科、行政财务科和老年人体育科），下辖三个事业单位（州体育职业学校、州民族体育馆和云南省体育彩票管理中心文山分中心）。

“十一五”以来，全州体育工作在州委、州人民政府的正确领导和省体育局的指导下，坚决贯彻党的体育工作方针，树立和落实科学发展观，认真贯彻《州委、州人民政府关于进一步加强和改进新时期体育工作的实施意见》，深入实施《全民健身条例》，推动群众体育的蓬勃发展，有力地增强了全州各族人民的身体健康素质；按照《“三星”工程计划》要求，狠抓业余训练和输送工作，竞技体育水平有进一步提高；抓紧体育基础设施建设，全州体育设施条件有较大改善，体育产业有一定发展，党建、精神文明和干部队伍建设各项工作全面协调发展。体育事业的发展，为促进全州经济社会协调发展，构建和谐文山作出了积极贡献。

**体育工作摆上更加重要位置。**州委、州政府历来都关心重视体育工作，特别是2006年我州获得省第十三届运动会承办权后，州委、州政府将体育工作摆上更加重要的位置。多次召开州委常委会、州政府常务会研究省运会筹备和全州体育工作。州委李培书记、州政府黄文武州长等州领导多次视察省运会场馆建设和运动员训练，亲自指挥省运会办赛参赛工作。各县（市）和州直各部门、各单位自觉将承办筹备和体育工作放在重要位置，积极参与和投身体育工作之中。文山市、砚山县和富宁县投入了大量的人力、物力和财力，在场馆建设、城市环境提升等方面为省运会的成功举办做出了突出贡献。“十一五”期间，各级党委、政府对体育工作的重视、关心和支持是空前的，全州体育工作呈现出欣欣向荣的生动局面。

**承办省运会圆满成功。**在州委、州政府的正确领导和省体育局的关心支持下，经过各方面的共同努力，省第十三届运动会全面实现了“组织周密、环境优美、设施优良、服务优质”的总体目标。竞赛组织高效有序，组织程度之严密、工作运转之高效前所未有，得到省领导和省体育局以及社会各界的广泛好评，充分体现了“精彩省运，和谐文山”的主题，实现了“创一流水平、促和谐发展”的目标，是一届体现时代特征、文山特色、体育特点的省运盛会。

2010年8月17日，省委书记、省人大常委会主任白恩培深入文山调研体育工作。

副省长高峰（中）检查指导省运会场馆建设。

**群众体育蓬勃开展。**“十一五”以来，我州以建设群众身边体育场地、健全群众身边体育组织、开展群众身边体育活动为重点的全民健身服务体系建设取得新成果。体育社会组织逐步完善，群众体育社会组织网络覆盖城乡，全州建立单项体育社团组织70个、体育传统项目学校6所、青少年体育俱乐部4个、少数民族体育训练点6个，社会体育指导员达1302人。全民健身活动广泛开展，“全民健身与奥运同行”、“全民健身展示活动”、“全民参与健身，精彩和谐省运”等主题系列健身活动内容丰富、形式多样、特色鲜明，参与健身的人数逐年增加。8月8日“全民健身日”活动不断掀起全民健身运动的高潮，群众参与普及程度明显提高。青少年、职工、农民、妇女、老年人体育健身活动广泛开展，少数民族传统体育、残疾人体育进一步加强。参加省第八、第九届民运会和省第七届农运会、第八届残运会取得较好成绩。成功举办全州第八届民运会。全州82个单位和26个个人受到国家体育总局和省体育局的表彰。

州委书记李培（右三）、州长黄文武（右一）、省体育局局长杨宁（右二）等领导检查省运会筹备工作情况。

**竞技体育实力增强。**“十一五”以来，我州以全力备战和参赛省第十三届运动会为重点目标的竞技体育取得新突破。运动员和教练员队伍日益壮大，重点项目战略成效明显，科学化训练水平日益提高，综合实力和水平得到进一步提升，参加省第十三届运动会总分获得1162.5分，排名全省16个州（市）第四位。夺得49.5枚金牌，金牌总数超过红河省运会，排名全省16个州（市）第五位，金牌总数和总分均排名全省8个少数民族自治州的第一位。建成1个全国举重高水平后备人才基地、4个省级训练点和11个州级训练点，向国家、省输送优秀后备人才136名，5名运动员代表云南参加第十一届全运会。相继承办全国举重冠军赛、全国青年男子篮球联赛、全国山地自行车冠军赛等全国性单项赛事。成功举办全州第三届中小学生运动会。

州体育局党组书记、局长赵信民（右）检查指导省运会备战训练情况。

**体育基础设施建设投入实现历史性突破。**“十一五”以来，我州紧紧抓住承办省第十三届运动会的重要机遇，加快体育基础设施建设。五年间，全州共投入资金6个亿，建成了一批高水准的体育场馆。文山建成集盘龙体育场、游泳馆、网球馆和综合训练馆为一体的文山体育中心，富宁建成天成体育馆，砚山建成墨山体育馆，广南建成民族体育健身中心（体育场、网球馆、灯光球场），麻栗坡建成标准灯光看台篮球场和体育馆在建。州体职校完成搬迁并顺利实施第一、二期工程，建成举重、摔跤等项目6个训练房。此外，实施完成“雪炭工程”1个、“民康工程”1个、“两康工程”项目1个、全民健身路径 60 条、“农民体育健身工程”123个和自筹资金完成全州所有乡镇政府所在地的“一场一室”工程建设。社会投资体育场馆建设力度逐渐加大。

**体育产业进一步发展。**发展体育产业意识不断增强，体育经营项目和从业人员不断增多，体育场馆使用效率不断提高，体育消费日趋扩大，探索体育与文化、旅游联动发展取得一定成效，社会办体育积极性增强，全州体育产业呈现逐渐兴起的态势。深入贯彻《彩票管理条例》，体彩销售平稳发展，“十一五”期间，全州共销售体育彩票35221万元，为国家筹集体育彩票公益金 12327 万元。

党的建设、精神文明建设、体育宣传、体育干部队伍建设等得到进一步加强。通过深入开展学习实践科学发展观、“创先争优”、“三个一”和学习型党组织创建活动，全州体育系统干部职工的思想建设、作风建设得到进一步加强，党组织的战斗堡垒作用和共产党员的先锋模范作用进一步发挥；各级体育部门总揽全局、科学决策和执政能力有新的提高。推行法治政府、责任政府、阳光政府、效能政府16项制度，不断提高政府部门公信力。扎实开展精神文明创建活动，州体育局先后两度荣获省级“文明单位”称号。坚持正确的舆论导向，体育宣传呈现百花齐放的良好态势，以省运会为载体的体育宣传再展体育魅力与风采。不断加强体育干部队伍建设，干事创业、谋求发展的精神面貌焕然一新。

“十二五”时期，全州体育工作将以邓小平理论和“三个代表”重要思想为指导，深入贯彻落实科学发展观，着眼于体育强国、体育强省的奋斗方向，以新一轮西部大开发和文山实施云南面向泛珠三角和东盟开放新高地战略为契机，以增强全州人民体质、提高人民群众身体素质为目标，围绕中心、服务大局，求真务实、开拓创新，突出文山特色，力争重点突破，加快转变体育发展方式，突出重在为民、重在提升、重在发展、重在持续的实践要领，广泛开展全民健身运动，提高竞技体育水平，改善体育基础设施，努力培育和开发体育产业，进一步增强为经济建设服务的能力，为我国从体育大国向体育强国迈进、我省建设体育强省和构建和谐文山作出积极贡献。

田径

游泳

大众广播操

少数民族健身操

# 文山州建设局

文山开化商贸城，是云南省首屈一指的高层单体建筑，它拥有1.3万平方米的空中花园，6万多种的批发零售专业综合市场，是文山州雄伟高大的地标工程。

文山七花广场是文山州“花园式广场、城市大客厅”的一个代表，占地170亩，广场以突出壮族苗族文化为特色，景观优美、功能完善，是文山城市居民休闲健身的中心。

文山三七国际交易中心是中国文山三七产业园区的重点项目，总点地面积为43543平方米，中心大楼总占地面积为20047.56平方米，总建筑面积为50700平方米，A/B/C三个区域，其中B/C两个区域为交易区，总投资9600万元。文山三七国际交易中心是中国乃至世界目前最大的三七专业交易市场。

莲湖公园是广南主要的休闲娱乐中心，它是八宝省级风景名胜区的重要景点之一。莲湖公园总面积约23万平方米，莲湖中心有湖心楼。1997年，集资近千万元，历时两年把莲湖公园改造成城中心最绿的全新的景色。

2004年，为了解决全州公务员住房难问题，经州人民政府研究决定，在州府所在地建盖“公务员小区”，解决了全州２千余户公务员住房问题。

文笔塔　矗立于县城东侧东文山顶。清康熙中期建，拱翼学宫，景名“雁塔秋风”，为文山八景之一。抗战中期修筑防御工事全部拆除，现重建新塔高49米，七层八翘，比旧塔更为壮观。

文山民族饭店是文山州投资最大的饭店，共占地4800多平方米，可容纳700人同时就餐，设有28个豪华包间，最大的200多平方米，巨大的餐桌可供30人一起就餐。

城市亮丽工程

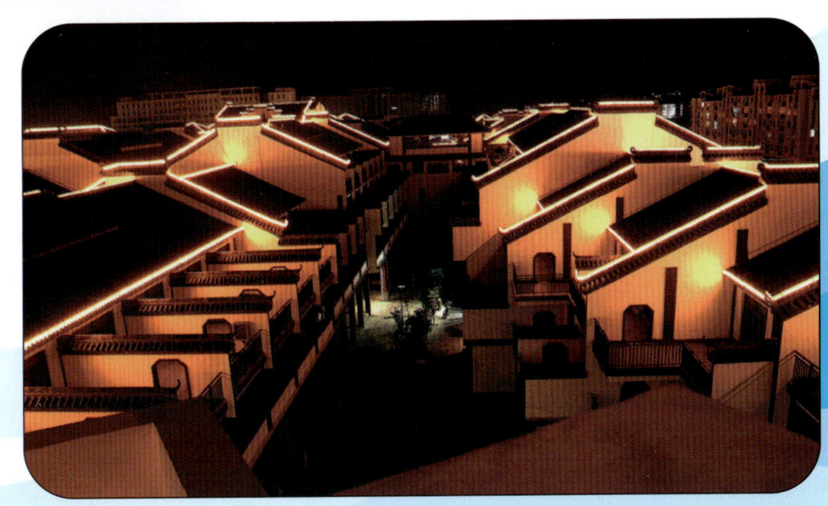

文山民族村是一个占地141.75亩的融民族文化与商业经营于一体的地产项目，他汇集了全省、甚至全国优质品牌，且富于文山民族文化特色，同时也为正欲腾飞的文山州树起一个既能与其“通边达海”的全新战略地位相匹配，又能展现城市建设新标高的商业中心区。

# 文山州林业局

局党组书记　李 康

文山州林业干部职工紧紧围绕“十一五”全州林业规划的总体目标，坚持走大工程推动大发展，大产业带动大效益的路子，积极争取中央和省的支持，切实贯彻落实国家和省关于加快林业发展的一系列政策措施，加速发展现代林业，加快建设生态文明，克服了雨雪冰冻灾害、特大旱灾等给林业造成的困难和影响，圆满完成了“十一五”规划的各项任务，取得了显著的成效。

---生态建设飞跃发展。五年间，全州共争取到中央和省对文山林业的扶持资金以及争取到地方政府投入的林业专项扶持资金13.8亿多元，与“十五”7.8亿元相比增加6.0亿元，增幅177%。全州共完成人工造林336.4万亩（含飞播造林11.4万亩），有林地面积由“十五”期末的1417万亩增至1535.3万亩，增幅为7.07%；森林蓄积量由“十五”期末的4460.8万立方米增至4761.0万立方米，增幅为 6.3 %；森林覆盖率（含灌木）由“十五”期末37.6%提高到41%，增加3.4个百分点。全州森林覆盖率和森林蓄积量实现了持续的双增长，整体生态状况得到了明显的改善。

---林业产业日益增强。州委、州政府制定出台《关于加快林业发展建设“森林文山”的决定》和《关于加快林业产业发展的实施意见》，开展了首批州级林产业龙头企业的评选，并从组织领导、示范带动、激励机制、投资力度等方面采取了一系列行之有效的措施来加速推动全州林产业的发展。全州木材加工和以草果、八角等为主的特色经济林等一批传统优势产业继续巩固和进一步发展，森林旅游业、花卉苗木、野生动物驯养和以油茶、核桃为主的木本油料等新兴产业异军突起，产业布局得到优化，经营规模明显扩大。2010年全州林业产业产值达到21.6亿元，是2005年9.45亿元的2.2倍，全州油茶、核桃面积达到184.5万亩，以杉木、旱冬瓜、西南桦、桤木、桉树、松树、拟单性木兰等为主的速生丰产林、珍贵用材林面积累计达到多1270多万亩，以草果、八角、李、石榴、梨、柑桔、板栗等为的特色经济林面积达到100多万亩，花卉苗木面积达到53亩，16.5万枝

局党组副书记、局长付永刚

党组书记李康到基层调研核桃产业

州委书记李培、州长黄文武陪同副省长刘平在广南县调研油茶产业。

局长付永刚在广南调研油茶产业

（盆）；野生动物驯养繁殖户发展到30户，存栏10万余头（只）,木材加工企业发展到了469家。

---林业机制不断创新。“十一五”期间大力推进林业体制改革，破解“三农”问题2006年6月在砚山县试点，2007年7月全州全面铺开，历时四年多的时间，全州共完成林改村组数14821个，确权户数599644户，确权面积2289.1万亩，发放林权证529416本，集体林均山到户率为85.5%，全面完成了主体改革任务，并初步探索出台了林木林地流转、林业投融资等一些相关的林改配套政策措施，全州集体林权制度改革取得了显著的阶段性成效。同时，开展林业的综合执法、天保工程区人工商品林采伐、中低产林改造、森林采伐管理改革等方面的试点工作，充分调动林业执法人员工作的积极性，提高林业执法队伍的形象，尊重林农经营自主权，减少林木采伐审批环节，进一步调整和改善林分结构，提高低质林分质量，增加林业产值，促进林农收入等方面作了积极的探索。

---森林资源保护形成合力。坚持贯彻执行“造管并重”的林业方针，着力在执行森林限额采伐、林地管理、木材流通、森林防火、森林病虫害防治、林区治安综合治理等方面下功夫，组织开展了“飞鹰”、“利剑”、“绿盾”等一系列打击破坏森林资源的专项行动，狠抓森林资源管护工作。五年间，全州共立各类森林刑事案件436起，破394起，破案率为90.3%；发生各类林政违法案件3445起，查处3438起，查处率达99.8%，实施行政处罚3880人次，收缴木材7493立方米，为国家挽回直接经济损失649.1万元，共依法审核审批征占用林地137宗，收取森林植被恢复费6449万元。共完成森林病虫害防治面积157.5462万亩，防治率达到了91.93%。共完成新建沼气池9.5万口，推广节柴灶3.16万户，推广太阳能1.04万平方米，森林资源能源性消耗由“十五”末的80.6万立方米下降到现在的36.6万立方米。全州实施森林生态效益补偿面积650.67万亩(国家级公益林441.50万亩，省级公益林209.17万亩)，投入补偿资金5118.43万元，取得了生态受保护，农民得实惠的显著成效。森林防火经受住了冰冻雨雪灾害带来的不利影响和百年不遇的持续干旱天气的考验,没有发生人员伤亡事故和大的森林火灾，各项林火指标均在省下达我州的森林防火控制指标内，实现了连续24年无重特大森林火灾的好成绩；同时，还积极争取实施了滇东南重点火险区一期基础设施建设项目，争取项目投入资金1038万元，使全州森林防火基础设施得到了明显改善，森林防火的综合防控能力得到了显著的提高。全州自然保护的管理手段日趋完善和成熟，积极做好富宁驮娘江省级自然保护区的修编和丘北普者黑、广南八宝省级自然保护区的接收工作；启动实施了野生动物的肇事补偿；成功开展了毛枝五针松、云南金钱槭两个树种的种群重建及华盖木极小种群的回归试验和保护示范项目，使我州的极小种群保护工作积累了丰富经验，工作走在了全国的前列。

---林业支撑保障能力不断增强。围绕各种工程造林以及油茶、红豆杉、核桃等特色经济林产业的发展，先后争取国家投资建成了一批不同生态区域、不同树种类型的林木良种繁育基地和采种基地，种苗基础设施建设得到了明显的改善和提高，至2010年末，全州已建有各类苗圃189个、良种采种（穗）基地14处，年均生产苗木17370万株以上、种子12010多万公斤，并加强了林木种苗质量监督检验工作，提高了良种壮苗的使用率，良种使用率由2005年的43%提高到2010年的49%以上。争取了滇东南岩溶山区植被恢复研究、滇东南岩溶地区石漠化综合治理试验示范、木兰科珍稀濒危树种栽培技术示范、八角早实丰产栽培技术示范推广、油茶无性系繁育技术应用研究等一批国家级、省级、州级的林业科技研究、推广项目，取得了一批重要的科技成果。组织培训林业技术干部1200名，培训林农8万人次，推广各类林业技术项目11项，完成技术推广面积4万亩。重新修订了《云南省文山壮族苗族自治州林业管理条例》和《云南省文山壮族苗族自治州森林和野生动物类型自然保护区管理条例》，依法治林取得新进展；启动了国有林区棚户区和国有林场危旧房改造工程；组织完成了5个基层林业站的标准化建设；全州林业的发展环境得到了进一步优化，林业的综合支撑保障能力得到了明显的提升。

局长付永刚看望退休老干部

州委、州政府领导为集体林权制度主体改革先进个人颁奖

油茶低产林改造后硕果累累

# 文山州民政局

2010年是文山州民政工作历史上很不平凡的一年。面对百年不遇的特大旱灾和后金融危机的持续影响，全州各项社会救助和社会事务工作不断加强和完善，取得新突破。年中20多项工作、30多位干部得到上级部门的表彰、肯定，年终全州民政工作综合考评勇夺全省民政系统目标考核一等奖。

省民政厅长王树芬到文山视察工作

2010年，文山州遭受了百年不遇的特大旱灾，造成直接经济损失20多亿元。争取到上级下拨救灾专项资金6548万元，州慈善总会和各县接收捐赠办共筹集到4065万元及大量救灾物资等，累计投入救灾资金9580万元，救助49.8万受灾群众，解决192万人的饮水困难。共纳入城市低保对象56846人，累计支出保障金9117万元，继续保证了动态管理下的“应保才保”；纳入农村低保对象总数达到40.45万人。共有农村五保对象15953人。资助58万多人（次）实施城乡医疗救助和参保参合，支出救助金5300多万元。全州为32631名优抚对象、222名军休干部、90户危房改造、151名退役士兵自谋职业等发放各类补助经费1.93亿元。全州第四届村委换届选举工作圆满完成，900个村民委员会，依法选举产生“两委”班子成员9931名。老龄工作以落实《云南省老年人权益保障条例》为主线，全年发放80岁以上高龄老年人各种生活补助费1600万元。福利彩票销售实现“保亿增点”目标，共销售1.065亿元。

慰问群众

与群众亲切谈心

慰问群众

查看火灾烧毁的农房

深入富宁县木央镇查看灾情

抗大旱保民生粮食救助仪式

民政系统“十二五”项目规划编制培训会

投资建成的新寨社会主义新农村

共商抗旱计策

春节慰问活动座谈会

向挂钩村群众发放抗旱捐助款

为受灾群众送去甘露

坝子村干旱开裂的农田

# 云南省

省监狱管理局局长马林到文山监狱视察工作

2007年1月10日，经省政府批准，撤销砚山监狱（铳卡农场）、丘北监狱（新沟农场），合并组建云南省文山监狱，并于2007年1月23日正式挂牌成立，是隶属于云南省监狱管理局的正处（县）级国家刑罚执行机关。根据云南省编委通过的“三定”方案，监狱设处级领导（实职）职数15人，内设机构为39个科级单位（部门），主要职能是根据《刑法》、《监狱法》等规定，依法执行刑罚。监狱机关设在砚山县城，随着监狱布局调整的推进，投资1.77亿元、占地222亩的文山监狱新建工程在砚山县城开发区紧张建设，预计2011年10月竣工并投入使用，届时，文山监狱将成为一所功能完善、配套齐全、结构合理、条件优越的现代化大型监狱。

深入开展执法大培训、岗位大练兵活动

文山监狱成立以来，监狱党委以科学发展观为统领，坚持监狱工作方针不动摇，以“政法三项重点工作”为着眼点，以推进改革创新为动力，以加快建设发展为保障，切实强化和发挥监狱职能，着力提高正规管理水平，着力提高教育改造质量，为维护地方社会稳定，促进地区经济社会发展作出了积极贡献。

**队伍建设长足发展。**党委始终把建一流班子、带一流队伍、创一流业绩作为队伍建设的头等大事，积极开展创建学习型党组织、创先争优、社会主义法治理念教育、解放思想大讨论、学习实践科学发展观、“三个一”主题实践、执法大培训、岗位大练兵等一系列教育活动，提高警察队伍的思想素质和执法能力。2007年被评为云南监狱系统岗位练兵先进基层单位、社会主义法治理念教育活动先进基层单位，2008年被文山州人民政府评为无偿献血先进单位。监狱成立以来，有2人分别获得部级、厅级表彰，11人次分别荣立个人三等功，一支政治坚定、忠诚可靠、业务精通、作风优良的高素质警察队伍已经成为新时期推动监狱改革发展的动力源泉。

邀请省内著名教授金子强到监狱举行反腐倡廉专题讲座

**强化职能行使，教育改造质量不断提高。**深入开

威武整齐的警体训练方队

威武整齐的警体训练方队

# 文 山 监 狱

开展“公正文明执法、促进监狱安全稳定”、“监狱工作专项整顿”、“安全稳定专项排查整治”等活动，不断推进执法规范化建设和监狱正规管理；深入推进狱务公开，大力加强执法监督，维护执法公正透明；严格落实宽严相济刑事司法政策，不断提高教育改造质量；积极开展服刑人员心理咨询和心理辅导班，心理健康教育全覆盖；重视并加强服刑人员艺术团建设，监区文化丰富活跃，服刑人员思想、文化、技术、心理教育效果不断显现，大批服刑人员脱盲或完成小学、初中文化教育，累计663名服刑人员获得职业技能证书，为回归社会打下了坚实基础。监狱多次被评为云南监狱系统个别教育先进单位。

**警示教育成果显著。**2005年，文山州预防职务犯罪基地在监狱成立以来，先后有州、县交通、国税、交警、政府、法院等系统和部门组队到监狱开展预防职务犯罪警示教育累计80批次，有7555人次接受教育，其中公务员5000人次，监狱提供现身说法服刑人员160人次。同时，根据当地教育部门和中、小学校的要求，监狱挑选青年服刑人员到文山州财贸学校、文山州民族师范学校、砚山县一小等学校开展警示教育累计13场次，18936名师生受到教育，为全州预防犯罪工作作出监狱应有的贡献。

**支援捐助，帮扶济困。**积极帮扶对口援助地区丘北县舍得乡经济社会建设，多年来监狱警察职工捐款捐物，与舍得人民手拉手、心连心，共同建设美好舍得，赢得了舍得乡干部群众的肯定和好评；汶川特大地震发生后，警察职工秉持一方有难、八方支援的中华民族传统美德，主动捐款累计107939元，支援灾区重建；得知砚山县一教师子女梁某患白血病需要大笔治疗费用时，警察职工踊跃捐款41231元，为患者战胜病魔献上了一份爱心；全省遭遇特大旱灾时，警察职工慷慨解囊，主动捐款……体现了监狱人民警察是一支让党放心、群众信赖、为人民服务的坚强队伍。

执法大培训岗位大练兵知识竞赛现场

练就过硬本领，作好应急准备，增强处突能力。

文山监狱代表队参加全省监狱系统警体技能大比武

加强服刑人员职业技能培训，为刑释后就业打基础。

丘北县组成帮教团对服刑人员开展帮教活动

# 文山州委党校

校党委书记、常务副校长黄家仁

团结奋进的党委班子（左起：党委委员、校院办主任卢学东，党委委员、副校院长梁龙砚，党委委员、副校院长黎权，党委书记、常务副校院长黄家仁，党委副书记、副校院长丰云明，党委委员、副校院长汪玲，党委委员、组织人事科长杨麟）。

多功能报告厅（使用面积1000平方米，空调、多媒体、音响设备齐全，能容纳200余人进行培训、会议等活动。曾多次承接州的重要会议及各种培训）。

培训班开班

开学典礼

学员餐厅（建筑面积3156平方米，能容纳1100人就餐，提供快餐、自助餐、包席和会议服务，名师掌厨，擅长烹饪具有文山地方特色的风味佳肴。一楼有大餐厅1个，小包1个；二楼设有大餐厅1个，自助餐厅1个，大包1个，中包2个；三楼建有多功能报告厅1个，活动室3个）。

学员公寓（建筑面积 5787 平方米，集住宿、教学、会议、休闲为一体，功能性和实用性特点显著。一楼建有多媒体教室1个，会议室3个，能满足会议和教学需要；二楼设有茶室1个，可供100多人休闲娱乐。房间设施按三星级宾馆配置，内设套房 2 间、单间29间、标间79间，能充分满足顾客）。

# 文山州年鉴

# Wen shan zhou nian jian

（2011 版）

文山壮族苗族自治州地方志编纂委员会办公室

德 宏 民 族 出 版 社

**图书在版编目（CIP）数据**

文山州年鉴．2011/文山州地方志办公室 编．—潞西：德宏民族出版社，2011.7

ISBN 978－7－80750－502－0

Ⅰ．①文… Ⅱ．①文… Ⅲ．①文山壮族苗族自治州—2011—年鉴 Ⅳ．①Z527.42

中国版本图书馆CIP数据核字（2011）第138855号

书　　名：文山州年鉴．2011
作　　者：文山州地方志办公室　编

| | | | |
|---|---|---|---|
| 出版·发行 | 德宏民族出版社 | 责任编辑 | 方　萍 |
| 社　　址 | 潞西市勇罕街1号 | 责任校对 | 毕　兰 |
| 邮　　编 | 678400 | 封面设计 | 冉向阳 |
| 电　　话 | 0692－2111881　2112886 | 印　　刷 | 昆明捷成杰彩印包装有限公司 |
| 网　　址 | www.dmpress.cn | | |
| 开　　本 | 大16 | 版　　次 | 2011年7月第1版 |
| 印　　张 | 26.2 | 印　　次 | 2011年7月第1版 |
| 字　　数 | 740千字 | 印　　数 | 1－1000册 |
| 书　　号 | ISBN 978－7－80750－502－0/Z·156 | 定　　价 | 220.00元 |

## 《文山州年鉴》编辑委员会

# 《文山州年鉴》编辑部

# 撰稿人员名单

| | | | | | | |
|---|---|---|---|---|---|---|
| 冉向阳 | 李明照 | 李正方 | 蔡方坤 | 张世高 | 梁　韬 | 廖志福 |
| 王文波 | 陈兴宏 | 郑　谦 | 裴忠华 | 朱良冬 | 娄孝发 | 王荣琥 |
| 李俊美 | 刘嘉俊 | 那春华 | 胡廷汉 | 依延光 | 韦玉和 | 丁素芬 |
| 韩本林 | 徐金铭 | 周维丽 | 唐　羽 | 柏天明 | 熊　明 | 黄志标 |
| 盘玉贵 | 郭朝友 | 张海静 | 赵仁海 | 李有庆 | 戴　华 | 孙邦兴 |
| 杜云善 | 胡广胜 | 樊晓东 | 王文超 | 赵仁宝 | 刘光辉 | 阳　永 |
| 王汉章 | 马天梅 | 赵　围 | 黄成平 | 岳卫民 | 龙虹宇 | 邓月中 |
| 杨洪平 | 刘先会 | 李雅文 | 沈建武 | 沈　良 | 蒋茂军 | 马　平 |
| 邓一文 | 叶茂飞 | 刘富尧 | 刘红光 | 王凌云 | 施爱萍 | 谭金海 |
| 单汝德 | 黄上途 | 陈光兴 | 王海云 | 李天发 | 岳　航 | 普中学 |
| 杨　铭 | 农瑞斌 | 张剑林 | 廖邦明 | 朱民仆 | 张美淑 | 沈开宏 |
| 伍　宾 | 李　剑 | 冯光照 | 黄治龙 | 李俊杰 | 陆雄廷 | 肖兢平 |
| 佟万奇 | 姚　磊 | 权志国 | 何建华 | 保信樯 | 刀云福 | 黄　鑫 |
| 王成虎 | 李　清 | 张继敏 | 杨寿华 | 依朝成 | 王　俊 | 张永明 |
| 李洪文 | 伍丽芳 | 雷梦婷 | 张惟竣 | 郑维华 | 任一莲 | 李天友 |
| 农玎玲 | 陈　敏 | 郑　星 | 李代林 | 张仁翊 | 陆绍团 | 王正洪 |
| 黎福禄 | 王佳林 | 王星满 | 冯德亮 | 周贤波 | 邓文权 | 刘　展 |
| 余小丹 | 王　文 | 高保元 | 唐明磊 | 李云章 | 资荣华 | 杨绍平 |
| 元文跃 | 黄志高 | | | | | |

# 编辑说明

一、《文山州年鉴》(2011)版，是由中共文山州委、州人民政府主办，文山州年鉴编辑委员会负责编辑出版的，系统记述文山州自然、政治、经济、文化、社会等方面情况的年度资料性文献。其宗旨是坚持以马列主义、毛泽东思想、邓小平理论、“三个代表”重要思想和科学发展观为指导，实事求是，力求客观、全面系统反映文山州 2010 年度各方面情况，为文山州各级领导、各部门决策和指导工作服务。

二、本年鉴共设特载、大事记、州情概况、党的建设、人大、政协、党派群团、法治、军事、对外开放、特色产业、扶贫开发、基本国策、基础建设、信息业、经济、社会事业、民生保障、各县概览、人物 20 个类目。

三、书中出现的“年内”、“全年”系指 2010 年，“上年”、“去年”指 2009 年。州级各部门带有共性的工作，如挂钩扶贫归属扶贫开发类目。

四、本年鉴体例采用分类编辑法，分一、二、三级目，以条目为主。一级目为大部类，如法治、军事、基本国策、基础建设等；二级目设于一级目下，如纪检监察、人事管理、公安、审判、环境监督保护、交通运输等；三级目为条目，以黑体字加“【】”标注。

五、为便于读者查阅，本年鉴设有目录(中、英文)和索引，目录在卷首，索引在卷末。目录编排到条目(英文到分目)，索引采用主题分析法编制，按主题词首字汉语拼音音序排列。

六、由于年鉴中所插照片来源不一，故对摄影者姓名不再作注明。

七、本年鉴稿件由州属各部门(单位)、各县、省驻文单位和驻文部队提供，统计数据均使用法定单位。全书最后经文山州年鉴编辑委员会终审，批准出版。

《文山州年鉴》编辑部

2011 年 7 月

#  

# MAIN CONTENTS

## 特　载
**Special Carrier**



## 大　事　记
**Major events(in2010)**



## 州情概况
**State of the State Overview**

### 文山壮族苗族自治州
**Wenshan zhuang and miao autonomous prefecture**



## 党的建设
**Party building**

### 重要会议
**Important meeting**

## 重要活动

**Important activity**



## 重要工作和决策

**Important work and decision – making**



## 办公室工作

**Loval govenment office**



## 纪检监察

**Discipline inspection and supervision**

## 组织工作

**Organization work**



## 宣传工作

**Propaganda work**



## 政策研究

**Policy study**



## 保密工作

**Privacy organs**



## 机关党务

**Party affairs of institution**



## 党史征研

**Research on party's history**



## 党校教育

**Education in party school**

### 老干部工作
**Work of older cadres**



## 文山州人大常委会
**Wenshan prefecture peoples congress**

### 重要会议
**Important meeting**



### 重要活动
**Important activities**



## 文山州人民政府
**Wenshan Peoples Government**

### 重要会议
**Important meeting**

## 重要政务活动

**Important activities and affaris**

## 重要工作

**Important Work**

### 办公室工作
**Loval govenment office**



### 人事管理
**Personnel**



### 发展研究
**Development and research**



## 政协文山州委员会
**Peoples political consultative conference of china, wenshan committee**

### 重要会议
**Important meeting**



### 专门委员会工作
**The work of special committees**



### 重要活动
**Important activity**



### 重要提案
**Important proposals**

## 党派　群团
**Political parties and mass organizations**

### 民　盟
**China Democratic League**



### 工商联
**Federation**



### 工　会
**Privacy organs**



### 共青团建设
**Youth leagues**



### 妇女工作
**Women's federation**



### 社会科学
**Social science**



### 科技普及
**Technology diffusion**

### 文学艺术
**Literary Arts**



### 归侨侨务
**Returned Overseas Chinese Affairs**



## 法　治
**The rule of law**

### 政　法
**Politics**



### 政府法制
**Government Legal**



### 公　安
**Public security**



### 检　察
**Attorney**



### 审　判
**Trial**

## 司　法
**Judicial**



# 军　事
**Military**

## 文山军分区
**Wenshan subdistricts**



## 公安边防
**Border Police**



## 武装警察
**Armed Police**

### 消防安全
**Fire Safety**



### 人民防空
**Civil Air Defense**



## 对外开放
**The basic national policy**

### 招商引资
**Population and Family Planning**



### 商　务
**Business**



### 外事侨务
**Foreign affairs and overseas Chinese affairs**



### 海　关
**Customs**



### 出入境检验检疫
**Entry – exit inspection and quarantine**



### 旅游业
**Tourism**

# 特色产业

## 三　七
**Thirty seven**



## 烟　草
**Tobacco**



# 扶贫开发
**Poverty Alleviation and Development**

## 扶贫开发
**Effectiveness in alleviating poverty**



## 政策措施
**policies and measures**



## 扶贫会议
**Poverty Conference**



## 社会帮扶
**Social assistance**



## 其　他
**Other**



# 基本国策
**The basic national policy**

## 人口与计划生育
**Population and Family Planning**

## 环境监督保护
**Environment Protection Authority**



## 国土资源管理
**Land and Resource Management**



# 基础建设
**Infrastructure**

## 交通运输
**Transportation**



## 城乡建设
**Urban and rural construction**



## 水利水电
**Water Resources and Hydropower**

## 信息业
## Information Industry

### 电子政务
### E – Government



### 邮　政
### Postal



### 电　信
### Telecommunications



### 移动通信
### Mobile Communications



### 联　通
### Unicom



### 无线电管理
### Radio Management



# 经　济
# Economic

## 农　业
## Agriculture

### 种植业
### Planting

## 农业科技
**Agricultural Science and Technology**



## 农业机械
**Agricultural machinery**



## 渔　业
**Fisheries**



## 畜牧业
**Livestock**



## 乡镇企业
**Township enterprises**



## 林　业
**Forestry**



## 农　垦
**Land Reclamation**

# 工　业
# Industry

## 工业管理
## Industrial Management



## 电　力
## Electricity



## 电　网
## Grid



## 矿　业
## Mining



## 工业园区建设
## Industrial parks



## 冶　金
## Metallurgy



## 建　材
## Building Materials



## 煤　炭
## Coal



## 制　药
## Pharmacy



## 机　械
## Machinery



## 化　工
## Chemical industry



## 轻　工
## Light Work

## 农副产品加工
**Agricultural processing**



## 非公有制经济
**Non－public economy**



# 经济综合管理
**Integrated management of the economy**

## 发展与改革
**Development and Reform）**



## 统　计
**Statistics**



## 审计监督
**Audit supervision**



## 工商行政管理
**Business Administration**



## 质量技术监督
**Quality and Technical Supervision**

## 安全生产监管
**Safety Supervision**



## 银行监督管理
**Buying and selling grain and oil**



## 粮油购销
**Buying and selling grain and oil**



# 财税　金融
**Financial and taxation**

## 财　政
**Financial**



## 国家税务
**State Taxation**



## 地方税务
**Local tax**



## 人民银行
**People's Bank**

### 农业发展银行
**Agricultural Development Bank**



### 工商银行
**Industrial and Commercial Bank of China**



### 农业银行
**Agricultural Bank of China**



### 建设银行
**China Construction Bank**



### 中国银行
**Bank of China**



### 农村信用社
**Rural credit cooperatives**



## 商贸流通
**Trade flows**

### 供销合作
**Supply and Marketing Cooperatives**



### 盐业购销
**Salt buying and selling**



### 物　资
**owned property**

# 社会事业

Social cause

## 教育科技

Educational Technology

### 教　育

Education



### 科　技

Technology



### 防震减灾

Earthquake Disaster Mitigation



### 气象服务

Meteorological Services



### 水文监测

Hydrological monitoring



## 文化　新闻

health sports culture

### 文化事业

Culture

### 广播电视
**Radio and TV**



### 报　业
**Press**



### 档案管理
**File Management**



### 地方志
**The cause of local history**



## 卫生　体育
**Health　Sports**

### 医疗卫生
**Health**



### 红十字事业
**Red Cross cause**



### 食品药品监管
**Food and Drug Administration**

## 体育事业
**Sports**



# 民生保障
**Livelihood security**

## 民族工作
**National Work**



## 宗教事务
**Religious Affairs**



## 民政事务管理
**District Management**



## 老龄工作
**Aging**



## 消费者权益保护
**Consumer Protection**



## 劳动和社会保障
**Social security system**

信访工作
**Letters and visits**



移民开发
**Migration Development**



财产保险
**Property insurance**



人寿保险
**Life insurance**



住房公积金管理
**Housing Provident Fund Management**



残疾人事业
**Cause for the disabled**



# 各县概览
**Overview counties**

文山县
**Wenshan County**



砚山县
**Yanshan County**

## 西畴县
**Xichou County**



## 麻栗坡县
**Malipo County**



## 马关县
**Maguan**



## 丘北县
**Qiubei County**



## 广南县
**Guangnan County**

**富宁县**
**Funing County**



## 人　　物
**Character**



## 索　　引
**Index**

## 编　　后
**Editor**

# 特　　载

责任编辑：江　梅　李万辉

州委州政府举行新农村建设指导员座谈会

# 抢抓历史机遇　加快发展步伐
# 努力开创全州经济社会科学发展新局面

## ——在中共文山州委七届七次全体会议上的报告

李　培

（2011 年 1 月 6 日）

同志们：

这次全委会的主要任务是：深入贯彻落实党的十七大、十七届五中全会、中央经济工作会议和省委八届十次全会精神，回顾总结“十一五”工作，认真谋划“十二五”发展，安排部署今年工作任务，审议《中共文山州委关于制定文山州国民经济和社会发展第十二个五年规划的建议（草案）》，动员全州各族干部群众进一步统一思想、凝聚力量，抢抓机遇、开拓进取，不断开创全州经济社会科学发展新局面。

下面，我受州委常委会委托，向全委会作工作报告。

## 一、锐意进取、开拓创新，“十一五”经济社会发展目标任务圆满完成

2010 年是全面完成“十一五”规划的关键之年。面对国际金融危机的持续冲击和百年不遇特大旱灾的重大考验，州委总揽全局，科学决策，坚定信心，沉着应对，认真贯彻落实中央和省委的各项决策部署，坚持一手抓抗旱保民生，一手抓生产促发展，突出打牢基础、结构调整、产业发展、改善民生四个重点，全力做好经济社会发展各项工作，夺取了抗旱救灾的全面胜利，保证了“十一五”规划的圆满完成，全州继续保持了经济发展、社会稳定、民族团结、边防巩固、人民安居乐业的良好局面。

“十一五”时期是文山发展进程中极不平凡的五年，在省委、省政府的坚强领导下，州委坚持以邓小平理论和“三个代表”重要思想为指导，深入贯彻落实科学发展观，团结带领全州各族干部群众，解放思想、创新思路，迎难而上、奋力拼搏，大力实施农业立州、工业强州、城镇富州、开放活州、科教兴州、和谐稳州“六大战略”，加快生物资源开发、新型冶金化工、现代商贸物流、旅游休闲度假“四大基地”建设和通道经济发展步伐，胜利完成了“十一五”规划的主要目标任务，全州经济建设、政治建设、文化建设、社会建设、生态文明建设和党的建设取得新的重大进展，为“十二五”发展打下了坚实基础。

**（一）综合经济实力大幅提升。**始终坚持把加快发展作为富民强州的第一要务，紧紧扭住经济建设这个中心不放松，国民经济保持了持续快速增长的良好态势。2010 年，预计全州完成地区生产总值 330 亿元，比 2005 年末增加 179.7 亿元，年均增长 13.2%；固定资产投资 275 亿元，比 2005 年末增加 192.7 亿元，年均增长 27.3%；地方一般预算收入 22 亿元，比 2005 年末增加 14.9 亿元，年均增长 25.5%；社会消费品零售总额 142 亿元，比 2005 年末增加 88.6 亿元，年均增长 21.6%；金融机构各项存款余额 387.4 亿元，比 2005 年末增加 255.2 亿元，年均增长 24%；各项贷款余额 271.8 亿元，比 2005 年末增加 162.6 亿元，年均增长 20%；城镇居民人均可支配收入14 600元，年均增长 10.9%；农民人均纯收入2 806元，年均增长 15.5%。三次产业比重由“十五”末的 31：29：40 调整到 23：35：42，产业结构进一步优化，经济发展的协调性不断增强。

**（二）农业农村经济稳步发展。**始终坚持把解决“三农”问题作为重中之重，加大投入力度，大力发展特色优势产业，农业农村经济持续健康发展。平远、丘北两个大型灌区和“兴地睦边”土地整治等农业基础建设成效明显，中低产田地改造创造了闻名全省的“平远速度”，农业综合生产能力不断增强。山区综合开发、中低产林改造深入推进，以油茶、核桃为主的木本油料产业稳步发展；小舍姑和回龙片区现代烟草农业示范项目成为全国、全省的典型，三七、烤烟、辣椒、畜牧等特色优势产业不断发展壮大，农业产业化水平进一步提高。扶贫开发和社会主义新农村建设力度加大，累计投入各类扶贫资金 69.4 亿元，实施整村推进项目 3746 个，基本解决了 92.6 万贫困人口的温饱问题。追栗街镇整乡推进和以县为单位连片开发试点取得明显

成效，涌现出清水塘、马鞍山、塘子边等一批典型。“兴边富民”工程、边疆解“五难”惠民工程、“山瑶”和“僰人”特殊贫困群体扶持发展加快推进，农村群众的生产生活条件明显改善，广大农村面貌正在发生巨大变化。

**（三）工业经济持续快速增长。**始终坚持走新型工业化道路，强力推进“工业强州”战略，以冶金化工、生物制药、电力、建材、农副产品加工为重点的新型工业化体系逐步形成，工业经济的主导地位显著提升。大力推进矿产资源整合，资源综合开发利用水平明显提高，华联锌铟公司、紫金钨业公司等一批科技含量高、经济效益好的矿业企业在资源整合中快速崛起。年产20万吨电石、10万吨锌60吨铟、5 000吨仲钨酸铵、20万吨优质铁合金等重大工业项目建成投产，年产80万吨氧化铝及其配套项目加快推进。马塘工业园区、三七药物产业园区等工业园区建设加速推进，园区聚集效应逐步显现。节能减排任务圆满完成，单位生产总值能耗下降15%，工业发展方式加快转变，发展质量和效益不断提高。

**（四）基础设施建设成效显著。**始终坚持大项目带动大发展，一批事关全局和长远发展的交通、水利、电力、城镇等重大基础设施项目相继建成，全州经济社会发展的“瓶颈”制约逐步缓解。累计完成固定资产投资908.6亿元，比“十五”期间增加696.7亿元。普者黑机场建成通航，广昆高速公路文山段、普炭一级公路先后建成通车，富宁港一期工程、文山至天保等三条四段政府还贷二级公路建设即将竣工，云桂铁路文山段开工建设，全州累计建成高等级公路466公里，完成“两通”工程7150公里，公路总里程达2.5万公里，水、陆、空、铁综合交通网络逐步形成。暮底河、清华洞等重点水源续建工程竣工验收，达号水库、布都河水库等一批水源工程和农村饮水安全工程开工建设，丰收、红舍克等病险水库除险加固工程全面完成，以德厚大型水库为重点的水利规划前期工作进展顺利，累计建成各类水利工程15.2万件，新增库容2.2亿立方米，解决了66.5万人口的饮水安全问题。电源点和骨干电网建设步伐加快，“城农网”改造扎实推进，新建成马鹿塘等水电站60座，全州电力装机达155万千瓦。县城和中心集镇建设步伐加快，市政功能日益完善，全州城镇化率达28.5%，比“十五”末提高6.5个百分点。

**（五）改革开放步伐不断加快。**始终坚持把改革开放作为推动发展的根本动力，着力破除影响科学发展的体制机制障碍，经济发展活力明显增强。集体林权制度主体改革全面完成，配套改革积极推进。投融资体制改革取得重大突破，以州城乡开发投资公司为主的投融资平台实力大幅提升。责任政府、法制政府、阳光政府、效能政府等十六项制度全面实施，新一轮政府机构改革顺利完成，行政管理效能不断提高。农村综合改革、华侨农林场、农垦改革稳步推进，教育、文化、医药卫生等社会事业改革步伐加快，促进科学发展的体制机制逐步完善。文山县顺利撤县设市。成功举办建州50周年庆祝活动和云南省第十三届运动会。先后与云冶、云锡、紫金、云白药、大唐集团等一批省内外大企业集团建立战略合作伙伴关系，与越南等东盟国家的合作与交流进一步深化，对外开放水平不断提高。非公有制经济蓬勃发展，招商引资成效显著，累计实施国内经济合作项目1 031个，引进资金302亿元，比“十五”期间增长5.2倍；完成外贸进出口总额5.1亿美元，年均增长33%。

**（六）民生保障能力有效提升。**始终坚持以人为本，大力推进以改善民生为重点的社会建设，着力解决关系民生的重点、难点和热点问题，人民生活水平不断提高。坚持优先发展教育，文山师专升格为本科院校，“两基”工作顺利通过国检，农村中小学D级危房改造等重大教育基础工程全面完成，职教园区建设顺利推进，各级各类学校办学条件明显改善，教育教学质量进一步提高。覆盖县乡村三级的医疗卫生服务网络基本形成，新型农村合作医疗参合率达到95.5%，城乡居民医疗保障水平明显提高。文化、体育公共基础设施不断改善，民族文化得到较好传承发展，涌现出《坡芽歌书》、《丽哉勐僚》、《踩山舞云》等一批文化艺术精品。广播电视“西新工程”和“村村通”工程顺利实施，广播、电视覆盖率分别提高到92.1%和92.3%。新建廉租房17 130套85.7万平方米，完成农村民居地震安全工程和农村危房改造工程44 910户，城乡低收入群体住房困难问题得到有效缓解。认真落实“贷免扶补”等政策措施，鼓励支持创业带动就业，城镇登记失业率控制在3.5%以内。城乡社会保障体系和社会救助体系进一步健全，保障救助对象达163.4万人。

**（七）和谐社会建设全面加强。**始终坚持正确处理改革发展稳定的关系，在加快发展中推进社会和谐稳定，在社会和谐稳定中促进经济发展。广泛开展法制宣传教育，依法治州进程不断加快。支持各级人大及其常委会围绕全州中心工作依法行使职权，组织开展工作监督，制定和修订了《文山三七发展条例》、《文山州城乡规划建设管理条例》等一批地方性法规，立法质量和监督实效进一步提高。支持各级政协不断丰富协商形式，规范协商程序，畅通监督渠道，推进履行职能制度化、规范化、程序化。工会、共青团、妇联等人民团体桥梁纽带作用充分发挥，爱国统一战线不断发展壮大，民主团结、生动活泼、安定和谐的政治局面进一步巩固。社会主义核心价值体系建设深入推进，群众性精神文明创建活动广泛开展，舆论引导能力逐步提高，宣传思想工作卓有成效。“七彩云南文山保护行动”深入开展，盘龙河流域综合治理、退耕还林、石漠化治理等重点生态工程深入实施。“森林文山”建设积极推进，全州森林覆盖率达41%，比“十五”末提高3.4个百分点。扎实推进“平安文山”建设，社会治安防控体系不断完善，政法综治维稳工作取得新的业绩。深入开展领导干部大下访、大接访活动，新形势下群众工作得到加强。强化安全生产监督管理，安全生产形势持续稳定好转。党的民族宗教政策得到较好落实，平远地区、老山片区民族团结进步示范创建活动深入推进，“三个离不开”的思想更加深入人心。“双拥”工作和国防后备力量建设全面加强，军民融合式发展成效显著，军政军民关系更加密切。

**（八）党建科学化水平明显提高。**始终坚持党要管党、从严治党，全面推进党的思想、组织、作风、制度和反腐倡廉建设，党的执政能力建设和先进性建设不断加强。先后组织开展了解放思想大讨论、深入学习实践科学发展观、“三个一”主题实践

和创先争优等一系列学习教育活动，学习型党组织建设扎实推进，各级党组织的凝聚力、创造力和战斗力进一步增强，领导科学发展的能力和水平不断提升。坚持德才兼备、以德为先的用人标准，加大对优秀年轻干部、少数民族干部、女干部和党外干部的培养选拔力度，一批政治坚定、素质过硬、实绩突出、群众公认的干部走上领导岗位，各级领导班子和干部队伍建设进一步加强。大力推进公开选拔、竞争上岗等竞争性选拔干部工作，选人用人公信度明显提高。扎实推进基层党组织建设，深入实施"云岭先锋"工程和"边疆党建长廊"建设，"两新"组织建设、数字党建工作取得新进展，党的工作覆盖面不断扩大。严格落实党风廉政建设责任制，深入推进领导干部问责制，扎实抓好党性党纪党风教育，加强对中央和省委重大决策部署落实情况的监督检查，严肃查办违纪违法案件，坚决纠正损害群众利益的不正之风，县、乡、村基层党风廉政建设不断加强，惩治和预防腐败体系建设深入推进，党风廉政建设和反腐败斗争取得新的成效。

过去的五年，是应对重大挑战、经受重大考验、取得重大成就的五年，是我州发展速度较快、综合实力明显提升、城乡面貌变化较大、发展基础不断夯实、社会事业全面进步、各族群众得到实惠较多的五年。这些成绩的取得，是省委、省政府正确领导的结果，是州委、州政府团结带领全州各族干部群众抢抓机遇、开拓进取、奋力拼搏、苦干实干的结果。在此，我谨代表中共文山州委，向所有关心、支持、参与文山建设的各级领导、各界人士、各族干部群众和驻文部队官兵表示衷心的感谢，并致以崇高的敬意！

总结五年来的工作，我们积累了宝贵经验：一是必须坚持以科学发展观为统领，把加快发展作为解决一切问题的根本途径，大胆探索符合文山实际的发展路子，千方百计推动经济社会又好又快发展。二是必须坚持以人为本、执政为民，努力解决人民群众最关心最直接最现实的利益问题，让各族群众共享改革发展成果。三是必须坚持解放思想、与时俱进，深化改革、扩大开放，扎实推进体制机制创新，不断增强发展动力和活力。四是必须坚持统筹兼顾、协调发展，坚持发展速度与结构、质量、效益相统一，经济发展与人口、资源、环境相协调，着力增强可持续发展能力。五是必须坚持总揽全局、协调各方，团结干事、和衷共济，充分激发各族干部群众的积极性和创造性，形成科学发展、和谐发展的强大合力。六是必须坚持加强和改进党的建设，不断提高党员干部领导科学发展的能力，为经济社会发展提供坚强的组织保障。这些经验弥足珍贵，必须深刻认识和充分运用，并在实践中不断丰富和发展。

## 二、认清形势、统一思想，进一步增强加快发展的紧迫感和责任感

"十二五"时期是文山加快发展、追赶全国全省全面建设小康社会步伐的关键时期，是深化改革开放、加快转变经济发展方式的攻坚时期，是缩小与先进地区差距、实现跨越发展的重要战略机遇期。我们面临的形势仍然复杂，全州经济社会发展还存在许多亟待解决的困难和问题：一是加快发展的任务艰巨。经济总量小、人均水平低，综合实力较弱，发展的质量和效益不高，调整经济结构、转变发展方式任重道远。二是基础设施"瓶颈"制约仍然突出。道路交通、农田水利、电力能源、城镇建设等基础设施与加快发展的要求还不相适应，特别是水资源"瓶颈"制约亟待破解。三是统筹城乡一体化发展难度大。城镇化水平较低，区域经济发展不平衡，社会事业发展依然滞后，保障和改善民生的任务十分繁重。四是维护社会稳定的压力增大。全州发展进入社会转型期、矛盾凸显期，群众利益诉求方式多样化，因资源整合、移民搬迁、征地拆迁、城市建设等引发的不稳定因素增多。五是对外开放水平不高，发展环境仍需改善。思想不够解放、体制机制不活，不作为、乱作为等现象不同程度地存在，干部作风需要进一步改进，机关行政效能和服务水平还需进一步提高。这些困难和问题，必须引起高度重视，采取有力措施切实加以解决。

加快全州科学发展步伐，我们面临着难得的重大历史机遇和有利条件：一是宏观经济形势的变化，为文山加快经济发展方式转变提供了难得机遇。虽然国际金融危机影响仍在持续，但我国仍处于发展的重要战略机遇期，经济发展长期向好的趋势不会发生根本改变。为解决发展中存在的深层次矛盾和问题，党中央、国务院把转变经济发展方式摆在了更加突出的位置，作出了一系列重大决策，采取了一系列重大举措，并将实施积极的财政政策和稳健的货币政策，切实增强宏观调控的针对性、灵活性和有效性，这为我们促进产业转型升级，调整优化经济结构，加快经济发展方式转变提供了良好的宏观环境和更加广阔的空间。二是国家发展布局的重大调整，为文山实现跨越发展提供了难得机遇。国家实施新一轮西部大开发战略，制定出台了更加优惠的财政、税收、投资、金融、产业、土地、价格、人才、生态补偿政策和具体帮扶措施，努力把西部地区建成国家重要的能源基地、资源深加工基地、装备制造业基地和战略性新兴产业基地，将为我们进一步打牢基础、培育产业、改善民生、建设生态提供强大支持。三是云南省"桥头堡"建设进程不断加快，为文山扩大对外开放提供了难得机遇。省委、省政府进一步明确了把云南建设成为我国面向西南开放"桥头堡"的基本路径和具体目标，在全省"十二五"发展的"1167"空间布局中，文山处于沿边对外开放经济带、滇东南次级城市群、昆明—文山—北部湾和珠三角对内经济走廊、昆河对外经济走廊的重要位置，这对我们进一步扩大对外开放、加快建设云南面向泛珠三角和东盟开放的新高地带来重大机遇。四是"十一五"取得的成就和经验，为今后加快发展奠定了坚实基础。五年来，全州发展思路更加明晰，综合实力迅速提升，基础设施日臻完善，工业化、城镇化加速推进，巨大的内需潜力将为全州持续快速发展提供日益增强的内生动力；各族群众建设美好家园的愿望更加强烈、信心更加坚定，广大党员干部贯彻落实科学发展观的能力不断增强。这些物质基础、思想基础、干部基础的积累，为实现"十二

五”期间的新跨越积蓄了强大能量。

未来一个时期，我们既面临着加快发展的新机遇，也面临着各种严峻挑战，但总体上机遇大于挑战，机遇蕴于挑战。能不能抓住机遇、战胜困难、加快发展，是我们赢得主动、赢得优势、赢得未来的关键所在，是对全州各级党委执政能力的重大考验。全州各级党组织和广大党员干部必须进一步增强机遇意识、忧患意识和责任意识，把思想统一到党的十七届五中全会的精神上来，把认识统一到省委的决策部署上来，把行动统一到州委对形势的分析判断上来，在坚定信心中乘势而上，在解放思想中谋求跨越，在抢抓机遇中加快建设，着力打造文山在未来发展中的新优势，不断谱写文山科学发展、和谐发展、跨越发展新篇章。

## 三、明确目标、突出重点，推动全州经济社会发展实现新跨越

综合考虑未来发展趋势和条件，“十二五”期间我州国民经济和社会发展的总体思路是：以邓小平理论和“三个代表”重要思想为指导，深入贯彻落实科学发展观，抢抓中央深入实施西部大开发和云南省建设“两强一堡”的重要战略机遇，以科学发展为主题，转变经济发展方式为主线，加快发展、加速转型、加倍追赶，着力推进农业产业化、新型工业化、城镇化和教育现代化，统筹区域发展，深化改革开放，切实改善民生，促进社会和谐，把文山建设成为云南面向泛珠三角和东盟开放的新高地，努力实现全州经济社会发展新跨越。

奋斗目标是：到“十二五”末，主要经济指标比“十一五”翻一番。地区生产总值达660亿元，年均增长12%以上；全社会固定资产投资达680亿元，年均增长20%以上；地方财政一般预算收入达48亿元，年均增长17%以上；社会消费品零售总额达330亿元，年均增长18%以上；农民人均纯收入达6 000元，年均增长17%以上；城镇居民人均可支配收入达26 000元，年均增长12%以上；人口自然增长率控制在6‰以内。

推动“十二五”时期全州经济社会又好又快发展，必须牢牢把握好以下原则：一是坚持加快发展，促进综合经济实力快速提升。发展是解决一切问题的关键。必须坚持把保持经济又好又快发展作为首要任务，把加快转变经济发展方式作为主攻方向，在发展中转变，在转变中提升，努力实现经济总量、财政收入和群众收入持续较快增长，经济增长质量和效益持续较快提高，综合经济实力和竞争力持续较快增强。二是坚持协调发展，不断提高统筹城乡区域发展水平。协调发展是解决发展不平衡的根本方法。必须按照“五个统筹”的要求，坚持以统筹促协调，以协调促发展，统筹兼顾好各方面的利益关系，努力实现城乡区域协调发展，不断增强发展的协调性。三是坚持创新发展，努力在发展中赢得新的竞争优势。创新是加快发展的不竭动力。必须充分发挥科技第一生产力和人才第一资源的作用，积极推进思维创新、制度创新、科技创新，着力营造尊重劳动、尊重知识、尊重人才、尊重创造的良好氛围，不断增强自主创新能力，加快培育核心竞争优势。四是坚持开放发展，不断拓展发展空间和活力。改革开放是社会发展的动力所在。必须用改革的办法破解难题，用开放的理念谋划发展，努力在重点领域和关键环节改革上取得新突破，不断提高对内对外开放水平。五是坚持绿色发展，不断增强可持续发展能力。生态建设和环境保护是建设资源节约型、环境友好型社会的重要支撑。必须坚持生态建设产业化、产业发展生态化，以较低的资源代价取得较高的发展效益，获得长期持久的支撑能力，促进经济社会发展与人口资源环境相协调。六是坚持共享发展，进一步提高民生保障水平。科学发展的核心是以人为本。必须正确处理好强州与富民的关系，既要推动经济发展、财政增收，又要分好“蛋糕”，努力增加群众收入，让改革发展成果更多地惠及全州各族人民。

“十二五”期间，全州经济社会发展的主要任务是：

**（一）大力调整优化生产力布局，努力在推动区域协调发展上构建新格局。**推动区域协调发展是促进科学发展、构建和谐社会的必然要求，必须坚持统筹区域协调发展，大力实施“1347”区域发展总体战略，构建区域经济优势互补、主体功能定位清晰、国土空间高效利用、人与自然和谐发展的区域发展新格局。着力建设“文砚平”城市群，集中力量打造全国优质烟叶基地、最大的三七药物产业基地，全省重要的有色金属基地、铝工业中心、铁合金生产基地、农特产品种植加工基地，全省重要的物流节点，将“文砚平”培育成辐射和引领全州经济发展的中心极、重要产业聚集区。着力构建以广昆高速和云桂铁路为载体的东西向经济带，以平远、文山、兴街、天保高等级公路为载体的南北向经济带，田蓬、董干、杨万、天保、猛硐、都龙等连为一体的沿边经济带，形成多种类型的产业集群和多层次的区域经济布局，更好地发挥对全州经济的支撑作用。着力培育以三七为重点的生物资源开发基地、以铝工业为重点的新型冶金化工基地、以普者黑国家级风景名胜区为重点的旅游文化休闲度假基地和区域性现代商贸物流基地，做大做强特色优势产业。依托资源特点和区位条件，着力打造马塘工业园区和三七药物产业园区、普者黑旅游度假区、广南农特产品加工和商贸物流园区、富宁边境贸易加工区和保税港区、麻栗坡边境经济合作区、马关边境贸易加工区、西畴兴街出口贸易加工区七个增长点，推动县域经济加快发展。

**（二）大力发展现代农业，努力在社会主义新农村建设上迈出新步伐。**“三农”工作始终是全州工作的重中之重，必须紧紧围绕农民增收这个核心、产业发展这个中心，夯实农业农村发展基础，加快转变农业发展方式，促进农业增效、农民增收、农村繁荣。到2015年，全州农业增加值达105亿元，年均增长5%以上。一是打牢农业发展基础。实施亿斤增粮计划，着力提高单产和品质，保证粮食安全和主要农产品供给。加快山区综合开发，深入推进中低产田地改造、“兴地睦边”土地整治工程，

加大高稳产农田建设力度。大力发展设施农业、高效农业、节水农业，不断改善农业生产条件，提高农业综合生产能力和抗风险能力。二是加快发展现代农业。着力优化农业区域布局，调整农业产业结构，推进农业规模化、基地化、标准化、商品化、组织化生产经营，努力实现传统农业向现代农业转变。着力培育、扶持一批竞争力强、带动面广的农业龙头企业，大力发展农产品加工业、交易物流业，建立紧密的产、加、销利益链接。推进现代农业示范区建设，强化农业科技支撑，提高农业集约化生产水平。高度重视农产品质量安全，积极发展无公害产品、绿色食品、有机农产品。三是大力发展特色产业。紧紧围绕生物资源开发基地建设和产业培育，着力提升三七、烤烟、林业、辣椒、畜牧五大主导特色产业，加快发展木本油料、花卉、香料、蔬菜、茶叶、水产等新兴产业。到2015年，努力把三七产业打造成产值上100亿元的特色支柱产业，烤烟产量达200万担左右，辣椒种植面积达150万亩，建成以油茶、核桃为主的木本油料基地500万亩。四是拓宽农民增收渠道。大力发展订单农业和商品农业，增加农民的生产经营性收入。加快发展农村二、三产业，加大对劳动密集型产业的扶持力度，加强农村劳动力技能培训和就业转移，稳定增加农民工资性收入。全面落实各项强农惠农政策，提高农民政策性收入。探索建立农村产权交易市场，推进土地承包经营权、林权流转，完善征地补偿制度。五是加快社会主义新农村建设步伐。深入推进开发式扶贫，全面实施村庄建设规划，以整村推进、整乡推进为抓手，创新扶贫开发工作机制，继续整合资金、整合力量，加大对特困群体和边境地区、石漠化地区、贫困地区、革命老区的扶持力度，不断改善群众生产生活条件，增强自我发展能力。

**（三）大力推进新型工业化，努力在产业优化升级上形成新优势。**工业是我州加快发展的主要支撑，必须坚持走新型工业化道路不动摇，继续加大资源整合力度，切实转变发展方式，努力提高工业经济的质量和效益。“十二五”期间，力争全州工业增加值年均增长20%以上。一是加快推进产业优化升级。按照“优化提升重工业，大力发展轻工业，重工以铝业推动，轻工以三七推动”的思路，调整优化工业企业组织结构、技术结构、产品结构，加快改造提升冶金、煤炭、建材等传统产业，推动矿冶、三七、木本油料等产业加速向精深加工、延伸产业链方向发展，实现传统产业从初级产品向高附加值产业的转型升级，努力构建比较优势明显、经济效益高、创新能力强、节能环保、可持续发展的现代工业体系。二是推进重点产业集群发展。立足我州资源优势，围绕建成全省重要的铝工业中心和有色金属基地，深入推进“重点产业发展千亿工程”，集中力量在铝业发展、生物制药、装备制造等领域加快培育壮大一批优势产业集群。重点抓好文山年产80万吨氧化铝厂技改扩能和电解铝、铝型材加工、丘北氧化铝项目建设，推进以三七为主的生物资源开发，做大做强以锌锡铟、锑钨金为主的矿冶产业，加速发展煤化工、乙炔化工、林产品加工、新型建材等新兴产业。三是提升园区聚集发展效应。努力推进工业园区基础设施和配套服务体系建设，着力抓好三七药物产业园区、马塘工业园区建设，抓紧规划建设一批州、县经济园区。支持优势企业和优势资源向园区聚集，促进园区规模化、集约化、专业化、特色化发展。四是大力发展非公有制经济和中小企业。认真落实各项扶持政策，加快公共服务体系、信用体系和担保体系建设，加强协调服务，加快技术进步，推动非公经济和中小企业加快发展。

**（四）大力推进基础设施建设，努力在夯实发展基础上取得新进展。**进一步加强基础设施建设，是打牢文山发展基础、增强发展后劲的需要，必须把加快基础设施建设作为事关发展全局的大事，继续抓好水利、交通等基础设施项目建设，努力构建功能配套、安全高效的现代基础设施体系。一是狠抓水利建设。坚持兴利除害结合、防灾减灾并重、治标治本兼顾、政府社会协同的原则，以民生水利为重点、大中型水利工程为骨架、山区“五小水利”为基础、病险水库除险加固和中小河流域治理为保障，掀起新一轮水利建设高潮，努力在破解水资源“瓶颈”制约上取得重大突破。争取德厚水库在“十二五”前期开工建设。力争水利建设资金投入超过100亿元，新增蓄水库容2.6亿立方米以上，全州水利工程蓄水库容达8亿立方米以上。二是加强交通建设。围绕构筑面向泛珠三角和东盟开放的水、公、空、铁兼备的高效快捷大通道，突出抓好高等级公路、铁路、航运、机场等重点项目建设，努力建成“畅通、安全、高效、舒适”的现代交通运输网络。力争蒙自—文山—砚山、贵州纳雍—丘北—砚山—文山—马关—河口、广西那坡—木央—麻栗坡—马关—屏边等高等级公路启动建设，全面完成云桂铁路文山段建设，泛亚铁路东线蒙自经文山至百色段启动建设，富宁港千吨级泊位及配套设施基本完成，广南机场、丘北普者黑通用机场前期工作取得实质进展，全州公路总里程达3.5万公里，高速公路达400公里。三是加快能源建设。加快电源点和骨干电网建设，加大“城农网”改造力度，实现自然村全部通电的目标，着力构建更加完善的电力供应保障体系。加快煤炭资源勘探、整合和有序开发利用，推进蒙自—文山—百色输油管道建设。积极发展新能源，抓好生物质能、风能和太阳能的开发利用。

**（五）大力推进城镇化，努力在统筹城乡发展上开创新局面。**城镇化是经济社会发展的重要推动力，必须坚持把推进城镇化作为扩大内需和调整经济结构的重要抓手，以文山县撤县设市为契机，以规划为龙头、产业为支撑、基础设施建设为重点、加强管理为保证，走质量与速度并重，特色型、节约型、多样化的城镇化道路。到2015年，全州城镇化率力争达到40%左右。一是健全城乡规划体系。根据全州“六个层次”的城镇化发展战略要求，优化城镇、乡村规划，加快完成州域城镇体系规划、文砚平城市群规划、县域村镇体系规划、城市总体规划、近期建设规划、控制性详细规划、专业规划、小城镇规划和村庄建设规划九个城乡规划体系，到2015年使各项规划覆盖率达100%。二是打造区域城镇体系。争取把文砚平建成100万人口的城市群，使之成为全州经济发展的核心区域。以打造“中国七都、云南铝都、山水园林型宜居城市、绿色生态市、平安和谐市”为目标，加快推进文山中心城市建设，壮大城市实力，提升城市品位，把文山市建成人口50万以上的现代化滇东南中心城市。把广南、丘北、富宁、砚山发展成中等城市，马关、麻栗坡、西畴、平远打造成特色小城市。围绕县域中心城市建设好八宝、剥隘、天保、兴街、田蓬、都龙、八寨等一批城镇群，加快构建结构合理、功能明确、特色鲜明的城镇体系。三是加强城镇基础设施建设。以道路、供水、供气、污水处理、生活垃圾处理、园林绿化等为重点，加快城镇市政基础设施建设步伐，切实加强学校、医院、文化体育等公共服务设施建设，不断完善信息平台建设，增强城镇综合承载能力。四是着力培育城镇产业体系。积极发展特色优势产业，以产业发展带动人口集中、促进城镇就业、支撑城镇建设。大力培育以现代服务业为主的城市新兴产业，构建布局合理、设施完善的市场体系。加快发展金融保险、中介服务、文化消费等现代服务业，积极发展批发、零售、电子商务等现代流通业，鼓励发展家政服务、物业管理、社区卫生等社区服务业。五是加快城乡统筹发展步伐。建立完善有利于城镇化发展的政策体系，在劳动就业、住房保障、子女教育、社会保障和户籍制度等方面制定必要的措施，让有条件的农业人口逐步转为城镇居民。坚持以工促农、以城带乡，把城镇化与新农村建设有机结合起来，促进城镇基础设施向农村延伸、城镇公共服务向农村覆盖，着力构建城乡经济社会发展一体化新格局。

**(六)大力推进改革开放，努力在增强发展活力上实现新突破。**改革开放是实现富民强州的必由之路，必须坚持把深化改革、扩大开放作为推动科学发展的强大动力，加快构建有利于科学发展的体制机制，进一步拓展发展空间。一是深化重点领域改革。积极推进农村各项改革，激活农村发展活力。加快推进行政管理体制改革，扎实抓好平远镇“扩权强镇”和普者黑旅游度假区“扩权强园区”试点。加快投融资体制改革，规范做强政府投融资平台。加快推进供发电体制改革，着力解决制约工业发展的“瓶颈”问题。深化国有企业和国有资产管理改革，加快社会保障制度改革，积极稳妥推进教育、卫生、科技、文化等社会事业改革，努力消除制约科学发展的体制机制障碍。二是提升对内对外开放水平。坚持大开放促进大开发、大招商促进大发展，以通道、平台、基地、窗口建设为突破，加快推进边境经济合作区、出口贸易加工区建设，提升口岸功能，扩大对外贸易，进一步提高沿边开放的质量和水平。完善区域合作机制，继续深化与越南等东盟国家在经济、文化、旅游、技术、金融等领域的交流与合作，更高水平“引进来”，更大步伐“走出去”。实施“央企入文”、“省企入文”战略，加强与泛珠三角、长三角等地区的经济技术合作，主动对接、筛选、承接产业转移项目，招才引智、招大引强，让更多的资金、技术、人才、管理等要素汇聚文山，不断拓展对外开放的广度和深度，提高开放型经济水平。三是不断优化投资环境。加强机关作风和效能建设，简政放权，完善招商引资“一站式”服务体系，加大对行政不作为、乱作为、效率低等问题的责任追究，全力营造让广大投资者放心的政策环境、安心的法制环境、顺心的服务环境和舒心的生活环境，形成更具竞争力的成本“洼地”，以优质高效的服务吸引更多的国内外品牌企业入驻文山发展。

**(七)大力推进生态文明建设，努力在增强可持续发展能力上走出新路子。**良好的生态环境是文山实现可持续发展的根本保障，必须把生态建设摆在更加突出的位置，在保护中开发、在开发中保护，切实增强发展的全面性、协调性和可持续性。一是加强生态建设和环境保护。深入开展“七彩云南文山保护行动”，加强老君山自然保护区等重点区域生态综合治理，扎实推进“森林文山”建设，继续实施天然林保护、退耕还林、石漠化治理、公益林管护等重点生态工程，加快推进封山育林、人工造林和中低产林改造，加大对土地、森林、矿产、水源等资源的保护力度，实现森林覆盖率每年提高1个百分点以上，力争到2015年，全州森林覆盖率达到47%以上。二是大力发展绿色经济、低碳经济和循环经济。着力推进节能减排，加强低碳、循环技术推广和应用，大力发展低消耗、低污染、高科技、高效益、高就业产业，严格控制新上产能过剩项目，推行清洁生产，提高资源综合利用率。积极稳步推进普者黑循环经济试点工作，优化和实施一批资源保护培养类项目。全面加强节能、节水、节材和资源综合利用，大力倡导文明低碳生活方式，积极推进低碳城镇、低碳社区试点工作。三是强化环境污染整治。加快推进盘龙河流域等重点水域的综合治理，促进重点河流和城乡河道水质全面好转。全面推广农业测土施肥工程、生态农药工程，加强农村环境综合整治。加快建立以工业污染防治、城镇污水和垃圾处理、农村农业面源污染控制为主的污染防控体系和资源开发生态补偿机制，努力提高生态环境的承载能力。四是完善防灾减灾体系。推进区域气象综合信息服务和人工影响天气体系建设，加大地质灾害隐患防治，加快建立自然灾害调查评价、监测预警、防治应急体系，健全完善公共事件监测、预警、应急处理机制，提高防灾减灾能力，保障人民群众生命财产安全。

**(八)大力推进社会建设，努力在保障和改善民生上再创新业绩。**保障和改善民生是做好一切工作的出发点和落脚点，必须坚持把提高人民群众生活水平作为经济社会发展的根本目的，大力实施一批解民忧、得民心、顺民意的民生工程，不断提高人民群众的幸福指数。一是全面推进教育科技进步。坚持教育优先发展，优化教育资源配置，强化教育基础设施建设，全面实施中小学校舍安全工程，巩固提高“两基”水平，完成州属6所中等职业学校迁建任务；深化教育教学改革，推进办学机制创新，促进教育公平，提高教育教学质量；积极发展学前教育、特殊教育，加快发展高中教育、职业教育和高等教育，促进各类教育全面协调发展。把科技进步和自主创新作为调整产业结构、转变发展方式和提高核心竞争力的中心环节，增加科技投入，强化科技开发、普及和运用，加速科技成果转化，努力提高科技对经济增长的贡献率。二是着力解决重大民生问题。把就业再就业工作放在改善民生的首位，建立健全创业就业公共服务体系，大力开发就业岗位，全面落实创业带动就业各项扶持政策，让群众就业有门、创业有路，生活有来源、致富有奔头。合理调整收入分配结构，努力增加城乡居民特别是低收入群体收入。按照“广覆盖、保基本、多层次、可持续”的要求，完善城乡社会保障体系，落实城乡最低生活保障制度，建立失地农民生活保障机制，认真抓好新型农村养老保险试点工作，扩大社会保险覆盖面。加快推进保障性安居工程建设，突出廉租保底、公租

解困、农村改危、地震安居四个重点，努力改善城乡居民住房条件。逐步建立覆盖城乡居民的公共卫生服务体系、医疗服务体系，为群众提供安全、有效、方便、价廉、健康的医疗卫生服务，有效缓解“看病难、看病贵”问题。完善新型农村合作医疗制度，加大贫困家庭医疗救助力度，努力实现全州基本医疗全覆盖。三是统筹推进其他社会事业发展。建立健全灾民救助制度，鼓励发展社会慈善事业，确保受灾和困难群众得到及时救助。加快发展养老服务业，逐步建立覆盖全州的养老服务体系。继续加强人口与计划生育工作，统筹抓好体育、残疾人等其他社会事业发展。

**（九）大力推进文化建设，努力在文化旅游产业发展上增添新活力。**文化是民族凝聚力和创造力的源泉，是综合竞争力的重要因素，必须紧紧抓住云南建设民族文化强省的历史机遇，创新发展理念，拓宽发展途径，加快文化旅游产业发展，不断提升文化软实力。一是完善公共文化服务体系。扎实推进社会主义核心价值体系建设，巩固各族人民共同团结奋斗的思想基础。继续实施文化惠民工程，加大投入力度，加强城乡文化阵地建设，广泛开展公益性文化活动，不断丰富人民群众的精神文化生活。扎实抓好各级各类文物和非物质文化遗产的保护和传承工作，加强文化市场执法管理。扩大对外文化交流与合作，增强文山民族文化的影响力和竞争力，使文山成为云南对外文化交流的重要窗口、文化展示的重要平台、和谐文化建设的重要示范区。着力打造“三七文化、民族文化、地域文化”三张文化名片，推出更多有特色、有深度、有影响力的民族文化精品。二是努力培育和发展文化产业。继续深化文化体制改革，着力在经营性文化单位转企改制、健全文化市场体系、创新文化管理体制等方面取得新的突破。大力发展广播影视、演艺娱乐、文博会展、文化创意、体育竞技、民族民间工艺等特色文化产品和重点产业。放宽市场准入条件，积极鼓励民间、企业和社会团体资助创办文化企业、开发文化产品、开拓文化市场，形成一批主导产业、发展一批龙头企业、打造一批知名品牌，努力推动文化产业成为我州战略性新兴支柱产业。三是推进文化与旅游融合发展。牢固树立“生态为本、文化为魂”的理念，把优美的自然资源与深厚的历史文化、浓郁的民族风情相结合，把硬件建设和软件建设相结合，推动我州旅游业从单一的观光型向观光、度假、康体、会展多元型转变。加快文化旅游基础设施建设，完善景区配套功能，促进旅游线路与景区景点特色化、精品化，重点打造高水准的普者黑休闲旅游度假区，大力开发乡村旅游、边境旅游、民俗体验、休闲度假、生态康体旅游，构建面向泛珠三角和东盟的旅游集散中心、独具魅力的民族文化旅游休闲度假基地。

**（十）大力推进和谐文山建设，努力在维护民族团结和社会稳定上取得新成效。**社会和谐稳定是科学发展的前提和基础，必须始终把维护稳定作为第一责任，着力解决影响社会和谐稳定的源头性、根本性、基础性问题，切实维护社会大局稳定。扎实抓好“六五”普法，深入推进法制宣传教育，完善法律援助和司法救助机制，严格公正执法，促进社会公平正义。建立健全重大工程项目建设和重大政策制定社会稳定风险评估机制，进一步完善人民内部矛盾纠纷预防、预警、化解工作机制，畅通群众合理诉求及合法权益保障渠道，从源头上化解社会矛盾。加强和创新社会管理，完善公共治理结构，加快构建党委领导、政府负责、社会协调、公众参与的社会管理格局。强化政法综治维稳基层基础，打牢化解矛盾、社会管理、构建和谐的根基。加强社会治安防控体系建设，依法防范和打击各类违法犯罪活动，推进新一轮禁毒防艾人民战争。严格落实安全生产责任制，强化安全生产管理和监督，加强食品药品安全监管。全面贯彻党的民族宗教政策，扎实推进民族团结进步事业，依法加强宗教事务管理，有效防范和打击境内外敌对势力的渗透破坏活动，不断巩固和发展各民族和睦相处、和衷共济、和谐发展的良好局面。加强“双拥”工作和国防后备力量建设，推进军民融合式发展，确保边防稳固、边疆安宁。

## 四、加强和改进党的建设，为实现“十二五”目标任务提供坚强的政治和组织保证

加强党的领导是实现“十二五”发展目标的根本保证。必须以改革创新精神全面加强党的思想、组织、制度、作风和反腐倡廉建设，充分发挥党的核心领导作用，不断提高党领导经济社会发展的能力和水平。

**（一）深入推进学习型党组织建设，全面提高党员干部的思想政治素质。**以执政能力建设和先进性建设为重点，加强各级领导班子和广大党员干部的思想政治建设，进一步增强宗旨意识、执政意识、大局意识、责任意识，不断提高领导科学发展的能力和水平。积极推进学习型党组织和学习型领导班子建设，建立健全党组织全员学习、党员终身学习的制度保障和服务体系，积极营造重视学习、崇尚学习、热爱学习、坚持学习的良好氛围。严格按照《2010—2020年干部教育培训改革纲要》，大胆创新干部教育培训模式，扎实抓好干部教育培训工作。积极引导广大党员干部养成自觉学习的良好习惯，积极向书本学习、向实践学习、向群众学习，坚持在学习中坚定理想信念、加强党性修养、锤炼道德操守、提升思想境界，不断提高理论素养和解决实际问题的能力。

**（二）坚持和健全民主集中制，积极推进党内民主建设。**不断完善党委全委会、常委会议事规则和决策程序，建立健全领导、专家、群众相结合的决策机制。加强对各级领导班子特别是“一把手”的民主集中制教育，坚决维护党的集中统一，确保政令畅通。认真支持好人大、政府、政协、司法机关和工会、共青团、妇联等人民团体依照法律和各自章程独立负责、协调一致地开展工作。充分发挥党员在党内生活中的主体作用，积极推进党务公开，全面推行农村“党员首议制”和“四议两公开”工作法。完善党代表大会制度和党内选举制度，认真总结县级党代表任期制试点和乡镇党代表任期制工作经验，健全完善州、县党代表发挥作用的长效机制。

**（三）深化干部人事制度改革，努力建设高素质干部队伍。**坚持德才兼备、以德为先用人标准，扎实做好州、县、乡换届选举工作，注重从基层一线培养选拔干部，选好配强各级领导班子。建立健全干部选拔任用提名、干部考察、干部工作信息公开等制度，探索试行党委任用重要干部差额票决制，完善公开选拔、竞争上岗等竞争性选拔干部方式，不断提高干部选拔任用工作的制度化、科学化水平。加强各级领导班子和领导干部的能力培养，有计划地安排干部到艰苦地区、复杂环境、关键岗位砥砺品质、锤炼作风、增长才干。高度重视人才工作，加紧落实人才发展规划，大胆改革创新人才培养体系、管理体系、评价体系、报酬体系，最大限度调动人才的积极性。严格执行干部选拔任用工作条例及四项监督制度，健全完善干部选拔任用工作监督机制，匡正选人用人风气，加强对干部的日常监督管理，努力提高选人用人公信度。

**（四）全面加强党的基层组织建设，不断夯实党的执政基础。**严格落实党建工作目标责任制，深入推进和拓展“云岭先锋”、“边疆党建长廊”和创先争优活动，大力实施“百千万”工程。加强网上党支部建设，提高基层党建信息化水平。全面推进各领域党的基层组织建设，努力打造“致富型”农村党建、“效能型”机关党建、“和谐型”社区党建、“效益型”企业党建、“创新型”非公有制经济组织和社会组织党建，不断增强基层党组织的凝聚力、战斗力和吸引力。健全党内激励、关怀、帮扶机制，完善教育、管理、服务党员长效机制，注重党员发展工作，充分发挥党员在经济社会发展中的主导作用。建全完善激励保障措施，扎实抓好大学生“村官”的教育培养和管理工作，注重从农村、社区优秀基层干部中考录公务员。深化“一联三帮”工作机制，统筹城乡基层党建工作，努力形成城乡互动、结对共建、双向受益、共同提高的基层党建新格局。

**（五）毫不松懈地抓好党风廉政建设，营造风清气正的干事创业环境。**始终坚持标本兼治、综合治理、惩防并举、注重预防的方针，严格执行党风廉政建设责任制，积极推进惩治和预防腐败体系建设，提升反腐倡廉建设制度化水平。加强以保持党同人群众血肉联系为重点的作风建设，从严要求和管理干部，激励先进、治庸罚懒，着力解决党员干部作风方面存在的突出问题。加强新形势下的群众工作，大力倡导开拓创新、雷厉风行、求真务实、奋发有为之风，多做打基础、利长远、惠民生的实事，真正在实干中凝聚力量，在实干中抢抓机遇，在实干中加快发展，创造经得起实践、人民和历史检验的业绩。认真落实《廉政准则》及廉洁自律相关规定，不断规范党员干部从政行为。加大查办违纪违法案件工作力度，保持惩治腐败的高压态势。深入开展纠风专项治理工作，坚决纠正损害群众利益的不正之风。认真贯彻党内监督条例，强化对权力运行的监督和制约，全面推进权力运行程序化和公开透明。加强基层党风廉政建设，深化党务、政务、厂务、村务公开。建立健全廉政风险防控机制，不断提高反腐败治本抓源头工作水平。

今年是中国共产党成立90周年，也是“十二五”规划的开局之年。做好今年工作，要按照“十二五”规划的总体部署，全面贯彻落实党的十七届五中全会、中央经济工作会议和省委八届十次全会精神，紧紧抓住国家扩大内需的政策机遇，加快推进经济结构调整和发展方式转变，继续加强基础设施建设，不断深化改革开放，着力保障和改善民生，努力保持经济平稳较快发展和社会和谐稳定，确保“十二五”开好局、起好步。

同志们，“十二五”发展蓝图已经绘就，美好的前景催人奋进。让我们紧密团结在以胡锦涛同志为总书记的党中央周围，高举中国特色社会主义伟大旗帜，深入贯彻落实科学发展观，在省委、省政府的正确领导下，团结带领全州各族人民进一步解放思想、开拓创新，以更加昂扬的斗志、更加饱满的热情、更加务实的作风，奋力开创“十二五”科学发展新局面，为建设富裕文明开放和谐文山而努力奋斗！

# 政府工作报告

## ——2011年2月17日在文山壮族苗族自治州第十二届人民代表大会第七次会议上

州长　黄文武

各位代表，同志们：

现在，我代表州人民政府向大会作政府工作报告，请各位代表连同《文山壮族苗族自治州国民经济和社会发展第十二个五年规划纲要（草案）》一并审议，并请州政协委员和列席的同志提出意见。

### 一、始终坚持把发展作为第一要务，全州经济社会发展取得显著成绩

2010年，是我州全面完成“十一五”规划的关键之年，也是全州经济社会发展经受严峻考验的一年，我们既要应对国际金融危机的持续影响，又遇到了历史罕见的特大干旱。面对重重困难和压力，州人民政府在省委、省人民政府和州委的坚强领导下，团结和依靠全州各族人民，攻坚克难，奋力拼搏，推动全州经济社会继续保持了良好的发展势头。

**一是国民经济平稳较快增长。**全州完成生产总值329.8亿元，比上年增长13%；财政总收入37.9亿元，其中地方一般预算收入22.0亿元，分别增长29.1%和27.4%，财政一般预算支出114亿元，增长27.5%；完成全社会固定资产投资275亿元，增长27%；城镇居民人均可支配收入14 609元，增长11.4%；农民人均纯收入2 806元，增长17.9%；社会消费品零售总额143.6亿元，增长21%；金融机构各项存款余额387.3亿元，增长28.1%，各项贷款余额271.8亿元，增长17.3%；城镇登记失业率3.5%；人口自然增长率6.9‰；单位地区生产总值综合能耗下降4.9%。除居民消费价格指数超出控制目标0.7个百分点外，州十二届人大六次会议确定的目标任务圆满完成。

**二是抗旱救灾取得显著成效。**2009年入秋以来，我州遭遇了秋、冬、春、夏四季连续大旱，库塘蓄水和主要河流来水锐减，对群众生活和工农业生产造成严重影响，全州三分之一以上城乡居民出现饮水困难，农作物受灾360万亩，小春和冬农大幅减产，林地受灾732万亩，因缺水缺电造成53户规模以上企业停产半停产。面对严重旱情，我们在党中央、国务院和省委、省人民政府以及社会各界的关心支持下，把抗大旱、保民生、抓春耕、促发展作为压倒一切的任务，万众一心、众志成城，累计筹集资金4.9亿元，共计180多万人次投入抗旱救灾。我们坚持把群众生活放在首位，发动党员干部、部队官兵运水送粮，有效解决了120.7万人、61.3万头大牲畜的饮水困难，因灾缺粮群众得到及时救助。我们坚持一手抓抗旱保民生，一手抓生产自救，采取“小春损失大春补、粮食损失经济作物补、种植业损失畜牧业补、农业损失非农补”的工作措施，有效弥补了旱灾带来的损失，大春粮食作物播种面积比上年增加60万亩，三七在地面积增加1.53万亩，烟叶收购增加22万担，辣椒种植增加13.5万亩，定植油茶29万亩、核桃20万亩，生猪出栏增加70万头，肉牛出栏增加10万头。全年粮食总产量达到12.8亿公斤，比上年增产4 000万公斤；完成农业总产值123.8亿元，增加值73.1亿元，分别增长5.5%和4.6%；农民人均纯收入增加427元，为近年来增收最多的一年，大灾之年取得了农业增效、农民增收的好成绩。全力保障工业企业稳定生产，完成工业总产值250.9亿元、增加值90.1亿元，分别增长20.7%和16%。森林火情得到及时控制，市场、物价和社会保持稳定，抗旱救灾取得全面胜利。

**三是基础设施建设扎实推进。**全年实施建设项目947个，其中新开工项目501个，固定资产投资比上年增加58.5亿元，推动基础设施建设取得新成就。三条政府还贷二级公路、富宁港一期工程等重点项目建设步伐加快，云桂铁路文山段全线开工建设，改造农村公路通畅工程289公里、通达工程1342公里。针对水利基础设施滞后、应对旱灾能力弱的问题，作出了加快水利基础设施建设的决定，完善了水利发展规划，并决定“十二五”期间州、县每年筹资1.5亿元用于水利项目建设。去年全州完成水利投资9.1亿元，增长57.7%，实施水利建设项目6.3万件，新增蓄水库容0.7亿立方米，新解决农村26.6万人饮水安全问题。

**四是城镇化进程进一步加快。**以承办云南省第十三届运动会为契机，加快推进城镇开发建设，各县特别是文山、砚山、富宁三县新建和改造了一批体育场馆、市政道路、绿化亮化、治污设施工程，城市功能进一步完善，城镇化率达到28.6%，比上年提高1.6个百分点。文山县实现撤县设市。

**五是社会事业发展取得新成绩。**以教育"两基"工作迎接国家检查为契机，进一步加大教育投入，加快学校危房改造建设，加强教育教学管理，全州"两基"工作顺利通过国家的检查验收；采取委托代建方式加快了州职教园区建设步伐，各级各类教育取得新发展。全面推进医药卫生体制五项重点改革，续建和新建县级医疗机构8个、乡(镇)中心卫生院30个、社区卫生服务中心7个、村卫生室130个，新型农村合作医疗参合率达到95.5%，比上年提高4个百分点。州民族博物馆开工建设，建成38个乡(镇)综合文化站、268个"农家书屋"和一批文化信息资源共享工程，城乡群众文化持续繁荣活跃。

**六是民生保障力度进一步加大。**全年开发城镇就业岗位1.85万个，使用失业保险基金稳定就业岗位3 115个，发放小额担保贷款8 200万元、"贷免扶补"资金5 520万元，扶持3 106人创业，带动9 318人就业，新增城镇就业1.6万人。被征地农民养老保障政策全面落实，城镇居民基本医疗保险、新型农村养老保险试点稳步推进，参加各类社会保险人数、享受城乡低保人数大幅提升，临时救济受灾群众210万人次，困难群众基本生活得到有效保障。新建廉租住房5 242套26.2万平方米，开工建设公共租赁住房600套，发放住房租赁补贴1 600万元，城乡低收入群众住房困难进一步缓解。建成整村推进扶贫开发村759个，对"山瑶"的扶持力度加大，"僰人"村寨整村推进建设全面完成，农村生产生活条件进一步改善。

此外，根据党的十七届五中全会和省委八届十次全会、州委七届七次全会精神，州人民政府组织编制了《文山壮族苗族自治州国民经济和社会发展第十二个五年规划纲要(草案)》，提出了"十二五"时期全州的发展目标、发展布局、发展重点和工作措施，提交本次会议审议。

各位代表，2010年工作任务的完成，标志着"十一五"发展划上了圆满的句号。回顾过去五年的发展历程，我们始终坚持把加快发展作为首要任务，紧紧扭住关系全州发展大局的问题不放松，积极应对各种困难挑战，全力推动各项工作的落实，全州经济社会发展取得了显著成绩，进一步巩固了经济繁荣、社会进步、民族团结、边疆安宁、人民安居乐业的良好局面。

过去的五年，我州经济快速健康发展，综合实力大幅提升。我们顺应全州各族人民加快脱贫致富奔小康的强烈愿望，聚精会神搞建设、一心一意谋发展，大力实施农业立州、工业强州、城镇富州、开放活州、科教兴州、和谐稳州"六大战略"，加快生物资源开发、新型冶金化工、现代商贸物流、旅游休闲度假"四大基地"建设，推动经济快速健康发展。全州生产总值比2005年末增加179.8亿元，年均增长13.3%，增幅高于"十五"期间2个百分点，人均生产总值增加4 986元，年均增长12.4%；财政总收入增加25.6亿元，其中地方一般预算收入增加14.9亿元，年均分别增长25.6%和25.5%，财政总支出增加83.1亿元，年均增长29.9%；全社会固定资产投资增加192.7亿元，年均增长27.3%；社会消费品零售总额增加80.3亿元，年均增长21.9%；金融机构各项存款余额增加255.3亿元，年均增长24%，各项贷款余额增加162.8亿元，年均增长20%；主要经济指标实现翻番，综合实力显著增强。三次产业比重从31∶29∶40调整到22∶37∶41，经济结构进一步优化，发展的协调性不断增强。

过去的五年，我州基础设施建设快速推进，发展条件明显改善。我们紧紧抓住国家实施西部大开发、扩大内需和我省实施"两强一堡"战略机遇，全力推进基础设施建设，一批关系长远发展、全州各族人民关注的基础设施项目建设取得重大突破。文山民用机场、广昆高速公路文山段、普炭一级公路、暮底河水库、清华洞水库、马鹿塘电站等一批重大项目建成投入使用，富宁港一期工程、云桂铁路文山段、达号水库和文山到天保、文山到都龙、珠街到西林界、兴街到西洒二级公路等一批重大项目落地建设；改造农村公路"两通"工程7 150公里，公路通车里程达到2.5万公里，比"十五"末增加7 000公里；新开工建设重点水源工程14件，完成病险水库除险加固32件，建成山区"五小水利"工程15.2万件，新增蓄水库容2.16亿立方米，累计解决农村66.5万人饮水安全问题，改造中低产田地100万亩，全州水利化程度达到15.8%，比"十五"末提高2.2个百分点；建成水电站60座，新增电力装机66.5万千瓦，总装机达到155万千瓦；建成500千伏变电站1座、输电线路166公里，220千伏变电站5座、输电线路460公里，以及一批110千伏以下的输变电工程，电网等级大幅提升，农村住户通电率达到97%；改扩建、新建各类商品市场141个、配送中心27个，建成规范农家店1 092个，城乡市场流通网络不断完善。以文山中心城市、七县县城、重点集镇、旅游小镇为主的城镇开发建设力度加大，城镇功能不断完善，城市品位不断提升，城镇人口从74.8万人增加到101.4万人，城镇化率年均提高1.3个百分点，城市经济成为支撑全州经济发展的重要力量。

过去的五年，我州产业培育力度不断加大，发展后劲明显增强。我们坚持把做强做大产业作为富民强州的重要抓手，不断加大扶持力度，特色优势产业呈现蓬勃发展的良好势头。我们坚持走新型工业化道路，引进省内外大企业参与矿产资源整合和综合开发利用，推动了冶金化工产业快速发展，先后建成了年产10万吨锌60吨铟一期工程、5 000吨仲钨酸铵、10万吨电石及一批铁合金、建材技改扩能项目，新增铁合金产能24万吨、新型干法水泥产能360万吨。建州以来最大的工业项目——年产80万吨氧化铝厂即将建成投产，氧化铝配套氯碱项目、华联锌铟公司年采矿210万吨等一批重大工业项目抓紧建设，为"十二五"工业经济发展奠定了良好的基础。我们紧紧抓住省委、省人民政府加快培育生物产业的机遇，快速跟进，及时谋划，加快推进农业产业化发展，三七产业产值从15亿元增加到30亿元，烟叶收购从74万担增加到130万担，累计新种植油茶40万

亩、核桃110万亩，辣椒从50万亩发展到106万亩，畜牧业产值从25.3亿元增加到50亿元，茶叶、八角、蔗糖、蔬菜、水果等特色产业逐步发展壮大，每一个产业都扶持发展了一户以上龙头企业，逐步形成一批农业产业群。我们抓住交通基础设施逐步改善的机遇，及时把旅游业和现代商贸物流业列为重点发展的产业，积极开展了总体规划、详细规划、招商引资等前期工作，一批旅游基础设施和物流项目启动建设，为“十二五”旅游业和商贸物流业发展奠定了较好的基础。

过去的五年，我州社会事业投入大幅增加，社会事业发展步伐明显加快。我们坚持统筹经济社会协调发展，不断加大社会事业投入，推动社会事业取得全面进步。

教育事业投入85.4亿元，是“十五”时期的1.2倍。教育惠民政策全面落实，义务教育阶段学生全部免除学杂费和享受免费教科书，农村寄宿制学生生活补助范围逐年扩大。我们针对农村中小学危房面积大、威胁师生安全的问题，从2008年开始启动农村中小学危房排危工作，累计筹集资金7.1亿元，其中州、县财政投入3.45亿元，全面完成了51万平方米D级危房排除任务，新建、改扩建校舍74万平方米，办学条件明显改善。积极扩大普通高中办学规模，加快发展职业教育，高中阶段毛入学率从23.5%提高到50%，普通高中和中职学校在校生比例达1：1.2。推动文山师专升格为本科院校，三鑫职业技术学院一期工程建成招生，学前教育、特殊教育、老年教育稳步发展，国民教育体系日趋完善，人均受教育年限由“十五”末的6.46年提高到7年。

科技事业投入8 911万元，是“十五”时期的2.6倍。科技创新能力逐步增强，共取得重要科技成果185项，其中获得省级以上科技成果奖13项，选育出具有自主知识产权的农作物新品种46个，开发出各类新产品69个，锌、铟、钨等有色金属提取与分离技术取得重大突破，有5户企业获得省级高新技术企业认证，专利申请量和授权量大幅增加，企业核心竞争力不断提升，农业科技推广力度逐年加大，科技对经济增长的支撑作用进一步增强。

卫生事业投入32.1亿元，是“十五”时期的3倍。改扩建州、县级医疗机构14个，建成乡(镇)卫生院95个、农村卫生室648个，新增医疗业务用房58.4万平方米，城乡医疗卫生基础设施明显改善，新型农村合作医疗和城镇居民医疗保障制度基本建立，医疗保障能力和服务水平明显提高，城乡群众看病难、看病贵问题得到有效缓解；疾病预防和公共卫生管理得到加强，传染病发病率逐年下降，艾滋病蔓延呈减缓趋势，孕产妇住院分娩率大幅提高，孕产妇和婴儿死亡率明显下降。计划生育工作扎实推进，人口自然增长率比“十五”末下降1.57个千分点。

文化事业投入2.2亿元，是“十五”期间的1.4倍。州图书馆建成投入使用，新建乡(镇)综合文化站72个、农家书屋468个；挖掘整理和创作推出了《坡芽歌书》、《丽哉勐僚》、《踩山舞云》等一批具有浓郁民族气息和地方特色的文化艺术精品。全面完成了20户以上通电自然村广播电视“村村通”建设任务，广播电视综合覆盖率分别达到93.6%和94.7%，比“十五”末提高6和5.8个百分点。

健全完善了气象、地震、地质灾害、防讯抗旱、森林火险监测预警体系，组建了州、县、乡三级综合应急救援队伍，防灾减灾和应急保障能力大为提高。政府决策咨询、史志、残疾人、慈善、人防、档案、侨务、新闻出版、红十字、老龄等各项工作健康协调发展。

过去的五年，我州民生保障全面加强，人民生活水平有了很大提高。我们坚持把保障和改善民生作为发展的出发点和落脚点，让广大人民群众共享发展成果，人民生活水平有了很大提高，农民人均纯收入比“十五”末增加1 441元，年均增长15.5%；城镇居民家庭人均可支配收入增加5 891元，年均增长10.9%。五年开发就业岗位5.8万个，城镇新增就业4.9万人，农村劳动力转移就业97.6万人次。各项社会保险参保人数从“十五”末的27.4万人次增加到80.9万人次，享受最低生活保障人数从22.2万人增加到46.3万人，城乡困难群众基本实现应保尽保。不断加大扶贫开发力度，累计投入各类扶贫资金69.4亿元，建成整村推进项目村3 746个，对口帮扶、产业扶贫、易地安置、革命老区建设等扶贫工作扎实有效，新三年“兴边富民”工程顺利完成，移民搬迁安置和后期扶持政策得到有效落实，五年累计解决92.6万贫困人口的温饱问题。投入保障性住房建设资金24亿元，建成农村民居地震安全工程2.6万户，改造农村危房1.86万户，建成城镇廉租房1.7万套85.7万平方米，城乡受益人口26万多人。

过去的五年，我州生态文明建设扎实推进，可持续发展能力不断增强。我们坚持把生态建设作为关系长远发展的大计来抓，启动实施了“七彩云南文山保护行动”，大力推进“森林文山”建设，扎实抓好天然林保护、退耕还林、封山育林、人工造林、石漠化治理、防护林建设等各项工作，完成人工造林336.4万亩，封山育林83.8万亩，改造中低产林70万亩，建成沼气池8.8万口，推广节柴灶3.1万户，实现连续24年无重大森林火灾，森林覆盖率从37.6%提高到41%。坚持把矿山整治与矿产资源整合结合起来，加大整治整合力度，私挖滥采、浪费资源、破坏生态的现象得到有效遏制，探索出了以铝土矿、麻栗坡钨矿、马关都龙矿区为代表的资源整合成功模式，煤矿资源整合全面完成，锰、锑等矿产资源整合积极推进，全州矿产资源开发逐步走上环境污染小、综合利用率高的科学发展轨道。不断加强环保基础设施建设，建成城镇生活垃圾处理场8个、污水处理厂5个，全州城镇垃圾无害化处理率和污水处理率均达到80%，一批尾矿库和清洁生产项目建成投入使用。积极引导企业推进技术进步，大力发展循环经济，严格控制污染排放，坚决按要求淘汰落后产能，单位地区生产总值综合能耗比2005年下降15%，圆满完成了“十一五”节能减排目标任务。

过去的五年，我州改革开放不断深入，发展活力明显增强。我们坚持把改革开放作为推动发展的强大动力，不断推进各个领域的改革创新，努力扩大对内对外开放。集体林权制度主体改革圆满完成，配套改革取得实质性进展；农村小型水利管理体制、国有华侨农(林)场、农垦系统、供销社的改革初见成效；投融资体制改革取得重大突破，州城乡开发投资公司资产规模不断扩大，新组建了水利水电、公路、旅游、水务、教育5个投资公司，融资担保能力得到大幅提升；成立了文山民丰村镇银行、邮政储蓄银行文山分行和11户小额贷款公司，引进富滇银行到文山设立分支机构，金融服务体系不断完善；财税管理、国有资产监管、医药卫生、教育、文化等各项改革深入推进，发展活力显著增强。引进云冶、云锡、云铜、福建紫金、云南白药、云南城投、大唐、国电等省内外大企业入驻文山发展，与云南路投、云南铁投、省农村信用联社等大企业建立了战略合作关系，极大地增强了我州的发展动力。五年共实施经济合作项目1 031个，引进资金302亿元，年均增长31%；外贸进出口总额从1.3亿美元增加到5.1亿美元，年均增长33%；边境贸易总额从48亿元增加到132.8亿元，年均增长14.7%；非公经济增加值从68.2亿元增加到150亿元，占生产总值的比重达到49.2%。我们还成功举办了云南省第十三届运动会、庆祝建州50周年暨第三届文山国际三七节等重大活动，展示了文山改革发展和对外开放的良好形象。

过去的五年，我州民主法制建设不断加强，和谐文山建设卓有成效。我们坚持把加强民主法制建设、维护边疆社会稳定作为一项重要的政治任务，全面推进和谐社会建设。顺利完成了“五五”普法和五年依法治州规划任务，依法治理工作取得新成效；认真执行州人大及其常委会的决定决议，自觉接受州人大及其常委会的法律监督、工作监督和州政协的民主监督，认真办理人大代表建议和政协提案，提请州人大常委会审议通过民族自治地方法规8件。支持人民政协、民主党派、工商联参政议政，支持工会、共青团、妇联等群团组织依章开展工作，支持人民法院、人民检察院依法独立行使职权。深入推进政务、厂务和村务公开，基层民主不断加强。不断创新社会管理，深入开展平安创建活动，维护社会稳定基础不断巩固；始终保持严打高压态势，严密防范境内外敌对势力渗透破坏活动，维护了国家安全和边境安宁。完成了三年禁毒人民战争各项工作，毒品蔓延势头得到有效控制。加强群众来信来访工作，深入开展领导干部大接访和带案、包案下访活动，妥善处理了一批疑难信访案件和群体性上访事件，人民调解、行政复议、劳动仲裁、法律援助等各项工作得到加强。安全生产工作扎实有效，事故起数、死亡人数、受伤人数、直接经济损失逐年下降。认真贯彻党的民族宗教政策，深入开展民族团结进步示范创建活动，维护了各民族团结和睦的良好局面。国防后备力量建设扎实推进，“双拥”工作深入开展，军地军民鱼水关系进一步巩固。顺利完成了中越陆地边界文山段勘界任务，加强对越友好往来和边境协同管理，巩固了睦邻友好关系。

过去的五年，我州各级政府职能转变明显加快，服务型政府建设取得重大突破。我们坚持把加强政府自身建设、提高履职水平作为推动各项工作落实的保障。在各级政府、各部门中深入开展学习实践科学发展观、创先争优等主题学习实践活动，不断提高各级干部推动科学发展的能力和水平。完成了新一轮政府机构改革任务，进一步理顺了行政管理体制，权责脱节、职能交叉、多头管理、重复执法等问题逐步改进。深入推进法治政府、责任政府、阳光政府、效能政府四大主题十六项制度建设，建立和完善了国有资产处置、资源开发、项目建设、财政支出等审批制度，取消、调整行政审批事项140项，行政审批行为进一步规范；在全州行政事业单位中全面推行服务承诺、首问责任、限时办结、行政问责以及重大决策听证、重要事项公示、重点工作通报、政务信息查询等制度，开通“96128”政务服务专线，建成政府门户网站518个，政府信息公开网站748个，主动公开政府各类信息30多万条，公务用车购置、会议、接待、出国等费用得到有效控制。不断加强廉政建设，全面落实党风廉政建设“一岗双责”制度，严格执行《廉洁从政准则》，认真治理工程建设领域突出问题，深入开展治理商业贿赂、纠风治乱和清理“小金库”工作，形成了风清气正的良好局面。

回顾五年来的工作实践，我们深刻体会到：一是必须坚持发展第一要务，不争论，不懈怠，团结一致，凝心聚力，加快发展。二是必须增强机遇意识，把握机遇，抢抓机遇，顺势而谋，乘势而上，加快基础设施、基础产业建设，不断改善发展条件。三是必须重视产业培育，全力做强做大传统优势产业，积极培育发展新兴产业，不断增强全州综合经济实力。四是必须坚持统筹兼顾，在加快经济建设的同时，着力加强农业农村、社会事业、民生保障、生态环保等薄弱领域，促进经济社会协调发展。五是必须坚持改革开放，不断突破思想束缚和体制机制障碍，营造宽松发展环境，增强发展活力。六是必须重视和谐社会建设，加强民族团结，创新社会管理，妥善处理好各种社会矛盾，维护边疆社会政治稳定。这些宝贵经验，对推动“十二五”期间全州经济社会又好又快发展意义重大，全州各级各部门要认真总结，并在实践中不断丰富和发展。

各位代表，过去五年取得的成绩来之不易，这是省委、省人民政府和州委坚强领导的结果，是州人大、州政协大力支持的结果，是全州各族人民奋发进取、共同努力的结果。在此，我代表州人民政府向全州各族人民致以崇高的敬意！向省驻文单位、驻文解放军和武警部队官兵，向各民主党派、工商联以及所有关心支持文山发展的各界人士表示衷心的感谢！

在肯定成绩的同时，我们也清醒地看到，我州经济社会发展中还存在着许多困难和问题，一些长期积累的深层次矛盾还没有得到根本解决，主要是：经济总量小、人均水平低，综合实力较弱，加快发展的任务艰巨；发展的质量和效益不高，调整经济结构、转变发展方式任重道远；基础设施与加快发展的要求还不相适应，特别是水资源“瓶颈”制约亟待破解；城镇化水平较低，区域经济发展不平衡，统筹城乡一体化发展难度大；社会事业发展依然滞后，保障和改善民生的任务十分繁重；影响社会和谐稳定的因素日益增多，维护社会稳定的压力增大；思想不够解放、体制机制不活，对外开放水平不高；干部作风需要进

一步改进，机关行政效能和服务水平还需进一步提高，发展环境仍需改善。这些困难和问题，我们将高度重视，认真研究，采取有力措施切实加以改进和解决。

## 二、紧紧抓住难得的发展机遇，加快追赶全省全面建设小康社会步伐

“十二五”是我州追赶全省全面建设小康社会步伐的关键时期。当前和今后一个时期，我州发展的机遇和挑战并存，机遇大于挑战，发展环境总体有利。国家深入实施新一轮西部大开发和云南省实施“两强一堡”战略，有利于我州加快基础设施、民生工程建设，有利于进一步提高对内对外开放水平，拓展发展空间。通过多年来的艰苦奋斗，我州基础设施日益完善，产业培育初见成效，为加快发展奠定了良好基础。我们要紧紧抓住和用好难得的发展机遇，全力推动全州经济社会实现跨越式发展。

按照州委七届七次全会的安排部署，今后五年全州国民经济和社会发展的总体思路是：以邓小平理论和“三个代表”重要思想为指导，深入贯彻落实科学发展观，抢抓中央深入实施西部大开发和云南省建设“两强一堡”的重要战略机遇，以科学发展为主题，以转变经济发展方式为主线，加快发展、加速转型、加倍追赶，着力推进农业产业化、新型工业化、城镇化和教育现代化，统筹区域发展，深化改革开放，切实改善民生，促进社会和谐，把文山建设成为云南面向泛珠三角和东盟开放的新高地，努力实现全州经济社会发展新跨越。

奋斗目标是：到“十二五”末，主要经济指标比“十一五”翻一番。地区生产总值年均增长12%以上，全社会固定资产投资年均增长20%以上，地方财政一般预算收入年均增长17%以上，社会消费品零售总额年均增长18%以上，农民人均纯收入年均增长17%以上，城镇居民人均可支配收入年均增长12%以上，人口自然增长率控制在6‰以内。经济结构调整步伐明显加快，发展条件明显改善，社会建设明显加强，改革开放取得明显成效，综合经济实力明显增强。

围绕“十二五”总体发展思路和奋斗目标，在工作中必须牢牢把握以下九个重点：

**一是大力调整优化生产力布局，推动区域协调发展。**实施“1347”区域发展总体战略，着力建设一个城市群，即“文砚平”城市群，将“文砚平”城市群培育成辐射和引领全州经济发展的龙头。着力构建三条经济带，即以广昆高速公路和云桂铁路为载体的东西向经济带，以平远—文山—天保高等级公路为载体的南北向经济带，以边境乡（镇）连为一体的沿边经济带，形成多层次的产业聚集区。着力做强四大基地，即以三七为重点的生物资源开发基地、以铝工业为重点的新型冶金化工基地、以普者黑景区为重点的旅游文化休闲度假基地和区域性现代商贸物流基地，做大做强特色优势产业。着力打造七个增长点，即马塘工业园区和三七药物产业园区、普者黑旅游度假区、广南农特产品加工和商贸物流园区、富宁边境贸易加工区和综合保税区、麻栗坡边境经济合作区、马关边境贸易加工区、西畴兴街出口贸易加工区。通过实施区域发展总体战略，构建区域经济优势互补、主体功能定位清晰、国土空间高效利用、区域经济协调发展的新格局。

**二是大力推进基础设施建设，加快改善发展条件。**把农田水利放在基础设施建设的首要位置，加快推进水源工程、山区“五小水利”工程、节水灌溉工程建设，“十二五”期间力争水利投资超过100亿元，蓄水总库容达到8亿立方米以上、供水能力15亿立方米以上，解决110万人口饮水安全问题，水利化程度提高到20%以上，水资源“瓶颈”制约得到有效缓解。加大中低产田地改造力度，建设一批现代农业示范园，提高农业综合生产能力。加快推进交通基础设施建设，完成云桂铁路文山段建设任务，力争开工建设丘北—文山—蒙自铁路、蒙自—文山—砚山高速公路、富宁港二期工程和过船设施等一批重大项目，深入实施农村公路通畅工程和通达工程，全州公路通车总里程达到3万公里。继续抓好电源点建设，加快骨干电网建设和城农网改造，进一步增强电力供应保障能力，实现村村通电。配合国家和省推进输油管道、燃气管道建设，积极开发利用风能、太阳能、生物质能源，逐步改善能源结构。加强信息基础设施建设，完善信息资源共享、信息技术服务、信息安全保障体系，提高信息化水平。

**三是大力发展特色优势产业，不断增强全州综合经济实力。**加快推进农业产业化，重点培育发展三七、烤烟、辣椒、木本油料、畜牧五大优势产业，到“十二五”末，力争三七产业产值达到100亿元，烟叶收购达到200万担，完成300万亩油茶、200万亩核桃种植任务，辣椒发展到150万亩，年出栏生猪600万头、肉牛70万头，大力发展茶叶、八角、草果、蔬菜、红豆杉等特色生物产业；加大农业龙头企业扶持力度，到“十二五”末，力争培育年产值10亿元以上的农业龙头企业5户，亿元以上10户，5 000万元以上20户。加快推进新型工业化，做大做强铝工业，巩固提升铁合金产业，改造提升锌、锑等传统优势产业，开发延伸铟、钨、钛等稀贵金属加工业，培育发展煤化工、乙炔化工、磷化工、石材加工、卫生陶瓷、新型建材等新兴产业，大力发展生物制药、烟叶复烤、林产品加工、农副产品加工、蔗糖等轻工业，积极发展装备制造业，推进工业和信息产业融合发展，努力构建可持续发展的现代工业体系，到“十二五”末，力争工业总产值达到600亿元以上，工业增加值达到220亿元以上。加快发展现代服务业，把旅游业作为新兴的支柱产业来培育，着力推进文化与旅游融合发展，争取旅游文化休闲度假基地建设取得重大进展；加强重点物流园区和城乡市场流通体系建设，大力发展金融保险、信息咨询等生产性服务业，提升餐饮、住宿、休闲娱乐、家政、社区服务等生活性服务业，推动第三产业加快发展。

**四是大力推进经济结构调整，加快经济发展方式转变。**加快三次产业结构调整，着力调优一产、调强二产、调快三产，力

争三次产业比重由22：37：41调整为16：45：39。优化投资结构，着力提高产业投资比例，引导和鼓励民间资金投向科技创新、生态建设、社会事业和民生工程等领域。优化需求结构，着力增加城乡居民收入，完善消费激励政策，提高消费水平。优化所有制结构，完善各种所有制经济平等发展的体制环境，加快发展非公有制经济，力争非公有制经济占生产总值比重达到55%。把科技进步和自主创新作为调整产业结构、转变发展方式和提高核心竞争力的中心环节，加快推进科技创新和技术进步，进一步增强科技对经济增长的支撑作用。积极推进质量兴州战略，围绕特色优势产业，在生产工艺、生产技术、生产环境等各个环节，大力推进规范化、标准化和基地化建设，促进产业发展从粗放式扩张向精深加工转变。加强文山三七、丘北辣椒、八宝贡米等特色品牌和原产地保护，积极推进品牌战略，培育10个以上中国驰名商标和云南省著名商标。

**五是大力推进城镇化，统筹城乡协调发展。**围绕"文山中心城市建成50万以上人口的大城市，砚山、丘北、广南、富宁县城建成20万以上人口的中等城市，马关、麻栗坡、西畴、平远打造成特色小城市，培育一批各具特色小城镇"的城镇化发展目标，完善城镇发展思路，坚持以规划为龙头，进一步提高城乡规划建设水平。盘活城镇资源，依法调控土地市场，激活城市闲置资产，拓宽城镇建设融资渠道，加快城镇开发建设，力争到"十二五"末全州城镇化率达到40%左右。推动二、三产业向城镇集中，加快培育城镇产业支撑体系。研究建立统筹城乡发展的政策体系，推进城乡一体化发展。

**六是大力推进生态文明建设，切实增强可持续发展能力。**全力推进"森林文山"建设，增强森林碳汇能力，到2015年力争森林覆盖率达到47%。加强老君山保护和对盘龙河、普者黑等重点河流、湖泊的综合治理，强化上游森林植被保护，加强流域内工业污染、农村面源污染防治，加快城镇排污管网、污水处理和垃圾处理设施建设，促进重点河流和湖泊水质持续好转。加强节能减排工作，引导企业开展技术改造，发展循环经济，推进清洁生产。加快推进资源整合，强化资源节约、集约利用，严格耕地保护和水资源管理。加强防灾减灾体系建设，提高防灾减灾和应急救援能力。

**七是大力发展社会事业，不断提高人民群众生活水平。**着力推进教育改革发展，落实好教育保障政策，全面提高"两基"水平；加快发展职业教育，完成州中等职业学校迁建任务，扩大高中办学规模，力争高中阶段毛入学率达到70%以上；大力发展幼儿教育，加快发展高等教育，积极发展特殊教育，促进各类教育协调发展。建立和完善人才引进、培养、选拔使用机制，统筹推进各类人才队伍建设，为经济社会发展提供人才保障和智力支持。加强城乡公共文化服务体系建设，进一步扩大广播电视覆盖面，建成一批文化标志性工程和文化惠民工程，推出更多的民族文化艺术精品，积极发展文化产业，推动文化事业繁荣发展。大力发展公共体育事业，广泛开展全民健身活动。实施更加积极的就业政策，大力扶持创业、带动就业，积极引导农村劳动力转移就业，促进充分就业。加快构建覆盖城乡的社会保障体系，力争各类参保人数达到168万人次。加快医药卫生体制改革步伐，建立完善公共卫生服务体系和医疗保障体系，切实解决人民群众就医难问题。加强食品药品监管，确保人民群众饮食和用药安全。加大民政事业投入，健全完善城乡一体化的社会救助体系，提高保障水平。推进社会养老服务体系建设，抓好人口计生工作，统筹解决好人口问题。加快城乡保障性住房建设，进一步缓解城乡低收入家庭住房困难。坚持不懈地推进扶贫开发，完成5 000个以上自然村整村推进建设任务，加大深度贫困群众的扶持力度，不断改善贫困地区群众生产生活条件，提高自我发展能力。

**八是大力推进民主法制建设，维护边疆和谐稳定。**切实抓好"六五"普法和"四五"依法治州工作，着力提高全民法制意识和法律素质。积极支持人民政协和群团组织、民主党派、工商联及各界人士参政议政，支持人民法院和人民检察院依法独立行使职权。加强社会公德、职业道德、家庭美德教育，深入开展群众性精神文明创建活动，努力培育全民良好道德风尚。抓好未成年人教育保护工作，营造有利于未成年人健康成长的环境。加强基层民主政治建设，进一步推进政务公开、事务公开，保证人民群众依法行使选举权、知情权、参与权和监督权。完善信访工作机制，努力化解各类社会矛盾。完善社会治安防控体系，着力提高防范打击违法犯罪活动的能力和水平，加强国家安全人民防线建设，维护边疆社会政治稳定。完善安全生产监管机制和责任制，促进安全生产持续稳定好转。深入贯彻党的民族宗教政策，不断巩固和发展平等、团结、互助、和谐的社会主义民族关系。加强国防后备力量建设，深入开展"双拥"活动，推进军民融合式发展，确保边防稳固、边疆安宁。

**九是大力推进改革开放，不断增强发展动力。**突出抓好重点领域和关键环节的改革，统筹推进各个领域的改革创新，着力突破体制机制障碍，不断增强发展活力。抓住云南"桥头堡"建设机遇，加快推进边境经济合作区、边境贸易加工区、出口贸易加工区建设，努力打造全州扩大开放、加强国际国内经济合作的平台。主动承接东部地区产业转移，积极吸引发达地区企业进入文山发展。大力发展对外贸易和边境贸易。加强口岸基础设施建设，提升口岸功能，提高通关便利化水平。加强与越南等东南亚国家的合作与交流，积极与珠三角、长三角及周边地区开展多领域、多层次的合作，促进互利共赢，全面提升对内对外开放水平，努力把文山建设成为云南面向泛珠三角和东盟开放的新高地。

## 三、扎实抓好今年各项工作，确保"十二五"开好局起好步

今年是实施"十二五"规划的第一年，做好今年的各项工作意义重大。我们要以更加饱满的精神和更加务实的作风，扎扎实实抓好各项工作的落实，确保"十二五"开好局、起好步，以优异的成绩迎接建党90周年。

2011年全州经济社会发展预期目标建议为：地区生产总值增长12%以上；地方财政一般预算收入增长20%以上；全社会

固定资产投资增长25%以上；城镇居民人均可支配收入增长12%以上；农民人均纯收入增长18%以上；社会消费品零售总额增长20%以上；居民消费价格指数控制在104%以内；城镇登记失业率控制在4.5%以内；人口自然增长率控制在6.8‰以内。

实现今年发展的预期目标，重点要做好以下工作：

**(一)着力抓好重大项目建设，确保基础设施建设取得新突破。**要努力拓宽融资渠道，继续推进以水利、交通、能源为重点的重大基础设施项目建设。

**一是全力抓好农田水利建设。**州、县(市)财政安排资金1.5亿元，其中州级财政安排3 000万元，用于重大水利项目建设。加快达号、布都河等在建水源工程建设进度，力争动工建设德厚大型水库和那榔、清平、阿额、盘龙山等一批中小型水库；完成稼依、暮科格等10件在建病险水库除险加固，争取开工建设红旗、马鞭稍等26件病险水库除险加固工程；继续推进大型灌区建设，建成6万件山区"五小水利"工程和100公里以上干支渠防渗工程；改造中低产田地35万亩，完成"兴地睦边"农田整治12万亩；新增有效灌溉面积7万亩，改善灌溉面积14万亩，新增节水灌溉面积10万亩，解决24万人饮水安全问题。

**二是加快推进交通建设。**加快云桂铁路文山段整体建设进度，争取完成投资55亿元；全力确保三条政府还贷二级公路在今年6月底前建成并锁定债务；积极争取并组织实施好年度农村公路通畅、通达工程和农村客运站点项目建设。继续安排专项工作经费，加快推进重点交通项目前期工作，争取蒙自—文山—砚山高速公路年内开工建设，推动丘北—文山—蒙自铁路尽早动工建设，争取一批铁路、高等级公路项目进入国家和省的规划盘子。在确保富宁港一期工程完成建设任务的同时，争取二期工程和过船设施项目有新的突破。

**三是积极推进能源建设。**在抓好水电开发、普阳煤矿扩建等工程的同时，加强与大唐、国电等大企业合作，加快推进丘北9.9万千瓦风电场建设，争取砚山10万千瓦风电场尽早开工建设，抓紧研究提出一批风能、余热、太阳能等发电项目。年内争取动工建设两座220千伏输变电工程，进一步加大农网改造力度。

**(二)着力加强"三农"工作，确保农业农村发展取得新成效。**进一步加大对"三农"的扶持力度，力争完成农业总产值142.5亿元，实现增加值80亿元，农民人均增收500元以上。

**一是切实抓好粮食生产。**继续落实好强农惠农政策，稳定粮食播种面积，加大农业科技推广力度，抓好粮食作物高产示范创建，争取粮食总量产突破13亿公斤。

**二是全力推进农业产业化。**大力推广三七标准化种植，争取三七在地面积达到10万亩，产量550万公斤；抓好新烟区开发建设，完成130万担烟叶收购计划任务；种植辣椒114万亩、甘蔗40万亩；积极筹措木本油料基地建设资金，确保完成新植油茶40万亩、核桃30万亩的任务；加大对畜牧业的扶持力度，实现畜牧业产值55亿元以上。州、县(市)财政将进一步加大对农业产业化的投入，其中州级财政新增扶持农业产业化发展资金1 500万元，积极整合涉农资金扶持创建16个现代农业或优势特色产业示范园区。抓住省加大农业龙头企业扶持力度的机遇，抓紧筛选上报一批有发展潜力的龙头企业，争取省的支持。

**三是扎实推进扶贫开发。**年内力争完成965个整村推进项目村建设，继续抓好整乡推进扶贫和西畴县"以县为单位、整合资金、整村推进、连片开发"试点工作，继续推进产业扶贫、易地搬迁开发、对口帮扶、社会帮扶、革命老区建设等各项扶贫工作，加大对深度贫困地区的扶持力度，抓好"兴边富民"工程建设，落实好大中型水利水电移民搬迁安置和后期扶持政策，加快推进"山瑶"、"僰人"扶持项目建设，进一步改善农村群众的生产生活条件，新解决20万贫困人口的温饱问题。

**(三)着力抓好工业发展，确保工业经济再上新台阶。**全力推进工业项目建设，抓好工业经济运行协调服务，促进工业经济快速发展，力争工业总产值突破300亿元、实现增加值110亿元。

**一是抓紧在建工业项目建设。**全力确保文山年产80万吨氧化铝厂上半年正式投入生产，抓好文山氯碱项目、华联锌铟公司采选矿项目、云科药业三七总皂苷提取生产线等一批在建工业项目建设，确保尽快投产。

**二是加快推进工业项目前期工作。**争取马关年产10万吨锌60吨铟二期工程、普阳煤业公司年产30万吨合成氨、州复烤厂搬迁技改、文山三七保健品生产线、富宁年产8万吨硅锰合金、丘北年产20万立方米中密度纤维板等重点项目在年内开工建设；积极推进文山氧化铝厂扩能、丘北年产80万吨氧化铝以及电解铝、铝型材、仲钨酸铵下游产品开发、铟产品开发、富宁氯碱综合项目、金光公司林浆纤维一体化项目等重点工业项目的前期工作，为项目及早开工创造条件。

**三是加快工业园区建设。**在抓好省级两个重点工业园区建设的同时，加快推进各县(市)工业园区和农副产品加工园区规划建设，完善园区基础设施，进一步加大标准化厂房建设力度，引进一批企业入园发展。

**四是加快推进科技创新。**加强与省内外科研院所、高等院校合作，抓紧推进三七、辣椒、油茶等特色生物产业精深产品研发，以及多金属伴生矿分离提取技术攻关，争取尽快突破制约重点产业发展的关键性技术难题。支持中小企业建立技术中心，提高企业的技术创新能力。

**(四)着力发展现代服务业，确保第三产业取得新发展。**把加快发展现代服务业作为产业结构调整的重点，改造提升传统服务业，大力发展现代服务业，力争实现第三产业增加值165亿元，比上年增长14%。

**一是重视发展金融业。**继续加强银政、银企合作，完善金融信贷奖励政策，引导金融机构加大对地方经济社会发展的信贷支持力度，全年力争新增贷款45亿元以上。加强与州外金融机构合作，争取利用州外金融机构贷款大幅增加。加强金融生态环境建设，为金融业健康发展营造良好的环境。

**二是加快发展旅游业。**积极推动旅游与文化融合发展，加强旅游服务设施建设，深入挖掘和创新历史文化、民族文化，争取旅游文化休闲度假基地建设取得新进展，年内实现旅游总收入38亿元以上。

**三是大力发展商贸物流业。**加快推进重点物流园区规划建设，进一步抓好“万村千乡市场工程”和乡（镇）农贸市场、农产品批发市场的建设改造，进一步完善城乡市场流通网络。落实好国家提高低收入群众收入水平的各项政策，提升城乡居民消费能力；进一步做好家电下乡、汽车摩托车下乡等工作，带动农村消费增长；积极发展社区商业、物业、家政、养老等便民服务，开发文化娱乐、体育健身、教育培训等消费市场，规范市场秩序，促进第三产业发展取得新成效。

**（五）着力抓好城乡规划建设，确保城镇发展再上新水平。**继续把推进城镇化作为促进经济增长和带动农村发展的重点工作抓紧抓好，加快推进城镇开发建设，争取完成城镇建设投资60亿元，城镇化率提升2个百分点，达到30.5%。

**一是进一步完善城镇各项规划。**围绕“十二五”城镇化发展目标，抓紧完善各个层次城镇发展规划，年内完成州域城镇规划体系、“文砚平”城市群规划和5 900个以上村庄规划编制任务。强化规划监督管理，及时发现、制止和查处违反城镇规划行为。

**二是加快城镇开发建设。**以文山市撤县设市为契机，完善中心城市规划和管理体制机制，抓好水、电、路、绿化亮化以及教育、文化、体育等配套设施建设，加快推进盘龙河城区段综合治理，提高城市品位和功能，打造中心城市新形象。推进各县县城、重点乡（镇）、旅游小镇建设，增强辐射带动能力。抓好文山、砚山、富宁、丘北、马关五个县（市）城“省级园林城市”创建工作，努力构建宜居城市。加强房地产市场管理，促进房地产市场健康稳定发展。

**三是加强市政管理。**创新市政管理方式，进一步提高城镇管理水平。加大城镇市容市貌和环境卫生整治力度，重点解决村镇建设布局混乱、占道经营、以路为市、卫生状况差、公共设施落后等问题，改善村镇形象和投资环境。

**（六）着力发展社会各项事业，确保社会发展取得新进步。**继续执行财政贴息、安排专项建设经费等政策，加快推进社会事业基础设施建设，不断提高公共服务水平。

**一是坚持教育优先发展。**继续抓好“两基”国检后的整改工作，落实好教育保障政策，加快中小学校舍安全工程建设，稳妥推进中小学区域布局调整，加大教学设备投入，进一步改善中小学办学条件，努力提高教育教学管理水平，巩固提高“两基”成果。积极推进普通高中改扩建，加快发展职业教育，高中阶段毛入学率达到53%以上。加大工作力度，年内力争完成州职教园区一期工程建设，继续支持文山学院和三鑫职业技术学院提高办学水平。制定并启动实施学前教育三年行动计划，努力扩大学前教育规模，力争幼儿入园（班）率达到46%。

**二是大力发展文化事业。**加快州民族博物馆和县（市）、乡、村三级公共文化网络建设，进一步完善公共文化服务体系。加强文化遗产保护和利用，支持文艺精品创作，深入开展城乡群众文化活动，加强对外文化交流，积极引导发展文化产业。实施好广播电视“村村通”工程建设，完善维护管理长效机制，确保“村村通”工程发挥实效。

**三是加快发展卫生事业。**深入推进医药卫生体制改革，加强基本医疗保障、公共卫生服务、医疗卫生服务、药品供应保障“四大体系”建设，全面完成三年医改任务，进一步解决好城乡群众看病难、看病贵问题。启动新一轮禁毒防艾人民战争，遏制毒品和艾滋病流行蔓延。抓好人口计生奖扶政策的落实，加强流动人口计划生育管理，稳定低生育水平。

**四是统筹发展其他各项社会事业。**抓好城乡体育基础设施和富宁剥隘库区低海拔体育训练基地项目建设，进一步完善公共体育服务设施，广泛开展全民健身活动，不断提高体育竞技水平。统筹推动史志、残疾人、慈善、人防、档案、侨务、新闻出版、红十字、老龄等各项社会事业健康协调发展。

**（七）着力保障和改善民生，确保人民生活水平有新提高。**进一步落实好保障和改善民生的各项政策措施，使人民群众得到更多实惠。扎实抓好就业再就业工作，统筹解决好大中专毕业生、下岗职工、就业困难人员就业问题，大力实施农村劳动力转移就业。全年力争开发城镇就业岗位1.9万个，新增城镇就业1.5万人；继续推进“贷免扶补”工作，落实好创业带动就业政策，年内实现扶持创业人员3 000人以上；争取新增农村劳动力转移就业20万人。进一步加大社会保障工作力度，扩大社会保险和新型农村养老保险试点覆盖面，参加各项社会保险人数争取达到93万人次。加强保障性住房建设，年内新建5 100套城镇廉租住房、5 000套公共租赁房，改造农村危房2万户。启动州级和4个县级救灾物资储备仓库、州和3个县殡仪馆、因战伤残人员康复中心等一批民政事业项目建设，提高保障能力。

**（八）着力推进生态建设和环境保护，确保可持续发展能力有新提升。**把生态建设和环境保护放在更加重要的位置，切实抓好重点生态工程建设，不断增强可持续发展能力。

**一是加快推进林业各项工程建设。**年内完成人工造林27.7万亩，改造中低产林50万亩，实施好670.2万亩天然林管护工程，新建沼气池31500口；全力做好全国石漠化治理第三次部省联席会议在我州召开的各项筹备工作，并以举办此次会议和国家把我州8县（市）均列为石漠化治理重点县为契机，进一步加大石漠化治理力度，年末争取森林覆盖率达到42%以上。

**二是推进城镇“两污”设施建设。**加快在建污水处理厂及配套管网工程和垃圾处理厂建设，确保按省规定的时限建成投入使用；完善污水、生活垃圾处理收费制度，确保“两污”工程正常运转。

**三是加强节能减排工作。**严格执行项目建设环保“三同时”制度，落实好重点领域污染防治、农村面源污染治理等各项措施，积极推进企业技术改造和清洁生产，新淘汰一批落后产能，确保年度节能减排任务圆满完成。

**四是加强防灾减灾能力建设。**在继续加强气象、地震、防汛抗旱、森林防火等防灾减灾体系建设的同时，抓住省加大对地质灾害防治投入的机遇，组织实施一批地质灾害隐患防治项目。

**（九）着力推进改革开放，确保“新高地”战略迈出新步伐。**深入贯彻落实云南省“桥头堡”和州委“新高地”战略部署，进一步深化各项改革，努力提高对内对外开放水平。

改革方面，在抓好中央和省统一部署各项改革的同时，启动实施平远“扩权强镇”、普者黑“扩权强区”、天保边境经济合作区的改革试点工作；研究推进财税体制改革，逐步建立有利于调动各方面积极性的财税分享制度和财税增收激励机制；积极推进投融资体制改革，鼓励企业上市直接融资；继续深化林权配套制度、国有资产管理、教育、卫生、文化、科技等各个领域的改革，增强发展活力。

对外开放方面，积极推进对外贸易和边境贸易加快发展，力争外贸进出口总额完成1.6亿美元以上，边境贸易总额完成35亿元。抓紧推进边境经济合作区、边境贸易加工区、出口贸易加工区的前期工作，主动加强与珠三角、长三角地区及周边地区的交流合作，探索建立互利共赢的合作长效机制。继续改善投资环境，创新招商方式，争取在吸引“央企入文”、“滇企入文”、“民企入文”上取得新进展，在承接东部沿海地区产业转移上抢占先机，促进“新高地”战略迈出新步伐。

**（十）着力加强和谐社会建设，确保边疆社会政治持续稳定。**启动实施好“六五”普法规划，扎实推进普法依法治理、法律服务等各项工作；进一步完善群众利益诉求表达机制和社会矛盾调处机制，健全重大工程项目和社会政策制定的社会稳定风险评估机制，从源头上预防和减少群体性上访事件发生；完善重大突发事件预警及应急处置机制，提高应急处置能力；进一步畅通信访渠道，确保群众合理诉求及时得到解决；加强社区建设，创新社会管理，进一步完善治安防控机制，着力提高科技防控水平，加强农村、社区和校园周边治安整治，严厉打击各种刑事犯罪活动，进一步增强群众安全感；加强信息情报工作，严密防范境内外敌对势力的渗透破坏活动。继续深入推进民族团结进步示范创建活动，促进民族地区和谐发展。全面落实安全生产“一岗双责”和企业安全生产责任制，突出抓好重点领域、重点行业安全隐患专项整治和监管，巩固安全生产持续好转的良好态势。

顺利实施“十二五”规划和完成今年的各项工作任务，必须进一步加强政府自身建设。按照省人民政府的安排部署，要继续完善和落实好法治政府、责任政府、阳光政府、效能政府四大主题十六项制度，深入推进行政审批制度改革、政务公开、行政成本控制、行政效能提升、政务服务中心和公共资源交易中心建设、重点岗位和关键环节监控、廉政建设、行政问责等8项工作。今年州、县(市)行政审批事项再精减50%，上半年完成州、县(市)政务服务中心建设并保证有效运转，争取年底完成州、县(市)公共资源交易中心建设，明年全面完成乡(镇)和行政村、社区便民服务中心(站)建设。自觉接受州人大及其常委会的法律监督、工作监督和州政协的民主监督，发挥审计、监察、法制等部门的监督职能，加强行政监督检查，防止权力失控、行为失范。完善抓落实的工作机制，继续确定20个重大建设项目和20项重点工作进行重点督查，严格执行责任制，努力推动工作落实。加强作风建设，加大治懒、治庸、治散工作力度，严格执行行政问责制，坚决问责有令不行、有禁不止、行政不作为、失职渎职、违法行政等行为。加强反腐倡廉惩防体系建设，着力解决损害群众利益的不正之风，健全工程建设招投标、经营性土地使用权出让等制度，落实好党风廉政建设责任制，推动党风廉政建设和反腐败斗争取得新成效。

各位代表！回顾“十一五”，全州各族人民携手共创的辉煌业绩令人鼓舞；展望“十二五”，集各方智慧描绘的宏伟蓝图催人奋进。我们坚信，五年后的文山大地将焕然一新，基础设施更加完善，特色产业千帆竞发，社会更加文明进步，边疆更加和谐稳定，综合实力再上台阶，人民生活更加殷实，壮乡苗岭将天更蓝、山更绿、水更清、城更亮、村更美。让我们更加紧密地团结在以胡锦涛同志为总书记的党中央周围，在省委、省人民政府和州委的坚强领导下，高举中国特色社会主义理论伟大旗帜，坚持以邓小平理论和“三个代表”重要思想为指导，全面贯彻落实科学发展观，齐心协力，开拓创新，求真务实，奋发进取，为实现“十二五”规划目标、建设美好文山而努力奋斗！

# 坚持改革创新　突出工作重点
# 不断开创党风廉政建设和反腐败斗争新局面

——在中共文山州纪委七届六次全会上的工作报告

王维真

2011年1月28日

同志们：

我代表中共文山州纪律检查委员会常务委员会，向第六次全体会议报告工作，请予审议。

这次会议的主要任务是：传达贯彻胡锦涛同志重要讲话和十七届中央纪委六次全会、省纪委八届六次全会精神，深入贯彻落实党的十七大、十七届四中、五中全会和省委八届九次、十次全委会、州委七届七次全委会精神，总结2010年党风廉政建设和反腐败工作，安排部署2011年任务。州委对这次全会十分重视，州委常委会专题学习了十七届中央纪委六次全会、省纪委八届六次全会精神，研究了我州贯彻落实意见和2011年反腐倡廉工作。李培同志将作重要讲话，我们要认真学习领会，坚决贯彻落实。

## 一、2010年主要工作回顾

2010年是全面完成“十一五”规划、谋划“十二五”发展的关键之年。面对国际金融危机和百年不遇特大旱灾，州委、州政府坚持以科学发展观统领经济社会发展全局，团结和带领全州各族干部群众，一手抓抗旱保民生，一手抓生产促发展，大力实施“六大战略”，加快“四大基地”建设和通道经济发展步伐，胜利完成了“十一五”规划主要目标任务，认真编制“十二五”规划，经济社会发展取得了显著成就。全州各级党委、政府和纪检监察机关围绕中心、服务大局，认真落实中央《建立健全惩治和预防腐败体系2008－2012年工作规划》和省委、州委的实施办法，改革创新，大胆实践，深入推进惩治和预防腐败体系建设，积极探索加强基层党风廉政建设的新路子，党风廉政建设和反腐败工作取得了明显成效，为促进全州经济社会又好又快发展提供了坚强的政治和纪律保证。

### （一）加强监督检查，促进了中央和省委、州委重大决策部署的贯彻落实

按照州委、州政府“抗大旱、保民生，抓春耕、促发展”的要求，州、县（市）纪检监察机关分别派出40个检查组，对抗旱救灾决策落实情况开展监督检查，问责处理34名违反工作纪律的党员干部，确保了4.9亿元抗旱救灾资金使用和物资管理安全，为夺取抗旱救灾全面胜利提供了有力保障。围绕省委、州委扩内需保增长一系列决策部署的贯彻落实，重点对360个扩大内需项目实施情况开展监督检查，涉及资金34.13亿元，对土地和环评审批手续不完备、招投标不规范等问题及时督促整改纠正，保证了扩大内需投资项目建设进度和质量安全。会同有关部门开展对固定资产投资、节约集约用地、安全生产、节能减排和环境保护等政策措施落实情况的监督检查，清理纠正安全生产违规违法问题4367项、环保违规违法问题30项；取消和停建违反节约集约用地规定项目19项，涉及违规资金1 094.49万元。加强对救灾救济、城乡低保、医疗救助和住房公积金的监督管理，保证了资金的安全运转和合理使用。参与调查处理安全生产责任事故16起，对相关责任人进行了问责处理。加强对党的政治纪律和民族宗教政策执行情况的监督检查，维护了民族团结、边疆安宁、社会稳定。

### （二）强化教育监督，进一步增强了领导干部廉洁从政意识

认真开展示范教育、警示教育和岗位廉政教育，继续巩固以赵仕永、李自芬等典型案例开展警示教育活动取得的成果，切实加强了党员干部党性党风党纪教育。采取理论中心组学习、专题讲座等形式重点抓好《中国共产党党员领导干部廉洁从政若干准则》的学习贯彻，组织全州7 029名党员干部开展了廉政法规知识考试，对新提拔处级干部进行反腐倡廉专题培训，通过推荐廉政文章、发送廉政短信、寄发公开信等形式开展廉洁从政教育，组织开展了“勤廉十佳”评选活动。不断巩固“大宣教”工作格局，加大在报刊、广播、电视、网络等媒体上的反腐倡廉宣传力度，深入推进廉政文化建设，营造了良好的社会氛围。严格执行廉洁自律各项规定，严肃处理违规驾驶公车肇事、借婚丧嫁娶事宜敛财等行为。认真落实领导干部报告个人有关事项制度，及时纠正了个别单位违规发放津补贴等问题。加强对民主集中制、“三重一大”决策、“三谈两述”等各项制度执行情况的监督检查。督促各级领导干部带头执行厉行节约各项规定，全州因公出国（境）、出省考察费用支出压缩297.15万元，车辆购

置及运行费用支出压缩2 181.83万元，公务接待费用支出压缩1 250.37万元，会议、庆典等费用支出压缩1 016.17万元。

**（三）严肃查办案件，保持了惩治腐败的高压态势**

始终把惩治腐败作为严肃党的纪律、维护改革发展稳定大局的重要手段，切实加强案件查办工作。全州共受理群众信访举报1 108件，初核案件线索317件，立案114件130人，结案109件，给予党政纪处分123人，其中处级干部1人，科级干部20人，为国家和集体挽回经济损失233.04万元。严肃查处了文山县政协副主席何锦涛违反规定驾驶公车肇事案，马关县马白镇原党委书记黄兴兵伙同原镇长章莹虚报、冒领骗取国家财政拨款案。对涉嫌贪污受贿的州地税局局长段润华果断采取“两规”措施，促进了案件严查快办。综合运用批评教育、诫勉谈话、问责和组织处理等方式，对轻微违纪人员予以教育、帮助和挽救；对举报失实的问题，及时予以澄清，注重保护开拓进取、敢闯敢试的党员干部，共为131名受到失实举报的党员干部澄清了事实，维护了党员干部的合法权益。注重完善办案工作机制，建立了州、县两级办案人才库、查办案件沟通协作机制、信访分流管理办法、案件督办报告制度等，加强案件监督管理工作，整合了办案力量，提升了依纪依法、安全文明办案的能力。注重加强案件剖析，通过“一案双查”，建章立制、堵塞漏洞，充分发挥查办案件的治本功能。

**（四）坚持纠治并举，群众反映强烈的突出问题得到进一步解决**

认真做好减轻农民负担工作，严格执行减轻农民负担“五项制度”，清理审核涉农价格和收费项目35个；全面落实国家各项惠农政策，农民得到实惠3.8亿元；严厉打击制售假冒伪劣农资、哄抬农资价格行为，查处坑农害农案件166件；深入开展一事一议筹资筹劳及财政奖补监管工作，设立涉农监测户515户，强化农民负担监测，有效防止了农民负担反弹。对898个应换届村委会开展了审计，严肃处理违纪违法人员。深入治理教育乱收费，积极开展创建“四项示范”县校建设活动，处理教育收费中的违纪违规人员26人。继续纠正医药购销和医疗服务中的不正之风，推行服务承诺、医德医风考评等制度，不断加强医疗行业作风建设；坚持和完善药品、医疗设备采购和管理使用制度，处理医药购销中的违纪违规人员6人，共有152个医疗机构实行了药品集中招标采购，降价588.62万元。认真清理涉企收费项目，切实减轻企业负担。认真治理公路“三乱”，巩固了治理成果。深入推进政风行风建设，认真开展评议行风工作，办好“政风行风热线”栏目，受理群众咨询、投诉125件，部门行业作风得到改善。

**（五）坚持改革创新，积极探索规范权力运行的新路子**

在县、乡、村三级全面推行领导干部廉政承诺、乡镇政务质询和村务监督员制度，各县（市）共有227名处级干部、2 107名科级干部进行了廉政承诺，通过召开政务质询会议现场解决群众反映问题1 260个，聘请村务监督员1 971名、解决群众纠纷1 863件（次），搭建了群众参政、议政、督政的平台，畅通了群众诉求渠道，对基层党员干部权力运行开展了有效监督，密切了党群干群关系。实行纪检监察派出机构列席部门领导班子会议、督查巡查、沟通联系等制度，促进了负责联系部门决策程序规范、政务活动公开，统一管理的优势得到进一步显现。贯彻落实领导干部问责规定，问责处理110名干部，其中免职1人，调整工作岗位3人。认真开展经济责任审计工作。深入推进政务公开、厂务公开、村务公开，进一步增强权力运行的透明度。加强农村基层党风廉政建设，健全了涉农资金“一折通”制度，完善了乡（镇）、村议事规则，全州共建立便民服务机构446个，3 656个村实行了村级会计委托代理服务，查处农村基层党员、干部违纪违法行为43件，处理45人。政法系统、国有企业、大中专院校反腐倡廉建设稳步推进。

**（六）推进制度建设，拓展了源头治腐工作领域**

完善和落实反腐败领导体制和工作机制，继续实行州委常委带队考核党风廉政建设责任制，不断细化责任分解、完善考核办法、改进考核方式，加强对考核结果的运用，进一步促进了各级领导干部履行“一岗双责”。深入推进工程建设领域突出问题专项治理，全州排查总投资额在100万元以上项目749个，整改纠正问题201个。会同有关部门开展整顿和规范矿产资源开发秩序工作，查处6起非法开采行为。继续清理“小金库”，巩固和扩大治理工作成果。深入开展治理商业贿赂专项工作，全州共查办商业贿赂案件11件13人，给予党纪政纪处分9人。充分发挥行政监察职能作用，认真落实法治政府、责任政府、阳光政府、效能政府建设各项制度，着力抓好行政行为监督，各级行政机关确定关键岗位1 454个、重点环节2 271个，分析风险主要表现形式4 513项，制定监督防范措施4 888条，并公开接受社会监督。认真落实工程项目招标投标制度，参与监督市政基础、房屋建筑、交通和水利等工程建设项目招投标254个，涉及资金13.6亿元。认真落实政府采购制度，节约资金3 743万元。认真开展重点非公有制企业挂牌保护工作，挂牌保护106家非公有制企业。干部人事制度、行政审批制度、司法体制和工作机制、投资体制、财税管理体制等改革进一步深化。

**（七）加强自身建设，提升了纪检监察干部队伍的履职能力和工作水平**

深入开展创先争优活动，继续巩固“做党的忠诚卫士、当群众的贴心人”主题实践活动成果，组织开展了学习刀会祥、杨雪斌等先进事迹活动，纪检监察干部政治意识、责任意识和纪律意识明显增强。完善纪检监察干部学习机制，加大纪检监察干部教育培训力度，全年选送和组织培训纪检监察干部1 843人（次）。坚持在工作实践中锻炼、培养、选拔干部，加大竞争上岗、交流轮岗和公开考录力度。建立州纪委委员联系基层纪检组织和党员群众制度，强化了州纪委委员履行职责的主动性和自觉性。加强纪检监察机关党组织建设，认真贯彻落实纪检监察干部“四个对”和“五严守、五禁止”要求，健全工作考核制度，完善奖惩激励机制，大力表彰先进，激发了广大纪检监察干部干事创业的热情。派出机构人员得到充实，履行职责的能力和水平进一步提高。纪检监察机关信息化建设稳步推进。全面贯彻落实中央纪委等五部委9号、10号文件精神，县级纪检监察机关领导班子建设、干部队伍建设和后勤装备等得到切实加强。

过去一年，在省纪委和州委、州政府的坚强领导下，在全州各级各部门的协同配合下，在广大纪检监察干部的艰苦努力下，我们以改革创新精神不断探索，积极推进党风廉政建设和反腐败工作取得了新的明显成效，为促进全州经济社会又好又快发展提供了坚强保障。在总结成绩的同时，我们也要清醒地看到，当前我们正处于经济体制、社会结构、利益格局、思想观念深刻变化和转型的历史时期，体制机制制度还不完善，滋生腐败的土壤仍然存在，反腐倡廉建设正面临有利条件与不利因素并存、成效显著与突出问题并存的复杂局面，党风廉政建设和反腐败斗争形势仍然严峻，任务仍然艰巨。一些损害群众利益的突出问题还没有从根本上得到解决，少数党员干部宗旨意识淡薄，脱离群众，办事不公，铺张浪费，与民争利；一些党员干部党性修养和作风养成的自觉性不够，思想僵化，工作漂浮、效率低下，甚至有令不行、有禁不止；一些重点领域和关键环节的违纪违法问题仍然易发多发，失职渎职、以权谋私、贪污贿赂、腐化堕落等问题时有发生；一些反腐倡廉法规制度和政策措施落实不够，反腐倡廉制度建设还需进一步加强等。我们一定要按照省纪委和州委的要求，加大工作力度，提高工作水平，把我州党风廉政建设和反腐败斗争不断引向深入。

## 二、2011年主要工作任务

2011年是全面实施"十二五"规划的开局之年，是我州经济社会发展承前启后、继往开来的关键之年。做好党风廉政建设和反腐败工作，意义十分重大。胡锦涛总书记在十七届中央纪委六次全会上的重要讲话，是指导当前和今后一个时期党的作风建设和反腐倡廉建设的纲领性文献。我们要按照党中央、中央纪委和省委、省纪委、州委的部署，以更加坚定的信心、更加坚决的态度、更加有力的措施，扎实做好2011年工作，推动全州党风廉政建设和反腐败斗争深入开展。今年工作的总体要求是：全面贯彻党的十七大、十七届四中、五中全会、十七届中央纪委六次全会和省委八届九次、十次全委会、省纪委八届六次全会、州委七届七次全委会精神，高举中国特色社会主义伟大旗帜，以邓小平理论和"三个代表"重要思想为指导，深入贯彻落实科学发展观，按照以人为本、执政为民的要求，坚持标本兼治、综合治理、惩防并举、注重预防的方针，加强以保持党同人民群众血肉联系为重点的作风建设，加强以完善惩治和预防腐败体系为重点的反腐倡廉建设，着力解决反腐倡廉建设中人民群众反映强烈的突出问题，围绕中心、服务大局，突出重点、整体推进，改革创新、狠抓落实，努力开创党风廉政建设和反腐败斗争新局面，为顺利实施"十二五"规划、促进全州经济社会实现发展新跨越提供有力保证。

**（一）强化监督检查，保证中央和省委、州委的重大决策部署贯彻落实**

各级纪检监察机关要把学习贯彻党的十七届五中全会精神，作为当前和今后一个时期的重要政治任务，按照省委八届十次全委会、州委七届七次全委会的部署和要求，全面履行监督检查职能，确保"十二五"规划各项任务落到实处。要紧紧围绕加快经济发展方式转变、促进经济社会又好又快发展，会同有关部门加强对中央关于加强和改善宏观调控、做好"三农"工作、经济结构调整、市场价格调控、房地产调控、资源节约和环境保护、规范和节约用地、保障和改善民生等重大决策部署执行情况的监督检查；围绕实施西部大开发战略、推进云南"两强一堡"和我州"新高地"建设等重大政策措施落实情况开展监督检查，坚决查处和纠正有令不行、有禁不止的现象，保证中央和省委、州委重大决策部署落实到位。加强对中央有关维护民族团结和社会稳定决策部署贯彻落实情况的监督检查，严肃处理违纪违法行为，维护经济发展、民族团结、边疆安宁、社会稳定的良好局面。

严明党的政治纪律，坚决维护党的集中统一。各级党组织要深入开展政治纪律教育，引导广大党员干部增强党的意识、宗旨意识、执政意识、大局意识、责任意识，坚定政治立场，增强政治敏锐性和政治鉴别力，自觉同以胡锦涛同志为总书记的党中央保持高度一致。严禁散布违背党的理论和路线方针政策的言论，严禁公开发表同中央精神相违背的意见，严禁编造、传播政治谣言，严禁以任何形式泄露党和国家秘密，严禁参与各种非法组织和非法活动。各级纪委要加强对政治纪律执行情况的监督检查，严肃查处违反政治纪律的行为。

严肃换届工作纪律，匡正选人用人风气。今年，州、县（市）、乡（镇）党委将集中换届。要加强教育引导，促使党员领导干部正确对待进退留转。要进一步严肃换届工作纪律，严格执行党政领导干部选拔任用工作有关规定，规范和强化对拟提拔干部的廉政考察。要加强对《党政领导干部选拔任用工作责任追究办法（试行）》等四项监督制度落实情况的监督检查，认真落实中央纪委、中央组织部"五个严禁"、"十七个不准"、"五个一律"的要求，坚决防止和纠正"带病上岗"、"带病提拔"等问题。严肃查处严重违反组织人事纪律的行为，坚决惩治跑官要官、买官卖官、拉票贿选、突击提拔干部和诬告陷害等行为，为换届工作营造良好环境。

**（二）加强作风建设，进一步密切党同人民群众的血肉联系**

各级纪检监察机关要切实承担起协助党委抓党风的职责，坚持以人为本、执政为民，大力弘扬优良作风，着力解决党员干部作风方面存在的突出问题，以优良的党风促政风带民风，以良好的形象聚民心促发展。大力弘扬密切联系群众的优良作风，

切实做好新时期群众工作，认真落实中央关于加强和改进群众工作的各项要求，改进群众工作方式方法，建立健全服务群众、联系群众制度。认真执行领导干部定期接访、下访等规定，坚决纠正脱离群众的不良风气。健全党委和政府主导的维护群众权益和化解社会矛盾机制，会同有关部门做好群体性事件的防范和处置工作。大力弘扬求真务实的优良作风，认真落实关于促进科学发展的党政领导班子和领导干部考核评价规定，坚决制止不切实际、不顾民力、不计长远的决策行为，防止乱铺摊子、乱上项目、劳民伤财的事情发生，对搞“形象工程”和“政绩工程”引发重大事件或造成重大损失的，要严肃追究责任。大力弘扬艰苦奋斗的优良作风，督促各级领导干部认真落实中央有关厉行节约的规定，严格执行财经工作纪律。大力弘扬批评和自我批评的优良作风，自觉加强党性修养和实践锻炼，坚决反对逢迎讨好、互相吹捧等庸俗作风，自觉克服好人主义。

加强对领导干部作风状况的监督检查，采取专项督查、明查暗访等形式，及时发现和纠正党员干部在思想作风、学风、工作作风、领导作风和生活作风方面存在的突出问题，着力克服官僚主义、形式主义、弄虚作假、心浮气躁、铺张浪费等问题。围绕党委、政府重大决策部署的贯彻落实情况开展问责，把损害发展环境、侵害群众利益等行为作为问责重点，不断加大问责力度，拓展问责深度和广度，通报典型案例，切实整治庸、懒、散现象，坚决纠正作风漂浮、效率低下、推诿扯皮、怕担责任等问题，促进机关作风转变、行政效率提高、投资环境改善。

**（三）加强教育监督，促使领导干部廉洁从政**

加强领导干部理想信念和党性党风党纪教育。认真贯彻落实中央纪委《关于加强领导干部反腐倡廉教育的意见》，深入开展示范教育、警示教育和岗位廉政教育。把反腐倡廉教育列入干部教育培训规划，与干部培养选拔、管理使用结合起来，坚持对新提拔领导干部进行反腐倡廉专题培训。认真贯彻落实中央纪委等六部委《关于加强廉政文化建设的意见》和省的实施意见，研究制定我州贯彻意见，认真总结廉政文化活动经验，积极创建廉政文化示范点，推进廉政文化建设深入开展。加大反腐倡廉宣传工作力度，健全完善新闻发言人制度，加强正面宣传、教育和引导，加强对网络舆情收集、研判和处置，切实做好信息发布和澄清是非、解疑释惑工作，努力营造良好的反腐倡廉舆论氛围。认真贯彻执行党内监督条例，严格执行领导干部述职述廉、诫勉谈话、函询、罢免或撤换等制度。加强对民主集中制执行情况的监督检查，提高民主生活会质量。认真落实党政主要领导干部经济责任审计规定。全面推行廉政风险防控管理及行政权力、公共服务公开透明运行，认真开展制度廉洁性评估，积极推广“制度＋科技”等预防腐败经验。

认真贯彻落实《廉政准则》，着力解决党员干部在廉洁自律方面存在的突出问题。一要认真落实领导干部报告个人有关事项等两项制度。全面落实《关于领导干部报告个人有关事项的规定》和《关于对配偶子女均已移居国（境）外的国家工作人员加强管理的暂行规定》。领导干部要按规定要求，主动、如实报告有关内容。各级纪检监察机关、组织（人事）部门要认真负责地组织好相关工作，加大对贯彻执行两项制度情况的监督检查，完善配套制度，认真执行纪律，注意把握政策，严肃查处违规违纪行为。二要坚决整治领导干部违规收受礼金问题。严禁领导干部以各种名义接受管理和服务对象以及其他与行使职权有关系的单位或个人的礼金和各种有价证券、支付凭证。对违反规定构成违纪的，严肃追究党纪政纪责任；涉嫌犯罪的，移送司法机关处理。三要巩固党政机关厉行节约、制止奢侈浪费工作成果。完善因公出国（境）管理制度，建立健全禁止公款出国（境）旅游长效机制。认真执行关于党政机关公务接待的管理规定，严格公务接待经费预算管理，深入推进公务卡制度。继续严格控制党政机关办公楼等楼堂馆所建设。继续认真治理违反规定多占住房、买卖经济适用房或租赁廉租住房等保障性住房，利用职务之便接受可能影响公正执行公务的宴请以及旅游、健身、娱乐等活动安排，利用职权委托理财、获取内幕信息谋取不正当利益等问题。推进规范公务员津贴补贴工作。认真落实领导干部离职或退休后从业的有关规定。

**（四）加大办案力度，依纪依法严肃查处腐败案件**

把查办案件作为严肃党的纪律、维护社会和谐的重要手段，坚持一要坚决、二要慎重、务必搞准的原则和有案不查是失职、不查有影响的大案要案是不尽职、查办案件不促进经济社会发展是不称职的理念，保持惩治腐败的高压态势。严肃查办发生在领导机关和领导干部中贪污贿赂、失职渎职案件，重点领域和关键环节中的案件，严重违反政治纪律和组织人事纪律的案件，重大责任事故和群体性事件涉及的失职渎职及背后的腐败案件；严肃查办商业贿赂案件，加大对行贿行为的刑事处罚、经济处罚和资格处罚力度；严肃查办发生在基层政权组织和重点岗位以权谋私、滥用职权的案件；严肃查办以案谋私、贪赃枉法和为黑恶势力充当“保护伞”的案件；严肃查办挤占挪用、截留贪污扩大内需、救灾、扶贫和兴边富民工程等专项资金的案件。

进一步发挥党委反腐败协调领导小组的作用，建立健全查办案件工作组织协调机制，加强跨地区、跨部门、跨行业案件查处的协作配合。积极开展重要案件异地交流办案试点工作。建立防范腐败分子外逃机制。建立和完善网络举报受理及处理机制、举报人和证人保护制度，建立健全吸收党员群众参与信访案件调查制度，加大信访案件查办和督办力度，改进信访举报、案件检查、案件审理和案件监督管理工作。建立健全腐败案件及时揭露、发现、查处机制，加强对办案工作的管理和监督，严格依纪依法、安全文明办案，切实保障被调查人员的合法权益。进一步加强基层纪检监察机关办案工作，加大业务指导与跟踪督办力度，改善基层办案工作条件，提高基层办案工作水平。完善重大案件通报制度，认真剖析发案原因和规律，针对典型案件暴露出来的普遍性问题，在认真开展专项治理的同时，进一步完善制度，堵塞漏洞，切实发挥查办案件的治本功能。

**（五）深化专项治理，着力解决人民群众反映强烈的突出问题**

要适应发展变化的新形势，顺应人民群众的新期待，抓住热点、破解难点，不断巩固和扩大专项治理成果，努力在关键环节和重点部位取得突破，以反腐倡廉建设的实际成效取信于民。

坚决纠正损害群众利益的不正之风。会同有关部门重点解决征地拆迁、住房保障、食品药品安全、环境保护、安全生产、非公企业发展等方面损害群众利益的突出问题。加快建立科学完善的征地补偿机制，坚决制止违法违规强制征地拆迁行为。强化对保障性住房建设、住房资金使用、工程质量和分配使用的监管。完善食品药品安全监管体制机制和责任体系。严肃查处环境违法行为。开展对安全生产法律法规执行情况的监督检查，加大责任事故追究力度。继续治理教育收费、医药购销和医疗服务中的不正之风。加强对社保基金、住房公积金和扶贫、救灾救济资金以及其他涉及民生的政府专项资金管理使用情况的监督检查。加大对强农惠农政策落实和资金使用情况的监督检查力度，切实解决在农村土地承包、流转、占补平衡等环节损害农民利益的问题。完善全州治理公路“三乱”监督网络和快速反应机制，强化对公路收费相关政策落实情况的监督检查。深入开展民主评议基层站所、部门和行业风气等工作。办好政风行风热线。

深化工程建设领域突出问题专项治理。认真贯彻《关于解决当前政府投资工程建设中带有普遍性问题的意见》，配合有关部门继续抓好排查整改工作，严肃查处规避招标、虚假招标、违法转包分包以及违规项目审批、规划调整等问题。深入开展国有建设用地使用权和矿业权出让制度执行情况的清理，严肃查办在土地矿产资源审批、项目实施、工程质量、资金使用、政府采购及执法执纪中的案件，特别是领导干部利用职权违规插手干预工程建设谋取私利的案件。大力推进工程建设、土地使用权、矿业权市场体系建设和信息公开、诚信体系建设。

巩固“小金库”专项治理成果。加强政府非税收入管理，推进州级行政事业单位经营性国有资产管理改革。认真开展社会团体、国有及国有控股企业的“小金库”治理工作，强化对有举报线索、社会各界反映强烈的社会团体的检查，加强对承担公共投资建设任务以及供电、供水等与人民群众生活密切相关企业的监督检查。规范行政事业性收费，除教育收费外，将原预算外管理收入全部纳入预算管理，严格执行“收支两条线”规定，强化预算执行力。

认真开展违规举办庆典、研讨会、论坛等问题的专项治理。严格审批程序，严格控制数量和规模。经批准举办庆典、研讨会、论坛活动的经费必须纳入财政预算，接受审计监督。严肃查处滥用财政资金、向企业和个人摊派费用或拉赞助，以及利用举办庆典、研讨会、论坛活动之机为单位或个人谋取私利等问题。各级领导干部未经批准不得出席此类活动。

认真开展公务用车问题专项治理。认真落实党政机关和领导干部公务用车配备使用管理办法。开展党政机关公务用车问题专项治理，重点纠正超编制超标准配备公务用车和违规换车、借车、摊派款项购车、豪华装饰，以及违规驾驶公车特别是公车私用等问题。积极推进公务用车制度改革。事业单位、国有企业、金融机构也要结合实际，制定相关规定，规范公车管理。

**（六）坚持改革创新，切实加强基层党风廉政建设**

推进农村、企业、中等职业学校、城市社区党风廉政建设。认真落实农村基层干部廉洁履行职责的有关规定。贯彻落实加强农村资金、资产、资源管理规定，认真开展清产核资工作。加强对国有企业“三重一大”决策制度执行情况的监督检查。严格执行《国有企业领导人员廉洁从业若干规定》，坚决查处和纠正企业领导人员通过同业经营或关联交易为本人或特定关系人谋取非法利益等行为。严格执行国有企业领导人员经济责任审计规定。进一步加强对中等职业学校基建投资、工程建设和国有资产的监管，规范学校招生工作、物资采购、后勤服务等管理，加强师德师风建设。开展对城市社区公共资源营业性收入、公共建设投入等资金使用情况的监督检查。探索非公有制经济组织和新社会组织开展反腐倡廉建设的途径和方法。

以推行基层党务公开为契机，深入推进各项公开工作。以落实群众知情权为重点，大力实施各项公开制度，认真倾听群众意见，接受群众监督，维护群众合法利益。认真落实《关于党的基层组织实行党务公开的意见》，开展县委权力公开透明运行试点工作，继续推进县级领导干部廉政承诺制度，促进县级领导班子权力公开透明、决策民主科学。深入实施乡镇政务质询和村务监督员制度，畅通社情民意反映渠道，建立健全涉农信访问题排查化解机制，做好群众来信来访工作，确保群众特别是困难群众的合理诉求得到有效解决，维护其利益。加大政务公开、司法公开、厂务公开、村务公开和公共企业事业单位办事公开力度，将各种形式有机结合，协调推进。

加强对基层干部的教育、管理和监督。教育和引导基层党员干部牢固树立遵纪守法、服务群众的意识。依照党纪条规和监察法规加强对基层干部的监督。围绕群众最关心最直接最现实的利益问题开展监督检查，坚决纠正对群众疾苦漠不关心、对群众呼声置若罔闻，甚至与民争利、以权谋私的行为。对不履行或不正确履行职责严重侵害群众利益的，要追究有关人员的责任。要注意解决基层干部在征地拆迁、涉法涉诉等方面存在的问题，严肃查处少数基层干部滥用职权、涉黑涉恶、侵吞国家和集体资产等行为。

**（七）完善机制制度，努力形成惩治和预防腐败的整体合力**

各级党委、政府要全面落实中央《建立健全惩治和预防腐败体系建设2008－2012年工作规划》，严格按照州委《实施办法》确定的各项工作任务抓好落实，扎实推进教育、制度、监督、改革、纠风、惩治等工作，不断提高反腐倡廉工作的整体水平。

全面落实党风廉政建设责任制。要严格执行中央《关于实行党风廉政建设责任制的规定》和省的实施办法，坚持和完善反腐败领导体制和工作机制，明确职责分工，协调各方力量，推动工作落实。各级党委、政府领导班子要对职责范围内的党风廉政建设负全面领导责任，主要负责人要率先垂范、严格自律，要管好班子、带好队伍，认真履行第一责任人的职责，做到重要工作亲自部署、重大问题亲自过问、重点环节亲自协调、重要案件亲自督办；其他成员要对职责范围内的党风廉政建设负主要领导责任。党委、政府工作部门要抓好本部门、本系统、本行业的反腐倡廉建设，抓好所承担的牵头和配合任务的落实。各级纪检监察机关要认真履行组织协调职责，积极协助党委、政府抓好责任分解和检查考核，督促牵头单位和相关部门认真履行职责，完成好工作任务。要坚持由各级党委和政府领导班子主要负责人以及班子成员带队检查考核责任制执行情况，把考核结果作为对领导班子总体评价和领导干部业绩评定、奖励惩处、选拔任用的重要依据。要进一步加大责任追究力度，对党风廉政建设工作领导不力、以致职责范围内明令禁止的不正之风得不到有效治理、造成不良影响的，对本地区、本部门、本系统发生的严重违纪违法行为隐瞒不报、压案不查或处理失之于宽、失之于软的，疏于监督管理、致使领导班子成员或者直接管辖的下属发生严重违纪违法问题等情形的，要严格追究领导班子和领导干部的责任。

继续深化体制制度改革。配合有关部门深化行政管理体制、干部人事制度、司法体制和工作机制改革。进一步推进法治政府、责任政府、阳光政府、效能政府建设。加大精减和调整行政审批事项工作力度，加强政务服务中心建设，尽快在全州建立起层级清晰、覆盖城乡的州、县、乡、村四级联动的政府服务体系，不断提高政务公开和政务服务工作水平。大力推进电子政务建设，不断提高办事效率和服务质量。稳步推行差额选拔干部等制度，积极稳妥地推进干部人事工作中的民主。完善对司法权运行的制约监督机制，健全司法公开、司法回避、司法问责等制度规范。深化财税管理体制、投资体制、金融体制和国有资产管理体制改革。完善企业投资核准制和政府投资项目公示制度，加强金融企业外部监管和内控机制建设，健全公司法人治理结构。完善反洗钱合作机制。加强社会现金流通管理，推动使用银行卡消费。建立健全防止利益冲突制度。深化资源性产品价格和要素市场改革，加快公共资源交易平台建设，确保规范管理运行。整治行业协会、市场中介组织违纪违规问题。

全面履行纪检监察两项职能。各级纪检监察机关要全面履行党章和行政监察法赋予的职责，切实加强党的纪律检查各项工作，注重发挥行政监察的职能作用，正确处理坚决惩治腐败和有效预防腐败、全面履行职能和抓好重点工作、履行自身职责和发挥其他部门作用的关系。着力推进执法监察，强化对国家行政机关遵守和执行法律、法规和政府决定、命令情况的检查，防止和纠正行政不作为、乱作为行为；着力推进廉政监察，以强化对权力的制约和监督为重点，严肃行政纪律，坚决查处以权谋私、严重损害国家和人民群众利益的行为；着力推进效能监察，认真开展绩效考核和绩效评估，提高行政效率。要按照行政监察法的要求，加强对政务公开、纠风工作的组织协调和检查指导；加强对具有公共事务管理职能的组织及其人员的监察，加强对受委托从事公务的组织及其人员的监察。积极改进行政监察工作方式方法，深入推进信息公开工作。

**（八）加强自身建设，努力提高纪检监察机关履职能力和工作水平**

认真贯彻落实中央纪委《关于进一步加强和改进纪检监察干部队伍建设的若干意见》和我省的实施意见，按照中央纪委“四个对”和省委“三个一”要求，坚持以创先争优、学习实践和主题实践等活动为载体，全面加强纪检监察干部队伍自身建设，着力建设一支政治坚强、公正清廉、纪律严明、业务精通、作风优良的干部队伍。继续推进学习型纪检监察机关建设，坚持用社会主义核心价值体系和中国特色社会主义理论体系武装头脑，把学习成果转化为推动反腐倡廉建设的政策措施和自觉行动；大兴调查研究之风，坚持用调查研究的新成果指导反腐倡廉实践，推进反腐倡廉建设思路、体制机制和方式方法创新。加强纪检监察机关信息化建设，充分运用现代科学技术，提高工作效率。继续推进纪检监察机关领导班子建设，结合各级纪委换届选好干部、配强班子，切实把那些党性好、作风正、能力强、威信高的干部选拔到各级纪检监察机关领导班子中来。纪检监察机关领导干部要正确对待进退留转，自觉遵守组织人事纪律。加强纪检监察干部队伍专业化建设，严格把好进人关，积极选调和录用一批熟悉经济、法律、审计和网络信息技术等业务的干部。深入推进干部人事制度改革，扩大干部公开选拔和竞争上岗范围，健全纪检监察干部轮岗、挂职、交流机制。强化派出机构监督检查职能，继续加强县级纪检监察机关建设，充分发挥乡镇纪检机构的职能作用。加强国有企业、金融机构和中等职业学校纪检监察组织建设。继续推进纪检监察干部纪律作风建设，进一步加强内部管理和制度建设，坚决执行“五严守、五禁止”纪律要求，对苗头性、倾向性问题要早打招呼早提醒，对不适合在纪检监察机关工作的要坚决调离，对违纪违法的要严肃处理，绝不姑息迁就。广大纪检监察干部要自觉接受党组织和人民群众的监督，接受社会各界和新闻媒体的监督，秉公执纪，依法办事，维护纪检监察干部可亲、可信、可敬的良好形象。

同志们，新时期反腐倡廉建设任务艰巨，责任重大，使命光荣。让我们更加紧密地团结在以胡锦涛同志为总书记的党中央周围，在州委的坚强领导下，统一思想、坚定信心、开拓进取、狠抓落实，努力开创我州党风廉政建设和反腐败斗争新局面，为促进全州经济社会实现发展新跨越作出更大贡献！

# 委员积极呼吁　书记现场决策<br>“文山中国中药生物谷”呼之欲出

## ——州委书记李培参加州政协十届六次会议非公经济界别联组会侧记

委员积极呼吁，书记现场决策，“文山中国中药生物谷”呼之欲出。带着对文山非公经济发展的深层次思考，带着对文山加快发展的关切之情，2月17日下午，州委书记李培出席州政协十届六次会议非公经济界别联组会，委员邓汝开关于生物资源开发的一席发言，引起了李培书记的极大关注。

“文山有着独特的地理自然和气候优势，孕育出丰富无比的生物物种。文山州优势野生药材资源如灯盏花、重楼、白芨、苦参、石斛、金线莲、大血藤、何首乌、山楂等中药材品种，由于多年过度和无计划采挖，已经濒临灭绝，导致这些中药材的市场供应紧张，价格持续上扬，严重制约了云南省生物产业的发展。”邓汝开发言说。

“针对这一实际，云南天开药业有限责任公司、文山开开药业有限公司通过与云南农业火学、西南林学院、海南大学、云南热带作物职业学院、四川光大制药厂、文山学院等合作，已从根本上解决了石斛、金线莲、白芨、重楼等濒临灭绝药材品种的人工种植技术问题。为文山利用自然气候优势，大力发展以重楼、石斛、金线莲、白芨、三七为主的地道药材种植基地及加工提供有力的技术支撑，为实现资源优势向经济优势转变打下坚实基础。”

“文山开开药业有限公司在进行市场调查和科研技术合作的基础上，决定依托多年经营药品、与国内诸多制药企业联系密切的优势，坚持走‘公司+研发基地+农户’的路子，把生产经营的重心转移到发展以上原料药的种植加工上来，建设重楼、石斛、金线莲、白芨、三七等的规模化、规范化种植基地，打造文山中药生物谷，致力于把文山建设成为全国中药制药生产加工基地。”

“在今后五年，文山开开药业有限公司将分三期投入10个亿，致力于文山生物资源的开发。”

委员邓汝开关于生物资源开发的一席发言，引起李培书记的极大关注，使李培书记深受启发，他边听边记，不时接过话题，询问发展的思路、规划。

“正是由于有如此丰富的资源优势，该产业需要集聚化发展，尤其是知识、技术和人才的高度集中；在生物资源方面文山有天然优势，只要形成配套产业，潜力无限巨大。”

“文山发展生物产业大有可为，要高起点、大手笔统一规划，力争打造成‘文山中国中约生物谷’。”

“政府办事效率要进一步提高，尤其是要引进国内外先进企业；全力打造国内一流、世界知名的‘文山中国中药生物谷”’。李培兴致勃勃地说。

李培指出，建设绿色经济强省，是省委、省人民府针对云南丰富的生物资源条件提出的重要发展战略。文山在加快发展的进程中立足生物资源优势，发展生物资源支柱产业，使生物资源优势尽快转化为产业优势和经济优势，对调整文山经济结构、推动全州经济增长、加快建设绿色经济强州有着重大而深远的意义。要充分发挥文山得天独厚的生物资源优势，聚合全国乃至世界生物高新技术，实施创建“文山中国中药生物谷”战略，实现优势生物资源与先进技术的有机结合，最大限度地提高资源利用效率和产品附加值。

文山生物产业的发展需要一批领军人才和龙头企业。李培希望要做出更细的规划，建立服务生物产业发展的一个团队，搭建好平台和载体。

李培强调，建设“文山中国中药生物谷”，生物资源开发要创新推进，要进入国家和省的盘子，要有好的机制作保障，把三七产业作为领头羊，按照“政府引导、企业主导”思路，着力引进国内外有实力的企业进入文山。要争取把“文山中国中药生物谷”发展作为省、州的重点战略，由州政协、州工商联牵头，各县(市)、各相关部门协调配合，迅速开展创建“文山中国中药生物谷”调研工作，从研发、加工、销售、品牌打造、产业文化等方面入手，抓紧做好前期准备工作，着手建立项目整体启动运行的协调机制，保证建设开发计划的稳步实施。在编制“文山中国中药生物谷”发展计划中，要充分体现与发挥本地特色和优势，大力引进现代生物技术人才和科技成果，努力建设卓有成效的创新服务与创业孵化体系，争取早日建成“文山中国中药生物谷”的产业体系。

李培还特别嘱咐有关领导和有关部门，要以与时俱进、开拓创新的精神，按照“文山中国中药生物谷”的规划发展要求，走出一条独具特色的发展之路，让生态得到保护、农民得到实惠、产业得到发展、地方经济得到壮大。

委员呼吁，书记决策，“文山中国中药生物谷”呼之欲出。“文山中国中药生物谷”发展定位、主要目标、支撑体系、转变经济发展方式的具体路径，在李培书记的精心谋划和大力推动下已形成初步轮廓。

# 大 事 记

责任编辑：冉向阳

2010 年 6 月 23 日坡芽歌书山歌代表队荣获全国单项优秀奖

# 2010 年

## 1 月

12～15 日，政协文山州第十届委员会第五次会议在文山会堂召开。

13～17 日，文山州第十二届人民代表大会第六次会议在文山召开。

28 日下午，州防汛抗旱指挥部在州水务局召开文山州启动抗旱应急预案较大级(Ⅲ级)应急响应会商会议。州政府副州长、州防汛抗旱指挥部指挥长胡荣出席会议并讲话，对启动抗旱应急预案较大级(Ⅲ级)应急响应的抗旱工作提出了要求。州防汛抗旱指挥部成员单位各一位负责人参加会议。

25 日下午，以省发展改革委副主任李新平为组长的省抗大旱保民生保春耕第九督办组到文山州检查指导抗旱救灾工作。州委、州政府举行汇报会，副州长胡荣向省督办组汇报文山州的抗旱救灾工作情况。州政协副主席、州财政局局长陈晓华，州防汛抗旱指挥部成员单位及州属有关部门的领导参加汇报会。文山州从 2009 年 8 月份汛期就提前结束，9 月开始显露旱象，到现在已经持续了半年时间。至 2010 年 2 月 24 日，干旱涉及全州 8 县 102 个乡镇 940 个村民委12 216个自然 村 57.5 万户 250 万人。农作物、林果受灾面积 308 万亩，成灾 190 万亩，绝收 72 万亩，造成粮食产量损失5 899万千克。此外，尚有 61 万亩小春及冬农因旱应种未种。全州有 72.72 万人、44.61 万头大牲畜饮水困难，旱灾造成直接经济损失达 12.12 亿元。

26 日上午，昆明仕达集团向文山灾区捐赠仪式在州委小礼堂举行。州委书记李培，州长黄文武，省工商联副主席赵明辉，副秘书长束嘉睿，扶贫办主任常荣萍，州委常委、副州长姚堂文，州人大常委会副主任马正新，州政协副主席李春林，昆明诺仕达集团有限公司董事局主席任怀灿及夫人孙学佩、部分集团高层管理人员出席捐赠仪式。州防汛抗旱指挥部成员单位的领导，驻文异地商会负责人，部分工商企业代表，州慈善总会会员代表及社会各界群众共计 150 多人参加了捐赠仪式。任怀灿是文山籍的著名企业家，他所创建的昆明诺仕达集团有限公司，经过十七年的创业，打造了“七彩云南”“诺仕达翡翠”“金宝山陵园”“南亚风情园”等国家级、省级名牌和品牌，集团目前总资产近 50 亿元，员工近万名。集团决定向文山灾区捐赠抗旱救灾资金1 000万元人民币，为抗旱救灾贡献自己的一份力量。

28 日下午 13 时，州委州政府在州人民政府大院欢送 2010 年新农村建设指导员分赴各县开展工作。州委书记李培、省扶贫办党组成员、纪检组长杨斌，州委常委、秘书长李国安，州委常委、组织部部长黄宏伟，州政府副州长胡荣出席欢送仪式。2010 年，省州共派出新农村建设指导员 183 名，其中，省委新农村建设指导员 51 名，州委新农村建设指导 132 名。2010 年新农村建设指导员分别来自省、州党政机关、企事业单位、大专院校。新农村建设指导员到达各村后，当前要重点抓好抗捍救灾各项工作的落实。新农村指导员下派期间，将与挂职煅炼、挂钩扶贫相结合，督促检查各项涉农法律法规、支农惠农护农政策的落实，帮助完善经济发展思路，开展村容村 貌整治，改善农村生产生活条件，促进农村基层党组织班子和队伍建设，推进村务公开，了解掌握热点难点问题，推进乡风文明工程，监督检查各级援建项目和资金的落实情况，解决经济社会发展中的突出困难和问题等。

## 2 月

24 日，中共中央政治局委员、国务院副总理回良玉，在国家有关部委领导和秦光荣、李培等省州领导的陪同下，深入文山州检查指导抗旱工作，并提出工作要求。

## 3 月

12 日，“中国中医科学院广安门医院临床研究基地”挂牌仪式在文山州中医院举行。中国中医科学院广安门医院党委书记、院长、主任医师、医学博士、博士生导师王阶教授，州委常委、州委秘书长李国安为“中国中医科学院广安门医院临床研究基地”挂牌，副州长黎宝光致辞。中国中医科学院广安门医院是一所承担医疗、科研、教学任务，具有专科特色的“三级甲等中医医院”。1994 年被评为全国“示范中医医院”，是国家中医药管理局批准的全国中医肿瘤医疗中心和全国中医糖尿病专病及中医肛肠病专病中心的建设单位，国家食品药品监督管理局药品临床研究基地和卫生部西医学习中医教学基地，国家中医药管理局和北京市中医管理局指定为中医药治疗艾滋病定点医院以及北京市艾滋病抗病毒治疗承担单位 。“中国中医科学院广安门医院临床研究基地”文山州中医医院挂牌仪式，标志着“中国中医科学院广安门医院临床研究基地" 在文山州中医医院启动。文山州中医医院将依托中国中医科学院广安门医院，以该院作为医院科研运作与医院发展的主要技术支撑部门，必将对文山州中医医院的医疗科技产生深远影响，必将促进医院和文山州医疗科研的发展。

22～26 日，州第八届少数民族传统体育运动会在州民族体育馆举行。

24 日下午 14：40，省委第一巡视组文山州巡视工作见面会在文山会堂休息厅召开。省委第一巡视组组长李少春、文山州委书记李培分别介绍了参加见面会的人员。省委第一巡视组副组长顾颂奇、副巡视员郝建华、正处级巡视员赵阿娜、副处级巡视员樊宇、主任科员李汝林出席见面会。文山州委副书记、州长黄文武，州政协主席王云凌，州委常委、常务副州长徐爱民，州委常委、州委政法委书记吴俊明，州委常委、州委秘书长李国安，州委常委、副州长姚堂文，州委常委、州纪委书记王维真，州委常委、砚山县委书记马志山，州委常委、州委组织部部长黄宏伟，州委常委、文山县委书记黎家松，州委常委、州委宣传部部长徐昌碧参加了见面会。根据省委的安排部署，近期派出5个巡视组，分赴文山、临沧、丽江、迪庆、德宏5个州市开展巡视工作。省委第一巡视组从3月16日正式入驻文山州，将开展为期4个月的巡视工作。对文山州开展第二轮巡视工作，是具体监督检查州委落实省委省政府决议、决定的重要举措，具体的巡视工作将采取听取工作汇报、列席有关会议、个别谈话、召开座谈会、调阅有关资料、实地考察、进行问卷调查、接受群众信访等方式进行。

25日，省驻文山州抗大旱保民生促春耕第九督办组在州政府六楼会议室召开会议，传达贯彻温总理到云南指导抗旱救灾工作时的重要讲话精神。副州长胡荣主持会议。州抗旱救灾领导小组成员单位的领导和州抗大旱保民生促春耕各督办组组长参加了会议。第九督办组传达完温总理的重要讲话精神后，对文山州当前和下步抗旱救灾工作提出"要突出解决灾区人畜饮水问题，做好运水送水工作，全力保障受灾群众基本生活用水；要抓住时机开展春耕备耕工作，积极组织开展生产自救，适时调整农业种植结构，千方百计保障农民收入不下降；要认真抓好应急水利工程建设，加大水利设施建设力度，加强水利工程建设项目的申报工作；要充分认识森林防火的严峻形势，严格落实森林防火责任制，着力抓好森林防火工作；要抓好宣传工作，宣传好文山州在抗旱救灾工作中的好经验、好做法，继续动员社会各界力量投入抗旱救灾"的要求。第九督办组还传达了省委副书记李纪恒对抗旱救灾工作以及加强抗大旱保民生促春耕督办工作的指示精神。

同日，文山本土电影《倮·恋》在锦盟酒店举行的新闻发布会。州委常委、宣传部部长徐昌碧出席会议并讲话。副州长官悠房主持会议。著名影视表演艺术家牛犇，导演史凤和，编剧王勇，影视新星高天，青年作曲家刘思军等出席会议。联合摄制单位的领导，州属有关部门的领导，中央电视台《影视同期声》、《中国电影报道》两个节目组、《云南日报》、《春城晚报》及州新闻媒体的记者参加了新闻发布会。文山本土电影《倮·恋》将于2010年5月在广南、西畴开机拍摄，7月底完成后期制作，著名影视表演艺术家牛犇将领衔主演，高天等影视新星也将倾情加盟。本土电影《倮·恋》，是文山州今年推出的重点文化精品项目之一。故事取材于世界上仅在文山州西畴、广南两县交界处独有的，总人口不足三千的彝族支系花倮人的生活，其构思、写作、筹拍的过程已经历一年多。该剧由州内本土作家王勇主笔创作，讲述了被国务院批准，列入第一批国家级非物质文化遗产保护名录的葫芦笙舞传承人乌和老爹，鼓励花倮寨的年轻人在发展现代文化的同时，弘扬传承民族优秀传统文化，开发旅游业，建设社会主义新农村，建设各民族团结繁荣进步新家园的故事，是一部主题鲜明，内容健康，坚持"三贴近"，弘扬主旋律的作品。情节引人入胜，并且很好地展现了文山州的山水风光、人文文化和花倮人的民族风情、文化生态、特色浓郁。剧本入选长影(中国)农村题材电影创作基地全国农村题材电影剧本征集和评奖活动优秀剧本，被列入长影(中国)农村题材电影创作基地合作项目。该片由长春电影制片厂、文山新影文化有限公司、文山隆兴矿业有限公司联合投资，由中共文山州委宣传部、西畴县委县人民政府、广南县委县人民政府参与联合摄制。

29～30日，以国家林业局规划与资金管理司巡视员王前进为组长的国家林业局春季造林绿化督查组到丘北县、广南县开展督查工作。省林业厅副厅长刘一丹、副州长黎宝光、州政府秘书长杨选德、州林业局领导等全程陪同。3月30日，州人民政府在广南县召开林业工作情况汇报会，副州长黎宝光、广南县副县长王成林分别向督查组汇报了州、县(广南)林业工作情况。督查组对文山州提出"要科学制定以核桃、油茶为重点的木本油料产业发展规划；要强化管理，落实责任；要大力扶持龙头企业，积极推动产业化经营；要正确处理好油茶产业发展与绿化荒山的关系，不能把发展油茶产业简单理解成绿化荒山的工作"等要求。

## 4月

6日，州政府举行座谈会，欢迎青海省支援文山旱区找水打井突击队到文山州支援抗旱救灾工作。副州长李国沛主持座谈会并讲话。青海省支援文山旱区找水打井突击队由青海省国土资源厅、青海省地质环境监测总站、青海省环境地质勘查局、青海省水文地质工程地质环境地质调查院等41人组成。将分组首先赴文山县、砚山县帮助旱区找水打井。

9日，江苏黄埔光标打井队一行37人远程赶到文山，帮助文山州旱区义务打井抗旱救灾。打井队分成4个组分别进驻砚山县的阿舍中学、维末二中、平远三中、稼依中学开始帮助打井抗旱。陈光标先生是江苏黄埔再生资源利用有限公司董事长，是中国首善、"中华慈善突出贡献人物奖"获得者，是全国抗震救灾英雄模范、全国道德模范、中国十大杰出志愿者。面对西南地区百年不遇的特大旱灾，陈光标先生组建了江苏黄埔光标打井队拟到正遭受严重旱灾的云南、贵州等地开展打井工作，帮助旱灾地区抗旱救灾。整个打井队共有打井机械23套，专业打井技术人员80余人，计划在云南、贵州等旱灾较为严重的地区打井200口。文山是活动的第一站，共有专业技术人员37人，打井机械11套。

12日晚，由文山州选送的坡芽歌书山歌队参加云南省代表队第一轮比赛，在央视"全国青年歌手电视大奖赛"亮相，现场倾情演绎《坡芽歌书》，展示壮乡柔情。

13 日，全国政协机关为砚山县维摩乡核桃寨村捐款 31.9 万元，帮助核桃寨村抗旱救灾。全国政协机关党委专职副书记吴晓光，省政协主席王学仁，州委书记李培，州政协主席王云凌，州委常委、州委秘书长李国安等有关领导出席捐款仪式。

13～14 日，省政协主席王学仁到文山州调研抗旱救灾工作时强调，要坚定信心、坚持不懈，努力夺取抗旱救灾的全面胜利。王学仁在州委书记李培的陪同下，先后深入到砚山县核桃寨村、石碑寨村、回龙新烟区，文山县黄龙坝村、汤得村以及以腻资水库等地进行实地调研。同时，王学仁还为杨柳秀等 5 户特困群众各送上了 500 元现金、大米、食用油、饮用水等慰问物品。

14～16 日，省委副书记李纪恒到文山州检查抗旱救灾和春耕备耕工作，进一步研究探索山瑶、“僰人”等少数民族特殊困难群体脱贫致富、加快文山发展的好思路、好措施、好办法。省委副秘书长林金宏，省扶贫办主任王智，省发改委副主任王喜良，省民委副主任岩秒，州委书记李培，州委副书记、州长黄文武，州委常委、州委秘书长李国安，副州长胡荣等陪同调研。

16 日下午，州人民政府与云南云科药业有限公司在文山龙成商务酒店举行三七总皂苷提取合作项目签字仪式。此次签约的是云科药业在文山州进行三七产业系列投资的第一个项目，总投资5 969万元，将在文山至天生桥建设两条三七有效成分的提取线。项目建成后，将成为中国最大的三七有效成分提取基地，年提取三七有效成分产量为 80 到 100 吨，年产值超过 5 亿元。云科药业公司计划在文山投资三七产业 10 亿元，不断追求技术创新，使三七产业发展成为文山三七各个参与者都受益和惠及千家万户的新兴产业，在中国生物医药领域占据一席之地。州委常委、副州长姚堂文与云南云科药业有限公司执行董事张国华签订三七总皂苷提取合作项目。

19 日，麻栗坡县综合应急救援队伍成立，是文山州第一支综合应急救援队伍。

20 日，中国建设银行与云南省教育厅在云南文山学院联合举行“中国建设银行少数民族地区大学生成才计划”奖（助）学金启动暨颁奖仪式。中国建设银行零售业务总监杜亚军，云南省委高校工委书记、省教育厅厅长罗崇敏，文山州委书记李培，文山学院党委副书记、院长郝南明等领导出席启动仪式。“中国建设银行少数民族地区大学生成才计划”是专门面向全国少数民族地区贫困大学生设立的奖（助）学金，由中国建设银行出资6 000万元人民币，与云南等 16 个少数民族相对聚居的省、自治区民委、教育等部门和近百所高等院校合作，在 5 年内向品学兼优、家庭困难的少数民族地区大学生提供奖（助）学金，帮助他们顺利完成学业，每人每学年3 000元，每年资助约4 000人（次），总计资助 2 万人（次）左右。在总行的大力支持下，建行云南省分行获得了最高额度 750 万元的总资助额，每年将对红河学院、大理学院、楚雄师范学院、文山学院和保山学院五所高等学府的共 500 名少数民族大学生进行资助。启动仪式当天，文山学院 80 名少数民族大学生获颁奖（助）学金。

23 日，是第 1 5 个“世界读书日”，上午 9：30，由州委组织部、州委宣传部、州直机关工委、州文明办、文山县委、县人民政府主办，文山日报社、文山电视台、文山广播电台、文山州新华书店协办的文山州“爱读书、读好书、善读书”活动启动仪式在休闲广场举行。州委常委、州委组织部部长黄宏伟出席启动仪式并讲话。

2009 年 8 月至 2010 年 4 月底，文山州发生百年不遇的严重干旱。旱灾已造成 102 个乡镇 63.9 万户 283.14 万人受灾，有 120.7 万人、179 万头（匹）牲畜饮水困难；农作物受灾面积 360 万亩。旱灾直接经济损失 25 亿多元。灾害发生后，在党中央、国务院和省委、省人民政府的亲切关怀下，州委、州人民政府采取强有力的措施，组织全州各族人民投入到抗旱斗争中，最终战胜了自然灾害，把损失降到了最低限度。在抗击灾害过程中，全州共收到社会捐款4 718.54万元，充分体现现出“一方有难，八方支援”的中华民族的传统美德；文山州共产党员抗旱救灾特别捐献活动共收到特别捐献 2939 4 991.81元，把共产党员的先进性体现在了抗击旱灾的实践中。州委、州人民政府领导时刻心系群众，深入灾区，检查各项措施的落实情况，指导基层干部群众抗击自然灾害，这是贯彻落实科学发展观的生动体现；全州各级干部积极响应州委、州人民政府的号召，深入抗旱挂钩点和扶贫联系点，不畏艰难，与群众一道，投入到抗击旱灾的战斗中，用实际行动诠释了全心全意为人民服务的根本宗旨。驻文解放军和武警部队主动为驻地党委、人民政府分忧，视群众为亲人，送水到农家，帮助搞生产，谱写出新时期“军爱民”的动人乐章。

## 5 月

18 日下午，以省发改委特派员杜绍林、省监察厅执法监察室主任李汉国为组长的省治理工程建设领域突出问题专项检查组到文山开展工作。州委常委、常务副州长徐爱民汇报工作情况，州委常委、州纪委书记王维真主持会议。文山州积极有效地对 2008 年 1 月 1 日以来立项、在建和竣工项目进行排查，全州共排查 100 万元以上的建设工程项目 538 个，包括全州 2008 年第四季度以来中央扩大内需促进经济增长 1 至 4 批工程项目 364 个，排查率达到 100%，重点抽查率达 52.97% 以上。通过自查自纠工作，各级各部门摸清了本地、本单位政府投资和使用国有资金项目的底数，掌握了项目建设情况及存在的主要问题，为全面落实重点抽查阶段的各项任务，以及建立健全防治工程建设领域突出问题长效机制奠定了基础。

21 日，州委召开全州在党的基层组织和党员中深入开展

"创先争优"活动动员暨社区农村基层党建工作会议。会议的主要任务是：深入贯彻落实中央、省委关于在党的基层组织和党员中深入开展创先争优活动动员部署会议和全省社区、农村基层党建工作座谈会议精神，对文山州在党的基层组织和党员中深入开展创建先进基层党组织、争做优秀共产党员活动进行动员和部署，进一步推进社区、农村基层党建工作。州委副书记罗国权作重要讲话。州委常委、州委组织部部长黄宏伟主持会议。根据中央部署，州委决定从2010年5月起至2012年底，在全州党的基层组织和党员中深入开展"创先争优"活动。

28日下午，文山州人民政府与中国移动通信集团云南有限公司签订《推进文山信息化建设战略合作框架协议》签字仪式在龙成酒店13楼举行。州委书记李培出席会议并致辞，中国移动云南公司董事长权明富出席会议并讲话。州长黄文武代表文山州人民政府与中国移动云南公司签订了战略合作协议。根据合作协议，今后双方将在TD－SCDMA网络建设、136农村移动信息富民工程、"兴边富民"工程、移动电子政务工程、移动电子商务工程等基础网络和平台建设上加强合作。同时，中国移动云南公司未来5年将在文山投入不少于12.5亿元的投资，加快完善全州移动通信基础设施建设，提高网络服务能力和保障能力，努力提升文山州信息化发展水平。

## 6月

2～5日，省人大常委会副主任杨保建率省人大常委会中小学校舍安全工程视察组，到文山州视察校舍安全工程建设工作。杨保建在省人大常委会委员、教科文卫工作委员会主任马坚，省人大常委会委员、文山州人大常委会主任付加兴等的陪同下，先后深入文山县薄竹镇老回龙中学、砚山县江那镇子马小学、江那镇中学、县民族中学和树皮乡矣得小学、树皮乡中心学校视察。4日，在丘北县天成太和酒店二楼会议室召开文山州校舍安全工程工作情况汇报会。省人大常委会委员、教科文卫工作委员会主任马坚主持会议，州委副书记、州长黄文武作工作情况汇报。2008年3月以来，根据省的要求，全州共排查D级危房51.49万平方米，涉及全州8县1433所中小学校。州委、州政府通过深入的调研，决定从当年起，用3年时间整体排除现有的中小学校D级危房。并制定下发了《文山州整体排除中小学D级危房实施方案》，专门成立了领导机构，把排危任务分解落实到各县，于2008年11月正式启动了全州整体排危工程。2009年7月，全省中小学校舍安全工程启动实施后，文山州按照省的部署，及时调整充实了领导机构和工作机构，制定了《文山州中小学校舍安全工程实施方案》、工作路线图、时间表，有力地推动全州校舍安全工程建设。采取向上争取、财政投入、银行贷款、企业垫资、动员社会力量捐资等办法，多渠道、多形式筹集中小学校舍安全工程建设资金。目前，全州共筹集排危资金3.08亿元，共拆除中小学D级危房43.7万平方米。

18日上午，州政法委举行文山州公安边防部队赴海地维和警察先进事迹报告会。2009年6月13日，由云南省公安边防总队组建的中国第8支赴海地维和警察防暴队，在这个光荣的集体中，有来自文山州公安边防支队、天保边防检查站唐俊、杨昌永、农谊辉、赵丹麟、刘松波、杨中汉6名同志。在历时10个半月的时间里，6名防暴队员恪尽职守，不辱使命，圆满完成了联合国赋予的神圣使命，为祖国赢得了荣誉，为全州人民争了光，他们均被公安部荣记二等功。

28日至7月1日，由省人力资源和社会保障厅副巡视员、厅直机关党委书记向学芬为组长的省"两基"迎国检第十一督查组，先后对砚山、丘北、文山3个县及相关学校的"两基"迎国检工作进行了督查。7月1日上午。州人民政府召开情况汇报会，向省督查组汇报全州"两基"迎国检工作情况并听取省督查组的督查情况反馈。

30日，州委、州人民政府举行"桥头堡建设大家谈"大型采访活动文山座谈会。州委书记李培出席会议并与"桥头堡建设大家谈"大型采访活动记者进行座谈。州委常委、常务副州长徐爱民主持座谈会。省委宣传部有关处室的领导，新华社云南分社、中央人民广播电台驻云南记者站、中国日报、中国新闻社、云南日报、云南人民广播电台、云南电视台、云南政协报、云南网、云南经济日报、民族时报、春城晚报、云南信息报、生活新报、都市时报等国家、省级媒体记者；州委宣传部、州委政研室、州经研室、州经委、州商务局、州三七局等州属有关部门的领导参加座谈会。李培首先介绍了文山州的州情和经济社会发展情况，并就记者关心的三七产业、农业产业化、城市建设、富宁港建设等方面的问题回答了记者的提问。

同日，文山行政学院举办首期越南行政管理干部培训班，来自越南社会主义民主共和国谅山省的16名领导干部参加学习培训。7月8日，培训班学员完成所有培训内容。此次培训班内容设置和培训方式按照越方要求设计，包括"旅游资源开发与管理"、"都市环保管理知识"、"文山州旅游业发展概况"、"旅游资源管理实证"4个专题。分昆明和文山两时段进行，在昆明培训期间，文山行政学院邀请了旅游地质资源学博士、云南大学教授毛剑梅和毕业于英国伯明翰大学地理与环境科学学院、自然资源管理博士、云南大学教授王建萍等教授在云南大学为培训班作了专题讲座，历时5天。在文山培训3天，邀请了文山州旅游局的主要领导和文山学院的教师给学员上课。

## 7月

3日下午，国家土地督察成都局土地例行督察组在州政府六楼会议室召开文山州土地例行督察情况通报会。国家土

地督察成都局副局长陈宁主持通报会，国家土地督察成都局副专员刘建伟通报督察情况，副州长李国沛作表态发言。州委常委、常务副州长徐爱民，州人大常委会副主任胡代刚，州政协副主席侯强出席会议。州法院、州检察院，州发改委、州国土局、州财政局等州属有关部门的领导；各县县长、县国土局局长参加通报会。按照国土资源部的统一安排部署，国家土地督察成都局土地例行督察组于6月17日进驻文山州开展土地例行督察工作。通报会上督察组对文山州土地管理利用工作给予充分的肯定，并对土地管理和利用工作中存在的不足和问题提出了意见和建议。

5日下午，州政府在州教育局举行座谈会，欢送第九批18位上海支教教师返回上海。2009年8月，第九批上海支教教师到广南、富宁和麻栗坡3县的教育战线支教。上海市从1996年挂钩对口支援文山以来，在基础设施建设、人才培养、物资援助、信息流通等方面给予无私的帮助，尤其在教育上投入资金3 800万元援建259所希望学。从2000年到2010年，共有9批171名上海教师到文山支教。支教教师已成为两地教育、文化、信息、感情等各方面交流的重要桥梁和纽带。

6日上午，云桂铁路云南有限责任公司丘北指挥部揭牌仪式在丘北县城举行。云桂铁路云南有限责任公司总经理吴敏和文山州政府副州长黎宝光共同为云桂铁路云南有限责任公司丘北指挥部正式成立揭牌并致辞。新建云桂铁路是国家《中长期铁路网规划》中的干线铁路，是中国完善铁路网布局和西部大开发的重要基础设施；是云南省第一条设计时速达200公里/小时、穿越县区最多、投资规模最大的高速铁路。该铁路的建设将结束文山州没有铁路的历史，对于促进铁路沿线地区的资源开发，加快工业化、城镇化的进程，完善云南铁路“八入滇、四出境”的布局，把云南建设成为中国面向西南开放的桥头堡，具有十分重要的战略意义。

9日下午，云桂铁路文山段征地拆迁资金委托贷款合同和统借统贷专项资金监管协议签订仪式在州人民政府6楼会议室举行。协议的签订标志着省铁路投资公司、富滇银行与文山州从此建立了更深入、更长期的友好合作关系，标志着云桂铁路全州征地拆迁工作又取得新的进展。

同日，马关籍职业拳手熊朝忠在昆明举行的世界拳击理事会WBC洲际金腰带争霸赛中，以96比94的比分战胜日本选手靖明佐藤，成功夺得争霸赛轻量级金腰带。

11日下午~12日，全省农村小型水利工程管理体制改革现场会在砚山县召开。会议总结了砚山县作为全省农村小型水利工程管理体制改革试点县所取得的成绩和经验及一些好的做法，并向全省进行推广。会议期间，省水利厅领导及16个州市水利局的主要负责人在副州长胡荣的陪同下深入到砚山县江那镇石丫口村、龙潭寨村和干河乡马鞍山村参观和了解当地的农村小型水利工程及其管理体制改革成果。会上，省水利厅副厅长杨荣新就全省推广农村小型水利工程管理体制改革工作作了讲话，参会的16个州市就2010年各自改革情况分别作了交流发言，同时，省水利厅与各州市签订了《全省农村小型水利工程管理体制改革目标责任书》。

13日下午，全国30个少数民族自治州22次人大工作研讨会在文山开幕。全国人大常委会副委员长周铁农发来贺电，全国人大民族委员会办公室副主任彭建华到会祝贺，省人大常委会副主任程映萱到会讲话，省人大民族委员会主任格桑顿珠出席，省民委主任王承才在会上讲话，州委书记李培致欢迎词，人大常委会主任付加兴主持会议，州政协主席王云凌、文山军分区副司令员彭颂等领导参加会议，州委常委、常务副州长徐爱民汇报文山州经济社会发展情况。15日，会议在丘北县闭幕，全国30个少数民族自治州第23次人大工作研讨会将由湖南省湘西土家族苗族自治州人大常委承办。

14日，《中越陆地边界勘界议定书》、《中越陆地边界管理制度协定》和《中越边境口岸及其管理制度协定》生效仪式在云南省文山州与越南接壤的天保口岸举行。中越政府边界谈判代表团中方团长、外交部副部长张志军和越方团长、越南副外长胡春山出席仪式并致辞。两国外交、国防、公安以及边境地方政府代表60余人参加仪式。2010年是中越建交60周年和中越友好年。两国关系处于承前启后、继往开来的重时期。中越陆地边界勘界议定书等法律文件的生效，是两国关系中具有重大现实意义和深远历史意义的一件大事，为推进两国全面战略合作伙伴关系创造了有利条件，也为两国边境地区的长治久安和繁荣发展奠定了基础。中越陆地边界勘界议定书等法律文件生效后，双方将按照新勘定的界线行使主权并实施管辖。双方在边界事务方面的合作将进入一个新的阶段，边界管理与合作开发将走上法制化、制度化和规范化轨道。

18日，为扎实做好文山州第六次全国人口普查工作，圆满完成人口普查各项工作任务，州人民政府和文山县人民政府在休闲广场举行文山州第六次全国人口普查综合试点启动仪式，标志着人口普查州级综合试点正式拉开帷幕。

本月，中央电视台记者深入西畴县，对西畴独具特色的社会矛盾化解工作经验进行深入采访，以“红石崖的见证”为题，在中央电视台12套《平安中国——故事》板块栏目进行专题报道。这是继2007年西畴县呈现出“矛盾纠纷不出门、多年多村不发案”的“西畴现象”，在《长安》、《法制日报》、《中国平安网》专题报道；2008年涌现出烈士、“全国模范人民调解员”王光跃；2009年首批获得省级“先进平安县”殊荣之后，西畴又一典型经验在全国宣传报道。早在1955年，毛泽东主席就在《中国农村社会主义高潮》一书中，对西畴县东升合作社治安整顿工作批示肯定。西畴县秉承“苦熬不如苦干，等不是办法，干才有希望”的西畴精神，经过多年的扎实工作，建立起责任到底、防控到边的防控体系，健全调解组织网络，推行“以奖代补”机制，在声势浩大的“平安西畴”创建工作中，矛盾纠纷排调网络发挥了重要作用，创造了

92.4%的村寨连续10年无“民转刑”案件、无群体上访纠纷、无上交县处理的纠纷，517个村(居)民小组10年未发案，年均刑事案件不超过90起的良好成绩，“西畴现象”再次得到省委领导的充分肯定。

28日下午，文山州召开2009年上海对口帮扶文山州动物疾病预防控制中心项目验收会。通过专家的现场查验，项目通过验收。文山州动物疾病预防控制中心项目从2009年3月28日开工建设到12月30日竣工，历时9个月，项目建设共完成投资723.9万元，其中：上海对口帮扶社会事业资金250万元，项目单位自筹473.9万元。中心占地1 400平方米，建筑面积2 596.23平方米。项目建设完成了分子生物学检测室、病原学检测室、血清学检测室、样品接受储藏室、洗涤消毒室、热工室、天平室、留样室、解剖室、兽药检验室、饲料检验室、储藏室、档案室、畜产品安全检测室、抗生素检验室、精密仪器室等基础和设备设施，全面提升了文山州动物疫病诊断和畜产品安全检测水平，兽药能检品种比原来增加了30.0%，能开展畜产品中兽药残留的检测，能进行饲料和畜产品中违禁添加物的检测，对保证畜产品质量安全奠定了坚实基础。

## 8月

2～5日，“七彩云南·台湾中部媒体记者文山行”联合采访活动在文山举行，来自台湾中南部16家新闻媒体的记者和11家大陆媒体记者，在4天的时间里对文山三七、丘北普者黑、广南坝美等优势资源和旅游景区进行全面的采访报道。这是文山建州以来一次性接待台湾同胞人数最多的一次。

5日上午，文山州食品药品监督管理机构移交工作会议在州人民政府1楼会议室召开。省食品药品监督管理机构移交组组长、省食品药品监督管理局党组书记张笑春，州委常委、常务副州长徐爱民出席会议并讲话。州卫生局、州食品药品监督管理局、州编办、州财政局的领导参加了会议。食品药品监管实行省以下垂直管理10年，全州的食品药品监管工作取得了丰硕成果，为确保全州人民群众的身体健康和生命安全作出了贡献。机构移交后，文山食品药品监督管理机构移交州、县两级人民政府管理。

5日上午，由云南人民广播电台主办的大型直播节目“八方名嘴话名城”文山站活动，在文山州国家级风景名胜区普者黑举行。云南人民广播电台及昆明、大理、曲靖、四川攀枝花、广西百色、贵州六盘水等11个省内外的省和州市电台业内人士40多人参加。这次“八方名嘴话名城”文山站活动选择普者黑，目的是通过广播人的精彩演绎，进一步推介文山州独特的民族旅游文化，提高普者黑的知名度和美誉度。直播节目分为“印象普者黑”、“美食普者黑”、“民俗普者黑”、“魅力普者黑”等8个篇章，各台节目主持人身穿艳丽的民族服饰在各个章节中用自己动听的声音向听众娓娓道来，现场具有很强的可听性和观赏性。直播活动从上午9点正式开始，来自11家电台的主持人轮番上阵，用眼睛捕捉，用心灵感受，分别从普者黑的自然资源、人文历史、民族风情、服饰文化、饮食文化等方面发现和感受普者黑的山美水美人更美。直播活动持续两个小时，广播“名嘴”们风趣的语言、独特的表达和精彩的诠释不时赢得现场观众的阵阵掌声和笑声。

8日，文山州体育局在休闲广场举办文山城2010年“全民健身日”活动。这是在云南省第十三届运动会即将在文山开幕之际，迎来的第二个全国“全民健身日”，也是《全民健身条例》颁布实施第二年。本次活动将以“我参与，我运动，我健康，我快乐”、“全民参与健身，精彩和谐省运”为主题，活动包括动感单车示范、印巴柔舞、擒敌格斗、健身操、双节棍、跆拳道、少年拉丁舞等9项内容。

9日，省第十三届运动会文山州代表团成立大会在州委小礼堂举行。文山州代表团教练员、运动员等400余人将参加这次在文山本土举办的体育盛会，运动员参加14个项目的角逐。

11日上午，州委、州政府召开会议研究文山学院建设、州医院迁建、州职教园区建设等有关工作。州委书记李培，州长黄文武出席会议并讲话。针对州职教园区建设过程中出现的很多困难和问题，为了能够在2011年9月份以前部份学校能按时实施搬迁，会议要求文山县党委、政府及州属有关部门要进一步加强领导，切实落实责任。州城乡开发投资有限公司要在2010年8月底前迅速成立一个注册资本金5亿元的职教园区建设投资公司，作为投融资平台，加大投融资力度；涉及到搬迁的6所学校要加快土地的规划、报批、征地等工作。要进一步强化政府主导，学校为主的建设模式，各有关部门要积极向上级争取资金，各学校也要想方设法从不同渠道获得资金支持，形成合力，加快职业教育园区建设的步伐。同时，各级各部门要对文山学院建设、州医院搬迁新建、三鑫学院建设给予积极支持和帮助。会前，与会人员先后到文山学院、州医院迁建选址点、三鑫学院建设和州职教园区州技校、州卫校建设现场进行调研。

11日，以省中低产办副主任、省农业厅副厅长陈建国为组长的省政府中低产田地改造工作考核组到文山州检查中低产田地改造工作。州人民政府在一楼会议室召开汇报会，向检查组汇报文山州中低产田地改造工作情况，副州长胡荣出席会议并向检查组作汇报。文山州按照省委、省人民政府和省中低改办的要求，在做好《文山州250万亩中低产田地改造规划(2009—2020年)》编制工作的同时，积极组织实施好省中低改办和省有关部门批准建设的2009年中低产田地改造项目，并按照农田水利基本建设规划年度实施计划，突出抓好水源工程、农村饮水安全工程、病险水库除险加固工程、大型灌区工程和干支渠配套工程，全面落实责任制，取得了阶段性成效。2009年，省中低产田地改造办公室下达文山州改

造任务 21.474 万亩，文山州规划改造中低产田地 33 万亩，实际完成改造面积 34.74 万亩，完成总投资 3.7 亿元；整合项目 7 个，整合资金5 700多万元，万亩以上规模 4 片，面积 10 万余亩。

12 日，广西百色水利枢纽库区水上交通安全管理工作座谈会在文山举行，副州长黎宝光出席会议并讲话。云南省地方海事局、广西区海事局和港航管理局领导分别通报了上半年百色水利枢纽库区水上交通安全整治工作开展情况，并对《百色水利枢纽水上交通安全管理办法(试行)》进行审查，研究讨论了百色水利枢纽库区水上交通安全管理存在的重点、难点问题及相关工作措施，努力确保百色水利枢纽库区水上交通运输安全。

18～26 日，云南省第十三届运动会在文山举行。这次运动会的主题是“精彩省运，和谐文山”。全省 16 个州市和 7 个成年组代表团4 000余名运动员参加运动会。18 日上午 9 时，在文山盘龙体育场举行开幕式，省委书记、省人大常委会主任白恩培宣布运动会开幕，副首长高峰致开幕词，省体育局局长杨宁主持，州委书记李培致欢迎辞。王学仁、杨应楠、杨保建、赵庭光、梁公卿、车志敏等省领导和嘉宾，州党政领导黄文武、付加兴、王云凌等与干部群众代表共万余人参加开幕式，观看了大型文艺表演《三七花开的地方》。运动会分设文山、砚山、富宁 3 个赛场，文山代表队获得 49.5 块金牌、29 块银牌、31 块铜牌，排名第 5 的好成绩。运动会于 26 日州体育馆闭幕，省人大副主任李春林宣布闭幕，副省长高峰向下一届省运会承办方曲靖市授旗，省州领导曾华、顾伯平、李培、付加兴、王云凌等出席。闭幕式结束后，举行了《放歌文山》大型文艺表演和焰火晚会。

## 9 月

13 日，由国家民委、中国科协、农业部联合举办的“全国科技专家和致富能手进云南文山壮乡苗寨科技下乡活动”在文山城七花广场隆重启动。国家民委教育科技司副司长王平主持启动仪式；中国科协原党组成员、专委会副主任苑郑民出席并讲话；州委书记李培致欢迎辞。这次由国家民委、中国科协、农业部共同主办的“全国科技专家和致富能手进云南文山壮乡苗寨科技下乡活动”，既是三部委落实科学发展观和《全民科学素质行动计划纲要》，实施农民科学素质行动计划的具体举措，又是三部委推进少数民族科技工作的一次大型公益性活动。充分体现了国家对“三农”工作和农民科学素质工作的重视和支持，对民族地区发展和提高少数民族群众科学素质的重视和支持。

26 日下午，历时 5 天的 2010 年“普阳杯”全国青年体操锦标赛在富宁落下帷幕。本届全国青年体操锦标赛共有来自全国各省、自治区、直辖市及香港特别行政区的 23 个代表队 194 名运动员、72 名裁判员、72 名教练员和 25 名领队参加。自 9 月 22 日正式开赛以来，经过 5 天的激烈角逐，在男、女子乙组资格赛，男、女甲组资格赛，男、女乙组单项决赛和男、女甲组单项决赛 10 场的比赛中，共产生了包括两个组别的团体、全能和各单项比赛 28 枚金牌。广东队以 8 金 8 银 4 铜的成绩名列金牌榜和奖牌榜的第一名，浙江队以 7 金 3 银 6 铜名列第二名，湖南队以 3 金 4 银 4 铜排列第三名。武汉队岑雨、岑宵及安徽队潘妮 3 名队员为富宁籍运动员，他们在比赛中发挥稳定、成绩优异，其中岑雨还获得甲组自由体操金牌及甲组跳马银牌。这是富宁县乃至文山州首次承办的全国性体育赛事。

## 10 月

8 日，马来西亚科技部前部长、中马友好联谊会主席、中马首都论坛组织主席 Tan Sri Law Hieng Ding 先生一行，到文山州考察。上午，州委副书记、州长黄文武在文山龙成商务酒店亲切会见了考察团成员。当天下午，考察团一行还先后到砚山县苗乡三七科技示范园、江那镇郊址行政村杂交玉米生产基地、砚山玉米研究所进行考察，详细了解了科学技术在当地农业生产中发挥的显著作用，以及玉米研究的一系列成果。马那先生着重介绍了马来西亚政府关于玉米研究的规划，以及政府给予外来投资企业的相关优惠政策。他介绍，马来西亚每年要从国外进口 270 万吨玉米，外汇支出在 40 亿元人民币左右，双方在玉米品种选育、种植技术推广等方面合作前景广阔。

11 日上午，“云岭先锋 创先争优——优秀共产党员事迹巡回报告会”在文山会堂举行。省云岭先锋、创先争优——优秀共产党员事迹报告团成员苏红军、龚建平、黄玲、杨福员、杨竹芳、董剑锋、州委副书记罗国权在主席台就坐。州委常委、组织部部长黄宏伟及州直党委各部门、省驻文部分单位参加了报告会。报告团的 5 位同志，直观生动地讲述了龚曲此里、郑垧靖、普发兴、杨竹芳、刀会祥 5 位同志在云岭大地成长起来的优秀共产党员的先进事迹和崇高精神。这些事迹，平凡之中显伟大，简朴之中见真情，感人至深，催人奋进，给参加报告会的党员干部上了一堂生动而深刻的思想教育课。报告会上，州委副书记罗国权号召全州党员干部向这 5 位优秀共产党员学习，学习他们对党忠诚、坚定信念的思想品质，学习他们情系人民、无私奉献的高尚情操，学习他们爱岗敬业、勇于实践的精神风貌，学习他们大公无私、清正廉洁的道德品质。同时，罗国权还要求全州各级党委政府、广大党干部要把学习 5 位同志的先进事迹与学习文山州在开展民族团结进步示范区创建工作和深入开展创先争优活动中涌现出来的先进典型结合起来，与促进本单位中心工作结合起来，与保障和改善民生结合起来，在推动科学发展、促进社会和谐、服务人民群众、加强基层组织的实践中建功立业，为全州经济社会又好又快发展提供坚强的组织保障。

11～12日，“中国—东盟农业新品种与种业国际科技合作论坛”在昆明举行，本次论坛由科技部国际合作司、东盟秘书处和云南省科学技术厅共同主办，云南省科学技术情报研究院承办。这是云南省首次举办关于农业新品种开发与推介的专业性国际科技合作交流论坛，旨在为中国有关省区市和东盟各国提供信息交流平台，从而推动区域内双边、多边的农业科技合作向深层次、高水平发展。来自泰国、马来西亚、印度尼西亚、越南、老挝、缅甸、柬埔寨等东盟国家以及中国广东、湖北、江苏、湖南、广西、四川、云南等省区的60多名政府官员、专家学者和企业代表聚集一堂，围绕中国与东盟国家的农业新品种与种业的研究和产业化等议题开展交流、研讨和洽谈。大家一致认为，中国与东盟各国具有生态多样、特色农业等共同特性，合作前景广阔。论坛上，云南省科技厅副厅长王建华作主题报告，与会代表纷纷发言，各抒已见。副州长黎宝光代表文山州人民政府以“‘州校合作’推进玉米新品种研发和推广”为题作了交流发言，重点介绍文山州与云南农业大学合作开展玉米新品种研发及推广情况。2008年8月，文山州人民政府与云南农业大学签订了合作协议，成立砚山玉米研究所，决定以此为平台在农业产业化和农村经济发展方面开展全方位、深层次和宽领域的长期合作；发挥区域资源优势，依托大学的技术力量，推动农业的产业化发展，共同参与东盟国际交流活动和商务合作，全面提升文山州的农业技术和特色产品竞争力。合作两年多来，双方在玉米良种选育、生产基地建设以及示范推广等方面取得了令人满意的成绩，产生了广泛社会影响。

13日下午，文山州人民政府、云南农业大学2010年州校合作工作推进会议在云南农业大学举行。州委书记李培，州委副书记、州长黄文武，副州长李国沛出席会议。云南农业大学党委书记张海翔主持会议。会上，合作双方提出了工作设想与建议；州长黄文武代表州委、州人民政府与云南农业大学签署了《文山州特色农业产业化合作开发协议》，文山苗乡三七实业有限公司与云南农业大学签署了《校企合作协议》。文山州和云南农业大学早在2008年就已经签署了州校合作协议，在丘北辣椒多样性发种植、杂交玉米新品种选育、三七种植技术研究等方面开展了全方位、深层次，多领域的合作，并取得初步成效。此次签署的协议，在2008年签署的协议的基础上，更进一步明确了合作项目、细化了合作目标，拓宽了合作领域。

26日上午，州人民政府召开全州深化医药卫生体制改革工作会议。会议总结一年来文山州的医改工作推进情况，安排部署下步推动全州医改向纵深发展的工作任务。会议要求各级各部门紧紧围绕“保基本、强基层、建机制”这一中心任务，加快推进基本医疗保障制度建设，努力提高城乡基本医疗保障范围和水平，全面实施基本药物制度，满足群众基本用药需求，继续加强基层医疗卫生服务体系建设，方便群众看病就医，扎实推进基层医药卫生体制综合改革，满足群众的公共卫生和基本医疗服务需求，稳步推进公立医院改革试点，提高医疗服务水平。会上，副州长李国沛代表州人民政府与州属相关部门及8县县人民政府签订了文山州医药卫生体制改革工作任务目标责任书。

## 11月

1日下午，州委、州人民政府在州一中体育馆举行州综合应急救援支队成立大会。州委常委、政法委书记吴俊明，州人民政府副州长李俊彪向州综合应急救援支队授牌；州委常委、政法委书记吴俊明向州综合应急救援支队授旗；州政府副州长李俊彪出席会议并讲话，州政府秘书长杨选德主持会议。各县分管应急救援工作的政府领导、州应急委员会部分成员单位主要负责同志和专业救援队、志愿者代表共300余人参加会议。专业救援队由 人组成，主要依托公安消防部队组建，是一支闻警即动、通用性强、关键时能冲得上、打得赢的政府综合应急救援专业队伍。

同日，普者黑至炭房一级公路正式建成投入使用，同时收取车辆通行费。该段路于2009年3月开工建设，路线总长60.106公里，按集散功能一级公路标准建设，设计速度60公里/小时，路基宽度23米，标准四车道。累计完成投资11.2亿元。

5～7日，以中央组织部政策研究室副巡视员邹自景为组长的调研组，到文山调研边疆党建长廊建设工作。州委副书记罗国权陪同调研并代表州委汇报工作。调研组先后深入云南特安呐制药股份有限公司、文山县追栗街镇塘子边村、麻栗坡县麻栗镇盘龙村、天保口岸和文山华博贸易有限责任公司实地调研。

16日下午，电视纪录片《推进》在文山州委小礼堂举行首映式。原省人大常委会副主任，电视纪录片《推进》的总策划、总编导戴光禄出席首映式并讲话。州委常委、秘书长李国安主持首映式。《推进》以“认识一个真实的中国，认识中国一个真实的乡村”为拍摄主题，运用人类学的观点和方法，第一次真实地记录了广南县一个73户322人的壮族村寨——坡孟村，从2009年11月至2010年7月实施整村推进扶贫过程中，农民为谋生存、求发展所发生的许多鲜为人知的故事。记录了壮族群众婚嫁、丧葬、祭奠等习俗，记录了实施整村推进过程中村民们因为争抢土地而发生的争吵、缺钱而产生的烦恼，以及基层干部的艰辛，更重要的是记录了实施整村推进后坡孟村发生的翻天覆地的变化。

24日，州人民政府与省科技厅在昆明举行2010年科技工作会商会议，州长黄文武、省科技厅厅长龙江出席会议并讲话。自2008年以来，在省科技厅的大力支持下，文山州实施党政“一把手”科技项目成效明显，实施4个项目总投资3亿元，得到省科技经费扶持935万元。“十二五”期间，省科技厅将继续扶持文山州的科技项目。

25日，州人民政府与云南出入境检验检疫局在文山签订《关于提升文山沿边开放和外向型经济发展水平合作备忘录》。州长黄文武、云南出入境检验检疫局贺国珍出席签字仪式。根据合作备忘录，云南出入境检验检疫局将在文山口岸大通关建设、边境地区疫情疫病防控等11个方面给予支持和帮助。

29～30日，国务院检查组对文山"两基"教育工作(九年义务基础教育、基本扫除青壮年文盲)进行检查验收。以国家教育部副部长、国家总督学陈小娅为组长的检查组，在省、州有关领导的陪同下，先后深入砚山、丘北、文山3县的7所中小学校及文山学院、州职教园区"两基"攻坚成果进行实地检查。30日下午，州委、州人民政府召开教育工作情况汇报会，听取汇报后，检查组充分肯定了文山州的成绩，指出了存在的问题，提出了工作意见。州委书记李培、州长黄文武参加会议并表态发言。

30日下午，文山州人民政府、文山县人民政府与云南世博汽车市场有限公司、云南健中冈企业，在文山举行"文山国际汽车城"项目签约暨云南世博车市援建希望小学捐赠仪式。州委书记李培出席捐赠仪式并讲话，州人大主任付加兴、州政协主席王云凌等州党政领导出席捐赠仪式。"文山国际汽车城"项目选址于文山县城南片区老保黑，占地面积614亩，总投资8亿多元。当日，云南世博汽车市场有限公司现场捐款150万元，帮助文山建设希望小学。

## 12月

17日，州人民政府发出《关于撤消文山县设立文山市的通知》(文政发[2010]99号)。通知指出，经国务院批准，同意撤消文山县，设立文山市(县级市)，撤县设市后，以原文山县行政区域范围为文山市的行政区域，隶属关系不变，市政府仍驻开化镇。30日上午，州委、州人民政府在州民族体育馆举行文山市挂牌仪式。

18日，由富宁县委、县人民政府主办，云南富嘉林产科技有限公司承办的"坡芽文化与坡芽茶油"品鉴会在北京世纪金源大饭店举行。中央电视台三套、七套，中国企业报、中国质量报和人民网派记者参加了报道。

20日，州人民政府与中国地质大学在北京签署战略合作协议，双方在科学研究、技术开发、人才培养、决策咨询、项目申报等方面开展广泛合作。州委书记李培、中国地质大学(北京)党委书记王鸿冰出席签约仪式并致辞。

23日，中越(麻栗坡)国际商贸旅游交易会暨滇桂五边境县文化交流活动在麻栗坡县城开幕。为期3天的交易会，共签约项目11个，协议金额61.41亿元人民币。交易会期间，麻栗坡县委、县人民政府、云南省社科院经济研究所联合举办了"首届天保口岸论坛"。

25日，文山州首个风电场项目羊雄山风电场，在丘北县舍得乡开工。该项目由中国大唐集团云南分公司投资开发建设，项目装机容量9.9万千瓦，预计2012年6月竣工发电。

26日，云南富宁永鑫糖业有限公司糖厂在富宁投产。标志着文山州拥有全省单条生产线日处理甘蔗量最大的能力。该厂占地面积214亩，实际日处理能力8 000吨，年可实现工业产值5亿元，上缴税金5 000万元。

28日，全省重大动物疫病防控工作会议在文山召开。来自省农业厅等省相关部门的领导及全省各州(市)的与会代表参观了州动物疫控中心和砚山县稼依镇动物疫病防控整村推进工作现场。当天下午，全省工作会议在文山龙成商务酒店召开。会议总结交流了各州(市)防控工作经验，部署了全省2011年重大动物疫病防控工作。省防治重大动物疫病指挥部专职副指挥长、省农业厅副厅长寸强出席会议。会上，副州长胡荣代表州委、州政府致辞。

29日下午，州政府在文化大厦召开全州科学技术奖励大会。"十一五"期间，全州共取得重要科技成果185项，其中获省级科技奖励13项；专利申请和授权量分别为640件和303件，其中发明专利申请为187件，专利申请量居全省第6位。

本月，国家水利部发布消息，由文山州兴建的暮底河水库枢纽工程荣获"中国水利工程优质(大禹)奖"。据了解，该奖项是中国水利工程行业的最高奖项，由中国水利工程协会组织评选，所获奖工程均是质量优良、管理科学、工程效益和社会效益显著的优秀工程。暮底河水库工程是建国以来云南省首次获得大禹奖的水利工程。

本月，首届中国西部最具投资潜力100个县(市、区)暨第七届全国工业重点行业效益十佳企业高峰论坛在成都市召开。该论坛对中国西部地区900多个县(市、区)的投资潜力进行了评价，评选出中国西部最具投资潜力前100名县(市、区)，百县(市、区)在西部地区经济发展中占有重要地位，是西部县域经济发展的领头羊。云南省有8个县(市)入围，文山州文山县入围，排名第96位。

马洒礼乐

# 州情概况

责任编辑：李明照

远眺中的剥隘新镇

# 文山壮族苗族自治州

【行政区划人口】 文山壮族苗族自治州位于云南省东南部。最高海拔2 991.2米，最低海拔107米，土地总面积31 456平方千米，占全省总面积39.4万平方千米的8.0%。其中：山区和半山区占总面积的97.0%。国境线长438千米。辖文山市及砚山、西畴、麻栗坡、马关、丘北、广南、富宁7个县，102个乡(镇)，其中16个民族乡，947个行政村(居)，15 967个村民小组(队)。居住着汉、壮、苗、彝、瑶、回、傣、布依、蒙古、白、仡佬11种民族。

年末全州常住总人口普查数为3 483 917万人。其中：男性1 812 186人，农业人口3 133 714人，少数民族人口1 979 857人，城镇人口1 000 400人。人口出生率为13.76‰，死亡率为6.89‰，人口自然增长率为6.87‰。

【经济综述】 2010年文山州生产总值329.9亿元，比上年增长13.0%。其中：第一产业增加值73.1亿元，增长4.6%；第二产业增加值122.1亿元，增长17.5%。其中：工业增加值90.1亿元，增长16.0%。建筑业增加值32亿元，增长22.2%；第三产业增加值134.7亿元，增长14.0%。全年非公有制经济创造增加值162.3亿元，占全州生产总值的比重为49.2%，比上年提高0.4个百分点。按常住人口计算，全州人均生产总值9 491元，比上年增加1214元，增长11.9%。

固定资产投资快速增长。全年全社会固定资产投资完成271亿元，比上年增长25.2%。其中：城镇投资179亿元，增17.2%；农村非农户投资56.1亿元，增80.2%；房地产开发投资23.7亿元，增5.9%；农村私人投资12.2亿元，增18.7%。

全州社会消费品零售额达143.6亿元，比上年增长21.0%。完成外贸进出口总额14 587万美元，增27.0%。其中进口2 307万美元，下降25.8%；出口12 280万美元，增长46.7%，高于去年同期(9.0%)37.7个百分点。

全年接待国内外游客486.06万人(次)，增长11.7%，旅游总收入348 393万元，增长14.6%。

国民经济和社会发展中存在的主要困难和问题：经济总量小，人均水平低，加快发展的任务艰巨；城乡发展不平衡，农民收入增长缓慢；基础设施仍然滞后，发展制约瓶颈仍然未得到根本缓解；产业弱小单一，支撑全州经济社会发展的能力弱；社会事业发展滞后，人民群众就医、就学、就业等仍然面临许多困难和问题；影响社会和谐稳定的因素日趋增多；机关行政能力和服务效能还需要进一步提高，经济与社会协调发展任重道远。

【农　业】 农业和农村经济稳步发展。全年实现现价农业总产值120.1亿元，比上年增长5.5%。粮食产量稳步增加，大部分农产品产量保持不同程度增长。粮食总产量1 275 792吨。其中：夏收产量55 686吨，比上年减55.1%；秋收产量1 220 106吨，增9.8%；稻谷395 681吨，减4.9%；包谷633 485吨，增16.4%；主要经济作物产量：油料31 789吨，减34.9%；三七3 263吨，比上年增33.6%；辣椒114 366吨，增12.8%；烤烟61 605吨，增17.2%；甘蔗1 036 333吨，增17.2%；蔬菜549 178吨，减14.2%。

全年畜牧业现价总产值48.1亿元，比上年增长9.1%。肉类总产量412 473吨，增14.7%。其中：猪肉产量337 030吨，增15.5%。全年水产品总产量22 070吨，增20.2%。

全年完成造林面积84.97万亩，其中用材林11.01万亩、经济林57.42万亩、防护林2.34万亩。各项生态工程稳步推进，加强农村能源建设，狠抓森林资源管护等造林绿化工作，遏制生态恶化，有效保护生态环境，全州森林覆盖率达到41.0%。

全州有效灌溉面积达162.63万亩，增长3.9%。农机总动力163 451万瓦特，增长12.7%。建成“五小水利”工程29.27万件，新解决26.63万农村人口饮水安全问题。250万亩中低产田地改造规划中本年完成1.5万亩改造任务。

【工　业】 全州工业经济稳健运行。完成工业总产值250.9亿元，比上年增长20.7%。轻工业实现增加值26.1亿元，增长20.0%；重工业实现增加值54.3亿元，增长14.0%。国有企业完成增加值15.1亿元，增长38.0%；股份制企业完成增加值60.3亿元，增长11.0%；全年全部工业增加值实现90.1亿元，增长16.0%，拉动GDP增长4.3个百分点。

主要工业产品产量：原煤153万吨，比上年增9.2%；发电量41.9亿千瓦小时，减14.5%；食糖4.6万吨，减12.5%；白酒37 902千升，减0.9%；水泥315万吨，增24.4%；砖147 248万块，增0.3%；复烤烟叶36 681吨，增46.4%；机制纸2 185吨，减28.4%；铁矿石原矿量30.2万吨，增19.4%；铜精矿含铜量6 215吨，增0.7%；锌精矿含锌量10.3万吨，增3.7%；锡精矿含锡量5 470吨，增37.5%；锑10 589吨，增20.2%；黄金1 500千克，增0.7%。

全年规模以上工业企业实现主营业务收入174.7亿元，比上年增长28.9%；利税总额43.9亿元，增长67.2%，利润总额30.1亿元，增42.1%。

全州建筑业增加值32亿元，增长22.2%。

【财政金融保险】 加大财政税收征收和税源培植力度，财政实力有力提升。全年实现财政总收入378 889万元，比上年增长29.1%。其中完成地方财政收入220 266万元，增长27.4%。财政支出1 139 892万元，增长27.5%。

年末全州金融机构各项存款余额为3 873 605万元，比上年末增长28.1%。其中：城乡居民储蓄存款余额2 041 194万元，比上年末增长25.6%。各项贷款余额2 718 460万元，比上年末增长17.3%。

全州保险费收入57 771万元，比上年增长21.2%。其中：人寿险保费收入28 770万元，增长16.1%；财产险保费收入29 001万元，增长26.8%。保险赔款达到24 842万元。

【基础设施建设】 2010年底全州公路通车里程达13 802千米，比上年增长4.2%。公路通车里程的增加，扩大了运输能力。全年货运周转量166 878万吨千米，增长5.6%。旅客周转量388 703万人千米，增长6.8%。

【信息化建设】 全年邮电通信业务总量45 347万元，增长9.8%。全州城乡固定电话用户33.4万户，移动、联通和电信通信用户149.6万户。城镇居民每百人拥有手机72.5部（城镇居民住户调查数）。

【城乡建设】 2010年，城市规模进一步扩大，全州城镇化率达28.5%，城镇人口增到98.3万人；城市人均公共绿地面积达5.8平方米，自来水普及率达到99.0%，燃气普及率达到50.0%；启动了文山州域城镇体系规划和“文砚平”城市群规划编制，5个县编制了县域村镇体系规划，城市详细规划覆盖率达到90.0%，101个乡镇有总体规划，完成1 074个自然村规划编制，覆盖城乡的规划体系基本建立。

全州工业废水排放达标率83.2%；工业固体废物综合利用率59.7%；城镇生活污水集中处理率25.4%，全年环保污染治理投资总额达3 918万元，比上年增长4.3%。

【扶贫开发】 共投入各类扶贫资金10.69亿元，其中：无偿资金4.47亿元，有偿资金（小额信贷）3.64亿元，群众自筹和以劳折资2.58亿元。解决10万贫困人口温饱。年内，共启动实施整村推进扶贫开发新农村建设965个村，投入资金6.11亿元，其中：扶贫专项资金2.4亿元、整合部门资金投入1.1亿元、群众自筹和投劳折资2.58亿元。。

年内，投入1 050万元，完成2009年跨年度农村贫困劳动力输出前培训2.6万人，占计划的100%，转移输出2.5万人。9个示范基地培训学校完成农村劳动力转移培训6 652人，占计划的100.4%，培训合格率达100%；职业技能鉴定持初、中级职业资格证书6 609人，转移就业率为99.0%，就业稳定率达90.0%以上。2010年投入1 242万元计划完成跨年度劳动力转移培训3.42万人。

年内，完成2009年跨年度易地开发扶贫项目，投入3 670万元转移安置7 340人，项目涉及54个安置点。建成安居房1 479套11.1万平方米，基本农田3 192亩，进村公路6.1千米，道路硬化6.65万平方米，种植经济林果4 636亩，沼气池801口，科技培训144期14 102人（次）。

2010年上海援建文山州的对口帮扶协议项目共107个，投入帮扶资金5 690万元，其中：新农村建设项目87个，产业发展项目17个，社会事业项目3个，专项对僰人和山瑶扶贫项目2个。

【抗旱救灾】 全州8县从2009年8月至2010年4月遭受了百年不遇的特大干旱，共造成102个乡镇63.9万户283.14万人受灾，有120.7万人，179万头（匹）牲畜（其中61.3万头大牲畜）饮水困难；农作物受灾面积360万亩，其中大春作物受灾76.3万亩，粮食产量损失10 670万千克，旱灾造成缺粮人口39.19万人；林地受灾面积733万亩，报废259万亩。旱灾直接经济损失25.96亿元。全州共投入抗旱救灾人数144.8万人（次），机动抗旱设备2.29万台（套），出动机动运水车辆6.13万辆（次），为缺水群众累计运送水32.1万吨，累计投入抗旱救灾资金3.43亿元。

【教育科技】 全州有普通高等学校2所，在校生5 966人，专任教师341人；普通中等专业学校5所，在校生15 902人，专任教师493人；普通中学155所，在校生208 880人，专任教师13 608人；小学2 242所，在校生363 070人，专任教师24 320人；职业高中16所，在校生29 421人，专任教师848人。学龄儿童入学率99.54%，初中入学率87.77%。

2010年认真组织开展申报国家科技部、上海市科委和省科技计划项目工作，已立项28项，获得经费支持1 846万元。其中申报立项工业科技类8项，获得经费支持670万元；申报立项农业科技类20项，获得经费支持1 176万元。全年专利申请165件，增长6.5%。

【文化卫生体育】 全州有各种艺术表演团体9个，文化馆（站）104个，公共图书馆9个，藏书量56.9万册；出版《文山日报》（包括晚刊、周末）1 753万份。出版杂志1.8万份。共安装4 500套直播卫星接收设备。广播电视综合覆盖率分别达93.6%和94.7%。

年末全州卫生机构379个（含诊所、卫生所及医务室），其中：医院26个，卫生院112个。年末卫生机构共有病床9 061张。卫生技术人员7 916人，其中：执业医师2 221人，执业助理医师805人。

全民健身运动广泛开展，竞技体育运动成绩不断提高。承办省第十三届运动会并在决赛中取得好成绩。文山州代表团选派出213名运动员参加青少年组的举重、摔跤、田径、篮球、武术、散打、体操、柔道、拳击、跳水、射箭、乒乓球、击剑、足球、游泳15个项目的比赛。获得49枚金牌、29枚银牌、31枚铜牌，金牌总数排名全省16个州、市第五位，奖牌和总分排名全省16个州、市第四位，排在全省8个少数民族自治州的第一位，成功实现州委、州人民政府提出的“保五争四”的参赛目标。

【人民生活】 全年全州城镇居民人均可支配收入14 609元，增长11.4%；农民人均纯收入2 806元，增长17.9%。在岗职工年平均工资27 030元，比上年增加2 219元，增长8.9%。

全年争取民政救助保障资金11 084.95万元，城乡低保、医疗救助、临时救助对象大幅度增加，新增城镇居民最低生活保障48 120人、农村最低生活保障40.45万人；保障性住房建设力度加大，开工建设廉租住房26.2万平方米，开工建设公共租赁住房600套，发放住房租赁补贴1 600万元。

市场物价中位运行。全年居民消费价格指数103.7%、商品零售价格指数103.9%、农业生产资料价格指数103.6%。劳动就业基本稳定。全年全州开发就业岗位1.85万个，使用失业保险基金稳定就业岗位3 115个，发放小额担保贷款8 200万元，“贷免扶补”资金5 520万元，扶持3 106人创业，带动9 318人就业，城镇新增就业1.6万人，城镇登记失业率为3.5%。年末全州单位从业人员14.6万人，增长4.6%，其中：在岗职工13.8万人，增长4.5%。

（李明照）

# 党的建设

责任编辑：江　梅

州委深入开展创先争优活动领导小组召开第三次会议

## 重要会议

**【七届州委常委会第66次会议】** 1月19日，李培主持召开。会议听取全省政法工作电视电话会议、全省组织部长会议、全省村“两委”换届选举工作会议、全省第三批学习实践科学发展观活动情况汇报会和全省农垦改革发展工作会议精神汇报；讨论干部人事事项。徐爱民、吴俊明、李国安、姚堂文、王维真、黄宏伟、黎家松、张旭东、徐昌碧出席会议；陈晓华、胡荣，州直有关单位和部门负责人列席会议。

**【七届州委常委会第67次会议】** 2月3日，李培主持召开。会议听取十七届中央纪委五次全会、省纪委八届五次全会、全省宣传思想文化工作会议、省委农村工作会议精神汇报；讨论中共文山州委、文山州人民政府《关于加快林业发展建设森林文山的决定(讨论稿)》和《文山州人民政府关于加快推进中低产林改造的实施意见(讨论稿)》。徐爱民、吴俊明、李国安、姚堂文、王维真、马志山、黄宏伟、黎家松、张旭东、徐昌碧出席会议；付加兴、王云凌、陈晓华、胡荣，州直有关单位和部门负责人列席会议。

**【七届州委常委会第68次会议】** 2月6日，李培主持召开。会议讨论有关干部人事问题；传达学习贺国强、何勇同志在省(区、市)纪委书记会议上的讲话精神。徐爱民、吴俊明、李国安、姚堂文、马志山、黄宏伟、黎家松、徐昌碧出席会议；付加兴列席会议。

**【七届州委常委会第69次会议】** 2月26日上午，李培主持召开。会议讨论州人民政府党组关于审定《文山州深化医药卫生体制改革实施意见》和《文山州医药卫生体制改革3年实施方案(2009—2010年)》的请示；中共文山州委、文山州人民政府《关于促进畜牧业持续健康发展的意见》；中共文山州委、文山州人民政府关于贯彻《中共中央国务院关于加大统筹城乡发展力度进一步夯实农业农村发展基础的若干意见》的实施意见；听取关于文山州省管干部2009年度考核情况汇报。黄文武、吴俊明、李国安、王维真、黄宏伟、张旭东、徐昌碧出席会议；付加兴、王云凌、张秀兰 、胡荣，州直有关单位和部门负责人列席会议。

**【七届州委常委会第70次(扩大)会议】** 3月22日，李培主持召开。会议传达学习温家宝总理到云南指导抗旱救灾工作时的重要讲话精神，检查落实全州前一阶段抗旱救灾工作，安排部署今后一段时期的抗旱救灾工作。黄文武、徐爱民、吴俊明、李国安、姚堂文、王维真、马志山、黎家松、张旭东、徐昌碧出席会议；李少春(省委第一巡视组组长)，州人大常委会、州政府、州政协领导班子成员，州委各部委、州直国家机关各委办局、各人民团体、有关企事业单位及省驻文单位、驻文军警部队主要负责人；各县县委书记或县长，分管副县长列席会议。

**【七届州委常委会第71次会议】** 3月26日，李培主持召开。会议讨论有关干部人事事项；学习《党政领导干部选拔任用工作责任追究办法(试行)》；听取文山州2009年度党风廉政建设责任制考核情况汇报；讨论通过州人民政府党组《关于请予审查2010年州本级财政收支预算安排意见的请示》和州委直属机关工委、文山州总工会《关于成立文山州直机关工会工作委员会的请示》。黄文武、徐爱民、吴俊明、李国安、姚堂文、王维真、马志山、黄宏伟、黎家松、徐昌碧出席会议；付加兴、王云凌，顾颂奇(省委第一巡视组副组长)、沈群(省委组织部干部监督处副处长)，州直有关单位和部门负责人列席会议。

**【七届州委常委会第72次会议】** 4月16日，李培主持召开。会议讨论有关干部人事问题。黄文武、徐爱民、吴俊明、王维真、马志山、黄宏伟、黎家松、徐昌碧出席会议；付加兴、王云凌列席会议。

**【七届州委常委会第73次会议】** 4月27日，李培主持召开。会议讨论相关干部人事问题。黄文武、徐爱民、吴俊明、姚堂文、王维真、黄宏伟、黎家松、徐昌碧出席会议；付加兴、王云凌列席会议。

**【七届州委常委会第74次会议】** 4月28日，李培主持召开。会议专题研究当前全州抗旱救灾和春耕生产工作。黄文武、徐爱民、吴俊明、王维真、马志山、黄宏伟、黎家松、徐昌碧出席会议；付加兴、王云凌、胡荣、陈晓华，州直有关单位和部门负责人列席会议。

**【七届州委常委会第75次会议】** 5月12日，李培主持召开。会议讨论州委副书记罗国权工作分工的意见；讨论通过州政府党组《关于文山州承办省第十三届运动会有关问题的请示》；讨论州委办公室《关于大力加强全州党委系统信息化建设的意见》；讨论州委办公室、州政府办公室《关于确定2009年各县各部门目标管理考核等次和下达2010年主要工作目标的请示》；讨论《2010—2020年文山州党政领导班子后备干部队伍建设规划》；听取全省干部人事制度改革和干部监督工作座谈会、全省在党的基层组织和党员中深入开展“创先争优”活动动员视频会议、全省社区、农村基层党建工作座谈会精神汇报；讨论关于成立中国共产党国家统计局文山调查队党组的意见；听取文山州2009年度基层党建工作考核情况汇报；传达学习全省抗旱形势分析会精神。黄文武、罗国权、徐爱民、吴俊明、李国安、马志山、黄宏伟、黎家松、张旭东出席会议；付加兴、王云凌、胡荣、李俊彪，州直有关单位和部门负责人列席会议。

**【七届州委常委会第76次会议】** 5月27日，李培主持召开。

会议讨论研究有关干部人事事项。黄文武、罗国权、徐爱民、吴俊明、李国安、马志山、黄宏伟、黎家松、徐昌碧出席会议；王云凌列席会议。

**【七届州委常委会第77次会议】** 6月11日，李培主持召开。会议专题研究部署文山州“十二五”规划编制有关工作。黄文武、罗国权、徐爱民、吴俊明、李国安、王维真、马志山、黎家松、张旭东、徐昌碧出席会议；王云凌、兰骏、官悠房、黎宝光、陈明山，州直有关单位和部门负责人出席会议。

**【七届州委常委会第78次会议】** 7月6日，李培主持召开。会议传达省委常委、省委宣传部部长张田欣在文山调研结束时的讲话精神；讨论文山州抗旱救灾总结表彰会议筹备方案；传达全省案件通报电视电话会议精神汇报；听取全州铁路建设工作情况汇报；讨论《关于加强农村公共文化服务体系建设的实施意见》；讨论州委统战部《关于撤销王理健、金廷光二人第十届州政协委员资格的请示》。黄文武、罗国权、徐爱民、吴俊明、李国安、王维真、马志山、黄宏伟、黎家松、徐昌碧出席会议；付加兴、王云凌、胡荣、陈晓华，州直有关单位和部门负责人列席会议。

**【七届州委常委会第79次会议】** 8月2日，李培主持召开。会议讨论州编委《关于文山州人民政府机构改革实施意见的请示》、《关于核定州级机关处级领导职数意见的请示》、《文山州县级政府机构改革方案的请示》；传达省委八届九次全会精神；听取全省集体林权制度主体改革总结表彰暨林业产业发展大会精神和全州“两基”迎国检工作情况汇报。黄文武、罗国权、徐爱民、吴俊明、李国安、王维真、马志山、黄宏伟、黎家松、徐昌碧出席会议；王云凌、李品相、兰骏、李俊彪、陈晓华，州直有关单位和部门负责人列席会议。

**【七届州委常委会第80次会议】** 8月25日，李培主持召开。会议讨论州政府党组关于审定《推进农垦改革发展维护垦区稳定实施意见的请示》和《关于州三七研究院整体并入文山学院的请示》；讨论砚山县委《关于追授马开贵同志为州级“优秀共产党员”、“优秀村干部”称号的请示》；听取文山州深入开展创先争优活动情况、全省推进学习型党组织建设电视电话会议、全省社会主义新农村省级重点建设村工作会和全省新农村建设指导员工作座谈会精神汇报。黄文武、罗国权、徐爱民、吴俊明、李国安、马志山、黎家松、张旭东、徐昌碧出席会议；熊荣元、孙天竹、李海柏、李国沛、陈晓华，州直有关单位和部门负责人列席会议。

**【七届州委常委会第81次会议】** 10月9日，李培主持召开。会议讨论关于州政府机构改革后工作部门和部门管理机构党组设置的意见；讨论有关干部人事事项；讨论州人大常委会党组《关于文山壮族苗族自治州第十三届人民代表大会代表名额分配及州委提名推荐部门方案的请示》、《关于审定〈云南省文山壮族苗族自治州林业管理条例(修订草案)〉的请示》和《关于审定〈云南省文山壮族苗族自治州森林和野生动物类型自然保护管理条例(修订草案)〉的请示》；讨论《文山州人民政府党组关于上报〈文山州城乡开发投资有限公司投融资管理暂行办法〉的请示》；传达省委人大工作会议和省委政协工作会议精神；听取全省人才工作会议精神汇报。黄文武、罗国权、徐爱民、吴俊明、李国安、王维真、马志山、黄宏伟、黎家松、徐昌碧出席会议；付加兴、王云凌、陈晓华，州直有关单位和部门负责人列席会议。

**【七届州委常委会第82次会议】** 10月22日，黄文武主持召开。会议讨论研究有关干部人事事项。罗国权、徐爱民、吴俊明、马志山、黄宏伟、黎家松、张旭东、徐昌碧、黎宝光出席会议；付加兴、王云凌列席会议。

**【七届州委常委会第83次会议】** 11月6日，李培主持召开。会议讨论《文山州学习贯彻党的十七届五中全会精神培训方案》；听取富宁港项目建设工作情况和全省宣传部长会议、全省党史工作会议精神汇报；讨论有关干部人事事项。黄文武、罗国权、吴俊明、李国安、王维真、马志山、黎家松、徐昌碧、黎宝光出席会议；付加兴、王云凌，州直有关单位和部门负责人列席会议。

**【七届州委常委会第84次会议】** 12月14日，李培主持召开。会议讨论州委七届七次全会筹备工作方案；讨论《州委统战部关于第十一届政协委员、常委安排方案的请示》、《州编委关于成立州委州人民政府机关事务管理局及州移民局等有关机构升格的请示》、关于追授刘兰芬同志为“优秀共产党员”和“优秀村干部”的意见；听取全省纪检监察干部工作座谈会、全省换届工作座谈会精神汇报；讨论《关于我州农垦改革干部人事档案移交工作有关情况》和《关于进一步发挥非领导职务干部作用的实施意见》；讨论有关干部人事议题。黄文武、罗国权、徐爱民、吴俊明、李国安、王维真、马志山、黄宏伟、黎家松、徐昌碧、黎宝光出席会议；付加兴、王云凌、黄昌礼，州直有关单位和部门负责人列席会议。

**【七届州委常委会第85次会议】** 12月16日，黄文武主持召开。会议讨论有关干部人事问题。罗国权、徐爱民、吴俊明、李国安、王维真、马志山、黄宏伟、黎家松、徐昌碧、黎宝光出席会议；付加兴、王云凌列席会议。

**【七届州委常委会第86次会议】** 12月28日，李培主持召开。会议讨论文山县撤县设市有关事项、《关于做好县、乡(镇)党委领导班子换届有关工作的意见》、《州委七届七次全会工作报告(讨论稿)》、《中共文山州委关于制定文山州国民经济和社会发展第十二个五年规划的建议(草案)》、《州政府党组关于上报文山州2011年国民经济和社会发展计划(草案)的请示》、《州人大常委会党组关于召开文山壮族苗族自

治州第十二届人民代表大会第七次会议有关问题的请示》；听取全省文化建设工作会议和全省党委秘书长、办公厅（室）主任座谈会精神汇报；讨论有关干部人事议题。黄文武、罗国权、徐爱民、吴俊明、李国安、王维真、马志山、黎家松、徐昌碧、黎宝光出席会议；付加兴、王云凌、官悠房，州直有关单位和部门负责人列席会议。

## 重要活动

**【辛桂梓到文山考察】** 1月4日，省委常委、省委组织部部长辛桂梓带领省集中检查考核组到文山开展集中检查考核，并深入文山县追栗街镇塘子边村、开化镇西山社区调研考察基层党建工作。李培、徐爱民、李国安、王维真、黄宏伟等陪同。

**【范小建到文山调研】** 1月8~9日，国务院扶贫开发领导小组副组长、国务院扶贫办主任范小建带领调研组深入文山州砚山县、富宁县调研扶贫开发工作。国务院扶贫办规划财务司司长徐晖，省政府副秘书长、督查室主任李维俊，省扶贫办主任王智，国家民委经济司副巡视员李钟协，上海市合作交流办副主任周振球，以及州领导李培、徐爱民、马志山、胡荣等陪同。

**【白恩培到文山调研】** 1月9~10日，省委书记白恩培在省委常委、省委秘书长杨应楠，省委副秘书长、省委政研室主任郑维川，省发改委主任米东生，省民委主任王承才等陪同下，到砚山县干河乡马鞍山村、富宁县旧腮油茶苗圃基地、云南富嘉林产科技有限公司、富宁县小河口万亩连片油茶基地、归朝镇百油村委会干呼村和龙门村委会龙门村、文山县黄龙片区中低产田地改造现场就“山瑶”扶持发展以及木本油料产业、新农村建设、农民增收等工作进行深入调研。李培、徐爱民、吴俊明、李国安、姚堂文、王维真、马志山、黄宏伟、黎家松、孙天竹、张秀兰、胡荣、李俊彪、黎宝光、李海柏、陈晓华等陪同。

**【白成亮到文山调研】** 1月15~18日，省政协副主席、省林业厅党组书记白成亮带领调研组先后到砚山、富宁、广南、文山等县就集体林权制度改革、木本油料产业发展、中低产林改造、森林防火等林业工作情况进行综合调研。李培、候强等陪同。

**【高峰到文山调研】** 2月5日，副省长高峰深入砚山县、文山县就教育、卫生事业发展情况进行调研。省人民政府副秘书长白庚胜、省教育厅副厅长王建颖、省卫生厅副巡视员念娥美、省发改委主任助理赵修春及文山州领导李培、马志山、黎家松、徐昌碧、张秀兰、黄昌礼等陪同。

**【回良玉到文山调研】** 2月24日，中共中央政治局委员、国务院副总理、国家防汛抗旱总指挥部总指挥回良玉，深入砚山县狮子山油茶中心苗圃、砚山县盘龙乡翁达村调研、考察指导抗旱救灾和森林防火工作，代表党中央、国务院看望慰问灾区各族干部群众。国家林业局局长贾治邦、国务院副秘书长张勇、国家发展和改革委员会副主任彭森、民政部副部长窦玉沛、财政部副部长丁学东、水利部副部长刘宁、农业部副部长危朝安、国务院研究室副主任黄守宏、国家气象局局长郑国光、国务院应急办主任陆俊华、国家森林防火办主任杜永胜，省委副书记、省长秦光荣，省委副书记李纪恒，副省长孔垂柱，以及州领导李培、黄文武、李国安、马志山、胡荣、李俊彪等陪同视察。

**【举行氯碱项目奠基典礼】** 2月25日，云南天南冶化工有限公司氯碱项目在文山县马塘镇甲马石举行奠基典礼。云天化集团有限责任公司纪委书记、云南盐化股份有限公司董事长杨建东，云天化集团有限责任公司董事长、党委书记董华，云南南磷集团股份有限公司董事长王安康，云南天南冶化工有限公司总经理赵永禄和州领导李培、黄文武、付加兴、王云凌、徐爱民、李国安、姚堂文、王维真、马志山、黄宏伟、黎家松等出席奠基典礼。

**【昆明诺仕达集团向文山灾区捐赠】** 2月26日，昆明诺仕达集团向文山灾区捐赠仪式在文山举行，捐赠资金1 000万元。李培、黄文武、姚堂文、马正新、李春林出席捐赠仪式。

**【张苏军到文山调研】** 3月2~4日，国家司法部副部长张苏军、省司法厅副厅长吉志勇率调研组调研普法依法治理工作。吴俊明、李俊彪等陪同。

**【上海市虹口区党政代表团到文山考察】** 3月9~10日，上海市虹口区党委书记孙卫国率上海虹口区党政代表团到文山考察，李培、李国安等陪同。

**【国家民族自治地方设市设镇调研组到文山调研】** 3月17日~18日，国家民族自治地方设市设镇调研组赴文山调研，黄文武代表州委、州人民政府作专题汇报，黎家松等陪同。

**【举办州第八届民运会】** 3月22~26日，文山州第八届少数民族传统体育运动会在文山隆重举行。22日晚，在文山州民族体育馆举行开幕式，省民委主任王承才出席开幕式并讲话，李培致辞，徐爱民主持，省委第一巡视组组长李少春，省体育局局长杨宁以及文山州领导黄文武、吴俊明、李国安、王维真、马志山、黎家松、徐昌碧等出席开幕式。24日晚，在七花广场举行民族大联欢活动，李培致辞，黄文武主持，省委巡视组领导，州级四套班子领导及各族各界人士参加联欢活动。26日晚，在文山州民族体育馆举行闭幕式，徐爱民、官悠房、李品相等出席。

**【曹建方到文山调研】** 3月29～30日，副省长曹建方在省人民政府副秘书长蒋兆岗，省级有关部门负责人在州领导李培、付加兴的陪同下，深入砚山县江那镇舍木那村、维摩乡长岭街村、平远镇回龙村、文山县古木镇倮可母村等地，就当前抗旱救灾工作和烤烟生产进行专题调研。30日下午，州委、州人民政府召开工作情况汇报会，曹建方作重要讲话，省民政厅、省财政厅、省水利厅、省烟草公司等省级有关部门负责人作发言，李培主持会议，李国沛作文山州抗旱救灾工作情况汇报，付加兴、王云凌、徐爱民、吴俊明、李国安、王维真、马志山、黄宏伟、黎家松、张旭东、官悠房、陈晓华以及州抗旱救灾工作领导小组成员单位负责人参加汇报会。

**【高峰到文山调研】** 3月29～30日副省长高峰率省人民政府副秘书长卫星、省委高校工委副书记陶晴、省财政厅副厅长刘德强、省卫生厅副巡视员念娥美等到文山调研抗旱保教工作。29日，省政府调研组先后深入砚山县明德小学、铳卡小学和维摩二中调研抗旱保教工作情况，李培、徐爱民、马志山、徐昌碧、兰骏及文山学院党委书记熊荣元、校长郝南明和有关部门负责人陪同调研。30日，在文山学院召开文山州抗旱保教工作情况汇报会，徐爱民作文山州抗旱保教工作情况汇报。

**【文山学院成立】** 3月30日，文山学院举行成立大会。副省长高峰、曹建方出席，省委高校工委书记、省教育厅厅长罗崇敏，李培、熊荣元分别致辞，省政府副秘书长卫星、蒋兆岗，省政府金融办主任刘建华，省委高校工委副书记陶晴及州领导付加兴、王云凌、徐爱民、吴俊明、李国安、王维真、马志山、张旭东等出席，陶晴宣读《教育部关于同意建立文山学院的通知》，高峰、曹建方、罗崇敏、李培为文山学院成立揭牌。

**【晏友琼到文山调研】** 4月7～8日，省人大常委会常务副主任晏友琼带领省发改委、民政厅、农业厅、水利厅等相关部门负责人深入砚山、丘北、文山3县调研抗旱救灾工作。李培、黄文武等陪同。

**【王学仁到文山调研】** 4月13～15日，省政协主席王学仁带领省政协委员调研组深入文山县、砚山县调研抗旱救灾工作。李培、王云凌、李国安、马志山、黎家松等陪同调研。

**【汪洪到文山调研】** 4月13日，国家水利部总工程师汪洪到文山调研抗旱水利建设工作。黄文武陪同。

**【李纪恒到文山调研】** 4月14～16日，省委副书记李纪恒带领省委办公厅、省发改委、省扶贫办、省民委等相关部门负责人到文山检查指导抗旱救灾、春耕备耕、“山瑶”和“僰人”等少数民族特困群体扶持发展工作。李培、黄文武、李国安、胡荣等陪同。

**【马开贤到文山调研】** 4月15日，省政协副主席马开贤到砚山县就社会主义新农村建设、民族宗教和抗旱救灾等工作进行调研。马志山陪同。

**【抗大旱保民生抓春耕促发展督办组到文山指导工作】** 5月18～19日，以省发改委副主任李新平为组长的省委、省人民政府抗大旱保民生抓春耕促发展督办组分别深入文山县、砚山县等地检查指导抗旱保人饮、春耕生产及水利建设工作。黄文武、马志山、胡荣及州县农业、发改、水务等部门负责人陪同。

**【甘肃省党政代表团到文山考察】** 5月25～26日，甘肃省委书记、省人大常委会主任陆浩，省委副书记刘伟平，省委常委、省委秘书长姜信治，副省长泽巴足等率领甘肃省党政代表团一行20余人，在云南省委副书记李纪恒等的陪同下，就文山州生物资源开发、三七产业发展等情况进行实地考察。李培、黄文武、罗国权、李国安、黎家松等陪同调研考察。

**【省中小学校舍安全工程视察组到文山视察】** 6月3～4日，以省人大常委会副主任杨保建为组长的省中小学校舍安全工程视察组深入砚山、丘北视察工作。黄文武、马志山等陪同视察。

**【张全景到文山考察调研】** 6月12～14日，中央组织部原部长张全景到文山考察调研。省人大常委会原常务副主任牛绍尧，省委组织部常务副部长张百如，州领导李培、李国安、黄宏伟等陪同。

**【全省广播电视经验交流会在文山召开】** 6月29日，全省广播电视村村通直播卫星覆盖工程建设经验交流会在文山召开。省委常委、省委宣传部部长张田欣出席会议并作重要讲话。省委副秘书长钱恒义主持会议，省政府副秘书长白庚胜，省广播电视局党组书记、局长张德文出席会议。李培代表州委、州人民政府致辞并作交流发言。李国安、黎家松、徐昌碧等参加会议。

**【张田欣到文山调研】** 6月29日至7月2日，以省委常委、省委宣传部部长张田欣为组长的省委调研组深入砚山县、丘北县和文山学院调研，李培、李国安、马志山、黎家松、徐昌碧等陪同。1日下午，召开文山州工作情况汇报会，李培代表州委、州政府向调研组汇报工作。

**【长江商学院知名企业家到文山考察】** 7月19日，长江商学院昆明夏季论坛70余位国内知名企业家到文山考察，州委、州人民政府在丘北天成酒店举行招商引资项目推介座谈会。李培出席会议并向来宾推介文山州经济社会发展项目。李国安、熊荣元等陪同。

【"八一"军事日活动】 7月30日，文山州党政军警领导在武警文山边防支队开展以"学习维和精神、体验警营生活"为主题的"八一"军事日活动。李培参加活动并作讲话。黄文武、罗国权、王云凌、吕美璋、吴俊明、李国安、王维真、马志山、黎家松、徐昌碧、熊荣元及州人大、州政府、州政协、驻文部队领导参加活动。

【王学智到文山调研】 8月5日，省政协副主席王学智到文山州调研工作并专题听取贯彻落实《中共中央关于加强人民政协工作意见》的汇报。李培出席汇报会并作表态发言，罗国权作文山州民族宗教工作情况汇报，省政协副秘书长、研究室主任马孝初以及州领导王云凌、徐爱民、李国安、李海柏、侯强、李春林、黄昌礼、罗正卿、朱丽舒等参加汇报会。

【白恩培到文山调研】 8月17日，省委书记、省人大常委会主任白恩培到文山调研三七产业发展和体育工作。省政协主席王学仁，省委常委、省委秘书长杨应楠，省人大常委会副主任杨保建，副省长高峰，省政协秘书长车志敏，省政府副秘书长卫星，省人大科教文卫工作委员会主任马坚，省体育局局长杨宁以及州领导李培、黄文武、罗国权、付加兴、王云凌、徐爱民、李国安等陪同。

【云南省第十三届运动会开幕】 8月18日上午，云南省第十三届运动会在文山盘龙体育馆举行开幕式。省委书记、省人大常委会主任白恩培出席开幕式并宣布运动会开幕。王学仁、杨应楠、杨保建、车志敏、卫星等领导及特邀嘉宾出席开幕式。副省长、云南省第十三届运动会组委会主任高峰致开幕词，云南省第十三届运动会组委会执行主任、省体育局局长杨宁主持开幕式，李培致欢迎词，州、县四套班子领导出席开幕式。下午，云南省第十三届运动会群众体育先进表彰大会在文山召开。副省长、省第十三届运动会组委会主任高峰出席表彰大会并讲话，省政府副秘书长卫星出席会议，省体育局局长杨宁主持会议，黄文武致欢迎词，徐爱民等出席会议。

【云南省第十三届运动会闭幕】 8月26日，云南省第十三届运动会在文山民族体育馆举行闭幕式。省人大常委会副主任李春林，副省长、省第十三届运动会组委会主任高峰，省体育局局长杨宁，州领导李培、付加兴、王云凌、徐爱民、吴俊明、李国安、马志山、黎家松、徐昌碧等出席闭幕式。

【全国科技专家和致富能手下乡活动】 9月13日，由国家民委、中国科协、农业部联合举办的"全国科技专家和致富能手进云南文山壮乡苗寨科技下乡活动"在七花广场隆重启动。国家民委教育科技司副司长王平主持启动仪式。中国科协原党组成员、专委会副主任苑郑民出席并讲话。李培致欢迎词，罗国权、李国安、徐昌碧等出席启动仪式。

【王小青到文山调研】 9月13～15日，青海省人大常委会副主任王小青到文山调研城市建设工作。李国安、黎家松等陪同。

【马来西亚代表团到文山考察】 10月8日，以马来西亚科技部前部长、中马友好联谊会主席、中马首都论坛组织主席刘贤镇为组长的考察团，考察玉米科研成果。黄文武会见考察团一行并介绍文山州情及玉米品种选育、种植情况。

【中央检查组到文山检查】 10月18～21日，中央扩大内需促进经济增长政策落实和治理工程建设领域突出问题第18检查组赴文山检查工作。黄文武、王维真等陪同。20日下午，黄文武向检查组汇报文山州工作情况，徐爱民主持，罗国权、王维真等出席。

【省调研组到文山调研】 10月28日，由省委书记、省人大常委会主任白恩培，省委副书记、省长秦光荣，省政协主席王学仁等带队，全省16个州市及省级相关部门负责人共100余人参加的全省农业产业化暨扶持龙头产业发展集体调研组赴文山州开展调研。调研组参观云南特安呐制药股份有限公司厂区、公司展示厅和质量检测中心，并观看文山州加快推进农业产业化发展情况视频汇报。黄文武参加全省集体调研活动，付加兴、王云凌、罗国权、徐爱民等参加文山视频汇报会。

【中组部调研组到文山调研】 11月5～7日，中央组织部研究室副巡视员邹自景为组长的调研组到文山县、砚山县调研边疆党建长廊建设工作。黄宏伟、马志山等陪同。

【"两基"国检巡检组到文山检查指导】 11月29～30日，由国家教育部副部长、国家总督学陈小娅，教育部师范司副司长宋永刚，教育部财务司义务教育经费保障处处长周为组成的"两基"国检巡检组，在省政府副秘书长卫星、省教育厅副厅长和福生的陪同下，先后深入砚山县、丘北县、文山县、州职校园区建设现场和文山学院检查指导工作。30日下午，检查组观看文山州"两基"工作专题片并听取文山州教育工作情况汇报和文山学院办学情况汇报。李培、黄文武、李国安、马志山等陪同并参加汇报会。

【罗黎明到文山调研】 12月10～11日，以国家民委副主任罗黎明为组长的国家部委调研组到文山州调研中越边境政策、兴边富民政策，黄文武、徐爱民分别陪同并汇报文山州工作情况。

【姜兴长到文山调研】 12月15～17日，以全国人大内务司法委员会副主任委员姜兴长为组长的调研组到文山县、麻栗坡县考察"五五"普法、禁毒工作情况。付加兴、吴俊明、李俊彪等陪同。

【举行文山县撤县设市仪式】 12月30日，文山县在州民族体育馆举行撤县设市仪式。云南省民政厅党组书记、厅长王树芬宣读国家民政部、云南省人民政府关于文山县撤县设市的批文，李培致辞，黄文武宣读州人民政府关于文山县撤县设市批文，州委、州人大、州政府、州政协、州纪委主要领导分别向文山市委、市人大、市政府、市政协、市纪委主要领导授牌授印，省人大常委会原副主任戴光禄，省政协原副主席赵廷光，省民委主任王承才，省统计局党组书记、局长姚堂文，州级四套班子领导参加仪式。

## 重要工作和决策

【开展民族团结进步创建活动】 1月7日，州委、州人民政府决定，从2010年起，用3年左右的时间在全州范围内开展民族团结进步示范创建活动。以"民族团结、宗教和谐、社会稳定、经济发展"为核心，以实施"宣传教育、基层组织建设、平安创建、民生改善、基础设施建设、产业发展"六大工程为主线，以开展"手拉手·兄弟情，心连心·鱼水情，肩并肩·爱国情"三项活动为载体，先在砚山县平远镇、稼依镇、阿舍彝族乡和文山县红甸回族乡、秉烈彝族乡、德厚镇和麻栗坡县老山片区开展示范创建活动，其他县结合本县实际，选择1至2个乡(镇)开展创建活动的试点工作，在取得经验的基础上全面展开。

【贯彻落实《中共云南省委云南省人民政府关于进一步加强民族工作促进民族团结加快少数民族和民族地区科学发展的决定》】 1月7日，州委、州人民政府就贯彻落实《中共云南省委云南省人民政府关于进一步加强民族工作促进民族团结加快少数民族和民族地区科学发展的决定》提出如下实施意见：新时期文山民族工作的指导思想、主要目标；突出重点，夯实科学发展的基础：加强基础设施建设；加快特色产业和特色经济发展；着力改善少数民族群众的生产生活条件；优先发展民族教育事业；大力发展民族文化事业；扎实推进民族医药卫生事业；稳步提升社会保障水平；进一步扩大对外开放广度和深度；坚持和完善民族区域自治制度，巩固和发展社会主义民族关系；强化措施，确保文山民族工作取得更大成效。

【加强少数民族干部队伍建设】 2月2日，州委就进一步加强少数民族干部队伍建设提出意见：提高思想认识，高度重视少数民族干部队伍建设；加强少数民族干部队伍建设的指导思想和目标任务；拓宽少数民族干部来源渠道，不断发展壮大少数民族干部队伍；创新工作方法，切实加大少数民族干部的选拔任用力度；加强教育培训和实践锻炼，全面提高少数民族干部的整体素质；加强组织领导，把少数民族干部队伍建设各项任务落到实处。力争通过多形式的教育培养选拔，努力使少数民族干部占干部总量的比例逐步接近少数民族人口占总人口的比例。

【推进村"两委"换届选举工作】 根据有关法律法规、中央有关文件和会议精神以及省委办公厅、省政府办公厅《关于做好全省村级党组织和第四届村民委员会换届选举工作的通知》和全省村"两委"换届选举工作会议精神，2月4日，州委、州人民政府作出决定，从2010年1月开始，到6月底结束，对全州村级党组织和第三届村民委员会进行换届选举，明确换届选举工作的指导思想、根本原则、目标任务、方法步骤、组织领导等相关要求。

【全面开展革命遗址普查工作】 3月1日，州委作出决定，从2009年12月开始至2011年3月结束，在全州行政区域内开展革命遗址普查工作，主要包括重要的革命历史文化遗址、党的重要机构旧址；重要党史人物的故居、旧居、活动地；重要事件、重大战役战斗遗址；具有重要影响的革命烈士事迹发生地或墓地；能够反映重要历史活动、进程、思想、文化的各种遗迹等。文山地区解放以来兴建的各类纪念馆、展览馆等内容涉及新民主主义革命时期的纪念设施也属普查的范围。

【深化医药卫生体制改革】 3月11日，州委、州人民政府出台《关于深化医药卫生体制改革的实施意见》，《意见》明确深化医药卫生体制改革的指导思想、基本原则、总体目标、具体措施及组织领导，提出要完善医药卫生四大体系(公共卫生服务体系、城乡医疗服务体系、覆盖城乡居民的医疗保障体系、药品供应保障体系)，改革管理体制，创新运行机制，完善投入机制，建立科学合理的医疗服务价格形成机制、严格有效的医药卫生监管体制和层次完整、结构合理、重点突出、可持续的科技创新机制和人才保障机制，建立健全实用共享的医药卫生信息系统和医药卫生法规制度。

【制定实施促进畜牧业持续健康发展的意见】 3月31日，州委、州人民政府制定下发《关于促进畜牧业持续健康发展的意见》，《意见》明确了发展思路、发展目标、保障体系、扶持政策及组织领导，指出要加快推进畜牧业发展方式转变：优化畜产品区域布局；积极调整优化产业结构；加快发展健康养殖；加大科技推广力度；强化疫病防控工作；大力发展产业化经营。

【建设森林文山】 3月31日，州委、州人民政府出台《关于加快林业发展建设森林文山的决定》，《决定》明确建设"森林文山"的总体思路、基本原则、目标任务、主要内容及保障措施，指出要加强森林生态体系、森林产业体系和森林文化体系建设。

【加强全州非公有制经济组织和新社会组织党的建设】 4月7日，州委就加强全州非公有制经济组织和新社会组织党的建设提出意见，明确加强非公有制经济组织和新社会组织党建工作的总体目标、主要任务及保障机制，扩大党在非公有

制经济组织和新社会组织中的覆盖面，强化非公有制经济组织和新社会组织党组织班子和党员队伍建设，发挥非公有制经济组织和新社会组织党组织和党员的作用，提高非公有制经济组织和新社会组织流动党员管理服务工作水平。

**【加强和改进全州国有企业党的建设】** 4月7日，州委就加强和改进全州国有企业党的建设提出如下实施意见：充分认识加强和改进新形势下国有企业党建工作的重要意义；指导思想、目标任务；加快建立与中国特色现代企业制度相适应的党组织领导体系；充分发挥国有企业党组织的政治核心作用；切实加强企业领导班子的思想政治建设；加强新形势下企业党组织和党员、党务工作者队伍建设；着力提高国有企业思想政治工作和精神文明建设水平；进一步加强对国有企业党建工作的领导。

**【贯彻落实《中共中央国务院关于加大统筹城乡发展力度进一步夯实农业农村发展基础的若干意见》】** 5月25日，州委、州人民政府就贯彻落实《中共中央国务院关于加大统筹城乡发展力度进一步夯实农业农村发展基础的若干意见》提出如下实施意见：认清形势，坚定做好农业农村工作的信心和决心；明确目标任务，加快推进“三农”工作；落实强农惠农政策，增加“三农”投入；加大结构调整力度，提升农业产业化水平；夯实农业农村发展基础，改善农村生产生活条件；统筹城乡发展，推进城镇化和新农村建设；着力改善农村民生，促进农村社会和谐；深化各项改革，增强农业农村发展活力；加强和改进农村党的建设，不断提高领导“三农”工作水平。

**【开展创先争优活动】** 5月28日，州委作出决定，在全州党的基层组织和党员中深入开展创建先进基层党组织、争当优秀共产党员的创先争优活动。从2010年4月开始，着重围绕迎接中国共产党成立90周年开展，兴起创先争优活动高潮。各基层单位要在开展创先争优活动中，坚持抓好学习实践科学发展观活动整改落实后续工作，兑现向群众作出的承诺，建立健全深入学习实践科学发展观的长效机制；引导基层党组织切实履行职责、共产党员立足本职岗位争创一流业绩。从2011年7月开始，着重围绕迎接党的十八大开展创先争优，引导基层党组织和广大共产党员以昂扬向上的精神风貌和更加出色的工作业绩，向党的十八大献礼。

**【推进学习型党组织建设】** 5月31日，州委就建设学习型党组织提出意见，明确建设学习型党组织的总体要求、主要原则、主要内容、有效途径、学习制度及组织领导，按照科学理论武装、具有世界眼光、善于把握规律、富有创新精神的要求，提高全州党员干部的思想政治水平，牢固确立党组织全员学习、党员终身学习的重要理念，大力营造重视学习、崇尚学习、坚持学习的浓厚氛围，引导广大党员积极向书本学习、向实践学习、向群众学习，使党员的学习能力不断提升、理论素养不断提高、解决实际问题的能力不断增强、先锋模范作用充分发挥，使党组织的创造力、凝聚力、战斗力不断增强，为建设富裕文明开放和谐文山提供强大的精神动力和智力支持。

**【加强学校幼儿园安全工作】** 6月1日，州委、州人民政府就加强学校安全工作提出如下意见：提高认识，切实肩负起维护学校、幼儿园安全的政治责任；进一步健全学校、幼儿园安全工作机构，增强保卫力量；加强学校、幼儿园及周边环境的安全管理；加强学校、幼儿园及周边的物防技防设施建设；加强学校、幼儿园环境秩序综合治理。

**【开展“三个一”主题实践活动】** 6月12日，州委就在全州各级领导班子和领导干部中继续深入开展“个人形象一面旗、工作热情一团火、谋事布局一盘棋”主题实践活动提出意见，明确主题实践活动的指导思想、目标要求、主要措施及组织领导，围绕全州工作大局，深化和拓展“凝聚力、创新力、执行力”建设，着力解决好领导班子和领导干部中存在的突出问题，使全州各级领导班子和领导干部进一步树立讲党性、重品行、作表率的良好形象，进一步弘扬艰苦奋斗、开拓进取、团结干事的创业精神，增强领导科学发展、和谐发展的创新能力，教育和引导各级领导干部真正把心思凝聚到干事创业上、把精力用到推进发展上、把功夫下到狠抓落实上，推动全州经济社会又好又快发展。

**【制定实施《县级党政领导干部廉政承诺制度》等三项制度及《村务监督员奖励办法》】** 为推动全州党风廉政建设和反腐倡廉工作的深入开展，6月22日，州委决定在全州推行《县级党政领导干部廉政承诺制度》、《乡(镇)政务质询制度》、《村务监督员制度》以及《村务监督员奖励办法》。

**【加强农村公共文化服务体系建设】** 7月15日，州委、州人民政府就贯彻落实《中共云南省委办公厅云南省人民政府办公厅关于加强农村公共文化服务体系建设的意见》提出实施意见，明确了农村公共文化服务体系建设的指导思想、目标任务、建设内容、政策支持及组织领导，指出要按照结构合理、资源共享、发展均衡、网络健全、运行有效、惠及农民的原则，以政府为主导，以公益性文化单位为骨干，以乡镇综合文化站为重点，以村文化活动室、农家书屋为基础，鼓励全社会积极参与，大力发展公益性文化事业和实施文化惠民工程，努力建设以公共文化产品生产供给、设施网络、资金人才技术保障、组织支撑和运行评估为基本框架的覆盖全州的公共文化服务体系。

**【深化文化体制改革工作】** 8月6日，按照省委宣传部的工作要求和部署，州委、州人民政府决定，在2010年分三个阶段深入开展文化体制改革工作，明确指导思想、基本原则、目标任务、实施步骤及组织领导，按照区别对待、分类指导，循序渐进、逐步推开的原则，围绕重点新闻媒体、文艺社团进行，深化公益性事业单位改革，加快文化系统经营性文化事业单位“转企改制”步伐，解放和发展文化生产力，促进文化事业和文化产业繁荣发展，满足人民群众日益增长的精神文化需求，不断增强城乡综合文化实力。

**【制定实施《云南省党政领导干部问责办法(试行)》】** 9月29日，州委、州人民政府决定在全州各级党委、人民政府及其工作部门(含内设机构)，各级党委、人民政府及其组织人事部门任命和管理的企事业单位实施《云南省党政领导干部问责办法(试行)》。《办法》明确了问责的对象、原则、情形、方式、程序等具体要求。

**【推进农垦改革发展维护垦区稳定】** 9月30日，州委、州人民政府制定出台《关于推进农垦改革发展维护垦区稳定的实施意见》，明确农垦改革发展的总体要求、基本原则、管理体制、经营机制等具体要求，按照全面建设小康社会和构建社会主义和谐社会的要求，在保持农场国有土地性质不变、企业职工身份不变的前提下，着力调整生产关系不适应生产力发展的体制机制障碍，按照体制融入地方、管理融入社会、经济融入市场的要求，实行属地管理、产权到场、承包到户，创新管理体制、激活经营机制、调整利益分配、理顺劳动关系、健全社会保障，进一步解决历史和现实的各种矛盾，形成垦地经济社会统筹协调发展的新格局。力争用3年左右时间，基本完成主要改革任务，理顺垦地之间、农场与职工之间的管理体制和经营机制，使垦区基础设施明显改善，产业效益明显提升，职工收入明显提高。

**【实施州人民政府机构改革】** 根据《云南省委办公厅云南省人民政府办公厅关于印发<文山壮族苗族自治州人民政府机构改革方案>的通知》精神，10月19日，州委、州人民政府决定，实施州政府机构改革，明确机构改革的指导思想、基本原则、主要任务、组织实施等具体要求。改革后，州政府设置工作部门32个和部门管理机构2个。

**【开展法治县创建活动】** 11月9日，州委、州人民政府决定，在2010年11月至2015年分三个阶段开展法治县创建活动，明确了创建活动的指导思想、基本原则、创建目标、主要任务、方法步骤及保障措施，全面落实依法治国、建设社会主义法治国家的基本方略，牢固树立社会主义法治理念，服从和服务于全州改革发展稳定大局，从人民群众最关心、最直接、最现实的利益问题入手，以执政为民为本质要求、以公平正义为价值追求，按照“统筹规划、分类实施、突出重点、整体推进”的工作思路，不断提高政治、经济、文化、社会各个领域的法治化水平，为促进全州经济又好又快发展、构建社会主义和谐社会营造良好的法治环境。

**【开展“云南数字党建——网上党支部”建设试点】** 11月22日，州委决定开展“云南数字党建——网上党支部”建设试点，明确建设文山网上党支部的主要内容、目标任务、组织领导等具体要求，制定印发《文山数字党建信息平台——网上党支部网站集群管理办法(试行)》、《文山数字党建信息平台——网上党支部运行维护管理办法(试行)》、《文山数字党建信息平台——网上党支部管理员守则(试行)》和《文山数字党建信息平台——网上党支部考核办法(试行)》。

**【制定实施《关于进一步发挥非领导职务干部作用的实施意见》】** 12月22日，州委制定实施《关于进一步发挥非领导职务干部作用的实施意见》，《意见》明确非领导职务干部的工作职责，要求非领导职务干部：当好重点工作督查员；当好重要决策咨询员；当好重大项目推进员；当好新农村建设指导员；当好党建工作联络员；当好企业发展协调员；当好政策理论宣传员；当好信访工作接待员；当好业务工作帮带员。

**【制定实施《关于建立文山州党委新闻发言人制度的实施办法》】** 12月22日，州委制定实施《关于建立文山州党委新闻发言人制度的实施办法》，《办法》明确党委新闻发言人工作体系、工作职责、发布形式、新闻采集工作机制、新闻发布审批、组织领导等具体要求。

**【制定实施《2010—2013年文山州党员教育培训工作实施意见》】** 6月22日，州委制定实施《2010—2013年文山州党员教育培训工作实施意见》，《意见》明确了2010至2013年文山州党员教育培训工作的指导思想、基本原则、总体目标、主要任务、工作措施及组织领导。重点实施五项培训工程：农村(社区)党组织书记培训工程；新党员培训工程；大学生“村官”党员培训工程；边境县和民族团结进步示范区党员培训工程；党员创业就业技能培训工程。

## 办公室工作

**【文稿服务】** 围绕州委领导实施决策、推进工作做好文稿服务工作，坚持把以文辅政作为办公室“三服务”工作的重点，把抓好文稿起草作为办公室参与政务、以文辅政重要形式和主要渠道，健全完善文稿起草传帮带、集体起草、研讨会审等工作机制，全面掌握全州经济社会发展情况，谋划思路，精心提炼内容，坚持以严谨朴实的文风和独特新颖的视角阐释州委的决策意图和工作部署，顺利完成州委七届七次全委会、州委工作会议、州委理论中心组学习、中央和省级领导到文山调研汇报材料等各种重要文稿的起草任务，为州委决策的形成和落实提供有力保障，发挥参谋助手作用。按照公文处理办法，认真草拟文件，严格审核程序，及时制发以州委(州政府)和州委办(州政府办)上报下发的各类文件；规范做好各类文件的收发、传阅、印制、归档和保密工作，到送阅及时、办理规范、转发迅速、管理到位，充分发挥公文传达政令、指导工作的作用，增强以文辅政的思想性、政策性、针对性和实效性。全年撰写和修改会议讲话、汇报材料等重

要文稿200余篇，起草、修改、校核和制发州委（州政府）和州委办（州政府办）文件、会议纪要、传真电报610个，收阅、承办、转办各级各类文件2 250个，文字差错率控制在万分之一以内。

【督促检查】 围绕州委的决策部署抓好督促检查，着力把督查工作的重点放在全州重大项目建设、重要产业发展和人民群众反映强烈的热点、难点问题上，切实加大对民族团结进步创建活动、农村饮水安全工程建设、扶持山瑶群众加快发展、三条四段二级公路、抗大旱保民生促春耕等重要工作、重点项目以及领导批示件、政协委员提案的督办督查。通过通知督查、催办督查、现场督查、跟踪督查、协调督查、明察暗访、回访督查等多种形式，抓好事前、事中、事后各个环节的督查问效，深入分析存在的突出困难和问题，及时提出建设性的意见建议，推动州委重大决策部署的有效落实，促进人民群众反映强烈的热点难点问题的有效解决。做好省委八届八次全委会精神和省委常委会2010年工作要点、118个事项续办续复工作的督查反馈工作，扎实抓好中发〔2006〕5号、云发〔2005〕17号、云发〔2006〕17号等中央、省委重要文件精神贯彻落实情况的督促检查，及时向省委、省政府反馈我州贯彻落实的工作成效及经验做法；配合省委督查组开展关于加强人大、政协和工青妇工作意见的现场督查，真实、全面地向督查组反馈文山州的贯彻落实情况，为省委加强和改进人大、政协、群团工作提供参考依据。全年上报《文山督查专报》18篇，被上级采用5期；编发《督促检查情况》22期，办理省、州领导批示件27件，编发《领导批示查办件情况》11篇。

【信息服务】 围绕上级和州委领导把握全局、指导工作加强信息服务，及时收集上级党委重大方针政策、州委决策部署的贯彻落实情况和各县（市）、各部门的工作成绩、典型经验、困难问题和发展态势，保证州委领导及时了解掌握重要工作动态、作出决策。整合信息资源，完善工作机制，创新报送载体，改进服务方式，信息工作质量进一步提高。严格执行紧急信息报送制度，加强信息研判，畅通报送渠道，及时、准确、真实报送重大灾情、疫情、突发事件等紧急信息，提高快速反应能力，为州委领导掌握情况、分析问题、处置事件争取了时间，赢得了主动权。坚持信息人员跟班学习制度和对各县（市）、州属部门的年终考核制度，顺利召开全州党委系统信息工作会议和边境三县信息工作座谈会，进一步强化基层的工作指导和业务交流。信息采编报送量和领导批示量明显增加，中央办公厅和省委办公厅采用文山州上报信息量同比大幅度提高，全年编发信息刊物《每日快递》231期、《文山今日要情》70期、《文山重要信息》99期、《文山重要信息增刊》56期、《文山今日要情专报》17期；向中央办公厅、省委办公厅上报信息242期2 628条，被省委办公厅采用248条，完成信息考核积分1 363分，被中央办公厅采用分累计为241分，信息工作在中办直报点和省委办公厅年终考核中继续位居全省16个州（市）前列。全州党委系统电子政务内网建设加快推进，省到州、县（市）纵向骨干网第一期工程全面完成。

【调查研究】 牢固树立“身在兵位、胸为帅谋”的思想，充分发挥辅助决策的参谋助手作用，准确把握国家宏观政策导向，紧扣州委中心工作和全州重大项目建设、重要产业发展，以组织开展专题调研和跟随州委领导调研等形式加强调查研究。牵头完成州委领导点题的专题调研和州委常委会议的重要决策调研，协调服务州委领导开展的一系列重要调研，围绕州委领导关注的热点难点问题开展“短、平、快”调研，多数调研成果及时转化为落实抓抗旱保民生和抓生产促发展的政策措施。全年组织开展7次有针对性的专题调研活动，并在掌握真实情况，深入分析问题，强化对策研究的基础上，形成民族团结工作、农业产业化发展、工矿企业发展、应对旱灾确保农业增产农民增收、“两委五区”建设等7篇建设性、指导性、针对性较强的专题调研报告。全年编发《决策参考》10期，刊载文章60篇，提出很多有分析、有见解的意见建议，使更多的调研成果进入州委领导的视野，转化为州委科学决策、民主决策的重要依据。

【综合协调】 围绕州委总揽全局、协调各方核心领导作用的发挥，完善秘书长联席会议制度，进一步加强与州人大办公室、州政府办公室、州政协办公室及州委常委所在部门之间的协调，密切与各县（市）及州级有关部门的沟通联系，争取各方面的理解和支持。围绕全州重要工作推进、重要文件出台、重要会议召开、重要活动举办、重要接待安排，卓有成效地开展综合协调、联络服务工作，圆满完成重要类会议、重大活动及上级领导到文山州视察接待等统筹协调服务任务，充分发挥州委办公室在州委日常工作运转中的枢纽作用及在重大活动、重大接待、重要会议和紧急突发事件处理中的统筹作用。注重加强同省委办公厅和其他州市党委办公厅（室）的联系，在协调沟通好有关工作的同时，学习借鉴其先进工作经验，加强内部科室之间的协调配合，确保各项工作的有效开展。

【后勤服务】 以提供优质服务为目标，强化机关管理，扎实推进后勤服务工作，保障州委机关各项工作的高效安全运转。把维护州委大院及州委办公楼的安全作为后勤服务的重中之重，配齐配强值班人员，配置完善监控设施，坚持值班干警（人员）24小时值班制度，加强巡逻、防范等工作，及时协调处理群众来信来访问题，有效化解各种不稳定因素，保持州委大院的和谐稳定。牢固树立“接待出环境、接待出形象、接待出效益”的理念，协调联系州委、人民政府接待处，细化接待方案，严格接待标准，规范审批程序，热情、节俭、周到、细致地开展公务接待工作，牵头组织和参与接待包括国务院副总理回良玉等到文考察调研的各级领导和国内外来宾295批（次）。针对不同类别会议，规范提出不同的会场布置形式和操作程序，会前充分准备、细化方案、责任到人，会中严密组织、加强协调、周到服务，会后查缺补漏、落实事项、总结提高，高效完成168场大中型会议、200余场小型会议的服务工作，确保会议质量和会议效果。严格按照党政机关厉行节约的相关规定，推进节约型机关建设，科学制定节能计划，建立全员节约保障机制，加强财务审核和监督管理，严把经费审批关，确保经费分配和使用的科学性、合理性和安全性，会议费、接待费、水电费等支出大幅下降，资金的使用效益进一步提高。落实车辆管理制度，加强车辆管理和安全教育，保障工作用车和行车安全，全年安全行车21.9万千米，节约油料3 520公升，为州委领导提供快捷、安全的行车服务。组织开展州委机关第二十二届职工运动会、迎新摄影展等活动，拓展和丰富干部职工的业余文化生活。

**【自身建设】** 以创先争优、学习型党组织建设为载体，继续扎实开展“强素质、树规范、重效率、无差错”活动，推进机关自身建设，进一步提升干部队伍的整体素质，服务领导、服务机关、服务基层的能力不断提升。坚持把理论学习作为加强自身建设的一项重要内容，推进以“周学一文、月读一书、季撰一得、年习一技”为主的学习型机关和学习型组织建设，采取理论学习与实践锻炼相结合、集中学习与个人自学相结合、专题辅导与讨论交流相结合等形式，不断完善学习制度，创新学习方式，丰富学习内容。加强对党的方针政策、最新决策部署、文秘业务知识以及与工作密切相关的法律法规、市场经济、科技文化、社会管理、哲学等知识的学习，不断提高政治理论素养和业务工作能力。全年组织集中学习34次、学习篇目37篇，观看教育片8部，撰写读书心得100余份，举办保密、国防教育等知识讲座3次、“七·一”建党节知识竞赛1次，深入新农村建设挂钩点学习调研1次，开展《廉政准则》等各类知识考试3次。坚持正确的用人导向，在选人用人上注重工作实绩，注重群众公认，注重个人德才，通过压担子交任务、下派基层挂职锻炼、选派到省委办公厅顶岗学习、抽调跟班学习等方式，加强办公室干部队伍建设，使办公室成为每个干部都能展示才华、释放潜能、发挥特长的平台。采取顶岗学习、组织考察等方式，从各县委办选调3名政治强、业务精的文秘人员充实到办公室工作，为办公室干部队伍增添新的活力。加大干部教育培训力度，先后选派9名干部到省委办公厅、厦门大学、上海商学院和州委党校顶岗锻炼和学习培训。针对办公室科(室长)岗位空缺多、时间长、不利于开展工作的情况，在全州先行探索开展正科级干部竞争上岗，通过笔试、竞职演讲、民主测评、组织考察等程序层层考核选拔，8名优秀年轻干部走上正科级领导岗位，进一步优化办公室的干部队伍结构。从建立和完善各项工作程序、标准和规范入手，对原有制度进行全面清理，制定、充实和完善了与形势发展、任务要求变化相适应的各项规章制度，《中共文山州委办公室工作手册(试行)》得到较好地执行落实，有力保障了机关各项工作的规范化管理。制定印发《中共文山州委办公室年度工作目标管理考核办法(试行)》，将文稿服务、会议服务、后勤保障服务、文件档案管理服务、协调服务、接访服务等工作纳入考核内容，作为年度考核的重要依据，将制度的规范性、程序的严密性、纪律的约束性有机结合起来，对增强工作责任感、提高工作质量、激发工作活力起到积极作用。

**【领导名录】**

书　　记　李　培
副 书 记　黄文武(壮)
　　　　　李小平( ~1)
　　　　　罗国权(5 ~ )
常　　委　徐爱民
　　　　　吴俊明
　　　　　李国安
　　　　　姚堂文( ~5)
　　　　　王维真
　　　　　马志山(回)
　　　　　黄宏伟
　　　　　黎家松(壮)
　　　　　张旭东
　　　　　徐昌碧
　　　　　黎宝光(10 ~ )
秘 书 长　李国安
副秘书长　刘　扬
　　　　　王盛和( ~12)
　　　　　朱世康
　　　　　秦文波( ~10)
　　　　　段自勇
办公室主任　刘　扬(3 ~ )
副 主 任　陆敏昌(壮)
　　　　　田景华

(李正方　蔡方坤)

## 纪检监察

**【中共文山州纪委七届五次全会】** 2月5~6日在文山召开，州纪委常委会主持会议。州委常委、州纪委书记王维真作《贯彻落实党的十七届四中全会精神，深入推进党风廉政建设和反腐败斗争》的工作报告。州委书记李培出席第二次大会并作重要讲话，州委常委、州人大、州政府、州政协党员领导和州法院、州检察院党组主要负责人出席会议，州属各部门主要领导和8县县委书记、县长参加会议。

**【全州2009年度党风廉政建设责任制考核情况通报电视电话会议】** 4月13日召开，在文山设主会场。会议要求各级各部门切实履行工作职责，扎实抓好2010年党风廉政建设工作，以落实责任制为抓手，全面推进反腐倡廉建设深入开展。州委、人大、政府、政协有关领导和州直各部门党组主要负

责人参会。在8县设分会场。

【全州纪检监察系统宣教、党风暨自身建设工作会议】 6月2日在文山召开，州纪委常委、监察局副局长，各室、各派出机构负责人和8县纪委书记、监察局长、分管副书记和相关室负责人约70人参加会议。王维真在会上作重要讲话。

【全州工程建设领域突出问题专项治理工作推进会】 7月20日在文山召开，王维真、徐爱民出席并讲话，州纪委常委和州工程建设领导小组成员单位有关领导出席会议。各县治理领导小组和州属有关单位在会上作交流发言，会议决定，切实加强领导，狠抓制度执行，推动整改工作落实，努力推进专项治理工作深入开展。

【法规知识考试】 8月10日，组织全州科以上干部中对《中国共产党党员领导干部廉洁从政若干准则》等法规知识考试，委局机关及派出机构全体干部职工参加测试。

【文山州社会评议部门行风测评大会】 8月12日在文山召开。会议对全州安监、食药监、国土、建设、民政、环保、林业、招商、教育、卫生、劳动和社会保障、发改、扶贫、公安、工商、国税、地税、质监、交警、规划、卫生监督、广电网络、电力、电信等26个政府职能部门及公共服务行业作风情况进行测评。

【文山州基层党风廉政建设三项制度推进会】 8月12日在文山召开。州纪委常委、各室和派出机构负责人，各县县委副书记、纪委书记和全州102个乡镇党委副书记参加会议。与会人员参观了砚山县盘龙乡、文山县追栗街镇塘子边村试点工作情况。会后，党政领导干部廉政承诺、政务质询、村务监督员制度在全州县、乡(镇)、村全面推开。

【文山州第二期新提拔处级领导干部反腐倡廉建设和履职能力专题培训】 9月2~4日在州委党校举行，60名新提拨干部参加培训。

【文山州领导干部问责工作业务培训】 9月16日在文山举行。省纪委常委、省监察厅副厅长赵志彬授课，罗国权出席，王维真主持。州纪委常委、监察局副局长，各室、派出机构负责人，州县问责领导小组成员单位负责人240人参加培训。

【宣传教育】 开展示范教育、警示教育和岗位廉政教育，继续巩固以赵仕永、李自芬等典型案例开展警示教育活动取得的成果，加强党员干部党性党风党纪教育。采取理论中心组学习、专题讲座等形式重点抓好《中国共产党党员领导干部廉洁从政若干准则》的学习贯彻，组织全州7 029名党员干部开展廉政法规知识考试，对新提拔处级干部进行反腐倡廉专题培训，通过推荐廉政文章、发送廉政短信、寄发公开信等形式开展廉洁从政教育，组织开展“勤廉十佳”评选活动。不断巩固“大宣教”工作格局，加大在报刊、广播、电视、网络等媒体上的反腐倡廉宣传力度，深入推进廉政文化建设，营造良好的社会氛围。

【党风廉政建设】 完善和落实反腐败领导体制和工作机制，继续实行州委常委带队考核党风廉政建设责任制，不断细化责任分解、完善考核办法、改进考核方式，加强对考核结果的运用，进一步促进各级领导干部履行“一岗双责”。严格执行廉洁自律各项规定，严肃处理违规驾驶公车肇事、借婚丧嫁娶事宜敛财等行为。落实领导干部报告个人有关事项制度，及时纠正个别单位违规发放津补贴等问题。加强对民主集中制、“三重一大”决策、“三谈两述”等各项制度执行情况的监督检查。督促各级领导干部带头执行厉行节约各项规定，全州因公出国(境)、出省考察费用支出压缩297.15万元，车辆购置及运行费用支出压缩2 181.83万元，公务接待费用支出压缩1 250.37万元，会议、庆典等费用支出压缩1 016.17万元。在县、乡、村三级全面推行领导干部廉政承诺、乡镇政务质询和村务监督员制度，各县(市)共有227名处级干部、2 107名科级干部进行廉政承诺，通过召开政务质询会议现场解决群众反映问题1 260个，聘请村务监督员1 971名、解决群众纠纷1 863件(次)，搭建群众参政、议政、督政的平台，畅通群众诉求渠道，对基层党员干部权力运行开展有效监督，密切党群干群关系。实行纪检监察派出机构列席部门领导班子会议、督查巡查、沟通联系等制度，促进负责联系部门决策程序规范、政务活动公开，统一管理的优势得到进一步显现。贯彻落实领导干部问责规定，问责处理110名干部，其中免职1人，调整工作岗位3人。深入推进政务公开、厂务公开、村务公开，进一步增强权力运行的透明度。加强农村基层党风廉政建设，健全了涉农资金“一折通”制度，完善乡(镇)、村议事规则，全州建立便民服务机构446个，3 656个村实行村级会计委托代理服务，查处农村基层党员、干部违纪违法行为43件，处理45人。政法系统、国有企业、大中专院校反腐倡廉建设稳步推进。

【纠风工作】 做好减轻农民负担工作，严格执行减轻农民负担“五项制度”，清理审核涉农价格和收费项目35个；全面落实国家各项惠农政策，农民得到实惠3.8亿元；严厉打击制售假冒伪劣农资、哄抬农资价格行为，查处坑农害农案件166件；深入开展一事一议筹资筹劳及财政奖补监管工作，设立涉农监测户515户，强化农民负担监测，有效防止农民负担反弹。对898个应换届村委会开展审计，严肃处理违纪违法人员。深入治理教育乱收费，开展创建“四项示范”县校建设活动，处理教育收费中的违纪违规人员26人。继续纠正医药购销和医疗服务中的不正之风，推行服务承诺、医德医风考评等制度，不断加强医疗行业作风建设；坚持和完善药品、医疗设备采购和管理使用制度，处理医药购销中的违纪违规人员6人，共有152个医疗机构实行药品集中招标采购，降价588.62万元。清理涉企收费项目，切实减轻企业负担。治理公路“三乱”，巩固治理成果。深入推进政风行风建设，开展评议行风工作，办好“政风行风热线”栏目，受理群众咨询、投诉125件，部门行业作风得到改善。

【执法监察】 充分发挥行政监察职能作用，落实法治政府、责任政府、阳光政府、效能政府建设各项制度，着力抓好行政行为监督，各级行政机关确定关键岗位1 454个、重点环节2 271个，分析风险主要表现形式4 513项，制定监督防范措施4 888条，并公开接受社会监督。深入推进工程建设领域突出问题专项治理，全州排查总投资额在100万元以上项目749个，整改纠正问题201个。会同有关部门开展整顿和规范矿产资源开发秩序工作，查处6起非法开采行为。继续清理“小金库”，巩固和扩大治理工作成果。深入开展治理商业贿赂专项工作，全州共查办商业贿赂案件11件13人，给予党纪政纪处分9人。认真落实工程项目招标投标制度，参与监督市政基础、房屋建筑、交通和水利等工程建设项目招投标254个，涉及资金13.6亿元。落实政府采购制度，节约资金3 743万元。认真开展重点非公有制企业挂牌保护工作，挂牌保护106家非公有制企业。干部人事制度、行政审批制度、司法体制和工作机制、投资体制、财税管理体制等改革进一步深化。

【案件查处】 全州共受理群众信访举报1 108件，初核案件线索317件，立案114件130人，结案109件，给予党政纪处分123人，其中处级干部1人，科级干部20人，为国家和集体挽回经济损失233.04万元。严肃查处文山县政协副主席何锦涛违反规定驾驶公车肇事案，马关县马白镇原党委书记黄兴兵伙同原镇长章莹虚报、冒领骗取国家财政拨款案。对涉嫌贪污受贿的州地税局局长段润华果断采取“两规”措施，促进案件严查快办。综合运用批评教育、诫勉谈话、问责和组织处理等方式，对轻微违纪人员予以教育、帮助和挽救；对举报失实的问题，及时予以澄清，注重保护开拓进取、敢闯敢试的党员干部，为131名受到失实举报的党员干部澄清事实，维护党员干部的合法权益。注重完善办案工作机制，建立州、县两级办案人才库、查办案件沟通协作机制、信访分流管理办法、案件督办报告制度等，加强案件监督管理工作，整合办案力量，提升依纪依法、安全文明办案的能力。加强案件剖析，通过“一案双查”，建章立制、堵塞漏洞，充分发挥查办案件的治本功能。

【干部队伍建设】 开展创先争优活动，继续巩固“做党的忠诚卫士、当群众的贴心人”主题实践活动成果，组织开展了学习刀会祥、杨雪斌等先进事迹活动，纪检监察干部政治意识、责任意识和纪律意识明显增强。完善纪检监察干部学习机制，加大纪检监察干部教育培训力度，全年选送和组织培训纪检监察干部1843人(次)。坚持在工作实践中锻炼、培养、选拔干部，加大竞争上岗、交流轮岗和公开考录力度。建立州纪委委员联系基层纪检组织和党员群众制度，强化州纪委委员履行职责的主动性和自觉性。加强纪检监察机关党组织建设，贯彻落实纪检监察干部“四个对”和“五严守、五禁止”要求，健全工作考核制度，完善奖惩激励机制，大力表彰先进，激发广大纪检监察干部干事创业的热情。派出机构人员得到充实，履行职责的能力和水平进一步提高。纪检监察机关信息化建设稳步推进。全面贯彻落实中央纪委等五部委9号、10号文件精神，县级纪检监察机关领导班子建设、干部队伍建设和后勤装备等得到切实加强。

【领导名录】

州纪委书记　王维真
副　书　记　王　林
　　　　　　卢家炳(壮)
　　　　　　彭子效
常　　　委　刀锦祥(傣)
　　　　　　何锦文
　　　　　　杨　萍(女)
　　　　　　刘光祥
办公室主任　刀锦祥(傣)
宣教室主任　杨　萍(女)
干部室主任　何锦文
纪检监察一室主任　王　强(3～)
纪检监察二室主任　高寿维(白)
党风廉政建设与政策调研室主任　刘光祥
监察综合室主任　伍　智
纠风室主任　吴太云(彝)
信访室主任　周树全(～10)
案件审理室主任　普翠琼(女，彝)
机关党委副书记、纪委书记　罗云兴(壮)
派出机构管理办公室副主任　罗云兴(～3，壮)
派出第一纪工委、监察分局书记　苏　毅(女，壮)
　　副书记　赵云周(壮)
　　分局长　赵云周(壮)
派出第二纪工委、监察分局书记　张兴亮
　　副书记　杨富明(彝)
　　　　　　李明斌
　　分局长　杨富明(彝)
派出第三纪工委、监察分局书记　杜正品
　　副书记　孟云河
　　分局长　孟云河
派出第四纪工委、监察分局书记　沈银芬(女，壮)
　　副书记　韦德勇(壮)
　　　　　　彭正体
　　分局长　韦德勇(壮)
派出第五纪工委、监察分局书记　朱　宇
　　副书记　陶金莲(女，苗)
　　分局长　陶金莲(女，苗)

（张世高）

## 组织工作

**【简　述】** 2010年，全州各级组织部门在州委的坚强领导和省委组织部的精心指导下，坚持以邓小平理论和“三个代表”重要思想为指导，深入贯彻落实科学发展观，严格按照党的十七大和十七届四中、五中全会要求，扎实抓好全州党的建设和组织工作，在全州各级领导班子和干部队伍建设、基层党组织建设、人才工作、部门自身建设等方面取得显著成效，为全州经济发展和社会稳定提供坚强有力的组织保证。

**【党组织和党员状况】** 全州党的基层组织有12 190个（含部门党委和派出工委），其中：基层党委367个，党总支1 131个，党支部10 692个。党员124 046名，比上年增加6.2%，其中，农村党员90 320名，占72.81%；女党员24 185名，占19.5%；少数民族党员61 126名，占49.28%；年龄在35岁以下的35 813名，占28.87%；36～45岁32 889名，占26.51%；46～54岁21 624名，占17.45%；55～59岁8 145名，占6.57%；60岁以上25 557名，占20.6%；大专以上文化32 482名，占26.19%；中专文化11 480名，占9.25%；高中、中技文化11 944名，占9.63%；初中及以下文化68 140名，占54.93%。

**【发展党员情况】** 全年发展党员8 267名。其中：生产、工作第一线的7 317（农村党员5 466名），占88.51%；35岁以下5 577名，占67.46%；高中及以上文化3 296名，占39.87%；妇女党员2 300名，占27.82%；少数民族党员4 256名，占51.48%。

**【干部队伍】** 全州各级干部共有78 361名，其中：女干部31 903名，占干部总数的40.71%；少数民族干部34 425名，占43.93%；党员干部31 198名，占39.81%；大专以上文化63 065名，占80.48%；中专及以下15 296名，占19.52%；35岁及以下的41 330名，占52.74%；36～40岁的12 159名，占15.52%；41～45岁的10 592名，占13.52%；46～50岁的8 367名，占10.68%；51～54岁的4 412名，占5.63%；55岁及以上的1 501名，占1.92%；地厅级干部35名，占0.04%；县处级干部898名（行政机关826名，占1.05%），占1.15%，乡科级干部8 938名（行政机关7617名，占9.72%），占11.41%。

**【创先争优活动】** 围绕州委提出的“推动科学发展、构建和谐文山、维护边疆安宁、服务人民群众、加强基层组织”的总体目标，研究提出“创学以致用之先，争工作落实之优；创思想解放之先、争务求实效之优；创团结干事之先、争服务群众之优；创和谐稳定之先、争科学发展之优”的具体目标，大力实施“百千万”工程，积极培育5个以上省级示范点，100个州级先进基层党组织、1 000名优秀党务工作者、10 000名优秀共产党员。建立“三上三下”督导机制，加强对承诺事项的提出、确定、落实、评议等工作的指导、监督和点评，建立承诺事项落实台账，对完成的承诺事项及时销号，推动承诺落实到位。各级党组织和广大共产党员立足岗位作出公开服务承诺，并向群众公开承诺事项，做到责任公开、事项公开、时限公开、结果公开。年内全州各级党组织和共产党员作出承诺事项11万多项。成功研发并推广使用文山网上党支部，实现“党员与党组织简项数据库”、“彩（短）信党建手机报”、“搭建创先争优活动网络平台”、“基层党建动态信息发布平台”和“提供在线党务咨询服务”等功能，为党员提供思想交流互动平台，进一步拓宽上下级党组织和党员的沟通渠道，提高党的信息化工作水平，初步实现全州党组织及党员在网络上的聚集。加强乡镇农民服务站建设，在富宁县推行农民服务站“农事e网通”电子政务办公平台经验。在报纸、电台、电视台、文山党建网站、农村党员干部现代远程教育平台等媒体开设“科学发展、创先争优”专栏，加强舆论宣传，通过省委《党的生活》增刊推出砚山县稼依镇新寨村党委抓党建促“一村一品”产业发展经验，通过全国农村党员干部现代远程教育平台播出丘北县树皮乡抗大旱保民生促发展工作经验，总结宣传马开贵、刘兰芬等优秀共产党员先进事迹。坚持党建带群团，党群共建创先争优，积极营造良好氛围，有效推动创先争优活动的顺利开展。

**【领导班子和干部队伍建设】** 思想政治建设方面，扎实抓好《关于加强文山州各级领导班子思想政治建设的实施意见》的贯彻落实，深入推进学习型党组织建设，继续开展“三个一”主题实践活动，坚持用中国特色社会主义理论体系和科学发展观武装党员、教育干部，切实加强作风建设，各级领导班子的执行力、创新力和凝聚力明显增强，服务科学发展的能力不断提高。干部教育培训方面，采取本地培训为主、外出培训、引进优秀教师培训为辅的“一体两翼”培训方式，以培训党的十七届五中全会精神为重点，扎实抓好县、乡（镇）党政“一把手”、优秀年轻干部、少数民族干部、非党干部、女干部和村“两委”班子主要负责人的教育培训，全州广大干部的综合素质明显提高，驾驭市场经济和处理各种复杂矛盾的能力明显增强。年内共培训干部1.6万人（次），其中：省外培训111人（次），省内培训291人（次），州级培训2197人（次），县级培训1.3万人（次）。干部人事制度改革方面，积极探索非领导职务干部发挥作用的渠道，研究出台《进一步发挥非领导职务干部作用的实施意见》，初步形成科学、规范、有效的管理机制和激励机制。结合文山实际，制定印发《文山州州级党政机关科级领导干部竞争上岗工作实施办法》、《文山州州直机关选拔任用科级领导干部管理试行办法》，进一步规范科级干部选拔任用工作。全年，共提交州委常委会讨论州管干部任免事项5次，调整任免县处级干部227人，其中：提拔使用71人（少数民族干部22人、女干部10人）。共有40名干部通过公开选拔分别走上3个副处级、

37个乡科级领导岗位，选派10名教育行政干部到省教育厅、14名领导干部到省属国有大中型企业、13名行政干部到州属金融部门、10名乡镇党政正职到州属部门挂职锻炼，增强了干部的工作能力。干部监督管理方面，围绕提高组织工作满意度，严格执行《党政领导干部选拔任用工作条例》及干部选拔任用工作四项监督制度，制定下印发《干部监督信息沟通制度》、《文山州严厉整治干部选拔任用工作中行贿受贿行为的工作方案》等文件，组织开展"提高选人用人示范县"和"示范单位"创建活动，实行组织工作满意度通报制度，开通"12380"举报网站，进一步规范和强化干部选拔任用工作的监督管理。继续推行干部选拔任用工作"一报告两评议"、干部选拔任用工作全程记实和干部任前实绩公示等制度，落实干部监督信息沟通、干部选拔任用工作有关事项报告、派员列席党委(党组)讨论决定干部任免会议等制度，完善治理拉票行为措施，切实对干部选拔任用工作的关键环节进行全过程监督，选人用人的公信度明显提高。研究出台《文山州领导干部谈心谈话制度》，在网上党支部开通书记、部长信箱，严格执行领导干部个人有关事项报告、任期经济责任审计等规定，强化干部年度考核和日常考核，有效加强对干部的日常监督管理。

**【基层党组织和党员队伍建设】** 抓农村基层党组织建设，顺利完成全州第四届村"两委"班子换届。新选举产生的村"两委"班子中村党组织书记和村主任"一肩挑"占76.2%、村'两委'班子成员交叉任职占43.2%、党员占92.1%、女干部占20.0%、少数民族干部占58.65%。文山州第四届村"两委"班子换届工作得到中央组织部的肯定，并在全国部分省(区、市)村"两委"换届选举工作座谈会上作大会交流发言。同时，积极探索建立村(社区)干部成长、关怀及基础补贴正常增长机制，年内共有8名村(社区)党组织书记通过公推公选担任副乡镇长。结合第四届村"两委"换届，在900个行政村中，成立村党委132个、党总支768个，在符合条件的村小组和居民小组成立党支部或联合党支部7 007个；在51个社区中，成立社区党委3个，党总支48个；以扩大党组织覆盖面、理顺隶属关系为重点，在880户非公有制经济组织中建立党组织243个；在430个社会组织中建立党组织165个，全州基层党组织突破1万个，党的工作覆盖面进一步扩大。进一步巩固和扩大"边疆党建长廊"建设成果，在农村党组织开展"强班子、强素质，创建带领致富党组织、争当创业致富带头人"的"双强双带"主题实践活动，在社区党组织开展"讲服务，创建温馨家园；讲秩序，创建文明家园；讲共建，创建平安家园；讲团结，创建和谐家园"的"四讲四创建"主题实践活动，在机关党组织开展"比学习，创一流素质；比团结，创一流队伍；比服务，创一流作风；比效能，创一流业绩；比奉献，创一流形象"的"五比五创"主题实践活动，在国有企业、学校、卫生、非公有制经济组织党组织开展具有行业特色的主题实践活动，进一步丰富党组织的活动方式，有效推动各行业党建工作健康发展。积极构建县(市)、乡(镇)、村(社区)"三级"服务网络，在102个乡(镇)设立农民服务站，在951个村(社区)设立便民服务点，加强党组织服务群众工作，基层党组织的凝聚力、战斗力和吸引力明显增强。充分利用"12371"服务咨询电话，加强对党员特别是流动党员的服务管理，有效增强了党员的光荣感和责任感、激发了保持先进性的内在动力。新建村级活动场所194个、农村党员干部现代远程教育站点168个，实现了900个行政村活动场所和1 053个乡(镇)、村(社区)农村党员干部现代远程教育站点全覆盖目标。2010年旱灾，全州共有3 000多名党员领导干部驻村蹲点，指导抗旱救灾和社会主义新农村建设，扎实开展"共产党员抗旱先锋"行动，共收到党员捐款2 900多万元，修建"共产党员爱心水窖"8 948口。严格按照《文山州关于建立健全城乡基层党组织互帮互助机制的意见》，大力推广"一联三帮"党建工作机制，全州共建立机关党组织与农村党组织帮扶对子1 000余对，党员帮带对子12 000余对。

**【人才工作】** 健全完善人才工作宏观指导、统筹安排、综合协调、督促检查、工作联络等机制，调整充实人才工作领导小组成员单位，配齐配强人才工作专(兼)职人员，起草《文山州中长期人才发展规划(2011－2020年)》等政策性文稿，修改完善《文山州人才工作考核评比暂行办法》。大力实施"大规模培训人才工程"、"本地人才盘活工程"、"人才智力引进工程"，统筹推进五支人才队伍建设，大力开发社会重点领域专门人才。年内，全州共培训各类人才5 000余期38万余人(次)，通过外来投资企业引进企业管理和专业技术人才1 863名，其中依托特色产业项目引进各类优秀人才230名。同时，依托"沪文帮扶"和"省院省校"合作项目的实施，加强与中央部委、上海市和省直部门的沟通联系，吸引一批州外、省外高层次人才为文山经济社会发展服务，选派10名干部赴省属国有大中型企业挂职锻炼，选派10名教育行政干部赴省教育厅挂职锻炼，做好中央国家机关、上海市和省赴文挂职干部的协调服务工作。积极探索建立绩效优先、人岗相适的符合现实发展需求的人才评价机制和岗位靠竞争、报酬靠贡献等激励机制，做好省委联系专家推荐上报工作，进一步营造事业造就人才、环境凝聚人才、机制激励人才、法制保障人才的良好环境。各县、各成员单位研究出台《优秀能人村官评比表彰办法》、《种植养殖大户以奖代补扶持办法(试行)》等一系列人才激励政策措施，树立一批先进典型，进一步激发各类人才干事创业的热情。

**【组织系统能力建设】** 以开展"六型"机关创建活动为抓手，不断推进组织部门自身建设，组织部门的凝聚力、执行力、战斗力明显增强。全年举办"六型"机关系列知识讲座3期700多人(次)，举办"部院合作"组工干部培训班1期60人，开展"周五集中学习日"和组工知识论坛活动32次1 100多人(次)。通过开展"组工干部下基层、组工干部军事日、组工干部'一帮一'、组工干部进农户"等活动，使组工干部深入基层、体察民情，深入群众、体验民生，听取意见、体会民

意，真正做到了思想上尊重群众、感情上贴近群众、作风上深入群众、工作上服务群众。全年部机关共有300多人(次)深入基层，帮助基层协调办理好事实事100件。严格执行《党委组织部门信访工作暂行规定》，制定出台《州委组织部新闻发言人制度》和《2010年州委组织部宣传工作方案》，表彰奖励了2009年度信息宣传工作先进集体和优秀个人，加大组织工作的宣传力度。

【领导名录】
部　　长　黄宏伟
常务副部长　杨廷友
副 部 长　赵　琼(女，壮)
　　　　　周家宝(正处级组织员)
　　　　　陈　凌

（梁　韬）

## 宣传工作

【理论武装】　围绕推进学习型党组织建设，坚持不懈地用中国特色社会主义理论体系武装党员、教育群众，不断提高干部理论水平和解决实际问题的能力。始终坚持把党委(党组)中心组学习作为各级领导干部学习理论、交流思想、增进团结、理清思路、解决实际问题的重要平台精心打造。年初印发《中共文山州委理论学习中心组2010年度理论学习安排意见》、《关于2010年全州县级以上党委(党组)中心组学习安排的建议》和《关于2010年全州在职干部理论学习安排意见》等理论学习指导性文件，有计划、有步骤、有目标、行之有效地开展理论学习活动。全州各级党委(党组)在州委理论学习中心组的带动下，采取大规模培训干部、学习讲座、交流研讨等灵活多样的形式，精心组织了党的十七届四中全会精神、中国共产党党员领导干部廉洁从政若干准则、加快经济发展方式转变、中国特色社会主义理论体系等专题的集中学习活动。全州上下营造以中心组学习为龙头，以县处级以上领导干部学习为重点，广大党员干部积极参与理论学习的良好氛围。把学习型党组织建设作为贯彻落实党的十七届四中全会精神的一项重要任务来抓，及时成立学习型党组织建设领导小组，制定出台《关于推进学习型党组织建设的实施意见》和《文山州推进学习型党组织建设工作方案》，明确学习型党组织建设的总体要求、学习内容、学习方式、具体措施，确保全州学习型党组织建设有章可循，推动学习型党组织建设深入开展。组织新闻媒体深入宣传建设学习型党组织的具体举措、典型经验和主要成效，积极营造建设学习型党组织的良好舆论氛围，不断扩大学习型党组织建设的社会影响。各级党组织结合自身实际，把推动学习型党组织建设与创先争优活动、“三个一”主题实践活动等学习教育活动紧密结合起来，不断丰富学习活动载体，强化理论武装工作，学习型党组织建设稳步推进。把开展“爱读书、读好书、善读书”活动作为建设学习型党组织的重要内容和有效载体，于4月23日第15个“世界读书日”举行了“爱读书、读好书、善读书”活动启动仪式，向全州广大干部群众推荐《公共管理创新》、《世界是平的》、《中国科学发展报告(2009)》等10本重点阅读书目。以“读书与实践”征文评选活动、“读书解放思想，学习引领文明”演讲大赛、“党员干部捐赠助读”等活动为载体，推动全州读书活动的深入开展。各级各部门相应成立读书活动领导小组，结合实际，制定方案，结合领导干部在线学习，采取自主式、菜单式、点题式等形式动员干部开展读书学习活动，全州共有700余名副处以上领导干部及县级党政领导班子副职后备干部参加在线学习，发挥领导干部带头学习作用。充分发挥州委党校、州社科联、州文联等理论教学研究阵地的作用，积极做好国家、省级社科课题的组织申报工作，组织专家、学者围绕加快经济发展方式转变和经济结构战略性调整、建设云南面向泛珠三角和东盟开放新高地等工作实践，撰写学术论文和调研文章，为州委、州人民政府科学决策提供参考，促进理论成果向工作成果转化。制定出台《关于进一步加强对形势报告会、论坛和哲学社会科学报告会、研讨会、讲座管理的意见》，加强指导协调和督促检查，密切关注在文山州举办的形势报告会、论坛和哲学社会科学报告会、研讨会，切实做好对思想理论领域的服务和管理工作，减少思想领域的噪音和杂音。

【舆论引导】　牢牢把握经济宣传这个重点，大力宣传文山州实施“六大战略”、打造“四大基地”、对外开放“新高地”、民族团结示范区创建、抗旱救灾等重大举措，精心组织辉煌“十一五”、展望“十二五”宣传活动等，充分展示文山州落实科学发展观，转变经济发展方式，促进经济社会又好又快发展取得的丰硕成果。围绕文山州“打牢基础、结构调整、产业发展、改善民生”四个重点，大力开展形势政策宣传教育。广泛宣传郑垧靖、刀会祥、“百姓最喜爱的十大人民警察”等先进典型；推荐参与全省优秀乡(镇)宣传干部评选，文山州王定喜等4位基层宣传干部荣获全省“丹心为民宣传奖”；精心策划文山州纪念中国人民抗日战争胜利65周年暨新中国人民防空创立60周年人民防空知识竞赛、纪念《中共中央关于控制人口增长问题致全体共产党员、共青团员的公开信》发表30周年系列活动；广泛开展百场电影下乡、“百城万店无假货”、禁毒防艾、边疆解“五难”、农民工艾滋病防治、第六次全国人口普查、文化科技卫生三下乡等宣传教育活动，营造安定和谐的社会环境。高度重视各类突发事件的民情疏导，完成突发事件的舆论引导工作，涉及文山的舆情相对平静，负面报道所占比列呈下降趋势，有效掌控社会舆情，把新闻舆论引向有利于解决实际问题、维护民族团结、社会稳定、科学发展上来，进一步增强党委、人民政府工作的公信力和影响力。按照建设“让党放心，让人民满意的媒体”的要求，组织开展新闻战线“三项学习教育”活动，命名表彰文山州第四届“十佳记者”和文山州首届“十佳传媒员工”，增强新闻宣传队伍的职业自豪感和社会责任感。完善州级媒体用稿通报制度，推动各县对新闻宣传工作关注；文山新闻网站建设已得到批复，组建工作正有条不紊进行；充分发挥“网络中心”职能，组织开展有害信息、淫秽信息清除工作，加强互联网和手机等新兴媒体的管理。充分发挥中宣部舆情信息直报点的作用，做好舆情信息工作，年内，上报省舆情信息650余期，被采用350余期；上报中宣部650余期，被采用40余期，舆情信息工作位居全省前列。

**【文化事业发展】** 围绕打造“三七文化、民族文化、地域文化”三张文化名片的思路，按照“文化乐民、文化育民、文化富民”的要求，以改革创新为动力，以维护和发展人民群众基本文化权益为目标，加强文化建设，推进文化产业和文化事业发展。抓改革，提升文化创新力。按照省定时间表和路线图，圆满完成州文化市场综合行政执法支队组建和电影行政管理职能调整划转工作。按照现代企业制度要求，实施文山日报社印刷厂事业转企业的改制。实施广播电视制播分离和广播电视网络整合改革，促进广播电视事业创新发展。抓产业，提升文化发展力。组织上报《中国富宁壮族坡芽歌书》挖掘保护传承、大王岩城市休闲娱乐度假公园等20余个文化产业招商引资重点项目。组织砚山县绒彩刺绣有限公司、马关县阿峨新寨农民版画协会等文化企业参加2010年昆明(中国)国际民族民间工艺品文物艺术品暨旅游文化产品博览会，推介文山州文化产品。指导和扶持广南银饰、麻栗坡茶叶及本土影视传媒等重点文化企业发展，充分发挥龙头企业辐射功能，带动一批工艺品、土特产、广告传媒等行业企业发展。抓载体，提升文化结合力。按照“领导强力推动，文化创意灵动、重大项目带动、乡村普遍联动、特点品牌舞动”的思路，加快普者黑风景名胜区文化开发步伐。投入3000余万元，实施坝美风景区、广南历史文化名城、八宝风景名胜区、峰岩洞保护和开发，打造“世外桃源—壮乡广南”旅游品牌。依托沿边优势，将文化产业与边贸、旅游有机结合，打造天保口岸集“口岸城、物流城、旅游城”为一体的文化旅游平台。抓精品，提升文化影响力。重点抓好“七个一”文化工程。即“一项赛事”：组织文山坡芽歌书山歌队参加第十四届CCTV全国青年歌手电视大奖赛，荣获团体赛铜奖和单项优秀奖。“一本书”：《中国富宁壮族坡芽歌书》被列入国家985工程少数民族古籍、少数民族古文字系列丛书。“一首歌”：MV作品《雨中游普者黑》在国家风景名胜区普者黑拍摄完成，进入后期制作，争取在央视播出。“一本光碟”：搜集整理文山本土歌曲，并将原生态歌曲录音制作成光碟，已进入演唱排练阶段。“一个研讨会”：举办著名版画家马关采风及农民版画产业化发展研讨会，来自孟加拉国、中国美协等国内外48名版画艺术家和经销商参加研讨会。“一部电影”：本土电影《倮·恋》被国家广电总局评为国家电影精品项目，入选国家广电总局电影局《2010年第四批推荐影片片目》。“一部纪录片”：与广西百色市、国务院新闻办联合拍摄的纪录片《寻觅句町古国》，在央视探索与发现栏目播出，引起强烈反响。抓基础，提升文化支撑力。深入实施边疆解“五难”惠民工程，加快推进广播电视“村村通”、文化“两馆一站”建设、千里边疆文化长廊建设、党报党刊覆盖、文化大篷车送戏下乡、农村电影放映、农家书屋、文化信息共享、博物馆免费开放等文化惠民项目。投资3 000万元的州民族博物馆新建工程启动实施，投资612万元的20个乡镇综合文化站建设项目全部完工。全州文化信息资源共享工程通过省级检查验收并对外开放。抓保护，提升文化保护力。进一步完善国家、省、州和县四级名录保护体系，目前列入国家级保护名录3项、省级保护名录52项、州级保护名录239项、县级保护名录309项。以全国第五个“文化遗产日”活动为契机，举办了以“非遗保护、人人参与”为主题的文化遗产保护宣传活动，充分展示文山州非物质文化遗产保护的丰硕成果，提高全社会自觉保护非物质文化遗产的意识。组织开展第三次文物普查，查出登录地面不可移动文物447项，其中新发现206项，复查241项，消失文物94项。

**【对外宣传】** 围绕州委、州人民政府的中心工作，遵循“服务大局、促进开放、扩大影响、树立形象、构建大外宣格局”的外宣宗旨，依托强势媒体，立足优势地缘，营销文山形象，努力打造对外宣传“新高地”。以云南省第十三届运动会、全国青年体操锦标赛、全国百名科技专家和致富能手走进云南文山壮乡苗寨、全国30个少数民族自治州人大工作研讨会、“七彩云南·台湾中南部媒体记者文山行”联合采访等重大节会、重大活动为载体，围绕州委、州人民政府关于抗旱救灾、对外开放新高地建设、民族团结示范创建、创先争优、学习型党组织建设等重大部署，加强与新华社、人民日报、中央电视台、中国日报、香港商报、云南日报、云南电视台及网络媒体等中央、省级主流媒体和海外媒体的合作，依托强势媒体促进对外新闻宣传工作。年内，中央媒体刊播文山稿件1 000余篇(幅、件、条)；省级媒体刊播文山稿件2 030余篇(幅、件、条)；州级媒体刊播稿件9 000余篇(幅、件、条)；各级各类网站网页转载、刊播文山州的稿件共129 400多篇(幅、件、条)。按照中央关于做好周边国家工作的总体要求，整合报纸、杂志、网站和电视等外宣资源，加强麻栗坡、马关、富宁边3县的边境外宣工作，增进与周边国家的友好关系，推动对外开放，维护边境地区的社会稳定。开展边境对外宣传工作调研活动，重点对边境地区的文化教育、广播电视、民族宗教及接壤国的相关情况进行调研，掌握动态，有针对性地开展边境外宣工作。更新广播电视设备，进一步提高壮、苗、瑶等民语节目在边境一线和东南亚的覆盖率。在富宁县田篷镇、麻栗坡县天保口岸、马关县小坝子镇等边境乡镇建立外宣点，开办宣传栏、宣传橱窗、图书陈列、有线广播、录像放映、发送宣传品等相关业务工作。按照“建设千里边疆文化长廊”的要求，从加强对外宣传、展示文山形象、抵御境外文化渗透的需要出发，在边境沿线建立一批宣传文化阵地，开展各种文化外宣活动，丰富边民文化生活，增进友好往来和文化交流，促进边境贸易的协调发展。按照中央及省州党委、政府的统一安排部署，发挥宣传报作用。迅速成立文山州抗旱救灾新闻宣传工作协调领导小组，印发

《关于加强抗旱救灾新闻宣传工作的通知》，明确宣传重点，落实工作责任，定期不定期召开抗旱救灾新闻宣传分析策划会，协调组织中央及省、州媒体组成新闻记者小分队赴8县灾区开展采访活动，通过各种媒体宣传捐赠的钱、物达200多万元，确保全州抗旱救灾新闻宣传工作形成强势，有效提高上级党委、人民政府对文山旱情的了解和外界对文山旱情的关注。

【**精神文明建设**】 实施公民道德建设工程。在党政机关，开展"创文明机关、做人民满意公务员"活动，形成为民、务实、清廉、高效的政风，为全社会精神文明建设做出表率。在窗口行业，开展"创建文明单位"活动，开展优质服务竞赛，着力改善服务质量，提高服务水平。在企业，开展践行道德承诺活动，培育以诚信为核心的企业文化。在民族地区，开展以"手拉手、兄弟情，心连心、鱼水情，肩并肩、爱国情"为重点内容的民族团结进步创建活动，促进全州各族人民共同团结进步，共同繁荣发展。在广大城乡，开展"迎省运、讲文明、树新风、促和谐"系列宣传教育活动，引导人们形成团结和睦、守望相助、相互关爱的和谐人际关系。在全社会，开展"文山州道德模范"巡讲活动，营造学习道德模范、崇尚道德模范、争当道德模范的氛围。实施未成年人思想道德建设工程。深入推进校园周边环境净化工作，保持对互联网、手机、淫秽色情有害信息依法打击的高压态势，加大整治互联网、手机低俗之风专项行动力度，不断优化学校周边秩序和学生学习环境。深入开展"做一个有道德的人"主题活动，组织参加全省"做一个有道德的人"主题班会评比，获1个二等奖、2个三等奖。组织表彰"文山州首届百名美德少年"并参加全省首届美德少年评选，有3人获"云南美德少年"，2人获"云南美德少年"提名奖。抓好未成年人心理健康教育，完善未成年人心理健康教育网上平台，建成和完善城乡心理咨询站326个、学校心理咨询室189个，逐步形成未成年人心理健康教育工作网络。进一步加强校外活动场所建设，探索以学校为基本活动场所，以现有场地、设施为基本条件，以现有管理体制、师资队伍为基本依托的课外活动场所建设新路子，满足广大未成年人课外活动需要。推动爱国主义教育基地、博物馆、展览馆、纪念馆建立与学校相衔接的校外活动机制，并将活动拓展到企业、农场、军营等，为广大未成年人创建益德益智、愉悦身心的第二课堂。实施精神文明创建工程。推进"平—船"、"平—罗"和边境文明走廊建设，把沿线单位、集镇、村寨创建成"经济发展、乡风文明、村容整洁、文化繁荣、民族团结、生态良好、交通安全"的文明示范走廊。积极开展省级文明县城和省级文明风景区旅游区的创建工作，其中文山、丘北两县已经省组织的文明县城测评。强化对各级文明单位的督查和复查，切实抓好文明单位、文明村镇、文明行业、文明社区和文明景区创建质量的提升，深化创建内容，拓展创建形式，坚持定性考核与定量考核相结合、重点抽查和全面考核相结合、管理部门考核和群众评议相结合，提高了文明单位的质量和水平。实施"文明惠民"工程。开展"文明结对城乡联动"工作，全州各级文明单位与贫困村寨结成联动对子787对。同时，广泛开展"我们的节日"主题活动，组织实施好"绿色电脑进西部"和"西部开发助学工程"、"宏志班"等为重点的民心工程，大力推进迎民运、迎省运志愿服务，"关爱百万空巢老人志愿服务"活动等，收到较好的效果。

【**省运会活动**】 云南省第十三届运动会于2010年8月中下旬在文山州隆重举行，按照州筹委会的统一部署，州委宣传部主要抓了三项工作：新闻宣传。省运会期间，制作省运会形象宣传片和公益广告片在云南卫视和主流网站播出，有40余家主流新闻媒体对省运会开幕式及33个比赛项目分别进行报道，省级各媒体共刊播、刊载省运会报道、消息、宣传稿件1 000余篇(幅、件、条)，州内媒体推出省运会项目简介、系列报道，刊播省运稿件2000余篇(幅、件、条)；社会宣传。以省运会倒计时100天、30天为契机，广泛开展形式多样、内容丰富的"迎省运、讲文明、树新风、促和谐"宣传教育活动，掀起全民健身热潮，营造"人人都是东道主、我为省运作贡献"的良好氛围，达到预期效果。文艺表演。紧紧围绕"精彩省运、和谐文山"主题，精心组织编创了融思想性、艺术性、观赏性为一体，充分体现时代特征、云南特色、文山特点和体育元素的开、闭幕式文艺演出，赢得各方好评。

【**干部队伍建设**】 始终把自身建设作为做好宣传思想文化工作的基础性工程来抓，努力打造"对党忠诚、政治坚定、品行高尚、业务熟练、纪律严明、作风扎实"的一流团队。抓思想教育促政治坚定。按照"个人形象一面旗，工作热情一团火，谋事布局一盘棋"的要求，以开展"十个一"活动(一个主题实践，一次学习交流，一次重温入党誓词，一次亲农助农，一次调研评比，一次"十佳记者"评选，一次"道德模范"巡讲，一轮干部培训，一次廉政教育，一本《工作手册》)为载体，抓好以创先争优和学习型党组织建设为重点的学习教育活动，收到预期的效果。抓学习培训促素质提升。突出领导班子、干部队伍建设和人才培养三个重点，着力在打造一流队伍、创造一流业绩上下功夫。认真落实《文山州干部教育培训规划》，加强宣传文化系统干部、人才培训教育工作的统筹协调和宏观指导，加大调训、培训力度，共举办培训班3期，培训干部1 000余人(次)；选派到上级机关或院校学习32人(次)。抓廉政建设促形象树立。把党风廉政建设作为事关全州宣传文化事业的发展繁荣、事关宣传文化战线和单位的形象、事关个人前途和名誉的重要任务来抓。通过抓好学习，引导全州宣传文化干部改造主观世界，严格自律，筑牢拒腐防变的思想根基。通过抓好制度建设，建立健全各项规章制度，在干部调整使用、重大工作开展、大笔财务开支上，做到民主决策、集体决策。通过抓好"一岗双责"，做到主要领导亲自部署重要工作、亲自过问重大问题、亲自协调重点环节、亲自接待督办重要来信来访，促进了党风廉政建设责任制的落实。

【领导名录】
部　　长　徐昌碧
副部长、州文明办主任　普光明(彝)
副 部 长　段光丽(女)
廖云华

(廖志福)

## 统一战线

**【春节慰问】** 春节前夕，州委常委、州人民政府常务副州长徐爱民，州委常委、州政法委书记吴俊明，州政协副主席、州委统战部长黄昌礼，分别率队深入非公有制企业文山开开药业有限公司、文山恒丰建筑集团公司，砚山县平远街田心清真寺、文山县开化镇冷水沟天主教堂，以及民族上层人士田顺喜、杨忠林，黄埔同学会成员李家修等统一战线代表人士家中进行走访慰问，转达州委、州人民政府的节日问候和良好祝愿，并感谢对文山统一战线事业的关心和支持。受州委、州人民政府的委托，州委统战部组织人员深入基层开展春节慰问活动，走访慰问统一战线各族各界代表人士200余名，发放慰问金额4万余元。

**【民主党派建设】** 2月5日下午，民建文山州支部成立大会在州政协六楼会议室举行。民建云南省委主委、省人民政府副省长高峰，州委书记李培，州政协主席王云凌，州委常委、州委宣传部长徐昌碧，州人民政府副州长张秀兰，州政协副主席、州委统战部长黄昌礼，在文的其他民主党派及有关单位负责人80余人参加会议。会上，民建云南省委副主委李啸云宣读“民建云南省委关于成立民建文山州支部委员会的决定”。州人民政府副州长兰骏当选民建文山州支部主任委员。民建云南省委主委、省人民政府副省长高峰向民建文山州支部授印，对做好民建文山州支部工作提出要求，州政协副主席、州委统战部长黄昌礼受州委委托作讲话。

**【调研工作】** 5月28～29日，中共中央统战部二局副巡视员路晓峰一行3人，到文山调研少数民族代表人士队伍建设工作。6月9～11日，省委统战部副部长苏红军一行4人，到文山州对党外代表人士队伍建设工作进行调研。9月13～17日，以州政协副主席、州委统战部部长黄昌礼为组长的边境少数民族调研组一行6人，对马关、麻栗坡、富宁3个边疆县边境地区少数民族生产生活情况进行调研。调研组通过深入边境一线壮族、苗族、彝族村寨进行实地察看、深入农户走访了解、与当地各民族干部群众座谈交流，了解当地少数民族群众生产生活现状及有关惠民政策的落实、基础设施建设、扶贫开发、产业发展、社会事业、劳务输出等情况，看望慰问少数民族贫困农户。并就加快边疆少数民族地区的经济社会发展与当地党委、人民政府交换了意见。

**【参政议政】** 12月27日上午，受州委的委托，州委统战部组织召开党外人士座谈会，讨论《中共文山州委关于制定国民经济和社会发展第十二个五年规划的建议(讨论稿)》，听取各民主党派、工商联负责人和无党派人士代表的意见和建议。州政协副主席、州委统战部部长黄昌礼主持座谈会。州政府副秘书长、州政府研究室主任李顺福介绍《中共文山州委关于制定国民经济和社会发展第十二个五年规划的建议(讨论稿)》的形成过程。州民盟、民建、农工党、九三学社的领导，州工商联负责人和无党派人士代表就推进农业现代化、推进工业新型化、加快推进城镇化、扩大对内对外开放、强化社会建设、促进社会稳定边疆安宁，把文山建设成为云南面向珠三角和东南亚开放的“新高地”，打造追赶型、开放型、创新型、生态型、和谐型文山，努力推进全州经济社会实现跨越式发展提出意见和建议。

**【全州统战部长会议】** 8月31日，全州统战部长会议在州文化大厦举行，全州统战干部职工90余人参加会议。会上，州政协副主席、州委统战部长黄昌礼对近年来的工作进行总结回顾，对今后工作作出安排部署。州委统战部副部长、州民委主任陆庆怀，州委统战部副部长、州工商联党组书记古蒙，州宗教局局长依美发，州委统战部副部长胡荣祥，分别对分管工作提出具体要求。8县县委统战部长在会上作交流发言。

**【学教活动】** 根据省委统战部的要求，州委统战部组织各民主党派开展“社会主义核心价值体系”学与行活动。各民主党派结合自身实际和特色优势，丰富活动形式，搭建活动载体，深入推进“社会主义核心价值体系”学与行活动有效开展。民盟文山县支部盟员杨映雪以儿歌的形式编印了《儿歌100首》，以爱祖国、爱劳动、爱科学、孝敬长辈为主要内容，灵活生动地教育和引导幼儿的健康成长。文山州民建党支部针对当前文山三七价格大起大落的状况，组织成员到街道宣传《价格法》，讲解出现此状况的原因和对策，稳住广大七农思想情绪。文山州农工党党员、文山郑保骨伤科医院院长郑玉华组织医务人员到乡村进行义诊，减免困难患者医药费，捐资捐物为贫困山区解决实际困难。

**【对台工作】** 8月2～7日，由台湾民众日报、台湾中国晚报、台湾新闻网等16家台湾媒体和大陆新华通讯社、人民日报等10家媒体记者组成的“七彩云南·文山行”联合采访团一行32名记者到文山采访。8月2日，州委召开座谈会，向联合采访团介绍文山州情及经济社会发展、民族文化、旅游资源开发等情况，并回答台湾媒体记者的提问。联合采访团一行到文山特安纳制药厂、云南文山人羞花化妆品有限公司、三七市场及丘北普者黑、广南县坝美，对文山的旅游、民族文化、民风民俗、经济发展等情况进行实地采访。8月10～13日，协助省台办做好70余人参加的西南4省市对台工作联席交流会议在丘北会期各项议程筹备工作及考察参观活动，使会议达到了预期的目的，增加与会人员对文山旅游资源及人文风情的认识和了解。

【爱国宗教团体建设】 根据章程规定，州伊斯兰教协会和州佛教协会已任期届满。为做好两个协会的换届工作，州委统战部结合两个协会的特点，在全州信教群众较集中的地区进行深入细致的考察摸底工作，全面了解全州两个协会代表人士队伍状况，做好领导班子人选的考察、举荐工作，把握好换届选举的各个关键环节，有序推进了换届工作的开展，于7月10日、7月11日召开了全州伊斯兰教第五次代表会议和全州佛教第二次代表会议，选举产生新一届领导班子。

【朝觐工作】 年内，省宗教局分配文山的朝觐名额179人，全州报名参加朝觐的穆斯林多达481人，给朝觐工作带来很大的压力。为做好伊斯兰教界的稳定工作，州委统战部在协调州宗教局争取追加名额的同时，抽派人员深入到文山、砚山、丘北、广南4县了解情况，做好思想疏导工作，引导穆斯林群众参加国家统一组织的朝觐活动。经过多方努力，全州有188名穆斯林如期参加国家统一组织的朝觐活动。

【调查研究】 为全面了解掌握全州党外知识分子的情况，州委统战部组织人员采取听汇报、召开座谈会、发放调查问卷、个别走访等形式进行调研，先后深入到党外知识分子比较集中的科研部门及农业、教育和卫生系统，召开座谈会5次，发放调查问卷110多份，个别走访20多人，全面掌握全州党外知识分子的情况。目前，全州共有党外知识分子31 744人，州县统战部门从中确定主要联系对象237人。

【业务培训】 州委统战部先后与州委组织部、州委党校、文山社会主义学院联合举办第六期统战干部理论培训班和第一期党外知识分子培训班，共有50名统战领导干部和40名党外知识分子参加培训。年内，协助组织部和民委选送2名干部到省直单位跟班学习，选派州委统战部1名副部长到省委党校学习培训、3名处级领导干部参加国家宗教局举办的业务培训，选送1名干部到省委统战部跟班学习。

【宗教场所建设】 州委统战部积极向上级反映，把各宗教活动场所的房屋维修纳入规划上报省委统战部，全年共争取到55万元经费用于9个宗教活动场所房屋维修。

【抗旱救灾】 2010年，文山遭受百年不遇的严重旱灾，给广大群众的生活造成严重影响，全州统战部门积极响应上级号召，发动统战干部和统一战线成员捐款捐物，积极参与抗旱救灾。州委统战部干部职工在州委、州人民政府、州总工会、省委统战部组织的抗旱救灾捐款活动中，累计捐款9 370元；全州统战部门仅“共产党员抗旱先锋行动”捐款就达6万余元。民盟文山州委向灾区捐款7.6万元，农工党文山支部捐款10万余元，民建文山支部捐款近3万元，引进外商投资项目近200万元。州伊协、州佛协班子及基督教信徒代表组成慰问团，带着信教群众的捐款和抗旱救灾物资，赴砚山县盘龙彝族乡凹龙科村小组和干河彝族乡上舍克村小组，为当地村民捐赠了价值1万元钱的矿泉水和3万元现金。全州有21所清真寺收到捐款40 465元。州委统战部积极向上级统战部门反映汇报，争取到中央统战部组织的统战系统和民营企业家的捐款350万元，解决28 208户87 765人的生产生活困难问题。

【文体活动】 6月，省委统战部在大理举行首届宗教界体育运动会暨文艺汇演，州委统战部把组织参加好此次活动作为开展民族团结进步工作的一个重要活动，得到州委、州人民政府的高度重视，划拨了专项经费。州委统战部、州宗教局及时从伊斯兰教、佛教、天主教和基督教中抽调43名教职人员组成代表团，联系州、县体育部门组织、指导好各个项目的筹备训练工作。文山代表团参加男子篮球、拔河、男子400米接力、女子400米接力4个团体项目和12个个人项目比赛。通过4天的角逐，文山代表团在团体项目获得了4个奖牌(杯)，12名运动员在5项个人项目中获得名次，并获得3个道德风尚奖。

【援建希望小学】 7月，通过省委统战部联系争取，由香港博爱医院历届总理联谊会支助20万元人民币、县级自筹45.7万元建盖的马关县大栗树乡大马固小学希望楼顺利落成，于7月22日举行竣工典礼。香港博爱医院历届总理联谊会主席彭启明一行5人，从香港到大马固小学参加庆典仪式，并现场向学校捐资1万元人民币，购置教学仪器和设备。

【领导名录】

部　　长　黄昌礼(壮)
副 部 长　古　蒙(苗)
　　　　　陆庆怀(壮，兼)
　　　　　胡荣祥(壮，5～)

(王文波)

## 政策研究

【简述】 围绕州委中心工作和重大决策部署及新时期全面建设小康社会的实践活动，充分发挥主观能动性，加强对事关全州工作大局、影响经济社会发展和改革开放的重大问题、重要决策开展综合调研，提出对策建议。通过深入全州8县及相关部门开展调查研究，形成《文山州“十二五”推进经济结构调整转变发展方式政策措施研究》、《文山新高地建设的诠释及支撑体系研究》、《富宁县农业产业结构调整的经验和做法》、《把握机遇发挥优势建设文山对外开放新高地》、《文山州“十二五”农村经济发展问题研究》、《文山州转变农业发展方式发展现代农业的调研报告》、《文山州和谐社区建设工作情况调研报告》、《文山州小城镇建设和发展调研报告》、《文山州关于创建综合农协调研报告》、《文山州关于创建综合农协的实施意见》、《文山州食用菌产业发展情况及建议》、

《文山州关于进一步推进农业产业化进程的思考》、《文山州农村劳动力转移情况及对策建议》、《农村教育问题调查与思考》、《文山州农民增收问题思考》、《关于设立云南富宁保税港区调研报告及实施方案》、《关于设立兴街出口贸易加工区调研报告及实施方案》、《关于设立麻栗坡边境经济合作区调研报告及实施方案》、《关于设立马关县边境贸易加工区调研报告及实施方案》、《关于设立富宁县边境贸易加工区调研报告及实施方案》等调研文稿25篇，有9篇被《社会主义论坛》、《云南农村经济》、州委办《决策参考》、《文山日报》、《文山政报》等报刊杂志采用，有的对策建议进入了州委、州人民政府决策圈，得到省委政研室、省委农办的充分肯定和州委、州人民政府领导的高度评价。同时，抓好决策参阅服务工作，精选州外在经济社会发展方面有可借鉴性的做法和经验材料进行摘编，全年编印《决策参考》12期，呈送州委、州人民政府领导参阅，充分发挥了信息参阅作用。

**【文稿起草】** 有关文件的起草或修改工作。起草《中共文山州委、文山州人民政府关于进一步推进和谐社区建设的意见》、《中共文山州委、文山州人民政府关于推进农垦改革发展维护垦区稳定的若干意见》、《文山州委、文山州人民政府关于进一步推进社会主义新农村建设的意见》等重要文稿。修改6个部门代州委、州人民政府起草的有关《实施方案或意见》，为推动全州有关工作的顺利开展做了大量基础性工作。抓好有关会议的筹备工作。年内，筹备文山州农村工作暨扶贫开发社会主义新农村建设总结表彰会议、全州林业工作会议、全州畜牧业工作会议、文山州社会主义新农村建设暨新农村建设指导员工作会议、全州推进农村劳动力转移输出电视电话会议，并起草州委、州人民政府领导在会议上的讲话。参与起草州委七届七次全委会报告等材料。抓好有关材料的上报工作。按照省委政研室、省委农办的部署要求，完成《坚定信心克难攻坚文山州农业农村工作取得新成绩》、《积极采取有了措施加快农村劳动力转移》、《关注民生以人为本打牢边疆民族地区农村民居抗震防灾基础》、《明确责任真抓实干新农村建设指导员工作取得阶段性成效》、《文山州相关社会保障工作汇报》、《文山州"十一五""三农"工作情况和"十二五""三农"工作的安排意见》及新农村建设指导员管理工作、新农村省级重点建设村等有关材料和信息的上报工作。

**【"三农"工作】** 开展新农村建设检查指导工作和省级重点建设村项目实施。州委农办组织人员督促检查验收2009年实施的省级重点建设村115个。通过检查验收，项目村内的基础设施建设、产业发展、活动场所建设等均达标，科技培训力度加大、农民应用科技发展生产的技能不断增强。年内省委农办安排全州省级重点建设村107个，项目补助资金1605万元。为确保省级重点建设村取得实质成效，组织人员深入项目建设村检查指导，针对存在的问题，提出整改意见建议，推动省级重点建设村有序开展。同时，配合有关部门抓好新农村建设的检查督促工作，并制定印发《文山州2010年度整村推进扶贫开发新农村建设实施方案》等文件，指导全州整村推进扶贫开发新农村建设项目的顺利实施，涌现出一批新农村建设典型。

加强新农村建设工作队及指导员的管理。当年在省、州、县三级后备干部中选派新农村建设指导员968名赴全州8县开展新农村建设指导工作，各县设新农村建设工作队总队，总队长从省的厅级后备干部中选派，兼任县委副书记，并在每个乡镇设新农村建设工作队，负责辖区内的新农村建设指导工作。通过召开指导员座谈会、下乡调研走访以及信息宣传等形式，明确指导员工作职责、工作目标和工作任务，帮助指导员解决困难和问题，宣传好的经验和做法，促进指导员工作顺利开展。

抓好农村劳动力转移就业工作。文山州农村劳动力转移特别行动计划领导小组办公室下设于州委农办，按照省委、省政府要求，研究起草《云南省2010年农村劳动力转移就业特别行动计划文山州工作方案》，沟通协调州农业局、扶贫办、人社局，积极指导全州8县抓好农村劳动力转移就业工作，及时做好信息的上报工作，推进特别行动计划的有序进行。年内，全州完成新增农村劳动力转移就业14.77万人(其中有组织转移4.11万人)，实现劳务输出总收入20.34亿元，年均农民人均工资性收入11 054元。

推进农垦改革发展工作。充分发挥文山州推进农垦改革发展维护垦区稳定领导小组办公室的职能作用，牵头对农垦改革工作进行了全面深入调研，摸清底情，研究起草《文山州推进农垦改革发展维护垦区稳定的综合调研报告》及6个分类调研报告，并在广泛征求意见的基础上，形成《关于推进农垦改革发展维护垦区稳定的实施意见》。同时，以信息形式跟踪报送农垦改革进展情况，推进农垦改革工作顺利开展。

农村民居地震安全工程建设工作。切实履行文山州农村民居地震安全工程建设工作领导小组办公室的职责，组织有关部门经常深入农村民居地震安全工程建设项目实施的村委会、村民小组，开展检查督促指导工作，针对存在的问题，提出意见建议，指导项目实施乡镇、村委会认真加以整改落实，圆满完成2010年全州农村民居地震安全工程建设任务。

**【领导名录】**

主　　任　朱世康
副 主 任　王顺祥
　　　　　郑继德
州委农办专职副主任　高启刚

（陈兴宏）

## 保密工作

**【"五五"保密法制宣传教育工作通过验收】** "五五"普法教育

工作开展以来，州属部门先后培训普法骨干165人(次)，全州持证上岗人员培训1 562人，党校保密教育培训4 150人(次)；组织保密知识专题报告会、座谈会43次共2 600余人(次)参加；订购各种学习材料3 721册，发放保密提醒信6 971封。5年来，全州各级各部门先后组织学习了保密工作相关法规；观看《警钟长鸣》、《信息化手段下的主要泄密及防范》等7部保密警示教育片；开展保密知识竞赛、测试等活动。常态工作稳中求进。以“三月法制宣传月”和“12·4”全国法制宣传日为契机，通过悬挂宣传布标、设立咨询台、播放录音磁带、散发宣传单、摆放宣传展板以及征订并组织学习《信息公开保密审查工作手册》等形式，深入开展内容丰富、形式多样的保密法制宣传教育活动。特别是新修订《保密法》颁布实施期间，及时制订全州《学习宣传新修订<保密法>活动工作方案》，并采取组织征订学习《〈保密法〉释义》、《保密法宣传挂图》，与州委宣传部、州司法局、州普法办联合拟文《转发中央四部门关于开展〈保密法〉学习宣传活动文件的通知》，在《文山日报》全文刊登新修订的《中华人民共和国保守国家秘密法》并阐述新修订《保密法》的重要意义，由文山县负责在文山城区主街道悬挂横幅布标，在文山政务网作专题宣传，在移动、联通和文山手机报发送相关短信，制作并发放《〈保密法〉宣传手册》15 000份，组织党政机关人员参加新《保密法》普法培训等措施，广泛学习宣传新修订保密法。通过深入开展宣传活动，进一步提高社会对保密工作的认知度，使保密法律知识深入人心、家喻户晓，扩大全州保密工作的社会影响，使广大干部群众认识到保密工作与国家安全、社会发展的密切关系。全州“五五”保密法制宣传工作顺利通过省检查组的检查验收。

**【宣传新修《保密法》】** 文山州在新修订的《中华人民共和国保守国家秘密法》颁布后，通过组织征订学习《〈保密法〉释义》、《保密法宣传挂图》，在《文山日报》全文刊登新修订的《保密法》并阐述新修订《保密法》的重要意义，在州府所在地文山城区及各县城、各乡镇主要街道、部分单位大门等醒目位置悬挂《热烈庆祝新修订的〈中华人民共和国保守国家秘密法〉10月1日正式施行》等宣传横幅布标，在文山州及各县(市)广播、电视和政务网作专题宣传报道，给文山移动、联通和《文山手机报》用户发送保密法宣传教育短信，制作发放《〈保密法〉宣传手册》，组织党政机关人员参加保密法普法专题培训，制作宣传展示板以及开展“法律六进”等多种途径和方式，广泛开展学习宣传活动，做到电视有影像、电台有声音、街道有标语、报纸和网络有专题报道，党政机关单位有宣传栏。全州形成全方位、多层次的学习宣传格局。

**【保密监管】** 突出抓好重点行业、重点区域、重大事项和重要活动的保密监督检查工作。加强对测绘成果使用、国家秘密载体印刷复印、国家统一考试等专项的保密检查与管理。贯彻落实《政府信息公开条例》，做好推进政府信息公开中的保密审查工作，加大保密审查制度和落实情况的监督指导力度，加强保密检查规范化和标准化建设。根据教育部、中宣部、国家保密局联合下发的《关于印发国家教育考试考务安全保密工作规定》，州保密、教育、公安等部门密切配合，对州及各县招办试卷保密室和设置考点的学校考场进行全面检查，全力以赴抓好全州高考、中考、自考、会考及相关单位录用工作人员等各类考试中的保密管理工作，做到专人全程监督，确保各类考试考务工作安全保密进行，未出现任何问题。为把住志书的保密关，处理好保与放的关系，配合有关部门参加《文山州年鉴》、《文山政报》等的审稿工作，根据有关划密规定严格把关，并提出保密修改意见和建议，确保州《年鉴》和有关志书的顺利发行。加强对本区域内的打字、印刷、复制行业的管理和检查，及时组织召开2010年文印市场保密工作年检座谈会，传达学习保密知识及有关法律法规，对文山城区文印门点办理《备案证》和《许可证》的更换登记备案工作。

**【保密组织建设】** 贯彻落实中央、省委保密委员会会议精神。增强全州保密工作的前瞻性、针对性和创造性，加强技术手段、法规制度、宣传教育、监督检查、案件查处和队伍建设，积极应对新形势下边境保密工作出现的新情况、新问题、以“发展、创新、服务”的工作理念开展工作，为文山经济发展，边境安全，民族团结、社会稳定提供有效的保障服务环境。全州各级党委(党组)、政府切实担负起保守党和国家秘密、维护国家安全和利益的重大政治责任，及时研究解决保密工作中的重大问题。各县保密委员会切实履行职责，严格例会制度，定期听取汇报，提出加强保密工作的意见和具体措施。组织人事、纪检监察等部门把履行保密工作领导责任情况，纳入领导干部民主生活会和领导干部绩效考核内容，健全考评机制，对不履行职责的要进行问责，对工作失职造成重大泄密事件的要追究领导责任。各县各部门重视保密机构和队伍建设，不断充实工作力量。根据保密工作形势任务的变化和工作涉及面的扩展，部分县和单位还根据人员变动情况，及时对本县本单位的保密工作领导小组成员进行调整，明确工作分工和职责，使保密工作顺利开展，加强技术手段、法规制度、宣传教育、监督检查、案件查处和队伍建设，积极应对新形势下边境保密工作出现的新情况、新问题、以“发展、创新、服务”的工作理念开展工作。

**【领导名录】**

局　　长　李晋斌

(郑　谦)

## 机关党务

**【简　述】** 2010年工委认真履行职能职责，紧紧围绕服务中心、建设队伍两大任务，以建设学习型、服务型、创新型、效能型、廉洁型、和谐型机关为主题，开展"做表率、走在前"主题实践活动，以机关作风建设，创群众满意服务为突破口，积极推进"四争四创"活动，不断增强党员的服务意识，改进作风，提高服务质量；以党建带动群建，推动和谐机关建设。在州总工会的关心支持下，成立州直机关工会，召开州直机关第一次职工代表大会，成功举办州直机关国庆职工篮球运动会；通过建立基层党组织工作台账、党员息库建设、文山党建数字信息平台——网上党支部的运行，促进机关党建信息化、制度化、规范化建设；机关党建示范点建设起得初步成效，基层党组织工作台账、文化走廊等等相继建成，机关党建工作氛围日趋浓厚。州直机关工委现辖党组织有10个党委，14个党总支，184个党支部，3 031名党员。

【创先争优活动】 按照省、州委的安排，州直机关10个党委，14个党总支，176个基层党组织(其中：机关116个、事业单位58个、学校1个、新社会组织1个)全面启动开展创先争优活动。活动呈现出领导重视、周密安排、规范运作、特色频现、健康发展的态势。主要做法和特点：领导重视，周密安排。积极创新，特色频现。贯彻落实胡锦涛总书记关于机关党的建设要走在党的基层组织建设前头的要求，开展"六个表率、六个走在前"主题实践活动。即："做高举旗帜的表率，理论武装走在前；做围绕中心的表率，服务大局走在前；做夯实基础的表率，执政能力建设走在前；做亲民为民的表率，作风建设走在前；做工作规范的表率，制度建设走在前；做解放思想的表率，改革创新走在前。"通过开展"六个表率、六个走在前"主题实践活动推进学习型机关、创新型机关、服务型机关、效能型机关、廉洁型机关、和谐型机关的建设。在七一期间，各单位党组织积极开展内容丰富的纪念活动、重温入党誓词、进行党史和爱国主义教育、举办知识竞赛、诗朗诵、唱红歌、书画摄影展，开展警示教育等活动。抓典型引路，树榜样带动。工委制定《机关党建示范点创建活动方案》，5月25日印发到各基层党组织，按照创建的目标标准办法和要求，由基层党组织结合单位实际申报，确定12个基层党组织创建机关党建示范点。为推进机关党建示范点建设，8月9日，在州动物疫病预防控制中心召开机关党建示范点创建现场推进会，11月5日在州生物资源开发和三七产业局召开创先争优活动点评会，推动了示范点创建活动的开展。规范运作，认真制作公开承诺书。制作《文山州州直机关党组织创先争优承诺书》、《共产党员创先争优承诺书》在基层党组织推广应用。以党建带动群建，推动机关文化建设。在州总工会的大力支持下，成立文山州州直机关工会工作委员会，召开文山州直机关工会第一次代表大会，选举产生州直机关第一届工会工作委员会各基层党组织充分发挥工、青、妇组织的作用，积极开展读书活动，推动先进文化进机关活动的开展和和谐机关的建设。举办州直机关"国庆"职工篮球运动会。为庆祝中华人民共和国成立61周年，推进州直机关"创先争优"活动，促进机关和谐建设，州直机关举办"国庆"职工篮球运动会，从10月12日开始，比赛历时6天，于10月17日晚闭幕，来自州直机关各条战线的13支代表队、150多名运动员参加。

【组织建设】 抓好党组织建设和党员管理。合理设置机关党组织，2010年有管理党委1个，批准机关党委4个，撤销机关党委1个；撤销党总支4个，机关党委换届2个，总支换届5个、支部换届20个；选好配好基层党组织班子成员128人。转入党员109名，转出党员55名。抓好党员发展。做好入党积极分子入党前教育，举办入党积极分子培训班，共有122人参加学习培训，测试合格的有122人。全年审批发展新党员29名，批准预备党员转正33名。抓好党务干部培训。工委分别于5月30日和9月17日在文化大厦3楼会议厅和州检察院三楼会议室各举办1期党务干部培训班，机关基层党组织书记、副书记、委员参加；10月27～28日举办离退休干部党支部书记培训班，全年共有350余人(次)参加培训。为促进机关基层党组织组织党员学习，工委购买《最新基层党务工作规程方法》、《最新党员教育管理工作》等学习用书共1 400本，发到机关基层党组织，作为学习用书。积极参与文山数字平台——网上党支部的测试工作。进一步加强州直机关党建工作信息化建设，做到党员信息数据及时更新，准确无误，提高党建工作管理科学化水平，工委组织基层党组织积极参与"文山党建数字信息平台——网上党支部"的测试工作，为做好测试工作，10月14日在文化大厦3楼会议室举办有党组织负责人、各党组织信息员参加的培训班，有10个党委，14个党总支，184个党支部，3 000多名党员参加测试。组织参加"共产党员抗旱救灾特别捐献活动"。2010年云南遭受百年不遇的旱灾，机关党组织和党员积极参加"共产党员抗旱救灾特别捐献活动"，党组织捐献342 200元，党员干部捐献3 283 850.5元。

【落实党内制度】 落实长效机制文件。在深入开展创先争优活动中，州直机关各级党组织建立相关制度，并贯彻落实。继续执行在发展党员工作中推行发展党员推荐、联系、公示、预审、票决等五项制度。推进党内民主建设，增强团结统一。以落实党员知情权、参与权、选举权、监督权为重点，进一步提高党员对党内事务的参与度，充分发挥党员在党内生活中的主体作用，推进党务公开，营造党内民主讨论环境，推进党内民主建设，增强团结统一。

【作风建设】 开展讲党性、重品行、作表率和"个人形象一面旗、工作热情一团火、谋事布局一盘棋"主题实践活动。贯彻落实好行政问责等四项制度。进一步转变机关作风、密切联系群众，减少办事程序，提高服务质量和水平，创建服

务型机关。深入开展机关效能建设活动。继续开展机关效能建设活动，作为优化发展环境的重要载体，解决机关存在的“门难进、脸难看、事难办”和行政不作为、慢作为、乱作为的现象；解决乱收费、乱罚款、乱摊派和“吃拿卡要”的问题，防止行政权力部门化、部门权力利益化。弘扬艰苦奋斗的作风，坚持勤俭节约，提高办事效能。

**【廉洁从政教育】** 开展警示教育。州直机关工委组织机关基层党组织干部120多人到州检察院警示教育基地观看警示教育片《一个县委书记的沉沦》和参观州检察院检务公开和警示教育图片展。116个基层党组织，有632人(次)到检察院开展警示教育活动。并组织党员干部观看《执政之魂》、《一个明星区长的堕落轨迹—周良洛受贿案警示录》、《光辉的历程》、《王瑛事迹》等电教片，2010年，共播放警示教育片42场次，受教育人数1 998人(次)。开展廉政文化进机关活动。结合创建机关党建示范点和廉政文化进机关的要求，推进机关廉政文化建设。抓好廉洁自律监督检查工作。做好自检自查及监督工作，按时填报有关报表。做好州直机关科级干部提拔任用、评先选优、出国(境)监督审查工作。年内对1人提拔任用的党员干部人选，3名党员报上级党委表彰前和全州“勤政十佳”候选人在遵守党纪、贯彻执行廉洁自律规定方面的情况进行监督审核。参与干部选拔任用、公务员考录的监督。围绕领导干部遵守廉洁自律10个方面内容的要求，组织开展专项监督检查工作。查办党员违纪案件。严格按照干管权限，办理机关党员违纪案件。重视人民群众来信来访工作，全年受理来信案件1件，办结1件，办结率100%。

**【走访慰问党员】** 元旦春节期间对困难党员群众进行走访慰问，把党和政府的温暖送到基层困难党员的心中，按照要求，对州直机关基层党组织家庭困难党员、长期生病卧床的重病的党员、85岁以上高龄的党员，进行走访慰问，工委领导分为两个小组，从1月21~29日开展春节慰问困难党员和老党员活动，慰问州直机关困难党员36名，85岁以上的老党员9名，发慰问金9 000元；1月29日组织干部职工到互帮互助点马关县小马固村党总支慰问69名困难党员和群众，发慰问金7200元，送被子15床，并制定2011年互帮互助项目活动。针对党组织对困难党员关注不够的问题。结合工作实际撰写调研报告20篇，报送省直工委2篇调研文章。

**【领导名录】**

书　　记　王光建

副 书 记　朱祥林(彝)

　　　　　周云海(4~)

（裴忠华）

## 党史研究

**【征研工作】** 2010年，编纂出版《2009中共文山州委执政纪要》、《璀璨10年—西部大开发10周年文山州巡礼》、《文山州社会主义时期若干历史专题》、《文山州抗日战争人口伤亡和财产损失》4本党史书籍。按时完成《2009中共云南省委执政纪要》文山州委工作综述。同时，审读西畴、麻栗坡、丘北、富宁、广南5县党史正本送审稿，并提出修改意见。《中共西畴县委历次代表大会资料选编》，文山、西畴、丘北、马关4县的县委执政纪要已先后出版发行。全州出版党史书籍9部，得到上级的肯定和表彰。《中国共产党文山壮族苗族自治州历史》(第一卷)获云南省党史科研成果一等奖，“文山州抗战时期人口伤亡和财产损失”课题获二等奖，《中国共产党文山州历次代表大会资料汇编》、《中共丘北县党史资料》(第五辑)、《麻栗坡县脱贫奔小康示范村建设实录》获全省优秀党史成果三等奖，《文山州禁毒斗争》、《桃花盛开的地方》获优秀编辑奖；《论解放初期党的民族政策在西南边疆多民族地区的伟大实践》论文获三等奖。10月，在省委召开的全省党史工作会议上，富宁县党史研究室被表彰为先进集体，州委党史研究室1人、西畴县委党史研究室1人被省委表彰为先进个人，文山县委常委、组织部部长张永林被表彰为重视党史工作的好领导。

**【党史宣传教育】** 党史宣传教育工作继续突出为党委政府提供资政育人服务这一主题，抓住重大节日活动契机，充分利用党史研究成果，做好宣传教育，用党的伟大成就激励人，用党的成功经验启迪人。在七一建党节等重大节日向社会各届宣传党史革命史，宣传党领导人民进行革命和社会主义建设以及改革开放取得的伟大成就及其历史经验；在新华书店继续做好《中国共产党文山壮族苗族自治州历史》(第一卷)、《中共文山州委执政纪要》(2009)、《璀璨10年—西部大开发10年文山州巡礼》、《红色洒戛竜》、《滇黔桂边风云录》等书籍的发行工作，对广大党员、干部、群众、青少年进行党史革命史教育，发挥了党史工作的“育人”作用；在《文山日报》、《文山史志》、《含笑花》等报刊上发表反映文山州实施西部大开发10年来经济社会发展变化的文章，宣传文山州实施西部大开发取得的伟大成就及其历史经验；指导州内革命纪念场馆的建设，做好史料甄别把关工作，对游客、学生进行地方党史、革命史的宣传。

**【革命遗址普查】** 年内，按时完成全州革命遗址普查工作任务。文山州革命遗址普查工作自3月起正式启动，州委党史研究室拟定《中共文山州委党史研究室关于全州革命遗址普查工作的实施意见》并积极向州委领导汇报，得到州委的重视和支持，州委办向全州转发实施，并成立了文山州革命遗址普查领导小组，由分管党史工作的州委常委、组织部长黄宏伟任组长，州委副秘书长王盛和、州委党史研究室主任潘文金任副组长，成员由州委宣传部、州委党史研究室、州文化局、州民政局、州建设局、州旅游局的领导组成。领导小组办公室设在州委党史研究室。州委党史研究室负责组织实施，召开全州党史研究室主任会议，统一布置革命遗址普查工作任务，加强督促指导，8县研究室相应成立了革命遗址普查工作领导机构。州县两级党史部门积极争取，州县党委政府高度重视，从经费、人员、车辆等方面给予大力支持，共安排45万元经费用于普查工作；并从外单位抽调了20余人参加普查，按照"属地负责"、"不错、不漏，史实准确"的原则深入各普查点进行普查。县级普查人员跋山涉水，深入现场测量、测绘、拍摄照片、实景录像、走访座谈、寻访知情人等，收集了大量资料。经普查统计，全州列入普查的革命历史遗址共148个，其中：革命遗址142个，其他遗址6个；分布于文山县22个、砚山县16个、西畴县8个、麻栗坡县8个、马关县4个、丘北县11个、广南县35个、富宁县44个；分为6类：重要历史事件和重要机构旧址34个，重要历史事件及人物活动纪念地69个，革命领导人故居（旧居）8个，烈士墓16个（处），纪念设施15个，其他6个。经过普查，摸清了全州革命遗址情况，掌握了第一手资料，为进一步建立健全革命遗址保护体系并更好地进行保护、开发、利用，继承党的光荣革命传统，培育和弘扬以爱国主义为核心的民族精神，建设和发展社会主义先进文化，服务文山红色旅游，促进经济社会全面发展奠定基础。州党史研究室对各县上报的资料进行严格把关，综合各县市普查资料图片上报省委党史研究室并通过了验收。

【工作会议】 12月22日，州委召开全州党史工作会议，学习贯彻《中共中央关于加强和改进新形势下党史工作的意见》和全国全省党史工作会议精神，总结近年来全州党史工作，部署当前和今后一个时期全州党史工作任务。州委副书记罗国权、省委党史研究室副巡视员卓人政到会指导并讲话，州委常委、州委组织部长黄宏伟主持，州属部门分管领导和8县县委副书记和分管党史工作的县委领导以及州县党史研究室（史志办）全体干部共140余人参加会议。会上印发《中共文山州委关于加强和改进新形势下党史工作的实施意见》讨论稿征求意见。这次会议是文山州历史以来规格最高、规模最大的党史工作会议。

州委第83次常委会贯彻全省党史工作会议精神，会议解决党史书籍编纂出版经费，由原来的"有书没钱出"向"只要有书出就有经费"的转变；同意州委党史研究室的领导职数设置为"主任1名，副主任2名"，人员编制在原来的基础上增加1人；将党史工作经费列入州级财政预算，每年10万元；增加公务用车编制1辆；同意遗迹遗址保护维修建设在争取到省党史遗址保护经费时，由相应的县级财政给予1∶1的配套，切实加强党史遗迹遗址保护建设。

【领导名录】

主　　任　潘文金（壮）

副 主 任　赵志鹏（彝）

（朱良冬）

## 党校教育

【理论武装】 深入学习宣传研究党的路线方针政策和创新理论。抓好党的路线方针政策和马列主义、毛泽东思想、邓小平理论、"三个代表"重要思想和科学发展观的学习宣传研究，重点抓好党的十七大、十七届四中、五中全会精神的学习、宣传和研究，切实把党的十七大、十七届四中、五中全会精神确立的重大理论观点、重大战略思想和重大工作部署作为学校教学、科研和管理工作的重要内容，用以武装头脑，指导实践和推动工作。深入学习贯彻《中国共产党党校工作条例》、《2010—2020年干部教育培训改革纲要》、《中共云南省委关于贯彻〈中国共产党党校工作条例〉的实施意见》、《中共文山州委关于进一步加强党校工作的意见》精神，进一步统一全校教职工思想，增强合力。积极主动为机关、学校、乡镇、社区和广大干部群众宣讲党的路线方针政策和创新理论。一年来，共组织校领导和骨干教师到州、县机关，乡镇、社区，各企事业单位作科学发展观、学习型党组织建设专题讲座，宣讲党的十七大、十七届四中、五中全会精神60多场（次），参加听讲人员达4 000多人（次），受到社会各界好评。按照中央和省州党委的部署和安排，深入开展创先争优和学习型党组织建设活动。5月下旬，按照州委关于在全州基层党组织和党员中开展"创先争优"活动的部署，党委及时安排机关党支部和全体党员开展"以深入学习实践科学发展观为主导，以建设学习型党组织为主线，以创建'五个好'先进党支部、争当'五带头'优秀共产党员为主要内容，以'加强基层组织，齐心团结干事，抓好干部培训，服务师生员工，促进校园和谐，推动科学发展'为主题的创先争优活动"。截止年底，全体党员共阅读各类书籍320多本（部），撰写学习心得和体会文章120多篇，记录读书笔记10余万字；在州级以上报刊发表理论宣传文章8篇；党员教师到各有关单位、部门作理论宣讲、辅导20多场（次）；编印活动《简报》6期，编发黑板报4期；完成以推进活动开展为主题的州级调研课题1个、校级调研课题4个；全校在职党员开通并参与文山网上党支部活动。机关党支部战斗堡垒和党员先锋模范作用在抗旱救灾、民族团结共建以及学校的教学、科研和服务工作中得到充分体现。根据《中共文山州委办公室关于推进学习型党组织建设的实施意见》精神，党委决定从6月开始到党的十八大召开前，用两年多的时间在全校深入开展学习型党组织建设活动，努力在广大党员中营造和形成重视学习、崇尚

学习、坚持学习的浓厚氛围，牢固确立党组织全员学习、党员终身学习的理念，使党员的学习能力不断提升，知识素养不断提高，先锋模范作用充分发挥，使党组织的创造力、凝聚力、战斗力不断增强，为学校教学、科研和管理服务，为建成学习型的领导班子以及学习型的教师队伍、职工队伍，充分发挥率先垂范作用，为建成全省一流州市党校打下良好基础。积极创新学习方式，确保政治理论学习取得实效。抓好校党委理论学习中心组学习。党委理论学习中心组全年举行4次集中学习活动，除中心组成员外，还吸收正副调研员、各科室负责人、机关党支部书记、专职纪检员及部分骨干教师共128人(次)参加学习。通过对《中国共产党党员领导干部廉洁从政若干准则》、《中共中央关于加强和改进新形势下党的建设若干重大问题的决定》、《中国共产党党校工作条例》、《2010—2020年干部教育培训改革纲要》、《中共中央关于制定国民经济和社会发展第十二个五年规划的建议》、《中共文山州委关于贯彻〈中共中央关于加强和改进新形势下党的建设若干重大问题的决定〉的实施意见》等文件和有关领导重要讲话精神的学习，进一步增强全校党员领导干部贯彻落实科学发展观的自觉性和坚定性，明确干部教育培训改革的指导思想、基本原则、基本内容和主要目标，增强干部职工做好干部教育培训工作的责任感、使命感和紧迫感。全力抓好党支部和科室的学习。以正在深入开展的创先争优活动和学习型党组织建设活动为载体，通过召开党员组织生活会、开展集中讨论、上党课等方式精心组织广大党员和干部群众学习党的路线方针政策和创新理论，切实把广大干部群众的思想认识统一到中央、省委、州委和学校党委的要求上来。全年举行党支部和科室集中学习76次，516人(次)参加学习。通过学习，党员干部做到先学、先懂、先用，为进一步发挥党校学习、宣传、研究党的创新理论主阵地作用奠定基础。

**【教育培训】** 切实发挥“主渠道”、“主阵地”作用，抓好教育培训工作。年内，开办各类培训班次33个，培训轮训各级各类干部3 372人，充分发挥干部教育培训的“主渠道”、“主阵地”作用。办好专题培训班。围绕州委、州人民政府的中心工作，在州委干教委的统一协调下，举办3期专题培训班，培训各级各类干部693人。通过集中培训，进一步把全州各级各类干部的思想和行动统一到党的十七大、十七届四中、五中全会精神和中央、省委、州委的要求上来，进一步增强广大干部推进文山科学发展的自觉性和坚定性，为推动全州“十二五”经济社会又好又快发展奠定思想理论基础。重点抓好主体培训班。年内举办14期主体培训班，班次类别主要有领导干部培训班、中青年干部培训班、科级公务员任职培训班、少数民族干部培训班、妇女干部培训班、统战干部培训班、理论骨干培训班、党外知识分子培训班、女村(社区)党组织书记主任培训班，少先队辅导员培训班、工会干部培训班、宣传干部培训班等，培训各级各类干部1 122人，为全州经济发展社会进步提供了大批人才保证和智力支持。积极拓宽对外培训渠道。充分利用办学优势，开展对行业、系统和部门的培训，与越南国家行政学院合作，举办1期越南行政管理干部培训班，培训越南干部16人；与州委组织部、州人事局联合举办1期文山州2010年选聘高校毕业生到村任职岗前培训班和两期文山州2010年新录用公务员初任培训班，培训451人；协助州政法委、州公安局、边防支队、州交通局、州610办、州供电局等举办一系列培训班(次)，培训各类干部1 090人。联合系统办班、行业办班，既拓宽对外培训渠道，扩大干部教育培训的影响力和辐射面。继续开办学历教育。党校系统函授学历教育停办后，继续与昆明医学院、云南广播电视大学等高等院校联合办学，招收本、专科学员392人，现有校生人数1 000余人。同时，加强对在校本、专科班和研究生班的教学和日常管理工作，严格按函授教育办学各环节的要求加强管理，执行各项管理制度，保证函授教育办学善始善终。创新干部教育培训的理念、内容和方法，提高教育培训质量。针对文山干部的特点，改变就培训抓培训、为培训而培训的观念和做法，树立按需培训的理念，创新教学的内容和方法，切实增强教学的针对性和实效性，努力提高教学质量。创新培训理念，调整优化教学布局。在突出理论武装的基础上，严格按照省州党委的要求，努力做到党的事业需要什么就培训什么，科学发展需要什么就培训什么，干部缺少什么就培训什么。结合文山经济社会发展实际，将干部教育培训工作同全州实施的“六大战略”、“通道经济”、“四大基地建设”、“新高地建设”等重大部署紧密结合起来，努力使教育培训与州委、州人民政府的中心工作环环相扣；将干部教育培训与全州经济社会发展相统筹，与全州经济结构和人才结构调整相匹配，与产业发展和产业升级相适应，为全州培养了大批现代化建设急需的各类人才。同时，严格按照《中国共产党党校工作条例》对教学布局提出的新要求，研究干部成长规律和党校教育规律，不断深化教学改革，开设有关夯实理论基础、开拓世界眼光、培养战略思维、增强党性修养等方面的教学内容。通过学习和培训，全州广大干部用科学发展观来武装头脑、指导实践、推动工作的能力和水平进一步提高。突出边疆民族特色，开展重点专题教学。按照研究抓创新、成果抓转化的教研工作思路，围绕中心、服务大局，深入研究文山具有全局性、前瞻性、战略性的重大问题，总结文山深化改革、扩大开放、推进科学发展、维护边疆安宁、增进民族团结、促进社会和谐、加强党的建设等经验，从推进文山经济、政治、文化、社会和党的建设，少数民族干部、妇女干部、党外干部培养，加强民族团结、边疆稳定、城乡繁荣、应对国际金融危机等方面，设立近400个紧密结合州情实际，具有较强针对性、灵活性、科学性和规范性的特色专题和案例在各主体班次讲授，较好地满足学员研究问题、提高素质和能力的多样化、个性化需求。

创新培训方法，增强针对性和实效性。注重引入现代培训理念，针对不同班(次)学员的特点，抓好教学方法的创新，在各类班次广泛采用互动式教学、研究式教学等多种培训方法，充分发挥教师的主导作用、学员的主体作用，进一步增强培训的针对性和实效性。

**【教研科研】** 开展教研活动，提高教务管理和服务水平。教研部门对归口管理学科的跟踪管理进一步加强，对任课教师备课、授课、作业评阅等主要教学环节的督促、检查力度进一步加大。组织开展各类教研活动28次、深入基层开展调研活动12次、撰写教学调研报告和总结28份，组织教学观摩课累计60余节(次)，有效地保证教学活动的正常开展和教学质量的提高。教务管理部门主动研究干部教育的特点和规律，探索新的管理模式，总结推广新的教学方法。图书馆为教学、科研服务的功能进一步发挥，有效地满足教学和科研工作的需要。坚持“四个服务”方向，夯实基础，提升教学科研水平。创新科研管理机制，增加科研投入，培育科研力量。发挥团体力量，提倡合作研究，不断加大科研成果转化力度，突出科研服务大局、服务教学的作用。积极探索和推行课题招标制度，增加科研经费投入，为教研人员进行研究、考察、进修、调研和实践提供必要的经费支持。建立激励机制，调动科研人员参与学术活动的积极性，鼓励和引导科研人员深入基层调查研究，多出有份量的科研成果。加强科研队伍建设，通过组织理论研讨、参加进修培训、外出学习考察等方式不断提高科研人员整体素质，培育和打造科研骨干力量。加强学术交流，开展科研合作，提高学校学术地位和知名度。围绕中心、服务发展，推进教学科研一体化。坚持把中国特色社会主义理论体系的研究放到党校科研工作的中心位置，紧密联系国内外形势的发展变化，围绕党的十七大、十七届四中、五中全会提出的重大理论观点和战略任务，加强对文山州改革开放和现代化建设的重大问题，特别是新型工业化、城镇化、生态建设、转变发展方式、新农村建设、和谐文山建设以及党的建设等重大问题的研究。年内，全校教师共撰写科研论文84篇，发表论文27篇，其中，核心刊物3篇，国家级刊物1篇，省级刊物7篇，州级报刊16篇，校级刊物21篇，取得一批有质量的成果；完成《2010—2015年文山州生物产业发展规划》和《文山州“十二五”进一步促进区域协调发展研究》两个州“十二五”规划重点课题的调研和撰写，并顺利通过评审，为科学合理地编制全州“十二五”规划提供素材和依据；全省党校系统课题《云南边境民族地区通道经济研究——以文山州为例》获得立项；完成文山州2010年度纪检监察调研课题《利用信息化手段反腐败问题研究》的调研和撰写。进一步发挥党校在党委和政府决策中的思想库作用，在《文山党校》和文山干部教育网上开辟了“州情研究”、“新高地发展战略笔谈”、“学习贯彻十七届五中全会精神”等栏目，积极宣传马克思主义中国化最新成果，活跃学术氛围。

**【业务指导】** 根据《中国共产党党校工作条例》的有关规定，继续加强对县级党校的业务指导，进一步整合全州党校系统资源，形成了合力，使党校整体功能得到更好的发挥。加强对县级党校贯彻落实中央、省委和州委关于党校工作的方针、政策情况的督促检查。继续加强对县级党校贯彻落实、《中国共产党党校工作条例》、《2010—2020年干部教育培训改革纲要》及全国、全省干部教育培训工作会议和党校工作会议情况的督查检查力度，指导县级党校按《中国共产党党校工作条例》确定的指导思想、工作原则和要求开展教研科研，促进县级党校在干部教育培训方面做出更大成效。指导县级党校落实好《2006—2010年文山州干部教育培训规划》，对有关工作情况进行调研，提出解决的办法和措施，有效地推动全州干部教育培训规划的顺利实施。加强对县级党校教学教法工作的指导。根据《中国共产党党校工作条例》的有关规定和全国、全省干部教育培训工作会议及党校工作会议的有关要求，进一步加大对县级党校主体班次开设、学制、主要课程设置，学历班次教学、考试、论文撰写答辩等重要教学环节的指导，推动全州党校系统教学教法改革的进程，党校系统的教学质量和水平明显提高。加强对县级党校科研工作的指导。指导县级党校强化科研工作的基础地位，重点落实好“四个服务”的科研方向，加强对重大理论和现实问题的研究，帮助落实科研成果进课堂、进头脑、进决策，促进教学科研一体化。采取多种方式，组织协调科研项目的选题、立项和联合攻关，吸收县级党校的人员参加课题组，做好科研成果鉴定、评审工作，进一步提高县级党校科研能力。

**【领导名录】**

党委书记、常务副校(院)长　黄家仁(壮)
党委副书记、纪委书记　丰云明(4～)
党委委员、副校(院)长　黎　权(壮)
汪　玲(女，壮，4～)
梁龙砚(彝，4～)

(娄孝发)

## 老干部工作

**【重视老干部工作】** 全州各级党委、人民政府从改革、发展、稳定的大局出发，把老干部工作列入党委、人民政府的一项重要工作来抓，及时研究解决老干部工作中带全局性的重大问题。坚持把老干部工作纳入总体工作规划，通盘考虑，一起部署落实，一起检查考核。进一步健全老干部工作一把手负总责、分管领导直接抓、组织部长亲自抓的领导责任制。根据年初州委李培书记李培的重要批示，州委组织部、州委老干部局印发《关于对贯彻落实中组发文件情况开展督促检查的通知》，促成领导兼任体制的新突破和厅级退休干部管理经费的落实。充分发挥各级老干部工作领导小组的组织、

指导、协调和督促作用，采取定期或不定期的召开领导小组会议，听取老干部工作的汇报及重要问题的研究。坚持和完善在职领导与同级老干部的联系制度，在职领导走访联系同级老干部303人(次)，加深了相互之间的理解与支持。春节期间，州委书记李培、州长黄文武等州委及政府领导分别看望慰问了高全基、赵万象、牛启发等30名厅级离退休干部。各级老干部工作部门按照党委的要求，立足本职，与时俱进，务实创新，扎实有效地开展老干部工作，坚持“亲情式”和“人性化”服务与管理，得到各级党委、政府的肯定，赢得广大老同志的信任和支持。

**【创新老干部工作】** 以创先争优活动为动力，提高干部队伍的综合素质。为深入推进创先争优活动，以活动推动部门工作新发展，州委老干部局9月28日在文山州老年大学组织开展“全州老干部工作政策业务知识竞赛”，在全州老干部工作部门中掀起了学习业务知识的热潮。通过竞赛，评出优秀团队6个、优秀个人7名，营造“比学习强素质、熟业务增能力”的良好氛围，对外进一步树立新时期老干部工作部门的新形象。

以创先争优活动为契机，加强离退休干部“两项建设”。结合创先争优活动，各级组织、老干部工作等部门密切配合，切实加强离退休干部党支部建设和党员队伍建设，老干部作用进一步发挥。年内，全州先后调整充实离退休干部党支部21个，举办离退休干部党支部书记培训班12期，培训党员离退休干部509人；党支部组织开展活动1 310次，参加人数15 052名。结合离退休干部特点，组织离退休干部开展“在家做个好长辈、在社会树个好形象、在单位做个好前辈”和“学习杨善洲先进事迹，争做优秀共产党员”为主题的实践活动，引导他们在解放思想、建言献策、发挥余热、维护形象、弘扬正气上发挥积极作用。全州在离退休干部中聘请关工委成员81人，聘请文化市场监督员32人，聘请市政建设协管员36人，聘请行风评议员28人；各老年社团组织在党支部组织引导下，积极开展送文化、送科技、送卫生、送法律等下乡活动共97场(次)，参与人数2 283名，赠送春联4 712对，印发农业科技、法律宣传、医疗卫生等资料3 000余份；在全州抗旱救灾中，11 089名离退休干部积极为灾区奉献爱心，共捐款233 042元。离退休干部离职不离岗，退休不褪色的事迹得到各级领导的肯定和好评，赢得社会的广泛赞誉。

**【离退休干部服务管理】** 随着社区建设的逐步完善，州、县两级老干部工作部门加强研究、主动协调、抓好对接，依托社区实现离退休干部“就近学习、就近活动、就近得到关心照顾、就近发挥作用”。通过各级老干部局和社区管理人员的共同努力，与社会老年人同步建立离退休干部基本信息库，做到“心中有底”；利用社区及社区范围内的硬件设施设立阅文读书室、活动健身室、精神慰籍室及“一站式”服务大厅为老干部提供服务；社区党委(党总支)主动负责，安排相关支部、人员组织离退休干部开展政治理论学习，让老同志及时更新知识，做到政治坚定，思想常新，理想永存；重大节日期间，社区结合当地党委、政府的慰问活动，组织开展走访慰问部分离退休干部活动，送去组织的关怀和温暖。年内，被列入州级试点的有文山县沙坝社区、麻栗坡县城南社区两个点，各县均有1至2个点。

**【“双高期”服务和帮扶解困工作】** 按照省委反复强调的：“再难不能难老干部，再苦不能苦老干部”的要求，全州各级党委、政府及相关部门结合实际，加大财政支持力度，切实改进服务方式，使“双高期”和特困离退休干部得到及时关心照顾。坚持“亲情式”走访看望慰问活动。各级各有关部门坚持由领导带队，定期和不定期的深入到医院和老干部家中看望慰问老干部，及时了解老干部的学习、生活和身体健康状况，做好老干部的贴心人。年内，全州走访看望离退休干部1 397人、离退休干部遗属386人。州委老干部局坚持离休干部80、90、100岁生日看望慰问制度，为19名离休干部送去生日祝寿金15 200元。做好帮扶解困工作。全州老干部工作部门按照特事特办、雪中送炭的要求，建立帮扶解困资金42万元。一部分参加革命时间早、家庭收入低、身患重病、生活不能自理、子女下岗的离退休干部以及离退休干部遗属及时得到关心照顾。

**【落实老干部“两项待遇”】** 坚持完善“八项制度”，老干部政治待遇进一步落实。全州各级党组织和老干部工作部门始终围绕老干部政治学习、组织生活、阅读文件、情况通报、参加重要会议、参观考察、走访慰问、在职领导联系同级老干部等“八项制度”，抓好离退休干部政治待遇的落实，切实从政治上关心老干部。2010年，全州共组织离退休干部阅读文件1 524次，参阅离退休干部达3 972人；组织离退休干部学习政治理论696次，参学离退休干部13 396人；召开经济社会发展情况通报会181次，参会离退休干部3 671人；邀请离退休干部代表出席党代会、人代会、政协会等重要会议193次，参加人数1 646名；组织离退休干部就地就近参观考察工农业生产189次，参加考察离退休干部1 270人。

继续巩固“三个机制”，老干部生活待遇落到实处。在各级党委、人民政府的关心重视下，组织、老干、人社、财政等部门继续加强联系和沟通，有效巩固“三个机制”正常运转，离休干部的离休费按时足额发放，医药费按政策规定实报实销，各种津补贴落实到位，为离休干部“老有所养，病有所医，住有所居”提供有效保证。年内，全州审核办理156名离休干部的“高龄护理费”，审核办理52名离休干部的“瘫痪护理费”，州委老干部局审核办理39名已故离休干部配偶的生活补贴共117 000元；州、县老干局组织离退休干部健康保健知识讲座8次，参加人员1 952名；组织健康体检8次，参加人员1 578名。

【老干部活动阵地建设】 老年大学、活动中心、干休所社会效益凸显。全州各级老干部工作部门坚持把老干部活动中心、老年大学、干休所阵地建设，作为加强离退休干部思想政治建设、满足离退休干部精神文化生活需求的重要载体来抓，"三块阵地"建设的功能和作用得到充分发挥。老干部活动中心的服务管理进一步规范。各老干部活动中心在建立健全各项规章制度基础上，积极探索改进服务管理的方式方法，在醒目的地方张贴"温馨提示"，设立"高龄老人专席"等，不断提升服务质量，深受老同志好评。老年大学逐步走向健康发展轨道。州、县老年大学根据老年人特点和需求，合理确定教学内容，制定学校规章制度，科学进行课程设置，逐步改善办学条件，稳步扩大办学规模，提升办学质量，增强办学吸引力，社会效益进一步凸显。年内，全州 9 所老年大学开设29 个专业 36 个教学班，在校学员 1805 名，聘用教师 70名。干休所服务管理水平不断提升。州干休所建立健全各项内部管理制度，不断改进和完善服务方式，为老干部学习和生活提供优质、高效、快捷服务，切实帮助解决老干部的实际困难和问题。老同志的精神文化生活进一步丰富。州县老干部活动中心、老年大学坚持学、乐、为相结合，组织离退休老同志开展对外交流和文艺演出、下乡宣传等活动，得到社会好评和基层群众的欢迎，在丰富自身精神文化的同时也丰富基层文化生活，阵地功能得到彰显。5 月 29 日上午，州老年大学联合州关心下一代工作委员会和州实验小学，在文山会堂举办祖孙同乐庆"六·一"联欢会，倡导全社会关心关注下一代的健康成长；5 月 12 日，丘北县老年大学与玉溪金平县老年艺术团在丘北会堂举行一场别开生面的文艺晚会，加强了交流、增进了友谊；11 月 21 日，文山、砚山两县老年大学在文山休闲广场联合举办文艺展演，宣传社会主义新农村新风貌、新气象。

【领导名录】

局　　长　王光平(～12)

副 局 长　罗丽萍(女)

　　　　　龙清修

（王荣琥）

苗族采花山

# 文山州人大常委会

责任编辑：江　梅

付加兴主任视察扶贫点整村推进建设情况

# 重要会议

**【州十二届人大第六次会议】** 1月13～17日在文山举行，会议听取和审查州人民政府常务副州长徐爱民作《文山壮族苗族自治州人民政府工作报告》；审查和批准《文山壮族苗族自治州2009年国民经济和社会发展计划执行情况及2010年计划（草案）报告》；审查和批准《文山壮族苗族自治州2009年地方财政预算执行情况和2010年地方财政预算（草案）报告》；听取和审查州人大常委会主任付加兴作《文山壮族苗族自治州人大常委会工作报告》；听取和审查州中级人民法院副院长冯毅作《文山壮族苗族自治州中级人民法院工作报告》；听取和审查州人民检察院检察长周和玉作《文山壮族苗族自治州人民检察院工作报告》；审议通过《云南省文山壮族苗族自治州文山老君山保护区管理条例（草案）》、《云南省文山壮族苗族自治州水工程管理条例（修订草案）》。

**【州十二届人大常委会第二十七次会议】** 3月12日在文山举行。会议听取州十二届人大常委会代表资格审查委员会《关于个别代表资格变动情况的报告》；听取州人大常委会《关于承办全国三十个少数民族自治州第22次人大工作研讨会筹备方案的报告》；听取州人大常委会2010年专题调查提纲的报告；听取州人大常委会2010年专题学习讲座安排意见的报告；听取州人大常委会《关于上报省人大常委会文山州8县基层人大建房补助经费的情况报告》；免去李雪松文山壮族苗族自治州中级人民法院院长职务、张军文山壮族苗族自治州人民检察院副检察长职务、山廷耀文山壮族苗族自治州人民检察院检察员职务。任命戴华为文山壮族苗族自治州人民检察院检察委员会委员、赵云萍为文山壮族苗族自治州人民检察院检察员。

**【州十二届人大常委会第二十八次会议】** 4月29～30日在文山举行，会议听取和审议州人民政府关于承办云南省第十三届运动会体育基础设施建设情况的报告；听取和审议州人民政府关于贯彻执行《中华人民共和国土地管理法》工作情况的报告；听取和审议州人民政府关于2008年以来全州残疾人就业情况的报告；审议通过文山州人大常委会关于贯彻实施《云南省文山壮族苗族自治州水工程管理条例》的决定（草案）、文山州人大常委会关于贯彻实施《云南省文山壮族苗族自治州文山老君山保护区管理条例》的决定（草案）；免去周建林文山壮族苗族自治州人大常委会副秘书长职务，王强（州院）文山壮族苗族自治州人民检察院检察员职务。任命潘伟为文山壮族苗族自治州人大常委会副秘书长，敖连华为文山壮族苗族自治州人大常委会财经工作委员会副主任，熊朝文为文山壮族苗族自治州人口与计划生育委员会主任，罗诗云为文山壮族苗族自治州人民检察院副检察长，段伟为文山壮族苗族自治州人民检察院检察员、检察委员会委员，侯兴嵘为文山壮族苗族自治州人民检察院检察员、检察委员会委员，王强（麻栗坡）为文山壮族苗族自治州人民检察院检察员，郑传达为文山壮族苗族自治州人民检察院检察员，陈坤慧为文山壮族苗族自治州人民检察院检察员。

**【州十二届人大常委会第二十九次会议】** 5月30日在文山举行，会议免去韦保明文山壮族苗族自治州人大常委会法制工作委员会主任职务，李智文山壮族苗族自治州人大常委会法制工作委员会副主任职务。免去姚堂文文山壮族苗族自治州人民政府副州长职务。任命韦保明为文山壮族苗族自治州人大常委会教科文卫工作委员会主任，李智为文山壮族苗族自治州人大常委会内务司法工作委员会副主任，吕俊为文山壮族苗族自治州中级人民法院审判员、审判委员会委员、副院长、代理院长。

**【州十二届人大常委会第三十次会议】** 6月24～25日在文山举行，会议听取和审议州人民政府关于文山州2009年地方财政决算的报告；听取和审议州人民政府关于2009年州本级预算执行及其他财政收支情况的审计工作报告；听取和审议州人民政府关于贯彻实施《中华人民共和国义务教育法》情况的报告；听取和审议州人民政府关于文山州保障性住房建设工作情况的报告；听取和审议州人民检察院关于2008年以来开展民事行政检察监督工作情况的报告；听取州人大常委会关于云桂铁路建安营业税作为专项还款源偿还云南省铁路投资有限公司铁路建设征地拆迁贷款资金的议案办理情况的报告（书面）。

**【州十二届人大常委会第三十一次会议】** 8月30～31日在文山举行，会议听取和审议州人民政府关于2006以来提请州人大常委会审议决定议案落实情况的报告；听取和审议州人民政府关于文山州2010年1～6月国民经济和社会发展计划执行情况的报告；听取和审议州人民政府关于2008年以来就业再就业工作情况的报告；听取和审议州中级人民法院关于2008年以来民商事案件调解和执行和解工作情况的报告；审查州人民政府关于《云南省文山壮族苗族自治州林业管理条例（修订草案）》和《云南省文山壮族苗族自治州森林和野生动物类型、湿地类型自然保护区管理条例（修订草案）》的议案；同意马骞林辞去文山州第十二届人民代表大会常务委员会委员职务。免去沈加斌文山州中级人民法院审判委员会委员、审判员职务，曾世满文山州中级人民法院审判员职务，陈宗顺文山州中级人民法院审判员职务，余保祥文山州中级人民法院审判员职务。批准免去段伟砚山县人民检察院检察长职务、侯兴嵘丘北县人民检察院检察长职务，免去朱瑞良文山州人民检察院检察员职务、何正能文山州人民检察院检察员职务。

**【州十二届人大常委会第三十二次会议】** 10月27～28日在文山举行，会议听取和审议州人民政府关于2006年以来农村卫生基础设施建设情况的报告；听取和审议州人民政府关于"十一五"扶贫开发工作情况的报告；听取和审议州人民政府关于2008年以来城乡社会救助工作情况的报告；审议州人大常委会关于对文山州高等级公路建设情况的视察报告；审议通过文山壮族苗族自治州人民代表大会常务委员会关于十三届人民代表大会代表名额分配的决定(草案)；任命王丽波为文山壮族苗族自治州人大常委会民族工作委员会副主任。任命刘云洲为文山州工业和信息化委员会主任，陆庆怀为文山州民族宗教事务委员会主任，赵琼为文山州人力资源和社会保障局局长，杨秀德为文山州住房和城乡建设局局长，王占明为文山州交通运输局局长，王成标为文山州生物资源开发和三七产业局局长，杜运坤为文山州国有资产监督管理委员会主任，李维金为文山州广播电视局局长，赵信民为文山州体育局局长，林坤跃为文山州扶贫开发办公室主任。免去陆庆怀文山州民族事务委员会主任职务，赵琼文山州人事局局长职务，杨秀德文山州建设局局长职务，王占明文山州交通局局长职务；郑先进文山州经济委员会主任职务；桂发清文山州劳动和社会保障局局长职务，王永贵文山州粮食局局长职务。任命王克为文山壮族苗族自治州人民检察院检察员、检察委员会委员、副检察长。免去倪文英文山壮族苗族自治州人民检察院检察员、检察委员会委员、副检察长职务。

**【州十二届人大常委会第三十三次会议】** 12月22日在文山举行，会议听取和审议州人民政府关于办理州第十二届人民代表大会第六次会议期间代表建议、批评和意见及贯彻州人大常委会各次会议决议、决定和审议意见的报告；讨论文山州人民代表大会常务委员会工作报告(讨论稿)；听取州人大常委会关于文山撤县设市情况的说明；批准免去王克马关县人民检察院检察长职务，免去廖忠玲文山壮族苗族自治州人民检察院检察员职务。

## 重要活动

**【视察检查】** 4月7～9日，省人大常委会常务副主任晏友琼、秘书长白保兴、农业工作委员副主任、研究室副主任单文，省发改委副主任李承宪、民政厅副厅长姚国华、农业厅副厅长张泽军、水利厅副厅长陈坚等一行15人，到文山调查抗旱救灾工作情况。调研组在州委书记李培、秘书长李国安，州人大常委会主任付加兴、副主任孙天竹、秘书长左玉堂等的陪同下，深入砚山县江那镇羊街村委会三元洞村调研抗旱钻探井情况、舍木那村调研烤烟育苗情况，丘北县天星乡应急供水情况、树皮乡调研抗旱育苗(辣椒)情况，文山县古木镇牛棚村调研抗旱保苗(三七)情况、古木镇阿车村委会倮可母村调研抗旱保人饮工作。在州人大常委会召开座谈会，听取州长关于文山州抗旱救灾工作情况的汇报；到暮底河水库调研文山州人大代表基地建设、人大家园小区建设。6月2～4日，以省人大常委会副主任杨保建为组长的省人大常委会中小学校舍安全工程视察组，在州人大常委会主任付加兴、副主任孙天竹、州政府副州长兰骏、州人大常委会秘书长左玉堂及州发改委、州财政局、州建设局、州教育局等有关部门领导的陪同下，分别深入文山县薄竹镇老回龙中学，砚山县江那镇子马小学、江那镇中学、砚山县民族中学，丘北县树皮乡矣得小学、树皮乡中心小学校等实地视察校舍安全工程建设情况。在丘北县召开汇报会，州委副书记、州长黄文武和丘北县委分别向视察组汇报文山州及丘北县中小学校舍安全工程建设情况，并听取视察组对视察情况进行反馈。

6月22日下午，省委第一巡视组组长李少春、副组长顾颂奇等领导到州人大常委会检查指导工作。州人大常委会召开工作情况汇报会，州人大常委会在家的领导及各工委室负责人参加汇报会。付加兴主任从抓基础建设创一流机关、抓干部建设建一流队伍、抓履职效果争一流业绩三个方面向巡视组汇报州人大常委会近3年来工作情况，并提出下步工作打算。12月15～18日，全国人大常委会委员、内外司法委员会副主任委员姜兴长，内司委司法室副主任王进，办公室副巡视员龚丽英等5人，在省人大常委会委员、内司委副主任委员施朝兴，内司委司法处处长赵光存等陪同下到文山州调研。调研组听取州人民政府关于“五五”普法及禁毒工作情况汇报，深入文山县开化镇调研，赴麻栗坡县天保口岸、烈士陵园、文山老君山考察。州人大常委会付加兴主任、张琼昌副主任、左玉堂秘书长、内司委李智副主任等陪同。

**【调查研究】** 为听取和审议好每次常委会例会的议题，年内，州人大常委会组织调查组13个，深入全州8县和40多个乡镇，广泛开展调查研究，撰写调查报告13篇。3月12～15日，省人大常委会“云南休闲旅游目的地培养对策研究”(滇东南片区)调研组由财经委副主任罗明义带队到文山州调研，深入砚山、富宁两县实地调查文山州旅游业情况，副主任陈明山陪同。3月8～12日省人大外事华侨工作委员会主任杨润新、副主任穆永新一行4人到文山州调研侨务工作。在州人大副主任马正新及民工委、州外事侨务办公室相关人员的陪同下，先后到富宁县金坝及砚山县平远、稼依3个华侨农林管理区调研和指导抗旱救灾工作。3月29日至4月3日，省人大常委会选联工委副主任文元红一行到文山调研，深入富宁、广南、丘北3县，听取文山州贯彻落实选举法修正案及代表工作的意见和建议。副主任李品相等陪同。4月12～13日，受省人大常委会民族委的委托，省社科院民族学所研究员张惠君、副研究员人事处处长孙瑞、副研究员刘军到文山州开展《民族区域自治在云南的成功实践》课题调研，调研组在马正新副主任、社科联主席周维丽的陪同下，深入富宁洞波乡和田蓬口岸实地调查，听取县人民政府关于“兴边富民工程”及“山瑶”扶贫开发工作情况汇报，召开政府有关部门座谈，介绍民族区域自治在文山的成功实践情况。11月17日，省人大农工委副主任徐显云、环资工委副调研员李新吉到富宁县调查膏桐发展情况，农环工委主任王贵斌陪同。12月16～18日，全国人大常委会委员、内司委副主任委员姜兴长一行5人，在省人大常委会委员、省人大内司委副主任委员施朝兴，州人大常委会主任付加兴，州委常委、政法委书记吴俊明，州人大常委会副主任张琼昌，州人民政府副州长李俊彪，州人大常委会秘书长左玉堂等领导陪同下，对文山州“五五”普法工作和禁毒法实施情况进行专题调研。调研组深入文山县开化镇永通社区考察“五五”普法工作，看望社区干部，参观了州人大办公新区、人大家园小区、代表培训基地，到麻栗坡县瞻仰烈士陵园，参观天保国家级口岸及

老山爱国主义教育基地，慰问驻防老山的解放军官兵。

**【执法监督】** 4月12～13日，州人大常委会组成以州人大常委会副主任胡代刚为组长，部分州人大常委会委员、州人大代表和州国土资源局局长参加的调查组，对文山、砚山两县贯彻执行《中华人民共和国土地管理法》工作情况进行调查，深入砚山县平远镇差黑土地整理项目建设点，文山县城市建设、省运会场馆建设、铝厂等项目建设点和部分村寨进行实地调查、走访座谈。5月24～27日，州人大常委会组成由常委会副主任孙天竹为组长的调查组，深入文山县平坝镇平坝中学、富宁县田蓬镇田蓬小学、田蓬村委会等6个乡镇、3个村委会、15所中小学，分别对文山、富宁两县贯彻实施《中华人民共和国义务教育法》的情况进行调查。

**【立法工作】** 年内，审议条例2件、审查条例2件，作出贯彻实施条例决定2件，对3个条例进行调研和可行性研究。审议通过《云南省文山壮族苗族自治州文山老君山保护区管理条例》、《云南省文山壮族苗族自治州水工程管理条例》，及时公布和作出学习宣传贯彻实施条例的决定；审查通过《云南省文山壮族苗族自治州林业管理条例(修订草案)》、《云南省文山壮族苗族自治州森林和野生动物类型自然保护区管理条例(修订草案)》。对修订《生物产业条例》、《出租车管理条例》和《消防条例》进行可行性调研。

**【任免评议】** 年内，任免国家机关工作人员53人(次)，其中任命和批准任命25人(次)，免职28人(次)。对49名“一府两院”组成人员2009年度的述职报告进行评议。

**【代表议案建议批评和意见办理情况】** 在州十二届人民代表大会第六次会议期间，收到代表议案、建议、批评和意见130件，经过召开交办会落实到各部门办理，办复率达100%。其中《关于关注教育，严惩教育乱收费现象的建议》、《关于提高廉租房建设省级配套资金比例的建议》、《关于重视农资安全，保护农民利益的建议》等16件建议(含议案转建议)由人大常委会领导重点督办，收到实效。

**【代表工作】** 州人大常委会选择与全州经济社会发展和民生问题密切相关的课题，大兴调查研究之风，组织代表深入基层，调查研究，撰写83篇有一定参考价值的调研报告并编辑成册，用以指导工作实践。10月9～10日，州人大常委会组织部分省州人大代表视察文山州高等级公路建设情况，视察组深入实地查看州人民政府还贷三条二级公路的建设情况，听取州人民政府副州长李国沛作情况汇报，针对存在的问题和困难提出意见和建议。驻昆的3位省人大代表(省人大常委会环资委主任冯志成、省民委主任王承才、省统计局局长姚堂文)到文山州参加视察，州人大常委会主任付加兴、副主任李品相和陈明山、秘书长左玉堂等陪同视察。

**【信访工作】** 年内，常委会处理来信502件、接待来访247批722人(次)、发出督办件32件，办结率100%。

3月3～7日，省人大常委会信访处副处长邓富云带领信访处办公室主任王龙到文山州人大常委会和文山、马关、砚山县人大常委会对人大信访工作进行调研。听取州、县两级人大常委会2010年以来贯彻落实人大信访“五句话”工作原则、“四个100%”的工作目标及《2008年全省人大信访工作会议》精神情况汇报，对文山州人大信访工作进行指导。

**【机关活动】** 3月4日，州人大常委会机关参加州妇联组织的“正恒杯”文山州庆祝“三八”国际妇女劳动节100周年民族健身操大赛，获第二名。6月25日，州人大常委会邀请文山州人民政府副州长兰骏作“认真落实扩大就业战略，努力开创创业就业工作新局面”讲座。在家的州人大常委会领导和机关全体干部职工，州人大常委会委员，部分州人大代表，以及州、县有关部门领导干部参加讲座。州人大常委会副主任孙天竹主持讲座。4月30日，州人大常委会邀请文山州人民政府副州长李国沛到州人大作“加强贫困地区民生建设”专题讲座。州人大常委会主任付加兴，副主任孙天竹、张琼昌、李品相、胡代刚，秘书长左玉堂，州人大常委会委员、部分州人大代表和州人大常委会机关干部职工及州属有关部门负责人参加讲座。副主任陈明山主持讲座。8月31日下午，州人民政府副州长、州公安局局长李俊彪应邀到州人大常委会作深入推进司法体制改革为经济发展提供司法保障专题讲座。州人大常委会副主任张琼昌主持讲座。州人大常委会主任付加兴，副主任孙天竹、李品相、马正新、胡代刚、陈明山，秘书长左玉堂出席，州人大常委会委员、机关干部职工、部分州人大代表及州法院、检察院、公安局、司法局的领导和相关处室(庭)负责人参加讲座。9月29日、10月14日、10月21日，州人大常委会分3批组织8县人大常委会到文山参加以“创一流机关，建一流队伍”为主题的全州人大系统第五届理论研讨学习活动，全州280多名人大干部参观文山市政建设，对人大工作进行交流。

**【对外交流】** 6月10～11日，滇黔桂周边五州市人大常委会主任第三次联系会议在曲靖召开，会议以“加强监督，进一步推动经济社会又好又快发展”为主题。付加兴、孙天竹、左玉堂等领导参加会议。7月13～15日，全国30个少数民族自治州第22次人大工作研讨会在云南省文山州举行。全国30个少数民族自治州人大常委会主任或副主任、秘书长及常委会工作机构负责人参加会议。全国人大民族委员会办公室副主任彭建华、云南省人大常委会副主任程映萱、云南省人大民族委主任格桑顿珠、云南省民委主任王承才、中共文山州委书记李培、州政协主席王云凌、中共文山州委常委、州人民政府常务副州长徐爱民等党政领导应邀到会指导。文山州人大常委会委员、各工委(室)主任、副主任，文山州8个县人大常委会主任、州中级人民法院、州人民检察院领导及各族群众代表750余人参加开幕式。会议期间，与会人员参观考察文山市政建设、三七产业园区和铝工业建设项目、州人大办公区、楚图南故居、马鞍山社会主义新农村示范点、普者黑风景区，观看民族歌舞和篝火晚会。10月9日，广西百色市人大常委会副主任潘其第一行10人到文山州考察学习，副主任孙天竹等陪同，参观文山市政建设及州人大常委会办公楼。10月11日，广西河池市人大常委会副主任王佳玉等一行9人到文山州考察学习，张琼昌副主任等陪同，参观文山市政建设及州人大常委会办公楼。10月11～14日，主任付加兴率机关及文山县、广南县人大常委会有关领导，到红河州首府蒙自参加滇黔桂周边五州市人大常委会主任第四次联系会议。11月8～11日，副主任胡代刚等领导到湖南省湘西州州府吉首市参加全国30个少数民族自治州第二十三次人大工作研讨会。

**【领导名录】**

主　　任　付加兴
副 主 任　孙天竹(女)
　　　　　卢　京(壮)
　　　　　张琼昌(女，傣)
　　　　　李品相
　　　　　马正新(苗)
　　　　　胡代刚
　　　　　陈明山
秘 书 长　左玉堂(女)
副秘书长　柏华林(傣)
　　　　　周建林( ~6)
　　　　　潘　伟(壮，6～)
办公室主任　柏华林(傣)
办公室副主任　罗建良
选联工委主任　袁　艳(女)
副 主 任　滕瑞忠(壮)
法工委主任　韦保明(壮， ~5)
副 主 任　李　智( ~5)
内司委副主任　李　智(5～)
财工委主任　王进平
副 主 任　赵小平、敖连华(女，4～)
教工委主任　韦保明(壮，5～)
副 主 任　李　洁(女，壮)
民工委主任　陶开晖(苗)
副 主 任　王丽波(女，10～)
农环工委主任　王贵斌

(李俊美)

瑶族盘王节

# 文山州人民政府

责任编辑：李万辉

州政府召开文山州第八届少数民族传统体育运动会动员大会

## 重要会议

**【全州发展改革暨投资工作会议】** 1月17日，州人民政府召开。常务副州长徐爱民出席并会议讲话，州长助理、州发改委主任马斌作发展改革工作报告。

**【第十二届州人民政府第35次常务会议】** 1月19日，常务副州长徐爱民主持召开。研究讨论《文山州深化医药卫生体制改革实施意见(讨论稿)》、《文山州深化医药卫生体制改革三年实施意见(讨论稿)》、《文山州人民政府贯彻落实国家知识产权战略的实施意见》、《关于加快林业发展建设森林文山的决定(讨论稿)》、《文山州人民政府关于加快推进中低产林改造的实施意见(讨论稿)》、七花公司改制和州公安局看守所土地和房屋处置问题，以及州县域经济发展工作协调领导小组调整事宜，会议还对安全生产工作进行了安排部署。副州长姚堂文、兰骏、张秀兰、胡荣，副州长、州公安局局长李俊彪，州长助理陈国忠，州政府秘书长杨选德出席会议。

**【全州政法工作会议】** 1月22日，州委、州人民政府召开。副州长、州公安局局长李俊彪出席并主持会议。

**【全州村“两委”换届选举工作会议】** 1月28日，州委、州人民政府召开。副州长李国沛出席并主持会议。

**【文山州启动抗旱救灾应急响应特大级(Ⅲ级)应急预案会商会议】** 1月28日，副州长胡荣主持召开。

**【第十二届州人民政府第36次常务会议】** 2月21日，州长黄文武主持召开。专题研究部署抗旱救灾工作。常务副州长徐爱民，副州长姚堂文、李国沛、兰骏、胡荣，副州长、州公安局局长李俊彪参加会议。

**【全州抗旱救灾动员电视电话会议】** 2月23日，全省抗旱救灾动员电视电话会议束后，州人民政府接着召开。州长黄文武出席并主持会议，副州长姚堂文、兰骏，州长助理陈国忠参加会议。

**【全州质量技术监督工作会议】** 2月26日，州人民政府召开。副州长姚堂文出席会议并讲话。

**【全州司法行政工作会议】** 2月26日，州人民政府召开。副州长、州公安局局长李俊彪出席会议并讲话。

**【全州农村工作暨扶贫开发社会主义新农村建设表彰大会】** 2月28日，州委、州人民政府召开。州长黄文武出席会议并讲话，副州长胡荣主持会议。

**【全州林业工作会议】** 2月28日，州委、州人民政府召开。州长黄文武、副州长胡荣出席会议。

**【全州安全生产工作会议】** 3月3日，州人民政府召开。副州长姚堂文出席会议并讲话。

**【全州国土资源工作会议】** 3月3日，州人民政府召开。副州长李国沛出席会议并讲话。

**【全州人事编制劳动和保障工作会议】** 3月5日，州人民政府召开。常务副州长徐爱民出席会议并讲话。副州长兰骏出席会议。

**【全州效能政府建设工作会议】** 3月8日，州人民政府召开。常务副州长徐爱民出席会议并讲话。

**【全州审计工作会议】** 3月9日，州人民政府召开。常务副州长徐爱民出席会议并讲话。

**【全州交通工作会议】** 3月9日，州人民政府召开。副州长姚堂文出席会议并讲话。

**【全州地税工作会议】** 3月10日，州人民政府召开。副州长李国沛会议并讲话。

**【全州建设工作会议】** 3月16日，州人民政府召开。常务副州长徐爱民出席会议并讲话。

**【全州商务工作会议】** 3月16日，州人民政府召开。副州长官悠房出席会议并讲话。

**【全州招商引资工作会议】** 3月16日，州人民政府召开。副州长官悠房出席会议并讲话。

**【全州工业和信息化工作会议】** 3月17日，州人民政府召开。副州长姚堂文出席会议并讲话。

**【全州食品药品监督管理工作会议】** 3月18日，州人民政府召开。副州长李国沛出席会议并讲话。

**【第十二届州人民政府第37次常务会议】** 3月23日，州长黄文武主持召开。会议研究讨论了《文山州城镇廉租住房出售管理办法(讨论稿)》、《文山州关于加快工业园区标准化厂房建设实施意见(讨论稿)》、《2010年州本级财政收支预算安排意见(讨论稿)》以及注销文山州中小企业投资咨询有限公司事宜，会议还听取了全省旅游工作会议和全省环境保护工作会议精神汇报，并对贯彻落实好省的两个会议精神提出要求。常务副州长徐爱民，副州长姚堂文、李国沛、兰骏、官悠房、黎宝光，州长助理陈国忠、任强，州政府秘书长杨选德出席会议。州人大常委会副主作孙天竹、政协副主席陈晓华到会指导。

**【全州民政工作会议】** 3月26日，州人民政府召开。副州长李国沛出席会议并讲话。

**【全州人口和计划生育工作电视电话会议】** 4月2日，州人民政府召开。副州长兰骏出席会议并讲话。

**【全州"两基"迎国检暨"抗旱保教"工作动员电视电话会议】** 4月7日，州人民政府召开。州长黄文武出席会议并讲话。

**【文山州抗旱救灾地下找水打井工作座谈会】** 4月7日，副州长李国沛主持召开会议并讲话。

**【全州春耕生产工作会】** 4月9日，州委、州人民政府召开。州长黄文武出席会议并讲话，副州长胡荣参加会议。

**【全州水利建设工作会议】** 4月9日，州委、州人民政府召开。州长黄文武出席会议并作重要讲话，副州长胡荣参加会议。

**【全州科技工作会议】** 4月10日，州人民政府召开。副州长李国沛出席会议并讲话。

**【全州宗教工作会议】** 4月13日，州人民政府召开。常务副州长徐爱民出席会议并讲话。

**【全州民族工作会议】** 4月13日，州人民政府召开。常务副州长徐爱民出席会议并讲话。

**【全州环保工作会议】** 4月13日，州人民政府召开。副州长兰骏出席会议并讲话。

**【国家开发银行云南省分行与文山州人民政府银政座谈会议】** 4月19日举行，州长黄文武，常务副州长徐爱民，副州长李国沛出席会议。

**【全州旅游工作会议】** 4月23日，州人民政府召开。副州长兰骏出席会议并讲话。

**【全州金融工作会议】** 4月26日，州人民政府召开。州长黄文武出席会议并讲话，副州长李国沛主持会议。

**【全州抗大旱、保民生、抓春耕、促发展电视电话会议】** 4月26日，省抗大旱、保民生、抓春耕、促发展电视电话会议结束后州人民政府召开。州长黄文武出席会议并讲话，州长助理、州发改委主任马斌参加会议。

**【第十二届州人民政府第38次常务会议】** 4月27日，州长黄文武主持召开。专题研究当前经济工作。常务副州长徐爱民，副州长姚堂文、李国沛、兰骏、胡荣、黎宝光，州长助理、州发改委主任马斌，州长助理陈国忠，州政府秘书长杨选德出席会议。州人大常委会副主任胡代刚、州政协副主席李海柏到会指导。

**【全州铁路建设工作暨州铁路建设领导小组第四次会议】** 4月28日召开，州长黄文武，常务副州长徐爱民，州长助理、州发改委主任马斌出席会议。

**【全州春耕生产推进会议】** 4月30日，副州长胡荣主持召开。

**【第十二届州人民政府第39次常务会议】** 5月5日，州长黄文武主持召开。专题研究部署第十三届省运会筹备、备战有关工作，以及当前学校安全有关工作。常务副州长徐爱民，副州长李国沛、胡荣，副州长、州公安局局长李俊彪，副州长官悠房，州长助理、州发改委主任马斌，州长助理陈国忠，州政府秘书长杨选德出席会议。州人大常委会副主任孙天竹、州政协副主席李春林到会指导。

**【全州校园周边治安秩序整治专项工作电视电话会议】** 5月5日，副州长、州公安局局长李俊彪主持召开。

**【云桂铁路文山州征地拆迁动员大会】** 5月19日，州人民政府召开。州长黄文武出席会议并讲话，常务副州长徐爱民主持会议，州长助理、州发改委主任马斌参加会议。

**【第十二届州人民政府第40次常务会议】** 6月18日，州长黄文武主持召开。研究农村公共文化服务体系建设工作、新民农场改革工作，讨论《文山州畜禽规模养殖管理办法(讨论稿)》、《文山州兽药饲料质量安全规范管理办法(讨论稿)》、《文山州生物产业发展规划(讨论稿)》、《文山州水资源综合规划报告(讨论稿)》、《文山州清水江流域综合规划报告(讨论稿)》、《文山州西洋江流域综合规划报告(讨论稿)》、《文山州南利河流域综合规划报告(讨论稿)》、《文山壮族苗族自治州燃气管理办法(试行草案)》和《文山州城乡开发投资有限公司投融资管理暂行办法(讨论稿)》。常务副州长徐爱民，副州长李国沛、胡荣、官悠房，州政府秘书长杨选德出席会议。州人大常委会副主任陈明山、州政协副主席李海柏到会指导。

**【全州深化农垦管理体制改革领导小组会议】** 6月24日，州长黄文武主持召开。研究推进农垦改革发展维护垦区稳定工作实施意见，副州长胡荣参加会议。

【第十二届州人民政府第41次常务会议】 6月28日，州长黄文武主持召开。研究讨论《文山壮族苗族自治州物业管理实施办法(草案)》、《文山州人民政府〈关于对重点非公有制企业合法权益实行挂牌保护实施办法〉的修订意见(讨论稿)》、《文山州州属企业负责人薪酬管理暂行办法(讨论稿)》以及老年人免费乘公交车有关经费补助事宜。会议听取全省保障性住房建设工作会议精神汇报，研究贯彻落实意见。常务副州长徐爱民，副州长胡荣，州长助理任强，州政府秘书长杨选德出席会议。州人大常委会副主任陈明山、州政协副主席李春林到会指导。

【全州保障性住房和城镇治污设施建设工作推进会议】 7月8日，州人民政府召开。常务副州长徐爱民出席会议并讲话。

【全州抗旱救灾工作总结表彰大会】 7月9日，州委、州人民政府召开。州长黄文武、常务副州长徐爱民，副州长李国沛、胡荣，副州长、州公安局局长李俊彪，副州长官悠房、黎宝光，州长助理、州发改委主任马斌出席会议。

【全州"三农"档案工作现场会议】 7月13日，州人民政府在丘北召开。副州长官悠房出席会议并讲话。

【全州油茶产业发展现场会议】 7月17～18日在广南召开。州长黄文武出席会议并讲话。

【全州工程建设领域突出问题专项治理工作推进会议】 7月20日，州委、州人民政府召开。常务副州长徐爱民，州长助理、州发改委主任马斌出席会议并讲话。

【中越陆地边界法律文件生效后续工作会议】 7月20日，州人民政府召开。州长黄文武出席会议并作重要讲话，副州长黎宝光主持会议。

【文山氧化铝项目建设协调推进会】 8月5日召开。州长黄文武，副州长、州公安局局长李俊彪出席会议。

【第十二届州人民政府第42次常务会议】 8月6日，州长黄文武主持召开。研究讨论关于深化文化体制改革工作实施方案、全州上半年安全生产工作情况、州三七研究院整体并入文山学院事宜、推进农垦改革发展维护垦区稳定实施意见以及关于林业管理条例修订草案及森林和野生动物类型、湿地类型自然保护区管理条例修订草案。会议听取全省酒店业发展大会和全省中小学布局调整工作会议精神汇报。常务副州长徐爱民，副州长胡荣，副州长、州公安局局长李俊彪，副州长官悠房，州长助理、州发改委主任马斌，州长助理任强，州政府秘书长杨选德出席会议。州人大常委会副主任马正新、州政协副主席李春林到会指导。

【省第十三届运动会文山代表团成立大会】 8月9日召开，副州长官悠房出席会议。

【全州2010年现代烟草农业建设暨烟叶收购工作会议】 8月9日召开。州长黄文武，副州长胡荣出席会议。

【州职教园区、文山学院和州人民医院发展推进会议】 8月11日，州委、州人民政府召开。州长黄文武，副州长李国沛、兰骏出席会议。

【第十二届州人民政府第43次常务会议】 8月20日，州长黄文武主持召开。会议研究讨论文山州公共卫生与基层医疗卫生事业单位绩效工资实施办法、文山州城镇职工基本医疗保险州级统筹实施办法、文山州城镇职工大病补充医疗保险州级统筹实施办法、云南三鑫职业技术学院建设发展有关优惠政策、选调优秀教师支持三鑫学院办学问题。会议还听取了全省政府还贷二级公路建设现场会议精神及全州政府还贷二级公路建设情况、云南省中越陆地边界勘界后续工作动员会议精神、全省国有资产监管工作座谈会议精神汇报。常务副州长徐爱民，副州长李国沛、兰骏、官悠房、黎宝光，州长助理马斌，州政府秘书长杨选德出席会议。州人大常委会副主任孙天竹、州政协副主席李春林到会指导。

【第十二届州人民政府第44次常务会议】 9月28日，州长黄文武主持召开。研究讨论《文山州人民政府关于推进林业产业发展的实施意见(讨论稿)》、《文山州人民政府关于进一步加强气象防灾减灾能力建设的实施意见(讨论稿)》、《文山州基层医药卫生体制改革实施意见(试行)(讨论稿)》及《文山州乡镇卫生院改革方案(试行)(讨论稿)》、《文山州城市社区卫生服务机构改革方案(试行)(讨论稿)》、《文山州行政村卫生室改革方案(试行)(讨论稿)》、《文山州乡镇卫生院改革机构编制标准办法(试行)(讨论稿)》、《文山州基层医疗卫生机构绩效考核办法(试行)(讨论稿)》、《文山州基层医疗卫生机构运行补偿暂行办法(试行)(讨论稿)》和《文山州基层医疗卫生机构基本药物和补充药品使用采购配送实施办法(试行)(讨论稿)》7个配套文件。会议研究通过州人民政府加强国有土地使用权出让收支管理工作的有关文件。会议听取全省"两基"迎国检工作推进电视电话会议、全省旅游产业发展大会、全省质量兴省工作会议精神汇报。常务副州长徐爱民，副州长兰骏、胡荣，州政府秘书长杨选德出席会议。州人大常委会副主任胡代刚、州政协副主席朱丽舒到会指导。

【全州固定资产投资暨"十二五"规划编制工作推进会】 9月29日，州人民政府召开。常务副州长徐爱民，州长助理、州发改委主任马斌参加会议。

【2010年度全州征兵工作会议】 10月12日召开。常务副州长徐爱民出席会议。

【全州农垦改革发展工作会议】 10月12日，州人民政府召开。副州长胡荣出席会议。

【全州集体林权制度主体改革表彰暨林业产业发展会议】 10月12日召开，副州长胡荣出席会议。

【全州供销合作社改革发展现场推进会】 10月13～14日，州人民政府在广南召开。副州长官悠房出席会议并讲话。

【全州政府机构改革工作会议】 10月21日，州人民政府召开。常务副州长徐爱民出席会议并讲话。

【第十二届州人民政府第45次常务会议】 11月1日，州长黄文武主持召开。专题研究经济工作，分析前三季度经济运行情况，安排部署后3个月经济工作。常务副州长徐爱民，副州长李国沛、胡荣，州长助理、州发改委主任马斌，州政府秘书长杨选德出席会议。

【全州深化政务公开推进政务服务工作会议】 11月23日，州人民政府召开。常务副州长徐爱民出席会议。

【州人民政府党组2010年度民主生活会】 12月9日，州长黄文武主持召开。常务副州长徐爱民，副州长李国沛、胡荣，副州长、州公安局局长李俊彪，副州长官悠房，州政府秘书长杨选德出席会议。

【第十二届州人民政府第46次常务会议】 12月9日，州长黄文武主持召开。研究国有资产监管工作、推行环境保护一岗双责工作、有关税收征管问题、州人民医院报废大型设备问题、州实验小学迁建问题和提高州属行政事业单位职工住房公积金缴存比例问题，讨论文山州地表水功能区划、地下水功能区划、地下水利用与保护规划。会议听取全省农田水利建设现场会议、中低产田地改造现场会议、冬季农业开发现场会议、烟叶工作暨抗大灾保增收表彰大会及政务服务中心建设工作会议精神汇报，并对相关工作进行安排部署。常务副州长徐爱民，副州长李国沛、胡荣，副州长、州公安局局长李俊彪，副州长官悠房，州政府秘书长杨选德出席会议。州人大常委会副主任李品相到会指导。

【职教园区建设专题会议】 12月13日，州委、州人民政府召开。州长黄文武、常务副州长徐爱民、副州长兰骏出席会议。

【第十二届州人民政府第47次常务会议】 12月17日，州长黄文武主持召开。研究讨论质量兴州战略实施意见和标准化发展战略实施意见、加快推进养老服务事业发展的意见、州职教园区建设项目委托代建协议和文山普者黑机场实行包销方式增加文山航线航班问题。常务副州长徐爱民，副州长李国沛、兰骏、胡荣，州长助理任强，州政府秘书长杨选德出席会议。州人大常委会副主任陈明山、州政协副主席陈晓华到会指导。

【全州防震减灾能力建设工作会议】 12月23日，州人民政府召开。副州长胡荣出席会议。

【全州科学技术奖励大会】 12月29日，州人民政府召开。常务副州长徐爱民出席会议。

【2010年财政金融座谈会】 12月30日，州委、州人民政府召开。州长黄文武，常务副州长徐爱民，副州长黎宝光、李国沛、胡荣，州长助理、州发改委主任马斌出席会议。

## 重要政务活动

【辛桂梓到文山调研】 1月4日，省委组织部部长、省集中检查考核第五组组长辛桂梓到文山调研，常务副州长徐爱民陪同调研。同日下午，州委、州人民政府召开文山州2009年度集中检查考核动员暨汇报会，徐爱民主持会议，副州长姚堂文、李国沛、兰骏、张秀兰、胡荣，副州长、州公安局局长李俊彪，副州长黎宝光，州长助理、州发改委主任马斌，州长助理陈国忠参加会议。

【省总工会、省侨联春节慰问组到文山州开展春节慰问】 1月6～8日，以省侨联副主席段林为组长的省总工会、省侨联2010年春节慰问组到文山州对散居贫困归侨侨眷开展春节慰问，副州长黎宝光陪同。

【范小建到富宁调研山瑶生产生活情况】 1月8～9日，国家扶贫办主任范小建一行到富宁调研“山瑶”生产生活情况，常务副州长徐爱民、州长助理任强陪同。

【白恩培到文山州调研油茶产业、山瑶生产生活情况和中低产田改造工作】 1月9～10日，省委书记白恩培一行到砚山、富宁、文山县调研油茶产业、“山瑶”生产生活情况和中低产田改造项目，副州长胡荣，州长助理、州发改委主任马斌陪同。10日下午，州委、州人民政府举行汇报会，向白恩培一行汇报文山州经济社会发展情况，常务副州长徐爱民，副州长张秀兰，副州长、州公安局局长李俊彪，副州长黎宝光，州长助理、州发改委主任马斌参加汇报会。

【省卫生暨艾滋病防治工作考核组到砚山检查工作】 1月11日，省卫生暨艾滋病防治工作考核组到砚山检查工作，副州长张秀兰陪同。

【袁光兴到砚山县开展春节慰问】 1月11～12日，省侨办副主任袁光兴到文山州砚山县对平远、稼依华侨管理区及散居

贫困归侨侨眷开展春节慰问活动，副州长黎宝光陪同慰问。

**【任强参加上海援建文山州动物疫病预防控制中心综合楼落成典礼】** 1月15日，州长助理任强参加上海援建文山州动物疫病预防控制中心综合楼落成典礼。

**【白成亮到文山调研林业工作】** 1月16～18日，省政协副主席、省林业厅党组书记白成亮一行到富宁、广南、文山县调研林业工作，副州长胡荣陪同。

**【李国沛出席文山州慈善总会成立大会】** 1月18日，副州长李国沛出席文山州慈善总会成立大会并讲话。

**【省委、省人民政府2010年春节慰问】** 1月18～20日，以省老龄委副主任王建新为团长的省委、省人民政府2010年春节慰问团到文山州富宁、砚山两县走访慰问边防部队及困难老党员等，副州长黎宝光陪同。

**【姚堂文到广南参加壮乡水泥公司2000吨/日生产线点火仪式】** 1月20日，副州长姚堂文到广南参加壮乡水泥公司2000吨/日生产线点火仪式。

**【徐爱民参加天保口岸经济区综合开发招商引资签约仪式】** 1月26日，常务副州长徐爱民参加天保口岸经济区综合开发招商引资签约仪式。

**【胡荣到昆明参加富宁县瑶族支系“山瑶”群众扶持发展规划审查会议】** 1月26～27日，副州长胡荣到昆明参加省扶贫办召开的富宁县瑶族支系“山瑶”群众扶持发展规划审查会议。

**【黎宝光到昆明参加中央国家机关、企事业单位下派干部扶贫工作座谈会】** 1月27～29日，副州长黎宝光到昆明参加省委组织部和省扶贫办联合召开的中央国家机关、企事业单位下派干部扶贫工作座谈会并讲话。

**【龙江到富宁县木央镇看望慰问困难群众】** 2月1～2日，省科技厅厅长龙江到挂钩扶贫点富宁县木央镇看望慰问困难群众，副州长李国沛陪同。

**【越南河江省外事代表团到文山参加2010年春节联谊活动】** 2月2～3日，以越南河江省外事厅厅长麻玉进为团长的越南河江省外事代表团一行到文山参加2010年春节联谊活动，2日下午，副州长黎宝光接见并宴请越南河江省外事代表团一行。

**【陈坚到文山县调研抗旱救灾工作】** 2月4日，省水利厅副厅长陈坚到文山县平坝、古木调研抗旱救灾工作，副州长胡荣陪同。

**【姚堂文在文山与云南白药公司签订州制药厂国有产权划转协议】** 2月5日，副州长姚堂文在文山与云南白药公司签订州制药厂国有产权划转协议。

**【李俊彪组织研究平远“8·29”事件相关处置工作】** 2月7日，副州长、州公安局局长李俊彪组织有关部门负责人研究平远“8·29”事件相关处置工作。

**【姚堂文在昆明参加全省二级公路建设工作会议】** 2月8～9日，副州长姚堂文在昆明参加全省二级公路建设工作会议，并代表州人民政府与省财政厅、省交通运输厅、省公路局签订政府还款责任书。

**【州委州政府机关组织抗旱救灾捐款仪式】** 2月22日，州委、州政府机关组织抗旱救灾捐款仪式，州长黄文武，副州长姚堂文、李国沛，州长助理陈国忠，州政府秘书长杨选德出席捐款仪式并捐款，州政府办干部职工共捐赠3.49万元。

**【回良玉到文山州视察指导抗旱救灾工作】** 2月24～25日，中共中央政治局委员、国务院副总理回良玉在国家林业局、财政部、发改委、森林防火办等部委领导和云南省委副书记、省长秦光荣，省委副书记李纪恒，副省长孔垂柱的陪同下，到砚山县、文山县视察指导抗旱救灾工作。州长黄文武，副州长姚堂文、胡荣陪同视察。

**【黄文武　徐爱民　姚堂文出席云南天南冶化工有限公司文山氧化铝配套建设氯碱项目奠基典礼】** 2月25日，州长黄文武、常务副州长徐爱民、副州长姚堂文出席云南天南冶化工有限公司文山氧化铝配套建设氯碱(30万吨烧碱、40万吨PVC)项目奠基典礼。

**【胡荣向省督办组汇报工作】** 2月25日，副州长胡荣参加文山州抗旱救灾工作情况汇报会，并代表州人民政府向省委、省政府“抗大旱保民生促春耕”督办组汇报全州抗旱救灾工作。

**【黄文武　李国沛出席昆明诺仕达集团向文山干旱灾区捐款捐赠仪式】** 2月26日，州长黄文武出席昆明诺仕达集团向文山旱灾区捐款1000万元捐赠仪式，副州长李国沛主持捐赠仪式。

**【省人力资源和社会保障厅、省公务员局、省公安厅联合调研组到富宁、文山调研】** 2月27～28日，省人力资源和社会保障厅、省公务员局、省公安厅联合调研组到富宁、文山调研公安机关执法勤务机构警察警员职务套改工作，副州长、州公安局局长李俊彪陪同调研并参加在州公安局召开的调研工作座谈会。

【黄文武　张秀兰在北京出席十一届全国人大第三次会议】 3月1～14日，州长黄文武、副州长张秀兰在北京出席十一届全国人大第三次会议。

【张苏军到文山调研指导工作】 3月2～4日，司法部副部长张苏军一行到文山、丘北调研指导工作，副州长、州公安局局长李俊彪陪同。3日上午，州委、州人民政府召开文山州普法依法治理工作情况汇报会，李俊彪向张苏军副部长一行汇报全州普法依法治理工作情况。

【州人民政府领导挂钩指导抗旱救灾工作】 3月3日至4月30日，针对不断加重的旱情实际，州人民政府各位领导按照挂钩联系指导工作的要求，先后22次分别到挂钩扶贫点检查指导抗旱救灾工作，慰问受灾群众，有力地帮助解决了抗旱救灾的资金、物资等困难。

【段继红到文山调研抗旱救灾及化肥储备工作】 3月4～6日，省供销社副主任段继红到文山、砚山、广南、富宁4县调研抗旱救灾及化肥储备工作。州长助理陈国忠陪同调研。

【民政部自卫反击战烈属祭扫接待工作集体调研组在文山调研】 3月9日，民政部自卫反击战烈属祭扫接待工作集体调研组在文山调研，副州长李国沛陪同。

【胡荣出席红云红河集团抗旱救灾资金捐赠仪式】 3月9日，副州长胡荣在文山出席红云红河集团抗旱救灾资金捐赠仪式。

【上海市虹口区党政代表团赴文山4县考察对口帮扶工作】 3月9～13日，上海市虹口区党政代表团赴富宁、西畴、麻栗坡、文山4县考察对口帮扶工作，州长助理任强陪同。

【吕云锋到文山州检查二级公路建设情况】 3月10～15日，省公路局局长吕云锋一行到马关、麻栗坡、广南检查二级公路建设情况，副州长姚堂文陪同。

【民建云南省委领导到马关县为抗旱救灾捐款】 3月12日，民建云南省委领导到马关县为抗旱救灾捐款，副州长兰骏陪同。

【黎宝光出席中国中医科学院广安门医院临床研究基地文山中医院挂牌仪式】 3月12日，副州长黎宝光出席中国中医科学院广安门医院临床研究基地文山中医院挂牌仪式并讲话。

【国家民族自治州地方设市问题调研组到文山县调研】 3月17日，国家民政部、国家民委有关人员组成的民族自治州地方设市问题调研组在文山县视察工作，副州长李国沛陪同；下午，州委、州人民政府举行工作情况汇报会，州长黄文武汇报工作情况，副州长李国沛主持会议。

【全省铁路建设工作第二期业务培训班在文山举办】 3月17～18日，全省铁路建设工作第二期业务培训班在文山举办，常务副州长徐爱民参加开班仪式并致词。

【林耘埜一行到文山检查煤矿关闭工作情况】 3月18日，省国土资源厅副厅长林耘埜一行到砚山干河、文山八家寨检查煤矿关闭工作情况，副州长姚堂文陪同。

【李楚源带领三七考察团到文山考察】 3月19～20日，以广州白云山和记黄埔中药有限公司总经理李楚源为团长的三七考察团赴砚山、文山等地考察。19日，副州长黎宝光到昆明参加广州白云山和记黄埔中药公司云南文山三七GAP基地项目启动仪式并讲话；20日，陪同考察团调研文山三七产业。

【省国土资源厅矿产资源勘查调研组到文山州调研】 3月19～21日，省国土资源厅矿产资源勘查调研组领导一行到文山州麻栗坡县、丘北县调研，副州长李国沛陪同。

【省体育局调研组到文山调研检查工作】 3月21日，省体育局调研组在文山、砚山调研检查工作，常务副州长徐爱民陪同并汇报工作。

【州第八届民运会】 3月22～26日，州第八届民运会在文山举行，州长黄文武出席22日晚的开幕式并讲话，常务副州长徐爱民主持，副州长李国沛、兰骏、胡荣、官悠房、黎宝光出席开幕式。26日晚，徐爱民、官悠房出席闭幕式，徐爱民致闭幕词。

【李国沛出席微笑行动中国基金文山行启动仪式】 3月23日，副州长李国沛出席“微笑行动中国基金文山行”启动仪式并讲话。

【国家林业局云南专员到马关县调研】 3月23～24日，国家林业局云南专员到马关县调研，副州长胡荣陪同。

【黄文武等调研博物馆建设和州行政中心建设情况】 3月25日，州长黄文武，常务副州长徐爱民，副州长姚堂文、官悠房，州长助理、州发改委主任马斌调研博物馆建设和州行政中心建设。

【上海市人民政府合作交流办、云南省扶贫办考察调研文山州对口帮扶工作“十二五”规划】 3月25～29日，上海市人民政府合作交流办、云南省扶贫办考察调研文山州对口帮扶工作“十二五”规划，州长助理任强陪同。

**【上海市浦东区中医药事业发展合作考察团到文山考察三七产业发展情况】** 3月26日，上海市浦东区中医药事业发展合作考察团到文山考察三七产业发展情况。副州长姚堂文，州长助理、州发改委主任马斌陪同考察。

**【省教育厅领导到文山调研】** 3月28～29日，省教育厅领导到丘北、砚山、文山3县调研，副州长兰骏陪同。

**【高峰到文山调研】** 3月29日，副省长高峰到砚山、文山县调研，常务副州长徐爱民、副州长李国沛陪同。

**【王彩春到马关调研】** 3月29日，省交通厅副厅长王彩春一行到马关调研文山至都龙二级公路建设，副州长姚堂文陪同。

**【国家林业局春季造林绿化督查组到文山督查工作】** 3月29～30日，以国家林业局规划与资金管理司巡视员王前进为组长的国家林业局春季造林绿化督查组到文山州丘北、广南两县开展督查工作，副州长黎宝光陪同并出席文山州向督查组举行的林业工作情况汇报会。

**【曹建方到文山调研】** 3月29～30日，副省长曹建方到砚山、文山两县调研，州长助理陈国忠陪同调研。

**【姚堂文到昆明参加国务院政策研究中心关于珠江水运发展的调研座谈会】** 3月31日至4月2日，副州长姚堂文到昆明参加国务院政策研究中心关于珠江水运发展的调研座谈会。

**【李国沛出席州邮储银行砚山县干河乡营业所开业仪式】** 4月2日，副州长李国沛在砚山县出席州邮储银行砚山县干河乡营业所开业仪式并讲话。

**【李连举到砚山县检查抗旱救灾打井工作】** 4月2日，省国土资源厅副厅长李连举到砚山县检查抗旱救灾打井工作，副州长黎宝光陪同。

**【李国沛在丘北县树皮乡出席中国儿童基金会捐赠仪式】** 4月3日，副州长李国沛在丘北县树皮乡出席中国儿童基金会捐赠仪式并讲话。

**【晏友琼到文山调研抗旱救灾工作】** 4月8日，省人大常委会常务副主任晏友琼率领调研组到文山调研抗旱救灾工作，州长黄文武汇报全州抗旱救灾工作情况。

**【国土资源部领导在文山调研抗旱救灾地下找水打井工作】** 4月8～9日，国土资源部领导到文山调研抗旱救灾地下找水打井工作，副州长李国沛陪同调研。9日，李国沛向国土资源部领导汇报全州国土资源管理工作情况。

**【李国沛在砚山县出席青海省支援文山找水打井突击队开钻仪式】** 4月9日，副州长李国沛在砚山县出席青海省支援文山找水打井突击队开钻仪式并讲话。

**【陆国松带团到富宁部分小学调研】** 4月9～11日，上海市虹口区科委纪工委书记、科协副主任陆国松，辉门集团亚太区采购总监欧朗思，美国博恩凯悟律师事务所上海代表处律师陈怡蓓，若林服饰有限公司总经理刘敏鸣，上海市百业律师事务所主任茅志勇一行深入新华镇旧腮小学、那平小学、花甲乡那耶小学、归朝镇龙山小学和巍峨小学调研。州长助理任强陪同调研。

**【省政协调研组到文山调研少数民族和民族地区经济社会发展工作】** 4月12日，省政协调研组到文山调研少数民族和民族地区经济社会发展工作，常务副州长徐爱民向调研组汇报工作情况。

**【李培　黎宝光会见"中国首善"陈光标抗旱救灾打井队】** 4月12日，副州长黎宝光陪同州委书记李培会见"中国首善"陈光标抗旱救灾打井队一行。

**【李国沛到玉溪市参加全省深化农村金融改革强化服务"三农"工作座谈会议】** 4月12～13日，副州长李国沛到玉溪市参加全省深化农村金融改革强化服务"三农"工作座谈会议。

**【汪洪到文山调研抗旱水利建设工作】** 4月13～14日，国家水利部总工程师汪洪到文山调研抗旱水利建设工作，州长黄文武、副州长胡荣陪同到丘北、砚山、文山县调研重点水源工程规划。

**【王学仁到文山视察抗旱救灾工作】** 4月13～15日，省政协王学仁主席一行到文山、砚山视察抗旱救灾工作，副州长官悠房陪同调研。14日，州长黄文武向王学仁一行汇报全州抗旱救灾工作情况。

**【刘建华到文山调研】** 4月14～16日，省政府金融办主任刘建华到文山调研，14日，副州长李国沛陪同到富宁县调研，15～16日，副州长官悠房陪同到到文山小额贷款公司调研，并主持召开小额贷款公司工作座谈会。

**【省政协矿产资源视察组到马关县都龙锡矿区调研】** 4月15日，省政协矿产资源视察组到马关县都龙锡矿区调研，副州长李国沛陪同调研。16日上午，李国沛向视察组汇报文山州矿产资源开发整合工作情况。

**【李纪恒到文山调研检查抗旱救灾和春耕备耕工作】** 4月15～16日，省委副书记李纪恒一行到丘北、富宁县调研检查抗旱救灾和春耕备耕工作及"山瑶"扶持工作。州长黄文武，副州长胡荣，州长助理、州发改委主任马斌陪同。

**【越南驻昆明总领事阮洪海一行考察云南壮山实业有限公司、三七展示馆和云南特安呐制药股份有限公司】** 4月19～20日，越南驻昆明总领事阮洪海一行到文山考察。19日，州长黄文武会见并宴请阮洪海一行。20日上午，副州长黎宝光陪同考察云南壮山实业有限公司、三七展示馆和云南特安呐制药股份有限公司；下午，黎宝光与阮洪海总领事一行座谈。

**【罗崇敏到文山调研】** 4月20日，省教育厅厅长罗崇敏到砚山盘龙中心校、文山东山中心校和州职教中心、州农校调研，州长黄文武陪同调研并向罗崇敏一行汇报文山州教育工作。

**【国务院扶贫办领导到富宁调研瑶族支系“山瑶”扶持工作】** 4月21～23日，国务院扶贫办领导到富宁调研瑶族支系“山瑶”扶持工作，常务副州长徐爱民陪同。

**【黄文武到砚山玉米研究所调研】** 4月23日，州长黄文武到砚山玉米研究所调研。

**【兰骏李俊彪到砚山县砚广高速公路六诏段现场指导处置交通肇事苯泄漏事故】** 4月27日，副州长兰骏，副州长、州公安局局长李俊彪到砚山县砚广高速公路六诏段现场指导处置交通肇事苯泄漏事故。

**【州人民政府与中国电信云南分公司签署推进文山信息化建设合作协议】** 4月27日，州长黄文武代表文山州人民政府与中国电信云南分公司签署推进文山信息化建设合作协议，副州长兰骏参加签字仪式。

**【兰骏到砚山县参加云南民建新浪网友援建文山思源水窖开工仪式】** 4月27日，副州长兰骏到砚山县参加云南民建新浪网友援建文山思源水窖开工仪式。

**【黄文武　徐爱民在昆明参加第十三届省运会组委会第一次会议】** 4月30日，州长黄文武、常务副州长徐爱民在昆明参加第十三届省运会组委会第一次会议。

**【黎宝光接受《法制日报》、《人民公安报》等媒体采访】** 4月30日，副州长黎宝光就文山州与越南河江省公安部门警务合作情况接受《法制日报》、《人民公安报》等媒体采访。

**【黄文武到广南调研春耕生产及新农村建设工作】** 5月7日，州长黄文武到广南调研春耕生产及新农村建设工作。

**【黎宝光参加上海亚繁投资管理发展有限公司慈善捐赠仪式】** 5月7～10日，副州长黎宝光到上海参加上海亚繁投资管理发展有限公司为文山抗旱救灾捐款举办的慈善捐赠仪式并接受采访。

**【官悠房出席“纪念世界红十字日暨春雨行动启动仪式”、“低碳家庭·时尚生活·绿色家园”主题活动启动仪式】** 5月9日，副州长官悠房在文山出席“纪念世界红十字日暨春雨行动启动仪式”、“低碳家庭·时尚生活·绿色家园”主题活动启动仪式并讲话。

**【黄文武向省抗旱救灾督办组汇报抗旱救灾工作情况】** 5月10日，州长黄文武向省抗旱救灾督办组汇报文山州抗旱救灾工作情况。

**【武警总部“四项设施”配套建设工作调研组到文山调研】** 5月12～13日，武警总部“四项设施”配套建设工作调研组到文山、砚山、富宁调研。副州长、州公安局局长李俊彪陪同。

**【熊清华到文山调研】** 5月12～13日，省商务厅厅长熊清华一行到文山、砚山、丘北调研，副州长官悠房陪同。13日下午，州长黄文武熊清华一行汇报工作，副州长官悠房主持汇报会。

**【胡朝碧一行到文山县调研】** 5月17日，省中低改办主任胡朝碧一行到文山县调研，副州长胡荣陪同。

**【省抗大旱保民生抓春耕促发展第九督办组到文山、砚山、丘北县调研】** 5月18～20日，省抗大旱保民生抓春耕促发展第九督办组李新平组长一行到文山、砚山、丘北县调研抗旱保人饮、春耕生产、水利建设等工作，州长黄文武陪同、副州长胡荣陪同调研。

**【徐爱民向省工程建设领域突出问题专项治理工作检查组汇报工作】** 5月18日，常务副州长徐爱民向省工程建设领域突出问题专项治理工作检查组汇报文山州工作情况。

**【李俊彪向省安全生产检查组汇报工作】** 5月19日，副州长、州公安局局长李俊彪参加文山州安全生产情况汇报会，向省检查组汇报工作。

**【李俊彪到富宁县指导处置里达镇“5·24”群体性纠纷事件】** 5月24～25日，副州长、州公安局局长李俊彪到富宁县指导处置里达镇“5·24”群体性纠纷事件。

**【甘肃省党政代表团及云南省委副书记李纪恒等到文山考察指导三七产业】** 5月25～26日，甘肃省委书记、省人大常委会主任陆浩率领的党政代表团及云南省委副书记李纪恒等领导到文山考察指导三七产业，州长黄文武陪同。

**【黎宝光出席国务院国资委、中国红十字基金会、中国神华

能源股份有限公司向文山捐赠抗旱救灾资金活动仪式】 5月26日，副州长黎宝光出席国务院国资委、中国红十字基金会、中国神华能源股份有限公司向文山捐赠抗旱救灾资金活动仪式并讲话。

**【李国沛到省有关金融单位汇报并衔接工作】** 5月26～28日，副州长李国沛带领州人行、文山银监分局、州农发行、工行、中行、省信用联社文山办事处负责人到省农发行、工行、中行、省信用联社汇报并衔接工作。

**【黎宝光会见并宴请越南河江省农业合作发展银行代表团】** 5月27日，副州长黎宝光会见并宴请越南河江省农业合作发展银行代表团。

**【州人民政府与中国移动云南分公司签署战略合作协议】** 5月28日，州长黄文武代表州人民政府与中国移动云南分公司签署战略合作协议，副州长兰骏出席签字仪式。

**【上海虹口区团教慰问团及中虹集团到富宁县举行“六一”捐赠活动】** 5月28～31日，上海虹口区团教慰问团到富宁县一小和归朝龙门小学举行山瑶学生迎“六一”捐赠活动，虹口区中虹集团到田蓬镇和平希望小学举行捐赠服装、书籍等活动。州长助理任强陪同。

**【黎宝光出席邵晓妹女士向文山学院、州图书馆捐赠图书仪式】** 6月2日，黎宝光副州长出席加拿大美国中国发展基金会会长邵晓妹女士向文山学院、州图书馆捐赠图书仪式并讲话。

**【省中小学校舍安全工程视察组到文山视察工作】** 6月3～4日，省中小学校舍安全工程视察组到文山视察工作，州长黄文武、副州长兰骏陪同。4日上午，黄文武向视察组汇报工作情况。

**【国家疾控中心麻研室和省残联调研组在文山调研】** 6月8日，国家疾控中心麻研室和省残联调研组在文山调研，副州长李国沛陪同调研；下午，李国沛向调研组汇报文山州实施麻疯病防治康复项目工作情况。

**【国土资源部成都督察局土地例行督察组领导到文山调研】** 6月17～18日，国土资源部成都督察局土地例行督察组领导到文山调研，副州长李国沛陪同。18日下午，副州长李国沛向督察组汇报文山州土地督查相关工作情况。

**【上海市合作交流中心主任带团到丘北、砚山等地考察】** 6月18～22日，上海市合作交流中心主任带考察团到丘北县、砚山县等地考察农特产品与沪滇合作项目，州长助理任强陪同考察。

**【黄文武向省委第一巡视组汇报州人民政府工作情况】** 6月23日，州长黄文武在文山向省委第一巡视组汇报州人民政府三年来工作情况。常务副州长徐爱民，副州长兰骏、胡荣，副州长、州公安局局长李俊彪，副州长黎宝光参加文山州汇报会。

**【唐新民到文山县检查工作】** 6月25日，省抗旱救灾资金、物资检查组组长唐新民一行到文山县检查工作，副州长胡荣陪同。

**【中国地质大学领导到文山州调研矿产资源开发情况】** 6月29日，中国地质大学领导到文山州调研矿产资源开发情况，副州长李国沛参加座谈会并汇报工作。

**【黄文武在北京参加扶贫云南布郎族(莽人克木人)和瑶族山瑶支系工作情况汇报会】** 6月29日7月1日，州长黄文武在北京参加扶贫云南布郎族(莽人克木人)和瑶族山瑶支系工作情况汇报会。

**【国家土地督察成都局领导到文山调研】** 7月1～3日，国家土地督察成都局领导到文山调研。副州长李国沛陪同到麻栗坡调研，并参加7月3日下午举行的文山州土地例行督察工作情况通报会。

**【李东海到文山调研】** 7月1日，中纪委驻国家食品药品监督管理局纪检组组长李东海一行到文山调研三七产业发展情况，副州长胡荣陪同。

**【省“两基”迎国检工作督导组到文山检查指导工作】** 7月1日，省“两基”迎国检工作督导组到文山检查指导工作，副州长官悠房出席文山州“两基”迎国检工作情况汇报会，并向省督导组汇报工作。

**【黄文武在珠海参加珠江发展论坛市长峰会】** 7月2～5日，州长黄文武在珠海参加珠江发展论坛市长峰会。

**【官悠房出席云南省社会科学院麻栗坡科研与服务基地挂牌仪式】** 7月6日，副州长官悠房在麻栗坡出席云南省社会科学院麻栗坡科研与服务基地挂牌仪式并讲话。

**【刘一丹到文山检查调研】** 7月8日，省林业厅副厅长刘一丹到文山参加全省2009年度森林生态效益补偿责任制检查考评总结汇报会，副州长胡荣参加会议并陪同刘一丹到文山县调研。

**【张志军率中国代表团参加中越陆地边界条约法律文书生效仪式及相关活动】** 7月13～14日，外交部副部长张志军率中国代表团参加中越陆地边界条约法律文书生效仪式并赴越参加相关活动。州长黄文武，副州长黎宝光随同参加活动。

**【王承才到麻栗坡县调研】** 7月15日，省民委主任王承才到麻栗坡县调研，州长助理、州发改委主任马斌陪同。

**【省“五五”普法验收组到文山检查工作】** 7月18~20日，省“五五”普法验收组到文山、丘北检查工作，副州长、州公安局局长李俊彪陪同。

**【黎宝光会见在砚山县玉米杂交研究所进修的老挝农业部官员代表团】** 7月23日，副州长黎宝光会见在砚山县玉米杂交研究所进修的老挝农业部官员代表团。

**【和润培到丘北调研】** 7月27日，省供销社主任和润培到丘北调研。副州长官悠房陪同调研。

**【米东生到丘北调研】** 8月7~8日，省发改委主任米东生到丘北调研指导工作。州长黄文武，常务副州长徐爱民，州长助理、州发改委主任马斌陪同。

**【李国沛到北京出席中国医药世界联盟启动暨复方丹参滴丸美国FDAII期临床实验结果报告会】** 8月7~9日，副州长李国沛应天津天士力集团邀请，到北京出席中国医药世界联盟启动暨复方丹参滴丸美国FDAII期临床实验结果报告会。

**【王田海到文山调研】** 8月9~10日，省检察院检察长王田海一行到文山县检察院调研指导工作，并参加全省检察长座谈会。副州长、州公安局局长李俊彪陪同调研并应邀参加会议。

**【全州文化市场综合执法支队成立暨电影行政管理职能调整划转交接仪式】** 8月10日，州人民政府举行全州文化市场综合执法支队成立暨电影行政管理职能调整划转交接仪式。副州长官悠房参加仪式。

**【杨建萍到文山调研】** 8月11~12日，省公安厅纪委书记杨建萍到州公安局、富宁县调研指导工作，副州长、州公安局局长李俊彪陪同并出席文山州公安工作情况汇报会。

**【省财政厅财政支农政策调研组到文山县调研】** 8月12日，省财政厅财政支农政策调研组到文山县调研。副州长胡荣陪同。

**【李国沛主持全国百名科技专家和致富能手进文山科技下乡活动动员会】** 8月13日，副州长李国沛主持全国百名科技专家和致富能手进文山科技下乡活动动员会。

**【陶关亮到马关、广南调研】** 8月13~14日省水利水电投资有限公司董事长陶关亮到马关、广南调研。州长助理、州发改委主任马斌陪同。

**【白恩培杨应楠杨保建高峰等到文山调研】** 8月17日，省委书记白恩培、省委常委、省委秘书长杨应楠，省人大常委会副主任杨保建，副省长高峰等领导到砚山、文山两县调研。州长黄文武、常务副州长徐爱民陪同调研。

**【朱有勇到云南特安呐制药股份有限公司调研】** 8月19日，云南农业大学校长朱有勇一行到云南特安呐制药股份有限公司调研。州长黄文武、副州长李国沛陪同调研。

**【张和林　张睿到文山调研】** 8月19日，贵州省粮食局副局长张和林和云南省粮食局副局长张睿一行到文山调研。副州长官悠房陪同。

**【胡荣到昆明参加全国石漠化综合治理工程第三次省部联席会议筹备领导小组会议】** 8月19~20日，副州长胡荣到昆明参加全国石漠化综合治理工程第三次省部联席会议筹备领导小组会议。

**【黄文武　官悠房在福建出席第六届泛珠三角区域经贸洽谈会议】** 8月26~31日，州长黄文武、副州长官悠房在福建出席第六届泛珠三角区域经贸洽谈会议。

**【杜炯到文山考察】** 9月1~4日，上海虹口区副区长杜炯到文山考察。州长助理任强陪同考察。

**【黎宝光出席越南驻昆明总领事馆庆祝越南社会主义共和国国庆65周年招待会】** 9月2日，应越南驻昆明总领事阮洪海邀请，副州长黎宝光到昆明出席越南驻昆明总领事馆庆祝越南社会主义共和国国庆65周年招待会。

**【李俊彪出席云南文山州公安局与广西百色市公安局警务协作会议】** 9月13~14日，副州长、州公安局局长李俊彪出席云南文山州公安局与广西百色市公安局警务协作会议，并陪同百色市副市长、市公安局局长莫泰意一行在文山州交警支队驾驶员考试培训中心等地考察交流。

**【陈坚到马关县调研并参加有关县“十一五”水电农村电气化建设省级验收会议】** 9月15日，省水利厅副厅长陈坚到马关县调研，并参加云南省文山县、马关县、富宁县“十一五”水电农村电气化建设省级验收会议。副州长胡荣陪同调研并参加会议。

**【省政协视察组视察文山州“两基”迎国检工作】** 9月15~17日，省政协视察组视察文山州“两基”迎国检工作。副州长兰骏、黎宝光分别陪同。

**【徐爱民出席文山年产80万吨氧化铝厂项目大干120天全面完成建设任务誓师大会】** 9月16日，常务副州长徐爱民出席文山年产80万吨氧化铝厂项目大干120天全面完成建设任务誓师大会。

**【省边境地区社会治安整治行动督导工作组到文山州督导工作】** 9月17日，省边境地区社会治安整治行动督导工作组到文山州督导工作。副州长、州公安局局长李俊彪陪同。

**【马来西亚考察团到文山州考察玉米科研成果】** 10月8日，马来西亚科技部前部长、中马友好联谊会主席、中马首都论坛组织主席刘贤镇一行到文山州考察玉米科研成果，先后考察了砚山县苗乡三七科技示范园、江那镇杂交玉米生产基地、县玉米研究所。州长黄文武会见考察团一行，介绍了文山州情及玉米品种选育、种植情况等。马来西亚考察团的来访考察，促进了中马友好往来，对下步中马双边科技合作，推进文山州杂交玉米种子进入马来西亚市场，发展文山州杂交玉米种子产业具有重要意义。

**【省人大代表调研视察组视察文山州二级公路建设工作】** 10月9～10日，省人大代表调研视察组到广南、西畴县视察文山州二级公路建设工作。副州长李国沛陪同考察，并于10日下午向调研视察组汇报文山州二级公路建设工作情况。

**【冷华到文山县调研石漠化综合治理工程】** 10日9日，省林业厅副厅长冷华一行到文山县调研石漠化综合治理工程。副州长胡荣陪同。

**【文山州人民政府与云南农业大学2010年州校合作工作推进会议及战备合作协议签字仪式】** 10月13日在昆明举行，州长黄文武，副州长李国沛，州长助理、州发改委主任马斌出席州校合作工作推进会议，并参加战备合作协议签字仪式。

**【中央第18检查组到文山州检查贯彻落实中央扩大内需促进经济增长政策和治理工程建设领域突出问题工作情况】** 10月18～20日，中央第18检查组到砚山、丘北检查贯彻落实中央扩大内需促进经济增长政策和治理工程建设领域突出问题工作情况。州长黄文武，常务副州长徐爱民，州长助理、州发改委主任马斌陪同检查。20日下午，州长黄文武向检查组汇报工作情况，徐爱民、马斌参加汇报会。

**【省“两基”迎国检预检工作组在砚山县检查工作】** 10月18～20日，省“两基”迎国检预检工作组在砚山县检查工作，副州长兰骏陪同。

**【浙江省丽水市人民政府考察团在文山县考察文山州三七产业发展工作】** 10月22日，浙江省丽水市人民政府考察团在文山县考察文山州三七产业发展工作，副州长李国沛陪同考察，并介绍文山州三七产业发展情况。

**【黎宝光会见赴麻栗坡县开展教育扶贫考察的德国华人华侨妇女代表团】** 10月23日，副州长黎宝光会见赴麻栗坡县开展教育扶贫考察的德国华人华侨妇女代表团。

**【李国沛　马斌出席文山州人民政府与百色市人民政府区域经济合作洽谈会】** 10月25日，副州长李国沛，州长助理、州发改委主任马斌出席文山州人民政府与百色市人民政府区域经济合作洽谈会并讲话。

**【欧渤芊到麻栗坡县调研扶贫工作】** 10月30日至11月2日，外交部办公厅副主任欧渤芊一行到麻栗坡县调研扶贫工作，副州长黎宝光陪同。

**【文山州民族博物馆奠基】** 10月31日，文山州民族博物馆奠基。

**【黄文武　徐爱民　兰骏与东航云南分公司负责人会谈旅游航空市场培育工作】** 11月2日，州长黄文武、常务副州长徐爱民、副州长兰骏与东航云南分公司负责人会谈旅游航空市场培育工作。

**【香港、加拿大文更中心教育扶贫代表团在文山开展教育扶贫活动】** 11月2～4日，香港、加拿大文更中心教育扶贫代表团在文山开展教育扶贫活动，副州长黎宝光陪同。

**【姚国华到丘北县调研】** 11月6日，省民政厅副厅长姚国华到丘北县调研，副州长李国沛陪同。

**【国务院办公厅联合调研组在富宁县调研】** 11月12日，国务院办公厅联合调研组在富宁县调研，副州长李国沛陪同调研。

**【省边境地区社会治安整治行动督导组在马关县、麻栗坡县检查指导工作】** 11月13～17日，省边境地区社会治安整治行动督导组在马关县、麻栗坡县检查指导工作。副州长、州公安局局长李俊彪陪同，并于17日向省督导检查组汇报工作情况。

**【国土资源部成都督察局到文山州督察土地例行督察整改工作情况】** 11月20～21日，国土资源部成都督察局到文山州督察土地例行督察整改工作情况。副州长李国沛陪同到丘北县检查并汇报文山州工作情况。

**【黄文武出席州人民政府与云南出入境检验检疫局战略合作备忘录签署仪式】** 11月25日，州长黄文武出席州人民政府与云南出入境检验检疫局战略合作备忘录签署仪式。

**【寸强一行到州动物疫病预防控制中心调研】** 11月26日，省农业厅副厅长寸强一行到州动物疫病预防控制中心调研，副州长胡荣陪同。

**【陈晓娅到丘北、砚山检查“两基”工作】** 11月29日至12月1日，教育部副部长陈晓娅一行到丘北、砚山检查“两基”工作，州长黄文武、副州长兰骏陪同。

**【罗黎明率领国家部委调研组调研中越边境政策】** 12月10日，国家民委副主任罗黎明为组长的国家部委调研组一行调研中越边境政策，州长黄文武、常务副州长徐爱民陪同。11日上午，黄文武、徐爱民出席州人民政府向国家部委调研组汇报会议。

**【中央政法委领导到文山调研】** 12月11～12日，中央政法委领导在文山、丘北调研。副州长、州公安局局长李俊彪陪同。

**【国家人防办、省人防办领导到文山调研】** 12月12日，国家人防办、省人防办领导到文山调研。副州长官悠房陪同。

**【省统计局到文山县举行五家寨小学献爱心捐赠仪式】** 12月13日，省统计局局长姚堂文一行到文山县喜古乡五家寨小学举行云南省统计局五家寨小学献爱心捐赠仪式，副州长黎宝光出席捐赠仪式并讲话。

**【省政府铁路建设工作督导组检查云桂铁路文山段建设情况】** 12月13～15日，省政府铁路建设工作督导组检查云桂铁路文山段建设情况。常务副州长徐爱民，州长助理、州发改委主任马斌陪同。15日上午，州长黄文武、常务副州长徐爱民出席文山州铁路建设工作情况汇报会，徐爱民向省督导组汇报工作情况。

**【国家烟草专卖局验收组到丘北、砚山县验收2009年度烟叶基础设施建设项目】** 12月14～16日，国家烟草专卖局验收组到丘北、砚山县验收2009年度烟叶基础设施建设项目。副州长胡荣陪同。

**【全国人大内司委调研组到文山县调研】** 12月15～17日，全国人大内司委调研组在文山、麻栗坡县调研。副州长、州公安局局长李俊彪陪同并代表州人民政府向调研组汇报文山州“五五”普法和禁毒工作情况。

**【李国沛在中国地质大学出席《文山州人民政府 中国地质大学(北京)战略合作协议》签字仪式】** 12月20日，副州长李国沛在中国地质大学出席《文山州人民政府 中国地质大学(北京)战略合作协议》签字仪式。

**【省教育厅领导到丘北县调研】** 12月23～24日，省教育厅领导到丘北县调研。副州长兰骏陪同。

**【省政府二级公路安全生产检查考核组到文山检查工作】** 12月24日，省政府二级公路安全生产检查考核组领导到文山检查二级公路安全生产责任制落实情况。常务副州长徐爱民陪同。

**【迪庆州考察组到文山考察学习公安工作】** 12月25～27日，迪庆州考察组在文山考察学习公安工作。副州长、州公安局局长李俊彪陪同。

**【州人民政府与金光集团签署林浆纤维一体化项目合作协议】** 12月27日，州人民政府在文山与金光集团签署林浆纤维一体化项目合作协议。州长黄文武，副州长胡荣，州长助理、州发改委主任马斌出席签字仪式，副州长胡荣主持会议。

## 重要工作

**【抗旱救灾工作】** 人畜饮水。2010年全州累计投入抗旱救灾资金48 880万元，其中：中央7 193万元，省4 513万元，州700万元，县3 425万元，社会捐款10 231万元，群众自筹22 818万元。出动干部职工、技术人员、军警官兵、民兵力量等抗旱救灾人员180.2万人、机动抗旱设备2.94万台套、机动运水车辆7.42万辆(次)，为缺水群众累计运(送)水63.4万吨，抗旱灌溉农田129.1万亩，临时解决了120.7万人、61.3万头大牲畜饮水困难。抓好生产自救，落实各项惠农政策补贴。2010年全州共兑付水稻等良种补贴、退耕还林补助、农机具购置补贴、农资综合补贴等各项惠农补贴资金4.18亿元 。兑付家电汽车摩托车下乡产品补贴0.8亿元。各项惠农补贴的发放，激发了农民种植优质粮食的积极性，促进了农业机械化水平，增强了农业综合生产能力。妥善安排好因灾困难群众生活，不出现非常死亡现象。为做好灾民和春夏荒期间群众生活救助，及时下拨中央及省自然灾害补助9 580万元，州县财政投入941万元。累计救助49.8万受灾困难群众，解决192万人的饮水困难。发放衣被19.47万件(床)。加大灾区民房恢复建设。完成倒塌房屋恢复重建213户599间，完成受损房屋修建2 403户7 993间，投入资金440万元。对旱灾灾区城乡低保对象和农村五保对象提高2个月的生活补助，其中：城市低保对象每人每月提高20元，农村低保对象、农村五保对象每人每月提高15元。为城乡低保对象、农村五保对象42.7万人发放补助金1 339万元。森林防火。截止2010年12月底，全州共发生森林火灾37起，其中：一般森林火灾3起，较大森林火灾34起，占省下达控制指标93次的39.8%。受害森林面积294.45公顷，占省下达控制指标835公顷的35.6%。森林受害率0.22‰，比省下达控制指标1‰低0.78个千分点。森林火灾案件查处率为94.6%，高于省考核指标14.6个百分点，全州没有发生重、

特大森林火灾和在扑救森林过程中出现人员伤亡事故，连续实现24年无特大森林火灾和人员伤亡事故。

**【基础设施建设】** 全年实施建设项目947个，其中新开工项目501个，全州全社会固定资产投资完成275亿元，比上年增加58.5亿元，同比增长27.0%。推动基础设施建设取得新成就。交通基础设施建设力度加大。2010年底，云桂铁路文山段控制性工程和重点隧道工程已全面开工建设，开工建设工点已达107个。丘北至文山、文山至蒙自铁路项目前期工作积极开展。蒙自—文山—砚山高速公路、平远—文山至天保(口岸)高速公路、富宁—田蓬(口岸)、师宗界至丘北二级公路工程前期工作进展顺利。文山至兴街(兴街至西畴)至麻栗坡至天保、文山至马关至都龙、珠街至广南至广西西林界3条政府还贷二级公路建设加快推进，累计完成投资382 582万元，占概算总投资的88.15%。普碳公路已建成通车。农村通乡油路工程完成投资38 999万元，占计划投资的77.3%，通达工程完成30 295万元，占计划总投资的96.9%。富宁港一期工程积极推进，累计完成投资13 242万元，占概算总投资的73.0%。水利基础设施建设成效显著。针对全州水利基础设施滞后，应对旱灾能力弱的问题，作出加快水利基础设施建设的决定，完善水利发展规划，并决定州、县每年筹资1.5亿元以上用于水利项目建设。全年完成水利投资9.1亿元，增长57.7%，实施水利建设项目6.3万件，新增蓄水库容0.7亿立方米，新解决农村26.6万人饮水安全问题。水源工程，德厚水库通过国家水利部委托水规总院对项目建议书进行了预审；八宝水库完成大坝、输水隧洞等建设，枢纽单位工程已通过省水利厅组织验收，正进行工程竣工审计；清华洞水库二期主体工程已完工，正在进行扫尾、工程竣工审计和资料整编；达号水库已全部完成输水隧洞、导流泄洪洞，大坝回填至1411米高程；布都河水库完成导流隧洞衬砌，输水隧洞开挖1 400米；团结水库、以腻资水库、南油水库、新桥水库建设进展顺利。砚山县差黑海引蓄水工程顺利。病险水库除险加固，丰收中型水库除险加固工程基本完工；第一批实施的红舍克、山后、尼龙拱、江东、老胖箐、石桥、增产、板宜、昔布等9座病险水库除险加固工程，红舍克水库已通过竣工验收，尼龙拱水库已完成审计，其余7座水库正在进行审计；第二批实施的洪峰坝、鱼泽坡、回龙、路德、灿可、绿差塘、干龙潭、龙骨山、牡宜、波么、砂坝11座小(1)型病险水库除险加固工程基本完工。其中：绿差塘、灿可水库完成竣工审计，其余9座水库正在审计。人畜饮水工程，完成“五小水利”工程24 019件，建成小水窖11 900口，集中供水461处，解决了18.72万人的饮水困难。累计改造中低产田地50万亩，大型灌区建设、国际界河治理、中小河流域治理稳步推进。电力基础设施建设成效显著。电源点建设方面，马鹿塘电站二期计划总投资205 827万元，总装机24万千瓦，单机8万千瓦。已完成投资234 260万元；芦塘子水电站完成厂房建设、设备订购；小白河二级电站完成投资4 100万元；小龙潭电站累计完成投资1.03亿元，完成总投资的59.0%；那柳电站正在进行厂房基础建设工程，累计完成投资1 000万元；木贵二级电站工程估算总投资3 034.18万元，已完成投资50万元；坝木电站、花坝子三级水电站、革夺电站、董布电站项目核前期工作积极推进。电网建设方面，500千伏砚山变二期完成投资4 700万元，工程已进入收尾阶段；220千伏普厅输变电工程新增变电容量2×180MVA，新建220千伏线路153km，已投产运行；1千伏文山乾塘送变电站工程、1千伏广南红坡送变电工程已投产运行；1千伏文山城南输变电站工程正在进行开工准备及设备招投标工作。农网改造升级与无电地区电力建设35千伏输变电工程7个、千伏及以下项目10个已全面开工，完成投资9 000万。到2010年底，共建成500千伏变电站1座、220千伏变电站5座、110千伏13座、35千伏20座，形成了以500千伏、220千伏为主网架，110千伏环网供电的供电网络，供电能力极大增强。通信、广播电视网络设施建设加快，全州高速宽带网络基本建成，建成55个政务信息服务网站，8县(市)人民政府、州属67个部门建成并开通了门户网站，信息化水平不断提高。

**【农业和生物产业】** 三七产业。全州共有66个乡(镇)6 690户农户11 469人种植三七，分别比上年增4.76%、0.47%和20.61%。三七在地面积84 268亩，比上年增22.62%。全州推广三七标准化种植7万亩(其中：GAP种植面积6万亩，有机三七种植面积1万亩)，占总面积的82.35%。全州三七种植业实现总产值18.5亿元，销售收入18亿元，利润8亿元，分别比上年增48.03%、55.72%、97.74%。烤烟产业。圆满完成了120万担烟叶收购计划任务，上等烟比例41.04%，均价13.44元/千克，实现烟农收入8.06亿元。林产业。2010年计划实施中低产林改造70万亩，项目涉及全州8县71个乡镇。通过企业自筹405万元，整合木本油料、退耕还林、速生丰产林等项目7.33万亩资金1 259万元，准备了核桃、油茶、西南桦、桉树等苗木7 715万株用于中低产林改造项目，年底全面完成了中低产林改造任务。畜牧产业。2010年，全州生猪存出栏分别达311.24万头和401.11万头，增长1.87%和13.56%；大牲畜存栏、肉牛出栏分别达140.01万头和47.72万头，增长1.08%和14.3%；山羊存出栏分别达35.96万只和31.31万只，增长1.15%和7.56%；家禽存出栏分别达1 140.07万只和1 445.52万只，增长1.04%和4.39%；肉类总产量40.64万吨，增长13.2%；畜牧业产值51.4亿元，增长12.6%；实现农民人均畜牧业纯收入590元，增长22.02%。辣椒产业。全年完成辣椒育苗1.3万亩，移栽108.3万亩，同比扩大14.4万亩，总产量12 000万千克，同比增长1 858万千克，实现种植产值14.4亿元。加大龙头企业的扶持力度，引导发展好蔬菜、水果、茶叶、甘蔗、八角、草果、红豆杉等产业。全州有农业产业化经营企业120户，其中省级重点龙头企业16户、州级龙头企业36户。年销售产值亿元以上的重点龙头企业5家，年销售产值5 000万元以上的9家。有4家企业获省级财政贴息扶持资金210万元。

按照“企业＋合作社或各种农村合作经济组织＋农户”的形式，组建农民专业合作经济组织27个，并向省级申报扶持资金70万元。全年完成商品蔬菜种植45.6万亩，产量41 000万千克，产值24 600万元，产量同比增长30.8%。完成水果在地面积45.6万亩，同比增长2.1万亩，产量42 000万千克，同比增长5.0%，产值4.2亿元，同比增2 000万元。茶叶在地面积37.5万亩，同比增长0.7万亩。甘蔗在地面积30.4万亩，同比增3.1万亩，产量11.1亿千克，同比增长2.3亿千克。完成红豆杉6 800亩、八角2 500亩。

【工业经济发展】 实施“工业强州”战略，加强工业发展的领导，深化企业体制机制改革，调整工业产业结构，大力推进优势资源整合，以大项目带动大发展，培育发展大企业大集团，推进企业技术进步，延伸产业链，提高工业产品质量，全州工业发展的规模不断扩大、发展的质量不断提高，全州工业经济得到快速发展。2010年全州工业现价总产值达到250亿元，工业增加值达到90亿元，对全州GDP的贡献率达到29.0%，已经成为全州GDP增长的主导力量。积极应对金融危机给全州工业经济带来的严重影响，围绕“保工业就是保发展、保就业、保稳定、保大局”的工作思路，坚定信心，制定出台《关于积极应对金融危机促进全州工业经济平稳增长的实施意见》和《关于对部分企业生产性用电给予财政补贴的实施意见》，采取税收返还、电价补贴、帮助企业解决贷款困难、建立企业到期贷款置换基金等8条措施，对工业企业进行扶持。加强协调煤、电、油、运及相关原材料的生产供应，努力减轻不利因素给工业生产带来的制约和影响，使停产、减产企业逐渐恢复正常生产。工业结构得到优化，增长方式初步转变。全州冶金、三七制药、电力、烟草、建材、煤炭、化工等7个支柱产业规模以上企业实现增加值占全部工业总量的82.0%。其中冶金利税超10亿元，电力超9亿元，煤炭、农产品加工、烟草加工、建材等行业利税超1.5亿元。重点企业得到培育壮大，华联锌铟公司、文山电力股份公司等企业年税利超过5亿元，年利税上千万元的企业有39户，比2005年增加15户。作为低能耗的轻工业提速增长，全州规模以上轻工业累计实现增加值21亿元，增长21.0%，快于重工业5个百分点。工业化水平进一步提高，三次产业结构不断趋于优化。2010年底，全州三次产业结构已由2005年的32∶30∶38调整为23∶35∶42。加快推进重点工业项目建设，工业投资大幅增长。围绕省政府重点项目和州人民政府的重大建设项目，积极推进“银企合作”，加大金融对经济的增长，工业固定资产投资大幅增长。“十一五”累计组织实施重点工业项目224个，完成非电工业投资150亿元，是“十五”的3.9倍，非电工业投资年均增速达到1.37倍。特安呐三七综合加工生产线技改、华联锌铟公司锌铟冶炼生产线技改、斗南锰业年产10万吨锰系铁合金、兴建水泥日产4000吨新型干法旋窑水泥生产线等一批重点工业项目建成投产，80万吨氧化铝及其配套氯碱项目和云南华联锌铟公司年采210万吨、日选8 000吨项目等一批重大项目开工建设，有力推动了全州工业经济增长，进一步夯实了“十二五”发展基础。节能降耗和淘汰落后产能工作成效明显。重点工业行业、重点领域的节能和用能管理稳步推进，在化工、冶金等5个行业和州烟叶复烤厂等20户企业推行清洁生产。全州资源综合利用取得明显成效，企业综合利用资源115万吨，综合利用产品销售收入6.5亿元。全面完成“十一五”省下达文山州单位GDP能耗下降15.0%的总目标；淘汰铁合金矿热电炉52台，总装机15.8万千伏A；淘汰落后水泥产能42万吨；黄磷0.67万吨；造纸1万吨。工业园区发展步伐加快，工业聚集发展水平得到提高。全州具备一定规模的工业园区5个，其中，省级重点工业园区2个、县级特色工业园区3个。此外，还有通过州级组织评审的工业园区3个，即砚山县生物资源加工区、广南县工业园区、富宁特色工业园区。麻栗坡天保工业园区、西畴兴街工业园区正在抓紧开展前期工作。已有200户企业入园发展(其中包括规模以上82户)，从业人员19298人，累计完成园区基础设施投资9.42亿元。工业园区标准厂房建设快速推进，全州在建标准厂房建设项目23个，共29.3万平方米。

【扶贫开发】 社会帮扶。上海投入协议内外资金6 931.04万元，实施对口帮扶项目148个。其中：协议内资金5 690万元，协议外资金1 241.04万元。科技及产业扶贫。完成2009年跨年度实施科技及产业项目11个，投入专项补助资金800万元，建成规模200头的文山市肉牛养殖小区1个，砚山县“韩国朝天椒”基地1 500亩，西畴县牧草场3 000亩和400头母牛养殖，麻栗坡县咖啡基地2 300亩，马关县蔬菜种植10 000亩、优质草果种植10 000亩，丘北县种草养畜产业示范项目1个、规模700头的仔猪养殖基地1个，广南县剑麻种植6 500亩，富宁县油茶种植7 045亩、种草养羊基地1个，项目覆盖农户7 291户32 403人。年内筛选申报21个产业扶贫项目。劳动力转移培训。完成2009年跨年度农村贫困劳动力输出前培训3.2625万人，转移就业率为99.6%，就业稳定率达90.0%。2010年投入1 242万元计划跨年度实施贫困地区劳动力转移培训3.42万人，项目于4月和6月分两批下达到各县，完成培训19 151人，占总任务的55.9 %。引导性培训转移2.49万人、省级贫困地区劳动力转移培训示范基地转移培训9 300人计划2011年6月底结束，易地开发。完成2009年跨年度项目实施工作，投入3 670万元建成54个安置点1 411套安居房，改造基本农田2 617亩，转移安置7 340人。2010年投入1 450万元计划转移安置2 900人，项目于2010年10月启动实施，计划在2011年10月底结束。革命老区、民族地区、边疆地区和贫困地区发展扶持工作。马关、麻栗坡和富宁边境县每个整村推进项目投入专项资金50万元，实施整村推进项目149个。编制完成了《云南富宁瑶族支系山瑶群众聚居区扶贫开发综合治理试点总体规划》和富宁县瑶族支系山瑶群众聚居的6个乡镇整乡推进规划，并顺利通过国务院扶贫办的审查，将富宁县瑶族支系山瑶扶持发展工作列为全国探索解决特殊困难区域和特殊贫困群众的试点，对1 828户

8 429人山瑶贫困群众给予全面扶持。向上级争取补助资金1.2亿元，完成11个僰人村寨整村推进建设。投入革命老区建设专项资金290万元，建设文山县丫呼寨、砚山县凹塘村、西畴县达嘎村、麻栗坡县坪江坝村、丘北县下寨村、广南县天生桥村、富宁县那耶村7个革命老区整村推进扶贫开发新农村示范村，建设项目预计2011年6月全面完成。整乡推进。按照“一挂三帮四整合”的工作措施，投资9 471.2万元重点在20个村小组建设，分别实施了产业开发、安居工程、基本农田建设、人畜饮水、通路工程、生态能源建设、科技培训、广播电视村村通、基层党支部阵地建设等项目，全面完成了文山县追栗街镇整乡推进试点建设目标任务。

**【现代服务业】** 旅游休闲度假基地建设，《文山旅游休闲度假基地总体策划》已经西南林学院学院、州壮学会以及州发改委、州旅游局、住房和城乡建设局、环保局、文化局、旅游投资公司专家组成的评审组评审。乡村旅游特色。丘北县小白山、广南县发棚和马路村通过省的验收，被省旅游局授予“云南省乡村旅游特色村”的称号。丘北县双龙营镇落水洞村、广南县坝美镇汤拿村和麻栗坡县小坪寨村第二批旅游特色村建设进展顺利。推进旅游与民族文化融合，促进旅游业转型升级，在普者黑、坝美两个重点景区举办了彝族“花脸节”、壮族“三月三”等民族节庆活动。完善“僰乐普者黑”实景演出节目编排，提升了“僰乐普者黑”实景演出的文化品味和市场竞争力。编制了文山州关于《云南省旅游文化产业规划纲要(2010～2015)的实施意见》，推进旅游与民族文化的融合。社会消费品零售总额保持较快增长。2010年全州完成社会消费品零售总额143.6亿元，增长21.0%。家电下乡。2010年全州有备案网点620个，比上年增加153个，实现销售“家电下乡”补贴产品99 442台，同比增长212.1%。总销售额15 989.2万元，同比增长253%，兑现补贴1 811.2万元，补贴兑现率92.3%。成品油市场供需快速增长。2010年销售成品油30.41万吨，同比增长22.66%，其中：汽油8.30万吨，同比增长13.73%，柴油22.11万吨，同比增长26.08%。

**【城镇化建设】** 加快规划编制工作。开展全州城镇体系规划和“文砚平”城市群规划编制工作，指导全州八县做好县城和乡镇总规修编，编制好县城、中心集镇和旅游小镇、风景名胜区修建性详规和控制性详规及专业规划。完成广南历史文化名城莲湖核心区保护与整治规划、文山城区南片区的控制性详细规划初步规划、西畴县香坪山旅游景区规划及设计，西畴县城控制性详细规划及商贸区修建性详细规划等191个项目规划。以承办云南省第十三届运动会为契机，加快推进城镇开发建设，各县特别是文山、砚山、富宁3县新建和改造一批体育场馆、市政道路、绿化亮化、治污设施工程，城市功能进一步完善，城镇化率达到28.6%，比上年提高1.6个百分点。文山县实现撤县设市。促进房地产业稳定健康发展。截至12月底，房地产开发完成投资21亿元，其中：土地投资3.95亿元，普通住宅投资13.6亿元，商业营业用房投资3.45亿元。商品房施工面积92万平方米，竣工面积60万平方米，商品房销售面积85万平方米。

**【生态文明建设】** 全州完成天保工程公益林建设9万亩(其中：人工造林2万亩，封山育林7万亩)、防护林工程6万亩、石漠化治理11.047万亩、退耕还林11.528万亩、基本口粮田建设2.07万亩，完成农村能源建设沼气池4 420口、节柴灶1 000眼、太阳能100台、薪炭林4 000亩，后续产业发展种植业11.528亩，棚厩建设37 200平方米、青贮窖5 700立方米、饲料地建设6 600亩，开展技术培训5 700人，补植补造1.69万亩。全州实施森林生态效益补偿面积650.67万亩(国家级公益林441.50万亩，省级公益林209.17万亩)，投入补偿资金5 118.43万元。截至2010年底，全州单位GDP能耗下降5.05%，规模以上工业单位增加值能耗下降7.33%。淘汰拆除了公告内5户企业33600千伏A铁合金矿热电炉、水泥熟料8万吨以及云荷纸业公司4条1万吨小造纸生产线，淘汰拆除了公告外3户企业的落后产能装置，超额完成了淘汰落后产能任务。加强重点河流、湖泊保护和农村面源污染治理，抓紧实施盘龙河流域综合治理，普者黑湖滨带建设与面源污染控制示范工程二期项目、八道哨畜禽养殖污染治理沼气示范工程已完工。普者黑水环境综合治理工程初步设计已通过批复，正积极开展施工图设计等工作。不断探索农村环境管理机制，大力推进农村环境保护工作，积极申报中央农村环保专项资金“以奖促治”项目4个，已争取到广南县坝美、砚山县黑羊山农村环境综合整治项目，正在组织项目实施。盘龙河流域历史遗留砒霜冶炼废渣综合治理工程应急处置工程已全部通过竣工验收。

**【重点领域改革】** 开展土地流转和委托乡村组织流转形式的改革。完成耕地流转42.27万亩，其中农户自发流转32.18万亩，占流转总面积的76.2%。乡村组织提供信息流转6.96万亩，占流转总面积的16.4%。委托乡村组织流转3.12万亩，占流转总面积的7.4%。深化集体林权制度改革。全州共完成改革确权14 821个组59.96万户132.15万宗地2 289.14万亩林地，林地确权率为97.38%，确权到户率为86.6%。纠纷起数调处率99.41%，面积调处率99.39%，林权证发证率97.4%，集体林均山到户率85.47%，顺利通过省级验收，完成了主体改革任务。农村小型水利工程管理体制改革。截至12月底，文山、西畴等7个县已基本完成农村小型水利工程管理体制改革工作，完成清产核资、改革工程168 679件，其中承包144件、租赁2件、股份合作1件、用水合作组织管理13 388件、委托管理1 048件、其它154 096件。发展新型农村金融组织，支持农行、农村信用社扩大“惠农卡”发放范围和提高授信率，提高金融服务“三农”的能力。截至12月底，农业银行发放“金穗惠农卡”167 279张，同比增加54 230张，发卡数占农户总数23.93%，同比增长9.56%，授信19 395户，同比增长17.21%，授信额度42 993

万元，同比增加7 391万元，用信27 370万元，同比增加508万元。农村信用社发放“金碧惠农卡”18 931张，比2010年年初增加5 643张，发卡数占农户总数2.71%、同比增长0.8%，授信15 638户，授信额度21 821万元，比2010年年初增加12 649万元，用信17 504万元，同比增加11 058万元。推进农垦系统改革发展，维护垦区社会稳定。2010年10月，州人民政府与垦区各县人民政府签订了《农场移交属地县管理协议书》，将文山州垦区6个农场正式分别移交砚山、广南、马关、麻栗坡4县属地管理。推进医药卫生体制改革。2010年全州新型农村合作医疗参合296.74万人，参合率95.6%，各县报销比例均提高到5.0%以上，已执行新农合门诊费统筹。从2010年11月起，在全州基层卫生单位实施基本药物零差率销售，取消药品加成。州级综合医疗机构使用基本药物金额占全部药品销售总额的20.0%，县级综合医疗机构使用占35.0%，中医医院及其他政府举办医疗机构使用占10.0%。健全基层医疗卫生服务体系。目前全州已下达175个基层医疗卫生机构投资计划，计划总投资31 442万元，到位31 442万元，其中：县级医院8个，中心乡镇卫生院30个，社区卫生服务中心7个，村级卫生室130个。下达中央专项资金1 522万元，用于全州35个乡镇中心卫生院救护车配置及116所乡镇卫生院基本诊疗设备配置。促进基本公共卫生服务逐步均等化。截至12月，居民健康档案累计建档109.30万人，建档率31.58%。城镇居民建档16.58万人，建档率38.0%。乡村居民建档92.7万人，建档率30.0%。国企改革。州国资委与昆明恒士公司和交运集团公司共同拟定了《云南文山汽车运输经贸总公司和云南文山交通运输集团公司改制方案》。云南汽车车轮厂的改制土地过户手续已办理。文山州食品总公司改制清产核资、财务审计、法定代表人离任审计、资产评估等前期工作已基本结束，正积极制定改制方案。云南白药集团七花公司正在制定改制方案。州农机公司的财务及法定代表人的离任审计已基本完成，职工安置测算、争取减免贷款利息、豁免部分贷款本金等前期工作有序进行。深化财政管理体制改革，完善部门预算管理、国库集中收付、政府采购、乡镇预算管理、村级会计委托代理服务等各项制度。2010年州本级国库集中支出57 641万元，占同期一般预算支出121 273万元的47.5%，其中：财政直接支付25 263万元(职工工资)。下达授权预算单位支付35 235万元，预算单位实际支出32 401万元，节约资金2 834万元，节约率8.0%。截至12月底，全州102个乡镇941个村15 074个村小组基本实现村级会计委托代理服务，代管集体资金7 569.07万元，占资金总额的92.3%。在乡镇成立委托代理服务机构102个，全部实现了电算化管理服务。2010年全州政府采购预算52 541万元，实际采购48 798万元，节约资金3 743万元，综合节约率7.12%。采购规模较上年同期增加15 924万元，增长率48.4%。电力改制。按照全州电网“统一规划、统一建设、统一管理、统一调度”的总体要求，督促马关、麻栗坡、广南3县及时成立县电网整合领导小组，配备工作人员，积极开展了电网整合的各项工作。

**【构建对外开放新高地】** 围绕州委提出“建设云南面向泛珠三角和东盟开放新高地”目标和《云南省人民政府关于进一步加强外来投资促进工作的若干意见》。提出文山州贯彻落实《若干意见》的实施办法。全州8个利用世界银行贷款城市环保项目已陆续开工建设。马关都龙口岸联检查验建设项目8月开工建设。麻栗坡、富宁两县联检查项目正抓紧开展前期工作。马关县医院利用北欧投资银行贷款引进医疗设备项目已开始启动。州中医院利用奥地利政府贷款引进医疗设备项目正抓紧开展前期工作。截至12月底，共收集各类项目181个，项目总投资398.86亿元，其中：基础设施23个，投资233.75亿元。农、林、畜牧业31个，投资29.45亿元。工矿及综合加工64个，投资27.66亿元。社会发展36个，投资54.3亿元。商贸流通及其它27个，投资53.7亿元。

**【项目建设融资】** 向上级争取转移支付资金88.2亿元，比上年增长22.3%。其中：争取一般性转移支付资金40.6亿元，比上年增长10.0%，争取专项转移支付资金47.6亿元，比上年增长34.2%。争取的转移支付资金7.0%用于保障州级财政基本支出，93.0%用于补助各县，增强县乡财政保障能力。积极向上争取经济建设资金19.9亿元，有力地促进全州经济和社会事业的发展。向上争取扶持企业发展的各种专项资金共1.4亿元，对企业技改贴息扶持、加快新型工业化发展、非公经济发展、中小企业信用担保体系建设等提供大力的支持和帮助。加强银政、银企合作，用好用足国家适度宽松货币政策，组织引导金融机构增强信贷投放。截至12月底，全州人民币各项存款余额387.3亿元，增长28.1%。各项贷款余额271.8亿元，增长17.3%，向州外金融机构争取到贷款余额70亿元，增长79.0%。推进小额贷款公司建设，努力提高金融服务能力。截至12月底，共申报成立小额贷款公司15户，其中4户已经批准目前正在筹建。成立并开展业务11户，注册资本金2.3亿元，公司覆盖了全州8个县。累计发放贷款4.31亿元，其中支农贷款3.2亿元，占比85.0%。上缴国家税收166万元，共实现赢利446万元。通过小额贷款公司拉动文山州农村经济发展综合效益达8亿元以上。做大做强政府投融资平台，提高融资担保能力。州城投公司向国开行云南省分行融入40 380万元资金，除广南县医院1 174.66万元，三七产业园区1 700万元资金因工程进度滞留在国开行外，其它资金已投入到项目；为整体排除全州中小学校舍危房向中国农业发展银行文山州分行借款2亿元，已全部划转各县及州级学校；为确保云桂铁路文山州境内段征地拆迁补偿工作的顺利进行，向云南省铁路投资有限公司(委托富滇银行发放)借款5亿元，已拨付4县征地拆迁补偿资金及工作经费47 709.852万元；为文山学院向中国农业银行文山分行流动资金借款1 000万元提供担保，签订了《保证合同》；为文山学院二期建设向文山县农村信用合作联社借款5 000万元提供了保证担保和资产抵押。

**【教育事业】** 做好“两基”迎国检工作，努力提高义务教育普

及水平。全州把迎国检作为重要契机，全力推进各项工作的开展。“两基”顺利通过了国家教育督导团的验收。国家各项补助资金全部到位，14.69万名小学生、11.97万名初中生获得家庭经济困难寄宿生生活补助，享受生活补助的学生占寄宿制学生的比例持续提高，小学达87.02%、初中达84.86%。2010年小学适龄儿童毛入学率99.54%，辍学率降到0.05%。初中阶段毛入学率103.43%，辍学率降到1.81%。推进高中阶段教育改革，扩大高中阶段教育规模。全年普通高中完成招生14 632人，高中阶段毛入学率50.02%，中等职业学校在校生46 389人。普通高中与中职在校生比为1∶1.22。抓好教师招聘和培训，按照编制开展事业单位教师招聘的基础上，争取到1 188个“特岗教师”招聘指标，实际招聘“特岗教师”923人。加大云南三鑫职业技术学院扶持力度。成立由州人大常委会领导任组长的云南三鑫职业技术学院招生工作领导小组，制定学院招生鼓励政策，协调解决选调州内优秀教师到该院任教。三鑫职业技术学院从2010年9月起，3年内安排120万元，补助云南三鑫职业技术学院“特聘教师”工资。

**【贯彻落实创新型云南行动】** 农业科技。组织申报国家科技部科技富民强县1项，推荐申报国家科技成果转化项目3项。申报省科技厅科技计划项目17项。工业科技。申报非公有制经济发展技术创新专项资金项目7个，即：“丘北县蔬菜速冻技术研究及产品开发”、“三七茎叶提取物开发三七美白洗面奶技术研究及生产”、“广南县肉牛育肥技术示范”、“褐煤气化节能降耗减污冶炼技术研究与开发”、“土鸡生态循环养殖基地建设及产业化开发示范”、“有机茶叶规范化种植基地建设及加工技术开发”、“传统剥隘七醋发酵工艺技术创新及新产品开发”。2010年完成专利申请126件，其中：发明专利申请完成40件，占发明专利申请任务数的71.42%。获得专利授权58件，比2009年增1.31倍。

**【医疗卫生事业】** 发展中医药和民族医药事业，提高中医药服务水平。2010年在全州中医医疗机构内开展以“发挥中基药特色优势”为主题的中医医院管理年活动。继续组织开展第三期中医专业中专学历教育，招募84名学员，选派28名中医师参加基层常见病多发病中医药适宜技术推广项目培训。加大中医药宣传力度，全州开展“中医药科普知识宣传周活动”。州县中医医疗机构共发放宣传资料5 800余份，展出展板28幅，接受义诊580人(次)，听取讲座800余人(次)，健康咨询人员7 600人。加强卫生执法监督工作，强化食品药品监管。按省的规定，州卫生局组织对全州范围内的餐饮服务单位采购和使用食用油脂，一次性筷子情况进行专项监督检查，全州出动卫生监督检查人员307人(次)，车辆100辆(次)，监督检查餐饮单位1841户(次)。加强重点疾病防控，全面提高突发公共卫生事件处置能力。以鼠疫、霍乱、疟疾、结核、麻风及狂犬病等疾病为重点，加强监测，全面落实各项防控措施，组织开展计划免疫，计划免疫接种率90.0%以上。以提高住院分娩率为核心、以降低“两个死亡率”为重点，全面推进妇幼卫生工作。全州住院分娩率从2009年的78.43%提高到88.63%；孕产妇死亡率从2009年的50.21/10万下降到45.39/10万；婴儿死亡率从2009年14.3‰下降到12.12‰。

**【人口与计划生育工作】** 落实好计划生育“奖优免补”和“少生快富”政策。截至12月底，全州新办理农村居民独生子女父母光荣证926户，兑现“少生快富”奖励资金26 759户，占总户数的89.0%。兑现奖励金7 404.5万元，占总金额的95.0%。加强落实流动人口管理。做好流动人口全员信息统计工作。截至10月底，全州共登记有流动人口40.35万人，比去年增加6.2万余人。其中：流入人口9.71万人，同比减少5 000余人；流出人口30.64万人，同比增加6.7万余人；流入已婚育龄妇女2.49万人，占25.7%；流出已婚育龄妇女11.34万人，占37.0%。稳定低生育水平，统筹解决好新生儿性别比例问题。州计生委对8县计生服务站所B超等设施使用情况进行监管，开展了打击非医学需要的胎儿性别鉴定和选择性别的人工终止妊娠行为，依法查处遗弃、残害女婴的犯罪行为。

**【文化广电事业】** 州博物馆建设项目一期工程投资3 000万元，已于2010年10月31日正式破土动工。乡镇综合文化站建设项目。国家和省投资600万元，20个乡镇综合文化站建设项目已全部竣工投入使用。全州文化信息资源共享工程通过省验收，目前8个县级支中心站、28个乡镇站和155个村级站已建成投入使用。全州各级图书馆、博物馆、纪念馆、文化馆、文化站、爱国主义教育基地已全部做到免费开放。加大对已建成的268个“农家书屋”的管理指导，2010年建设的145个农家书屋通过了省的验收。继续深入开展第三次全国文物普查工作并通过省的验收，组织州内非遗申报专家评审组对第三批省级非遗项目传承人申报工作进行了推荐评审。继续做好《踩山舞云》等民族歌舞的提炼、包装工作，精心编排歌舞乐《铜鼓羊角编钟》，着力打造民族文化、铜鼓文化、三七文化、地域文化名片品牌。加强文化市场、新闻出版市场的管理。年内全州共出动执法人员4 809人(次)，检查出版物市场3 233个(次)，音像经营2 185户(次)，印刷复制企业612家(次)，歌舞娱乐场所2 283户(次)，电子游戏2 877户(次)，网吧3 773户(次)，共取缔无证照经营14户，对违规经营的文化市场单位分别处予警告51户(次)，责令停业整顿70户(次)，罚款96 000元，收缴侵权盗版出版物14 913件。广播电视“村村通”工程。实施第二、第三批“村村通”工程，全州20户以上通电自然村将全部实现广播电视村村通，解决了广大边远农村群众163 860户57万多人听广播看电视难的问题，取得阶段性的成果。全州已建成13 627个广播电视“村村通”工程。

**【城乡社会保障体系建设】** 就业工作。全州农村劳动力转移就业24.62万人，共开发就业岗位18 500个，城镇新增就业15 500人。城镇下岗失业人员再就业2 550人，就业困难人员再就业2 029人，城镇登记失业率3.5%，期末实有登记失业人数6 800人，控制在7 500人以内。开展创业培训3 483人，职业技能培训10 020人，成功创业3 106人，发放创业贷款13 720万元，其中小额担保贷款8 200万元，“贷免扶补”5 520万元。开发公益性岗位1 200个，稳定困难企业就业岗位3 115个，做到零就业家庭动态清零。社会保险扩面。全州参加各项社会保险56.32万人(次)，比2009年末增加4.68万人(次)。其中企业职工基本养老保险8.25万人、城镇基本医疗保险30.96万人、失业保险7.50万人、工伤保险5.50万人、生育保险4.10万人。城市居民、农村最低生活保障。截至12月底，全州共纳入城市低保对象3.38万户5.70万人，累计支出保障金11 084.95万元。全州共有农村低保对象40.45万人，累计支出保障金30 789.66万元。城市医疗救助。2010年省级共补助城市医疗救助资金1 398.07万元，资助全州城镇困难居民6.64万人参加城镇居民医疗保险，支出资金315.01万元，累计为城镇困难群众实施医疗救助3 924人(次)，支出救助金741.56万元。农村医疗救助。2010年省级补助农村医疗救助7 500.32万元，资助农村低保对象、五保对象、边民51.67万人参加新型农村合作医疗，支出1550.04万元，累计为农村困难群众实施医疗救助2.45万人(次)，支出救助金5 263.92万元。养老服务事业。截至12月底，全州共有农村五保对象15 953人，其中：集中供养1 002人，分散供养14 951人，支出供养补助资金1 507万元。

**【维护社会和谐稳定】** 公安工作。全年共立八类现行命案64起，破64起，破案100%，同比立案下降1.54%，破案上升1.5%。共立“两抢一盗”案件434起，破391起，破案率90.1%，抓获犯罪嫌疑人117人，摧毁盗窃机动车犯罪团伙13个，入室盗窃犯罪团伙6个，缴获汽车及其它车辆128辆，缴获赃物折款323万元。立经济犯罪案件180起，破案131起，涉案总价值3 746万元，挽回经济损失1 667万元，抓获犯罪嫌疑人149人。共立刑事案件5 591起，破2 230起，破案率为39.89%，立案与上年同比上升69.27%，破案率下降30.41%，抓获犯罪嫌疑人1 919人，批捕1 840人，打掉各种犯罪团伙49个，抓获团伙作案成员184人。全年破获毒品案件116起，抓获犯罪嫌疑人142人，缴获毒品72.7千克，收戒吸毒人员714人。安全生产。2010年全州共发生各类生产安全事故109起，死亡126人，受伤85人，直接经济损失811.08万元。四项指标与上年相比呈“三降一升”态势，即：事故起数减少12起，下降9.92%，死亡人数减少13人，下降9.35%，受伤人数减少65人，下降43.33%。直接经济损失上升95.33万元，上升13.32%。全州各类生产安全事故死亡126人，低于省人民政府下达控制指标39人。

**【承办省运会和州民运会】** 第十三届省运会各项承办组织工作。圆满完成省运会场馆建设、资金筹措、宣传报道、安全保卫、接待和竞赛组织等工作，有力保障第十三届省运会的顺利成功举办。同时，全力抓好备战训练，提高竞技水平，青少年组23名运动员参加15个项目的比赛，获得金牌49.5枚、银牌29枚、铜牌31枚，金牌总数排名全省16州市第5位，总分排名全省16州市第4位、排全省8个自治州第1位；成年组参加10个单项比赛，获得金牌15枚、银牌12枚、铜牌8枚，团体总分名列全省第3名，创文山州参加成年组比赛历年最好成绩。青少年组和成年组都获得体育道德风尚奖。州第八届民运会工作。州第八届少数民族传统体育运动会，比赛项目设吹枪、射弩、陀螺、高脚竞速、摔跤、武术、蹴球、板鞋竞速8个大项78个小项。来自全州8县及文山学院、州民职校、州二中的11支代表队499名运动员参加比赛。经过紧张激烈的角逐，共决出竞赛项目金牌、银牌、铜牌各78枚。决出表演项目一等奖12个、二等奖12个、三等奖21个。

**【编制“十二五”国民经济和社会发展规划】** 组织开展《文山州“十一五”国民经济和社会发展执行情况评估》、《文山州“十二五”发展环境与发展思路、发展目标研究》、《文山州“十二五”进一步促进区域协调发展研究》等46个前期课题研究(其中：重点产业课题4个、重大课题4个、常规课题38个)和《文山州“十二五”规划纲要》编制工作。年底，46个前期课题研究工作已全部结题，《文山州“十二五”规划纲要(草案)》已编制完成。

## 办公室工作

**【文秘工作】** 充分发挥参谋助手作用，综合协调服务能力进一步增强。按照州委、州人民政府的部署，以践行“三个一”和创先争优为动力，进一步增强紧迫意识和责任意识，全力协助州人民政府推动各项工作的落实，在推进云桂铁路、三条四段二级公路、富宁港、重点水利工程、氧化铝等重大项目建设，推进现代烟草农业、辣椒、油茶、核桃等农业产业化发展，推进整村推进扶贫开发，推进医药卫生体制改革、中小学校舍排危、“两基”迎国检、中职学校迁建、承办省运会等社会事业发展，推进抗旱救灾、创业就业、社会保障等民生工作，推进平安创建、民族团结进步示范创建、信访法制等维护社会和谐稳定工作中，加强调查研究，超前思考各项工作，加强督促检查和协调配合，充分发挥参谋助手和综合协调服务作用。

规范公文处理，办文质量进一步提高。依照国家行政机关公文处理办法和省的实施细则，制定《州人民政府办公室公文处理办法(暂行)》，进一步规范办公室公文处理工作。全年共收省以上文件和参阅资料3 013份，传阅2 739次；清退省以上文件800余个。收州及以下文件2 838件，转送文件资料1万余件，传阅纸质件1 431次。收转省级以上批转信访件120件，州级以下信访件500多件；收转各类信件、函件700多件。对外发送文件2 000多个9万余份。征订传阅报刊杂志

24种6万多份，发送文山政报3 360份，寄出公务信函12 694件。加快电子公文交换和内部办公网的推广应用，在91个单位开通运行非涉密电子公文交换，通过全州公文交换系统交换文件775份，州政府办机关传阅电子文件881份，内部办公网传阅文件率大大提高，外网发布政府信息形成了制度。

以文辅政，严格把好行文关、政策关、文字关和格式关，坚持执行发文控制通报和公文纠错通报制度，不断提高起草各类文稿的能力。全年共起草各类文件、领导讲话稿、汇报材料等文字稿2 100多件1 000多万字。严格控制发文数量，发文数比去年同期下降9.3%。

**【政务督查】** 树立大督查的观念，办理州人民政府领导交办的事项，加强与各职能部门的联系沟通和协调配合，把事关全州改革开放发展稳定的重大问题和人民群众关心的热点难点问题作为督促检查的重点，在真督实查、推动工作上下功夫，切实抓好2010年《政府工作报告》各项任务的分解落实，对涉及全州的20个重要建设项目和20项重要工作进行督促检查，及时收集反馈工作落实情况。抓好领导批示和到基层调研指示精神的贯彻落实，重点对政府还贷三条二级公路建设、全州廉租房建设、敬老院建设和农村最低生活保障落实、固定资产投资、推进政府自身建设4大主题16项制度、省州年度目标责任集中统一考核等工作进行立项跟踪督查和协调服务，共开展领导批示督办24项，反馈落实情况30余期。将州"两会"期间代表和委员提出的建议和提案纳入督查内容，与"四项制度"密切挂钩，促进办理和回复工作落实，圆满完成全部130件人大建议、172件政协提案的办理工作，办复率达到100%。配合做好省的有关督促检查工作，特别是对省的"两个二十项"重点工作开展情况进行认真督办，按时上报了工作情况。

**【信息调研】** 主动约报政府重点工作、重点项目和群众关心的热点、难点问题信息，提高信息服务的针对性和时效性，提高信息服务本级党委、政府的能力和水平。突出重大突发性事件、重要社会动态、紧急灾情、疫情以及其它重要紧急情况的信息报送，重点加强了全州重点工程建设、投融资以及僰人、山瑶扶持、三七价格等方面等动态信息的编报。年内，共编发文山政务信息457期1 615条，其中：上报国办、省办的"信息专报"被省政府办公厅采用76篇。完成省下达考核任务的116%。编发《文山政报》12期，获得全省人民政府系统2010年政务信息工作二等奖。

**【应急和后勤保障】** 快速、准确处理值班来往电话及各种电报，全年共接收、传送各种传真资料2 000余份。热情接待来访人员，做好引导、疏导工作，全年接待、引领来访人员80余批1000多人(次)。推进与广西百色市的区域应急管理合作，签订了《云南文山州 广西百色市应急管理区域合作协议》，做好了州人民政府领导每日工作预安排统计和每日工作活动情况统计。严格遵守财务制度和财经纪律，切实加强财务收支管理，做好办公用品和设备的采购、管理和发放；认真贯彻机关节能要求，加强用水用电日常管理维护，对机关照明系统进行节能改造；进一步做好机关卫生、绿化工作；做好政府大院的安全保卫和综合治理工作，确保机关工作正常运转。规范办会工作，严格控制召开会议数量，提高办会质量。全年共承办各级各类大小会议556个，政府综合性会议比去年同期下降22.6%；参与并圆满完成"全国30个少数民族自治州第22次人大工作研讨会"、"云南省第十三届运动会"、"文山州第八届少数民族传统体育运动会"等22次大型会议的接待服务工作任务，完成办公室公务接待任务126次。严格执行公务用车审批制度，办理了全州375辆公务用车的购置审批手续，除中央和省拨款专项配备的267辆，比2009年减少22辆；做好机关公务用车管理和服务工作，全年行车52.11万千米，未发生安全责任事故，燃油及行车费用明显下降。

**【领导名录】**

州　　长　黄文武(壮)
副 州 长　徐爱民(常务副州长)
　　　　　姚堂文(～5)
　　　　　李国沛
　　　　　兰　骏
　　　　　张秀兰(女，苗)
　　　　　胡　荣
　　　　　李俊彪
　　　　　官悠房
　　　　　黎宝光
州长助理　马　斌(回，～12)
　　　　　陈国忠(～5)
　　　　　任　强
秘 书 长　杨选德
副秘书长　李付珠(瑶)
　　　　　李顺福(仡佬，研究室主任)
　　　　　周　兵(信访局局长)
　　　　　吴晓洁
　　　　　玉　荣(驻昆办主任)
　　　　　陈立斌
　　　　　邹春明
　　　　　赵丽荣(女)
　　　　　朱　强
　　　　　贾　根
　　　　　颜远祥
　　　　　刘云洲(～10)
　　　　　郭旭初
　　　　　罗东波
　　　　　宋开贵(10～)
办公室主任　李付珠(瑶)
办公室副主任　普志敏(彝)

电子政务管理中心主任　万琼芝（女）
州信息化工作办公室主任　万琼芝（女，~10）
法制办公室主任　张春林（苗）

（刘嘉俊）

## 人事管理

【机构编制管理】　严格控制，依法审批。建立和完善管政策、管职能、管总量、管结构的机构编制动态管理机制，按照有增有减的原则，对于职能弱化或职能消失的机构，相应减少编制或撤销机构，对职能加强或新增的机构，积极挖掘潜力，整合资源。全年共收到各类请示51件，其中，要求增设机构18个、增加人员编制591名、增加处级职数16名、增加科级职数54名。根据现行机构编制管理的有关规定，结合部门工作实际，研究审批22件，占总数的43.14%，涉及增加机构3个，占16.67%，增加人员编制250名(其中州级增加152名、县级98名)，占42.30%，增加处级领导职数3名，占18.75%，增加科级领导职数25名，占46.30%。规范管理，进一步完善州级处级领导职数的核定工作。重新核定州级党政群机关和副处级以上事业单位处级领导职数377名，新增75名(其中：州级党委、人大、政协、司法、群团等机关的处级导职数150名，新增24名；政府工作部门和部门管理机构处级领导职数184，新增48名；政府部门所属机构处级领导职数43名，新增3名)。

【州县人民政府机构改革】　9月21日召开全州政府机构改革工作会议，全面部署州县人民政府机构改革。按照“转变政府职能、理顺职责关系、明确强化责任、优化组织结构、规范机构设置、强化机构编制管理”的改革任务：严格执行机构限额规定，机构改革后，州政府设置工作部门32个，部门管理机构2个。其中调整组建11个、保留设置23个。12月，根据州政府机构改革方案，州人事局与州劳动和社会保障局合并，成立州人力资源和社会保障局。按照规范机构设置、清理规范议事协调的常设办事机构和清理撤并限额以外设立的完全履行行政职能的事业单位的规定，此次改革清理撤并了13个机构，其中正处级3个、副处级3个、正科级7个。严格编制纪律，改革中不突破省下达的行政编制总额，对因清理撤并限额以外完全履行行政职能的事业单位，其职能划入行政机构的，核销原有事业编制。在“三定”工作中，在所核定的人员编制内，领导职数和内设机构不得突破《云南省各级机关机构设置和管理暂行办法》和《云南省各级机关领导职数管理暂行办法》的规定和要求。州县两级分别于11和12月底完成“三定”规定的审批工作，各部门正在采取竞争上岗等形式组织实施“三定”规定。

【其他系统体制机制改革】　根据《关于推进农垦改革发展维护垦区稳定的若干意见》等文件精神，在深入调研的基础上，提出机构编制方面的贯彻意见：撤销文山农垦分局，设立文山州农垦局，为州人民政府管理的正处级事业单位，人员参照公务员法管理。将全州的6个农场下放到县级管理，保留6个农场牌子，设立6个农场管理区管理委员会，作为县人民政府派出的正科级机构。核定州农垦管理局事业编制21名，新增农场所在县行政编制6名，核定各农场公共管理和公共服务人员事业编制120名。按照有关文件规定，提出乡镇卫生院和社区卫生服务机构的编制标准。加强文化领域的综合管理，推进文化市场统一执法，根据中央关于深化文化体制改革的部署，将州文化局、广播电视局承担的文化市场监管职责进行整合划入州文化市场稽查队，并将州文化市场稽查队更名为州文化市场综合执法支队，为州文化(新闻出版)局管理的副处级事业单位，人员参照公务员法管理，履行文化市场统一综合执法工作。同时，完成了电影管理职责的划转工作。将州文化局承担的电影发行、放映管理职责整合划入州广播电视局，将州电影事业管理中心、州民族语电影译制中心、州“2131”工程农村电影放映管理站成建制划入州广播电视局管理。根据有关文件精神，将州县两级的食品药品监督管理机构由垂直管理调整为分级管理，其中州级机构调整为同级卫生部门管理的部门管理机构，机构规格维持不变；县级机构调整为县级政府的工作部门。将行政编制133名、事业编制34名、工勤编制9名下达到州县的食品药品监督管理系统，于2010年8月、9月完成州县两级的移交地方管理工作。根据省委组织部文件精神，州、县党校实行双轨制，经多次调研，形成以省委党校为参照、文山实际为基础的“三定”规定。根据工作职责，州委党校共设置内设机构15个，其中，参照公务员法管理类内设机构设置7个、事业类内设机构设置8个；共核定事业编制135名，其中，参照公务员法管理类事业编制68名、事业类事业编制67名。

【机构编制统计】　截至2009年12月31日，全州共有党政群机构514个、政法机构36个、事业机构4 957个(其中教育事业机构2 754个)；行政编制(含政法专项编制)12 634名(其中州级1 838名、县级7 718名、乡镇3 078名)；事业编制65 595名(其中州级5 916名、县级56 476名、乡镇3 203名)。

【事业单位登记管理】　年内，完成全州1 173户事业单位的法人年检，210户变更，新设立19户事业单位。实施对全州事业单位的监督与管理。进一步规范事业单位的登记档案，对事业单位档案严格实施“一户一档”制度。开展事业单位网上登记工作，全州网上登记和网上办公工作开展顺利，各登记点的操作业务不断提高和规范。

【公务员考录任免】　试行公开选调的公务员选拔机制。落实《云南省州市以上机关公开选调公务员试行办法》，组织指导州森林公安局和州移民局开展公开选调公务员工作，共选调5名优秀公务员(州森林公安局4名、州移民局1名)到州属机关工作，推动公开、平等、竞争选人用人导向的形成，为进一步加强公开选调公务员工作积累了经验。加强公务员任免职审批和规范管理。执行《公务员职务任免职务升降规定（试行）》、《党政领导干部任用工作条例》和《文山州州直机关选拔任用科级领导干部管理办法（试行）》，共审核办理州直政府机关口科级领导干部任免职90人，涉及单位40个。其中：任职52人（任乡科级正职20人，任乡科级副职22人，同级轮岗10人）；免职5人（乡科级正职）；确定科级非领导职务25人（其中：确定主任科员14人，副主任科员4人，科员7人）；同级改任科级非领导职务8人（主任科员7人，副主任科员1人）。严格执行公务员调任及公务员登记有关规定得到。完成2007年以来，经省委组织部、省人事厅、省编办批准参照管理，但未进行人员登记的参照管理单位、全州各级机关（参照管理单位）历史遗留问题人员、各县选任、调任副科级领导职务的人员、新录用人员的公务员登记工作，共登记人数1 870人。

**【公务员队伍建设】** 按照实施公务员法"一年入轨、三年建制、五年完善"的总体目标，结合边疆民族自治州实际，贯彻执行公务员法及其配套法规，加强规范管理，研究完善相关配套政策，公务员队伍建设逐步迈向了法制化、民主化、绩效化轨道，公务员队伍结构进一步改善，综合素质明显提高。加大公务员法及《行政机关公务员处分条例》、《公务员职务任免与职务升降规定（试行）》、《公务员申诉规定（试行）》、《公务员录用规定（试行）》、《公务员考核规定（试行）》、《公务员奖励规定（试行）》、《公务员调任规定（试行）》、《新录用公务员任职定级规定》、《云南省州市以上机关公开选调公务员试行办法》、《云南省州市以上机关从基层机关考试录用公务员试行办法》等10个配套法规的贯彻执行力度，在公务员录用、选拔、培养、交流、考核、奖惩、监督、管理等各个环节严格执行现行法律法规，完善工作程序和问责办法。依法考试录用了一批公务员，公务员队伍结构进一步改善。通过笔试、面试、体检、体测和考察考核等严密的程序，新录用公务员299人（公安类124人、非公安类175人），公务员队伍的高学历比例、少数民族比例、年轻化水平进一步提高。抓好公务员考核奖惩机制的落实，公务员队伍活力不断增强。按管理权限做好州属机关公务员及公务员集体奖励方案的审核工作，批准州财政局、司法局系统表彰奖励优秀公务员18名，优秀公务员集体9个。同时，配合州级有关部门做好国家级、省级公务员及公务员集体的推优审核上报工作，共推荐上报了3名公务员、5个公务员集体到国家、省级参加争优评选。采取自我评价、职工评价、领导评价、综合评价和结果公开"四评价一公开"办法，以公务员的职位职责和所承担的具体工作任务为基本依据，完成了2009年度公务员考核工作。全州应参加考核人员共16 586人，实际参加考核人数15246人，占考核人数92.0%；参加考核人员中，公务员13 157人，工勤人员1 962人；处级368人、科级5 508人、科级以下5 913人。考核优秀等次2 943人（其中公务员2 698人、工勤人员245人），占考核人数的17.7%；称职（合格）等次12 174人（其中公务员10 293人、工勤人员1 878人），占考核人数的73.4%；基本称职（基本合格）18人（其中公务员10人、工勤人员8人），占考核人数的0.1%；不称职（不合格）14人（公务员11人、工勤人员3人），占考核人数的0.08%；新录用公务员未转正定级不定等次424人、受行政处分和党纪处分10人。优秀比例严格控制在20.0%以内，并对年度考核为优秀的人员进行了嘉奖。大力加强培训培养工作，公务员队伍综合素质有了明显提高。继续强化公务员培训工作，举办第二十三期科级干部任职培训班，共培训科级干部96人；举办初任培训班1期，完成2010年全州各级机关299名新录用公务员的初任培训工作。按照省厅的统一部署，组织全州政府口各级机关公务员和参照公务员法管理单位的工作人员，开展以"忠诚教育"为核心的"七个一"活动，即"一次宣誓、一次红色教育、一次廉政教育、读一本好书、一次主题演讲、一次主题征文、一次岗位练兵"活动。通过组织培训和考试，全州各级机关（含参照管理单位）共11 789名公务员成绩均达合格标准。其中，1人获得全省主题征文特别奖，州人力资源和社会保障局获得全省岗位练兵优秀奖。通过"七个一"活动的深入开展，提升全州行政机关公务员的职业道德核心价值，提高公务员的公信力、执行力和创新力，展示公务员的精神和风采，推动各级行政机关公务员队伍的公共服务职业道德与技术方法培训工作的全面开展。

**【大中专毕业生就业工作】** 实施大中专毕业生就业推进行动，做好毕业生就业服务和就业指导工作。共有4 489名大中专毕业生回文山报到登记就业，其中硕士研究生4人、本科毕业生1 032人、大专毕业生2 235人、中专毕业生1 218人。为确保大中专毕业生实现充分就业，开展事业单位招聘工作，全年共聘用1 116人。举办人才招聘会，千方百计为用人单位和求职者搭建便捷有效的沟通平台。4月26日和10月29日分别举办文山州春季人才招聘会和秋季人才招聘会，两次招聘会吸引100家用人单位到场招聘人才，提供就业岗位3 940个。其中：州内企业和私立医院、民办学校共86家，提供就业岗位1 840个；州外企业14家，提供就业岗位2 100个。近9 000名大中专毕业生、2011年应届毕业生和部分农民工、下岗失业人员参加了招聘会，招聘会当天就有2 100人与用人单位达成初步就业意向。举办文山州民营企业招聘周活动。5月20～26日，举办文山州民营企业招聘周活动，邀请30余家企业进场招聘，提供就业岗位200余个。根据文山州经济发展对技能劳动者的用工需求，充分运用培训补贴政策，组织未就业毕业生和下岗失业人员开展免费创业培训和岗位技能培训，以提升求职者的专业技能和创业能力，提高其就业的成功率。加大用工信息收集发布力度，积极向用人单位推荐人才。通过文山人事网人才市场栏目和人才市场的招聘信息发布栏发布招聘信息187条，提供各类岗位1 500个，推荐500名求职人员实现就业。进一步充实、更新人才信息库。对未就业的大中专毕业生和各类求职人员实行免费求职登记，无偿提供求职信息，同时，向未就业毕业生提供免费人事档案管理服务。年内，先后有300余名未就业毕业生进入人才信息库。设立毕业生就业一站式服务窗口。对到各类企业就业、跨地区就业和自主创业的毕业生由人才中心实行免费人事代理，解除毕业生的后顾之忧。全年，州人才中心共为126名毕业生办理人事档案代理。开展就业指导培训。分别深入州内大中专学校，举办就业指导培训专题讲座，向毕业生宣讲当前的就业形势，介绍就业政策，引导毕业生树立正确的就业观和择业观，共有2 800余名毕业生接受培训。做好农村基层服务项目服务期满高校毕业生定向招聘考试，通过笔试、面试、考核、体检、公示等环节，全州共聘用33人，其中："三支一扶"大学生7人、大学生村官22人、特岗教师4人。此外，全州还招募"三支一扶"大学生6名。

**【人事考试工作】** 完善人事考试制度，搭建公开公正公平的竞争平台。在各类人事考试中积极探索落实公众知情权、参与权、监督权和选择权的新机制，改进和完善人事考试报名、交费、查询等事项的办理方式，全面推行考前公告、网络报名、考试资格公开审核、全封闭出题、监督员全程监督、考场巡视、面试考场旁听等制度，实现考试前向全社会公告，报名和资格审查情况向全社会公开，在全封闭状态下出题，在监督员的全程监督下运送、发放、收回试卷，在巡考领导的现场巡视和监督员的直接监督下考试，各类人事考试工作得到公开、规范地进行，确保了公开公正公平竞争，有效地提高了政府公信度。全年共组织各类人事考试32场(次)3万余人(次)，其中公务员招录笔试、面试2场11 000人(次)，事业单位招聘笔试1场8 906人(次)，各种职称考试网络报名20次3 200人(次)，外语、经济、二级建造师和职称计算机应用能力考试4场6 600人(次)，各类企业委托招聘考试3场270人(次)。共办理发放各种职称考试合格证书1 652份，发放各类资格证书1 554本，其中高级职称证书454本、中级职称证书1 100本。

**【人事人才公共服务】** 创新服务手段，提升人事人才公共服务水平。扩大人才派遣业务，规范管理服务。目前委托人才市场实行人才派遣的单位已达10家，1 206人，比2009年新增4家，568人。除文山城区的企业外，年内与富宁县郎恒电力开发有限公司签订派遣协议，人才派遣业务首次向县级企业拓展。受州烟草公司的委托，11月19～21日，组织举行了文山州烟草企业干部职工文化业务知识考试，有1 683名烟草系统干部职工参加考试。做好档案管理和信息化服务，为实现今年年底全面完成全州人事系统干部人事档案管理达一级目标管理任务，深入州属有关单位及各县对档案管理人员进行业务指导，共有150余人(次)参加业务指导培训，提高了各级机关干部人事档案管理水平。目前，本局管理的干部档案和砚山、西畴、马关、富宁4县的档案共2 000余卷已按一级标准整理完毕，下步将向省委组织部申请一级标准检查验收。全年为各单位提供档案查阅服务128余卷(次)。对管理体制转移到州级的食品药品系统及新进入州级机关的人员档案认真核实，严格检查，把好入口关和质量关，共接收新入库档案210卷。办理转出档案95卷。对托管的人事档案进行了全面清理，人员名单全部录入微机，实现电脑查询。目前，托管的人事档案共4 018份，其中新增1367份。为切实减轻托管单位和个人的负担，从2010年起主动取消了每人每月15元的档案管理费。搞好人才流动，改进服务质量，制作和发放文山州人才市场服务联系卡500余张，将服务前移，主动深入各类用人单位搜集人才需求情况，提供人才信息。研究制定《文山州州级机关工勤人员和事业单位工作人员调配工作暂行办法》，规范编制管理和人事调配工作，2011年1月起将在州级机关事业单位全面实施；完成《文山州"十二五"人才培养与人才资源利用规划》，为进一步改善文山州人才队伍结构，提高自主创新能力，推动创新型文山建设，为全州实现全面建设更高水平小康社会目标、促进全州经济社会又好又快发展提供强有力的人才支持和智力保障。规范事业单位招聘工作，将事业单位招聘划分为两类，一类是紧缺岗位招聘，时间安排在2～4月进行，主要面向各县各单位急需、紧缺岗位，招聘对象为普通高等院校本科及以上应届毕业生，由各县各单位到人才比较集中的高校和人才招聘会上进行公开招聘，招聘公告须经州人事局批准；另一类是一般岗位招聘，时间安排在5～8月进行，面向所有大中专毕业生，实行网络报名，所有符合岗位条件要求的人员可以在规定的时间内在任何地点通过互联网进行报名，招聘工作由州人社局统一组织，统一笔试，分级面试。

**【军转安置和管理服务】** 全年，完成军队转业干部安置32人，随调家属7人。其中：实行计划安置2人、自主择业30人。在32名转业干部中，按职级划分，团职7人(自主择业)，营职18人(计划安置2人，自主择业16人)，技术干部7人(自主择业)。在安置的30名自主择业军转干部和7名随调家属中，属州安置5人，县级安置25人，随调家属7人(文山县安置)。做好企业军转干部解困维稳工作。开展春节送温暖活动。春节前夕，走访慰问10名企业困难军转干部。做好企业军转干部数据库更新汇总工作。通过数据采集汇总，全州纳入数据库管理的企业军转干部共257人，其中州属103人、文山县18人、砚山县31人、西畴县9人、麻栗坡县13人、马关县24人、丘北县21人、广南县27人、富宁县11人。落实解困资金的兑现工作，省下拨文山州解困资金164万元，经测算全州纳入数据库管理的257名企业军转干部中，涉及补助对象195人，所需资金141万元，已全部兑现给企业军转干部。

**【职称评审工作】** 深化职称改革。建立以能力为核心的评价体系。围绕制约职称工作客观性、公正性的瓶颈性问题，按照重在业内认可，突出以能力、业绩为导向的要求，完善评价办法，继续在工业机械、电气、农业机械、有色金属、化工、建筑材料、矿山、环保、广播电视、交通等10个专业晋升工程师评审过程中引入论文答辩环节，不断完善答辩程序，进一步提高评审结果的科学性、准确性。在林业、建筑、水

利电力工程中级职务评审中实行培训、考试、答辩、评定相结合的办法；在畜牧、农业系列中级职务评审过程中开展“专业知识、业务能力、案例分析”三项考核办法。形成符合不同专业、不同类型人才成长特点和规律的多元化职称评价方式，不断提高评审质量。创新专业技术人才评价工作的管理理念和服务方式，确保评聘工作顺利开展。加强对各系列职称改革和专业技术人才评价工作的指导、协调和监管。加强职称改革工作的统一管理，改革管理方式，加强与系列主管部门的沟通和协调，避免行政干预，尊重和维护同行评议的独立公正性，促进职称改革和专业技术人才评价工作的健康发展。进一步推进职称社会化、科学化、专业化评审进程，确保全州专业技术职务评聘工作顺利开展。年内按计划完成16个系列的中、高职称评审推荐工作。共推荐评审中级职称2 304人，有1 100人的获得中级职称；推荐各系列高职531人，有454人(其中正高4人)获得高级职称。开展破格评审，开辟优秀中青年人才成长快车道。为加大人才培养力度，不断加大优秀中青年破格晋升中、高级专业技术职务的力度。对虽不具备规定的学历和资历，但确有真才实学，成绩显著，贡献突出的专业技术人员，可破格评聘相应的专业技术职务。在破格晋升工作中，严格按照“推荐、审查、评审、公示”等程序进行，精心组织，严格把关，确保评聘质量，使破格评聘工作形成品牌效应，产生良好的社会影响。年内，破格推荐评审中级6人、高级2人。凡通过破格评审的人员，可优先聘用到优秀岗位和关键岗位，并作为后备人才进行培养。建立考核登记制度、完善聘后管理。要求各事业单位坚持年度考核与聘期考核相结合，定性与定量考核相结合，突出量化考核。在考核结果使用上坚持“五挂钩”即把专业技术人员的考核结果与其资格聘任、职务升降、奖励惩戒、培养选拔、福利待遇等五方面切身利益直接挂钩。严格年度考核优秀人员比例不得突破15.0%的比例，考核为优秀的人员须经政府人社部门审核验印，合格、基本合格、不合格的工作人员由主管部门审核验印。年度考核所确定的等次，必须如实在《云南省事业单位工作人员年度考核证书》上进行登记，以此作为事业单位工作人员年度考核备案和晋升职务、增加工资、发放奖金的依据。完成州属99个事业单位的年度考，考核人员3 830人，其中优秀573人、合格3 255人、基本合格1人、受处分不定等次1人。

**【事业单位岗位设置管理工作】** 完善岗位设置管理的相关政策。根据试点和实施过程中存在的一些问题，下发《关于事业单位岗位设置中有关问题的处理意见》，对行业指导性意见与2009年调整的专业技术职务结构比例有较大差距的妇幼保健、新闻出版等单位的岗位比例进行了妥善处理，促进了岗位设置管理工作的顺利开展。同时，结合岗位管理的进程，规范了岗位聘约书，对岗位聘约签订等事项提出要求，使岗位管理制度和聘用制度有机地进行衔接。积极稳妥地开展实施工作。为完成省人民政府2010年州属以上机关所属事业单位要100%完成事业单位岗位设置管理方案的核准、人员聘用及聘后认定工作，40.0%县级机关所属事业单位要完成岗位设置管理工作的目标任务，根据各县事业单位岗位设置管理工和进展不一的实际情，于10月21日召开全州事业单位设置管理工作推进会，要求各县坚持积极稳妥、平稳推进，首次进行人员聘用时不对现有人员的结构现状进行较大的改变，而是逐步到位，实事求是地处理一些具体问题。将岗位管理制度的建立与其它各项改革工作统筹考虑，整体推进。为巩固和完善聘任制度，在岗位设置管理聘后管理过程中要求以岗位聘用为基础重新签订岗位聘约，进一步完善过去已经建立的聘用制度，规范聘后管理，实现人员从身份管理向岗位管理的过渡，为实现从“单位人”向“社会人”的转变迈出了重要的一步。将事业单位岗位设置与分配制度的相互配套，使事业单位岗位绩效工资制度落到实处，完成岗位设置和聘用工作的事业单位兑现了岗位工资，并与正在实施的绩效工资相衔接。将岗位设置与考核等其它制度的衔接配套，指导各单位在实施岗位管理制度的同时，加强对内部岗位的管理，明确岗位职责任务、以岗位职责来确定今后的考核工作，使考核工作更具有针对性和操作性。

**【专业技术人才培养】** 根据省人力资源和社会保障厅《关于开展2010年度省突省贴选拔工作有关问题的通知》要求，及时在文山人事网转贴有关文件，使广大专业技术人员充分了解“省突”、“省贴”选拔的条件和要求，并公示咨询热线电话，增加选拔工作透明度，扩大专业技术人员的知情权、参与权、监督权。为客观公正地把握和实施选拔标准，切实把公平公正的原则体现在每个候选人员身上，对以往的推荐选拔方式进行完善，组建文山州优秀专业技术人才评议委员会，下设若干评议小组，负责按国家及省制定的优秀人才选拔标准、条件，对各县各部门推荐的候选人进行评议推荐。立足于用高素质的人选拔高素质的人才，严把评议成员关。从组织程序上保障评议推荐结果的客观公正，确保入选人员的高水平、高质量。经省有突出贡献优秀专业技术人才评审委员会评审，州医院李志祥、州农科所杨芬、州一中高丽萍3人获得享受省政府特殊津贴；州植保站周天富、砚山县第二小学彭丽萍、华联锌铟公司朱国山3人获得省有突出贡献优秀专业技术人才奖。加快专业技术人才培养。抓好少数民族科技骨干特培选拔工作，筛选把关推荐14名优秀少数民族科技骨干参加省人社厅培养对象的选拔。依托“沪文帮扶”培养急需人才，为提升行政事业单位人事管理人员的服务能力，选送20名行政事业单位人事干部参加上海“现代人力资源管理”培训班。上海市人社局组织2名医疗专家到州中医院工作3个月。通过开展学术讲座、诊疗示范、疑难病例会诊等，重点培训医院的对口业务骨干，在较短时间内提高了全州医疗人员的专业技术水平和实践能力。抓好专业技术人员继续教育。贯彻落实《云南省专业技术人员继续教育条例》和省人社厅关于在全省开展专业技术人员《低碳经济知识》培训的要求，针对各行业特点，采取集体讨论、收看专题光蝶片、网上在线学习等不同形式开展培训工作，并邀请专家进行2天的专题讲座。11月17日，全州事业单位统一进行低碳经济知识考试，共有46 396名企业、事业单位管理人员、专业技术人员参加培训考试。

【人事信访】 信访稳控工作。对非正常上访和群体事件性事件进行积极的预防调控，主动与信访、公安等部门加强左右联动，与省厅、各县人事局加强上下联动；在重要节日、重大事件中启动人事信访"零报告"工作机制和24小时值班制度；实行每月信访中的突出问题向省厅报告和本局通报制度，人员失控两小时后，立即向州联席办和省厅报告。在信访案件预防调处中做到反应快、力量强、处置到位。利用人事网站采取向社会公布本局通信地址、投诉电话、领导办公电话、接待时间及地点，查询信访事项处理和进展结果等方式，进一步提高人事工作透明度。日常来信来访。全年共受理来信38件，来访185人(次)。其中：初信29件(联名信1件)，重信9件。在38件信访件中，已办理和转由相关部门答复37件，有1件正在办理当中。落实企业军队转业干部维稳工作，落实解困政策，开展思想教育工作，确保全州企业军转干部的总体稳定，全州未发生企业军转干部跨地区串联聚会和规模性聚访问题，也未出现赴京、到省上访人员。

【工资福利工作】 稳步推进公共卫生与基层医疗卫生事业单位绩效工资实施工作，足额兑现全州6 982名公共卫生与基层医疗卫生事业单位职工2009年10月至2010年9月的绩效工资。实施绩效工资后，全州公共卫生与基层医疗卫生事业单位职工平均增资447元，年新增资金3 770万元，其中：上级财政补助1 403万元，本级财政自筹2 426万元。开展机关事业单位工资审批工作，累计办理机关事业单位职务变动、技术等级变动、人民警察警衔变动、机关事业单位工作人员转正定级、机关单位正常晋升级别工资和年终一次性奖金、事业单位正常晋升薪级工资和1个月基本工资额度等工资审批9 187人(次)，补发814.07万元，月增资额为38.82万元；累计办理机构划转、新招聘、调入、调出工资转移关系394人(次)；累计办理机关、事业工作人员192人的退休手续。完成2009年度工资统计工作，截至2009年12月底，全州干部职工总数109 467(含临时工)，其中：在职87 081人(机关21 735人，事业65 346人)，离退休22 386人。机关在职职工年平均工资30 363元，离退休人员人均年离退休费28 203元；事业单位在职职工年平均工资26 962元，离退休人员人均年离退休费25 354元。

【人事行政执法】 健全和完善《文山州人事局依法治局管理规章制度》、《文山州人事行政执法评议考核办法》、《文山州人事行政执法责任制》、《文山州人事行政执法责任追究办法》，将人事行政执法纳入法制化管理。在抓好面上法律知识普及的基础上，紧扣部门职能，突出人事编制部门的普法重点，采取积极措施大力宣传和普及《公务员法》、《行政机关公务员处分条例》、《事业单位公开招聘人员暂行规定》、《事业单位岗位设置管理试行办法》、《专业技术人员继续教育条例》、《事业单位登记管理暂行条例》、《地方各级人民政府机构设置和编制管理条例》、《云南省人才市场管理条例》、《云南省人才开发促进条例》、《云南省机构编制管理条例》等人事编制法律法规及相应的配套实施办法，把全州公务员和专业技术人员学法用法纳入人事系统"五五"普法的重要内容进行同步规划、同步实施。组织开展"三月法制宣传月"和"12·4"全国法制宣传日活动，利用每年两次的法制宣传活动，向社会印发宣传资料600余份，组织全体干部职工参加普法考试，参考率和合格率均达100%。

【领导名录】
局　　长　赵　琼(女，壮)
副 局 长　黄正雄
编委办主任　赵　琼(女，壮)
编委办副主任　李永正(壮)
人才中心主任　赵玉明

(那春华)

## 发展研究

【简　述】 2010年，州政府研究室按照"围绕中心、加强调研，超前思维、提前谋划，服务决策、当好参谋"的总体要求，紧紧围绕州委、州政府中心工作和文山经济社会发展中的重点、难点和热点问题，扎实开展课题研究和重要文稿调研起草工作，较好地完成一批富有参考价值的课题研究和重要文稿，有的研究成果已经转化为州委、州人民政府的决策并得到实施，全年完成重大课题研究10项，撰写调研报告8个，重要文稿起草17篇，编报《文山发展研究》7期，向州委、州人民政府提交各类决策咨询建议20余项，在服务州委、州人民政府重大决策中较好地发挥了参谋助手作用。

【课题研究】 年内，组织完成《文山州"十二五"铁路建设与生产力布局调整研究》、《文山州"十二五"投融资体系建设发展研究》、《文山州"十二五"固定资产投资趋向分析研究》、《文山州"十二五"承接东部沿海产业西移政策研究》等4个"十二五"规划前期课题研究，为文山州"十二五"规划纲要编制工作提供大量翔实的基础资料；围绕州委、州人民政府的中心工作和"新高地"战略，先后完成《文山州金融生态环境建设研究》、《文山州特大旱灾影响及对策研究》、《西畴兴街经济区规划建设研究》、《关于建设云南面向泛珠和东盟开放新高地的基本构想》等课题研究，较好地发挥了研究室的参谋助手和决策咨询职能作用。

【重要文稿起草】 年内，完成《文山州经济社会发展形势分析》、《文山州2010年上半经济社会发展情况通报》、《"十二五"规划建议和规划纲要的起草说明》；组织起草"中共文山州委关于制定文山州国民经济和社会发展第十二个五年规划

的建议(草案)”，已经州十二届人大七次会议审议通过，成为引领全州“十二五”时期经济社会发展的指导性文件；组织开展平远镇“扩权强镇”和普者黑旅游度假区“扩权强园区”试点工作调研，形成《关于对平远镇实施扩权强镇试点工作的调研报告及实施方案》、《关于成立普者河旅游度假区管委会的调研报告及实施方案》，为州委、州人民政府推进“扩权强镇”和“扩权强园区”管理体制改革提供了意见和建议。同时，组织完成天保、八布、健康3个垦区农场改革的专题调研，形成了“文山州推进农垦改革维护垦区稳定调研报告”，提出初步的改革实施意见，为州委、州人民政府出台农垦农场改革文件提供决策依据。

**【荣誉表彰】** 2010年被州委、州政府授予“林业工作先进集体”、“承办云南省第十三届运动会先进集体”等荣誉称号；《文山州参与滇桂合作战略研究》获得2010年度“云南发展研究奖”三等奖。

**【领导名录】**

主　　任　李顺福(仡佬)

副 主 任　罗家祥(苗)

(胡廷汉)

万人接皇姑

# 政协文山州委员会

责任编辑：江 梅

州政协十届第十七次主席会议

## 重要会议

**【十届五次全体委员会议】** 1月12～15日，政协文山州第十届委员会第五次全体委员会议在文山举行。应到会委员360名，实到会委员322名。会议听取并审议通过政协文山州第十届委员会主席王云凌作《政协文山州第十届委员会常务委员会工作报告》和副主席侯强作《政协文山州第十届委员会常务委员会关于四次会议以来提案工作情况的报告》；与会委员列席文山州第十二届人民代表大会第六次会议，听取和协商讨论《文山壮族苗族自治州人民政府工作报告》，协商讨论州中级人民法院、人民检察院工作报告和计划、财政报告。会议期间，召开4场界别联组会，围绕全州经济社会发展建言献策；召开常委会，听取各组酝酿讨论会议决议（草案）情况和本次大会提案征集情况报告；召开协商讨论"一府两院"工作报告及计划、财政报告情况的反馈会，州政府及州法院、检察院、发改委、财政局等部门部分领导到会听取反馈意见。会议对政协文山州第十届委员会常务委员会2009年工作给予充分肯定，对常务委员会工作报告提出的2010年工作任务表示同意，对"一府两院"工作报告和计划、财政报告表示赞同。会议审议通过《中国人民政治协商会议文山壮族苗族自治州第十届委员会第五次会议决议》（草案）。会议号召全州政协组织、政协委员和政协参加单位，深入贯彻落实科学发展观，振奋精神，扎实工作，推进文山州人民政协事业新发展，政协组织切实履行"政治协商、民主监督、参政议政"职能，为构建和谐文山，促进文山经济社会又好又快发展，做出新的更大的贡献。

州政协副主席李海柏主持开幕会，主席王云凌主持闭幕会并在闭幕会上讲话。州委、州人大、州政府、州纪委领导及州"两院"主要领导、驻文部队部分首长、州政协历届领导、住文的省人大常委会委员应邀参加会议的开幕式和闭幕式并在主席台上就座，部分领导参加小组讨论会和届别联组会议，听取委员的意见建议；住文山城区的其他厅级老领导、省政协委员，以及领导班子成员中无州政协委员的州直部门和单位、省驻文单位及重点骨干企业的有关领导应邀列席会议。

**【第18次常委会议】** 3月26日在文山举行。应到会常委43名，实际到会常委33名。不是常委的州政协巡视员及各委办领导、调研员、副调研员，各县政协主席或主持工作的副主席，各参加单位一位领导列席会议。会议听取州人民政府关于二级公路建设情况通报；听取全国政协委员、州人大常委会副主任卢京传达全国政协十一届三次会议精神；听取州政协提案法制委主任文官红报告政协文山州第十届委员会第五次会议提案审查情况；讨论通过《文山州政协十届常委会2010年工作要点》；审议因年龄所限，同意中共文山州委《关于王忠祥同志免职的建议》和中共文山州政协党组《关于王忠祥同志免职的建议》（即免去王忠祥政协文山州第十届委员会常委、副秘书长职务的建议）。会议先后由州政协主席王云凌、副主席李海柏主持。王云凌在会议结束时作讲话。

**【第19次常委会议】** 7月9日在文山举行。应到会常委43名，实到会常委36名。不是常委的州政协巡视员及各委办领导、调研员、副调研员，各县政协主席或主持工作的副主席，各参加单位一位领导列席会议。会议听取州政协主席王云凌传达省委常委、省委宣传部部长张田欣在文山调研结束时的讲话精神；听取中共文山州委副书记罗国权作《科学技术引领人类未来》的专题知识讲座；听取云南省农村信用联社文山办事处主任桓锦胜作《全州农村信用社工作情况通报》；审议通过中共文山州委《关于李红梅同志任职的建议》和中共文山州政协党组《关于李红梅同志任职的建议》，即同意李红梅任政协文山州第十届委员会提案法制委员会副主任职务；对因涉及严重经济犯罪问题的王理健、金廷光二人，同意中共文山州委统战部《关于撤销王理健、金廷光二人第十届州政协委员资格的建议》和中共文山州政协党组《关于撤销王理健、金廷光二人第十届州政协委员资格的建议》。会议由州政协主席王云凌、副主席李海柏主持。王云凌在会议结束时作讲话。

**【第20次常委会议】** 11月9～10日在文山举行。应到会常委43名，实到会常委35名。不是常委的州政协巡视员及各委办领导、调研员、副调研员，各县政协主席或主持工作的副主席，州政协各参加单位一位领导列席会议。受州政协主席王云凌委托，会议先后由州政协副主席李海柏、侯强主持。会议听取文山州副州长官悠房关于全州2010年以来经济运行和重大项目推进情况及州政协十届五次会议以来提案办理情况的通报；听取州质量技术监督局副局长郭凤琪作行政执法工作情况通报；听取州安全生产监督管理局局长胡正坤作安全生产工作情况通报；审议通过中共文山州委《关于王永康等三位同志任职的建议》和中共文山州政协党组《关于王永康等三位同志任职的建议》，即：同意王永康任政协文山州第十届委员会经济委员会主任，中共文山州委统战部副部长古蒙兼任政协文山州第十届委员会副秘书长，民盟文山州委副主委张新兼任政协文山州第十届委员会副秘书长。李海柏在会议结束时作讲话。

**【第17次主席会议】** 8月19日，主席王云凌主持召开。会议专题协商讨论《文山壮族苗族自治州国民经济和社会发展第十二个五年规划纲要》（以下简称《纲要》）。科学编制"十二五"规划，促进全州经济社会又好又快发展具有重要的意义。州政协十分重视和关注《纲要》的编制情况，经州政协办公室与州规划领导小组办公室对接联系后，《纲要》和《重点项目规划表》提前一周送交州政协领导班子成员、各委办负责人和部分州政协常委、委员审阅。经精心准备，《纲要》协商讨论会如期进行。会上，州长助理、州发改委主任马斌代表州规划领导小组办公室汇报全州"十二五"规划的编制工作。与会人员针对《纲要》和《重点项目规划表》提出意见建议。州发改委领导表示，充分吸纳与会人员的意见建议，按照政策规定，认真修改完善，在明年"两会"上提交更加科学全面的《纲要》。州政协副主席李海柏、侯强、李春林、罗正卿、朱丽舒，秘书长何代文出席会议，部分州政协常委、委员，各专门委员会负责人和办公室副主任列席会议，州发改委副主任和相关科室负责人参加会议。

**【第33次主席办公会议】** 1月18日召开，主席王云凌主持。副主席、巡视员，秘书长，各委办主任、副主任，办公室副调研员、各科（队）长参加会议。会议对做好州政协十届五次会议会务工作总结及本年度工作计划进行安排部署；讨论研究2010年各族各界人士迎新春茶话会有关事宜；通报厅级领导春节慰问的有关事宜。

**【第34次主席办公会议】** 2月26日召开，主席王云凌主持。副主席、巡视员，秘书长，各委办主任、副主任，办公室副调研员、各科（队）长参加会议。会议审定中共文山州政协党组2010年工作要点、政协文山州委员会常务委员会2010年工作要点、政协文山州第十届委员会第五次会议重点提案；研究确定抗旱救灾捐助活动有关事宜、《文山州文史资料》（第15期）编辑出版事宜、召开全省8自治州文史工作第四次会议有关事宜、政协文山州第十届委员会第十八次常委会议有关事项；讨论通过《关于营造节庆气氛的规定》；讨论通过有关人事事项。

**【第35次主席办公会议】** 5月6日召开，主席王云凌主持。副主席、巡视员，秘书长，各委办主任、副主任，办公室副调研员、各科（队）长参加会议。会议听取州水务局局长陈育良通报全州当前抗旱救灾工作情况；主席王云凌传达省政协2010年重点工作安排意见、全国政协十一届三次会议精神贯彻意见、州委七届第74次常委会议精神。

**【第36次主席办公会议】** 6月13日召开，主席王云凌主持。副主席、巡视员，秘书长，各委办主任、副主任，办公室副调研员、各科（队）长参加会议。会议主要内容：主席王云凌传达贯彻七届州委第77次常委会议精神；讨论确定组织州政协机关干部职工到上海参观世博会相关事宜；审定《关于上报<文山州政协系统2010年"迎省运、唱和谐"砚山联谊会工作方案>的请示》；讨论确定《全省八自治州政协文史工作第四次联系会议工作方案》、《十届州政协工作宣传报道方案》、政协文山州第十届委员会第十九次常委会议相关事宜；讨论通过《政协文山州委员会办公室关于进一步规范接待工作的意见》、《对岩溶山区"五小水利"工程建设的几点建议》、《文山州老龄工作调查报告》；副主席侯强对州政协机关基础设施建遗留问题作说明。

**【第37次主席办公会议】** 8月11日召开，主席王云凌主持。副主席、巡视员，秘书长，各委办主任、副主任，办公室副调研员、各科（队）长参加会议。会上，主席王云凌传达省政协十届十一次常委会议精神；副主席侯强介绍《关于政府还贷二级公路雨季施工的建议》。会议讨论通过《文山州农村消防工作情况调研报告》、《文山州政协十届五次会议提案办理情况视察报告》、《文山州米线等鲜粮食品安全情况视察报告》、《文山州农村信用社服务"三农"情况调查报告》、《州政协领导重要工作（活动）记录和通报办法》。王云凌在会议结束时作讲话。

**【第38次主席办公会议】** 9月1日召开，主席王云凌主持。副主席、巡视员，秘书长，各委办主任、副主任，秘书科科长、副科长参加会议。会议讨论《中共云南省委关于支持人民政协履行职能发挥作用的意见》、《学习贯彻落实中发〔2006〕5号文件需要进一步落实的几个的问题》；研究迎中秋庆国庆座谈会有关情况；讨论通过《文山州出生缺陷一级预防工作情况调查报告》。

**【第39次主席办公会议】** 10月12日召开，主席王云凌主持。副主席、巡视员，秘书长，各委办主任、副主任，办公室副调研员、主任助理，秘书科科长、副科长参加会议。会议传达省委政协工作会议精神；讨论通过《政协文山州第十届委员会关于评选表彰优秀提案、办理提案先进单位和先进提案工作者工作意见》；讨论通过《关于加大对中越边境地区少数民族群众生产生活扶持力度的建议》。讨论确定州政协十届二十次常委会议相关事宜。

**【全州政协系统办公室主任会议】** 5月24日，全州政协系统办公室主任会议在富宁召开。州政协秘书长何代文出席会议并讲话，州政协副秘书长、办公室主任苏继群作会议小结。会议围绕推进政协办公室自身建设和提高接待工作水平进行研究交流。会议采取以会代训的方式，听取秘书长何代文传达全省政协系统秘书长、办公室主任联席会议和全省政协系统接待工作座谈会精神，并就如何做好文山州政协系统接待工作作主题发言。会议讨论修改《政协文山州委员会办公室关于进一步改进和加强接待工作的意见》。

**【迎新春茶话会】** 各族各界人士 茶话会于2月2日在州政协6楼会议室举行。中共文山州委书记李培，州人大常委会主任付加兴，州政协主席王云凌，州委常委李国安、王维真、马志山、黄宏伟、黎家松、张旭东、徐昌碧，州人大常委会副主任卢京，州人民政府副州长胡荣，州政协副主席李海柏、侯强、李春林、黄昌礼、罗正卿、朱丽舒、陈晓华，州政协秘书长何代文，以及州委宣传部、州委统战部、州财政局、州人事局、州宗教局、州科技局、州民委、省驻文单位、各民主党派、政协参加单位的有关领导，企业界、民族宗教界、文学艺术界、归侨侨眷人士和部分专家、技术人才，共130余人出席会议。会议由主席王云凌主持，书记李培作重要讲

话，与会人员围绕“颂成就、话发展、叙友情、促和谐”主题，从不同行业、不同角度畅谈文山经济社会发展所取得的成就，共同商讨文山发展大计、展望美好未来。会场气氛融洽、热烈、和谐。

**【全省八自治州文史工作第四次联系会议】** 根据全省八自治州文史工作第三次联系会议精神，全省八自治州文史工作第四次联系会议由文山州政协承办，并于9月20～21日在广南县举行。楚雄、红河、文山、西双版纳、大理、怒江、迪庆州政协有关领导和文史委(或办公室)领导出席会议(德宏州因事请假)。省政协文史委副主任李仕良等3位同志，以及广南县委、县人大、县政府、县政协主要领导应邀到会指导，文山州文化局、地方志办、文物管理所领导，文山州8县政协有关领导和文史工作负责人以及广南县属有关单位和县政协的其他领导、委室主任列席会议。参会人员60余人。会议学习贯彻《政协全国委员会关于加强文史资料工作的意见》、全国政协纪念人民政协成立60周年座谈会精神、全国政协副主席王刚关于《为时代立鉴为祖国立史为人民立言》的讲话精神，探讨新形势下抓好政协文史工作的创新发展。会议由文山州政协秘书长何代文主持，州政协副主席、州委统战部部长黄昌礼和省政协文史委副主任李仕良在会上讲话，广南县县长张如黎致欢迎词，7个自治州政协文史委负责人作交流发言，文山州8县政协提交文史工作的经验交流材料。会议安排观看广南县“壮乡礼乐——洞经音乐”晚会，参观了广南的皇姑庙、柯仲平纪念馆、博物馆、侬土司衙署，游览世外桃源景区，会议内容丰富圆满。

**【全州政协新闻宣传工作会议】** 11月16日，全州政协新闻宣传暨《云南政协报》征订工作会在丘北县召开。会议传达贯彻省委政协工作会议精神，总结近年来全州政协宣传工作经验，对今后进一步做好全州政协新闻宣传工作作安排部署，对2011年《云南政协报》的征订工作作明确安排。会上，丘北、富宁、马关县就新闻宣传和《云南政协报》的征订工作作经验交流发言。州政协副主席李海柏，州人大副主任、九三学社文山支社主委卢京，州政协秘书长何代文，副秘书长、办公室主任苏继群出席会议，州政协办公室、州级各民主党派、工商联的领导，云南政协报文山记者站记者，各县政协分管副主席、办公室主任、信息员参加会议。州委宣传部副部长廖云华、云南政协报副总编程昕等领导应邀出席会议。会议由州政协副秘书长、办公室主任苏继群主持。

## 专门委员会工作

**【提案法制委员会】** 坚持政协提案工作和社会法制工作一起抓。组织开展提案办理工作情况视察，检查指导面上的办理工作；抓好州政协十届四至五次会议以来优秀提案、办理提案先进单位、先进提案工作者的评选表彰工作，提出拟在州政协十届六次会议上，对民盟文山州委《关于在乡(镇)行政事业单位建设廉租周转户的建议》、杨武华等委员《关于帮助企业正确应对金融风暴的建议》、委员何文忠《关于将人口老龄化问题纳入文山州“十二五”规划统筹安排的建议》等45件优秀提案，州人民政府办公室、州委组织部、州发改委等20个办理提案先进单位，杨元辉、张祖权、王波南等20名先进提案工作者进行表彰的意见；组织有关部门和政协委员，由州政协领导带队对“全州农村消防工作情况”进行调研，形成的调研报告并由州政法委全文转发州、县政法各部门；组织撰写论文24篇，参加省政协举办的第三届“民生论坛”论文评选活动。

**【科教文卫体委员会】** 牵头组织开展全州农村寄宿制学校建设与管理运行情况和米线等鲜粮食品安全情况的调查视察，形成调查视察报告报州委、州人民政府。配合省政协教科文卫体委员会对文山州“两基迎国检”工作情况进行视察，并做好服务工作。组织委员对《文山州深化卫生体制改革实施意见》、《文山州深化卫生体制改革3年实施方案》(征求意见稿)进行协商。参与做好州政协十届五次会议界别联组会的筹备、服务工作，协助修改发言稿9篇。抓好分管领导督办的两件重点提案的督办工作，有效促进重点提案的办理。根据群众反映，并经现场视察后形成《关于群团要求抢救保护文山城文庙情况反映》报州委、州政府。服从组织安排，深入西畴县对抗旱救灾工作进行督办。开展引资援建工作，共引进援建捐资256万元，援建项目17个，部分弥补文山州农村教育、卫生事业投入之不足。

**【经济委员会】** 组织委员对全州农村信用社服务“三农”情况和还贷二级公路建设情况进行调查视察，形成调查视察报告报州委、州政府；参与全州木本油料基地建设情况等专题调研、视察。州政协十届五次会议前和会议期间，负责将各小组协商讨论“一府两院”工作报告的意见、建议进行归纳整理并及时反馈。对州政府及有关部门送来的“十二五”规划、“五区”建设、规范性文件等征求意见稿进行协商。围绕民生提出《关于对州化工厂搬迁的建议》、《关于加强文山州基础农业技术推广体系设施建设的建议》、《关于加强各项惠农资金监督监管的建议》、《关于文山县城区管道天然气建设相关问题的建议》等提案。抓住全会期间，州委、州政府领导都要到会听取委员意见的有利时机，安排委员在全会的界别联组会上就一些关键性问题和热点难点问题进行专题发言，向州委、州政府领导建言献策。

**【委员联络委员会】** 利用“委员活动日”和小组活动，组织学习《中共云南省委关于支持人民政协履行职能发挥作用的意见》，对全州老龄工作进行调研，对州看守所羁押罪犯等工作情况进行视察，所提意见建议引起有关部门的高度重视。组织委员到红河州参观考察，了解毗邻地区旅游文化发展、经济社会发展和城市建设情况。负责收集整理编辑《政协文山州第十届委员会界别联组会议发言材料汇编》(40多万字，分上、下两册）。加强对委员的管理，逐步建立和完善委员个人档案，草拟《政协文山州委员会委员联系制度》等规章制度，提出《关于做好新一届政协委员协商推荐工作和界别设置的意见》等文稿，为州委统战部起草《第十一届州政协委员安排方案》提供参考。

**【民族宗教外事委员会】** 参与对文山州“一府两院”和计划、财政报告及有关文稿的协商讨论。组织本委委员撰写提案22件，做好《关于在文山建立‘壮医院’的建议》重点提案的督办工作。对文山州老龄工作、边境地区群众生产生活情况进行调研视察，形成调研视察报告上报党委、政府。陪同省政协调研组对云南民族地区“十二五”经济社会发展思路、宗教工作情况进行调研视察，并做好服务工作。加强与有关部门特别是少数民族、宗教界上层人事的联系沟通，参加“云南省政协民族文化考察团”赴台湾考察。参与做好州政协十届五次全会界别联组会的筹备、服务工作。多次深入到麻栗坡县11个乡镇、20多个村民小组、14个水源点和水库、8所学校对抗旱救灾工作进行督办。参与做好州政协办公室及机关党总支、6专委党支部、工会、妇联和文山州明德国学促进会的有关工作。

**【人口资源环境委员会】** 按照州政协常委会确定的工作要点，结合对部分重点提案的督办，组织开展文山州人口出生缺陷一级预防工作情况、油茶产业发展情况和移民工作情况进行调查、视察，形成调查视察报告报州委、州政府；配合州政协有关专委完成文山州二级公路雨季建设情况的视察，形成《政府还贷二级公路雨季施工的建议》；协助省政协完成“云南省矿产资源整合情况”、边民通婚引起生育问题情况”在文山的视察；加强与省政协人资环委外省州（市）政协人资环委的工作联系与沟通，有针对性地组织委员外出学习考察。同时，做好州政协领导和办公室安排的工作，向上级有关部门协调无偿资金用于富宁县板仑乡木都村委会农村公路建设；深入部分县乡了解灾情，指导抗旱救灾工作；完成《文山州政协2009年部分文件材料汇编》编辑任务。

## 重要活动

**【陪同接待工作】** 做好上级领导视察文山的陪同接待工作。年内，全国政协机关党委专职副书记吴晓光，全国政协专题调研组领导，以及云南省政协主席王学仁和副主席马开贤、陈勋儒、曾华、王学智、白成亮、顾白平、倪惠芳等领导到文山进行视察调研。州政协高度重视，在及时向中共文山州委报告的同时，认真研究、周密安排，落实视察地点和行程路线，制定具体的陪同接待方案，确保各位领导在文山期间的安全和视察调研工作的顺利进行。

**【帮助解决民生问题】** 年内，州政协主席班子积极想办法为扶贫挂钩点协调投入无偿资金330万元，使扶贫联系点群众生产生活条件有了明显改善。同时，通过联系香港慈善机构和爱心人士捐资，援助教育、卫生基础设施建设、贫困学生帮扶项目20个，引资376万元，支持砚山、西畴、马关县部分小学，西畴县莲花塘乡卫生院住院楼和村卫生室，富宁县部分贫困高中生完成学业等项目的顺利实施。

**【献爱心捐赠活动】** 面对2009年入秋以来全州8个县102个乡镇不同程度地遭受60年一遇的罕见旱灾，州政协及时进行研究，通过召开动员大会等形式，充分发动州政协机关、各民主党派、工商联和非公经济界政协委员的力量，向灾区捐款献爱心，并于3月初启动捐赠活动，同时在州政协机关开展“共产党员抗旱先锋行动”，收到捐款91.99万元。

**【全州政协系统“迎省运、唱和谐”联谊活动】** 为迎接云南省第十三届体育运动会在文山召开，7月26～28日，由州政协主办、砚山县政协承办的全州政协系统“迎省运、唱和谐”联谊活动在砚山县城举行，州政协机关、全州8县政协机关的全体干部职工和工作人员500余人参加。砚山县委、县人大常委会、县人民政府及其办公室领导，县法院、检察院、公安局、人武部、联谊会筹委会成员单位领导，砚山县政协常委和乡镇政协联络组组长应邀参加联谊活动。砚山县委、县人大常委会、县人民政府对联谊活动的开展给予支持。联谊活动期间，政协系统全体干部职工参加射击、定点投蓝、铅球、气排球、双抠比赛，参观砚山农业龙头企业华博贸易公司、丰林花生油厂、滇常铁合金厂、舍木那现代烟草农业示范基地和马鞍山新农村建设示范村，达到沟通交流、知情明政、催人奋进、推动工作的目的。

**【信访工作】** 州政协始终把办理和接待群众来信来访作为一项重要的、经常性的任务来抓，并安排专人负责，具体做好对来访人员的接待、疏导及信件转办等工作。年内，办理和接待群众来信来访118件（次），其中来信57件、来访61人（次）。信访内容涉及就业、退休工资、法律法规、举报腐败、经济建设、城市建设、科技、文化、教育、卫生等。对重要的来信来访，州政协领导亲自作批示或接待，为团结群众、理顺情绪、化解矛盾、维护稳定尽力，为党委、政府分忧。转办的信访件，部分部门、单位及时研究妥善处理，并向州政协进行反馈。

## 重要提案

**【提案办理】** 州政协十届五次会议以来，收到政协委员、参加单位和专门委员会及界别、委员小组提出的提案173件。经审查，立案172件，比上年增加16件。其中：集体提案50件，联名提案39件，个人提案83件。内容涉及经济建设66件，科教文卫41件，党群政法38件，公益事业27件。经主席会议研究确定为重点督办的提案12件。所有提案4月1日交由55个州直部门和4个县（市）人民政府办理。至

年底，已全部办复，办复率为100%，采纳率为80.0%，落实率为41.3%，委员满意率为90.0%。在抓重点提案办理中，州政协坚持重点督办制度，进一步丰富“会议协商、跟踪了解、联合办理、主席督办”的工作经验，突出开展调研视察、专题会议面商、主席会议成员领衔督办、政协各委办负责跟踪办理、各参加单位参与督办、狠抓办理工作落实等各个环节，力求提案办理办出特色，办出实效。通过对《关于进一步加强木材加工流通管理的建议》、《关于文山县城区管道天然气建设相关问题的建议》、《关于加大文山州油茶产业发展的建议》、《关于加强各项惠农资金监督管理的建议》、《关于加强文山州基础农业技术推广设施建设的建议》、《关于将文山州城镇居民住宅小区技防建设纳入城镇发展规划的建议》、《关于在文山建立“壮医院”的建议》等12件重点提案的督促办理，起到了示范、带动的作用，收到较好的效果。如文山市城区管道天然气一期工程建设实施以来，进展顺利，可望2011年上半年投入使用；文山州木材加工流通企业散、小、弱的状况得到清理整治，正逐步向大户集中，经济效益和生态效益明显增加；以核桃、油茶为主的木本油料基地建设积极推进，种植面积全州已达100余万亩，为形成产业奠定良好基础；各项惠农资金的监督管理得到加强，有关部门组织检查督促，确保资金使用得当，让农民群众得到更多的实惠；文山州基础农业技术推广设施建设，引起有关部门重视，已将其纳入规划，正积极改善条件，逐步加以解决；城镇居民住宅小区技防工作引起公安、建设、物管部门的重视，部分小区已进行安置；“壮医院”的创办，正在筹备之中。

**【领导名录】**

主　　席　王云凌
副 主 席　李海柏（彝）
　　　　　侯　强（回）
　　　　　李春林
　　　　　黄昌礼（壮）
　　　　　罗正卿
　　　　　朱丽舒（女）
　　　　　陈晓华（女）
秘 书 长　何代文（壮）
副秘书长　苏继群
　　　　　文官红
　　　　　孙绍忠
　　　　　王忠祥（彝，兼，~3）
　　　　　张　新（兼，11~）
　　　　　古　蒙（苗，兼，11~）
办公室主任　苏继群
副 主 任　依延光（壮）
　　　　　张建波
提案法制委员会主任　文官红
副 主 任　李红梅（女，7~）
　　　　　熊朝康（苗，兼）
　　　　　刘云洲（兼）
科教文卫体委员会主任　孙开学
　　　　　副主任　章建祥（兼）
　　　　　　　　　杨福丽（女，兼）
经济委员会主任　王永康（11~）
　　　　副主任　钟　强
　　　　　　　　王本忠（兼）
　　　　　　　　张跃新（兼）
委员联络委员会主任　孙绍忠
　　　　　副主任　周维丽（女，兼）
民族宗教外事委员会主任　张金海（瑶）
　　　　　　副主任　赛　玉（女，回）
　　　　　　　　　　依美发（壮，兼）
　　　　　　　　　　胡贵森（兼）
人口资源环境委员会主任　李　康

（依延光）

# 党派　群团

责任编辑：李金杰

红十字会举行向旱灾灾民发放物资仪式

# 民 盟

**【社会主义核心价值观教育】** 年内，民盟文山州委结合贯彻民盟云南省委关于学习践行社会主义核心价值体系的有关要求，开展树立和践行社会主义核心价值体系活动。民盟州委主委、副主委及机关专干参加中共文山州委统战部组织的视频会、座谈会，深入领会社会主义核心价值体系的重大意义和时代内涵，在思想上达成共识，民盟树立和践行社会主义核心价值体系，着眼于多党合作事业发展，立足历史定位和自身特点，着重深化坚持中国共产党领导、走中国特色社会主义政治发展道路这一主题。盟州委组织盟员开展学习践行社会主义核心价值体系活动，同时，发放《社会主义核心价值体系学与行宣讲报告集》、《社会主义核心价值体系学与行报告会(CD 光碟)》，以支部为单位开展形式多样的盟员学习活动。西畴支部开展以集中座谈、盟员交流学习心得为主要形式的活动，农科支部结合科技人员集中等自身特点，树立全心投入科研工作的先进盟员前辈为典型，用事例说话，向年轻盟员传承民盟的优良传统；文山县支部专门邀请先学一步的盟员对学习践行社会主义核心价值体系作专题交流学习心得体会，对盟员学习践行社会主义核心价值很有帮助；其他支部也进行专题学习和讨论。

**【民盟支部换届】** 为与州人大及州政协换届协调一致，民盟州委年初就提出计划在2010年年底前换届，并向中共文山州委统战部和民盟云南省委请示，得到州委统战部批复，同意换届。为配合民盟州委换届，上半年民盟州委的工作重点主要放在各支部的换届。根据州一中支部盟员人数多及高初中分开教学、分开管理活动不方便等因素，通过与中共文山州委统战部及中共文山州一中党委协调，将原民盟州一中支部分为两个支部，选出新的支委班子，到2010年7月底，除民盟广南县支部情况特殊暂缓换届外其余支部全部换届完毕。为盟州委的换届打下良好的组织基础。

**【组织发展】** 至2009年11月，文山州内5县均成立民盟县级支部。由于2010年各支部换届，所以组织工作重点放在各支部盟组织班子的内部调整和干部的考察。针对各基层支部缺乏有代表性人士的特点，着重发展一些知名的、有一定代表性的非党人士入盟，新盟员增长速度适当放缓。

**【调研活动】** 2010年，云南遭遇百年不遇的大旱，州委、州人民政府围绕抗旱全面开展工作，全力以赴抗大旱、保民生、抓生产、促发展，民盟文山州委积极围绕州委州政府的工作而开展活动，深入基层开展调研。盟员中的人大代表、政协委员分别到西畴县董马乡、西洒镇，广南县莲城镇平山、那伦等地进行调研，就农村群众人畜饮水、中小学生饮水问题进行实地了解，积极出主意想办法协调解决存在的困难和问题。盟州委开展关于文山州中等职业教育园区建设中存在的问题和困难的调研。向有关方面提出意见和建议。各支部充分发挥自身优势，就近就便开展调研活动，农科支部盟员通过调查，向盟州委提交《关于修复(平坝—古木)解放大沟的建议》，民盟州委通过常委会议讨论，并对此事深入开展调研，最终形成提案提交给文山州政协。

**【提案工作】** 提案是民主党派履职成果的最终体现，在2010年初的文山州政协十届五次会议上，民盟文山州委共提交集体提案17件，各单位各部门，分别就提案给予面商或答复，并给予妥善处理。在文山州政协十届六次全会上民盟文山州委的4件提案被评为优秀提案，并获表彰。

**【履职献策】** 民盟文山州委作为文山州政协参加单位，参加中共文山州政协召开的常委会，各项座谈会和有关调研、视察活动，同时还积极参与中共文山州委、州人民政府、州人大组织的各类活动，会前认真准备、把握要领，在会上提出相关的意见和建议。此外，部分盟员被州人民政府纠风办聘为行风评议员，4位常委被监察局聘为特邀监察员，州检察院聘请两位专干为特约检察员，一位常委被州法院聘为特邀监执行督员，州质量技术局、州地税局聘为特邀监督员。盟员认真参加每次纠风、监察活动，积极履行民主党派参政职责。

**【关注民生与民意】** 8月30日，民盟文山州委专干参加云南省政协举办的第三届民生论坛。领导带头撰写论文，广大盟员积极撰稿，民盟砚山县支部撰写的《建立和谐劳动关系 保障劳动者合法权益——农民工权益保护存在问题及对策建议》参会，得到大会的充分肯定。

**【烛光行动】** 继续在文山县铜厂小学开展“农村教育烛光行动”活动，和师生一起欢度六一儿童节、开展学校文化建设等，加强与学校师生的沟通与联系，了解学校教育教学情况，掌握学校存在的困难和问题。向学校师生提供教学用书及课外读物。抗旱期间还向学校捐赠40件矿泉水，帮助解决师生饮水问题。民盟还一改往年在州内聘请教师作讲座的形式，特邀云南省特级教师、原云南师大附小政教主任、民盟师大附小支部主委肖平老师10月29日来文山作《班级及团队建设》讲座，文山县开化镇中心学校所属铜厂小学等10余所学校的140名班主任老师集中听课，与会教师反响热烈。在社会各界的大力支持下，民盟文山州委开展的农村教育烛光行动对学校所作的帮扶工作上一个更高的层次。

**【抗旱救灾】** 自3月2日民盟文山州委专干在文山州政协组织的抗旱捐款仪式上以个人名义捐款1 200元，全州盟员通过本单位、红十字会等各种渠道纷纷捐款，据不完全统计，年内全州盟员个人捐款和各支部集体捐款共150 000元。丘北县支部7名盟员的支部共捐款6 700元。积极协调资金为受灾群众兴修水利设施，3月民盟西畴县支部协调资金10 000元用于鸡街乡大寨小学解决 360 多名师生用水问题。积极参与抗旱联络点广南县莲城镇的抗旱工作，先后 4 次深入联络点了解抗旱工作进展，积极联系相关单位帮助其寻找并建设水源点，同时捐款2 000元作为该联络点的抗旱工作经费；根据广南县那伦中心校存在饮水困难问题，民盟文山州委积极协调争取外援，由民盟云南省委、民盟湖北省委、温州蜘蛛王集团云南省总代理共同出资16 000元，民盟文山州委具体操作，打深井 1 口。2010 年 7 月起广南县那伦中心校全校师生终于吃上甘甜的井水。

**【学术活动】** 体现民盟界别组成特色，组织文山州教师队伍中的盟员参加民盟云南省委教育论文征集活动，全州征集论文、成果 11 篇：民盟文山州委调研论文 2 篇、砚山县支部教育论文 5 篇、民盟州二中支部教育论文 4 篇。作为奋斗在第一线上的基层盟员教师，通过党派系统来展示其教育成果，对盟员工作具有积极鼓励作用；参加云南省政协系统书画摄影作品展览，盟员多人获表彰。此次活动，盟员共上交作品 7 件：民盟二中支部作品 4 件、民盟广南县广南支部作品 2 件、民盟州民职校支部 作品 1 件。其中民盟州二中支部一件作品入选，并获得二等奖；响应民盟中央号召，做好《费孝通纪念文集》征文活动。民盟文山学院支部撰写的《美美与共天下大同——费孝通文化人格魅力审美谈》文章入选，并刊登在《云南民盟》第三期。

**【表彰奖励】** 8 月农科支部盟员合作完成的《三七黑斑病防治技术研究》获得 2009 年度文山州科学技术进步二等奖；农科支部盟员参与完成的《三七连作障碍的化感效应及化感物质的分离鉴定》获得科学技术进步三等奖；还有多名盟员分别获得科技创新人才奖、文山州文学艺术界先进工作者等称号。10 月，民盟云南省委对盟内先进集体和个人进行表彰，民盟文山州民职校支部被评为省级先进基层支部，10 位基层盟员被评为先进个人。

**【领导名录】**

主 任 委 员　杨道生
副主任委员　张　新
　　　　　　陈昱君（女，兼）
　　　　　　段　勇（兼）

（韦玉和）

## 工商联

**【学习贯彻中共党中央重要指示精神】** 2010 年全国“两会”期间，胡锦涛总书记发表重要讲话，提出非公有制企业（简称非公企业）要在加快发展方式转变、保障和改善民生、提升自身素质三个方面有更大作为，以及进一步加强新形势下工商联工作的要求，州工商联高度重视，分别在主席（会长）办公会、主席（会长）会议和三届四次执委会上进行学习。2010 年 9 月，中共中央、国务院颁发《关于加强和改进新形势下工商联工作的意见》，在工商联历史上不审首次。11 月中旬，经中央批准，又召开全国加强和改进工商联工作会议，中共中央政治局常委、全国政协主席贾庆林到会专门就学习贯彻文件精神发表很重要讲话，并提出要求。通过视频会议，工商联全体人员、相关领导听取主席贾庆林的讲话。

**【参政议政】** 在 1 月召开的政协文山州第十届委员会第五次会议上，工商联组织 10 名会员在界别联组会议上发言，整理出意见建议 33 条，在五次全会上提出提案 27 件，其中：集体提案 6 件、个人提案 15 件、联名提案 6 件。重视提案的办理，积极参与提案面商会议，凡涉及州工商联的提案需要面商的，州工商联派人参加，通过面商促进提案办理质量的提高。针对会员普遍关心的热点难点问题，专门组织会员参加调研活动。

**【服务会员】** 帮助解决非公企业融资难的问题。支持并参与云南大疆投资公司来文山发起成立云南文山中银汇通投融资公司，支持帮助文山州国际经济技术合作公司开办新的融资方式，继续深化与农村信用社、州邮政储蓄银行的合作关系，在全州银企项目推介会上提出项目 39 个，资金规模 28. 89 亿元，帮助多家企业解决融资问题，促进银企合作和企业与企业间的融资合作。抓好院校与企业合作。促成文山学院与文山开开药业有限公司合作，成立云南天开药业有限公司开开生物药业科技分公司，实现技术与资本的有效合作，建成年产 100 万丛（10 万瓶）石斛组培苗的组培厂。并在马关坡脚建设种植基地。抓好协调关系。帮助天赢房地产公司、天丹集团、雄丰公司、星海建材店、麻栗坡县荣发矿业公司等企业，协调税费、办证、开业、法律等有关问题。抓好培训工作。为提高企业管理人员管理水平和素质，2010 年有针对性地为非企业开展企业依法维权法律知识培训和企业管理和信息化管理培训两期，参加人员每期均达 100 多人。

**【“贷免扶补”】** 2010 年省工商联安排文山州“贷免扶补”任务 120 人，拉动贷款 600 万元。州工商联充分发挥贷免扶补工作领导小组”的作用，做到层层有人抓，一级对一级负责并及时进行研究和分配，将任务分解下达到各县工商联，各县与信用社合作落实到各创业人员，同时做好宣传和跟踪检查工作。

**【领导名录】**

主席（会长）　李春林
党 组 书 记　古　蒙（苗，4 ~）
专职副主席（副会长）　胡贵森
　　　　　　　　　　　沈丽娟（女，壮）
　　　　　　　　　　　田云肖（壮）

（盘玉贵）

# 工 会

【七届三次全委(扩大)会议】 2月2日在文山召开。七届委员、经审委员、第三届女职工委员会委员、各县总工会主席、副主席、州属基层工会主席200余人出席会议。会议由州人大副主任、总工会主席李品相主持。会上，传达省总工会十届四次全委会精神，主要传达省委副书记李纪恒的重要指示，省人大常委会副主任、省总工会主席江巴吉才的重要讲话精神；中共文山州委常委、秘书长李国安做重要讲话；会议审议通过州总工会党组书记、常务副主席陈玉贵作《围绕工作大局履行维护职能团结动员全州广大职工为推动文山经济平稳较快发展作贡献》工作报告；审议通过州总工会副主席、经费审查委员会主任马丁荣作的经审工作报告；审议通过州总工会副主席、女工委主任王秀山作的女职工工作报告；全委会议表彰了先进集体、先进个人；签订了2010年工会重点工作目标责任书。

【组织建设】 截至9月30日，全州建立基层工会19 89个，涵盖单位2 483个。(其中，单独基层工会1 867个，联合基层工会122个。国有企业59个，涵盖单位82个。集体企业65个，涵盖单位70个。股份合作企业23个、国有独资公司2个、其他有限责任公司43个、股份有限公司中的国有控股公司7个、其他股份有限公司8个，涵盖单位13个。其他企业535个，涵盖单位553个。)与上年相比，基层数新增91个，涵盖数新增452个。基层工会组织数比上年度增长9.5%。有职工187 434人，其中女职工64 095人、农民工66 931人。有工会会员184 167，其中女会员63 318人、农民工会员66 086人。与2009年相比，新增职工20 282人，新增会员18 423人。全州有98.26%的职工被组织到工会组织中来，新增会员中农民工组织、私营企业单位增长较多，与2009年相比有所突破，特别是非公企业农民工入会比2009年新增农民工17 031名。建立工会女职工组织1 965个，设有女工委主任和女工委员2 695人。扎实推进“双措并举、二次覆盖”工作。全州企业工会特别是非公企业工会按照建会建制建家“递进式规范”的要求，积极推进“六有”化建设，进一步规范和提升了非公企业工会工作标准。全州规模以上企业全部达到“六有”标准，25人以上非公企业工会已有412户达到“六有”标准，占71.0%。乡镇工会建设成效显著。全州102个乡镇工会的办公设施已经配齐，工作环境得到改善，乡镇工会工作正在向规范化建设迈进。社区工会的作用日益显现。全州51个社区全部建立工会组织。

【工会维权机制建设】 全州国有、集体及其控股企业、事业单位职代会建制率达到了100%，非公有制规模以上企业建制率达到78.0%。全州有1 032家单位实行厂务公开。建立健全平等协商集体合同制度，突出抓好工资集体协商和女职工权益保护等专项集体合同工作，使集体合同的建制率和履约率不断提高，全州签订集体合同企业543家，签订工资集体协议企业543家，签订女职工保护专项合同463份。深入开展创建“劳动关系和谐企业”活动，全州共有769家企业、6万多名职工参与到创建活动中来，有237家企业进入各级劳动关系和谐企业行列，有力地促进企业劳动关系的和谐稳定。文山州已有28家获云南省劳动关系和谐企业称号。坚持开展为农民工送文化、送法律、送健康、送温暖等活动，与有关部门密切配合，开展农民工工资支付专项检查，维护了农民工的合法权益。加强劳动争议调解和职工信访工作，引导职工自觉以理性方式表达诉求，维护了职工队伍和社会稳定。

【职工技能竞赛】 围绕转方式、调整结构、产业升级、提高职工技术技能水平，广泛组织开展职工技能培训、技术比武、合理化建议和节能减排活动。12月22日，州职工技术协会第一届理事会召开第二次会议，主要任务是总结文山州职工技协成立以来开展工作取得的成绩，安排布置今后两年职工技协工作，进一步动员全州各级职工技协和广大职工群众为促进全州经济社会又好又快发展，全面建设小康社会建功立业。

全州有979个企事业单位开展劳动竞赛活动，36项重大项目立功竞赛高潮迭起。全州职工提合理化建议3 123条，采纳实施1 329条；推出创新成果95项，开展节能减排项目671项，共取得经济效益9 600万元；开展各类技术比武、技能比赛162场(次)，参与职工8.9万人(次)。举办边境县宾馆客房、餐饮行业职工技能大赛，并组队参加全省餐厅服务和客房服务职工技术比武，马关华联酒店职工张次飞、麻栗坡国豪酒店职工杨寿丹分别获“客房服务技术能手”和“餐厅服务技术能手”称号。与州人口与计划生育委员会联合举办全州计生系统药具“三基”知识大赛，并组队参加全省大赛，文山州参赛选手杨依科获最佳选手奖，李建波获知识竞赛优胜奖。在全州职工中组织开展节能减排知识竞赛，提升了职工节能环保意识。文山州有10名职工在全省百万职工节能减排知识竞赛中获奖，州总工会获优秀组织奖。创建“工人先锋号”向纵深发展。云南兴建水泥有限公司化验室、云南华联锌铟股份有限公司大坪选矿车间、云南文山电力股份有限公司文山分公司营业大厅、文山交通运输集团公司广南分公司公交车队、农行文山分行机构业务部获云南省“工人先锋号“荣誉称号。经济技术创新成效显著。2010年，文山州人民医院《泌尿系统三维成像在输尿管病变诊断中的临床应用研究》、西畴县林业局林木种苗站《珍稀濒危植物馨香木兰技术试验研究》、文山斗南锰矿《通过地质构造寻找盲矿体增加资源储量》被评为省经济技术创新优秀奖。以素质建设工程为平台，工会“大学校”作用明显。采取积极措施，加大职工技术技能培训力度。2010年全州各级工会围绕广大职工所思所盼，积极组织各种技能培训班86余期，培训下岗失业人员、农民工4 300人(次)，2 269人获得职业资格证书。突出抓好“安康杯”竞赛活动。全州共有679个单位、2 317个班组和56 817名职工参加了“安康杯”竞赛活动。开展“科学发展抓预防、预防为主重教育”主题教育活动。在安全生产宣传月活动中，共发放宣传资料5 000多份。认真开展职工安全承诺签名活动和“安康杯”互检互查活动。州、县两级工会还参与了有关方面组织的安全生产检查和工伤事故调处工作12起。深入开展“创建学习型组织，争做知识型职工”评选活动。深入开展社会主义核心价值体系教育，大力推进职工文化和企业文化建设，全州各级工会共创建全国职工书屋示范点4个，省级职工书屋示范点5个、州级职工书屋示范点15个。

【帮扶救助】 送温暖活动。2010年元旦、春节和中秋、国庆期间，全州工会共筹集送温暖资金805.3万元，慰问困难企业387家，救助了困难职工6 009户。全州慰问36位全国劳模、发放“三金”10.8万元，慰问46位省部级劳模，发放“两金”18.6万元。深入开展“金秋助学”活动。全州共资助273名特困学生上大学，资助金额达56.8万元。职工医疗互助工作健康发展，受益面和补助率不断提高。第六期全州共有9 454人(次)获得542.1万元的补助，分别占参加职工数和交纳互助金的8.72%和95.21%；第七期全州共有1 545个单位的112 545名职工参加，分别占第六期的103.28%、103.78%，截至11月30日，共有3 715人(次)获得194.7万元的补助，个人最高受助金额达2.69万元。大力实施农民工援助行动。共培训农民工2 853人。全州共建困难职工电子档案6 917份，接待来访职工1 038人(次)。帮扶救助困难职工(含农民工)1 986人(次)，发放帮扶资金236.3万元。文山州各级工会积极发挥群众组织的优势，以多种形式在广大职工中广泛开展禁毒、防艾宣传教育活动。2010年，全州986家基层工会均组织职工开展了禁毒、防艾宣传教育，参与职工高达6万人(次)。有1 890个基层工会149 000人(次)职工参与了工会组织各种形式的禁毒、防艾宣传教育活动。全州各级工会举办的396期30 000余人(次)农民工参加的就业技能培训班及166户企业对30 000余人(次)员工进行的岗位培训上均安排了禁毒、防艾知识专题。目前，全州各级工会组织和广大职工正在“创建无毒单位、争当无毒职工、帮扶涉毒人员”活动中日益发挥出重要作用。

【人物表彰】 做好劳动模范和先进工作者的评选、表彰、培养和管理工作。2010年，州总工会完成了全国劳模、离退休省级劳模和无劳动能力农民劳模的建档、申报工作。2010年，文山县公安局卧龙派出所王裕宁、云南文山电力股份有限公司电力工程分公司张文泽、文山华博贸易有限责任公司马竹选3位同志获全国劳动模范和先进工作者荣誉称号。为53名省部级劳模免费检查身体。认真做好劳模来信来访和有关待遇的落实工作，组织劳模的节日慰问、疗休养和学习考察等活动，营造了全社会共同关心劳模、关爱劳模的良好氛围。做好了“五一”劳动奖章、奖状的推荐评选管理工作。2010年云南兴建水泥有限公司荣获“云南省五一劳动奖状”荣誉称号，云南文山交通运输集团公司苏建斌、文山郑保骨伤科医院郑玉华荣获2010年“云南省五一劳动奖章”荣誉称号。

【领导名录】

主　　席　李品相
常务副主席　陈玉贵
副 主 席　马丁荣(苗)
　　　　　王秀山(女，壮)

(丁素芬)

## 共青团建设

【团组织建设】 基层组织覆盖面继续扩大。学校、国企等传统领域团建得到巩固。文山开化镇、西畴兴街镇团组织格局创新取得成效。州县乡三级联动，采取对口指导、挂钩联系等措施，积极推进“两新”组织团建，新建团组织427家，覆盖团员8 814人、14～35周岁青年15 424人，完成团省委下达任务数的122%。依托QQ群、手机报等信息化手段强化团的网络覆盖。

【团干部队伍建设】 全州899个村级团组织顺利换届，班子年龄、知识结构大大优化。积极整合资源，创新培训方式，举办全州第四、第五期团干部培训和第三期少先队辅导员培训。全年县以上团组织共开展培训21期，近2 000名团队干部、大学生村官和青年致富带头人接受培训。加大团干部交流学习力度，以上挂下派等方式进一步拓宽学习锻炼渠道。推荐基层团干部参加团中央、团省委举办的各类培训和到上海挂职锻炼。第四批团干部驻点、火炬行动和高校团干部到文山挂职工作顺利推进。

【基层组织规范化建设】 立足基层工作实际，积极推进以有形化、信息化、制度化为主要内容的团务规范化建设。在全省率先联合党委组织部出台《关于进一步加强党建带团建推进非公有制经济组织和新社会组织团建工作的意见》，提高新兴领域团建工作水平。圆满完成农村、城青、共青团信息统计团内统计任务。创编《文山州基层团支部(总支)工作手册》和《文山州“两新”组织团建工作手册》，作为基层团建教材，规范建团流程和痕迹管理，为基层规范化建设提供制度保障。

【创先争优活动】 按照“党团共建创先争优”的要求，以“推动发展、服务基层、凝聚人心、促进和谐”为目标，在各级团组织开展“五比五创”、“讲党性、重品行、做表率”等主题实践活动，增强各级团组织的凝聚力、战斗力，展现团干部、团员青年的良好风貌。创先争优活动中涌现出225个抗旱救灾先进集体和个人、40个“文山州红旗团委(团支部)”、19个文山州青年文明号、76名优秀团队干部、团员和少先队员。

【社会主义核心价值观教育】 在广大青少年中广泛开展中国特色社会主义理论教育、爱国主义教育、社会主义荣辱观教

育、中华传统文化教育。通过演讲比赛、征文比赛、文艺展演等青少年喜闻乐见的方式，突出教育活动的针对性、普遍性和实践性，搭建思想道德教育平台。

【青少年民族团结进步教育】 以“共同团结奋斗，共同繁荣发展”为主题，以平远地区、老山片区和山瑶、僰人为重点，通过志愿服务、手拉手等形式，在各族青少年中开展民族团结教育和交流活动。发放《民族团结十知道小学生读本》等宣传资料1 200余份；组织邓自宇等8名家庭贫困、品学兼优的少数民族学生参加“沪滇少年携手共享世博阳光”活动；在富宁县龙门小学实施“营养希望工程”。民族团结进步教育增进各族青少年之间的友谊，营造热爱祖国、互帮互助、共同进步的浓厚氛围。

【未成年人思想道德建设】 组织少先队辅导员、少先队工作者，通过座谈研讨、宣讲培训等方式，深入学习贯彻胡锦涛总书记贺信精神。探索运用艺术、情感、时尚等元素，结合本土文化，编印乡土教材，开展童谣、故事、动漫、卡通形象创作，深入开展“祖国发展我成长”、“手拉手”活动和“手拉手红领巾书屋”创建，深化“雏鹰争章”、“三生”教育等实践，引导少先队员争当“四好少年”。

【抗旱救灾】 各级团组织发扬“党有号召，团有行动”的优良传统，以志愿服务、文明宣传、社会公益行动等为载体，踊跃投入抗旱斗争。动员广大青少年捐款20余万元，开展公益宣传1 020场（次），组建青年志愿服务队300余支，开展志愿服务30 000余人（次）。协调资金565.18万元和价值30.78万元的救灾物资，发放“润苗行动”助学金130万元，2 600名灾区学生得到资助。新建希望水窖（水池）1 657口。

【青春建功新农村】 丰富创新“五个一”竞赛活动。以农村青年培训、“贷免扶补”项目的推进为契机，大力培养农村青年致富带头人、经纪人，培训村级团干部和创业带头人1 260余人。举办乡村青年文化活动213场（次）。广泛开展“青春和谐新家园”创建活动，从推广绿色生产方式、文明生活方式、整治村容村貌入手，推动和谐新农村建设。开展农村青年法制宣传教育，引导青年参与农村民主管理。

【青年志愿服务】 赛会志愿服务水平得到提高，组织517名志愿者圆满完成第13届省运会志愿服务工作，30名青年志愿者受到筹委会表彰奖励。各级团组织专业志愿服务日趋成熟，节能环保、禁毒防艾、交通安全、保护母亲河、关爱留守儿童等青年志愿服务活动持续开展。

【青年就业创业工作】 深入推进文山青年就业创业行动，以青年创业教育培训、青帆夜校、见习基地、“贷免扶补”、创业导师团等项目为重点，扶持青年就业创业。与文山学院、农业、人社等部门密切合作，依托青帆夜校、创业英雄论坛、KAB创业讲师等平台，对有创业意愿的大中专生和社会青年开展创业培训。认真落实贷免扶补“3+1”跟踪服务机制，为创业青年配备导师130名，建立见习基地16个，发放贷款456笔2 253万元，超额完成“贷免扶补”任务，带动1 185人就业。积极与外地企业联系，推荐青年农民外出务工。

【建设青年交流服务平台】 文山青年手机报、《青年村官》创办发行，青年村官在线顺利开通、文山共青团网站成功改版，加快共青团信息化建设，加大全团宣传力度，增强党政领导对共青团的关注支持，增进团干部、大学生村官、青年之间的沟通交流，为促进共青团工作的整体活跃，提升共青团的影响力和凝聚力开辟新途径。

【青年月活动】 各级团组织弘扬“五四”精神，以“抗旱救灾促春耕·文山青年在行动”为主题，积极协调各方资源，广泛开展抗旱救灾公益宣传、抗旱救灾志愿和谐等行动。各级团组织举办文艺晚会、广场文化、体育竞技、体验教育等健康向上、充满活力的“五四”节庆活动200多场，展现当代青年的风采，增进青年之间的交流。

【青少年维权】 大力推进律师进校园活动，以学校为宣传教育主阵地，深入开展《未成年人保护法》、《预防未成年人犯罪法》、《云南省预防未成年人犯罪条例》等法律法规的宣传。切实加强预防青少年违法犯罪和保护青少年合法权益工作。深入贯彻党和政府关于校园安全的要求，对青少年活动场所进行认真细致的安全隐患排查，积极采取措施参与维护校园安全，营造青少年成长的安全环境。开展“共青团与人大代表、政协委员面对面”活动，畅通青少年利益诉求渠道。通过人大代表、政协委员提出了加强青少年活动阵地建设和使用的建议、提案，州青少年活动中心已被纳入文山州“十二五”规划重点建设项目。

【领导名录】

书　　记　马骞林（彝，~6）
　　　　　蒋天云（彝，10~）
副 书 记　蒋天云（彝，~10）
　　　　　陶　艳（女，苗）

（韩本林）

## 妇女工作

【抗旱救灾】 2010年，文山遭遇百年不遇的严重旱灾，各级妇联迅速行动，广泛动员全州妇女投身抗旱救灾工作。及时发出抗旱救灾倡议书。在州委人民政府召开抗旱救灾工作动员会后，州妇联及时与州总工会、团州委联合发出倡议，动员全州广大职工、青年、妇女积极响应州委政府的号召，全力以赴投入抗旱救灾工作，引导灾区妇女开展生产自救，战胜旱灾。积极整合资源支援灾区。各级妇联领导干部多次深入基层一线调查了解受灾情况、饮水安全、护林防火情况，指导抗旱救灾工作。州妇联为扶贫挂钩点丘北县双龙营镇麻栗树村协调水泥30吨，帮助修缮蓄水池，解决该村的饮水问题；争取到海南云联公司1.2万元资金为抗旱挂钩点丘北县树皮乡受灾严重的2个村解决100天的饮水问题；争取到中国少年儿童基金会的支持，为7所小学2 851名在校师生送去7万瓶矿泉水；向省儿基会争取到10万元抗旱补助资金，在马关县坡脚镇下坝村建造打井提水工程，解决16个村3 938人的饮水困难，同时使456亩农田得到灌溉；丘北县争取到ITT"水印计划"项目资金26.68万元，改善锦屏镇密纳小学和八道哨乡大矣堵小学饮水设施和卫生安全的问题；广南县争取到浙江省安吉县慈善总会义工分会捐赠的600件价值4.8万元的竹健饮料。据统计，州、县、乡镇妇联共计捐款42.24万元，解决2 124户10 620人6 248头(匹)大牲畜的饮水问题。组织妇女以实际行动参与抗旱救灾。组织女党员、女能手、家庭志愿者组成抗旱帮扶队，对灾区缺少劳动力的家庭、贫困家庭、留守儿童家庭等开展抗旱救灾志愿服务行动。富宁县妇联组织47支"巾帼抗旱突击队"、6支"巾帼科技服务队"，深入田间地头帮助和指导群众科学抗旱、抢栽保苗，并在重旱乡镇开展妇女科技培训8期，指导群众栽培耐旱作物，提高耕种效率；砚山县妇联组织听湖村100余名妇女，疏通全长3 800米的浇灌沟渠。此外，文山、西畴、麻栗坡、马关等县(市)也分别组成不同形式的"爱心送水服务队"，为旱情严重村寨的留守老人、留守妇女儿童送去"爱心水"，用实际行动帮扶受灾妇女儿童。

**【表彰奖励】** "三八"期间开展"双百"表彰活动，表彰100名"三八红旗手"和100个"三八红旗集体"。文山妇女第九次代表大会期间州委、州人民政府表彰一大批"和谐家庭"、"致富女能手"、"先进妇女工作者"和"双学双比"、"巾帼建功"活动先进集体和个人，各县(市)、乡镇妇联也结合实际开展各具特色的评比表彰活动，文山县表彰一批"致富女带头人"、"尊老爱幼模范"、"好儿媳"等优秀女性；砚山县表彰一批"三八红旗手(集体)"和"巾帼建功标兵"；丘北县评选10名"丘北风采女性"。通过培树典型，示范带动，在全州广大妇女中掀起了"比、学、赶、帮、超"的热潮。

**【庆"三八"100周年活动】** 各级妇联抓住"三八"国际劳动妇女节100周年的历史机遇，组织广大妇女群众开展体育趣味、摄影比赛、贫困慰问、家庭才艺大赛、诗歌朗诵、读书征文等一系列丰富多彩的纪念活动，弘扬"四自"精神，激励广大妇女干部群众在各自岗位上创新业、建新功。州妇联联合有关部门共同举办"动感文山"民族健身操大赛，来自全州各条战线的33支队伍近800人参加了比赛，在全州上下掀起妇女健身的热潮，为省运会的举办营造全民健身的良好氛围。

**【创建平安校园】** "六一"期间，针对几个省份相继发生的校园及周边恶性案件，以"关爱未成年人、优化成长环境"为重点，开展以创建"平安校园"为主题的系列庆祝活动，通过电台访谈、安全知识宣传、演讲比赛等形式，大力宣传儿童优先原则，增强儿童安全防范意识，共发放宣传资料21 500余份，2万余名师生受到教育，推进安全校园建设。

**【创建"巾帼创业示范基地""巾帼文明岗"等活动】** 通过创建"巾帼创业示范基地"、"巾帼文明岗"等活动，为广大妇女展现风采提供平台。年内，共创建全国学习型家庭示范社区1个、全国妇联基层组织建设示范村(社区)6个、街道1条、云南省示范家长学校15所、云南省留守儿童、流动人口子女示范家长学校5所、巾帼创业示范基地1个、学习型家庭和平安家庭等共8 658户。

**【科学生活理念主题活动】** 联合有关部门启动"低碳家庭·时尚生活·绿色家园"主题活动，向广大家庭发出"倡导低碳生活、争创绿色家庭"的倡议，倡导妇女和家庭成员积极创建"绿色家庭"，争做"节能减排"的宣传者和"低碳生活"的实践者。

**【妇女帮扶工作】** 通过开展就业指导、技能培训、项目帮扶和"春风送岗位"等活动，在宣传政策引导、创业培训、创新工作机制、提高妇女创业能力上加大力度，促进妇女创业就业。2010年，各级妇联共争取并发放巾帼信用贷款和享受政府贴息的小额信贷合计1 054万元，循环金70万元，有效带动5 000余名妇女创业就业，有效解决妇女创业就业资金缺乏的"瓶颈"问题。在"贷免扶补"工作中，各级妇联充分发挥基层组织优势，认真落实"1+3"跟踪服务机制，做好跟踪服务工作，确保帮扶到位，切实为创业人员提供"一条龙、一站式、一体化"的"三个一"帮扶服务。

**【妇女素质培训工程】** 大力实施"妇女素质工程"，启动"万名村妇女干部培训工程"，有效发挥"联"的优势，充分整合资源，创新培训模式，制定全方位、多形式、多层次的立体培训计划，构建社会化妇女教育培训工作格局。全年共举办各类技术培训班995期，参训人员达到88 272人(次)，其中：培训妇联干部25期987人(次)，妇女干部25期1 866人(次)，农村妇女605期69 166人(次)，下岗失业妇女20期797人(次)，培训内容涉及科学知识、法律法规、禁毒防艾、环保知识等，有效提升广大妇女干部群众的整体素质。

**【关爱帮扶工作】** 做好针对贫困妇女、流动妇女、留守妇女等特殊群体的关爱帮扶工作。推进实施农村"两癌"试点项目工作，项目点文山市目前已完成对4000名35～59岁农村妇女的"两癌"筛查，对确诊患者均将检查结果及时反馈，并督促指导进行规范性治疗，在一定范围内提升妇女健康水平。以"关爱儿童 反对拐卖"为主题开展反对拐卖妇女儿童宣传活动，增强儿童及家长的防拐意识和自我防范能力。继续实施温暖"12·1"爱心基金——中国移动关爱项目，对191名艾滋

病致孤儿童发放救助金19.8万元。积极申报国际劳工组织“预防拐卖”项目，配合省社科院的专家完成文山、丘北两县(市)的基线调查工作。开展单亲母亲贫困家庭、特殊家庭、留守妇女儿童家庭状况调研，对1960年以来历届受表彰的省级以上“三八红旗手”的生存状况进行调查，摸清最需要帮扶的妇女及家庭情况，“两规划”终期监测评估工作顺利进行。2010年是实施2001—2010年妇女、儿童发展规划的收关之年，也是编制新一轮“两规划”的关键之年。州、县(市)妇儿工委办积极采取有效措施，利用家长学校举办两个规划培训班25期，培训人员2 500人。加强与各成员单位的沟通，推动重点、难点指标的实现，保证终期监测评估工作的顺利进行。2010年，文山州两个规划中70项监测指标有66项达标，达标率为94.0%。启动新一轮“两规划”编制工作。努力推动在编制我州“十二五”规划中更加深入贯彻男女平等基本国策和儿童优先原则，进一步争取政策，争取资源，争取各方面保障，为文山州妇女儿童事业在更高起点上实现新发展提供有力保障。

**【妇女维权】** 开展对拐卖妇女儿童犯罪、家庭暴力、女性进村“两委”换届工作的专题调研，推动《云南省2010年打击防范拐卖妇女儿童犯罪工作意见》和《云南省预防和制止家庭暴力的工作意见》在文山州的贯彻落实。配合上级妇联开展好第三期中国妇女社会地位调查和第二期云南省妇女地位抽样调查工作，为全面把握新时期全州妇女发展状况奠定基础。加大维权宣传力度，采取多种宣传手段对男女平等基本国策和《婚姻法》、《妇女权益保障法》、《未成年人保护法》以及劳动、就业、社会保障、反家庭暴力等方面的法律法规进行宣传，共开展各种法律宣传和咨询服务活动347场(次)、文艺宣传200场(次)，受教育人数达30万余人，进一步提高广大妇女的法律素质和依法维权能力。积极主动配合党委人民政府，参与社会治安综合治理，深入开展领导干部下访活动和信访接待日活动，完善主席信访接待日制度，认真做好信访接待和矛盾纠纷排查调处工作，及时掌握妇女群众的思想动态，教育引导广大妇女在维权维稳中发挥积极作用。联合州司法局、州纪委第二纪工委等单位到云南省第一女子监狱，看望慰问监狱干警，对文山籍女服刑人员进行帮教。在全州开通12338维权热线，为妇女维权开辟更加便捷的绿色通道，全年共接待来信来电来访420件(次)，结处率达97.8%。2010年，州妇联积极参与3起妇女儿童遭受严重家庭暴力的典型案件的查处，通过深入调查了解，协调推动有关部门积极履职，使被侵权人的合法权益得到切实维护，并通过典型个案教育和引导广大妇女改变自身软弱、自我封闭的弱势心理，引导她们相信法律的公平与公正，增强依法维权的观念和意识，减少和避免同类案件的发生。

**【妇联组织建设】** 4月，文山州妇女第九次代表大会顺利召开，选举产生第九届州妇联执委及班子成员。依照新修订的《中华全国妇女联合会章程》和《妇女联合会选举工作条例》的规定，参照全国妇联的做法，率先在全省各州、市妇联领导班子建设上进行创新突破，配备3名兼职副主席，推进妇联社会化工作格局的构建。为落实好省、州党委和省妇联关于第四届村级换届女性进村“两委”工作的有关要求，各级妇联组织充分发挥职能作用，抓住机遇，主动作为，采取提前介入到位、宣传发动到位、机制创新到位、培训提高到位的“四到位”有力措施，积极促进村妇代会主任进村“两委”，努力提高妇女进村“两委”班子的比例。全州共选举村“两委”委员7 066人，其中女委员1 375人，占总数的20.0%，比上届增长3.7%；村党组织中有女委员920人，比上届增长23.0%；村委会有女委员909人，比上届增长16.0%；有866个行政村配备女委员，占96.2%，比上届增长4.9%。村党组织书记、副书记、村委会主任、副主任(文书)中有妇女干部320人，其中党组织女书记62人，比上届增加13人；女副书记82人，比上届增加20人；女主任68人，比上届增加40人；女副主任108人，比上届增加47人；900名村妇代会主任中有770人被选进村“两委”委员，村妇代会主任进村“两委”的比例为86.6%。新当选的村级妇女干部呈现出女性在村“两委”班子成员中的比例高、配备女委员的行政村比例高、村妇代会主任进村“两委”比例高、新当选的村官女性正职比例高、妇女干部的文化素质明显提高、妇女干部年轻化程度高的“六高”态势。

**【领导名录】**

主　　席　张琼昌(女，傣)

常务副主席　杨恩丽(女)

副 主 席　杨云芬(女，壮)

　　　　　罗　英(女，3～)

(徐金铭)

## 社会科学

**【七乡文化讲堂“四进”活动】** 大力推进社科理论知识进机关、进企业、进社区、进农村活动，努力用先进的理论武装广大干部职工的头脑，把全体干部职工思想统一到中央的方针、政策上来，凝心聚力谋发展。年内“七乡讲堂”重点讲授社会主义核心价值体系专题、党的作风建设专题、廉政文化专题、创先争优专题、迎省运、规范出租车管理专题、学习型党组织建设专题、“桥头堡”建设专题、十七届三中、四中全会专题、党的十七届五中全会精神解读等专题，全年宣讲45讲，听众达上万人(次)。

**【理论征文及学术交流】** 组织开展“廉政文化建设”有奖征文活动，收得论文87篇；“创先争优”有奖征文活动，收得论文73篇；把“文山州建设成为面向南亚、东南亚、泛珠新高地”有奖征文活动，已收得论文65篇。征文活动的开展为各基层党组织建设学习型党组织提供平台。积极开展各种学术交流活动。11月4日，社科联组织召开“全州社科界学习贯彻党的十七届五中全会精神”座谈会，全州社科界的专家、教授、各社科学会、协会、研究会的会长共80余人参加会议。

【“社科专家基层行”活动】 8月9～15日，组织21位社科专家，就天保边境贸易问题、天保口岸贸易问题、中越边境民族文化产业合作开发问题等29个社科课题展开调研。并出版《美丽南疆口岸—天保》一书。通过此次社科专家天保行活动，为云南省“桥头堡”建设和文山州“新高地”建设以及口岸经济社会的发展提供一定的理论参考和实践依据。

【学会党建工作】 把在学会中发展党员、建立党支部作为社科联创先争优活动的亮点，不断实现党对学会工作的领导。文山州社科联党支部分别在文山州厨师技术文化交流协会中把条件成熟的4位入党积极分子发展为预备党员，将州老年民族民间协会条件成熟的4人发展为预备党员；为州壮医壮药学术研究会会长恢复党组织关系；并在条件成熟的警察协会成立第一个正式党支部，在文山州怡心文化艺术研究会成立第一个临时党支部；社科联党支部与州厨师技术文化交流研究协会联合开展纪念党的89岁生日座谈会；组织全体党员及入党积极分子到洒戛竜重温入党誓词。文山州社科联党支部、文山州厨师协会、文山州老年民族民间协会的党员、预备党员、入党积极分子一行13人，到文山州第一个党支部旧址洒戛竜，缅怀革命先烈的不朽功勋，学习了解文山党的历史，重温入党誓词，争做优秀共产党员；社科联党支部与普阳煤矿党支部开展“党员心连心”座谈活动。

【社科科研工作】 州社科联把社科科研工作作为社科联的主打产品，让社科联在创建学习型党组织中做表率。完成云南省优秀哲学社会科学成果评奖申报工作，共报送成果7份，分别是《关注民生、实现公共财政向民生财政转化》、《强电网、打基础、须体制、上水平——云南电力股份有限公司贯彻落实科学发展观的分析调查报告》、《试析增强“四心”是建设“四要”良好作风的内在要求》、《“三个结合”学习实践科学发展观》、《打造黄金企业，树立金牌服务》、《学习实践科学发展观、推进专卖工作再上新台阶》、《修志者要保持一种良好的修志心态》；完成文山州哲学社会科学重要科研成果《南疆视野》的编辑工作，全书共43万字，出版工作正在进行中；参与文山州壮族文献古籍抢救和《古壮字大字典》(云南卷)的编纂工作；特别是应用性成果显著增加。全年，结合文山州经济社会发展的现实问题，热点、难点问题，社科联撰写了大量有价值的文章，多次在省上获奖。《把云南建成面向西南开放的重要“桥头堡”的思考》、《重视农村信用社工作就是重视“三农”》、《浅淡艾思奇哲学大众化的生命奥秘》、《世界瑶族的国际性情节》、《构建与“桥头堡”相适应的中越边境民族文化新格局》、《信息化与反腐败面面观》、《握紧拳头、痛下决心、转变经济发展方式刻不容缓》等文章分别在《云南学术探索》、《文山日报》、《文山政报》、《文山社科》、《保山社科》等刊物上发表；《腐败现象屡禁不止的动因分析及对策思考》，获省纪委优秀论文一等奖；《把云南建成面向西南开放重要桥头堡的思考》和《关于建设“桥头堡”的思考》分别荣获省领导科学决策研究会第十一次理论研讨会论文二等奖；《把云南建成面向西南开放重要桥头堡的思考》、《立足“桥头堡”建设、做活“新高地”文章》、《文山建设桥头堡的思考》、《建设中国面向西南开放桥头堡与丘北经济发展研究》、《在桥头堡建设中发挥好电视传媒的舆论促进作用》、《浅析提高学生耐跑能力的方法》入选云南省委宣传部、省社科联出版的《中国面向西南开放桥头堡的机遇与挑战》一书；《信息化与反腐败面面观》入选省纪委优秀论文等。

【学会工作】 2010年社科学会学研风气浓厚，硕果不断。州地税研究会开展“地税文化建设征文活动”；州档案学会具体承办了“云南省档案学会第七届会员代表大会暨档案学术研讨会”；州纪检监察学会2010年开展理论制度创新研讨；文山州内审协会召开以经济责任审计、内部制度的监督与管理、绩效审计为主要内容的理论研讨会；州统计学会对统计领域和民生问题等社会普遍关注的焦点进行探讨；州瑶研会积极完成《当代云南瑶族简史》(文山部分)的编写任务；州壮研会积极开展传统文化研究，继续编辑整理《壮族鸡卜经》、壮族古壮字收集整理工作以及编撰《云南壮族近代史》；文山州苗研会在文山承办2010年“中国·西部苗学发展”学术研讨会。把学会工作作为社科联的重要载体，积极推进学会工作再上新台阶。文山州老边纵联谊会于1月7日在文山举行“庆祝文山县城解放60周年联欢会”；州社科联与文山州老年民族民间协会于4月16～17日，联合举办首届壮族“三月三”文艺展演活动，于12月29日联合举办“庆元旦、迎新春”大型文艺汇演。来自全州8县的48支文艺队600多人参加了演出。8月11日，文山州社科联带领文山州怡研会与韩国青少年活动中心慰问团的团员们共同看望福利院的80多位老人。慰问团为老人们染发、针灸、拔火罐、量血压、捐款等，文山州老边纵联谊会42位老同志为革命老区孔抗村建立农家书屋，共捐图书、杂志1 073册，价值7 350.98元；文山州伊协举办首届中青年在职阿訇培训班。通过培训对于增强教职人员的教规、教文、树立宗教和谐理念、贯彻执行党的宗教工作基本方针，维护《古兰》圣训、维护民族团结、维护社会稳定都产生积极的作用；文山州社科联与州怡心文化艺术研究会联合举办“送金秋·迎国庆”文山开化古洞经首次展演活动，开化古洞经音乐重新问世于文山人民，让这朵古老的鲜花绽放出更加夺目的光彩，演出效果好，在文山产生较大影响；州社科联与州厨师文化协会于2010年12月18～20日，联合举办“中国云南文山第六届民族美食节”活动，通过开展美食展示、烹饪技能大赛、餐饮业高峰论坛、民族特色菜评选、长街宴等活动，展示文山民族美食的风采。

【领导名录】

主　　席　周维丽(女)

副 主 席　王怀文

（周维丽）

## 科技普及

**【组织机构】** 文山州科学技术协会主管州级学会、协会、研究会（以下简称学会）30个，会员72人；8县（市）科协辖县级学会56个；企业科协4个，个人会员99人；街道科普协会5个，个人会员185人；乡镇科普协会113个，个人会员1 500人；农村专业技术协会（简称农技协）562个，会员27 442人。

**【学会管理工作】** 健全学会工作评价体系和激励机制，推进学会管理科学化、制度化和规范化，促进学会改革与发展。充分发挥学会人才智力优势和组织网络优势，动员广大科技工作者服务农村、服务企业、服务经济社会，为推动农村科技与经济的发展，促进科技成果向现实生产力转化贡献力量。全年全州有2家学（协）会办理换届批复手续并按期进行换届；有1家协会变更为行业协会；有30家学（协）会开展社团组织因公出国考察自检自查、社团涉企收费情况调查统计以及社会团体“小金库”治理自纠自查调查统计等工作。

**【学术交流与研讨活动】** 广泛开展学术研讨与交流，组织和鼓励学会会员和广大科技工作者撰写论文向国家、省、州刊物和媒体投稿，拓展学术交流渠道和范围，较好地发挥桥梁纽带、信息沟通、技术指导等作用。全年全州有11篇论文被收录在中西南学会学研究会第28届年会以及民族医药发展论坛；有26家学（协）会开展不同形式的“企会协作”、“会会协作”活动。州民族民间医药研究会自发组织11名会员前往昆明参加由云南省科协主办的民族医药发展论坛学习交流，有6篇论文被选登在论坛论文集中；州水利学会有4篇论文在省水利学会年度学术交流会上获奖，有7篇被发表在省级刊物；州花卉协会积极与文山金诚房地产开发有限公司等共同承办“中国·文山第二届兰花博览会”；州中医药学会首次举办2010年年会暨中医沙龙，获得广泛认同和好评；州麻防协会两次邀请上级麻防组织到文山州进行义务会诊和进村入户服务；州气象学会与州烟草学会协作，对全州烟站防雷设施进行检测，在全州建立15个人工影响天气炮点进行人工增雨和防雹，在平远新烟区安装实时发送气象信息的电子显示屏等。

**【人才举荐】** 贯彻落实《中国科协关于加强人才工作的若干意见》和《云南省科协关于加强人才工作的实施意见》，努力把科协人才工作融入全州人才工作大局。根据《云南省科学技术协会转发中国科协关于开展全国优秀科技工作者推荐评选工作有关文件的通知》精神，在全州范围内推荐12名优秀科技工作者参加评选，有1人被表彰为全国优秀科技工作者。

**【科普宣传】** 成功承办由国家民委、中国科协、农业部联合举办的、文山州有史以来科普宣传活动规模最大、规格最高、影响最广的“全国科技专家和致富能手进文山壮乡苗寨科技下乡活动”，在全州社会各界引起极大关注。以科普大篷车为载体，精心组织开展“边境科普行”和“进百个村校、送百门技术”活动。先后组织科普大篷车及有关科技专家分别到革命老区、抗旱救灾联系点和州县部分中小学校进行科普宣传活动，受到热烈欢迎。全年州科普大篷车先后在8县（市）开展科普宣传活动52次，在外活动时间96天，参与学生和群众3.4万人（次），发放科普图书、科普报刊、科普杂志、科普光碟等科普资料1.5万份，展出科普挂图2 500多幅，举办科普讲座、报告16场，参与科技培训、科技咨询等的群众和学生1万多人（次），受惠对象高达10万余人。

**【未成年人科学素质行动】** 从第八届文山州青少年科技创新大赛参赛作品中选送118件作品参加省赛和全国赛，获省奖56项奖，其中：一等奖4项、二等奖14项、三等奖37项、优秀组织奖1项；获全国奖4项，其中：一、二、三等奖各1项，基层赛事优秀组织单位奖1项。抓好科技辅导员队伍建设，组织选送优秀科技辅导员参加全国、全省培训，命名第二批16所州级科普教育示范学校。

**【农民科学素质行动】** 抓好以农函大办学为主要载体的新型农民培训，全年共开办涵盖43个专业的一年制农函大教学班532个，招收学员24336人，招生范围涉及全州102个乡镇、两个农场、5所农村学校。州农函大、麻栗坡县分校、马关县分校、广南县分校4所分校获中国农函大表彰为“开展返乡农民工培训工作先进分校”，有11人获中国农函大表彰为优秀校长，16人获表彰为优秀教师。在全州组织开展农村实用人才骨干培训，对获得农职称的人员、农村科普带头人、科普宣传员、部分基层党员干部、农技协会长进行专题培训共2797人。全年共评定农职称人员769人，其中：高级技师3人，技师78人，技术员和助理技师688人。做好农村实用人才举荐和队伍建设研究工作，编制《文山州2010－2020年农村实用人才队伍建设规划（草案）》送州农业局征求意见后上报州人才工作领导小组。

**【城镇劳动人口科学素质行动】** 围绕实施“城镇富州”战略，在提升城市人文形象上下功夫，倡导健康、文明、节俭、低碳的生活方式。针对重点城市群中从事现代服务业的城镇劳动者和社区居民开展科普宣传和实用技术培训，提高其科学素质，以科技促进各项社会事业发展，推动和谐社会建设。全年8县（市）科协在县城和乡镇劳动人口集中区域新建科普宣传栏86块，新建科普惠农服务站24个。

**【科普基础工程建设】** 抓住国家和省实施“科普惠农兴村计划”、“科普富民兴边计划”、“社区科普益民计划”和“边疆解五难”的有利时机，把全州实施“六大战略”、建设“四大基地”中的重点与农技协及科普示范基地建设相结合，做好科普项目储备、申报和实施工作，以项目带动科普基础设施建设，推动特色产业发展。全年共收集8县科协上报科普项目52项，州科协筛选上报31项，上级批准实施22项。其中：申报全国科普惠农兴村项目13项，批准实施8项；申报省级科普惠农兴村计划项目7项，批准实施6项；申报省级科普项目8项，批准实施6项；申请其它科普项目3项，批准实施1项。

**【农技协发展工作】** 加强对农技协的管理与指导，全年新发展农技协49个，按"十强"标准培育农技协13个。目前，全州共有农技协510个，会员28 871人(户)，联系带动农户5万余户。有6个农技协被中国科协、国家财政部表彰为"全国科普惠农兴村先进农技协"，有2个农技协骨干被表彰为"全国科普惠农兴村优秀科普带头人"。

**【科协自身建设】** 新发展科普志愿者57人，新发展农村科普宣传员86人，科普工作队伍得到进一步壮大。在《文山日报》刊登科普工作典型事例和重点科普活动的消息等共10余篇，约3万字，图片20余幅；与文山电视台合作播出"全国科技专家和致富能手进文山科技下乡活动"等科普活动专题2期。新建立"文山数字科普信息网"（www. wsszkp. com），以现代通信技术为载体，以手机、电脑、电话等常用的工具作为用户终端，搭建具有农村科普和农产品信息发布、浏览、咨询及交易功能的工作平台，为科协组织服务全州现代农业发展提供更为有效的方式，科协信息宣传网络得到进一步完善。面对百年不遇的特大旱灾，全州各级科协及所属团体积极组织和带领广大科技工作者，深入抗灾救灾第一线，开展科普宣传、科技咨询、送水上门等服务活动共计105期330余人(次)；并动员干部职工捐资捐物共计30余万元。

**【领导名录】**

主　　席　刘良勇
副 主 席　何欣闻(彝，~10)
　　　　　王露霞(女，10~)

（唐　羽）

## 文学艺术

**【文学作品】** 2010年第1期《诗刊》发表丘北县文联主席郭绍龙创作的诗歌《在普者黑湖畔》。3月，文山州作家协会理事颜恒编著的文集《四季垂钓要诀》，由北京金盾出版社出版发行，该书为32开本，5个印张，160页，13万5千字，文图并茂，为广大钓鱼爱好者四季垂钓而编写的通俗读物。7月，北京出版社出版发行文山作家缎苏(段雪梅)创作的散文集《幸福密码——快乐做女人》8月，由文山作家杨映雪创作诗文、画家张朝新创作插图，共同编著的儿童读物彩印《儿歌100首》，由四川出版集团·四川美术出版社出版发行。8月，中国文联出版社出版发行文山州诗词楹联学会会员高天培创作的诗词集《文华韵飞》。9月，文山州作家张行炎创作的长篇小说《天湖镇》，由中国文联出版社出版发行，共25万字。

**【影视创作】** 元旦前夕，以云南文山州丘北县国家AAAA级旅游景区普者黑为主要拍摄地的大型反特电视连续剧《冷箭》研讨会在北京召开。它为创建普者黑文化旅游景区和影视拍摄基地作进一步宣传，必将吸引更多的商家到丘北投资开发、更多的游客到普者黑景区旅游度假、更多的影视剧到普者黑等景区景点拍摄。3月10日，文山州作家协会理事王勇创作，文山州惟一取得国家广电总局电影管理局电影摄制资格认证的文山新影文化传媒有限公司出品、摄制的电影《阿峨之恋》，荣获第六届云南省文学艺术创作奖励基金奖电影类三等奖。3月25日，文山州举行"电影《倮·恋》新闻发布会"，《倮·恋》电影文学系文山州作家协会理事王勇创作，并与肖尹宪合作编剧，由长春电影制片厂，中共文山州委宣传部，西畴县委、县人民政府，以及广南县委、县人民政府，文山新影文化传媒有限公司，文山州隆兴矿业有限公司联合摄制，制片人为王勇，将于5月12日正式开机，分别在西畴县、广南县取景，7月底完成后期制作，预计9月发行。4月19日，国务院新闻办五洲传播中心摄制组，到广南县者兔乡，拍摄纪录片《传奇句町国》。10月中旬，文山籍壮族作家戴光禄创作拍摄的三集电视纪录片《推进》(又名《开会了》)，荣获首届"中国·西安国际民间影像节"一等奖。

**【戏曲音舞】** 2009年12月下旬，首届云南省少数民族酒歌大赛在怒江结束，由马关县组队代表文山州参加比赛的代表队创建佳绩：选送的5首歌曲全部获奖，奖项总数位于全省第三。其中壮族酒歌《谢酒调》获最佳歌曲奖，瑶族酒歌"哈不丢"获最佳创意奖，傣族酒歌《傣家米酒歌》获最佳形象奖，彝族酒歌《阿子达》和苗族酒歌《好友不嫌酒味苦》获优秀歌手奖。2010年1月5日和6日，文山州老体协金秋艺术团16名老同志表演的舞蹈《山傣老来俏》和广南驻文山老年人协会句町艺术团14名老人表演的歌舞《世外桃源在坝美》，分别启程赴北京中央电视台录制，将在2010年第二届《畅享和谐》全国中老年春节电视联欢晚会上亮相。6月23日，第十四届CCTV全国青年歌手电视大奖赛原生态组别个人单项决赛，文山坡芽歌书山歌队排名第七，荣获优秀奖。

**【书画摄影】** 1月1日，文山县文联在文山县城石海路佳德益超市举办"严余丰摄影展"，共展出精挑细选的摄影作品60余幅，既有历史照片、又有现代佳作，黑白照与彩照相映成趣，文山州、县文联以及有关单位领导出席开展仪式，展览将展至2月28日结束。1月29日下午，文山州文联、文山州书法家协会，在文化大厦三楼会议室，举行《曾梓洪硬笔书法选》首发式。2月16~26日春节期间，文山州书法家协会、美术家协会和文山州老干部书画协会、州博物馆、图书馆、民族文化中心等6个单位，联合主办，云南新建水泥有限责任公司、州城乡建设投资开发公司协办的"文山州2010年春

节书画展”，在原州图书馆一、二、三楼分6个展厅，展出书画作品166件幅，其中，书法作品103幅，美术作品63幅。8月16日至8月20日，文山州文联、文山县委宣传部、文山县文联，在盘龙体育城南大门举办“印象文山”迎省运会书画摄影展。此次书画摄影展共展出114位作者的作品200件，其中书法作品70件，绘画作品36件，摄影作品39件，民族陶艺52件，雕塑作品3件，是在全州范围内征集的作品。评出一等奖11名，二等奖17名，三等奖23名。展出时间为期5天，吸引观众近15 000余人(次)。9月12日，来自孟加拉国、中国美术家协会版画艺术委员会、云南省美术家协会及省内外部分艺术院校的50余名版画专家云集马关，拉开中国著名版画家马关采风及农民版画产业化发展研讨活动的序幕。

【文艺获奖】 7月中旬，在中国文联、中国美协、中共浙江省委宣传部主办的“农民画时代·时代画农民——全国农民绘画展”中，马关县选送的18件壮族农民版画颇受好评，被作为典型农民画乡案例，入选《来自画乡的报告，全国农民绘画文献集》。8月下旬，收到中国解放区文学研究会、北京市写作学会、世纪百家国际文化发展中心通知，文山州作家李顺创作的散文《高原上的草原》、郭明进创作的杂文《献给母亲的十句话》等作品荣获第二届“祖国好”华语文学艺术大赛一等奖。8月30日上午，“2010世界瑶族公主大赛”中国赛区总决赛在世界过山瑶之乡——广东韶关乳源具县落下帷幕。经过精彩而又紧张的角逐，富宁县邓燕妮荣获“中国十大瑶族公主”称号之一，将参加第十一届中国瑶族盘王节(11月20—22日)期间举行的2010世界瑶族公主大赛全球总决赛。11月1~6日，文山州丘北县组织编排的现代花灯小戏《三难升官郎》，以及现代花灯剧《沙家浜》选段《祖国的好山河寸土不让》，代表文山州参加中共云南省委宣传部、云南省文化厅、云南省文联在楚雄姚安光禄古镇举办 的“首届花灯艺术周”上大展风采，其中《三难升官郎》，获优秀剧目展演入围奖。11月28日至12月1日，云南省作家协会主办、昆明市文联承办的滇东文学创作年会在昆明举行。会上，举行了“滇东文学奖”颁奖仪式，文山州作家张永宁创作发表在2008年《含笑花》杂志1、2期合刊上的小说《圣者治世》获奖，该小说责编、《含笑花》杂志副主编万国华同时获编辑奖。文山州文联主席周祖平、麻栗坡县文联副主席袁微、《含笑花》杂志副主编万国华、州作协会员张永宁等五位同志参加创作年会。12月21~25日，世界华人文化艺术联合会主办的第十八届“金夕年华”国际才艺邀请赛，在香港上环市政大厦文娱中心举行，文山州老体协金秋艺术团参赛的彝族舞蹈《磨豆豆》荣获金奖，另获优秀编剧奖和导演奖、最佳组织奖。

【领导名录】

主　　席　周祖平(彝)
副 主 席　张邦兴(壮)
　　　　　沈　勇(壮，~9)
　　　　　韦　波
　　　　　陆仕兴(壮)

(柏天明)

## 归侨侨务

【抗旱救灾帮扶等工作】 做好抗旱联系点——文山县新街乡的抗旱救灾工作。主要领导带队，先后4次深入抗旱联系点查看灾情，协调抗旱救灾相关工作。发动干部职工、部分侨联委员和侨胞捐款支持抗旱救灾，截至6月20日，州、县侨联干部职工和部分侨胞共256人，为抗旱捐款88 874元，参与抗旱救灾工作达1 458人(次)。其中州侨联6名党员参加“共产党员抗旱救灾特别捐款”10 130元。汇同州信访局和政府接待处，协调组织各方资金6万元，帮助鱼塘村更换长4 000余米的饮水管道；争取美国妈妈联谊会2万元人民币爱心捐赠，顺利完成帮助20户农户建设侨心小水窖20口。按《关于下达2010年度鼓励创业“贷免扶补”工作目标任务通知》，协助州、县总工会，做好稼依华侨管理区创业“贷免扶补”试点工作，使包括从事商业、服务、种植等行业的10户侨胞，获得“贷免扶补”资金50万元，促进其生产经营活动的开展。按州委的要求派出新农村建设副总队长，筹集资金3.6万元，组织开展抗旱保民生、保春耕、促稳定，村级“两委”换届选举和扶贫开发等工作。两次共12人(次)深入扶贫挂钩点——麻栗坡县大坪镇大石洞村委会，与村干部一起研究2010年扶贫工作计划，即春耕生产、烤烟栽培、家禽养殖和“一事一议”等事项，走访看望党员“一帮一”农户和大石洞小学校师生，与村委会举办1期150人参加的烤烟培训，救助贫困中学生14名，共为扶贫点投入资金19 600元，物资折资4 000余元。

【云南省侨联“九代会”筹备工作】 完成省侨联八届委员会工作报告提纲、征求意见稿的修改建议、履行四项工作职能有关数据和材料的整理以及相关活动图片的上报工作。并按组织方案完成分配文山州17名代表、7委员的推荐任务，按照程序推荐富宁县等3个“先进侨联基层组织”、滕跃等4名“侨联系统先进工作者”、杨朝山等10名“先进归侨侨眷个人”。

【轻基质网袋工厂化育苗技术和设备项目的后续工作】 项目建设位于砚山县民航路旁，距县城3千米，占地面积257亩，厂房占地800平方米。建有钢架荫棚1个占地面积80亩，分为嫁植区和扦插区等。培育生产轻基质油茶苗684万株，其中嫁接苗164万株、扦插苗520万株，因受干旱严重影响，出圃合格苗木数量仅为310余万株(包括嫁接苗60万株和扦插苗250万株)。目前正在组织技术工人进行轻基质网袋油茶接苗的移袋工作，计划培育900万株苗，明年出圃，为2012年全州油茶产业建设提供充足的种苗。配合侨办做好华侨管理区侨胞的稳定工作。

【维护侨益】 年内，向省侨联上报《认真贯彻侨法 依法维护侨益》、《麻栗坡县归难侨贫困调查与思考》等纪念性文章和征文。充分发挥维护侨益职能作用，进一步做好华侨农(林)场改革发展稳定工作，认真落实信访工作制度，积极为侨胞服务，做好侨胞的来信来访工作。年初通过侨界全国人大代表、省侨联副主席陈继延将《文山州散居城乡困难归侨侨眷的调查报告》作为全国人大代表的建议提交全国人代会，引起上级的高度重视。按照州侨联五届三次会议工作要点，结合创先争优活动和工作实际，领导班子成员及办公室、经济联络科的工作人员，先后深入到马关、富宁、麻栗坡、砚山等县，就《中华人民共和国归侨侨眷权益保护法》颁布实施20周年，各级侨联组织在学习宣传贯彻侨法、维护侨益工作和民族文化发展开展调研，撰写《文山州维护侨益调查报告》、《对侨联开展外联工作的思考》和《苗族山村社会》等调查报告。完成了州政协组成单位编制《文山州侨联机构沿革》的上报工作。全年，州县侨联共接待来信来访63件，协调处理47件，转有关职能部门处理16件。

**【慰问侨眷】** 坚持利用新春中秋佳节等重大节日，举行团拜会、座谈会和“献爱心、送温暖”慰问活动，进一步凝聚侨心，调动广大归侨侨眷的积极性，已形成履行侨联群众工作职能的一项制度。2010年春节，省、州共筹集资金8万元，在省侨联副主席段林，州委常委、政法委书记吴俊明，州人民政府副州长黎宝光的带领下，慰问全州散居城乡的归侨侨眷和金坝侨场困难侨胞共245人，给侨胞送去党委和人民政府对侨胞的关爱。在国庆、中秋佳节到来之际，邀请各涉侨单位领导、各人民团体、各县委统战部、县侨联和3个华侨管理区、州属各条战线归侨侨眷代表共100余人参加的，文山侨界迎国庆、中秋暨《侨法》颁布实施20周年座谈会，通过座谈，总结近年来文山州《侨法》颁布实施以来，依法维护侨益的工作成效，存在的困难和主要问题，提出建设性的意见和建议，坚定进一步深入贯彻落实《侨法》、维权护侨的信心。

**【对外联谊】** 春节前夕，向海外部分华侨华人、社团以及27个省市侨联组织，发送贺年卡94份，进一步加强对外联络与沟通。充分发挥越南归侨联谊会、文山州侨联中越虹桥商务中心的作用，开展以越南为重点的联谊工作。年内，为越南河内阳光国际旅行社牵线搭桥，邀请云南省国际旅行社文山分社、文山普者黑旅行社、文山万诚旅行社、砚山旅行社组成的中国云南赴越考察团，对越旅游线路、酒店、餐厅、购物等进行考察，促成双方达成共识，并在河内签订《中越双方旅行社互送游客合作协议》。全年为港、澳、台同胞到文山州商务考察、旅游观光165人(次)，为越南河内北方电网、胡志明市南方电网等工程技术人员到广州南方电网、上海、南宁、大连等地考察学习交流60人(次)；协助玉溪甘庄华侨农场、大理彩凤华侨农场、平远、稼依、金坝华侨农(林)场到越南探亲等办理出境通行证89人(次)，协助文山州委党校接待越南国家政治学院凉山省基层行政管理干部培训班一行16人；由越南归侨、文山国际经济技术合作有限公司副总经理凌中华负责的总投资为1 450万美元的越南中央第二制药厂建设项目，作为滇越十大重点经贸合作项目之一，在越南树立良好信誉；完成日本云南联谊协会捐赠300万日元、援建的砚山县两勒“侨心小学”教学楼工程建设任务。接待日本云南联谊会和捐资的日本友人29人，到校参加竣工典礼活动，并参观文山三七展示馆、文山三七国际交易中心、文笔塔和普者黑风景区；在富宁、砚山、马关、丘北、麻栗坡和3个华侨管理区的共同努力下，完成兑现马来西亚《星洲日报》救助文山州200名贫困中学生工作，获救助金14.4万元。

**【领导名录】**

主　　席　黄　萍(女)
副 主 席　杨朝山
　　　　　徐白玉(女，苗)

(熊　明)

# 法　　治

责任编辑：陈昌应

法制宣传

# 政　法

【全州政法工作会议】 1月22日召开全州政法工作会议，总结回顾2009年全州政法工作，分析形势，安排部署2010年和今后一个时期的工作。会议研究确立了政法工作创新发展思路，强调深入推进三项重点工作。会议要求，要从更高起点、更高层次、更高水平上去思考和谋划政法工作，深入推进社会矛盾化解，围绕预防和处置群体性事件这个重点，更加注重从源头上化解社会矛盾；围绕构建“大调解”体系的工作要求，着力加强化解社会矛盾的制度性衔接；围绕服务改革发展这个根本主题，主动解决经济社会发展面临的深层次矛盾，通过协调利益关系、化解矛盾纠纷、解决民生问题，将稳定基础深植于民生工程之中。深入推进社会管理创新，从有利于减少违法犯罪、促进社会和谐、激发社会创造活力和改善民生出发，用开放的思维、市场的手段解决好市场经济条件下的社会管理问题，重点抓好流动人口服务管理、特殊人群帮教管理、重点地区综合治理以及虚拟社会、非政府组织等特殊领域社会建设管理，逐步形成全面、高效、有序和人性化的社会管理服务工作格局。深入推进公正廉洁执法，着力解决好政法干警的专业性、公正性、廉洁性问题。统筹推进各项政法工作，始终如一地维护全州社会政治大局稳定，统筹解决社会治安突出问题，推进司法体制机制改革工作，加强党对政法工作的领导，全面推动政法工作向纵深发展。

【平远创安工作】 年内，在深入调查研究的基础上，州委、州人民政府在平远地区、老山片区开展创建“民族团结进步示范区”，实施宣传教育、基层组织、平安创建、基础设施、民生改善、产业培育“六大工程”，开展“手拉手·兄弟情”、“心连心·鱼水情”、“肩并肩·爱国情”三项活动，使平远地区(老山片区)民族团结、宗教和谐、社会稳定、经济发展的局面进一步巩固。按照州委、州政府的统一部署，州、县政法综治战线以实施“平安创建工程”为契机，从和谐、稳定、平安方面打造平远地区，把昔日的“乱点”变成今日的“亮点”，把昔日的“包袱”变成今日的“辉煌”，从一个点抓起，通过平远这个窗口、这张品牌在全省宣传砚山、宣传文山。至年底，基本实现“11个低于全州平均水平”的创建目标，区内发案少、秩序好、群众满意，平远地区、老山片区“平安创建工程”取得阶段性成果。

【维稳工作】 着力加强安全保卫工作，确保国务院副总理回良玉同志等重要领导到文山视察期间安全和州民运会、省运会等重大活动的安全顺利进行，在上海世博会、广州亚运会期间全州社会大局保持稳定。着力维护边疆和民族地区稳定，严密防范和严厉打击境内外敌对势力和敌对分子的渗透破坏活动，继续实现了“决不允许危害国家安全和社会政治稳定的势力形成组织，决不允许危害国家安全和社会政治稳定的活动形成气候”的工作目标，保持了邪教防处工作“三无”记录。着力加强预防和应对危机的能力建设，制定出台重大事项社会稳定风险评估制度、维护社会稳定预警工作制度、重大社会安全事件应急处置机制，构建政府、企业、群众和谐共生的维稳模式，围绕矛盾纠纷集中、人民群众关注的领域开展预测、预警、预防和处置工作，全州群体性事件大幅度下降。着力整合化解矛盾纠纷的社会力量，推动人民调解、行政调解、司法调解协调配合、优势互补，推行“以奖代补”机制，人民调解组织的“第一道防线”作用得到较好发挥，各级各部门在化解社会矛盾中作出重要贡献，特别是法院系统把调解结案率、息诉服判率作为业务工作绩效考核的重要内容，实现调解结案率、息诉服判率“两上升”和涉诉信访率、强制执行率“两下降”，得到省高院的肯定，并在全省法院系统推广。加强群体性事件预防处置工作，始终从关注和保障民生、维护人民群众根本利益、推动可持续稳定的角度出发，正确把握群体性事件的处置原则、时机和方法，积极预防和妥善处置群体性事件。

【社会管理创新】 加强流动人口管理，做到底数清、情况明。加强刑释解教人员安置帮教，年内无新释放刑释解教人员重新犯罪现象。加强预防青少年违法犯罪工作，对农村留守儿童实行“两个托管”(有偿托管及互助托管)，全年无在校学生犯罪现象。加强交通安全管理，交通事故四项指标同比下降，“路、站、运”一体化管理的“丘北经验”得到进一步丰富发展和推广。加强消防安全管理，火灾事故同比下降。加强社会治安重点地区排查整治，排查整治社会治安重点地区14个，深入实施综合治理，切实扭转治安局势。深入推进基层平安“多进多创”活动，文山、富宁两县被评为省级先进平安县，各个层面的平安建设成效明显，州妇联在“平安家庭”创建和妇女维权工作中受到全国妇联表彰，城、乡防控体系建设迈出新步伐，“西畴现象”、“阿黑模式”得到进一步巩固提升和丰富发展，“跳出治安抓治安，跳出稳定保稳定”的工作思路。

【廉洁执法】 以公正廉洁执法为生命线，全面加强政法系统领导班子建设，打造强有力的领导核心，完善基层政法工作领导体制，在县级探索建立政法委书记轮岗交流制度，在102个乡镇成立政法工作委员会，配备专抓政法综治维稳工作的党委副书记，进一步加强了党对政法工作的领导。重视加强政法干警能力建设，改进现行的教育培训体制，采取下派顶岗、互派轮岗、上送跟班、集中培训、以会代训等有效方式，推进新一轮政法干警全员培训，鼓励政法干警到基层一线接受实践锻炼，推出法官及检察官“片区工作制”、“中心警务模式”等有效举措，深入开展岗位练兵、应急演练等工作，不断提升政法干警的综合素质和能力。以公正廉洁执法为政法工作的安身立命之本，推进源头预防工作，创造性地建立了政法干警“六必谈”制度，深入开展岗位廉政风险防范管理和教育工作，建立健全政法队伍建设管理制度体系，推进规范化管人管案管事，全州干警违法违纪情况呈明显下降趋势，法、检、司、安及森林公安连续几年实现“零违纪”。

**【基层基础建设】** 开展综治维稳基层基础工作，专题研究校园及周边安全工作、专抓政法综治工作的乡（镇）党委副书记的配备、落实综治经费、县级政法委书记轮岗交流等重大事项，研究出台了增设教育系统安全保卫机构、增加学校安保力量、加强学校视频监控系统以及基础设施建设等政策措施，制定出台了《关于进一步加强学校幼儿园安全工作的意见》、《关于推进和谐社区建设工作的意见》、《关于进一步加强刑释解教工作的意见》等政策措施，州、县综治工作经费在原有基础上提高1倍，将政法委机关公用经费参照“两院”标准足额保障，先后将多项政法综治维稳工作经费纳入财政预算，在基层“三所一庭”及村（社区）警务室、人民调解室建设等方面也给予了前所未有的投入和支持，加强校园周边治理经验被省给推广，政法综治维稳基层基础建设得到进一步加强。此外，将综治干部培训列入州、县党校教育培训计划，与州委组织部协商，在州委党校举办的各级领导干部培训班开设综治维稳方面课程，提高各级领导干部维护稳定的能力。

**【构建“政法大宣传”格局】** 整合各方面宣传资源和力量，努力构建政法综治“大宣传”工作格局。指导搭建政法综治宣传平台，开辟开办政法部门杂志、专刊、网站及电视专栏，加强网络舆情防范与处置，开展宣传报道及“综治维稳宣传月”、“千村普法、百村培训”等系列活动，仅州消防支队就整合近千万元投入消防宣传，初步形成“内宣、外宣齐头并进，媒体宣传、群众宣传双轮驱动”的政法综治宣传工作格局，在内宣方面成功推出广南县“3·30”事件处置、学校及周边综合治理、法官“两率”（案结事了率、息诉服判率）绩效考核等典型经验，均在全省推广。在外宣方面推出西畴县“两个托管”、砚山县农村大联防、文山县“琵琶岛模式”等一批新经验，进一步丰富发展“西畴现象”、“丘北经验”、“阿黑模式”，“路、站、运、管、安”一体化管理的“丘北经验”在全国得到进一步推广，“人人为我站岗，我为人人放哨”的“阿黑模式”在全州广大农村推行，“西畴现象”进一步引起社会广泛关注，中央政研室、中央外宣办有关领导专程到西畴调研指导；文山州化解社会矛盾经验在央视《平安中国》专题报道。

**【领导名录】**

书　　记　吴俊明

副 书 记　李俊彪（副州长兼）
　　　　　刘树槐（～10）
　　　　　蔡兴贵（彝）
　　　　　王大坤（10～）

（郭朝友）

## 政府法制

**【立法工作】** 根据州人民政府立法规划，2010年，州政府法制办多次与起草部门讨论修改，完成《云南省文山壮族苗族自治州林业管理条例》和《云南省文山壮族苗族自治州森林和野生动物类型自然保护区管理条例》的修订草案。并按立法程序报请州人大常委会审议。同时按照州政府年初工作报告提出的立法调研计划，先后深入到 麻栗坡县、广南县、州农业、交通、公安、卫生、文化、教育局等部门开展立法工作调研，做好文山州2011～2015年立法规划。

**【重大决策听证制度】** 年初，针对县和部门对重大决策听证工作推进出现松懈不力的情况，州政府法制办代人民政府起草《文山州人民政府办公室关于认真做好阳光政府四项制度有关工作的紧急通知》、《文山州人民政府办公室关于深入贯彻重大决策听证制度的通知》，明确各县各部门每个季度必须完成2～3件听证任务，加强重大决策督促办理力度。为保证听证质量，州法制办加强对各县各部门重大决策听证工作的督促、指导。全年州各级各部门举行101次听证会。各部门听证的相关信息通过省重大决策听证网、文山政务网、法制网等媒体向社会公布。每月州法制办均按时将听证情况汇总上报省政府法制办。

**【推行效能政府四项制度】** 根据《云南省人民政府关于在全省县级以上行政机关推行效能政府四项制度的决定》等有关文件的要求，从2010年4月起，在全省推行“效能政府”四项制度。州法制办代政府起草了《文山州人民政府关于在全州县级以上行政机关推行效能政府四项制度的决定》及实施办法。根据州政府的安排，效能政府四项制度中的提升依法行政能力制度由政府法制办负责。州法制办印发《文山州提升依法行政能力工作实施方案》，转发了《云南省规范行政处罚自由裁量权规定》，安排和布置规范行政审批行为、行政处罚行为、行政复议行为等工作。4月中旬，会同人事部门对各级各部门推行效能政府四项制度进行了业务培训。7月8～20日，组成4个检查组对36家州属部门开展提升依法行政能力工作的情况进行了检查指导。年内，州属33个部门先后上报行政审批项目备案目录表和行政处罚自由裁量权细化标准，并在部门网站和政务网进行公布。

**【文件审查把关和清理】** 年内，州法制办对州政府及政府办领导批示的70余件文件进行审查把关。其中有2件属于规范性文件，已上报省政府登记。审查各县各部门上报州法制办登记备案文件5件，均给予登记回执。对上述文件合法性、合理性审查，提出意见建议150余条，其中对部门上报登记的1件规范性文件提出纠正处理意见。根据《云南省人民政府办公厅转发国务院办公厅关于做好规章清理工作有关问题的通知》及《文山州人民政府办公室关于做好全州规范性文件清

理工作有关问题的通知》要求，4～11月，共完成以州人民政府名义出台的99件规范性文件的清理，拟保留57件，废止21件，修改12件。此清理意见待提交州人民政府常务会议讨论后，向社会公布。

**【办理行政复议案】** 年内，收到复议申请、行政裁决34件，受理31件，不予受理3件。案件涉及山林土地权属纠纷、工伤认定、土地征收、劳动教养、土地承包经营、审计等方面。现已办结34件(含2009年结转的6件)，其中作出维持的15件，撤销5件，驳回7件，终止审理7件。在办案中积极探索行政复议案件的审理方式，做到公正裁决，有错必纠。

**【行政执法监督】** 州法制办根据《云南省人民政府办公厅关于进一步推进相对集中行政处罚权和实行综合行政执法工作的通知》要求，按照"精减、统一、效能"和执法重心下移的要求，推进城市综合行政执法工作。按《通知》要求，大部分县已完成此项工作。为推进行政执法案件评查工作，及时印发了《云南省行政执法案卷评查办法》及其各类标准。开展行政执法案卷评查工作，并将案卷评查工作纳入执法责任制的一项内容进行考评。全年仅收到电话投诉案件1件，已办结。

**【行政执法培训】** 按照《云南省行政执法证件管理规定》和《云南省人民政府法制办公室关于进一步规范行政执法证件发证、审验管理工作的通知》的要求，年初，州法制办印发了《文山州人民政府法制办公室关于对全州行政执法证件信息收集的通知》，对各县各部门行政执法证件信息进行收集，建立行政执法人员数据库，对执法人员实行数字化管理，并在州人民政府政务网站上开通了行政执法人员查询窗口，自觉接受监督。全年共举行11期行政执法人员培训，办理行政执法证件1 956人，其中新办证892人、审验换证1 048人、遗失补办16人。在行政执法证件收集中，对行政执法人员因工作调动、辞职、辞退、退休或者其他原因离开行政执法岗位的112份行政执法证件进行收回。

**【法律顾问室工作】** 州政府法律顾问室在对一些重大复议案件的办理、人民政府重大决策听证、人民政府签订的重要合同及其他涉法事务，如州人民政府与中国移动通信集团云南有限公司战略合作框架协议；州人民政府与建筑商签订的《职教园区建设项目委托代建协议》和《职教园区建设项目委托代建合同》等，从合法性、合理性方面审查把关，提出法律意见建议50条。还义务担任县人民政府及部分州属部门的法律顾问、行风监督员，加强对其依法行政的指导和帮助，充分发挥政府依法行政、依法决策参谋助手和法律顾问作用。

**【信息网络建设】** 年内，在全州范围内开展学习宣传贯彻《国务院关于加强市县政府依法行政的决定》、《国务院关于加强法制政府建设的意见》。利用法制网站和媒体加强对政府法制工作的宣传，推行网上征求立法和规范性文件意见、受理行政复议申请、受理行政执法投诉等。加强信息工作，编写《法制信息》，收集其他地区有关法制建设的新闻、信息，丰富、更新外网内容。在法制宣传月、行政复议法宣传日中，组织州属部门上街做好法制宣传工作。与州广播电台"与法同行"栏目组联系，通过访谈加强对政府法制工作宣传，并为群众答疑解难，普及行政法律法规知识。通过接待群众来信来访和接听96128热线，向群众答疑释难，提供法律咨询。年内共接待群众来访10余起(次)，处理来信10件，接听96128热线20次。

**【领导名录】**
主　　任　张春林

(张海静　赵仁海)

## 公　安

**【简　述】** 2010年，文山州公安机关认真贯彻落实党的方针政策，以推进社会矛盾化解、社会管理创新、公正廉洁执法"三项重点工作"和公安信息化建设、执法规范化建设、构建和谐警民关系"三项建设"为抓手，坚持队伍建设与业务工作并重、打击与防范并举的原则，不断完善警务机制，调整工作思路，创新工作方法，公安工作和队伍建设实现跨越式发展，有力地维护全州社会大局稳定和经济社会又好又快发展。

**【队伍建设】** 州公安局采取先后轮岗交流，上挂、下派挂职锻炼和跟班学习等形式选拔、培养、锻炼年轻干部。召开14次党委会议对重大问题进行民主集中决策；对19名科级干部进行轮岗交流，下派8名科级干部到县公安局挂职锻炼，选派1名处级后备干部作为新农村建设指导员到乡镇工作，选拔1名县公安局副局长上派省公安厅挂职锻炼。结合"创先争优"活动，以建设"学习型机关、服务型队伍、效能型部门"为主题，领会党的路线、方针、决策。结合"爱读书、读好书、善读书"活动，州公安局向全州公安基层单位和民警赠送政治业务图书1 000余册。州公安局举办3次大型政治思想教育专题报告会，1 000余名民警受到教育。制定下发《文山州公安机关教育训练工作考核办法》，以正规的教育培训来提升公安民警的整体素质。共组织民警参加各类培训3 604人(次)，其中州县公安机关组织培训44期3 222人(次)。执行对离退休人员及民警职工生病住院探望制度和节日慰问制度、公安民警子女考上大学奖励制度，对全州公安英烈家属、因公牺牲民警家属、因公负伤民警、生活困难党员和民警、大病民警以及离退休民警、考上大学的民警子女进行慰问；对工作中涌现出的先进集体和个人进行表彰奖励；组织开展春节、三八节、儿童节、民警职工生日慰问活动；开通省、州医院就诊"绿色通道"；落实年休假、年体检制度；组织民警职工参加职工医疗互助；制定《文山州公安机关维护民警执法权益工作规范》，开展民警维权工作。年内，共查处袭警案件10起10人。

【公安宣传】 建立完善《涉警舆情处置工作机制》，时时关注新闻媒体和网络媒体动向，对公安机关执法办案、办事等群众关注和媒体不正确的舆论，及时进行引导和妥善处置。年内，妥善处置涉警舆情事件3起，参与公安部舆情导控19次，处置有害信息1.06万条，侦破网络案件7起，协助抓获网上在逃人员42人；发动广大民警参与宣传工作，策划组织新闻媒体记者实地采访，接待各级新闻媒体记者52批116人（次），采写刊播一大批高质量的新闻稿件。年内，各级新闻媒体采用新闻稿件1 708篇，新闻图片579幅，影视新闻419条，影视专题32部。内宣工作主要围绕政府网、公安网和公安机关主办的刊物进行宣传。发行《文山公安》11期、《文山警方》4期；公安理论稿件被公安部、省公安厅采用102篇90幅(图)。

【警务督察】 狠抓公安队伍作风建设，认真落实领导干部"一岗双责"制、效能政府四项制度和《全州公安机关党风廉政建设量化考核评分标准》，加强对警务活动事前、事中、事后的监督检查，增强民警拒腐防变能力，加大对警风警纪、警务用车的督察力度，开展文风、会风整顿，开展"两整顿两规范"、警车和涉案车辆专项整治。年内，共开展督查1 526次，督查民警1.56万人(次)，警用车辆2 561辆(次)，教育整顿轻微违规民警18人(次)。

【荣誉表彰】 年内，全州公安机关有2个集体荣立二等功，31个集体荣立三等功，经侦支队被公安部授予全国公安机关打击假币犯罪"09行动"先进集体；1人被评为全国先进工作者并被公安部授予二级英模荣誉称号，1人被评为"全国维护妇女儿童权益"先进个人，1人被评为"云南省公安机关第二届百姓最喜爱的十大人民警察"，1人获提名奖；1名民警荣立一等功，7名民警荣立二等功，112名民警荣立三等功，一大批单位和民警受到表彰奖励。

【情报信息】 建立沿边一线和辖区社会面上情报信息收集机制，广泛收集境内外敌对势力、敌对分子渗透破坏和州内可能引发重大群体性事件及社会治安动态的情报信息，分析研判评估，为党委、人民政府维稳处突提供科学的决策依据。州公安局共整理上报情报信息1 698条，被公安部采用10余条，省公安厅采用110条，州委、州人民政府采用167条。接警6.14万起，处警5.67万起。全州共排查出矛盾纠纷及不稳定因素预警306起，与上年同比下降12.3%；对102名常住外国人和临时来文1 541名外国人进行适时跟进管理。

【反恐防范】 结合上海世博会、省运会、广州亚运会等大型活动安保，加强重点目标防范和边境地区的管控，强化重点人员的管理，对可能涉恐的重点人员进行排查管控。年内2次派出督导组对全州重点防范目标进行督导检查，组织开展10次反恐演练，协助省公安厅反恐办进行两个专案侦查，实施对国务院副总理回良玉来文山视察旱灾等重大保卫和警卫活动60余次，在云南省第十三届省运会安保工作中投入警力1万余人(次)，确保赛事和来文领导的安全。

【信息化建设】 投入信息化建设资金2 796.2万元，建成警务综合平台推广应用；新建成指挥中心监控平台和110接处警平台；信息中心数据库存储容量达到60T；公安三级网由原来的10兆提升到300兆；城市监控系统建设一期工程1 041个监控摄像头安装投入使用，86个视频抓拍点在城市40条道路出入口安装，人流、车流管理水平得到提高；安装3 256台公安网计算机桌面终端安全管理系统，对全州78个派出所软视频会议系统进行升级改造，110接处警平台和预警落地查控系统得到广泛运用。全州公安机关指纹系统采集捺印1.98万枚，与上年同比上升了46.0%；通过预警平台抓获在逃人员675人，查获吸毒人员540人。

【构建和谐警民关系】 组织民警深入社区、农村、企业、农户，开展公安机关爱民"大走访"实践活动，了解企业经营情况、了解群众生产生活情况，征求意见或建议，对需要帮助的群众全力帮助。在抗旱救灾中，全州公安机关民警先后3次向灾区群众捐款238.14万元，其中州公安局机关捐款89.92万元。共走访困难群众6 359户2万余人，广泛征求意见1 189条，帮助困难群众1.4万人。窗口单位改善办事条件，改进服务态度，推行网上办证、网上咨询等服务。共受理机动车驾驶证业务16.15万人(次)；办理出入境通行证4 130证，受理签注香港、台湾与大陆居民往来通行证及申请8 263人(次)；办理户口网上迁移迁入1.78万人，网上迁移迁出1.92万人，受理第二代居民身份证18.94万份，纠正公民身份号码重错号681个；入户核对户口94.22万户368.78万人。8县公安机关抓住"警营开放日"时机，展示警用装备，宣传公安工作，让群众与民警零距离接触，了解警营生活，支持公安工作。同时，确定9个基层所队作为公安机关构建和谐警民关系示范点，以点带面，推进和谐警民关系建设。

【化解社会矛盾】 全州公安机关依托大联调工作机制，规范调解室建设，形成县公安局、派出所、警务室和基层调解员四级调解网络。全州共建立县级调解中心10个，建立"有室、有警、有制度、有装备、有台账、有效果"调解室262个，公安机关的调解员达548人。落实公安局长接访制度，集中力量化解结案不息访、非正常上访等重点涉法涉诉案件，积极与信访、司法等相关部门联系协作，共同化解矛盾纠纷，做到州县公安机关"一把手"或副职亲自带案下访，入户化解。全州共排查民间纠纷1 757起，化解1 698起，化解率为96.6%，调解治安案件845起，不起诉的轻微刑事案件21起。对省厅督办的25件信访积案，成功化解17件。

【创新社会治安管理】 在严打整治工作中，探索出打击整治矿山模式、旅馆信息员奖惩办法等打击整治模式。建立《旅馆信息员奖惩办法》，规定凡入住登记、上传及时，为公安

机关提供信息并抓获网上追逃人员1人的，奖励旅馆当天值班服务员人民币1 000元，对不落实验证登记制度和漏录、不录、迟录的旅馆，按照规定进行处罚；对屡教不改，多次违法违规的从严查处；情节严重的，依法吊销其《特种行业许可证》，取消其经营资格。富宁县对5家酒店的6名服务员兑现了6 000的奖金；西畴县对无证住宿登记和不按规定登记上传信息的4家酒店，分别给予了200～500元不等的罚款和停业整顿。富宁在矿山整治中，积极探索推出首家保安公司入住矿山企业执勤示范点，为矿山整治工作提供了新的经验。在社会治安防范工作中，建立联勤防控模式、户院联防模式、“三三制”防控模式等系列社会治安防控新模式。富宁、广南推出以警务室为依托，从各村聘请协勤人员，组建以村党支部书记、村委会主任、治保主任为主，村干部、党团员、治安积极分子等共同参与巡防的联勤防控模式。在服务与管理社会工作中，把亲情化服务与科学化服务结合起来，出台76条便民利民新举措；在全州所有乡镇建立义务消防队，配备消防车94辆，消防泵100余台，个人防护装备1 000余套，义务消防队员达到1 200余人，实现了“一乡一队一车一泵”目标。

**【规范化建设与公正廉洁执法】**　严格执行“三考”和“三个必训”制度，定期不定期进行岗位练兵和实战技能培训。全州公安机关共举办执法培训10期，受训民警602人。在建立典型单位月评、个案质量评析、五级审核等制度的基础上，制定《文山州公安局局党委成员执法规范化建设联系点制度》等制度，建立《对公安局长列席检察委员会会议的暂行规定工作机制的调查》机制，受到省公安厅领导表扬。共完善执法制度174个，建立执法部门执法业绩档案212个，民警个人执法业绩档案2 422份。加强执法办案场所的规范设置，对执法执勤部门的办案区、办公区、生活区进行合理的区分，提高公安机关执法透明度。分批（次）为一线民警配备执法记录装备236套，设置标准询问室、讯问室等执法场所67个，安装报警、监控设备56套。麻栗坡县公安局被公安部命名为全国公安机关执法示范单位，麻栗坡县公安局、砚山县公安局刑侦大队被省厅命名为云南省公安机关执法示范单位，西畴县公安局、马关县公安局等8个单位被州公安局命名为州级执法规范化建设示范所队。

**【刑事侦查】**　始终抓住侦破命案不松手，以爆炸、杀人、投毒等手段残忍、社会影响极大的暴力犯罪为重点，把传统破案与科技破案相结合，攻坚克难破大案。年内，共立刑事案件5 591起，破2 230起，破案率为39.89%，立案与上年同比上升69.27%，破案率下降30.41%，抓获犯罪嫌疑人1 919人，批捕1 840人；打掉各种犯罪团伙49个，抓获团伙作案成员184人，八类现行命案立64起，破64起，破案率为100%，与上年同比，立案数下降1.54%，破案率上升1.5%，8县全部实现命案全破。快速破获了富宁县“4·21”一家4人被害的恶性案件，成功打掉10个恶势力团伙，抓获犯罪嫌疑人62人，破获各类刑事案件30余起。组织开展为期3个月以打击盗窃、抢劫机动车和入室盗窃犯罪为主要内容的专项行动，共立“两抢一盗”案件434起，破391起，破案率为90.1%，抓获犯罪嫌疑人117人，摧毁盗窃团伙19个，缴获车辆128辆，缴获赃物折款323万元。深化打拐和追逃工作，严厉打击拐卖妇女儿童犯罪活动。共立拐卖案件223起，破获220起，抓获犯罪嫌疑人167人，打掉拐卖团伙4个，解救妇女儿童65人；抓获网上逃犯483人，其中抓获外省逃犯128人，命案逃犯52人。

**【禁毒工作】**　组织开展以富宁、广南为重点的南线公开查缉行动，共查破毒品案件50起，缴获毒品45.01千克，抓获犯罪嫌疑人54人。大力推进禁吸戒毒工作，强化禁毒宣传和易制毒化学品、麻醉药品及精神药品的管理，推进“无毒县”创建。全年，共破获毒品案件116起，抓获犯罪嫌疑人142人，缴获毒品72.7千克；共收戒吸毒人员714人（强制隔离戒毒320人，社区戒毒49人，社区康复345人）；组织开展禁毒宣传活动4 867场（次），展出宣传展板4 313块，挂图3 624幅，举办培训班14期1 390人，发放各种禁毒宣传资料68万余份，受教育群众280余万人（次）。

**【打击经济犯罪】**　围绕全州市场经济秩序，开展打击假发票、涉烟、假币、银行卡犯罪等专项行动。与工商、税务等部门协调联系，组织开展保护知识产权、商标权等专项行动，维护全州市场经济秩序稳定。共立经济犯罪案件180起，破案131起，涉案总价值3 746万元，挽回经济损失1 667万元，抓获犯罪嫌疑人149人。

**【治安管理】**　组织开展社会治安重点地区排查整治、边境地区社会治安整治、治爆缉枪、校园及周边治安秩序整治等系列专项行动。共受理治安案件5 418起，查处5 265起，查处率为97.18%，查处违法人员5 589人。与上年同比，查处率上升2.93%。在为期6个月的整治行动中，通过抓组织推进、宣传发动、深入排查、督促指导、集中整治工作，对富宁与广南结合部的扒车盗窃犯罪，广南、丘北、砚山片区的拐卖妇女儿童犯罪，8县城区的盗窃摩托车犯罪等45个重点地区、重点部位和重点场所进行重点整治；同时，针对边境地区社会治安突出问题，采取动员部署、整合力量、发动群众等措施，深入开展以“枪毒拐赌”为重点内容的边境地区社会治安整治，整治行动中共破获“枪毒拐赌”案件58起，抓获犯罪嫌疑人82人，缴获和收缴各种枪支100支，子弹2 250发，手榴弹20枚；毒品8.81千克，成功解救妇女儿童19人，打掉拐卖妇女儿童犯罪团伙4个，缴获赌资3.45万元，赌具66台。在开展“治爆缉枪”行动中，加大对“三品”的宣传和收缴力度。共查处涉爆、涉枪案件7起，取缔非法制造枪支窝点1个，缴获仿军用枪支5支，打击处理涉案人员15人，收缴各种枪支182支，炸药1 746.6千克，雷管9 780枚，子弹1.14万发，手榴弹517枚，炮弹97枚，地雷272枚，导火索7.56万米，管制刀具764把。在开展校园及周边秩序整治行动中，全州公安机关迅速采取措施，在全州校园周边设立治安岗亭和警务室56个，在2 000余所学校建立“两公示一监督”制度，配备法制副校长810人，落实巡逻警力412人，检查校园周边网吧、出租房屋等场所72次，发现整改安全隐患956处。同时，开展民警执法权益保护工作，全州各级警察协会维权机构共受理民警诉求案件16起，现已查处16起，查处率100%。在受理的案件中，诬告陷害的8起，占所受理的50.0%，现已处理8起；暴力抗法的7起，占所受理案件的43.75%，现已查处7起，打击处23人；其他的1起，已处理。

【交通管理】 围绕“降事故、保安全、保畅通”的总要求，加大对道路交通事故多发路段的排查整治力度，严厉查处超速行驶、无证驾车、占道行驶、酒后驾车等违法违规行为。全年，共查验机动车28.67万辆(次)，查处交通违法行为1.15万起，排查整治危险路段、路口233处，漆画道路标线20千米，安装标志标牌800块，举办宣传展览2 036次，展出宣传展板1.32万块，悬挂宣传横幅2 130余条，播放宣传光碟2.16万场(次)，播放宣传电影3 877场，发放宣传资料59.65万份，受教育群众180万人；共发生道路交通事故65起，死亡80人，受伤61人，财产损失129.72万元，与上年同比，事故起数下降26.97%，死亡人数下降13.04%，受伤人数下降50.41%，财产损失上升73.07%，道路交通事故四项指标“三降一升”。

【消防管理】 落实消防安全责任制，加大消防基础建设，组织开展防火安全检查和灭火演练，做好应急保障工作，遏制重特大火灾事故发生。先后共派出检查组267个，检查单位3 758个，发现火灾隐患2 234条，整改2 234条，行政处罚32起，罚款43万元；年内，共发生火灾事故112起，死亡1人，经济损失552.4万元，与上年同比，事故起数上升25.84%，死亡人数持平，受伤人数持平，经济损失下降16.24%，四项指标“一升两平一降”。

【监所管理】 在做好日常监所管理工作的同时，组织开展打击“牢头狱霸”和整治监管场所被监管人员非正常死亡专项行动，确保全州监所安全，无牢头狱霸和在押人员非正常死亡案件发生。全年，共收押各类在押人员3 687人(含上年遗留的1 455人)，深挖犯罪线索801条，协助破获刑事案件704起，抓获犯罪嫌疑人97人。

【理论宣传】 开展2010年警学理论征文活动，撰写公安理论调研论文章520篇，上报省警察协会10篇，其中1篇荣获特别奖、1篇荣获三等奖、3篇荣获优秀奖，文山州警察协会荣获组织奖。征集出版《公安理论文集》、《诗歌集》、《散文集》、《小说集》等4本反映公安理论研究和公安文学艺术的书籍，举办了文山州公安机关首届摄影书画展活动。州警察协会主办《文山警方》已出版4期，按照州政府办编纂州志书目录要求，撰写2万余字的州政府志《社会治安》篇，1.3万余字的2010版年鉴资料。为州委党史研究室主办的《璀璨十年——西部大开发文山州巡礼》一书报送文字2 000字、图片20余幅反映全州公安机关10年辉煌历程行业历史资料；为州普法办主办的《文山州“五五”普法巡礼》一书提供3 000余字文字资料、10幅图片；为省委政法委主办的《平安云南》一书提供3 000余字文字资料、6幅图片。

【领导名录】
局　　长　李俊彪
党委副书记　何元昶
副 局 长　赵云华
　　　　　李行杰(~7)
　　　　　赵保钢
　　　　　罗　荣
　　　　　何元昶(~11)
　　　　　马贵迎
　　　　　程　军
　　　　　邵卫民
纪委书记　祝正礼(~11)
政治部主任　陈树林

（李有庆）

## 检　察

【打击刑事犯罪】 全州检察机关始终把维护社会稳定作为第一责任，依法严厉打击各类刑事犯罪。受理各类审查逮捕案件1 206件2 143人，同比下降7.37%和11.56%。经审查，批准和决定逮捕1 058件1 821人，同比下降8.24%和11.26%；不批准逮捕141件303人，同比下降1.4%和15.13%。受理各类移送审查起诉案件1 639件2 799人，同比下降0.49%和5.98%。经审查，向法院提起公诉1 380件2 259人，同比件数上升0.36%，人数下降0.28%；不起诉39件52人。依法严厉打击涉恶势力犯罪、严重暴力犯罪、抢劫、抢夺、盗窃等多发性侵财犯罪、毒品犯罪。共批捕涉恶势力、杀人、抢劫、绑架、故意伤害等严重暴力犯罪嫌疑人489人，起诉581人。批捕毒品犯罪嫌疑人92人，起诉105人；批捕抢夺、盗窃、诈骗等多发性侵财犯罪嫌疑人795人，起诉806人；批捕拐卖妇女儿童犯罪嫌疑人171人，起诉129人；批捕贪污贿赂、渎职侵权犯罪嫌疑人37人，起诉126人。共受理各类控告案件390件，刑事申诉案件64件，受理贪污贿赂、渎职侵权犯罪案件举报线索106件，均按归口分流原则进行了办理。办结刑事申诉案29件，其中维持原决定10件，改变原决定10件，提出抗诉意见4件，不予抗诉5件。办结刑事赔偿案件1件，支付赔偿金2.71万元。办理刑事被害人在救助案件10件，发放救助金6 600元。接待来访群众263件(次)。检察长接待来访群众105人，批办各类案件24件。开展涉法涉诉积

案排查活动，对排查出的7件刑事申诉案件按照“属地管理，分级负责、谁主管、谁负责”的原则，落实相关责任和措施，切实做好稳定工作。对9件可能越级上访案件进行排查处理，及时做好稳控工作，确保全国、全省人大、政协“两会”和省运会期间的社会稳定。先后开展“综治维稳宣传月”、“举报宣传周”等法制宣传活动，发放宣传资料1.4万份，展出宣传挂图125套，开展法律咨询115人(次)，受教育群众达1.4万余人。认真贯彻宽严相济的刑事司法政策，开展刑事和解，积极推进社会矛盾化解、促进社会管理创新。在乡镇设置检察室和片区检察官制度，把社会矛盾的排查化解作为乡镇检察工作室的重要任务之一，共组织276人(次)深入13个乡镇、社区开展调查研究，走访群众400余人(次)，收集到各类社会矛盾纠纷信息36条，化解各类社会矛盾5件，排除可能引发群体性事件的隐患1起。

**【查办和预防职务犯罪】** 按照“保持办案规模、提高办案质量、注重办案效果、重视办案效率、确保办案安全”的工作要求，不断加大查办职务犯罪工作力度，共立案侦查贪污贿赂等职务犯罪案件86件89人，同比上升36.51%和39.06%。其中，贪污案45件47人，受贿案19件19人，行贿案15件15人，挪用公款案6件6人，私分国有资产案1件2人。侦查终结83件86人(移送起诉)，同比上升31.75%和34.38%。立案查办渎职侵权职务犯罪案件21件21人，同比上升16.67%和10.53%。侦查终结20件20人(移送起诉)，同比件数上升5.26%，人数下降4.76%。通过办案为国家挽回经济损失1 004.84余万元。其中立办职务犯罪大要案63件，占立案数的58.89%。如依法查办了麻栗坡县发改局原局长王某某滥用职权伪造虚假工程项目合同套取国家扶贫资金600余万元，贪污受贿200余万元大案；广南县卫生局原副局长兼妇幼保健院院长陆某指使职工伪造假病历套取国家新农合专项资金260余万元，受贿30余万元大案；富宁县卫生局原局长王某某受贿100余万元等一批大案。突出重点查办了新农合领域的犯罪案件28件29人，占立案件数的26.17%。

加强预防职务犯罪工作。共开展预防调查294次；通过预防调查发现职务犯罪线索并被侦查部门立案侦查67件；开展职务犯罪案例剖析99件；结合办案向有关单位提出预防职务犯罪检察建议177件，被采纳176件，预防建议引起党委、人大、人民政府领导重视并作出批示18件；开展职务犯罪警示宣传教育263次，受教育人数3.69万余人；开展预防咨询256次；开展行贿犯罪档案查询536次。开展文山3条二级公路建设等重大工程项目的预防工作。采取送法上工地，开展“预防职务犯罪需要您参与”，为工程负责人和相关管理人员上法制课活动，推动了重大工程项目的职务犯罪预防工作。结合查办新农合职务犯罪案件情况，与州卫生局组成联合调查组，到文山、广南、丘北、马关等县开展新农合领域职务犯罪调查，并形成调查报告。举办“检务公开·预防职务犯罪警示教育”展览，先后有州委组织部、州委党校处级领导干部培训班、州银监局、地税局、邮政局等部门及文山县、丘北县实职副科以上领导干部共2 000余人观看展览和警示教育片。

**【立案监督和侦查活动监督】** 共受理公安机关应当立案而不立案件，要求公安机关说明不立案理由50件，公安机关主动立案50件；受理公安机关不应当立案而立案的案件20件，监督撤案18件；建议自侦部门立案5件。纠正漏捕125人，纠正漏诉49人。

**【刑事审判监督】** 共办理刑事抗诉案件14件，同比下降6.67%。提出抗诉14件，二审法院改判8件，维持原判1件，发回重审5件。潘华明、柏正昌贪污抗诉案被评为“全省十佳优秀监督案例”，并被推荐参加“全国十佳监督案例”评选。

**【民事审判和行政诉讼监督】** 共受理各类民事、行政申诉案件616件，同比上升509.9%。立案65件，同比上升54.76%。建议提请抗诉31件，提请抗诉34件，抗诉10件，提出再审检察建议15件，提出检察建议301份。法院再审后改判2件，调解1件，发回重审7件，维持原判1件。

**【刑罚执行和监管活动的监督】** 对刑罚执行和监管活动中的违法行为提出书面纠正违法通知258份，对提请机关提请的减刑、假释、暂予监外执行不当的204人提出书面纠正意见，已全部得到纠正。先后组织对1 482名社区矫正人员进行实地考察，发现漏管82人，均已向相关部门发出书面《纠正违法通知》。9月16日，在马关召开检察机关社区矫正法律监督工作现场会，总结和推广马关县人民检察院的工作经验。全州9个驻所监察室已全部实现与监管场所的监控联网建设。

**【法律政策研究】** 下发《文山州人民检察院调研课题管理办法》、《2010年课题实施方案》，完成检察理论研究和实践性调研文章200余篇，编辑30万字的检察理论研究专著10集，查办新农合领域职务犯罪的调研报告引起州委高度重视；向法学杂志投稿30余篇，被采用3篇；出台《全州检察机关人才培养、管理、使用的暂行规定》建立检察理论人才库，组织推荐的理论人才有26人；开展检察法律适用研讨活动，组织开展包括民事抗诉、刑事审查起诉、职务犯罪预防、检察理论研究实务等学术性的研讨会20余次，2月2日，与《人民检察》杂志社在北京共同举办疑难案例研讨会，取得较好的效果；加强检察委员会工作，两级院检察委员会召开会议95次，其中讨论案件111件，学习10次；编辑出版《七乡检察》5期，另外出版职务犯罪预防专刊1期；编纂并公开出版了37万字的《检察志》。

**【检察技术及信息化建设】** 两级检察技术部门受理各类案件530件，其中检验鉴定218件，提供各项技术协助312次；协助自侦部门进行同步录音录像95件；利用多媒体技术为“五五”普法检查验收工作提供技术支持；切实网站平台应有的作用，更新新闻条目1 200余条，发布大屏通知110余条，外网站更新信息条目300余条，内网发布对下通知270余条；为各部门提供软硬件技术支持800余次；对县级院提供技术指导20余次；新装台式机10台，笔记本10台；进行电视电话会议的保障工作49次；对院机关二、三楼两个会议室进行改造；协助州县自侦部门对新农合的查办工作；派员参加行政执法与刑事司法信息共享平台的升级培训；做好《云南省检察技术信息管理系统系统》暨新版OA系统和《云南省检察机关执法业绩档案管理系统》的推广使用工作；为各种会议、培训、活动提供摄影摄像310余次。

**【队伍建设】** 开展“恪守检察职业道德、促进公正廉洁执法”主题实践活动和创先争优活动，开展“检察之星”评比、重温入党誓词、向杨竹芳等英模学习、检察官宣誓、“我为党旗添光彩”系列活动，利用举办反腐倡廉教育展览等形式，加强检察人员的思想建设。开展创建学习型组织、学习型机关活动，制定《关于创建学习型检察院的实施方案》、《文山州人民检察院开展创建学习型机关活动实施方案》推进学习型检察机关建设。下发《进一步加强检察官队伍素质建设的实施意见》，调整2名基层院检察长，提拔使用17名处级领导干部。制定《文山州检察机关年轻干部、少数民族干部、女干部及党外干部培养实施意见》，加大年轻干部、少数民族干部、女干部和党外干部的选拔力度。深入开展“反特权思想、反霸道作风”专项教育活动，着力解决检察人员宗旨意识淡薄、执法不严格、有令不行、有禁不止等问题；制定《文山州人民检察院限时办结制度》、《文山州人民检察院会议纪律规定》，提高机关工作效能；开展警车违规问题专项治理活动；对11名新任处级以上领导干部进行集体任前廉政谈话。健全完善执法业绩档案制度，74个执法部门及280名执法人员在执法业绩档案管理系统软件中录入1 336份部门执法业绩档案，2 484份个人执法业绩档案。推行廉政风险防范管理机制建设，检查403个岗位，查找思想道德风险点1 362个，制定防控措施累计1 406条；累计查找岗位职责风险点1 609个，制定防控措施1 662条。派出15名检察业务骨干分别到北京崇文区、房山区人民检察院跟班学习；选送4名基层院检察长参加全国基层检察长培训班；31名领导干部到中国政法大学参加领导干部素能培训，21名处级领导干部参加省委组织部举办的在线培训。有20名新录用人员和军转干部参加岗前培训班。44名检察人员参加省院司法考试冲刺班培训学习，有23名通过司法考试，通过率达52.27%。砚山县院被表彰为全国先进基层检察院；州院侦监处获集体二等功；文山县院公诉科被评为全省检察机关侦先进集体、全省检察机关办理涉烟刑事案件先进集体；富宁县院公诉科被表彰为全省检察机关办理涉烟刑事案件先进集体、全省检察机关侦查部门“两烟”打假打私先进集体；马关、砚山县院被表彰为全省先进基层检察院；丘北县院陈林在全省检察机关侦查业务比赛中获得第三名。

**【基层基础建设】** 积极争取落实新的政法经费保障标准，8个基层院的公用经费按照保障标准纳入年初财政预算；进一步清理和化解“两房”建设债务，争取配套资金740.92万元；侦查指挥、检验鉴定等科技装备建设扎实推进，自动化办公系统升级改造顺利完成；统一招录19名大学生充实到基层院，从基层院遴选5名检察人员到州院充实办案力量。

**【机制创新】** 建立《检察官片区工作制度》和乡镇检察工作室制度，将检察工作延伸到农村基层组织，有效解决检察机关查办职务犯罪案件线索匮乏、化解矛盾纠纷被动等问题，实现检察效能最大化；推行轻微刑事案件快速办理机制；与州公安局联合下发《逮捕必要性和不捕理由双向说明制度》，实现有效监督。制定《文山州检察机关适用刑事和解程序办理刑事案件的规定(试行)》，明确刑事和解的条件和范围，规范办理程序；制定《文山州检察机关社区矫正法律监督工作办法(试行)》，规范监督程序，增强监督实效；制定《公诉案件审查与辩护律师意见交换暂行规定》，加强与辩护律师的沟通和交流。

**【接受监督】** 主动争取党委的领导，及时向党委请示、汇报工作。坚持向人大报告、政协通报检察工作，制定《文山州人民检察院同人大代表、政协委员、民主党派、工商联和无党派人士联系工作制度》，《文山州人民检察院关于加强与省、州人大代表联系工作的意见》，加强与人大代表、政协委员及社会各界的联系，主动征求人大代表、政协委员的意见、建议，及时处理，力求实效。人民监督员共监督“三类案件”和“五种情形”案件21件。举办以“深入推进检务公开，主动接受社会监督”为主题的“检察开放日”活动，邀请人民监督员、特约检察员、市民代表、新闻记者共30余人参加，力求最大限度地满足人民群众对检察工作的知情权、参与权、表达权，广泛接受群众监督。

**【领导名录】**

检 察 长　周和玉
副检察长　江玉昌(壮)
　　　　　宋贵华
　　　　　熊朝康(苗)
　　　　　罗诗云
　　　　　王　克
纪检组组长　刘光文
政治部主任　周希玲(女)
反贪污贿赂局局长　段　伟

(戴　华)

## 审　判

**【简　述】** 2010年，全州法院共受理各类案件1.43万件、

审结1.37万件，与上年同比分别上升1.24%、0.5%，结案率为95.72%。其中，州中级法院受理各类案件2 844件，审结2778件，结案率为97.68%。

【刑事审判】　全州全年共受理各类刑事案件3 288件，审结3 253件，结案率为98.94%，其中，州中级人民法院受理330件、审结313件、结案率为94.85%。全州一审判处各类犯罪分子2 137人，其中，判处死刑(含死缓)、无期徒刑、五年以上有期徒刑594人。两级法院以维护稳定为己任，依法从重从快打击严重刑事犯罪和经济犯罪活动，审判中，注重刑事法律政策的适用，对主观恶性深、社会危害大的依法从严惩处，对具有法定从轻、减轻或免除处罚情节的依法给予从宽处理。对未成年人犯罪坚持“教育、感化、挽救”的方针；公开开庭审判，做到快审快结，无超审限结案和超期羁押现象发生；不断强化和解工作，努力做好轻微刑事案件、刑事自诉及刑事附带民事案件的和解、调解工作，以减少社会矛盾；继续加大减刑、假释听证工作力度，全年审结减刑、假释案件1 518件(人)，促进了罪犯的改造。

【民商事审判】　全年受理8 380件，同比上升8.16%，审结8 288件，结案率为98.9%，诉讼标的金额为3.71亿元。其中，州中级法院受理801件，同比下降11.49%，审结786件，结案率为98.13%，诉讼标的金额为2.76亿元。审结各类借贷合同纠纷、婚姻家庭纠纷、损害赔偿等常发性民事案件5 161件，维护了社会基本经济秩序和生活秩序的稳定；审结城市建设工程和房地产案件202件，并向有关部门提出司法建议，为全州城市建设发展布局提供司法服务；审结买卖、运输、仓储等商品领域产生的各类纠纷754件，促进全州商贸、物流业的发展；审结涉外、涉台和涉港澳案件5件，保护中外当事人的合法权益。全年减缓免诉讼费97件，计39.58万元。

【行政审判】　全年受理各类行政案件112件，同比下降24.83%，审结107件，结案率为95.54%。其中，州中级法院受理46件，同比下降43.9%，审结46件，结案率为100%，全州受理一审行政案件85件，审结80件，其中维持行政机关具体行政行为11件，占13.75%，撤销具体行政行为9件，占11.25%，其他处理为70件，占75.0%。在办案中，积极探索行政争议协调机制：努力促使行政争议在诉前、庭前化解；慎重处理群体性行政诉讼案件，延伸行政审判服务职能；通过行政审判，促进行政机关依法行政，同时加强对行政机关依法行政的支持力度。执行行政机关申请法院强制执行案件60件。还审结赔偿案件1件。

【执行案件】　年内，全州法院进一步完善由党委领导、政府主导、法院为主、部门参与的执行联动机制、威慑机制和救助机制；通过采取加大执行宣传、领导包案督办、分类逐案突破，悬赏执行、公告执行、交叉执行、提级执行、和解执行等工作措施，强化执行行为，确保执行效果的实现。全州全年共受理各类执行案件2 485件，同比下降19.13%，执结2008件，执结率为80.8%，执行标的金额2.31亿元。其中，州中级法院受理108件，同比下降21.19%，执结76件，执结率为70.37%，执结标的金额为1.19亿元。健全完善执行救助机制，对困难群众救助38件65人，支出救助金额为82.7万元。

【立案信访】　坚持院长接待日制度，全州共接待群众来访43次78人。其中，中级法院院长接待群众来访9次21人；对当事人的申诉，统一由立案庭协调督办，做到件件有登记、事事有答复；对重大疑难案件，由院领导督办，定时间、定人员、定领导、定责任完成；在全国、全省、全州党代会、人代会、政协会召开之前，对有可能上访或闹访的涉诉信访案件，进行彻底摸底排查，按照“谁主管、谁负责”和“属地管理”的原则保证排查出来的矛盾纠纷有人抓、有人管，及时化解矛盾，保证这些会议的顺利进行。年内，共接待来访6 508人，处理来信2 561件。其中，州中级法院接待来访611人，处理来信336件。

【审判监督】　两级法院共依法受理再审案件35件，审结32件。其中，维持原判11件，改判11件，调解6件。成立案件评查领导小组，建立案件评查标准，对8县的案件卷宗进行评查打分，实行奖惩制度，案件质量提高。

【法院院长暨纪检监察工作会】　3月5日在文山召开，州政法委书记吴俊明、州人大副主任张琼昌、州政府副州长李俊彪、州政协副主席李海柏，各县法院院长、纪检组组长、中院全体干警参加会议，共210人。会上，州政法委书记吴俊明对全州两级法院2009年的工作给予充分肯定，并对2010年的工作提出3点要求：要统一思想认识，切实增强工作责任感和使命感；要围绕“保增长、保民生、保稳定”工作大局服务，促进全州经济社会平稳较快发展；切实加强组织领导，全面提高法院干警队伍素质。主持法院工作的副院长冯毅作题为《认清当前形势，把握三项重点工作、为建设文山对外开放新高地提供司法保障》的报告。《报告》全面总结全州两级法院2009年工作，既肯定成绩，又指出工作中存在的问题. 纪检组长贺虎作题为《深入推进党风廉政建设，促进法院工作全面发展》的报告，《报告》对全州两级法院2009年党风廉政建设工作进行了总结，对2010年党风廉政建设工作进行了安排部署。会上，副院长冯毅与8县院长签订2010年度党风廉政建设责任书，中院党组成员和院领导按分工分别与中院各部门和8县法院有关领导签订党风廉政建设责任书。会议还对全州两级法院各项工作中涌现的先进集体和先进个人进行表彰。

【举办“天平杯”篮球运动会】　为庆祝州中级法院建院60周年，促进全州两级法院精神文明建设，由州中级人民法院、州体育局主办，麻栗坡县人民法院、麻栗坡县体育局承办的全州法院系统男子第五届和女子第一届“天平杯”篮球运动会于3月27日至4月1日在麻栗坡举行。运动会有19支代表队(男10、女9)参赛，经过7天的激烈比赛，于4月1日晚在麻栗坡县体育运动场圆满落下帷幕，州中级法院男队和麻栗坡县女队分别获第一名。

【减刑假释听证会】 5月20日，州中级人民法院审判监督庭组织有关人员到文山监狱召开减刑、假释听证会。共听证假释案3件3人，减刑案20件20人。通过听证，充分发挥了合议庭审核、把关的职能，发挥了执行机关的举证、检察机关的监督职能作用，增强工作的透明度、感召罪犯的效果，进一步提高罪犯教育改造的积极性。

【庆祝建院60周年书画摄影展】 文山州中级人民法院建立于1950年6月1日。为庆祝建院60周年，6月22日上午，中院在文山州第二中学会展中心举办全州法院首届书画摄影展开展仪式。参加开展仪式的有州人大、州政府、州政协、省高院、州政法委、州纪委、州委宣传部、州检察院等有关领导、8县法院院长及中院全体干警及部分离退休同志参加。展览共展出作品256件，其中书法81件、摄影124件、绘画51件。经专家评选，获奖作品共159件，其中书法63件、绘画36件、摄影60件。作品题材丰富，风格多样，立意新颖，从不同角度歌颂了法院60年来的巨大变化，充分展示两级法院公正司法、一心为民的良好形象，全方位地反映广大干警深厚的文化素养、崇高的道德情操和奋发向上的精神风貌。

【司法警察警示教育整顿工作会】 为进一步搞好司法警察警示教育活动，全州司法警察警示教育整顿工作会议于10月23日在富宁县召开，参加会议的有党组成员冯毅、娄芬、贺虎、彭光达，8县法院分管法警的院领导、全州两级法院法警共110人。州委政法委、州人大、富宁县县委有关领导应邀参加会议。会上，副院长冯毅受代理院长吕俊委托作重要讲话，强调要做好五个方面的工作：要充分认识开展司法警察队伍警示教育活动的重要意义；全面分析司法警察队伍中存在的问题；紧扣目标，推动警示教育活动深入开展；正确处理好警示教育中的六个关系；加强领导，确保警示教育活动取得实效。副院长娄芬传达10月9日最高人民法院司法警察警示教育活动电视电话会议精神。执行局局长彭光达宣读了《文山州法院司法警察警示教育活动实施方案》。

【领导名录】

代理院长　吕　俊(5～)
副 院 长　冯　毅
　　　　　王云龙
　　　　　黄巧玲(女，壮)
　　　　　王　云
　　　　　娄　芬(女)

(孙邦兴)

## 司　法

【刑释帮教和社区矫正工作电视电话会议】 4月28日，州委、州人民政府召开刑释解教人员安置帮教和社区矫正工作电视电话会议，总结近年工作，安排部署下阶段工作任务。副州长李俊彪在文山主会场出席会议并讲话。州政协副主席李海柏出席会议，州刑释解教人员安置帮教领导小组，州社区矫正工作领导小组成员单位负责人，州法院、州检察院、州公安局、州司法局相关科室负责任在文山主会场参加会议。

【调整司法助理员岗位津贴标准】 5月，州人事局、州财政局转发《人力资源和社会保障部财政部关于调整司法助理员岗位津贴标准的通知》，决定从2010年1月1日起，对乡镇基层司法所工作的司法助理员实行岗位津贴制，具体标准为：在岗工作10年以下的每人每月150元，10年以上的工作年限每增加1年，月津贴标准增加10元，最多不超过300元。调离司法助理员岗位或离退休人员，从调离或退休的下个月止停发放岗位津贴。

【“五五”普法工作检查验收】 5月17～21日，州委、州人民政府组织由州委常委、州委政法委书记吴俊明，州委常委、州纪委书记王维真，州委常委、州组织部部长黄宏伟，州委常委、州委宣传部长徐昌碧，州人大常委会副主任张琼昌，州人民政府副州长李俊彪，州政协副主席李海柏等领导任组长。州法院、州检察院、州公安局、州司法局等部门负责人任副组长，组成7个检查验收组，分别对全州8县和州属各有关部门进行“五五”普法工作进行检查验收。

【信息与新闻写作培训】 7月，州司法局举办1期信息与新闻写作培训，邀请州委办信息科和文山日报社有关同志分别就信息写作、新闻写作进行讲授。州司法局实职副科以上干部，各直属法律服务机构办公室负责人，8县司法局领导、办公室主任，法律援助中心主任、基层股股长、社区矫正股股长、各乡镇司法所所长160余人参加培训。

【司法行政网成功改版运行】 7月，文山州司法行政网(www.wssf.gov.cn)成功改版运行，对网站首页和二级页面进行重新设计，新增文件选登、领导讲话、网上咨询、查询服务、视屏在线等栏目。州司法行政网成为指导性、新闻性、知识性、资料性、服务性为一体的综合网站，展示司法行政形象的一道“窗口”。

【律师工作会议】 8月7日，州司法局在文山召开全州律师工作会议，州司法局党委书记、局长，州律协会会长陆维智总结2009年律师工作所取得的成绩，分析存在不足和问题，安排部署下步律师工作。州委常委、州政法委书记吴俊明在

会上对做好律师工作提出五点要求：切实增强做好三项重点工作的自觉性和坚定性，自觉坚持“三个至上”、“三拥护”、“三维护”。不断提升律师服务经济社会发展的能力；着力提高律师职业规范化管理水平；努力提高律师执业的整体素质；切实解决困扰律师工作发展的瓶颈问题。州人大常委会副主任张琼昌，州中级人民法院副院长黄巧玲、州人民检察院副检察长宋贵华等到会指导。8县司法局分管律师工作的领导，14家律师事务所的执业律师和实习律师共140余人参加会议。

**【律师业务培训】** 8月7～8日，州司法局、州律师协会举办2010年度全州律师业务培训，邀请省委党校、省行政学院钱素华教授和云南新洋务律师事务所主任、高级律师苏建明分别就律师的心理压力与心理调适、律师诉讼业务的职业风险防范、律师业务的开拓与创新等内容进行讲解。8县司法局分管律师工作的领导及14家律师事务所执业律师、实习律师共140余人参加培训。

**【建立完善执法监督机制】** 全州司法行政系统，为加强执法规范建设、规范全州司法行政系统执法人员的执法行为，强化执法监督，提升执法能力和水平深入推进公正廉洁执法。努力实现“三个统一”、“五个覆盖”的建设目标。“三个统一”即统一档案建立范围，统一档案建立管理使用的基本要求，统一实行电子档案。“五个覆盖”即覆盖全部执法机构，覆盖全部执法职能。覆盖全部执法事项，覆盖全部执法过程，覆盖全部执法人员，着力构建系统、科学、规范、完善的执法监督机制。

**【司法所国债建设】** 年内，全州102个乡镇司法所办公用房国债建设任务全面完成，其中：新建司法所76个、合建9个、购买14个、划拨3个。总投资2 420.78万元、总建筑面积3.08万平方米，平均每个所达302.19平方米。

**【司法所工作】** 全州102个司法所(分局)宣传法律3 808场(次)，受教育人数197.19万人(次)；为基层政府提司法建议343条，并协助处理社会矛盾纠纷1 427件；防止群体性上访134件，制止群体性械斗90件，参与整治及专项治理活动1 085人(次)。有6个集体和20名个人分受各级各部门表彰奖励。

**【矛盾纠纷排查调处】** 全年排查出矛盾纠纷5.02万件，调解率达100%；成功调处4.92万件，成功率为97.32 %。15个调解组织和42名人民调解员分受各级各部门表彰奖励。

**【基层法律服务】** 全州56个基层法律服务所和243名法律服务工作者担任法律顾问239家，代理诉讼事务1 604件，代理非诉讼事务655件，调解纠纷2 198件，办理法律援助970件，避免和挽回经济损失1 441.8万元。8月7～8日，文山州司法局在富宁县举办全州基层法律服务工作者业务培训班，250余名基层工作股长、法律服务市场管理股长和2010年经省司法厅批准同意执业的基层法律服务工作者参加培训。

**【司法所长培训】** 7月18～20日，文山州司法局举办全州司法所长业务知识培训班，8县司法局分管基层工作的局领导、基层股长、乡镇司法所长共140人参加培训。

**【专线“12348”法律服务】** 全年接待群众来信来访15 161人(次)，接待电话咨询1.21万(次)，法律援助咨询2.72万人(次)，提供上门服务803次，解决纠纷1 017件，与有关部门联动419次，避免和挽回经济损失547.7万元。办理法律援助案件2 670件，其中刑事318件、民事2 305件、公证36件、司法鉴定11件。

**【便民服务】** 1～6月，全州开展“法律援助便民服务”主题活动，全面落实8项便民服务措施。扩大法律援助覆盖面，受援人经济困难标准由最低生活保障标准放宽至低保1.5倍。把因工伤、交通、医疗、产品质量事故等造成人身损害，主张因遭受家庭暴力、虐待、遗弃产生的民事权益纠纷纳入法律援助范围。建立法律援助便民服务窗口，各法律援助机构学习推广“盘龙经验”，积极创造便民利民条件，在临街一楼，方便人员来往的地点设置专门接待场所，为残疾人、老年人等提供方便。拓宽法律援助申请渠道，把网络向基层延伸，在偏远地区和困难群众中设立流动工作站，巡回受案。认真做好法律援助接待咨询工作，向社会公开州、县级法律援助机构办公地址、人员、电话等信息，按照“五个一”(一张笑脸、一句问候、一杯热茶、一个座位、一条建议)接待好来访人员法律咨询工作。简化法律援助受理审查程序，免费审查“农村五保对象”、“无固定生活来源的残疾人”，“请求支付劳动报酬、工伤赔偿的农民工”等8种经济困难对象。建立完善法律援助异地协作机制，开展异地协作调查取证工作，降低群众维权成本，方便群众异地申请获得法律援助。建立受援人联系制度，向受援人发放载明其权力义务的书面告知书，及时向受援人通报法律援助事项进展情况。提高法律援助服务质量，按照首问责任、服务承诺、限时办结和责任追究的要求按时按质完成任务。并在援助前、援助中和援助后各个环节强化办案质量管理，实行全程跟踪，重点督办重大疑难案件，保证受援人获得优质高效的法律援助服务。

**【“五五”普法工作验收】** 7月18～21日，省依法治省领导小组，委派省教育厅副巡视员姜征明带队的省“五五”普法工作检查验收组一行8人对文山州“五五”普法工作进行检查验收。检查组听取文山州普法工作汇报后，先后深入到州检察院、州司法局、丘北县司法局、丘北县八道哨村委会等单位进行检查，检查验收组对文山州“五五”普法工作给予高度评价和充分肯定。年底，该项工作顺利通过省普法办验收。

【公证工作】 全部州8个公证处共受理各类公证事项2 188件，出证2 188件，其中：国内公证事项1 999件，出证1 999件(民事公证1 459件，经济公证事项517件，涉台、港、澳23件)；涉外公证189件，出证189件。

【律师工作】 全州13个律师事务所共办理各类诉讼案件2 637件，其中刑事诉讼辩护和代理766件，民事诉讼代理1 569件，行政诉讼代理44件；非诉讼法律事务87件；仲裁业务14件；提供法律援助157件；担任法律顾问202家；解答法律咨询2 893人(次)，代法律文书2 455件；调节各类矛盾纠纷125件。参加社会公益事业156次，为社会捐款6.142万元。

【国家司法考试】 全州报名考试有363人，有85人通过分数线，符合条件69人，其中A证9人、B证1人、C证59人。

【司法鉴定管理】 全州7家司法鉴定所办理司法鉴定事项4 280件，其中：法医临床鉴定3 462件，法医毒物鉴定588件，建筑类鉴定12件，车辆技术鉴定及道路交通事故车辆技术鉴定212件，其他类司法鉴定6件。

【队伍建设】 采取领导干部培训与一般培训相结合方式。先后选派5名处级和8县司法局局长到中国人民大学、清华大学、浙江大学、西南政法大学等高校为期1个月的培训；选送25名新任科技领带干部到州委党校培训；组织处级领导干部参加云南干部在线学习；选派司法局局长参加司法部组织的培训；一般干部由州县局分别组织培训；抓好政治理论培训与业务知识培训相结合。要求各部门每周五进行业务学习；抓好外派学习培训于请进来授课培训相结合。3年来，举办各类培训班20期，参训人数达3 000余人(次)；抓好更新知识培训与礼仪知识培训相结合；抓好跟班学习与下派顶岗锻炼相结合。要求各县司法局每年从基层司法所选派人员到州、县司法局相关业务科室跟班学习。州、县司法局也下派到基层司法所顶岗锻炼。3年来，从基层司法所到州、县司法局机关跟班学习110人，州、县司法局下派到各司法所顶岗锻炼150人。

【领导名录】

局　　长　陆维智(壮)
副 局 长　沈廷军(壮)
　　　　　刘绍成
纪委书记　曹　红(女)
政治部主任　胡世德

(杜云善)

壮族“弄牙歪”

# 军　事

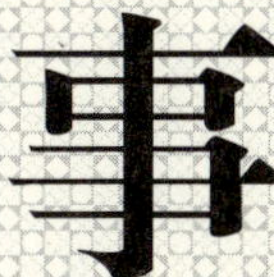

责任编辑：陈昌应

欢迎维和队员凯旋

# 文山军分区

【简　述】 2010年，分区部队认真贯彻党中央、中央军委和“两级”军区指示精神，紧紧围绕科学理论武装、战斗力提升、党组织和干部骨干队伍建设和确保安全稳定四个重点，坚持抓根本、重效益、保稳定、求发展，确保年度工作任务圆满完成。

【思想政治建设】 年内，开展培育当代革命军人核心价值观主题教育、“四项重大教育”和分区特色教育，举办建区60周年系列庆祝活动，进一步筑牢官兵高举旗帜、听党指挥、履行使命的思想根基。结合上海世博会、广州亚运会、中日钓鱼岛争端等重要敏感时期，开展形势政策教育，加强思想舆论引导，引导官兵自觉划清“五个重大界限”，坚定理想信念。学习贯彻新修订颁发的《政工条例》和《纪委工作条例》，依法抓规范，落实求创新，思想政治工作“一感三性”不断增强。用好防区特有红色文化资源，全区6处革命纪念场(馆)被命名为“省级国防教育基地”。组织“文化下边关、进军营”活动，办班培训文艺和新闻报道骨干，编辑出版12期《边关星月》，全新改版分区政工网，与文山州人民广播电台联合开办《军营之声》栏目。广泛开展政治机关和政工干部岗位练兵活动，各级干部开展思想政治工作的能力不断提高，在参加省军区比武竞赛中，荣获团体二等奖，5名队员分获6个个人单项奖。围绕重大任务抓好宣传报道，在中央电视台刊播新闻26条，在省级以上媒体上稿337篇，被“两级”军区采用要讯116条。

【党组织和干部队伍建设】 采取集体研学、领导促学、检查考学的办法，扎实推进学习型党组织建设，各级党组织领导科学发展的能力不断提高。突出思想作风建设重点，扭住党委(支部)班子建设“龙头”，扎实开展“增强党性、严守纪律”、“艰苦奋斗、献身使命”和“三公开、四透明、五监督”专题教育，牢固树立问题检讨观，逐级召开“报忧会”，研究制订《报忧问题整改措施》，把问题解决在一线，把工作落实到末端。围绕“愿干、会干、干好”加大干部教育培养力度，严格落实“两课一讲评”，采取结对帮带、换岗锻炼、任务磨砺、送校深造等办法，不断强化各级干部事业心、责任感，提高履职尽责能力。坚持为基层官兵办实事做好事，组织24名优秀基层干部及家属子女到华东五省市参观游览，有效激发了官兵“用激情干事业、用忠诚守边防”的热情。围绕“五好”、“五带头”，持续深入开展创先争优活动，坚持分类别指导，分层次创争，浓厚了创先争优氛围，边防某部8连被省军区确定为试点单位。丘北县人武部党委和2个基层党组织、4名党员受到“两级”军区表彰。坚持严部队先严干部，严干部先严主官，对6名离任团级主官进行经济责任审计，6名违纪干部受到处理。分区纪委被成都军区表彰为“纪检监察工作先进集体”。严格依据军官考评体系考核选拔干部，共调整使用干部191人。办好士兵考生文化补习班，考生录取数连续7年居省军区首位。重视做好转业干部离队报到和退休干部移交工作。部队计划生育“十项指标”全部合格。

【军事斗争准备】 坚持以着眼全局、捍卫稳定、多手准备、应急应变为指导，按照真打实练、真打实备的要求，不断深化和拓展军事斗争准备。抓好战备各项制度落实，修订完善战备计划，组织应急处突、抢险救灾等各类方案演练183次，部队战备秩序进一步规范。严格按纲施训，强化使命课题训练、基础训练、首长机关训练，广泛开展比武竞赛活动，先后组织机关干部、机动分队及侦察、通信、司务长专业共31个课目300余人的比武竞赛，树立正确的训练导向。加大训练保障力度，筹集300余万元用于基层训练场地建设，100%的连队达到“五场一室”，80.0%的连队已建成“八场一室”，经验做法受到上级党委首长肯定。针对“转换期”边境管控形势，协调召开文山州边防工作会议，学习贯彻“一个议定书”、“两个协定”，研究制订贯彻落实边防工作有关制度的《实施意见》和边界管控《要则》，广泛开展以“上界认界”为重点的“六个一”活动，严格落实边防执勤制度，加大边境管控力度，积极开展会谈会晤，稳妥处理边境涉外事件39起，协助地方政府做好新界约线生效后耕地、林木的处置工作，确保中越边境管理平稳过渡，牢固掌握边防工作主动权。积极组织部队和民兵执行抗旱保饮保苗、人工增雨、扑灭火灾等行动1 100余次，部队遂行多样化军事任务的能力经受考验和锻炼。边防某部5营被表彰为“全国防汛抗旱先进集体”，边防某部及部队长陈宗友分别被四总部表彰为抗旱救灾先进单位和个人。

【安全稳定工作】 围绕实现“三不”目标，严格落实《安全条例》，扎实抓好安全建设试点，经验成果在成都军区防范重大安全问题集训上进行汇报展示。针对不同时段安全工作特点，及时修订完善各类防范预案，出台安全工作措施，狠抓敏感时期和重要时节维稳工作，涉军维权机制健全、责任落实，老上访户防控得力、处置稳妥，有效维护“三个稳定”。认真学习贯彻共同《条令》，依据条令正秩序、抓规范、严管理，抓好驻富宁边防某部和文山县人武部学习贯彻新条令试点，为全区部队明确标准，提供样板。针对7个倾向性问题和“回头看”严抓整治、严格较真、严正风气，“三项清理”工作扎实有效，规范管理，消除隐患。大力开展“学法规、知法规、用法规”和“讲常识、明常理、守常规”警示教育，领导依法决策、机关依法指导、部队依法运转、官兵依法办事的能力不断提高。启动四级和人武部网络加密传输系统，编印下发《军事信息安全保密知识100问》口袋书，统一制作配发农药保管箱，及时更新补充报警系统，全面检查维修避雷装置，完善安全基础设施，有效防范重大安全问题。成立两级督察检查工作组，先后组织30余次督导检查，促进工作末端落实。安全顺利完成年度补选退任务。

【基层建设】 抓好《纲要》培训成果转化，按照“四级同堂学、带着问题训、唱好基层戏”的思路，采取“连队化管理、院校式教学、新训式培训”的方式，分层组织全区四级主官、基层干部骨干进行《纲要》培训，培养一批按纲建连的“明白人”、“带头人”。按照统一认识、分层培训、试点先行、全面抓建、考评验收五个步骤组织按纲建设，为每个基层单位量身打造建设方案，梳理官兵《每日必做之事》，汇编下发《规范部队“四个秩序”实施细则》，严格落实“六项”制度，广泛开展“三互”活动，有效提高经常性基础性工作落实质量。驻富宁边防某部3连“三互”活动做法受到军区首长肯定。组织18名干部到“红河前哨钢二连”参观见学，学到经验，找到差距，增强按纲抓建信心。投入26万余元，统一制作更换基层各类标识牌，为基层配发教学片，研究解决27个制约基层科学发展的具体困难和问题，促进基层建设健康发展。科学制订按纲建设《检查考评细则》，细化、量化考评内容，采取营连季度自评、团级半年初评、分区年终总评的办法，持续深化培训成果，《纲要》培训做法及按纲抓建经验被省军区转发。在团员青年中广泛开展“勤奋学习、岗位成才”读书活动，驻麻栗坡边防某部特务连团支部被共青团中央表彰为全国“五四”红旗团支部。

【后装建设】 加强后勤专业队伍建设，采取观摩评比抓规范、换岗锻炼强技能、专家授课解难题等方法，培训后勤专业骨干139人。驻富宁边防某部4连分别在全军和成都军区野战炊事比武竞赛中获金奖、银奖，医疗所主管护师李文燕被成都军区评为“优秀护士”。制订《财务管理规定》和《公务卡使用管理实施细则》，在分区机关推广使用公务卡，财经管理秩序进一步规范。开展“狠抓军车运行秩序，维护军车良好形象”专项整治，复训驾驶员171名，军车安全运行能力进一步增强。协调59医院为基层官兵健康体检和送医送药，组织残情等级评定，提高医疗服务水平。积极拓展“订单式”农副业生产模式，大力种植经济林，实现“营院生态化、生态产业化”，基层生产增收的长远效益明显提升。3条国（边）防公路建成，顺利通过成都军区检查验收。配合两级军区完成驻富宁边防某部帮建任务，加强对军区帮建驻麻栗坡边防某部项目论证规划，帮建工作稳步推进。精细筹划论证分区大院改造工程。投入90余万元整治分区院内直属分队附属设施、改造大院供电线路，圆满完成驻富宁边防某部营房翻建和7连净水设备安装，分区油库及4个营储油点建设按期竣工验收，后勤基础设施条件明显改善。加强装备综合保障能力建设。严密组织上交换装武器、移交报废车辆，圆满销毁处理报废弹药和废旧地爆器材。指导西畴、马关、砚山县人武部开展装备仓库正规化建设，驻富宁边防某部修理所和西畴县人武部民兵武器弹药仓库顺利搬迁，分区部队、民兵装备仓库和修理所“三合一”工程建设进展顺利。

【国防后备力量建设】 采取“统一规划、分类试点、同步展开、全面推进”的方法，圆满完成民兵建设调整改革试点任务，民兵应急应战能力不断增强。开展国防动员潜力调查，充实完善了数据库。协调召开州委议军会，组织各县人武部党委第一书记党管武装工作述职，分区本级协调解决经费680万元。推进人武部全面建设，富宁、西畴、麻栗坡县人武部顺利达标。突出抓好民兵应急维稳、抢险救灾等非战争军事行动训练，广大民兵积极投身“抗大旱、保民生、促春耕”行动，“四个作用”发挥明显。编印12期《民兵工作信息》，及时总结经验，宣扬典型。重视做好国防教育工作，文山州委宣传部、驻富宁边防某部3连和文山州民政局长唐建军分别被表彰为云南省“国防教育先进单位”、“先进个人”。圆满完成年度新兵征集任务，为部队输送合格兵员。

【深化军民融合式发展】 研究制定走开军民融合式发展道路《意见》，启动驻麻栗坡边防某部与云南农业大学军民融合“122”工程，丰富军民共建内容，增强政治效益和社会效益。积极参与扶贫帮困、开展捐资助学，先后为旱区、山瑶群众、玉树灾区捐款63.6万元，为8名贫困大学生捐款4.7万余元，用实际行动践行我军全心全意为人民服务的宗旨。驻麻栗坡边防某部被成都军区表彰为“参加和支援西部大开发先进单位”，经验做法在成都军区表彰会上交流。砚山、麻栗坡、马关、富宁及文山县分别被云南省授予“双拥模范县”、“双拥先进县”荣誉称号，马关县人武部原部长向发明被云南省表彰为“拥政爱民先进个人”。

【援建工作】 年初，军分区研究出台《关于进一步走开军民融合式发展之路的意见》，重点做好六个方面工作。援建基础设施。积极支援农田水利、乡村道路、安全饮水、绿色能源、乡村清洁等农业基础设施和农村生活设施建设。持续扶贫帮困。分区本级对口帮扶1个贫困乡或1个贫困村。团级单位至少要建立1个挂钩扶贫点或新农村援建点，重点帮建1所学校、1个农贸市场、1个青年民兵之家、1个图书室、1个卫生所（兽医室）。参加生态建设。以植树造林、防污治污为重点，组织官兵和民兵参加驻地生态环境建设和保护。传播文明新风。采取思想教育联抓、人才培养联手、公益事业联动、文化活动联谊等形式，组织部队和民兵大力开展军民共建社会主义精神文明活动。参加抢险救灾。建立军警民应急行动指挥体系，加强民兵应急分队建设，经常组织针对性训练和实案化演练，使部队和民兵在抢险救灾中当主力、打头阵。维护社会和谐稳定。深入开展军地共建“文明边防线”、“共创平安边防线”等活动，巩固军警民一体联动、战建训一体互动的联训、联战、联防路子。

【军服管理专项整治】 采取召开会议集中组织传达学、部门依托业务时间专题学、职能部门结合实际重点学的方法，组织官兵对加强军服管理的相关规定进行再学习、再教育，进一步统一思想，提高对军服管理专项整治工作重要意义的认识。军服管理领导小组组织成员采取问卷调查、暗查暗访等方式深入调查分析，抽调相关部门业务能力强、懂条例的人员多次召开协调会议，认真研究措施办法，制定整治方案。

根据调查掌握的情况，突出对服装零批发市场、劳保用品市场等重点区域和重点对象，采取突击检查与流动检查、着装检查与便衣查纠相结合的方式，对违反《条例》的行为进行集中整治。共开展突击行动10余(次)，检查销售网点100余家，查处制式军服及仿制品共953件(套)。为巩固整治效果，会同工商、公安等职能部门认真总结，建立和完善季度会议制度、联动监管制度、片区责任制度、日常巡查制度及奖惩、监督机制，确保军服管理工作正规化、科学化、常态化。

**【基层营区建设】** 为绿化美化部队营区，增加基层单位生产收益，促进边疆经济社会发展，2009年11月以来，军分区充分利用州县人民政府"无偿提供经济林木、果树苗和技术指导，3年内保底价收购"的惠农富农政策，大力推动基层营区生态化、生态产业化建设。针对基层营连房前屋后、坡头地脚闲置土地较多的实际，会同地方农林业部门专家和技术人员，根据驻地海拔、气候、土质情况，分片规划种植油茶、杉树、核桃，这既符合当地生长环境，又有利于加强基层闲置土地管理。采取营连自主种植和与地方公司合作、驻地百姓承包相结合的办法，积极拓展订单式规模化发展路子，目前3个基层营连已分别与地方政府联建300亩"军民共建核桃园种植基地"、100亩"油茶种植示范基地"，与驻地八布咖啡公司代种咖啡15亩，为边疆群众发展生态农业起到积极的示范带头作用。按照划片分类管理、政府技术支持、统一批量销售的方法，对油茶、核桃、咖啡3个种植区和15个林果园，实行划片分类管理，并与地方人民政府协商鉴定技术服务协议和购销合同，形成种植、管理、销售规模化产业化。目前已分片种植咖啡、芒果70亩，油茶、核桃、杉树等将于今年植树节前后栽种。

**【民兵装备仓库搬迁】** 2月8日，中共文山军分区第一书记、文山州委书记李培在分区司令员、政委陪同下，率相关领导深入军分区民兵装备仓库检查指导安全工作。在实地察看历年地质灾害对库房、生活设施的损坏情况，分析预测现实安全隐患后，组织现场办公。决定由地方人民政府共同出资400万元，协助分区完成民兵装备仓库整体搬迁。

**【基层服务】** 3月初，分区成立由供应、营房、卫生、维修相关单位人员与聘请地方专业人员相结合，组成15人的综合服务队，利用20天时间专门深入全区基层营连上门服务。服务队重点针对当前基层面临的吃水难、看病难、种养技术滞后和营房补漏等问题，突出为基层单位和官兵解决实际问题。活动中注重"三个结合"，即：实地考查与专项工作调研相结合，上门服务与全面检查相结合，解决问题与实地培养人才相结合。活动开展深受基层官兵好评。

**【分区建区庆祝活动】** 4月1日上午，军分区隆重举行成立60周年庆祝活动，曾在分区担任师职领导的老首长、文山州四套班子主要领导、部队和民兵英模代表、退伍军人代表、友邻部队代表等共计71人受邀参加。分区司令员吕美璋报告分区60年的战斗历程，全面总结部队和国防后备力量建设的成绩和经验，明确今后的目标任务。文山州委书记、军分区党委第一书记李培充分肯定军分区成立60年来取得的成绩和支援地方建设做出的突出贡献，并就下一步工作提出具体要求。老领导代表、英模代表、基层官兵代表分别发言，回顾光辉历程，畅谈辉煌业绩，展望美好未来。座谈会结束后，部分与会代表参观文山城区新貌和老山作战纪念馆，祭奠了烈士。

**【召开抗旱救灾工作联系会】** 4月29日，由军分区牵头，集中州公安边防、武警支队、消防支队、空军砚山场站5个单位，召开驻文部队抗旱救灾联系会议。总结回顾驻文部队前期抗旱救灾工作情况；传达州防汛抗旱指挥部对下步抗旱救灾工作的部署安排，通报文山州5月份天气发展趋势；确立"持续送水保民生、集中力量助春耕、全力准备防大汛"的驻文部队防汛抗旱救灾工作指导思想；成立抢险救灾协调领导小组，建立联络员、情况通报、应急值班、联合办公制度，使驻文部队搞好抢险救灾经常性的协调配合走上常态化、制度化轨道。

**【民兵调整改革试点工作】** 严格按照"军地结合，注重所需，联系实际，质量第一"的工作思路，不断强化创新发展、主动作为意识，加强组织领导和军地协调、加大投入力度，扎实推进试点工作全面展开；扎实宣传教育，营造良好氛围。大力宣传民兵建设调整改革政策，在全州范围内掀起"继承民兵优良传统，积极参加民兵试点"的热潮，积极营造社会各界关心国防建设、支持民兵建设调整改革工作的良好政治氛围，确保各项工作有序展开；深入调查论证，确保成效明显。着眼边防特点，立足边疆需要，注重理论与实际结合，采取到点掌握实情与发函征求意见并用的方法，组织人员对优化民兵组织结构、强化民兵军事训练、完善各类保障机制等重难点问题进行深入地调查论证，确保实现"多出精品、多出亮点、多出特色、多出经验"的目标；严格责任追究，狠抓工作落实。及时建立健全问责机制，进一步明确职责分工，严格责任追究，确保按阶段、分步骤、抓节点地圆满完成试点工作各项具体任务。

**【砚山处突】** 5月7日凌晨1：35分，砚广高速公路砚山县境内老米塘7号大桥发生一起4车追尾交通事故，导致一辆装有32.9吨高危化学物品"苯"的货车发生泄漏，造成88.50亩土地受到污染，且随时可能发生爆炸的危险。县人武部接到县委、人民政府的求援电话后，及时成立抢险救灾领导小组，在30分钟内集中阿猛镇民兵应急分队30人，经过5个多小时的施救，现场得到有效控制，高速公路于凌晨6时恢复通车。

【“122”工程启动】 5月29日，云南省军区驻麻栗坡边防某部与云南农大启动军民融合“122”工程."122"工程：“突出一个主题，实施两个推进，开展双向服务”。“突出一个主题”，即推进社会主义核心价值观体系建设；“实施两个推进”，即“老山精神进校园”、“科技文化进军营”；“开展双向服务”，即“部队为高校人才培养服务”、“高校为部队科学文化服务”，在云南农业大学建设“思想政治教育和国防教育课堂”，在边防某部建设“科技图书室”和“现代农业科技示范站”。

【开展“三互”活动】 6～9月，军分区在组织预提指挥士官集训、新毕业学员岗前培训、驾驶员复训等各类集训中，按照“同籍分开、强弱搭配、性格互补”的原则，以班排为单位编3～4名学员为一个“互学、互帮、互教”活动小组。小组成员在学习训练上主要开展“小点子、小研讨、小攻关、小革新、小比赛、小总结”六小活动，坚持做到课前互相催一催、课后互相议一议、笔记互相查一查、缺课互相补一补、疑点互相问一问。在工作和生活中主要开展“心贴心交流、手拉手帮教、肩并肩进步”三项活动，坚持做到思想常交流、工作常提醒、生活常关心、言行常监督。通过扎实开展“三互”活动，使“三互”小组成为集训学员相互学习、相互帮助和共同提高的群众组织。

【召开党委议训议边会议】 7月8日，军分区召开党委议训议边会议，分析全区部队军事训练和边防工作形势，查找问题、剖析原因、制定措施。会议要求按“五抓”、“四统”的思路抓好军事训练和边防工作。即，抓按纲施训，搞好基础课目复补训、分队训练和营连实兵实弹演习；抓重难点训练，搞好党委班子、非战争军事行动、指挥所演习、新条令等重难点课目训练；抓检查考核，营连重点抓单个人员普考，团重点抓营连抽考，分区重点抓首长机关、先进单位和年度军事训练等级评定；抓训练保障，建立军事训练奖惩激励机制；抓训练场地建设，年内80.0%以上的连队达到“八场一室”的标准；抓安全训练，把安全训练纳入训练课目、纳入训练管理、纳入安全预案，提升官兵防范和处理训练事故的能力。统认识，引导官兵树牢职责神圣、主权第一、稳定为先、发展为要的观念；统方法，开展好一次教育动员、一次政策辅导、一次边情调研、一次熟悉界务、一次联合巡界、一次边民教育六个一活动，确保按条约线实施边境管控各项工作的末端落实；统制度，规范落实好行动配合、宣传教育、情况通报、会谈会晤、领导参勤带勤等制度，推动边境管理走上法制化、制度化、常态化轨道；统目标，按照“注重法规不惹事，维护利益不示弱，捍卫主权不吃亏”的原则，稳妥处理边境事务，捍卫文山边防安全稳定。

【召开中越陆地边界法律文件生效后续工作会议】 7月20日，文山州召开中越陆地边界法律文件生效后续工作会议州人民政府、3个边境县、16个边境乡镇三级边管职能单位领导共47人参加会议，云南省外办领导到会指导。会议传达学习国家、云南省有关指示精神，分析研究中越陆地边界法律文件生效后文山边防所面临的新形势新情况。会议要求州、县、乡三级边管职能单位在前期工作的基础上，及时尽快完成四个方面的工作：7月底以前完成旧界碑的拆除；在8月底以前完成划出地区农作物的收割，10月底以前完成草果、八角等经济作物的处理，12月底以前完成经济林木的砍伐；各边管职能部门要进一步熟悉边界界务，确保对新边界线走向认知统一；成立划出地区补偿工作领导小组，先期展开补偿认定工作，等补偿政策出台和资金到位后，及时足额发放到边民手中。

【分区出台“三公开、四透明、五监督”制度】 为把省军区党委《关于推行部队办事公开加强党员领导干部廉政监督的意见》贯彻落实到位，9月8日，军分区党委召开会议研究出台了贯彻意见，要求各级党委：集中学习文件精神，掌握主旨，进一步统一思想认识，提高贯彻《意见》的自觉性；着眼结合实际、坚决执行的原则，切实从增强“三公开”的操作性、维护“四透明”的严肃性、强化“五监督”的实效性三个方面把握贯彻重点，有效处理办事公开各类棘手问题；采取学习有关制度规定、加强监督检查、搞好对照检查、落实责任追究的有效措施扎实组织实施，提高全面贯彻落实《意见》的执行力。坚持领导机关带头，始终在执行上、自觉遵守上和坚持标准上发挥党委机关表率作用，确保《意见》的贯彻落实。

【边境管控】 10月16日，分区协调文山州边防委成员单位和3个边境县边防委领导46人召开会议，专题研究处理中越陆地边界勘界后续工作中出现的3个新情况新问题。解决划出地区林木处理难的问题。针对中越双方对划出划进林木现地认定不一致，越方阻挠中方砍伐问题。边防部队与州、县外事部门联合认定砍伐范围，各县外事部门及时邀越现地会晤认定，由地方人民政府统一组织砍伐，中越双方边管职能部门现场监督，防止发生误会，引发不必要的摩擦和冲突。解决边界线走向认知一致难的问题。针对中越双方对部分地段边界线实地走向认知不一致的问题。集中组织边境县边管职能部门对难以辨认的边界线进行实地指认，以达到内部统一。在此基础上，由外事部门牵头邀越现地指认，共同确认边界线实地走向。视情由中越双方共同开辟边界通视道，确保不留隐患、不留争议。解决界标维护管理难的问题。针对防区边界线长、新立界标数量大、维护看管难的实际。采取连队巡逻查看与指定界务员责任看护相结合的方法，加强界标的维护与管理。

【开展“走边关”活动】 7月30日，富宁县开展“走边关”活动，组织县党委、人民政府、部队152名各级领导学习《中越陆地边界勘界议定书》，沿边境线巡逻，主要熟悉界碑、察看边界，以此增强各级领导国防意识，提高强边固防能力。

【构建捐资助学长效机制】 8月16日，分区向文山州8名品学兼优但家庭较为困难的大学新生每人捐款5 000元，解决其入学难的问题。军分区按照集中力量、组织对接、重点资助、长期帮扶的原则，积极构建集中捐资助学长效机制，每年集中资助8名品学兼优的特困大学新生，以实际行动参与和支援西部教育事业。出台《文山军分区捐资助学实施办法》，明确捐资助学的对象、总体要求、组织办法、资金筹集、跟踪问效等内容，使捐资助学活动制度化。设立捐资助学专项资金，确保资金稳定，推动捐资助学活动经常化。建立捐资助学档案，与州教育局共同跟踪了解捐助对象学业完成情况，促进捐资助学活动规范化。

【安全警示教育】 坚持把熟悉纪律规定作为开展安全警示教育的前提和基础，采取共同部分集体学、区分层次侧重学、结合实际强化学的办法，切实弄清军队有关纪律规定的基本内涵，促进倾向性问题的整改落实。坚持把增强法纪意识作为开展安全警示教育的着眼点和落脚点，采取动员与统一辅导相结合、自我教育与帮教转化相结合、个人反思与讨论交流相结合，切实弄清遵章守纪的现实意义，打牢安全稳定的思想根基。坚持把提高防范能力作为开展安全警示教育的主要目的和任务，结合中秋、国庆安全稳定工作实际，搞好领导预见、机关预测、官兵预防，切实弄清安全防范的方式方法，不断提高官兵应对突发事件的能力。坚持把落实制度措施作为转化延伸安全警示教育成果的重要步骤和基本抓手，落实安全形势分析、教育训练、检查等制度，切实弄清做好安全稳定工作的内在要求，确保安全工作各项制度措施落到实处。

【应邀出访】 9月2日，驻麻栗坡边防某部应越南清水、东外、南丁、箐门、漫美5个边防屯的邀请，组团到越南河江省河江市参加越建国65周年会晤活动。会晤回顾了传统友谊及多年来在边管方面的友好合作，肯定睦邻友好为两国边民带来的具体实惠，交换边境管理工作意见，互赠礼品。

【征兵工作】 针对征兵工作的新情况、新特点，利用政府信息网开设征兵宣传专页，解答政策规定，激励有志青年报国从军。每县安排广播宣传车走遍全县乡镇、街道办事处、县内高级中学、主要街道、村组和田间地头作征兵宣传。协调移动、电信部门建立短讯平台，在辖区内反复播发征兵宣传短信。以“参军报国、放飞梦想”为主题，把宣传标语、政策规定制作成海报在学校、街道、村寨张贴宣传。组织全县专武干部、民兵干部登门走访，组织应征青年召开动员大会，面对面宣传征兵政策，激发应征青年参军热情。

（胡广胜）

## 公安边防

【思想教育】 开展“大力弘扬海地维和精神、培育当代革命军人核心价值观”主题教育，掀起学习海地“维和英雄”李钦、钟荐勤、和志虹3名烈士先进事迹的热潮，着力引导广大官兵坚定理想信念，增强官兵献身边防的使命感、责任感。大力创建学习型警营，立足现有条件，组织开展读书成才活动，为完成各项边防保卫任务提供强大精神动力和思想保证。在州人民政府各部门、政法系统、院校组织举办5场海地维和先进事迹报告会，让维和精神在全州党政机关、部队、院校焕发新的活力。落实《文山州公安边防支队经常性思想工作实施细则》，开发管理系统并建立官兵经常性思想工作档案，实现网络化管理。做好个别人摸排，规范重点人管理，积极做好转化工作，确保部队内部稳定。重视新闻宣传工作，大力宣扬支队官兵爱边奉献的精神风貌，组织新闻报道骨干到基层采风，宣传在“抗大旱、保民生”中涌现出来的先进事迹，超额完成新闻报道工作任务，有48篇作品在中央级媒体上发表，30篇作品被省级媒体采用，264篇作品在州级媒体刊发。

【廉政建设】 落实部局、总队部署要求，深入开展“查思想查执法查纪律查作风”活动和反腐倡廉集中教育活动，集中学习反腐倡廉“八项规定”，认真查找在廉洁自律方面的问题和不足，各党委、支部组织召开了廉政建设专题民主生活会，坚持边查边改边建，梳理了现有的廉政规章制度，强化对重点岗位、重点环节的监督制约。坚持示范教育与警示教育相结合，不断增强官兵廉政安全意识。坚持纪检联络员工作制度，主动邀请驻地人大、政协、公安机关、过往旅客作为社会各界义务监督员，对部队执法执勤情况进行全程监督，采纳意见和建议21条，推动执法执勤工作“理性、平和、文明、规范”。坚持廉政建设工作汇报制度，定期检查各级领导干部落实党风廉政建设情况，认真听取官兵每月反腐倡廉建设专题汇报，及时掌握部队廉政建设动态，大力排查案件、事故苗头和隐患，防止各类违纪违法事件发生。

【部队管理】 始终把维护部队内部安全稳定作为促进各项工作健康发展的大事来抓。认真落实《公安边防部队安全工作暂行规定》，在年初党委扩大会上，对2009年度安全达标单位进行奖励，签订《2010年度正规化管理责任状和执法工作责任状》，切实增强各级领导干部抓好安防工作的责任感和紧迫感。部队新条令颁布后，开展学习贯彻新条令，深化部队正规化建设活动，强化各级安全发展理念。充分发挥督察职能作用，全年共派出20余次（组）专项督察，对部队平时、重大节日和敏感节点执行纪律情况进行监督检查，及时发现、纠正存在问题并督促抓好整改，维护纪律的严肃性。开展“3·23”案件专项整顿，采取集中学习与个人补课、班组讨论与撰写剖析材料相结合等方法，确保教育效果。加强人、车、枪、酒、网络等重点环节管理，修改完善干部、士官、义务兵管理规定，全面清理“家门口”干部和“家门口”兵，规范部队人员管理，严格落实车辆派遣、干部押车、定期检查评比等制度，规范私家车驾驶，有效预防车辆事故；严格落实总队关于从严治酒的要求，杜绝发生因饮酒发生违反禁令问题；加强保密法制宣传教育，严格落实计算机和网络管理“四个严禁”、“八条纪律”，办公计算机、移动存储设备登记造册管理，经常开展保密安全大检查，对报废的78台涉密电脑、36个涉密移动存储介质进行粉碎性处理。

【正规化建设】　落实总队正规化建设年的工作部署，制定《支队推进正规化管理工作方案》，党委统揽，主官亲抓，广泛动员，深入调研，强势推进支队正规化管理工作。支队主官先后11次下基层调研，4次召开常委会、3次召开办公会研究，规划支队正规化建设的蓝图。支队提出了“学细则、转观念、重养成、贯制度、抓精细、人人动、人人懂、保安全、明目标、达跨越”30字方针和“四个强化”、“四个强行”工作目标，破解了长期影响部队基层建设滞后的难题。支队投入资金1 250余万元、各基层单位自筹资金110余万元投入正规化建设，完成22个单位的营房改造，为基层配备一批办公设备、执勤执法装备、娱乐设施、健身器材，规范内务设施，新建了晒衣房、太阳能浴室。对23项制度进行修订完善，废除不切实际的老制度、老办法7项，并建立责任追究和《领导干部问责制》，坚持用制度来抓管理，强化官兵按制度办事的意识。对田蓬边防派出所、田蓬边境检查站以及总队暗访中发现问题的相关责任领导依据制度进行诫勉谈话和问责，维护了制度的权威。开展学习新条令活动，组织官兵对照新条令检查梳理部队日常管理、内务设置、警容风纪、礼节礼貌等方面存在的问题，规范部队“四个秩序”。

【后勤保障】　坚持经费集中核算，科学安排调整经费预算，修订完善《支队机关财务管理规定》和《支队机关报账程序管理规定》，启用《边防部队财务综合管理系统》，做好领导干部经济责任审计和离任审计，开展“小金库”专项治理“回头看”活动。年内，完成9个单位、11名主官离任经济责任、任期经济责任审计，规范审计、监督制度，确保财经运行安全规范。加强营房基建工作，合理编报了支队指挥中心搬迁、麻栗坡大队部及案件侦查队、杨万所、猛硐站、小坝子站、保良街站综合楼基建项目。加强支队经济适用房、城关所综合楼工程质量监督，完成都龙所、金厂站(所)综合楼新建和22个单位营房改造。为基层单位解决饮水、照明等困难，在支队修建1个综合健身、娱乐中心。上半年遭遇旱情后，各单位因地制宜，大力发展养殖，想方设法开展农副业生产。转入雨季后，各单位抢抓时令、投资投劳，农副业生产呈现喜人发展势头。全年，共举办财务综合管理系统培训、驾驶员培训复训各1期，选送8名厨师、5名卫生员参加总队培训。完成106名新兵复检及疫苗接种、1 113名官兵及家属甲流疫苗接种工作，为基层配备了餐桌、餐车、餐具、冰箱、消毒柜等食堂用具。建立健全官兵健康档案，落实危重病号报告、跟踪管理制度，确保了官兵身体健康和各项任务的完成。

【爱民固边】　深入贯彻部局秦皇岛会议精神，以深化大走访、模范村创建、民警兼任村官和关爱无助儿童为载体，着力实施“民心、维稳、固本、强基、联动”五大工程，爱民固边取得新发展。争取州委州政府把爱民固边战略纳入社会主义新农村建设、兴边富民工程规划，由州委政法委牵头，在支队召开23个成员单位参加的文山边境地区实施爱民固边战略推进会，进一步深化爱民固边战略。麻栗坡县委政府开展了“创建爱民固边模范县”活动，成立22个成员单位参加的“爱民固边科技兴农领导小组”，全县11个乡镇群众得到实惠。落实走访工作的量化要求，全体派出所干警走访回访群众6.02万户24.6万人(次)，走访贫困户5 208户、返乡民工5 119人(次)、暂住人口3 625人(次)、困难儿童651人9(次)、孤寡老人939人(次)、残疾人516人(次)、重点人口1 101人(次)、监管对象364人(次)，结成帮扶对子54对，帮助52名返乡务工人员再就业。完成对51名困难儿童的建档和帮扶救助计划，积极协调地方民政、教委、妇联、共青团等职能部门，共同对困难儿童实施救助，推荐2名孤儿到丽江民族孤儿学校就读，确保边境辖区困难儿童100%得到关爱。与州县相关部门联动推进民警兼任村官工作，共有104名民警在边防辖区104个村委会(社区)中兼任了副书记、副主任或主任助理职务，实现边防辖区民警兼任村官覆盖率100%。全力投入抗旱救灾工作，按照州委州人民政府“抗大旱、保民生”的工作部署，出动警力2万余人(次)，投入经费5万余元，为群众寻找水源60余处，架设水管2 000余米，开挖沟渠800余米，送水4 000余吨，移栽烤烟苗200余亩，扑救火灾27次，捐款6万余元。因工作成绩突出，支队、富宁县边防大队被州委、州人民政府和富宁县评为“抗旱救灾先进集体”，一批先进个人受到表彰。

【治安管理】　落实《公安边防派出所建设规定五十条》，大力加强派出所建设。完善所站联动机制，开展社会治安整治专项行动及打击“三非”人员活动，保持对违法犯罪活动的高压态势。制定《文山州公安边防支队防范打击边境地区涉枪涉爆犯罪和越南人非法入境活动专项行动工作方案》，严厉打击越南人非法入境、涉枪涉爆物品走私入境、新疆籍人员非法出境等违法犯罪活动，人民群众安全感进一步增强。年内，共立刑事案件90起，破60起，破案率为66.7%；受理治安案件58起，查处48起，查处率为82.8%；抓获网上在逃人员8名；收缴雷管79枚、爆破筒1具，火药枪19支、手榴弹13枚、炮弹6枚；破获拐卖妇女儿童案件12起，成功解救被拐妇幼33人，抓获犯罪嫌疑人11名；查获非法入境越南边民10起94人，教育劝返330人。

【遂行任务】　落实部局《关于加强和改进公安边防部队教育训练工作的意见》，妥善处理训练与执法执勤等各项工作的关系，大力组织开展军事业务岗位技能练兵。完成1期88人的新兵集训，组织开展1期63人的军事骨干集训。抽调27名官兵组成军事业务集训队，在总队比武中，取得A类团体

总分第三名的好成绩。按照部局、总队工作部署，圆满完成上海世博会辖区安全保卫任务，积极做好广州亚运会辖区安保各项工作。成立一体化软件平台推广领导小组，组织开展模块和业务培训，按时完成基础数据录入，并进行模拟测试，为“一体化”全面试用奠定基础。派出警力150组1 000余人次与地方公安开展联合武装巡逻，抽调200名官兵备勤，圆满完成云南省第十三届运动会主会场、富宁赛区安全保卫任务。承办完成文山州170余名党政军领导出席的“八·一”军事日活动，承担云南省第十三届运动会开幕式两项表演任务，受到州委人民政府的充分肯定。认真组织8种突发事件的处置演练，组织指挥、判断决策和快速反应能力得到新提高。

【执法建设】　贯彻落实部局杭州会议精神和总队、文山州公安局关于推进执法规范化建设的要求，研究制定了《贯彻落实部局执法规范化建设推进会议工作方案》、《文山州公安边防支队执法规范化建设三年规划(2010—2012)》、《2010年支队执法规范化建设推进措施》。组织开展执法规范化建设专题教育、职业道德教育、警示教育，帮助官兵树立“立警为公、执法为民”思想和“理性、平和、文明、规范”的执法理念，杜绝发生不作为、乱作为而引发的问题。认真贯彻部局《公安边防派出所建设规定五十条》、总队《关于进一步推进边防派出所工作的意见》，配强配齐执法队伍，保持派出所干部队伍相对稳定。落实法律学习制度，组织干警参加总队、州局组织的派出所所长培训和执法规范化培训，努力提高执法素质。健全完善执法制度，清理执法执勤制度23件、保留13件、修改4件、废止6件，并制定审讯、看管、押送、刑事案件移交、内部执法监督、执法质量考核评议等10项工作规范。积极与州局协调，在麻栗坡县启动信息化试点，推广应用公安警务信息综合运用平台，稳步推开网上办案工作。投入280余万元为执法单位配备执法执勤装备。

【边防检查】　开展学习昆明模范边防检查站活动，推出服务通关便民利民措施，最大限度地方便人民群众，服务边境地区经济建设。截至年底，共办理《中越边境地区出入境通行证》4 232本，派出执勤警力2 552组8 981人(次)，查验越方入境边民2.22万人(次)、中方出境边民2.09万人(次)，查获野生动物284.4千克、走私香烟131条、假币2 300元。各边防工作站与越南对口公安边防屯举行会谈会晤47起，信函联系48次。10月初，支队邀请越南河江省边防指挥部到文山进行业务会谈，全面回顾一年来双边管理情况，就下一步边境管理、边民出入境、边境治安秩序、联络官制度等双方共同关注的问题进行了广泛务实的交流与磋商，并签署《会谈纪要》。

【禁毒工作】　结合文山面临的毒情形势，组织开展“边境狩猎行动”，加强一线查堵和二线公开查缉。与州公安局、富宁县公安局联合开展公开查缉。年内，共查破毒品案件5起，抓获犯罪嫌疑人9名，缴获毒品海洛因862.6克、冰毒1 667克。各边防派出所广泛开展禁毒宣传教育，加大禁吸戒毒工作力度，努力创建“无毒社区”和“无毒村寨”，实现辖区无新增吸毒人员的目标。

【荣誉表彰】　支队深入实施爱民固边战略，强势推进部队正规化管理工作，圆满完成中缅边境防控、云南省第十三届运动会安全保卫、“抗旱保民生”等急难险重任务，为文山边境地区的社会政治稳定、经济发展作出积极贡献，涌现出一批先进集体和先进个人。有2个单位分别被部边防局、总队记集体三等功，有44个单位和集体受到表彰；5名官兵分别被联合国、公安部授予“和平勋章”和“维和勋章”，5名官兵荣立二等功，33名官兵荣立三等功，343名官兵受到公安部边防局、云南省公安边防总队、支队的表彰，支队被中共文山州委州人民政府评为抗旱救灾先进单位和省运会先进集体称号。

（樊晓东）

## 武装警察

【思想政治教育】　坚持用党的创新理论武装官兵，开展培育当代革命军人核心价值观主题教育，每月利用召开政工例会安排部署、总结讲评思想政治教育，激发官兵争做党和人民忠诚卫士的政治热情；深入开展“深知兵、真爱兵”、“五个过一遍”和法律服务、心理咨询下基层活动，定期组织官兵收看法纪警示教育，组织1期保卫委员和思想骨干培训，发放教育资料300余册(盘)，转化2名个别人和17名重点关注人员，确保官兵思想稳定；大力加强警营文化建设，统一为基层购买DV摄像机，组织1期新闻宣传骨干培训，积极构建励志育人、愉悦舒心的政治环境；注重做好遂行任务中政治工作，广大官兵自觉做到听党指挥、服务人民、英勇善战，2次为灾区捐款14.6万元，直属大队参加抗旱救灾被总部荣记集体二等功，支队还被云南省表彰为2009年度“社会扶贫先进集体”。

【提升遂行任务能力】　学习贯彻《武警法》，协调地方党委、人民政府投入经费190余万元完成砚山、马关、州看守所AB门和钢网墙建设，为所属单位安装哨位语音对讲系统；注重抓好中心工作网上集训及成果转化，协调资金10万余元消除执勤隐患3处，连续14年确保固定执勤目标安全；扎实抓好基础课目训练、抽调47名干部骨干进行反恐骨干集训和比武竞赛，完成2期227人的勤训轮换；加大首长机关军事训练力度，严密组织参加驻滇部队“卫士—10”指挥所网上演习，4次组织机关带机动部(分)队进行紧急出动和处置劫持人质事件演练，遂行多样化任务能力不断提升。全年出动兵力2 164人(次)，圆满完成警卫、押解、城市武装巡逻和省运会安保等14起重大临时勤务。连续3个月开展抗旱救灾行动，中央电视台进行专门报道，支队还被文山州委、政府表彰为抗旱救灾先进集体。

【安全管理】 深入贯彻总队依法从严治警集训精神，年初分别与基层签订《安全责任书》，实行党委成员分片、股室定点挂钩安全工作责任制，修订11个管理规定；深入学习贯彻共同条令，组织进行条令知识网上竞赛；4次召开季度安全工作讲评部署会；自下而上开展“治三松、严纪律、保安全”和“刹酗酒、严纪律、保安全”教育整顿，及时排查消除安全隐患12处，对4名违纪干部和6名违纪战士进行严肃查处，顺利移交1名滞留部队的退伍战士；坚持每周车场日制度，车辆战备完好率均保持在98.0%以上；举办1期军械员兼文书培训，对兵器室远程门禁系统进行经常性的检查维护；指导麻栗坡和西畴县中队做好防山体滑坡、泥石流自救互救演练；安全顺利把住危房的直属一中队搬迁至机关综合楼；3次对保密工作进行专项检查；投入32万元用于机要股屏蔽室和财务股“网络化回转档案柜”安装建设，支队被总部表彰为连续14年预防事故案件工作先进单位，直属大队、马关县中队分别被总队表彰为2010年度安全工作先进大队和先进中队。

【基层建设】 制定《党委和司、政、后年度工作统筹图》和《党委机关考察帮建实施计划》，把3个中队确定为帮扶重点，全年下派5个批(次)的联合工作组和4个单项工作组对基层进行考察帮建，马关县中队被总队评为基层建设标兵中队；健全35个抓基层组织领导机构和两大群众组织，组织召开第五次军人代表大会；对基层“六本一表一册”进行统一和规范，制定《基层工作登记统计汇编》；严密组织《纲要》培训套训，每月召开政工例会对基层干部进行应用性培训；严格挂钩奖惩和量化评比表彰，修订《干部量化管理实施办法》，建立机关部门、业务股室、基层中队、干部队伍4个层次的挂钩奖惩和量化评比表彰机制；深入开展创先争优活动，注重与主题教育、贯彻落实《纲要》和半年、年终总结等工作结合起来，对2个先进党支部和18名优秀共产党员进行通报表彰，有2个党支部和2名党员受到总队表彰；严密组织季度“双向讲评”，专题召开半年、年度工作形势分析；选派10名干部、18名士官参加总队2011年新训干部骨干集训；安全顺利圆满完成老兵退伍和新兵补入工作。

【后勤保障】 贯彻总队后勤处长集训精神，注重在规范后勤建设，提高保障能力上抓管理、出效益。专题研究审核年度预算执行情况，对《经费管理使用规定》和《大宗物资采购暂行规定》等5项规定进行修订完善，认真开展资产清查与调剂，完成8项大宗物资采购，节约资金5.6万元；分类修订后勤保障预案，投入6万余元更换部分战备物资；分别举办1期后备司务长、军械员兼文书、初级厨师培训和2期驾驶员复训；投入8万元用于新训后勤保障和基层伙食补助；投入14万余元用于药品医疗器械采购和医疗补助，为基层配发医疗药品180余种；投入45万余元完成警勤、马关中队班学习室改造，为机关、基层购置不锈钢餐桌85套和12套班用学习桌椅，对所有基层系列化营具进行翻新；完成2010年度武器大修及领取新装备任务，按标准为基层配齐03式自动步枪和88式狙击步枪，完成备勤室枪柜安装；强力推动设施建设，投入18万元用于直属一中队整体搬迁和营房改造，教导队、直属一中队营房新建正在办理征地手续，广南中队新建也正在规划设计，麻栗坡、富宁、文山和直属二中队营房及目标新建装修正加紧进行，加油站改建已通过总队验收并投入使用。

【班子建设】 制定年度中心组理论学习计划，坚持把学习科学发展观等党的创新理论经常化。严密组织“戒骄防满，保持清醒头脑”和“建设学习型党委机关、争做学习型领导干部”专题学习教育活动，制定巩固和扩大学习实践科学发展观活动成果措施；开展民主集中制学习教育，组织召开专题党委民主生活会；持续开展“读书思廉”活动，与基层签订《党风廉政建设目标责任书》，严密组织党委机关风气教育整顿，全年调整的37名干部、选送的17名技术学兵，发展的63名党员，选晋的72名士官和投入建设的200余万元，都坚持广泛征求意见，科学民主决策，部队和官兵反响都比较好，总队2次财务检查和1次财务审计也无任何经济责任问题；及时对21个党委(支部)进行改(补)选，与新任主官进行集体谈话，2次下派工作组对民主生活会进行检查指导，各级党委(支部)创造力凝聚力战斗力明显增强。

【支队党委一届六次全体(扩大)会议】 1月27～28日，文山支队隆重召开党委一届六次全体(扩大)会议，会议主要是传达总部、总队两级党委扩大会议精神，全面分析总结2009年工作，安排部署2010年度工作，表彰2009年度先进集体和个人，机关股以上干部、各大(中)队党委(支部)正、副书记58人参加会议。政委梁岗代表支队党委作了工作报告。支队长李林作重要讲话。会议期间，副政委朱宏高作纪委工作报告，司政后三部门对口部署2010年度工作，支队与各单位签订党风廉政建设、安全工作、尊干爱兵和计划生育责任书，组织与会人员到文山县中队参观学习。中共文山州委常委、州政法委书记吴俊明，州人大副主任张琼昌、州政协副主席李海柏出席会议，副州长、州公安局长、支队第一政治委员李俊彪到会并作重要讲话。

【支队党委一届七次全体(扩大)会议】 8月9日，文山支队在机关通过电视会议系统，召开党委一届七次全体(扩大)会议。支队党委成员、机关全体干部和驻文部队主官在主会场，其他基层单位主官在分会场出席了会议。会上，支队党委书记、政治委员梁岗代表支队党委作题为《以科学发展观为统领，在难点弱项上求突破，努力提升部队建设整体水平》的工作报告，党委副书记、支队长李林作《认清形势鼓干劲，转变作风抓落实，为高标准实现“两个确保”目标不懈努力》的讲话。党委委员、副支队长周凯传达总部党委一届八次、总队党委二届十次全会精神，党委委员、副政委朱宏高主持会议。

【抗旱救灾】 2010年上半年，支队积极参加抗旱救灾。制发《参与抗旱和扑救山林火灾预案》，抽组250人的应急机动分队，投入5万余元购置抗旱救灾器材，为每个中队配发《云南省扑火队员应知应会手册》，邀请州森林防火指挥部为官兵作防火灭火知识辅导；连续3个月出动送水车180余台（次），为文山县古木镇3所小学和红甸乡送水1 600余吨，赠送矿泉水700件、大米500千克，架设水管600米，救助饮水困难户248户、学生300余人，支队被文山州委、人民政府表彰为抗旱救灾先进集体，直属大队受到总部通令表彰并记集体二等功；中央电视台和省、州电视台相继报道支队抗旱救灾做法。

【第五次军人代表大会】 9月9～10日，支队召开第五次军人代表大会，机关、基层47名代表参加会议。会上，会议代表听取并审议副支队长周凯代表支队作的工作报告，政治处副主任张永祥答复代表的意见建议，政委梁岗作《大力加强基层民主建设，充分发挥官兵在部队建设中的主观能动作用》重要讲话，会议还对基层代表开展了武警委员会业务知识培训。

【支部书记培训】 5月下旬，支队组织党委机关和大（中）队主官参加总队和支队《纲要》暨党支部书记网上培训套训。

【警民共建】 5月26日下午，文山支队与文山供电局隆重举行2010年度警民共建签字仪式。州委常委、政法委书记吴俊明到会指导，文山供电局党委书记李明磊、局长杨霖、支队长李林、政委梁岗等参加签字仪式。供电局党委书记李明磊、政治委员梁岗分别代表共建双方签订《警民共建协议书》。

【开展“法律服务到基层”活动】 5月份，支队开展第六个法律服务月活动，采取法纪教育、展览法制挂图、观看警示教育片，采取以案讲法、现场释疑、法律咨询、组织讨论、撰写心得等方式，广泛开展普法宣传教育，先后下发法制教育扑克250副、制作教育资料30册、警示教育光盘20碟，引导广大官兵严格遵纪守法，帮助官兵解决生活和家庭中遇到的涉法问题。

【完成省运会安保任务】 8月18～26日，云南省第十三届运动会在文山州召开。支队出动200名兵力，圆满完成省运会升旗、礼兵、应急机动和开幕式文艺演出任务。

【联合警备纠察行动演练】 8月18～26日，云南省第十三届运动会期间，为确保“省运会”成功举办，维护武警部队良好形象，支队派出4名纠察人员，联合州公安局、军分区、消防支队、边防支队等单位开展联合纠察行动，加强对外出军人和车辆纠察检查，以实际行动为省运会成功举办做贡献。

【网上集中授课】 9月21日晚，支队通过电视会议系统，以“正确看待形势、正确看待进步、正确看待压力”为内容进行专题教育。由富宁县中队指导员乔新华授课，政治处主任乔庆贞主持，政治机关干部和全体基层官兵参加。

【机动分队紧急演练】 4月30日上午10时30分，支队前指对支队反恐、处突分队，是否保持良好战备秩序进行实战检验，反恐、处突分队接到预先号令后，行动迅速，在5分钟内完成领取武器装备等程序。

9月29日下午，支队前指带反恐分队，以劫持交通工具人质事件为背景，采取情况想定，快速集结、摩托化机动的方法，对支队前指及反恐分队人员编成、装备携行、指挥通信、各种保障和劫持人质事件处置全过程进行综合演练。

【新兵开训动员大会】 12月24日，支队2011年度新兵教育训练动员大会在新训大队召开。大会由副支队长周凯主持，支队党委成员和新训全体官兵参加会议。会上，副参谋长柴清刚宣读《2011年度新兵教育训练计划》，支队长李林作开训动员，政委梁岗发表讲话。新训一、二中队宣读挑、应战书。

【先进集体及个人】 12月，支队被武警部队评为“连续14年预防事故案件工作先进单位”和“安全工作先进单位”。9月，直属大队因抗旱救灾工作成绩突出被武警总部荣记二等功。年内，支队被云南省委、省政府表彰为“2009年度社会扶贫先进集体”。支队司令部被总队表彰为“先进司令部”，支队政治处被表彰为“先进政治处”，马关县中队被评为“基层建设标兵中队”，直属一中队被评为“基层建设先进中队”，马关县中队党支部、麻栗坡县中队党支部被总队党委表彰为“先进党支部”，马关县中队党支部被表彰为“学习型党支部”，直属大队被总队表彰为“安全工作先进大队”，马关县中队被总队表彰为“安全工作先进中队”，直属一中队团支部、麻栗坡县中队团支部被总队政治部表彰为“先进团支部”。

武警文山支队教导队队长黄庆洪，2010年9月被武警部队表彰为“优秀教练员”。总队表彰的先进个人：支队长李林、政治委员梁岗被表彰为“一对好主官”；支队政治处主任乔庆贞被表彰为“优秀党务工作者”；支队政治处保卫股股长陈锋被表彰为“优秀共产党员”。

（王文超）

## 消防安全

【简　述】 2010年，消防支队着眼于新形势下消防工作打造文山消防铁军、筑牢“防火墙”工程，围绕“三抓三推三确保”的工作思路，牢牢把握转变观念是前提、队伍稳定是根本、政府主导是保障、整合资源是基础、建立机制是关键“五大重点”，全面实施“六大战略”、“十大体系”，倾力推进《三年规划》新一轮发展，消防工作和部队建设呈现出整体推进、重点突破的良好态势。

【干部队伍建设】 支队党委始终按照公安部党委提出的“建设过硬班子，纯洁公安队伍，树立良好警风，严格公正执法”和“政治上强，开拓创新，团结协作，廉政勤政”的要求：紧紧围绕支队2010年党委中心组学习指导意见，严格执行中心组学习制度，不断强化对党的十七大精神、“三句话”总要求的学习，不断增强党委班子贯彻执行党的路线、方针、政策的自觉性和坚定性，始终在思想上、政治上、行动上与上级党委保持高度一致。党委一班人共同谋划消防工作和部队建设的宏伟蓝图，把班子建设成为学习型、开拓型、团结型、廉洁实干型的领导集体，提高了党委班子的凝聚力、战斗力和向心力。加强大队党委和支部班子的建设。把原来大队党委副书记担任支部书记的统一归位于中队，党支部书记统一由中队干部担任，便于中队管理和支部建设，使支部战斗堡垒作用更加明显。按照“选准、配强”的原则，对6个大队党委班子和9个支部班子进行了调配和充实，把有能力、能干事、会干事、想干事的年轻干部提拔任用到了领导岗位，全州上下形成了能者上、平者让、庸者下的良性竞争激励机制。实施人才战略储备，文化建设取得新突破，开创良好的用人导向。支队印发了《文山州人才战略储备实施方案》，坚持“储”、“留”、“用”、“育”四个核心，明确了人才战略储备的原则，细化量化人才战略储备的具体措施，用“培养式”、“锻炼式”、“智囊式”三种方式，大力培养文山消防干部、士官士兵及社会人才资源。年内，支队报请总队党委对全州36名营连排职干部和9名团级干部进行了调整，其中有1名晋升为正团职，3名晋升为副团职，26名营连排职干部提前晋职。干部结构、梯次优化，整体推进，鼓舞士气，激发了干劲。抓教育促稳定，为部队的发展建设提供良好的政治保障。支队坚持党委参教议教制度，党委成员、基层政工干部每周利用视频面向基层官兵授课，先后开展了“三句话”总要求、思想政治教育大纲宣贯、七月党建月、心理教育、云岭消防党旗红争优创先活动，开展了廉政建设宣传月、党纪法纪和警示教育等活动，提高了授课层次和质量，激发了官兵对党和祖国的热爱与忠诚，增强责任感与使命感，加强廉政文化建设，强化了官兵安全发展意识和法纪观念，提高了广大官兵文化素养。官兵福利待遇得到提升。为改善全州消防官兵住房条件，推动官兵扎根边疆、献身文山消防的工作热忱，支队党委本着“支队引导、市场运作、个人志愿”的原则由官兵出资建设的别墅即将完工，在三八妇女节开展七乡消防好警嫂、在职官兵优秀子女表彰等活动等，官兵生活待遇、环境待遇显著提高，队伍凝聚力、战斗力、创造力显著增强。

【部队战斗力】 支队党委按照抓住一个根本、深化两个建设、确保三个到位、规范四个秩序、健全两个机制的“12342”部队管理工作思路，大力提升部队正规化管理水平，队伍的整体素质和部队战斗力有了显著提高。以机关为重点，以砚山大队为试点，在全州消防部队全力推进正规化建设，提高部队管理教育水平，推动部队持续、快速、协调和可持续发展。年内，部队未发生任何严重以上行政责任事故，无违法案件和违反“五条禁令”的行为，部队保持高度稳定。以打造文山消防铁军为抓手，战略性地提出了“立足文山、辐射滇东南、勇争一流”的发展方向和“业务过硬、装备精良、结构合理、敢打必胜”的发展目标，制定了《文山州公安消防部队2009－2011年铁军建设三年规划》，在全州消防部队建立9个抢险救援战斗班、11个灭火救援攻坚组和尖刀班，以及1个道路交通事故抢险救援专业队和1个水上抢险救援突击队。全年共投入1 500万元购置了4辆宣传消防车、1辆登高平台消防车、11辆应急救援指挥车，完成了攻坚组器材装备配置。抢险救援能力得到增强，火灾形势基本平稳。截至12月8日，全州消防部队共接警292起，出动298次（含增援），出动消防车545辆（次），消防官兵2 322人（次），抢救被困人员156人，疏散人员1 269人，抢救财产价值3 102.6万元。其中，共发生火灾112起，死亡1人，受伤0人，直接财产损失552.87万元。同比去年，火灾起数上升了21.74%，亡人数下降了50.0%，伤人数与去年持平，直接财产损失下降了16.93%。信息化建设实现了新跨越，信息化基础设施和通信指挥系统取得新突破。全年，全州消防部队先后投入251.5万元信息化建设经费，完成砚山县应急救援指挥中心建设，配备单兵图像传输设备和GPS系统，实现火场与指挥中心的音视频传输和车辆实时动态管理；完成支队指挥中心大楼新建工作；与深圳天维尔公司签订支队指挥中心建设合同；完成通信机房改造和服务器配置；购置了航拍直升机；完成支队移动指挥中心建设，配置大功率智能转信台；对全州营区视频监控系统进行升级改造，确保总队、支队对基础部队的实时监控督察。

【后勤保障】 积极争取党委、人民政府和有关部门的支持，不断加大消防经费投入力度，所属8个大队消防业务费均达到《云南省县级消防部队消防业务经费保障标准》的要求，支队机关和8个大队预算业务经费有较大提高，比2009年增长19.68%。严格按照基层大、中队建设《城市消防站建设标准》，新一轮危旧营房维修改造建设已全面启动，广南大队办公综合楼建设占地546平方米，建筑面积2 267.6平方米。建设预算投资298万元。西畴县消防大队新营房建设于6月3日正式开工，整体营区建设占地面积11亩，总建设面积5 456平方米，总投资预算1 008万元。文山县消防二中队建设项目已开工建设，总投资1 380万元，建设规模4 895平方米，马关县消防大队新营区建设用地25亩，已经政府行政划拨。2010年完成了所属大队年度财务收支审计工作，审计率达到100%，并完成2个大队领导经济责任审计，共发现问题41处，整改问题38处。确保部队经费收支合法、会计信息真实，防止违法违纪行为发生，完成8个大队“两证”办理。

【消防融入式发展】 坚持“全局性战略、融入式发展”理念，坚持服务与执法并重，结合“阳光效能政府四项制度”要求，

制定二十四字便民措施，推行“十二项”便民新政，实施“两整顿两前移两通道”利民工程，倡行“五办作风”和“五零要求”；使消防监督执法更加规范化，公共利益趋于最大化，大力提升了消防部队的社会地位和公信力、亲和力。支队党委提出“自身定位要到位，对经济社会研究要到位，请示汇报要到位，宣传工作要到位，社会口碑要到位”的五个到位原则推动社会依法履行消防职责，报请州人民政府进一步完善社会消防工作责任目标的“管理、问责、督导、考评”的四项运作机制。全年，各级人民政府先后投入各种消防经费达1.2亿元，三分之二的县人民政府已将派出所、合同制消防员、文职消防人员及多种形式消防队伍业务经费纳入财政预算。在完成80.0%的基层大队营房整体搬迁和改扩建的基础上，投资1 500余万元增配一批特种车辆装备以及完成“消防铁军”建设任务。所辖8个县政府先后投入1 800万元购置96辆消防车、96台消防泵、96套随车装备以及1 200名应急队员的基本防护装备，县、乡镇全部完成综合应急救援队伍的组建任务，并因地制宜地组建3个道路交通事故救援专业队和1个水上救援专业队，在全省率先实现“一乡一队一车一泵”的建设目标。年内，文山消防宣传工作以《消防法》和新修订的《云南省消防条例》宣贯为主线，继续深化“四小四大”的工作理念，积极搭建消防宣传“七大平台”，初步建立起“政府主导、部门协同、媒体联动、单位负责，突出民族特色教育渗透、全民参与”的多民族社会化消防宣传教育体系。积极推动州人民政府将各项消防宣传责任目标纳入8县人民政府、部门消防工作责任状，投入经费200多万元，购置消防宣传车4辆，稳步推进消防志愿者招收工作，招收消防志愿者近2万人。与报刊、电视、广播、网络等新闻媒体建立良好的协作机制，发布消息近10万条；充分利用各种政策与传媒等资源，协调和融资100多万元，组织开展“119消防日”系列宣传活动，开发烟灰缸、笔记本、打火机等消防文化产品。及时编发《抗旱救灾信息快报》、《应急救援快报》等工作性简报40多期，坚持办好《文山消防》杂志，有力推动各级党政领导树立“政府办消防，利在民生”、“加大消防投入就是为国家和人民群众生命财产安全买单”等思想意识，不断推动全州消防宣传工作新发展。

**【应急救援队伍建设】** 根据《国务院办公厅关于加强基层应急队伍建设的意见》文件要求，文山支队率先在全省推动人民政府制定出台的《文山州人民政府关于加强综合性应急救援队伍建设的实施意见》，把加强应急救援队伍建设作为履行政府职能的一项重要工作来抓，积极探索依托公安消防部队组建综合应急救援队伍的新路子，取得显著成效。完成文山州综合应急救援支队、8县人民政府应急救援大队及102个乡镇人民政府应急救援分队挂牌组建工作；投入1 800多万元，为全州94个乡镇购置1辆消防车、1台手抬机动泵和个人防护装备，初步构建起了州、县、乡(镇)三级应急救援体系，提前5年实现“一乡一队一车一泵”的建设目标，开创文山应急救援队伍建设新局面，走出边疆欠发达地区综合应急救援体系建设的新路子。

**【抗旱救灾】** 2010年，全州8县102个乡镇不同程度受旱，人畜饮水也非常困难。面对旱情，文山消防部队充分发挥部队装备优势，积极组织官兵奔赴抗旱一线，深入村寨、田间地头为驻地群众送去“希望之水”，解决群众的燃眉之急。截至年底，抗旱救灾工作中，全州消防部队先后出动车辆2 094台(次)，出动人员5 387次，行程6.53千米，送水村寨668个，运送水2.16万吨，灌溉农田2.78万亩，解决30余万人及7.7万头大牲畜生活用水困难。期间，参加森林火灾扑救38次，出动车辆61台，出动人员393人，挽回财产损失6 373万元。

**【先进表彰】** 年内，文山州公安消防支队荣立集体三等功一次，富宁大队被云南省消防总队、共青团云南省委继续认定为省级“青年文明号”，马关大队、广南大队2家单位被授予云南省省级“青年文明号”荣誉称号；文山支队、麻栗坡大队被省委省政府授予“云南省抗旱救灾先进集体”先进单位；砚山大队胡飞被省委省政府授予“云南省抗洪救灾先进个人”；先后有3个单位荣立集体三等功，1名官兵荣立二等功，13名官兵荣立个人三等功，27人受到嘉奖。

(赵仁宝)

## 人民防空

**【执法检查】** 为贯彻落实《中共中央国务院中央军委关于加强人民防空工作的决定》、《国务院中央军委关于进一步推进人民防空事业发展的若干意见》文件精神，不断提高全州各级人民防空机关行政执法水平，依法完善行政执法监督制度，有力推进依法行政，继续加强人民防空法制建设，全面实现全州人防事业又好又快发展。11月20日至12月20日，州人民防空办公室组织开展为期1个月的人民防空行政执法大检查。主要检查内容有：三个纳入情况、结建工程情况、易地建设费征收情况、人防机构落实情况、人防知识宣传教育等情况。通过检查，及时发现和掌握全州普遍存在的主要问题和困难。有针对性的督查整改，并对存在的一些难点问题进行依法处理，确保全州人民防空事业持续健康发展。

**【防空知识竞赛】** 为纪念中国人民抗日战争胜利65周年和新中国人民防空创立60周年，2010年9月16日，由中共文山州委、文山州人民政府、文山军分区共同主办，由中共文山州委宣传部、文山州人民防空办公室、文山州教育局联合承办的文山州人民防空知识竞赛活动在文山会堂举行。这是第一次全州性的人民防空知识竞赛活动。此次人民防空知识竞赛有8县代表队和驻文山城区的文山军分区以及文山学院、文山民族职业学校、文山铝业有限公司等代表队参加决赛。麻栗坡县代表队获得一等奖；文山军分区代表队和文山铝业公司代表队获得二等奖；西畴县、广南县和文山学院代表队获得三等奖；文山市、砚山县、马关县、丘北县、富宁县和文山民族职业学校代表队获得优胜奖。

**【宣传活动】** 为庆祝人民防空创立60周年，展示文山州人防取得的显著成就，宣传人防政策法规，普及防空防灾知识，提高人民群众国防意识和防空、防灾、抗灾能力，州、县人民防空办公室在各地组织开展了各种有声有色的宣传活动。此次宣传活动的主要做法是：州人防办拍摄专题宣传片和宣传照片送国家、成都军区和省人防系统参加展览；撰写专题纪念文章送各类刊物宣传，其中由州办撰写的反映全州人民防空事业发展的《从牛角声声报警到现代通信警报》一文被《中国人民防空杂志》采用；制作宣传展板和印制宣传资料组织上街宣传；州办和马关、富宁等县印发《居民防空防灾知识宣传手册》2万多本分发到街道社区、机关单位、各类学校、工厂企业以及人民群众之中进行宣传；在"国防教育日"由文山电信、移动、联通分别发送人民防空宣传公益短信；制作多条永久性墙体宣传标语和宣传布标100余条在8县市城区进行宣传；州和文山县人防办于10月30日在文山城双桥花园组织了一次大型街头有奖宣传活动；于9月16日举办全州人防知识竞赛。

**【编制"十二五"发展规划】** 根据国家、成都军区、《云南省人民防空建设第十二个五年规划》和文山州"十二五"规划编制工作方案的总体要求，结合文山州经济社会发展和城市化建设实际，着眼于提高全州人防事业的快速发展，制定文山州人民防空建设第十二个五年规划。规划共分六个部分：从国际国内形势和文山所处地理位置等方面，分析了文山人民防空事业面临的机遇和挑战；从六个方面总结回顾全州"十一五"期间人民防空事业所取得的成绩和存在的主要问题和困难；明确了"十二五"期间全州人民防空事业发展的指导思想；确定了"十二五"主要目标、工作思路和总体部署及主要任务；从提高认识、加强领导、资金筹措、依法行政、创新思路等五个方面制定完成规划的具体保障措施。

**【防灾救灾推演】** 为提高防灾救灾的应急反应能力和组织指挥能力，根据省人民防空办的要求，12月1日上午，州人民防空办公室组织机关全体人员进行"抢险救灾室内指挥战术推演"。为保证此次推演圆满完成，办公室组织相关人员参加了省办组织的通信业务培训，观摩省办室内指挥战术推演。在此基础上，认真结合实际，认真制定推演方案，提高方案的可操作性。在组织抢险救灾训练科目推演的过程中，合理进行人员任务分工，严格推演纪律，保证了抢险救灾科目推演任务的圆满完成。通过推演，使各参演分队了解抢险救灾、抗灾各自承担职责，熟悉掌握操作规程，进一步提高平时抢险救灾、抗灾的应急能力，同时也对抢险救灾、抗灾预案的一次整体检验，取得阶段性成果，达到预期目的。

**【领导名录】**

主　　任　唐大能（11～）

（刘光辉）

# 对外开放

责任编辑：梁瑜丹

文山三七国际交易中心

# 招商引资

【简 述】 2010年，文山州招商引资工作抓住打造全州对外开放新高地的战略机遇，按照招优招强的招商工作思路，不断解放思想，开拓创新，攻坚克难，进一步优化投资服务环境，扩大引资规模，提高招商质量，促进科学招商，切实加强对外经济交流与合作，大胆走出去、积极引进来，全方位、多渠道、多层次开展招商引资工作。全州共完成国内合作项目189个(当年签约67个，往年结转122个)，项目总投资417.5亿元，实际到位资金81.5亿元，占年计划任务的100.4%，比上年增长10.4%。其中：省外实际到位资金36.8亿元，完成省下达年度目标任务34亿元的108.24%，比上年增长10.4%。全州累计完成实际利用外资559.1万美元，占年计划任务的111.8%，比上年增长14.0%，其中，上报省新批外资企业1家，实际到位外资298.8万美元；已注册外资企业再投资260.3万美元。当年引进资金81.89亿元(含外资)占全州固定资产投资275亿元的29.8%，外来投资企业上交税金8.84亿元，占地方财政收入22亿元的40.2%，新增加劳动就业人员2 500人。

【项目工作】 全年共收集各类项目181个，项目总投资金额398.86亿元。其中，向省招商合作局报送，由省级项目库储备推介的项目50个，投资总额167.03亿元。

【经济协作】 全州招商系统加大招商项目推介和招商引资力度，大胆实施走出去和请进来战略，不断创新招商方式，扩大招商引资成果。先后组团参加了第八届东盟华商投资西南项目推介会、第十八届中国昆明进出口商品交易会暨第二届南亚国家商品展、第六届泛珠三角区域经贸合作洽谈会、上海对口支援地区特色商品迎春博览会、宁博会及重庆物流产业推介会等招商引资活动，同时在州内举办长江商学院知名企业家赴文考察招商引资推介会及普者黑旅游投资信息发布会暨考察活动招商推介会。积极支持各县、有关企业开展专项招商、边贸会等活动，取得良好的招商效果，共签招商引资协议67个，投资额226亿元。

【企业协调服务工作】 2010年受全球金融危机的后期影响和全球经济萧条的影响，加之去年百年不遇的干旱对外来投资企业生产经营的影响，使很多企业困难重重，组织州县招商部门干部深入企业调研，及时掌握了解企业的困难和问题，及时帮助协调解决突出问题，促进了投资和生产经营。截至年底，全州共登记外来投资企业797户，其中外资企业10户、国内州外来文投资企业787户。全年组织走访企业298户，收集问题684件，联系62家当地政府、部门协调解决102件，转交办28件，为企业办实事，受到企业的好评。

【人才引进】 在做好引资工作的同时，州招商局高度重视企业人才引进工作，按照州委和州人才工作领导小组的部署，结合部门实际，提出招商先招才，引资先引智的思路，坚持引资和引才、引智相结合，有效发挥外引内联的职能优势，积极实施人才智力引进工程，努力提供优良的竞争和创业环境，积极做到用好人才、培养人才、留住人才，大力引进企业管理、技术型人才，效果明显。全年全州共引进各类人才1 863人，同比增长14.86%。其中：从省外引进企业管理及专业技术人才425人，从省内州外引进人才490人，各县引进州内人才948人。外来投资企业依托在文山启动实施的68个项目引进各类人才230人，其中：管理人员73人、技术人员157人。

【机构改革】 根据州人民政府机构改革方案，年底，州招商局划归州商务局管理，更名为州招商合作局。

【领导名录】

局 长 龚祖庆

副局长 苏 荣

昌 丽(女)

郑 伟

(阳 永)

# 商 务

【国内贸易】 全年全州社会消费品零售总额143.6亿元，比上年118.7亿元增长21.0%。分城乡看：城镇消费品零售额90.1亿元，增长19.9%；农村消费品零售额53.5亿元，增长22.7%。分经济类型看：公有经济19.7亿元，增长21.8%；非公有经济123.9亿元，增长20.8%。分行业看：批发零售贸易业116.4亿元，增长20.5%；住餐业27.2亿元，增长23.1%。

【城乡市场体系建设】 “万村千乡市场工程”建设，以建设农村商品配送体系、畅通配送渠道、降低配送成本为核心。在不断总结经验的基础上，严格按商务部颁布的“两个标准”建设农家店，确保农家店建得起、立得住、能发展。年内全州争取得到中央和省级财政扶持建设资金460万元，投入改造建设商品配送中心6个，改造建设农家店250个，全州农家店行政村覆盖率达77.6%，比上年76.5%增长1.1个百分点。“双百市场工程”建设，把建设改造农副产品批发市场和乡镇农贸市场作为改善农产品流通体系的重点，做实规划，推动实施，吸引业主投资。年内全州组织建设和改造各类商品市场(商场)21个，其中有14个乡镇农贸市场和一个二手车交易市场被列入省的建设计划，争取得到国家和省的扶持建设资金460万元。全州列入重点推进的4个现代物流中心建设项目中，文山壮华物流中心已建成投入使用，富宁、砚山、天保3个物流中心的规划和建设正在有序推进。

【家电下乡活动】 深入贯彻落实“家电下乡”政策，广泛设立“家电下乡”销售和售后服务网点，简化补贴兑付手续，提高工作效率和服务质量。全年全州通过备案的销售网点620个，乡镇覆盖率达到95.0%以上，销售“家电下乡”产品14.3万件，同比增长133%，销售额2.2亿元，同比增长266%，兑现补贴2 553万元，补贴兑现率92.6%。至年底，全州12万多农户得到实惠，促进农村消费。

【成品油市场】 按照《成品油市场管理办法》，切实加强对成品油市场监管，规范成品油市场秩序。加大对中石油、中石化的协调，密切与相关部门沟通，积极应对成品油供应不足的矛盾。全年全州共购进成品油38.54万吨，比上年31.6万吨增长22.0%，其中汽油10.03万吨，比上年9.95万吨增长0.8%，柴油28.51万吨，比上年21.7万吨增长31.4%；销售成品油38.3万吨，比上年29.4万吨增长30.3%，其中汽油9.9万吨，比上年8.8万吨增长12.5%，柴油28.4万吨，比上年20.5万吨增长38.5%。坚持科学规划，合理布局建设加油站，加大对各加油站服务力度，认真做好加油站的选址、规划、设计、验收申报工作。全州共有加油站252座，其中中石化60座、中石油30座、社会加油站162座。

【猪肉储备项目建设】 贯彻落实《云南省省级猪肉储备管理办法》，挑选3户基础设施较好、管理规范的屠宰企业实施升级改造，达到了猪肉承储企业条件，并经省商务厅核准，列为全省猪肉储备企业，2010年完成年承储省级猪肉9.0%（活猪10 000头，猪肉300吨）的任务。

【市场监测】 不断加强市场监测平台建设，充实样本企业，改善监测企业样本结构。增加监测商品品种，扩大监测地区范围，丰富监测信息内容，完善商品监测体系。及时收集、汇总、整理各类信息资料，进行深入分析，研究突出问题。全面监测农副产品、生活必需品和成品油市场供应动态和价格变化情况。及时报告和发布信息，引导市场和消费，稳定市场供应，完善应急预案，并建立应急商品重点企业联系制度，做好应急调供防范措施，增强应急调节能力。全年共报送各类信息96期，样本企业由监测初期的48户增加到108户，市场监测工作在全省考核名列第三位。

【对外贸易】 全州完成对外贸易进出口总额14 587万美元，比上年11 484万美元增长27.0%。完成省、州人民政府下达年度目标任务的105.8%。其中，出口额12 280万美元，比上年8 373万美元增长46.7%；进口额2 307万美元，比上年3 111万美元下降25.8%。文山县2 845万美元（出口2 499万美元、进口346万美元），比上年1 690万美元增长68.3%麻栗坡县9 180万美元（出口7 219万美元、进口1 961万美元），比上年7 698万美元增长19.3%；砚山县1 445万美元（出口），比上年1 190万美元（出口）增长21.4%；丘北县1 007万美元（出口），比上年759万美元（出口）增长32.7%；马关县110万美元（出口），比上年90万美元（出口）增长22.2%。主要进出口商品：出口，电力出口额6 415万美元、辣椒出口额2 087万美元、机电设备及成套散件出口额1 223万美元、纺织品类出口额939万美元、水果出口额1 035万美元；进口，橡胶进口额1 304万美元，其次有矿产品、腰果、药材、茶叶等。与越南、日本、韩国、美国、墨西哥、香港等10多个国家和地区发展对外贸易往来。对越贸易占文山州对外贸易进出口总额的76.4%，仍然成为第一大贸易伙伴。至年末，已有50多个国家和地区与文山州建立贸易往来，遍及亚洲、欧洲、非洲、大洋洲和美洲，主要贸易伙伴为越南、墨西哥、美国、日本、韩国等。外经贸主体队伍不断壮大，截至12月，全州进行对外贸易经营者备案的企业有186家，比“十五”末的78家增加108家。年内有进出口实绩的企业39家，进出口总额上100万美元的企业17家，其中排名前5位的是：文山顺泽工贸有限公司（原高深工贸有限公司）1 304万美元、文山巴文生物科技发展有限公司939万美元、云南众韬经贸有限公司831万美元、砚山方圆贸易有限公司694万美元、文山新龙商贸有限公司616万美元。在贸易主体不断扩大的同时，外贸企业实力不断提高，形成外经贸（边贸）、商贸流通、生产和个体工商户共同经营的外经贸多元化格局。

【边境贸易】 全州进出口总额299 612万元（进口86 424万元、出口213 188万元），比上年269 000万元（进口91 983万元、出口177 017万元）增长11.4%。其中，边境小额贸易进出口额123 268万元（进口16 202万元、出口107 066万元），比上年101 605万元（进口23 523万元、出口78 082万元）增长21.3%；边民互市贸易进出口额176 344万元（进口70 222万元、出口106 122万元），比上年167 395万元（进口68 460万元、出口98 935万元）增长5.3%。麻栗坡县222 802万元（进口56 734万元、出口166 068万元），比上年202 680万元增长9.9%；马关县42 610万元（进口15 630万元、出口26 980万元），比上年37 020万元增长15.1%；富宁县34 200万元（进口14 060万元、出口20 140万元），比上年29 300万元增长16.7%。主要进出口商品：进口橡胶、矿产品（锑、锌、铁、铅矿）、木材、药材等；出口电力、机械设备、车类成套散件、芭蕉芋淀粉、法兰片、花类、瓜果、闸阀（钢管）、硅灰石等。

【对外经济技术合作】 年内实施对越投资项目5个，总投资额1 238万美元，比上年1 231万美元增长0.6%。有云南众韬经贸公司、文山华龙矿产公司、富宁县新源公司3家企业与越南宣光、富鞍、安明北部省区投资合作开发金、锑、铅、锌、铁矿业采选加工、钢铁冶炼。

【引进利用外资】 年内新批准设立外商投资企业（独资）1户，实际利用外资298.8万美元，比上年146.5万美元增长104%。投资客商来自香港地区，投资项目为水电开发。

【交易会】 6月，会同相关部门，按照州人民政府关于2010

年中国昆明进出口商品交易会文山州展洽分团工作方案的通知要求，组织州内云南特安呐制药公司、砚山县文山华博贸易有限责任公司、丘北县云南太阳魂酒业有限公司等25家企业参加第十八届中国昆明进出口商品交易会暨第三届南亚国家商品展，租赁“生物资源馆”展位20个为文山展区商品展洽活动。参展商品216个品种，产品突出文山资源特色，三七系列产品、辣椒、茶叶、草果、油茶、葡萄酒等生物资源开发系列产品得到重点推荐和展示，充分展示文山州的地缘、资源和产品优势，广泛宣传了文山形象。本届“昆交会”贸易成交和贸易签约总额达5 865万美元，比上届5 100万美元增长15.0%，贸易签约24家，主要产品有辣椒、三七系列产品、中大葡萄、太阳魂酒和禽蛋购销等。在本届“昆交会”上，商品展洽、贸易成交和项目签约取得较好成果，被“昆交会”组委会评为“最佳布展奖”。11月，在麻栗坡举办的中越国际商贸旅游交易会，州商务局积极做好组织协调指导和推动工作，促进2010年中越(麻栗坡)国际商贸旅游交易会的成功举办。本次交易会共有500多家中外企业及客商参展参会，促成项目签约11个，协议总投资61.4亿元，会展商品现金交易285万元。

**【口岸规划】** 2010年，文山州争取得到省财政厅、省口岸办给予扶持口岸建设专项资金1 599万元。其中，天保口岸678万元，扶持项目是，新联检楼和查验货场建设、口岸管理运行维护及州市管理运行；田蓬口岸442万元，扶持项目是，查验货场建设、联检楼配套设施、口岸管理运行维护及州市管理运行；都龙口岸479万元，扶持项目是，联检楼和查验货场建设。深入贯彻落实州人民政府《关于加快推进通关便利化的实施意见》，“一关两检”积极推行“全天候”、“无假日”值班和24小时“预约通关”工作制，对鲜活易腐货物和批量进出口货物提供“通关绿色通道”。认真落实国家的各项减免税政策，实行“属地报关、口岸验放”的通关监管模式，落实“提前报关、实货放行”，网上支付税费业务等便捷通关措施，为企业提供高效优质服务。全州口岸进出口货值28 175万美元(出口22 504万美元、进口5 671万美元)，比上年增长57.5%；进出口货运量258 865吨(出口119 172吨、进口139 693吨)，比上年增长6.6%；出入境交通工具22 426辆(次)，比上年增长3.2%，其中出境11 844辆(次)，入境10 582辆(次)；出入境人员401 495人(次)，比上年增长13.2%，其中出境210 867人(次)，入境190 628人(次)。天保海关征收进出口关税1 283.9万元，比上年下降3.5%。

**【商务信息化建设】** 在国家商务部和省商务厅的支持帮助下，构建完善文山州商务之窗网站和覆盖全州8县的商务之窗网站子站和信息发布平台。年内全州商务之窗网站共发布商务信息3 109条，比上年1 533条增加1 576条，访问点击量140余万次，在云南省商务之窗网站访问量前100位子站排名中列全省第4位。加强对党委、人民政府系统的信息上报工作，商务信息被州委、人民州政府采用75条，以及通过报刊、电台、电视台等新闻媒体进行宣传报道，增强市场信息引导，拓展信息资源。建成公共电子商务平台——云商汇网站“文山辣椒专区”，引进有实力的企业在文山州建设文山三七电子交易市场，被省商务厅推介为全省电子商务建设的示范和亮点，使文山州电子商务工作得到突破性发展。

**【行政执法】** 按照“标本兼治、着力治本”的方针，深入贯彻落实《拍卖法》、《流通领域食品安全管理办法》、《生猪屠宰管理条例》、《二手车流通管理办法》、《典当管理办法》等法律、法规。建立和完善《文山州生猪定点屠宰管理制度》、《文山州商务局食品安全管理制度》、《文山州商务局行政执法责任追究办法》等一系列制度和办法。建立全州商务系统的食品安全管理长效机制，依法办理典当行、内贸流通项目建设审批、上报等行政许可事项，认真开展行政执法检查，对二手车市场、典当行、拍卖行、寄售行等特殊行业，以及生猪定点屠宰、流通企业食品安全、家电下乡网点等方面进行执法检查，健全规范市场流通秩序。贯彻执行《对外贸易法》和《进出口经营者备案登记办法》、《外资企业法》等相关法律法规、政策规章，进一步建立健全商务行政执法工作。依法办理对外贸易经营者备案登记，外商投资企业转报审批限额以上、国家限制投资和进出口商品行政许可事项，推进政务公开，依据执法权限，完善加强文山州商务局行政许可、行政审批事项、职责权限、办事依据、办事程序、办事结果、管理制度、廉洁自律要求和责任追究情况分别在文山州商务网、文山州商务阳光政府网站、新闻媒体及公示栏公示，加强阳光政府四项制度建设，继续开通“96128”政务信息查询专线电话，协调电信部门开通“12312”商务举报投诉电话。

**【领导名录】**

局　长　王光海
副局长　仲云海
　　　　李　纲
　　　　陈绍刚
　　　　刘贵红
　　　　龚祖庆(10～，州招商合作局局长)

(王汉章)

## 外事侨务

**【对外交流】** 4月，成功接待越南驻昆明总领事阮洪海一行4人到文山州考察访问。全年，成功接待越南来访团组共13个221人(次)。9月，应越南河江省人民委员会的邀请，以州政协副主席罗正卿为团长的政府代表团和文艺代表团共20人赴越南河江市参加中越建交60周年暨中越友好年庆祝活动。年内共派出前往美国、马来西亚、越南等国家的友好团组13个145人(次)，其中，出访越南团组11个138人(次)。

**【边境管理】** 2010年，全州所辖边境地区共发生涉外事(案)

件85起，其中：中方引发26起、越方引发59起。主要涉及非法入境、拐卖妇女儿童、偷牛盗马、人为损坏界碑、过境烧荒以及过耕、过伐等。全年各边管部门与越方开展边境工作及处置边境涉外(事)案件会谈会晤130余次。

**【中越陆地边界勘界后续工作】** 7月14日，中越两国政府边界谈判代表团在天保口岸共同宣布，中越陆地边界勘界3个法律文件正式生效，标志着中越两国陆地边界问题得到解决。中越边界文山段共勘定树立界碑428块，勘定边界线约284.677千米。法律文件正式生效后，中越双方将按照新的边界线实施管辖。8月14日前，完成全州境内需处理的18块(麻栗坡县12块、马关县3块、富宁县3块)旧界碑的处理工作；9月14日前，组织3个边境县的边民完成了在新边界线越方一侧耕种的农作物的收割，共收割稻谷和玉米2561.6亩(麻栗坡县1 027.9亩、马关县1 168.79亩、富宁县364.8亩)；11月30日前，组织边民完成在新边界线越方一侧种植的1 113.5亩草果的采收(麻栗坡县1 102.5亩、马关县11亩)；11月30日前，组织边民基本完成在新边界线越方一侧种植的松树、杉树等747.89亩经济林的处理工作(麻栗坡县172.8亩、马关县26.59亩、富宁县548.5亩)。同时，采伐处理2 302亩的杂木林(麻栗坡县1 428亩、马关县538亩、富宁县336亩)。兑现边民补偿工作：国家下达给云南省的边民补偿资金为1.2亿元，分配给文山州9 050万元，占全省补偿资金的75.0%，其中：麻栗坡县5 322万元、马关县2 181万元、富宁县1 547万元。边民补偿涉及9个沿边乡镇19个村委会53个村民小组445户边民。截至12月，富宁县已向边民兑现到户补偿金576.5万元，兑现共涉及田蓬镇田蓬、龙哈、庙坝3个村委会的大石板、熊家湾等11个村小组84户边民。对补偿给集体林地部分的970.5296万元将全部用于边境地区边民的可持续发展项目；马关县已向边民兑现到户补偿金694.9万元，兑现共涉及都龙、金厂两个镇4个村委会13个村民小组的15户边民。对补偿给集体部分的2 115.09万元将全部用于边境地区边民的可持续发展项目；麻栗坡县已向边民兑现补偿到户资金2 107.2万元，兑现补偿共涉及6个沿边乡镇12个村委会29个村民小组346户，对补偿给集体部分的2 914.8万元资金将全部用于边境地区边民的可持续发展项目。

**【因公出国(境)管理】** 全年审核、报批州内各有关单位参加中央及省级有关部门组团出国(境)人员23人(次)，办理出国护照2批7人(次)，审批赴越边境地区团组11个52人(次)。

**【侨场改革和发展】** 年内，理顺州内3个华侨农(林)场财务、资产管理关系。如：平远华侨管理区和稼依华侨管理区的财务均已交由当地财政所管理，并由两个管理区派出专人负责，资产处置的资金统一由县财政局专户管理；根据省华侨农(林)场改革和发展领导小组文件要求，完成省下达文山州3个侨场非归难侨危房改造523户的任务。平远、稼依2个侨场还完成省下拨的353.2万元危房改造配套设施建设项目，实施5个队的道路建设、电力设施和绿化工程。完成新建廉租住房232套11 600平方米，并已交付使用。同时完成上海对口帮扶、一事一议及农村合作社项目的上报；加强侨场抗旱救灾资金使用的督促检查，通过向上争取，3个侨场共接受抗旱资金28.5万元，主要用于拉水、维修机井及水网管道；由于年初干旱，为保春耕生产，平远街华侨农场加大种植烤烟面积5 000亩，落实烤烟户323户，稼依华侨农场加大种植蔬菜1 600亩弥补损失。

**【散居归侨侨眷情况】** 文山州现有散居城镇的归侨侨眷4 074人，收入低于当地贫困线水平的有1 628人，1 579人享受城镇最低生活保障，471人实现再就业，2 312人参加城镇职工或居民基本医疗保险，438人参加城镇职工基本养老保险；散居农村归侨侨眷11 298人(不包含3个侨场)，收入低于当地贫困线水平的有4 946人，享受农村最低生活保障的有1 082人，有10 545人参加新型农村合作医疗保险，1 241人参加农村基本养老保险。

**【"侨爱工程"】** 年内，全州得到海外华侨华人慈善组织和爱心人士捐赠项目15个，捐赠金额285.23万元，其中：捐资建学校校舍12所260.4万元，卫生院1所18万元，捐赠图书折合人民币2.7万元，捐助59名贫困学生4.13万元。

**【侨务信访】** 年内，全州受理侨务信访87件(次)，来信来访主要涉及到低保、贫困学生救助、危房改造、工资待遇社会保险、经济纠纷等问题。对来访提出的问题，州县侨办都能认真受理，使反映的问题做到件件有答复，事事有回音，有效地做好稳定工作。为切实维护归侨侨眷的合法权益和利益，认真贯彻执行"一法两办法"，在办理归侨学生、归侨子女、华侨在国内的子女参加各级各类学校升学考试证明方面，遵循"公开、公平、公正"的原则，严格把好政策关，全年出据"三侨生"证明39份。

**【领导名录】**
主　任　杨绍祥(苗)
副主任　韦恩祥(壮)
　　　　杨红玲(女)
　　　　黄向荣(彝)

(马天梅)

## 海　关

**【简　述】** 2010年，监管进出口货运量11.7万吨，同比下降1.6%，货值1.72亿美元，同比增长35.7%；查验出入境旅客行李物品21.6万人(次)，同比增长6.3%，出入境车辆13 927辆(次)，同比减少11.7%。办理报关单1 259份，与上

年同期相比(下称同比)下降11.8%；征税1 283.9万元，同比下降3.5%。查获各类案件16起，其中刑事案件4起，立案2起；行政案件12起，立案11起；查获毒品海洛因690克、熊掌6只等物品；涉案案值100.7万元，涉嫌偷逃税6.6万元；采取刑事强制措施3人，法院判决2人。

【通关监管】 围绕大监管体系建设，继续深化综合治税，确保应收尽收。加强实际监管。结合查验指引的要求，加强对进出口重点敏感商品、首次进出口商品及可疑商品的查验、布控；就非指定通道监管场所及设施、监管模式等加强与地方人民政府及相关管理部门的沟通协调，规范管理；按照国家边民互市贸易政策本义，加强宣传引导，主动应对互市贸易市场规范化建设试点工作。增强指标管理意识，坚持每季度1次向片区党组通报监管通关业务两级质量管理情况；围绕业务两级质量管理的要求，抓好各项业务指标的落实。

【税收征管】 坚持以提高征管能力和税收质量为重点，采取措施推进综合治税工作。加强对中国－东盟自贸区协定税率等相关税收政策的研究，切实提升政策执行力；加强与总关职能部门的沟通联系，确保重点敏感商品及价格敏感商品的税收征管合理性、合法性；加强审价、归类、取样送检、原产地管理等税收征管基础工作，不断提高价格管理水平和反价格瞒骗的能力。年内，办理报关单1 259份，与上年同期相比(下称同比)下降11.8%；征税1 283.9万元，同比下降3.5%。

【缉私工作】 围绕服务“综合治税”的中心理念，全面贯彻“以打促税”的要求，通过积极探索海关缉私部门与其他业务部门深度融合的工作机制，统筹片区力量，密切内外协作，综合运用刑事与行政执法两种手段，以打击重点涉税商品走私为主线，紧贴业务一线开展缉私工作，保持打私高压态势。树立情报先导意识，加强情报经营和风险分析研判，做好前期防控；坚持“以打促税、以打促管”的原则，统筹片区警力，开展打击矿产品出口走私和出口骗税专项行动；开展公开查缉毒品专项行动，加大对边境一线、过境干线及货运、旅检渠道毒品、易制毒化学品走私的查缉力度；落实海关与安全、烟草等执法部门间MOU工作制度，构建反走私综治格局。按照总关党组把“909”办成铁案的指示精神，全力开展该案侦办工作，协助两院做好对在押犯罪嫌疑人的起诉、审判工作。

【规范企业进出口行为】 以规范进出口行为为重点，以推进风险管理为中心，切实开展稽查各项工作。推进风险管理应用。充分利用风险分析成果为业务现场提供指导，提高风险甄别处置能力，有效防控两大风险；加强风险分析基础工作，规范信息采集、整理、报送工作，提高了风险信息质量。强化后续管理。围绕重点税源商品和重点行业，认真开展专项稽查；以规范企业账务管理为重点，做好企业分类管理和管理类别临时调整，引导企业守法自律。2010年，办理企业注册10家、报关单位注册16家、报关员注册7人，对6名报关员记43分，完成2家企业的规范管理。

【关务保障】 牢固树立科学的理财观，围绕保障服务、增收节支和规范管理3条主线，整合财力物力资源，降低行政运行成本，完善财装管理制度，想方设法筹措资金、确保财力保障到位。加强行政后勤管理，提高服务保障水平。严格执行财经纪律，坚持“收支两条线”原则，以收定支；就经费预算、车辆及驾驶员管理、私货管理等加强监督检查，进一步提高关务保障能力。1～11月，各项基本运行经费和项目经费的预算执行率达100%；抓好监管点宾馆及茶室的监督管理，进一步提高综合理财能力，创收66.2万元。

【外事工作】 6月28～29日、12月23～24日天宝海关代表团与越南清水口岸代表团分别在越南清水口岸、麻栗坡县进行工作会晤。双方在打击边境地区毒品走私的情况、原产地海关管理情况、边境地区预防甲型H1N1流感、禽流感等疫病的工作情况等方面交换意见并达成共识，并签署会议纪要。为双方海关加强合作与交流，进一步推动口岸管理、执法互助、打击毒品和濒危动植物种走私打下基础。

【领导名录】
关　长　张信权
副关长、缉私分局局长　周海邻
副关长　赵宏武
　　　　杜永贵
政　委　刁　力
缉私分局副局长　黄　宏
纪检监察特派员　樊银河

（赵　围）

## 出入境检验检疫

【简　述】 2010年，文山州出入境检验检疫工作围绕“一条主线”、抓住“两个重点”、实现“三个抓手”、提高“六个有效性”的工作思路，以质量提升、创先争优、大质检文化、大质量机制和“桥头堡”建设为目标，各项工作取得明显成效。共检验检疫出入境货1 675批、货值6 887.39万美元，同比分别减少14.89%和5.70%。其中，出境货物1 198批、货值5 684.77万美元，同比分别减少29.40%和5.64%；入境货物477批、货值1 202.62万美元，同比批次增长76.01%、货值减少5.99%。检出不合格出口货物1批、货值0.36万美元。退运货物1批、货值5.94万美元。检出有害生物6批次/1种，检出率1.55%。综合实验室通过CNASL评审合格，完成279个/1071项进出口样品检测任务，检测准确率达100%。检疫查验出入境人员93 923人(次)(出境26 306人(次)，入境67 617人(次)，同比减0.67%。预防接种1 913人(次)，同比减少76.16%。口岸公共服务从业人员健康体检125人，检出乙肝表面抗原阳性4例。朝觐人员体检186人，传染病监测86人(次)。交通工具检疫及卫生处理6 559辆(次)(出境5 148辆(次)、入境1 411辆(次)，同比减13.38%。动物疫情血样采集检测80头(份)。实蝇监测7个区43个点，捕获实蝇11种。斑翅果蝇课题调查3个区6个点，捕获13头。利用“一机两屏”查获旅检禁止进境物15批(次)并作退回处理。对出口辣椒、烟草和进境木材、动物产品外包装、介质土、矿产品等共354批/20 030吨实施检疫处理。与深圳、广东、上海等口岸部门协调解决20余起货物滞港事件。减免检验检疫收费150余万元。

签发各类检验检疫证单12 270余份，其中签发各类原产地证892份/签证金额2 110.11万美元。实施电子转单近600批(次)。

**【合作备忘录】** 合作备忘录是落实“3+1”防线建设的重要措施。通过中越双边磋商，云南省卫生厅与越南河江省卫生厅于7月29日在麻栗坡签署《关于加强中越双边艾滋病防控跨境合作与交流的谅解备忘录》(草案)，防艾工作区域性跨境合作机制建立。11月25日云南出入境检验检疫局与文山州人民政府签署《关于提升文山沿边开放和外向型经济发展水平合作备忘录》，检政合作关系进一步增强。云南检验检疫局提出支持文山州口岸大通关建设、通关便利化、外经贸发展、边境地区疫情疫病防控、现代农业建设、标准化工作等11个方面18条措施，文山州人民政府在政策、疫情疫病防控、基础设施建设和资金等13个方面支持检验检疫工作。

**【岗位大练兵】** 为加强队伍素质建设，打牢政治理论基础，提高职工文化素养、业务能力和工作水平，增强队伍凝聚力和战斗力，以创先争优活动为载体，从6月起，在全局开展为期1年的岗位大练兵活动，组织理论知识学习、考试和技能大比武。26人参加全省系统岗位业务理论统一考试，合格率88.0%。21人参加保密知识和技能培训考试，合格率100%。25人参加百万职工节能减排知识竞赛，合格率100%。派出1人参加云南检验检疫系统检测技能大比武。

**【大质量机制】** 开展以“质量、提升、诚信”为主题的“质量提升”活动。做好综合协调和宣传工作，组织28人(次)深入8家重点企业开展宣传和培训8次、解决问题3次，利用“3.15”保护消费者权益日和“6.9”世界认可日发放宣传资料900余份。对辖区28家医疗机构的203台进口医疗器械进行了专项检查和监管。对1批/550万欧元的进口设备开箱检验。抓源头管理，落实企业主体安全责任。完成23个备案基地、21家企业的卫生备案注册监管和换证复审。督促企业提升管理水平，建立和完善诚信管理系统。从系统安装维护、宣传培训、日常检查监管、信息采集、诚信档案建设等方面对23家出口企业首次分级评定，达到C级标准，对产品实行动态管理。做好企业帮扶，应对FDA检查。4月美国食品药物管理局发出信函，将于12月对砚山县同和辣椒有限公司实施验厂检查，州局与地方人民政府及有关部门协调配合，从政策法规咨询、指导软硬件设施建设、基地备案咨询管理、原料进厂验收、生产加工、实验室检测、熏蒸处理、包装、仓储、日常监管等给予了技术支持和帮助，采取应对措施，使该公司于12月20日通过美国FDA检查，并对检查中提出的两项不符合项进行后续整改，提升了该企业的国际竞争力，保障国际市场占有份额，带动企业开展新意义轮的自我更新、自我完善，走科技进步的路子。

**【领导名录】**
局　长　文尚宇
副局长　朱　洪(兼纪检组长)
　　　　张光培(白)
　　　　王　勇(壮，10～)
技术中心主任　徐建明
麻栗坡办事处主任　陈光勇

(黄成平)

## 旅游业

**【简　述】** 2010年全州旅游工作围绕州委、州人民政府确定的工作目标，在旅游规划、项目建设、区域合作、宣传促销、行业管理等方面做了大量工作，全州旅游经济指标实现稳步增长。全州共接待旅游者486.06万人(次)，比上年同期增长11.72%。其中接待海外旅游者18 423人(次)，比上年同期增长19.03%，边境口岸入境一日游游客19.1万人(次)，比上年同期增长53.78%，国内旅游者465.12万人(次)，比上年同期增长10.45%；旅游总收入348 393.18万元，比上年同期增长14.62%。其中旅游外汇收入1 468万美元，比上年同期增长42.94%，国内旅游收入338 410.78万元，比上年同期增长13.95%，完成全年的工作目标任务。

**【旅游休闲度假基地总体策划】** 完成修改意见征询工作。1月12日，州旅游局召开《文山州旅游休闲度假基地总体策划》座谈会，听取策划编制单位北京达沃斯巅峰旅游规划设计院高级顾问李庚教授和高级规划师陈翠华对策划编制情况的介绍。副州长兰骏要求《文山州旅游休闲度假基地总体策划》要结合省里对文山旅游的定位，文山属于云南省六大旅游区之一，普者黑旅游区被省里定位为世界知名、国内一流的旅游休闲度假基地和云南省旅游循环经济示范区，坝美旅游区被定位为国内知名旅游区，策划应围绕这两点来做。同时要求策划编制单位应准确运用休闲度假基地的定位和架构来做好策划工作。策划主题要有新意，要突出重点，针对文山州实际，具体要从国际、国内、云南、文山4个层次来进行定位。

**【全州旅游工作会议】** 4月23日，州人民政府召开全州旅游

工作电视电话会议，安排布置2010年旅游工作，副州长兰骏在文山主会场出席会议并讲话。州人大常委会副主任马正新、州政协副主席罗正卿出席会议；州旅游产业领导小组成员单位有关负责人和文山县参会人员在文山主会场参会，其它各县参会人员在各县分会场参会。5月6日上午召开全州旅游安全工作会议，传达全省旅游安全工作会议精神。对查出的安全隐患进行整改落实，确保旅游行业安全。

**【参加国内旅游交易会】** 4月23～25日，由国家旅游局和重庆市人民政府共同主办的"2010中国国内旅游交易会"在重庆市国际会展中心举行。文山州组织丘北、广南、麻栗坡县旅游局参加交易会。交易会期间，文山州以"最后的世外桃源，永远的三七之乡"为主题形象宣传口号，通过发放宣传画册、旅游咨询等形式推出(普者黑—坝美—驮娘江—广西；普者黑—老君山—天保—越南)两条精品旅游线路。

**【参加昆明国际文化旅游节】** 5月1～3日，文山州人民政府组织参加由国家旅游局、云南省人民政府共同主办的2010年中国昆明国际文化旅游节昆明狂欢节"花车巡游"活动。州人民政府副州长兰骏参加启动仪式。文山州参加巡游的花车，以普者黑旅游区的荷花，坝美世外桃源的桃花为衬托，运用铜鼓、壮族吊脚楼及苗族的芦笙等文化元素和声、光、电，现代科技手法，充分展示和突出文山旅游文化特点，获得"最佳花车巡游奖"。

**【参加浙江义乌中国国际旅游商品博览会】** 6月24～27日，组织文山天兴三七制品有限公司参加浙江义乌举办的中国国际旅游商品博览会。文山州参展公司与江苏国视旅游文化投资有限公司签订50～100万元的意向购销合同；与浙江省衢州市文化系统柯城房美文化用品公司签订50万元订单；与中国医疗保健国际交流促进会、通太堂义乌疑难杂症康复馆达成在义乌代理年销售20～50万元的协议。

**【中国云南·普者黑"花脸节"】** 8月4日，2010年中国云南·普者黑"花脸节"在丘北县石缸坝新城区椒莲广场举行。省政协副主席王学智、云南省原军区司令员黄光汉、高雄新闻记者公会理事长、海峡两岸"七彩云南—文山行"联合采访团团长卢鸿霖、云桂公司指挥部副指挥长尹学平、云南省记者协会秘书长汪林正、文山州政协主席王云凌、丘北县有关领导及《人民日报》、新华社、新华通讯社、《台湾中华时报》、《台湾民众日报》、《云南日报》、《文山日报》等中央、台湾地区及云南省、州各大媒体记者，省内外各大旅行社嘉宾参加了开幕式。"花脸节"期间，推出"万亩荷花园"、"十里景观大道"、"万亩芦苇荡"、"湿地体验"等旅游新产品。

**【参加"中越60周年友好"活动】** 8月8～13日，为配合国家旅游局赴越南举办"中越60周年友好"活动旅游宣传推广，文山州、红河州云南省代表团及广西省、广东省代表团在国家旅游局局长邵琪伟的带领下，于8月9日、11日晚分别在越南河内、胡志明市联合举办"中国旅游之夜"。借此，中越双方首次共同签署《中国国家旅游局与越南文化、体育与旅游部2010－2013年旅游合作协议》。

**【参加首届中国国际自驾游交易博览会】** 10月22～26日，由国家旅游局、西部12省(区、市)人民政府和新疆生产建设兵团共同主办的以"自由便捷 绿色时尚"为主题，以"魅力中国 自驾天堂"为口号的首届中国国际自驾游交易博览会在成都举办。文山州组织了丘北、广南县旅游局一行9人自驾车参加此次自驾游博览会。在博览会现场，文山州制作了专门适合自驾游游客的旅游交通图及自驾游线路。通过发放旅游宣传资料、现场介绍等形式，全面宣传文山州普者黑旅游区和坝美旅游区及彝族花脸节、壮族三月节等民族节庆活动，吸引了大批的参展客商及公众。

**【全州导游人员资格考试】** 11月6～7日，文山州全国导游人员资格考试的笔试在文山州财校考点进行，全州共有83人参加。省旅游局派出以纪检组长陈祯龙为组长的督查组到文山州考点就考场纪律等方面进行现场督查。

**【参加中国国际旅游交易会】** 11月18～22日，由国家旅游局、上海市人民政府、中国民用航空局共同举办的2010中国国际旅游交易会于在上海新国际博览中心举行。文山州组织丘北、广南、麻栗坡、砚山县旅游局参加了交易会。交易会期间，文山州以"最后的世外桃源，永远的三七之乡"为主题形象宣传口号，推出了(普者黑—坝美—驮娘江—广西；普者黑—老君山—天保—越南)两条精品旅游线路。

**【星级宾馆】** 2010年，全州有普者黑度假村、瑞和宾馆、文化大厦、普阳酒店、海威尔酒店、文汇大酒店、九龙宾馆、国豪大酒店等8家三星级宾馆；有交通宾馆、丰园宾馆、电力宾馆、三联酒店、普厅宾馆等5家二星级宾馆。

**【旅行社】** 全州有万诚旅行社、交通旅行社、三鑫旅行社、美景旅行社、麻栗坡旅行社、荷花旅行社、砚山旅行社、文山普者黑旅行社、广南奕奕旅行社、新风情旅行社、富宁县柔情壮乡旅行社有限责任公司、文山宝中旅行社有限公司普者黑椒莲旅行社、云南国际旅行社文山分社等14家旅行社。

**【领导名录】**

局　长　杨晓红(女)

副局长　杨耀文

　　　　龙志鸿

(岳卫民)

# 特色产业

责任编辑：李春梅

在建中的氧化铝厂

# 三　七

【简　述】 2010年，全州三七产业实现总产值32.66亿元、销售收入54.56亿元、利润14.11亿元、税金0.59亿元，分别比上年增35.94%、50.45%、147.13%和28.77%。

【三七规范化种植】 受2008年下半年三七价格回升的影响，部分七农纷纷扩大三七种植面积的影响，2010年三七种植势头开始回升。据统计，全州共有66个乡(镇)6 749户农户12 668人种植三七，分别比上年增3.13%、1.37%和20.48%。在地面积84 233亩，比上年增22.57%；其中：新植一年七16 304亩，增43.90%。2010年采挖面积34 614亩，增25.83%；产量达493.44万千克，增10.77%。面对年初持续干旱给三七种植业造成的严重影响，组织干部职工及科技人员深入生产一线，指导七农做好抗旱救灾及生产自救工作，组织实施《文山州12万亩三七标准化种植基地建设项目》，完成年度计划1.5万亩三七GAP基地建设任务，并对项目进行了跟踪管理。年内共举办三七标准化种植技术培训班25期，培训3 100人(次)，提高七农的规范种植水平，推广三七标准化种植面积达7万亩(其中：GAP种植面积6万亩，有机三七种植面积1万亩)，占总面积的82.35%。全州三七种植业实现总产值19.56亿元、销售收入22.47亿元、利润10.11亿元，分别比上年增56.41%、94.38%和150%，种植业稳步发展。

【三七产业园区建设】 年内，引进7家企业11个生产性项目入园，入园投资企业占全州三七在生产企业的53.85%，其中已有6个项目竣工投产。目前，特安呐公司三七初加工中心、七丹公司三七饮片项目的主体工程和设备安装已完成，并进入试生产阶段；苗乡公司有机三七系列产品生产线项目厂房主体工程已竣工，预计明年初投入使用；金三奇、金达利、三七庄公司已完成项目前期工作；推进行政配套项目建设。建成州食药监局、天保海关、州药检所、州质检所和新平派出所5个行政配套项目并投入使用；加大园区招商引资力度，促成入园企业云科药业科技有限公司三七总皂苷提取生产线顺利开工，引进人羞花(牙膏生产线项目)、紫文、金旺和威克公司入园投资，完成标准厂房建设5.3万平方米。2010年，三七药物产业园区实现工业总产值11.25亿元、销售收入26.29亿元、税利3亿元，分别比上年同期增加10.64%、31.25%和91.10%。

【三七加工业】 帮助七花公司完成改制，加大扶持力度，指导企业生产经营；以"昆交会"、"珠洽会"为契机，通过电视、互联网、广播等媒体广泛开展企业文化宣传，开拓产品市场；建立储备库，收集、整理、编制三七产业项目共39个；将《紫杉醇提纯及三七菊茶生产线建设项目》、《三七总皂苷提升产品质量技改项目》等13个有较好发展前景的项目列为产业招商项目。2010年，实现工业总产值13.1亿元、销售收入10.61亿元、税利1.07亿元、实现利润0.73亿元，分别比上年同期增加13.64%、10.05%、102%和204%。

【三七流通市场】 受自然灾害及三七种植轮作周期等因素的影响，三七原料市场供给减少，价格上扬，并达到历史最高，平均价格由2005年的60元/千克上涨到348.36元/千克，进入7月后价格稳定，流通市场日渐活跃，流通业迅猛发展。2010年，全州共有183户(含个体户)从事三七流通业，整个流通业实现销售收入21.48亿元、税利3.52亿元，分别比上年同期增42.59%和121%；其中，文山三七国际交易中心实现销售收入18.28亿元，税利2.39亿元，占全州三七流通业的85.1%和67.9%。

【三七科研】 组织实施国家、省、州在研科技项目研究共9项；开展三七基础应用研究及新产品开发，其中"三七连作障碍的化感效应及化感物质的分离鉴定项目"及"三七种内遗传多样性研究项目"已结题，为三七连作障碍及新品种选育奠定基础；启动省人民政府给予扶持的云南三七农业工程实验室建设项目，并于10月23日开工项目；争取国家、省、州相关部门对三七科技工作的支持，向省科技厅、生物办及工信委申报项目4项，其中已有1项获准立项；加大与州内外知名院校和科研机构交流与合作，经州委、州人民政府批准，将文山三七研究院整体并入文山学院，实行地方政府与院校共建共管。同时加大州校合作，达成与云南农业大学合作实施"文山三七现代工程农业技术产业化示范项目"，促成苗乡公司与云南农业大学签订了"三七工厂化育苗项目"，建立"产、学、研"合作机制，共同推进三七种植业工程农业化。

【对外宣传】 2010年，依托文山三七展示馆，抓住承办云南省第十三届运动会、全国30个自治州人大工作会议、全国科技专家和致富能手科技下乡活动，以及国家、省和各地州党政代表团到文山州考察、学习的机会，加大三七产业宣传，年内共接待外来参观考察团20个近1 000人，进一步提高三七的社会知名度，扩大三七社会影响力；组织三七加工企业参加"昆交会"、"珠洽会"和"2010中国国际旅游商品博览会"等各项展销活动，广泛开展企业及其三七系列产品宣传活动；加大国内外知名媒体宣传报道，先后邀请云南电视台《新闻联播》栏目组、中央电视台7套《每日农经》栏目组等媒体到文山拍摄三七专题片，全方位宣传文山三七，扩大三七对外知名度和社会影响力；加大互联网信息发布。通过"文山三七网"等门户网站发布各类三七产业信息700余条，为生产经营者提供全面的产业信息服务。

【招商引资】 年内，引进云南白药集团、天津天士力集团、广州白云山和记黄埔公司、云南云科药业公司等国内知名企业落户文山开发三七产业。云南白药集团文山七花有限责任公司完成第二次改制，成为云南白药集团的全资子公司；天津天士力集团在文山注册成立“云南天士力三七种植有限公司”，公司注册资金900万元，目前正在开展1期1 000亩三七种植基地选地工作；广州白云山和记黄埔中药有限公司与文山三七研究院签订《云南三七产业化示范基地合作协议书》，计划在文山建设三七GAP产业化示范基地5 200亩；云南云科药业有限公司与州人民政府签订《三七产业投资项目建设合同》，其中60吨三七总皂苷提取生产线项目于9月9日举行奠基仪式。

**【产业发展基础工作】** 组织完成《文山三七产业发展“十二五”规划(初稿)》编制工作，为未来三七产业持续健康快速发展奠定坚实基础；推进“三七药食同源”和新资源食品研究、申报工作。目前已完成三七花、三七毒理学安全评价，正在开展稳定性试验；完成三七茎叶、三七花质量标准提高研究实验；文山三七研究院联合七丹药业公司正在开展三七新资源食品申报工作；三七药食同源申报资料整理、三七保健食品开发研究和三七食品添加剂使用的研究正在开展；开展“文山三七”驰名商标申报工作，上报相关申报材料已到国家工商总局商标局审查认证，12月15日，文山三七被认定为云南省著名商标；积极配合省级有关部门开展云南三七产业发展政策研究工作，力争将文山三七产业提升到省级层面进行培育和开发。

**【领导名录】**

局　长　王成标(10～)
副局长　宋开贵(～11)
　　　　胡宗红(壮)

(龙虹宇)

## 烟　草

**【简　述】** 2010年，全州烟草系统实现税利9.5亿元，同比增加8 230万元，增长9.48%。其中，实现税金4.75亿元，同比增加7 977万元，增长20.17%；实现利润4.75亿元，同比增加253万元，增长0.54%。

**【烟叶收购】** 全州收购烟叶130万担(含2009年丰产烟叶8万担，当年实际收购烟叶122万担)，实现烟农收入8.18亿元，同比增加1 800多万元，实现烟叶税1.8亿元，同比增加400多万元，户均收入达到3.6万元，同比增加0.6万元。累计投入抗旱资金3 500多万元、新打机井4口、新建泵站38处，出动抗旱人数12万人(次)。

**【烤烟种植】** 落实烤烟种植面积40.8万亩，覆盖7县56个乡(镇)323个村委会22 868户烟农，户均种烟面积17.84亩，同比增加4.85亩。全州共建育苗点409个，同比减少60个，壮苗率明显提高；机械起垄面积达到29.4万亩，同比增加10万亩；地膜覆盖面积达到15万亩，抗旱新增地膜面积14万亩，烤烟生产各项关键实用技术落实到位，大田移栽整体规范化水平明显提高。全面推进“百县千站烟叶质量推进行动”。

**【特色优质基地建设】** 邀请省烟科院专家进驻文山研究特色优质烟叶开发工作，扎实推进特需品种、特色品种、区域特色烟叶基地建设，组织实施文山德厚、丘北双龙营2个烟草科技示范园项目。同时，紧紧围绕卷烟品牌需求导向，加强与工业企业的合作，建设中华、云烟、芙蓉王等高端品牌导向型原料基地18个。

**【现代烟草农业试范建设】** 以丘北现代烟草农业示范县建设为重点，进一步巩固提升砚山现代烟草农业示范县建设，强化烟叶生产基础设施配套建设。全州投入资金3.1亿元，建设文山市朝阳，砚山县石碑寨、舍木那，丘北县马者龙等7县8个项目区现代烟草农业示范工程，配套基本烟田面积16.92万亩，共建成烟水工程257件、机耕路143条251.55千米、卧式密集烤房4 000座、配置农机具474台(套)；全州发展50亩以上家庭农场220户，发展10个种烟专业合作社和育苗、植保、烘烤综合服务合作社，发展4个工场化育苗农业服务公司，组建机械深耕起垄专业队11支220人；育苗专业队287支314人；植保专业队77支961人；烘烤专业队112支914人；预检专业队32支214人，有力推动全州烟叶生产方式转变。

**【卷烟营销】** 全年，共销售卷烟10.6万箱，占省下达任务的100%，同比增加6 511箱，增长6.54%；实现税利3.1亿元，同比增加7 324万元，增长30.43%；实现单箱含税销售收入1.54万元，同比增加2 148元，增幅16.23%。

**【专卖管理】** 全年共查处涉烟案件397起，涉案金额1 284.34万元，刑拘97人、逮捕77人、判处有期徒刑87人、拘役7人，破获的“12.1”非法经营网络案件受到国家局的表彰。全州共出动宣传人员1 240人(次)，设立宣传点及真假商标卷烟咨询点76个，发放宣传资料35 200余份，接待来访人员63 000人(次)。

**【领导名录】**

局长(经理)　张树锋
副　局　长　陆永祥(壮)
纪检组长　陈德志
副　经　理　陆永恒(壮)
　　　　　　李安源
　　　　　　张家征

(邓月中)

# 扶贫开发

责任编辑：陈翠莲

科麻栗新村

## 扶贫开发

**【扶贫成效】** 2010年，全州扶贫开发工作认真落实中央和省州各级领导关于加大对特殊贫困群体扶持力度的重要批示精神、全省昭通扶贫开发工作现场会和全州农村工作暨扶贫开发社会主义新农村建设表彰会议精神，瞄准扶贫对象，加大投入力度，扶贫工作不断向纵深方向推进，不断向特困群体覆盖，不断向产业发展迈进，取得显著成效，投入各类扶贫资金10.69亿元，其中：专项补助资金3.37亿元、部门资金1.1亿元、有偿资金3.64亿元、群众自筹和以劳折资2.58亿元，解决贫困人口10万人。

## 政策措施

**【表彰先进】** 年内，州委、州人民政府下发《关于表彰2009年扶贫开发社会主义新农村建设“十大扶贫新闻人物”“十大扶贫明星企业”和先进单位及先进个人的决定》，对在2009年扶贫开发社会主义新农村建设中作出突出贡献的“十大扶贫新闻人物”、“十大扶贫明星企业”、33个先进单位、16个优秀派出单位、14个先进示范村、60名先进个人、16名优秀工作队长、113名优秀指导员进行表彰奖励。

**【出台实施方案】** 年内，州委农村工作领导小组办公室出台《文山州2010年度整村推进扶贫开发新农村建设实施方案》，明确指导思想、工作原则、目标任务和建设内容，提出工作措施和工作步骤。

## 扶贫会议

**【召开全州农村工作暨扶贫表彰会议】** 2月28日，州委、州政府在文山会堂召开全州农村工作暨扶贫开发社会主义新农村建设表彰会。会议总结2009年农业农村和扶贫开发工作，分析当前形势，研究促进农业稳定发展、农民持续增收的政策措施，部署2010年工作任务，表彰在2009年扶贫开发和新农村建设中涌现出来的先进集体和先进个人。

**【召开扶持云南布朗族(莽人克木人)瑶族支系山瑶工作汇报会】** 6月30日下午，国务院扶贫办与省人民政府在北京召开“扶持云南布朗族(莽人克木人)瑶族支系山瑶工作情况汇报会”。国务院扶贫办主任范小建、国家民委副主任胡世民、财政部部长助理胡静林、中共中央办公厅督查室副主任杨解非、中共中央办公厅督查室督查专员咸罗洪以及国家发改委、教育部、民政部、住房与城乡建设部、交通运输部、水利部、农业部、文化部、卫生部、国家广电总局、国家林业局、上海市人民政府的领导，省人民政府秦光荣省长、孔垂柱副省长、刘平副省长、秘书长丁绍祥以及省扶贫办、省发改委、省财政厅、省交通厅等有关部门负责人出席了会议。州长黄文武、富宁县王毅县长以及州、县扶贫部门的有关同志参加会议。会议由国务院扶贫办副主任王国良主持。会议审查通过《云南富宁瑶族支系山瑶群众聚居区扶贫开发综合治理试点总体规划》，并将富宁县瑶族支系山瑶扶持发展工作列为全国探索解决特殊困难区域和特殊贫困群众的试点。

**【整村推进扶贫开发新农村建设】** 年内，完成2009年度跨年度实施整村推进扶贫开发项目788个，并启动实施2010年度965个整村推进项目建设，其中：省扶贫重点村403个、边境县整村推进149个、上海白玉兰重点村87个、自筹资金建设完成124个、其他202个。投入资金6.11亿元，其中：扶贫专项资金2.4亿元、整合部门资金投入1.1亿元、群众自筹和投劳折资2.58亿元，所有项目已于10月下达到县(市)。投入223.7万元，完成中低产田地改造5 985亩。完成安居房改造6 128户，建成沼气池3 586口，建成小水窖1 626口，架设人畜饮水管道102.73千米，村间道路硬化604千米、177.07万平方米，经济作物种植5.2万亩，经济林果种植3.93万亩，完成贫困劳动力转移培训1.53万人及输出0.32万人，完成科技培训3.96万人。

**【产业扶贫】** 年内，投入专项补助资金800万元，完成2009年跨年度实施科技及产业项目11个，建成规模达200头的文山市肉牛养殖小区1个，砚山县“韩国朝天椒”基地1 500亩，西畴县牧草场3 000亩和400头母牛养殖，麻栗坡县咖啡基地2 300亩，马关县蔬菜种植10 000亩、优质草果种植10 000亩，丘北县种草养畜产业示范项目1个、规模达700头的仔猪养殖基地1个，广南县剑麻种植6 500亩，富宁县油茶种植7045亩、种草养羊基地1个。项目覆盖农户7 291户32 403人，通过项目实施预计可实现人均增收700元。2010年筛选申报了23个产业扶贫项目，获得批准22个，其中：种植业14个、养殖业8个，总投入7 063.7万元，获得专项补助1 440万元。

**【劳动力转移培训】** 年内，投入1 050万元，完成2009年跨年度农村贫困劳动力输出前培训2.6002万人，占计划的100%，转移输出25 010人，9个示范基地培训学校完成农村劳动力转移培训6 652人，占计划的100.4%，培训合格率达100%；职业技能鉴定持初、中级职业资格证书6 609人；转移就业率为99.0%，就业稳定率达90.0%以上，取得较好的培训效果。2010年投入1 242万元计划跨年度实施贫困地区劳动力转移培训3.42万人，项目于4月和6月分两批下达到县(市)，其中：引导性培训转移2.49万人、省级贫困地区劳动力转移培训示范基地转移培训9 300人，截至2010年底共开展和完成培训20 193人，占总任务的59.0%，计划将于2011年6月底全部完成。

**【易地开发扶贫】** 年内，完成2009年跨年度项目实施工作，投入3 670万元建成54个安置点1 411套安居房，基本农田改造2 617亩，转移安置7 340人。建成安居房1 479套11.1万平方米，基本农田3 192亩，沟渠6 381米，输水主管道42.5千米、分管9.8千米，建成360件14 793立方米水池(窖)，新修进村公路6.1千米，改扩进村路5.3千米，排水沟10 988米，村内道路硬化66 452平方米，千伏输电线路11.6千米，0.4千伏输电线路18.82千米%，安装变压器14台，种植经济林果4 636亩，沼气池801口，节能灶389眼，科技培训144期14 102人(次)，科技活动室13所。2010年投入1 450万元计划转移安置2 900人，其中：文山市300人、砚山县365人、西畴县400人、麻栗坡县269人、马关县400人、丘北县450人、广南县216人、富宁县500人，项目于10月启动实施，计划在2011年10月实施结束。

**【信贷扶贫】** 年内，省下达文山州小额信贷指标3亿元，实际发放小额信贷扶贫贷款4.3亿元，其中：农行资金0.73亿元、信用社资金3.52亿元、农发行资金0.05亿元。覆盖3.36万户农户，涉及烤烟生产、茶叶生产、三七、养牛等近20多个种、养、加扶持项目。扶持文山市苗乡三七实业有限公司、丘北县一吃福食品开发有限公司、丘北县绿色食品冷冻厂、丘北县富资养殖场、佳林咖啡发展有限公司、麻栗坡县利群竹笋厂、马关县茂荣农副产品加工厂、马关县八寨龙源养殖厂、马关县万绿农业开发有限公司、广南县馥民生物科技开发有限公司、广南县凯鑫生态茶业开发有限公司、云南金泰得三七产业股份有限公司、云南万道香茶业有限公司、丘北县双龙油脂有限责任公司共14家企业1.07亿元信贷扶贫项目贴息资金249万元。

**【革命老区开发】** 年内，投入革命老区建设专项资金290万元，建设文山市丫呼寨、砚山县凹塘和大青龙村、西畴县达嘎村、麻栗坡县坪江坝村、丘北县下寨村、广南县天生桥村、富宁县那耶村7个革命老区整村推进扶贫开发新农村示范村，建设项目正有条不紊地推进，将于2011年6月全面完成。

## 社会帮扶

**【中央国家机关挂钩扶贫】** 年内，外交部下派1名处级干部到麻栗坡县开展蹲点扶贫，有84人次深入村寨调研指导工作，直接投入帮扶资金176万元(其中：资金120万元，物资折价56万元)，帮助协调引进资金661.6万元，实施项目18个，援建示范村3个，资助贫困学生774名，援建希望小学6所，建安居户36户，建沼气池36口。高检院下派1名处级干部到西畴县开展蹲点扶贫，有5人组成的调研组深入贫困村寨开展调研、确定项目，单位投入帮扶资金30万元，援建示范村1个。国家机关挂钩单位援建项目涉及两上县的12个乡镇，共5.6万余人受益。

**【省级机关企事业单位挂钩扶贫】** 年内，省级有20个机关及企事业单位定点挂钩扶贫文山州8县(市)。全年省级挂钩部门安排32人到扶贫点挂职或蹲点开展扶贫工作；有234人到挂钩点开展扶贫调研；挂钩部门直接投入扶贫资金669.2万元(其中：捐物折资144.1万元)，帮助协调引进资金564万元，引进项目15项，引进人才17人，引进技术4项；在扶贫点援建希望小学5所，资助贫困学生184名；援建卫生室2个；援建整村推进示范项目22个；建安居房3户，建设小水窖151口，建沼气池86口，帮扶建设乡村公路及村内道路18千米；帮助组织劳务输出649人；举办各种培训班52期、培训5 801人(次)。挂钩单位援建项目涉及8县(市)25个乡镇，使4.4万余人受益。

**【州级机关企事业单位挂钩扶贫】** 年内，文山州州级四套班子成员分别挂钩联系8个县(市)28个乡镇32个村委会，共计到扶贫点调研111次160天，在扶贫点召开会议89次，直接投入资金363万元，援助物资折价76.7万元，协调有偿资金21万元，协调无偿资金659.3万元，引进资金10万元，援建小康村13个，修建村内道路45.5千米；帮扶农户191户，帮扶人数816人，援助资金9.25万元，援助物资折价7.68万元，解决安居17户，援建小水窖72口，援建沼气池266口，资助贫困学生20名。年内，136个州级国家机关和企事业单位共下派挂职干部59名，下村到点检查指导3 199人次，部门直接投入扶贫资金1 630.7万元(其中捐物折资193.2万元)，协调引进资金3 407.2万元，引进项目48个，引进技术18项，引进人才8人，举办培训班215期培训11 474人，资助贫困学生3 125人，组织劳务输出11 705人，扶持贫困户6 694户，接受帮扶人数14 490人，扶持资金552.2万元，援建小康村38个，援建希望小学17所，建设安居房695户，建设小水窖563口，扶持建设沼气池435口，建设乡村及村内道路452千米，帮扶项目受益8.7万余人。

**【县(市)级机关企事业单位挂钩扶贫】** 全年共有8县(市)级挂钩单位717个，下派干部61名，下村考察人数8 564人(次)。直接投入扶贫资金2 276.1万元(其中捐物折资546万元)，协调引进资金1 073.2万元，引进项目43个，引进技术9项，引进人才2人，举办培训班603期培训35 164人(次)，资助贫困学生4 484人，组织劳务输出20 838人，扶持贫困户10 741户，接受帮扶人数46 487人，扶持资金1 849.7万余元，建设安居房525户，建设小水窖1 399口，扶持建设沼气池505口，建设乡村及村内道路247.9千米，帮扶项目受益人数为24万余人。

**【其他社会力量扶贫】** 全年共有74个单位参与扶贫，下村考察人数204人，投入资金1 429万元，其中资金1 264.3万元，物资折资164.7万元。引进资金54.8万元，引进项目2个，引进技术2项，举办培训班18期923人，劳务输出950人，援建示范村19个，援建希望小学1所，资助贫困学生5 812人，解决安居房120户，建设小水窖303口，解决沼气池100口，修乡村及村内道路12.5千米，帮扶项目受益2.8万余人。

【上海对口帮扶】 年内，上海援建文山州的对口帮扶协议项目共107个，投入帮扶资金5 690万元，其中：新农村建设项目87个、产业发展项目17个、社会事业项目3个、专项对僰人和山瑶扶贫项目2个。

【产业发展项目】 围绕新农村建设项目区，扶持当地群众开展特色增收产业项目建设，实施2 345亩特色作物种植，其中：发展600亩特色水果、754亩三七规范化种植基地、500亩马铃薯、500亩草果，养殖生猪1 000头。

【社会事业项目】 援助实施文山州三七良种繁育中心综合楼、西畴县莲花塘乡中心卫生院标准化建设和农特产品开拓上海市场3个社会事业项目。

【人力资源开发项目】 年内，开展白玉兰远程培训2 146人次，分别在文山和上海两地举办各类培训班34期，培训各类人才2 880人(次)(其中：教师2期83人、党政干部1期40人、乡镇党政干部3期15人、少数民族干部培训1期1人、特色商品网络营销1期3人、农产品加工经营管理1期3人、培训农村致富带头人1期3人、扶贫系统干部4期20人、新农村建设整村推进项目管理人员1期60人、其他19期2 652人)，上海派出18名优秀教师到麻栗坡、广南和富宁县开展支教工作，配合输出劳务200余人。

【双边交流和经济协作】 闸北、虹口、松江、浦东新区等4区党政代表团分别到文山开展调查研究，检查指导工作，签署对口帮扶协议；文山州及8县(市)党政代表团也分别赴上海考察学习，双方互访交流达950人(次)，其中组织州、县(市)世博参观代表团24批(次)472人(次)参观世博会。全年两地企业开展了11项经贸合作，金额达到55 264万元，其中1月在上海举行“2010年上海对口支援地区特色商品迎春博览会”上，文山州有9个企业与上海企业签订合作协议，占全省15个签约项目的60.0%；资金总额达55 060万元，占全省签约资金的92.0%。

【协议外项目】 年内，通过上海驻文联络员的积极宣传、协调、努力，共争取协议外帮扶项目41个1 241.04万元。援建希望学校和校舍13所(幢)、捐赠图书和教学设备、资助贫困学生、干部培训及抗旱救灾。

## 其　他

【扶贫资金监管】 扶贫资金的管理。在严格执行“三制度一公开”、“四对应”和上级监督、部门监督、监察审计监督、群众监督和舆论监督五道防线的基础上，实行扶贫项目廉政承诺制、贫困群众廉政评议制、贫困群众廉政评议员制三项制度，加强扶贫资金绩效管理，做好扶贫项目绩效责任“双签”制度，开展扶贫项目绩效评价，提高扶贫资金的使用效益。

【以县为单位连片开发】 在西畴县实施“以县为单位、整合资金、整村推进、连片开发”试点建设，投入财政扶贫专项资金1 000万元，拉动各类涉农资金集中投入，使扶贫开发与试点区域经济发展有机结合，实现连片开发。项目涉及西洒、蚌谷、兴街、莲花塘4个乡(镇)14个村委会90个村民小组，规划总投资9 686.67万元，其中：中央财政专项扶贫资金1 000万元，整合部门资金3 892.12万元，上海对口帮扶资金267.4万元，小额信贷扶贫资金900万元，群众自筹资金(含投工投劳折价)3 627.15万元。完成基本农田改造8 000亩，道路硬化109.2千米，危房拆除重建607户，改造1 418户，一池三改1 325户，墙体粉刷750户18.8万平方米，卫生室5间，安装人畜饮水管道12条49.8千米，灌溉沟渠2条7.8千米，活动室15间1 190平方米，活动场地15块2 400平方米；种植核桃9 280亩，冬桃1 000亩，柑桔500亩，甘庶1 000亩，种桑养蚕2 000亩，养猪7 810头，养牛1 271头。

【整乡推进】 继续采取国家补助为辅、群众自筹为主、积极投工投劳、筹资献料等方式实施文山市追栗街镇整乡推进试点，按照“一挂三帮四整合”的工作措施，重点实施20个村小组的建设，累计完成投资1.07亿元，其中：专项扶贫资金600万元、整合部门资金3 815万元、社会帮扶资金1 310万元、信贷资金1 000万元、群众自筹资金(含以劳折资)3 975万元。全面完成整乡推进试点建设任务，在巩固烤烟、甘蔗、柿子等传统产业的基础上，大力培育核桃、油茶、大牲畜养殖等特色产业，基础产业发展得到优化，全镇66个村组村容村貌得到了彻底整治。实现了“五强八有九提高”目标。五强，即基础产业发展得到优化、基础设施建设得到改善、基层组织建设向前推进、基本素质培养取得实效、基本保障能力得到提高，八有，即有安居房、有庭院、有4配套(沼气池、卫生厨房、卫生畜厩、卫生厕所)、有生产生活用水、有高稳产农田地、有增收项目、有电视看、有致富技术。九提高，即农民收入提高、生活水平提高、群众素质提高、发展速度提高、发展质量提高、党建层次提高、环境质量提高、村寨形象提高、幸福指数提高。

【互助资金】 年内，完成2009年度跨年度实施互助资金试点项目，每县投入100万元共300万元在砚山、马关、麻栗坡3县开展贫困村互助资金试点，其中：麻栗坡县为中央试点，砚山、马关为省级试点，共建成贫困村互助资金试点村24个。2010年投入460万元专项资金，分别在广南、富宁两县开展跨年度贫困村互助资金试点，其中：富宁县为中央试点县，补助试点资金360万元，计划实施24个试点村，每村补助15万元；广南县为省级试点县，补助试点资金100万元，计划实施10个试点村，每村补助10万元，两县于11月正式启动实施。

**【扶贫安居工程】** 年内，投入1 335万元专项补助资金，每户补助10 000元，共实施扶贫安居危坏房改造建设1 335户，其中：西畴县200户、麻栗坡县190户、马关县190户、丘北县300户、广南县155户、富宁300户，改善了贫困群众的居住条件。

**【两项制度衔接】** 实施农村最低生活保障制度和扶贫开发政策有效衔接，实现开发扶贫与生活救助“两轮驱动”，今年在富宁县实施农村低保制度与扶贫开发政策有效衔接工作试点。

**【特殊群体扶贫】** 加大对革命老区、民族地区、边疆地区、贫困地区发展扶持力度。全面完成国务院扶贫办提出“三个确保”距边境25千米以内的25个行政村整村推进建设任务和86个革命老区行政村整村推进建设任务。马关、麻栗坡和富宁边境县每个整村推进项目投入专项资金50万元，实施整村推进项目149个。贯彻落实中央和省州领导的重要批示精神，组织编制完成了《云南富宁瑶族支系山瑶群众聚居区扶贫开发综合治理试点总体规划》和富宁县瑶族支系山瑶群众聚居的6个乡镇整乡推进规划，并顺利通过了国务院扶贫办的审查，国务院扶贫办将富宁县瑶族支系山瑶扶持发展工作列为全国探索解决特殊困难区域和特殊贫困群众的试点，对1 828户8 429人山瑶贫困群众给予全面扶持。通过积极争取努力，年内共向上级争取补助资金1.2亿元，占计划的44.0%。按照“搬家、种树、办教育”的扶持发展思路，实施县城新华镇安好、归朝镇那贡、金坝林场那岗3个搬迁试点和新华镇龙楼、归朝镇龙秋、那龙、那能乡达马4个就地就近扶持发展试点村，项目覆盖山瑶群众320户1 521人。在山瑶贫困群众聚居区开展生态环境保护和素质提高工程。完成11个村僰人村寨整村推进建设。

**【领导名录】**

主　任　林坤跃

副主任　董晓伟

　　　　韦炳国（壮）

　　　　唐金星

　　　　张玉娥（壮，4～）

（杨洪平）

彝族斗脚架

# 基本国策

责任编辑：蹇泓钰

开展土地日宣传活动

# 人口与计划生育

**【人口变动】** 年末总人口为3 483 917人，全州出生率为13.76‰，人口自增率为6.87‰，计划生育率为95.76%，比上年下降0.22个百分点。

**【会　议】** 4月2日，文山州人民政府召开2010年全州人口和计划生育工作电视电话会议。副州长兰骏在会上作重要讲话，总结2009年全州人口和计划生育工作取得的成绩，并对2010年全州人口和计划生育工作作了部署。要求2010年全州人口出生率控制在13‰以内，人口自增率控制在6.5‰以内。会上，通报了2009年度人口计生目标管理考核结果。副州长兰骏与文山县人民政府领导签订了2010年《人口和计划生育目标管理责任书》，州人大副主任孙天竹、州政协副主席候强出席会议。

**【纪念"9·25"《公开信》发表30周年】** 9月25日是《中共中央关于控制全国人口增长问题致全体党员共青团员的公开信》(以下简称《公开信》)发表30周年纪念日，州委对党中央《公开信》发表30周年纪念活动高度重视，对全州的纪念活动作了安排部署。9月25日下午，文山州纪念《公开信》发表30周年座谈会和人口计划生育先进集体先进个人表彰会在州委小礼堂隆重召开，州委常委、州委宣传部部长徐昌碧出席座谈会并讲话，座谈会由州人民政府副州长兰俊支持。州人大常委会、州政协部分领导、州人口和计划生育领导小组成员单位、计划生育工作先进集体、先进个人、计划生育家庭户代表、基层人口计生工作者代表及长期从事人口计生工作的代表等共计130多人出席座谈会。表彰奖励30家先进集体和130名先进个人。会上重温了党中央的《公开信》，州人口计生委主任熊朝文在座谈会上介绍了当前全州的人口计生工作情况，计划生育家庭户代表、基层人口计生工作者代表及长期从事人口计生工作的代表作了发言。9月26日，州委宣传部和文山县委宣传部，州、县人口计生部门、团委、妇联、广播电视局等12家单位在文山城双桥花园共同举行了以"关注人口发展、促进社会和谐"为主题的人口计生宣传活动。纪念活动时期，副州长兰俊率州委宣传部、州人口计生委、州广电局、州妇联及文山县的领导慰问看望文山县开化镇和在文山城居住的计划生育模范家庭和计划生育工作老干部4户；州人口计生委主任熊朝文带领班子成员走访慰问相关干部和群众60余名。

全州各县同时开展形式多样的纪念活动，在活动中，共发放宣传资料(8类)80余万份、书写标语1 230条，免费发发价值10万元的避孕药具、接待群众咨询2万余人(次)、生殖健康检查9 100人(次)、全州受教育人数达120多万人(次)。

**【奖励扶助】** 年内，农村居民新办理"独生子女父母光荣证"998户，兑现奖励金44.7万元；在边3县麻栗坡、马关、富宁实施的"少生快富"工程，全州应兑现奖励金的共1 674户，奖励金474.6元，已全部兑现；享受国家养老扶助6 500人，兑现养老扶助资金504万元；享受农业人口独生子女奖学金的小学生达6 488人，初中生达2 420人，全年兑现独生子女"教育奖学金"166.728万元。享受计划生育家庭特别扶助913人，兑现特别扶助金107.688万元，计划生育家庭"新农合"个人参合资助金238.14万。全州全年兑现各种计划生育惠民资金1 491.156万元。

**【政策法规】** 4月，全州启用新的"生育服务证"，停止使用过去的"生育证"。在新证启用同时，州人口计生委制定《文山州人口计生相关办证办事程序》下发各县，规范相关证件办理程序。州级和8县接到群众来信来访223件(含电话访95件)，比上年增加10件，件件得到妥善处置，没有集体上访事件。

**【流动人口计划生育管理】** 出台《2010年流动人口计划生育区域"一盘棋"工作实施方案》。组织1 000名基层人口计生干部参加《流动人口计划生育工作条例》知识竞赛活动，并获得省人口计生委授予的竞赛组织奖。年内向发放流动人口发放服务卡3万份，免费为流动人口提供计划生育技术服务30 730次。

**【技术服务】** 6月，云南省不孕不育爱心援助活动仪式在广南县举行，全州各县服务站组织30对不孕不育夫妻参加活动，请省九洲医院的专家为他群众进行义诊，安排8对贫困夫妻到省九洲医院接受免费治疗。专家们为文山州68名计划生育技术人员进行有关不孕不育知识的讲座。各县人口计生局组织科技管理员、法规管理员、B超医生、护士组成的便民服务队，利用流动服务车深入深入1 000多个村寨，行程3多万千米，免费为育龄群众查环、查孕、查病，共为群众查环、查孕、查病。全年全州各县共为育龄群众免费查环177 048人，查孕64 438人，开展妇女病检查158 103人。砚山县被列为创建省级优质服务先进单位的县，州人口计生委主任熊朝文和分管副主任杨福丽带领相关科室人员多次到砚山县指导创优工作，州级补助经费4万元，县级投入经费74万元，达到了创优标准。

**【农村妇女增补叶酸预防神经管缺陷项目】** 为确保全州农村妇女增补叶酸预防神经管缺陷项目的顺利实施，增强技术服务人员对项目相关知识的认识，提高服务能力。州人口计生委举办全州农村妇女增补叶酸预防神经管缺陷项目相关知识培训。各县分管科技工作的副局长、科技股长、服务站站长、部分乡镇技术服务所所长、州人口计生委相关人员共120余人参加了培训。2010年，全州对计划怀孕农村妇女(含流动人口)免费发放叶酸类营养素119 982瓶，计19 997人(份)。

**【信息化建设】** 按国家和省的部署，年内要实现计划生育信息微机管理。文山州在抽调公安派出所户籍管理员、乡镇统计员、大学生村官等配合人口计生部门，采集信息，加班加点进行计算机录入，按时、按质、按量完成全州的信息化建设工作。

【基础设施建设】 2009年批准文山州建设16个乡(镇)计生服务站。项目建筑面积为6 350平方米，总投资为672万元(其中：中央投资400万元，地方配套272万元)。2010年底，全州已竣工并投入使用的有10个，已竣工待验收合格后投入使用的有6个。

【科技活动周】 5月26日，州人口计生委和西畴县人口计生局联合在莲花塘乡开展“三下乡”服务活动。活动以宣传《中共中央国务院关于全面加强人口和计划生育工作统筹解决人口问题的决定》和《中共云南省委云南省人民政府关于进一步加强人口和计划生育工作统筹解决人口问题的决定》为主题，结合开展人口和计划生育科学技术服务，出动计划生育流动服务车为当地群众进行生殖健康检查，州计划生育药具站向莲花塘乡计划生育服务所赠送价值6 000元的避孕药具，免费向群众发放儿童学习用品和各类宣传品2 000份。

【“7·11世界人口日”宣传活动】 7月11日是第21个世界人口日，州人口计生委与西畴县计生局在董马乡开展“人人都很重要，人人都有贡献”为主题的一系列宣传活动。州政协、州人口计生委及县人民政府分管领导出席本次活动。活动期间，组织了一台精彩的文艺节目，进行了人口和计划生育知识有奖答题，举办各类培训9批(次)，1 000余人参加培训，发放相关宣传资料6类共5 000份，发放避孕药具100盒，设立咨询台2个，接受群众咨询3 000余人，受益群众达1万多人。

【预防艾滋病工作】 文山州防治艾滋病工作委员会责成州人口计生委牵头，从州推广使用安全套预防艾滋病工程工作组成员单位州人口计生委、州卫生局、州工商局、州旅游局、州公安局、州文化局抽调分管领导及相关人员12人，组成4个督查组，对全州8县推广使用安全套预防艾滋病工作情况进行督导检查。通过听、查、看、访的方法，各督查组共抽查全州134家宾馆、旅店和25家娱乐场所，其中：星级宾馆14家，乡镇级普通旅馆24家，县级好、中、差、三种类型的宾馆(旅店)共96家。发出预防艾滋病知识问卷调查共240份，其中：宾馆业主及管理人员80份，流动人口80份。督查组还依托各县卫生局执法人员深入到娱乐场所对80名高危从业女性进行问卷调查。抽查结果显示：宾馆、旅店和娱乐场所安全套摆放率达100%。问卷结果显示群众对防艾知识知晓率达93.0%。

【行风评议】 年内组织人口和计划生育工作行风评议。请农民兄弟姐妹评计生，参评人数20 403人；请流动人口农民工评计生，参评人数6 740人，评议结果满意率达93.4%。

【领导名录】

主 任 熊朝文(苗，3～)

副主任 杨朝华(苗)

杨福丽(女)

(刘先会)

## 环境保护

【简 述】 2010年，文山州环境保护工作贯彻落实全省环保工作会议、全省节能减排工作会议精神，把环境保护作为落实科学发展观、建设和谐社会、实现全州经济社会又好又快发展的内在要求，明确目标、落实责任，克难攻坚、扎实工作，深入开展“七彩云南文山保护行动”，全州环境保护工作取得新成效。

【水环境质量】 主要河流水质状况：2010年对州内盘龙河、畴阳河、八布河、响水河、西洋江、南利河和谷拉河设11个测点进行监测，按国家《地表水环境质量标准》(GB3838－2002)评价，符合综合水质类别Ⅱ类水质标准的测点有6个，Ⅲ类水质标准的测点有3个，＞Ⅴ类水质标准的测点2个，与上年相比，部分测点水质有所好转。出境河流水质状况：2010年对州内南北河、小白河两条出境河流水质进行监测，其中南北河全年共监测10次，按国家《地表水环境质量标准》(GB3838－2002)评价，水质综合类别为Ⅳ类，Ⅳ类指标为氟化物。与上年相比砷超标率由66.7%，下降为1.0%，下降了56.7%；最大值超标倍数由8.26倍下降为0.46倍，下降了7.8倍；氟化物超标率由75.0%下降为60.0%，下降了15.0%，最大值超标倍数由2.8倍下降为1.4倍，下降了1.4倍，说明南北河水质有所好转。小白河全年共监测10次，水质综合类别为Ⅲ类，较上年有所下降。湖泊水环境状况：2010年对普者黑和浴仙湖两个湖泊分枯、丰、平水期对其入口、中部、出水口水质进行了采样监测，监测数据按国家《地表水环境质量标准》(GB3838－2002)评价，丘北普者黑全湖水质综合类别为Ⅲ类，砚山浴仙湖全湖水质综合类别为Ⅲ类。县城饮用水源水质：2010年对文山县城饮用水源点暮底河水质进行监测，全年监测12次，水质综合类别为Ⅲ类，监测结果中所有项目均达标。

【文山县城大气环境质量】 2010年文山县城设2个测点进行大气监测，按国家《环境空气质量标准》(GB3095－1996)进行评价，二氧化氮、二氧化硫日均值达到国家一级标准，可吸入颗粒物日均值达到国家二级标准，文山县城空气环境质量为二级，与上年相比，大气环境质量持续稳定，首要污染物仍为可吸入颗粒物。降水酸度监测获数据315个，全年降水pH平均值7.29，降水量646.0mm，无酸雨出现。

【文山县城声环境质量】 2010年对文山县城功能区噪声进行了两次监测，按国家《城市区域环境噪声标准》(GB3096－93)进行评价，1类区域昼间、夜间平均等效声级分别为47.0dB(A)、42.8 dB(A)，均达到国家；2类区域昼间、夜间平均等效声级分别为55.7 dB(A)、48.8dB(A)，均达到国家；3类区域昼间平均等效声级为61.6dB(A)，达国家标准，夜间平均等效声级为56.7dB(A)，超国家标准1.7dB(A)；4类区域昼间平均等效声级为68.8dB(A)，夜间平均等效声级62.8dB(A)，超国家标准7.8 dB(A)。与上年相比，所有区域等效声级均有所上升。文山县城超过70dB(A)的干线长度为7.43千米，占交通干线总长度的81.1%。

【环境保护项目建设】 年内，筛选上报项目21个，申报资金13 212万元。经过积极努力，共争取到文山州历史遗留砒霜废渣处置工程、广南县坝美、砚山县黑羊山农村环境综合整治、都龙矿区曼家寨环境修复综合示范等17个项目资金补助1 349万元，项目涉及饮用水源保护、区域环境安全保障、环境监管能力建设、农村环境保护、可持续发展等五大方面。其中，八道哨畜禽养殖污染治理大型沼气示范工程建设项目于2009年11月全面启动，完成投资250万元，现已竣工验收；普者黑湖滨带建设二期工程完成投资80余万元，已竣工验收；曰者镇青松村农村环境综合整治工程完成投资116万元，现竣工验收；文山县摆依寨农村环境综合整治项目完成投资100万元，现已竣工验收；麻栗坡、西畴、马关、文山县砒霜废渣应急处置工程完成投资590万元，已竣工验收；砚山斗南、文山化工、文山文冶减排项目竣工验收，共完成投资2 500余万元。

世行项目稳步推进。文山州环境监测与监察能力建设项目合同执行完成60.0%(待办理进口环节增值税免税)，砚山县排水管网工程已完成待验收，丘北县污水处理厂进入调试阶段，广南县污水处理厂进入试运行阶段，丘北县供水工程、普者黑湖泊水环境综合治理工程正在开展施工图设计，富宁普厅河流域综合整治工程已完成施工图设计，并通过图审，现正在开展招标文件审查。

【建设项目环境管理】 加大对项目建设环评服务工作，开辟环保“绿色通道”，加快审批速度。对一大批全州扩大内需争取资金的项目，实行特事特办。2010年，全州共审批建设2 152个，审批项目总投资50.66亿元，核定环保投资2.771亿元。占总投资5.47%。其中州局共审批建设项目环评101个，审批项目总投资37.634亿元，核定环保投资1.956亿元，占总投资5.2%。环评执行率100 %。批准试生产项目48个，完成项目竣工验收27个。项目审批前严格按程序在环保局网站上进行公示。

开展工程建设领域突出问题专项治理工作。围绕环境监察、环评管理、三同时验收、环保项目管理等方面开展检查，共检查项目554个，对检查中发现的未办理环境影响评价审批手续的项目分别给予停止建设和罚款的行政处罚，并责令限期补办“环评”手续。对不符合市场准入条件的项目一律不予受理，对已建成项目未落实“环评”和批复要求的建设项目不同意试生产，并责令严格按照“环评”和批复要求落实整改。通过专项检查、依法整治了项目建设中的环境违法行为。

【总量控制和污染减排】 2010年，省下达文山州污染减排任务是：在不计增量的情况下，削减化学需氧量排放量790吨、削减二氧化硫排放量100吨，完成14个省级重点污染减排项目。全面完成“十一五”减排目标任务，与2005年相比化学需氧量削减10.98%，二氧化硫削减6.59%。在此基础上，文山州又确定筛选了3个州级重点污染减排项目。通过实施“工程减排、结构减排、管理减排”三大措施，减排工作进展顺利。省下达文山州污染减排重点项目共14个，其中省人民政府《污染减排目标责任书》规定的重点减排项目4个，其他省级污染减排项目10个，后省又将文山州文山县截污干管工程调整为全省46个9月30日完成的污水处理项目之一。目前，列入省人民政府《污染减排目标责任书》的4个重点减排项目中，广南冠桂糖业有限公司采用真空吸滤机及PSB工艺综合利用工程、云南木利锑业有限公司锑冶炼精炼窑前煤气脱硫工程和广南县城污水处理厂及污水管网工程已按《污染减排目标责任书》要求时限完成，富宁县污水处理厂及污水管网工程于已建成并通水调试；文山市截污干管工程已按要求完成；其他10个省级污染减排项目中，砚山县阿舍硅锰合金厂、砚山县同利铁合金厂、富宁富港经贸有限公司和麻栗坡县联营铁合金厂已提前完成淘汰落后产能任务，文山市克林糖业有限责任公司已按要求完成了强制性清洁生产审核，丘北县污水处理厂及污水管网工程已建成并通水试机，砚山县城污水管网工程已投入试运行，麻栗坡、西畴、马关县污水处理厂已动工建设。全面完成年度和“十一五”污染减排目标任务。

组织完成文山州2009年度污染源普查动态更新调查工作。共对349个工业源、83个农业源、44个生活源及11个集中式污染治理设施进行更新调查，现已完成调查并上报省环保厅审核确定。

严把建设项目环评审批主要污染物排放总量指标关。把主要污染物排放总量控制指标作为环评审批的前置条件，坚持必须完成减排任务，腾出容量空间，满足新建项目所需的污染物排放指标，方可对项目进行审批。全年对15个州级受理的建设项目的总量指标来源进行严格审核，有效地从源头控制了污染物排放总量。

【自然生态保护】 不断探索农村环境管理机制，大力推进农村环境保护工作。贯彻落实省政府关于加强农村环境保护的实施意见和“云南省农村环境综合整治现场会”精神，积极组织申报中央农村环保专项资金“以奖促治”项目4个，已争取到广南县坝美农村环境综合整治项目，省环保厅已下达资金，目前，正在组织开展项目招投标工作。加强对农村环境综合治理工作的指导，抓好环保示范村建设，丘北青松村农村环境综合整治已竣工待验收。

开展绿色创建工作。2010 年，文山州共对 5 个乡镇、5 个村、13 所学校、2 个社区、3 家企业开展创绿申报工作进行验收，全部申报单位基本到达考核标准，现待省进行检查验收。

**【环保专项行动】** 开展整治违法排污企业保障群众健康环保专项行动，对辖区内涉及重金属排放的企业进行全面排查，确定了重金属排查重点整治区域和重点企业，明确了第一批挂牌督办企业名单，组织相关部门开展联合执法，全州共出动人员2 529人( )，车辆 400 余辆(次)，排查企业 831 家，其中对涉及重金属排放的 89 家企业进行认真排查和整治，严厉打击“十五小”企业环境违法行为，依法取缔关停 12 家，拆除非法选矿摇床 30 余张，捣毁非法搭建工棚 10 间、非法洗选毡毛矿点 3 个，挂牌督办的环境问题基本得到解决。

**【环境监察】** 以日常监管和集中整治相结合，切实加大环境监察力度，开展专项行动，促进污染减排，查处违法行为，调解污染纠纷，切实维护人民群众的环境权益，确保全州的环境安全。全年共出动环境监察执法人员1 380人(次)，检查企业 449 厂(次)，出动车辆 93 车(次)，对国控、省控企业和年度减排企业进行现场监察。同时抓好新、改、扩建设项目环保“三同时”现场监察，对辖区内的 124 个建设项目进行现场监察，对未落实“环评”和批复各项要求及措施的 14 家企业不同意试生产，并责令企业严格按照“环评”和批复要求建设。

2010 年，全州处理群众信访和调解污染纠纷 212 起，并对国家环保部、省环境保护厅、州人大、州政府、省环境监察总队批转州局督办的 13 起环境污染问题进行调解处理，调解处理率 100%，结案率 100%。截至 12 月底，共查处存在环境违法行为的企业 50 个，其中责令停产治理 13 个，责令停止建设 6 个，责令限期整改 4 个，罚款 52.08 万元。

**【排污收费】** 2010 年，全州完成排污费征收 652.37 万元，完成省级下达360 万元排污费征收计划的 181%，超额完成全年排污费征收计划。

**【核安全与辐射监管】** 加大核与辐射环境安全监管力度。加强废旧放射源的收贮力度，收贮 1 枚废旧放射源；补办了 22 家电辐射安全环境影响评价登记表和相关手续；组织对全州辐射安全进行专项检查；协助文山移动、文山联通、对州内所有敏感区和人口密集的移动基站电磁辐射的现场监测。

**【环境监测】** 2010 年，按计划完成全州辖区内环境空气、地表水、集中式饮用水源、噪声等环境质量监测工作，其中环境空气、集中式饮用水源水质均达国家相应标准要求，达到《地表水环境质量标准》Ⅲ类标准的水质断面为 81.8%。按时、按质完成 4 家国控、3 家省控重点污染源 1 次/季度以及省州污染减排重点项目的监测工作。完成砚山县 4·27 交通事故苯泄漏污染事故调查共 7 次应急监测工作。完成排污许可证年检、环评现状以及其它委托性监测共 230 项监测工作。

环境科研方面共编制建设项目环境影响报告表 158 份，项目内容涉及房地产开发、娱乐服务、教育、水利水电、卫生、交通、塑料制品、建材等十多个行业，总投资规模 452 517.23万元。全年共组织评审环评报告书、表 78 项，其中环评报告书 15 项，环评报告表 63 项，涉及项目投资额共 37.47 亿元。共完成 112 个建设项目环境影响评价的技术评估工作，编制出具建设项目环境影响评价技术评估报告 112 个，其中报告书技术评估报告 22 个，报告表技术评估报告 90 个，涉及项目投资额共 50.16 亿元。

**【环保宣传教育】** 围绕争当全国生态文明建设排头兵的要求，以“七彩云南文山保护行动”和污染减排为重点，以“6·5”世界环境日为契机，通过多种渠道，采取多样形式，面向机关、学校、企业厂矿、农村和社会开展广泛的环保宣传教育活动，全州有 320 余个单位和部门参加“6·5”世界环境日宣传活动，印发环境教育宣传资料20 000余份，展出宣传展板450 块，打出主题宣传标语 85 条，接受群众环保咨询1 100 人(次)。

**【全州环保工作会议】** 4 月 13 日上午，召开全州环保工作会议，州人大、州政协及州发改委、安监、财政、水务、国土、建设等州属部门的领导，各县人民政府分管环境保护工作的副县长，县环境保护局局长、办公室主任 85 人参加会议。会上，副州长兰俊作讲话，充分肯定“十一五”以来全州环保工作取得的显著成效。会议通报了 2009 年度环境保护目标责任考核结果，州人民政府与各县人民政府签订《七彩云南保护行动 2010 年度工作责任制考核责任书》。

**【领导名录】**

局　长　王兴明

副局长　杨建国(回)

　　　　佘成锦( ~11)

　　　　李丽芳(女，彝)

　　　　陈艳波

(李雅文)

## 国土资源管理

**【用地报批】** 2010 年，全州共组织农用地转用及土地征收报件上报省厅 51 个，面积1 026.769公顷，耕地 757.615 公顷。分别为城镇建设用地批次 10 个，面积 298.127 公顷，耕地 243.241 公顷；单独选址建设项目用地 41 个，面积 728.641 公顷，耕地 514.374 公顷。这些建设用地所占用的耕地全部用通过验收并已报部报备的可折抵指标进行折抵，严格执行先补后占。截至年底，省厅共批准了 12 个，面积 140.584 公

顷，耕地 117.55 公顷，分别占上报面积的 13.6% 和 15.5%。分别为单独选址建设项目 8 个，面积 45.191 公顷；城镇建设用地批次 4 个，面积 95.391 公顷。同时严格执行国家有关供地政策，严格把关，逐宗审核报批，确保建设用地供应工作规范有序。全州全年共供应国有建设用地 128 宗，面积 578.732 公顷，其中以划拨方式供应的 75 宗，面积 463.718 公顷；以出让方式供应的 53 宗，面积 463.719 公顷），土地出让成交价款 3.21 亿元。

【地质环境管理】 根据早布局、早预防的工作思路，文山州地质灾害年度防治方案 4 月初发布实施，明确重点监测隐患点 145 处，提出防治措施。州人民政府和各县人民政府政府及时拨付地质灾害年度防治经费到位。4 月 22 日，全州地质灾害汛期值班制度提前启动，全州国土资源部门进入地质灾害预警预防临战状态。6 月初，全州专门组织"五到位"培训，帮助提升全州地质灾害易发区、高发区乡（镇）的地质灾害防治管理水平，督促各县将防治措施推进落实到位。2010 年，全州共发生小型地质灾害 8 起，造成 2 人死亡、3 人受伤，直接经济损失 14.2 万元。通过积极争取上级支持，马关县南捞乡人民政府驻地及麻栗坡县民职中两处滑坡隐患得到立项治理。

【土地整治】 自 2006 年来，全州共组织实施土地开发整理项目 64 个，建设总规模 18 761.898 公顷，新增耕地面积 5 077.352公顷，其中国家级投资土地开发整理项目 2 个、省级投资土地开发整理项目 12 个、中低产田地改造项目 9 个、"兴地睦边"项目 7 个、州县投资占补平衡项目 34 个。2010 年经省厅批准入库项目 10 个，建设总规模5 392.6公顷，可新增耕地 290.2 公顷，控制投资估算16 638.54万元；备选项目 6 个，建设规模4 261.333公顷，可新增耕地 180.667 公顷，控制投资估算11 831.42万元。抓好非农建设项目占用耕地的先补后占工作，认真履行补充耕地任务。目前实施的州县级投资的 20 个土地开发（补充耕地）项目，已完成 8 个项目的州级初验，经批准新入库土地开发项目 6 个，其中省级投资项目 1 个、州、县级投资项目 5 个。

【"兴地睦边"项目】 年内，省下达文山州 7 个"兴地睦边"项目，建设规模3 727.2公顷，可新增耕地面积 217.08 公顷，总投资12 260.6万元，项目规划设计与预算已通过省厅评审；下达中低产田地改造项目 3 个，建设规模1 665.6公顷，新增耕地面积 73.14 公顷，投资4 377.94万元，目前正在准备组织项目招投标工作。下达由省级土地出让金安排的土地整理项目 1 个，建设规模 374.6 公顷，新增耕地 11.46 公顷，投资 979.05 万元。

【土地自查整改工作】 全州有卫片监测图斑 279 个，面积 487.727 公顷，涉及 194 个建设项目。通过自查，全州实际占用新增建设用地 130 宗，面积2 113.744公顷，耕地1 138.192 公顷；合法用地 108 宗，面积2 113.633公顷，耕地1 138.192 公顷；实地伪变化 64 宗，面积 102.744 公顷；违法用地 22 宗，面积 50.483 公顷，耕地 37.058 公顷。全州违法占用耕地面积占新增建设用地占用耕地总面积的比例 3.15%。各县国土局已对 22 宗违法案件进行立案查处，处予罚款 314.18 万元，拆除违法建筑物面积 1.57 万平方米，已复耕土地面积 1.428 公顷。按要求完成土地卫片执法检查工作。6 月 17 日至 7 月 3 日，国家土地督察成都局土地例行督察组以文山州 2009 年度卫片监测变化图斑核查为主线，对全州 2008—2009 年度土地批、供、用、补、查等情况进行全面检查，对 48 宗违法用地、欠缴土地出让金和耕地开垦费等存在问题进行通报。文山州及时成立整改工作领导小组，抽调专人设立办事机构，对存在问题进行逐一梳理、清理，查找原因，明确整改方向，研究整改措施，有针对性地进行整改纠正，目前已基本整改完成。11 月 20 日，国家土地督察成都局对文山州的整改情况进行了督促检查，州局现在正积极完善相关资料准备迎接最后的检查验收。

【抗旱救灾地下找水工作】 2010 年，文山州遭受百年不遇的严重干旱，旱灾造成全州 8 县 102 个乡镇 290 万人、60 多万头大畜饮水困难。在省厅的统一安排部署下，文山州迅速启动抗旱救灾地下找水突击行动，州人民政府成立了领导小组负责指挥协调全州的抗旱找水工作，州国土资源局成立督查指导小组加强对各县的指导。抗旱找水打井任务下达后，州国土资源局会同省级水文地质专家组深入各县进行踏勘选址和布井。同时，结合文山州喀斯特岩溶山区面积大、分布广，地下暗河水资源丰富的特点，勘查选定 19 个暗河天窗提水计划工程。4 月初，青海省找水打井队伍千里驰援文山州抗旱找水工作，进一步提高了文山州的打井找水效率。通过省内外 7 家专业施工队伍协同奋战，共投入 10 台套钻井设备，经过从 3 月初至 6 月底 3 个多月的奋战，全州共完成了 16 口抗旱井的打井任务，总钻井深度2 692.26米，成井 10 口，成井率达 62.5%，日涌水总量3 064.24立方米。完成了 10 座暗河天窗提水工程实施，实现日提水总量 3784 立方米。抗旱救灾地下找水突击行动的开展，极大地缓解了文山州严重缺水地区 4 万多群众，1 万多头大牲畜的饮水困难。

【法律法规宣传】 以法制宣传月、"4.22"世界地球日、"6.25"全国土地日等主题活动为契机，充分利用广播、电视和报刊等媒体，加强新闻、专题报道，解读国家政策和法律法规。在全州 8 县开展放映 100 场农村电影、演 100 场戏，宣传国土资源法律法规进农村、进企业、进厂矿、进社区活动。通过开展多角度、多形式的宣传活动，实现多方位、多形式、多角度的宣传效应。全面开展"五五"普法工作和贯彻落实依法行政 5 年规划取得成果，于 5 月顺利通过省、州检查验收。

【执法监察】 2010 年，全州开展巡查6 900多人（次），查处土地违法案件5件，面积187.67公顷，涉及耕地173.89公顷。查处矿产违法案件7件，罚没款13.3万元。通过加大巡查和案件查处，有效地遏制违法行为的发生。

**【基础测绘】** 全州现已完成国家陆态网基站文山站的建设，广南站正在建设中，分布在文山、丘北、富宁、马关等县的8个卫星定位连续运行基准站系统已经建成并运用于二次土地调查和矿权调查等业务。根据文山州基础测绘规划，全州还将建设18个CORS基准站，目前已经完成实地勘察和选址工作。

**【信息化建设】** 电子政务实现从无到有，并广泛运用于国土资源工作各领域，初步建立网上公开、网上报批、网上传输和网上招拍挂等信息化业务管理体系。

**【维护权益体系建设】** 坚持把维护人民群众的利益放在重要位置，认真落实各项补偿安置政策，完善社会保障措施，保障民生项目建设用地，积极维护好和实现好广大人民群众的切身利益：在征地工作中，认真执行土地征收“两公告一听证”、“一书四方案”制度、区片综合地价和统一年产值标准相关规定，积极完善被征地农民社会保障体系，切实保证被征地群众生活不降低，长远生计有保障。

**【领导名录】**

局　长　何知平

副局长　李仕标

　　　　朱天德(7～)

　　　　谢荣兵(8～)

（沈建武）

彝族花倮胡芦笙舞

# 文山州发展和改革委员会

文山州发改委召开全州发改工作座谈会，专题研究全州重点项目建设工作。

文山州发展和改革委员会作为州人民政府的综合职能部门，其职能是谋划长远、调节运行、管理投资、推进改革、依法行政。主要职责是：拟订并组织实施国民经济和社会发展战略、中长期规划和年度计划，统筹协调经济社会发展，研究分析国内外经济形势，拟订国民经济发展和优化重大经济结构的目标、政策，提出综合运用各种经济手段和政策的建议；负责监测宏观经济和社会发展态势，研究宏观经济运行；承担指导推进和综合协调经济体制改革的责任，研究经济体制改革和对外开放的重大问题；拟订固定资产投资总规模和投资结构的调控目标、政策及措施；按照规定权限审批、核准、备案和审核重大建设项目；推进经济结构战略性调整;负责规划编制的综合管理；承担重要商品总量平衡和宏观调控的责任；负责社会发展与国民经济发展的政策衔接，推进社会事业建设；负责节能减排的综合协调和项目申报、资金争取等工作；负责文山州参与国际区域合作项目的协调指导工作；参与非公经济发展政策的制定；组织编制交通战备、国民经济动员规划、计划，组织实施交通战备、国民经济动员有关工作；组织起草价格和收费方面的地方性法规、政府规章草案，拟订政策措施并组织实施；负责价格运行分析和价格、收费的管理及监督检查。

文山州发展和改革委员会设办公室、政策法规和发展规划科、综合科、经济体制综合改革科、固定资产投资科、农村经济科、基础产业科、产业协调科、高技术产业科、资源节约和环境保护科、社会发展科、经济贸易科、重点项目建设科、交通战备办公室、重点项目稽察办公室、价格管理科、收费管理科、价格监督检查局、价格调控监测科（价格认证科）、能源局、人事教育科共21个内设机构。

州发改委召开文山州“十二五”规划征求意见座谈会

国家发改委在文山召开岩溶地区石漠化综合治理工程第三次省部联席会暨现场会

文山州发改委组织召开马关咪湖河三级电站工程竣工验收会议

全州发改系统首届“发改杯”职工运动会开幕式

# 文山公路路

原州委常委、副州长姚堂文（中），原省路政总队副总队长谢文彬（左三）等领导参加文山公路路政管理支队揭牌仪式。

文山公路路政管理支队，成立于2009年5月27日，隶属于云南省公路路政管理总队，主要担负文山州国、省道路路政管理工作，保护路产、维护路权，保障公路安全和畅通。现有在职干部职工128人，退休职工2人。在128名在职职工中，党员54人，大专以上学历职工116人，男性90人、女性38人，平均年龄37岁。

文山支队管辖公路总里程1656.35公里，其中国道396公里，省道449.75公里，县道810.60公里。共分为21条线路，点多线长，等级较低，路况复杂，环境艰苦。其中涉及“三改二”工程的三条四段公路（文都公路：文山经马关县城至都龙，文天公路：文山经麻栗坡至天保（包括兴街至西畴县城），珠西公路：珠街经广南县城至广西西林交界）正在建设当中。

支队政委李继跃（左）与大队代表签订责任书

党风廉政建设。党政齐抓共管，部门各负其责，群众支持和参与的工作格局。2010年，在取得成绩的基础上大胆创新，结合单位实际制定《关键岗位和重点环节行政行为监督登记表》，组织各科室、各大队填报《文山公路路政管理支队关键岗位和重点环节行政行为监督登记表》、《文山公路路政管理支队行政行为监督承诺表》、《文山公路路政管理支队个人行政行为监督承诺表》；制定《2010年文山公路路政管理支队党风廉政建设责任书》与各大队签订；制定下发《文山公路路政管理支队党总支2010年法律法规学习计划》、《文山公路路政管理支队领导干部问责制实施办法》；组织开展学习《中国共产党党员领导干部廉洁从政若干准则》廉政教育月活动，加强领导干部廉洁自律工作和干部队伍建设，形成用制度规范从政行为、按制度办事、靠制度管人的有效机制。

路政人员开展预防职务犯罪教育

**路政工作**。努力实现公路路政管理的规范化、正规化和标准化建设。以科学发展观统领支队工作发展全局，提升公路路政的服务质量、管理水平、执法形象和社会形象，构建和谐的公路路政管理环境和有序的公路路政管理秩序，切实做到保护公路路产、维护公路路权及公路使用者、经营者和管理者的合法权益，保障公路完好、安全畅通，促进公路交通事业的可持续发展。下下属各大队严格执行路政巡查制度，加强路政巡查工作，并与公路管养部门、交警、运政和交通运输部门建立了长效联动机制，做好信息互通，共同维护好公路路产不受侵害，有效防止路产安全事故。全年共计上路巡查17180天，

路政人员清理公路路障

路政人员依法拆出违章建筑

# 政管理支队

支队政委李继跃、支队长杨廷喜到富宁大队研究工作。

支队长杨廷喜（右二）带队检查国道323线富宁路段

发生侵占路产路权和行政许可路政案件231起，查处231起，查处率100%，路产经济损失126.34万元，收回补偿费126.34万元，索赔率100%，处理违法、违章行为人231人次。投入创建示范路资金2万余元，积极开展创建路政管理示范路工作，制定了创建路政管理示范路实施工作方案、实施细则以及创建路政管理示范路工作量化考核标准，力争实现“六达七有八无”的创建工作目标。抓好超限运输治理，加强路面控制，利用路巡工作发现超限车辆必须查处。截止2010年11月，全支队共治理超限违章案件7168件，超限运输治理工作初见成效。

精神文明建设。坚持对上负责与对下负责相结合的原则，抓两头带中间，以点带面，推动工作，充分肯定成绩，提升信心，艰苦奋斗，有声有色、有为有位地做好精神文明建设工作，充分发挥文明单位在文明创建中的示范带头作用。2010年，丘北大队已申报并获得了“州级文明单位”的荣誉称号，砚山大队申报并获得了“县级文明单位”的荣誉称号。

资财业务工作。加强了财务监督力度、财务核算和支出报销制度，本着节俭的原则对各项支出进行严格审核和控制。为了保证全支队资产、财务信息的真实，支队每年至少两次对内部进行审计检查，通过内审，严肃了国家的法律法规和财经纪律。

依法行政。增加了依法行政目标考核，制定了《行政执法责任制》、《行政执法责任追究制》、《重大案件备案制度》、《案卷评查制度》、《执法培训制度》、《行政领导应诉制度》、《行政执法投诉举报和责任追究制度》、《信访工作制度》、《新闻采访有关规定》等制度，进一步规范依法行政管理。认真执行通行费的监督检查工作，按时上报各种工作报表，全年共接到通行费举报52起，已按相关规定办理。文山路政支队成立以来,未发生行政复议和行政案件。

路政人员依法查处超限超载车辆

开展安全宣传，规范治超场地。

# 投身铁路建设

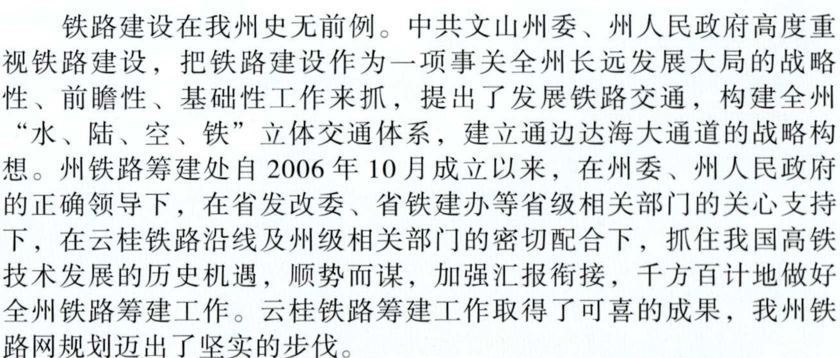

2007年12月22日，州委书记李培陪同国家发改委副主任张茅视察文山州交通基础设施。

铁路建设在我州史无前例。中共文山州委、州人民政府高度重视铁路建设，把铁路建设作为一项事关全州长远发展大局的战略性、前瞻性、基础性工作来抓，提出了发展铁路交通，构建全州“水、陆、空、铁”立体交通体系，建立通边达海大通道的战略构想。州铁路筹建处自2006年10月成立以来，在州委、州人民政府的正确领导下，在省发改委、省铁建办等省级相关部门的关心支持下，在云桂铁路沿线及州级相关部门的密切配合下，抓住我国高铁技术发展的历史机遇，顺势而谋，加强汇报衔接，千方百计地做好全州铁路筹建工作。云桂铁路筹建工作取得了可喜的成果，我州铁路网规划迈出了坚实的步伐。

在国家《中长期铁路网规划》没有文山铁路项目的状况下，州铁路筹建处2007年初获知国家铁道部在铁路勘察设计工作计划中下达了南昆铁路扩能改造勘查设计计划后，及时给州委、州政府领导汇报并提出了争取让南昆铁路新建双线取道文山的大胆设想。面对机遇，州铁路筹建处充分利用各种渠道，想方设法地捕捉信息，进行科学分析后，创造性地开展工作，认真研究项目前期工作中阶段工作任务，注重抓住关键环节，抓住工作重点，蹲点驻守推进工作，全力抓好跟踪落实，促使云桂铁路在每个阶段都得到快速推进，特别是在富宁站位的争取上，通过坚持不懈地的努力，得到了国家和省有关部门的高度重视和大力支持，站点设置满足了沿县干部群众的愿望和要求。云桂铁路筹建工作实现了2007年提出项目，2008年国家立项，2009年开工建设的超常规工作目标，实现云桂铁路文山段开工建设的历史性突破。

2008年7月19日，州委书记李培、州长黄文武陪同云南省委常委、常务副省长罗正富，国家铁道部副部长陆东福一行视察云桂铁路丘北站。

根据省人民政府的决定，我州还需承担省征地拆迁补助征地13000元/亩、拆迁240元/平方米以外的差额资金，共计6.76亿元，为保障今后征地拆迁工作的顺利开展，通过派员蹲点驻守，加强沟通衔接，向省铁路投资公司贷款征地拆迁资金5亿元。在云桂铁路征地拆迁工作中，州铁路筹建处积极做好州委、州人民政府的参谋和助手，与铁路沿线县委、政府和州发改、住建、交通、国土、林业、环保、规划等部门积极协调，配合项目业主和各施工单位扎实开展征地拆迁相关服务工作，切实采取强有力措施，加大征地拆迁工作力度，2011年2月底全面完成云桂铁路文山段主体征地拆迁工作。自云桂铁路文山段开工建设以来，铁路沿线地方党委政府与云桂铁路文山段建设的6个标段建设施工人员密切配合，实现2010年12月底前云桂铁路文山段控制性工程、重点工程全面开工的良好局面，2010年云桂铁路文山段完成固定资产投资32.44亿元，2011年1~2月完成固定资产投资3.61亿元。

2008年6月25日，云南省委常委、常务副省长罗正富，省人大常务副主任晏友琼一行视察云桂铁路富宁站址。

2008年12月18日，州委常委、常务副州长徐爱民陪同中铁二院专家现场踏勘云桂铁路广南站站址。

州人民政府与云桂铁路云南有限责任公司召开云桂铁路建设工作座谈会

州召开铁路建设领导小组会议

# 造福文山人民

## 文山州铁路筹建处

州铁路筹建处认真履行统筹协调的职责，注重整体联动，深入细致地开展项目干扰设施情况调查核实和定测工作。及时汇报衔接处理丘北普者黑站位与普炭一级公路相交和富宁站与砚山至富宁220kv线路的交叉问题。对300多项“三线”和水利道路交叉设施迁改进行跟踪落实，积极配合迁改施工方与设施权属单位联系沟通，共同协商解决，加快改移进度。

我州“十一五”初期没有铁路和铁路网规划，云桂铁路的争取实现，激发了全州干部群众规划建设铁路的激情，面对中央实施新一轮西部大开发和云南“桥头堡”建设的机遇，州人民政府安排州铁路筹建处及时委托中铁二院交通规划研究院，完成了全州铁路网总体发展规划，并及时上报省发改委。通过向省发改委、省铁建办及昆明铁路局的积极争取和汇报衔接，得到了较为理想的结果。我州铁路网规划项目全部纳入省铁路“十二五”规划和《面向西南开放桥头堡云南综合交通规划》方案。目前州铁路筹建处正加大向国家发改委和铁道部汇报衔接力度，积极争取纳入国家“十二五”铁路规划。在云桂铁路批准立项建设后，我们一方面抓好云桂铁路的开工建设，同时积极争取推进丘北经砚山至文山、文山至蒙自铁路项目前期工作。完成了丘北经文山至蒙自铁路预可研报告的编制工作，并利用云桂铁路航测的机遇，完成了丘北至文山铁路项目的航测工作。现丘北至文山、文山至蒙自铁路项目预可行性研究报告已报送省发改委，积极争取在“十二五”初期实施丘北经文山至蒙自铁路。

2011年，我州的铁路规划建设面临着机遇与挑战并存，新一轮西部大开发和国家把云南建成我国面向西南开放的桥头堡给我们带来了新的机遇，新的形势蕴含着重大的发展机遇，特别是云桂铁路的争取已为规划项目的争取奠定了坚实的基础。州铁路筹建处将按照“创优质精品工程、建示范和谐铁路”的要求，以科学发展观为指导，全力配合抓好云桂铁路项目建设，以确保铁路建设安全为目标，做到“建一个工程，铸一个精品、带一支队伍、树一个样板、出一个经验”，健全制度，规范管理，狠抓落实，推动云桂铁路建设能力与管理水平的提升，把云桂铁路建成优质高效、平安和谐的典范。积极采取措施，做好火车站片区的开发建设，加快推进我州富宁、广南、丘北三县县城火车站经济区及配套项目建设，争取实现站前广场及基础配套设施建设与云桂铁路火车站同时建成投入使用。进一步树立抢抓机遇的意识，切实找准文山铁路建设在国家西部大开发、云南“桥头堡”建设中的战略定位，千方百计想办法，充分调动全州各级各部门积极性、主动性，做好项目前期协调服务工作，争取铁路规划项目纳入国家铁路“十二五”规划和云南省桥头堡战略建设项目，并在推进项目前期工作中，突出工作重点，争取丘北至文山铁路在“十二五”初期实施。

2009年12月27日，云南省委书记白恩培宣布云桂铁路云南段工程开工。

2009年12月27日，云南省委副书记、省长秦光荣在云桂铁路云南段开工仪式上讲话。

文山州铁路筹建处全体干部集中学习

2009年12月27日，与会领导为云桂铁路奠基。

2009年12月27日，昆明铁路局局长宋修德介绍云桂铁路情况。

# 云南华联锌铟

云南华联锌铟股份有限公司下设采矿车间、大坪选矿车间、兴发选矿车间、铜街选矿车间、响水发电车间5个生产车间和公司办公室、人力资源部、财务部、计划部、生产技术部、工程项目部、市场营销部、质检部、安全环保部、保卫部、后勤管理中心11个职能部门。2010年在职员工1432人，退休员工469人。公司董事长高文翔。

办公楼

2010年公司面对百年一遇的严重旱灾、道路运输困难、防洪渡汛形势严峻、矿石品位逐步下降等多种不利因素。公司在董事会的正确领导下，通过继续实施“管理效益达标竞赛活动”，加快采、选技术进步步伐，强化生产调度、提高回水复用率等系列措施，确保了生产经营工作的持续、稳步推进。全年实现主营业务收入10.31亿元;完成工业总产值14.02亿元，同比增长25.84%；完成工业增加值6.77亿元，同比增长50.18%;实现利税总额5.08亿元,利润总额3.56亿元；累计上缴税金1.52亿元。公司先后被中国有色金属工业协会评为2010年度有色金属行业统计工作先进单位；被中共文山州委、州人民政府表彰为“2007-2009年度安全生产先进集体”；被中共马关县委、县人民政府表彰为“2007-2009年度度安全生产先进集体”、“功勋企业”、“十强企业”；被文山州工商行政管理局评为文山州2009年度“守合同，重信用”企业。

**公司地址：**云南省马关县都龙镇
**联系电话：**0876-7361100　7361686（传真）
**公司网址：**http://www.ynhlxx.com
**公司邮箱：**dlxxgs@vip.sina.com
**邮政编码：**663701

露天矿山全景

采矿作业

2000吨选矿厂

2000吨选厂尾矿库

# 股份有限公司

## 荣　誉　表　彰

公司入选中国人民银行总行工业企业景气调查定点企业

省安全生产监督管理局职业健康监督管理处处长张丽萍一行到公司检查指导工作

省政协矿产资源视察组一行到公司视察

州长黄文武一行到公司检查指导工作

选矿摇床平台

云南省企业技改贴息项目专项核查组到公司核查贴息资金使用情况

# 云南富宁永鑫

董事长　谢华诚

富宁县位于云南省东南部，南与越南河江省接壤，东部和北部分别与广西百色右江、西林、田林、那坡、靖西五县（区）毗邻，西与文山州的广南、麻栗坡两县相连，地处两国三省十县结合部，国道323线贯穿县境，是云南通往广西、广东等沿海地区的重要门户。该县物华天宝、人杰地灵、土地肥沃、山川秀美、气候宜人。位于北纬23° 11′ 24° 19′之间，雨量充沛，温暖湿润，干湿分明，冬无严寒，夏无酷暑，雨热同季，干凉同时。适合甘蔗生长和糖分积蓄，蔗糖及其相关产业发展潜力巨大，前景广阔。

云南富宁永鑫糖业有限公司是广西永鑫华糖集团有限公司（拥有六大制糖企业，日处理原料蔗54000吨，两家物流公司和一个年产10万吨纸浆企业，年产值超过30亿元人民币）于2010年8月份，以股权受让的方式，全资收购富宁富民糖业有限公司股权而变更成立法人独资企业。公司新建糖厂位于富宁县归朝镇生物资源加工区，距富宁县城约30公里，南宁到昆明高速公路从厂区附近经过，交通便利。厂区占地面积326.95亩，该厂设计能力为日处理原料蔗8000吨，总投资5.5亿元，于2010年12月26日顺利开榨，成为目前云南省单线规模最大的一家制糖企业。

省、州、县领导及公司领导参观生产线

省非督导组到公司调研

云南富宁永鑫糖业公司开榨庆典

5月28日三方协议富宁专场签约仪式

# 糖业有限公司

年可处理甘蔗100万吨，产机制糖13万吨，公司的未来发展目标要达到年处理甘蔗200万吨以上。

公司采用大量的国内外先进成熟的制糖工艺及设备，产品质量保障，节能效果明显，环保设施先进，取排水量远低于国家标准，接近于零取水，达到了行业先进水平。生产技术上采用压榨法提汁，全新的亚硫酸法双碳双浮生产工艺，五效压力真空蒸发，三系煮糖生产优质白砂糖。主导产品“□鑫”牌白砂糖严格执行国家GB317-2006标准。具有甜味纯正、色泽洁白、颗粒均匀、干燥松散、储存期长等特点，特别适用于高级食品饮料和医药行业。公司始终信奉“质量第一、顾客至上”的经营理念，产品畅销全国各地，深受消费者好评。2010年12月通过文山州农业产业经营领导小组的审核，被评为文山州农业产业化经营州级重点龙头企业。

公司将秉承永鑫华糖集团卓越品牌和“专心专业，可持续成长，铸造百年老店”的发展理念，弘扬“忠诚、严谨、创新”的企业精神，将富宁永鑫作为永鑫华糖集团发展和壮大制糖主业。充分发挥农业产业化重点龙头企业的带头作用，和广大蔗农一起同舟共济、携手努力，共同书写云南甜蜜事业的新篇章。

公司领导班子：左起为总经理助理花培武、总经理马宁、董事长谢华诚、副总经理陶卫华、同怀河在昆交会上合影留念。

县委、县政府领导参观公司成品糖仓库

董事长谢华诚和公司领导在捐资助学仪式上

6月5日三方协议昆明专场签约仪式

富宁县各乡镇领导参加富宁永鑫糖业动员大会

# 文山州特殊教育学校

语训班开班仪式

文山州特殊教育学校，2000年9月建成招生，是文山州唯一的一所集聋盲教育、语言康复、职业培训为一体的12年一贯制寄宿制学校。学校位于文山市开化镇学府西路5号，与文山学院毗邻，占地18.71亩。10年来，在州委、州政府、州残联、州教育局及社会各界爱心人士的关心、支持下，学校办学规模逐年扩大，从最初的1个班17名学生、14名教职工，发展到今天的24个教学班324名学生，66名教职员工。学校秉承“每个孩子都能成才”的教育理念，确立“育残成才”的办学宗旨和“能生存、会生活”的办学目标。

2004年，学校成立聋儿语言康复培训部，先后有5个语言康复班共58名有残余听力的儿童接受听力补偿培训，已有3名儿童成功进入普通学校就读。从2009年开始，培训部承担文山州每年的“中国残联贫困残疾儿童抢救性康复项目”培训工作。目前，有两个班共20名2~6岁的听损儿童在接受培训。

省教育厅厅长罗崇敏、州长黄文武到学校调研。

2008年，学校成立“特殊教育职业培训中心”，中心开设了工艺美术、缝纫、刺绣、美容美发、擦鞋、汽车美容、计算机等课程，每周两节课对中年级以上的学生进行职业技术培训。2010年7月，12名学生参加“文山州首届残疾人职业技能大赛”荣获团体一等奖。

“十一五”期间，学校教育教学工作成绩斐然，先后荣获文山州文明学校、文山州平安校园、文山州残疾人工作先进集体、云

形式多样的职业技术培训

南省教育系统德育先进集体等荣誉33项；有97篇教师论文分别获国家和省州一、二、三等奖；32人（次）被授予省州优秀教师、优秀共产党员、先进个人、骨干教师称号；获各级各种奖励共计141人（次）；组织学生参加云南省第三、四、五、六届残疾人艺术汇演，获二、三等奖；有16名同学被评为省、州三好学生、优秀学生干部；学生参加各级各类比赛获奖92人（次）；学生张香林、高娟选入省残疾人艺术团，18名同学升入省华夏中专就读。

2010年，学校迎来建校十周年华诞，10月15日，隆重、成功地举办了“十年校庆庆典活动”。

十年校庆庆典

云南省残疾人艺术汇演获奖节目

地　址：文山市学府西路5号
电　话：0876-2148161
邮　编：663000
E-Mail：wstxbgs@163.com

# 云南特安呐制药股份有限公司

云南特安呐制药股份有限公司的前称为文山特安呐制药厂，是1994年5月成立的民营企业。2001年改制为股份制公司，2004年以云南特安呐制药股份有限公司为母公司组建集团公司。是以生产、加工三七系列药品为主，集三七GAP种植、科研、生产、销售,科、工、贸为一体的集团公司。下辖12个独资、合资、控股公司，经营业务由制药拓展到种植、房地产、物业管理、酒店等多个行业，并在美国、日本投资成立分公司。

公司“以质量求生存，以品种求发展，造福人类；立足文山，面向全国，走向世界”为宗旨，本着“以人为本，专精于药”的企业精神，“集天地之灵气，保万众心脑健康”，因地制宜，抓住三七资源优势，凭借着高药用价值的三七特性，着手三七药品的开发，制定了发展三步走的战略目标：第一步（1994～1997）将原生三七加工成三七粉、三七片等初级产品；第二步(1998～2002)，从原生三七中，提取三七总皂苷，制成总皂苷片，使产品升级；第三步（从2002年起），在三七总皂苷中提取单体成分，制成片剂和胶囊剂，将三七加工成精品，为深层次研究高新产品的开发打下了基础。

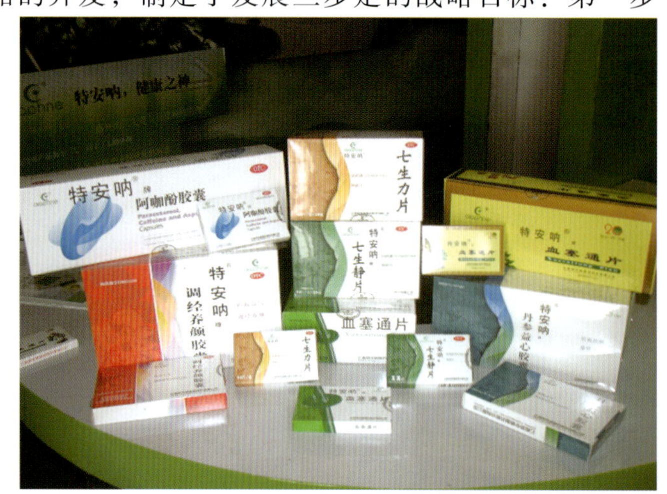


部份产品展示

公司分设散剂囊剂片剂颗粒剂四条生产线，秉承“源于三七，高于三七”的企业文化，以中药材的研制、开发、生产为主，辅以严谨的科学管理已生产三七胶囊、三七总苷片（血塞通）、三七伤药片、七叶神安片、田七花叶颗粒、灯盏花素片、黄藤素片、七生力片、七生静片，以及2个国家级保健品和60多个普通食品。同时，实现了三七复方制剂及三七单体皂苷的研发和生产。目前，共获得国药准字号批文72个（其中：三七系列产品17个，卫生部批准生产的功能性食品2个，三七产品授权发明专利4个），都具有良好的品质信誉。在云南省制药行业中首家通过GMP认证，并且是三七种植基地首批通过全国GAP认证的8家企业之一。

# 文山州第一中学

文山州一中创建于1916年，是云南省首批重点中学，省一级二等完全中学，云南省先进基层党组织，全国教育工作先进集体。学校占地245亩，共有78个教学班，学生4500余人，在职教职工318人，其中特级教师4人，高级教师120人，省、州骨干教师51人。学校自教育改革以来，高考成绩逐年提高，总上线人数从2003年的58.0%提高到2010年的99.1%，在文山地区起到示范性的作用。

州一中前景

学校经过教育综合改革，校园面貌发生翻天覆地的变化。匠心独运的建筑，园林情趣的绿化，彰显特色的布局，形成了“现代化、书卷气、花园式”的学校。学校配有计算机网络系统、广播系统、保安系统；有功能齐备的计算机网络教室、语音室、实验室、学术报告厅、艺术教室、心理咨询室，所有班级都配有先进的多媒体教学平台，以及可承担省级以上比赛的8道400米塑胶跑道运动场和气势恢宏的体育馆。学校还为师生创造了一流的工作生活环境，建有环境优雅的教师别墅小区和功能齐全的学生公寓区。全国人大副委员长司马义·艾买提视察学校后欣然题词：“教育改革发展的榜样，边疆民族团结的楷模。”

夏令营

获得的奖状、奖牌

先进的办学理念，浓郁的人文氛围，优越的教学环境，是教师施展才华、实现价值的理想之地。一流的师资队伍，先进的教学设施和精细的管理，和谐统一、错落有致、绿树成荫的校园，是莘莘学子求学成才的乐园。

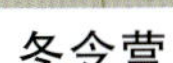

冬令营

文艺表演

运动场

校园一览

# 中国银行业监督管理委员会 文山监管分局

文山银监分局党委于2003年12月17日成立以来，经过七年多的成长壮大，至今已经发展成一支政治合格、业务过硬、作风廉洁的银行监管队伍。目前有内部科室8个，有广南、富宁、砚山、丘北、马关、麻栗坡、西畴七个监管办事处，全局职工65人，其中共产党员36人。在监管实践中，分局领导班子工作思路清晰：狠抓四项重点工作，落实三项风险管控，履行两项社会责任，强化内部管理。较好完成了各项工作任务，取得了明显成效。分局办公室获得银监会系统“青年文明号”表彰。

局长胡文伟走访共建新农村

2010年，文山州金融监管工作围绕国家加强和改善宏观调控，加快推进辖区经济发展方式转变和经济结构调整这一主题和主线，引领

省局局长林勇力与分局职工合影

辖区银行业在促进地方经济平稳健康运行、加快经济结构战略性调整、推动发展方式的转变，在遭到百年不遇的旱灾侵袭下，有力地推动了辖区经济发展，切实防范了系统性和区域性金融风险的发生，对改善民生发展金融消费等方面发挥了积极作用。

在金融监管实践中，文山银监分局基本做到了“早发现、早预警、早控制”，不断增强监管工作的有效性。从管法人、管内控、管风险，保护金融消费者的利益入手，积极创新监管方式，完善监管机制，充分挖掘监管资源，调动全体监管干部的积极主动性，千方百计同心协力，相互支持努力工作，较好地履行了监管职责，全面完成了各项监管工作任务，促进了辖区经济金融运行质量的提升，并取得了明显成效，截止2010年12月，全辖银行业金融机构各项存款余额387.3亿元，比年初增长27.9%，各项贷款余额271.9亿元，比年初增长17.1%，实现了无金融案件发生，保持了辖区银行业金融机构的良好发展态势。经强势监管，应对了国际金融危机可能对辖区金融业带来的冲击，引领了辖区银行业金融机构积极响应监管部门的倡导，主动改变业务流程和组织架构，严控风险的发生，同时督促银行业金融机构，努力满足小企业多样化、个性化和三农发展的融资需求，进而保持了金融业的持续稳健发展。

分局领导班子陪同省局领导调研文山三七产业

州政府领导参加银行监管通报会

云南银监局在文山召开全省金融服务缺失乡镇工作推进会

# 文山供排水总公司

文山供排水总公司成立于1973年6月，属文山县国有企业，是文山县城唯一专业负责自来水供给、城市污水处理及其设施建设和经营管理的公司。在文山州县党委、政府的正确领导下，积极按照市委、政府有关文山城市供排水工作的部署和要求，认真贯彻落实科学发展观，立足全市社会经济发展大局，不断强化企业内部管理，加强供排水设施建设和改造，夯实安全生产基础，提高供水保障能力，提升优质服务水平，为文山城市快速发展、社会和谐稳定提供了坚实有力的保障。

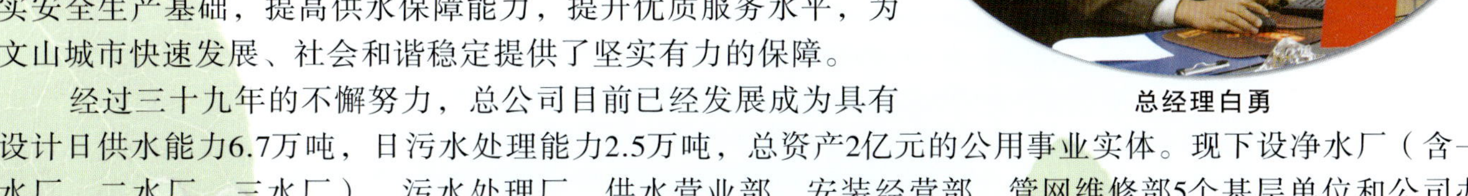

总经理白勇

经过三十九年的不懈努力，总公司目前已经发展成为具有设计日供水能力6.7万吨，日污水处理能力2.5万吨，总资产2亿元的公用事业实体。现下设净水厂（含一水厂、二水厂、三水厂）、污水处理厂、供水营业部、安装经营部、管网维修部5个基层单位和公司办公室、督察科、财务科、技术科、中心化验室5个职能科室。截止2010年底，总公司共有职工208人，其中有大中专以上学历105人，各类专业技术人员50人。

污水处理厂处理系统

供水部分：现有净水厂3座，设计日处理能力6.7万吨，在一定时期内能满足文山城约24万人口对自来水的用水需求，供水水质综合合格率在98%以上，达到国家饮用水标准。其中：

一水厂设计日处理0.7万吨，1983年建厂，处理工艺为旋流重力沉清，采用地下龙潭水源。

二水厂设计日处理2万吨，两条处理线，分别于1994、2000年分两期建成，处理工艺为斜管重力沉清，采用盘龙河河流水源。

三水厂设计日处理能力10万吨，分两期建设，2007年已完成的一期工程设计日处理能力4万吨，处理工艺为斜管重力沉清，采用暮底河水库水源，水质较好。

供水管网，现有直径100~1000毫米主干管70多公里，覆盖城区及部分近郊。

污水处理部分：文山市城污水处理工程分为两个主要部分：一是污水处理厂，设计日处理污水能力5万吨，分两期建设，现完成的一期工程设计日处理污水2.5万吨。二是截污干管，原设计全长16.7公里，后优化为12.4公里，中途设提升泵房一座。截污干管和污水处理厂分别于2003年8月、2004年4月动工，2006年6月建成开始调试，2007年12月通过了环保部门的项目环保验收。

花园式厂区局部

8000立方米清水蓄水池

净水系统

污水处理厂氧化沟

面向三农　服务城乡　回报股东　成就员工

# ABC 中国农业银行 文山分行

中国农业银行云南省分行副行长任雷波深入农行客户调研企业产品生产销售情况

州副州长李国沛出席农行文山分行“心系三农　刷卡有礼”惠农活动启动仪式并作重要讲话。

2010年，是农业银行股份制改革实现公开上市的第一年。文山分行坚持以科学发展观统揽全局，认真贯彻落实国家宏观调控政策和年初工作会议精神及总体工作部署，积极应对宏观经济环境变化带来的不利影响和激烈的同业竞争，紧紧围绕“改革、发展、控险”三大主题，继续实施“发展、转型、创新、控险、强管、增效”的业务经营方针，深入推进内部机制改革，切实加强风险控制，强化“三农”服务意识，不断加大市场拓展力度，大力拓展城乡两级市场，着力推进经营战略转型，加快业务结构调整，努力提升价值创造力和市场竞争力，有力推动各项工作稳步发展，圆满完成了上级行下达的各项主要工作任务，取得农行股改上市“开门红”的经营业绩。

业务经营呈现稳步发展态势,截至年末，全行人民币各项存款余额108.64亿元，比年初增加16.80亿元，创历史最高增量水平，增长18.29%，同比多增2.14亿元。各项贷款余额83.32亿元，比年初增加7.35亿元，年增长9.68%。实现拨备前利润2.95亿元，较上年增加3183万元，增长12.11%。

涉农业务稳步发展，“支农”能力日益增强。全年累计发放涉农贷款29.98亿元，占各项贷款累计发放数的81.64%。其中,对三七、辣椒等特色产业投放贷款2.78亿元，有效支持了地方特色产业的发展,支持县域经济发展的地位日趋突出。截至年末，全行涉农贷款余额为65.96亿元，占全行各项贷款余额的79.16%；比年初增加4.77亿元，占全部新增贷款的64.90%。新增惠农卡发卡51906张，惠农卡农户小额贷款余额达2.74亿元。

党委书记、行长高捍深入基层网点调研网点建设及服务情况。

党委书记、行长高捍深入麻栗坡县老寨小学和茨竹坝小学调研学校援建情况。

州农行与文山军分区联合开展“走进福利院，献爱心、送温暖”活动。

农行文山分行出资150万元援建麻栗坡县老寨小学和茨竹坝小学

州农行监管云桂铁路（文山段）征地拆迁专项资金监管协议在州政府举行

全州金融服务“三农”工作座谈会在农行文山分行隆重召开

# 文山州人民医院

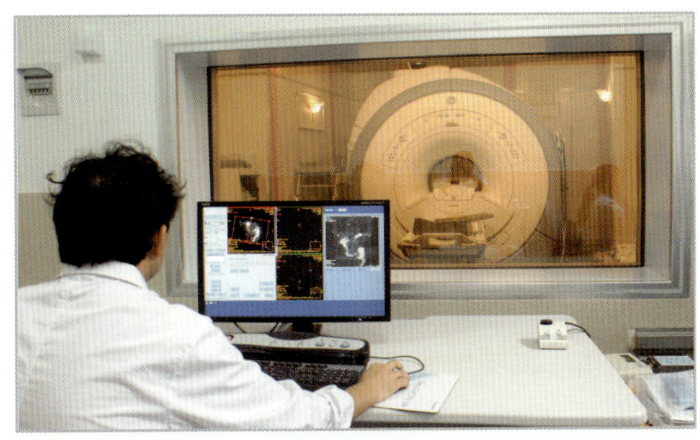

超导核磁共振

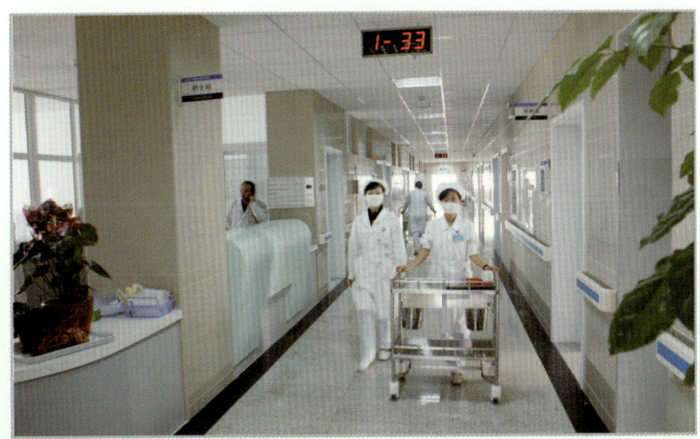

病房 一角

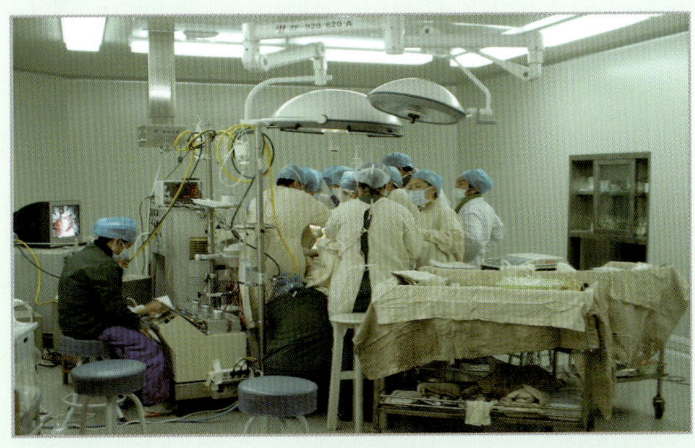

心脏手术

文山州人民医院建于1950年8月，是文山州最大的一所集医疗、预防、科研、教学为一体的三级乙等综合医院，是文山州医疗保险、新型农村合作医疗、人寿保险、伤残救治定点医院。现有工作人员1200多人，编制病床900张，开放床位1200余张，设有36个临床科室，8个医技科室，设有急救中心、远程会诊中心和健康体检中心各1个；现有1.5 T超导核磁共振、西门子螺旋CT机、直线加速器、全自动生化分析仪、电子胃肠镜、心血管数字化造影机、64排螺旋CT、多功能动态平板X光机等二百多台先进设备，为广大患者就医提供了良好的技术设备保障。

文山州人民医院一直注重人才队伍建设，培养造就了一批批有知识有技术的高层次专业队伍和一批批懂业务善管理的中层干部队伍。目前，全院有二位专家享受国务院特殊津贴、5位专家享受云南省政府特殊津贴、3位专家被确定为文山州首届中青年学科带头人、8位专家被确定为文山州首届中青年学科带头人后备人选，一位专家被评为“文山州十大杰出青年”。

文山州人民医院狠抓新技术新业务的开发和应用，先后开展颅脑手术、心脏瓣膜植换术、肝癌切除术、肺叶切除术、肾切除术、断指再植、冠脉造影、心脏起搏器植入等高难度手术。近十年来，全院有140个科研项目获文山州科技进步奖，填补了全州医疗技术的多项空白。目前医院将以心血管内科、胸心血管外科、神经外科、消化内科、骨科为重点，打造品牌专科，提高医院的整体技术和服务水平。2010年共接待门诊病人431,372人次，比上年增长6.76%；住院病人39,243人次，比上年增长22.76%；完成业务收入26,451.89万元，比去年同期增长23.90%；固定资产22,519.9万元，比上年增加1,391.1万元，增长6.58%。

文山州人民医院在不断提高医疗技术水平的同时，积极投身精神文明建设，先后被授予“文明医院”、“行业作风建设先进集体”、“全省卫生系统思想政治工作先进集体”、“院务公开先进集体”、“全国卫生系统行业作风建设先进单位”、“全国女职工建功立业标兵岗”等荣誉称号。

医院一角

妇儿专科病区

# 中国工商银行 文山分行

INDUSTRIAL AND COMMERCIAL BANK OF CHINA

中国工商银行文山分行于1985年1月1日成立。26年来，按照总行部署的工作思路和省分行确定的经营发展目标，采取有效措施，着力提升核心竞争力，奋力拓展业务，优化经营结构，提高质量和效益，实现了安全经营目标，连续22年无安全事故，连续11年无内外案件。目前有对外营业服务机构11个，分布在文山、砚山、麻栗坡3县城及砚山平远镇。

行长高荣超

团结务实的行领导班子：党委书记、行长高荣超（左二），党委委员、副行长肖文林（右二），党委委员、副行长李雄（左一），党委委员、副行长黄绍鼎（右一）。

奖牌

党委书记、行长黄强到支行检查工作

省行副行长苑书义（中）到文山检查指导工作

网点晨会

向群众宣传法律和反假币知识

到砚山监狱进行预防职务犯罪警示教育

到抗旱挂钩点八嘎乡调研

# 云南省文山州烟草专卖局（公司）

副省长曹建方到文山检查烤烟抗旱移栽工作

云南省文山州烟草专卖局（公司）1984年7月成立。1987年上划云南省烟草专卖局（公司），属国家烟草二级批发企业。2007年1月1日取消了8个县级公司法人代表资格，建立母子公司体制。2010年深化机构改革后，州局（公司）设置1室2办10部4中心，辖8个县(市)烟草专卖局(分公司)。全系统现有干部职工1241人。

“十一五”期间，是文山烟草发展最快最好、取得显著成绩的时期，是全州烟草系统夯实发展基础、提升发展水平的关键时期，是着力打造品牌、树立良好社会形象的重要时期。实现税利35.9亿元；生产收购烟叶470.85万担，实现收购总值30.83亿元；完成卷烟销售43.96万箱，实现卷烟税利9.7亿元。特别是2010年，全州烟草系统紧紧围绕“卷烟上水平”的基本方针和战略任务，奋力抗击特大自然灾害，烟叶生产实现平稳健康发展，卷烟营销水平明显提升，专卖管理力度进一步加大，基础管理进一步夯实，队伍建设不断强化，全州烟草系统继续保持良好发展态势，圆满实现了各项目标任务，实现税利9.5亿元，同比增加8230万元，增幅9.48%。

省烟草公司副总经理童荣昆深入文山烟区调研

丘北县生态特色优质烟叶开发科技项目展示区

组织职工向玉树地震灾区捐款25650元

烤烟育苗工场

烘烤工场

# 文山州人口和计划生育委员会

省计生委副主任金桂兰（中）在州政府副秘书长罗东波、州计生委主任熊朝文等陪同下，深入基层调研。

人口和计划生育工作电视电话会议

人口和计生委开展学习型党组织建设工作动员会

人口计生委宣传服务点

# 快速发展的文山州农村信用社

文山州农村信用社自组建以来，伴随着我国农村经济的发展以及整个经济体制的变迁，经过50多年风雨兼程的岁月洗礼，不断深化改革、开拓进取、锐意创新，全面加强管理，在积极服务“三农”和支持地方经济发展的同时，自身也实现了跨越式的发展，业务经营实现快速健康发展，实力显著得到增强，经济效益大幅攀升、资产质量持续改善，社会形象有力提高，自身也实现了跨越式的发展，改革发展步入了信用社成立50多年来最好、最快的时期，取得了前所未有的成就。

2010年末，全州农村信用社机构网点146个，其中：法人机构8个，非法人机构138个，在职员工1071人，内退员工104人，各项存款余额首次突破百亿元，达1,067,771万元，比年初增加298,142万元，增长38.74%，存款余额和增幅再创历史新高；各项贷款余额662,983万元，比年初增长94,880万元，增幅为16.7%。其中：农业贷款余额46.18亿元，较上年增加7.83亿元，增长20.4%；不良贷款占比首次降到个位数为8.36%；实现利润总额11,055万元，全辖上缴企业所得税3,766万元；资本充足率达9.67%；拨备覆盖率97.25%；贷款损失准备充足率为139.95%。

作为文山州营业网点最多、服务面最广的金融机构，文山州农村信用社将以邓小平理论和“三个代表”重要思想为指导，深入学习实践科学发展观，突出加快发展的主题，坚持服务“三农”的宗旨，以“合规经营、规范管理、严控风险、提高效益”为重点，推动全州农村信用社又好又快发展，为支持我州农村改革发展和经济社会建设作出更大贡献！

农信社举行金碧惠农卡首发式

省委常委、副省长李江，省联社主任任树云，州委书记李培到攀枝花信用社视察指导工作。

信贷员下村寨为农户建立信用档案

副州长李国沛在文山市喜古乡简易服务站开业仪式上讲话

州政协及相关部门领导到信用社开展服务三农调研

支持农民种植茶叶

# 振奋精神　乘势而上

## 为文山州道路运输业的又好又快发展谱写新篇章

“十一五”以来，文山州道路运输业得到了快速发展，道路运输的供给能力、装备水平、服务质量、安全状况和法制建设都取得了长足进步，为文山州经济社会发展、为新农村建设、为人民群众安全便捷出行，做出了积极的贡献。

2010年，全州完成道路客运量1012万人、旅客周转量179332万人（公里），全州道路货运量达1065万吨，货运周转量132482万吨（公里），全州拥有客运站28个，1个货运（物流）中心，推动了现代物流业发展。

2010年底，全州102个乡镇全部开通客运车辆，通客车率达100%，946个村委会通客车841个，通客车率达89.0%，开行农村客运班线286条，投入车辆2145辆，城乡公交线路45条，投入车辆220辆。实现了“十一五”全州行政村农村客运开通率达85.0%的工作目标。

文山州交通运政管理系统现有11个道路运输管理机构，在职在编人员133人，协管员120人。目前，全州运管系统被授予省级文明单位3个、州级文明单位6个、县级文明单位1个。

春运期间文山州交通运政管理处处长侯明（左二）深入客运站检查

云南省公路运输管理局局长赵学聪（右三）到文山州交通运政管理处调研

召开道路旅客运输发展座谈会

春运期间处长侯明深入广南珠街客运站检查

深入挂钩扶贫点

法制宣传

职工运动会

# 中国邮政储蓄银行文山州分行

2008年3月26日，中国邮政储蓄银行文山州分行正式挂牌成立。内设办公室、个人业务部、公司业务部、信贷部、财务部、风险合规部、人力资源部、审计部8个部室。到目前为止挂牌成立了文山县支行、广南县支行、富宁县支行3个一级支行，在8县设立了27个二级支行，42个代理网点，全州从业人数170人。客服电话：95580、个人业务部电话：2188317、公司业务部电话：2131735、信贷部电话：2189637、办公室电话：2187363。文山县支行电话2197205、2131625、广南县支行电话5155500、富宁县支行电话6120655、丘北县人民路支行电话4121013、砚山县砚华西路支行电话3126666、西畴县平安路支行电话13577667924、麻栗坡县玉尔贝路支行电话6627366、马关县板子街支行电话7127655。

依托和发挥网络优势，完善城乡金融服务功能，以零售业务和之间业务为主，为城市社区和广大农村地区居民提供金融基础服务，与其他商业银行形成互补关系，支持社会主义新农村建设。

至2010年末，全州邮政储蓄个人存款余额达25亿元，比年初增加6.3亿元。累计发放贷款1.6亿元。公司存款余额2.95亿元。

副州长李国沛亲临会议指导

全省首家金融缺失乡镇干河乡营业所开业

业务宣传

领导班子：行长陈忠明（中）、副行长贺梅（左）、副行长周燕（右）。

# 文山州水务局

3月28日，副省长曹建方亲临文山指导抗旱救灾工作

省水利厅副厅长陈坚（中）到文山县古木镇调研指导抗旱救灾工作

2009年6月14日，布都河水库开工奠基，州水务局局长陈育良宣读项目批复文件。

省委书记白恩培到文山调研

省委副书记李纪恒到文山州了解春耕工作

水利部总工程师汪洪、省水利厅副厅长杨荣新、副州长胡荣等领导调研德厚大型水库项目。

省、州有关领导深入到砚山县江那镇三元洞村调研抗旱情况。

州水务局局长陈育良指导抗旱救灾工作

# 文山州司法局

2010年3月23日，州司法局组织干警职工为受旱灾最严重的干河乡山背后村群众送去两车饮用水。

2010年3月24日，州司法局举行“共产党员抗旱救灾特别捐献活动”，共计捐款 72659 元。

省“五五”普法检查验收工作组到文山州检查验收全州“五五”普法工作。

州司法局党委书记、局长陆维智到干河乡调研指导抗旱救灾工作。

司法部副部长张苏军（左二）到丘北县司法局调研

3月2日至4日，国家司法部副部长、全国普法办副主任张苏军深入我州调研法制宣传和依法治理工作，图为听取全州普法依法治理工作情况汇报。

2010年12月底，纪念文山州司法行政机关恢复重建30周年篮球运动会在文山市盘龙体育馆隆重开幕，州司法局、文山监狱及八县（市）司法局共10支代表队参加运动会。经过为期3天的紧张角逐，文山监狱代表队夺得第一名，州司法局代表队获得第二名，富宁县司法局代表队得第三名，砚山县司法局代表队获得体育道德风尚奖。

# 文山州生物资源开发和三七产业局

“十一五”期间，按照州委、州政府发展三七产业的总体思路和目标，三七系统的干部职工紧紧抓住国家实施西部大开发、云南省打造“云药”产业及建设面向西南开放“桥头堡”的机遇，完善“基地、加工、市场、科研”四大产业平台建设，积极应对百年旱灾，坚定信心，攻坚克难，狠抓三七规范化种植、园区开发、科技创新、企业扶持、产业宣传、招商引资、品牌打造和条例宣传等工作，各项工作取得明显成效，推动了文山三七产业化发展进程，整个产业经济运行态势良好。2010年全州三七产业实现总产值32.66亿元、销售收入54.56亿元、利润14.11亿元、税金0.59亿元，分别比上年增35.94%、50.45%、147.13%和28.77%。

州人民政府与云科药业签订三七总皂苷提取生产线项目建设协议

2010年9月13日，青海省人大副主任王小青视察三七产业。

上海市浦东新区中医药事业发展合作考察团考察三七产业

2010年3月19日，文山三七研究院与广州白云山和记黄埔中药有限公司签定三七GAP基地建设及科研合作框架协议。

州政协副主席、州财政局局长陈晓华，州三七产业局局长王成标深入文山东山乡督促检查指导抗旱救灾工作。

# 云南文山斗南锰业股份有限公司

云南文山斗南锰业股份有限公司坐落在云南省砚山县平远镇风景秀丽的丰湖湾畔，具有良好的区位优势和地缘优势。公司前身为文山州斗南锰矿,始建于1973年，1995年设立有限责任公司，2005年整体变更为股份有限公司；2007年12月，为加快云南锰产业的发展，经云南省国资委批准，合并重组云南建水锰矿有限责任公司和云南省建水县锰业有限公司，寻机在国内申请公开发行股票并上市。公司注册资本现为24575.1891万元，总股本24575.1891万股，控股股东为云南冶金集团股份有限公司。

多年来，公司坚持“立足优势创特色，依靠科技增效益，整合资源谋发展，做优做强锰产业”的发展战略，现已形成年矿山开采40万吨、锰系合金23万吨、放电锰粉2万吨、高锰酸钾0.4万吨的生产规模，矿山资源储量达1000万余吨，主要产品有锰系铁合金、天然放电锰粉、高锰酸钾等。2005年经国家发改委公告，成为国家第一批铁合金行业市场准入企业，公司拥有国际一流、国内领先水平的12500KVA、25000KVA和即将建成50000KVA的生产线及相关配套生产系统，主要工艺技术装备和技术经济指标达到国内同行业领先水平，矿山安全达到国家矿山安全质量标准化二级企业标准，是我国锰系铁合金生产的重要骨干企业之一。

经过30多年的发展，公司现有总资产近22亿元，员工3000余人；2003年通过质量管理体系认证，2006年通过职业健康安全管理体系认证，2007年通过环境管理体系认证和清洁生产审核认证。近几年来公司荣获全国绿化模范单位、云南省“五一”劳动奖状、云南省文明单位、云南省质量效益型先进企业和云南省劳动关系和谐企业等荣誉称号，2009年通过国家高新技术企业认定，是云南省工程技术研究中心（锰系产品）、云南省创新型试点企业和云南省发展工业循环经济100户试点企业之一。

为加快企业发展，公司正在实施年产20万吨锰系合金节能减排技改工程，工程采用先进的50000KVA、25000KVA大型化冶炼工艺和节能设备，工艺技术先进成熟可靠，达到国际一流、国内领先水平。另外，公司依托资源、技术和人才优势，以锰系铁合金为主业，坚持全面协调可持续发展的科学发展观，进一步调整产品结构，完善产业链，力争通过“十二五”发展，努力把公司打造为具有较强国际竞争力的中国锰系铁合金冶炼及加工重要生产基地，成为“资源节约型、环境友好型”的国际知名铁合金矿业公司。

**公司名称：** 云南文山斗南锰业股份有限公司
**联系地址：** 云南省砚山县平远镇丰湖路132号　　**邮　编：** 663101
**电话号码：** 0876-3882351（办公室）　3882352（销售部）
**传　　真：** 0876-3880152
**法人代表：** 张自义　　**总经理：** 王运正
**网　　址：** http://www.yndnmy.com/
**电子邮箱：** info@yndnmy.com

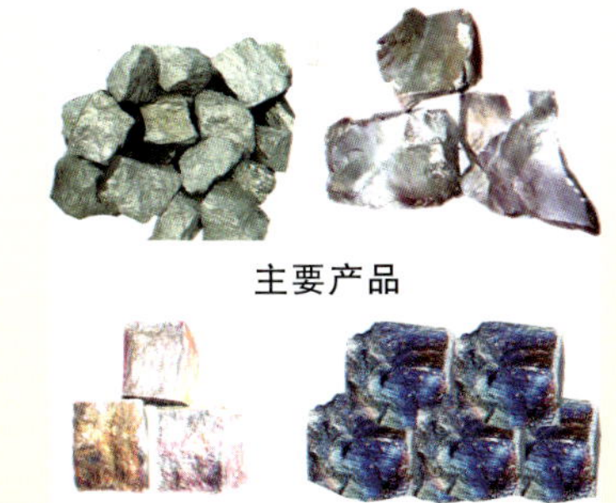
主要产品

宝钢资源有限公司莅临公司参观访问

南非客人莅临公司参观访问

职工代表大会

斐济客人莅临公司参观访问

上海证券交易所专业人员莅临公司检查指导上市工作

# 文山州消防支队

2010年，文山州各级各部门紧紧围绕改革发展稳定大局，认真贯彻落实《文山州“十一五”时期消防工作发展规划》，以构筑社会消防安全“防火墙”工程和打造“云岭消防铁军”为抓手，着力落实消防安全责任，切实加大消防投入，全面加强公共消防基础设施、消防力量、社会防控火灾能力、消防应急救援能力建设和消防宣传教育工作，消防事业发展取得明显成效。坚持以公共服务为导向，积极转变职能，着力打造“亲民消防、法治消防、专业消防、数字消防、社会消防、魅力消防”，探索出了一条“融入式公共服务型社会消防”的发展之路。省委副书记、省长秦光荣，副省长曹建方等领导相继对文山公安构建“融入式公共服务型社会消防”作出了寓意深刻，内涵丰富的重要批示。树立“警力有限，民力无穷”的理念，坚持“内外联动，专群结合”，结合抗旱救灾等重大任务，把多种形式消防力量的建设发展纳入各级党委政府的重点建设项目，实现了“三个率先”：率先在全省出台《文山州人民政府关于加强综合性应急救援队伍建设的实施意见》，在州消防支队和8个县消防大队挂牌组建了综合应急救援队伍。率先在全省实现“乡乡都有消防队（站）”。按照“一乡一队一车一泵”的标准，投入1800万元购置96辆消防车、96台消防泵及1200名队员的基本防护和训练装备，组建了94支乡镇专职消防队暨综合应急救援分队。率先在全省建成首个县级应急救援指挥中心，在砚山消防大队建立了集通信保障、可视化远程指挥、应急救援分队动态管理、信息管理查询等功能的指挥中心。

州委书记李培与云南省公安消防总队总队长陈育坤就加强综合应急救援建设工作交换意见

副省长曹建方听取全州消防部队抗旱救灾工作汇报时强调应急救援工作的重要性，要求全州消防部队集中一切力量参与抗旱。

州委、州政府领导吴俊明、李俊彪为应急救援支队授牌。

各县代表喜领车辆钥匙

先进装备极大地增强了文山州应急救援能力

配发给基层消防部队的新装备

# 文山州供销社

2010年，在州委、州人民政府的领导下，在省供销社的指导下，全州供销系统以党的十七届四中、五中全会精神为指导，深入贯彻落实科学发展观，大力实施“乡村流通工程”建设，不断推进供销社“二次创业”，全面完成了省、州下达的各项目标任务。年末，全系统有各级供销社82个，社有企业及社涉企业94个，产业活动单位1744个。

文山州供销社办公楼

省社领导、州委领导和州供销社全体干部职工合影。

州供销社党组研究供销工作

# 文山州疾病预防控制中心

文山州疾病预防控制中心，成立于2002年12月27日，它的前身是文山州卫生防疫站，是州政府举办的实施疾病预防控制与公共卫生技术管理和服务的公益性卫生事业单位。现有在职职工107人，卫技人员86人。设中心办公室、卫生检验中心、司法毒物鉴定所、地方病防治科等17个科（所、室），是全州疾病预防检测的业务技术指导中心。中心具体承担全州340万人口的疾病预防控制、突发公共卫生事件应急处置、卫生监测检验与评价、卫生技术管理和卫生技术服务等职能和工作职责。

中心坚持“预防为主”的卫生工作方针，紧紧围绕疾病控制业务为中心和“重点疾病重点防治，重点人群重点保护”的防治方略，以深化人事分配制度改革为动力，以加强疾控机构基础建设和人才队伍建设为重点，在疾病防治、突发疫情、中毒等突发公共卫生事件处置、卫生监督监测、基础设施建设、科研等方面均取得显著的业绩，10余项科研成果获省（部）级、州级科技进步奖，在国家、省、州级学术刊物上发表学术论文150余篇，多次被国家、省、州授予各类先进集体光荣称号。

副主任黄玉云到文山驻军进行旱灾期间预防传染病健康教育讲座

文山州2010年艾滋病防治业务工作年会

文山州2010年甲肝疫苗接种工作会议

2010年消除麻疹、疟疾及15岁以下人群乙肝疫苗补种工作会议

第十三届云南省运动会开幕式演出

# 文山州文化局

文山州文化局是州人民政府组成部门，2001年增挂“文山州新闻出版局”、“文山州版权局”两块牌子。共设办公室、政治处、社会文化（文物）科、文化艺术（文化产业）科、文化市场管理科、州“扫黄打非”办（新闻出版科）6个科室，现有干部职工22人；全州现有州文化市场综合执法支队、州文化馆、州图书馆、州博物馆、州民族歌舞剧团、州艺术研究所、州文物管理所、州民族文化中心等8个事业单位，有8个县（市）级文化馆，8个县（市）级图书馆，8个县（市）级文工队，8个县（市）级文物管理所，管理着104个乡镇文化站。到2010年底，全州有文化工作者1077人，专业技术人员966人，文化站工作人员212人，专职人员157人；州直文化系统共有干部职工235人，专业技术人员174人。坚持“二为”方向和“双百”方针，按照“三贴近”的原则，围绕民族文化强省建设目标任务，以改革创新发展为主线，以农村公共文化服务体系建设为抓手，服务于党委、政府的中心工作，抢抓机遇、团结拼搏、锐意进取，进一步加快民族文化事业建设和改革步伐，建立完善事业管理体制和运行机制，夯实一批文化基础设施建设，推动文化事业繁荣发展，文化产品不断涌现，文化产业初见成效，两个效益显著提高的新局面。今后将进一步深化改革、创新机制；争取多方投入，筑牢文化事业发展基础；认真打造“三七文化、民族文化、地域文化”三张文化名片，完善城乡公共文化服务体系建设；大力扶持特色文化产业，积极推进文化与旅游的融合发展；继续包装打造文山州文艺精品；加大文物和文化遗产保护力度；加强文化市场、新闻出版管理及“扫黄打非”工作，加大版权保护力度，维护市场经营秩序；加大对外文化交流力度，力争“十二五”期间文山州文化事业进一步繁荣发展，取得新的、更大的成绩。

创先争优启动会

州委、州政府领导调研州博物馆建设

解放思想大讨论学习

建设中的文山州博物馆

文山州第八届民运会开闭幕式演出

庆祝建州50周年开幕式演出

# 云南文山石油分公司

2010年公司完成轻油销量同比增加22.0%的好成绩。相比于2000年前后的年销油品总量增加了6.68倍，在抗旱救灾的活动中，文山公司共计捐款3万余元，捐矿泉水3000余件，低价提供抗旱用油500余吨。年底，燃油紧张，文山公司积极与上级公司协调，争取到了每天比燃油紧张前还多配供40吨柴油的政策，同时全力配合文山各级人民政府，管好、用好有限的资源，为文山社会的稳定和发展做出了积极的贡献，优良的外部环境使得2010年销售同比增加22.0%。同时也获得了文山城南一站、文山城南二站等老大难站点的开业许可证。

文山公司已发展到现在的53座加油站；被省公司批准在建或待建的有10多座；报州商务局待批的也有10多座。通过努力，开发的直销客户同比增幅达65.79；直销批发量同比增幅达42.86。自2010年开展“比学赶帮超”活动以来，文山所属53座加油站的员工的服务意识有较大提高，以文山城南一站为例，有18位员工获得集团公司、省公司、文山分公司授予的19个荣誉称号。文山公司坚持考评，注重考核，达到实效。这些措施的实施，对提升文山石化在本地区的知名度，起到了较好的作用。

伴随着文山边疆地区的发展，文山公司面对新的市场机遇、新的市场挑战，高速发展中的文山公司将以“百尺竿头更进一步”的精神，不用扬鞭自奋蹄。

李经理陪同夏副总检查八宝服务区

省公司领导陪同销售公司夏副总视察成品油管线

领导视察成品油管线

文山城南一站员工进行交班仪式

# 富宁港筹建处

副省长刘平（右三）在州委书记李培（右一）、州长黄文武（左一）的陪同下到富宁港调研。

州政协主席王云凌（左二）在州政府秘书长杨选德（左三）、富宁港筹建处处长林兴友等领导陪同下，到富宁港检查指导工作。

一期工程客运泊位施工区

一期工程通用泊位施工区

富宁港是国家交通运输部规划全国内河港口珠江腹地9个重要港口之一，是文山州构建“水、陆、空、铁”交通大格局的重要建设内容，它作为右江通道、珠江第一港，云南省的三大港口之一，既是云南出海通道中重要的枢纽港，又是云南省通过右江（珠江水系）联结港澳及泛珠三角洲地区的重要水上交通基础设施。项目计划投资120395.04万元完成2个客运、6个集装箱、11个件杂货、2个散货共21个泊位和相关配套设施建设，工程分“两期”建设，一期工程投资18037.75万元建设一个500吨级客运泊位和一个1000吨级多功能泊位以及相关的生产生活设施，其余作为二期工程建设。

2008年10月开工建设富宁港一期工程，截止2010年底，已累计完成投资1.32亿元，相继建成客运泊位客运大楼、通用泊位斜坡道轨梁浇筑、客运（通用）泊位进港道路等主体工程，客运趸船、锚地趸船、浮吊趸船已建成下水，预计2011年年底前可全面完成建设任务。二期工程建设州级已纳入“十二五”规划和2011年重点前期工作项目计划，积极争取国家相关部委和省级相关部门的支持，力争2012年左右动工建设，在“十二五”期未全面完成建设任务，实现与下游通道同时建成通航目标。下游广西百色水利枢纽过船设施建设，在完成一期工程上游引航道、靠船墩建设的基础上，国家发改委办公厅同意开展2×500吨级兼顾1000吨级单船规模的研究，由水利部委托原设计单位编制过船设施的，按程序报批。现过船设施可研报告已编制完成并于2010年1月经水规划总院主持审查评估，目前编制单位按评估意见已修改完善报水规划总院审查，总投资为30亿元。下步，过船设施工可由国家水利部审查转报国家发改委批准执行后，国家相关部委会尽快明确投资构成和业主，尽快动工建设。届时，随着富宁港及过船设施项目建成投产，千吨级船舶可常年直通珠江三角洲、北部湾和港澳地区，富宁港即可发挥连接珠江黄金水道作用，为腹地提供一条低碳环保、运价低、投资省、运能大的水运通道，对国家实施西部大开发、兴边富民及经济社会建设作出积极贡献。

正在建设中的富宁港全景

# 文山州环保局

全省环境监测工作会议

七彩云南文山保护行动成员单位参加通报会

吸取"阳宗海砷污染事件"座谈会

参加座谈会企业法人代表集体承诺

德国环保友好人士亨瑞先生观看宣传展板

州委书记李揺与亨瑞先生交谈

州党、政、军等领导参加七彩云南文山保护行动启动仪式。

七彩云南文山万人签名活动

州医疗废物处置中心建成

# 文山州森林公安局

党委书记、局长郑代卹

森林公安是国家专门设立的一支武装性质的刑事司法和行政执法力量，是公安机关的一个专门警种，担负着保护国土生态安全、打击破坏森林及野生动植物资源，维护林区社会治安秩序的重任。随着国家对生态文明建设的日益重视，森林公安工作得以快速发展。全州森林公安机关围绕贯彻落实科学发展观这一主线，充分发扬艰苦奋斗、开拓进取的创业精神。森林公安工作取得了极大进展，为全州经济社会协调健康发展增添了活力。

2010年12月，随着省州森林公安“三定”方案的贯彻落实，文山州森林公安机关纳入中央政法专项编制，规范内设机构，核定编制334名，州局机关为副处级单位，设办公室、政治处等8个科（队室），县级机关为正科级单位，统一设置5个科（室）。州县森林公安机关同时加挂州县公安机关森林警察支队、大队牌子。全州共有森林公安机关机构28个（其中：州局机关1个，县局机关8个，整合保留派出所19个）。州局设立党委、纪委，各县局设立党支部，森林公安局主要领导进入同级林业局党委党组班子。州局和5个县局成为同级政法委员会成员。

州政法委书记吴俊明到州森林公安局检查指导工作

州森林公安局党委书记、局长郑代卹对挂钩扶贫点的贫困学生进行慰问。

副州长胡荣在广南县参加全省森林公安工作会议并讲话

局领导指挥侦破特大走私野生动物案

林区巡逻

“十一五”期间，全州森林公安机关坚持执法理念教育、端正执法思想，开展了“云岭行动”、“绿盾行动”、“天保行动”、“候鸟行动”等专项行动，严打涉林违法犯罪，通过完善执法保障机制、促进案件查处等一系列工作措施，加强涉林案件查处。5年间，全州森林公安机关共查处涉林案件5608起，其中：受理林政案件5064起，查处4981起，查处率为98.36%；立刑事案件501起，破455起，破案率为90.82%；受理野生动物案件43起，查处38起，查处率为88.37%；依法处理违法犯罪人员5804人。为国家挽回直接经济损失1050.8944万元。

在森林防火工作中，全州森林公安机关从保护森林资源安全、保护林区群众生命财产安全、确保各级政府森林防火责任落实的高度，将森林火案查处工作作为全州森林公安机关案件查处重中之重进行安排、部署，采取分片把守、包干负责、责任倒查等一系列措施，加强森林火灾预防和森林火案查处工作，森林火灾案件综合查处率达到95%以上。森林火案查处工作做到了全力以赴、全警投入、成效显著，受到了各级党委、政府的好评。

# PICC 中国人民财产保险股份有限公司

## 文山州分公司

2011 年全州系统工作会参会代表合影

人保财险文山州分公司是人保财险在文山州设立的地市级分公司，目前在全州 8 县设有分支机构 16 个、兼业代理单位、保险营销服务部、保险服务咨询点 80 多个，网点遍布全州，具有独一无二的网络优势。以“人民保险、服务人民”为使命，秉承“以人为本、诚信服务、价值至上、永续经营”的经营理念，弘扬“求实、诚信、拼搏、创新”的企业精神，坚持以市场为导向、以客户为中心，积极履行优秀企业公民责任，为促进改革、保障经济、稳定社会、造福人民提供了强大的保险保障。

公司经营机动车辆险、机动车辆交强险、财产损失保险、责任信用保险、农业保险、意外健康险、农村保险、保证保险等人民币或外币保险业务，在文山地区已开办了 100 多个险种，公司率先在全国开通 365 天 24 小时服务专线 95518，随时随地为客户提供报案、咨询、投诉、保险卡注册、车辆救援、预约投保和客户回访等多功能、个性化服务。公司自 2003 年股改上市以来，通过对体制、机制的进一步改革、整合、完善、创新，在服务经济社会发展全局和广大客户的实践中，创造和积累了市场领先的企业核心竞争优势，恪守诚信立业、规范经营，倡导以人为本、和谐奋进，激发广大员工的奋斗精神和创业热情，实现一年一步台阶，持续健康稳定发展。目前，公司班子团结奋进、勇于开拓创新，机构设置合理、网点遍布全州城镇乡村，服务平台先进，办理业务快捷周到，员工队伍专业、服务质量和水平领先。公司整体实力雄厚，截止 2010 年末保费规模已发展到 17113 万元，位居全州财产保险行业第一。公司经济效益逐年提高，偿付能力不断增强，2010 年末已付各类赔款 7638.2 万元，巨大的经济补偿对促进文山经济的发展和稳定社会发挥了极其重要的作用。同时，人保财险文山州分公司积极承担社会责任，在发展农业保险、政策性能繁母猪保险、责任保险等方面与各级政府、有关部门积极配合和探索，得到了社会各界和广大客户的认可。

省分公司总经理张明臣到文山分公司调研

丰富多彩的职工业余生活

举办晨会比赛

宽敞明亮的营业大厅

为扶贫点抗旱送水

# 文山州体育职业学校

团结务实的领导班子

文山州体育职业学校位于文山城东南郊，是文山州唯一一所体育职业学校。学校的前身是文山州少体校，1982年10月经文山州人民政府批准，成立为文山州体育中学。2007年文山州人民政府作出“三校资源整合”的决定，将中共文山州委党校与文山州民族干部学校合并，在文山州民族干部学校原校园里划出200多万元的固定资产和95亩土地建设文山州体育中学。为进一步完善办学功能，学校按规划抓紧建设，总投资3860万元，现学校建设已基本完成，初步形成功能齐全、设施完善、环境优美的具备开办1500人规模的体育专业学校。2008年9月，经文山州人民政府批准，文山州体育中学正式更名为“文山州体育职业学校”。更名后的文山州体育职业学校办学定位为：以举办职业高中等高中阶段学历教育和选拔培养优秀体育后备人才为主的体育职业学校。

建校以来，先后开设了30个初中班，13个职业高中班，15个体育师范班，2个电视中专班和4个五年制大专班，共培养了初中生874人，职高生425人，体师生264人，电视中专生74人。经过全体教职工的共同努力，学校规模不断扩大，现已发展到67名教职工，其中文化课教师28人，教练员23人，行政、后勤人员16人，共有专业技术人员54人，其中高职9人，中职24人，初职21人，教师、教练中有研究生1人，大学本科生38人，专科生11人，中专生2人，学历合格率达96.07%。学校先后荣获国家体育总局、教育部授予的“全国青少年体育工作先进集体”，省体育局授予的“先进集体”和州委、州政府授予的“教育工作先进集体”及省十三届运动会“突出贡献集体”等荣誉称号。现在训项目有举重、武术、田径、摔跤、篮球、体操、散打、柔道、射箭和网球十个项目，在训运动员147人。学校共为上级训练部门输送了126名优秀运动员，参加省的各项体育比赛共获金牌473枚、银牌378枚、铜牌393枚、为文山人民争得了荣誉，受到了全州人民的高度赞誉。现我校教师、教练队伍不断充实，教学功能及训练设施不断完善，将有力地推动着学校工作的全面发展。

学校运动会开幕式

校长杨华昌（右一）在颁奖仪式上颁奖

云南省第十三届运动会上被评为优秀教练员的全体教练

# 文山州卫生学校

校长　郭丹云

在盘龙河畔、美丽的西华山下，有一所独具特色，至今已有50余载办学历程的中等专业学校—云南省文山卫生学校。学校校园与美丽的西华公园相毗邻，树木葱笼，绿草如茵，景色秀丽，是陶冶情操、读书治学的胜境。

文山曾因交通闭塞、缺医少药而瘟疫盛行，麻风病人居全国之冠。为改变此状，在党和政府的关心下，1958年9月1日，成立了文山卫生学校，在一无校舍、二无教师、三无教材、四无教具的基础上白手起家，历经了三次关停并转、五次搬迁、11年停招的曲折历程。至1978年学校才步入正规中等医学教育。

1978年学校办学步入正轨，80年代以教学和医疗质量在州内乃至全省都享有声誉，90年代开始，学校办学也面临了新的困难和挑战，全省17所卫校中仅有2所为基本合格中专，文山卫生学校就是其中之一，州内5所中专学校中除卫校外已跨入或正在申报省部级重点中专。无论是纵向还是横向，文山卫生学校都明显地处于落后弱势境地。1999年，现任领导班子上任，面对破烂不堪的校舍、规划无序的校园、陈旧过时的设备，单一的办学模式，提出了以质量求生存、以质量求发展的“内抓质量、外树形像”的兴校思路。经过几年的艰辛努力，学校焕发出勃勃生机，在校容校貌、人事管理、办学模式、实验设备、教学质量上实现了五大转变，即校容校貌由脏、乱、差向洁、美、雅转变，人事管理由传统型向全员竞争上岗、科学管理转变、办学模式由单一型向综合型转变，实验设备由陈旧过时向科技型、领先型转变，教学质量高分型向高动手型转变。完成了从基本合格中专到合格中专再到省（部）重点中专的跨跃，目前正在进行国家级重点中专的申报。

今天，走进文山卫校的校园，给人最大的感触是人员兴旺、管理有序，校容整洁、设备先进。1999年以来，学校先后投入自筹资金近2000万元，加强基础设施的建设，购置土地130余亩,新增校舍7000平方米，购置汽车4辆。同时，建成计算机教室2个、多媒体教室11个，全数码的校园广播系统,远程教育网站、校园一卡通学生管理网络、全数字语音教室、10座电子阅览室、168座多功能报告厅各1个。新建了图书室、阅览室和护理、解剖、微生物寄生虫、生理药理实验室及州内唯一的60座全数码显微实验室。是近几年来州内自筹资金投入最大学校，也是教学设备最先进、连年实现招生突破的中等专业学校。

现在，文山卫生学校正围绕争创“一流管理、一流师资、一流设备、一流环境、一流学生”的“五个一”目标和提高教育教学质量这一中心工作不懈努力，力争使学校实现整体跨越，达到“规模更加扩大，条件更加完善，质量更加提高，为农村卫生事业发展的服务更有成效”的目标，成为全省职业教育的示范性学校。

领导班子会议

# 汤姆外语学校 Tom Foreign Language School

汤姆外语学校是经政府教育管理部门核准注册，由海外留学回归人员创办的专门从事外语教学的教学机构。我校的理念和定位是以一流的教学环境，高素质的专职教师队伍，科学的教学方法，规范的教学管理，打造具有新世纪竞争力的人才，成为国内优秀的外语教育机构。

学校创办以来，取得了良好教学成果，得到了广大学生及家长的信任。我校学生多人次在云南省及文山州各级英语竞赛中获奖，众多学生在所在学校中英语成绩名列前茅。目前已经发展为州内学生人数最多的培训学校。

**学校常年开设中小学及成人英语培训课程，敬请垂询。**

**电话：2187660　　13577662760**

**地址：文山县城开化北路29号2-3层（开化镇政府旁，公交车2路、4路到州法院下车）**

## 汤庆勇老师：硕士，南开大学，美国普渡大学

汤老师在柏林

汤庆勇老师1993年高考时以理工科总分及英语单科均为文山州最高分的优异成绩考入南开大学，2000年硕士毕业后应邀到德国柏林工业大学担任访问学者，随后赴美，以优异成绩获得美国普度大学（Purdue University）奖学金，攻读化学教育博士，并担任助教及助研等工作。2004年回国起从事英语教育工作，积累了丰富的教学及管理经验，所培训学生在学校考试及省州竞赛中多次取得优异成绩。2009年回到家乡文山，创办汤姆外语学校。

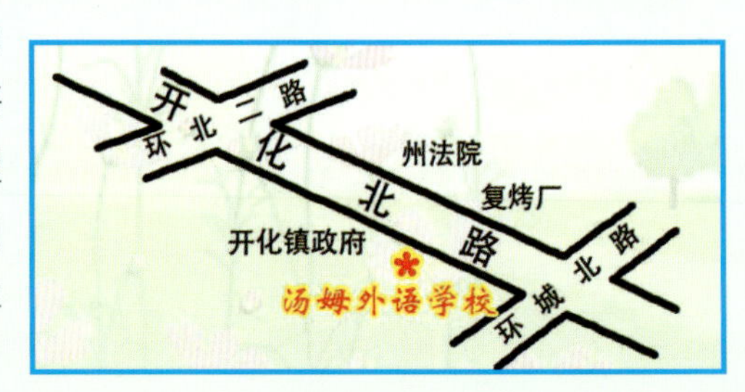

## 陆苇老师：硕士，郑州大学，美国内华达大学

陆苇老师在华尔街

陆苇老师2006年毕业于郑州大学外语系英语言文学专业，并以优异的成绩通过国家英语语言专业八级考试（TEM-8）。同年留学美国，在University of Nevada-Las Vegas经济管理学院攻读MBA，获工商管理硕士学位。2009年4月回国，加入汤姆外语学校。

留学期间，曾在多家国外公司任职，美语流利，对美国文化及国外教育有独到的体会。

## 罗颖老师：学士，西华师范大学

罗颖老师在授课

罗颖老师2004年-2006年任教于红河卷烟厂庆来学校，先后担任班主任、学科主任等职务，2006年-2008年在亨德森外国语学校任职，从事幼儿及小学英语教育，并担任教学区小学部主管职务。该教师教学方法灵活多样，善于激发学生学习热情，课堂生动活泼，寓教于乐，深受孩子们喜欢和深得家长们的好评。2008年在亨德森外国语学校兰坪教学区组织和培训学生参加“2008年中央电视台希望英语口语大赛”，所培训学生获怒江州小学A组第一名、第二名，小学B组最佳风采奖，幼儿组第三名及最佳风采奖。

## 张琳娜老师：硕士，云南师范大学

张琳娜老师2003年高考时以文山市文科第一名的优异成绩考入河海大学，2010年云南师范大学硕士毕业后到韩国大田时事中国语学院任教，2011年回国，加入汤姆外语学校。

轻松愉快的课堂氛围

欢乐的圣诞活动

生动的英语课堂

# 文 山 州 社

副州长李国沛到福利院慰问老人

文山州社会福利院属州“十一五”社会发展重点项目，是一个集老年福利院、儿童福利院和老年服务中心（老年公寓）为一体的，为全州老年人、弃婴、孤残儿童服务的综合性福利机构，也是文山州目前公有的一所城市福利机构，由文山州民政局负责组织实施和管理，该院建在文山城南郊望城坡，占地25亩，建筑面积12000平方米，绿化面积4000平方米，总投资2300余万元，主要投入是历年部级、省级、州级福利彩票公益金和州内福利企业捐赠。

文山州社会福利院内设住宿、娱乐、医疗、保健、餐饮、篮球场、门球场、排球场、羽毛球场、钓鱼池、花园和室外健身场等各项设施。

文山州社会福利院探索施行了“公办民营”养老的新路子，辐射全州8县，为全州老年人、弃婴、孤残儿童提供了生存的空间与平台，开创了三位一体的福利机构新模式，同时

州民政局局长唐建军检查工作

九九敬老节

团结务实的领导班子

# 会 福 利 院

填补文山州县级以上城市福利机构的空白，实现“孤有所救、残有所助”的福利功能和“老有所养、老有所住、老有所教、老有所学、老有所乐、老有所为”的六大养老、托老功能。文山州社会福利院现入住有孤残老年人37人，孤残儿童69人，自费入住老人62人。

文山州社会福利院全院干部职工本着全心全意为孤残老人、孤残儿童服务的宗旨，工作中不怕苦、不怕累、不嫌脏，心往一处想，劲往一处使，福利院在做好管理和护理工作的同时，发展养殖业、加工业，以微薄的收入弥补院内经费不足问题。文山州社会福利院通过全院干部职工的艰辛努力，使福利院的孤残老人幸福的安度晚年，孤残儿童健康成长。3年来，受到了各级领导和社会各界人士的赞扬和好评。文山州社会福利院2009年被文山县委、县人民政府评为“精神文明单位”、“精神文明先进集体”。

文山州社会福利院将在院长高会珍、副院长余贵萍的带领下，以开展创先争优活动为契机，深入扎实地做好为孤残老人、孤残儿童服务工作，以积极向上的工作热情为文山州的福利事业做出贡献。

护理孤残儿童

加工咸菜

高院长为孤残老人打饭

欢度六一儿童节

环境优美的福利院

# 云南普阳煤化工有限责任公司

团结务实的公司领导班子

云南普阳煤化工有限责任公司于2005年10月20日注册成立,由文山州煤业公司、云南盐化股份有限公司、文山兴电集团公司共同组建，注册资本金为10000万元。云南普阳煤化工有限责任公司是云南盐化股份有限公司在云南安宁市建设的10万吨／年聚氯乙烯和10万吨／年烧碱工程的原料配套项目，是云南省2005年实施的64个重点工业项目之一。2006年10月建成三台20000KVA内燃式电石炉，生产能力为12万吨/年，总投资1.3亿元；后期新建20万吨/年电石项目经云天化集团有限责任公司2008年9月5日董事会审议，同意云南普阳煤化工有限责任公司实施20万吨/年电石项目；于2008年12月29日获准云南省经济委员会投资项目备案，该项目分两期建设，一期投资1.65亿元，采用两台25500KVA密闭式电石炉，生产能力为10万吨/年，于2009年7月8日开工建设,现各项工作正在开展，计划2011年11月竣工投产。

奠基仪式

公司主要产品，也是唯一产品电石($CaC_2$)，以石灰、焦炭、无烟煤为原料，按一定的配比加入电石炉内，电能通过三相电极输入电石炉内，产生1800-2200℃的高温，熔融并反应生成电石。

2010年度生产电石87576.7吨；销售电石86681.3吨，上缴税金398万元；

2011年1月5月生产电石33530.9吨；销售电石34480吨，上缴税金197万元。

电石产品包装

云南普阳煤化工公司厂区图

# 云南大唐国际文山水电开发有限公司

云南大唐国际文山水电开发有限公司（简称公司）由大唐国际发电股份有限公司、文山电力股份有限公司、中国水电顾问集团昆明勘测设计研究院分别按60%、25%、15%的比例出资组建，公司成立于2005年4月8日。公司经营范围为电力生产与销售、电力技术咨询、服务及综合利用等。公司现主要从事马鹿塘水电站二期工程的建设、经营和生产管理工作。文山马鹿塘水电站二期工程，位于云南省文山州最大的河流盘龙河上，电站位于麻栗坡县境内。电站为混合式开发，为盘龙河十一个梯级规划中的第八个梯级，工程分两期建设。工程于2005年11月底开工建设，首台机组于2009年12月底投产发电，第三台机组于2010年5月投产发电。二期工程静态总投资186159.72万元，动态总投资205827.41万元。一、二期工程全部建成后，马鹿塘电站装机将达400MW，年发电量18.58亿KWH，年利用小时为4645h，保证出力150.28 MW。马鹿塘二期水电站的建设对于满足文山州负荷发展需要，填补文山州电网电力不足将起到较大的作用。电站的建设可提高云南电网的供电能力，增大云电外送电量，使云南省水能资源优势转化为经济优势，逐步形成以水电为主的电力支柱产业，实现云南省建设绿色经济强省的战略目标有积极的意义。此外，马鹿塘二期水电站工程项目的建设还可以调动地方的积极性，拉动地方内需和促进当地民族经济的建设和发展，加快贫困地区脱贫致富。

总经理　刘万里

马鹿塘水电站工程建成后将会给当地经济结构调整及社会、环境、经济带来显著的效益，对当地人民生活水平和工农业发展带来深远的影响。马鹿塘二期水电站自投产以来，由于2010年盘龙河来水严重偏枯，但马鹿塘二期水电站2010年仍然为云南电网公司输送了4.4亿KW.H电量。随着水库蓄水调节作用的充分发挥，电站的发电量将有大幅度增加。由于电站离越南河江较近，电站的投产为云电送越创造良好条件。同时，由于马鹿塘电站库容较大，是年调节水库，因马鹿塘电站的发电用水的控制调节，下游电站的年发电量将大大增加；因水库的调节作用，也使下游天保口岸受洪涝灾害的影响大为减轻。总之，马鹿塘电站的建设将有力推动当地的经济发展。

马鹿塘水电站首部枢纽

马鹿塘水电站地下厂房

马鹿塘二期水电站奖牌、奖状

# 追栗街镇

追栗街镇位于文山市东南部，距文山市区 17 公里，文麻公路穿境而过，属革命老区和少数民族聚居区，居住着汉、彝、苗、壮 4 种民族，少数民族占 62.3%。辖 5 个村民委36个自然村 66 个村民小组，全镇 2444 户 10943 人。境内主要作物有玉米、小麦、花生、烤烟、干柿子、甘蔗等。2008 年底追栗街镇被确定为全州整乡推进连片开发建设试点和全省19 个试点乡镇之一。通过两年的新农村建设，投资 10920 万元，全镇人民群众基本达到“生产发展、生活宽裕、乡风文明、村容整洁、管理民主”社会主义新农村建设的总体目标。

文山县第一届民主政府所在地丫呼寨：文山县民主政府纪念馆

石漠化治理成效显著

丫呼寨新农村建设全景

文化氛围浓厚的塘子边新农村文化墙

民族特色突出的新农村民居

# 中国电信文山分公司

中国电信 CHINA TELECOM 世界触手可及

副州长兰骏出席会议

2010年，文山分公司以科学发展观为指导，解放思想、抢抓机遇，只争朝夕、追赶跨越，通过全体干部员工的艰苦努力，实现了全业务有效益规模发展的新突破。主营业务收入共完成2.4亿元，固定电话用户达到30.8万户；小灵通用户1.6万户；宽带用户达到8.4万户；移动用户数达到8.4万户,收入EBITDA率完成45.18%；实现净利润3176万元。10月份净增移动用户9868户，11月份净增用户8753户，12月份净增用户5000户，宽带业务采用无线宽带代替满足客户需求；组织三个突击小组，对60个小区分片负责，组织营销和装机；在有需求的村民委，新建了44个宽带接入点，发展宽带用户328户。实现文山州教育信息化应用平台、平安校园视频监控系统、乡财系统、公安GPS监控、县乡视频会议系统等32个项目的签约，其中A类项目25个，B类项目7个。使ICT项目从投资拉动转变为有效益的发展拉动，确保了该信息化项目的发展。宽带提质提速新建宽带1.4万线，窄带0.5万线，改造8M不达标用户近万户。新建CDMA基站101个，基站总数达到591个，室内分布系统达16个。经过建设、整治、优化，CDMA信号覆盖县城、乡镇、风景区、高等级公路、90.0%以上县与县和县乡公路沿线及40.0%以上村民委，3G信号覆盖全州42个乡镇府所在地、风景区及县城以上所有城镇，为移动业务规模发展、拓展3G市场打下了坚实的基础。全年监控故障查修及时率达98.90%，较年初提高1.87%，告警处理及时率达98.57%，年初提升3.45%。网络历史告警得到及时清理和处理，全网运行稳定。加强响应工单的管控，全年共受理工单1562份，响应及时率、准确率100%，客户对业务开通调度满意度达95.0%。加强IT系统支撑保障，组织开展CRM2.0系统上线前的大量测试和培训工作，保障新系统的成功上线，使CRM系统从“面向开通”转为“面向营业”，简化了操作。开展渠道建设专项行动，新建合作营业厅3个，专营通讯大卖场1个，C网手机专卖店12个，非专营C网手机代理店11个，非专营手机代理点76个，CDMA手机社会化零售店渗透率提升为18.0%、终端社会化销售率达到44.0%。共完成审计项目123项，审计金额4913.5万元，审减金额30.41万元,审减率0.62%，配合完成IT和C网专项审计；完成全省“财务一本账”、税务管理、财务监督检查自查、“小金库”专项治理，开展了预收账款业财核对专项考核工作；全州共破获通信线路设施案件135起，破案率同比上升275%；抓获犯罪嫌疑人74人，打掉犯罪团伙24个；取缔非法收购点5个；缴获作案用微型汽车2辆、农用汽车1辆、摩托车6辆及作案工具若干件。这些成绩得到省公司的认可，获奖励成本33.6万元，同时降低了因通信线路设施被盗给企业造成的经济损失，减轻维护成本紧张的压力，减少用户投诉，提高了服务质量。

参会人员合影

省公司聂处长到电信视察

4月28日州政府与省公司签订战略合作协议

# 文山市 敖家花园 餐厅

典雅庄重的仿古建筑，布局精巧的水榭楼生；香飘十里的琪花玉树，巧夺天宫的八珍玉食；这一切尽在敖家花园。

敖家花园是一个以“弘扬传统文化，彰显饮食品味，体现人与自然和谐相处”的主题类餐饮庄园，内设高贵气派的四合院贵宾区和宽敞明亮可同时容纳两千人就餐的包餐区。这里，交通便利，内设大型停车场；这里，名厨云集，各种珍馐美味，任你挑选；这里，风景幽美，有“结庐在人境，而无车马喧”的悠然意境!

“敖家美酒郁金香，盛待贵客来品尝”

中国式的“四合院”，独一无二的花园式餐厅。

**尊敬的宾客，敖家花园热忱欢迎您的到来！**

**0876-2681789**

敖家花园活动室

敬老院一角

四合院一角

餐厅总台

餐厅一角

餐厅

# 文山郑保骨伤科医院

文山郑保骨伤科医院的“郑氏骨伤医术”源于四川峨嵋，在民间行医已有百余年的历史，历经五代传承。在各级党委、政府及有关主管部门的大力支持下，由西畴兴街郑氏骨伤专科医院投资建成的“文山郑保骨伤科医院”，于2006年8月在文山正式营业，占地面积11.5亩，设置病床207张，有员工150人。2007年，在州委组织部直接关心下，成立了文山郑保骨伤科医院党支部，现有党员33人，医院工会、团总支部、妇委会组织建立健全，工会为全体会员，团员53名，女工76人。

文山郑保骨伤科医院医技大楼

**医院董事长：**陆光星

**院 长：**郑玉华。

内设门诊部、疼痛科、骨一科、骨二科、骨三科及辅助科室等15个。医院主要利用祖传秘方“郑氏骨伤药酒”、“郑氏骨伤药粉”和祖传医术与现代医学技术为广大患者服务。开展四肢骨折、脊柱骨折、骨肿瘤、关节置换、周围神经、矫形等手术，医术享誉全州、全省乃至国外。

2010年投资250万元购置（RD），

2010年省委、州委把我院列为“创先争优活动”学习型试范点；

2010年我院投资10万元与西畴县鸡街村党委共建党员活动实；

2010年2月医院被文山州总工会评为“文山州先进职工之家”；

2010年3月医院被共青团文山州委评为文山州共青团工作“先进集体”；

2010年3月医院被文山州妇联评为“文山州三八红旗集体”；

2010年4月医院医院在文山州“巾帼建功”活动中被文山州委、州政府评为“先进集体”；

2010年5月医院被共青团文山州委评为“文山州红旗团支部”；

2010年5月医院被云南省总工会等评为“云南省劳动关系和谐企业”；

2010年4月郑玉华院长被云南省总工会授予“云南省五一劳动奖章”荣誉称号。

省委、州委“创先争优”检查组到医院检查，与院领导一起合影

4月29日医院“创先争优”活动正式启动

医院组织医务人员开展文艺晚会

中秋佳节医院举行医患联谊晚会

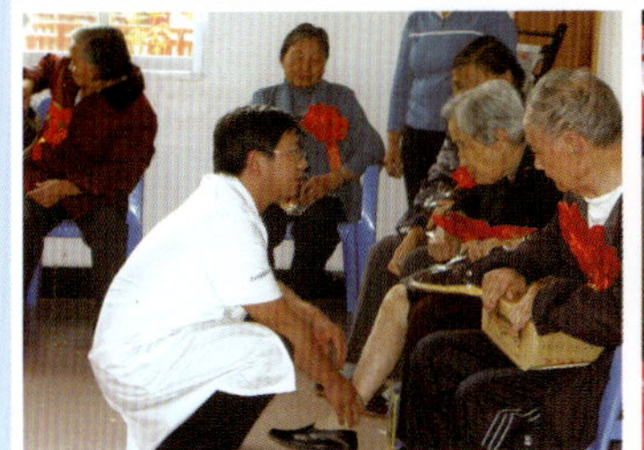

“创先争优”活动期间，医院党政组织慰问职工与留守儿童。

“清洁日”郑院长带领护士为行动不便的老年患者洗头

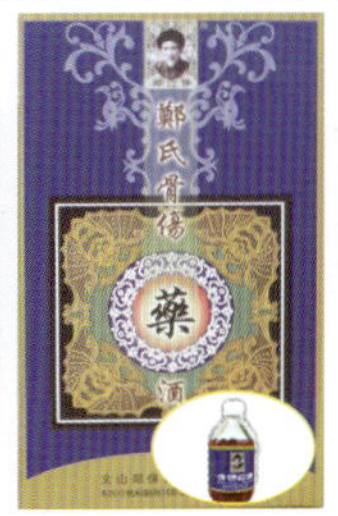
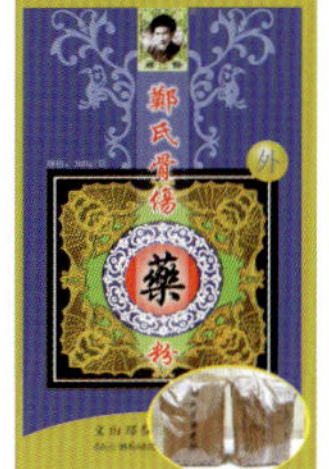
祖传秘方医院制剂的“郑氏骨伤药酒、药粉”。

# 文山州劲达物资集团有限责任公司

董事长兼总经理王跃祥（左一）主持召开公司董事会，研究制定公司经营计划。

董事长兼总经理王跃祥与各个子公司签订安全生产目标管理责任状

集团公司总经理颁发安全生产目标管理考核奖

集团公司举行联谊晚会—机关演唱队

文山州劲达物资集团有限责任公司的前称为文山州物资民用爆破器材实业总公司，成立于1999年，是股份制集团公司。现有文山劲达民用爆破器材专营有限公司、文山州劲达再生资源有限公司、文山州劲达房地产有限公司、文山州劲达爆炸物品运输有限公司、文山州劲达二手车交易市场有限公司、文山州劲达拍卖有限公司、文山州劲达后勤服务有限公司等7户全资企业和马关县劲达民爆器材专营有限公司、麻栗坡县劲达民爆器材专营有限公司、西畴县劲达民爆器材专营有限公司、富宁县劲达民爆器材专营有限公司、广南县劲达民爆器材专营有限公司、丘北县劲达民爆器材专营有限公司、砚山县劲达民爆器材专营有限公司等7户控股企业及参股企业云南达力化工有限责任公司；员工总数357人；主要从事炸药生产、民爆器材采购、运输、储存、销售；报废汽车回收拆解、金属回收利用；房地产开发、机动车交易市场和拍卖业等经营业务。公司自成立以来，在省国防科工办、文山州委、州人民政府和社会各界的关心支持下，认真学习党的基本理论，贯彻党的方针政策，从企业的本质和社会责任出发，始终坚持以“安全为保障，以效益为中心，以企业团结和谐为动力”的经营方针，11年未发生安全事故，连年获得文州、市安全生产先进单位称号，保障了企业和员工平安和谐；全面完成了州级国有物资企业改革的艰巨任务，确保了企业和职工队伍的稳定；炸药生产能力由年产3000吨铵梯炸药发展为年产15000吨乳化炸药；资产总额由2868万元增长为10283万元，增长2.58倍；资产负债率由77%下降为27%，下降了50个百分点；累计上交各种税金6467万元。为“构建和谐社会”和促进地方经济发展作出了贡献。

集团公司董事长兼总经理王跃祥等领导参加项目落成典礼

# 云南木利锑业有限公司

锑华

云南木利锑业有限公司是由1958年建矿的文山州木利锑矿改制而 成的集采矿、选矿、冶炼、产品开发为一体的股份制企业，是久享盛名的全国大型锑矿之一，属云南省最大的锑品生产出口企业，其生产能力、市场资质、竞争实力位居全国锑行业第三位。系中国有色金属工业协会理事单位和中国五矿化工进出口商会锑分会理事单位、国际锑协会全权会员单位。2001 年至 2009 年相继被国家经贸委、国家外经贸部、国家商务部直接核准为“锑品出口供货企业资格”。公司 50 多年的长足发展为国家有色金属事业和锑工业强省强州作出了贡献。

公司一贯致力于锑品的开发和技术的更新，年产综合锑品能力 14400 吨，产品商检合格率和产品产销比达 100%，依法经营和商务诚信度 100%。“木利牌”锑品从 1997 年 2008 年均蝉联“云南省名牌产品”和“国际知名产品”，2008 年“木利牌”锑品被工商部门认定为“云南省著名商标”。产品出口量占总销售量的 80%以上，远销欧美、日本、韩国、台湾、香港等国家和地区。其系列锑品以优良、稳定的质量深受国内外用户信赖。

矿山运输

公司具有较高的企业创新能力和科学管理水平，经济实力及技术力量雄厚，技术装备和工艺水平位居国内先进行列，1999 年公司氧化锑生产工艺荣获“国家科技进步奖”。1999 年获国家外经贸部批准的进出口经营权，2003 年获《中华人民共和国进出口企业资格证书》，1999 年 2002 年相继通过 ISO9002 和 ISO9001：2000 国际质量体系认证。多年来，公司属国家认定的《安全生产许可证》和《排污许可证》资质企业。2006 年2009 年，公司全面实施安全环保工作和节能减排工作，成为资源节约型与环保友好型企业。

冶炼厂一角

公司具有明确的可持续发展战略和发展远景。从 2004 年以来，公司积极开辟矿电结合、工贸联合、强强联合的新路子。其中：一是积极参与对西洋江流域梯级电站的投资开发。二是取得矿区外围 86.2 平方公里的资源探矿权。三是利用云南省锑资源居全国第三位、木利锑业锑资源居云南省第一位的优势，与云南五矿等企业组成“云南联合锑业股份有限公司”。优势互补，形成行业整合的集团实力和产业区域经济，做强做大云南锑业和木利锑业。

公司在职员工 600 人,专业技术人员占员工队伍的 20%。

**公司经营方针：**满足市场需要，赢得用户信赖，是我们永恒的追求！

办公大楼

矿区风景

# 文山州安全生产监督管理局

党组书记、局长　胡正坤

文山州安全生产监督管理局于2002年5月挂牌成立，2004年升格为正处级政府工作部门，2006年组建了安全生产应急救援队，2008年成立了安全生产监察执法支队。目前，文山州安监局不仅是全州安全生产的综合监督管理部门，也是州安委会的办事机构，负责综合协调管理全州安全生产工作，还具体承担了全州煤矿、非煤矿山、危险化学品、烟花爆竹、民爆物品、易制毒化学品、冶金、电力、建材、机械、轻工、烟草、商贸等行业的安全生产及用人单位职业卫生、从业人员安全教育培训的行政许可和监督管理等15项主要职责。内设办公室、法规科、非煤矿山安全监管科、职业卫生安全监管科、危险化学品安全监管科、行业安全监管科、煤矿安全监管科、事故调查监督管理科（安全生产监察执法局）、协调办、应急管理办公室共10个科室。在册人数38人，局领导设1正4副，正副调研员3名，注册安全工程师12名。十年来，州安监局每年明确两个重点，服务大局、开拓创新、攻坚克难、勇于奉献，扎扎实实地推进了矿产资源整合、安全专项整治等各项工作，取得了良好的成效，全州安全生产形势基本实现了明显好转的目标。2010年州安监局在州级26个部门行风评议中的排名第1名，安监工作得到了社会各界的广泛支持、关注和认可，先后被国家安监总局、国家煤监局、州委、州人民政府评为先进集体，并连续5年被省安监局考核评定为优秀州（市）安监局，胡正坤等干部职工共21人/次受到了州级以上的表彰奖励。

省州领导检查高速公路安全

局长胡正坤陪同副州长马志山在云桂铁路建设工地检查工作

局长胡正坤陪同副州长徐爱民检查客运安全

团结奋进的安监人

全州安全工作表彰会

精心组织事故应急救援演练

# 广南县财政局

财政部农业司领导到广南县调研

州农开办副主任陈刚察看农开项目

副县长任明察看农开项目

2010年广南县财政系统在县委、县政府的正确领导下，在县人大的法律和县政协的民主监督下，全体财政干部职工以饱满的工作热情和高度的责任感，认真贯彻党的十七大、十七届四中、五中全会精神和中央、省、州经济工作会议精神，深入落实科学发展观，紧紧围绕县委、县政府的工作目标和财政工作重点，从“保稳定、保增长、保民生”三大目标出发，按照县十五届人大三次会议确定的经济社会发展目标和财政收支任务，以及国家和省、州关于厉行节约的有关规定，以实现年度财政预算收支平衡为努力方向，着力构建公共财政、和谐财政，努力克服金融危机和百年不遇干旱等自然灾害对经济发展造成的不利影响，认真抓好税源培植，加强重点税源的征管，加大对新农村建设、农特产业、民族文化生态旅游的投入力度，着力调整和优化支出结构，做到了“保工资发放、保机构运转、保专款拨付、保资金发挥效益”。通过不断推进财政改革步伐，全县财政工作取得可喜的成绩，圆满完成了全县财政收支任务，提高了财政服务经济社会发展的能力。2010年全县完成财政总收入27465万元，比上年的22212万元，增收5253万元，增长23.65%，其中：地方一般预算收入完成16168万元，完成年度收入计划的109.2%，比上年的13460万元增收2708万元，增长20.1%；上划中央两税完成6953万元，比上年的5614万元增收1339万元，增长23.85%；上划中央、省企业所得税和个人所得税完成4102万元，比上年的3058万元增收1044万元，增长34.1%;上级补助收入142399万元，债券转贷收入1087万元，上年结余298万元，收入总计159952万元；地方财政一般预算支出157151万元，上解支出2750万元，结余51万元。

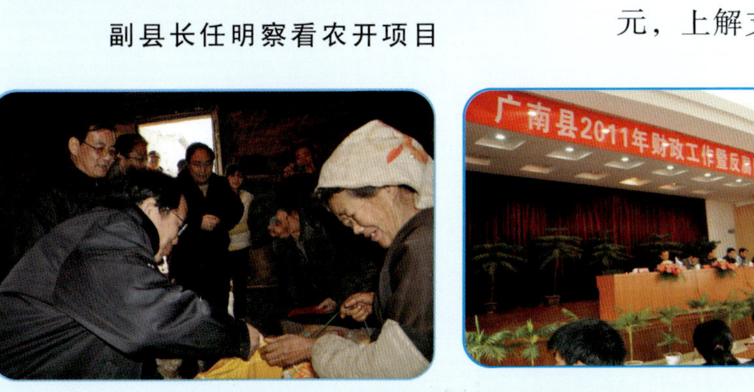

州财政局领导到扶贫点广南县邑夺村看望慰问困难群众

广南县2011年财政工作暨反腐倡廉建设工作会场

广南县2011年财税工作会议会场

# 广南县交通运输局

州委书记李培视察珠西二级公路建设

衡昆高速广南段

广南县交通运输局内设办公室、计划统计股、基本建设管理股、财务股、安全运输股、农村公路工程质量监督股（实验室）、地方海事（航务管理）股。2010年末在职干部职工48人。

广南县交通运输局坚持以科学发展观为统领，以构建大交通、完善大路网、发展大物流，推进广南交通跨越式发展为目标，以加快转变交通运输结构调整和发展方式为主线，以加快交通基础设施建设、完善综合交通运输体系、提高交通公共服务能力为重点，扎实推进农村公路养护体制改革，加快发展农村客运，突出抓好交通行业管理，努力实现全县交通各项工作全面协调发展，促进地方经济社会又好又快发展。

至2010年末，全县公路通车里程4337.556千米，公路密度55.5千米/百平方千米。按行政等级划分：国道234.143千米，省道206.625千米，县道571.66千米，乡道1044.136千米，村道2149.085千米，专用公路131.907千米。按公路等级分：高速公路103.143千米，三级公路350.806千米，四级公路1274.68千米，等外公路2608.927千米。全县乡（镇）通畅率88.9%、通班车率为100%；行政村公路通达率达97%、村委会通客车率为62%；村小组通路率达80%。全社会客运量49.11万人次，旅客周转量13117万人千米；货运量183.59万吨，货物周转量262421.1万吨。

农村公路通畅工程建设

建设中的珠西二级公路

办公大楼

# 广南县那洒镇

团结奋进的党政领导班子

那洒镇位于广南县西南部，距县城65千米。全镇辖那洒、维莫、董德、岜皓、贵马、长箐、魁母甲、龙汪洞、麻巫、石丫口、松树脚11个村委会，186个村小组。2010年末，全镇共11032户51206人，居住着汉、壮、苗、瑶、彝等8种民族。

镇党委政府坚持以人为本，和谐发展，加强应急管理体系建设，强化政府社会管理和公共服务职能，进一步提高应对突发事件能力。深入开展学习实践科学发展观，认真开展创先争优活动，深入推进公务员普法教育，增强政府领导科学发展和依法行政能力。按照围绕一个中心，即以集镇建设为中心；依托二条线路，即323国道线和衡昆高速公路那洒过境线；培育三大支柱产业，即木本油料、蔬菜、畜牧产业；开发五个绿色坝区，即董德、那洒、岜皓、松树脚、贵马五个坝子；着力抓好五大工程建设，即农村道路交通网络工程、农业基础设施工程、农民素质提升工程、农村医疗卫生工程、新农村建设工程的12355经济发展思路，解放思想，创新方式，把握机遇，突出重点，抓住关键，把当地的区位优势、资源优势转变为经济优势，推动集镇优势升温。

2010年全镇经济总收入13900万元，比上年增长11.2%；农民人均纯收入2688元，比上年增长16.9%；粮食总产量1831万公斤，比上年增长1%；农民人均有粮298公斤，比上年增长1%；乡镇企业总收入3000万元，招商引资1200万元，地方财政收入51.4万元，招商引资800万元。

那洒集镇全貌

省级重点村腮西村一角

漫山遍野的油茶

长势喜人的大棚蔬菜

新兴产业万寿菊

# 广南那榔酒业有限公司

广南那榔酒业有限公司的前身为1954年成立的“广南县酒厂”，于1998年改制，2000年更名为“广南那榔酒业有限公司”。公司专业从事白酒酿造近60年，拥有一大批白酒管理和生产人才，具有完备的质量保障体系和售后服务体系。那榔酒生产历史悠久,深受各届人士的青睐。公司生产的主要产品有铜鼓酒、千禧酒、苦荞酒、青花瓷瓶酒等“那榔”和“莲云”牌系列白酒十余种产品，主要销往文山州八县及昆明、红河州、广东、广西部分地区。

“那榔酒”属地方名特优产品，多次荣获省、州名特优产品称号，曾获全省白酒评比第二名。1992年被“中华人民共和国酒文化研究会”认可为“中国历史文化名酒”；1998年荣获文山国际三·七节金奖产品称号；第三届中国特产文化节金奖产品。公司2002年被广南县人民政府授予“广南县非公有制经济十强企业”；2004年公司荣获文山州首批重点挂牌保护单位；2006年至今被省、州、县授予“守合同重信用”企业；2008年3月被文山州消费者协会评为“文山州消费者信赖商户”；2010年11月公司“莲云”牌商标被云南省工商行政管理局评为“云南省著名商标”。

公司自成立以来，始终坚持诚信经营理念，坚持纯粮酿造，固态发酵工艺，不断创新品牌，提高服务水平，打造良好企业信誉。多年来，公司生产的“那榔”系列白酒以其独特的口感和厚重的文化搏得消费者的一致好评，其市场占有率、品牌美誉度日益提高，具有文山土茅台之称。

公司开发的新产品

车间一角

# 广南县文化局

局长黄先泰陪同副县长杨炼到图书馆调研

广南县文化局内设办公室、群文股、文物股、文化市场股、财务室，下设文化市场稽查大队、文管所、博物馆、柯仲平纪念馆、图书馆、文化馆、民族歌舞团、电影事业管理中心、新华书店和18个乡（镇）综合文化站；设局长1人，副局长2人，全系统编制129人，2010年末实有干部职工137人。

2010年，县文化局紧紧围绕县委、县政府的工作中心，以科学发展观为指导，以“文化的大发展、大繁荣”为主题，坚持“二为”方向、“双百”方针，开拓创新，真抓实干，创造性地开展文化工作，不断建立健全我县公共文化服务体系，推动文化事业繁荣发展。加快文化基础设施建设，建成莲城等6个乡（镇）综合文化站，16个“农家书屋”及南屏镇“文化示范镇”，启动建设者太等10个乡（镇）综合文化站，八宝镇里洒等6个村级“文化体育活动广场”。抓好文化遗产保护，做好民族民间文化的挖掘、收集、保护、传承工作，申报国家和省级非物质文化遗产保护项目16项，获准8项；对全县文物古迹进行抢救、维修、保护、恢复原貌，提升改造县民族博物馆、柯仲平纪念馆，增加展示内容，提升展示水平；申报依氏土司衙署古建筑群为国家级文物保护单位已通过国家文物局评审。组织开展群文活动，丰富群众文化生活，举办“2010年春节民族民间特色文艺展演”活动；在县城每周定期开展2次“广场群众文化活动”；为城区、农村群众业余文艺队配置服装、道具、乐器，引导群众开展文化活动；实施“文化惠民工程”，“送书、送戏、送电影”到乡镇、到村寨；全年送书27次，送戏23场次，送电影下乡1043场次，帮助组建农村业余文艺队21支；管理、规范文化市场，开展“扫黄打非”，收缴盗版光盘2478本、盗版图书180册、盗版教材703册；净化社会文化环境。图书馆延伸图书阵地，深化服务，县图书馆被评为“国家二级图书馆”。组队参加文山州第八届少数民族传统体育运动会，表演项目获1金2银1铜的好成绩；打造的《响把组合》与富宁坡芽组合组成文山坡芽队组合，参加全国第十四届青年歌手电视大奖赛获团体铜奖和单项优秀奖；圆满完成600人女子“壮族手巾舞”在云南省第十三届运动会开幕式上的表演，成为省运会文艺演出的精彩亮点，得到省委、省政府、州委、州政府领导的好评。

广南县600人女子“壮族手巾舞”参加第十三届省运会开幕式演出排练

广南县“响把组合”参加文山州青年歌手电视大奖赛获银奖

广南壮乡礼乐《祭孔典礼》

广南千人手巾舞

广南县2010年春节民族民间特色文艺展演

# 广南冠桂糖业有限公司

云南省糖协理事长邓毅(左一)莅临公司视察

副县长任明(右一)到公司检查指导

【机构人员】广南冠桂糖业有限公司成立于2006年8月28日，是中外合资广西冠桂糖业有限公司旗下子公司之一。内设办公室、农务科、供销科、财务科、生产科、保卫科、动力车间、糖酒车间、压榨车间。现有从业人员400多人，公司董事长、法定代表人李锦生，公司经营班子设有总经理、常务副总经理、生产副总经理、财务副总经理各1人，总经理助理3人。

【简述】广南冠桂糖业有限公司，前身是广南县八达糖厂，位于广南县坝美镇八达村，公司厂区占地面积117.38亩。蔗区管辖坝美镇、底圩乡、莲城镇、旧莫乡、董堡乡及西林县部份乡镇，公司成立以来，一直实行“以蔗为本”，采取定金、蔗种、化肥和地膜等农资补贴多种形式大力扶持蔗农种蔗，同时加大对蔗区道路建设，大力发展甘蔗基地建设。2010年甘蔗种植面积为4.8万亩，涉及农户14580户，人口28408人。公司为做大做强制糖业，不断加大对蔗区蔗农的扶持力度，2011年甘蔗种植面积预计达6万亩。

【生产经营】公司制糖生产采用亚硫酸法，2007年，公司实施了技改扩建，从收购前的生产能力1200吨/日填平补齐提高到2000吨/日。2009/2010榨季共处理甘蔗13.4万吨，产一级白砂糖13280.65吨，二级砂白糖2458.1吨，赤砂糖138.45吨，等折白砂糖产率11.71%，实现总产值7900多万元，上缴税金800多万元。蔗农收入4200多万元，促进和拉动了当地经济的发展。冠桂糖业还计划利用广南独特的自然生态条件和丰富的自然资源，将广南冠桂公司打造为年产甘蔗60万吨、产糖7万吨生态有机糖生产基地。

【主要生产设备】车间设有制糖生产线一条，35T锅炉两台，3000KW汽轮机发电机组一台，610×1200压榨机组一列。

蔗田美景

# 广南县旅游局

壮乡礼乐

广南县旅游局下设办公室、规划发展股、行业管理股、市场开发股，核定编制8人，年末实有人数9人。下辖广南县旅游服务中心，共有员工4人。局长：刘建明（壮族）、副局长：罗雁松（壮族）、蔡勇。2007年8月，成立了世外桃源坝美景区管理委员会，由旅游局局长刘建明同志兼任主任，副主任：沈斌（彝族）。

广南县旅游局以全省旅游二次创业为契机，按照全省旅游产业发展大会的部署，紧紧抓住国家扩大内需、拉动经济的重大战略部署，围绕县委政府年初确定的工作目标，加强调查研究，不断加大旅游基础设施建设，扎实开展旅游宣传促销，提升行业素质，实现全县旅游市场"秩序、安全、质量、健康"四统一目标，全县旅游产业快速发展。

2010年，全县接待海内外旅游人数53.1万人次，占任务数的103%，完成旅游总收入3.06亿元，占任务数的108.9%。其中坝美景区接待游客9.1万人次，占任务数的90.1%，实现门票收入160万元，占任务数的80%。

句町文化旅游节开幕式表演

壮族沙戏

世外桃源景区

天下第一奇村峰岩洞

# 广南县电力有限责任公司

董事长唐乘辉带头参加学习杨善洲先进事迹义务植树活动

开展消防演练活动

广南县电力有限责任公司，前身为县水电公司，成立于1983年1月，时有职工127人。1991年更名为县电力公司，2001年1月改制为广南县电力有限责任公司，属国有控股的独立法人实体。是一个集发、供、售为一体的综合电力企业，承担着全县18个乡（镇）81万人口的电力供应和电力建设任务。公司注册资本2215万元，现有资产4.2亿元，职工634人。

公司班子组成人员为：党委书记、董事长、总经理唐乘辉；常务副总经理胡翔飞（文山电力股份公司下派）；副总经理陆张池、陆锦颜、黄鹏举、杨立斌；党委副书记：梁正嘉；工会主席：郑津；财务总监：王炳武（文山电力股份公司下派）。公司本部内设7个科室，下辖9个基层供电所，5个 110千伏变电站，15个35千伏变电站，1个水电站。

广南县电力有限责任公司在县委、县政府的正确领导下，公司领导班子带领全体员工紧紧围绕“一强三优”战略目标和“三抓一创”工作思路，以“强管理、抓规范、挖潜力、求创新”为工作重点，以“真诚服务、共谋发展”为服务理念。不断加强职工队伍建设，强化设备安全管理，深化优质服务，提高企业整体素质，促进了全公司“三个文明”建设向纵深发展。先后荣获省、州、县“诚信企业先进单位“、“宣传思想文化工作先进集体”、“先进职工之间”“模范职工之家”“劳动关系和谐企业“、“纳税大户”“守合同重信用企业”“五好党组织”“先进基层党委”等荣誉称号。

110kV红坡变电站增容技改

莲城供电所全体女职工荣获州级“巾帼文明示范岗”荣誉称号

小广南110kV变电站

110kV输电线路

# 世外桃源坝美镇
## ——欢迎您

镇党委书记　邓丽艺

镇党委副书记、镇长　李锦良

团结奋进的领导班子

坝美镇党委换届工作会议

坝美镇安排布署党建和经济工作会议

堂上柑橘

优质高产甘蔗

壮家手工艺品竹帽

集镇全景

茶叶基地一角

# 广南县卫生局

国家卫生部农卫司副司长聂春雷一行调研县新农合工作

领导班子到县中医院云大石斛开发有限公司调研

广南县卫生局内设办公室、人事股、项目办、计监股、防保股、医政股6个职能股（室），承担红会、爱卫、防艾等政府常设机构工作任务。下辖7个县级医疗卫生单位，莲城公共卫生管理站和20个卫生院，145个村卫生室。局长：吴洪林；副局长：马贵文（回）、王文贵、宁党功；党委书记：谢永泉；党委副书记、纪委书记：刘荣恒。

2010年，广南县卫生事业紧紧围绕：明确一个目标（逐步实现人人享有基本医疗卫生服务），抓住“两个关键”（项目建设、医德医风建设），突出推进“三个重点”（基本医疗保障制度、国家基本药物制度、均等化服务制度），落实“四项措施”（加强领导与监督、创新体制机制、考核奖罚、依法行政），扎扎实实抓好医疗卫生改革、传染病防治、卫生监督、中医工作和人才培养5项重点工作的整体思路。按照“保基本、强基层、建机制”总体要求，医疗卫生体制改革顺利推进并取得实效；县医院整体迁建一、二期工程施工进展顺利，4个卫生院和14个完成主体施工；70.47万人参加2011年度新型农村合作医疗，参合率为95.55%，752393人次得到补偿，补偿金额5700.03万元，包干资金支出8394.66万元；组建公共卫生均等化服务项目实施领导小组和办公室，制定《广南县基本公共卫生服务均等化实施方案》和考核细则，制定项目管理、资金管理、绩效考评等管理制度和办法；加大疾病预防工作力度，无甲类传染病报告，共报告法定传染病乙、丙两类22种1908例，未发现禽流感报告病例和H1N1流感病例；顺利通过省乙级卫生县城复查；妇幼保健各项工作任务顺利完成；卫生执法力度不断加大，卫生监管职能进一步加强；艾滋病防治工作打开新局面；卫生系统服务质量得到改善，社会信任度进一步加强，各项卫生事业得到较快发展。

昆明医学院广南教学点开班

宣传义诊

发展中的卫生院

县中医院石斛开发有限公司基地

乡镇卫生院配置救护车发车仪式

# 基础建设

责任编辑：蹇泓钰

马鹿塘电站蓄水大坝

## 交通运输

【简　述】 2010年全州完成交通运输固定资产投资50.7亿元，比上年增长84.7%；完成地方交通运输固定资产投资8.64亿元，比上年减少25.7%。全州公路通车里程23 107.67千米(含未纳入统计的村道9 305.9千米)，比上年增加558.46千米。其中：高速公路303.11千米、一级公路59.14千米、二级公路109.81千米(全州政府还贷二级公路391千米未纳入统计)、三级公路1 296.5千米、四级公路9 743.96千米、等外公路11 595.15千米。全州拥有客运车辆4 871辆、货运车辆15 675辆，分别比上年增长11.0%和21.0%。全州货运量1 165万吨，比上年增长2.5%，货运周转量158 329万吨千米，比上年增长3.5%；客运量1 216万人，比上年增长4.5%，客运周转量179 332万人千米，比上年增长9.8%。全州102个乡镇全部开通客运车辆，通客车率为100%；940个村委会开通客车842个，通客车率为89.0%。

【政府还贷二级公路建设】 1月14日，全州政府还贷二级公路县城过境线建设总指挥部成立。全年完成文山州文天、文都、珠西3条391千米政府还贷二级公路累计完成投资39.47亿元，其中文天路完成投资18.6亿元，文都路完成投资10.15亿元，珠西路完成投资10.72亿元。

【重点项目建设】 普炭一级公路。普者黑至炭房一级公路59.14千米，10月1日建成通车，累计完成投资112 032万元，比预计工期提前1年，是文山州重要的旅游大通道，结束了文山没有一级公路的历史。富宁港建设。富宁港一期工程全年完成投资2 091.3万元，占年计划投资的30.0%；累计完成投资13 242万元，占概算总投资18 037.75万元的73.0%。

【“两通”工程建设】 全年争取农村公路通畅工程项目12个288.9千米、通达工程项目109个村1 341.91千米，争取中央补助资金3.19亿元。实施农村公路通畅工程8个乡328.9千米，累计完成投资2.37亿元；实施农村公路通达工程109个村1 341.91千米，累计完成投资3.03亿元。全州实现乡镇通畅率95.0%，村委会通达率98.0%。

【项目前期工作】 5月，蒙文砚高速公路项目纳入“十二五”国家高速公路网规划实施，正在确定项目业主，完善相关上报手续；省人民政府投资项目评审中心评审通过文山18个农村公路项目436千米；平远至天保高速公路，富宁至田蓬(含普阳煤矿)、丘北普者黑至师宗以且、泸西至丘北等一、二级公路项目前期工作深入推进。

【农村公路管理养护】 年内全州检查考评里程1 810.87千米，其中省道4条段202.7千米，优良路率36.9%，比计划的36.8%上升了0.1%；县道28条段656.7千米，优良路率36.1%，比计划的35.6%上升了0.5%；乡道65条段880.4千米，优良路率18.4%，比计划的17.7%上升了0.7%；村道10条段71.069千米，优良路率7.2%，比计划的6.1%上升了1.1%。全年全州纳入统计的农村公路管养里程为11 203千米，按行政等级分：有省道583千米、县道3 233千米、乡道5 639千米、村道1245千米、专用道503千米。农村公路管理养护体制改革向纵深推进，“以奖代补”得到落实。

【交通运输改革】 10月28日，根据州机构改革等方案，文山州交通局更名为文山州交通运输局，并任命局领导班子成员职务。交通运输职能增加，关系进一步理顺，局机关新增交通运输管理科、农村公路管理养护科、监察审计科3个内设科室。根据形势发展和工作需要，新增设文山州交通运输工程造价管理站、文山州公路路政管理支队2个下属事业单位，并明确机构和人员编制。

【路政管理】 全年各级路政机构上路巡查16 843天(次)，查处各类路政案件522起，收回被侵占路产1 792平方米，清理违章建筑942平方米，收回路产损失92万元，公路红线控制率为95.9%。

【治理超限超载】 高速公路非法超限超载车辆治理。由涉及的县(市)人民政府派驻公安交通管理人员配合文山高速公路路政管理大队加强路面执法，全年共检测车辆12 800辆，查处非法超限超载676辆。普通干线公路非法超限超载车辆治理。文山州人民政府授权委托文山公路管理总段管理的超限运输检测站3个、临时卸载点6个，共有治超人员262名，全年共检测货运车辆4 635 011辆，查处超限超载车辆244 894辆。农村公路非法超限超载车辆治理。由县(市)人民政府授权委托交通运输、公安交警开展流动稽查，全年检测车辆29 217辆，查处超限超载车辆2 403辆。

【安全生产】 全年全州道路运输安全生产指标均在控制数以内，肇事责任频率7.18次/百车与去年同期的8.28次/百车相比下降了13.29%；死亡责任频率0.51人/百车与去年同期的0.75次/百车相比下降了32.0%；受伤频率0.83人/百车与去年同期的0.82人/百车相比上升1.22%；经损频率21.28万元/百车与去年同期的17.31万元/百车相比上升了22.93%；职工因工千人重伤率和死亡率、火灾事故发生率均为零；水上运输、公路建设、公路养护管理没有安全事故发生。

【道路运输】 全年全州道路运输产值134 359.75万元，比上年增加8 571.07万元。

【农村客运】 全州8县(市)全部开通城市公交、城乡公交，共投放220辆公交车辆，102个乡镇全部开通客运班线；开通行政村农村客运班线231条，投放农村客运车辆2 145辆，行政村通客车率89.0%。

【道路车辆客运市场】 全州有省际客运班线46条，车辆139辆；市际客运班线43条，车辆233辆；县际客运班线108条，车辆602辆；县内班线210条，车辆2 013辆。

【道路运输站场】 全州拥有客运站28个，其中：一级站4个、二级站7个、三级站3个、四级站5个、五级站9个。拥有1个货运(物流)中心。

【车辆技术管理】 全州拥有机动车维修业户1 058户，比上年减少152户，其中一类业户4户；二类业户82户，比上年增加4户；三类业户753户，比上年减少125户；摩托车维修业户219户，比上年减少31户。全年全州维修部业共完成产值13 029.3万元。其中一类业户完成产值500万元；二类业户完成产值4 385.4万元；三类业户完成产值6 304.9万元；摩托车维修业户共完成产值1 839万元。营运车辆检测60 902辆(次)，其中等级评定技术检测41 391辆(次)；二级维护竣工质量检测19 511辆(次)。

【机动车驾驶员培训及从业资格培训】 全州拥有机动车驾驶培训机构15个；教练车606辆，比上年增加82辆；教练员783人，共培训各类机动车驾驶员12 910人；共培训考核合格道路运输从业人员18 040人。

【国际道路运输】 全年中国天保口岸出入境车辆共6 055车(次)。其中：中方客车1 762车(次)，完成旅客运输量5 066人(次)，旅客周转量24.31万人千米。中方货车3 725车(次)，完成货运量67 650吨，货物周转量155.6万吨千米。越方客车93车(次)，完成旅客运输量989人(次)，旅客周转量30.28万人千米。越方货车1 127车(次)，完成货运量39 436吨，货物周转量90.7万吨千米。

【运输企业】 全年文山交通运输集团公司共完成营业收入5.48亿元，为计划的114.24%，比上年增长1.83%。其中：运输收入4.2亿元，比上年增长11.48 %；销售收入8 148.3万元，比上年下降33.93%；其他业务收入4 520.09万元，比上年增长22.3%。实现利润923.39万元，比上年增长64.62%，上缴税费2 457.2万元。在岗职工年人均收入达到22 536元，比上年增加2 400元，增幅为11.92%。

【航 空】 2010年，文山普者黑机场旅客吞吐量56 771人(次)，飞行774架(次)，货运吞吐量156.6吨。确保了文山州旅客和货运物资的运送及安全。

【铁 路】 3月12日铁道部对新建云桂铁路初步设计进行了正式批复，5月10日招投标工作完成。根据省人民政府的铁路建设工作目标，各施工单位6月份进场，云桂铁路云南有限责任公司丘北指挥部、中铁二院配合云桂铁路施工项目部在丘北相继挂牌成立，云桂铁路云南境内长431千米，工程概算总额为540.49亿元，文山境内长306千米，投资预计为312.01亿元，是文山州有史以来投资最大的建设项目，已是全省已建和在建铁路项目中投资最大的项目。8月30日云桂铁路文山段率先在丘北、广南境内的幸福、天星、老格山隧道开工建设。年底云桂铁路文山境内控制性工程和重点隧道工程已全面开工建设，开工建设工点已达107个。确保完成云桂铁路文山段征地拆迁工作任务，云桂铁路文山段完成30亿元固定投资任务云桂铁路属部省合作项目，铁道部承担资本金的70.0%，云南省承担资本金的30.0%，项目征地拆迁费用依法据实计入工程概算，由于项目投资巨大，省承担了地方出资部分的主要份额。根据省人民政府的决定，相关州市应承担起一定的责任，文山州还需承担省征地拆迁补助征地13 000元/亩、拆迁240元/平方米以外的差额资金，共计6.76亿元，文山州铁路网规划项目已纳入云南省铁路“十二五”规划(方案)。

【领导名录】
局　长　王占明
副局长　曹　勇
　　　　周世坤
　　　　代光辉(彝)
文山普者黑机场总经理　李荣豪
副总经理　罗云兵
　　　　　刘　波
　　　　　潘文雄
文山铁路筹建处处长　程世达
副 处 长　唐义和
　　　　　赵朝阳

(沈　良)

# 城乡建设

【简 述】 2010年全州住房城乡建设系统加强中心城市规划建设管理，加大城市基础设施建设和生态环境建设，加快城镇化进程；继续抓好城镇房屋拆迁和建设领域工程款清欠等各项工作。把解决民生作为重要的工作职责，加大保障性住房建设力度。全年实现城镇建设投资总额62亿元，占州人民政府下达的任务数60亿元的103.3 %；争取到各类补助资金4.6亿元。

【城乡规划编制和监督实施】 加快“文砚平”城市群规划的评审论证和上报工作；研究做好文山州边境城镇群规划编制前期工作；继续督促指导全州8县做好县城和乡镇总规修编，编制好县城、中心集镇和旅游小镇、风景名胜区修建性详规划和控制性详规及专业规划，特别是督促指导好村民委和重点村寨的规划编制工作，促进中小城市和小城镇协调发展。

积极开展特色建设规划编制工作。2010 年，全州共完成村庄规划编制1 322个，占省人民政府下达文山州村庄规划编制任务的100%；加强规划法律法规的宣传。通过电视、报纸、网络等媒体，及组织干部职工利用街天向过往行人发放宣传资料等方式，加大对《城乡规划法》、《文山壮族苗族自治州城乡规划建设管理条例》和《文山州城镇规划管理技术规定》等法律法规及规范性文件的宣传；强化规划监督检查。积极深入各县开展规划调研检查工作，认真查找并创造条件解决规划工作中存在的困难和问题，指导各县开展规划监察工作。对各类建设项目的审批，坚持“方案评审”和“一书两证”制度，启动规划验收许可制度。

**【保障性住房建设】** 抓住中央扩大内需、加大保障性住房建设和中央支持中西部地区廉租住房建设的历史机遇，积极向上争取项目和资金，加强住房保障体系建设，全方位推进住房保障工作。

城镇保障性住房建设。2009 年度续建项目，省人民政府下达文山州廉租住房建设任务10 007套、50 万平方米，到2010 年6 月底，各项目已全部竣工，并及时将房屋分配给符合保障条件的低收入住房困难家庭居住。2010 年省政府应下达文山州廉租住房建设任务5 242套 26. 21 万平方米，总投资计划2 900万元。项目已于 9 月底前全部开工建设，完成投资21 908万元(占计划总投资 74. 5%，竣工2 942套147 100平方米，占计划任务的 56. 12%，圆满完成省人民政府要求的 12 月底完成总投资 60. 0%、竣工面积 40. 0%、入住率不低于 20. 9%的任务，将符合入住条件的1 462套房分给保障对象居住，入住率 27. 9%。启动公共租赁房建设工作，先后开工建设 600 套。做好租赁补贴发放工作。2010 年，中央下拨租赁补贴专项资金5 633万元。共对今年符合保障条件的对象发放1 600万元，节余资金 4 033 万元，用于购买保障性住房559 套。

农村保障性安居工程建设。2010 年文山州共争取中央和省级农村危房改造及农村民居地震安全工程任务14 080户，补助资金10 880万元。项目已于年底全部完成。

**【城镇基础设施建设】** 加快城市基础设施项目建设。以2010 年全省运动会在文山召开为契机，抓好以文山县、砚山县和富宁县为重点的重大建设项目，加快文山体育城二期工程、城市道路畅通工程等一大批城镇市政基础设施和公益项目建设，以及州委、州人民政府办公楼项目的建设和管理工作。2010 年，全州共完成城镇建设投资总额 62 亿元，占州人民政府下达的任务数 60 亿元的 103. 3 %。其中：市政基础项目完成投资 12. 4 亿元；公共建筑工程项目完成投资 6 亿元；房地产开发项目完成投资 21 亿元；廉租住房完成投资2. 1 亿元，占计划投资总额33 812万元的 62. 1%；私人建房完成投资 17 亿元；农村危房项目完成投资 2. 6 亿元；农村民居地震安全完成投资1 200万元。加强治污设施项目建设。《文山州的治污设施建设项目共有 15 个，包括文山、砚山县排水管网工程和其它 6 个县的污水处理厂及截污干管工程，以及除文山县外其余 7 县的生活垃圾处理工程。2010 年，计划完工进入试运营的文山县、富宁县污水处理厂及配套管网工程，砚山县排水管网工程，富宁县、马关县、砚山县、麻栗坡县、西畴县城市生活垃圾处理工程，丘北县、广南县城市生活垃圾处理工程和污水处理厂及配套管网工程均已全部完成投入试运营。2010 年须开工建设的麻栗坡县、马关县、西畴县污水处理厂及配套管网工程都已相继开工建设。加强城市供水、燃气等其他重点市政基础设施建设工作，制订出台了《文山州燃气管理办法(试行)》。

**【省运会场馆建设及州民运会市容市貌整治】** 抓好文山城区绿化、美化、亮化工程，及以文山县城为中心的市容市貌整治等重点工作，确保民运会期间各项设施正常，保障云南省第十三届运动会及文山州第八届民运会顺利召开。同时，抓好文山州参与 2010 年上海世博会联络协调领导小组办公室工作，圆满完成文山州参与世博会的展品征集、项目推介及联系协调等各项筹备工作，得到上级领导的充分肯定。

**【招商引资和投融资平台搭建】** 做好城镇建设项目储备和前期工作，积极向国家和省申报。2010 年，共争取到各类协助资金 4. 6 亿元。加快治污项目投融资平台的搭建进程，文山、马关县、砚山县分别搭建了排水实施建设投融资平台，文山县搭水管网工程、马关县污水处理厂及配套管网工程、砚山县污水处理厂签订了投融资协议。其它各县正积极与州水务产业投资有限公司就治污项目投融资合化进行洽谈。

**【房地产业管理】** 整顿规范房地产市场秩序，积极发展住房二级市场和房屋租赁市场。引导房地产开发企业进一步提升房产开发的理念与档次，使文山州房地产市场开始出现多元化发展，高层、小高层、别墅、景观房产等纷级出现，促进房地产市场的发展。虽然受国际金融危机的影响，房地产市场投资有所下降，但 2010 年全州仍然完成房地产开发投资 21 亿元，商品房施工面积 92 万平方米，竣工面积 60 万平方米，销售面积 85 万平方米。

**【整治规范建筑市场秩序】** 坚持法定基本建设程序，规范并坚持全州建设工程项目施工许可证申报发证制度和州外建筑业企业入州登记备案制度。强化资质管理，审查批准 3 家建筑施工叁级资质企业，10 家建筑施工企业增项资质并报省住房和城乡建设厅核准发证；完成 24 家勘察设计单位资质年检工作。积极开展项目经理向建造员过渡及相关考前培训工作，经过网上申报和审查，全州共有 30 名项目经理过渡为建造员，组织施工人员 96 人参加二级建造师考前培训工作培训。严把审查关口，从源头上规范建筑市场秩序。共发放审图通知书 254 份，办理州外建筑施工企业入州登记备案 95 份，州外监理企业入州备案 28 份，州外造价咨询企业入州备案 3 份，建筑起重机械备案 35 份。年内，全州住房城乡建设行政主管部门共发放施工许可证349份，总建筑面积195.1万平方米，总合同价格28.6亿元。

【建设工程质量和安全生产】 贯彻《建设工程质量管理条例》、《安全生产法》、《建设工程安全生产管理条例》等法律法规、规范、标准，建立完善城乡建筑安全、工程质量监管的长效机制，抓好工程质量和安全生产，工程质量总体验收合格率100%，工程竣工备案率达90.0%以上。建筑安全生产形势进一步好转，全年无死亡事故。建筑业产业实现了做强做大的预期目标，全州建筑业总产值完成29亿元。

【建设领域节能减排】 推广免烧砖等新型墙体材料代替普通烧结粘土砖。参加全州以“节能攻坚，全民行动”为主题的建筑节能宣传咨询活动，向受宣传的近2 000人群众积极宣传国家有关建筑节能标准，推广使用免烧砖、预拌商品混凝土等新型材料。稳步推进建筑业技术进步，逐步减少城市噪音与粉尘污染，改善城市环境。

【有形建筑市场管理】 贯彻执行招投标法律、法规和省、州整顿规范建筑市场的工作要求，严格执行招投标程序，形成部门协调监管机制。进入州交易中心交易的工程项目，均有建设、监察、发改3家人员到场进行现场监督，保证交易活动的公开、公平和公正，规范文山州的招标投标活动。全年，共完成建设工程交易项目180项，总交易金额11亿元，建筑面积70万平方米。

【专项治理】 成立工程建设领域突出问题专项治理工作领导小组和办公室，制订《实施方案》，召开动员大会。坚持全面自查与专项检查、重点督查相结合，排查问题与督促整改相结合，深入推进建设项目排查工作。全州自2008年1月1日以来应查项目354个，已完成自查354个。通过检查，没有发现未批先建、违规审批以及决策失误造成重大损失，及虚假招标、围标串标、评标不公、转包和违法分包等突出问题。经过自查，文山州在工程建设设领域没有人员受到党纪政纪处分，未发现严重违纪违规行为。

【建设领域拖欠工程款清欠】 按照边清理、边督促的要求，督促有关建设单位和施工企业，制定偿还拖欠工程款和农民工工资计划，并抓好检查落实和情况反馈上报工作。2010年因拖欠农民工工资上访事件较往年大大减少，形势总体稳定。

【依法行政】 强化依法行政，不断加强城乡规划、建筑质量、安全生产、房地产监管、环卫、绿化、市政设施等管理方面的执法监察力度。同时，加强执法人员的教育管理，力争做到规范执法、文明执法、不断提高执法水平。组织州直住房建设系统干部职工120余人参加2010年的普法考试；开展“法制宣传月”活动，发放宣传资料1 000份，宣传面达1 500余人；对行政许可、非行政许可、行政审批项目及历年制定的规范性文件进行认真清理；对全州住房和建设系统行政执法证件到期进行审验换证，促进依法行政。广泛查找问题，按照“废、改、立”的工作思路，健全完善各项制度，提高机关效能；以推行效能政府四项制度工作为契机，进一步提高系统自身建设水平。

【“十二五”规划编制和《文山州建设志》的编纂】 成立“文山州住房城乡建设事业‘十二五’规划工作领导小组”，明确工作职责，切实做好《文山州住房城乡建设事业“十二五”规划》编制工作。同时编制上报《文山州中小城市基础设施完善“十二五”规划》。《文山州建设志》目前已经完成初审稿在征求意见中。

【机构改革】 文山州建设局是负责全州建设行政管理的州政府工作部门，成立于1978年。2001年根据中共文山州委、文山州人民政府《关于文山州机构改革方案的实施意见》，由原来的文山州建设委员会更名为文山州建设局。10月，根据州人民政府机构改革等方案，成立文山壮族苗族自治州住房和城乡建设局，加挂文山壮族苗族自治州规划局的牌子，以加强全州住房和城乡规划建设管理。

【领导名录】

局　长　杨秀德

副局长　彭　斌

　　　　李庆明

　　　　杨　波

（蒋茂军）

## 水利水电

【简　述】 2010年全州共完成水利水电投资15.31亿元，水利投资完成了9.1亿元，占计划的107%，其中，水利基建4.8亿元，小农水4.3亿元；水电投资完成6.21亿元，占计划的103.3%，其中，电源点建设投资3.3亿元，电网建设投资2.91亿元。年内，竣工验收了清华洞水库二期及丰收和20座小(1)型病险水库等一批在建项目，新增蓄水库容4 253万立方米，新增有效灌溉面积6.12万亩，占计划的120%；新增节水灌溉面积3.6万亩，占计划的100%；解决26.63万人的农村饮水安全问题，占计划的111%；全州共完成水土流失综合治理面积142.9平方千米，占省下达任务140平方千米的102.07%；新增地方水电装机14.3万千瓦。占计划的220%；完成发售电量38.2亿千瓦时。

【重点工程】 年内，“润滇”工程项目文山暮底河水库通过省组织的竣工验收；广南八宝水库全部完工，正进行竣工验收准备；富宁清华洞水库二期工程全部完工，进行试蓄水；马关达号水库输水洞全线贯通；布都河水库、以腻资水库、南油水库开工建设；广南那马、西畴团结等小(1)型水库建设进展顺利。其中达号、团结、以腻资水库正在进行主体工程施工；布都河、南油、新桥水库2010年12月大坝截流；八宝水库已完工，正在进行竣工决算和审计。规划内20件小(1)型病险水库已全部完工，实现2010年完成全部规划内病险水库除险加固任务。村饮水安全工作力度加大。2010年度第一批农村饮水安全项目总投资12 593.9万元，解决25万人农村饮水安全；第二批项目总投资493.23万元，解决农村学校1.632万师生饮水安全。截至12月29日，第一、二批农村饮水安全工程已全部完成，共建成小水窖13 257口，集中供水693处，解决25万农村群众和1.632万农村师生的饮水困难，实际完成投资1.31亿元；以中低产田地改造水利配套项目、烟水工程配套项目为主的"五小水利"工程建设正稳步实施，计划"五小水利"工程建设4.75万件，完成4.92万件，占计划数的103.51%。

【规划前期工作】 2010年主要编制完成了南利河、西洋江、清水江等主要河流的综合规划；完成全州及8个县的水资源综合规划、文山州地表水功能区划、文山州地下水功能区划、文山州地下水利用与保护规划、文山州平远地区民族团结示范区水利建设规划等区域规划；配合省完成西南五省区文山州部分的重点水源工程规划、山区"五小水利"工程规划；农村饮水安全、大中型灌区、中小河流、病险水库、病险水闸等专项规划已修编或编制完成；完成水利发展"十二五"规划前期重点课题研究、思路报告及"十二五"规划初稿。

【项目前期工作】 年内，德厚大型水库完成项目建议书并经水规总院预审，正开展可研阶段相关工作；富宁平耶、丘北清平、马关河边3座中型水库已完成项目建议书上报省水利厅、省发改委待审；文山县锁龙桥、文山县摆依寨、丘北县位单、广南县赛京、富宁县平老5座中型水库正开展相关前期工作；文山县盘龙山、砚山县阿额、丘北县扭倮3座小(1)型水库完成可研评审工作并上报省发改委申请复核；砚山县白龙山、广南县细水、广南县马街、马关县鱼洞门水库完成可研编制工作；文山县新马房、丘北县阿奈龙、富宁县阿哈及金竹坪等水库工程正进行可研阶段的编制工作；完成全州规划内170座小(2)型病险水库安全鉴定报告书上报省水利厅，完成32座小(2)型病险水库的初步设计的审查工作。

【农田水利工程建设】 2009年冬2010年春，全州计动工农田水利工程1.75万件，完工1.78万件，占计划数的102%。计划投入劳动工日1 743万个，累计投入劳动工日1 930万个，占计划数的111%。计划投资4.86亿元，完成投资5.47亿元，占计划数的113%，同比增长26.0%。建成干支渠、田间渠道共计556.5千米，加高加固堤防2.07千米，疏浚河道8.58千米，清淤渠道300千米，修复水毁工程5 110件，除险加固水库17座，建成村镇供水工程349件，新建塘坝4座，水池、水窖11 773件，治理水土流失面积102.16平方千米，新增蓄水能力126.68万立方米。新增灌溉面积7.55万亩，占计划数的154%；改善灌溉面积22.58万亩，占计划的133%；改造中低产田12.2万亩，占计划数的79.0%；新增节水灌溉面积3.66万亩，年新增节水能力625.54万立方米；解决人饮16.8万人，畜饮4.43万头，分别占计划数的112%和108%。

2010年冬2011年春，全州计划投资8.43亿元。动工农田水利工程3.08万件，投入劳动工日1 809万个，新增灌溉面积10.5万亩，改善灌溉面积18万亩，新增节水灌溉面积12.34万亩，改造中低产田24万亩，治理水土流失面积114平方千米，解决27.41万人和8.35万头大牲畜的饮水困难。截至2010年12月25日，全州累计完工各类水利工程20 094件，占计划数的60.0%，投入劳动工日571万个，完成土石方462万m3。累计完成投资4.5亿元，占计划的54.0%。新增灌溉面积2万亩，改善灌溉面积10万亩。新增节水灌溉面积2.5万亩，治理水土流失面积36.4平方千米，新增蓄水能力54.3万立方米，解决、改善农村饮水困难23.7万人占计划的73.0%。

【抗　旱】 2010年全州遭受百年不遇的特大干旱，旱灾范围之广、历时之长、程度之深、损失之重前所未有，导致小春受灾284万亩、大春受灾76万亩、林果受灾800万亩、草山草场受灾454万亩，120.7万人、61.3万头大牲畜饮水困难，旱灾直接经济损失达26.75亿元。因缺水缺电停产半停产规模以上企业53户，减少工业产值3.89亿元。由于降雨偏少，汛期暴雨、大雨站次少，形成地表径流少，降雨历时短，全州各主要河流来水量均比历年同期偏少，汛期全州9个基本水文站未发生超警戒水位洪水，其它各河流虽出现了小幅涨水过程，均在警戒水位以下安全运行，各河流水势平稳。

——面对百年不遇的特大旱灾，1月28日，州启动抗旱应急较大级(III级)响应；2月22日，根据旱情持续发展势态，州防汛抗旱指挥部再次发出紧急通知将抗旱应急响应提升到特别重大级(Ⅰ)级。全州共投入机动抗旱设备2.94万台(套)，出动机动运水车辆7.48万辆(次)，累计为群众运送水63.4万吨，全州共投入抗旱救灾资金4.89亿元，其中：财政补助和社会各界捐赠资金2.66亿元(水利系统争取上级财政资金5 580万元)，州属挂钩部门筹资527万元，群众自筹2.18亿元，抗旱灌溉田地129.1万亩，临时解决了120.7万人、61.3万头大牲畜饮水困难，有效保障受灾群众生活用水，切实降低灾害对工农业生产的影响，春耕生产积极推进，灾区社会和谐稳定。取得了抗旱救灾工作的全面胜利。

【防　汛】 4月以来，全州出现不同程度降雨，局部地区出现洪涝灾害，按照"安全第一，常备不懈，以防为主，全力抢险"的防汛工作方针，积极采取有力措施，全力做好各项防汛准备工作，确保水库、重点防洪县城、重要江河、重要交通干线以及乡镇学校的防洪安全，确保标准洪水内不垮一坝一库，避免发生重大人员伤亡，确保人民群众生命财产安全。

落实防汛责任。明确小(1)型以上水库、3座重点防洪县城、1万千瓦以上水电站的防汛责任人，并按照分级负责的原则，各县也明确防汛责任领导和责任人，做到层层落实，责任到人。开展汛前检查。4月布置各县开展汛前检查，5月7日召开全州2010年防汛工作会议，收集掌握防汛检查工作情况，各县针对在建水库、水电站、病险水库、山洪灾害防御、城镇防洪进行重点排查，督促各县进一步修订完善防汛各项预案，对存在的薄弱环节及时进行整改或制定应对措施。州防指成员单位组成8个检查组深入各县再次开展防汛检查。抓好抢险队伍和储备物资。全州共组织防汛业余抢险队伍104支4 920人，各县共储备草袋、麻袋、编织袋共13万条、编织布、无纺布0.15万平米、桩木80立方、块石200万方、冲锋舟2艘，橡皮舟1只、救生衣386件、救生圈200只，价值约157万元，同时州防汛物资储备库已建成投入使用。加强值班和信息工作。5月1日起全州防汛、水文和水利工程管理单位进入24小时值班状态，确保汛情灾情信息畅通，及时传递水、雨、灾、险情信息，加大信息收集、分析、上报工作，保障灾情险情信息的及时准确。

**【水土保持】** 年内，全州共投入水土流失综合治理资金3713万元，完成水土流失综合治理面积142.9平方千米，占省下达任务140平方千米的102.07%，其中：基本农田22.93平方千米，种植经济果木林30.4平方千米、水土保持林38平方千米，种草4.36平方千米，封禁治理36.01平方千米，其他措施11.2平方千米。新实施生态修复面积32.95平方千米。修建拦沙谷坊74座，小型水利水保工程1 277件。共完成土石方开挖54.88万立方米，组织和发动群众投工投劳71.23万个。完成马关县大腻科小流域的实施治理工作。共治理水土流失面积7平方千米，完成投资120万元。开展白革龙小流域坡耕地水土流失综合治理试点工程的规划上报工作。白革龙小流域总治理面积4.18平方千米，其中坡改梯6 017亩、经果林247亩；新修机耕道路2条，长度7.91千米，扩建机耕路4条；新修作业便道7条，水窖639口。工程总投资1 303.61万元，其中中央补助1 000万元，省级配套125万元，州级配套125万元，其它投资53.61万元，已完成招投标工作，开工建设。开展丘北县马者龙小流域、砚山县长岭街小流域、富宁县玉林河小流域、西畴县和平小流域等4件重点治理项目规划上报工作，省厅已组织审查通过，4项目总投资492万元，规划治理水土流失面积14平方千米，12月已动工建设。坚持以开发建设项目水土保持“三同时”制度落实为重点，切实加大监督执法工作力度。据统计，全州共审查、审批开发建设项目水土保持方案71个，其中上报省水利厅审批12个、州局审批11个、县局审批48个。组织验收开发建设项目水保设施9个。开展矿山、电站等开发建设项目水土保持监督执法检查20余次，查处水保案件8起，督促建设单位投入水土流失治理5 000多万元。征收水土保持“两费”146.67万元。

**【水电建设】** 年内全州共完成地方水电投资6.21亿元，占计划的103.3%，其中，电源点建设投资3.3亿元，电网建设投资2.91亿元；新增地方水电装机14.3万千瓦，占计划的220%；地方水电年末拥有装机达到129.6万千瓦，拥有110千伏变电站27处157.5万千伏安，线路2 039千米，35千伏变电站80处48.3万千伏安，线路2 722千米，10千伏线路21 578千米，乡、村、户通电率分别达到100%、100%和99.77%；完成发电量38.2亿千瓦时，占计划的83.04%；售电量亿78.1亿千瓦时，发售电总收入22.51亿元，上缴税金1.4亿元。编制报送省水利厅文山州“十二五”小水电代燃料规划报告，项目涉及文山、砚山、丘北、广南、富宁5县，拟建电站9座，装机2.65万千瓦，投资2.24亿元，按照目前国家投资45%的比例计算，国家将投资1亿元；报送《文山州2010～2020年水电新农村电气化规划报告》项目涉及丘北、广南、富宁3县，计划投资10.1亿元，其中：拟建电站23座，装机11.3万千瓦，投资7.64亿元；输变电工程110千伏变电站2座，容量14万千伏安，35千伏线路537.2千米，投资2.5亿元。组织编报二河沟一级代燃料项目初步设计报告，已经通过省级评审并批复，指导项目的实施，推动项目建设；及时向省发改委员会和水利厅，申报《关于富宁县那柳电站以核准程序替代审批程序的请示》，简化审批程序，快速列入“十一五”电气化盘子，争取资金，加快建设；开展违规水电站清查和全省水电资源综合利用情况调查工作，并上报开展情况；文山、马关、富宁3县“十一五”农村电气化建设通过省级验收工作。

**【管理改革】** 根据《文山州农村小型水利工程管理体制改革实施方案》，改革的目标和任务是2010年底基本完成全州农村小型水利工程管理体制改革任务。改革范围严格按省人民政府文件执行。根据全州改革工作的范围、目标和任务，州水务局及时成立相关工作班子，研究全州农村小型水利工程管理体制改革思路，起草相关文件和工作方案，开展工程摸底调查等各项工作；各县成立改革领导小组，由县长或分管副县长任组长，监察、发改、财政、国土、农业、林业、水务、扶贫、烟草、审计、招商、金融等部门为成员单位，并在县水务局成立相应的工作班子，全面负责县级实施方案、试点工作方案的编制，调查摸底，宣传发动等各项工作。同时各县在没有专项经费的前提下，克服财政困难等因素，自筹经费200多万元用于改革工作，及时建立奖惩制度，明确部门职责，层层签订责任书等，有力地保证全州农村小型水利工程管理体制改革工作的正常开展。

为确保农村小型水利工程管理体制改革工作的顺利开展，各县做到领导到位、组织到位、人员到位，深入基层、深入群众，做好改革宣传工作。各县纷纷利用报纸、广播、电视、网络等新闻媒体，开展形式多样、内容丰富的宣传活动，广泛宣传改革的重大意义、改革的政策法规、措施方案。全州共制宣传专刊、标语72 542份，走访群众190594人（次）。其中文山市印发了致农民朋友的一封公开信2500份，并在市电视台连续一个星期播放致农民朋友的一封公开信，对试点改

革工作进度适时播报。统一了广大干部群众的思想认识，充分调动社会各界参与改革的积极性和创造性，及时召开群众“一事一议”会议研究决策改革方案，营造良好的改革氛围，确保改革深入人心、健康发展。全州农村小型水利工程管理体制改革工作，本着“抓水改，促发展，惠民生”的原则，并在2009年下半年开展试点改革工作基础上，2010年1月全面启动全州农村小型水利工程管理体制改革。先后完成摸底调查、产权确认、确定方案、实施改革、电脑登记录入、核权发证等各阶段的工作。全州8县纳入本次农村小型水利改革的工程共217 762件，通过采取承包、租赁、股份合作、用水合作组织管理、委托管理、农户自管等措施，全面落实了管护措施和管护责任。截至年底，完成改革工程217 762件，其中：承包232件、租赁2件、股份合作1件、用水合作组织管理13 610件、委托管理2 172件、其它方式201 745件，全州累计发放产权证214 863本，发证率达98.7%。通过实施改革，进一步落实农村小型水利工程的管护措施，明确管护责任，完善了相关管理台账，农民群众大干农村小型水利工程建设的主动性和积极性得到提高，转变过去农村小型水利工程“使用个个有份，管理人人无责”的现状，农村小型水利工程的使用效益得到发挥，改革已初显成效。

**【水资源管理】** 严格建设项目水资源论证报告审查。2010年全州共完成包括水电、水利、矿山行业的12项建设项目水资源论证报告的评审和上报工作。其中，初审上报省级审查审批2户，州级审查审批10户。加强了资质单位的监督管理，完善了报告的审查制度，保证了水资源论证质量。切实加强取水许可审批。以核实许可水量、退水水质检查、计量设施核验、取水标的落实等为重点，推进取水许可监督管理工作，严格审查取水设施、现场验收，确保成果的准确性和取水许可发证质量。2010年全州保有取水许可证513套，其中，发电取水114户，生活取水107户，工业取水162户，农业取水87户，其他取水43户。同时，积极配合省水利厅完成对凤凰谷电站等取水许可验收发证等工作。加大水资源费征收力度，将水资源费征收目标层层签订目标书，建立水资源费征收情况季报制度。完成年初制定的水资源费征收目标任务。积极配合省水利厅开展用水效率考核体系研究工作。按照《云南省水利厅关于配合完成云南省区域和行业用水效率考核体系研究有关工作的通知》要求，对辖区内的取用水情况分行业和区域进行分类调查统计、分析整理，共计完成全州居民生活、工业和农业用水效率调查统计表64份，及时完成相关基础数据和资料的收集整理上报工作。为初步探索研究文山州水资源管理三条红线的相关管理制度和实行最严格的水资源管理制度打下基础。及时收集整理相关数据和资料，完成省级水资源公报汇总审查，组织完成了文山州《2009年水资源公报》的编制和刊发工作。按时分析报送了文山州2009年度《水资源管理年报》、《水务管理年报》和《水资源公报》等各类报表的统计上报工作。

**【水资源保护】** 加强水功能区划和水资源保护规划编制工作。《文山州地表水功能区划》、《文山州地下水功能区划》和《文山州地下水利用与保护规划》3个报告编制完成，10月州人民政府已组织评审通过并上报审批。报告的批准实施，为水资源的保护、科学管理和保障水资源的可持续利用提供一套系统、完整、科学的基础依据；强化供水水源地保护工作。在完成全州水功能区确界立碑的基础上，加强对重点功能区和城镇供水水源地的保护工作。制定并向社会公布《全州县级以上城市集中式供水水源地名录》，为积极配合抗旱，保障供水水源安全，对城市饮用水水源地安全责任人名单进行公布，明确职责，分清责任，力保安全；建立水污染事件月报制度，妥善处置水污染事件。按时统计分析上报水污染事件月报表，配合省水利厅和环保等部门有效处置南盘江界河雷打滩电站库区水污染导致大量死鱼等突发事件。

**【开展《文山州水工程管理条例》修订工作】** 年内，按照《文山州“十一五”立法规划》和州人大、人民政府年度立法计划安排，组织开展《文山州水工程管理条例》的修订工作。《文山州水工程管理条例》于2010年3月26日经云南省第十一届人民代表大会常务委员会第十六次会议批准，文山州第十二届人民代表大会常务委员会公布自2010年6月1日正式施行。

**【领导名录】**

局　长　陈育良

副局长　陆　勇

　　　　吴盛华

　　　　张自英(女)

　　　　王春俊

　　　　金　波(回)

　　　　王祖鹏(回)

　　　　王宗斌(10～)

　　　　唐大能(～10)

（马　平）

# 信 息 业

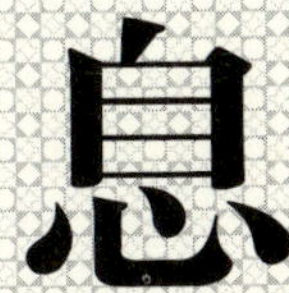
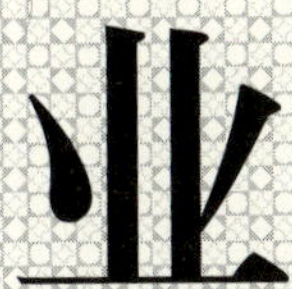

责任编辑：蹇泓钰

州政府与中国移动云南有限公司签订战略合作框架协议

## 电子政务

**【政务网站建设】** 全州各级人民政府以政府门户网站为主要平台，以政务信息公开、网上办事、网上信息咨询等为民服务栏目构建公开透明政府。州人民政府以门户网站——文山州政务网为主要平台，通过文山州政务网的“政务动态、各地信息、政府采购、政务公开、规范性文件、政府机构、领导分工、人事任免、公务员招录、重点工程、公共服务大厅”等33个栏目及时发布全州的重大政务信息和提供办事信息，使文山州政务网成为文山州群众了解政务信息，为群众提供办事咨询的最大网站。群众的意见建议通过州长信箱、建议办理、提案办理、发展建议、开化论坛、网上调查等栏目得以实现。文山州政务网逐步成为人民政府与群众交流互动的桥梁，成为群众参与政务活动的有效途径。全年收到群众来信、建议、留言、意见、建议1 000多条，网上发布办理人民代表建议和政协委员提案共238件，办复率达到100%。为群众提供政务服务咨询信息2 236条。文山州政务网目前访问人数已达到3 700万人(次)，日均访问量达到4万余人(次)。

**【办公系统电子化】** 制定《文山州人民政府办公室关于加快推进非涉密公文电子交换工作的通知》，州人民政府内部办公系统和全州公文交换系统进一步得到完善，功能得到提高，实现全州公文收发电子化。通过州人民政府内部办公系统，州政府办机关传阅电子文件881份。通过全州公文交换系统交换文件775份。

**【会议系统电子化】** 全年，州人民政府6楼视频会议室召开各类会议76次，实现会议音像全程录制，现场收看、机关局域网内120多台电脑终端同时在线收看，会后查看。由省网管中心统一规划建设的另一视频会议系统年内召开63场(次)。砚山县、马关县、富宁县、麻栗坡县、广南县及文山县6个县开通从县到乡镇的县乡视频会议系统。

**【政府信息公开】** 文山州人民政府信息公开工作，严格按照《中华人民共和国政府信息公开条例的规定和省的要求，把贯彻落实《中华人民共和国政府信息公开条例》作为一项重点工作列入重要议事日程，在州委、州人民政府的安排和部署下，完善工作机构，明确职责分工，确定工作重点，加强培训，加强制度化、规范化建设，强化各级人民政府门户网站作为政府信息公开第一平台和主要载体的作用。全州共有专兼职政府信息公开工作人员1 500余名，有效推进人民政府信息公开工作的有效和深入开展。全州各级各部门通过网站、广播、电视、新闻发布会、报纸、电子显示屏等向社会公开政府信息近10余万余条(次、期)。州档案馆累计接待政府信息公开咨询人员1 000余人(次)，州图书馆接待政府信息公开咨询人员3 000余人(次)，全州各级各部门共接待政府信息公开咨询人员近5万人(次)。

**【阳光政府四项制度网络平台建设】** 阳光政府四项制度“重大决策听证、重要事项公示、重点工作通报、政务信息查询”网络发布平台按省的要求全部建成开通，加强对各级各部门进行后台操作运用培训，圆满完成全州阳光政府四项制度网上信息发布工作，全州开通网络后台发布系统帐号2 024个和密码2 024个。发布重大决策听证事项86项、重要事项公示2 170项、重点工作通报3 968次、政务信息查询近万人(次)。

**【政务信息查询96128专线建设】** 根据《云南省工业和信息化委关于印发<关于对云南省政府公共服务电话进行整合的意见>的通知》要求，州政府办下发了《文山州人民政府办公室关于对公共服务电话进行整合的通知》，对全州各级各部门已开通的举报、投诉、咨询、查询以及热线等公共服务电话与政务信息查询96128专线电话进行整合。共整合用于公共服务的电话215个，涉及171个单位。同时，按照《云南省工业和信息化委关于印发云南政务信息查询96128专线服务“三个延伸”建设工作实施意见(试行)的通知》要求，文山州积极推进96128专线服务品牌化建设。认真做好服务时间由原来的5×8小时延伸至7×24小时，服务内容由原来的查询、办事、投诉等内容延伸到各类公共服务查询，服务方式由原来的电话方式延伸为电话、网络、政务服务窗口三位一体的服务方式，为人民群众提供便捷的一站式电话查询服务。截至年底，全州96128专线查询平台已录入507个单位的政务基本信息，共计2万余条。年内，文山州96128专线查询中心共接到查询电话8 216人(次)，同比增长14.88%；转接4 267人(次)，同比增长41.15%；转接成功3 496人(次)，同比增长44.46%；转接成功率95.51%，同比提高2.46个百分点；用户满意数3 426人(次)，同比增长36.79%；用户满意率98.0%。

**【网络信息安全管理】** 在省有关单位帮助和指导下，对中心机房硬件和软件都进行安全加固：对门户网站的开发工具进行更新、对数据库进行重新架构，购置网络安全设备和数字存储设备，加强网络安全检测和对门户网站、部门网站群、政府办机关办公系统、全州公文交换平台进行双机热备份。同时，每天进行离线人工备份，以保证数据的安全和完整。

**【领导名录】**

主　任　万琼芝(女)

(邓一文)

## 邮　政

**【函件业务】** 把握函件业务“短平快”的特点，有针对性地开展工作。账单业务在总部营销开发的基础上，成功自行开发了建行、农行、中行、邮储四种账单业务，同时将账单开发重心放在信用社、社保、医保3种账单上。

【包裹业务】 2010年各局灵活利用大宗包裹资费优惠政策，积极发展土特产大宗包裹。但全年包件较上年呈下降趋势。

【报刊业务】 由于报刊订阅环境发生变化，及发展措施不够有力，整个报刊业务的结构受到影响。

【集邮业务】 注重规范集邮经营，巩固整治成果。继续认真落实“六严禁”、“八措施”，强化内控制度，加大监管力度，杜绝提前销售和低面值销售集邮票品等违规行为的发生；认真做好新邮预订、个性化邮票的发展及零售工作，提前做好工作安排，积极发展集邮爱好者，最大程度的满足集邮者需求；狠抓新春邮品的营销工作；企业形象年册已取得重大突破；抢抓机遇，在上海世博及亚运会区间，大力发展与此相关的邮品营销活动；对库存进行认真的盘活。

【代理代办及信息类业务】 继续与移动公司开展合作，通过代放号、代售卡、代收话费等，实现代办移动业务收入62.31万元；大力发展邮储短信业务，一季度开展“开门红”专项营销竞赛活动，二季度开展“时间过半，任务过半”主题营销活动，以及“争做全省邮储短信三十强县局”活动，特别是代收卷烟款、代付烟草款的开办，有效地促进短信业务的发展；积极发展代理票务业务。积极创新代理彩票销售模式，抓住春节销售旺季的有效契机，创新即开型体育彩票物流配送模式，减少物流配送时间。

【农资分销业务】 严格执行“统谈统签”的进货原则按照“订单+配送+分销”的经营模式发展分销业务在订货上。按照总部“网络布局合理、双向流通高效、商品种类丰富、综合服务便利”的中邮连锁经营体系进行渠道建设。突出工作重点，经营思路不断创新，积极与州移动公司进行合作，开展了“预交移动话费送农资”项目；积极加强同大客户之间的合作，按照“订单+配送”的原则开展分销业务。加强全州农资账务管理工作，做到账实相符、账账相符、账款相符。加强库存商品的管理，及时清退过期及临近到期产品，避免管理不善给企业带来损失。

【代理速递物流业务】 贯彻各项政策，坚持窗口发展代理速递物流业务为主不动摇。积极落实各项奖励政策的兑现，提高职工发展代理速递物流业务的积极性。与速递物流公司进行沟通协调，解决代理业务中出现的相关问题，按照“共举邮政大旗，共享全网资源，共创美好未来”的理念，发展代理速递物流业务。

【代理金融业务】 2010年州局把扩大余额规模作为代理金融业务发展的重点，并在政策上给予倾斜。发展措施得当，如充分依靠网点资源、人力资源，先后开展了开门红劳动竞赛、目标挑战赛、“世博游”劳动竞赛等活动，激活各个网点及全体员工的劳动热情。抓住发展机遇，各县(市)局抓住干道公路、铁路建设的难得机遇，瞄准补偿款及时开展营销活动，收到较好的效果。找到新的业务增长点，经过上下共同努力，有5个县局为烟草公司代付烤烟款，有7个县局代收卷烟款，为中石化14个加油站开办资金归集业务，与中石油签订了西畴、马关两县3个加油站资金归集协议，拓宽代理金融业务发展的渠道。

【企业财务管理】 规范日常核算工作，不断提高财务人员业务水平，更好地为企业服务，2010年是邮政企业实施新会计准则的第一年，通过大量的前期准备工作，按时完成2010年新旧衔接转换工作，实现了新旧制度的平稳过渡，为2010年度及以后会计年度的会计核算工作顺利开展打下坚实的基础。强化预算管理，确保全年收支差额的完成。根据省公司所下预算，及时进行分解，并通过预算执行分析表、预算执行分析报告为领导层、管理层提供决策依据。深化量收系统应用。经进不断完善，目前基本达到省公司的要求。量收系统与业务“两网互通”工程一起为企业收入的跑、冒、滴、漏筑起了一道防火墙。专项工作与日常核算工作并进，确保企业各项改革顺利实施。为配合速递物流专业化改革，完成了速递物流分账核算，分账核算审计、费用清分清算上报、固定资产实物管理清查等工作。

【网络支撑管理】 以邮件传递时限为目标，不断推进生产管理扁平化、生产操作规范化、生产流程标准化进程。开展“加强安全生产管理、提升通信服务质量”专项整治活动。调整作业组织，优化作业流程，满足业务发展需要。优化干线邮路，支撑速递物流专业改革和发展。以降本增效为目标，进一步加强修理材料和费用管理。强化安全行车管理，较好地支撑业务的发展。规范电子化支局大宗临时直封包裹的流程。提高和加强文山州邮件容器管理水平。加强网运信息技术管理。

【企业基础管理】 以金融资金安全管理为重点，确保资金安全管理制度的落实，州局将有关金融资金安全方面的有关规定、制度编辑成《文山邮政员工工作手册》一书，下发到全州每一位邮政员工手中。将近年来本系统发生的违规事件编制成案例分析，供大家学习，进行警示教育。安全视检人员进行业务培训，以提高监督检查能力。组织开展了“服务质量提升年”活动，配合省公司服务质量监督部和11185中心，认真处理转投诉的落实工作，并及时回报落实情况；按季召开相关部门的联席会，及时反馈文山州邮政通信服务质量存在的问题。将安全生产、资金安全、消防安全、综治维稳纳入对各局的责任制考核，层层签订责任书。坚持每月与邮储银行召开一次风险内控防范协调小组会议，协调银邮双方工作中需要协调解决的问题。配合公安机关对文山州24个邮储改

造网点安防设施进行验收。组织开展“五五”普法、禁毒、消防等工作。

**【农村金融缺失网点建成开业】** 4月1日、12月1日、12月2日，砚山县干河、广南县板蚌、文山县追栗街邮政储蓄营业所分别建成开业，至此，文山邮政所承担的3个金融缺失网点全部落成并投入营业。

**【“爱心包裹”项目启动】** 4月23日，文山州关爱贫困地区学生“爱心包裹”捐赠启动仪式在州邮政局举行。该活动由文山州扶贫办牵头主办，州体育局、州工商联、州邮政局配合协办。州教育局、文山县扶贫办、文山电台、文山电视台、文山日报社、相关企业单位捐赠代表及社会各界人士共100余人参加了启动仪式。

**【提出三大板块“123”合作指导原则】** 12月中旬，文山邮政就“三大板块”今后如何深化合作召开党委扩大会议，与会的3方党员领导干部针对邮政金融、速递物流业务实行专业化经营改革后出现的新的难点与问题，统一思想，研究对策，最后形成了共识，提出“一明晰，二共享，三统一”的合作指导原则。一明晰：即“三大板块”各自职责明晰。其中主要包含三方业务市场划分明晰、业务发展重点明晰、业务检查与安全检查范围明晰等。二共享：指资源共享与利益共享。资源共享主要包含网点资源、网络资源、人力资源、数据库资源、以及其它邮政内部资源的共同开发与有效利用。利益共享指在三方充分协商的前提下，完善内部关联交易与结算，正确地进行业务利益划分或利益分成，实现三方共享一同创造的劳动成果。三统一：即是面对社会公众统一品牌。这个品牌指的是“文山邮政”。今后凡举行大型邮政业务推介活动三方共同操办；参与大型社会公益及大型广场集体活动三方步调一致，共举邮政大旗，共创“文山邮政”品牌；服务邮政用户统一形象。如，三方不相互抢夺用户、不擅自降低服务与资费标准、不让用户认为邮政内部存在着三个不同的利益群体等；重大经营决策统一谋划。即，重大营销策略、营销措施、以及重大考核激励机制出台前三方共同研究、统盘考虑，形成整体合力。如，三方互为大客户，三方员工发展任何业务均享受该业务单位员工同等的奖励政策等。

**【领导名录】**

局　长　赵　琼(女)

副局长　朱　涛

（叶茂飞）

## 电　信

**【简　述】** 2010年，文山分公司主营业务收入共完成2.4亿元，固定电话用户达到30.8万户；小灵通用户1.6万户；宽带用户达到8.4万户；移动用户数达到8.4万户，收入EBITDA率完成45.18%；实现净利润3176万元。

**【移动业务】** 为尽快打开移动市场，主要开展“品牌创星”劳动竞赛、“天翼腾飞”全业务实战营销竞赛、业务发展劳动竞赛和移动业务路演营销、秋季校园营销、刮刮卡营销、“我的e家用户超百万”营销、激情3G翼起来营销和“百日会战”营销等活动。通过精心组织，广大员工共同努力，掀起了移动业务规模化发展的新高潮，10月份净增移动用户9 868户，11月份净增用户8 753户，12月份净增用户5 000户，致使移动业务发展初步走出困境。

**【宽带业务】** 宽带业务针对客户维系开展了客户积分回馈、宽带包年协议到期续签等活动；在部分资源不到位的地方，采用无线宽带代替满足客户需求；组织3个突击小组，对60个小区分片负责，组织营销和装机；在有需求的村民委，新建44个宽带接入点，发展宽带用户328户。

**【信息化项目】** 先后实现文山州教育信息化应用平台、平安校园视频监控系统、乡财系统、公安GPS监控、县乡视频会议系统等32个项目的签约，其中A类项目25个，B类项目7个。使ICT项目从投资拉动转变为有效益的发展拉动，确保该信息化项目的发展。

**【宽带提质提速】** 完成主要城区高价值客户新建光进铜退两期工程，实现宽带改造，设备下沉100多个点，新建宽带1.4万线，窄带0.5万线，改造8M不达标用户近万户，同时，积极开展“千村行动”，推进农村宽带建设，新建村通宽带站点50多个，行政村通达数达300多个，占行政村的33.79%；农村党员远程教育站点新增60多个，党建站点总数达近400个，占行政村的40.55%。

**【移动网络覆盖】** 新建CDMA基站101个，基站总数达到591个，室内分布系统达16个。经过建设、整治、优化，CDMA信号覆盖县城、乡镇、风景区、高等级公路、90.0%以上县与县和县乡公路沿线及40.0%以上村民委，3G信号覆盖全州42个乡镇府所在地、风景区及县城以上所有城镇，为移动业务规模发展、拓展3G市场打下坚实的基础。

**【基础服务】** 开展“鹰眼”行动，实现各专业监控障碍全覆盖，提升综合网管系统的业务管控能力，业务工单纳入闭环管控，全年监控故障查修及时率达98.90%，较年初提高1.87%，告警处理及时率达98.57%，较年初提升3.45%，网络历史告警得到及时清理和处理，全网运行稳定；开展“全业务服务支撑能力提升”专项行动，十大主要指标较年初有了较大提高；加强响应工单的管控，全年共受理工单1 562份，响应及时率、准确率100%，客户对业务开通调度满意度达95.0%；加强IT系统支撑保障，组织开展CRM2.0系统上线前的大量测试和培训工作，保障新系统的成功上线，使

CRM 系统从"面向开通"转为"面向营业"，简化操作，提高了效率。

【社会渠道建设】 开展渠道建设专项行动，新建合作营业厅 3 个，专营通讯大卖场 1 个，C 网手机专卖店 12 个，非专营 C 网手机代理店 11 个，非专营手机代理点 76 个，CDMA 手机社会化零售店渗透率提升为 18.0%、终端社会化销售率达到 44.0%。社会渠道建设初具成效，初步达到"合作扶持，增点提能，再造渠道，规模发展"的目标。

【重要通信保障】 保障中央领导等在文山指导抗旱救灾期间和云南省第十三届运动会等重要通信，被省运会文山州筹委会授予先进集体、支持体育事业先进集体、爱心企业及体育运动特殊贡献奖等称号。

【队伍素质】 不断加强各级领导班子和党员队伍建设，开展"讲党性、重品行、作表率"活动；组织参加省、州各种专业技术、业务培训 84 期，1542 人(次)；员工网上大学学习率达标；三年内的新入局大学生员工在岗培训达 19 人(次)；使员工对新业务、新技术和全业务运营知识普遍得到提高。三是组织员工积极参与网上大学岗位技能认证，考试合格人数达到 130 人；鼓励员工参加各种函授学习，年内参与函授学习获得大专文凭16 人，本科 12 人；年内完成省、州、县3 级维护骨干的考评、选拔和任用工作，使员工队伍适应全业务经营能力得到提高。

【审计工作】 严格执行内控制度。全年共完成审计项目 123 项，审计金额4 913.5万元，审减金额 30.41 万元，审减率 0.62%，配合完成 IT 和 C 网专项审计；完成全省"财务一本账"、税务管理、财务监督检查自查、"小金库"专项治理，开展预收账款业财核对专项考核工作；狠抓了保密工作，关键岗位实行双机配置，从硬件上解决失泄密问题；建立安全生产台帐，每季实施严格的安全生产检查考评、整改措施，扎实开展生产安全，与员工签订《酒后严禁驾车承诺书》。组织党员领导干部及副主任以上领导进行《廉政准则》考试；与县分公司和州公司各部门副主任以上干部签订党风廉政建设责任书，与关键岗位人员签订"廉洁从业承诺书"98 份。

【护线专项行动】 多年来，缆线、基站等被盗现象居高不下，为打击嚣张气焰，公司开展专项行动，建立护线工作责任制，全州 8 县集中、机动使用护线力量，配备警犬、对保安实行奖励政策等措施。1～11 月，全州共破获通信线路设施案件 135 起，破案率同比上升 275%；抓获犯罪嫌疑人 74 人，打掉犯罪团伙 24 个；取缔非法收购点 5 个；缴获作案用微型汽车 2 辆、农用汽车 1 辆、摩托车 6 辆及作案工具若干件。这些成绩得到省公司的认可，获奖励成本 33.6 万元，同时降低了因通信线路设施被盗给企业造成的经济损失，减轻维护成本紧张的压力，减少用户投诉，提高了服务质量。

【领导名录】

总 经 理　王洪奎

副总经理　赵明洲

　　　　　窦仕奇

　　　　　漆新华

（刘富尧）

## 移动通信

【网络通讯建设】 文山分公司加快通信建设，网络质量稳步提升。年内全州基站数已达到1 674个。公司以网络安全为目标，深化网络安全整治工作。以"改善用户感知、提高运行效率、增强网络安全性"为实施原则，对无线网开展全网性优化工作。不断引入各类网优设备、网优手段、组织多方维护资源，组织对重点质量问题的攻关，实现全程全网优化。按各县区域组织新业务的网络优化，有效支持各县重点服务区域的服务质量提升。

【移动通信业务】 本着以客户为导向，以创新为动力，充分展示个性化、信息化，适用性的新业务，全面推出 IP 电话、信息点播、彩铃、彩信、短信、手机邮箱、手机炒股、政务通、警务通、校迅通、农信通、气象通、随 E 行、手机报等增值业务。加强了"全球通、神州行、动感地带"三大品牌的优化工作，有力地推动"动力 100"信息化产品的推广运用，加快"政府信息化、企业信息化、农村信息化、公共信息化"的社会信息化进程，促进了用户发展。

【通讯服务】 本着"追求客户满意服务"为宗旨，加快基础服务设施建设，提升服务工作。全州渠道网点达到2 000多个。同时在全州各营业厅相继配置了自助交费机，开办手机充值站。在完善硬件的同时，不断优化软件的建设，强化营业窗口人员规范服务，营业厅服务人员必须统一制服，实行站立服务、普通话服务、规范文明用语。公司还推行上门服务，快速响应客户需求服务，创建全方位服务体系，为社会和广大客户提供有力的通信服务保障。

【领导名录】

总 经 理　施文云

副总经理　唐立志(～9)

　　　　　邓　楠

（刘红光）

## 联　通

【网络建设】 与市场发展紧密结合，重点抓好网络优化，对网络的运行和质量情况及重大疑难问题进行分析，结合网络实际情况进行优化、升级，通过网络优化，2010 年各项网络指标在全省均排名前列，提升了公司良好的网络品牌形象。

【运行维护管理】 重视运维基础管理工作，加强运维管理知识的学习，定期组织分公司和代维人员进行培训，不断提升维护技能。进一步规范机房维护流程，制定相关应急预案，建立健全日常巡检和记录机制，对日常工作落实情况进行重点监督，加强对代维公司的管理和监督。

【业务发展】 以效益为中心、以市场为导向，做到业务发展快速增长。文山分公司始终坚持以大力发展移动业务为主、综合业务协调发展的方针，力争把移动业务做强做大，努力拓展乡镇市场的发展，大力推广公司业务；在年初就对全年的计划任务及时下达，早安排、早行动，明确了各单位的生产目标，同时将任务的完成情况纳入综合绩效考核；并根据文山当地市场的实际情况，及时对经营模式和促销政策进行了调整，在全州范围内组织开展了大型促销活动，通过组织规模促销，各项业务实现了快速平稳的发展。

【服务质量】 开展客服技能竞赛活动。组织营业人员和热线人员按季度开展"客服技能竞赛"活动，通过竞赛活动的开展，全州客服人员在业务知识掌握、营业服务技巧等方面有很大提高，增强服务意识，并形成以赛促训，以赛促学的良好氛围。认真开展零容忍行动自查。结合工作实际，在全州开展了针对窗口服务态度、咨询答复、业务宣传、现场管理、业务办理、服务时限、业务管理等问题的零容忍行动自查整改工作。通过自查，强化了服务管理工作，使客服工作迈上了一个新台阶。

【制度建设】 加强财务管理制度，严格执行《企业会计准则》，认真贯彻落实集团公司统一的会计政策、财务制度，严格遵循权责发生制进行会计核算，坚决避免会计政策和会计估计的随意变更，确保财务信息真实可靠，客观反映公司业绩。认真落实会业核对责任，实现会业核对的常态化管理，发现问题及时整改，确保财务账面营业收入、应收账款、预收账款等数据与营业、系统数据的一致性。强化资金支付管理，实施成本费用项目前评估与后评价工作；完善银行账户资金和营收资金稽核的安全管理体系，确保资金安全。充分调动员工的工作积极性，重视部门及员工的绩效管理，各部门结合实际制定了绩效考核的指标，根据工作目标定期对员工的工作进行评估，使管理人员和普通员工的工作能力都有不同程度的提高。重视团队精神的建设，使企业的竞争能力得到了提升。在全体员工中继续开展"五五"普法教育，使员工知法守法的意识得到加强，员工中未发生打架斗殴、参与"法轮功"及非法传销的违纪违法事件，人人争做好公民，维护公司的良好形象。

【安全生产管理】 开展"安全第一，预防为主，全民参与，人人有责"的安全生产教育活动和安全知识培训，各项安全生产制度和措施建立健全，各个安全部位责任到人，并定期进行安全生产检查。由于措施得力，全年未发生安全生产责任事故，并被评为"2010年度重点企业安全生产工作先进单位"。

【表彰先进】 2010年，建维部张忠玉被集团公司评为"巾帼建功标兵"，建维部屈红雨被集团公司评为"劳动模范"；公司选派的表演节目在省公司组织的"迎中秋、庆国庆"文艺汇演中荣获第一名的好成绩。

【领导名录】
总 经 理　李海清
副总经理　张德朝
　　　　　王凤昌

（王凌云）

## 无线电管理

【简　述】 2010年，全州无线电管理工作围绕构建和谐社会和完善无线电管理法规制度、行政管理、技术监管三个体系建设，全面推进效能政府四项制度的实施，不断把文山州的无线电管理工作推向前进。全年全州设置、使用各类无线电台站(包括业余台站)5 071个，比上年增加136个；农村无线接入系统450MHZ(致富通)用户13万户，比上年减少用户1万户；蜂窝网移动用户133万户，比上年增加用户15万户。管理固定资产1 450万元(其中：办公、监测用房1 332. 83平方米，固定监测站1个，小型监测站8个，移动监测站1个)。收缴无线电频率占用费31万元，征收率达100%。专项审查新建基站637个，新发无线电电台执照17份，查找无线电干扰源2起。实施每天24小时无线电信号监测，圆满完成年初确定的目标任务，保障文山州无线电电磁环境的良好状态。

【法规宣传】 利用政府信息公开网站、报刊、手机短信等媒体，加强无线电管理法规宣传工作力度，营造无线电管理良好的社会环境。全年，全州投入宣传经费8万元，在阳光政府信息平台上进行1项重点工作通报，在信息公开网站上及时更新信息5条，共挂出大幅横标21幅，出黑板报5期，群发短信3万余条，发放宣传资料7 000余份，接受群众咨询近3 000人(次)。

【制度建设】 建立健全无线电管理制度和完善各项管理规定，进一步实现管理法制化。建立了《无线电行政处罚自由裁量权细化规范标准》，制定《文山州无线电管理处行政成本控制制度实施细则》、《文山州无线电管理处行政绩效管理制度实施细则》、《文山州无线电管理处推行行政行为监督制度实施方案》、《文山州无线电管理处行政能力制度实施方案》、《文山州无线电管理处公务卡管理实施细则》。同时，结合单位实际，完善财务管理的相关规定，为实现无线电管理法制化、规范化提供有力保障。

**【执法查处】** 加大执法力度，严肃查处非法占用频率，违规设置使用无线电台站等违法行为。对文山人民广播电台调频广播信号干扰文山机场导航通信、文天公路建设7、8、9标段项目部违法使用对讲机干扰麻栗坡森林防火无线电频率、红外线无线报警器设备干扰高档轿车行驶下发整改通知书，并要求限期改正，有效地维护空中电波秩序。开展广播电视无线台站行政执法专项检查。全州8县广播电视无线台站检查从6月上旬至8月下旬结束。在此次广播电视无线台站行政执法专项检查工作中，无管办早部署、早行动，主要采取设台单位自查申报和组织人员实地核查相结合的方法，共检查全州8县广播电视局的16个台站，76部设备，其中：有电台执照的13部、无电台执照的63部，较好地完成此次专项检查任务。

**【无线电行政管理体系建设】** 全面贯彻《云南省无线电频率台站行政许可实施办法》，完善无线电审批流程，健全行政许可档案，加强对行政许可项目的监管。规范台站审批手续，做好新建基站的专家论证。年内，无管办对760个新建基站进行专家评审，共有737个基站通过行政审查。加强边境无线电管理工作，认真填报《边境调查表》，积极配合国家开展中越无线电频率协调会谈准备工作，建立和完善边境地区渗透和反渗透工作机制，着力维护国家主权、国家安全、国家利益。同时，加强文山州重点工作的相关无线电管理协调工作，做好航空导航、地震、洪灾、森林防火以及广播、电视安全播出等无线电安全保障工作及普者黑机场电磁环境保护规定的修改。加强军地无线电管理协调配合，健全军地合作的政府工作机制和程序，依法做好国防安全服务工作和做好日常台站申报执照工作。全年专项审查新建基站637个，办理执照17个，其中：对讲机13个、电台执照2个、气象雷达和气象卫星各1个。做好无线电设台单位联络工作。目前，文山州17个设台单位按要求建立健全无线电管理领导小组，有147名成员、37个无线电专办员。

**【无线电技术监管体系建设】** 利用固定站，简易监测站、搬移(便携)式监测机等现有设备，每月对常规频段进行监测，统计其频段占用度数据，对该频段中出现的信号进行识别；实施无缝隙监测和信号识别，特别是对机场、森林防火无线电频率进行识别和登记，变无线电被动管理为主动监测，使无线电干扰排除在萌芽状态，从而实现维护空中电波秩序，规范无线电市场管理。在搞好日常监测工作的基础上，认真收集、分析和整理监测数据，做到监测月报及时按质按量顺利完成；做好高考中防作弊无线电监测工作。防范和打击非法利用无线电设备在普通高校中作弊等行为，考前组织人员进行监测演练并做好考场周围的电磁环境测试。考试期间，准备大功率宽频带信号发生器，在出现非法信号，一时无法准确定位时，进行同频干扰。经过两天的监测，全国统一高考文山州考点未发现任何异常信号，有效地保障了高考工作顺利进行；做好无线电干扰查处工作，全年共查找干扰源3起；做好边境电磁环境监测、通信台站检测、监测网运行维护工作。

**【《文山州无线电管理志》编纂】** 做好《文山州无线电管理志》编纂工作。对篇目撰写进行任务分解，各编辑责任人已按拟定的10章45节内容完成相关材料的收集和整理。

**【领导名录】**
处　长　王泽生（～10）

（施爱萍）

# 经　济

责任编辑：李春梅　李万辉

人口普查启动仪式

# 农 业

## 种植业

**【简 述】** 坚持农业立州战略，突出农业安全，农民增收，抢抓机遇，护农惠农4个重点，应对百年不遇特大干旱，着力实施抗旱栽种、抗旱保苗，努力推广应用农业综合集成技术，实施高产创建和间套种，实现了小春损失大春补，全年粮食喜获丰收。完成农作物播种面积1 090万亩，比上年增加65万亩，增6.3%；全年实现粮食总产量达127 579.2万千克，比上年增加4 050.2万千克，增长3.3%；全州种植业产值实现608亿元，比上年增加3.7亿元，增长6.4%。

**【粮食作物】** 粮豆播种面积681万亩，比上年增29.3万亩，产量127 579.2万千克，比上年增4 050.2万千克，增3.3%。小春粮豆播种面积144.9万亩，产量5 568.6万千克，比上年减6 824.9万千克，减55.1%。大春粮豆面积536.1万亩，比上年增加42.0万亩，产量122 010.6万千克，比上年增加10 875.1万千克，增9.8%。

**【经济作物】** 全年，播种面积316.8万亩，比上年增加30万亩，增10.5%。其中，油菜面积44.7万亩，比上年增加3.9万亩，产量910.99万千克，比上年减少1 380.8万千克，减60.2%；花生面积22.7万亩，比上年增加0.6万亩，产量2 147.89万千克，比上年减少76.14万千克，增3.4%；甘蔗种植面积29.6万亩，收获面积28.8万亩，分别比上年增加3.8万亩和4.1万亩，产量103 633.27万千克，比上年增加15 216.32万千克，增长17.2%；烤烟面积40.9万亩，比上年增加5.1万亩，产量6 160.5万千克，比上年增加905.45万千克，增长17.2%；三七面积5.1万亩，采挖面积2.7万亩，分别比上年增加0.9万亩，产量326.29万千克，比上年增加82.07万千克，增长33.6%；辣椒面积105.9万亩，比上年增加13.5万亩，产量11 436.62万千克，比上年增加1 294.09万千克，增长12.7%；商品蔬菜38.5万亩，比上年增加1.9万亩，产量28 992.06万千克，比上年减少2 339.75万千克，减7.5%。

**【种植业产业结构调整】** 围绕农业特色优势资源，大力培植辣椒、蔬菜、油料、水果、茶叶5个重点优势产业，调整种植结构。全州经济作物种植面积316.8万亩，比上年增加30万亩，增10.5%，粮经种植比为68.2：31.8，经作比重提高1.2个百分点。辣椒、商品蔬菜、优质油料、水果、茶叶面积分别完成105.9万亩、38.5万亩、66.2万亩、45.5万亩和37.5万亩，分别比上年增长14.6%、5.0%、4.8%、5.0%和8.3%，种植结构进一步优化。

**【高产创建】** 全年共完成高产创建81片88.7万亩，比上年增加65片71.8万亩，涉及玉米、水稻、大豆、马铃薯、油菜、甘蔗6个作物，分布于全州8县100个乡(镇)2 678个村民委241 920户。粮食作物高产创建完成75片82.65万亩，比上年增加56片62.87万亩，验收加权平均单产548.3千克，比非项目片亩增85.3千克，总增粮食7 049.2万千克。其中，玉米高产创建46片51.65万亩，比上年增加36片40.96万亩，验收加权平均单产532.3千克，比非项目片亩增87.01千克，增加粮食4 493.9万千克；水稻高产创建24片25.91万亩，比上年增加20片25.91万亩，验收加权平均单产630.1千克，比非项目区亩增89.88千克，增加粮食2328.7万千克；马铃薯高产创建4片4.01万亩，验收加权平均单产362.3千克(折原粮)，比非项目区亩增54.28千克，增加粮食217.9万千克；大豆亩产创建1片1.08万亩，验收加权平均单产116.1千克，比非项目区亩增8.1千克，增加粮食8.7万千克。经济作物高产创建完成6片6.11万亩，其中，油菜高产创建4片4.11万亩，验收加权平均单产108.4千克，比非项目区亩增11.9千克，增加油菜籽48.9万千克；甘蔗高产创建2片2.01万亩。

**【农业产业化】** 全州有农业产业化加工流通企业127个，固定资产15.23亿元，年销售收入38.1亿元，其中，规模以上农产品加工流通企业63家，企业产值45.6亿元，年销售收入36.89亿元，其中，年销售收入亿元以上的7家，5 000万元的15家，1 000万元的50家。获得州级以上重点龙头企业称号的56家，其中，国家级1家，省级16家，州级40家。建立原料生产基地188.6万亩，带动农户36.59万户，带动户均增收1 525元。在加工流通企业的推动下，实施基地化生产188.6万亩，其中，辣椒61.48万亩，蔬菜20.74万亩，油料18.22万亩，水果20.23万亩，茶叶32万亩，其它作物35.93万亩。实施订单生产79.9万亩，涉及15.66万户农户，其中，辣椒26.45万亩，涉及6.59万户；蔬菜4.63万亩，涉及1.56万户；油料2.48万亩，涉及1.58万户；水果7.64万亩，涉及0.77万户；茶叶6.33万亩，涉及1.67万户；其它作物32.38万亩，涉及8.25万户。实施标准化生产11.67万亩，其中，辣椒5.29万亩，蔬菜2.93万亩，优质水稻2.14万亩，茶叶1.32万亩。实施“一村一品”产业整体推进示范工程229个村23.37万亩，涉及到9个作物1个水产业，其中，辣椒村77个村8.24万亩；蔬菜村39个村3.03万亩；水果村35个村4.25万亩；茶叶村19个村1.76万亩；油料村5个村0.29万亩；优质水稻村14个村1.1万亩；甘蔗村23个村2.59万亩，杂豆村4个村0.12万亩；木薯村2个村0.65万亩，咖啡村1个村0.3万亩；水产村10个村1.04万亩。2010年全州农民专业合作组织已建设发展到600个，拥有会员58 198户，占全州农户总数的8.4%，其中农民专业合作社230个，比去年增加95个，拥有会员16 893户，占全州农户总数的2.4%

【农产品质量安全】 年内，全州开展农残检测342期，抽检7 592个样品，合格7 347个样品，合格率96.8%。

【中低产田地改造】 年内，全州计划改造任务33万亩，重点在文山县德厚镇朝阳片区、追栗街镇大水井片区；砚山县平远镇石碑寨片区；西畴县蚌谷乡长箐片区；麻栗坡县铁厂乡关告片区；马关县夹寒箐镇夹寒箐片区；丘北县双龙营镇马者龙片区；富宁县皈朝镇皈朝片区等8个片区实施，到12月底止，完成改造面积20.22万亩，占年度计划改造面积的62.0%，以统计年度5月底计，即可完成或超额完成省下达35.7万亩任务。

【农业灾害】 年内，全州农业灾害频繁发生，尤以旱灾最为严重，百年不遇，损失严重。全年农业受灾面积达7 325 546亩，成灾面积3 831 154亩，绝收面积1 826 715亩。其中，旱灾受灾面积5 559 236亩，成灾面积3 754 346亩，绝收面积1 808 432亩，经济损失129 052.78万元。其中，农作物受旱灾4 899 689亩，成灾3 153 945亩，绝收1 725 910亩，分别占旱灾总对应数的88.1%、84.0%和99.0%，经济损失92 901.6万元。在农作物受灾中，粮食作物受旱2 833 195亩，成灾1 786 403亩，绝收1 012 447亩，产量损失17 545.6万千克，经济损失39 597.4万元；经济作物受旱1 271 927亩，成灾901 178亩，绝收503 941亩，经济损失29 041.16万元。林果受旱灾675 738亩，成灾385 506亩，绝收34 097亩，经济损失17 452万元。水产受旱灾13 809亩，成灾3 562亩，绝收2 838亩，经济损失893.9万元。洪涝灾受灾152 384亩，成灾62 035亩，绝收17 106亩，经济损失2 267.69万元。风雹灾受灾面积45 163亩，成灾13 172亩，绝收1 177亩。全州农作物病虫草鼠害发生1 400.57万亩(次)，防治1 945.17万亩(次)，挽回粮、经作物产量损失42.22万吨。

【农业法制建设】 加强市场监管，开展农资打假工作。2010年全州共出动执法检查车辆1 593辆(次)，出动执法检查人员7 329人(次)，印发宣传资料20.25万份，检查农资经营门市部(门店)7 050个(次)，整顿农资市场2 172个(次)，查处234起，受理举报99件。立案查处168件，结案166件，涉案人217人。查获假劣、过期农资产品48 674.56千克(台件)，货值金额82.56万元，为群众挽回经济损失680.01万元。另外，结合年内行政执法证件到期的审验换证工作，开展1期农业行政人员执法培训班，参训人员119人。

【农村国债沼气建设】 全年，文山州在建的农村沼气国债项目建设任务共有2009年新增、2010年新增3批农村户用沼气建设35 994口，服务网点建设147个，联户沼气工程项目1个，其中，农村户用沼气国债项目实施完成并投入使用15 847口。2009年新增农村沼气项目在文山、砚山、麻栗坡、马关、丘北、广南、富宁7县建设国债沼气“一池三改”17 981户，中央补助金额2 697.15万元，截至12月底，全州共完成17 073户(口)，占计划的94.95%。2009年农村沼气服务网点建设全州涉及6个县39个点，到2010年12月，选点完成了100%，均在进行物资采购。2010年第一、第二批农村沼气国债项目在文山、砚山、西畴、麻栗坡、马关、丘北、广南、富宁8县建设户用沼气共10 500户，国家投资1 500.75万元，截至12月底，全州共完成2 090户(口)，占计划的19.9%。2010年农业部批准联户沼气工程项目1个，国家投资27万元，农村沼气乡村服务网点项目建设108个，国家投资486万元，省配套54万，各项目县正在选点中。

【党的农村基本政策和惠农政策】 采取多种形式宣传《农村土地承包法》、《农村土地承包经营纠纷调解仲裁法》等法律法规，补签承包合同书和经营权证书6 106份，接处群众来电来信来访1 627次，调解土地承包纠纷813件，调解成功621件，成功率76.4%。落实国家惠农政策，兑现农资直补资金21 800万元；兑现粮食作物良种补贴4 300万元，兑现油料良种补贴750万元，兑现渔业燃料补贴63万元，兑现农机具购置补贴1 085万元。

【农民负担监督管理】 按照农民负担管理的“五项制度”，认真清理涉农收费，制止和纠正乱收费、乱罚款、乱集资、乱摊派等加重农民负担的行为，年内无因农民负担引发的严重案件和群体上访事件。审核上报州人民政府公布的2010年各县村级公益事业一事一议筹资上限标准和以资代劳工价标准。实施一事一议财政奖补项目，第一批1 801个项目惠及721个村委会1 845个村小组78 815户，384 561人，上级补助6 346万元，第二批上级奖补资金2 455万元已启动实施。加强对农村集体资金、资产、资源的管理，进一步完善和规范“村账乡代管”制度和操作流程，研究制定村级财务公开责任追究办法，加大对村组财务公开的监督力度。2010年底全州8县102个乡(镇)、941个村民委、15 074个村小组实现村级会计委托代理服务，分别占全州乡(镇)、村、组总数的100%、99.0%、98.0%，代管资金7 569.07万元。做好村干部任期和离任经济责任审计，共审计村委会干部2 634人，村小组干部31 574人，审计总金额14.78亿元，审出违纪单位42个，违纪资金34.27万元，涉及违纪107人，已退赔14.81万元，受处分7人。清理核实了2005年以前发生的其他公益性村级债务1 457笔5 016.92万元，2006～2009年发生的其他公益性村级债务807笔1 853.66万元。

## 农业科技

【农业科技推广】 全州杂交水稻推广达75.18万亩，杂交玉米推广164.27万亩，由于天旱面积比上年略减，但平均单产比上年有所提高，杂交水稻平均单产增3.1千克，玉米比上年增9.1千克，其它配套技术的推广分别水稻旱育种植技术推广面积达69.56万亩，比上年增219亩；水稻多样性技术推广39.28万亩，比上年增20 332亩；间套种技术推广291.5

万亩，比上年增118.12万亩，玉米套辣椒57.44万亩，玉米套大豆29.53万亩，玉米套杂豆41.08万亩，玉米套马铃薯7.25万亩，玉米套红薯39.16万亩，辣子间杂豆7.67万亩，小麦套豌豆2.34万亩，烤烟套豌豆4.23万亩，小麦间蚕豆2.54万亩，其它作物间种面积56.19万亩；玉米规范化种植面积845.48万亩，比上年增3万亩；水稻规范化种植面积52.67万亩，比上年增4 777亩；地膜覆盖栽培119.09万亩，比上年增56.12万亩；平衡施肥技术推广623.22万亩，比上年增51.69万亩；病虫害综合防治技术推广594.84万亩，比上年增25.82万亩。

**【农业科学研究】** 全年选育出具有自主知识产权的杂交水稻品种和常规稻品种(品系)46个，其中，达到国家一级软香型软米“文香28A、豪香310A、壮香2051A、恢复系文恢206、文恢247、文恢1021、等16个品种、“品系”并通过云南省品种审定委员会审定8个；通过国家植物新品种权(知识产权)初审公告9件。品种成果辐射越南、泰国、缅甸、老挝等国和国内10个省、市、区，每年推广面积在460万亩以上。全州种子系统组织实施的“两杂”新品种试验31组，品种(组合)共同389个，其中：杂交水稻13组53个；杂交玉米18组236个，为筛选优质、高产、高抗品种提供了材料。

**【职业教育与科技培训】** 农职业教育坚持“四个面向、四个服务”的办学思路，围绕文山州农业产业结构调整、农业发展和农村经济建设发展，以“整合资源、服务‘三农’、开门办学、实施零距离教学、培养新型农民”为目标，开办农学、林学、畜牧兽医、烟草、计算机应用、电子技术应用、汽车应用及维修、农经、中药生物技术与制药等专业，积极与行业、产业开展联合办学，开展送教下乡，促进全州在职人员的素质提高和农业、农村经济的发展及农民增收。全年实现农村劳动力转移就业31.47万人(次)，比2009年增11.3万人(次)，全州农村劳动力转移就业人员实现收入20.65亿元，比2009年增加8.96亿元，增长76.0%。2010年6月，州农校挂牌成为云南农业大学农业推广硕士教学点。8月，州农校举办了首个来自丘北县的33名具有初中以上文化程度的“僰人”全日制中专班。学生在校学习3年，修完学校安排的全部教学内容，成绩合格并经过政治思想鉴定的准予毕业，发给国家承认的中专学历毕业证书。学习采用2+1办学模式，即：前2年在校学习，第3年回乡实习，发展种植、养殖业等。学习期间，学生在校的住宿费、书费、行旅由学校提供，国家免学费，并享受国家1 500元的助学金和省扶贫办资助每生每年800元的生活费。年内，进行相关技能农民工职业技能培训2 000余人。全州累计“绿色证书”培训人数16 386人，占省绿证办下达全年培训计划任务的109%。经理论考试合格结业8 317人，其中6210人经过生产实践技能考核合格获得“绿色证书”；农职业技能等级培训和鉴定2 151人，鉴定合格发证1 921人，其中中级工252人，初级工1 669人；新型农民科技培训2 000人；农村劳动力转移就业培训61 991人，其中引导性培训50 082人、技能培训11 909人，转移就业12 870人；实用技术培训161 789人；发放图书资料32 899册；光盘1 630张；滇沪合作白玉兰农业现代远程教育网点得以全面实施，建成了112个农业现代远程网络教育教学点。在广播、电视播放节目156小时。大中专招生1 296人，其中大专、本科招生234人(大专招生159人、本科招生75人)；中专招生1 062人。大中专毕业人数240人，其中本科127人、专科104人、中专9人。目前学历教育大、中专在校生人数1 816人，其中本、专科717人，中专1 099人。

**【土壤肥料技术】** 2010年，全州8县被列为国家、省级测土配方施肥试点县，共完成345.4232万亩，完成微机指导施肥82.0666万亩，补钾工程技术推广143.7082万亩，补充土壤微量元素推广应用56.2594万亩，种植绿肥92.4814万亩，绿肥的后效利用94.3056万亩，完成积制有机肥46.8817亿千克。文山州主要承担省土肥站下达的有关试验，同时结合测土配方施肥项目县安排的“3414”肥效试验以及相关试验研究。共完成各种试验189组。

**【植保植检技术】** 坚持“预防为主、综合防治”的植保方针，在积极开展抗旱保苗工作的同时，把病虫害防治工作作为大旱之年防灾减灾夺丰收的重要举措来抓。2010年全州农作物病虫草鼠害发生1 400.57万亩(次)，防治1 945.17万亩(次)，挽回粮、经作物产量损失42.22万吨。向全国农技中心测报处报送病虫情报和模式报表等信息28期(次)，向省植保植检站报送病虫情报、周报、各种统计表格及模式报表84期(次)，发布病虫情报8期560份；通过广播、日报、互联网等发布病虫信息20余条。全州累计发布病虫情报113期6 390份(其中发布稻飞虱、稻瘟病警报13期700份)，测报结果均达到及时、准确，为指导大面积防治病虫害发挥了积极作用。2010年稻飞虱大发生，各监测点做到早监测、早预警、早发现、早防控，及时启动应急预案三级响应，出动植保机防队实施统防统治14.5万亩(次)，防控工作扎实、有序展开，稻飞虱大发生态势得到及时有效控制，发生面积逐步缩减、田间虫口密度稳步下降、防控工作成效显著，全州范围内未因稻飞虱的严重发生而造成重大损失。2010年底，全州共有专业化防治队伍105支、队员1 832人、机动药械990台。全年共组织机防手培训9期，1 850人(次)。

**【农业有害生物预警监测】** 按照省农业厅对外来入侵有害生物薇甘菊防控工作的总体部署要求，在指导富宁、麻栗坡、马关3个边境县做好32个薇甘菊预警监测点的调查、防控和监测预警工作的同时，继续开展薇甘菊入侵危害调查、监测点布设、预警监测等工作。全年，各监测点开展监测及记录上报数据12次。年内，全州范围内尚未发现薇甘菊入侵。

**【农业野生植物资源保护】** 结合文山州实际在全州8县境内开展农业野生植物资源白芨、黑节草、天麻，百合属玫红百合、黄绿花滇百合、淡黄花百合、紫红花滇百合等7种濒危物种的调查工作，同时对文山州境内野生茶树资源作进一步调查。通过调查，此次在全州共发现白芨、黑节草、天麻，百合属玫红百合、黄绿花滇百合、淡黄花百合这6种农业野生植物资源，海拔300～2 660米之间均有零星分布，甚至单株单丛生长，种群数量不多，面积不大，处于渐危或濒危状况。而野生茶树资源种群数量比2007年所做调查数据有所减少。

**【农业信息化建设】** 坚持以服务"三农"为宗旨，充分发挥农业信息网络功能、桥梁纽带作用，全年发布新技术、新品种、农产品供求信息等14 434条，其中：农业信息网发布4014条，"数字乡村"工程发布10 420条；点击访问量达79.5万人（次），为帮助农民促销起到积极作用，农产品供求信息促销农产品总额达554万余元。

## 农业机械

**【简　述】** 全州拥有农机管理机构109个107人，农机技术学校9个64人，农机技术推广站9个99人，农机安全监理所（站）9个89人。农机户89 962户102 816人，乡村农机从业人员108 876人。全州农机总动力163 451万瓦特，比上年增长12.66%，平均每亩耕地拥有农机动力483瓦特；农机固定资产原值92 013万元，比上年增长10.4%，其中农机户为91 829万元，占99.8%，农民继续成为农机投资主体，是农机化发展的主力军。

**【农机购置补贴项目】** 全州8县均被列为中央财政农业机械购置补贴项目县，购置农机资金总额3 667万元，其中：中央财政补助1 111万元，拉动农户投入2 556万元，惠及农户8 250户。购置农机数量13 609台（套），其中：动力机械606台（套）、畜牧水产养殖机械233台（套）、种植施肥机械4台（套）、耕整地机械2 469台（套）、农产品初加工机械1 554台（套）、农田基本建设机械2台（套）、排灌机械1 834台（套）、设施农业设备5 000套、收获后处理机械854台（套）、收获机械33台（套）、田间管理机械1 020台（套）。

**【农机购置补贴质量调查监督】** 10月，全州组织开展了农机购置补贴产品质量调查监督工作，全州仅发生3起质量投诉案件，并已得到及时处理，挽回经济损失1.4万元。

**【农机购置补贴验收】** 12月27～30日，按照《云南省农业机械购置补贴项目验收暂行办法》的要求，受云南省农业厅、云南省财政厅的委托，由文山州农业局、文山州财政局组成验收组，对全州8县2010年中央财政农机购置补贴项目进行验收。验收组在听取汇报、质询、审核、查看有关资料和向购机户了解购机情况后认为：各项目县农机购置补贴宣传、补贴内容、补贴对象、补贴标准、补贴机型、购机者确定及公示等操作程序严格按农业部县级十项工作职责依次进行，体现了公开、公平、透明和充分尊重农民选择自主权的操作原则；各类文件、表格、资料齐全、填报准确，按要求分类归档；补贴资金全部补贴到农民，做到资金到位，机具到位，服务到位；农机购置补贴项目的实施，提高农业装备水平，改善了农业生产经营条件，有力地推进农业机械化进程。全州8县农机购置补贴项目全部通过验收。

**【农机农田作业】** 年内，全州机械耕地面积1 162 123亩，同比增长47.54%；机械播种作业面积19 476亩，同比增长5.22%；机械灌溉作业面积1 581 852亩，同比增长50.12%。"春耕"期间，完成机械耕地面积966 854亩，同比增长78.94%；机械播种作业面积7 476亩，同比增长107.67%；机械灌溉作业面积1 355 780亩，同比增长72.08%。"三秋"期间，完成机械耕地面积195 269亩，同比增长56.64%；机收作业面积6 863亩，同比增长71.66%。

**【农机抗旱保春耕】** 4～6月，州、县农机部门组成农机抗灾服务队，深入一线开展抗旱保春耕工作。全州共出动农机技术人员19 515人（次），发动农机手抗旱202 233人（次），投入抗旱农机具197 645台（次）（其中：拖拉机86 928台（次），排灌机械100 166台（次）），完成抗旱浇地面积395万亩（次）。

**【农机监理业务】** 年内，全州完成拖拉机新注册登记929台，拖拉机年度检验8 320台，拖拉机报废登记12台。完成拖拉机驾驶人考试发证2 306人，拖拉机驾驶证换发133人。全年未发生重特大农机事故。

**【签订农机安全责任书】** 年内，州农业局与各县农业局签订农机安全责任书共8份；州农机监理所与各县农机监理站签订安全责任书共8份；各县农业局与县农机监理站和各乡镇农技站签订安全责任书共110份；各县农机监理站与拖拉机驾驶人签订安全责任书共11 379份；各乡（镇）农技站与拖拉机驾驶人签订安全责任书共5 051份。全州共签订农机安全责任书16 556份。

**【农机安全宣传】** 全州共出动农机安全宣传车421车（次）、人员1 442人（次），深入乡（镇）集市宣传469次，利用广播电视媒体宣传529次，张贴宣传标语790张，悬挂农机安全宣传横幅12幅，印发宣传材料29 414份，印发农机安全生产读物12 439份。开展拖拉机驾驶人集中教育86期，累计培训3 091人。

**【"平安农机"创建活动】** 根据《云南省农业厅云南省安全生产监督管理局关于进一步深入开展"创建平安农机促进新农村建设"活动的通知》精神，文山州农业局文山州安全生产监督管理局决定继续开展创建"平安农机"活动。丘北县确定为全州"平安农机"示范县，全州共创建"平安农机"示范乡（镇）

6个，"平安农机"示范村70个，"平安农机"示范户700个。

【农机监理"科技兴安"工程】 全州农机监理"科技兴安"工程，全年共整合州县资金30万元，解决丘北县农机监理执法专用车辆，其中：州所投入"科技兴安"资金12万元，县级筹资18万元。

【农机安全隐患排查治理】 全州农机安全监理机构围绕重点农时季节、重点区域、关键农时等开展农机安全隐患排查治理工作，共出动执法人员662人(次)，检查宣传车辆164台(次)，检查农机2 230台(次)，排查一般隐患838项，整改838项，整改率达100%，查验农机驾驶人员1 647人(次)，纠正各类违章违法行为148起。

【拖拉机驾驶人培训】 州、县拖拉机驾驶培训机构增强服务意识，深入乡(镇)培训拖拉机驾驶人。分别在平远、稼依、树皮、八道哨设临时培训点，就地招生、就地培训、就地考试。此举不仅为机手提供了方便，还节约了费用开支，报名培训者积极踊跃。全州共培训拖拉机驾驶人2 306人。

【农机产品质量投诉】 2010年，州县农机产品质量投诉站共出动工作人员67人(次)，发放农机产品质量宣传资料12 000余份，接受宣传人数10 000余人。全年共受理农机消费者投诉案件8起，为农机消费者挽回经济损失1.99万元，其中涉及产品质量4起，作业质量2起，修理质量2起，经各县农机产品质量投诉站的调解，案件均已得到妥善处理，机具恢复正常使用，农民情绪稳定，没有因质量问题导致农户与厂家或销售商打官司闹纠纷的情况发生。

**2010年文山州农业机械统计表**

| 县名 | 农机总值(万元) | 农机总动力(万瓦特) | 拖拉机(台) | 拖拉机配套农具(台) | 排灌机械(台) | 农产品初加工动力机械(台) | 机耕面积(亩) | 其中 | | | 机电排灌面积(亩) | 机收面积(亩) | 机械初加工粮食数量(吨) |
|---|---|---|---|---|---|---|---|---|---|---|---|---|---|
| | | | | | | | | 小麦(亩) | 水稻(亩) | 玉米(亩) | | | |
| 全 州 | 92 013 | 163 451 | 24 358 | 11 831 | 28 543 | 66 647 | 1 162 123 | 141 858 | 245 127 | 368 439 | 1 581 852 | 9 310 | 1 437 963 |
| 文 山 | 8 035 | 18 643 | 3 021 | 766 | 4 951 | 3 586 | 226 320 | 19 700 | 18 650 | 67 100 | 325 970 | 52 | 251 250 |
| 砚 山 | 20 193.9 | 44 143.7 | 10 608 | 7 944 | 5 687 | 3 180 | 374 480 | 50 790 | 73 020 | 178 950 | 274 430 | 2 900 | 155 693 |
| 西 畴 | 4 917.45 | 10 166.9 | 490 | 23 | 1 410 | 10 458 | 48 093 | 2 066 | 24 822 | 16 511 | 40 737 | 1 102 | 69 564 |
| 麻栗坡 | 4 241.17 | 11 887 | 523 | 33 | 803 | 14 721 | 70 944 | 700 | 21 522 | 28 866 | 68 340 | | 88 245 |
| 马 关 | 4 628.85 | 1 5462.6 | 1 260 | 213 | 8 891 | 4 253 | 50 650 | 6 169 | 8 555 | 11 380 | 282 800 | 35 | 111 168 |
| 丘 北 | 13 279 | 18 609.9 | 4 913 | 917 | 1 381 | 4 405 | 198 635 | 34 173 | 36 236 | 57 062 | 120 513 | 3 083 | 108 699 |
| 广 南 | 32 090.2 | 32 961.6 | 1 806 | 1 370 | 5 044 | 19 973 | 154 120 | 28 260 | 32 400 | 4 650 | 429 400 | 1 670 | 352 150 |
| 富 宁 | 4 585.76 | 11 551.2 | 1 728 | 553 | 376 | 6 071 | 38 881 | | 29 922 | 3 920 | 39 662 | | 301 194 |
| 州 级 | 41.14 | 25.33 | 9 | 12 | | | | | | | | | |

## 渔 业

【渔业生产】 全州水产品产量40 939吨，比上年31 680吨增加9 259吨，增长29.2%，比"十五"末的2005年10 095吨增加30 844吨，增305.5%。其中养殖产量完成36 853吨，比"十五"末9 530吨增加27 323吨，增286.7%。捕捞产量4 086吨。养殖面积完成146 476亩，比上年144 612增1 864亩，增1.3%，比"十五"末73 489亩增加72 987亩，增99.0%。其中：池坝塘31 702亩，湖泊9 446亩、水库101 651亩、河沟3 677亩，稻田养鱼推广面积77 529亩。

【科技示范推广】 进一步加大科技试验、示范和推广力度，强化服务工作，通过示范带动面上生产的发展，促进养殖技术水平的提高。稻鱼工程示范4 195亩，完成计划的104.8%，平均单产81千克；冬水田养鱼示范9 848亩，完成计划的98%，平均单产32千克；池塘精养高产示范3 131亩，完成计划的104.3%，平均单产563千克；名特优新养殖示范3 444.5亩，完成计划的104.3%。其中：鱼类养殖2 984亩，产量966.7吨。虾类养殖示范460.5亩，产量83.425吨。

【大水面养殖开发】 全州抓好电站库区资源的开发利用，加大养殖开发和保护力度，开展库区粗放式养殖，以及集约化网箱、围拦养殖，促进了电站库区渔业产量的增加。共计开展网箱养殖255 510平方米(383.65亩)，产量13 197吨。其中：百色水利枢纽工程富宁剥隘库区网箱养殖320户，面积149 341平方米(224亩)，开展投饵鱼类养殖和滤食性鲢鳙鱼养殖，促进库区养殖产量大幅增长；丘北县在云鹏等电站库区开展以鲢鳙鱼为主的网箱养殖75户，3 010口网箱，面积75 250平方米(112.8亩)。广南县积极开发板蚌电站库区水面资源，在库区发展围栏养殖266 668平方米(400亩)。网箱养殖4户，470口网箱，养殖面积29 068平方米(41.35亩)；麻栗坡县在马鹿塘库区进行网箱养殖试验示范，开展以养殖罗非鱼、鲤鱼、草鱼和鲢鳙鱼为主的网箱养殖，带动16户农户发展网箱养鱼60口，面积2 000平方米(3亩)。

【渔业产业化建设】 围绕罗非鱼产业化项目，重点抓好在富宁县投资建设水产品养殖和综合深加工厂的落实工作。9月25日，云南鸿浩水产品有限公司在富宁县新华镇平桑村正式安家落户，预计2011年可建成投入加工生产。

【渔政管理和渔业资源保护】 全年共查处渔政案件132起，没收电鱼机107台，没收虾笼15个，网具2张，销毁渔具27件。天然水域增殖放流工作得到加强，广南、丘北、马关和文山等县根据《水生生物增殖放流管理规定》，认真组织实施增殖放流工作，筹集资金24万元，在境内珠江及盘龙河流域组织增殖放流鱼种110.3万尾。

【渔业燃油补贴】 全年完成燃油补贴发放资金61.7499万元，共补贴渔船310艘。

## 畜牧业

【简　述】 2010年全州肉奶蛋总产量达42.34万吨，比上年增长14.65%；实现畜牧业产值48.06亿元，比上年增长5.28%。全州境内无重大动物疫情发生。

【畜牧灾害】 据统计，截至2010年5月31日止，旱情导致全州1 635 114头(匹、只)牲畜(禽)出现饮水困难，受灾范围覆盖全州8县102个乡(镇)761个村民委9 475个村小组43.34万户，涉及到猪、牛、羊、马、家禽等多个畜禽品种。草山草场受灾455.3万亩、成灾190.2万亩，牲畜死亡3 908头(匹、只)，其中：牛死亡847头、猪死亡2 159头、羊死亡879只、马死亡23匹，家禽死亡14 801只。按国家农业部畜禽死亡标准测算，此次因灾造成畜牧业经济损失13 932.75万元，其中，畜禽死亡直接经济损失843.75万元。全州抗旱保畜累计组织投入抗旱救灾99.42万人(次)，投入抗旱物资设备2 493台(套、件)，投入抗旱救灾资金1 918万元(群众自筹1 534.1万元)。

【畜牧业生产】 全州年末生猪存栏3 158 915头，同比增加103 482头，增长3.39%，出栏肉猪4 063 592头，同比增加531 348头，增长15.04%；大牲畜存栏1 421 345头，同比增加36 135头，增长2.61%，肉牛出栏484 405头，同比增加66 911头，增长16.03%；山羊存栏370 571只，同比增加15 108只，增长4.25%，肉羊出栏320 263只，同比增加29 184只，增长10.3%；家禽存栏11 523 000只，同比增加239 800只，增长2.13%，肉禽出栏14 745 900只，同比增加899 000只，增长6.5%。

【畜牧兽医科技推广应用】 采取“定人员、定任务、定经费、定效果和定奖惩”等目标责任制管理措施，建立科技人员与群众相结合，资金、物资、技术相配套，责、权、利相挂钩的工作机制，狠抓品种改良、草料生产、科学饲养、技术培训等科技措施的落实，以猪的人工授精、牛的冻精改良配套技术为重点的畜牧科技推广步伐加快，有效推动了传统畜牧业向现代畜牧业转变。2010年，完成牛冻精改良105 448头，同比增加2 460头，增长2.39%；完成猪人工授精319 584窝，同比增加28 326窝，增长9.73%；开展农田地种草100 883亩，同比增加3 978亩，增长4.11 %；推广浓缩饲料35 514.22吨，同比增加2 485吨，增长7.52 %；推广青贮饲料242 662.8吨，同比增加10 593吨，增长4.56 %；秸秆氨化饲料推广177 882.2吨，同比增加8 467吨，增长5%；肉食品检疫526 700万头，同比增加27 200头，增长5.45%；扶持重点养殖户67 278户，同比增加2 452户，增长3.78%；开展科技培训639 469人(次)，同比增加22 136人(次)，增长3.59%。

【畜牧业项目建设】 2010年，向省农业厅申报了标准化生猪生产基地建设、肉牛肉羊生产基地建设、畜禽品种资源保护、畜产品质量安全体系、生猪标准化规模养殖场(小区)建设、中央财政支持现代农业建设等项目，争取到各级财政资金投入5 891.38万元，其中：中央4 053.98万元，省级720.56万元；州级260.37万元，县级856.47万元。通过项目实施，有力地促进了畜牧业商品生产的发展。

【动物防疫与疫病监测】 坚持“预防为主，防重于治”的疫病预防控制方针，开展以D病、W病、高致病性猪蓝耳病、猪瘟、鸡新城疫等为重点的动物疫病强制免疫工作，认真抓好猪肺疫、牛出败、禽霍乱、狂犬病等常规动物疫病防疫工作。2010年，全州W病免疫注射852.89万头(只)，平均免疫密度107.43%。其中，免疫生猪544.4万头(次)，平均免疫密度108.16%；免疫牛248.57万头(次)，平均免疫密度119.97%；免疫羊59.92万只(次)，平均免疫密度94.15%；D病免疫注射2 044.53万羽(次)，平均免疫密度104.77%；高致病性猪蓝耳病免疫注射493.11万头(次)，平均免疫密度97.97%；猪瘟免疫注射561.39万头(次)，平均免疫密度111.64%；鸡新城疫免疫注射1 873.27万羽(次)，平均免疫密度100.62%；注射猪肺疫疫苗27.1万头(次)、猪丹毒疫苗2.62万头(次)、猪副伤寒3.19万头(次)、禽霍乱苗58.09万羽(次)、鸭瘟苗16.08万羽(次)、炭疽苗4.74万头(次)、牛出败9.43万头(次)、气肿疽2.92万头(次)、羊四联苗0.6万只(次)、气肿疽0.61万只(次)、羊痘0.73万只(次)、狂犬苗256 926只(次)，确保了重点区域、重点部位动物免疫率达100%。全州共抽检样品4 053头(只)份，合格率86.78%。其中：猪血清998份、牛血清1 846份、羊血清1 209份，检测W病免疫抗体，猪免疫抗体检测合格率为83.57%，牛免疫抗体检测合格率为86.13%，羊免疫抗体检测合格率为90.41%；抽检鸡血清7 254份，D病免疫抗体检测合格率为 86.52%；抽检猪血清2 565份，猪瘟免疫抗体检测合格率为 83.78%；抽检鸡血清6 962份，鸡新城疫免疫抗体合格率为 92.0%。

**【畜产品质量安全监管】** 以抓源头治理、市场整顿和长效机制建设为重点，深入开展畜产品质量安全专项整治行动，加强对动物产品、兽药、饲料和肉食品的监督管理。2010 年，共出动执法人员1 762人(次)，检查兽药经营使用单位2 254个(次)，查获违规单位 71 个，其中无证经营 6 户，经营假兽药 65 户，查办违法案件 104 起，取缔无证经营 25 户，无证经营兽药和劣质兽药 212.37 千克、13 657支瓶，折合金额 2.08 万元，收缴罚款 3.46 万元，整治重点区域 281 个；检查饲料生产经营企业2 219个(次)、规模养殖场户 687 个(次)，查办违法饲料案件 23 起，没收劣质饲料 11.108 吨，涉案金额 8.29 万元，查出的劣质兽药、饲料全部进行销毁；对定点屠宰场进行猪尿中"瘦肉精"检测 720 份，来克多巴胺检测 320 份，结果全为阴性。全年抽检兽药 158 个批(次)，合格率为 75.32%；抽检饲料和饲料添加剂 168 个样品，合格率为 89.88%。

## 乡镇企业

**【简 述】** 2010 年文山州乡镇企业认真贯彻落实中央 1 号文件，主动应对金融危机所带来的市场萎缩、需求不足、风险加大、经营困难等不利影响，以三七、辣椒、粮食、油料、畜禽、果蔬等特色产业为重点，发展优势产业，调整产业结构，引导企业技术改造，创新工艺和技术，着重扶持龙头骨干企业，大力发展农产品加工业，企业经济总量继续扩张，效益不断提高。2010 年实现乡镇企业增加值695 116万元，营业收入2 607 687万元，实缴税金71 626万元，农产品加工产值557 009 万元，分别较上年同期增长 18.3%、10.2%、8.2%、25.2%。省政府责任书考核的乡镇企业增加值、农产品加工产值二个指标分别完成责任目标的 105.3%、107.1%。

**【乡镇企业规模】** 截至年底，全州乡(镇)企业户数达到 59 530户，固定资产原值达到490 460万元，分别比 2009 年增长 2.7%和 5.3%；乡镇企业人均拥有固定资产原值 8.8 万元，比 2009 年增长 7.3%；规模以上工业企业达 163 户，比 2009 年增加 19 户，增长 13.2%，其中上亿元的 12 户，1 亿以下5 000万以上 17 户，5 000万以下1 000万以上 57 户，规模以上工业企业实现增加值、营业收入分别占乡镇工业的 65.1%和 55.5%。

**【农产品加工】** 2010 年全州农产品加工业达3 672户，从业人员18 994人，完成工业产值557 009万元，占全部工业产值的 39.7%，实现增加值152 140万元，占全部工业增加值的 39.2%；规模以上农产品加工业 35 户，实现营业收入 285 181万元，占规模以上全部工业的 39.9%，利税总额 19 185万元，占规模以上全部工业的 22.1%。农产品加工业在增加农民收入，转移农村剩余劳动力等方面发挥了重要作用。2010 年农产品加工业劳动者报酬17 187万元，比 2009 年增长了 5.5%，农产品加工业直接为农民人均增收贡献了 53.59 元。

**【社会贡献】** 2010 年，乡镇企业增加值占全州 GDP 的 21.1%，拉动全州 GDP 增长 3.9 个百分点；乡镇企业上交税金占全州一般地方财政收入的 32.5%；乡镇企业从业人员占农村劳动力人数的比重达到 13.6%，同比增长 0.87%；乡镇企业职工的可支配收入总额200 109万元，对农民人均纯收入的贡献达 624 元，同比增加 19.16 元，乡镇企业提供给农民的可支配收入占农民人均纯收入的比重达 22.24%。此外，在支持农业发展，实现农业现代化、产业化，带动小城镇建设，推进农村工业化、城市化，帮助和参与新农村建设等方面的地位和作用也突出。

**【领导名录】**
局　　长　李敬星
副 局 长　伙安福(蒙古)
　　　　　陶　林(苗)
　　　　　谭家灿
　　　　　岑国辛(壮)
　　　　　余伍清
　　　　　盘贵才(瑶)

(岳 航 普中学 杨 铭 农瑞斌 张剑林 廖邦明)

## 林 业

**【造林绿化】** 2010 年，全州完成营造林 56.9592 万亩，占省下达计划 56.9592 万亩的 100%。其中：人工造林(退耕还林工程完成 19.618 万亩)；扩大内需项目(退耕还林工程完成 2.5 万亩，天保工程完成 2 万亩，防护林工程完成 3 万亩，石漠化综合治理工程完成 3.5163 万亩，天保工程人工模拟飞播造林完成 11.4 万亩，天保工程封山育林完成 8 万亩，封山育林完成 25.547 万亩)。全州共完成义务植树 630 万株，占计划 630 万株的 100%；完成中幼龄林抚育 17.1 万亩。

**【林业规费】** 全年累计投入林业资金35 598.39万元，其中：中央投资24 093.92万元，省级投资11 145.97万元，州级投资 358.5 万元。分项目情况是：天然林保护工程2 734.4万元，退耕还林工程10 581.96万元，防护林工程1 406.9万元，石漠化综合治理工程2 249.97万元，林业有害生物防治 60 万元，集体林权制度改革工作经费及表彰奖励经费1 059.8万元，森林生态效益补偿基金5 118.43万元，林业贷款财政贴息资金 122.02 万元，石油价格补贴 92.15 万元，森林防火 521 万元，森林公安三基工程建设 90 万元，野生动物肇事补助 35 万元，野生动物疫源疫病监测 4 万元，森林植被恢复费返还 1 739.88万元，林业产业项目资金4 429.88万元，农村沼气和改灶建设补助705万元，林业站社会化服务体系建设资金10万元，自然保护区资源调查经费20万元，林木良种补贴试点资金80万元，林业抗旱救灾补助资金149万元，国有林区棚户区改造1 707.5万元，国有林场危旧房改造784万元，森林抚育试点补贴194万元，造林补贴试点资金88万元，育林基金减收补助240万元，中低产林改造项目1 160万元，州级统筹森林生态效益补偿基金补助县级88万元，州级育林基金补助县级72.5万元，州级森林植被恢复费补助县级55万元。

**【集体林权制度改革】** 全州的集体林权制度主体改革自2006年6月在砚山县开展试点，2007年7月全面铺开以来，至5月，历时4年时间，全面完成主体改革任务，全州累计投入林改工作经费4 868.14万元，共完成集体林确权面积2 289.1万亩，确权率为97.4%；共发放林权证529 416本，发证率为97.4%；共调处林权纠纷8 540件，调处率为95.05%，集体林均山到户率为85.5%（其中：集体公益林均山到户率90.0%，集体商品林均山到户率82.6%），涉及全州102个乡（镇），930个村委会，14 863个村民小组，66万户农户，298万林农。至12月，全州规范流转林木林地43.31万亩，流转宗数495宗，流转金额达4 000余万元；有6个县启动了林权抵押贷款业务，办理林权抵押贷款28宗，金额1 782万元，涉及面积6.94万亩。

**【中低产林改造】** 在总结2009年中低产林改造试点经验的基础上，年内，全州全面启动中低产林改造工作，至12月，共完成中低产林改造面积70万亩，其中：采伐更新5.5万亩，树种更替12.5万亩，森林抚育23.5万亩，复壮改造1万亩，综合改造2.5万亩，封山育林25万亩；共投入中低产林改造资金18 756万元，其中：省级投入1 160万元，州级投入200万元，企业自筹405万元，整合木本油料、退耕还林、速生丰林等项目资金1 089万元，群众投工投劳折算15 902万元。改造范围涉共及全州71个乡（镇）、林场，317个村民委，2 105个自然村。

**【木本油料】** 年内，全州计划完成木本油料基地建设120万亩，其中油茶30万亩，核桃90万亩。年内，由于遭遇了百年不遇的特大旱灾，致使全州2 851.5亩油茶、核桃苗圃地受灾，近5 700万株苗木受损，50.95万亩2008至2009年新植的油茶和核桃基地报废，旱灾对全州木本油料产业发展造成了严重的灾害损失和影响。尤其是苗木的大量受损，导致全州油茶、核桃受灾面积的补植补造和新植造林用苗的严重缺口，为确保全州年油茶、核桃受灾面积的补植补造和新植造林的苗木供用。按照州人民政府的要求，州林业局加大对全州油茶、核桃苗木的统筹和调剂，优先将2010年出圃的油茶、核桃合格苗木用于受灾基地的补植补造，并及时抓住旱灾缓解后的有利时机积极组织各县开展油茶、核桃受灾的补植补造和新植造林。年内，全州完成油茶补植补造10.8万亩和新植29.39万亩；完成核桃补植补造22.9万亩，新植50.92万亩。全州累计投入油茶项目资金6 782.68万元，其中：中央资金3 280万元、省级资金2 956.88万元，州级配套31万元，县级配套514.8万元；累计投入核桃项目资金1 030万元，其中：省级640万元，县级配套390万元。

**【国有林场危旧房及国有林区棚户区改造】** 2010年，省下达了文山州首批国有林场危旧房及国有林区棚户区改造任务1 075户，其中：国有林场危旧房改造任务392户，国有林区棚户区改造683户。改造范围涉及全州7个县（市）9个国有林场，总投资5 613万元。全州国有林场危旧房改造已开工建设26户，完成建设选址及建设方案184户，正在做基础协调工作182户；林区棚户区已开工建设85户，完成建设选址及建设规划386户。

**【抗旱保林】** 年内，文山州气候异常，遭遇了有气象记录以来持续时间最长、影响程度最深、发生范围最广的严重旱灾，造成全州林地受灾面积367.8万亩（其中，新造林地受灾面积201.8万亩，有林地、灌木林地受灾面积166.0万亩）；苗圃受灾面积5 966亩。（其中，油茶苗圃受灾面积1 917亩，核桃苗圃受灾面积934亩，其他苗圃受灾面积3 155亩），全州林业直接经济损失达124 093万元。面对严重的旱情，成立抗旱保林领导小组；制定抗旱保林工作方案；抽调技术人员和业务骨干组成工作组深入到林区一线，发动林区群众采取人背、畜驮、车拉等运水方式和通过搭建遮荫网、使用保水剂、旱地龙、锯末覆盖等措施，千方百计地力保苗圃和新造林地，力争将种苗和新造林地的损失降低到最低限度。旱灾期间，全州共投入抗旱保林资金10 041.1万元（其中财政投入306.3万元，林业部门投入1 287.44万元，群众自筹3 414.42万元），挽回经济损失7 736万元。

**【退耕还林】** 年内，组织完成省下达文山州跨年度实施的退耕还林和巩固退耕还林成果项目任务，其中：退耕还林（完成荒山荒地造林2.5万亩，完成封山育林4.5万亩）；巩固退耕还林成果项目（完成基本口粮田建设20 700亩，完成棚厩建设37 200平方米，完成青贮窖建设5 700立方米，完成饲料地建设6 600亩，完成农村能源沼气池建设4 420口，完成节柴灶改造1 000眼，完成太阳能建设100台，完成薪炭林建设4 000亩，完成后续产业发展新增特色经济林115 280亩，完成补植补造16 900亩，完成技术技能培训5 700人）。兑现退耕还林和巩固退耕还林成果项目各类补助资金10 372.63万元。

**【分类经营】** 年内，申报国家级重点公益林补偿面积441.50万亩，申请中央财政森林生态效益补偿资金4 088.55万元，申报省级公益林补偿面积209.17万亩，申请省级财政森林生态效益补偿资金1 045.85万元；申报新建森林防火瞭望台2幢，新建重点公益林区管护点2幢，维修重点公益林区公路60千米，新修防火通道及隔离带60千米，申请省级统筹资金365万元；组织开展国家级公益林的分级区划，共分级区

划一级国家级公益林269.13万亩，二级国家级公益林491.34万亩，三级国家级公益林1.51万亩。

【农村能源】 全年全州完成新建沼气池9 320口，完成农村改灶4 900户。同时，为加强农村沼气使用的安全管理，防止建后使用管理中安全事故的发生。年内，组织开展4期农村能源用户安全管理使用培训，培训农户近240余户。

【野生动植物保护】 继续抓好华盖木、毛枝五针松、云南金钱槭3个树种保护与种群重建项目的实施和加大对珍贵稀有树种在育苗及造林上的推广力度；开展野生动物肇事调查及补偿，共兑现野生动物肇事补偿补助40万元；新办野生动物驯养繁殖户3户，经营户2户，至年底，全州具有合法野生动物驯养繁殖及其产品经营资格的业主已累计达到30家。

【资源林政管理】 全年全州完成商品材采伐44.61万立方米，占省下达计划47.22万立方米的94.5%，出材量28.46万立方米，占省下达计划30.35万立方米的94.5%；核审登记办理运输证13 348份，运输木材34.15万立方米；依法查处滥伐盗伐林木、无证运输木材等林政案件834起，收缴木材1 156立方米，处罚620余人，为国家挽回直接经济损失104.2万元；全面开展木材经营、加工企业的清理整顿，共核发木材经营、加工许可证和审验换证621户，其中：木材经营45户，木材加工528户，木制品经营48户；共审核审批征占用林地54起，面积269.8436公顷，收取森林植被恢复费1 235.1378万元。

【森林防火】 入春以来，面对百年不遇的持续高温干旱天气，至6月共发生森林火灾37起，其中：一般森林火灾3起，较大森林火灾34起，占省下达控制指标93次的39.8%；受害森林面积294.45公顷，占省下达控制指标835公顷的35.6%；森林受害率0.22‰，比省下达控制指标1.0‰低0.78个千分点；森林火灾案件查处率为94.6%，高于省考核指标14.6个百分点，在扑救森林火灾过程中没有出现人员伤亡事故，取得了大旱之年无大灾的的好成绩。

【林木种苗】 组织开展全州工程造林苗木质量大检查以及林木种苗生产经营市场的清理整顿，抽检全州29个育苗基地（苗圃），油茶、核桃、红豆杉、墨西哥柏、圆柏、桉树、杉木等7个主要造林树种，38个苗批的12 502.9万株苗木，抽检苗木整体质量较好，苗木合格率均达到90.0%以上；全面清理全州154家从事林木种苗生产的经营单位或个人，依法取缔无证生产经营林木种苗的苗圃4家，整顿不按规定生产经营行为的苗圃13家，组织完成油茶优树的复选外业工作，复选出油茶优株789株，采集复选优株果实样品571份。

【森林病虫预测预报】 全年共实施调查监测代表面积762.13万亩，发布预报22次，1 445份，预报全州全年发生林业有害生物40.27万亩，实际发生43.025万亩，测报准确率为93.6%。

【森林病虫综合防治与检疫】 按照坚持“预防为主，科学防控，依法治理，促进健康”的防治方针，围绕林业有害生物防治目标管理的“四率”指标，狠抓各项防控措施的落实。全年全州共发生林业有害生物43.025万亩，防治37.93万亩，防治率为88.16%；防治后成灾面积为1.44万亩，成灾率为0.92‰；共检疫调运木材30.13万立方米，竹材133.23万根，果品3 049吨，花卉0.34万株，药材593.15吨，苗木86.24万株，种子1 098.8吨；产地检疫苗木3 085亩，产地检疫种子0.05吨，检疫率为99.0%。有效遏制了文山松毛虫、扁叶蜂、松纵坑切梢小蠹等主要林业有害生物灾害的发生蔓延和外来林业有害生物的侵入。

【林业科技推广】 组织开展“云南石漠化生物治理模式及配套技术示范”、“建设工程损毁林地植被修复关键技术研究与示范”、“云南石漠化地区生态修复技术示范”、“油茶优系选择与扩繁示范”、“油茶芽砧嫁接技术推广”、“白花油茶丰产栽培技术示范”、“草果丰产经营管理及病虫害防治技术试验示范”、“麻栗坡县三乡结合部树种选择及营建技术试验示范”等国家、省、州级林业科技推广项目的同时，全州各级林业科技推广部门还以科技讲座、集中培训、现场示范操作、技术咨询等多种形式大力开展了油茶、八角、花椒、草果等经济林的栽培技术，病虫害防治等林业实用技术的普及活动，据统计，全年全州共发放科普资料近2万册（份），举办技术培训班256场（次），科普讲座23期，累计培训林农和县乡技术人员2000余人。

【领导名录】

局党组书记　李　康
局　　长　付永刚
副 局 长　万建亚
　　　　　曾玉德
　　　　　罗金定（壮）
　　　　　张全文
森林防火专职副指挥长　李　魁（彝）
森林公安局长　郑代岬

（朱民仆）

## 农 垦

【简 述】 2010年，文山农垦系统共有独立核算单位9个，有土地总面积142 543亩，已开垦利用71 000亩，占50.2%；山区不可利用土地71 543亩，占49.8%。年末，有橡胶种植面积20 222亩，茶叶面积4 778.6亩，咖啡面积1 500亩，柑桔面积9 091亩，香蕉及其它水果12 000亩，2×4 000千瓦水电站1座，5 000千伏安金属硅冶炼厂1个，6300千伏安硅锰冶炼厂1个，宾馆酒店3家，市场2个，入股电站5座，折合装机容量近7 000千瓦。

【主产品产量】 全年生产干胶881吨，完成年计划的98.0%，比上年减少35吨，下降3.8%；干毛茶434吨，完成年计划的108%，比上年增产36吨，增长9.0%；咖啡豆68吨，完成年计划的151%，比上年增产40吨，增长243%；各种水果17 500吨，完成年计划的91.0%，比上年减产1 624吨，下降8.5%；发电量2812.4万度，完成年计划的92.0%，比上年减少1 876.6万度，下降40.0%，回收电力2 472万度，回收率为94.8%；金属硅由于政策和原材料因素未进行生产；硅锰铁合金4 356.5吨，比上年减少767.4吨，同比下降15.0%；砍伐销售木材10 000立方米。

【经济指标】 完成国内生产总值4 081万元，完成年计划的154.7%，比上年减少94.3万元，同比下降2.26%。其中：第一产业增加值3 238.7万元，同比增长6.6%；第二产业增加值509万元，同比下降8.1%；第三产业增加值333万元，同比下降43.0%。工农业总产值(现价)8 706万元，比上年减少699万元，同比下降7.4%。其中：工业4 093万元，同比下降10.9%(因健康硅厂停产)；农业4 613万元，同比下降4.1%。全员劳动生产率35 830元，人均国民生产总值5 270元，缴纳税金300余万元，经营利润13万元(不含冶炼厂和发展公司)，在上年亏损20万元的基础上实现了扭亏为盈。固定资产投资478万元，年末资产总额1.85亿元。

【农垦属地管理改革】 到年底，基本完成6个农场体制改革任务，2个工商企业于11月3日正式移交文山州人民政府管理。10月12日，文山州人民政府召开全州推进农垦改革发展工作会议，将天保、健康、堂上、石山、回龙、八布6个农场分别移交到麻栗坡、砚山、广南、马关4县人民政府属地管理，农场经济社会发展纳入属地统筹规划，由所在县对农场干部和国有资产进行管理。于12月31日止，基本完成全州农垦系统企业职工养老保险关系移交地方属地管理工作。依照债权债务随资产走的原则，以2010年6月30日为基准日的账面数，将资产正式移交到各企业。12月22日，完成了原农垦分局和农场领导干部人事关系及档案移交手续。

【抗旱救灾】 2009年9月至2010年5月，文山地区遭受历史罕见的严重干旱，垦区各农场更是遭受百年不遇的特大旱灾，共造成6个农场41个生产队5 132户职工8 335人口、4 500多头牲畜、21 000亩橡胶、4 779亩茶叶、1 300亩咖啡，8 710亩柑桔，12 000多亩香蕉及其它水果受灾。橡胶树因缺水导致胶叶萎缩、胶乳产量减少、干含下降，不能正常割胶；茶叶因缺乏水分不能正常抽芽，严重了影响蓬面，给春茶采摘和销售带来了较大损失；咖啡、柑桔和各种水果因干旱落花落果严重，产量大幅减少、品质下降。特大干旱持续时间长、影响程度深，给垦区造成3 733万元的经济损失，带来了极大的困难。垦区积极响应省、州的号召，共为抗旱救灾捐款32 950元，6个农场共获得救灾资金138.784万元，确保大灾之年不减产、企业不减效、职工不减收。

【安全生产】 全年共投入安技经费28.6426万元，召开安全生产会议50次，开展特殊工种培训15人(次)，开展安全生产知识培训6次，参加培训职工192人，查处违纪违章1起，处罚2人，罚金1 000元，表彰奖励67人，发放奖金3 900元，出宣传板报21期。

【保障性住房建设】 文山农垦2010年保障性住房按照上级的要求，结合文山垦区实际认真抓好廉租住房建设和危旧房改造工程。廉租住房情况：2009年度，安排给文山垦区650套建设任务，开工650套，开工率100%，其中已经竣工319套，竣工率49.08%；2010年没有廉租住房建设任务。危旧房改造工程情况：2009年度，安排给文山垦区新建指标894户62 580平方米，计划总投资7 510万元，其中：中央预算内投入805万元，地方配套536万元，职工自筹6 169万元。截至2010年12月31日，总投资到位7 127.5万元，中央投资805万元和地方配套536万元全部到位，职工自筹仅到位5 786.5万元，占应到位6 169万元的93.8%，合计完成投资5 975.284万元。开工建设834户90 911平方米，占计划户数的93.28%，占计划面积的145.27%，其中已竣工665户78 631平方米，竣工率为74.38%。2010年度，共安排文山垦区新建指标754户52 780平方米，计划总投资6 333.6万元，其中：中央预算内投入678.6万元，地方配套452.4万元，职工自筹5 202.6万元。截至2010年12月31日止，总投资到位2 760万元，中央投资678.6万元和地方配套452.4万元全部到位，职工自筹仅到位1629万元，占应到位5202.6万元的31.31%。完成投资373.8万元，其中：完成中央投资70.88万元，完成地方配套资金43.72万元，职工自筹完成259.2万元。已开工建设(在建)336户24 236平方米，占计划户数的44.56%，计划面积的45.92%。

【维稳工作】 全年共受理群众来信来访19件，比上年增加了8件，办结或答复19件，办结率100%。其中：反映企业改革的7件，占信访总数的36.8%；反映养老保险及工资待遇的7件，占信访总数的36.8%；劳动合同纠纷的2件，占信访总数的10.5%；反映领导干部工作作风和廉洁行为的3件，占信访总数的15.9%；重复访10件，无一起群体性上访事件发生。

【领导名录】
党委书记　陆玉新
局　　长　卢洪田
副 局 长　杨福刚

（单汝德）

# 工 业

## 工业管理

【简 述】 2010年，全州工业实现总产值250.9亿元，增长23.0%，增幅比上年提高13.6个百分点，是2005年的2.8倍，年均增长23.0%，；全部工业增加值完成90.1亿元，增长20.0%，增幅比上年提高3.2个百分点，是五年来的较高增长速度，是2005年的2.6倍，年均增长20.0%，对全州GDP的贡献率达到29.0%，成为全州GDP增长的主导力量。全年工业生产呈现“前高后快”的增长态势，1~4季度工业总产值增速分别为33.0%、29.4%、24.9%、23%。全州规模以上企业实现销售收入159.5亿元，是2005年的3.19倍，年均增长26.0%；实现利税34.1亿元，是2005年的2.44倍，年均增长19.4%，实现利润22亿元，是2005年的2.82倍，年均增长23.0%。全部工业实现地方税收15亿元，占全州地方财政一般预算收入的75.0%。资产实现大幅度增值，劳动生产率、资本运营效率大为提高，资产总额263.6亿元，增长6.7%；资产负债率64.3%，下降3.2个百分点；从业人均创造增加值29.9万元，净增2.7万元。非公经济实现增加值162亿元，占全州GDP的49%，是2005年的2.38倍，年均增长18.9%；上缴税金11亿元，是2005年的2.4倍，年均增长19.0%，占全州地方财政一般预算收入的50.0%。

2010年，全州冶金、三七制药、电力、烟草、建材、煤炭、化工等7个支柱产业规模以上企业实现增加值占全部工业总量的82.0%。其中利税超10亿元的有冶金，电力超9亿元，煤炭、农产品加工、烟草加工、建材3个行业利税超1.5亿元。重点企业得到培育壮大，华联锌铟、文山电力等企业年税利超过5亿元，年利税上千万元的企业有39户，比2005年增加15户。作为低能耗的轻工业提速增长，全州规模以上轻工业累计实现增加值21亿元，增长21.0%，快于重工业5个百分点。

【新建重大项目和企业技改】 2010年全州共组织实施重点在建、新开工工业项目54个(不含电力类)，通过建立重点项目州级领导挂钩督办制，及时帮助协调解决项目实施中的问题和困难，增强企业主投资信心，确保各重点项目顺利推进。2009年全州完成非电工业固定资产投资50.6亿元，增长25.0%。54个重点工业项目中，永鑫糖业6 000吨/日、兴建水泥日产4 000吨新型干法旋窑水泥生产线等已建成投产；云南壮山实业股份有限公司2 500t/d新型干法熟料水泥生产线技改项目、兴建水泥日产4 000吨新型干法熟料水泥生产线建设项目、广南壮乡公司日产2 000吨水泥熟料生产线建设项目等重点项目已进入试运行阶段；文山80万吨氧化铝厂、文山七丹药业有限公司三七系列产品生产线建设项目、砚山县阿舍冶炼厂18万吨/年铁合金技改项目、普阳煤化工公司20万吨电石二期项目、华联锌铟公司铜街－曼家寨矿段210万吨/年采矿扩建工程和都龙矿区8 000吨/日选矿扩建工程、州煤业公司五期150万吨扩建、富州水泥厂2 000t/d熟料水泥生产线扩建、富民糖业日处理6 000吨甘蔗糖厂等一批重点项目进展顺利；氧化铝配套氯碱项目、文山州复烤厂搬迁扩建2个项目前期工作正有序推进。

【电源点和电网建设】 2010年，文山州电力总装机达156万千瓦时，比2005年增长1.6倍；累计下省电网电量27亿千瓦时，增长44.0%；供电量完成65亿千瓦时，增长18.1%。境内有500千伏变电站1座，主变1台，变电容量75万千伏安；220千伏变电站5座，主变9台，变电容量156万千伏安；110千伏变电站28座，主变42台，变电容量1152万千伏安。500千伏输电线路总长166千米，220千伏输电线路总长459千米，110千伏输电线路总长2010千米，35千伏线路总长2407千米。形成了以500千伏、220千伏为主网架，110千伏环网供电的供电网络。由于自发电量、购省电量提高，基本缓解了供需矛盾，有力地支持了全州社会经济发展。

【节能降耗】 2010年全州GDP能耗下降4.89%。淘汰落后产能公告任务提前完成，砚山阿舍硅锰合金厂、砚山县同利铁合金厂、麻栗坡宏光冶炼厂、富宁县富港经贸有限公司睦伦水泥厂和文山云荷纸业有限责任公司5户企业按计划关停。加强领导，分解和落实目标责任。将省人民政府下达的2010年文山州单位GDP能耗下降4.4%，淘汰落后生产能力铁合金矿热电炉33600千伏安，水泥熟料8万吨的工作目标分解到各县、重点行业主管部门和有关重点耗能企业；及时召开全州工业经济和节能降耗工作会议，统一思想，对节能降耗工作作了全面的安排部署；组成工作组到8县对节能降耗、淘汰落后产能和污染减排等指标完成情况进行督导，并向各县及时通报节能降耗情况，提出下步工作要求；认真制定配套政策，组织重点节能降耗项目申报，优化产业结构。报请州人民政府下发了《文山州确保完成2010年节能降耗目标和“十一五”节能降耗目标实施方案》、《关于确保完成2010年工业经济发展各项目标任务的预警调控方案》、《文山州节能降耗工作行政问责实施意见》等文件及相关措施。组织文山县金仪铟业科技有限公司电炉纯低温余热发电工程(6MW)、电炉高危尾气回收利用、电机系统改造工程等11个项目申报省级财政节能降耗专项资金。组织文山云荷纸业有限责任公司淘汰4条1万吨小型造纸生产线等6个项目申报淘汰落后产能中央财政奖励资金。做好云南文山斗南锰业股份有限公司电炉余热发电等4个重点节能示范项目工作；组织开展重点耗能企业节能工作管理，强化对重点工业行业的污染治理。严格按照《云南省能源审计暂行办法》的要求，组织文山县金仪铟业科技有限责任公司等8户企业开展能源审计工作，并组织通过省级专家评审验收；做好技术改造，实施节能降耗技术示范项目。按照组织实施“六大节能工程”的要求，在企业中积极引导推广先进的节能技术，实施节能降耗技术示范项目。云南壮山实业股份有限公司2 500吨/日余热余压利用工程、6MW纯低温余热发电项目于2010年4月竣工投产，发电效果明显；广南县宏顺硅业有限公司2×12500千伏安硅冶炼系统优化节能降耗项目通过了对送电短网系统、用电设备节能、出炉精制系统、入炉原料精选系统及配料工艺、水循环系统、环保系统六大项目进行了技术改造，已通过竣工验收；云南文山斗南锰业有限责任公司利用2台12 500千伏安及1台25000千伏A电炉生产硅锰合金产生的烟气余热发电项目和云南文山宏灿冶金炉料有限公司2×450立方米高炉2×4.5兆瓦煤气电站建设项目进展顺利；云南兴建水泥有限责任公司4 000吨/日项目低温余热发电项目开展前期工作进展顺利。

【工业园区发展】 工业园区由“十五”末的2个发展至7个。2010年，全州已有200户企业入园发展，累计完成园区基础设施投资9.55亿元，完成省下达的10万平米标准厂房建设任务。全年全州工业园区企业完成工业总产值85.2亿元，实现工业增加值22.4亿元，税金3.38亿元，利润5.77亿元，从业人员达20 261人。

【工业发展专项资金】 2010年共上报省级专项非公扶持项目18个，获11个项目共获得扶持资金425万元；上报国家级非公专项扶持项目6个全部获得扶持，资金773万元；上报国家中小企业发展专项资金项目4个并全部获批，得资金480万元。为22家淘汰落后产能企业上报中央财政奖励资金，共得补助1 800万元。

【企业维稳】 切实加大对改制后企业历史遗留问题的监控和协调解决力度。针对原文山州化工厂部分退休职工多次拟到北京上访的情况，迅速成立化工公司稳定工作领导小组，启动化工厂维稳工预案，切实做好劝阻协调工作，州人民政府再次协调化工厂给每名退休职工一次性补助3 000元同时，做好云鑫工贸公司、文山州锡冶炼厂、冶金边贸公司、老鹰山煤矿有限责任公司的维稳工作，有效劝阻上访问题发生。2010年共受理群众信访件12件，来访32次，接待人员186人(次)。

## 电　力

【简　述】 2010年，文山电力股份有限公司拥有发电厂15座，总装机容量11.1万千瓦；拥有110千伏变电站16座，变电总容量95.3万千伏安，35千伏变电站44座，变电总容量21.8万千伏安；拥有110千伏线路1784.97千米，35千伏线路1 201.5千米，10千伏线路10 970.6千米，低压配电线路18 994.83千米。2010年公司被评为“云南省电力行业用户满意企业特别奖”，“2010年全国电力行业用户满意企业”等荣誉称号。有1名员工荣获“全国劳动模范”称号。

2010年经济技术指标统计表

| 指标名称 | 单　位 | 2010年 | 2009年 | 同期相比(%) |
|---|---|---|---|---|
| 自发电量 | 万千瓦时 | 44 671 | 62 869 | -28.95 |
| 供电量 | 万千瓦时 | 375 222 | 369 293 | 1.61 |
| 售电量 | 万千瓦时 | 355 481 | 352 783 | 0.77 |
| 售电收入(不含税) | 万元 | 133 134 | 111 635 | 19.26 |
| 售电平均单价 | 元/千千瓦时 | 374.52 | 316.44 | 18.35 |
| 发电单位成本 | 元/千千瓦时 | 172.27 | 111.44 | 54.59 |
| 购电单位成本 | 元/千千瓦时 | 242.29 | 244.06 | 0.73 |
| 线损率 | % | 5.3 | 4.5 | 0.8个百分点 |
| 综合电压合格率 | % | 90.54 | | |
| 电费回收率 | % | 100 | 100 | |
| 企业总资产 | 万元 | 196 156 | 182 809 | 7.30 |
| 营业收入 | 万元 | 135 022 | 114 534 | 17.89 |
| 实现利润 | 万元 | 15 240 | 10 845 | 40.53 |
| 上缴税金 | 万元 | 15 774 | 15 559 | 1.38 |
| 全员劳动生产率 | 万元/人·年 | 55.38 | 46.75 | 18.46 |

【安全生产】 公司加大安全投入，投资252万元对网内变电站、输电线路安健环改造、配置员工安全工具等。强化对在建工程和日常生产现场的安全监督检查，明确作业项目的具体管控单位和管控人员，实施事故风险分析与控制，开展风

险预控和隐患治理。开展应急演练，组建8支以发电、输电、变电、配电为主的专业应急救援队伍，人数达233人。

【电网建设】 全年共投入电网技改、新建及续建工程项目投资2.71亿元。新建项目完成投资1.27亿元，完成计划投资的168%；续建项目完成投资1.34亿元，100%完成计划投资任务。投产35千伏及以上电网建设项目12项。建成110千伏乾塘变电站、罗村口变电站、小高炉变电站等一批110千伏输变电工程。

【城农网建设】 2010年文山州中西部农网完善工程和无电地区电力建设工程计划投资2.37亿元(其中：西部农网建设改造2.12亿元，无电地区电力建设工程2520万元)。西部农网建设改造工程已经完成40%的投资任务，无电地区电力建设工程完成70%工程建设任务。

【生产技术管理】 年内共安排11个发、供电单位进行检修技改，累计投入检修技改资金8 582.8万元，其中检修资金994.6万元，技改资金3 690.3万元，营销系统建设、标准化建设、房屋修缮、工器具等经费3 897.9万元。截至12月30日，检修项目完成计划的100%，技改项目完成计划的99.2%。

【电力营销】 全年新增高压客户565户，容量为21.5万千伏安。新增低压客户4 775户，容量为2万千瓦。工业企业客户开工率最高达到90.0%，比上年增加15个百分点。加强营销服务文化建设，优质服务水平明显提升。投诉办结率和投诉处理满意率均达100%。

【节能降耗】 加强新增计量装置的首检和现场检定、关口计量的定期检定，增设无功补偿，强化配变经济运行。运用新知识、新技术、新方法，不断创新管理机制、完善管理手段，加强线损的"四分"管理和指标管理，严格将线损率控制在可控、在控范围内，确保所有县级供电企业综合线损率在控制范围内。全年共完成899套关口计量校验等工作，合格率99.0%，集抄运行台区已达216个，近4万客户。

【企业改革】 公司稳步推进各项改革，适应形势发展需要。顺利完成机构调整工作，增设计划发展部、企业管理部、农电管理部、工程建设部，成立战略中心、技术中心、物流中心；加强领导和协调，贯彻落实云南电网公司调整文山调度体制的决策，顺利完成文山调度体制调整工作；推进文山州电力行业整合工作，完成广南、马关、麻栗坡3县电力公司的资产评估工作；解决劳务派遣员工待遇偏低问题，推行劳务派遣员工绩效考核、薪酬分配制度改革，劳务派遣人员工资待遇实行了岗位薪点工资，并对部分劳务派遣员工择优实行同工同酬。

【管理创新】 按"实用、管用、好用"的原则，对公司相关管理制度进行梳理、修订和完善，积极推进"县级供电企业基础达标"、办公室系统"一体化、创先进"等贯标工作和内控制度建设工作。健全完善行政管理、安全生产、优质服务等各类制度、标准、流程。年内顺利通过档案规范化管理"四星级"考评验收。开展技术攻关和QC小组群众性全面质量管理活动，组织申报的4个QC小组活动成果获云南省QC成果一、二、三等奖。

【抗旱救灾】 面对百年不遇的特大干旱，公司积极主动参与到全州抗旱救灾工作中，启动了自然灾害Ⅰ级响应，发挥好电网企业作为基础行业的保障作用。公司出动送水车1 986辆(次)，送水进乡4252吨；抗旱保供电新建及改造配电线路2.1万米，安装变压器15台；出动抗旱应急、先锋行动6 166人(次)；向灾区捐款46.6万元，捐赠送水车1辆，捐赠大米1.6万斤，发放慰问金1.5万元；累计投入抗旱救灾资金134.6万元。

【分红派息】 公司2009年度股东大会审议通过了利润分配方案，决定以2009年末总股本478 526 400股为基数，每10股派发现金股利0.6元(含税)。经过沟通与联系，确定5月12日为股权登记日、5月13日为除息日、5月19日为现金红利发放日。

(黄上途　陈光兴)

## 电　网

【简　述】 截至2010年末，文山电网管辖500千伏变电站1座，220千伏变电站5座，管辖500千伏输电线路166千米，220千伏输电线路775千米，变电容量2310兆伏安。全州已经形成以220千伏、500千伏为主网架，110千伏为配网的环形供电网络。

2010年经济技术指标

| 指标名称 | 单位 | 2010年完成 | 2009年完成 | 同期相比(%) | 备　注 |
|---|---|---|---|---|---|
| 供电量 | 亿千瓦时 | 28.45 | 19.28 | 47.56 | |
| 售电量 | 亿千瓦时 | 27.12 | 19.14 | 41.69 | 含5月份后110千伏对越送电量 |
| 售电收入 | 万元 | 83 056.54 | 47 962.69 | 73.17 | 含5月份后110千伏对越送电收入 |
| 售电平均电价 | 元/千千瓦时 | 300.49 | 293.17 | 2.5 | 不含对越送电电价 |

续表

| 指标名称 | 单位 | 2010 年完成 | 2009 年完成 | 同期相比(%) | 备　注 |
|---|---|---|---|---|---|
| 上网电量 | 亿千瓦时 | 2.89 | 4.38 | -34.02 | |
| 供电单位成本 | 元/千千瓦时 | 65.61 | 81.35 | -19.35 | 百分点 |
| 最高日供电量 | 万千瓦时 | 1 507 | 1 156 | 30.36 | |
| 平均日供电量 | 万千瓦时 | 916 | 528 | 73.48 | |
| 线损率 | % | 0.87 | 0.76 | 14.47 | 百分点 |
| 综合电压合格率 | % | 99.96 | 99.85 | 0.11 | 百分点 |
| 电费回收率 | % | 100 | 100 | 0 | 百分点 |
| 负荷率 | % | 80.59 | 77.32 | 4.23 | 百分点 |
| 企业总资产 | 亿元 | 14.17 | 12.76 | 11.05% | |
| 固定资产语原值 | 亿元 | 16.36 | 13.14 | 24.51% | |
| 固定资财净值 | 亿元 | 13.47 | 11.23 | 19.95% | |
| 上交税金 | 万元 | 2 425.84 | 2 341.33 | 3.61 | |
| 全员劳动生产率 | 万元/人．年 | 304 | 235 | 29.36 | 百分点 |

**【安全生产】** 通过内审，达到“二钻二星”标准。推行“局领导责任区制度”，明确局领导班子成员的工作责任区和班组(站)责任区。制定了《2010 文山电网迎峰度夏方案》，《国庆、中秋保供电方案》，《省运会、第十六届亚运会及第十届亚残会保供电方案》，《2010 年防范文山电网大面积停电的安全风险分析及相关措施》等措施方案和措施。完成作业评价的宣贯培训，开展2次作业任务评价，评出质量监督班输电作业48项各类风险。成立“文山供电局应急指挥中心”，组建含通信、线路外委运行单位人员在内共26人的应急抢修队伍。开展1期“山火防控与自救逃生知识”培训。有效整合现有安全生产管理制度体系，共梳理管理业务 103 个，引用、编制、修订及完善制度 189 个，流程 196 个。围绕生产活动的各个环节，开展危害辨识与风险评估，共辨识出作业任务类风险1 410项，电网类风险 30 项，职业健康风险 13 项。发现并处理危及线路安全运行的情况 15 起，其中山火 9 起。进行特殊巡视 101 次，出动特巡车辆 45 辆(次)，特巡人员 150 人(次)。

**【电网规划建设】** 共完成电网投资 3.07 亿元，其中完成主网投资达 1.87 亿元，农网建设共完成投资 1.2 亿元。220 千伏普厅输变电工程于 9 月 30 日竣工投产。完成 500 千伏砚山变Ⅱ期工程建设。开展 220 千伏老山、开化、路德 3 个输变电项目的前期工作，完成 220 千伏开化、老山输变电工程初步设计。

**【管理工作】** 开展科技攻关和信息化应用，建立起涵盖预算、工程、资产、电费、资金、费用控制、物资、总账管理模块的全面预算管理系统，完成了物料系统、工程管理系统、固定资产条形码系统的上线运行。开展“审计整改年活动”，编制活动实施方案，成立以局长为组长的审计整改自查工作领导小组，设立专项工作小组，完善审计整改组织体系。对内外部检查发现的问题进行全面整改，审计整改完成率达到100%。扎实推进“一线工作法”，局领导班子深入一线共 152 人(次)，发现问题 73 个，提出措施、建议 143 条，解决问题 114 项，调研报告共计 16 篇。

**【抗旱救灾】** 2010 年春，由于遭遇秋、冬、春三季连旱，文山电网统调水电厂发电出力不足正常出力的 1/5，全州缺电率一度超过 30.0%。按照南方电网公司和云南电网公司的工作部署、配合文山州委、州人民政府、依托“三电办”及相关企业做好抗旱保电和计划用电工作。制定了抗旱保供电方案和事故拉闸序位表，做好有序用电，合理分配计划用电指标，确保有限的电力资源得到最科学的分配，突出抗旱保苗、人畜用水、农业生产等保电重点工作，确保了电网稳定运行，圆满完成抗旱保电的任务。组织“共产党员抗旱先锋队”和“抗旱青年突击队”前往对口帮扶村寨开展“抗旱保苗”活动。在文山、广南、砚山、丘北 4 县建成了 4 口“南网井”。共投入抗旱救灾资金 176.9858 万元，抗旱物资 544 件，生产生活用水2 531.6吨，全局干部员工先后两次为受灾地区捐款共计43 530元。文山州委、州人民政府授予文山供电局抗旱救灾先进集体荣誉称号。荣获文山州“三电”工作先进单位。

**【调度体制调整】** 按照《文山电网调度管理体制调整实施方案》的要求，开展地调定岗定员及人员调整、通信解决方案、自动化解决方案、调度管辖范围划分、调度协议重签、运行方式优化、继电保护梳理整定、制度流程梳理、人员培训等9 方面工作。2010 年 11 月 1 日零时，文山电力股份调度相关调度业务正式转移至文山地调。

【领导名录】
局 长 杨 霖(白)
副局长 李明磊
施继延
段 光

(王海云)

## 矿 业

【矿业权实地核查】 年内,国土资源部门配合作业单位,对全州362个探矿权和593个采矿权进行实地核查,对核查数据进行录入建库,针对核查中发现的矿业权重叠、矿区坐标漂移、许可证过期等问题及时进行处置,进一步规范矿产资源勘查开发秩序。

【清理和规范过期矿业权】 根据省厅的通知要求,及时布置开展各项清理规范工作。经过清理,实际过期矿业权171个,已经受理79个,对到期未申请延续的92个矿业权进行了审查,按规定同意给其中的57个矿业权限期办理延续登记手续,按采矿许可证发证权限对35个过期矿业权给予注销。

【推进矿产资源利用现状调查】 根据实施方案,将纳入调查的17个矿种按分布情况划定核查矿区180个,(上表矿区82个,未上表矿区100个),涉及已经设置的152个采矿权和59个探矿权。目前,已合并为80个核查区的上表矿区,除富宁煤矿核查区不进行核查,麻栗坡南秧田钨矿核查报告正在进行修改完善外,其余78个核查矿区核查报告已经通过省项目办检查验收。100个未上表核查区已经提交核查报告初审87个。

【矿产资源开发秩序专项整治】 成立领导小组,编制实施方案,要求各县按有关要求有序推进专项整治工作并尽快建立基础台帐,按照检查验收标准进行查缺补漏,做好迎接检查验收的准备。

【矿产资源整合】 6月,确定丘北县大铁铝土矿为省级重点整装勘查区,马关都龙锡锌矿区为省级重点整合矿区,砚山县铅锌整合矿区,砚山县铁矿整合矿区,麻栗坡县锰矿整合矿区为州级重点整合矿区。整合的范围涉及五大矿区及矿业权35个,矿业主体26个,整合后预计矿业权减少30个,矿业权主体减少23个。

## 工业园区建设

【简述】 2010年园区建设由初具规模向快速发展转变。到2010年底入园企业共45户,累计完成投资53.1亿元;其中2010年新引进5户,新增投资22.1亿元;2010年完成工业总产值18.1亿元、工业增加值5.4亿元、销售收入16.8亿元、税金1.25亿元、利润1.9亿元,解决就业4 550人,同比分别增加4.3亿元、1.1亿元、4亿元、0.5亿元、0.25亿元、870人,分别增长30.9%、26.1%、22.1%、48.8%、24.5%、25.0%,各项经济指标再创历史新高,其中工业总产值首次突破18亿元。

【园区发展特点】 经济总量迅猛增长。与2005年(统计之初)相比,工业总产值、工业增加值、上缴税金年均分别递增46.0%、40.0%、60.0%,园区规模工业产值占全县规模工业产值的比重从2005年的19.0%提高到38.0%以上;三大产业建立。以铝、锑、硅、锰为主的冶金产业,以水泥、新型墙材、混泥土搅拌为主的建材产业,以氧化铝配套氯碱的化工产业等3大产业业已建立;产业结构进一步优化。2010年,园区冶金、建材两大产业占全县工业总产值的比重达到42.0%,产值上3亿元的2户、上2亿元的3户、上1亿元的3户、上5 000万元的15户;规模不断扩大。2010年新入园企业5户,特别是年产80万吨氧化铝项目即将建成投产、氯碱项目的正式动工建设;园区特色逐步显现。依托园区区位优势和全州及周边丰富的矿产资源、特色产品优势,努力构建"一园多区、一区多能"的现代化工业发展平台,辐射和聚集效应开始显现,为打造"桥头堡"的"新高地"提供重要产业支撑。

【园区规划】 将原规划的"一园六片"调整为"一园六片、一中心"的发展格局,以"借六线布七点结8县成一园"的规划特点带动全州的区域经济发展,整个园区的规划总面积由原有的41.13平方千米调整为68.77平方千米。同时,为确保园区的容纳力,马塘工业园区对园区长远土地利用作了科学合理的规划。分别完成园区各片区至2025年的长远土地利用规划:塘子寨冶金工业延伸片区36公顷,新开田冶金工业片区108公顷,夹马石铝产业片区180公顷,蚂蝗塘物流服务片区25公顷,姑娘寨建材加工片区20公顷,古木特色产品加工片区61公顷,东山农特产品加工片区80公顷。分别完成了园区各片区至2025年的长远征占利用林地规划:塘子寨冶金工业延伸片区18公顷,新开田冶金工业片区54公顷,夹马石铝产业片区90公顷,蚂蝗塘物流服务片区12.5公顷,姑娘寨建材加工片区10公顷,古木特色产品加工片区30.5公顷,东山农特产品加工片区40公顷。

【基础设施建设】 在原已建成日供水5 000立方供水管网工程、220千伏安变电站、110千伏安变电站和园区部份主干道路的基础上,2010年又投资2 000多万元,建成日供水20 000立方工程;投资5 600万元新建甲马石片区110千伏安变电站,同时启动日供水50 000立方复线工程建设。

【政策出台】 年内,制定出台《文山马塘工业园区投资优惠政策》、《关于进一步改善投资环境全面推进招商引资工作的实施意见》、《关于加快推进新型工业化发展的实施意见》、

《关于进一步加快商贸物流业发展的实施意见》等一系列优惠政策。特别是《文山县积极应对金融危机促进工业经济平稳增长的实施意见》从财政奖补政策、解决企业融资困难、加快工业园区基础设施建设和优化发展环境4大方面提出10条措施，以更大力度应对世界金融危机造成的不利影响，并将各项补助共计400多万元及时划拨到位，取信于商，增强客商投资或再投资的信心和决心。

**【园区物流"高速路"建设】** 年内，以铝都物流为龙头的甲马石片区现代综合物流中心项目正开展项目可研等前期工作；恒丰物流中心建设现已完成停车场及仓库的基础工程，正在建盖信息大楼；壮华物流中心建设完成加油站、仓库、综合楼、停车场、酒店等工程建设，已于2010年7月30日开始营业。

**【技改项目建设】** 马塘园区新上了金仪公司6吨铟生产线、金和公司16 500千伏安硅锰合金生产线、建国公司12 500千伏安硅锰合金生产线、万达公司12500千伏安硅锰合金矿热电炉生产线、壮山公司日产2 500吨水泥熟料生产线、万兴铸钢厂等6个技改或迁建项目，新增投资额达2亿元，年新增产品硅锰合金9.6万吨、铟4吨、锌4万吨、水泥30万吨、铸铁2 000吨。全部项目建成投产后，预计新增销售收入16亿元，新增利润1.6亿元，新增税收1.5亿元。届时硅锰合金年生产达到20万吨，水泥250万吨规模。

**【园区循环经济】** 冶金企业的工业废渣被壮山公司利用生产免烧砖，壮山公司散装水泥和建材企业碎石就近生产混凝土和新型墙材；化工有限公司采用"利用造气吹风气、合成放空气、贮槽驰放气的潜热和显热，生产蒸汽、回收硫磺、利用造气炉废渣、回收"二气"中氨、回用造气炉及锅炉废水以及用型煤取代石灰窑碳化煤球造气"；金仪铟有限公司建成4446T/a一氧化碳气体回收利用项目；盘龙山生态农业开发公司利用养殖场和屠宰场废弃物制沼气，沼气废渣生产复合肥等；云荷纸业公司的工业废物木素黄酸钠被云建混凝土搅拌站用作粘合剂；天龙公司锌焙砂等冶炼企业产生的副产品硫酸可就地供应文富磷肥厂和中泰3万吨电解金属锰作为生产原料。目前，园区内部分不同产业、不同企业间积极开展利用工业排放物为原料的生产活动，逐步建立起"资源—废弃物—资源"的循环利用经济，园区的资源综合利用产业已显雏形。

（李天发）

## 冶 金

**【简 述】** 2010年，全州冶金行业规模以上企业实现主营业务收入40.7亿元、同比12.1%，利税总额7亿元、同比3%。

**2010年文山州冶金工业企业主要经济指标完成情况**

单位：万元

| 企业名称 | 工业总产值（现价） | 主营业务收入 | 期末资产合计 | 期末负债合计 | 利税总额 | 利润总额 |
|---|---|---|---|---|---|---|
| 企业合计 | 316 465 | 404 714 | 421 785 | 245 038 | 81 404 | 53 437 |
| 斗南锰业公司 | 65 070 | 67 034 | 119 416 | 54 982 | 10 876 | 3 210 |
| 华联锌铟公司 | 140 188 | 103 119 | 197 712 | 139 061 | 50 826 | 35 602 |
| 木利锑业公司 | 22 026 | 22 017 | 20 321 | 10 672 | 10 920 | 8 104 |
| 阿舍冶炼厂 | 60 154 | 50 729 | 42 953 | 30 077 | 1 706 | 989 |
| 鹏呈冶炼厂 | 20 918 | 19 383 | 14 689 | 6 815 | 1 963 | 1 180 |
| 文冶有色公司 | 8 109 | 14 243 | 26 694 | 3 431 | 5 113 | 4 352 |

**2010年文山州冶金工业企业主要产品产量完成情况**

| 产品名称 | 计算单位 | 本年实际产量 |
|---|---|---|
| 主要产品产量 | | 445 995 |
| 铁合金 | 吨 | 58 651 |
| 十种有色金属 | 吨 | 48 062 |
| 锌 | 吨 | 10 589 |

续表

| 产品名称 | 计算单位 | 本年实际产量 |
|---|---|---|
| 锑 | 吨 | 10 589 |
| 黄金 | 千克 | 1 500.3 |
| 云南文山斗南锰业股份有限公司 | | |
| 1、锰原矿量 | 吨 | |
| 其中：锰矿石成品矿 | 吨 | |
| ①精矿 | 吨 | |
| ②人工手选矿 | 吨 | |
| 2、铁合金(标准量) | 吨 | |
| 铁合金(实物量) | 吨 | 88 392 |
| 其中：①高碳锰铁(标准量) | 吨 | 62 333 |
| 高碳锰铁(实物量) | 吨 | |
| ②锰硅合金(标准量) | 吨 | 26 059 |
| 锰硅合金(实物量) | 吨 | |
| 云南华联锌铟股份有限公司 | | |
| 1、精矿含锌 | 吨 | 72 900 |
| 2、精矿含锡 | 吨 | 3 186 |
| 3、精矿含铜 | 吨 | 1 507 |
| 4、锡富中矿 | 吨 | 122 |
| 5、铁精矿 | 吨 | 245 872 |
| 6、硫精矿 | 吨 | 87 884 |
| 7、发电量 | 万度 | 921 |
| 云南木利锑业有限公司 | | |
| 1、锑白 | 吨 | 4 864 |
| 阿舍冶炼厂 | | |
| 1、硅锰合金 | 吨 | 42 434 |
| 云南文冶有色金属有限公司 | | |
| 1、精锑 | 吨 | 2 876 |
| 2、锑白(三氧化二锑) | 吨 | 2 314 |

## 建　材

【简　述】 建材工业是文山州重要原材料工业，而水泥工业在建材工业中又起主导地位。2010年全州共有建材企业178户，从业人员13 500多人，全年行业实现工业总产值(现价)18亿元，工业增加值6.3亿元，销售收入17.7亿元，利税2.4亿元。其中主要产品：水泥315万吨，墙体材料机制砖15亿标块，商品混凝土85万立方，石材加工34万平方米，沙石加工1 800万立方米，水泥制品62 000吨。

【水泥企业】 2010年全州现有水泥企业15户，熟料能力537.5万吨；水泥能力675万吨。其中：新型干法水泥企业4户，水泥生产能力635万吨；机立窑企业5户，生产能力40万吨。水泥粉磨企业6户，粉磨能力250万吨。新型干法水泥比重达94.0%。2010年水泥企业主要指标完成情况为：水泥315万吨，同比增长14.9%；工业总产值(现价)9.21亿元，同比增长26.0%；工业增加值3.28亿元，同比增长29.0%；主营业务收入8.36亿元，同比增长率17.0%；利润总额1.04亿元，同比下降2.8%。

【制砖企业】 2010年全州有机制砖企业121户，生产能力21亿标块，其中：粘土砖(烧结红砖)企业44户，能力5亿标块；页岩烧结砖企业41户，生产能力6.65亿标块；标混凝土小型砌块(免烧砖)企业34户，生产能力8.6亿标块；加气混凝土企业1户，生产能力15万立方米，折合标砖0.35亿标砖；新型墙板厂企业1户，生产能力50万平米（在建），折合标砖0.4亿标砖。121户企业中，除烧结砖企业85户外，新型墙材企业36户，新型墙材企业生产能力达9.35亿标砖，新型墙材能力占全部墙材能力的45.0%。2010全州机制砖产量15亿标块，新型墙材产量占全部墙材产量比重的55.0%。

**【技术改造】** 2010年全州建材工业技改在建项目9个，总投资6.46亿元。其中水泥熟料项目4个：云南兴建水泥有限公司日产4 000吨水泥熟料生产线技改；云南壮山实业股份有限公司日产2 500吨水泥熟料生产线技改；云南壮乡公司日产2 000吨水泥熟料生产线技改；富宁富州水泥厂日产2 000吨水泥熟料生产线技改。水泥粉磨站企业2户：邱北绵建建材有限公司40万吨粉磨能力技改；云南兴建马关水泥粉磨有限公司40万吨水泥粉磨能力技改。新型墙材企业3户技改。截至12月底除富州水泥厂继续在建，其它企业全部竣工投产，新增水泥产能360万吨；水泥粉磨能力80万吨；新型墙材能力1.2亿标块。

**2010年文山州建材（水泥）工业主要经济指标完成情况**

单位：万元

| 主要指标 / 企业名称 | 工业总产值（现价） | 工业增加值 | 资产总计 | 负债合计 | 主营业务收入 | 利润总额 | 应交所得税 | 本年应交增值税 | 利税总额 |
|---|---|---|---|---|---|---|---|---|---|
| 云南壮山实业股份有限公司 | 37 001 | 12 329 | 70 896 | 37 927 | 29 577 | 4 885 | 1 259 | 1 869 | 7 139 |
| 云南兴建水泥有限公司 | 27 552 | 16 603 | 74 765 | 44 161 | 26 461 | 4 160 | 633 | 201 | 4 748 |
| 西畴县畴阳建材有限责任公司 | 1 987.2 | 536.6 | 1 415 | 1 022.3 | 2 340 | 50 | 0 | 110.1 | 189 |
| 砚山县宏华水泥厂 | 2 361 | 986 | 2 055 | 889 | 2 423 | 411 | 26 | 213 | 659 |
| 广南县广固水泥有限责任公司 | 4 568.7 | | 2 870 | 1 001 | 4 568 | 391 | 0 | 756 | 391 |
| 马关县兴达水泥有限责任公司 | 6 096 | | 549 | 1 362 | 628 | -30 | 0 | 28 | -30 |
| 丘北水泥有限责任公司 | 919 | 195 | 1 516 | 1 794 | 560 | 1 | 0 | 35 | 45 |
| 云南省铳卡三七药材场水泥粉磨站 | 3 372 | 84 | 1 432 | 1 501 | 3 347 | -40 | 0 | 67 | 0 |
| 丘北县锦建建材有限公司 | 2 595.4 | | 1 300 | 753 | 2 595.4 | 86 | 0 | 732 | 0 |
| 云南国资水泥红河有限公司砚山分公司 | 3 391 | | 1 457 | 1 457 | 3 382 | 169 | 0 | 132 | 171 |
| 云南兴建兴街水泥有限公司 | 7 800 | 2 112 | 4 382 | 3 560 | 7 743 | 290 | 557 | 557 | 973 |
| 合计 | 97 643.3 | 32 845.6 | 162 636.7 | 95 427 | 83 624.4 | 10 373 | 2 475 | 4 700.1 | 14 285 |

**2010年文山州水泥企业及生产能力情况表**

单位：人．万吨

| 企业名称 | 新型干法旋窑 | | 机械立窑 | | 水泥粉磨站 | 2010年水泥 | 法人 | 年末职工 | 投产 |
|---|---|---|---|---|---|---|---|---|---|
| | 熟料能力 | 水泥能力 | 熟料能力 | 水泥能力 | 粉磨能力 | 产量 | 代表 | 人数 | 情况 |
| 云南壮山实业股份有限公司 | 175 | 220 | | | | 119.28 | 武植 | 585 | |
| 云南兴建水泥有限公司 | 210 | 265 | | | | 88.7 | 杨朝文 | 519 | |
| 云南壮乡实业股份有限公司 | 60 | 75 | | | | | 仇家祥 | 210 | 试生产 |
| 富宁富州水泥厂 | 60 | 75 | | | | | 李云胜 | 219 | 未投产 |
| 砚山宏华水泥厂 | | | 6.5 | 8 | | 8.9 | 何国洪 | 180 | |
| 丘北水泥有限公司 | | | 6.5 | 8 | | 3.25 | 陈国恒 | 120 | |
| 广南广固水泥有限公司 | | | 6.5 | 8 | | 14.1 | 李佳才 | 105 | |
| 西畴畴阳建材有限公司 | | | 6.5 | 8 | | 6.82 | 刘世新 | 93 | |
| 马关兴达水泥有限公司 | | | 6.5 | 8 | | 2.46 | 李月林 | 72 | |
| 云南铳卡三七药材场水泥粉磨站 | | | | | 40 | 12.4 | 沈振林 | 70 | |
| 丘北锦建建材有限公司 | | | | | 40 | 9.02 | 张永香 | 35 | |
| 云南国资水泥红河有限公司 | | | | | 40 | 12.44 | 毛勇 | 41 | |
| 云南兴建兴街水泥有限公司 | | | | | 50 | 26.32 | 俞文波 | 77 | |
| 麻栗坡南疆水泥粉磨有限公司 | | | | | 40 | | 宋元祥 | 45 | 试生产 |
| 云南兴建马关水泥有限公司 | | | | | 40 | | 高永兴 | 55 | 试生产 |

## 煤 炭

**【简 述】** 2010年，全州共生产原煤153.01万吨，同比增长9.19%；累计实现工业产值5.14亿元、同比增长36.2%；全州商品煤销售134.2万吨，实现销售产值5.14万元，同比增长36.98%；全州共发生煤矿生产安全事故3起，死亡4人，直接经济损失超200万元；年内新办理煤炭经营许可证4户。全州现有煤矿(含基建矿井)17对井(坑)，生产设计能力138万吨，停产半停产状态煤矿6个。

**【证照监管检审】** 按时完成全州13户煤炭经营企业的煤炭经营资格证现场检查、年检、换证工作；完成36个煤矿矿长资格证的换证工作；完成7户煤炭生产经营企业的生产许可证、安全生产许可证、煤炭经营资格证等相关证照的变更工作；完成了煤炭生产许可证、煤矿安全生产许可证到期换证工作。

**【瓦斯治理等级鉴定】** 组织各煤矿生产企业贯彻落实瓦斯治理"十二字方针"和"十六字工作体系"，按照《煤矿安全规程》及有关技术措施要求，编制瓦斯治理方案，建设和完善瓦斯监测监控系统。全州15对矿井按要求开展了瓦斯治理专项整治第一、二阶段工作，并已完成省、州、县检查验收工作；认真组织开展煤矿瓦斯等级鉴定、安全评价、防爆电器设备检测工作。到9月底止，全州先后完成对12对煤矿瓦斯等级鉴定、10对煤矿矿井(其中有2对矿井申请延期评价)安全评价和10对煤矿矿井防爆电器设备检测工作，共检测井下防爆电器245台，合格214台，合格率为87.3%。

**【煤矿安全隐患排查治理】** 制定煤矿安全生产监管检查工作计划，并督促各煤矿企业认真开展隐患排查治理、建立档案台账、上报各项统计报表工作，对查出的事故隐患要做到整改责任、措施、资金、期限和应急预案"五落实"；组织开展重大节日、重要会议期间的煤矿安全生产大检查；开展煤矿企业节后复产前的检查验收专项督查，认真做好从业人员安全教育培训、签订劳动合同、缴纳工伤保险、落实安全生产责任制，并对各个生产系统进行全面的检查和整改。对恢复生产的矿井必须按规定向县局申请复产检查验收，并报同级人民政府分管领导签字批复后，方可复工、复产。全州共组织开展煤矿各类安全检查、督查250余次，发出执法文书240余份，查出隐患500余条，整改400余条，隐患整改率达98.0%以上。

**【联合执法】** 积极配合红河监察分局开展煤矿安全监察3次，监察煤矿14对矿井次，查出各类事故隐患条79条；参与砚山县巨美宏达上沙煤矿"1·30"冒顶事故和砚山县小凹补"4·15"冒顶事故的调查，并按照红河煤矿安全监察部门提出的事故处理意见，认真落实相关责任人的处理意见，做到事故不查清不放过、相关责任人未处理不放过、职工未受教育不放过、防范措施不落实不放过。

**【煤炭资源整合】** 截至年底，经省整合领导小组批准的煤炭资源整合主体5个，整合方案批准单井(坑)技术改造煤矿11个，保留原有设计能力单井(坑)5个，整合技术改造后全州煤炭生产设计能力达到193万吨/年。文山州煤业有限公司所属四井一矿改造后达到120万吨/年(普阳煤矿90万吨、老鹰山煤矿一号井6万吨、老鹰山煤矿二号井6万吨、丘北县水米冲煤矿9万吨、广南县白云洞煤矿9万吨)；文山县大凹子煤业有限公司所属大凹子煤矿9万吨/年)；砚山县永兴煤业有限责任公司所属5对矿井改造后达到33万吨/年(小凹补蚂蚁河煤矿9万吨、干河煤矿一号井9万吨、小海子煤矿9万吨、白石岩煤矿3万吨、上沙煤矿3万吨)；马关县小兴煤矿所属3对井21万吨/年：小马白井9万吨、三号井(原马白镇煤矿1号井)9万吨、新窑井3万吨(此井根据云煤整合办文件批复，执行建一关一政策已实施关闭，新建文山云建矿产品贸易有限公司干海子煤矿)；云南自主择业实业集团富利矿业有限公司所属2个露天矿10万吨/年：木杠煤矿6万吨、木树煤矿4万吨。到目前已经实施改扩建煤矿2个，尚未进入施工程序改造煤矿9个，开工率仅占18.2%。

**2010年文山州煤炭工业企业主要产品产量完成情况表**

| 产 品 名 称 | 计算单位 | 本年实际产量 |
|---|---|---|
| 原煤 | 万吨 | 151.5 |
| 无烟煤 | 万吨 | 0.67 |
| 烟煤 | 万吨 | 16 |
| 褐煤 | 万吨 | 134.83 |

## 制 药

**【简 述】** 2010年，特安呐、七花、金泰得、金不换、七丹5家制药企业共实现工业总产值14.5亿元，工业增加值6.6亿元，主营业务收入8.9亿元，利税总额0.9亿元，利润总额0.6亿元。

**【制药产业】** 州委、人民政府将三七生物制药产业列为文山州富民强州的首要支柱产业培育。以"三七GAP认证、地理标志产品保护、证明商标注册、三七质量标准、三七产业立法"五大工作为抓手，在"规范种植、企业培育、项目开发、科技创新、产业基础"等工作上实现重大突破，为三七产可持续发展奠定坚实的基础。"十一五"以来，实现总产值30

亿元、销售收入45亿元、利润10.28、税金0.54亿元，分别比上年增24.88%、31.54%、80.57%和19.83%。全州三七产业持续、健康、快速发展。

**【制药原料种植和流通】** 三七规范化种植水平进一步提高，种植业稳步发展。2010年全州共有66个乡(镇)6 690户农户11 469人种植三七，分别比上年增4.76%、0.47%和20.61%。在地面积84 268亩，比上年增22.62%；其中：新植一年七16 166亩，增42.68%。2010年采挖面积32 300亩，增17.42%；产量达450万千克，增1.02%。2010年全州三七种植业实现总产值18.5亿元、销售收入18亿元、利润8亿元，分别比上年增48.03%、55.72%、97.74%。实现从租放种植向标准化、规范化、规模化种植转变，初步开成了区域化布局、规范化生产、基地化发展、科技化种植、组织化推进、多元化经营的产业化发展格局，建成国内最大的三七标准化优质原料供给基地，初步形成"公司+基地+农户"的产业化经营格局。2010年，全州共有180户(含个体户)从事三七流通业，整个流通业实现销售收入19亿元、税利2.24亿元，分别比上年同期增26.14%、40.69%；其中，文山三七国际交易中心预计实现销售收入16.5亿元，税利1.99亿元，比上年增42.92%、74.56%，占全州三七流通业的86.84%和88.84%。

**【三七药物园区建设】** 通过积极实施园区开发、企业扶持及技术改造等措施，2010年，共引进7家企业11个生产性项目入园，入园投资企业占全州三七在生产企业的53.85%，其中已有6个项目竣工投产，截至年底，全州共有加工企业19户，其中在产企业13户，已形成药品、保健品、日用化工品、食品4大类共121个产品。三七药物产业园区完成工业总产增11.25亿元，完成工业增加值5.51亿元，税利3亿元，从业人员2 104人。

**【招商引资】** 2010年共接待外来参观考察团20个近1 000人，吸引了云南白药集团文山七花有限责任公司完成第二次改制，成为云南白药集团的全资子公司。天津天士力集团在文山注册成立"云南天士力三七种植有限公司"，公司注册资金900万元，目前正在开展一期1 000亩三七种植基地选地工作。广州白云山和记黄埔中药有限公司与文山三七研究院签订《云南三七产业化示范基地合作协议书》，计划在文山建设三七GAP产业化示范基地5 200亩。云南云科药业有限公司与州人民政府签订《三七产业投资项目建设合同》和60吨三七总皂苷提取生产项目。

**2010年文山州制药企业主要产品产量完成情况表**

| 序号 | 企业产品名称 | 单位 | 2010年实际产量 |
|---|---|---|---|
| 1 | 云南特安呐制药股份有限公司 | 吨 | 133.17 |
| | 中成药 | 吨 | 116.1 |
| | 化学原料药 | 吨 | 17.07 |
| 2 | 云南白药集团文山七花有限责任公司 | | |
| | 中成药总量 | 吨 | 62.65 |
| | 气血康口服液(10cc×10×1) | 万盒 | 46 |
| | 血塞通胶囊(50mg×12×1) | 万粒 | 266 |
| | 血塞通胶囊(50mg×12×2) | 万粒 | 337 |
| | 血塞通胶囊(0.1g×12×1) | 万粒 | 57 |
| | 血塞通胶囊(0.1g×12×2) | 万粒 | 1924 |
| 3 | 云南金泰得三七产业股份有限公司 | | |
| | 25mg血塞通片 | 万片 | 4 272 |
| | 50mg血塞通片 | 万片 | 10 856 |
| | 100mg血塞通片 | 万片 | 2 689 |
| | 血塞通滴丸 | 万片 | 13 546 |
| | 三七总苷 | kg | 20 904 |
| 4 | 云南金不换(集团)有限公司 | | |
| | 三七系列产品 | 吨 | 11.8 |
| 5 | 云南文山七丹药业股份有限公司 | | |
| | 三七总苷软胶囊 | 瓶 | 5 354 |
| | 三七叶苷软胶囊 | 瓶 | 5 059 |
| | 三七花苷软胶囊 | 瓶 | 1 642 |
| | 三七粉胶囊 | 瓶 | 3 513 |

## 机　械

【简　述】 2010年末，全州统计范围内机械生产企业有3户：文山通用机械制造有限责任公司、马关县农机器厂、文山中大农机制造有限公司。主要产品有破碎机、锤破机、农用拖车、农业泵等。

**2010年文山州机械工业重点企业主要经济指标完成情况表**

单位：万元

| 企业名称 | 工业总产值 | 主营业务收入 | 期末资产合计 | 期末负债合计 | 利税总额 | 利润总额 |
|---|---|---|---|---|---|---|
| 合　计 | 8 206 | 7 080 | 9 314 | 6 500 | 437 | 203 |
| 文山通用机械制造有限责任公司 | 8 206 | 7 080 | 9 314 | 6 500 | 437 | 203 |

**2010年文山州机械工业重点企业主要产品产量完成情况表**

| 产品名称 | 计算单位 | 本年实际产量 |
|---|---|---|
| 文山通用机械制造有限责任公司 | | |
| PE250×400A颚式破碎机 | 台 | 2 302 |
| PE400×700A颚式破碎机 | 台 | 140 |
| PC700×500A锤式破碎机 | 台 | 180 |
| PC800×600A锤式破碎机 | 台 | 210 |

## 化　工

【简　述】 2010年全州统计范围内化工生产企业有6户，全年实现工业总产值42 712万元，完成销售收入40 759万元，实现利税627万元。

**2010年化工行业主要产品产量**

| 项　目 | 单　位 | 2010年底累计 | 同比增减% |
|---|---|---|---|
| 硫酸(折100%) | 吨 | 147695 | 31.88 |
| 碳化钙(电石)(折300升/千克 | 吨 | 51 255 | -23.94 |
| 合成氨 | 吨 | 19 392 | 16.15 |
| 氮肥(折含N 100%) | 吨 | 14 182 | 17.41 |

**2010年文山州化工工业重点企业主要经济指标完成情况表**

单位：万元

| 指标<br>企业名称 | 工业总产值 | 主营业务收入 | 期末资产合计 | 期末负债合计 | 利税总额 | 利润总额 |
|---|---|---|---|---|---|---|
| 六户企业小计 | 42 512 | 40 759 | 59 717 | 40 263 | 627 | -773 |
| 文山化工公司 | 3 800 | 4 263 | 7 408 | 6 660 | -375 | -376 |
| 广南腾际化工 | 1 987 | 2 164 | 7 856 | 4 861 | 313 | 89 |
| 文山州驰远化冶公司 | 7 008 | 7 375 | 8 359 | 5 714 | 164 | -264 |
| 马关合源矿业公司 | 5 087 | 6 189 | 7 866 | 5 063 | -7 | -58 |
| 文山天龙锌业公司 | 7 387 | 3 523 | 7 509 | 5 895 | 346 | 105 |
| 云南普阳煤化工有限责任公司 | 17 243 | 17 245 | 20 539 | 11 070 | 186 | -269 |

2010年文山州化工工业重点企业主要产品产量完成情况表

单位：吨

| 产品名称 | 计算单位 | 本年实际产量 |
|---|---|---|
| 1、文山化工有限责任公司 | | |
| 合成氨 | | 15 995 |
| 折 N100% | | |
| 2、广南腾际化工有限责任公司 | | |
| 黄磷 | | 1 678.73 |
| 3、文山州驰远化冶实业有限责任公司 | | |
| 过磷酸钙 | | 2 754.45 |
| 锌焙砂(尘) | | 4 593.43 |
| 硫酸 | | 26 614.99 |
| 4、马关合源矿业有限责任公司 | | |
| 硫酸 | | 11 266 |
| 5、云南普阳煤化工有限责任公司 | | |
| 电石 | | 51 254.56 |

# 轻　工

**【简　述】** 2010年，文山州轻工生产企业共89户，其中：私营企业55户、有限责任制企业21户、股份制企业5户、国营企业3户、民营企业2户、集体企业2户、外商独资企业1户。主要轻工行业有：烟草、制药、茶叶、制糖、制酒、农副产品加工、燃料乙醇等。

**【燃料乙醇】** 马关县正一生物产业有限责任公司扩建5万吨燃料乙醇技改项目，是省工信委和文山州工信委批准的唯一一家从事燃料乙醇生产企业。也是马关县实施新3年"兴边富民工程"重点项目之一。2009年12月开工建设，预计2011年4月竣工，2010年底已完成粉碎、蒸煮、发酵工段工作，蒸馏、环保等工段工作。每年可实现产值2.5亿元，创利税4 000万元，每年需原料鲜木薯30万吨，种植面积达10万亩，按目前价格计算，每年可为种薯农户增收1.5亿元。

**【制糖业】** 全州现有制糖企业3家，其中：文山富宁永鑫糖业有限公司(原名富民永鑫糖业有限公司)，于2010年7月被广西永鑫华糖集团有限公司收购100%的股权，同年8月19日变更为富宁永鑫糖业有限公司。该项目日处理甘蔗6 000吨，2009年1月11日开工建设，2010年12月26日建成投产。文山县克林糖业有限责任公司和广南县冠桂糖业有限公司2010年白糖产量达到46 221吨，产值18 983万元，利润2 374万元。

**【制酒业】** 文山酒产业是文山州传统优势产业之一，现已初步形成涵盖白酒、葡萄酒、配制酒(三七酒、果酒等)酒种，产品比较丰富，生产初具规模的产业体系，为当地经济发展、财政增收、创造就业作出一定贡献。文山白酒以小曲清香型为主，主要以丘北县腻脚红羊酒业有限责任公司生产的"红羊洞窖酒"、广南县那榔酒业有限公司生产的"那榔"和文山龙欢酒业有限责任公司生产的"龙欢"三个品牌为主，葡萄酒主要以云南太阳魂酒业有限公司生产的"太阳魂"品牌的葡萄酒为主，配制酒主要以文山龙欢酒业有限责任公司生产的"三七酒"，文山康蜜尔酒厂生产的"三七丹参酒"、"三七红酒"为主。2010年，全州取得《全国企业产品生产许可证》的酒类生产企业共10户，其中：生产规模达到200吨以上企业7户，2010年全州重点企业共生产酒0.6万吨，比2009年增长16.0%。实现工业总产值2亿元，销售总额1.2亿元，利润总额0.2亿元，税金总额0.4亿元。企业资产总额1.3亿元，职工人数465人。

# 农副产品加工

**【简　述】** 通过培育龙头企业，实施龙头带动战略，以烟草、制药、辣椒、茶叶、制糖、制酒、燃料乙醇为重点，大力发展农副产品加工业，扩大企业规模，增强加工的广度和深度，提高农产品附加值。把农产品的生产、加工、储运、销售衔接起来，有力地推进了农业产业化的发展。截至2010年底，全州轻工业为主的生物资源加工企业(含个体工商户)共3 672户，吸纳从业人员18 994人，完成工业产值55.7亿元，占全部工业产值的22.2%，实现增加值15.2亿元，占全部工业增加值的16.9%，规模以上生物资源加工企业35户，实现销售收入44.3亿元。

【加工龙头企业】 2010年，年利润在500万元以上的农产品加工企业有15户，其中辣椒产业5户、三七产业4户、烟草产业2户、木材产业2户、油料产业1户、制糖产业1户。

【生产基地建设】 2010年，全州农产品产地认定面积达574万亩，其中：蔬菜生产示范基地9个554万亩，年产量2 660吨；水果生产示范基地4个1.8万亩，年产量8 100吨。食用农产品生产基地通过国家无公害农产品认证20个8 100万亩；通过绿色食品认证10个203万亩；通过有机食品认证1个3 000亩；畜禽养殖示范基地7个，年产量13万吨。生猪定点屠宰场52个，年屠宰量43万头。

2010年文山州重点农产品加工企业主要经济指标表

单位：万元

| 企业名称 | 增加值 | 总产值 | 营业收入 | 利润总额 | 上缴税金 |
|---|---|---|---|---|---|
| 文山华博贸易有限责任公司 | 7 938 | 33 586 | 27 485 | 4 141 | 62 |
| 砚山县同和辣椒有限责任公司 | 1 028 | 5 178 | 5 178 | 625 | 38 |
| 砚山丰林花生油厂 | 7 479 | 25 462 | 24 324 | 804 | 6 |
| 丘北达平食品有限责任公司 | 1 641 | 8 967 | 8 136 | 593 | 31 |
| 丘北云泰食品有限责任公司 | 1 575 | 8 752 | 8 203 | 604 | 32 |
| 丘北双龙油脂有限责任公司 | 1 893 | 6 759 | 4 317 | 112 | 10 |
| 广南凯鑫生态茶业开发有限公司 | 631 | 2 167 | 2 974 | 78 | 51 |
| 文山川大饲料有限责任公司 | 335 | 835 | 780 | 31 | 83 |
| 丘北县太阳魂酒业有限公司 | 2 491 | 12 024 | 2 961 | 242 | 36 |

2010年文山州重点农产品加工企业产品产量表

| 企业名称 | 劳动者报酬（元） | 职工人数 | 主要产品产量 | | |
|---|---|---|---|---|---|
| | | | 产品名称 | 单位 | 数量 |
| 文山华博贸易有限责任公司 | 408 | 286 | 辣椒系列产品 | 吨 | 32 253 |
| 砚山县同和辣椒有限责任公司 | 90 | 29 | 辣椒系列产品 | 吨 | 2 600 |
| 砚山丰林花生油厂 | 50 | 130 | 花生油 | 吨 | 8 630 |
| 丘北达平食品有限责任公司 | 269 | 301 | 辣椒系列产品 | 吨 | 6 112 |
| 丘北云泰食品有限责任公司 | 268 | 300 | 辣椒系列产品 | 吨 | 13 289 |
| 丘北双龙油脂有限责任公司 | 76 | 53 | 桐油 | 吨 | 3 287 |
| 广南凯鑫生态茶业开发有限公司 | 75 | 81 | 茶叶产品 | 吨 | 1 680 |
| 文山川大饲料有限责任公司 | 82 | 69 | 混合饲料 | 吨 | 2 053 |
| 丘北县太阳魂酒业有限公司 | 119 | 66 | 葡萄酒 | 万瓶 | 11 |

【领导名录】
主　任　郑先进（～10）
　　　　刘云洲（10～）
副书记　许永谦
副主任　沈　碧（壮）
　　　　王维俊
　　　　陈太红（壮）
　　　　杨绍明

（谭金海）

## 非公有制经济

【服务措施】 全州经工商部门登记注册的私营企业有4 034户，注册资本60 035万元；农民专业合作社共297户，出资总额26 087万元；个体工商户66 858户，资金数额210 443万元；外资企业81户。为12户有限责任公司办理了股权出质登记，股权出质数额为19 687万元，担保债权总额为29 375万元；完成了5户小额贷款试点公司的登记发照工作。

【个体工商户】 全州共有个体工商户66 858户，全年新开业15 646户，比上年同期增加9 570户，增长16.70%，从业人员79 983人，比上年同期减少11 706人，下降17.14%。注册资本（金）210 443万元，比上年同期增加38 812万元，增长22.61%。其中：农、林、牧、渔业902户，从业人员1 016人，注册资本10 995万元；采矿业210户，从业人员364人，注册资本6 565万元；制造业42户，从业人员5 461人，注册资本19 662万元；建筑业42户，从业人员49人，注册资本108万元；交通运输业175户，从业人员190人，注册资本

1 116万元；信息传输、计算机服务和软件业174户，从业人员208人，注册资本537万元；批发零售业44 593户，从业人员50 473人，注册资本109 875万元；住宿和餐饮业8 472户，从业人员11 479人，注册资本32 450万元；租赁和商务服务业273户，从业人员320人，注册资本2 489万元；科学研究、技术服务和地质勘查业2户，从业人员3人，注册资本2万元；居民服务和其他服务业6 896户，从业人员9 067人，注册资本17 550万元；教育8户，从业人员15人，注册资本75万元；卫生、社会保障和社会福利业193户，从业人员416人，注册资本2 443万元；文化、体育和娱乐业631户，从业人员901人，注册资本6 556万元；其他19户，从业人员21人，注册资本20万元。

**【私营企业】** 全州共有私营企业4 034户，全年新开业787户，新登记注册的私营企业与上年同期相等，投资人8 708人，与上年同期相比增加544人，增长6.6%，注册资本60 035万元，与上年同期增长6 151万元，上升11.41%。其中：农、林、牧、渔业237户，从业人员3 629人，注册资本33 696万元；采矿业182户，从业人员9 177人，注册资本75 259万元；制造业479户，从业人员15 878人，注册资本147 060万元；电力、燃气及水的生产和供应业115户，从业人员1 694人，注册资本106 309万元；建筑业130户，从业人员4 554人，注册资本109 002万元；交通运输业133户，从业人员911人，注册资本7 343万元；信息传输、计算机服务和软件业180户，从业人员891人，注册资本6 130万元；批发零售业1 748户，从业人员12 945人，注册资本222 860万元；住宿和餐饮业38户，从业人员781人，注册资本3 823万元；金融业33户，从业人员217人，注册资本49 935万元；房地产业257户，从业人员3 396人，注册资本115 089万元；租赁和商务服务业217户，从业人员2 628人，注册资本56 235万元；广告业13户，从业人员104人，注册资本1 389万元；科学研究、技术服务和地质勘查业70户，从业人员995人，注册资本19 740万元；水利、环境和公共设施管理业15户，从业人员131人，注册资本2 551万元；居民服务和其他服务业125户，从业人员1 283人，注册资本5 474万元；教育15户，从业人员336人，注册资本2 814万元；卫生、社会保障和社会福利业16户，从业人员258人，注册资本1 424万元；文化、体育和娱乐业39户，从业人员232人，注册资本2 757万元；其他5户，从业人员99人，注册资本170万元。私营企业规模化、集团化趋势明显。全州共有私营企业集团14家，投资100～500万元的企业828户，投资500～1 000万元350户，投资1 000万元～1亿的165户，亿元以上8户。

**【外商投资企业】** 全州经工商机关登记注册的外商投资企业已达81户，注册资金83 630万元。

**【农民专业合作社】** 年底，经工商部门登记注册的农民专业合作社共计297户，成员总数3 948人，出资总额26 087万元。

**【自身能力建设】** 贯彻落实各级党委、人民政府发展非公经济的优惠政策，为非公经济发展营造公平竞争政策环境和市场环境；推进网上名称核准、网上企业年检等监管手段创新，多渠道、多层次为非公经济提供便捷服务；贯彻落实服务承诺制、首问责任制、限时办结制等四项制度，推行登记关口前移和个体工商户分层登记管理，建立完善便民、规范、高效快捷的登记管理机制，完善窗口服务功能，简化工作流程，坚持一审一核和当场办结制，完善"绿色通道"和"一站式"服务等各项便民服务措施，提高服务工作效能，营造平等、公开、公正、宽松的准入环境，热情服务各种所有制经济发展；利用企业信用监管数据平台，通过文山红盾信息网站公布企业年检信息及违法被吊销企业信息，帮助企业了解工商部门监管企业情况；进一步规范和完善注册登记制度，制定下发了文山州工商行政管理系统注册登记《服务承诺制度》、《限时办结制度》、《"一审一核"制度》、《一次性告知（说清）制度》、《注册登记窗口工作人员守则》、《招商引资重要项目报告制度》《办事预约制度》、《绿色通道制度》、《注册登记服务工作用语规范》和《注册登记工作内部操作规范》等共10多个工作制度；在全系统进一步规范注册登记工作，加强注册登记窗口建设，不断提高工作质量和工作效率；落实国家就业和再就业优惠政策，在市场准入、政策支持、收费减免、提供服务和优化环境等方面认真落实优惠政策，鼓励下岗失业人员、高校毕业生等各类人员自主创业，拓展就业空间。

# 经济综合管理

## 发展与改革

**【简　述】** 2010年，州发改委贯彻落实中央和省委、省人民政府的各项工作部署，积极应对特大灾害和金融危机后续影响，加强跟踪监测，深入分析研究，不断强化措施，经济社会保持了平稳较快发展。全州地区生产总值329.85亿元，比上年增长13.0%，完成"十一五"规划目标300亿元的109.85%，年均增长13.3%，全州经济总量实现翻番目标。全社会固定资产投资275亿元，比上年增长27.0%，是2005年的3.3倍，"十一五"期间年均增长27.3%；地方财政一般预算收入22.03亿元，比上年增长27.4%，是2005年的3.1倍，地方财政一般预算支出113.99亿元，增长27.5%；城镇居民人均可支配收入14 609元，农民人均纯收入2 806元，分别比上年增长11.4%和17.9%。

**【"十二五"规划编制工作】** 根据州委、州人民政府的安排部署，组建工作班子，做好"十二五"规划纲要编制，参与"十二五"规划《建议》编撰等工作，协调各级各部门全力推进"十一五"评估总结和"十二五"规划编制工作。到12月底止，州级已完成了46个前期课题研究，59个重点专项规划编制，

州委《关于制定文山州国民经济和社会发展第十二个五年规划的建议》已经州委七届七次全会审议通过，全州国民经济和社会发展“十二五”规划《纲要》(草案)已广泛征求修改意见，13易其稿，基本编制完成。

**【重点专项规划编制工作】** 根据《文山州人民政府关于批转文山州“十二五”规划编制工作方案的通知》，州级共确定编制“十二五”重点专项规划33个。年内，编制或组织编制完成《文山州平远地区民族团结进步示范区建设规划(2010—2015)》、《麻栗坡县“老山”片区民族团结进步示范区建设规划(2010—2015)》、《文山综合能源发展规划》、《文山铝工业规划》、《文山州铝合金产业发展规划》、《文山州以工代赈建设“十二五”规划》、《文山州易地扶贫“十二五”规划》、《文山州“十二五”能源发展规划》、《文山州“十二五”煤炭生产开发发展规划》、《文山州“十二五”地下水资源利用规划》、《文山州“十二五”电网发展规划》、《文山州“十二五”风能利用发展规划》、《文山州“十二五”太阳能光伏发电选址规划》、《文山州2010——2013年农网升级改造规划》、《文山州生物产业发展规划》、《文山州乡村流通工程建设发展规划》、《文山州边防基础设施规划》、《文山州国民经济动员“十二五”规划》等多个重点专项规划初稿。

**【检查落实年度计划的编制及执行情况】** 根据中央经济工作会议和全国、全省发改工作会议精神，在认真分析国内外发展形势的基础上，结合国家宏观调控的政策导向和全州经济社会发展的需要与可能等实际情况，分别对2010年、2011年发展目标作出预测，编制完成下达了《文山州2010年国民经济和社会发展计划(草案)》和《文山州2011年国民经济和社会发展上报计划(草案)》。并对计划执行情况进行了认真检查和总结。同时，加强对全州经济运行情况的分析预测。分别完成并向有关部门提交了2010年1~2月、一季度、1~4月、1~5月、上半年、1~7月、1~8月、三季度、1~10月、1~11月、2010年度的宏观经济运行情况分析报告，为各级领导决策提供参考。加强农业和农村工作、促进固定资产投资增长等方面做好发展改革信息工作。截至12月，共编发《文山发展改革信息》78期266条、《文山经济运行分析》材料8期、《文山价格信息》12期。到2010年9月，州委、州人民政府信息刊物共采用信息(文章)48条(篇)，获得322分，提前3个月完成2010年州委办、州人民政府办对州发改委的考核任务。其中州委信息刊物采用26条(篇)，州人民政府信息刊物采用22条(篇)。多条信息被《文山日报》采用。同时加大国家宏观调控政策和价格政策的宣传力度，积极发挥了党委政府的参谋助手作用。通过研究国家宏观调控政策和省的投资导向，加强固定资产投资的调控和引导，妥善处理好土地资源配置、规划衔接等方面的关系，确保了重点领域、重点行业健康有序发展。

**【固定资产投资】** 全州发改部门按照“策划一批、储备一批、申报一批、开工一批、验收一批、交付使用一批”的要求，多层次汇报衔接，争取国家、省的支持。“十一五”以来，全州发改系统共争取到中央、省项目补助资金42.36亿元，其中2010年争取到16.3亿元；中央实施扩大内需政策3年以来，累计争取国家、省扩大内需资金35.8亿元，处于全省前列；狠抓项目落地建设。以重点项目和重点工作为抓手，继续实施并全力推进“三个五十”重大项目建设。全州新开工、续建项目947个(其中新开工501个)。云桂铁路文山段全面开工、3条二级公路2011年6月可全部建成，年产80万吨氧化铝项目2011年二季度投入生产，普炭一级公路、清华洞水库二期、丰收水库除险加固等项目按期建成投入使用，羊雄山风力发电项目顺利启动，布都河水库、农村校舍安全、中等职业学校搬迁建设和中低产田地改造等一大批重大项目积极推进。2010年共完成固定资产投资275亿元。

**【项目报批和备案】** 农业农村经济项目：完成文山州2010~2012年“五小水利”工程建设计划、边3县界河整治工程2010年计划、2010年度干支渠防渗工程建设计划、文山州2010~2012年骨干水源工程建设计划；广南县10 000亩双高糖料甘草示范基地建设、农产品质量安全检测站建设，旱作节水农业示范基地建设等3个项目可行性研究报告和那榔水库工程项目建议；2010年水土保持项目、丘北、平远两个大型灌区2010年续建配套与节水改造项目、畜禽养殖场大中型沼气工程建设项目以及州以工代赈和易地扶贫搬迁项目的上报工作。对云南圣地呐农业开发有限公司100万亩冬季油菜基地建设等3个项目进行备案。完成了普腊、迷牛、马酒3个小(1)型水库项目可研的审查审批工作。交通运输项目：完成了马关县桥头至都龙堡梁街沿边公路和22条农村公路改造工程可行性研究报告的省级审批工作，以及16条农村公路改造工程项目的省级评审工作；参与完成了新南昆铁路和广西百色经文山至蒙自铁路的相关协调工作等；完成了平远至天保高速公路项目建议书、蒙自至砚山高速公路项目建议书的编制上报工作等；配合有关部门做好丘北普者黑—砚山炭房一级公路、文山至天保、文山至都龙、珠街至广南二级公路建设的各项协调工作；做好州重点项目的跟踪问效工作；做好在建农村公路改造项目和通达工程公路建设项目以及富宁港建设项目的各项协调服务工作。社会事业项目：2010年，省已批准文山州立项建设社会事业项目104项，总投资24 821.8万元。其中教育项目21项、卫生项目43项、文化项目38项、就业和社会保障项目1项、旅游项目1项。工业、能源项目：编制上报2010年国家重点产业振兴和技术改造专项投资计划及2010年中小企业技术改造中央预算内投资计划，对云南文山康尔佳食品有限公司三七系列产品开发建设等5个项目实施了备案，批准丘北县大冲——布玉锰矿、广南县堂上金矿、富宁县者桑那抖金矿开采建设项目开展前期工作。完成全州2010年农网改造升级、2010年无电地区电力建设、500千伏砚山输变电二期工程、7个变电站技术改造和升级项目、丘北县雄羊山风电场及送电工程的前期工作。完成了普阳煤矿五期技改扩建的可行性研究和一系列前期工作，并获核准批复，相关施工备案手续已完善。完成砚山干海子煤矿可行性研究报告的申报审查，正在全力开展核准前的相关工作。批准马关花鱼河电站、健康小桥电站、大倮者一、二级电站、新岩头电站、广南革夺电站、文山县可再生能源生物质能发电项目、富宁县富源电站、布红金矿、文山云铜矿冶10万吨/年电锌等项目开展前期准备工作；核准三腊一级、三腊二级水电站增容、三腊四级电站、马关县天生桥增容等4个项目。环境资源项目：组织推荐申报符合申报条件的6个项目，总投资87 954.73万元。其中创新药品品种产业化专项2个，投资3 822万元；优质原材料生产基地建设专项3个，投资56 063.58万元；中药制药过程质量控制先进技术综合应用示范专项1个，投资28 069.15万元。组织未进入2010年中央预算内投资两污备选项目，补报文山县城市生活垃圾处理场和文山县污水处理厂二期工程、富宁县污水处理厂及配套排水管网工程、西畴县城市生活垃圾处理工程等4个项目。组织各县申报2011年中央预算内投资城镇污水垃圾处理设施建设项目，共上报1个污水处理设施项目和6个垃圾处理项目，争取明年国家预算内投资资金。流通项目。争取文山金龙国际商贸中心50万元固定资产投资贷款贴息计划、砚山县方圆贸易有限公司农产品冷链加工物流配送中心建设项目150万元中央预算内投资计划。及时组织申报文山县德厚农产品批发市场等12个项目作为2011年流通领域中央投资项目储备计划。

【“兴边富民”工程和利用外资项目】　截至12月底，文山州新3年“兴边富民”工程累计完成投资218 572万元。其中6大工程30件实事项目63个，完成投资213 567万元（上级补助66 643万元、自筹146 924万元）；2008～2009年度专项资金项目16个，完成投资4 372万元，均为上级补助；2010年度专项资金项目38个，完成投资633万元。全州8个利用世界银行贷款城市环保项目，投资2.73亿元，已陆续开工建设；省正式批准建设的马关都龙口岸联检查验设施建设项目，于8月开工建设，已安排资金1 200万元；麻栗坡、富宁两县联检查验设施项目正抓紧开展前期工作；马关县医院利用北欧投资银行贷款引进医疗设备项目已开始启动，州中医院利用奥地利政府贷款引进医疗设备项目正抓紧开展前期工作。同时，积极向国家和省争取项目建设资金。

【各项改革】　做好事业单位人事制度改革试点工作。重点推进州医院、州图书馆、州农科所等试点单位改革；继续推进国有企业改革工作。按照国有企业改制的有关政策规定，积极推进交通运输集团，云南汽车车轮厂的改制工作；继续深化农村综合改革。在集体林权制度改革的基础上，积极推进乡镇机构、农村义务教育和县乡财政管理体制改革工作，全力抓好农村一事一议政策的落实；继续深化财税、金融和投资体制改革。扎实推进部门预算管理制度改革，强化预算管理和监督，全州1 300余个预算单位全面同步实施部门预算编制。推广使用公务卡改革试点工作，规范和推进国库集中支付改革。农村金融体制改革继续深化，为信用社发展减轻包袱，加快发展步伐。建立和完善“市场引导、企业自主决策、融资方式多样、中介服务规范、政府调控有效”的新型投融资体制，建立多元化、多层次、多专业的投融资体系。继续推进水、电价格体制改革，健全有利于科学发展的宏观调控体系；以改善民生为重点，推进社会领域各项改革。开展就业培训，落实就业岗位，实现创业带动就业的倍增效益。落实“五缓四降三补助”就业优惠政策，推进“贷免扶补”工作，全面实施城镇居民基本医疗保险工作，加快推进医疗体制改革工作。

【价格监管】　收费管理方面。州发改委会同有关部门，进一步完善部门联席会议制度，及时研究和落实稳定物价、保障市场供应的有关措施，加强对重要商品生产、供应和价格定期监测分析，及时、准确掌握全州价格运行和市场供应情况，加强重要商品供求、价格信息发布工作。围绕党和人民政府关注、群众关心、社会反映强烈的价格和收费热点问题，扎实抓好价格和收费监管工作，严厉查处捏造信息、制造恐慌等行为。认真组织开展教育、城建、国土、环保、农机监理等部门的涉农和涉企收费专项检查，共查处价格违法案件26件，涉案金额625.5万元；审验行政事业性收费单位858户，取消和停止征收行政事业性收费31项；开展各类价格鉴证业务1 782件，鉴证值2.88亿元。

【领导名录】

主　　任　马　斌（回）
常务副主任　段磊云
副 主 任　程世达（兼文山铁路筹建处处长）
　　　　　方绍文
　　　　　罗　湖
　　　　　王　辉
　　　　　邵引平（负责上海对口帮扶联络工作）

（张美淑）

## 统　计

【普查调查工作】　以第六次全国人口普查工作为全局工作重点，统筹安排，狠抓落实，开展人口普查各项工作。坚持“统一领导、分工协作、分级负责、共同参与”的原则，开展人口普查前期调研、方案制定、业务培训、区域划分、电子地图绘制、综合试点、宣传发动、清查摸底、入户调查和快速汇总等工作，做到人口普查工作与时间同步。目前，全州人口普查入户登记工作取得阶段性成果，并已全面转入查缺补漏、检查验收和数据审核录入汇总工作阶段；节能降耗调查统计工作全面开展。配合有关部门，深入全州重点耗能企业进行调研，与企业共同研究节能降耗措施，建立能耗指标预警制度，加强对耗能企业能耗情况监测，确保2010年和“十一五”

期间节能降耗目标任务的圆满完成。在全省考核中，文山州工业能源数据质量工作考核成绩位列第三；开展R&D资源清查后续工作。强化协调、整体推进，狠抓基础调查、资料上报、审核汇总等一系列工作；完成领导班子和领导干部公信度调查工作。按照《云南省乡村领导班子和领导干部公信度调查实施方案》要求，组织开展2010年度乡、村领导班子和领导干部群众公信度调查工作，高质量地完成全州8县的37个乡镇、343个村(社区)乡村领导班子和领导干部群众公信度调查工作任务；全面完成劳动力人口、规模以下消费品零售抽样和服务业统计等一系列专项调查工作。

**【统计数据质量】** 年内，坚持以数据质量为中心，夯实基础，突出重点，不断提升统计数据质量。夯实统计工作基础，建立完善县、乡、村和企业统计工作制度，明确各级部门的统计任务和职责。做好规模以下工业样本户、服务业限额以下单位和个体样本户、限下批零贸易、住宿餐饮、农住户、城住户等调查的样本调整轮换和扩户工作，确保样本的科学性和代表性；统计数据质量控制进一步强化。按照《统计数据质量控制办法》要求，对统计数据实行事前、事中、事后质量控制。建立企业、乡镇和县三级严密的数据审核体系和利用关联指标进行相互校验的数据评估体系，对GDP、工业、投资、贸易等主要指标严格执行下管(算)一级制度。对主要统计数据上报前进行综合评估，撰写数据评估分析报告，并经由领导审核同意后统一对外公布，严格做到“真实准确，不出假数”；统计信息化建设工作步伐加快。加强网络扩容改建工作，全面完成防火墙、网关的安装配置、调试和试运行工作。加强了网络安全防护管理，安装网络安全管理和漏洞扫描系统，强化统计网络系统的安全性。开通VPN网络连接，实现统计内部网络的远程连接，为远程和移动办公创造了条件。更新了一批PC机、笔记本电脑和一体机等办公设备，改善了统计办公条件，提高了统计工作效率；统计名录库建设管理工作得到加强。坚持“全国统一管理、专业分工协作、地方分级负责、各方共同参与、信息资料共享”的原则，遵循“各项统计调查必须使用统一的名录库作为调查字典库或抽样框，不在名录库中的单位不得列入专业统计调查范围”的要求，进一步明确了名录库工作的职责分工、名录库建设的目标和步骤、维护更新工作的办法和流程，并充分利用经济普查资料、常规统计调查资料和编制、民政、税务、工商等部门的行政记录，及时维护更新名录库，为统一使用名录库作为调查字典库和抽样框打下基础。

**【统计优质服务】** 创新服务方式，努力提升服务效能，统计服务水平和质量得到明显提升。围绕国家、省制定出台的“保增长、保稳定、保民生”一系列政策措施，切实加强对全州宏观经济运行态势的跟踪分析，建立国民经济主要指标监测预警体系，实施统计分析月度报告制度，全力当好州委、州人民政府领导决策的参谋助手；统计调研分析质量有新提高。针对上半年全州工业企业受严重干旱天气影响能耗同比大幅下降的情况，组织人员深入企业开展工业经济运行和能耗情况专题调研，并撰写了《关于对砚山等4县工业能耗的调研报告》。成为相关部门抓好工业经济工作有力的参考依据；统计分析质量明显提升。针对全州城镇职工工资变化和劳动力报酬情况，撰写《文山州城镇职工工资变化的主要特点》和《文山州2010年上半年劳动工资情况分析》等7篇专题分析信息。全年共撰写各类调研报告和统计分析146篇，被各级采用69篇，其中：被省统计局采用21期，被州“两办”采用27期，被新闻媒体采用21期。信息考核成绩位列州级部门前列，信息的数量和质量都有了明显提升；统计服务领域进一步拓宽。定期编制出版《文山州经济工作手册》、《文山州国民经济主要指标月度手册》和《新中国六十年文山资料编辑》等统计资料，及时提供全州国民经济和社会发展主要数据指标，参与全州“十二五”规划编制等工作。办好《文山日报》“统计之窗”栏目，共刊载信息11期，全面展示了统计工作风貌。针对当前群众关心的热点问题，局主要领导做客文山电台和文山电视台“七乡观察”等栏目，就全州“十一五”经济社会发展取得的成就和“十二五”展望、2010年上半年经济运行情况、人口普查工作和群众关心的物价、房价等问题进行交流，满足广大群众对统计服务的需要。

**【统计法制建设】** 统计法制宣传工作。以“五五”普法验收为重点，以新修订的《统计法》出台为契机，通过积极争取将统计法等相关法律内容纳入全州“六五”普法规划和党政领导干部教育培训计划。组织开展形式多样、内容丰富的统计法制宣传活动，大张旗鼓地对新《统计法》和《处分规定》进行宣传，努力营造依法统计的良好氛围；统计执法检查工作力度进一步加大。强化与监察、法制、司法、统计联合执法，加大典型统计违法案件和人口普查中各种统计违法行为的查处力度，切实维护统计法的尊严和权威。按照国家统计局和省统计局关于开展统计执法大检查工作的要求，极积组建机构、制定方案、动员部署、宣传造势，全面深入地开展统计执法大检查工作。在全州范围内对475家单位进行深入检查，对41家有轻微违法行为的单位下发责令改正通知书，责令46家单位无证上岗的统计人员通过参加从业资格考试实现持证上岗；强化部门统计调查项目审批备案工作。履行部门统计调查项目审批职权，坚决杜绝非法统计调查，切实维护《统计法》权威和减轻基层统计工作负担。依法审批了2个部门的统计调查项目，部门统计管理项目的审批管理和地方统计调查项目审批管理工作得到加强；统计从业资格考试和职称考试工作顺利完成。

**【领导名录】**

局　长　张荣江

副局长　黄忠良(壮)

　　　　李　军

　　　　李再富

　　　　张清明

（沈开宏）

## 审计监督

【简　述】 2010年，全州完成审计（调查）项目646项。查出各类违规51 976万元，管理不规范58 130万元。处理应上交财政6 876万元，已收缴财政6 149万元；已减少财政拨款或补贴292万元，已归还原渠道资金352万元，调账处理7 328万元。此外，开展重点工程预算与竣工决算审计，审减工程投资19 205万元。向被审计单位提出审计建议1 034条，已采纳858条。

【财政预算审计】 围绕保障积极财政政策的贯彻实施，按照"做深财政审计"的要求及全省"一盘棋"的布局和"一条线"的模式，全州开展了预算执行和地税联网审计共20项，查出违规7 617万元，管理不规范11 385万元，处理应上交财政1 233万元，调账处理4 840万元。

【行政事业审计】 以规范财政财务收支行为、加强财务管理为目标，选择领导重视和群众关心的问题开展审计。全州全年完成行政事业审计61项，查出违规1 372万元，管理不规范4 615万元，处理应上交财政210万元，调账处理19 93万元。

【固定资产投资审计】 在继续发挥工程投资竣工决算审计优势的同时，开展建设项目概预算审计工作，保证了扩大内需建设项目全过程跟踪审计任务的完成。全州完成工程预算审计164项，审计投资金额205 828万元，审减工程投资12 660万元；完成工程竣工决算审计296项，审计投资金额127 877万元，审减工程投资6 545万元。

【经济责任审计】 围绕党政领导干部管理规划，按照"积极稳妥、量力而行、提高质量、防范风险"的原则。积极加强与组织、人事、纪检部门的联系与配合，根据组织部门委托，对29名领导干部进行任期经济责任审计。重点关注领导干部履行经济决策权、经济管理权、政策执行权、经济监督权和遵守廉政规定情况。查出违规771万元，其中：领导干部应负违规行为主管责任金额746万元，应负直接责任25万元；查出管理不规范3 104万元，其中：领导干部应负管理不规范行为主管责任3 003万元，应负直接责任101万元。

【专项资金审计】 全州开展土地出让金和矿产资源补偿费、教育费附加资金、劳动力转移培训项目、农村公路通达工程项目、易地扶贫开发转移安置项目、艾滋病亚洲区域项目等专项资金的审计共95项，审计资金总额530 975万元，揭露和查处了违规改变项目计划和资金用途、应缴未缴专项资金等违规资金46 002万元，处理应上交财政5 366万元。

【行政绩效审计】 确定重大建设项目绩效审计对象68个（州级10个、县级58个）、重点民生资金项目绩效审计对象45个（州级6个、县级39个）。共完成绩效审计项目72项，揭露和查处了违规改变资金用途、帐外资产等违规资金4 681万元，审计后挽回损失264万元，提出审计建议158条，被采纳146条。

【中央扩大内需投资审计】 按照审计厅的统一部署，全州审计调查立项8项，完成8项，为省、州、县年度审计项目计划任务的100%（8个县各1项共8项）。审计财政资金总额171 928万元，审计抽查资金总额134 155万元，抽查率为78.0%；审计调查饮水安全工程资金抽查面为100%；抽查项目数量285项，为项目总量402项的71.0%，抽查涉及主管部门和单位121个。

【计算机审计】 完善审计信息化建设的考核办法和制度。强力推进现场审计实施系统（AO）的应用，要求只要满足条件的项目都要用AO开展审计，并积极转化成果，在上报省厅参评的8篇实例和1条审计方法中有2篇实例获应用奖，州局被省厅授予组织奖。通过一系列的制度和措施强化应用，OA的应用不断得到深化，全面实现了网上办理公文。机关政务和内部事务实现了网上公告发布，行政和业务公文实现了网上传递、办理，阅文库得到进一步充实和完善，大大提高了审计机关公文管理水平和工作效率。成功组织第三次AO认证考试，过关率100%，使全州AO认证通过率从去年的95.0%上升到98.0%。继续加强审计人才的培训，不断提高审计干部计算机应用水平，选派3人参加省厅中级班培训，并顺利通过审计厅计算机中级考试。对地税系统首次开展的联网审计，计算机审计取得了新的突破。

【推行审计结果公告】 按照省厅提出的"以公告为常态、不公告为例外"的原则，在2009年出台《审计结果公告办法（试行）》的基础上，州局推行了审计结果公告。将13个审计项目的结果向社会进行公告，提高审计工作的开放度。

【领导名录】
局　长　余　游
副局长　李建祥
　　　　何淑清（女）
　　　　陆明会（壮）
　　　　李云山

（伍　宾）

## 工商行政管理

【整顿规范市场经济秩序】 年内，全州工商系统全面履行监管执法职能，加大行政执法力度，严厉打击经济违法行为，积极维护市场秩序，共查处各类经济违法案件4 138件，全力

开展整顿和规范市场经济秩序工作。

【流通环节食品安全监管专项整治】 组织开展打击流通环节违法添加非食用物质和滥用食品添加剂、清查不合格“巍蒙”、“宫殿”牌白酒、16种不合格小食品和2008年问题乳粉以及“地沟油”、“不合格一次性筷子”等流通领域食品专项整治行动，切实保障食品流通市场消费安全。全系统共创建食品安全星级示范店44个。

【打击非法传销行为】 继续保持打击传销高压态势，积极营造“政府牵头、社会参与、群防群治、共同抵制传销”的良好社会氛围。查处拉人头传销案1件，案值69万元，教育遣返传销人员40人(次)，移送司法机关1件，移送2人。

【开展“两烟”打假打私工作】 充分履行工商部门市场监管的职责，认真开展“两烟”打假打私工作，共查办案件71件，取缔无证照经营户807户，查处假冒卷烟6 622包，非渠道卷烟16 498包，查获违法经营烟叶3.44吨。

【开展“扫黄打非”专项整治】 组织开展打击销售政治性非法出版物、盗版书刊、淫秽色情非法出版物等专项执法行动，全年共检查印刷复制企业445户(次)，检查店挡摊点5 511个，查处“黄非”案件2起，查缴非法出版物435册。

【开展保护注册商标专用权和打击虚假违法广告执法行动】 严厉查处各种商标违法行为，共查处商标侵权案件19件，案值13.59万元，没收销售侵权商品132件，没收销毁侵权商标标识295件。认真开展广告违法专项执法行动，共监测各类广告10 429条，查出并责令整改涉嫌违法广告222条，查处广告违法案件134件。

【开展查处取缔无照经营专项行动】 组织开展“促卫”、“护苗”、“清源”三项行动，依法查处取缔无照经营活动，行动中，共查处无照经营案件1 530件，案值5 924.15万元，引导办照794户，取缔经营户262户。

【开展各项专项整治】 强化竞争执法工作，查处不正当竞争案5起，开展“黑网吧”等专项行动，取缔黑网吧35户。开展房地产市场专项整顿行动，查处违法有将销售商品房21件，为消费者挽回经济损失30.07万元。开展“十一五”节能减排专项整治工作，协助完成关闭“两高一剩”企业2户。开展“家电下乡”、“汽车摩托车乡”市场专项整治，确保农村商品市场规范有序。同时积极发挥“综治”成员单位的作用，把综治与安全生产、消防安全、禁毒防艾等工作结合起来，发挥职能作用维护社会稳定。

【促进市场主体发展】 进一步降低门槛，放宽经营范围，简化审批程序，全面下放登记注册权限，积极促进各类市场主体健康发展。截至12月底，全州个体工商户已达66 858户，比上年底增加9 570户，增长16.7%；私营企业4 034户，比上年底增加438户，增长12.18%；内资企业2 445户；外资企业81户。

【推进商标战略】 全面实行“一所一标”，按照“培育一批、扶持一批、推荐一批”的原则，建立了商标梯队发展模式。2010年，新申请商标注册55件；新申请认定“云南省著名商标”10件，已认定8件，到期重新认定5件；上报了请求认定“文山三七”和“斗南”为“中国驰名商标”的报告。

【服务农村经济发展】 深入开展“红盾护农”专项行动，严厉打击坑农害农违法行为，共查处农资案件149件，罚款40.81万元。培育发展农村经纪人和农民专业合作社，设立农村经纪人和农民专业合作社注册登记“绿色通道”。目前，全州共有经纪人2 327人，增长9.7%；全州农民专业合作社总户数达297户，增长58.0%。全力以赴支持抗大旱、保民生、促生产大局，发动全系统干部积极行动，全力投入到抗旱救灾工作中，组织开展了抗旱救灾捐赠活动。全州各级工商部门及广大干部职工共捐款43.2万元，组织个体私营企业捐款34.9万元。同时，还购买7.5吨蔬菜、119个储水罐和300件矿泉水等救灾物资送到灾区，帮助灾区群众渡过难关。

【推进“诚信市场”和“一会两站”建设】 年内，制定《开展诚信市场创建活动实施方案》，开展“诚信市场”创建活动。完成创建3A至4A级“诚信市场”20个。全州全面推进“一会两站”建设，2010年“两站”共建设134个。全州共受理消费者投诉1 115件，为消费者挽回经济损失134.2万元。

【支持创业带动就业】 落实省人民政府促进创业带动就业“贷免扶补”政策，各级个私协会共成功帮扶创业者55人，贷款275万元，带动就业人员165人，圆满完成全年工作任务。各级个私协会还充分发挥自身优势，全年共协助安置下岗职工1 992人、大中专毕业生5 633人、残疾人员1 080人。

【红盾护农】 开展“红盾护农”专项行动，严厉打击坑农害农违法行为。行动中，共出动执法人员6 756人(次)，车辆1 918台(次)，检查农资市场4 257个(次)、检查农资经营户17 544户(次)，查处农资案件131件，案值51.31万元，罚款36.76万元。加强农资市场监管制度建设，对已进行注册登记的农资经营者100%实行信用分类监管，对2 911户农资经营户全部建立了“两帐两票、一书一卡”制度。年内，共印发宣传资料12 969份，开展专题宣传活动38次，撰写专题新闻稿件28篇。

【建设“法制工商”】 围绕“权责明确、行为规范、监督有效、保障有力”的工商行政管理监管执法体制的建立工作，严格依法行政，促进公正执法、严格执法、文明执法，建成作风严谨、执法高效的法治队伍。加强执法监督工作。着重对法律法规学习、宣传和简易程序案件进行监督检查，对存在问题及时指出，提出整改措施，全年共开展执法监督检查15次通过行政执法监督检查。通过开展行政执法监督检查，在全系统基本形成"执法讲规范、办案重质量、考核有措施、执法监督有力度"的良好氛围。严把案件核审关。在案件的核审中，始终坚持"事实清楚、证据充分、定性准确、处理恰当、程序合法"的核审原则。年内，共核审一般程序案件2 130件，办理简易程序案件2 717件。行政应诉案件2件。开展法制培训。以《行政许可法》、《行政诉讼法》等法律法规为主要培训内容，采取案例分析、模拟办案、轮流主办案件等方式，举办各类法制培训25期(次)，参训人员600人(次)。通过培训提高了执法人员的法律素质和依法行政水平。开展"五五"普法检查验收工作。对"五五"普法检查验收标准进行对照检查，以100分成绩顺利通过普法考评组检查验收，圆满完成"五五"普法验收工作。同时还以"法制宣传月活动"为主线，开展了"3.15"消法、"4.26"知识产权法、"6.26"禁毒法等一系列法规宣传活动，共开展各类法律法规12次，出动执法人员300人(次)，发放各类宣传资料3万余份。

【基层工商所规范化建设】 年内，印发2010年度基层工商所(分局)规范化建设实施方案，明确工商所(分局)职能职责，强化内部管理；完善工商所(分局)基础设施，改善工作条件；规范工商所(分局)工作流程，提高监管服务效能；加强工商所(分局)思想政治工作，树立良好形象等内容制定了相应的工作措施。同时制定印发《文山州工商系统基层工商所规范化建设验收暂行标准》，确定城市工商所和农村工商所两种类型，边境口岸工商所与农村工商所适用同一种标准。全州工商系统原有工商所(分局)45个，经新一轮机构改革及强化基层综合管理的需要，实际设立32个工商所(分局)。按照省局40.0%基层工商所(分局)规范化建设验收达标的任务，全州应完成基层工商所(分局)规范化建设13个，实际完成基层工商所(分局)规范化建设15个，完成115%。

【领导名录】

局　长　陈　勇

副局长　李汝海

　　　　米正昌

　　　　屠金亮

　　　　杨云玲(女，仡佬)

(李　剑)

## 质量技术监督

【质量管理】 全州质监系统找准服务切入点和结合点，提高服务针对性，在名牌创建、能源计量、技术标准战略实施等方面进行帮扶和指导，文山通用机械制造有限责任公司"破碎机"被评为云南名牌产品称号，建立了名牌产品企业质量档案，组织27家企业开展"质量兴企"试点工作，有效推进文山、砚山"质量兴县"示范县建设，受理工业产品生产许可证申请11户，完成46户获证企业年审工作，开展了实验室资质、计量认证法定检验机构证书、检验工作监督检查。

【食品安全】 围绕"四查、四建、四落实"的工作要求，以落实企业质量安全主体责任为重点，以监督抽查和风险监测为手段，加大专项监督检查和行政执法力度，生产环节食品质量安全得以巩固，加强全州全系统食品安全监管工作的组织领导和监管责任的落实，形成以州局统一指挥，各县局和相关科室联合行动的全州生产加工食品质量安全监管工作格局。建立以"三员四定、三进两书一报告"为主要内容的食品安全监管区域责任制，强化巡查、回访、监督抽查和风险检测，建立食品安全监管网络，切实保证食品安全监管责任落实。加强对获证企业证后监管力度，组织开展了"八应知、四应会"强化学习和"质监邀你看企业，食品安全大家行"活动，开展了以涉乳制品、米线、卷粉、饵丝、白酒、饮料、饮用水、肉制品、辣椒制品、膨化食品、一次性餐具、化妆品等多项专项监督抽查和整治活动，初步建立食品安全风险监测工作制度。全年全州共出动执法人员2 460人(次)，出动车辆873台(次)，检查获证企业和小作坊1 461家，抽取监督检验样品格265个，立案查处案件73件，签订食品质量安全承诺书645份，发出责令整改通知书192份，确定4家食品生产加工企业质量安全联络员制度。全年全州共有111家食品生产企业的20个类别的产品取得了食品生产许可证。

【特种设备安全】 全力坚守安全底线，不断强化食品和特种设备监管的实效性，着力提高特种设备安全监督水平，建立健全风险管理机制，围绕"三落实"上下功夫，未发生系统性和区域性产品质量问题，两大安全形势稳定。在特种设备安全监察方面，按照"治大隐患，防大事故"的要求，推动落实行政领导"一岗双责"制度，加强后续监管和法规宣传工作，以节日安全、隐患治理、节能监管为重点，做好重大工程、重点项目、重要活动特种设备安全保障服务，使特种设备实现了"杜绝特大事故、遏制重大事故、减少一般事故"的目标，安全状况总体保持平稳态势。全年全州共出动特种设备安全检查人员1 389人(次)，出动车辆656台(次)，办理特种设备安装、维修、改造告知232份，检查特种设备安装、维修、改造和使用单位672家，检查特种设备3 435台，下发《特种设备安全监察指令书》119份，举办各类特种设备作业人员考前辅导班12期，培训辅导特种设备作业人员704人。

【计量工作】 开展"推进诚信计量、建设和谐城乡"行动，全系统共检定(校准)计量器具10 650台(件)，检定农资贸易结算计量器具195台(件)，合格率100%；抽查农资类定量包装商品243批(次)，免费检定集贸市场计量器具475台(件)；免收检定费9.42万元，调解计量纠纷20余起，为消费者挽回经济损失2.65万元；组织5家企业参加省级能源计

量示范单位评审，2户企业通过计量检测保证和5等标准量块建标，3户企业通过“C”标志考核评审，汽车衡专项整治、节能减排工作取得实效。

【标准化工作】 加大采标工作宣传力度，6个水泥产品分别通过采标认可或复审。抓好企业产品执行标准年度审查工作，强化标准的实施和监督工作。扎实抓好农业标准化工作，加大与农业等各部门的联系和协调，全国第六批农业标准化示范区项目—广南县八宝贡优质米标准示范区顺利通过考核验收，丘北辣椒、广南县八宝贡优质米2个项目通过省级监督抽查，批准发布全州首个地方农业标准规范《广南八宝米综合标准》，《三七综合标准》、《三七栽培技术》两个国家标准正向全国征求意见，征集上报2011年地方标准制修订项目3个，审核上报使用文山三七地理标志企业5户，全州农业标准化工作迈出新步伐。

【重点整治】 完善产品质量监督抽查，加强监督抽查计划管理，统筹安排州、县两级监督抽查计划，全州监督抽查了食品、化工、建材、农资等25种产(商)品。加大执法打假力度，以完善行政执法机制为抓手，深入开展规范执法行为，严格依法行政专项活动，整体办案水平明显提高。重点产品打假下乡、农资产品专项整治、食品安全专项整治，以及家电下乡、烟叶收购和计量器具检查情况、抗旱保春耕和保民生专项行动成效显著。年内，全州共出动执法人员1 777人(次)，车辆680台(次)，查处违法案件444件，其中食品案件73件，农资案件65件，建材案件192件，其它案件116件，现场处罚案件32件，为消费者挽回经济损失485万元，有力地打击了制售假冒伪劣商品的违法行为，进一步规范了市场经济秩序。

【检验检测】 开展检测工作整顿，综合技术检测中心在实验室建设、管理流程、检验检测程序、人才培养等工作。按照国家最新实验室建设标准，投入资金近150万元，购置气相色谱仪、压力机、称重仪、金相仪、测拱仪测厚仪、空气调节器等仪器设备，新增检测项目8个，设备数量、质量、水平和档次都有较大提升，出具的检测报告数量在过去的基础上显著增加。完善检测作业指导书和检验过程记录，采取巡查、突击检查和定期自查的方式，加强对检验检测的监管，及时发现和纠正不规范的行为，确保安全检测。在工作分配上明权责，制定《委托检验管理制度》、《委托检验自查制度》、《计量检定过程预防纠正措施》、《计量检定整顿一把手责任制》，推动检测机构的可持续健康发展。规范检测程序，提高检验能力。按照《检测和校准实验室能力的通用要求》，编制了37个《作业指导书》、29个《管理规定》，完善了质量手册，确保了检测工作按既定程序开展、有章可循。为确保检测报告的准确无误，不定期按比例抽取报告开展质量评定，加强检测过程的控制管理，对重要环节进行现场巡查和监控，促进检测工作质量，保证机制的有效运行。全年共完成各类产(商)品样品检验2 800个，其中食品样品1661个、化工样品297个、建材样品785个、轻工产品51个、矿产品444个、三七产品10个、锅炉水质分析6个；检验特种设备3 663台，检定计量器具10 092台(件)，首次突破了万台(件)大关；强化能力比对活动。参加全省钢筋检验能力验证比对，定量包装商品计量检验能力考核获得第二名，与州粮油质检站开展小麦粉面筋质、含砂量，大米加工精度、互混，食用植物油过氧化值、面条烹调损失项目比对，与国家质检中心、省建材质检站进行普通硅酸盐水泥样品比对，检验结果与比对单位结果误差在允许范围之内。内部盲样检测比对正常开展，茶叶、酱腌菜、饮用水、白酒、化肥、水泥等12个项目的比对误差率均在允许范围。去年检测中心取得国家认可的锅炉、压力容器、压力管道、电梯、起重机械、厂车专用机动车辆共六大类、22项特种设备检验机构项目资质证书，外送培训43人(次)，取得检测资格证书29个。

【质量提升】 年内，组织开展联检、联打、联发、联防活动和召开联席会议，与相关部门开展了超载超限、工程建设、鲜粮制品、餐饮服务、汽车衡等行业性的执法检查和专项整治行动，形成上下联动、部门协作的工作合力。积极开展“质量提升服务进万企”、“质监邀你看企业，食品安全大家行”、“实验室开放日”等重要活动。领导带头搞调研，带队深入基层和全州43个重点企业进行走访调研，广泛征求到企业意见和建议79条。开展企业人员各类培训、讲座64期，培训人员530余人，组织参加省局举办的业务培训7批、67人(次)。邀请人大代表、政协委员、新闻记者等代表对辖区饮料、食用油、粮食加工获证企业进行现场观摩，加深社会各界人士对食品生产现状、生产过程的了解，帮助企业查找质量管理薄弱环节，促进企业健康发展。

【建设法制质监】 为更好的适应“和谐执法、阳光办案”要求，提高行政案件的办理质量，规范自由裁量权的使用行为，进一步强化完善行政处罚案件集体审理制度，修订《文山州质量技术监督行政案件办理程序》，对于重大或疑难案件，充分听取行政相对人的意见，规范了全州质监系统行政处罚行为，提高了案件审理工作的准确性和公正性。在全系统大力推广说理式执法文书，下发《关于在全州质监系统推广说理式执法文书的通知》，把说理作为一种新的工作理念贯穿于行政执法的全过程。推行开门案审，提高社会公信力，邀请人大、政协、法制办、检察院等方面的领导和专家参与案件审理的全过程，做到案情、依据、审理、结果“四公开”。通过行政执法监督回访，纠正了执法过程中有法不依、执法不严和滥用职权等问题，切实提高行政执法水平。

【领导名录】

局　　长　郭凤琪

副 局 长　白守祥(彝)

　　　　　杨绍荣(彝)

纪检组长　白　诚

（冯光照）

## 安全生产监督

**【安全生产控制指标】** 年内，全州共发生各类生产安全事故109起，死亡126人，受伤85人，直接经济损失811.08万元。与上年相比，事故起数下降9.92%，死亡人数下降9.35%，受伤人数下降43.33%，直接经济损失上升13.32%。其中：重点行业领域安全生产状况进一步改善。2010年，全州工矿商贸企业发生事故13起，死亡14人、受伤6人、直接经济损失510.8万元。与上年相比，分别下降27.78%、26.32%、33.33%、0.82%。道路交通安全保持稳定好转。2010年，全州共发生道路交通事故93起，死亡108人，受伤79人，直接经济损失135.38万元。与上年相比，事故起数下降7.92%，死亡人数下降8.47%，受伤人数下降43.97%，直接经济损失增加23.63万元，上升21.15%。全州煤矿安全生产形势保持稳定。2010年煤矿发生事故3起、死亡4人，超省政府下达的控制指标2人。安全生产控制指标执行情况良好。2010年，全州各类生产安全事故死亡126人，低于省人民政府下达的控制指标39人；发生较大道路交通事故2起，低于省人民政府下达的控制指标2起。2010年，全州亿元GDP死亡率为0.38，道路交通万车死亡率为2.43，工矿商贸企业从业人员十万人死亡率为3.79，煤矿百万吨死亡率为2.96。与上年相比，前三项指标分别减少0.12、1.07、1.90，煤矿百万吨死亡率增加了1.55。前三项指标分别比省人民政府下达的控制指标低0.16、0.49、5.14，煤矿百万吨死亡率高于省政府下达的控制指标1.32。

此外，全年全州共发生火灾102起，死亡1人，直接经济损失533.99万元。与上年相比，事故起数上升20.0%，死亡人数持平，直接经济损失下降18.83%。

**【安全生产“三件事”落实到位】** 2010年全省安全生产工作要突出抓好“一岗双责”、安全监管装备建设和应急救援体系建设“三件事”。州委、州人民政府领导高度重视，州人民政府常务会多次听取安全生产工作汇报，并就“三件事”的落实进行专题研究；在全州安全生产工作会议上及时传达了全省安全生产工作会议精神，对如何落实好“三件事”提出了明确的要求；将“三件事”的落实情况列入2010年度安全生产责任状的考核内容，在安全生产大检查和责任制半年动态考核、年终考核中进行了督促检查；州安监局领导班子成员利用下乡督查调研等时机加强与各县党委、州人民政府的沟通和协调，积极督促“三件事”落实到位。全州安全生产“一岗双责”落实情况良好，安全生产责任制有落实、有检查、有考核、有奖惩；各县、各重点企业安全生产应急救援队伍逐步得到建立和加强，应急保障能力日益提高；全州共落实安全监管装备经费389.8万元，其中：州级60万元、县级329.8万元，各县均不低于40万元。文山市全年安排的安全生产监管经费和奖励经费达100多万元。

**【安全监管执法和专项整治】** 年内，开展“隐患治理年”、“安全生产年”活动，强力推进安全专项整治、安全科技推广运用、安全标准化建设，强化现场监管执法，全面开展打非治违专项行动，全力以赴抗大旱、保民生、促发展，扎扎实实抓好安全生产监管各项工作措施的落实，煤矿整顿关闭、矿产资源整合、尾矿库专项整治工作达到预期目的，通过国家和省的验收，安全生产的“三项行动”和“三项建设”取得了较好的成效。严格落实年度执法计划，认真对全州煤矿、非煤矿山、尾矿库、危险化学品等重点行业和领域，扎实开展了重大节庆前、节后复产检查验收，以及重要活动、重点时段的专项检查督查和执法检查。全年，州、县（市）安监部门共组织开展现场安全监察7 831次，出动人员26 770人（次），下达整改指令3 837份，排查隐患14 385条，已整改10 954条；暂扣安全生产许可证10户，责令停产整顿25户，报请县（市）人民政府关闭取缔71户，实施经济处罚177.69万元。落实州委、州人民政府主要领导批示督办的隐患和县级上报请求协调解决的重大隐患，并对存在重大隐患的企业负责人进行安全生产约谈。2010年，共开展安全生产约谈3次，协调整改了云南华联锌铟公司排土场存在的重大隐患，以及富砚高速公路隧道照明不足等隐患和问题。煤矿、非煤矿山、危化品等重点行业和领域安全生产专项整治取得新成效。例如，在非煤矿山专项整治中，认真巩固尾矿库安全专项整治成果，扎实组织开展了非煤露天矿山安全生产专项整治。通过排查，全州需要整治的露天矿山371座，共排查出一般隐患1 837项，已整改1 506项，整改率82.0%；已整治好的矿山数155座，占需整治矿山总数的42.0%，未整治好的矿山仍有216座，占需整治的矿山总数的58.0%。对拒不整改的15个露天矿山进行了9.7万元经济处罚，对经整改仍不具备安全条件的22个露天矿山，依法报请县级人民政府进行关闭或取缔。

**【打非治违工作】** 州、县安监部门成立专项行动领导小组，制定实施方案，督促协调各级各部门采取“排查摸底与整顿治理相结合，依法打击与规范管理相结合”的措施，推进打非治违专项行动。在打非治违专项行动中，共查出企业存在各种非法违法生产经营建设行为685项，收缴非法经营烟花2 346合、爆竹3.33万余盘；按照“边排查、边治理、边规范”的要求，全州企业正在办理采矿许可证51户、生产许可证26户、经营许可证30户、安全生产许可证88户；打击取缔关闭非法生产经营企业64户，停产整顿16户，补做安全设施“三同时”审查169户，整改隐患3 263条，实施经济处罚62.02万元。

**【基层基础建设】** 严格落实行政许可制度。全年，完成10对煤矿井安全评价审查工作；组织专家对33户危险化学品企业新、改、扩建设项目的预评价、验收评价、现状评价报

告进行评审审查，对符合条件的16户企业核发安全生产经营许可证，对45户企业换发安全生产经营许可证；新颁发非煤矿山安全生产许可证42个、延期46个、变更19个、注销6个、暂扣8个，对8个新、改、扩建项目安全设施进行审查，补办67座非煤矿山建设项目安全“三同时”审查。推进企业安全标准化建设，不断推广安全生产新技术，逐步夯实安全生产基础。全年，全州井工煤矿瓦斯监测监控系统得到更新改造；广南金矿等重点矿山的安全标准化已通过省级考评；化工行业的自动化控制以及加油站HAN阻隔防爆技术的推广取得较大进展。在2009年筹集50余万元资金，装备了8支执法大队和30多个重点乡（镇）安监站设备和办公用品的基础上，全年再投入40多万元配备30个重点乡（镇）安监站，使基层安全生产监管条件明显改善。同时，继续帮助企业协调申报了项目补助资金910万元，已争取到中央财政和省政府项目资金155万元。按照州委、州人民政府关于开展抗大旱、保民生、促春耕专项督办的要求，组成州委、州人民政府抗旱救灾第7督办组，对广南县13个乡（镇）、23个村民委、42个村小组以及县属部门抗旱救灾工作进行实地督查督办，提出建议30余条，帮助缺水村寨寻找水源10余个，为乡镇协调抗旱资金7万元，支持挂钩点抗旱资金3万元，党员捐款5.5万元支持抗旱救灾。督查督办各县的灾民生产生活平稳度过，抗旱救灾工作取得明显成效。

**【安全生产教育培训】** 年内，继续与州委宣传部、州公安局、州广电局、州总工会、团州委、州妇联等部门联合，组织开展以“安全发展、预防为主”为主题的第9个“安全生产月”、“安康杯”安全生产知识竞赛等各具特色的安全宣传教育活动，推动安全理念、安全方针、安全文化、安全法律和安全知识进企业、进乡村、进社区、进校园。2010年，全州共组织开展安全生产宣传教育活动5 601次，参与人数102.5万人；组织培训104期，培训企业负责人、安全管理人员、特种作业人员和从业人员6 088人。

**【荣誉表彰】** 年内，文山州安全生产工作被省人民政府考核为优秀。州安监局被云南省第十三届运动会文山筹委会评为“先进集体”，被州委、州人民政府评为2010年度党风廉政建设责任制考核“先进单位”，被州人民政府评为文山州“十一五”气象防灾减灾工作“先进集体”，并连续5年被省安监局考核评定为优秀州（市）安监局。在2010年州级26个部门行风评议中，安监局的排名由2009年的第2名上升到了第1名。

**【领导名录】**

局　长　胡正坤

副局长　张跃新

　　　　祝　云

　　　　杨国生

（黄治龙）

## 银行监督管理

**【简　述】** 2010年，全年全州银行业总资产与总负债稳步增加，资产质量大为改善，各项存贷款大幅增长，提高了银行业经营规模、内部管理和服务水平，防范风险能力进一步增强。截至年末，文山州银行业金融机构各项业务均较上年取得新的成绩。各项存款余额达3 872 979万元，比年初增加845 236万元，增长27.92%；各项贷款余额2 718 742万元，比年初增加397 834万元，增长17.14%。

**【林权抵押贷款业务】** 开展林权抵押贷款推进工作。召开银行业金融机构负责人参加的座谈会，提出尽快制定实施细则、建立适当的激励约束机制、加强规范操作和风险管理等贯彻要求，督促银行业积极拓展林权抵押贷款业务。深入走访已试点林权抵押贷款的农行、农村信用社，以及部分林业企业和林农，实地开展调查研究，掌握了评估登记市场不健全、森林保险不完善、抵押物管理和处置变现困难等制约林权抵押信贷发展的环节和因素。针对需要多部门联动、共同推进的实际情况，州人民政府于6月组织召开全州林权抵押贷款工作推进会，联系金融工作的副州长就推进林权抵押贷款所涉及到的评估登记、市场培育等工作提出具体的安排部署，明确各部门的工作责任。同时，确定马关县作为试点，并于11月24日启动了试点工作推进会。会上，马关县农村信用联社、农行、建行向首批12户农户发放林权抵押贷款，有效地缓解林农发展生产的资金困难，同时也通过向不同乡镇的农户发放林权抵押贷款，带动更多农户认识林权抵押贷款，迅速扩大林权抵押贷款的影响范围。各项基础性工作的开展，为下步全面推进林权抵押贷款奠定了基础。

**【金融服务缺失和乡镇网点建设】** 自2009年12月省局确定文山作为推进工作先行先试地区后，分局全力投入到全州8个金融服务缺失乡镇的网点组建工作中。迅速动员，制定工作措施，逐步抓落实。1月7日召开推进工作会，进行深入动员。印发了实施方案，明确工作措施和组建时间表。按时间抓进度，做好督促指导工作；积极主动向地方党委人民政府汇报，得到充分支持。联系金融工作副州长高度重视，亲自参与工作协调，促使银行机构获得两间免费使用的营业用房等具体的工作支持。相关职能部门也全力配合和支持组建，纷纷开通行政审批“绿色通道”，特事特办，在安全、消防等行政审批手续中简化流程，提高整个组建工作的效率；参与组建的银行机构高度重视，狠抓落实。参与组建的银行机构主要领导亲自抓，积极汇报和协调各方关系，不等不靠、主动克服经费和人员紧张等实际困难，积极筹建新网点。经过各方的共同努力，文山州乡镇实现了金融服务100%的覆盖率。所设全部网点运行正常，方便农民群众，支持了农村经济的发展，金融服务“三农”的功能得较大增强。

【富滇银行新设分支机构工作】 协助州委州人民政府联系和协调富滇银行到文山设立分支机构工作，推荐业务骨干到新设机构参与组建和任职，提供筹建办公用房，加快行政审批时效，并给予积极的监管服务，顺利推进各项筹建工作，尽早挂牌营业。

【银行业公众教育服务日活动】 11月28日启动了银行业公众教育服务日活动，组织开展持续两周以上的集中教育服务工作，并以此推动银行业金融机构摸索和建立长效机制，以不断提高公众金融知识和风险防范意识。

【市场准入】 年内，出台《行政许可操作细则》、《行政处罚操作细则》，进一步规范行政审批、处罚工作。并继续开展高管履职谈话，动态监管高管人员履职行为。

【现场检查】 2010年，分局完成了对固定资产贷款、偏离度、信贷资金流入股市、丽江玉龙县信用社新发放贷款、民丰银行全面检查、农行农户贷款等15个现场检查项目。通过对丽江市农村信用社的检查，积累了交叉检查工作经验，锻炼了监管人员的检查能力。分局对存在问题所提出的整改意见更具针对性，基本上达到了针对存在问题一对一的提出整改要求。

【非现场监管】 在做好非现场监管信息系统等日常工作的基础上，修订《监管履职后评价办法》和《监管台账制度》，进一步完善和巩固履职后评价和监管台账工作。尝试建立贷款大客户风险监测数据库。为进一步识别、预警大额贷款风险，分局建立了贷款20大户风险监测数据库，通过对借款人公司经营、财务状况、市场前景、所有的银行贷款以及贷款风险分类等内容的收集和分析，基本掌握了大额贷款的风险状况。3次召开监管通报会，及时传达各项政策和要求。为积极应对2010年复杂多变的形势，3次召开监管通报会，全面传达贯彻国家宏观调控政策和银监会各项监管要求，分析辖区银行业运行态势，提出针对性监管意见，督促各行社认清形势，认真落实各项调控政策和监管要求。

【重点风险管控】 贯彻落实“三个办法、一个指引”工作，编印方便查阅的《贷款新规》法规手册1 000余份，分发至地方党委人民政府、银行业金融机构、相关部门和社会各界人士，进行广泛宣传。切实开展贷款新规推进月活动，督促银行机构悬挂布标、开展座谈会、走进企业答疑解惑，取得社会各界尤其是客户的广泛理解和支持。认真开展学习培训工作，确保学懂会用。学习阶段，督促各行社认真开展系统内培训、组织高管人员测试，派出两位监管业务骨干参与培训授课，从监管部门视觉解读新规。分局主要负责人深入各行社调研指导，结合实例讲解“三个办法一个指引”的实质要求，统一了执行标准和口径，巩固了银行从业人员的学习成果。多管齐下确保贯彻工作“齐步走”。分局指定专人负责督导法人机构尤其是村镇银行及时制定实施细则，改造信贷流程。各行社根据上级要求，更新了经补充修改的合同文本。分局建立定期报告制度。从7月开始，每半个月对银行业贷款新规学习宣传、制度流程更新及贷款发放等方面的情况收集汇总，做到实时掌握贯彻执行情况。认真开展现场检查，促进贷款新规的全面执行。分局于5月及11月对辖内8家银行业金融机构进行了贷款新规执行情况专项检查，基本摸清了执行情况，督促认真整改存在问题，并及时上报了银行业在贯彻贷款新规过程中存在的问题和困难。

【清理政府融资平台贷款】 地方政府融资平台贷款清查工作难度大，任务重。年内开展了全面清理、四方对账、统一会谈、分类处置等工作，摸清贷款情况，建立台账管理、按时上报等监控机制，为后续工作提供了坚实基础。传达国发文件精神，使辖内各银行业金融机构、政府融资平台公司及各级政府部门充分认识到了融资平台清理工作的重要性和紧迫性，为融资平台清理工作创造了良好的外部条件。缓解了存量贷款风险。通过四方对账及统一会谈，平台公司、负有连带责任的政府部门进一步明确了自身的债权债务，签订了还款计划，落实了偿债责任。部份风险大的贷款，通过追加抵押，落实优质企业担保和签订新的还款计划等方法，降低了贷款风险。收回了部分贷款。有效控制了新增平台贷款。引起州委州人民政府领导高度重视融资平台公司发展问题，安排分局开展专项调研，并提出平台公司改革发展的思路、措施等建议，为下步规范平台公司行为奠定了基础。

【实现银行业“零案件”】 持续保持案件风险防控的高压态势。2月和8月两次组织召开了案件防控专题工作会议、开展了安全保卫现场检查和社保基金账户风险和案件风险全面排查、对ATM机具犯罪发出风险提示，以及列入高管履职谈话内容等形式，保持案防工作的高压态势。文山银行业金融机构继续保持了无案件发生的良好局面。

【领导名录】
局　　长　胡文伟
副 局 长　李波平
　　　　　李红旗
纪委书记　苏　诚

（李俊杰）

## 粮油购销

【简　述】 2010年，全州粮食系统围绕州委、州人民政府中心工作和“确保全州粮食安全”这一目标任务，进一步统一思想，务实创新，在“保增长、保民生、保稳定”的大局中团结奋进。全力抗旱保供应，加强调控促发展，努力提高粮食流通安全保障能力，促进文山经济平稳较快发展，为文山粮食流通产业发展“十二五”规划启动实施奠定良好基础，全面完成年初提出的各项目标工作任务，实现全州粮食流通调控有力，供求平衡，粮价稳定，局势良好的新局面。

到2010年底，全州共购进粮食(原粮，下同)19 685万千克，比上年同期23 244万千克减少3 559万千克，减幅为15.31%。其中：国有粮食企业购进8 594万千克，比上年同期10 097万千克减少1 503万千克，减幅为14.89%；非国有粮食企业购进11 091万千克，比上年同期13 147万千克减收2 056万千克，减幅15.64%。粮食销售：到2010年底，全州共销售粮食19 599万千克，比上年同期23 494万千克减少3 895万千克，减幅为16.58%。其中：国有粮食企业销售7 778万千克，比上年同期的10 676万千克，减少2 898万千克，减幅27.14%；非国有粮食企业销售11 821万千克，比上年同期12 818万千克，减少997万千克，减幅为7.78%。粮食库存：到2010年底，全州粮食企业库存为13 095万千克，比上年同期13 855万千克，减少760万千克，减幅为5.49%。其中：国有粮食企业库存12 345万千克，比上年同期12 374万千克，减少29万千克，减幅为0.23%。非国有粮食企业库存750万千克，比上年同期的1 481万千克减少731万千克，减幅为49.36%。盈亏情况：到2010年底，全州国有粮食购销企业汇总盈利93.5万元，与上年同期相比减亏193.7万元。

**【粮食流通体制改革】** 积极推进粮食购销市场化、市场主体多元化改革进程。到2010年底，又新建成西畴兴街粮食批发交易市场、丘北天星米兰农贸市场和丘北县树皮乡锦华农贸市场。全州粮食市场经营主体已由“十五”末的85户发展到现在的645户，其中：国有粮食企业18户，占2.8%；民营和股份制企业(含个体工商户)627户，占97.2%，全州粮食流通市场主体多元化的格局已经基本形成。粮食经纪人队伍从无到有，不断发展壮大，到2010年底止，全州农村粮食经纪人已发展到1 000余人，其中8人取得了国家农产品经纪人从业资格。

**【国有粮食企业改革改制】** 到2010年底，州属和文山、砚山、麻栗坡、马关、丘北、广南、富宁7个县的国有粮食企业改革改制已经结束，西畴县的改制方案已进入审批实施阶段。通过深化国有粮食企业产权制度改革，全州国有粮食企业户数已由“十五”末的34户重组为现在的18户。职工人数由“十五”末的1 978人精简到现在的277人。

**【粮油加工业】** 到2010年底，全州粮油加工企业发展到26户，其中：大米加工业15户；面粉、面条加工8户；食用油加工业3户。同时，加快以粮油加工企业为龙头的产业化体系建设，积极培育粮油产业化经营龙头企业，发展粮油精深加工，粮油产业化经营初见成效。到2010年底，已有文山县马塘冯家粮油食品工业有限责任公司、砚山县丰林花生油厂和广南县八宝贡米业有限责任公司3户民用粮油加工企业发展成为省级粮油制品产业特色重点企业和文山州第一批农业产业化经营州级重点龙头企业。3户企业加工生产的“八宝贡牌标准一等籼米(清香型米)”、“冯家面粉”、“冯家面条”和“丰林牌压榨一级小粒高级花生油”等粮油制品已成为畅销州内外的省级“放心粮油”产品。文山县马塘冯家粮油食品工业有限责任公司和砚山县丰林花生油厂还被国家粮食局和中国农业发展银行在2006年和2007年分别列为全国第一批、第二批重点扶持的粮油产业化企业。

**【粮食应急体系建设】** 加大对全州粮油市场的监测分析力度，提高监测的频率和密度。指定3户州级粮食应急加工企业和8户州级粮食应急供应企业。

**【国有粮食购销企业扭亏增盈】** 建立扭亏增盈目标责任制，认真解决企业在实现盈利工作中出现的新情况、新问题，为企业实现盈利创造良好环境。采取扩大购销经营量，培育新的增长点、节能降耗、节约费用等各种有效措施，切实做到增收节支。切实加强企业财务管理，规范企业核算，努力降低经营和管理费用，不断提高经济效益，国有粮食购销企业扭亏增盈取得成效。截至2010年底，全州国有粮食购销企业汇总盈利93.5万元，比“十五”末的亏损1 817.8万元增盈1 911.3万元。

**【粮食流通行政执法及统计调查工作】** 严格执行国家法律、法规和规章，认真落实粮食流通行政执法、监督检查、统计调查的职责、机构和人员，建立健全粮食收购资格行政审批、粮食行政处罚、粮食流通统计调查、粮食库存检查等相关工作制度，积极做好粮食收购资格审核发证工作。全年全州累计审核发证119户，其中：国有粮食企业18户、民营和股份制企业21户、个体工商户80户。组织开展清仓查库、库存检查、政策性粮食质量监管、统计执法、粮食经营者收购资格专项核查、粮食经营者最高库存量核查等各项监督检查行政执法工作。

**【粮食库存检查】** 为了加强对全州粮食库存检查工作的组织领导，及时成立领导小组，负责组织、协调、指导全州粮食库存检查工作，领导小组下设办公室，抽调相关人员具体负责库存检查日常工作，并于3月23日召开全州粮食流通工作会议，对全州2010年粮食库存检查工作进行专题研究和部署。制定工作方案。为切实做好2010年粮食库存检查各项工作，州粮食库存检查工作领导小组办公室根据国家粮食局和省粮食局关于开展2010年粮食库存检查工作有关文件精神，制定下发了《文山州粮食局关于印发〈文山州2010年粮食库存检查实施方案〉的通知》到各县粮食局和州局各直属单位执行。组织开展企业自查和州级抽查。各县粮食局和云南文山国家粮食储备库按照、州粮食局的统一要求，在规定的时间内，组织开展本地区、本单位的企业自查工作，并按时完成了企业自查情况的上报。在各县(库)认真组织开展自查的基础上，州局组成2个抽查组，从4月11～15日，对文山县、砚山县和云南文山国家粮食储备库自查情况进行随机抽查。

抽查粮食数量1 567.6万千克，抽查数量占检查时点全州库存总量的16.0%。完成省定抽查比例13.0%的任务。通过企业自查和州局抽查，全州地方储备粮和国有粮食企业储存的商品粮数量真实，质量良好，储存安全；国有粮食企业实际库存金额与农发行粮食收购资金贷款余额对应；各项粮油政策性补贴资金及时、足额拨补到位；企业粮食库存管理制度健全。

**【灾期粮油市场和价格稳定工作】** 由于受旱情等诸多因素的影响，文山州粮食市场出现了一些新情况、新变化。特别是2010年3月以来，市场粮食价格不断上涨，优质米价格涨幅较大。文山、丘北、马关等县城出现了消费者小规模抢购囤积大米的现象。为保障抗旱救灾期间全州粮食市场的有效供给，保证灾民有饭吃，采取积极的应对措施。加强市场监测和调研，摸清全州市场变化情况，为党委、人民政府宏观调控政策提供依据。3月以来，组织各县加大对市场粮食供应情况的调研，形成专题材料上报州委、州人民政府。州委书记李培还对上报材料亲自作了批示，并充分肯定了粮食部门的工作措施，为上级党委人民政府决策提供了依据。召开抗旱救灾市场粮油供应专题会议，研究部署抗旱救灾工作。根据灾情时期粮油市场出现的新情况新变化，为了做好全州的粮食流通工作，稳定粮价，稳定市场，3月12日及时召开全州粮食流通工作会议。会议就做好抗旱救灾期间的粮油保障和供应工作，专题研究提出了5条措施。积极组织企业加大粮食调运力度。据不完全统计，仅3月上旬，从州外调入大米100多万千克，投放文山市场、稳定了市场、稳定了人心。配合民政部门积极做好救灾粮食供应工作。截至12月底，全州国有粮食企业组织供应粮食183.49万千克，解决灾区"三无"人员11 794人的基本口粮问题。积极完成省级储备粮45万千克临时存储任务，进一步确保了抗旱救灾期间粮食安全。利用广播、电视等新闻媒体，加强对全国、全省、全州粮食市场供应情况的正面宣传报道，正确引导广大民众理性对待粮食市场变化，促进社会和谐稳定。通过采取上述措施，确保了文山州在抗旱期间粮油市场供应和价格稳定。

**【储备粮管理】** 贯彻落实《粮油仓储管理办法》，提高仓储企业规范化管理水平，继续在全州粮食系统开展"一符四无"粮仓活动。9月7～15日对全州各承储企业的各级储备粮的数量、质量、管理及贯彻落实《粮油仓储管理办法》、仓储企业规范化管理等情况进行了全面检查。8县32个存储库点的各级储备粮，均做到帐实相符，帐帐相符，帐卡相符，达到"一符四无"粮仓县库。积极指导和监督各县、库做好各级储备粮食的保管、轮换和质量监管工作。为确保各级储备粮质量指标符合国家规定要求，对全州的省、州、县各级地方储备粮按要求进行了实地抽样检化验。共检68份样品，代表粮食数量7 328万千克。通过检化验质量符合率100%，品质宜存率100%。储备粮各项理化指标全部达到国家规定的粮食质量标准。

**【军粮供应监管】** 认真做好全州各军粮站、点的军粮供应监管工作，落实各项军供责任制，严格控制军粮站点的费用开支，保证军粮供应工作的正常有序。为确保部队军供粮油质量关，让官兵吃上"达标粮"，今年对各军粮供应站点进行抽样检查。共抽查大米、小麦、面条、菜油等共19份样品，代表数量82.9万千克。通过检化验，文山州军供粮油各项指标均达到国家规定的军供粮油质量标准。

**【国家和省军供网点维修改造建设项目】** 争取到省军粮供应网点省级补助建设项目资金320万元，用于文山县军粮供应中心、砚山县军粮供应站平远供应点、马关县军粮供应站及西畴、邱北、广南军粮供应点的维修改造。

**【粮油储备】** 根据省粮食局等4部门进一步做好全省抗旱保供工作，确保全省粮油有效供给和市场价格基本稳定，结合文山旱情实际，提前启动2010年稻谷轮换计划；根据省粮食局等4部门《关于下达各州市第二批食用植物油储备规模计划的通知》文件精神，下达全州20万千克食用植物油地方储备计划，经州人民政府同意后，按时限存储到位。

**【市场监管】** 2010年，受国际、国内粮食市场变化和遭受百年不遇严重旱灾的影响，全州粮食市场出现许多新情况、新问题。3月抗旱救灾期间，全州粮食市场价格出现大幅度上涨，进入秋粮收购以来，粮食市场价格再次出现上扬趋势。面对粮食市场出现的新情况、新问题，为认真贯彻落实《云南省粮食局关于做好旱灾地区粮油供应工作的紧急通知》、《关于印发云南省粮食局做好今年秋粮收购和加强当前粮食市场调控的工作方案的通知》和《文山州人民政府关于进一步加强价格调控确保物价稳定和市场供应的紧急通知》等文件精神，确保全州粮食有效供给和价格基本稳定，切实维护正常的粮食流通秩序，全州各级粮食行政管理部门认真履行《粮食流通管理条例》赋予的职责，依法加强各项粮食市场的监管工作。严把收购市场准入关，切实做好粮食收购资格的行政审批工作，不断规范粮食收购市场秩序。到年底，全州累计审核发放《粮食收购许可证》119户。组织开展了全州粮食统计执法大检查。切实加强对粮食收购资格专项核查和粮食经营者最高库存量执行情况的监督检查工作。强化对各级储备粮和政策性用粮的质量监管，组织开展粮食库存自查和抽查。加大对粮食市场的监测分析力度，特别是抗旱救灾期间，对全州粮食市场价格实行了零监测分析报告制度。配合工商、价格部门，进一步规范粮食收购价格秩序，严厉查处压级压价、抬级抬价行为，坚决打击捏造散布涨价信息、囤积居奇、哄抬价格以及相互串通、操纵市场粮价等价格违法行为，加大对粮食无照经营、超范围经营等扰乱市场秩序行为的查处力度。

**【安全生产和食品安全工作】** 坚持"安全第一，预防为主"的方针，建立安全生产责任制。州局与各直属单位、机关各科

室、办公室与机关大院的住户等层层签定安全生产责任书；安全生产月活动中，在文山城闹市区设咨询点共同开展宣传活动，通过悬挂布标、发放资料、现场咨询等多种形式，积极向广大群众宣传粮食质量安全的重要性和必要性，引导群众增强粮油食品安全意识，促进放心消费理念。发放《粮食流通管理条例》，《中华人民共和国食品安全法》，《粮食贮藏小知识》等资料2 800多份；节假日期间认真安排和落实职工值班和领导带班制度；制发和转发安全生产相关文件16份；定期不定期对州属单位和8县进行安全生产检查。全年组织了6次安全生产大检查活动。年内，全州粮食系统没有发生不安全生产事故。

**【机构改革】** 按照州人民政府机构改革方案，12月，州粮食局划归州发改委管理，为部门管理的二级机构。

**【领导名录】**

局　长　王永贵

副局长　王丽芬（女）

　　　　赵　谦（彝）

（陆雄廷）

# 财税金融

## 财 政

**【简　述】** 2010年是“十一五”的最后一年，受国际金融危机持续影响和特大旱灾冲击，财政运行极为艰难。全州财税部门积极应对困难，采取切实有效措施，狠抓收入管理，优化支出结构，深化财政改革，加强财政监管，努力提高管理水平，超额完成了财政收支目标任务，有力支持了全州经济社会发展。全州财政总收入和地方一般预算收入均超额完成全年任务，实现较快增长。财政总收入完成37.9亿元，比上年增长29.1%，是2005年的3.1倍，5年间年均增长25.0%，增速比“十五”期间高2个百分点。地方一般预算收入突破20亿元大关，达到22.0亿元，比上年增长27.4%，是2005年的3.1倍，5年间年均增长25.4%，增速比“十五”期间高6.1个百分点；财政收入质量明显提高，全州税收收入占地方一般预算收入的比重为84.0%，拉动地方一般预算收入增长23个百分点。其中增值税、营业税、企业所得税、个人所得税和烟叶税等主体税种累计完成13.2亿元，占地方一般预算收入的60.0%。非税收入比上年增加1.2亿元，增长50.0%，国有资源（资产）有偿使用收入和专项收入实现较快增长；财政支出保持快速增长，全州地方一般预算支出突破100亿元大关，达到114.0亿元，上了一个大台阶，比上年增长27.5%，5年间年均增长30.5%，增速比“十五”期间高18.3个百分点。

**【财政收支】** 全州财政总收入完成378 892万元，完成计划的109.7%，同比增长29.1%，增收85 486万元。其中，上划中央“两税”收入完成92 868万元，完成计划的111.7%，同比增长24.0%，增收17 972万元；上划中央、省企业所得税完成41 198万元，完成计划的120.5%，同比增长57.8%，增收15 087万元；上划中央、省个人所得税完成22 010万元，完成计划的83.8%，同比增长19.5%，增收3 599万元。全州地方一般预算收入完成220 266万元，完成计划的110.1%，同比增长27.4%，增收47 378万元。全州地方一般预算支出完成1 139 892万元，同比增长27.5%，增支240 458万元。州本级地方一般预算收入完成23 403万元，完成计划的141.8%，增长49.9%，增收7 793万元；地方一般预算支出完成121 273万元，完成计划的219.6 %，增长9.1%，增支10 139万元。全州8县（市）及州本级均实现了当年预算收支平衡。

**【资金筹措】** 争取上级加大了转移支付补助力度。争取上级各项转移支付资金88.2亿元，比上年增长22.3%。其中一般性转移支付资金40.6亿元，比上年增长10.0%，专项转移支付资金47.6亿元，比上年增长34.2%；合理安排省转贷中央债券资金。2010年省财政转贷文山州中央债券资金1.3亿元。其中州本级安排0.5亿元转贷州教育投资公司用于职教园区建设，转贷各县（市）0.8亿元用于廉租住房建设；争取上级加大了专项资金支持力度。向上争取专项资金19.9亿元，重点支持水利、城镇污水和生活垃圾处理、水土流失治理等项目建设；支持县域金融机构发展。支持成立小额贷款公司15户，完善和加强了城乡金融服务，累计发放贷款4.3亿元，实现税收166万元；有力推动了“家电下乡、汽车摩托车下乡”政策的落实。全州财政累计兑现“家电下乡、汽车摩托车下乡”补贴资金1.3亿元，累计销售家电下乡产品16.9万台，销售汽车摩托车下乡产品10.8万辆，销售金额12.7亿元。

**【强农惠农】** 2010年，全州农林水事务支出达到18.1亿元，比上年增长64.0%。积极筹集拨付抗旱救灾资金。面对特大旱情，千方百计筹措和拨付抗旱救灾资金3.4亿元，并组织开展抗旱资金监督检查和绩效评价，确保救灾资金及时兑付到受灾群众手中，真正落实到抗旱救灾项目上；加大水利建设投入。用于水利建设的资金达到7.1亿元，重点支持山区“五小”水利、人饮解困、水土保持、农村水电、水库坝塘等建设；加大了对农业产业化发展的支持力度。投入农业产业发展专项资金6.3亿元，对农业龙头企业、农产品原料基地建设、重点特色产业等方面给予支持；积极支持农村扶贫开发。共投入财政扶贫资金3.8亿元，重点支持易地扶贫、安居工程、贫困地区劳务输出三项重点工程，以重点村、民族团结示范村、科技和产业扶贫、兴边富民等扶贫项目为重点，支持建成整村推进扶贫开发村759个。安排250万元，加大对瑶族“山瑶”支系等少数民族特困群体的扶持力度；积极推进“一事一议”财政奖补试点。落实财政奖补资金1.3亿元，实施村级公益事业“一事一议”财政奖补项目1 967个，惠及2 044个村小组9.7万户46.3万人；及时兑付各项惠农补贴。兑现水稻等良种补贴、退耕还林补助、农机具购置补贴、农资综合补贴等各项惠农补贴资金4.2亿元，农民群众得到的实惠明显增多；积极增加农业基础设施建设投入。投入中低产田地改造及农田整治1.7亿元，投入农业基础设施建设专项资金0.3亿元。

**【项目扶持】** 加大对新型工业化和非公有制经济发展的支持力度。安排专项资金0.8亿元，支持企业技改和非公经济发展、中小企业信用担保体系建设，对重点工业园区、特色产业园区的基础设施和软环境建设予以支持；积极支持科技创新。科技创新投入0.6亿元，比上年增长42.0%。重点支持以三七为龙头的生物资源开发及矿产资源加工技术改造和创新，实施科普惠农兴村，科技富民强县计划；积极支持节能减排和生态保护。投入林业资金4.2亿元，重点支持天然林保护、退耕还林、农村能源建设、木本油料基地建设等项目。争取上级生态功能区转移支付资金0.9亿元投入生态文明建设，支持水土保持、小流域治理、湿地恢复等项目建设，引导各县(市)人民政府加大生态环境保护力度，弥补生态功能区所在地人民政府和居民为保护生态环境所形成的实际支出与机会成本。

**【社会事业】** 全年全州完成教育支出25.9亿元，比上年增长29.5%。农村义务教育经费保障机制进一步完善，下达义务教育经费保障机制各项经费5亿元，提高了农村义务教育阶段贫困家庭寄宿生、特殊教育学校学生生活补助和农村中小学公用经费补助标准。筹措校舍安全工程专项资金4亿元，排除中小学校舍危房17.9万平方米。全州财政安排“两基”迎国检资金和专项经费3 500万元。全面兑现义务教育学校绩效工资；支持医药卫生体制改革。投入医疗卫生事业专项资金11亿元，加快推进基本医疗保障制度的建设，加快了覆盖城乡的医疗保障制度、新型农村医疗保险制度、城镇居民基本医疗保险制度、国家基本药物制度建设步伐。以实现“人人享有基本医疗卫生服务”为目标，强化基层医疗卫生服务体系建设，逐步建立了州、县、乡、村4级医疗卫生服务工作网络，群众“看病难、看病贵”的问题进一步得到缓解；支持公益性文化事业发展。安排资金1.7亿元，深入实施农村广播电视节目无线覆盖工程、农村免费放电影、农家书屋、村级文化体育活动广场、文化共享工程、基层文化阵地建设、博物馆纪念馆免费开放等重大公共文化工程。安排资金250万元，支持少数民族文化和非物质文化遗产的抢救保护工作；切实加大就业投入。全年安排就业补助资金0.5亿元，积极做好就业再就业政策补贴、小额担保贷款等扶持政策的落实，及时兑现创业培训补贴、社会保险补贴、小额担保贷款贴息等补贴资金；不断加大社会保障投入。社会保障支出19.5亿元，以社会保险、社会救助、社会福利为基础，以基本养老、基本医疗、最低生活保障制度为重点的社会保障政策得到较好落实，各项社会保障制度进一步完善，城乡社会保障发展不平衡的矛盾进一步缓解；落实城乡社会救助制度。全年安排社会救济资金0.7亿元，城市居民最低生活保障资金0.9亿元和农村最低生活保障资金3.4亿元，将符合条件的城乡困难群众全部纳入低保，对城乡低保对象、五保对象等困难群众应缴纳的参合、参保资金给予全额补助，确保优抚对象抚恤和生活补贴补助所需资金足额落实到位，对因灾、因病等特殊原因导致生活困难的，通过临时救助，切实保障其基本生活；加大保障性住房建设投入。全州投入廉租住房建设资金2.4亿元，新建廉租住房5 242套26.2万平方米。切实维护社会和谐稳定。安排公共安全支出6.6亿元，其中争取上级政法转移支付资金1.8亿元，继续推进政法经费保障体制改革，提高人均综治工作经费标准。筹措禁毒专项经费624万元、防治艾滋病专项经费698万元。

**【财政管理】** 按照“夯实基础、简化程序、规模总控、权责对等、民主决策”的原则，积极创新2010年部门预算编制，继续完善年初预算评审机制，年初预算编制的准确性、完整性和可执行性不断提高。2010年采用部门预算管理系统将州本级、8县(市)及102个乡镇813个部门2 405个预算单位纳入管理范围，提高了基本支出预算的管理水平。进一步规范州级追加支出预算申报流程，积极推动财政追加预算支出审批制度建设，硬化预算约束。积极探索参与式预算改革试点，促进预算管理公开、透明；着力强化乡镇财政改革。高度重视基层财政建设，及时提出乡镇财政预算管理改革标准，顺利完成全州102个乡镇财政管理体制改革并首次完整编报乡镇财政总决算。指导各县(市)加强乡镇财政资金监管，全面推动乡镇财政资金监管工作。实施乡镇财政干部培训计划，加强乡镇财政干部队伍业务能力建设；积极规范地方政府债务管理。研究制定了政府性债务会计核算办法，切实做好地方政府性债务的清理统计。加强地方政府融资平台公司管理。积极化解农村义务教育债务，通过争取上级化债转移支付资金等多渠道筹集资金3.4亿元，全面化解了2005年以前形成并经省级财政核实认定的农村义务教育债务，其中争取上级财政补助资金2.1亿元；切实加快预算执行进度。州财政从改进预算编制手段和及时下达预算等方面入手，制定一系列有效措施，加大对县(市)财政部门和州本级预算单位年度预算执行管理的指导和督促力度。启动州级支出预算指标动态监控分析机制，按月统计支出预算指标下达和拨付情况，督促各级财政部门加快支出进度，顺利完成全年支出目标任务；积极创新财政监督管理机制。以提高财政资金使用的安全性、规范性和效益性为目标，坚持依法行政依法理财，从制度建设入手，不断创新财政监督理念，完善财政监督管理办法，创新财政监督方式。认真组织开展会计信息质量和会计师事务所执业质量检查，深入开展“小金库”专项治理；稳步推进行政事业单位国有资产管理改革。制定州级行政事业单位资产配置、使用、处置管理办法，推动完善资产运行管理机制，做好州级行政事业单位国有资产的日常监管和对县(市)资产

管理的业务指导；积极推进行政成本控制。在全州县(市)级以上行政事业单位推行公务卡结算制度，累计发放公务卡1.8万张。圆满完成全年行政成本控制目标任务。

【领导名录】

局　　长　陈晓华(女)
副 局 长　吴昆文(女)
　　　　　杜运坤(壮，~10)
　　　　　戴绍林
　　　　　蔡咏刚
　　　　　严炳荣(兼州非税局局长，4~)
总会计师　严炳荣(~4)

(肖兢平)

## 国家税务

【税收收入】　州国税系统共组织税收收入159 944万元(不含海关代征，下同)，同比增收31 427万元，增长24.45%，完成省局下达确保任务的117.13%，超收23 394万元；完成奋斗目标的114.29%，超收19 994万元。其中：增值税114 491万元，完成计划的112.47%，同比增收19 175万元，增长20.12%；消费税7 097万元，完成计划的155.98%，同比增收3 494万元，增长96.97%；企业所得税23 726万元，完成计划的135.58%，同比增收6 206万元，增长35.42%；个人所得税152万元，完成计划的76.0%，同比减收411万元，下降73.0%；车辆购置税14 478万元，完成计划的115.82%，同比增收2 963万元，增长25.73%。

组织8县级地方收入32 421万元(国税口径)，完成州人民政府下达计划31 000万元的104.58%，同比增收5 800万元，增长21.8%，超收1 421万元。其中：增值税28 622万元，同比增收4 796万元，增长20.13%；企业所得税3 799万元，同比增收1 004万元，增长35.98%。

【依法治税】　强化政务公开工作。深入贯彻落实国务院全面推进依法行政实施纲要和省政府法治政府、责任政府、阳光政府、效能政府四项制度，全年共在政府信息公开门户网站发布重点工作通报事项22项；强化税收执法责任制考核和过错责任追究。分类收集整理执法过程中税款核定、发票管理、发票代开、一般纳税人资格认定、纳税人不按期申报等14个风险点，全面查找执法过错产生原因，采取有效措施加大预警、整改和考核力度。2月起，按月进行过错预警提醒，按季通报过错情况，切实加强税收执法权力过程监督，不断规范了税收执法行为；强化税收执法督察工作。将税收执法权和行政管理权、民主决策、政治纪律、人事任免、队伍建设、廉政建设等6个方面的内容进行整合，在各县局全面自查的基础上，对文山、丘北、广南、马关4个县局开展重点督察，取得较好的效果。

【货物和劳务税管理】　落实税收政策。通过落实增值税转型政策，全州增值税一般纳税人共申报抵扣固定资产进项税15 787万元，同比增加6 278万元，增长66.0%，审核转出不予抵扣进项税147万元；通过落实社会福利企业税收优惠政策，共有32户企业实现应纳税款9 146万元，享受退税5 230万元，同比下降40.0%；通过落实资源综合利用税收优惠政策，共为4户企业办理退税5 336万元；通过落实1.6升及以下排量乘用车减按7.5%的税率征收车购税政策，共对8 512辆1.6升及其以下排量乘用车减征车辆购置税1 195万元，并对53辆免税车免征车购税266万元；加强海关完税凭证、货物运输发票、农产品发票、机动车销售统一发票的管理。重点规范货物运输发票管理，将提供与运输发票相关的出入库单、付款证明、货物销售或收购发票等复印件作为申报抵扣的必备条件，对不符合规定的发票一律不予抵扣进项税。严把进项税抵扣审核关，确保抵扣的真实性。其中，通过控制农产品进项抵扣税额增长、控制农产品期末留抵税额增长以及强化农产品购销发票的填开，首次实现了“两个下降”目标，即：农产品进项税抵扣增长幅度下降和农产品期末留抵税额下降。

【所得税管理】　业务培训。对内开展税收政策、汇算清缴、网络申报和系统运用培训，提高所得税管理人员工作水平。对外开展政策宣传辅导，对建筑经营行业、重点税源企业开展专题纳税辅导，帮助纳税人及时掌握税收政策和纳税规范，让纳税人知法、懂法、守法；政策执行。严格按政策规定办理税款征收、减免退税、资产损失税前扣除审批报批等业务，做到受理把好时间关，审核把好条件关，审批(转报)把好权限关，杜绝了延期审批、违背政策、擅自越权审批事项的发生；汇算清缴。对汇算清缴相关业务进行专门培训，实行汇算报表审核责任制，5月底全面完成了2009年度企业所得税汇算清缴工作，并有122户纳税人顺利实现汇算清缴网络申报，储蓄扣税成功；基础工作。加强同工商、地税部门的协调配合，清理漏征漏管户，将符合国税部门征管的新办企业及时纳入征管，到12月底止，全州企业所得税管户达1 853户，比2009年增加190户；核定征收。加强对零、负申报企业的管理，扩大核定征收面，降低亏损面。全年实行核定应税所得率征收企业431户，定期定额征收154户，核定面由2009年的11.36%稳步提升到31.57%，1~9月全州核定征收企业共入库企业所得税收入818.3万元，有效减少了税收流失。

【进出口税收管理】　全年共为27户企业审批办理出口退税1 800万元。建立行之有效的退(免)税管理机制，规范出口货物退(免)税审核、审批各个环节的管理，确保审核质量；全面了解掌握企业的生产经营情况，加强出口货物退(免)税日常管理；为新办出口企业提供服务，引导企业严格按法定程序开展出口业务；做好出口退税预警通告调查和评估，严防骗税行为发生；推行出口退税网络申报(预审)系统，全州启用网络申报办理退(免)税业务户数19户，网络申报退(免)税82批(次)，申报退税额902万元。

【纳税评估】 创建联合评估工作机构和纳税评估人才库，将熟悉信息采集、比对分析，熟悉软件开发和数据处理，具备一定企业财务会计和相关法律法规知识，懂企业生产经营和工艺流程的人员纳入评估人才库，尝试统筹实施增值税和企业所得税、出口退税多税共评的"联评机制"，整合人力资源，节约税收成本，切实减轻纳税人和税管员负担。2010年州局抽调31人组成综合纳税评估小组，对11户企业2008年度和2009年度的纳税情况进行交叉评估；各县局对78户增值税纳税人、40户所得税纳税人2008年度和2009年度的纳税情况进行评估。通过评估，共计应补提销项税120.18万元，进项税转出958.54万元，补缴增值税361.63万元，评估增加应纳税所得额885.67万元，补缴所得税227.25万元，评估减少待弥补亏损3.85万元，补交滞纳金75.25万元，罚款0.15万元。

【税务稽查】 2010年，布置纳税人自查户数366户，共检查纳税户97户，查补入库税款、滞纳金、罚款3 267.79万元，其中：自查补税1 830.23万元，自查加收滞纳金307.98万元；检查查补税款894.3万元，加收滞纳金175.9万元，罚款59.38万元。

【信息管税】 实行网络申报，构建和谐税企关系，为纳税人提供优质、高效、便捷服务。采取宣传动员、举办培训、税企联动、全程服务四位一体的工作方法，在重点税源企业中稳步推行网络申报。全州共有677户增值税一般纳税人推行网络申报及银行网络扣款，占增值税一般纳税人的48.32%，通过银行网络扣缴税款83 859万元，占税收总收入的52.63%。全州有122户企业2009年度所得税汇算清缴实现网络申报，成功通过银行扣缴入库税款474万元；截至2010年第3季度，全州已有420户企业通过网络申报缴纳企业所得税，占开业户1 853户的22.67%；全力推广普通机打发票。以普通发票简并换版为契机，加强组织领导，广泛宣传动员，开展专门培训，实施跟踪辅导，截至12月31日，全州共成功推行机打发票户1 996户，占计划数1 650户的120.97%；推广手工版2 983户。随着新版普通发票的投入使用，全州国税系统已初步建立起以"机具开具、鼓励索票、查询辨伪、防堵假票、票表比对、管好税源"为主要内容的发票管理长效机制，优化纳税服务、强化"信息管税"、提高税收征管质量。

【税收宣传】 全州国税系统围绕"税收·发展·民生"宣传主题，扎实开展税收宣传活动。依托节日庆典活动等平台大造宣传声势；突出重点宣传普及税收法律法规知识；发动社会力量参与税收宣传；贴近民生认真做好利民实事；借助新闻媒体加大对外宣传力度，在《中国税务报》、《云南国税》、《文山日报》和《文山日报·七都晚刊》等新闻媒体发表税收宣传稿件40余篇；做好税收科研和《文山专版》工作。形成了《经济欠发达地区加强大企业税收管理的途经与措施》、《构建纳税服务体系研究》2篇论文上报省局科研所，其中《经济欠发达地区加强大企业税收管理的途经与措施》被省税务学会评为2010年优秀税收科研论文。圆满完成《云南国税》2010第6期(总第257期)地州专版——《文山国税》专版编辑工作，图文并茂地展示了文山国税的精神风貌。

【纳税服务】 完善税收工作全程辅导宣讲法律法规、领导干部轮流到办税服务厅带班和税收政策定期公告长效机制，坚持在管理中服务，在服务中执法，在宣传中落实政策。推进办税服务厅标准化建设，建立完善纳税服务工作流程，优化办税程序。因地制宜规范办税服务厅标识，统一设置申报纳税、发票管理、综合服务三类服务窗口；统一设立咨询导税服务台；统一设置办税指南、表证单书填写范本。健全完善办税服务、纳税咨询、服务投诉等制度，推行办税公开，积极为纳税人提供政策解答、涉税咨询、纳税辅导、法律救济等服务，编辑《文山州国税局纳税服务工作手册》和《办税指南》、《办税厅服务操作流程》下发至企业，进一步密切了征纳关系，促进了税企和谐，有效提高了纳税人税法遵从度。推行多元化办税方式。建立以网上申报为主体，自主办税、储蓄扣税、委托代征等多种形式为补充的多元化办税体系，简并涉税资料报送，全面推行"一窗统办"，切实为纳税人"减负瘦身"。

【教育培训】 开展业务培训。自上而下层层征求培训需求，按照"急用先学，适用多学，缺什么补什么，差什么学什么"的原则，将办公综合业务及公务礼仪、增值税网络申报、所得税业务、税源分析与纳税评估、税收政策、税收征管与纳税服务、税务稽查与税收法制等8类18项内容列为重点培训内容。建立培训、考试、奖惩相互配套的长效机制，采取"请进来、送出去"，"每日一题、每月小考、每季中考、年终总考"和分批、分期、分岗位专业知识集中培训与分散自学、实践操作、跟班学习等方式，加强税干业务培训，扎实开展岗位练兵，多层次、全方位打造学习型团队。以业务能手竞赛推动业务学习。成功举办全州国税系统第四届业务能手竞赛。全州8县与州局机关共9个代表队派出54名选手参赛，通过竞赛，团体赛A组前3名为砚山、麻栗坡、丘北；团体赛B组前3名为西畴、广南、州局；A、B两组前6名共12人获得"文山州国税系统业务能手"称号。在州局竞赛的基础上，选派6名选手参加全省国税系统第八届业务能手竞赛，以147.3分获得全省团体第2名，其中小组赛获得第3名；个人赛中赵继林摘取了B组桂冠，与进入B组前10名的王卫江共同被省局授予"全省国税系统业务能手"荣誉称号。

【领导名录】
局　长　王天达(壮)

副局长　丁　勇
　　　　杨秋琼(女)

（佟万奇）

## 地方税务

**【组织收入】** 2010年，全州组织入库地方税费收入28.26亿元，同比增收5.9亿元，增长26.39％，收入规模和增收均创历史同期最好水平。地方税收实现21.17亿元，同比增收4.67亿元，增长28.29%，完成省地税局下达计划20.5亿元的103.25%，超任务0.67亿元。组织地方一般预算收入15.9亿元，同比增收3.09亿元，增长24.10%，完成州人民政府下达年计划15.3亿元的103.9％，超任务0.6亿元。入库社会保险费收入6.38亿元，同比增收1.04亿元，增长19.49%，征收率100.85%。同时征收地方教育附加2 023万元、文化事业建设费231万元、代征工会经费4 414万元等其他各项规费7 160万元，同比增收1 908万元，增长36.33%。同时加强欠费清收，全年清欠养老保险费2 111万元，超额完成省局1 000万元的清收任务。

**【税收征管】** 年内，制定《文山州地税系统税收征管档案管理办法》，筹挤经费50万余元统一购置税收资料档案柜，统一设计订制档案盒4万个，统一印制税收征管档案封面10万张，统一印制1万本通用纳税申报表，从州局到各县局实现征管档案文书统一化、标准化、系统化。抓牢税源监控。全州各级地税部门按照属地原则实施重点税源、固定税源、零散税源有区别、有针对性的管理方式。进行税收管理岗位人员技能培训，提高干部队伍履职能力。抓好发票的规范管理和代开工作，规范发票领、购、核、缴、销各环节管理制度，严处各种发票违章行为。开展数据清理。州、县局及时成立信息系统数据清理领导机构，制定实施方案，将清理工作分解到部门、细化到人，共清理数据大集中系统冗余数据2 877条，数据库文件瘦身0.5G，提高信息系统的工作效率。

**【内部控制建设】** 把制度建设作为提高工作效能和工作水平的关键环节，健全了财务、资产、公文、车辆、会议、接待等12项行政管理制度，并汇编成册，形成人、财、物、事一体化的管理体系。以财务审计为契机，在控制支出规模、降低管理成本、降低行政资源耗费、严格审批手续上下功夫，即，严格按预算控制支出、严格账务报销5级审批、严格大额资金支出集体研究、严格公务接待、严格办公用品采购申领、严格公务维修报批。推进“节约地税”建设，实行定人定车定油卡制度，严格控制车辆使用；统筹安排视频会议和举办各类培训会，严格控制会议成本；倡导绿色办公理念，开展节纸、节电、节水等节能活动，严格控制办公开支。优化支出结构，在保障正常工作的基础上将资金向队伍素质提升、办公环境改造、信息化建设、地税文化建设等倾斜。制定固定资产管理办法，盘点州局机关固定资产，摸清“家底”，完善管理措施，规范资产购置、使用、处置审批程序。建立健全3个层次的监督机制：领导班子内部监督，对基建、物资采购、维修项目或其它重大财务收支项目均要通过党组会、办公会集体研究决定，防止决策失误，形成第一层监督。纪检监察部门监督，对财务决策、重大支出过程、经费分配、政府采购、基建维修及固定资产管理等工作全程参与，形成第二层监督。干部职工监督，定期召开财务通报会，由干部职工对财务经费支出行为共同监督、共同把关，形成第三层监督。

**【税收执法服务】** 建立以税收执法为主线，行政管理为辅线的责任体系，按照“谁主管谁考核、谁考核谁负责”的日常考核和半年执法责任制自查工作机制，强化过程控制、规范内部管理，严格执法责任追究，强化执法问题整改，切实解决税收执法管理机制缺失、岗位责任落实不力的难题。加强稽查执法刚性。结合全州重点税源监管情况，选定82户企业实施检查，重点对房地产建筑安装、交通运输、驾校培训、电力、矿山冶炼行业开展专项检查，坚持做到“查帐必查票、查案必查票”，对209户各类企业比对、排查发票50 488份，涉及开票金额9.2亿元，查处33户企事业单位违规使用白条、收据的行为，查补收入65.3万元。加强与公安、国税部门的协作，积极开展虚假发票“买方市场”专项整治工作，1~12月税警联合查处4起使用假发票案件，共缴获各类假发票、非税务管理票据48 679份。细查、深挖涉税举报工作，受理省局转办涉税举报案件3件，直接受理1件，结案2件，在查2件，查补收入合计68万元。2010年全州共检查纳税户124户(自查42户)，检查有问题户数124户(自查有问题42户)，结案124户，查补税款、滞纳金、罚款4 165万元，入库率100%，处罚率13.29%，圆满完成省地税局下达稽查任务2 775万元的150.1%。

**【税收宣传】** 坚持税收日常宣传和集中宣传相结合，紧紧围绕“税收·发展·民生”税收宣传主题，创新税收宣传方式，采取更新办税服务厅触摸屏查询系统、向报刊、广播等新闻媒体采写税收宣传报道稿件、电台热线访谈、开展“优秀纳税企业”评选活动等方式，借助政府信息公开网站、地税门户网站、96128政务信息查询专线等载体，深入开展了第19个全国税收宣传月活动。

**【“六好”创建工作】** 以规范资料为抓手加强管理。州局统一设计并订制“六好”资料档案盒在全州地税系统使用，并严格执行3个规范和统一，即：规范和统一档案盒、规范和统一封面、规范和统一装订目录。创新考核机制。建立日常自查、交叉检查、重点抽查三位一体的考核机制，各单位强化日常考核登记，注重痕迹、细节管理，根据痕迹资料对8个县局实施全面检查，对存在问题和薄弱环节，明确整改措施、整改时限和整改责任人。

**【纳税服务】** 深化“优秀办税厅”创建。对丘北县一分局“优秀办税厅”进行检查复评，进一步扩大优秀办税厅的创建范围，2010 年，文山县一分局以全省第 6 的考评分获评“优秀办税厅”称号。开展“服务之星”评选。从 5 月起每月评选 3 名“服务之星”，并将当选人照片在州局机关办公大楼文化走廊内展示。打造品牌政务服务专线。从 3 月起州局实行科室负责制，由科室指定业务水平高、语言表达清晰的干部为 96128 专线接听联络员，做好专线接听、咨询、答复工作。加强对各县局 96128 专线的督导工作，全年共抽查 406 次。

**【领导名录】**

局　　长　段润华(白)
副 局 长　王会成(壮)
　　　　　李代斌
总经济师　周庆林(傣)

（姚　磊）

## 人民银行

**【简　述】** 2010 年，全州各项存款余额 387.3 亿元，比年初增加 84.52 亿元，增长 27.92%；各项贷款余额 271.87 亿元，比年初增加 39.78 亿元，增长 17.14%；省级金融机构直接向文山发放项目贷款余额 70 亿元，比年初增加 33 亿元，增长 91.0%。金融较好地支持了地方经济平稳较快发展。

**【货币政策传导】** 年内，文山中支通过 4 次举办金融运行分析会、2 次举办银政企座谈会、5 次到地方人民政府开展金融知识讲座等多种途径，加强向地方政府、金融机构、企业和社会各界宣传宏观调控政策和基础金融知识，促使社会各界更好地理解和贯彻执行货币政策。及时发布《文山州 2010 年信贷指导意见》，引导金融机构加快信贷结构调整，切实增加对三农、中小企业、特色产业和弱势群体等的信贷支持。全力支持抗旱救灾，连续出台《文山州金融支持抗旱救灾工作的信贷指导意见》、《金融支持文山州三七产业抗旱减灾工作指导意见》、《文山州金融机构支持烤烟生产的信贷指导意见》等信贷指引，全面部署金融抗旱工作。旱灾期间，全州金融机构共投放 7.8 亿元抗旱救灾贷款。同时，人民银行进一步强化对货币政策工具的应用，累计向民丰村镇银行发放支农再贷款4 000万元，用以支持受灾农户及农业企业恢复生产。

**【金融资源配置工作】** 加强对金融资源的管理和配置引导，促进金融资源的科学、高效配置。通过开展小区域经济金融资源配置活动为抓手，引导各县努力寻求小区域经济发展金融资源配置的方式、方法和切入点。目前，7 个县支行均成立了活动领导小组，形成了人行主导、政府推动、相关部门和金融机构参与的多元格局，试点区域贷款余额突破 4 亿元，比年初增加 1 亿元，增幅超过全州 6 个百分点，发放惠农卡 28 164张，授信3 020万元，安装 ATM 自助设备 7 台，新增加 POS 机具 8 台。高度重视对下岗失业人员、贫困学生等弱势群体的金融支持。通过窗口指导、加强监测检查等，积极引导金融资源向弱势群体倾斜。截至 12 月末，全年累计发放创业小额担保贷款 0.7 亿元，贷免扶补贷款 0.5 亿元，下岗失业人员担保贷款 0.4 亿元，助学贷款 367 万元，劳动密集型小企业贷款 50 万元实现了零突破，对弱势群体的信贷支持力度明显加强。

**【银政合作】** 人行文山中支主要领导先后到麻栗坡、砚山、马关等 5 县举办“推动县域金融建设，促进县域经济发展”的金融知识讲座，各县主要领导、各乡(镇)长、经济职能部门副科以上干部累计近千人听取了讲座，进一步加深了地方党政领导干部对金融工作的了解，提升了领导干部驾驭金融工作的能力。结合各季金融运行特点，有针对性地分别与砚山县、丘北县党政联合组织召开金融运行分析会，使金融运行分析会更加贴近实际，切实帮助党政领导解决县域经济发展难题。第一批金融机构派往政府挂职锻炼的 12 名干部已成功履职 1 年归队，把金融理念带给地方党政领导，同时积极为银行推荐政府项目，增强银政银企对接。

**【金融体系建设】** 推进贷款人多元化建设，力促小额贷款公司、村镇银行、资金互助社等新型农村金融组织成立和发展。全年全州共成立有村镇银行 1 家，贷款余额 2 亿元，小额贷款公司 13 家，贷款余额 2.26 亿元，担保公司 5 家，注册资本金 1.8 万元。

**【大力推进林权抵押贷款业务】** 年内，促成州人民政府转发中支起草的《文山州关于金融支持林业发展和集体林权制度改革的实施意见》，并以州人民政府名义召开全州林权抵押贷款业务推进会，截至 12 月末，全州共办理林权抵押贷款 6 912万元。探索应收账款质押等新型担保方式，全年累放应收账款质押贷款 27 笔 3.54 亿元。

**【金融稳定工作】** 强化金融风险监测，及时预警系统性金融风险。加强对法人金融机构的风险监测，引导各法人金融机构审慎经营，自觉提高抗风险能力；密切关注干旱灾害对金融稳定的影响情况，特别是对干旱灾害造成不良贷款快速增长，保险理赔增加，极大地打击了银行和保险公司继续拓展农村业务的信心等情况及时进行反馈；高度关注政府投融资行为风险，针对各县人民政府融资机构普遍金融负债较高的情况，形成报告《地方政府投融资行为对边疆民族地区金融发展的影响》向上级行进行反映。利用征信管理及现场检查手段，进一步改善金融生态环境建设。通过努力促成州人民政府下发《关于加快文山州社会信用体系建设的意见》，加强社会信用建设工作。目前全州已建立中小企业信用档案 952 户，农户档案 55.48 万户，办理贷款卡 104 户。已有 225 个商业银行网点开通信用信息查询功能，占银行网点总数的 80.07%；加大反洗钱工作力度，全年共举办反洗钱知识培训

7次，对金融机构开展反洗钱现场检查4次，协助公安机关破获案件43件；通过单一汇票、人民币收付业务、国库经收业务等7次现场检查规范辖内金融经营合法性与合规性。关注金融改革进程，促进金融业安全发展。密切关注并积极参与农村信用社改革工作，结合专项中央银行票据兑付考核要求，严格各县农村信用社央行票据兑付后的监测检查。关注农业银行改革安全情况及改革以后职能作用的发挥情况。通过开展金融统计检查，对农业银行虚报农户贷款统计数据6.40亿给予警告并处3万元罚款，进一步规范涉农贷款统计口径，促进增强支农服务功能。

【基础服务工作】 推进支付环境建设，畅通支付结算渠道。在大力宣传相关支付管理办法的基础上，对申请加入支付系统的农行21个机构79人进行知识测试，并协调指导民丰村镇银行加入支付系统。下发文山农村地区支付环境建设方案，完善农村地区支付服务布局，推广非现金支付工具。至年末，累计完成核算业务53 167笔，划转和清算资金2 236亿元，2007～2009年，全州办理支票影像业务42笔的基础上，2010年办理了128笔，支票影像业务得到快速发展。推进建设现代化新型国库进程，提升国库服务水平。围绕“零差错、零违规、零事故”的目标，加强柜面监督工作，堵住不合规国库业务128笔，金额3 666万元。组织开展国库集中收付代理银行资格认定工作，对全辖121个取得代理资格的金融机构网点进行了公示。顺利完成国库TIMS系统上线任务，实现文山与全国国库各类业务数据的联网合并。推进货币发行规范化管理，加大反假工作力度。完善《发行库存取现金预约制度》、《人民币回笼券质量管理办法》等相关制度，为金融机构提供更高效、优质的金融服务。2010年共办理出入库业务3 508笔，调运发行基金67车(次)，复点残损人民币31 054捆。加大反假币宣传力度，继续协助公安机关开展打击假币犯罪，并通过反假货币新系统实时实地对假币进行监测，实现人民银行与金融机构反假货币信息共享。成功堵截多批假币共计89.94万元，净化文山钱币流通市场。推进外汇业务创新，促进涉外经济发展。推动工行、信用社拟定了天保口岸的结算方案。开展外汇业务检查及国际收支业务核查，促进全州外汇管理信息化服务和对外贸易投资便利化水平不断提高。全年全州跨境收支总规模6 949万美元，同比增长43.47%，收支顺差3109万美元。推进金融宣传，增强社会影响力。2010年在《文山日报》刊出12期宣传专栏，对“国债宣传”、“跨境人民币贸易结算”、“征信知识宣传”等内容进行重点宣传。通过《今日关注》、《前沿访谈》、《新闻进行时》等栏目相继录制并播放了“银行卡安全”、“人民币结算”等四部金融谈访专题片，组织开展了5次“金融知识进社区”巡回宣传。

【内部管理】 结合基层央行内控风险管理实际，积极创新现有监督管理模式，以《内控指引》的方式推进内控监督。2010年文山中支共完成内审项目11个，发现问题77个，提出整改建议40条；事后监督发现核算性差错28笔，规范性差错6笔，提出监督建议26条，充分发挥了监督作用，加强业务管理，强化内部控制。加强工作报送管理，制发《中国人民银行文山州中心支行工作报送管理考核办法》，由各科室负责登记管理考核，促进工作有序开展和干部作风转变。强化工作流程，按照工作流程与制度要求要一致、工作规范与完善流程要同步、岗位职责履行与岗位工作流程执行要衔接、各项工作检查与工作流程检查要兼顾的原则，不断充实、完善和规范工作流程，以推动工作流程更加适应工作需要，符合制度要求。深入开展“创新金融服务，支持经济发展”业务竞赛活动，将近年来在辖区坚持开展七项特色工作纳入活动内容，以全面展现业务竞赛活动的成果。以狠抓“党员要成为业务中坚力量”活动，充分发挥共产党员的率先垂范作用；以狠抓“以考促学”活动，提高干部职工整体素质；以完善工作流程，规范内部管理；以开展“小区域经济金融资源配置”专题竞赛活动，推动农村金融服务创新；以开展建言献策活动，推动干部职工参政议政，提高民主管理意识；以开展“最有影响工作评选”竞赛活动，起到激励、鞭策和榜样的作用；以编辑“职工风采录”的方式开展“展职工风采，树央行形象”劳动竞赛活动，激励职工学先进、赶先进、争当先进。通过各项活动的深入开展促进基层人民银行履行职责，对提升基层人民银行的影响力产生明显的推进作用。

【领导名录】

行　　长　蔡永林
副 行 长　王启斌(壮)
　　　　　王立新
纪委书记　沈　琼(女，壮)
工委主任　吴　林

(权志国)

## 农业发展银行

【简　述】 2010年末，全行各项贷款余额135 091万元，比年初增加18 577万元，增幅15.95%；各项存款余额46 690万元，比年初增加1 468万元，增幅3.25%；实现账面利润2 455万元，比上年增加537万元，增幅28.0%；信贷资产质量良好，不良贷款保持为0。

【收购信贷资金供应管理】 面对粮食价格波动、国家粮食调控政策出台频度加大等复杂形势，准确把握和严格执行“一保、一控、一择优”的粮油收购信贷政策，落实工作措施，积极稳妥投放收购信贷资金，确保收购工作不出问题。2010年，分行发放粮食收购贷款16 859万元，支持企业收购粮食17 873万千克(企业自有资金参与收购，下同)，同比增加1 192万元、3 133万千克；发放储备粮贷款905万元，支持增储粮油565万千克(中央储备粮500万千克、省级临时储备粮

45万千克、州级储备油20万千克），做到了资金按时足额供应不断档，企业不停收，贷款不流失，既保证了粮食安全，又保护了农民利益。

【商业性贷款业务】 大力支持农业产业化经营，信贷业务向多渠道、宽领域发展。如向云南特安呐制药股份有限公司发放贷款7000万元、向砚山丰林花生油厂发放贷款1 200万元等。12月末，共支持农业产业化龙头企业14个，贷款余额17 700万元。稳妥支持农业农村基础设施建设。向省分行申报，向州人民政府汇报，与教育、财政等部门协调，落实贷款条件，完善贷款监管办法，发放县域城镇建设（农村中小学校D级危房改造）中长期贷款20 000万元，为支持全州农村中小学校舍安全工程建设做出积极的贡献，显现农业政策性贷款的民生效应；做好对农业中小企业的信贷支持，抓大不放小，切实解决农业中小企业融资难、贷款难问题。累放贷款10 350万元，支持农业中小企业12个，项目涵盖粮油加工、养殖、种植、辣椒加工、林业等领域，通过"公司+基地+农户"信贷运作方式，实现农业增效，农民增收。优化信贷结构，可持续发展能力增强。12月末，中长期贷款66 490万元，比年初增加12 200万元，占贷款总额的61.3%，比年初提高0.9个百分点。

【存款组织及中间业务】 将组织存款作为增收创效、促进有效发展的重要措施来抓，加大客户营销、强化账户管理、完善激励机制，千方百计做好存款组织和中间业务工作。12月末，全行人均日均存款447万元，比上年增加77万元；完成中间业务收入20万元；办理国际结算业务3笔16.3万美元；办理首笔银行承兑汇票业务21.4万元。

【信贷基础管理】 规范办贷程序，严格贷款调查、审查、审议、审批，严控贷款风险。年内，州分行召开贷款审查委员会会议22次，审议项目61个，审议金额69 042万元；开展客户信用评级及统一授信工作。完成了66个客户的信用评级审查认定，内部统一授信59户企业，授信金额257 312万元；对政府融资平台贷款开展"解包还原"自查自纠，共检查贷款4笔、金额34 650万元，并与相关地方政府、8个融资平台公司会谈，及时整改存在的问题，明确偿债责任，落实具体还款计划，确保如期收回中长期贷款8 400万元；开展贷款客户风险排查工作，对各类客户逐一开展排查，全面弄清和掌握我贷款客户的生产经营、财务状况、贷款保障和风险状况，特别是加强对农业小企业贷款的风险管控，做到贷款本息全额收回，没有发生贷款逾期现象；加强风险监测监控，防范增量贷款风险。进一步加强对产业行业的分析，做好贷款五级分类，监测贷款资产质量的迁徙变化，执行客户经理制，实行尽职记录，严格贷后管理，确保了不良贷款控制为零。12月末，正常贷款余额108 464万元，占贷款总额的80.29%；关注贷款余额26 627万元，占贷款总额的19.71%；无可疑、次级、损失贷款。

【财会管理】 2010年，全行实现各项收入7 525万元，各项支出5 070万元，收支扎抵账面盈利2 455万元，同比增盈537万元，超额完成省分行下达的利润计划。进一步完善经营绩效考核办法，强化激励约束机制。贯彻执行新会计准则，进一步加强财会基础管理，依法合规经营。组织财务收入，督促地方财政负担利息及时足额拨补，加大收息力度。12月末，地方财政补贴到位率100%，贷款综合收息率99.96%。加强与工商银行的合作，加快推进网银业务，全年资金交易281笔18 099万元，比上年增加268笔12 977万元。

【经营管理】 加强内控机制建设，开展内部审计监督检查，对年度经营成果进行真实性审计，对3个县支行的正副行长进行任期经济责任审计，对客户、信贷、财会、资金计划等重要岗位人员进行了轮换；接受并积极配合上级行、银监部门的审计检查，组织开展各项审计检查发现问题的整改工作；推行员工违规经营积分管理，按照有关处罚办法规定，分别对责任人进行了经济处罚。加快推进信息化建设，加强信息安全管理，及时排查、消除风险隐患，确保系统安全稳定运行。全面打造州分行经营管理基础平台，切实加强县支行建设，增强了可持续发展能力。深化人力资源改革。完善岗位绩效考核，加大考核结果与员工收入分配的挂钩力度；完成了州分行机关空缺中层管理岗位及4个县支行副职的竞聘工作，不断深化了用工制度改革。抓好安全保卫工作，杜绝了经济案件、刑事案件和重大责任事故的发生。

【领导名录】
行　长　景文峰
副行长　程　伟
　　　　付春海
　　　　周　敏

（何建华）

## 工商银行

【简　述】 年内，人民币各项存款余额297 759万元，比年初增加48 640万元，增幅19.25%，完成全年任务6.23亿元的78.07%。年末，人民币各项贷款余额372 381万元，比年初增加105 589万元，增幅39.58%，完成全年任务7.3亿元的144.64%，完成州人民政府下达任务8.5亿元的123%。年内实现拨备前利润9 796万元，同比增加2 583万元，增幅35.8%，完成全年任务8 334万元的117.54%；拨备后利润9 532万元，同比增加1 176万元，增幅21.98%，完成全年任务7 874万元的121.06%；净利润7 214万元，同比增加1 728万元，增幅31.51%，完成全年任务5 905万元的122.16%，人均净利润达33万元。不良贷款余额3 255万元，比年初增1 785万元，占比0.87%，较年初上升0.32个百分点。压降潜在风险贷款17 670万元，完成任务7 000万元的252.43%。

【市场营销管理】 牢固树立存款基础地位，加大业务竞争和营销力度，突出重点抓落实。大户增存款。进一步加强业务公关，抓好对公大户和个人中高端客户的服务，挖掘拓展增存潜力；新开户增存款，结合文山市场资源情况，突出重点，通过努力，取得全年新开对公账户483户的较好成绩；抓源头增存款．抓以贷引存增存款；抓理财产品与存款互动增存款。以市场需求为导向，全力开拓优质信贷市场，优化增量投向，着力调整信贷结构，提高信贷管理水平。抓项目，把信贷投放重点放在支持文山州“三个五十”重点项目。抓贸易融资、商品融资、小企业贷款。针对公司业务信贷发展的实际状况，立足效益质量，开拓思路，积极转变经营发展策略，加快营销创新，推动贸易融资、商品融资、小企业贷款的突破发展。抓个人贷款。紧紧把握住院国家宏观调政策，分析研究市场动态，注重结构调整。在抓好按揭贷款营销的同时，突出重点加强个人消费贷款营销，有力地推动个贷业务的快速发展，牢牢保持市场领先地位。抓存量不良贷款和潜在风险贷款的清收压降。

【中间业务】 梳理增收项目，明确目标。把拓展中间业务作为提升核心竞争力和实现经营转型的重要战略，充分发挥州行业务产品和结算服务优势，加强公私业务整体联动营销，突出投行业务、电子银行、银保业务、信用卡分期付款、理财业务、国际业务等产品的协调发展，努力提升竞争能力，较好地促进中间业务收入增幅提高。加强代理业务和理财产品营销。通过细分市场，落实营销措施。各项代理业务和人民币理财产品取得突破发展。

【服务与宣传】 落实“服务价值年”各项工作措施。以行长座班制为抓手，认真查找在业务流程、业务管理、服务管理等方面存在的问题，结合业务发展需要和市场竞争激烈的严峻形势，年内组织全行开展服务技能大提升活动，强化“以客户为中心”的服务理念，努力提升网点的服务水平和竞争能力以及客户的满意度和社会美誉度，树立工行良好形象。同时，强化服务意识，加大对服务质量的监督检查，与绩效挂钩。强化投诉管理，落实“三必须”，切实提升全行的服务水平，客户的投诉有了明显下降。注重渠道建设。发挥网点装修后的功能和客户经理的作用，装修改造了一个离行式自助银行，收到较好效果。并积极落实总行渠道优化建设视频会议的要求，上报新增两个自助银行方案和未来3年网点建设方案。重视电子银行业务发展。重视对外宣传。在文山主流媒体《文山日报》每天刊登“虎年行大运，工行伴您行”和“工商银行您身边的银行、可信赖的银行”题花，并登专版及新闻稿件。同时，适时召开了多次中高端客户理财沙龙，达到预期目的，积极推动业务发展。

【领导名录】
行　长　高荣超( ~11)
　　　　黄　强(11~)
副行长　肖文林
　　　　李　雄
　　　　黄绍鼎

（保信樯）

## 农业银行

【简　述】 2010年，农行文山分行贯彻落实国家宏观调控政策，积极应对宏观经济环境变化带来的不利影响和激烈的同业竞争，深入推进内部机制改革，切实加强风险控制，强化“三农”服务意识，不断加大市场拓展力度，大力拓展城乡两级市场，着力推进经营战略转型。年末，全行人民币各项存款余额108.64亿元，比年初增加16.80亿元；各项贷款余额83.32亿元，比年初增加7.35亿元；实现拨备前利润2.95亿元，较上年增加3 183万元，增长12.11%；实现拨备后利润2.68亿元，同比增加3 887万元，增长16.95%。

【存款业务】 将提升优质服务与加强物理网点渠道建设相结合，切实加大网点服务渠道建设，加快推进全行营业网点装修改造工作，着力改善对外营业环境，网点服务水平不断提高，有力推动存款负债业务发展。年末，全行人民币各项存款余额108.64亿元，比年初增加16.80亿元，创历史最高增量水平；增长18.29%，同比多增2.14亿元。各项存款增量和存量市场份额分别占4行1社的24.36%和32.06%，分别排第2和第1位。其中个人存款余额55.51亿元，比年初增加9.26亿元，同比多增3.66亿元，完成计划的129.45%；增量和存量分别占4行1社的26.04%和31.16%，均排第2位。对公存款余额53.13亿元，比年初增加7.54亿元，同比少增1.51亿元，完成计划的128.91%；增量和存量分别占4行1社的22.56%和33.05%，分别排第3和第1位。

【信贷投放】 面对信贷规模收缩的新形势，坚持信贷投放与地方经济发展特色相结合的原则，突出信贷投放重点，着力做好收回再贷工作。全年累计发放贷款36.72亿元，优先保证信贷资源向重点区域、行业和客户配置，力促全行信贷业务持续、快速、健康发展。始终坚持“大、中、小客户并举”的信贷投放策略，切实抓好存量客户的关系维护，大力拓展优质贷款。累计发放AA级以上优良客户贷款22.88亿元，占法人客户贷款累放数的97.45%，比2009年提高1.1个百分点。年末，AA级以上法人客户贷款余额48.46亿元，占全部贷款余额的58.16%，比上年末提高3.95个百分点，占全部法人贷款的89.99%。通过积极争取，在风险可控的前提下，在4个重点乡镇恢复开展自建房贷款业务，有力支持城镇建设。年末，全行个人贷款余额30.29亿元，比年初增加1.55亿元。其中个人住房贷款余额19.89亿元，比年初增加2.14亿元。

【中间业务】 全行新增个人网银签约客户9 554户，完成全年计划的212.31%；新增企业网银签约客户95户，完成计划的161.02%；手机银行新开户4 223户，完成计划的105.58%；新增消息服务签约客户14 648户，完成计划的122.07%；贷记卡新增4 159张，完成计划的103.98%；新增POS商户562户，完成计划401.43%；国际结算量完成2 871万美元，完成年计划的114.84%；结售汇业务量完成2 637万美元，完成年计划的119.86%；实现结售汇收入31万元，完成年计划的114.81%。新开对公人民币结算账户844户，完成全年计划的120.57%；实现人民币对公结算与现金管理业务收入215万元，完成目标任务的134.38%。全年实现中间业务收入4 757万元，同比增加975万元，增长25.78%，完成计划的101.21%。在4行1社中，市场份额占比达47.38%。

【三农服务】 围绕省分行"六项核心计划"涉及的农业产业化、县域房地产、县域中小企业、农村商品流通、农村公共服务等领域开展工作，以强化服务"三农"为主线，以支持产业化龙头企业，拓展县域优质中小企业客户和农户小额贷款为重点，加大有效投放，优化客户结构，严控经营风险，推广创新金融产品，实施县域蓝海战略和"3510"发展规划，大力推进"三农"和县域金融服务工作。全年累计发放涉农贷款29.98亿元，占各项贷款累计发放数的80.25%。其中，对三七、辣椒等特色产业投放贷款2.78亿元，有效支持地方特色产业的发展，支持县域经济发展的地位日趋突出。年末，全行涉农贷款余额为65.96亿元，占全行各项贷款余额的79.16%；比年初增加4.77亿元，占全部新增贷款的64.90%。其中，全行农业产业化龙头企业贷款余额6.08亿元，比年初增1.32亿元；实现国家级龙头企业服务覆盖率100%，省级龙头企业服务覆盖率93.33%。当年新增中小企业客户22户、贷款3.14亿元。中小企业贷款余额48.14亿元，比年初增4.82亿元。新增惠农卡发卡51 906张，惠农卡农户小额贷款余额达27 386万元。

【内控管理】 全面落实派驻独立审批人和风险经理制度，及时调整充实6位独立审批人、4位风险经理，在有效提高信贷业务审批层次和专业化水准的同时，实现对县支行的全面风险管理。全年先后向全行发布25次到期贷款通知和风险预警通知，信贷风险预警信息处置率100%。2010年，全行到期贷款现金收回率为96.12%；退出潜在风险客户贷款6 150万元，完成计划的307.50%。运营系统预警信息按时处置率基本保持在98.0%以上，较上年提高2个百分点；客户对账签约率99.07%，较上年提高2.33个百分点；对账单回执收回率98.49%，较上年提高5.66个百分点。2010年各种内外部检查发现问题5 735个，整改完成5 449个，整改率95.01%；集中审计发现问题综合整改率达100%。全行上下合规意识、风险防控意识增强，内控管理水平逐步提高。独立审批人累计审批法人信贷业务108笔，金额78 020万元，占法人贷款总笔数的58.06%，占法人贷款金额的33.18%，审批个人贷款17 298笔，贷款金额123 200万元，占个人贷款总笔数的88.0%，占个人贷款金额的93.27%。

【清收处置】 针对潜在风险不断释放、不良贷款出现反弹的情况，落实信贷资产风险管理措施，认真贯彻落实农总行关于《中国农业银行委托资产处置管理办法》，以科学发展观为主导，团结协作，举全行之力，坚持自营、委托业务两手抓，采取切实有力措施，加大对不良资产的清收处置力度。年末，累计清收自营不良资产共计11 238万元，完成省分行清收计划任务6 300万元的178.41%。其中清收金9 485万元，占不良资产清收总额的84.40%；清收利息1 753万元，占不良资产清收总额的15.60%。累计清收委托不良资产4 457万元，完成省分行下达计划3 100万元的143.77%。其中：清收本金3 894万元，占87.37%；清收利息563万元，占12.63%。

【队伍建设】 坚持以"公开竞聘、组织考察、群众公认、德才兼备"的原则选拔、任免干部，打造绩效型管理团队；坚持以人为本，切实加强员工队伍建设，积极引导全行员工切实转变观念，树立农行事业就是终生事业的意识，增强工作积极性和主动性；全年经过培养考察，发展业务一线新党员7名；有2 883人次参加了省州分行举办的各类培训，9位新入行大学生顺利完成了岗前培训；131人次参加了总行组织的岗位资格考试，有32人取得各类职业资格证书，其中经济师4人，助理经济师8人。

【领导名录】

行　　长　高　捍（9～）
副 行 长　梁　永（壮，1～9主持工作）
　　　　　李千里
　　　　　孟崇东（彝，3～12）
　　　　　李绍鸿（彝）
　　　　　李　涛（瑶，1～3，兼纪委书记）
纪委书记　褚忠生（3～12）

（刁云福）

## 建设银行

【简　述】 2010年，建行文山州分行围绕省分行关于"发展、管理、改革"主线，贯彻落实国家宏观经济政策和金融政策，有效应对外部复杂形势带来的各种挑战，及时抓住国家宏观政策向好、地方经济企稳回升的机遇和条件，转变业务发展方式，调整优化结构，夯实内控管理基础，提高专业化经营能力和精细化管理水平。推进党组织建设和企业文化建设，促进业务平稳较快发展。年末，全行一般性存款余额742 546万元，比上年新增160 958万元；各项贷款余额406 523万元，比上年新增27 033万元；五级分类不良贷款余额2 277万元，比上年下降1 445万元；不良率0.56%，比上年下降0.42个百分点；实现税前利润14 226万元，比上年新增3 320万元。

【负债业务】 个人负债业务方面，全行采取优化网点服务与加大外勤营销相结合方式，切实加大吸存工作力度，确保存款稳健增长。强化考核机制，加大产品挂价考核力度，充分激发员工拓展业务积极性，增强产品营销活力。加大银行卡营销力度，扩大发卡规模，提高银行市场占有量。大力拓展个人中高端客户，不断壮大优质个人客户群体。加大渠道建设，在固化网点转型成果、强化客户经理队伍建设，加大对自助银行和电子银行业务的推广运用力度，促进电子自助渠道发展。对公负债业务方面，做好重要机构客户关系维护。奋力拼抢新建项目资金账户，积极营销财政公务卡。大力拓展优质公司类客户资金。

【资产业务】 围绕年初总分行出台的信贷政策指引和信贷结构调整重点，做好上级批准项目的贷款投放，先后向文山电力股份、二级公路等项目投放贷款51 000万元，做好重点建设项目营销，大力拓展小企业信贷业务，先后注入借款8 073万元。稳步做好个人住房贷款投放，全年新增住房贷款9 998.89万元。围绕总分行结构调整要求，着力加大不良客户退出力度，共退出客户8户，退出金额17 164万元，使客户结构和行业结构逐步得到优化。

【信贷风险防控】 严格执行总分行的信贷政策和银监会出台的“三办法一指引”贷款新规，精心选择客户，确保新发放贷款质量得到提升。实施主动风险管理，强化贷后精细化管理，增强对重大风险事项的监控、跟踪、管理和处置能力。加大不良资产处置力度，全年共处置不良资产2 392.07万元。

【中间业务】 巩固扩大资金结算，收单、基金和代理保险等传统中间业务的市场份额。加大对电子银行、银行卡、百易安、外汇结算等战略性业务的拓展。培育贸易融资、保理、个人理财、边贸通等新兴业务。充分利用总分行推出的各种平台和产品，大力拓展市场，挖掘客户潜力，扩大中间业务收入来源。

【基础管理】 加大对基层机构和部门负责人的考核，促使各级负责人履行“一岗两责“。严格坚持案件防控联席会议制度，提高全行的案件防控能力。推进员工行为动态管理，加大责任追究处罚力度，防止屡查屡犯问题发生。抓好内外部审计检查发现和省分行巡视组反馈问题的整改落实。

【领导名录】

副 行 长　肖正兵(主持工作)
　　　　　张　锐
风险主管　林　红(女)

（黄　鑫）

## 中国银行

【简　述】 2010年，中国银行文山州分行客户结构继续改善，存款业务稳步增长，不良贷款实现双降。人民币各项存款较年初增加14 025万元，人民币各项贷款较年初增加70 193万元，年末不良贷款余额1 557万元，全口径贷款不良率为0.58%，较上年下降0.41个百分点。其中：公司不良贷款1 500万元，不良率0.6%；零售不良贷款57万元，不良率0.14%。中间业务净收入673万元，实现拨备前利润7 213万元，同比增加1 978万元，净利润4 714万元，同比增加1 162万元。

【业务发展】 坚持以客户为中心、市场为导向，努力克服后金融危机时代影响，克服贷款规模紧张等困难，积极向省行拆借资金、争取贷款规模，全力支持文山州重点工业项目及基础设施建设，全年累计投放贷款127 302万元，累计收回贷款57 109万元，实现净投放70 193万元，同时，成立中小企业中心，大力推广中小企业授信新模式的开办，缓解中小企业融资难、担保难的问题，建立总行级理财中心，帮助客户树立正确的理财观念，全面提升中行服务的内涵及品质，树立了“中银理财”的良好品牌形象。文山中行在当地同业中取得了人均存款、人均贷款、人均效益及网均存款、网均贷款、网均效益均名列前矛的优秀成绩。

【队伍建设】 着重在优化人力资源配置，提升员工人力资本，增强队伍凝聚力、战斗力，加强后备人才培养等方面开展了卓有成效的工作。年初新招聘13名员工，充实到一线网点，提升了网点的服务能力和竞争力，同时注重根据员工的性格特点及兴趣爱好，将其配置到相应的岗位上，使之能充分发挥个人才能；鼓励员工积极参加各种自学、函授及资格认证考试；通过开展银行业务基础知识培训、网点营销服务培训、邀请专家举办商务礼仪培训、派遣员工到省行跟班学习、以岗代训，每季度组织业务技能测试，年度举行业务技能比赛等方式，不断提升员工队伍综合素质；向省分行争取名额，选送优秀员工参加金融理财师资格认证培训及考试，进一步完善了中行理财队伍的建设。分行设立后备人才库，把工作中想干事、能干事、富有激情和责任感的青年员工选送入库，有计划的进行培养，适时将其充实到管理层队伍中或重要岗位上。推行晨会制度，通过晨会，总结每日工作中存在的问题及解决方法，增强员工间的相互交流；强化对部门、员工的效绩考核，完善分行评优制度，开展先进部门和优秀员工评选，增强团队荣誉感；选送优秀员工参加转正考试，激发员工工作热情。

【风险防范】 开展形式多样的警示教育活动，组织观看总行、省分行下发的相关警示教育片，开展职业道德教育、依法合规和遵章守纪教育，开展《员工守则》、《岗位合规手册》、《员工违规处理办法》及“双十禁”等规章制度的学习，提高员工的内控合规意识；加强内控防线建设，专门成立监察部，负责全行内控合规、安全保卫工作，在每个部门设立内控合规员，通过基层网点开展每日、每周、每月自查，不断提高一道防线自查自纠能力，通过内控合规部门进行季度内控重点检查，不断提高二道防线监督管理水平；加强ATM机的巡查，并通过网络科技实现ATM机24小时联网监控，有效防范和打击银行卡犯罪；不断完善各种安防硬件设施，开展防抢、防火等应急演练，不加提高员工对突发事件的处理和应变能力；开展保安人员专题教育管理理，重点抓好保卫人员日常行为规范，时刻遵章守纪，尽职尽守，发扬吃苦耐劳精神，确保银行的人身、财产的安全不受侵犯。全年实现“不发一案、不误一人”的安全营运目标。

【企业文化】 大力弘扬中国银行“追求卓越”的核心价值观，激发员工爱行敬业的积极性，营造人文和谐的良好氛围。抓好文明单位的创建与保持工作，2010年度，中行文山分行获得省人民政府颁发的“云南省文明单位”称号，被总行评为第五届精神文明建设先进单位，通过开展文明单位的创建与保持工作，提升了中行企业文化建设的内涵。

【领导名录】
行　　长　李学文
副 行 长　夏元凌
　　　　　李树革
纪委书记　左经翠(女)

（王成虎）

## 农村信用社

【业务发展】 年末，各项存款余额首次突破百亿元，达1 067 771万元，比年初增加298 142万元，增长38.74%，存款余额和增幅再创历史新高；各项贷款余额662 983万元，比年初增长94 880万元，增幅为16.7%。其中：农业贷款余额46.18亿元，较上年增加7.83亿元，增长20.4%；不良贷款占比首次降到个位数为8.36%；实现利润总额11 055万元，全辖上缴企业所得税3 766万元；资本充足率达9.67%；拨备覆盖率97.25%；贷款损失准备充足率为139.95%。

【信贷管理】 按照《法人客户信用等级评定办法》和《小企业客户信用等级评定办法》，对辖内362户企业进行了评级。按照“入户调查、建立农户经济档案、评级授信、核发贷款证，评定信用户、村(组)”的工作步骤，在全州范围内全面推进以评定信用户、信用村、信用乡(镇)为载体的“信用工程”建设，对原来建立的农户经济档案进行全面更新。全年累计建档101 266户，占应建档农户总数的14.48%。宣传贯彻执行银监会“三个办法一个指引”贷款新规，推动信贷管理规范化、制度化、流程化、精细化。

【支农服务】 年末农业贷款余额46.18亿元，较上年增加7.83亿元，增长20.4%；各县联社发放“贷免扶补”创业贷款1 283户，金额6 379万元，完成省下达计划的100.39%；发放州级小额担保贷款679户，余额3 976万元；发放金碧惠农卡24 163张，授信25 761万元，用信19 509万元；发放林权抵押贷款38户、2 673万元；代理兑付各种惠农直补资金35 327万元、低保资金22 214万元；累计发放贷款32.47亿元，完成省联社与州人民政府“三年投放100亿元”进度任务的103%。

【风险防控】 牢固树立审慎经营、稳健经营意识，把风险防范作为信用社发展的生命线；审慎咨询，严把新增贷款关口，从源头上防范和控制贷款风险，使新增贷款风险得到有效控制；面对百年一遇干旱和后金融危机双重影响下不良贷款反弹的严峻形势，按照“重点监控、逐户分析、加强清收、适时处置”的要求，抓好信贷风险防范和化解工作。

【案件防控】 全面落实“一岗双责、双线管理、分级负责”的案件防控工作机制，推进案件防控长效机制建设，全州农村信用社2010年继续保持零案件，确保安全经营。

【服务创优】 各联社根据实际情况围绕日常服务工作的重点、难点，细化服务内容和管理要求，及时制定服务创优管理考核办法和各项具体实施规定，使服务管理制度更加完善。将“服务创优工程”开展情况纳入考核，加大考核权重，激励员工工作积极性。各联社采取集中培训和个人学习相结合的方式，组织辖内员工开展服务礼仪强化训练和业务知识培训，不断提高服务技能。各联社加快“双基”工程建设步伐，对营业网点进行了美化、亮化；全年全州农信社共布设自助设备39台，POS机246台。按照省联社“解决金融服务空白乡镇问题”的总体要求，年内采取增设服务点的方式，圆满解决文山喜古、坝兴，马关金厂，丘北舍得、新店5个乡镇金融空白区的金融服务缺失问题，提前实现全州乡镇农村基础金融服务全覆盖。

【班子队伍建设】 完成全州8县联社班子换届选举工作，调整充实8县联社班子，全州农村信用社班子队伍面貌明显改善。按照省联社新员工录用计划，办事处本着公平、公正、公开的招聘原则，录用45名合同制员工。

【领导名录】
主　任　桓锦胜(白族)
副主任　李建国

（李　清）

# 商贸流通

## 供销合作

【简　述】 年末，全系统有各级供销社82个，社有企业及

社涉企业94个，产业活动单位1 744个。其中，全资企业64，产业活动单位360个；控股企业6个，产业活动单位85个；参股企业24个，产业活动单位85个。从业人员3 791人，其中州级社48人，县级社523人，乡镇基层社3 220人；供销社职工932人，开放办社吸收的各类人员2 859人，离开本单位仍保留劳动关系的职工163人(内部退养职工29人)，离退休人员1 999人(离休人员29人)。发展专业合作社、综合服务社、农产品协会182个，累计发展1 226个。配送中心6个；乡村市场建设6个；引进合作项目8个；乡村信息采集点8个；人员培训2 921人；经营总额10.73亿元；化肥销售17.27万吨；经营利润988万元。今年争取中央“新网工程”以奖代补资金180万元，省“乡村流通工程”补助资金195万元，州级投入补助资金65万元，各县财政配套扶持资金196万元。

**【供销体制改革】** 根据《国务院关于加快供销合作社改革发展的若干意见》，全州供销系统紧紧围绕文件制定措施、落实政策、解决问题。2010年，州供销社与州发改委、州财政局、州国土局、州民委、团州委等部门联合下发关于供销社土地、财务挂帐、化肥经营、人员培训等文件，并提出处理意见和解决问题的一系列办法措施。12月29日，《文山州乡村流通工程规划》(2011—2015)通过专家评审并上报州人民政府。即将出台的《规划》将对全州乡村流通工程建设起到指导作用。

**【推进供销社“二次创业”】** 大力实施“乡村流通工程”，加快完善农村现代流通体系建设。结合文山社会主义新农村建设实际，提出：“新农村建设到哪里，‘两社一会’就发展到哪里”的要求。各县党委人民政府也积极出台供销社改革发展的《实施意见》、制定规划、建立制度、大力扶持，使供销社在农村流通中的主渠道作用得到充分发挥。全系统紧紧围绕农资经营网络、日用消费品流通网络、农副产品购销网络、再生资源回收利用网络、农村流通信息网络、农产品市场网络体系等“六大”网络，大力实施“乡村流通工程”建设，初步探索出适合市场特点，吻合“三农”特征，切合供销社特性的改革发展新路子。呈现出具有丘北做法、砚山思路、广南特点的“二次创业”新格局。

**【企业改革改制】** 全州供销系统126户企业，已改制结束94户，有18户进入改制程序，企业改制面达88.9%。改制工作结束的县有马关县、麻栗坡县、文山县；州属3户企业于2006年底改制结束合并组建2个公司，因州农资生产资料有限公司股东意见分歧，于11月底进行重组，现经营正常。2010年以来，企业改制工作步履维艰，未改制企业多是无优良资产，无竞争实力，部分处于停业破产状况，改制工作推进缓慢。

**【“乡村流通工程”建设】** 经营总额大幅上升。截至12月底，全州供销系统通过商品销售、餐饮业、社办农业、社办工业、服务业、仓储运输业、资产经营和其它经营等，共完成经营总额10.73亿元，同比增长43.0%，完成省、州计划数8亿元的134.1%。

化肥销售保持相对稳定。供销企业大力推进农资连锁、配送经营和“农资放心店”、便利店等基层网络终端服务。2010年，全州供销系统共购进化肥8.38万吨，同比下降15.3%；共销售化肥17.27万吨，同比增长8.6%，完成省、州计划数15万吨的115.1%；期末库存2万吨，同比减少31.2%。

“两社一会”发展数量质量有新的突破。2010年，新发展“两社一会”182个(其中专业合作社111个、标准化综合服务社65个、协会6个)，同比增长19.0%，完成省、州计划数151个的120 .5%。新建或改扩建的标准化综合服务社做到了外观统一、标识规范、服务功能齐全。年末，全州累计发展“两社一会”1 226个，已覆盖全州100%的乡镇和85.0%的行政村。

经营利润成绩突出。全系统认真做好农业生产资料供应、日用工业品销售、烟花爆竹、食盐、种养业、饮食业等经营工作，千方百计消灭亏损，确保盈利。1～12月，全系统汇总实现利润988万元，同比增长22.0%，完成省、州计划数300万元的329%。

规范教育培训。全州供销系统根据农村市场需求变化，不断更新技能知识培训，把实用型人才、职业技能作为“乡村流通工程”人才培训的重要内容。1～12月，共完成人员培训2 921人(其中：持证人数570人，是历年持证人数最多，且考试、档案、证件较为规范)，完成省、州计划数2 760人的106%。2010年，云南省供销社在砚山召开县、乡、村三级干部培训会，青年流通人才和农产品经纪人进村入户培训，收到较好的效果。

农资、日用消费品配送中心建设向规模和效益型发展。配送中心建设规模大、耗时长，需要投入大量资金，全州供销系统6个配送中心属新建、改扩建项目。至年底，砚山县综合物流配送中心，已规划和征地52.1亩，该项目正在筹资建设中。广南县建成相当规模的2个配送中心，经济和社会效益较好。广南县惠尔玛特连锁超市配送中心，已在莲城、珠琳、珠街、黑支果、南屏、底圩等乡(镇)建成21个连锁农家店，年实现商品销售收入1 200万元，为全县提供的商品种类达13 000个，有效地改善农村市场环境。广南县农资物流配送中心，已在南屏、黑支果、空山、珠街、五朱、篆角等乡(镇)建成6个农资直营店，56个规模不同的村级加盟连锁店，年销售各种化肥1.7万吨，实现商品销售收入2 500万元。

乡村市场建设有新的进展。全年全州供销系统已完成市场建设6个，占省、州计划数6个的100%。除农贸市场、牲畜交易市场外，2010年，文山县供销社启动了再生资源回收利用市场建设，市场占地60亩，概算总投资2 430万元，项目已申报并在积极引资中。

引进合作项目有新突破。全州供销系统共引进合作项目8个，占省、州计划数8个的100%。项目有综合市场、大型超市、药材种植、屠宰加工业等。

乡村信息采集点全面完成。为推动农村信息化服务，建立农村信息综合服务平台，2010年，州供销社建成州级系统门户网站，为今后信息采集、发布作积极准备。全系统确定乡村信息采集点8个，完成省、州下达8个任务数的100%。

**【资产管理】** 文山州供销社以州惠农社有资产经营公司为主发起人，吸引省州7个自然人股东，组建全省供销系统首家小额贷款公司。自2010年7月24日开张营业以来，累计为供销企业和农村合作经济组织发放小额贷款4 300万元，实现利润100多万元。文山州供销社于2010年12月30日，将朱店坡闲置的29亩土地公开挂牌出让，为供销事业发展提供资金保障。砚山县供销社引资建平远廉租房，使平远供销社资产增值800多万元，砚山以此模式正在启动稼依供销社廉租房建设。

**【安全维稳】** 全州供销部门在生产经营过程中狠抓安全目标管理，始终贯彻落实“安全第一、预防为主、综合治理”的安全工作方针，最大限度地确保全系统的安全生产和安全经营。全年全系统未发生一起安全生产事故，杜绝重特大事故的发生。由于供销企业改制面加大，问题逐渐凸现，年内州供销社共接待来信来访158人(次)，协调解决企业职工养老保险、医保、女职工年满50周岁退休问题，为州社直属企业退休人员和分流下岗人员解决生活补助等实际困难，较好地维护系统稳定。

**【领导名录】**

主　任　郑德义

副主任　黄贵方(瑶)

　　　　吴志标

（张继敏）

## 盐业购销

**【简　述】** 2010年，全州计划供应食盐19 600吨，工业盐500吨。全年组织调供食盐18 432吨，完成计划94.04%；工业盐445吨，完成计划94.0%；全州实际销售食盐19 959吨，完成计划102%；工业盐449吨，完成计划90.0%；盐业销售收入3 473万元，比2009年增加153万元，增长4.4%。

**【盐业市场管理】** 开展全州范围食用盐市场的拉网式检查，着重抓好食盐运输和消费环节，对餐饮、食品加工、学校等重点单位开展食用盐安全检查，严厉查处非食用盐、非碘盐和不合格盐流入州内食盐市场的案件。至12月底，全州共查处盐业违法案件31起。全年共计出动执法人员1 200余人(次)，出动车辆350余台(次)。查获违法盐产品共计43吨。案件办结30起，达97.0%，上缴财政罚没收入9 850元。

**【宣传教育和社会监督】** 利用“3.15”消费者权益日和“5.15”防治碘缺乏病日以及六月安全宣传月等全国法制宣传周和集市贸易日，开展加碘食盐知识宣传，充分利用电视台、报刊、宣传栏等宣传工具，大力宣传国家有关盐业管理的法律法规，向群众宣传食用非碘盐和不合格盐给人民群众生体健康带来的危害。全州共计组织60余次的宣传，出动人员420余人(次)，发放宣传资料67 000余份。公布监督举报电话，积极接受广大人民群众的举报和投诉，对举报线索认真调查，逐一核实。

**【规范许可证管理】** 为加强对州内《食盐批发许可证》的管理，进一步规范和动态掌握州内零售网点情况，结合文山州盐务管理工作的实际，年初，完成对州内《零售许可证》持证情况核查，全年全州共计持证经营4 215户。8月由公司统一制作和发放“白象”标识牌120块。动态撑握了州内《食盐批发许可证》、《食盐转(代)批发许可证》、《食盐零售许可证》持证人员和网点分布情况。

（谭金海）

## 物　资

**【简　述】** 2010年，集团公司抓住文山州二级公路建设机遇，以爆炸物品采购、运输、储存、生产、销售工作为重点，抓紧抓好经营管理、安全生产工作，15 000吨乳化炸药生产线建设工程。年内主要经济指标完成情况：商品销售收入11 615万元，比上年增加1 995万元，上升20.7%；上交税金748万元，比上年增加280万元，上升59.8%；实现净利润433万元，比上年增加136万元，上升45.8%；乳化炸药生产量6 561吨；炸药销售量13 128吨，比上年增加3 108吨，上升31%；雷管销售量1 124万枚，比上年增加199万枚，上升21.6%；导爆索销售量35万米，比上年增加18万米，上升105.9%；塑料导爆管销售量7万米，比上年增加1万米，上升16.7%。全年为抗旱救灾捐款42 740.80元

**【企业管理】** 树立“以人为本”的管理理念，狠抓人才培训和企业管理工作，对文山分厂下岗的102名员工全部进行转岗培训，为15 000吨乳化炸药生产线顺利投产提供人才保障，并保证生产安全；在企业管理方面，不断加强制度建设和管理创新工作，为适应企业发展需要，根据岗位描述执行情况的分析和评估结果，重新制定绩效考核标准，推行各部门、各子公司副职以上领导由总经理、其他员工由所在部门主任或所在公司经理按月考核的绩效考核办法，绩效标准作为衡量干部职工履职效果、遵章守纪的尺度，基本做到有奖有罚、奖罚分明，推动全体员工的工作热情，提高工作效率，保持企业的竞争活力；在物价不断上涨的情况下，提高员工工资待遇，工资平均涨幅达到30.0%，维持了职工的生活水平，

体现“以人为本”、企业和谐的管理理念。2010年获得云南省总工会授予的“云南省劳动关系和谐企业”称号。

**【安全生产】** 全年召开全体员工安全会2次；各企业领导干部安全生产专题会4次；开展安全生产巡回检查19次。各企业共召开安全生产学习会和分析会150次；共开展消防、通讯、人员组织保障应急演练26次，并严格执行安全检查制度，开展安全生产月查、周查、日查工作。全年投入安全资金42万元。其中购置安装炸药仓库视频监控系统18万元；购置安装爆炸物品运输车辆卫星定位视频监控系统12万元、安全生产培训费12万元。

**【爆炸物品生产流通】** 组建云南达力化工有限责任公司，筹资3 000万元建设15 000吨乳化炸药生产线项目，并于2010年4月8日建成投入试生产，通过生产线验收和安全评价后，同年10月8投入批量生产，全年生产炸药6561吨，扩大生产规模，提高生产工艺和技术装备水平，既填补文山州乳化炸药产品空白，又满足全州工、农业生产及铁路、公路等基础设施建设对炸药的需要。

**【领导名录】**

董事长兼总经理　王跃祥

副　总　经　理　陈兴明

（杨寿华）

世外桃源壮乡礼乐

# 社会事业

责任编辑：梁瑜丹　陈翠莲

电影《虎啸南天》开机仪式

# 教育科技

## 教　育

【简　述】 2010年，全州有各级各类学校2 598所，其中：高等教育学校2所，中等职业教育学校30所，普通中学155所(普通高中26所、初级中学129所)，小学2 242所(完全小学1 367所，教学点875个)，幼儿园168所，特殊教育学校1所。共有各级各类在校生690 682人，其中：高等学校5 966人，中等职业学校46 384人，普通高中37 727人，初中171 153人，小学363 070人，特殊教育学校323人，幼儿园(班)66 059人。共有教职工45 701人，其中专任教师41 733人。全州校舍建筑总面积4 201 059平方米，生均校舍面积普通中学7.53平方米、小学5.41平方米；不安全校舍面积1 651 646平方米，其中：B级359 578平方米，C级195 012平方米，D级1 097 056平方米，不安全校舍占校舍总面积小学56.24%、中学(含职初)34.95%。各级各类教育得到协调发展，基本达到"十一五"教育事业发展规划目标："两基"进一步巩固提高，小学适龄儿童入学率达99.54%，辍学率0.05%，毕业生升学率97.42%；初中阶段毛入学率103.43%，辍学率1.81%，毕业生升学率52.21%。高中阶段教育"瓶颈"进一步缓解，完成普通高中招生14 632人、中等职业教育招生21 759人，高中阶段毛入学率达50.02%，普通高中与中职学校在校生之比为1：1.22。学前教育规模进一步扩大，幼儿园数由2009年的136所增加到168所，幼儿入园(班)率达43.73%。高等教育稳步发展，文山学院逐步向合格本科院校迈进，云南三鑫职业技术学院招生数增加，高等学校在校生达5 966人。新增各级各类校舍522 798平方米，校舍结构得到优化；80.0%的职业教育学校建有校内实训基地，新创建国家级重点职校2所，省级重点职校2所，省级示范职校2所；全州学校图书馆(室)配备率达90.0%，生均图书中学达14册，小学10册。教师队伍素质不断提高，专任教师学历合格率幼儿园98.69%、小学98.57%、初中97.03%、普通高中92.18%、中等职业教育学校78.40%、高等教育33.72%。教育教学质量稳步提高，高考综合上线率由2009年的76.82%上升到93.08%，净增16.26个百分点，中等职业学校毕业生直接就业率达86.0%。

【"两基"迎国检工作】 根据国家"两基"工作的相关规定，在各县"两基"通过验收后，云南省以省为单位申报于2010年底接受国家教育督导团"两基"检查验收(简称国检)。4月7日，省人民政府召开"两基"迎国检工作动员电视电话会，州人民政府紧接着召开全州"两基"迎国检工作动员会，州委副书记、州长黄文武就全州"两基"迎国检工作进行安排部署。州人民政府成立由州长任组长，分管副州长为副组长，教育、财政、发改、公安等21个部门领导为成员的全州"两基"迎国检工作领导小组。全州把迎接国检作为推进"两基"巩固提高、促进教育工作全局的契机，广泛深入宣传，强化工作措施，落实工作责任，加强工作督查和业务培训。在通过县自查、州复查，深入掌握基础状况的基础上，围绕普及程度、教师队伍、办学条件、教育经费、教育质量、学校管理、扫盲工作等方面的35项指标，进一步巩固成果，查缺补漏，努力提高"两基"水平。11月底，国家教育督导团到云南省开展"两基"检查验收，抽查了10个州(市)，文山州接受教育部领导巡检。通过检查评估，教育部认定云南省实现"两基"目标。通过评选审核，文山州人民政府、文山市人民政府、富宁县人民政府被省人民政府表彰为"'两基'工作先进单位"，文山州29名个人被表彰为"'两基'工作先进个人"。

【"两基"迎国检献爱心活动】 针对"两基"迎国检自查中学校教学用计算机和图书等仪器设备不足问题，州委、州人民政府倡议开展爱心捐赠活动，动员机关、企事业单位、社会各界捐赠计算机、图书等仪器设备，加强教育技术装备，各县(市)也组织开展捐赠活动。全州各界共捐资163.04万元，捐赠计算机762台、图书64.48万册。

【义务教育经费标准】 国家进一步提高义务教育保障经费的补助标准，日常生均公用经费初中由2009年的每生每年500元提高到600元，小学由300元提高到400元，地方配套补助后，实际支出达初中每生每年750元、小学每生每年508元；家庭经济困难寄宿制学生生活补助初中由2009年的每生每年750元提高到1 000元，小学由500元提高到750元。

【高中阶段招生制度改革】 根据云南省教育厅有关改革精神，文山州实施了高中阶段招生制度改革。主要改革内容为：普通高中招生共设四个批次志愿，一级二等完中、一级三等完中、二级以下完中、择校生分别在四个批次录取。五年制大专设一个批次，中职学校设一个批次。实行知分填志愿，并实行顺序志愿投档。全州统一填报志愿，统一录取，统一发放录取通知书。以参加全州中考考试成绩和学生综合素质评价结果为依据，根据学生志愿择优招生，按批次在全州范围内进行等额投档录取。实行定向择优招生，将部分普通高中学校公费学位生招生总数，划出一定比例的指标，根据各初中学校的毕业生数和办学水平，定向分配到各初中学校(含完中初中部)，按照中考成绩、综合素质评价和学生志愿择优招生。从2010年起文山州一中和8县(市)一中都将进行定向择优生招生改革，招生计划数逐年递增。州一中面向全州定向择优招生，8县(市)一中面向本县定向择优招生。各完中学校根据学校办学情况，试行招收音乐、美术、体育特长生。

【职教园区建设规划与建设】 9月26日，州人民政府召开州职教园区建设专题会议，进一步明确州职教园区的发展方向和办学模式，即：以搬迁建设后的州6所中职学校新校为基础申办高等职业技术学院，以学院为龙头构建覆盖全州城乡职业教育网络；办学规模按照近期13 000人、远期40 000人（含云南三鑫职业技术学院）进行规划，一期按照13 000人的规模建设。按照建设高职院校的目标和5＋1＋1的模式规划职教园区，加大校舍资源的整合力度，年内完成职教园区修建性详细规划的调整工作。同时，成立文山州教育投资有限公司，按照项目法人制管理要求统一负责职教园区建设。

1月14日，州人民政府举行职教园区委托代建签字仪式，受州长委托，副州长兰骏代表州人民政府与文山亚太公司董事长张云鹰签订了《文山州职教园区建设项目委托代建协议》。同时，州教育投资公司董事长周贤柱与亚太公司董事长张云鹰签订了《文山州职教园区建设项目委托代建合同》。按合同协议，州人民政府委托文山亚太科技集团公司统一代建职教园区。

**【文山三七研究院并入文山学院】** 8月26日，七届州委第80次常委会议决定：文山三七研究院整体并入文山学院，在保留"文山三七研究院"牌子基础上，加挂"文山学院三七研究中心"牌子；将三七研究院人、财、物整体并入文山学院，人员（含退休人员）工资、福利待遇等全部由文山学院承担；州政府原安排给文山三七研究院的事业经费（包括人员经费）转变为州级三七科研专项经费，划入文山学院进行专户管理，并视今后州级财力情况予以逐步增加；成立理事会，共建共管。

**【政府大力支持云南三鑫职业技术学院办学】** 州人民政府决定，对参加高考进入云南三鑫职业技术学院就读的文山籍学生每人给予500元的一次性生活补助，在校经济困难学生纳入全州贫困学生救助体系予以资助；从2010年9月起，州人民政府在3年内安排120万元，补助云南三鑫职业技术学院"特聘教师"工资，支持学院用于职教园区内建设的贷款贴息资金达1 000万元，并在配套土地安排、土地出让金等的使用方面给予优惠。

**【5县（市）特殊教育学校立项建设】** 按照国家实施的西部地区特殊教育学校建设规划，文山、砚山、马关、丘北、富宁等5县（市）特殊教育学校项目立项建设。共投资2 330万元，总建筑面积16 749平方米，预计于2011年建成。

**【开放教育平台建设启动】** 8月10日，州教育局召开提升开放教育水平促进终身教育服务体系建设工作会议。省电大校长徐彬等学校领导，副州长兰俊，各县（市）教育局分管领导、职成教职能股负责人、办学点负责人，文山学院、文山党校分管领导和处室负责人，州教育局领导和职成教科、政治处的同志参加会议，同时邀请了州委组织部、州人事局领导到会作指导。会议的成功召开，标志着文山州提升开放教育水平促进终身教育服务体系建设工作全面启动。

**【整体排除中小学D级危房工程】** 自2008年11月全州实施整体排除中小学D级危房工程至2010年12月底，全州共筹集危房改造资金82 241.79万元（其中：中央和省补资金49 404.64万元，州县自筹8 967.74万元，银行贷款20 000万元，社会捐助等其他资金3 869.41万元），带动企业垫资11 537.78万元，排除中小学D级危房56.57万平方米，实际开工建设66.24万平方米，竣工36.99万平方米。51.49万平方米的排危任务全部完成。

**【学校布局调整】** 按照全州中小学布局调整规划，撤并普通初中校数3所，小学308所，撤并教学点645个（其中：非"一师一校"教学点2个，"一师一校"教学点643个）。撤并中注意集中办学学校的配套建设，提升资源配置水平，提高教育教学质量，逐步按标准化建设，缩小城乡教育差距。

**【国家实施教师"国培计划"】** 从2010年起到2012年，中央财政每年投入5.5亿元支持实施"国培计划"，以提升中小学教师队伍素质。"国培计划"分为两个项目，面向全国所有省（区）的"示范性项目"；面向中西部地区23个省的农村骨干教师培训项目。"示范性项目"由教育部直接负责组织实施。"中西部项目"由23个中西部省区申报、教育部评审和审批，通过审批者，在教育部指导下，由省区组织实施。文山州于2010年8月启动该项目的培训，全州共遴选2 210名中小学骨干教师（农村中小学骨干教师换脱产研修、农村中小学骨干教师短期集中培训、农村中小学骨干教师远程培训）、县（市）培训机构培训者及管理者、一线指导教师参加了"国培计划"培训。其中：农村中小学骨干教师置换脱产116名（中学48人，小学68人），农村中小学骨干教师短期集中培训330名（中学150人，小学180人），农村中小学骨干教师远程培训1 660名（中学670人，小学990人），一线指导教师75人（中学31人，小学44人），培训机构培训者及管理者29人。

**【实施"师资更新工程"】** 2007年，州人民政府与西南大学签订合作协议，实施"文山州师资更新工程"，由西南大学为全州培训30名骨干校长、50名优秀学科带头人。该培养项目采取集中理论辅导、分散回岗消化、在岗操作实践、导师带徒、开展课题研究、开展校本行动研究、校本培训、总结研讨提高、培训成果展示等培训模式进行。培训分三年一个周期：第一年按确定的专题进行集中理论培训，学员在指定导师的指导下撰写开题报告并开题；第二年进行中学语文、数学、外语教师的专业发展培训，开展通识培训和课例研究；第三年实施"种子计划"，开展通识培训，在导师的指导下实施读书计划、学科专题研讨、成果展示。到2010年，该项目培训已全部完成。

**【特级教师推荐评选】** 全州共有19人申报特级教师，经文山州特级教师评选推荐工作领导小组及专家考评组的考评、

推荐，选送8名教师到省参加特级教师评选，通过省的评选公示，文山州余世春、杨艳红、王绍南、卢占国、方志丽、陈明珠、瞿云华7名教师被省人民政府授予特级教师荣誉称号。自1994年开展特级教师推荐评选工作以来，全州共有92名中小学教师被评为特级教师。目前，在职特级教师共52人。

**【远程教育视频教学(会议)中心建成】** 州教育局建成州级远程教育视频教学(会议)中心，各县(市)校共建成187个远程视频客户端，远程视频系统覆盖全州所有中学、城区小学和部分乡镇中心完小。远程教育视频教学(会议)中心可支持州到乡镇中心学校的视频会议或教学演示，实现优质教育资源共享，节约行政成本。

**【全州实现普及中小学实验教学】** 11月23～25日，云南省普及实验教学检查验收组一行深入丘北县对普及实验教学工作进行检查验收。通过"听、看、查、访、议"后，检查验收组认为：丘北县"普实"各项指标已经达到省的要求，同意验收。至此，文山州8县(市)全部通过"普实"验收，全面实现普及实验教学目标。

**【现代教育示范学校建设工程】** 2月，文山州向省教育厅申报55所"云南现代教育示范学校建设工程"项目学校(小学30所、初中20所、高中5所)。7月16日至8月19日，组织55所项目学校校长、教务主任、德育主任及6个学科的教研组长共630人(次)参加了上海方略教育机构组织的暑期培训。

**【县级政府教育工作评估】** 丘北县和富宁县均通过县级政府教育工作督导评估，丘北县分别被省人民政府、省政府教育督导团和省教育厅认定、表彰为"教育工作先进县"，富宁县被省政府教育督导团和省教育厅认定为"教育工作合格县"。

**【抗旱保教】** 2010年，全州因特大旱灾而致饮用水受影响的学校达1 576所，占学校总数的44.7%。全州各级党委、人民政府和有关部门把确保师生饮用水作为抗旱救灾的重点之一，优先安排饮用水设施，及时下达抗旱保教专项经费，学校公用经费优先保证抗旱需要。全州教育系统共获得中央划拨救灾资金300万元，州、县(市)级人民政府划拨资金83.82万元，社会捐资177.4952万元，物资113 908件。全州没有一个学校因干旱而停课，没有一个教师因干旱而离校，没有一个学生因干旱而失学。

**【招生考试实施系列改革】** 高考报名采用网上报名提前进行(2009年12月15～25日进行)，报考科类仅设有文史、理工两个大类(不再单独设置艺术文、艺术理，体育文、体育理)，英语听力考试与笔试单独进行，英语口语测试采用全国英语等级考试二级试卷，实行计算机辅助考试。全国、全省的统一考试考生不得携带计时工具进入考场，考场内悬挂挂钟计时，作为考生考试的计时工具；所有考生进入考场前，利用金属探测器实行安全检查，确保考试安全；防止作弊行为发生。全省自主招生力度加大，在原云南大学实行自主招生的基础上，增加昆明冶金高等专科学校、云南交通职业技术学院进行自主招生。全州恢复中考艺术、体育专业考试，高中阶段学校招生首次实行自主命题。

**【学校安全工作】** 全州贯彻落实全国全省综治维稳工作会议、全省学校安全工作电视电话会议精神和州委州人民政府的有关要求，迅速采取一系列行动，开展学校安全稳定和学校周边治安综合治理工作，加强学校安全保卫工作力量。州、县教育行政部门增设学校后勤安全保卫专门工作机构，学校加强了安全保卫人员的配备，购置视频监控系统、警棍、警用电筒等安保器材。在部分城区学校设立"校园110"，加强校园内外的安全巡逻，在重点地段、时段部署警力，维持秩序，应对突发事件。开展学校安全隐患排查治理行动，对学校周边治安进行全面的清理整顿，消除一系列安全隐患营造安全稳定的教育环境。

**【中国建设银行"少数民族地区大学生成才计划"在文山学院启动】** 2月20日，"中国建设银行少数民族地区大学生成才计划"启动暨颁奖仪式在文山学院举行。由中国建设银行专门为少数民族地区大学生设立的成才计划，总计投入6 000万元，计划连续实施5年，面向全国16个省(区)。省内文山学院、大理学院、红河学院和楚雄师院5所高校的贫困生受到资助。每年资助500名贫困大学生，5年共计2500名，奖助学金750万元。受资助的学生大部分来自边疆农村家庭，其中贫困生超过30.0%以上。文山学院每年有80名贫困大学生受到资助，5年共计400名，奖助学金120万元。

**【捐资助教】** 4月，云南缘达建工集团有限责任公司向富宁县二小捐赠61套价值30余万元的电脑设备；贵州超一房地产公司向马关县城南学校捐资100万元人民币新建1幢1 600平方米综合楼。5月，由马来西亚丹斯里颜清文先生投资30万元人民币建设的富宁县者桑乡平安小学及命村小学两个希望工程项目破土动工。7月，云南世博车市捐资50万元援建丘北县双龙营镇普者黑第二小学；上海市台湾同胞投资企业协会向广南县八宝镇板幕小学捐赠30万元新建一幢建筑面积517平方米的综合楼。8月，由文山隆兴矿业有限责任公司捐赠80万元兴建的西畴县那磨民族希望小学举行奠基仪式。9月，上海虹口区代表团到富宁县隆重举行上海市虹口区援建富宁、西畴希望学校捐赠仪式，代表团代表上海捷胜置业有限公司向富宁县民族中学捐赠学生宿舍楼项目建设款50万元，代表上海瑞安房地产发展有限公司向畴县教育局捐赠希望学校建设款50万元；由云南省烟草公司捐款20万元、麻栗镇政府配套4万元建设的新发寨小学教学楼及附属工程竣工投入使用。10月，上海电信工程有限公司向富宁县二小捐赠25万元援建现代信息技术教学综合楼；武警某部政委丁晓兵夫人、师医院副院长陶婉珠大校，无锡市国画院院长孙璘一行为丁晓兵希望小学带来尉天池教授捐赠的50万元助学基金和无锡市爱心人士捐赠的大批教学设备及图书。11月，上海丽正电子有限公司向富宁县花甲乡那耶小学捐资30万元援建框架结构教学楼一幢，建筑面积240.69平方米，总投资为33万元；爱心人士Happy Hearts慷慨解囊投入40万元人民币在富宁县归朝镇威峨村援建开心果威峨希望小学。

【领导名录】
局　　长　刘锦超
副 局 长　黄福光(壮)
　　　　　朱　花(女)
　　　　　杜跃辉（12～）
纪委书记　陈国光

（侬朝成　王　俊）

## 科　技

**【科技项目】** 2010年，组织开展申报国家科技部、上海市科委和省科技计划项目工作，已立项28项，获得经费支持1 846万元。其中申报立项工业科技类8项，获得经费支持670万元；申报立项农业科技类20项，获得经费支持1 176万元。做好州级科技计划项目和科普计划项目工作，安排州科技计划项目19项，投入经费80万元；科普项目4项，投入经费20万元。

**【厅州科技工作会商】** 11月24日，省科技厅同州人民政府在昆明举行厅州科技工作会商会议。省科技厅厅长龙江出席会议并讲话，州长黄文武作工作情况汇报。结合文山州“十二五”经济社会发展中的重大科技需求，围绕全州经济发展布局，组织实施一批重大科技项目，重点解决制约全州矿冶、三七、木本油材料、辣椒、烟叶、八角、粮食和畜牧等主要产业发展的关键性、共性技术难题。会议对全州科技工作形成共识：加强重点产业技术创新，推进产业技术升级；加大创新型企业培育力度，提升企业核心竞争力；加快科技支撑体系建设，提升产业发展服务能力；加强科技创新人才培养，提升技术研究开发能力；加大科普宣传和科技培训工作力度，提升全民科技素质。

**【农业科技】** 围绕全州重点产业和特色产品开发，组织开展具有重要支撑作用的共性、核心和关键技术的联合攻关，对促进全州农民增产增收、农村经济发展提供了技术支撑。林业科技得到长足发展，建设万亩杉木、万亩八角等一批林业科技示范基地；大力发展特色经济林，以油茶、核桃等木本油料引种、新品种选育和产业化推广稳步推进。农业龙头企业创新能力明显提高。通过技术引进、研发，实现特色产品加工技术从无到有，从初级向中、高级技术转变；三七、辣椒、茶叶、葡萄酒、花生油系列产品、优质米加工等一批具有文山州特色的产品科技含量不断提高；三七产业、辣椒产业基本形成“公司＋基地＋农户＋科技”的产加销一条龙，农工贸一体化的经营模式，产业链得到延伸，产业初具规模。富宁县科技局承担的《富宁县水稻高产创建项目》，实现100亩核心区平均单产789.7千克，超计划指标39.7千克，增产5.3%，1 000亩展示区平均单产712.4千克，超计划指标12.4千克，增产1.8%，为当地农民粮食增收取到重要作用。全州已有省级以上重点龙头企业6家，州级龙头企业23家。

**【工业科技】** 加强企业创新能力建设，工业企业加工工艺、资源综合利用及节能减排等取得明显突破，按照“工业强州”战略，开展科技自主创新，通过项目带动，以开发促发展，以发展促开发。矿冶产业成效明显。全州矿冶企业通过改进生产工艺，节约资源并提高了经济效益。云南斗南锰业有限公司实施的《利用电炉烟尘等制备5万吨/年优质复合球团产业研究》项目，采用冷压成型技术，实现原料前处理清洁生产，节约了能源，避免硫和二氧化碳气体排放，达到节能减排的目的。实现冶炼回收率提高2.58%～3.38%，电耗降低258～309度(吨)，以煤代焦降低成本130.2元(吨)，新增效益2 425.39万元，形成具有自主知识产权的专利技术，获发明专利3项，实用新型专利2项。该项目技术处于国内先进，具有很强的的实用性和较高的推广价值，被评为2009年度文山州科技进步一等级奖。通过技术创新，加强新产品开发力度，使文山州矿业高技术产品在国内占有一席之地，通过“都龙高铁闪锌矿锌、铟选矿与分离提取新技术应用研究”的技术攻关，采用高新技术处理高铁闪锌矿，使锌的冶炼回收率达到80.0%，铟的冶炼回收率达到75.0%，其中铟的纯度达99.99%，该项技术填补了国内高铁闪锌矿提取锌铟冶炼中的空白。加强技术创新，机械工业结硕果。文山州机械工业通过加强技术创新工作，投入资金4 000多万元，积极开发了“移动式破碎站”和“破碎成套设备”等新产品，使机械产品年销售额达到4亿元以上，年利润0.5亿元，带动了机械工业的长足发展。加强技术引进，建设节约型经济。通过加强技术引进再创新，文山州“三高”经济增长模式逐步向建设节约型社会的发展方向转变。通过“余热发电”和“三废治理节能减排技术研究”等技术攻关，实现余热用于发电进入循环利用，“废水”不外排，“废气”回收利用，“废渣”制成免烧砖等，达到节约能源、实现“三废”不外排的绿色经济生产模式。

**【三七产业关键技术研发及集成示范】** 三七道地性及其质量标准研究、三七连作障碍消解技术研究及示范、三七加工关键技术研究及示范、三七地上部分资源综合开发利用等项目取得新突破，制定《三七 DUS 测试标准》和《文山三七》国家标准。在三七新产品研发上，州内三七企业和科研机构始终把三七产业的自主知识产权拥有量、技术创新能力、产业化水平作为工作的重点，大力开发新产品、不断改进新技术，从三七中共分离化合物46个，研究出茎叶皂苷提取新工艺技

术。在保健品开发上，已开发以三七力康片、唐旨康胶囊、眠乐胶囊、青清含片、三七菊茶等为代表的10余个保健品，填补了文山州三七保健品开发的空白。

**【高新技术企业及创新型试点企业技术创新】** 全年全州共组织6户企业申报高新技术企业，其中：云南文山斗南锰业股份有限公司、云南特安呐制药股份有限公司、云南金泰得三七有限责任公司3家公司得到省级技术资格认定；文山永润辣素有限公司、文山通用机械制造有限责任公司2家公司已通过省级公示。共组织5家企业申报培育创新型试点企业，即云南文山斗南锰业股份有限公司、文山通用机械制造有限责任公司、丘北县云泰泰食品有限公司、丘北太阳魂酒业有限公司和文山永润辣素有限公司，其中，云南文山斗南锰业股份有限公司和文山永润辣素有限公司2家公司已被认定为创新型试点企业。

**【知识产权】** 开展知识产权宣传培训，强化专利试点示范，加大专利技术的保护和转化。制定出台《文山州人民政府关于贯彻落实国家知识产权战略的实施意见》。2010年全州共完成专利申请165件，超额65件完成上级业务部门下达的年度专利申请任务（省在2010年下调各州市专利申请任务基数），其中发明专利申请达48件，超额17件完成发明专利申请任务数；2010年获得专利授权108件，比上年增长86.20%，其中获得发明专利授权7件。开展知识产权培训和人才培养工作，有45人取得专利行政执法证，其中有1人取得专利申请代理资质。开展企业知识产权试点示范工作，为推进全州企业专利工作提供示范。云南特安呐制药股份有限公司、云南人羞花化妆品有限公司等四家知识产权试点示范企业按照省知识产权局的要求完成了试点工作各个阶段的任务，其中，云南特安呐制药股份有限公司在试点企业考核验收中被评定为优秀等级。

**【科技普及】** 全年共组织科技和技术人员3 750余人（次），深入农村第一线开展科技宣传和培训工作，展出科技展板2 870余块，发放科技宣传资料62万余份，为群众进行技术咨询服务35万人（次），开展各类农村适用技术培训5 580期，培训干部群众33.53万人（次）。同时利用“文山科技信息网”作为科普宣传阵地，全年共发布科技信息2 600条，农村适用技术340条，为培养农村科技人才发挥积极作用。

**【民营科技企业】** 整合科技资源，开展科技创新，采取有力措施，发展民营科技企业。全州民营科技企业已发展158户，实现产值25.23亿元，利税3.81亿元，产值和利税增速达到《文山州“十一五”科技发展规划》的指标要求。2010年全州民营科技企业发展158户，比上年新增2户，共实现产值5.46亿元，利税1.12亿元，解决就业2 616人。同时，对3户科技社会组织的争先创优及“小金库”清理活动进行督促指导，取得成效。

**【科技人才培养】** 开展中青年学术和技术带头人培养管理工作。全年共培养中青年学术和技术带头人20人、后备人选40人，共60名。同时，抓好省级技术创新人才培养管理和推荐工作。全州共组织上报省级技术创新人才5名，经省中青年学术和技术带头人后备人才及省技术创新人才评审委员会答辩和评审推荐，其中文山州农业科学研究所高级农艺师朱汉勇、云南文山七丹药业股份有限公司助理研究员高明菊2人通过评审，作为省级技术创新人才进行培养。全州共有省级创新人才培养对象10人，其中2人出站。同时，开展中青年学术技术创新人才资源开发数据库建设，初步建成文山州科技人才数据库，库存高科技人才333名，专家139名。

**【对外科技合作与交流】** 开展对外科技合作与交流工作，搭建科技对外服务平台建设。按照“优势互补、互利互惠、真诚合作、讲求实效、共谋发展”的原则，在农业产业化和农村经济发展方面开展了全方位、深层次、宽领域的合作，建立全面、长期、稳定的合作关系。开辟东南亚市场，提高文山州杂交玉米育种技术在东盟地区知名度。目前，全州已培育出“滇砚”系列新品系504个，深受印度尼西亚、马来西亚等东盟国家的青睐，在东南亚具有良好的推广前景。10余个杂交玉米品种同时在8个东南亚国家进行示范，并申报和通过相关国家杂交玉米品种的审定，获得出口许可。2010年，已有3个国家与文山州达成2 000吨杂交玉米种子的供种协定，为下步种子大规模进入东南亚市场奠定基础；搭建国际化科研平台，为国内外大学研究生提供培训基地。除开展科技培训200余人（次）外，还为老挝、越南、马来西亚、缅甸等培训外籍专家20余人（次）。充分发挥了州校合作项目人才优势，为全州杂交玉米制种产业化提供重要的技术支撑，扩大了对东南亚国家的影响；加强三七种植技术对外科技合作与研究取得新进展。以三七产业为基础，加强与云南农业大学合作，以产学研结合进行产品开发。建立包括优质种子繁育技术、工厂化育苗技术和覆膜避雨栽培技术等三七生产关键技术环节的三七现代农业工程技术体系和模式，建立三七良种繁育基地150亩，工厂化育苗基地500亩，示范基地1 000亩的规模。

**【科技奖励】** 组织开展科技成果的评价评审奖励工作。经州科技技术奖励委员会评审，评定出2009年度文山州科学技术获奖项目47项，其中：科技进步类34项、科技创新人才类5项、科学技术普及类科普贡献奖5项、科普创作奖3项，并进行奖励，一等奖6项、二等奖11项、三等奖17项。

**【领导名录】**

局　长　周世洪

副局长　何明祥（党组书记）

　　　　盘天发（瑶）

　　　　顾世民

（张永明）

## 防震减灾

【地震活动】 2010年，文山州地震活动处于相对平静的状态，与2009年度相比，地震频度有所增强，地震强度相当。全年文山州内共发生地震254次，其中1.0～1.9级地震226次，2.0～2.9级地震24次，3.0～3.9级地震4次。最大地震为8月15日16时25分56.5秒发生在文山县马塘与红甸交界处的3.4级地震(北纬23°34′，东经104°02′)，地震没有造成人民生命财产损失。

【地震监测网络体系建设】 进一步提升地震监测能力。做好州地震局及广南、马关的无线电台通信设备安装和调试。认真抓好广南、丘北县地震前兆观测机井改造项目。做好中国地震背景场观测马关地磁标准台项目相关的协调工作，已完成了土地预审的各项工作。做好中国大陆动态观测网络文山GPS观测站数据接入地震信息节点进行传输的相关工作。

【震情跟踪监视和地震分析预报】 制定《文山州2010年度震情跟踪工作方案》，成立震情跟踪工作领导小组及办公室，将工作责任落实到人。树立“震情第一”的观念，及时向省地震局、州委、州政府上报震情会商意见和《2011年度云南地区地震趋势研究报告》。严格执行职工值班和领导带班的24小时震情值班制度，确保日常震情值班工作正常开展。针对3～4月，文山小震活动频繁，造成部分市民有震感的情况，州局在4月29日的《七都晚刊》头版发表了《文山州内近期不会发生破坏性地震》的文章，维护了社会稳定。

【地震群测群防队伍建设】 2010年，州地震局在以往培训的基础上向群测群防员发放地震知识相关的图书和宣传资料。结合挂钩扶贫、检查指导农村民居地震安全工程等工作，经常深入基层开展群测群防员培训，不断提高群测群防员的业务知识水平。

【重要建设工程地震安全性评价】 为贯彻落实《文山州人民政府办公室关于批转德厚水库可研报告及相关专题报告编制工作方案的通知》要求，有序推进德厚水库前期工作，确保完成场地地震安全性评价及水库诱发地震带、活动断裂带研究(初稿)编制工作任务。州局正在与省地震工程研究院和州德厚水库筹建处积极沟通，确保完成任务。

【应急救援】 草拟地震应急演练方案。遵照《文山州地震应急预案》和相关文件，草拟了《文山州地震应急演练方案》，并将方案报州人民政府。指导应急演练。5月12日，州地震局对文山州民族职业技术学校开展地震应急逃生演练活动进行指导，向师生讲解有关地震和防震知识，提高学校的总体应急能力。

【科普宣传】 发放科普资料普及防震减灾知识。3月始，州局陆续向州属各大机关、中小学校、幼儿园、工矿企业等和各县地震局发放省地震局统一印制的《中华人民共和国防震减灾法》、《防震减灾基础知识问答》、《蟾童》光碟等宣传资料共计62万余份，防震减灾科普知识普及范围在不断扩大。开展宣传主题活动。在“三月法制宣传月”和5月“防震减灾宣传周”期间，通过设立宣传咨询台、展出宣传展板等多种形式，积极向社会公众宣传地震科普知识。主题活动期间共发放各种宣传资料2 000余份，展出展板20余幅，有力地营造了宣传活动氛围。

【召开全州防震减灾工作会议】 5月31日，文山州人民政府召开全州防震减灾工作会议。州人民政府副州长胡荣，州抗震救灾指挥部成员单位主要领导，各县分管防震减灾工作的副县长和各县发展改革局、建设局、民政局、地震局主要领导，共70余人参加会议。会议明确了当前和今后一段时期，文山州防震减灾工作总体目标和要求。

【召开全州防震减灾能力建设工作会议】 12月23日下午，文山州人民政府在龙成商务酒店召开全州防震减灾能力建设工作会议，州人民政府副州长胡荣、省地震局副局长王彬及州抗震救灾指挥部成员单位主要领导，各县人民政府分管副县长出席会议。会议认真总结了“十一五”期间全州防震减灾工作，分析了防震减灾工作面临的形势，安排部署了“十二五”期间防震减灾能力建设工作。会议表彰了先进个人。

【县级业务用房建设】 按照省地震局要求，抓好麻栗坡、富宁、丘北等县地震局业务用房建设工作。截至目前3个县业务用房已竣工验收，并投入使用，共完成建筑面积1 153平方米，完成投资115.28万元。

【领导名录】
局　长　王旭东(壮)

(李洪文)

## 气象服务

【气候概况及评价】 2010年1～12月，文山州各县年雨量依次分别为：富宁985.9毫米、西畴974.5毫米、马关922.7毫米、广南920.5毫米、丘北858.6毫米、砚山832.9毫米、麻栗坡795.1毫米、文山781.0毫米，与历年平均相比偏少为：富宁170.3毫米、西畴311.1毫米、马关428.4毫米、广南121.6毫米、丘北315.6毫米、砚山175.1毫米、麻栗坡279.5毫米、文山224.3毫米，全州平均雨量883.9毫米，较历年平均(1137.1毫米)偏少253.2毫米，为仅次于2009年的历史次少年(2009年为778.7毫米)。年内全州共出现大雨(日雨量25.0～49.9毫米)60站(次)，比2009年多9站(次)，暴雨(日雨量≧50.0毫米)7站(次)，比2009年少3站(次)，大暴雨

（日雨量≧100.0毫米）0站（次），与2009年持平。

2010年1～12月，各县平均气温分别为：文山19.9℃，砚山17.6℃，丘北18.1℃，富宁21.1℃，广南18.4℃，西畴17.0℃，麻栗坡18.7℃，马关18.2℃，与历年平均相比：文山偏高1.9℃，砚山1.6℃，丘北1.7℃，富宁1.6℃，广南1.7℃，西畴0.9℃，麻栗坡1.1℃，马关1.2℃，全州平均18.6℃，与历年平均（17.2℃）相比偏高1.4℃，全州各县平均气温均创有气象资料以来的最高记录（西畴1961年受迁站影响，数据不完整）。

2010年1～12月各县日照时数为：文山2 187.9小时，砚山2 165.7小时，丘北1 785.4小时，富宁1 644.5小时，广南1 280.0小时，西畴1 849.9小时，麻栗坡1 877.6小时，马关1 858.7小时，与历年平均相比：文山偏多233.6小时（历年1 954.3小时），砚山偏多442.9小时（历年1 722.8小时），丘北偏少197.6小时（历年1 983.0小时），富宁持平（历年1 644.1小时），广南偏少303.9小时（历年1 583.9小时），西畴受迁站影响偏多410.7小时（历年1 439.2小时），麻栗坡偏多180.8小时（历年1 696.8小时），马关偏多178.6小时（历年1 680.1小时）。

2010年属特暖欠水年，年内以高温、少雨为主要天气特点，光照时空分布不均匀，自2009年秋季延续下来的长时间干旱是本州有气象记录以来的最严重干旱，为历年气象灾害之最。由于少雨造成蓄水困难，给今冬明春的旱灾爆发埋下隐患。其他各类气象灾害气象灾荒均较常年偏轻。大春作物在栽播关键期降雨情况较好，大旱之年全州范围内大春仍得到较好的收成。2010年是对农业生产弊大于利的下等年景。

**【公众气象服务】** 年内加强媒体合作，通过7个电视频道，12套气象节目，2个气象专业网站、2家报纸专栏、9个广播电台及371块电子显示屏等渠道及时发布各类气象信息。气象台全年共发布《天气周报》46期，《森林火险等级预报》151期，《专题天气预报》74期，预警信号5期，《月、年气候评价》13期，《农气旬、月报》共48期，《文山州农业干旱综合监测报告》36期，《病虫害发生发展情况》2期，《当前文山旱情分析》2期，《文山州2009年大春作物产量预报》1期，《干旱气象监测》12期，《气象情况反映》21期，向州防汛办上报《气象监测日报》78期，从4月3日至11月3日，每日向州委、州人民政府上报《天气快讯》216期，为州委、州人民政府召开相关会议提供雨情与旱（涝）情专题分析材料7期，发雨情概述手机短信73 564条（次）。年内，全州手机气象短信移动用户达90 486户、电信用户2 826户、联通用户1 036户。

**【人工影响天气】** 1月27日，州气象局启动重大气象灾害预警应急预案Ⅲ级应急响应命令，州人影中心和各县气象局实行24小时值班制度。2月22日，州气象局宣布全州气象部门进入重大气象灾害预警应急Ⅱ级响应状态。2月26日，旱情更加严重，抗旱应急响应级别提升为Ⅰ级。3月30日下午，在州委、州人民政府召开的抗旱救灾工作情况汇报会上，州委书记李培要求加强各种抗旱资源的整合，充分利用民兵预备役的装备和人员优势，加大人工增雨的协调和工作力度，从4月1日起至6月底，在全州范围内实施大规模人工增雨作业，保民生促春耕，最大限度地减轻百年一遇特大旱灾造成的危害。州人民政府及时安排人工增雨抗旱资金360万元，全州气象部门迅速成立拥有人工增雨作业车17辆、火箭架32架、高炮21门、作业人员180人的人工增雨作业队伍，在全州181个人工增雨作业点实时开展人工增雨作业，同时抽派8名气象业务人员参加省人民政府组织的人工增雨飞机作业。1～5月，实施地面增雨作业693点（次），发射火箭弹和高炮弹8142发，实施飞机增雨4架（次）。每次实施作业后，作业点和影响区域普降小－中雨，局部大雨，明显促进了自然降水的增加。6月根据州委、州人民政府指示，州气象局抽调文山、砚山、富宁、西畴、麻栗坡、马关6县的人工增雨作业队员、车辆、火箭架和火箭弹，组建了8个人工增雨抗御伏旱流动作业队，7月11日赴重旱区，结合8个高炮固定增雨作业点联合实施增雨抗旱作业。到7月22日止人工增雨抗伏旱作业队，开展增雨作业77次，发射火箭弹531枚，高炮弹99枚，增雨效果明显。丘北县委、人民政府在8月13日安排部署了丘北县人工增雨抗旱和增加库塘蓄水工作，组建4个作业队，到红旗水库周边地区进行蹲守作业。其他县根据旱情发展情况，抓住有利天气条件，进行大量的增雨作业，至8月底，共开展增雨作业41次，发射火箭弹291枚，增雨效果明显。9月初，州委书记李培要求在平远、稼依密切监测雨情、水情，抓住有利天气实施人工增雨作业增加库塘蓄水。砚山、丘北两个县局抓住文山州受西南气流和台风登陆后变性低压外围云系影响，进行大量的增雨和防雹作业，至10月底，共开展增雨作业56次，发射火箭弹452枚，增雨效果明显。

在抗御百年大旱、伏旱、森林防火和增加库塘蓄水等工作中，全州气象部门从1月1日起至12月31日止，共在132个作业点上实施地面人工增雨作业1 120次，发射各型增雨火箭弹5 871枚、高炮弹3 135枚，实施飞机增雨作业4次。从5月1日启动防雹工作以来，砚山、丘北、广南、文山等4个县局在18个固定防雹作业点进行339点（次）作业，发射高炮弹6 550枚，有效消除防区降雹灾害发生的可能性。

**【科技服务】** 年内由州烟草公司安全保卫部、州防雷装置安全检测中心共同组建检查人员，与各县检测中心一起完成对烟草系统共63家单位的防雷安全检测工作。完成对文山县境内易燃易爆场所的防雷年检工作，其中包括29家加油站、3家烟花爆竹仓库、6家供汽库（站）、2家炸药库（厂）。完成文山州盘龙体育馆及各大单位、厂矿共43家的防雷检测。加强对图纸审核和随工跟踪检测，对已竣工的单位进行检测、验收。完成对文山州农村信用联合社20多个网点的检测工作和各县农村信用联合社的检测安排、布署。签订文山州公安局、文山金和有限责任公司、金驰公司薄竹炸药仓库、中石油、文山国家局自然保护区管理局老君山分局等多家单位、厂矿的设计施工协议。

**【科研教育】** 年内，全州有4人参加研究生学历教育；16人参加本科或大专学习。11人申报中级职称，3人申报高级职称。1人高职获通过，6人中职获通过。完成云南省气象局新一代天气雷达应用与研究课题《伺服驱动器的研究》；有4篇论文发表在2010年5月出版的《云南地理环境研究》第22卷（增刊）；2010年向滇、黔、桂三省7地州（市）气象协作区交流会投稿4篇，其中有3篇被交流会《论文集》全文收录，同时被《云南省2010灾害性天气气候论文集》收录。

**【精神文明建设】** 联系和深化广南、麻栗坡县局与青岛胶州、胶南局的文明结对活动，两个站获支持经费共计8万元。年内，文山州气象局被文山州委宣传部推荐为“云南省理论武装工作先进单位”。

**【领导名录】**

局　　长　汪　德

副 局 长　曹世武

　　　　　杨松福

　　　　　张嘉文

纪检组长　张　琳（女）

（伍丽芳）

## 水文监测

**【水文水资源监测】** 完成2009年9个基本水文站（红河流域：龙潭寨站、天保站、董湖站、八布站、上果站、落却站；珠江流域：西洋街站、清水江站、富宁站）12个测流断面、3个专用水文站（阿额站、伍家寨站、牛腊冲站）、103个雨量站的水文资料整编和复审汇编。完成2010年度文山分局所属9个基本水文站、6个专用水文站（平耶站、阿额站、伍家寨站、牛腊冲站、摆依寨站、赛京站）和103个委托雨量站的水文资料收集、整理、校对及指导工作。指导全州10件中型水库观测员完成2009年水库资料整编，参加全省水库水文资料复审及水文年鉴汇编审查工作。

**【水文水资源情报预报】** 全年，完成7个基本水文站（天保站、八布站、董湖站、富宁站、西洋街站、清水江站、龙潭寨站）、1个雨量站（文山站点）和4个中型水库（清华洞水库、红旗水库、幕底河水库、马鹿塘电站）的报汛。全年发送常规雨水情报文2 764条，报送暴雨加报16站（次），其中1小时暴雨加暴1站（次），二级雨、水情加报15站（次）。编写《旱情简报》11期、《水情简报》6期。补充更新“中国洪水预报系统专用数据库”和“抗旱专用数据库”资料，开展“历史水情专用数据库”统计校核及入库工作；完成9个水文站遥测采集终端安装和调试，系统集“数据采集－自动传输－自动编报－资料整编－数据库创建”为一体，真正实现自动测报；完成文山州1个水位站、23个雨量站遥测站点的安装调试，为防汛抗旱减灾提供及时、合理、科学的指导依据；编制文山州《2010年文山州水情趋势预测》；完成所辖7个基本水文站报汛站点的《特征水位修定报告》编写；对广南县沙坝、珠琳、平远3个墒情站进行维修、调试，确保全年抗旱数据的正常收发。

**【水环境监测】** 完成广南县西洋街、砚山县丰收水库、文山城区龙潭寨地下水等12个常规监测站点的水质监测和质量控制任务；完成2009年度的水环境常规监测资料整编工作；完成水利部数据库水质监测数据录入；参与完成21世纪前10年云南省地表水功能区水资源质量变化调查评价报告的汇总；完成丘北县南盘江雷打滩库区网箱养鱼死亡水污染事件水样的PH、氨氮等20个项目检测分析，及时向云南省水环境监测中心和文山州水务局上报污染断面的监测结果；完成文山州水环境监测分中心内审和临沧市分中心的交叉检查；顺利通过国家计量认证水利评审组的座谈、盲样、实验室的现场考核监督评审。

**【基础设施建设】** 完成《纳施大桥水量监测实施方案》、《文山州水文测站监测能力建设方案》、《上果水文站危房改造建设管理工作报告》、《上果水文站运行管理工作报告》、《文山分局水文站网信息管理系统》等报告编制。完成摆依寨、位单、平耶等专用水文站设施设备设计、投资概算和设施设备安装调试。完成龙潭寨站、上果站、清水江站和落却站饮水工程建设及竣工资料编制。

**【水文分析计算】** 完成《2009年文山州水资源公报》、《2010年水情年报》等报告编写，完成云南省《2009年水资源公报》数据的搜集、录入校对并上报；完成《文山州地表水功能区划》、《文山州地下水功能区划》、《文山州地下水利用与保护规划》等规划编制工作；完成《文山州枯水水文调查报告》编写；完成《文山城南城北片区盘龙河设计洪水分析报告》、《新建铁路沪昆客运专线（云南省曲靖市境内段）跨河大桥建设方案防洪评价报告》、《新建铁路云桂线（云南省境内段）跨河大桥建设方案防洪评价报告》编制等相关技术咨询。编制的报告通过评审率为100%。

**【水文宣传】** 《云南省水文条例》于2010年3月26日云南省第十一届代表大会常务委员会第十六次会议通过，2010年3月26日云南省第十一届代表大会常务委员会公告第18号公布，自2010年6月1日起施行。文山州水文水资源局于2010年5月30日，在文山县城内双桥花园开展了《云南省水文条例》宣传活动，充分发挥媒介作用，通过电视台记者的跟踪采访报道，以及举办现场咨询、散发传单、悬挂横幅等形式加大宣传力度，形成一个声势浩大的宣传活动氛围。同时，通过云南水文网、文山水文信息网站、黑板报、会议、报刊、安全生产月活动等方式宣传。

【体　制】 经文山州编委、文山州人民政府批准，2010 年 9 月 27 日挂牌成立文山壮族苗族自治州水文水资源局，实现省州双重管理体制。

【领导名录】
局　长　张景林

（雷梦婷）

# 文化　新闻

## 文化事业

【公共文化服务网络】 全年投资3 000万元的博物馆新建工程（一期）于 10 月 31 日在卧龙新区举行项目开工奠基仪式，正式破土动工；国家及省财政投资 600 万元建设的 20 个乡镇综合文化站建设项目已全部竣工投入使用，2010 年度乡镇综合文化站 38 个项目全面启动开工。8 月，全州文化信息资源共享工程通过省文化信息资源共享工程验收小组的检查验收，目前 8 个县级支中心站、28 个乡镇站和 155 个村级站已建成投入使用；完成 2009 年度全州 3 个文化惠民示范村的申报及专项资金拨划工作，目前资金已全部划拨至示范村，做好 2011 年全州 5 个文化惠民示范村的申报工作；按照国家和省的要求，继续与州发改委一起做好州级博物馆（二期）、文化馆、图书馆三馆建设项目资金的申报工作；今年 6 月，十二届州人民政府第 40 次常务会议讨论通过了《文山州加强农村公共文化服务体系建设的实施意见》，7 月 6 日，七届州委第 78 次常委会议又对《实施意见》进行了专题研究。

【艺术创作与演出】 年内组队参加省第三届青年歌手电视大奖赛取得 1 金 2 铜 4 个优秀奖的好成绩，实现文山州参加省青歌赛奖项零的突破。其中富宁县选送的两组壮族原生态组合倍受专家推崇，坡芽组合首次亮相就摘取原生态比赛金奖，在第十四届 CCTV 全国青年歌手大奖赛中为云南省团体比赛拿下了最高分，为云南省代表队获得团体赛第三名建立不可磨灭的功勋；组织广南县“响把组合”参加全国青歌赛获三等奖。另外，还举办全州茶艺晚会剧目展演和新农村文艺汇演等文艺比赛，推出了一批优秀剧（节）目和青年演员。拍摄制作的壮族文化电视系列片《丽哉勐僚》在“中国·中山第二届国际环保纪录片周”暨“第五届中国纪录片国际选片会”上荣获“金牌节目奖”，入围德国“自然视界自然与动物电视节”和英国自然电视节展播节目，被评为云南省文化精品工程；拍摄制作的电影《阿峨之恋》是唯一一部入选全国第十八届金鸡百花电影节的少数民族歌舞故事片；圆满完成州第八届民运会开、闭幕式文艺表演和省第十三届运动会开、闭幕式文艺表演，向来宾们展示了文山州传统民族民间文化，获得广大观众的称赞。

【公共文化服务】 由文化部门主导，有关部门共建，社区、集体、个人共同兴办，多体制、多层次、多形式、多渠道兴办文化事业的新格局已基本形成并日趋完善。校园文化、军营文化、企业文化、社区文化、乡镇文化、广场文化和农民自办文化等活动内容丰富多彩，形式灵活多样，方式手段不断创新，呈现出蓬勃发展的良好态势；假日文化、旅游文化等品牌文化活动全面启动，品位不断提升。在加快推进公共文化服务体系建设的同时，大力实施重大文化惠民工程，不断创新服务方式和手段，公共文化产品供给能力逐步提升，服务能力和水平进一步提高。建成文化信息资源共享工程州级中心 1 个、县级支中心 8 个、乡镇服务站 28 个、村级服务点 155 个，实现了县级覆盖率 100%、乡镇覆盖率 27.5%、村覆盖率 16.4%，为全州各族群众提供便捷的数字文化信息服务。54 个文化站达到省颁三级站以上标准，占总数的 52.0%。通过实施“文化惠民示范村”、“农民素质教育网络培训学校”、“文化大篷车送戏行”、“大家乐”群众广场文化等示范推广项目，极大地推动了农村基层公共文化的发展。全州文化馆（站）开办各类培训 176 班（次），举办文化展览 125 个，组织文艺活动1 611次；图书馆年均总流通281 000人（次）；州、县博物馆、纪念馆举办陈列展览 50 个，参观人数 10 万余人（次）；电影“2131 工程”扎实推进，共放映电影、科教片32 000余场，受惠观众 830 万人（次）。加强对已建成的 268 个“农家书屋”的管理指导，多形式组织和补充书源和视听资料，帮助基层解决实际困难。全年全州 947 个行政村已建成农家书屋 468 个，提前完成 2010 年底建设完成一半的目标，力争在 2011 年实现“边三县”村民委农家书屋全覆盖。

【文物及文化遗产保护】 文物保护工作全面加强，保护方式得到改进和创新，管理水平明显提升。开展第三次全国文物普查，共普查登录地面不可移动文物 447 项，其中新发现 206 项，复查 241 项，消失文物 94 项；楚图南故居等 6 处被公布为云南省文物保护单位和爱国主义教育基地，并申报国家级文保单位。省、州、县共投入资金 500 余万元，对 14 处省、州、县级文物保护单位进行维修。制定并实施民族民间文化保护规划和具体实施方案，开展新一轮民族民间文化传统和非物质文化遗产保护工作。编辑出版《吴明铣书法集》，《中国富宁壮族坡芽歌书》被列入国家 985 工程少数民族古籍、少数民族古文字系列丛书项目，被评为“全国最美图书”；非物质文化遗产项目已形成国家、省、州和县四级名录保护体系。其中，国家级非物质文化遗产项目保护名录 3 项，非物质文化遗产项目代表性传承人 4 人；省级非物质文化遗产项目保护名录 25 项，非物质文化遗产项目代表性传承人 61 人；州级非物质文化遗产项目保护名录 115 项，非物质文化遗产项目代表性传承人 208 人，县级保护名录 300 多项。

【文化市场及新闻出版市场管理】 开展净化社会文化环境专项行动及一系列整治行动；推进“绿色网吧”试点工作，全年全州登记在册的文化市场经营户1 311户，初步建立起娱乐、网络、演出等门类齐全、运行规范、健康文明的文化市场体系。文化市场管理体制基本理顺，州、县、乡三级管理网络日趋完善。组织全州8县及“扫黄打非”领导小组各成员单位参加全国侵权盗版及非法出版物集中销毁和“绿书签行动2010”系列宣传活动，销毁了历次专项行动和日常检查中查缴的各类非法物品20 489件，总价值226 275元；与州纪委、文山县共同开展城区文化市场调研并形成调研报告；省农家书屋办配送文山州“边3县”的书架、书桌共309套，已全部到位并由三县文化(新闻出版)局陆续配往各农家书屋点。受理中国音协对第二批文山县12家涉嫌侵犯卡拉OK版权行为经营户的行政投诉。全年，全州共出动执法人员4 809人(次)，检查出版物市场3 233个(次)，音像经营2 185户(次)，印刷复制企业612家(次)，歌舞娱乐场所、2 283户(次)，电子游戏2 877户(次)，网吧3 773户(次)，共取缔无证照经营14户，对违规经营的文化市场经营单位分别处予警告51户(次)，责令停业整顿70户(次)，罚款96 000元，收缴侵权盗版出版物14 913件，其中盗版教辅教材读物763册，非法音像制品11 651件，盗版图书3 262册；删除屏蔽网络有害信息5 622条；收缴违禁出版物315件，其中“法轮功”邪教组织宣传品111件。

**【文化体制改革】** 按照“区别对待、分类指导、循序渐进、逐步推开”的指导方针，文化体制改革进展顺利，呈现出整体推进、不断深化的良好势头。公益性文化单位重在“三项制度”改革，用“机制”激活事业。推进深化劳动人事制度、收入分配制度等内部管理制度改革，逐步建立起领导干部定期聘任制、全员聘用制、任期目标管理责任制、职称评聘分开制，着力解决定位不清、任务不明、活力不足、效率不高等问题。8月，成立了文山州文化市场综合行政执法支队，州级电影职能也已划转广播电视系统。

**【重大文艺演出】** 3月组织州第八届少数民族运动会文艺表演、8月组织省第十三届运动会开闭幕式大型文艺表演，三台节目均集音乐、舞蹈、体育竞技、民族风情、民族服饰、民族歌舞表演等多种艺术形式为一体，荟萃全州优秀文艺团体、文艺骨干，融全州多民族、多元化、民族民间和现代艺术形式于一炉，通过精心设计的总体方案，调动各种艺术手段，以优美、热烈、欢快、气势恢弘的乐曲、歌舞，新、奇、美的民族特色文化、民族风韵，展示一台从舞蹈编排、服装设计、音乐创作、舞美设计及整体布局都具有浓郁民族特色、充满时代精神的艺术精品。

**【开展侵权盗版及非法出版物集中销毁活动】** 4月，全州8县统一开展了侵权盗版及非法出版物集中销毁活动，共销毁历次专项行动和日常检查中查缴的各类非法物品20 489件，其中非法音像制品16 395片(盒)，非法盗版书刊4 066册，具有赌博性质电子游戏机5台，电脑板23块，总价值226 275元。

**【州民族博物馆建设】** 10月，文山州民族博物馆工程举行开工奠基仪式，中共文山州委副书记罗国权出席仪式并作重要讲话，州政协主席王云凌宣布文山州民族博物馆工程开工，州委常委、常务副州长徐爱民，州委常委、州委宣传部部长徐昌碧，州人大常委会副主任孙天竹，州政协副主席李春林出席开工奠基仪式，仪式由副州长官悠房主持。州民族博物馆建设领导小组成员单位负责人，州直各文化单位班子成员和州文化局机关、州博物馆全体职工，施工建设单位，监理单位的工作人员参加了仪式。

**【领导名录】**

局　　　　　　长　陈亚非
党委副书记、纪委书记　潘文光(壮)
副　　局　　长　陆仕兴(壮)
　　　　　　　　沈　勇(壮)
　　　　　　　　汪　玲(女，苗，4～)
州新闻出版局局长　陆仕兴(壮)
副　　局　　长　沈　勇(壮)

(张惟竣)

## 广播电视

**【新闻宣传】** 全年全州广播影视系统认真履行宣传职能，始终把握“团结鼓劲、积极进取、昂扬向上”的主基调，发挥优势，创新形式、方法和手段，及早安排、精心策划、狠抓落实，唱响主旋律、打好主动仗，全面宣传报道州委、州人民政府保增长、促发展、保民生和抗大旱、保民生的战略部署和工作措施，抗旱救灾彰显了媒体责任，“两会”宣传不断创新，重大主题宣传氛围浓厚，省运会宣传丰富多彩，在服务大局中发挥重要作用，在改革创新中增强活力，在全面推进中打造亮点，在联系实际中创造特色，圆满完成各项宣传任务，充分发挥舆论的引导作用，宣传文山、树立文山良好形象。文山人民广播电台共播出稿件9 224件，文山电视台播出消息7 813条，制作播出专题类节目229期。文山人民广播电台被省级采用稿件397件，文山电视台被省级采用新闻消息435条，外宣传工作继续保持全省先进行列。

**【事业建设】** “村村通”建设。8月19日提前12天完成第二批广播电视村村通制播卫星覆盖工程建设的设备安装、调试任务，共安装5 398个村159 360套设备，完成率100%。有效解决了广大边远农村群众159 360户55万多人听广播、看电视难的问题。11月上旬，完成第三批广播电视村村通直播卫星建设任务，共安装了4 500套直播卫星接收设备。边境地区广播电视项目建设。完成2 780个边境村寨的村村通有线广播建设、18个边贸互市点的有线广播系统更新改造、中央有无线覆盖节目插播民语节目技术改造和新增转播文山人民广播电台、文山电视台节目的2009年文山州边境地区广播电视建设项目，总投入1 140万元。使边境地区各族群众听广播、看

电视难的问题得到了极大的改善，扩大了文山人民广播电台、文山电视台的覆盖特别是民族语广播电视节目的覆盖，使边境地区的各族人民群众收听收看到了文山人民广播电台、文山电视台广播电视节目。农村电影放映工程。全年共放映农村电影10 050场(次)。组建文山州农村数字电影院线公司并开始运转，为农村电影放映奠定了良好的基础。其它建设项目。1月，多媒体移动广播电视(CMMB)落户文山，到年底用户已达551户。由国家投资的地面数字电视转播设施已在薄竹山安装调试结束，转播4套高清(标清)电视节目。全年全州广播和电视人口综合覆盖率分别达到93.6%和94.7%，比上年分别增长3.08%和3.4%。

【安全播出】 2011年是全州广播电视安全播出任务十分繁重的一年，州广电局把安全播出工作摆在重要位置，继续完善日常管理制度和工作机制，制定和完善《文山州广播电视安全播出应急预案》，加强协调配合，加大督促检查力度，及时发现和消除影响安全播出的隐患，确保设备运行安全可靠。年内，确保了上海世博会、广州亚运会、世界杯、省运会、各节日黄金周及国家、省、州“两会”等重要节目、重大活动、重点时段广播电视节目传输、播出的安全。

【行业管理】 突出重点，认真履职，依法规范管理能力不断加强。落实广电总局等几个部委关于开展整治活动的部署和安排，结合文山实际，制定工作计划并与有关部门联合开展整治专项行动，共出动1 080人(次)，查处并拆除非法设置的卫星电视接收设施915套(户)，取缔非法经营5家；继续开展抵制低俗之风活动，加强对全州播出机构播出广告的管理，净化声屏荧屏工作继续得到加强，广电媒体的社会责任明显增强。

【创优工作】 狠抓精品生产，创优工作卓有成效。一批有思想、有内涵、专家认可、群众喜欢的作品和栏目脱颖而出。文山人民广播电台《燕妮燕仔》获2009年度全国少儿精品奖优秀少儿广播栏目二等奖，获奖励扶持资金7万元。全州广播电视系统有81件作品、论文获得云南广播电视政府奖，其中：一等奖18件、二等奖22件、三等奖41件；有6件作品获得了2009年度云南新闻奖，其中：二等奖作品奖1件、二等奖专项奖2件、三等奖作品奖3件。

【自身建设】 实施效能政府四项制度建设，工作效率有了明显提高。结合广电实际，分别制定文山州广播电视局行政绩效管理制度、行政成本控制制度、行政行为监督制度和行政能力提升制度实施方案和实施细则，并严格按照州人事局、州纪委、州财政局及州审计局各牵头单位的要求，积极推行效能政府四项制度。全年共发布重点工作通报13项，重大决策听证1次，政务信息查询1次、96128接办2次。

【各项改革】 立足实际，持续推进各项改革取得新进展。文化体制改革有序推进。根据《文山州人民政府机构改革实施意见》和《文山州电影管理职能调整划转工作实施方案》要求，电影管理职能划转工作顺利完成；按照事业单位人事制度改革的要求，顺利完成了在事业单位以岗位管理为主的人事制度改革；全面推进州级广播电视媒体广告整合经营工作，为推进事业和经营分离，发展广电产业奠定基础。根据州人民政府改革方案，州广播电视局列入政府组成部门。

【领导名录】

局　　长　李维金(苗)
党委书记　刘卫平
副 局 长　杨兴忠
　　　　　杨　倩(女)
纪委书记　沈红艳(女，壮)

（郑维华）

## 报　业

【抗旱救灾专题报道】 围绕抗大旱、保民生、保春耕、促发展大局，日报、晚刊、手机报切实加强新闻策划，开辟专栏、专版，对州委、州人民政府抗旱救灾重要工作部署及时进行报道，指导好全州的抗旱救灾工作；对全州各地抗旱救灾工作进行宣传报道，鼓舞士气，激发斗志；积极选派编辑记者深入基层一线采访，以典型报道、深度报道的形式，对全州各地抗旱救灾工作中涌现出来的先进人物、感人事迹进行报道，采写刊发了《山格拉引来幸福水》等一批有影响、高质量的新闻稿件，营造了良好舆论氛围，为全面打赢文山抗旱救灾攻坚战作出了积极贡献，受到了州委、州人民政府领导的充分肯定。

【重大项目建设采访报道】 围绕中心，服务大局，大力宣传报道全州各地各部门抓住国家扩大内需政策，着力推进重大项目实施，确保全州经济社会平稳较快发展取得的成绩。在深入学习宣传贯彻党中央、国务院和省州党委、人民政府有关扩内需、保增长、保民生、保稳定精神的基础上，日报编辑部切实加强了新闻策划，对各级各部门大力实施“六大战略”，加快“四大基地”建设和通道经济发展工作进行采访报道。特别是组织记者深入一线，对铁路、高等级公路、普者黑景区、省运会场馆、现代烟草农业，富宁港以及年产80万吨氧化铝等重大项目建设等进行采访报道，为文山州实施大项目带动大发展，全面完成今年各项目标任务，做好“十二五”规划提供了较好的舆论支持。

【学习实践活动宣传报道】 结合学习贯彻党的十七届四中、五中全会精神，积极做好第三批深入学习实践科学发展观、创先争优、学习型党组织建设等活动宣传报道工作。在总结第二批学习实践活动宣传报道工作经验的基础上，结合全州抗旱救灾工作的开展，抽调记者深入全州农村，努力做好第三批学习实践活动宣传报道工作。在创先争优活动开始后，及时开设了宣传专栏，组织采编力量，做好全州创先争优宣传报道工作。特别是抽调精干记者，对全州各地在创先争优活动中涌现出来的先进人物、先进事迹等进行深入采访，推出一系列典型报道，为全州创先争优活动的开展营造良好舆论氛围。结合学习贯彻党的十七届五中全会精神，以"三读"活动的开展为契机，大力宣传报道各级各部门建设学习型党组织的好做法好经验，努力营造良好舆论氛围，推进全州学习型党组织建设工作深入开展。

**【运动会宣传报道】** 全力以赴做好州第八届民运会和省第十三届运动会宣传报道工作。抽调骨干记者深入比赛现场采访，积极开辟专栏、专版，对州第八届民运会进行全方位、多角度的宣传报道。在省运会筹备阶段即加大宣传报道工作力度，安排专门记者与组委会各处室联系，及时掌握省运会筹备进展情况，对省运会筹备进展情况等及时进行报道；积极与有关部门联系，定期推出专版，大篇幅、大容量、多角度对省运会比赛项目等进行介绍，为省第十三届运动会在文山的召开营造良好舆论氛围。省运会开幕后，日报、晚刊和手机报采取多种形式，努力创新报道方式，分工负责做好比赛项目的采访报道工作，多形式、多角度、全方位进行采访报道，确保省运会宣传报道的出新出彩。据统计，宣传省运会，共出专题版面32个，刊发各类新闻稿件及图片600余篇(幅)。

**【"两会"宣传报道】** 做好州人大、州政协"两会"宣传报道工作。"两会"召开前，日报、晚刊和手机报精心组织策划，采写并刊发了人大工作系列报道；"两会"期间，推出10余个"两会"专题专版，刊发新闻稿件200余篇(幅)。"两会"召开后，结合全州抗旱救灾工作的开展，对全州各地贯彻落实会议精神，推进全州经济社会发展进行报道。同时，精心安排记者，认真策划并推出专题版面，全面做好全国30个少数民族自治州第22次人大工作研讨会采访报道；积极做好州人大、州政协组织开展的事关文山州经济社会发展的相关视察、调研活动的宣传报道工作等。

**【重点工作宣传】** 发挥党报优势，相互协调配合，认真组织抓好各项重点工作的宣传，不断提高新闻宣传工作水平。围绕"全国科技专家和致富能手进云南文山壮乡苗寨科技下乡活动"、民族团结示范创建、扶贫开发、新农村建设、第六次全国人口普查、"两基"迎国检和纪念中共中央关于人口与计生《公开信》发表30周年等方面的宣传报道工作。同时，进一步发挥《七乡经济》、《七乡周末》、《七乡新农村》各版各刊优势，相互协调配合，创造性地做好党报新闻宣传工作，切实做到了围绕中心、服务大局，打好主动战、唱响主旋律，不断提高了党报新闻宣传的舆论引导水平。

**【报业经营】** 继续加强广告经营工作，积极探索市场经济条件下广告经营新思路，全体经营工作人员克服困难，主动出击，广泛联系，巩固老客户，发展新客户，确保经营效益，使报社可持续发展后劲不断增强。做好协办联办宣传工作。日报编辑部在做好宣传的基础上积极开展协办联办工作，并取得突破性的进展。各专刊在办好报纸的同时，充分利用版面资源，发挥"品牌"优势，加大合作力度，积极搞好创收。在经营工作中，树立品牌和服务意识，努力做活版面、做强经营，以此提高《文山日报》的社会效益和经济效益。《七都晚刊》积极开辟新市场，自主经营，自负盈亏，提升报纸品牌影响力和经济收入的双赢局面。为顺应时代，应对竞争，加强与移动和联通公司合作，办好《文山手机报》，逐步形成了报社新的经济增长点。抓好报纸印刷和发行工作。报纸印刷工作，加强成本核算，加强对纸张油墨采购和使用的管理，严格制度，落实责任，杜绝浪费，报纸印刷质量不断提高。报纸发行工作得到加强，晚刊逐步纳入日报统一发行，日报发行量稳中有升，日发行近2 900份；晚刊日发行1 500份，比去年增长1倍。扩大了报纸宣传，增加了经营效益。稳步推进印刷厂改革工作。加强对印刷厂改革工作组织领导，采取有力措施破解印刷厂发展难题，目前，印刷厂改革工作顺利推进，改革效果初步显现，职工思想稳，生产经营步入正常，取得经营效益。加强各项经营管理，开展增收节支工作，促进事业发展。年内筹集资金偿还100万元的债务，等集60万元资金解决新闻采访用车、采编设备更新、多媒体教室等困难和问题。

**【领导名录】**

党委书记、社长　赵庭江(壮)
总　　编　　辑　袁兴国
党 委 副 书 记　张兆阳( ~10)
副　　社　　长　姚齐贤
副　总　编　辑　周味鸿
　　　　　　　　普　忠(彝，10 ~ )

(任一莲)

## 档案管理

**【签订责任书】** 根据《中华人民共和国档案法》和省、州人民政府关于档案工作"八项工程"建设的目标要求，为全面加强和规范全州档案工作，确保2010年度各项工作任务的完成，变部门行为为政府行为，与全州8县签订了《档案工作目标责任书》，实行100分制，年底进行检查考核验收。

**【"三农"档案】** 7月11～13日，州人民政府在丘北召开全州"三农"档案工作现场会，会议总结了全州近年来农业、农村和农民档案工作取得的经验，充分肯定了文山州"三农"档案工作取得的成绩，研究布署了当前和今后一个时期的新农村建设档案工作。会议要求各级人民政府和档案局、民政局、农业局、卫生局等相关部门要以科学发展观为指导，把"三农"档案工作列入重要议事日程，纳入工作内容和考核内容，

与农村建设的其他工作同规划、同部署、同检查。要明确责任，强化措施，将“三农”档案工作各项任务落实到具体责任单位和责任人，将各项措施细化到工作中，使“三农”档案工作与农村建设的各项事业同步发展。要明确重点，建立健全“三农”档案工作制度、资源、利用体系。要明确责任，农业、林业部门要把档案工作作为农村建设的一项重要工作抓好；民政部门在指导村民自治和农村社区建设工作中要明确提出要求，引导农村村级组织建立档案；卫生部门要加大对医疗档案特别是新型农村合作医疗档案的管理；档案部门要树立合作意识主动配合各部门切实抓好乡、镇各类档案工作。

**【业务指导】** 在加强对州、县、乡党政机关、企业、科技事业单位档案工作业务指导的同时，着重抓了重点建设项目和民营企业档案工作的业务指导。深入省级重点建设项目富宁港工程建设现场，对该工程监理、施工等前期工作文件材料的收集、整理、归档情况进行调研，在通过查看现存文件材料、档案箱柜配置、人员配备等情况后，针对存在的问题，与富宁港筹建处共同研究制定了5条措施。加强对民营企业和州直机关、企及事业单位档案工作的业务指导。深入郑氏骨科医院等部分民营企业和州属160余个单位进行调研指导，重点了解各单位档案室的档案箱柜配备情况、制度建立情况、到期档案的鉴定及移交情况、积存零散文件情况等。对存在的问题，进行针对性的业务指导。砚山县档案局根据中共砚山县委、砚山县人民政府《关于开展平远地区民族团结进步示范区创建工作的通知》要求及州档案局对做好民族团结示范区档案工作的批示，认真组织抓好示范区创建的档案工作，成立了平远地区民族团结进步示范区档案建设管理工作领导小组，把民族团结进步示范区档案工作列入年度计划和长远规划，并组织业务人员深入民族团结进步示范区的阿舍、平远、稼依、阿猛等乡(镇)及村民委实地对档案人员进行业务指导，结合乡(镇)及村民委实际情况，逐步建立健全档案管理制度，明确档案工作的职责和任务。

**【馆库建设】** 2010年，州档案局着力抓住国家启动中西部地区州县级档案馆库建设的机遇，组织编报全州9个综合档案建设规划，及时成立项目规划领导小组，研究部署全州档案馆库建设规划的编报工作。通过调研、选址、编制、修改、上报和争取立项等工作，现已确定西畴县档案馆为全省第一批档案馆库建设单位。

**【出版档案志】** 《文山州档案志》始编于1996年2月，经过三届编委会的努力，于2010年8月正式出版。《文山州档案志》的编纂经历了准备、编写、总纂、续编4个阶段，记述自清乾隆五十年(公元1785年)至2005年12月31日。除概述和大事记外，共分8章32节，记述了档案机构沿革、档案行政管理、机关档案工作、收集整理工作、档案管理与利用工作、馆库建设与设备、党群组织工作、少数民族档案工作等内容。

**【业务培训】** 根据全州档案干部的现状，采取不同形式的培训，在州上举办一期档案业务知识培训班，讲授内容为《机关文件材料归档范围和文书档案保管期限规定》、《档案信息化建设运用计算机辅助管理档案》、《档案案鉴定与编研》等内容，培训州、县级机关、企事业单位专兼职档案人员90余人；派人到广南举办培训班，培训内容为档案管理软件的运用、文书档案整理、教学档案整理；分别开展对各个系统的培训，年内先后对民政系统、社保系统、质监系统、电力系统的专兼职档案人员进行了文书档案、科技档案、会计档案及其他专门档案知识的培训参训人员200余次。

**【接收收集与利用】** 州、县档案馆紧紧围绕档案资源建设的工作思路，加强对到期档案的接收、收集工作。全年全州9个综合档案馆共接收档案34 000余卷，其中州档案馆接收3个机关单位、4个破产企业的档案共7个全宗3 218卷。还开展了重大活动档案资料的收集工作，8月18～26日，云南省第十三届体育运动会在文山举行，州档案局派出2名人员到比赛场馆拍照和摄像，全面收集篮球、排球、田径、射箭、游泳等赛事及开幕式、闭幕式的照片和录像。共收集整理照片80余张，拍摄编录像90多分钟。全州9个综合档案馆全年共提供档案利用7200余卷(册)次，复印档案2 040页。

**【档案信息化建设】** 2010年，全州档案信息化建设工作主要是馆藏档案目录的录入和档案全文扫描工作，全州9个综合档案馆除州馆和文山县馆已完成永久、长期档案的案卷级和文件级目录的录入外，其余各县仍在进行档案目录的录入。州档案馆和文山县馆已转入档案的全文扫描工作，到12月底止，州馆已扫描的档案共34卷5 470页，现行公开文件159份900余页，国家领导艺术人到文山视察工作时的珍贵照片52张。

**【职称评聘及学会工作】** 全州有14人申报档案专业技术职务经州档案系列初级评审委员会评审通过，具有助理馆员任职资格的有10人，具有管理员任职资格的有4人。学会工作主要围绕云南省档案学会的工作计划，结合文山州档案学会的实际情况来开展工作。10月，云南省档案学会在文山召开会员代表大会暨档案学术研讨会，文山州档案学会做了大量协助工作，并组织会员撰写论文27篇，其中有1篇在全省档案学术研讨会上作了交流发言。

**【领导名录】**

局(馆)长　蔡仲兰(女)

(李天友)

## 地方志

**【简　述】** 2010年围绕一个主题(《文山州志》续修)，抓住两个重点(《文山州年鉴》编纂和部门志书编纂)，突出3个加强(队伍建设、理论研究和信息网络化建设),全面加强党风廉政建设,完善管理制度,规范权力运行,单位整体工作作风和精神状态明显改变,服务水平和工作质量明显提高,各项工作健康有序开展并取得新的成绩。全年全州地方志工作者共刊发40篇理论文章、60多篇简讯。1人获"全国地方志先进工作者"荣誉,3人获"2008~2009年度全省地方志系统先进工作者"荣誉,富宁县志办获首届"云南省地方志系统十佳集体"荣誉。

**【部门志工作】** 履行对地方志书进行指导服务和审查验收的职责,推动部门志编纂工作。完成《文山壮族苗族自治州政府志》(1996~2007)、《文山壮族苗族自治州人民医院志》、《文山州军事志》的评审工作。对《文山州卫生志》篇目、《文山州妇联志》稿件进行审阅修改;参加《文山州扶贫志》评审会、终审会,并提出意见和建议;对《文山州司法志》、《文山州检察志》、《文山州军事志》、《文山壮族苗族自治州人民医院志》进行了审查验收。年内,有《文山州医院志》、《文山州检察志》、《文山州档案志》出版发行。至2010年底,全州共出版部门志(专业志)180部(其中州级41部)、乡镇志5部、地情书籍20部,续志1部;正在续修的部门志(专业志)16部。

**【年鉴工作】** 为使《文山州年鉴》2010版的编辑出版更具时效性,做到计划早安排,任务早落实,及早完成《文山州年鉴》(2010)版编撰方案,经州人民政府批转各部门执行,正式启动年鉴编撰工作。在此期间对编辑人员进行调整,根据业务能力合理分工,对年鉴各部类提纲进行再疏理调整,力争常编常新,把好审校关,提高年鉴的可读性,保证《文山州年鉴(2010)》在8月出版发行。同时完成《云南年鉴》和《云南小康年鉴》文山州的供稿任务;8县均编辑出版县综合年鉴。

**【《文山州自然灾害实录》出版】** 4月初,针对全州遭遇百年一遇的严重干旱,迅速响应时势,组织力量查证收录资料编辑出版《文山州自然灾害实录》地情资料,完成12万字、72幅图片的地情资料书籍的编辑出版工作,该书是一本具有历史性、资料性、权威性、指导性和启发性的灾情实录书籍,为研究者和广大读者查阅文山州自然灾害提供方便,也为有关部门今后防灾、抗灾和救灾实践提供生动的借鉴,在社会各界引起较好的反响。

**【续修理论研讨及调研】** 6月25日,召开全州续修理论研讨会。会上,州志办各县志(史志)办围绕续修志书主题,结合修志工作实际,认真思考分析,分别作重点交流发言,既有较高理论性,又有现实针对性和工作指导性;为全面了解掌握各县续修工作情况及州属各部门为州志续修提供资料情况,扎实推进《文山州志》续修工作,州地方志办公室组成两个组,于7月中旬至11月对州属部门13个单位及6县修志工作情况进行调研,总结工作成绩和经验,对存在不足提出整改要求。这次专题督查调研为科学制定《文山州地方志工作"十二五"发展规划(2011~2015年)》提供参考依据。《规划》明确今后5年的指导思想、发展思路、工作原则、目标任务和主要措施。

**【志书续修工作】** 第二轮修志工作按照《文山州州、县两级志书续修工作规划》、《文山州2006-2010年地方志工作规划》有序推进,目前《文山州志》续修工作进入部门、各县收集准备资料阶段。年内印发《<文山壮族苗族自治州志·人物>(1996-2010)》编写规定,确定对入志人物的收录标准;为规范文山州地方志书审查验收工作,确保志书质量,制定印发《文山州地方志书审查验收及出版办法》,使开展地方志书审查验收工作有了明确的标准;编制《文山州地方志年鉴编纂手册》,将国家、省、州有关方志、年鉴规范编纂、审查验收等规定收录到《手册》中,为各县地方志机构和各修志部门撰稿员提供了有效的业务指导服务。

**【地方志学会工作】** 坚持地方志行政工作与地方志学会工作相结合,深入开展志鉴基础理论研究。6月24日,召开文山州地方志学会第三届代表大会,顺利完成学会换届工作,调整充实了理事会,成立两个学会工作机构,建立与学会工作相适应的工作机构;以《文山史志》刊物为平台,以培养锻炼队伍、开展学习交流为目标,把地方志和年鉴基础理论的学习研究工作放在重要位置,办好《文山史志》刊物。

**【领导名录】**

主　任　冉向阳(4~)

副主任　李明照(彝,12~)

(农玎玲)

# 卫生　体育

## 医疗卫生

**【简　述】** 2010年,全州有公立医疗机构165个,床位5 060张,有各类卫生服务人员6 380人(专业技术人员5 319人,占83.36%),其中本科学历486人占7.89%,专科1 050人占17.03%,中专3 290人占53.37%,高中及以下1118人占18.14%。专业技术人员中有正高职18人占0.35%,副高职126人占2.42%,中职1 395人占26.76%,初职3 395人(医师1 786人、医士1 609人)占65.13%。每千人口拥有病床和卫技人员分别为1.49张和1.56人。有村卫生室926个,乡村医生2 695人。有其它社会办医疗机构269个,从业人员596人。

**【医疗保障体系建设】** 年内，全州各县报销比例均提高5.0%以上，并实行门诊费用统筹。为及时有效防止资金被骗取、套用等违纪违规行为发生，于4月组织召开全州新农合运行分析暨工作推进会议，制定下发《关于进一步加强新型农村合作医疗监督管理工作的通知》，明确提出“三个一律”加强违规行为监管，即：民营医疗机构一律取消定点医疗机构资格，乡村医生一律取消乡村医生资格，公立医疗机构一律建议免除院长职务。并从5月中旬开始，在全州组织进行了为期2个半月的全面清理规范，确保新农合资金安全。1～12月，全州共补偿受益447.57万人(次)，较上年同期增加575 686人(次)；补偿金额39 769.38万元，较上年同期增加7 155.23万元；参合农民平均受益率达150.83%，较上年同期上升12.89%。目前，全州参合率已达96.37%。

**【医疗服务体系建设】** 加强基层医疗卫生机构建设。根据国家县医院、县中医院、中心乡镇卫生院、村卫生室和社区卫生服务中心5个基层医疗卫生机构建设指导意见要求，目前，全州已下达175个基层医疗卫生机构投资计划，计划总投资31 442万元，到位资金31 442万元，其中：县级医院8个、中心乡镇卫生院30个、社区卫生服务中心7个、村级卫生室130个。下达中央专项资金1 522万元，用于116所乡镇卫生院(其中3所已转型为社区卫生服务中心)基本诊疗设备配置。加强以全科医生为重点的基层医疗卫生队伍建设。开展乡村医生中医专业中专学历教育培训，培训乡村医生1 494名；招聘了5名执业医师到乡镇卫生院工作。开展乡镇卫生院招聘工作和对口支援县级医院工作，选派30名县级医院骨干人员到省内及州内三级医院进修学习。按照《文山州医疗机构设置规划(2009—2015年)》，各县认真制定本县《规划》，为下一步完善全州医疗服务体系建设提供政策依据。进一步规范乡村一体化管理，做到行政、人事、财务、药品等统一管理。

**【药品供应保障体系建设】** 为进一步规范药品配送管理，满足基层医疗机构用药需求，州卫生局及时下发《关于2010年药品配送有关问题的通知》，就药品配送有关问题作出明确规定。3月，在去年底公开遴选16家配送商的基础上增补2家配送企业。10月，启动并实施国家基本药物制度，全州所有政府举办的乡镇卫生院、村卫生室和社区卫生服务中心(站)全部配备和使用国家基本药物目录和云南省增补药物目录。自11月1日起，在全州基层卫生单位实施基本药物零差率销售，取消药品加成；其他政府办医疗机构按州级20.0%、县级35.0%、中医院及其他10.0%规定配备和优先使用国家基本药物。截至12月31日，全州网上采购基本药物2 013个品规，采购金额8 381.76万余元，配送金额7 343.41万余元，配送率79.38%，入库金额6 328.19万余元，入库率67.69%；采购非基本药物1 339个品规，采购金额7 597.43万余元，配送金额7 174.55万余元，配送率91.84%，入库金额6 867.18万余元，入库率85.76%；基本药物使用占总金额的52.97%，非基本药物使用比例占47.03%。大部分基本药物均从省级平台上采购，并严格执行省级招标价，总体运行基本正常。

**【公共卫生服务体系建设】** 2009～2010年，全州共投入1.02亿元，在城乡开展公共卫生服务均等化三类九项工作，各县和有关单位严格按考核标准和办法，认真组织实施。截至12月，居民健康档案累计建档人数1 144 912人，城镇居民建档168 197人，建档率51.81%；乡村居民建档976 715人，建档率31.17%；为0～36个月婴幼儿建立儿童保健手册，开展新生儿访视及儿童保健系统管理，儿童系统管理人数为115 502人，为孕产妇开展孕期保健服务47 462人，产后访视46 840人；对辖区内65岁及以上老人进行健康指导服务，共管理147 902人。对35岁以上人群开展高血压管理38 048人、糖尿病管理4 721人；对全州重性精神疾病患者进行治疗随访和康复指导2 102人。开设健康教育宣传栏1 394期。15岁以下人群补种乙肝疫苗累计完成87 358针(次)。开展农村妇女乳腺癌、宫颈癌检查项目，完成2010年任务数2 000人；实施贫困白内障患者复明工程，全州完成手术病例2 403例；组织实施农村改水改厕项目。2010年省级下达文山州重大公共卫生农村改厕项目任务6 700座，目前累计建设无害化卫生厕所1 618座，同时开展农村饮水安全集中供水工程水质监测380个，积极保障农村饮水安全。

**【公立医疗机构改革】** 根据国家《关于公立医院改革试点的指导意见》，重点抓提高公立医院服务质量、单病种临床路径管理、“优质护理服务示范工程”活动等单项改革工作。启动州级重点专科、专病建设工作。按照卫生部制定的112个病种的临床路径管理要求，在丘北县人民医院开展急性单纯性阑尾炎临床路径、脑出血临床路径、胃十二指肠溃疡临床路径管理试点；文山州人民医院启动神经外科颅前窝底脑膜瘤、消化内科轻症急性胰腺炎临床路径管理。

**【疾病预防控制】** 2010年，面对全球范围内暴发的甲型H1N1流感疫情和百年不遇的严重干旱，州卫生局把抗大旱、防大疫作为2010年卫生工作的主要任务，及早安排部署，建立健全各种应急机制，加强甲型H1N1流感防治知识宣传和疫情处置，及时组织对2例重症病人进行医疗救治，有效控制了死亡病例的发生。扎实抓好饮用水卫生监测检测、水源保护、食品卫生监管、肠道门诊检测等各项防控措施的落实，共派出卫生人员7 205人(次)，监督检测水源点772个2 159次，对不合格水源及时进行卫生学处理，开展食品检测3 066次，组织集中就餐点检测整治1 030次，开展环境消毒消杀213.66万平方米，发放各类抗旱防病宣传资料51.15万份，全州无因干旱导致传染病暴发流行和重大突发公共卫生事件发生。同时，坚持每季度进行疫情分析，有针对性地抓好鼠疫、霍乱、甲肝、狂犬病、麻风病等传染病防治工作；认真落实国家扩大免疫规划，加强常规疫苗接种和计免针对性疾病防控，国家免疫规划重点疫苗接种率均在95.0%以上，流脑接种率达93.0%，乙肝疫苗首针及时接种率达66.3%，麻诊、乙脑等再次得到有效控制。全州进一步巩固多年无鼠疫和霍乱疫情发生，累计报告乙、丙类传染病25种8 435例，死亡207例，发病率为235.82/10万，较上年同期下降40.71/10万。及时处置突发公共卫生事件8起，其中传染病疫情3起，中毒事件5起，有效防止疫情扩散和蔓延。

**【艾滋病防治】** 全年州县财政共投入艾滋病专项经费182万元。强化宣传教育，营造良好氛围。开展覆盖城乡、各类人群的广泛的宣传教育，城镇和农村居民艾滋病知识知晓率不断提高。加强艾滋病监测检测网络建设，加大检测力度。州、县医疗保健皮防机构和所有乡镇卫生院建立了艾滋病咨询检测室，乡村监测检测网络逐步健全。全年共检测各类人群17万余人。加强高危人群行为干预，减缓艾滋病从高危人群向一般人群传播。实施推广使用安全套预防艾滋病工作，所有宾馆、旅店和娱乐场所免费摆放安全套，高危人群和重点人群免费发放安全套。加大高危人群行为干预力度，月平均干预1 609人，干预覆盖率达97.1%，男性行为人群行为干预覆盖面不断提高，美沙酮维持治疗人数逐步增加，目前正在治疗人数为751例。落实关爱政策，做好艾滋病治疗、母婴阻断和关怀救助。全州抗病毒治疗987例，中医中药治疗539例，检出阳性孕产妇142例，均实施了母婴阻断措施。民政部门和卫生部门加强协调配合，对城镇和农村艾滋病困难家庭2 489人实施救助，发放救助经费354.21万元，教育部门对受艾滋病影响的未成年人实施救助，纳入“两免一补”范围。通过全州各级各部门的努力，全州艾滋病感染者和病人生存质量提高。

**【基础设施建设】** 年内争取3个县医院、5个中心卫生院和34个村卫生室的建设，争取中央资金6 336万元。全年完成投资任务4 865万元。州精神病院建设已经进入实施阶段，争取中央和省级专项资金3 828万元，总建筑面积1.88万平方米。同时，开展中医院体系建设规划、项目可研以及地基落实等工作，上报桥头堡医院建设的相关资料；卫生监督体系、妇幼保健体系建设前期准备工作全面开展，为下一步争取国家投入做好准备。

**【人才队伍建设】** 开展继续医学教育。通过安排到省级以上进修、开展滇沪合作和对口支援培训、组织学历教育考试等提高业务水平，开展“万名医师支援农村卫生工程”和“城市二级以上医疗卫生机构对口支援乡镇卫生院”活动，省州共安排126名业务骨干到下级单位做好“帮、传、带”工作，有效提高了基层医疗技术服务水平。引进、招聘卫技人才，充实医疗卫生技术力量，引进研究生5名，公布卫生人员招聘计划526名，州、县严格按照规定要求积极组织招聘。开展初中级职称考核工作，全州共报名2 600人，合格879人，其中省级52人；上报高职评审74人，通过46人；推荐省政府特殊津贴1人。全年共组织开展医疗事故鉴定、医疗机构审批及市场服务监管、护士执业、手足口病防治、卫生管理等各类卫生技术人员培训10余期1 000余人(次)；培训乡镇卫生院骨干4期565人。

**【妇幼卫生】** 全年，住院分娩率达88.63%，较上年上升10.2个百分点，共使用“降消”项目资金1 105.67万余元，对28 964名农村孕产妇实施救助，使用新农合资金1 522.35万余元，救助农村孕产妇24 532人，有效降低了两个死亡率。其中，孕产妇死亡率为43.41/十万，较上年下降6.8个十万分点，婴儿死亡率12.12‰，较上年下降2.18个千分点。

**【卫生监督】** 全州进一步规范行政审批和行政处罚行为，年内共受理医疗机构设置、校验、变更等32家，发放护士执照和护士变更注册466人(次)，发放医师资格证和变更235份。整治医疗市场，监督检查医疗机构21户(次)，下发监督意见书20份，提出意见70条，对2户进行立案查处，给予行政处罚4户。加强食品卫生和职业卫生监督，检查各类医疗卫生机构218户，学校112所，宾馆旅店、美容美发、超市、车站等公共场所242家，下达监督意见书65份；开展对餐饮服务单位的“地沟油”、一次性筷子、食品添加剂等使用情况专项监督检查，检查饭店2 453家、学校食堂和小餐桌1631家，餐具消毒配送中心13户(次)，给予警告158户，责令改正741户，取缔无证经营户5户。加强采供血服务监管。全年，全州无偿献血5711人(次)，总献血量168万毫升，无偿献血率100%，成分输血达99.0%以上，未发生违规采供血事件和用血事故。

**【领导名录】**

局　　长　王仕福
副 局 长　吴树文
　　　　　罗　勇
　　　　　张仁茂(10～)
纪委书记　吴家发

（陈　敏）

## 红十字事业

**【组织建设】** 年内，富宁、麻栗坡、马关、丘北4个县红十字会全面理顺管理体制。州、县红十字会积极宣传动员和广泛协调，不断吸收接纳各级行政事业单位、各企业加入红十字会，成为红十字会团体会员单位或基层组织。同时吸收社会爱心人士成为红十字会会员、志愿者，为全州红十字事业的推进和人道精神的弘扬提供了组织保障。2010年，州、县红十字会新增专职工作人员7人，专职工作人员已达25人，全州累计发展团体会员单位35个、基层组织166个、会员40 323人、志愿者1 570人。

【募捐筹资和救灾救助】 全州各级红十字会广泛借助"博爱送万家"、"5.8博爱宣传周"和抗旱救灾物资发放启动的大型广场活动开展宣传，大力弘扬红十字人道、博爱、奉献精神，倡导"人人都献出一点爱"和"快乐行善"理念，参与重大突发灾害救援，呼吁社会各界积极奉献爱心，救助贫病弱势人群。结合抗旱救灾的相关援助行动，州红十字会邀请文山日报社、文山电视台、文山人民广播电台采取跟踪报道的方式进行宣传，各县也积极争取当地新闻媒体的支持，大力开展宣传工作。州红十字会专门制作了公益宣传短片，在州电影事业管理中心和云美艺术传媒的大力支持下，通过广场(社区)电影、街心电子显示屏滚动播放。全州共发放红十字相关知识宣传单32 000多份，通过宣传展板展示宣传10次，播放红十字公益宣传片300多次，新闻媒体采访报道20余篇(条)，进一步扩大了红十字会工作的社会影响。针对严重旱灾、青海玉树地震、甘肃舟曲泥石流等突发灾害，州、县红十字会通过印发募捐救助倡议，发动会员、志愿者广泛宣传动员，年内共接收抗旱救灾款722.25万元，为青海玉树地震、甘肃舟曲泥石流灾害募捐捐款41.38万元。年初以来，为加大对重大疾病患儿的救助，州、县红十字会对相关救助政策作了大力宣传。截至12月30日，已审核报送救助先心病患儿"天使阳光基金"和"博爱救心基金"资料41份，获得省红十字会"博爱救心基金"救助3人共28 000元；审核报送救助白血病患儿"小天使基金"资料6份，获救助1人。同时，通过"博爱送万家"、募捐箱救助贫病患者达200余户500多人，救助金额达30多万元。

【抗旱救灾"春雨行动"】 全州红十字会组织出动1200多人(次)参与运水供水，投入自筹抗旱物资、资金合计10万余元。在捐款账户中设置好抗旱救灾捐款科目，加强捐赠款物的安全监管，实行"周报制"，每周向省红十字会和州人民政府接收捐赠办公室报送相关情况。全州红十字会会员为旱灾捐款超过50万元。全年文山州红十字会系统接收各界抗旱救灾捐款、捐物折价达722.25万元。州红十字会在坚持旱灾灾情正常上报的同时，及时向省红十字会作专题汇报，得到省红十字会和其他地区红十字会的高度重视、大力支持。中国红十字基金会发起、国务院国资委号召央企支持的援助西南抗旱项目"春雨行动"分4批向文山州8县投入抗旱救灾资金640万元(其中，"春雨礼包"19 768个386万元、博爱饮水工程25个254万元)；香港特别行政区红十字会分两批紧急援助文山州麻栗坡、马关、丘北3县抽水设备114台(套)价值36万元及运水补助20万元；广东省红十字会、山东省红十字会、江西赣州市红十字会、浙江省湖州市红十字会、四川江油市红十字会、云南万友文山分公司等通过文山州红十字会向文山州旱灾灾区捐赠现金和矿泉水等物资折价共79.97万元。

【初级卫生救护培训】 州红十字会、州安全生产监督管理局在对电力、加油站、工矿企业管理和从业人员进行安全培训的同时，把卫生救护知识纳入培训内容一并培训。全年共开展卫生救护培训6期，培训初级卫生救护员730人。富宁、马关、广南、麻栗坡、文山等县红十字会也积极协调，依托和安监、消防等部门的合作开展了初级卫生救护培训。全州共培训初级卫生救护员1 239名。

【造血干细胞捐献宣传动员采集】 为做好造血干细胞捐献志愿者样本经常性采集工作，州红十字会与中心血站协作，委托血站在接收无偿献血时帮助宣传造血干细胞捐献工作，采集、收集造血干细胞捐献志愿者样本和资料，使造血干细胞样本采集数量实现新的突破。同时，根据捐献志愿者需要集中采样的实际，州红十字会、文山学院红十字会专门邀请省红十字会干细胞库专业人士，于11月9日在文山学院集中采集造血干细胞捐献者血样，学院广大师生积极响应，当天就采集血样350份，采集效果很好。全年文山州造血干细胞捐献者血样累计入库资料达2 278份。

【"微笑行动"】 由"微笑行动"中国基金和文山州红十字会联合组织的"2010文山微笑行动"，于3月22～28日在文山州皮肤病防治所展开，"微笑行动"中国基金总经理黄宗元先生由香港飞抵文山亲临现场指导，14名来自全国各地医疗专家志愿者组成的专家组的无私奉献，历时6天，共为全州34名唇腭裂患儿免费实施了修复手术。

【假肢康复项目】 麻栗坡县红十字会加强假肢维修车间的建设、管理等工作，全年组织59名肢体残疾病人到省假肢康复中心安装假肢，定点或现场为肢体残疾病人维修假肢128人134只，下乡回访肢残病人98人(次)。

【世界艾滋病日等宣传活动】 结合世界红十字日、献血者日、禁毒日、急救日等宣传，州、县红十字会积极调动广大会员和志愿者参与活动，深入社区、农村和机关、企事业单位广泛宣传，发放大量无偿献血、艾滋病防治的宣传资料。同时，参与组织纪念第七个世界献血者日演讲比赛，来自红十字会团体会员单位、医疗卫生系统和其他无偿献血志愿者进行了演讲。

【红十字青少年工作】 州、县红十字会加强同地方教育主管部门的沟通，建立健全学校红十字工作委员会，积极协调动员，在全州大中小学校广泛建立学校红十字组织。主动配合学校德育部门开展红十字基本知识和卫生救护知识传播，弘扬人道、博爱、奉献精神，培养广大学生的慈善关爱意识，增强应对突发灾害的避险自救互救能力。

【推进红十字进社区工作】 按照省红十字会的部署，多次深入社区调研，了解社区居民的诉求，和社区干部探讨红十字进社区工作，收集到了很多信息，对于推进红十字进社区工作很有帮助。富宁县红十字会经过多方协调和努力，已经率先在所有乡镇和社区设立红十字会组织，为全州推进红十字进社区工作提供了经验。

【领导名录】
常务副会长　唐彰迎(女，瑶)
副　会　长　邱继娥(女)

(郑　星)

## 食品药品监管

**【食品安全综合协调监管】** 履行食品安全综合协调监管职责，认真贯彻实施《食品安全法》，深入推进食品安全专项整顿，保证食品安全监管的连续有效。继续实行食品安全目标责任制，监管责任得到落实。年初州与县、县与乡镇都签订了年度目标责任书，把食品安全监管责任层层分解，进一步巩固了州、县、乡、村监管网络和责任体系。开展中期督查工作，推动各项目标责任的落实。继续深入推进食品安全专项整顿，日常监管得到加强。深入推进为期两年的食品安全专项整顿，切实加强对食品生产、加工、流通、餐饮等环节的全程监管，开展2008年问题乳粉清查和“地沟油”、不合格一次性筷子整治等专项整顿，实现食品安全监管的常态化，全面规范食品市场秩序，提高了食品安全保障水平。全州共出动执法人员5.8万人(次)，车辆4 997台(次)，检查食品行业企业10.4万户(次)，查处违法案件697件。通过专项整顿，全州农畜产品源头污染得到有效治理，生产加工食品质量得到保障，食品流通市场不断规范，餐饮消费秩序明显好转。继续实施预警机制，食物中毒事件得到遏制。实行特殊预警与例行预警相结合，在具有食物中毒风险时，及时发布食物中毒预警公告。通过广播、电视、报纸和互联网等宣传媒体，加强宣传教育，强化防范措施，有效预防误食野生蕈中毒事件，切实保证全州食品安全。年内，州食安委办公室共收到家庭性食物中毒事件报告2起，均为家庭误食野生蕈中毒，同比减少4起，下降67.0%；中毒人数11人，同比减少30人，下降73.0%；死亡3人，同比减少8人，下降73.0%。

**【药品和医疗器械认证注册】** 全年，新办理药品零售经营许可证54户，药品零售连锁经营许可证29户，医疗器械经营许可证106户。报送药品批发经营许可证换证13户；完成药品零售经营许可证换证182户，药品零售连锁经营许可证换证61户，医疗器械经营许可证换证60户。变更药品经营许可证92户，变更医疗器械经营许可证49户。注销医疗器械经营许可证7户。积极配合省局做好GAP、GMP和GSP认证和飞行检查工作，按照省局的要求抽调认证检查人员31人(次)；完成州内新申办GMP认证1户，GMP再认证4户21个品种；批发GSP第二轮认证14户，新申请GSP认证3户，零售连锁GSP认证315户；协助国家局完成三七GAP认证2户。

**【药品安全专项整治】** 年内，全州共出动执法人员5 317人(次)，车辆1 312台(次)，检查药品经营、使用单位1 947个(次)。开展查处利用报刊宣传销售假药、查处利用报刊宣传销售“紫丹银屑胶囊”等假药、查处利用互联网宣传销售假药、查处假保健品“钙铁锌硒维生素”、查处“杜氏正骨贴”等假冒医疗器械等一系列专项行动，联合开展非药品冒充药品违法行为整治，开展打击非法买卖含麻黄碱复方制剂行为专项整治。贯彻落实医药产业政策、规划及实施医药产业结构调整，建立健全国家基本药物生产供应和质量保障机制。严格执行药品质量标准，加强药品研制、生产、流通环节和医疗机构临床用药监管。通过专项整治，确保云南省第十三届运动会期间和全州面上的药品安全。加强对4个药品生产企业、2个医疗机构制剂室、5个药品经营批发企业和5个医疗机构的日常监管，制定监督检查计划和方案，督促生产企业加强对原辅料采购、仓储、投料、工艺控制等环节的管理，确保药品质量。切实加强对基本药物、特殊药品经营、使用单位的日常监督检查，加强电子监管，完善特殊药品实时监控信息网络。全年，州局进行日常监督检查药品生产企业26户(次)，药品经营企业25户(次)，使用单位21户(次)，检查覆盖面达100%。监测违法药品、保健食品以及非药品涉药宣传广告24起，其中药品广告16起、保健食品广告5起、非药品涉药宣传广告3起；移送工商部门处理2起，对相关药械生产经营企业和产品采取限售措施。

**【药品和医疗器械市场稽查】** 对一批疫苗类药品违法案件进行严厉查处。全州共查办药械违法案件314件，涉及物品总值510万元，收缴罚没款124.4万元；取缔无证经营38户。

**【药品医疗器械检验】** 完善检验检测制度，调整规范检验检测流程，坚持受检与检验、抽样与检验相分离，严格审核把关，确保检验检测质量。2010年，共检验药品医疗器械976件，其中监督抽验622件，基本药物抽验200件，抗疟专项抽验5件，委托检验147件，医疗器械靶向抽验2件；医疗器械监督抽验16件；药品督促送验22件。进一步完善快检车管理办法，制定运行计划，严格按运行程序运行，充分发挥快速检验设备的效能。快检车共检查药品经营企业、使用单位69个，初筛药品506批(次)，其中4个批(次)药品未通过近红外检测，不合格1个批(次)。

**【三项监测】** 进一步提升“三项监测”与上报工作，巩固拓展州、县、乡三级监测网络，监测点达216个。2010年，共上报药品不良反应报告610例，医疗器械不良事件6例，药物滥用监测调查表451份。

**【机构移交工作】** 根据国务院办公厅《关于调整省级以下食品药品监督管理体制有关问题的通知》、云南省人民政府办公厅《关于做好省以下食品药品监督管理体制调整和机构移交工作的通知》和云南省人民政府办公厅《关于做好省级以下

食品药品监督管理机构移交工作有关事项的通知》，省政府食品药品监督管理机构移交第二工作组由省食品药品监督管理局党组书记张笑春带队，省机构编制办公室、省财政厅、省卫生厅和省食品药品监督管理局相关人员一行于2010年8月5日在文山州人民政府举行文山州食品药品监督管理机构移交工作会议。自此，文山州食品药品监督管理机构由省食品药品监督管理局垂直管理改为文山州人民政府管理，挂靠州卫生局。全州立即启动县级食品药品监督管理机构移交工作，至8月30日，全州8县机构移交工作已全面完成。

【领导名录】
局　　长　张仁茂
副 局 长　彭志超
　　　　　杨福春
　　　　　罗正旭(10～)
纪检组长　罗正旭(～9)

（李代林）

## 体育事业

【简　述】 2010年，文山州体育局坚持把科学发展作为文山体育工作的第一要务，完成省第十三届运动会各项筹备组织和备战参赛任务，承办组织圆满成功，备战参赛取得新突破；以“全民参与健身，精彩和谐省运”为主题的迎省运全民健身系列活动再掀热潮；举办州第八届民运会，促进少数民族传统体育发展；参加省第九届民运会取得好成绩。以建设省运会比赛场馆为龙头的城市体育基础设施得到进一步完善。体育产业有新发展等，全面完成“十一五”规划制定的目标任务，全州体育事业取得较好发展。

【全州体育局长会议】 3月9日，州体育局在广南召开全州体育局长会议。会议回顾总结2009年全州体育工作，安排部署2010年工作任务。会议提出，扎实做好省运会各项筹备工作并确保省运会如期举行；竭力抓好省运会备战训练并夺取参赛好成绩；深入贯彻落实《全民健身条例》，抓住省运之年的重大契机，进一步掀起全民健身热潮；继续实施好“农民体育健身工程”和“一场一室工程”；贯彻落实《彩票管理条例》，推动体育彩票平稳发展和销售的持续增长；抓住机遇，借势而上，促进文山体育事业大发展。会议对2010年的全州体育工作作出部署。

【省第十三届运动会在文山举行】 云南省第十三届运动会于8月18日～26日在文山隆重举行。省委书记、省人大常委会主任白恩培出席开幕式并宣布云南省第十三届运动会开幕。云南省第十三届运动会经省人民政府批准，由省体育局、省教育厅、省总工会主办，文山州人民政府承办。设青少年组20个大项、322个小项，成年组13个大项、148个小项比赛，是省运会历史上竞赛项目最多、规模最大、赛期最长、参与人数最多的一届，比赛分别在文山、砚山、富宁、昆明、个旧5个赛区进行。全省16个州市和7个行业体协分别组团，5 200多名运动员参与角逐(其中，文山州选拔出213名运动员组团参赛)。包括先期进行的各项比赛在内，整个省运会比赛场地分布在文山、砚山、富宁、个旧、昆明5地，青少年组比赛共产生604枚金牌、288枚银牌、306枚铜牌，破2项省纪录，破12项省青少年纪录，昆明、玉溪、曲靖分获金牌总数和团体总分前三名，文山州奖牌和总分排名全省16个州、市第四位，排在全省8个少数名族自治州第一位。

【开展全民健身活动】 2010年，全州群众体育围绕省运会的举办，广泛组织开展以“全民参与健身，精彩和谐省运”为主题的全民健身系列活动。在系列活动中，既注重突出省运色彩，强化喜迎省运、全民参与健身，弘扬奥林匹克精神的氛围；又更注重突出以人为本，创新活动方式、丰富活动内容，使各项活动更加贴近群众，在活动形式和内容上更加富于多样性、普及性和参与性。通过组织开展丰富多彩的全民健身系列活动，充分展示文山州全民健身成果，表达全州人民期盼省运的热切心情，并在活动中弘扬奥林匹克精神的“全民参与”理念，有效地把群众关注省运的热情转化为投身全民健身的实际行动，使体育健身的多重功效得以充分体现，和谐省运色彩得以充分显现，为成功举办省运会营造浓郁的全民健身氛围。

【全省群众体育先进表彰大会】 8月18日，云南省群众体育先进表彰大会在文山举行。副省长高峰，省人民政府副秘书长卫星、省体育局局长杨宁、巡视员鲁继明，文山州委副书记、州长黄文武等领导出席会议。会议表彰2006年以来全省在群众体育工作中取得优异成绩的单位和个人，昆明市体育总会等140个单位和张楚壮等100名个人获全省群众体育先进单位和先进个人荣誉称号。

【举办文山州第八届少数民族传统体育运动会】 3月22～26日，文山州第八届少数民族传统体育运动会在文山举行。本届民运会共设竞赛和表演两大类，竞赛项目设吹枪、射弩、陀螺、高脚竞速、摔跤、武术、蹴球、板鞋竞速共8个大项78个小项。表演项目设技巧类、综合类、民族健身操类等4个大项47个小项。全州8县及文山学院、州民职校、州二中11支代表队，共499名少数民族运动员参加。本届运动会是全州历届规模最大，参赛人数最多，项目设置最丰富的一届。经过比赛，共产生80枚金牌、78枚银牌、89枚铜牌。麻栗坡、文山、文山学院代表团获团体总分前三名；麻栗坡、文山、丘北代表团获金牌总数前三名。

【参加云南省第九届少数民族传统体育运动会】 11月16～23日，文山州组团参加在普洱举行的云南省第九届少数民族传统体育运动会。全州代表团共参加吹枪、射弩、高脚竞速、板鞋竞速、摔跤、武术、蹴球、陀螺8个竞赛项目的比赛，获金牌7枚、银牌7枚、铜牌13枚，在参赛的18个代表团中，奖牌总数列第五位，金牌和团体总分列第六位。张鑫等9名运动员获省民运会“体育道德风尚运动员奖”称号。代表团荣获省民运会的优秀组织奖。

**【社会体育指导员队伍建设】** 州体育局继续加强社会体育指导员队伍建设。全年培训78名社会体育指导员，分别批授二、三级社会体育指导员67名和11名。目前，全州拥有社会体育指导员1 302人，每万人社会体育指导员达近4名，社会体育指导员已成为组织指导城乡群众体育活动的骨干力量。

**【体育社团建设】** 州体育局坚持把提升体育协会活动组织、服务水平，拓展组织、服务职能作为完善社会化体育组织网络的重要内容来抓，收到较好成效。州老体协积极组织老年人围绕省运会的举办，开展身心健康的活动或赛事，为省运营造氛围贡献力量，增强了为省运做贡献的自豪感。其他各单项体育协会也积极围绕省运会的举办，充分发挥职能作用，组织开展形式多样的选拔赛、邀请赛、表演赛等，使全州群众健身活动连续不断，精彩纷呈。

**【民族传统体育训练点建设与管理】** 在继续加强对文山学院、文山州二中、麻栗坡县董干中学三所学校少数民族传统体育训练点管理和指导的基础上，又新增州体职校、麻栗坡县少体校、砚山县少体校3所学校开展少数民族传统体育业余训练。目前，全州共设置摔跤、武术、高脚竞速、板鞋竞速、吹枪、射弩、陀螺、蹴球、秋千9个项目10个州级少数民族传统体育训练点。

**【举行全州体育系统职工运动会】** 3月10～11日，文山州体育系统第六届职工运动会在广南举行。本届运动会设置羽毛球、射弩、气排球三个项目。全州8县体育局，州体育职业学校，州民族体育馆（含州老体协、体彩分中心、州游泳池）和州局机关共11支代表队参加比赛。经过激烈角逐，州民族体育馆、州局机关、州体职校代表队分获羽毛球比赛团体前三名；州体职校、州局机关、州民族体育馆代表队获得气排球比赛团体前三名；孙贤邦和阳光菊分别夺走射弩男、女组冠军。

**【体育场地设施建设】** 以省运会比赛场馆为重点的体育设施建设取得重大突破。文山、砚山和富宁县（市）严格按标准建设比赛场馆，先后建成文山盘龙体育中心体育场、网球馆、游泳馆、综合训练馆和砚山墨山体育馆、富宁天成体育馆等一批符合省级比赛的体育场馆，维修改造州民族体育馆、文山市一中足球场、云南三鑫职业技术学院足球场。省运会后，这些体育设施已成为广大市民健身的重要场所。通过省运场馆建设，不但为办好省运会提供良好的设施，而且极大地带动全州体育设施的进一步改善。2010年实施丘北、广南两县8个乡镇48个“农民体育健身工程”和24个乡镇的“一场一室工程”，目前全州102个乡镇均拥有一个标准篮球场。

**【体育彩票销售】** 全州全年体育彩票销售总额6 222万元，其中：电脑体育彩票销售4 904万元，即开型体育彩票销售1 318万元。

**【荣誉表彰】** 4月，州人民政府授予文山州体育局“文山州第八届少数民族传统体育运动会筹备组织工作先进集体”称号。被州委、州人民政府考核为实施2009年度党风廉政建设责任制优秀等次。7月，云南省体育局授予文山州人大常委会、文山州广播电视局、文山州老年人体育协会、文山州卫生学校、西畴县莲花塘乡政府、马关县体育局、广南县人民政府办公室和富宁县林业局“云南省群众体育先进单位”称号，授予代高鹏、刘朝阳、罗金粉、廖明、余秀龙和李玉彬“云南省群众体育先进个人”称号。10月，省民委、省体育局授予文山州体育局“云南省少数民族传统体育先进集体”称号。州委、州人民政府授予文山州体育局“突出贡献集体”称号。省民委、省体育局授予赵信民“云南省少数民族传统体育先进个人”称号。12月，国家体育总局授予文山州总工会“2010年全国全民健身活动先进单位”称号。

**【领导名录】**

局　长　赵信民
副局长　代高鹏（壮）
　　　　胡应明
　　　　马建民（回）

（张仁翊）

# 民生保障

责任编辑：陈翠莲

部队官兵送水抗旱救灾

# 民族工作

**【全州民族工作会议】** 4月13日，州人民政府召开全州民族工作会议。会议总结2009年民族工作取得的成绩和经验，分析当前全州民族工作面临的困难和问题，部署2010年民族工作任务。会上，表彰在州第八届少数民族传统体育运动会筹备组织和参赛工作中做出贡献的先进集体和个人。同时，州民委对各县民宗局在2009年度贯彻落实“民族团结目标管理责任制”、“民族调研工作”和“民族工作信息”先进集体、先进个人给予表彰与奖励。州民委主任陆庆怀与各县民宗局负责人签订“2010年度民族团结目标管理责任书”。

**【省民委检查考核组到文山考核民族团结目标管理责任制】** 1月6～7日，省民委检查考核组在副主任李国林带领下，到文山对2009年度与省民委签订的《民族团结目标管理责任制》贯彻落实情况进行年终检查考核。考核组分别深入到马关县仁和镇仁和村委会桐子园检查“兴边富民行动示范村”和文山县马塘镇汤坝村委会塘子寨“民族团结示范村”建设情况。通过实地走访查看和听汇报，考察组对文山州在贯彻落实“民族团结目标管理责任制”工作给予充分的肯定和提出要求。

12月25～27日由省民委教育科技处处长沙云生和政策法规处副处长农开文组成检查考核组，对文山州2010年度《民族团结目标管理责任制》贯彻落实情况进行年终检查考核。考核组分别深入到砚山县平远镇民族中学、民族团结教育培训中心、便民服务中心、稼依镇新寨村委会和文山县开化镇永通社区，检查平远地区民族团结进步示范创建、基层组织建设及富宁县归朝镇架街村委会爱民小学建设情况。对文山州贯彻落实“民族团结目标管理责任制”也给予充分的肯定，并对2011年工作提出要求。

**【民族团结进步示范创建活动】** 2月9日，州人民政府召开“民族团结进步示范区创建活动”工作汇报会。听取文山、砚山、麻栗坡3县工作汇报后，州委常委、常务副州长徐爱民对3县开展民族团结进步示范创建活动工作给予了充分肯定，并对下步工作进行安排部署。州委、州人民政府召开平远地区民族团结进步示范创建活动推进会后，文山、砚山、麻栗坡3县县委、人民政府高度重视，贯彻落实会议精神。围绕州委、州人民政府提出创建活动“六大工程”和“三项活动”的目标要求，从相关部门抽调工作人员，成立民族团结进步示范区创建活动领导机构。砚山县根据本县实际，财政每年安排启动资金400万元；文山县在实施过程中，将一个乡（镇）列为民族团结进步示范区创建活动示范点，达到以点带面、辐射周边的目的，县财政每年安排不少于500万元专项资金用于示范区项目建设，为创建活动提供经费保障。

**【国家联合调研组到文山调研】** 12月10～11日，由国家民委副主任罗黎明任组长，外交部、发改委、教育部、民政部、财政部等10个国家部委领导组成国家“兴边富民”政策调研组，在州长黄文武、常务副州长徐爱民、省民委副主任张慧星等领导陪同下，深入富宁县边镜田蓬镇和平村，分组进家入户与边民亲切交谈，了解群众生产生活状况。在调研组召开的“兴边富民”政策座谈会上，州长黄文武、富宁县委书记罗家祥分别汇报州、县实施“兴边富民”工作情况。罗黎明强调：边民不仅承担作为国家公民的义务，还承担着守卫国家南大门的重任，要大力发展产业，支撑边境镜地区经济发展。

**【制定全州公安机关民族工作实施意见】** 进一步开展好构建和谐警民关系，维护全州民族团结和社会稳定，文山州公安局结合部门工作实际，制订《全州公安机关民族工作实施意见》，提出当前和今后一段时期全州公安机关密切配合、共同做好民族工作的指导思想。成立工作机构，制定严密工作措施，为维护和巩固全州民族团结、经济发展、社会进步，为全面建设小康社会、构建和谐文山营造良好的社会氛围。

**【少数民族干部培训】** 州委组织部、州民委、州委党校联合，分别于3月1～12日、9月1～13日在州委党校举办全州第十、十一期少数民族干部培训班。集中培训州、县、乡各级部门壮、苗、彝、瑶、回、傣、蒙古7个少数民族148名（每期74名）科级少数民族干部及部分在基层政法系统工作的少数民族干警。培训内容包括以科学发展观为指导构建社会主义和谐社会、党的民族理论与民族政策、马克思主义宗教理论与党的宗教政策、加强党性锻炼和提高党性修养等13个专题。

**【民族成分更改工作】** 民族成分更改涉及到少数民族享受党和国家对少数民族的优惠政策，是一项事关少数民族合法权益的重要问题。更改严格按照民委（政）字[1990]217号《关于中国公民确定民族成分的规定》和2009年4月国家民委办公厅、教育部办公厅、公安部办公厅《关于严格执行变更民族成分有关规定的通知》民办（政法）发[2009]121号文件要求进行审核，做到初审有专人、复审有专人、终审有专人的工作格局。同时，在效能政府四项制度中，明确规定各县上报的民族更改成分相关材料，必须在10个工作日完成审批程序。全年完成400余人变更、更改民族成分工作。

**【慰问少数民族上层人士及遗孀代表】** 春节前夕，州民委组成慰问组，到广南、砚山 、文山等县看望慰问田顺喜、杨忠林、李文贵等少数民族上层人士和上层人士遗孀代表李碧会老人，送去省、州民委的问候与祝福，让他们深切感受到党和人民政府的关怀温暖。

**【民族专项资金申报和下达】** 按照民族专项资金主要安排“兴边富民行动示范村”和“民族团结示范村”创建以来拾遗补缺的原则进行申报。年内，文山州民族专项资金建设项目96

个2 741万元，其中：中央和省级少数民族发展资金项目 55个2 265万元；省级民族机动金项目 27 个 486 万元；扶持少数民族地区企业发展贷款财政贴息项目 6 个 31 万元；电脑农业技术开发推广应用 8 个 63 万元。此外安排项目管理资金 36 万元。按规定，项目资金已如数下达各县组织实施。

**【新增电脑农业技术开发推广应用县】** 电脑农业技术是一门新兴农业科技，是农民增产增收、脱贫致富的关键。文山州原有文山、富宁、西畴 3 县为省电脑农业技术开发推广应用县。通过申报争取，2010 年，广南、砚山、麻栗坡、丘北 4 县被省民委电脑农业推广办批准列入省电脑农业技术开发推广应用县。全年，下拨电脑农业技术推广应用经费 63 万元。

**【扶持僰人山瑶群众脱贫发展】** 扶持丘北县彝族支系"僰人"和富宁县瑶族支系"山瑶"脱贫发展工作，按照州委州人民政府统一部署要求，多部门协作、多渠道投入、多措施并举、多层次推进、多方力量参与，合力帮扶"僰人"和"山瑶"脱贫发展。全年，州民宗委争取到上级民委项目资金 1475 万元，其中投入扶持"僰人"500 万元；投入扶持"山瑶"项目资金 975 万元。通过扶持发展，僰人和山瑶贫困地区基础设施建设得到加强，群众的生产生活条件得到改善。

**【民族地区企业发展贷款财政贴息】** 年内，向上级财政、民委申报富宁县壮牛畜牧场、丘北县粮油购销有限责任公司、广南县八宝供销有限公司、砚山县润辉农产品工贸有限公司和金寸辣椒食品有限责任公司、文山县兴彩民族工艺织布厂 6 家企业发展贷款财政贴息的请示项目。经审核，批准补助经费 31 万元。

**【州委工作队在平远镇举行共建民族团结进步创建活动协议签订仪式】** 为深入贯彻落实州委、州人民政府提出开展平远地区民族团结进步示范区创建活动要大力实施"六大工程"和开展"三项活动"的要求，增强相关乡(镇)在开展民族团结进步创建活动中协作配合、相互学习、相互交流、相互借鉴，最终达到共同进步和发展的目的。州委工作队按照突重点、顾大局的原则，结合实际拟定了《民族团结共建协议书》、《治安联防公约》，并分批组织平远地区民族团结进步示范创建乡(镇)党政、公安派出所相互签订，使各项创建活动目标明确、责任落实、有章可循。8 月 17 日，州委工作队在平远镇人民政府举行砚山县平远、嫁依、阿舍，文山县德厚 4 乡(镇)共建民族团结进步创建活动协议签字仪式。

**【争取新增农资综合补贴动态调整项目资金】** 为加快老山片区饮水渠道工程建设，麻栗坡县趁开展民族团结进步示范创建活动契机，把群众最关心的水、电、路及基本农田地等基础设施建设与推进边镜"十项工程"建设相结合，共向上级争取新增农资综合补贴动态调整项目资金 272 万元。在天保镇城子上，猛硐瑶族乡铜塔、猛硐、坝子 4 个村委会组织实施 6 条饮水渠道工程建设，解决该片区基本农田灌溉 2800 亩，新增灌溉面积 450 亩。

**【民族特色村寨保护与发展建设】** 少数民族特色村寨保护与发展建设是国家民委 2010 年开展和推动的一项工作，是"两村"建设后具有特点特色、资金投入较大的一项工程；特色村寨建设要求高、程序多、组织实施难度大。为争取上级民委支持，州民委主任陆庆怀率领各县民宗局局长到广西百色等地考察民族特色村寨建设经验。返回后，组员深入全州各县选点、编项目、搞设计等上报。最后，丘北县八道哨乡阿鲁白村(壮族)被国家民委批准为"民族特色村寨保护与发展"进行建设，并下拨中央少数民族发展资金 100 万元。计划年内先建设一个村，有经验后每年建设 1～2 个，争取在"十二五"期间全州每个世居少数民族都有 1～2 个村。

**【抢救和保护壮族文献古籍会】** 由州民委主办，广南县人民政府、文山壮学发展研究会协办的文山州壮族文献古籍抢救暨《云南古壮字大字典》编选工作会，于 10 月 20～23 日在广南县召开。会议要求州、县把抢救和保护少数民族古籍工作纳入重要议事日程。会议还对壮族文献古籍抢救和古壮字编写工作作了培训讲解。

**【举办全州第八届民运会】** 由州人民政府主办，州民委、州体育局、州文化局承办，州广播电视局协办的文山州第八届少数民族传统体育运动会于 3 月 22～26 日在文山城举行。来自全州 8 县和文山学院、州民职技校、州二中 11 个代表团和 10 余个少数民族运动员、教练员、裁判员、评判员及省民委、省体育局，广西百色市和红河、西双版纳、普洱市等州市来宾 1500 多人参加。省民委主任王承才、副主任木桢出席开幕式，并观看了部分竞赛和表演项目的比赛。民运会共设吹枪、射弩、武术、摔跤、陀螺、蹴球、高脚竞速、板鞋竞速 8 个竞赛项目和 45 个表演项目。经过角逐，共决出竞赛项目金、银、铜牌各 78 枚。决出表演项目一等、二等奖各 12 个、三等奖 21 个。本届民运会无论从规模上、项目设置上均超过上届民运会，项目都是本州的优势项目，也是文山州报名参加 11 月在普洱市举行的云南省第九届民运会参赛项目。表演项目最大限度地体现出少数民族传统体育表演项目所具有的民族性、体育性、观赏性，从不同侧面反映了各民族的历史、文化、风俗及生产活动等。

**【参加省第九届民运会】** 云南省第九届少数民族传统体育运动会于 11 月 16～23 日在普洱市思茅区举办。文山州组织以州委常委、常务副州长徐爱民为团长 120 人的代表团，参加本届民运会的高脚竞速、武术、摔跤、吹枪、射弩、蹴球、板鞋竞速 7 个竞赛项目及 5 个表演项目的角逐，夺得金牌 10 枚、银牌 9 枚、铜牌 13 枚，其中表演项目获得 3 金 2 银，金牌位居全省第六名，奖牌总数名列全省第五名的好成绩。运动会期间，文山州民宗委、文山州体育局、麻栗坡县民宗局、

砚山县稼依镇小石桥村委会省政府被表彰为先进集体，州体育局赵信民、州文化局沈勇、州民宗委金洪被表彰为先进个人，文山州代表团被授予“优秀组织奖”，7 名表演项目运动员及 9 名竞赛项目运动员获个人体育道德风尚奖，高脚竞速女队被授予“体育道德风尚奖”荣誉称号。

**【中国·西部苗族发展学术研讨会在文山举行】** 11 月 6～7 日，由云南省苗学会主办、文山州苗学会承办的 2010 年“中国．西部苗族发展”学术研讨会在文山举行。参加研讨会的有来自北京、山东、湖北、四川、贵州、广西、云南等 7 个省区市共 200 余名苗学会代表、有关科研单位及高等学院的各族专家学者。

**【机构改革】** 12 月 26 日文山州人民政府办公室印发《文山州民族宗教事务委员会主要职责内设机构和人员编制规定》的通知，整合划入原文山州民族事务委员会、原文山州宗教事务管理局的职责，设立文山州民族宗教事务委员会，为文山州人民政府工作职能部门。机构内设办公室、政策法规科、监督检查科、经济发展科、文化教育科、宗教一科、宗教二科，明确规定管理文山州民族研究所。

**【领导名录】**

主　任　陆庆怀(壮)
副主任　王万荣(苗)
　　　　周　明(彝)
　　　　马应聪(回，12～)

（陆绍团）

## 宗教事务

**【马开贤到文山调研】** 3 月 24～26 日，省政协副主席、省伊斯兰教协会会长马开贤到文山、砚山两县调研，25 日，参加砚山县平远镇平远田心清真寺举行的圣诞节暨新朝真殿、民族团结示范培训中心综合楼落成、田心清真寺经文教育学校建校 30 周年庆典。马副主席在庆典会讲话中要求穆斯林在党和人民政府的领导下，进一步做好团结稳定工作，按照州委的指示努力做好田心地区民族团结示范的各项工作，不辜负党中央、各级党委、人民政府对穆斯林的关心、帮助和支持。

**【马英林到文山调研】** 3 月 30～31 日，全国政协常委、全国天主教爱国会副主席、全国天主教主教团秘书长、云南省天主教爱国会主席、云南省天主教教务委员会主任马英林主教到文山调研。在文山冷水沟天主教堂与教职人员和信徒座谈中，马英林充分肯定了文山州天主教工作取得的成绩。同时指出：在中共文山州委、州人民政府的领导下，文山天主教要高举爱国爱教旗帜，拥护中国共产党的领导，拥护社会主义社会，坚持独立自主自办，维护法律尊严，维护人民利益，维护民族团结，维护祖国统一。要努力发挥天主教教界在促进经济社会发展中的积极作用。

**【全州宗教工作会议】** 4 月 13 日，召开全州宗教工作会议，州委宗教工作领导小组成员、分管宗教工作副县长、民宗局局长、宗教工作乡(镇)乡(镇)长参加会议。会议总结 2009 年的工作，安排布置 2010 年的工作，并签订 2010 年宗教工作目标管理责任书。12 月，在全省宗教工作目标管理责任考评中，文山州获得二等奖。

**【“五五”普法表彰】** 12 月 22 日，国家宗教事务局决定对全国宗教工作系统“五五”普法工作表现突出的 161 个集体和 321 名个人予以表扬。文山州受表扬的有的民宗委干部王正洪。

**【开展抗旱救灾活动】** 4 月，州、县宗教工作系统和宗教界开展抗旱救灾活动。活动中政府宗教工作部门投入资金 72 000元，干部职工捐资79 759元，宗教界捐款76 560. 20元、盒装饮料 300 件(价值10 500元)。

**【第五次伊斯兰教代表会议】** 7 月 9～10 日，文山州伊斯兰教第五次代表会议在文山召开，来自全州各地的代表 125 人参加会议。会议审议通过四届伊协《团结奋进、求真务实、努力开创文山州伊斯兰教工作新局面》的工作报告和伊协章程修改草案，选举产生文山州伊斯兰教协会第五届理事会理事、常务理事和领导班子。

**【第二次佛教代表会议】** 7 月 11～12 日，文山州佛教协会第二次代表会议在文山召开。来自全州 8 县的汉传佛教界 60 多名代表和特邀嘉宾参加了会议。省宗教事务局、省佛教协会分别发来贺信。会议的主要任务是：审议州佛教协会工作报告；通过佛协章程修正案；选举第二届理事会理事。

**【民间信仰调研】** 年初，对全州民间信仰情况作调研，具有占地 40 平方米、建筑面积 30 平方米以上，并且塑有神像供奉、常有信众活动的场所共 87 个，总占地面积79 841. 2平方米、总建筑面积28 137. 72平方米，其中，属于州人民政府文物保护单位的 1 个，属于县人民政府文物保护单位的 6 个。信众 4. 2 万人，主要是汉、壮、苗、彝、瑶、白等民族。所供奉的神像主要有“先贤圣者、忠臣孝烈”，“护佑生灵”，“自然灵神”等。

**【评选创建和谐寺观教堂先进】** 11 月，评选出砚山县平远镇田心清真寺，文山县开化镇寿佛寺管委会主任、住持释真圆、开化镇冷水沟天主教堂本堂神甫陶志海，砚山县平远镇田心清真寺管委会主任保国、阿猛镇迷发清真寺管委会主任马辉，丘北县锦屏镇城区清真寺教长马忠全分别为云南省创建和谐寺观教堂先进集体和先进个人。

【组织朝觐】 10月24～29日，按照《中国穆斯林出国朝觐报名排队办法(试行)》和“公平、公正、公开”原则，批准文山191名穆斯林群众前往沙特朝觐。其中，文山县48人、砚山县120人、丘北县21人、广南县2人。

【领导名录】
局　长　依美发(壮，～11)
副局长　马应聪(回，～11)

（王正洪）

## 民政事务管理

【救灾救济】 从2009年8月至2010年6月，全州遭受百年不遇的严重旱灾，造成直接经济损失20多亿元。因旱灾造成新增缺粮人口38.84万人。在抗旱救灾中，民政系统有效开展“民政救助特别行动”、成立州慈善总会和各县慈善会，完善全州慈善救助常态化平台等措施，确保抗旱救灾工作经受住考验。全年共争取到专项救灾资金6 548万元，筹集慈善捐赠款4 065万元及大量救灾物资等，累计投入救灾资金9 580.42万元，完成对49.8万受灾困难群众实施救助，临时解决191.72万人的饮水困难。此外，对旱灾灾区城乡低保对象和农村五保对象提高2个月的生活补助，其中：城市低保对象、每人每月提高20元，农村低保对象、农村五保对象每人每月提高15元，共计为城乡低保对象、农村五保对象42.7万人发放补助金1 339万元。保证了灾民和困难群众的基本生活不落一户不掉一人，实现大灾期间无非正常现象发生。为整合全州救灾减灾力量，在全省率先成立救灾减灾委员会，进一步健全了全州防灾减灾体系建设，使救灾工作社会动员机制与应急措施相配套的灾害应急救援体系有机结合。

【社会救助】 城乡最低生活保障方面，全年共纳入城市低保对象33 806户57 037人，人均补助水平保持172元/月，累计支出保障金11 084.95万元，继续保证了动态管理下的“应保尽保”；年终支出临时物价补贴和春节慰问金400.2万元；年内新增农村低保扩面指标48 120人，全年纳入农村低保对象40.45万人，人均补助水平保持69.75元/月，累计支出保障金30 789.66万元，年终支出春节慰问金1 349.4万元。农村五保供养方面，全年共有农村五保对象15 581户15 953人(其中集中供养1 192人)，集中供养标准月人均227元，分散供养标准月人均134.6元，累计支出供养补助资金1 902.58万元，年终支出临时物价补贴和春节慰问金237.4万元。完成文山县马塘中心敬老院等项目建设4个，增加床位近500张，进一步增强了五保老人集中供养能力。城乡医疗救助实现全覆盖，全年共救助农村困难群众541 174人(次)，每人住院年封顶线平均8 000元，资助新农合516 680人，累计支出救助金6 813.96万元；城乡医疗救助70 320人(次)，每人住院年封顶线平均7 250元，资助参保66 396人，累计支出救助金1 056.57万元。全州8县年内启动城乡医疗救助“一站式”即时结算管理服务工作，城乡医疗救助制度与城镇基本医疗保险制度、新型农村合作医疗制度实现资源共享、同步结算、无缝对接和统一监管。临时救助方面，城市救助2 756人110万元，农村救助732 102人1 653万元。

【优抚安置】 优待抚恤方面，全年符合享受对象32 777人，其中伤残人员1 342人、定期抚恤人员851人、定期补助人员30 584人，共发放优抚经费10 705.5万元，并建立了“一站式”医疗保障体制，对全州四级以上的伤残军人实行公费医疗和实报实销制度。退伍军人安置方面，严格“双考”程序，妥善安置退役士兵880名，发放314名享受城镇安置政策退役士兵待安置期间生活补助费159 566元，一次性自谋职业补助金837.34576万元。同时，将农村退役士兵纳入基层组织后备力量进行培养，积极鼓励农村退役士兵参加1年以上职业技能和学历教育，全州13名退役士兵进入云南技工学院和林业技工学院参加学历教育和培训；在村级“两委”班子建设中，在第四届村“两委”班子成员换届选举中，全州共有896名复退军人被提名为候选人，565名被列为正式候选人并进入“两委”班子成员；此外，推荐就业70多名，开发使用军地两用人才287人。军休管理方面，州军队离退休人员服务中心正式挂牌成立，有下属军休管理机构9个，工作人员20人；共管理军队离退休干部和无军籍职工222人(年内自然减员2人)。上级下拨军休经费1 408.292万元(其中安置军休人员1 337万元、离退休管理机构补助经费70万元，军队离退休干部随军无固定收入遗属生活补助经费9 420元、体检经费3 500元)，全州移交人民政府安置的军休干部房改工作顺利完成，军休干部“两个待遇”得到落实。烈士褒扬方面，投入1 720万元、各县配套323万元对8县烈士陵园纪念设施进行维修改造和保护，其中麻栗坡烈士陵园被评为国家级烈士陵园和爱国教育基地；烈士陵园“褒扬烈士，教育群众”的独特作用充分发挥，其中清明节共接待烈士亲属、部队官兵及社会各界人士扫墓人数共计120 599人(次)，支付烈士家属扫墓接待经费225万元。

【双拥工作】 1月15日，州委、州人民政府组织在九龙宾馆举行了2010年军民迎新春团拜会。全州军地各级组织坚持把互办实事作为拥军优属、拥政爱民工作重点，投入主要精力抓落实。州(县)成立拥军优属各类服务组织813个，服务对象9 487人，安排随军家属就业21人，解决子女入托入学127人，为16名现役军人解决了住房难，义务兵家庭优待面达100%；全年向部队发放慰问金165.2万元，为部队发放粮油水电燃料补贴158.5万元；划拨建设用地土地30亩，支援建设经费5 293万元，援建图书室25个，捐赠图书17 370册；军地领导过“国防日”7 662人。驻文部队成立拥政爱民服务组织117个，共出动官兵1 990人，出动车辆机械228台(次)，支援地方重点工程建设10个，开展“1＋1”助学活动340人，举办夜校扫盲班11个，扫除文盲502人；组织365名官兵和民兵为37所学校军训学生35 989人，开办少年军校9所，举办

国防知识竞赛67场(次)；在抗抗击百年一遇的旱灾行动中，驻文各部队先后累计为受灾群众捐款119.64万元，衣被1712套(件)，出动部队和民兵共39 514万人(次)，出动车辆5 403台(次)，运送"爱心水"30 488吨，抗旱护苗475亩，有效高炮人工增雨5次，固定挂钩帮扶14个受灾乡镇、33个村和77个村民小组，帮助受灾群众铺设了22 300千米的饮水管道，开挖沟渠800余米，清理沟渠1 520米，维修(新建)水窖37个，有效缓解29万余人及7.2万头大牲畜的用水困难。

**【基层政权和社区建设】** 第四届村委换届选举工作圆满完成，全州8县有900个村民委员会，依法选举产生"两委"班子成员9 931名，其中：村党委(党总支)班子成员5 004名，村民委员会班子成员4 885名，选配边境线村委会武装干事42名；选举产生村党支部书记7 007名、村民小组长15 120名、副组长15 349名，村民代表35 999名。换届选举后，有686个村实行党组织书记和村主任"一肩挑"，占村委会总数的76.2%；共有3 054名交叉任职，占村干部总数的43.2%；共有党员9 139名，占总数92.1%；共有妇女干部1 375名，占村干部总数的20%；共少数民族干部5 800名，占58.65%；共有6 753名农村致富能人、565名复退军人、350名回乡大中专业毕业生、52名大学生"村官"、34名优秀民营企业管理人员、25名机关企事业单位干部进入村"两委"班子；共有大专以上文化164名，占5.34%，比上一届增加了71名；35岁以下的有888名，占28.92%；36~45岁的有1289名，占41.97%，平均年龄40.15岁，初步形成以30~40岁干部为主体的农村基层干部队伍结构。

基层干部待遇落实方面，根据《云南省财政厅云南省民政厅关于下达全省社区党组织和居委会专职人员生活补贴待遇补助经费的通知》要求，从2010年5月起，省级财政按照每个社区5人，每人每月500元的标准，对社区党组织和居委会专职人员生活补贴给予补助；每个社区5 000元的标准，省、州、县分别承担20.0%、30.0%、50.0%的比例承担社区工作人员教育培训经费。2010年文山州51个社区党组织和居委会专职人员生活补贴和社区工作人员教育培训经费共114.75万元；根据《中共云南省委组织部云南省民政厅云南省人社厅云南省财政厅关于提高边境25个县市及迪庆藏区3县村干部岗位补贴标准的通知》和《云南省民政厅中共云南省委组织部云南省人社厅云南省财政厅关于提高部分原村公所(办事处)干部生活补助标准的通知》精神，从2010年1月1日起，麻栗坡县、马关县、富宁县的村干部每人每月从500元，提高到600元，麻栗坡县、马关县、富宁县共有村干部1115人，每年年增加经费134万元；从2010年1月1日起，原村公所(办事处)干部生活补助标准每人每月在原基础上提高100，文山州共有526人，每年年增加经费63.12万元；指导村党组织和村委会认真贯彻落实好中央下发的4个长效机制文件和省18项基层党建工作制度，促进村务管理规范化、村务决策科学化，为开展村务公开民主管理工作提供坚强的组织保证；此外，省民政厅下达文山州村务公开栏建设补助资金43万元，完善村务公开栏建设。

社区建设方面，6月28日召开全州和谐社区建设工作推进会议，制定出台了《文山州关于解决和谐社区建设中几个突出问题的意见》；年内，建成文山县高登、文新、西畴县西洒社区服务站等城乡社区办公用房和服务设施建设项目14个，2010年争取到省级补助资金240万元。年内，西畴县兴街镇兴街村委会被司法部和民政部联合评为第四批"全国民主法治示范村"荣誉称号、文山县开化镇西山社区，文兴社区被民政部表彰为"全国和谐社区"，富宁县民政局被省委省、人民政府表彰为全省村务公开和民主管理先进单位。

**【专项社会事务】** 7月15日举办文山州婚姻、收养登记档案管理培训会，州民政局基层政权科、社会事务科、殡仪馆、救助站、福利院及各县婚姻、收养登记员参加了培训，促进了全州民政系统档案行政执法规范管理。

婚姻登记工作，全州71个婚姻登记办证点(处)，有6个县级登记中心被国家民政部授予婚姻登记规范化单位，文山县民政局婚姻登记处被省厅行风建设创建活动领导小组命名为首批"云南省民政系统行风建设示范单位"，全年全州共办理结婚登记20 047对，离婚登记560对，出具婚姻登记证明4 500份；办理涉外结婚登记11对，离婚登记1对，全州婚姻登记办证率、合格率明显提高。

地名区划管理工作取得新成果，积极协助文山县委、县人民政府开展撤县设市的冲刺工作，使争取多年的文山县撤县设市申报在年末最终获得国务院批准及民政部批复，12月30日，文山县人民迎来正式挂牌设市的喜庆日子！这标志着文山州推进中心城市幅射带动城乡统筹发展进入一个崭新的历史阶段。完成文曲线的界线联检87.26千米，完成州内县级行政区域界线联检两条(富麻线、西马线)共58.042千米，维护行政区域界线的法定性、严肃性和稳定性。

福利彩票销售实现"保亿增点"目标，全年共销售1.065亿元，比上年增加580万元，同时，筹集2009年度州本级福彩公益金达到771万元，有力支持了社会福利事业的健康、和谐发展。

州社会福利院探索敬老院、儿童福利院、老年公寓"三院合一"的管理服务模式进一步完善，家庭寄养工作稳步推进，管理规范化、社会化、人性化水平全面提高，当年入住老人99人、儿童66名、实行寄养16名。

加强监督和管理，依法开展民间组织登记，全州依法登记的社会组织496个(其中：州属165个、县属330个；社会团体417个、民办非企业单位79个)，比上年增加10个，增长率为1.0%；以抓好年度检查和社会团体"小金库"专项治理工作为重点，开展年检合格率达98.6%、"小金库"自查合格率100%，对年检不合格的责成限期整改。各级社会组织投入公益服务活动明显增加，仅在抗旱救灾期间参与"慈善捐赠"和"送温暖、献爱心"等活动就捐款达1 021.3148万元。

开展流浪乞讨人员救助4 535人(次)，投入救助经费70万元；共接收捡拾、打拐孤儿、弃婴235名，已通过各种渠道进行安置，其中：集中供养60名、家庭寄养95名、送养80名。

全州经营性公墓和殡仪馆通过年检，全州火化区死亡人数11 502人，火化遗体1 438具，比上年增加99具，火化率12.6%，入公墓安葬316具，入公墓率22.0%。

**【老龄工作】** 年内全州60岁以上老年人口总数达39.02万人，占全州人口总数345.92万人的11.27%，城镇老年人口数为4.38万人，占总人口数的1.26%，农村老年人口数34.64万人，占总人口数的10.1%。全州各级各部门和社会各界高度重视人口老龄化问题，老龄工作以落实《文山州人民政府关于贯彻〈云南省老年人权益保障条例〉的实施意见》为主线，全年按时发放80岁以上高龄老年人保健补助、长寿补助等各种生活补助费1 600万元，惠及45 073人；按州级每年每人0.5元、县级每年每人2元的标准，将老龄事业经费纳入财政预算，全年全州共落实老龄事业经费104万元；发放60岁以上老年人优待证36 782本(人)；落实老年人免费乘坐公交车人民政府补助机制，全州共补助经费183.7万元，其中，州级财政拨出138.4万元；老年人持证进州内公园、风景、入公厕、看病普通挂号实现免费；投入69.8万元“百村建设”经费，为34个老年协会新建、修缮活动场所和购置设施；筹集72.8万元，在“九九”敬老节、春节等节组织对962位百岁老人、贫困老人和孤寡老人进行走访慰问，送去慰问金15万元；社会各界以“关爱老人，构建和谐”为主题的各项助老、敬老、与老人同乐活动蓬勃开展。

**【民政综合服务】** 在保障方面，各类民政专项资金到位12.71亿元，比上年同期增长18.4%。其中：自然灾害补助(含慈善捐赠)经费0.96亿元；社会救助资金8.95亿元；优抚、安置、军休经费1.98亿元；项目建设资金0.548亿元；其他补助资金0.278亿元。民政直接救助救济和保障对象总量达到163.4万人，主要包括：城乡低保对象46.25万人；城乡医疗救助资助参保参合对象58万人；救助受灾缺粮群众49万人，以及各类优抚对象、老年人补助对象、五保和孤残老人儿童和因战伤残亡救助对象等。1月，成立州慈善总会，之后带动和指导马关、麻栗坡两县成立了慈善会，初步形成州、县、乡(镇)三级经常性社会捐助网络。民政项目建设步伐加快，“十二五”民生保障项目规划初步纳入省厅及发改部门的规划总盘子，涉及救灾减灾、社会福利、公共服务、优抚安置等四类项目，共编制1 821个子项目，总投资概算36亿元。

**【荣誉表彰】** 2010年，州民政局被省委、省人民政府、省军区命名为爱国拥军先进单位，被成都军区征兵办评为年度征兵工作先进单位，被省委省、人民政府表彰为全省村务公开和民主管理先进单位。全州有马关、麻栗坡、富宁、砚山4个县被省委、省人民政府、省军区命名为双拥模范县；文山县被表彰为全省双拥工作先进县、富宁县田蓬镇人民政府被评为爱国拥军先进单位；中共文山州委常委、砚山县委书记马志山，中共文山县委常委、县人民政府常务副县长周廷喜被表彰为爱国拥军先进个人；全州429个军民共建点有284个被县以上评为先进单位。

**【领导名录】**

局　长　唐建军
副局长　李明福(瑶)
　　　　王继兴(壮)
　　　　朱　敏(女)
老龄办专职副主任　黄永辉(壮)

(黎福禄)

## 老龄工作

**【落实政策】** 按照《文山州人民政府关于贯彻〈云南省老年人权益保障条例〉的实施意见》老年人优待政策，发放百岁老人、80岁以上老年人补助金。全年共发放保健补助和长寿补助45 073人，补助金额1 600万元，其中省补助316.98万元。州级按全州老年人口每年每人0.5元、县(市)级按全县(市)老年人口每年每人2元将老龄事业经费纳入财政预算，全州老龄事业经费104万元。全州8县都开通了城市公交车，并对持证老人实行免费乘车，2010年州、县财政拨出老年人免费乘坐公交车补助经费183.7万元，其中，州级财政拨出138.4万元，州内8个公园、3个风景区都按规定对老年人免收门票；8个县城区所有公厕都对持证老人实行免费；州、县、乡(镇)各级医院对老年人看病实行优先和免收普通挂号费。医院、旅游景点、公厕、商业网点等服务窗口设置了老年人优先、优惠和免费的标志。年底，全州为60岁以上36 782人办理“云南省老年人优待证”全年接待和处理老年人来信来访320多件493人(次)，老年人权益得到保护。

**【老龄宣传工作】** 为营造尊老、爱老、助老、养老的意识，让全社会关心支持老龄事业，维护老年人的合法权益，宣传贯彻《云南省老年人权益保障条例》以“关爱老人，构建和谐”为主题，多渠道、多形式地开展宣传活动，收到较好的效果。通过电视台、电台、报社等新闻媒体进行老龄政策法规、孝亲敬老典型、先进事迹、先进经验的报道，努力营造尊老敬老助老的社会氛围。州老龄办与文山日报、文山人民广播电台联办“七彩夕阳”、“夕阳无限好”专栏，全年共刊登老龄信息220多篇。敬老节前夕，《文山日报》、文山电视台、文山人民广播电台等新闻媒体发表了《致全州老年朋友的慰问信》、《敬老宣传卡》。砚山县老龄办与广播电台、电视台联办《七乡透视》、《百姓话题》栏目，播放了“老年协会—老年人的第二个家”、“共建和谐、发挥余热”、“谁来赡养老人”等专题片。利用召开座谈会、法律咨询、文艺演出等进行宣传。在春节、敬老节期间，州政府办、州卫生局、州民政局、州中医院等单位召开离退休干部座谈会，组织老干部学习

《老年法》、《条例》等政策法规，向老年人发放宣传资料，赠送涉老书籍；通过编写《文山州老龄工作简报》向各级领导、涉老等部门反映老龄工作动态，全年共编写《老龄工作简报》27期，被《文山日报》、《文山七都晚刊》、《云南老龄工作简报》采用12篇(条)。参与"第四届孝亲敬老之星"评选和"第二届中国老年文化艺术节"文艺节目、书画作品推荐工作。文山州推荐白万珍、李建华等7人参加"第四届孝亲敬老之星"评选，推荐仡佬族舞蹈《磨豆豆》、壮族《子马舞》和1幅书画参加"第二届中国老年文化艺术节"文艺节目、书画作品评选。做好《敬老月画册》作品的推荐工作。选送52张"敬老月"活动图片参加云南省老龄工作委员会、云南省老龄事业发展基金会编印的《敬老月画册》作品展览。通过各种形式的学习、宣传活动，加大"一法一条例"的宣传力度，进一步增强全社会尊老、敬老、养老意识，形成尊重、关爱、帮助老年人的社会氛围。

**【创建工作和百村建设】** 2010年，根据省老龄委《关于在全省开展创建"老龄工作先进县"、"敬老先进社区和敬老先进村"活动的通知》精神，全州在德厚村、稼依村八寨村、南朵村等35村(社区)开展创建活动。实施"百村建设"计划，争取"百村建设"经费69.8万元，按照"百村建设"典型引导、示范建设的工作思路和"七个一"标准，帮助富宁县阿用村、丘北县马者龙村、西畴县者保村等34个老年协会修缮办公用房、修建活动场所、购置文体器材等起到积极的引导作用，把农村老年人协会建设成为集娱乐、科普、教育为一体的老年群众组织，有效促进社会和谐稳定。

**【老龄工作调研】** 按照省政协、省老龄办、州政协的通知精神，为积极应对人口老龄化，围绕老龄工作的重点、热点、难点和老年人反映的突出问题，深入开展调研，撰写调研报告，为领导决策提供依据。配合州政协开展老龄工作情况调研。5月10日，州老龄办陪同州政协调研组深入西畴、广南、砚山、文山等县部分乡(镇)、村(社区)和农户调查了解老龄工作情况，通过听取情况汇报、实地调研，形成了《文山州老龄工作情况调查报告》。积极做好配合省政协调研和服务工作。根据省政协开展《云南省老龄化问题》专题调研的通知要求，6月10日，省老龄化问题调研组到文山州调研，州老龄办协同州政协陪同省调研组先后到丘北县老年大学、锦屏镇彩云社区老年协会、双龙营马者龙村老年协会，马关县小坝子敬老院、小坝子村老年协会实地调研并听取汇报，省调研组对文山州近年来的老龄工作给予充分的肯定，提出了意见，州老龄办根据州人民政府的批示，提出解决措施。

**【开展《中国城乡老年人第三次追踪调查》工作】** 云南省是全国老龄办确定追踪调查的20个省、市之一，文山州广南县珠琳镇、坝美镇、南屏镇、者兔乡是全国确定追踪调查的对象。为完成追踪调查任务，州、县老龄办成立了追踪调查工作领导小组，乡(镇)明确分管民政的副乡长为组长，由县老龄办干部和乡民政助理员、村民委的干部组成调查员，对4个乡(镇)13个村民委99个自然村60岁以上老年人家庭情况进行抽样调查。

**【中国第一届敬老月活动】** 按照云南省老龄工作委员会办公室《关于组织开展敬老月活动的通知》精神，全州各级各部门立足实际，以"关爱老人，构建和谐"为主题组织开展老年文艺汇演、书画展、健康知识讲座、老年观光旅游、评选健康老年人等系列活动，丰富老年人精神文化生活。

**【慰问活动】** 年内，州委、州人民政府组成4个慰问组分别到州社会福利院、文山县开化敬老院、广南县坝美敬老院、富宁县归朝敬老院、马关县小坝子敬老院、麻栗坡县麻栗镇等地进行慰问，看望了刘应华、李应会等120人百岁老人、贫困老人和孤寡老人，送去慰问金15万元。

**【老龄协作区老龄工作】** 为学习外地先进经验，推动全州老龄事业的发展，文山州加强与贵州省的兴义、安顺、六盘水、黔南州、遵义，广西省的百色、防城港，云南省的曲靖、玉溪、红河、楚雄州等州市老龄办的沟通和联络，收到各地州交流材料25份。各协作区老龄办以"加快为老服务体系建设"为主题，围绕发挥职能作用、发展居家养老服务、做好基层老龄工作、加强老年维权等老龄工作的重点、热点和难点问题进行广泛交流。通过参加协作区老龄工作会议和平时的信息交流，共同探讨老龄工作在新时期面临的新情况、新问题，探讨一些带有全局性和共性的问题，对于做好新时期老龄工作，探索新思路、新方法，推动全州老龄工作发展，起到了很好的借鉴和促进作用。

(王佳林)

## 消费者权益保护

**【"消费与发展"年主题活动】** 为开展好2010年的纪念"3·15"宣传活动，围绕"消费与服务"年主题，在全州范围内深入开展纪念"3·15"宣传咨询服务活动，努力营造消费维权人人有责的社会氛围，把此项"民心工程"落到实处，全州消费者协会在"3·15"前后，结合当地实际，指导"一会两站"共同开展此次宣传咨询服务活动，利用集贸市场、商场、街天、民族节日等群众较为集中的场所，采取灵活多样方式，深入开展纪念"3·15"宣传活动。活动期间，全州共出动宣传人员826人(次)，接受消费者咨询服务11 173次，现场受理并调解消费者投诉28件，为消费者挽回经济损失2.04万元，发放各种宣传材料83 410余份，发布消费警示5条，出黑板报17期，制作广播、电视专题节目19期，张贴标语370幅。

**【监督检查】** 为广大消费者营造良好的消费环境，消费者协会组织以消费者最关心、最直接、最现实的利益问题为重点，组织执法人员对辖区市场进行彻底的清理检查。重点检查食品、药品、农资、公共事业和其它与消费者密切相关的商品和服务，并对损害消费者合法权益的违法违章行为进行查处。据统计，此次清理检查，全系统共出动执法人员1 463人(次)，车辆289辆(次)，检查各类市场108个，检查经营户3 005户，查获各种假冒伪劣、超期变质食品938瓶(包、袋、盒)，查获各类违法违章案件38件，收缴罚没款2.46万元，没收假冒杂交稻种子105千克、假冒化肥23吨。

**【农村维权组织建设】** 农村“一会两站”建设是消费维权网络在广大农村的延伸，是为农村消费者办实事的重要举措，也是12315行政执法体系的重要组成部分。全州自2009年实现农村“一会两站”全覆盖以来，先后配备兼职工作人员2 370人，其中消协分会275人，农村行政村和城市社区2 095人。机构健全后，各县工商局、消费者协会狠抓业务培训和指导，“一会两站”维权业务起色较为明显。2010年全州农村“一会两站”共受理各类申(投)诉970件，成功调解941件，解决率达97.0%，为消费者挽回经济损失118.97万元。

**【“一会两站”建设】** “一会两站”建设是12315行政执法体系建设的重要组成部分。为加快文山州“一会两站”的规范化建设，确保省局2010年六项重点工作的有效实施，文山州将今年“一会两站”建设的重点主要放在努力扩大12315进商场、进市场、进社区、进景区覆盖面，确保在落实四项制度、创建效能工商中推进“六项重点工作”目标任务的完成，力争“一会两站”“四进”实现全覆盖，即实现营业面积在500 ㎡以上的超市、商场100%建立“两站”；县级以上人民政府所在地的集贸市场、批发市场、专业市场100%建立“两站”；城镇街道社区(居民委员会)100%建立“两站”，国家级、省级旅游景点100%建立“两站”。为确保文山州“一会两站”建设重点工作的顺利开展，要求各县将辖区500 ㎡以上的超市、商场、县级以上人民政府所在地的集贸市场、批发市场、专业市场、城镇街道社区(居民委员会)、国家级、省级旅游景点进行核实并造册登记(含已建“两站”名册)上报，同时按月(每月2日前)将上月“两站”建设情况统计表上报，通过一年的努力，文山州实现了“一会两站”“四进”全覆盖。

**【受理消费者投诉】** 和谐携提消费欲望，消费促进经济发展。为提振消费信心，州、县消协始终坚持“消费者合法权益高于一切”的理念，全方位受理消费者投诉，努力调和消费争议，及时化解纠纷，让消费者敢于消费、放心消费。全州共受理各类消费者投诉案件1 115件，解决1 105件，解决率99.1%，为消费者挽回经济损失134.2万元，接待咨询、来访群众14 220人(次)，收到表扬信3件。

## 劳动和社会保障

**【就业再就业】** 2010年，文山州遭受严重旱灾，农业损失严重，由于电力不足，导致州内企业生产困难，部分规模以上的企业停产半停产，企业裁员减薪、就业岗位流失，就业工作面临巨大压力。为确保全州就业局势的稳定，文山州始终把就业工作放在首位，积极开发就业岗位，落实中央和省一系列促进就业再就业的政策措施和积极开展劳务输出工作，力争促进全州经济又好又快发展。大力开发就业岗位，积极鼓励创业促进就业。围绕三条二级公路建设、云桂铁路等重大项目实施、木本油料基地、核桃产业等重点产业的建设和新农村建设，大力发展新型工业产业，努力培育劳动密集型产业，加快发展旅游业等产业，努力开发各类就业岗位，增加就业岗位的容量，实现经济发展与扩大就业的有机统一。积极开拓创业促就业模式，努力培育就业工作新的增长点。按照“政府主导、共同推进、政策扶持、创业服务、创业培训”的创业带动就业工作机制，加强宣传，营造全民创业的社会氛围，鼓励有创业愿望和能力的大中专毕业生、农民工、复转军人、失业人员投身创业。大力开发公益性岗位，确保困难群体就业。在做好零就业家庭、长期失业人员、低保对象、企业失业“4050”人员等就业困难群体的就业工作。2010年，共开发就业岗位18 500个；城镇新增就业15 500人。开展创业培训3 483人，成功创业3 106人，带动9 318人实现就业。共发放小额担保贷款8 200万元、“贷免扶补”贷款5 520万元，扶持成功创业1 104人(其中：高校毕业生成功创业515人)。开发公益性岗位1 200个。城镇下岗失业人员再就业2 550人。就业困难人员再就业2 029人。年内，城镇登记失业6 800人，控制在7 500人的范围内，城镇登记失业率3.5%，严格控制在4.0%以内。积极做好农村劳动力转移就业培训及劳务输出工作。面对严重旱灾，按照州委、州人民政府“农业损失其他产业补，农村损失务工补”的要求，为实现农业损失劳务输出补，减少旱灾造成的损失，加大劳务输出宣传力度，积极组织农村劳动力外出务工。引导农村劳动力就地就近转移就业，积极开展实施“农村劳动力转移就业”培训计划，努力提高农村劳动力的职业技能，提升就业竞争力，实现更多的农村劳动力转移就业。通过努力，全州农村劳动力转移就业工作已实现州委人民政府的要求，确保2010年抗旱救灾工作的胜利。共实现劳动力转移就业24.62万人(其中：省外转移就业15.67万人、省内转移就业5.3万人、州内转移就业3.65万人)，超额完成劳动力转移就业12万人的任务。实施农村劳动力特别转移培训农村劳动力19 600人，转移农村劳动力19 600人，举办劳务用工现场招聘会27场。继续落实稳岗政策，努力稳定就业岗位。加大开展稳定就业政策宣传力度，使政策深入到每一户参保企业。在继续对困难企业实施“五缓四降三补贴两协商”政策的同时，认真落实省人力资源和社会保障厅关于进一步做好减轻企业负担稳定就业局势有关工作和关于做好当前失业保险工作稳定就业岗位有关问题的文件要求，加大企业稳岗力度，努力稳定就业岗位。全年共使用失业保险基金770万元，稳定困难企业就业岗位3115个。用好用活再就业资金，发挥资金促进就业作用。全年上级财政转移支付补助文山州就业再就业资金2 500万元(不含

中央贴息资金2 261万元），支付就业再就业资金2 252万元，其中：社会保险补贴支出1 150万元、岗位补贴支出520万元、培训补贴510万元、职业技能鉴定补贴53万元、其他支出19万元，惠及劳动者27 554人(次)，有效地促进了就业再就业工作的开展。努力开发就业岗位，引导高校毕业生创业就业。深入大中专院校开展就业指导服务工作。深入州内几所大中专院校对毕业生进行就业前指导，帮助指导毕业生在充分发挥自己优势、特长的基础上，分析当前的就业形势，树立“先就业，后择业，再创业”的就业观念。在公共就业服务机构，设立大中专毕业生就业指导窗口，发布各种就业信息和开展就业政策咨询指导，引导毕业生进一步转变择业观念，增强竞争意识，选择好就业岗位。充分发掘就业再就业工作中的典型人物，通过各种媒体大力宣传，鼓励大中专毕业生创业和就业，营造良好的就业引导氛围。积极继续扩大和健全大中专毕业生见习基地建设，引导未就业大中专毕业生到见习基地实现就业；积极推进高校毕业生社区就业计划，全面促进全州高校毕业生就业工作。年内共有高校毕业生成功创业515人，获得2 575万元小额贷款扶持。共有13家见习基地提供见习岗位259个，有85名高校毕业生到岗见习就业。全面贯彻文山“人才兴州”战略。实施州委、人民政府《关于进一步加强高技能人才的实施意见》和国家职业资格证书制度，规范程序、严格审批职业技能培训机构，加强职业培训鉴定管理，全面开展职业技能培训鉴定和技能人才培养工作。新审批职业技能培训机构3户、鉴定机构1户、职业中介机构2户，进一步完善全州职业培训鉴定和职业中介格局。开展职业技能培训鉴定225期涉及69个工种，培训各类技能人才10 020人(其中：技师155人、高级工833人、中级工2 742人、初级工6 290人)。

**【社会保障体系建设】** 推进新型农村社会养老保险试点工作，在抓好麻栗坡县试点工作同时，10月马关县启动试点工作。一年多的“新农保”试点工作，使试点县农村人民群众得到切切实实的实惠，民生保障影响大。全州共完成年满16周岁以上参保登记215 383人，其中：年满16至59周岁实际参保缴费185 867人；年满60周岁以上农村老年人审核通过30 516人，发放基础养老金1 872万元。其中：麻栗坡县完成年满16周岁以上参保登记152 990人，占应参保人数的92.07%，收取保险费1 343.50万元。马关县完成年满16周岁以上参保登记62 939人，占应参保人数的30.0%，目前正在积极开展登记及审核工作。社会保险覆盖面进一步扩大。通过政策宣传、劳动执法年审及劳动保障监察、加强服务、提升经办能力等措施，全州参加各项社会保险人数已达563 152人(次)，比2009年末516 356人(次)增加46 796人(次)。其中：企业职工基本养老保险82 521人，城镇基本医疗保险309 565人(其中：城镇职工170 242人、城镇居民139 323人)，失业保险75 010人，工伤保险55 018人，生育保险41 038人。加强社会保险费的征缴，努力做到应缴尽缴，增强社保基金抗风险能力。年内各项社会保险基金收入达59 718万元。其中：基本养老保险28 358万元、城镇职工基本医疗保险25 697万元、城镇居民基本医疗保险费2 248万元、失业保险1 680万元、工伤保险1 125万元、生育保险610万元。确保社会保险待遇支付，保障参保人员权益。继续调整增加企业退休人员养老金。从2010年1月1日起，调整增加企业退休人员养老金，平均每月增加养老金135元。通过连续6年调整增加企业退休人员养老金，全州企业退休人员养老金水平已从2004年的537元提高到1 127元。从2010年1月1日起，调整增加企业工伤职工和工亡职工供养亲属的伤残津贴、生活护理费、供养亲属抚恤金。通过连续5年调整工伤保险待遇，全州工伤职工月人均工伤保险待遇由2005年的768元提高到1 488元，供养亲属月人均抚恤金由2005年的209元提高到534元。提高失业保险金标准。从2010年8月1日起调整失业保险金标准，根据缴费工资标准，提高失业保险金发放标准。失业人员享受失业保险金提高到400元至580元六个档次。

**【建立和谐稳定的劳动关系】** 建立和规范劳动用工登记制度，加强劳动合同管理，积极开展“春暖行动”，深入企业调查，促使企业加强与农民工签订劳动合同。全州共办理用工登记证2 700本；应签订劳动合同87 058人，实际签订劳动合同86 100人，新签劳动合同13 638人，合同签订率为98.9%；农民工应签订劳动合同37 554人，实际签订劳动合32 977人，合同签订率为87.81%。共审核企业报送的集体合同371份，涉及职工24 132人。进一步完善劳动关系三方机制，对重大疑难案件，及时召开三方联席会研究解决。共发生劳动争议申诉案件214件，其中：集体争议案件12件，涉及当事人200人。共处理结案劳动争议案209件，其中：案外调解处理97件，仲裁裁决58件，仲裁调解54件，结案率达98.0%。农民工权益进一步得到保障。健全预防和解决拖欠农民工工资联动机制，严格执行农民工工资保障金制度。联合发改、建设、交通等相关行政主管部门，将建设业主或施工企业执行农民工工资保障金制度作为劳动保障执法年审的一项重要内容，对不缴纳农民工工资保障金的企业，建设行政主管部门不予办理施工许可。到2010年末，全州共收取农民工工资保障金3 166.503万元，涉及在建工程433个。工程竣工数为136个，经公示退回农民工工资保障金732.653万元，农民工工资极少发生拖欠行为，较好地维护了农民工的权益。完善新举措，严厉打击拖欠农民工工资行为。通过实行农民工维权告示制度、日常巡查和个案专查制度、举证责任倒置制度等，对拖欠农民工工资工作做到快速处理、快速结案、快速执行，做到有诉必查，有查必果，保证农民工按时足额领取劳动报酬，以实际行动切实维护了农民工的合法权益，有力地打击了拖欠工资的违法行为。共对3 887户各类用人单位进行了主动巡查，共发生拖欠农民工工资案件403件，涉及7 224人，追发拖欠工资2 255.19万元。严把劳动保障执法年审关，防范用人单位侵权行为。劳动保障执法年审工作是劳动保障执法监察工作的基础，把好劳动保障执法年审关，就能从源头上防范用人单位对劳动者的侵权行为。通过建立健全劳动保障执法年审台账，实行动态分类管理和集中力量，集中审查等措施，较好地纠正了用人单位的违法行为，维护了劳动者合法权益。对5634户用人单位进行劳动保障执法年审，涉及劳动者13.47万人，分别比上年度增长9.1%和7.59％。共审查出不合格单位数653户，占年审数的11.59％，下达《劳动保障监察整改指令书》398份，督促312户用人单位办理社会保险登记手续，督促用人单位与劳动者补签劳动合同12 246份，补缴社会保险费886.898万元，对38户拒不整改的用人单位实施行政处罚，罚金8.48万元。多部门联动，加大开展专项执法监察工作力度。会同公安、工会等十部门开展了"用人单位工资支付专项检查"、"农民工工资支付情况专项检查"、"开展清理整顿人力资源市场秩序""整治非法用工打击违法犯罪专项行动"、"整治非法使用童工专项行动"、"社会保险征缴执法检查"等专项检查7次。做到工作责任明确，政策宣传到位，工作检查到位，整改落实到位，发现问题及时提出整改，对问题严重的下达整改指令书，对拒不整改又不报情况的实施行政处罚。共抽调741人(次)，对各类用人单位，特别是对城乡结合部和乡村小砖窑厂、小煤矿、小矿山、小作坊、餐饮服务业、洗车行等用工场所的用工情况进行全面排查，严肃查处非法使用童工行为。共对1404户各类用人单位进行检查，涉及劳动者21 942人，共查出非法使用童工27人，取缔非法职业中介机构数为5户，清退童工27人，清退风险抵押金1.673万元，涉及劳动者26人，审查用人单位规章982件，纠正用人单位违法规章36件。共接到投诉464件，协调处理250件，投诉立案214件，结案211件，结案率为98.6%。

【制定"十二五"劳动保障规划】 按照州委、人民政府和省人力资源和社会保障厅的要求，结合劳动保障工作实际，科学编制"十二五"劳动保障事业发展规划。及时下发文山州"十二五"劳动和社会保障事业发展规划工作方案，对全州劳动保障事业发展规划提出要求，层层抓落实，撰写劳动和社会保障事业发展规划课题研究，通过共同努力，形成全州"十二五"劳动保障事业发展规划的终审稿并上报。

【机构改革】 根据州人民政府机构改革方案，10月，州劳动和社会保障局与州人事局合并，成立州人力资源和社会保障局。

【领导名录】

局　　长　桂发清(～10)
副 局 长　李　文(～10)
　　　　　李代铭(女，～10)
党组副书记　黄玉松(壮，～10)

（王星满）

## 信访工作

【简　述】 2010年，全州共受理群众来信来访21 493件(批)次，同比下降23%。其中：来信9 155件(次)，同比下降28.0%；来访11 476批33 200人(次)，同比分别下降19.0%和12.0%；电子邮件360件，同比下降39.0%；电话访502件(次)，与上年持平。在群众来访中，共有集体访1 094批15 653人(次)，批(次)与上年持平，人(次)同比下降15.0%。

【信访形势】 全州信访总量仍在高位徘徊，存在许多热点难点信访问题。主要表现在以下方面：水库建设引发的移民搬迁、土地征占用、拆迁补偿等问题；市政建设中房屋拆迁补偿引发的信访问题；矿产资源开发中引发的社会矛盾；企业改革改制引发的在职职工、退休职工、内退职工集体上访；城镇社区集体资产、经济管理和分配等引发的信访问题；非法营运引发的班线车驾驶员集体上访；被清退代课教师和烟草系统基社原临时聘用人员多次集体越级上访；土地山林水源权属纠纷引发的信访问题；下岗人员、失地农民等群体生产生活困难问题；按政策不能解决落实历史遗留问题的人员反复缠访、闹访；不服法院判决和法院判决后经济赔偿长期得不到执行引发的涉法涉诉信访问题不；行政不作为、乱作为和执法不文明、不公等引发的信访问题；上访老户越级上访活动频繁。

【领导重视】 州委、州人民政府高度重视信访工作，坚持把信访工作摆上重要议事日程，主要领导、分管领导主动听取信访工作情况汇报，亲自研究部署全州2010年的信访工作。州委的两次常委会、州人民政府的两次常务会议分别研究和安排部署信访工作，解决信访部门存在的一些困难和问题。州委、州人大、州政府、州政协班子成员都按照各自分工，适时组织召开重大疑难信访问题处置工作联席会议，深入开展带案下访和接待群众来访工作，积极研究协调解决信访突出问题。全州各级党政领导全年共阅批群众来信4 167件，接待群众来访8 964人(次)；实行领导接待3 683个工作日，参与接待领导达11 390人(次)。

【网上信访】 建设和接入全国信访信息系统，深入推广实施网上信访和"书记州长信箱"办理工作。一年来，全州网上信访系统共收到群众诉求228件，其中：省委省人民政府网上信访办公室交办156件，州级自收72件，已全部办结并回复。"书记州长信箱"共收到群众诉求157件，已全部办结。

【信访督办】 切实加强信访事项督查督办工作，确保中央联席会议、国家信访局、省委联席会议、省信访局交办的案件和领导批示交办的重点信访问题得到及时妥善处置，有效提高办案质量和案件办结率。年内，全州共办结信访案件19 859件，办结率达92.4%。州信访局共收到中联办、省联办、省信访局交办件73件，自立重点信访问题督办案件28件，已全部办结。

【预警防范】 全年组织开展5次矛盾纠纷和社会不稳定因素排查化解活动，累计排查出各类信访问题477件，现场调处231件，归口处置191件，领导包案处理55件。广泛收集、分析、研判和报送信访情报信息，随时掌握上访群众动态，在各重点时段制定信访问题处置工作预案，实现全年无严重影响社会稳定、造成严重后果的集体上访和群体性事件的目标。建立重大事项社会稳定风险评估和预警工作机制，避免一些可能因决策不当引发的信访问题。建立长效的劝返工作机制，确保越级上访能够在第一时间得到妥善处置。

【专项资金】 利用解决特殊疑难信访问题专项资金解决长期积累、久拖不决、难以划分责任主体的疑难信访问题，并对一些"无头案、钉子案、骨头案"等特殊疑难信访个案实施救助。全州年内共使用各级专项资金156.4975万元，解决了56件特殊疑难信访问题，实现"案结事了"、"息访息诉"。

【领导名录】

局　长　周　兵

副局长　张荣卫

　　　　李云清

（冯德亮）

## 移民开发

【简　述】 截至2010年，全州大中型水利水电工程有28座，已建成16座、在建1座(马关县达号水库)、正在筹建2座(文山德厚大型水库和广南县的那榔水库)、规划建设9座。全州大中型水利水电工程建设已完成搬迁安置并纳入后期扶持的移民，涉及全州7个县20个乡（镇）个125个村小组4 569户21 868人，分别是：文山县511人、丘北县2 785人、砚山县6 611人、广南县814人、富宁县7 712人(其中百色水利枢纽工程富宁库区7 297人)、麻栗坡县3 166人(其中马鹿塘水电站二期工程2 971人)、马关县199人(其中马鹿塘水电站二期工程32人)；省内、省外迁入文山州安置的后期扶持人口70人。

【移民安置】 百色水利枢纽富宁库区：百色水利枢纽工程规划设计蓄水56亿立方米，电站装机容量54万千瓦，云南库区水域面积33.841平方千米，于1998年经国家发改委批准立项，2001年开工建设，2005年8月下闸蓄水。水库淹没影响富宁县3个乡镇10村委会62个村小组2 920户14 712人。2007年8月，完成库区32个机关企事业单位和1 987户9 487人移民永久搬迁安置，完成42个安置点的基础设施建设及各专业单位和专项设施复建工作。库区大部分遗留问题于2009年11月上报国家相关部门审定中。2010年，重点抓紧抓好剥隘集镇地质灾害治理及受损移民房屋修复重建等相关工作。库区基本实现"搬得出、稳得住、能发展"的目标，社会总体保持稳定。

马鹿塘水电站二期工程库区：马鹿塘水电站二期工程位于麻栗坡县天保镇，总装机容量30万千瓦，总库容4.85亿立方米。水库淹没涉及麻栗坡、马关两县5个乡(镇)12个村委会74个村小组4 869人及31个企事业机关单位和部分在集镇经商的个体工商户和10个专业单位。2006年移民工作全面启动实施，于2009年10月25日完成淹没线下10个专业单位、31个机关企事业单位和309户2 311人的移民搬迁安置，于2009年11月10日实现下闸蓄水，12月8日机组调试成功发电。2010年，抓紧完善基础设施建设、库周四级公路恢复等工作，并抓紧协调业主、综合设代、综合监理推进移民安置实施过程中相关遗留问题专题报告的编制工作。

云鹏电站丘北库区。云鹏电站总装机容量21万千瓦，库区淹没范围包括红河州泸西县、弥勒县和丘北县，于2003年8月开工，2006年12月蓄水，2007年3月第一台机组发电。云鹏电站丘北库区淹没涉及丘北县官寨、舍得、新店3个乡7个村委会22个村小组968户4 373人。2007年3月完成库区淹没线下62户262人移民临时搬迁工作，保证了水库下闸蓄水需要。2009年1月，完成62户262人移民永久搬迁安置目标。2010年完成云鹏新村114.3亩耕地开垦工作并配置给移民群众，完成库周恢复建设工作，建成道路30.2千米、建成1个码头9个停泊点。2010年7月26日丘北县人民政府组织开展了移民安置的自验工作，9月26～28日顺利通过州级初验，12月23～24日省移民开发局组织开展了省级验收。

马关县达号水库。马关县达号水库于2005年被列为全省水利发展"十一五"规划和"润滇工程"重点项目，水库总库容为1 100万立方米，设计年供水量1 846.4万立方米。经省发改委文件批复同意后于2008年9月开工建设，目前大坝主体工程已接近尾声。水库淹没涉及规划搬迁安置263户935人。2010年，已完成水库淹没实物指标调查工作，正在抓紧编制《移民安置实施规划报告》，全力推进安置点基础设施建设及搬迁前的各项准备工作。

【移民后期扶持工作】 按时足额划拨后期扶持直补资金。2007年4月完成文山州建国以来大中型水利水电移民后期扶持人口登记核定工作后，全年共核定全州大中型水库移民后期扶持人口21 868人，并及时足额将后扶直补资金划拨到各县兑现到个人。2010年共计发放前三季度资金984.06万元，全州自2006年7月1日以来累计发放直补资金4 789.53万元。

实施好库区和移民安置区基础设施建设和经济发展项目。按照国家和省的安排，积极争取后期扶持资金和项目投入库区建设。2008年度争取到380万元后期扶持(结余)资金，并及时将资金分解到文山、丘北、富宁县，用于加快库区移民村组学校、村内道路等基础设施建设，3个县的项目实施已基本完成，富宁县已验收并交付使用。2010年7月争取到2009年度大中型水库移民后期扶持应急补助结余资金450万元(其中旱灾补助250万元，应急补助200万元)，已全部安排到7个县。积极上报2010年库区和移民安置区基础设施建设和经济发展项目计划，争取到780万元的库区基金下拨项目县实施建设。

【领导名录】
局　长　简华兴

（周贤波）

## 财产保险

【简　述】 2010年，人保财险文山州分公司实现保费收入17 113万元，完成年计划的122.47%，同比增长30.27%。其中，商业车险保费收入7 807.7万元，交强险5 275.8万元，人身意外伤害险和责任信用险保费共计收入1 403.9万元，家财险保费收入92.3万元，企财险保费收入965.7万元，货运险保费收入31.4万元，建筑工程险保费收入27.7万元，能繁母猪保费收入1 076.8万元。上缴各种税金886.7万元，支付赔款7 638.2万元。

【车辆保险】 坚持分类管理，调整优化车险业务结构，实现车险业务的效益化发展，积极参与地区标志性项目的招标工作。2010年实现车险业务签单保费13 083.6万元，同比增长30.09%；承保机动车161 820辆，同比增长31.07%，超额完成年计划目标。

【非车险】 全年，企财险保费收入965.7万元，同比增长25.87%；家财险保费收入92.3万元，同比增长26.18%；责任信用险保费收入184.9万元，同比增长10.01%；人身意外伤害险保费收入1 219万元，同比增长40.95%。

【农业保险】 大力发展农业保险，进一步增强服务"三农"意识，全年，共承保政策性能繁母猪179 466头，业务覆盖全州8县，保费收入1 076.8万元。截至2009年12月31日，能繁母猪赔付8 983头，共支付赔款586.9元。

【"两网"建设】 建成覆盖全州的42个营销服务部，全州"两网"累计实现保费收入2 588万元，形成辐射全州的服务网络，年末个代营销人员共计106人。年内实现交叉销售收入120.6万元。

【财务管理】 规范核算流程、夯实财务基础工作质量。严格执行《中国人民财产保险股份有限公司云南省分公司财会工作质量考评暂行办法》，不断提高财务管理、资金管理以及会计核算工作的质量；按照省分公司"加强财务风险管控，加快推进财务省集中"的要求，于10月完成资金省级集中支付工作。

【理赔管理】 狠抓理赔管控，通过监控、定损两大系统的推广，车险与非车险及通赔系统的不断完善，理赔质量显著提升；细化理赔职责，强化理赔队伍管理责任落实到人，严格执行理赔纪律八条禁令，加强未决赔款清理，有效降低未决赔款金额。

【客户服务工作】 率先在全国开通365天24小时服务专线95518，随时随地为客户提供报案、咨询、投诉、保险卡注册、车辆救援、预约投保和客户回访等多功能、个性化服务，2010年95518专线共受理报案3 1652件；持续完善客户服务管理体系，不断提高客户满意度，健全客户投诉管理和回访机制，开展客户满意度调查和回访活动以及"零投诉公司"创建活动，积极推行客服标准化建设，开展阳光微笑服务技能竞赛活动，使公司全体员工服务技能和服务意识得到提升。

【依法合规经营】 在竞争日趋激烈的保险市场中，在不断提升自身经营能力的同时，注重内部合规经营与风险管控的水平的提高。建立责任机制，与各级机构主要负责人签订依法合规经营责任状，明确职责，强化合规考核；完善内控制度，优化内部流程和机制，用制度约束各级管理人员行为；结合公司"打击三假"活动树立诚实守信、合规经营的良好形象，严格执行各项监管规定和行业自律公约，依法合规经营、带头规范市场，推进诚信建设，营造合规环境。

【队伍建设】 抓基层班子领导和执行能力的建设，通过考核、考察、评价、组织、谈话等方式，加强基层班子成员团结干事、拼博进取的工作作风；加大培训力度。继续开展"送培训到基层"活动，继续坚持每周学习制度和晨会制度，增强团队活力，不断提高员工的整体素质；完善管理制度，推进企业文化建设。建立和推动"公司增效、员工增收"的薪酬管理机制，全辖员工待遇大幅提升；实施员工关爱计划，加强工会建设，增强员工荣誉感和归属感。

【领导名录】
总 经 理　粟中宁
副总经理　陆　益(壮，兼纪委书记)
副总经理　张　健(兼工会主席)

（邓文权）

## 人寿保险

【简　述】 截至2010年底，中国人寿文山分公司州系统累计股份公司总保费收入14 356万元，同比增长21.62%；实现个险首年期交保费1 904万元，同比增11.54%；中介完成首年保费5 567万元，综合完成率约99.41%；短期意外险保费累计实现1 707万元，完成计划数的142.25%，健康险保费679万元；共收取续期保费690万元，续期率达91.78%。共处理意外险赔款万元，健康险赔款208万元，短期险赔款704万元。

【创建保险先进村】 根据文山州人民政府下发的《关于印发文山州创建中国人寿保险先进村试点工作实施方案》的通知，3月30日召开文山州创建中国人寿保险进村试点工作启动大会，会后，全州8县人民政府相继下发各县《创建中国人寿保险先进村试点工作实施方案》，先后召开各县创建中国人寿保险先进村试点工作启动大会。在农村推出"国寿新简易人身保险"、"国寿美满一生年金保险"、"国寿康宁重大疾病终

身保险”、“国寿康宁重大疾病定期保险”、卡折保险“合家欢”等保险产品，在保险先进村创建中，深受广大村民的欢迎。截至12月，中国人寿文山分公司系统共挂牌保险先进村建设点210个，已创建达标中国人寿保险先进村25个，共收取保险费550余万元。为全州万户村民提供风险保障服务。今年保险先进村建设点共支付各种赔款金额超过90多万元。

【开拓中高端客户市场】 全州累计组织召开中高端客户产说会12场，邀请参会客户近800人，预约保费750万元，回收保费526万元。

【人才培训】 年内，制定《山高人为峰增员就成功》、《文山分公司7月增员风暴企划》等增员企划，开通主管晋升快车道，以“基本法”推动组织发展，以组织发展推动人力增长，以人力增长推动业务发展的思路强化队伍建设。全年共举办新人培训班12期，参训学员513人。组织初级主管培训班7期，组织11批50场专场的代理人资格考试，参考人员近350人，通过178人。全司系统共有有效人力850人。

【领导名录】

总 经 理　崔　云

副总经理　郭　磊

总经理助理　杨　武

（刘　展）

## 住房公积金管理

【简　述】 文山州住房公积金管理中心为直属州人民政府独立的副处级事业机构，经费自收自支。主要工作职责是：编制、执行住房公积金的归集、使用计划；编制住房公积金的归集、使用计划执行情况的报告；负责记载职工住房公积金的储存、提取、使用等情况；负责住房公积金的核算；负责住房公积金的保值和归还；审批住房公积金的提取、使用；承办住房公积金管理委员会决定的其他事项。

【住房公积金管理】 截至12月末实际缴存职工11.52万人；归集总额25.6亿元，同比增长27.2；余额17.5亿元，同比增长25.9%；发放贷款总额27.2亿元，同比增长18.56%，其中，2010年发贷4.26亿元，比上年同期增加167.5万元，贷款余额13.8亿元，同比增长13.1%；累计为职工提取住房公积金8.1亿元，同比增长30.0%；资金使用率为79.0%；个贷逾期率为0.05%，比上年降低0.03个百分点；实现增值收益2 954.95万元，同比增长20.5%。累计提取城市廉租住房建设补充资金3 894.05万元，全州贷款风险准备金累计1 601.95万元，同比增长17.9%，具备较强的抗风险能力。

【住房公积金归集】 2010年全州行政事业单位职工住房公积金缴存比例由建立公积金制度以来首次提高一个百分点6.0%～7.0%；全年州属行政事业单位职工住房公积金缴存比例由6.0%提高到10.0%，使广大干部职工享受到改革发展、经济增长的成果，为住房公积金事业的顺利发展提供了资金保障。推进公积金扩面覆盖工作，对非公企业进行调查摸底，梳理归类，并根据不同情况采取不同措施做好催建催缴工作，年内全州实际新增开户单位16个，新增缴存职工934人，月新增缴存住房公积金21.73万元；9月，对全州23户非公有制企业的住房公积金制度执行情况进行执法检查，对非公企业中存在的问题提出整改措施，维护广大缴存职工的合法权益。2010年共归集住房公积金5.48亿元，比上年同期增加1.2亿元，增幅28.0%。住房公积金提取，年内，加强住房公积金提取管理，严厉打击骗取、套取等行为，对符合条件的，严格查看资料原件，并通过网银支付到职工个人账户；针对乡镇提取加大实际调查力度，改变从前依靠相关部门证明审批的局面，这样既体现住房公积金人性化，也兼顾了住房公积金的严肃性。全年共提取住房公积金1.88亿元，比上年同期增加0.39亿元，增长26.2%。

【内控管理】 履行“一岗双责”责任制，年初与各县管理部签订《工作目标责任书》，并不定期到各县管理部进行调研、业务督查，纠正工作中出现的偏差，实现中心“四统一管理”管理的内部监督，有效规避管理风险；根据财政核定的经费预算，会计部结合年度考核，以各县2009年末各项指标为基数，核定各县2010年度经费包干。

【领导名录】

主　任　李　锐

（余小丹）

## 残疾人事业

【简　述】 州残联紧扣推进残疾人社会保障和服务体系建设的目标，按照“扫尾攻坚、检查总结、加快发展”的方针，推进残疾人康复、教育、就业、扶贫、社会保障、宣传文体等各项业务工作，残疾人状况得到有效改善。组织实施康复工程，6 100名残疾人从中受益；开展残疾人教育，1 390名盲、聋哑和弱智学生在州特殊教育学校、特教班和普通学校随班就读，对185名城乡残疾人进行职业教育培训，25名高考上线的残疾考生被录取；贯彻促进残疾人就业优惠政策，新安置263名城镇残疾人就业；整合各级扶贫资金77.8万元，对2 985名贫困残疾人进行扶持。对1 600余名农村残疾人进行实用技术培训。对290户农村贫困残疾人危房进行改造；落实各项社会保障措施，117 118名贫困残疾人得到最低生活保障、集中供养、五保供养、临时救济和定期补助；核发残疾人证累计达到52 000本，办理残疾人来信来访500多人件（次），为残疾人办理法律援助案件38件；州残联与州民政局、财政局、人事局、劳动和社会保障局联合下发贯彻省残联等4部门《关于进一步加强和规范基层残疾人组织建设的意见》的实施意见，对建立健全乡镇残联、社区（村）残协和企业残协作出部署；通过开展残联系统创先争优活动，以党建助推残疾人工作，圆满完成“十一五”残疾人工作任务。

**【“彭年光明行动”】** 3月22日，文山州“彭年光明行动”启动仪式在富宁县医院举行，省残联副理事长马琳、康复中心主任赵祖军、州政府副秘书长颜远祥等领导出席启动仪式。各县医院陆续启动项目工作，至4月22日止，为全州贫困白内障患者实施复明手术1 007例。

**【麻风畸残矫治康复项目】** 经中国残联和云南省残联批准，由州残联、州卫生局、州皮防所组织，实施国家彩票公益金麻风畸残矫治手术项目，36月共完成252例手术任务。经术后回访，手术有效率均为99.0%。州人民政府于6月8日下午召开汇报会，向国家项目检查组进行汇报。因成绩突出，州残联被中国残联和卫生部授予“全国麻风畸残康复工作先进集体”荣誉称号，州残联和皮防系统的6名康复骨干荣获“全国麻风畸残康复工作先进个人”荣誉称号。

**【州级扶残助学项目】** 按照《文山州救助贫困残疾学生和贫困残疾人家庭子女暂行办法》的规定，2010年继续实施州级扶残助学项目，根据各县上报的筛查结果，使用州级残疾人就业保障金19.8万元，资助112名贫困残疾学生和贫困残疾人家庭子女人入学，其中高中生40人、大学专科生42人、大学本科生30人。

**【残疾人社会保障体系建设】** 扩大残疾人社会保险覆盖面。5 035名城镇残疾职工参加社会保险，887名个体就业的残疾人参加养老和医疗保险，对18名参加养老保险的残疾人给予2.44万元的补贴；5 649名残疾人参加城镇居民医疗保险。在麻栗坡县开展新农保试点工作，有3 546名农村残疾人参加新农保，占符合参保条件总人数的72.4%。对其中的657名重度残疾人全部实行代缴参保费，对2 889人部分代缴参保费。1 038人享受养老金；落实残疾人社会保障政策。86 223名残疾人纳入城乡最低生活保障，对2 237名残疾人给予集中供养和五保供养，对24 568人给予定期补助，对4 090人给予临时救助；开展残疾人托养服务工作。州残联与州财政局制定下发《文山州“阳光家园计划”实施方案》，对400名智力、精神病和重度残疾人给予48万元居家托养补贴。

**【州人大审议残疾人就业工作】** 4月29日，在开展就业工作专题调研的基础上，文山州第十二届人民代表大会常务委员会第二十八次会议审议《2008年以来全州残疾人就业工作情况报告》，各级残联和劳动部门按照审议意见，积极促进残疾人就业，全年新增残疾人就业263人，其中，福利企业集中安置142人，按比例安排49人，个体就业72人。扶持121 154名农村残疾人通过参加生产劳动、外出务工等形式就业。

**【组织残疾人中级烹饪培训】** 州残联与劳动部门于10～12月在文山州敖家烹饪技术培训学校联合举办文山州残疾人中式烹调（中级）技能培训班，对全州8县70名残疾人和残疾人子女进行为期2个月的培训。

**【举办首届残疾人职业技能竞赛】** 7月9日，州残联与州劳动和社会保障部门举办文山州首届残疾人职业技能竞赛。州特教学校和全州8县9个代表队组队参赛竞赛，45名参赛选手参加计算机组装、计算机文本处理、程序设计、手工刺绣、插花、保健按摩3个大类共6个项目的角逐，州特教学校、丘北、砚山代表队分别获团体一、二、三等奖，文山、广南、富宁、西畴、麻栗坡、马关6支代表队获得“优秀组织奖”。15位选手分别获6个项目前三名，获得相应级别的职业资格证书。筛选出9位选手，组成文山州代表队，参加8月3～6日在红河州蒙自市举行的云南省第四届残疾人职业技能竞赛六个项目的比赛，获得团体优秀组织奖和个人项目两个第一名、一个第二名的好成绩。为此，州人民政府召开座谈会进行表彰。

**【制定残疾人证核发和管理实施细则】** 组织开展残疾人证核发工作自查，通报全州办证工作情况，就办证工作中存在问题，州残联协调州卫生、民政部门，于11月制定下发《文山州残疾人证核发和管理实施细则》。实施细则进一步明确残疾人证的申请、受理、初审、审核、批准、制作、发放、备案、换领、补领、注销、仲裁一整套工作流程各个环节的要求，以及办证申请人、经办人、鉴定人、审批人等工作人员的工作职责；明确划分州、县残联、医疗鉴定机构、民政福利企业等机构在涉及办证中的相关职权职责，建立与卫生、民政部门的工作协调联动机制；以罚则的形式，规定办证相关人员违规办证应当被问责和追究纪律和法律责任的情形及处罚办法。

**【残疾人事业“十一五”总结检查工作】** 州政府残工委于11月向各县和州政府残工委成员单位发出通知，组织开展残疾人事业“十一五”发展纲要总结检查工作。各县各有关部门根据《文山州残疾人事业“十一五”发展纲要》和各项配套实施方案，对残疾人康复、教育、就业、扶贫、社会保障、法制建设、宣传文体、组织建设、信息化建设和计划财务等10个方面的工作进行自查。12月，州残联成立3个检查组，对“十一五”残疾人事业专项经费使用情况及效益进行检查和抽查。经总结，“十一五”期间，文山州残疾人事业纳入全州发展大局整体推进，与经济社会协调发展，取得长足的进步，全面完成残疾人事业“十一五”发展纲要确定的任务，有硬性指标的康复等项工作任务全部完成或超额完成，其他各项工作在“十五”的基础上取得新的进展。在总结经验、分析形势的基础上，州残联完成《文山州残疾人事业“十二五”发展纲要》的起草工作，提出“十二五”残疾人工作的初步设想。

**【领导名录】**

理 事 长　扬　峰（苗）

副理事长　王　勇

　　　　　余慧仙（女，彝）

（黄志标）

# 各县概览

责任编辑：李明照

富砚高速公路

# 文山县

【行政区划人口】 2010 年 12 月 30 日文山县举行撤县设市庆典，文山市正式成立。市辖 8 镇 7 乡(开化镇、马塘镇、德厚镇、古木镇、薄竹镇、平坝镇、小街镇、追栗街镇；东山彝族乡、柳井彝族乡、喜古乡、红甸回族乡、新街乡、秉烈彝族乡、坝心彝族乡)，121 个村民委员会，16 个社区，233 个居民小组，1 379个村民小组。开化镇为州府驻地，距昆明 356 千米。全县国土面积2 972平方千米。2010 年末全县总人口 45.89 万人，比上年末增加 0.4 万人。其中：农业人口 34.37 万人，非农业人口 11.52 万人。少数民族人口247 206人。全县人口出生率为 13.6‰，死亡率为 6.8‰，人口自然增长率为 6.8‰。

【气候特点】 2010 年，年平均气温 19.9℃，与上年比较偏高 0.5℃，与历年平均值比较偏高 1.9℃。月平均气温最高月出现在 5 月(25.0℃)，最低月出现在 12 月(13.7℃)。年日极端最高气温 36.3℃(5 月 6 日)，日极端最低气温 3.7℃(12 月 17 日 )。年总降水量 781.0mm，属偏少年份。年总雨日 117 天，月降水量最多月出现在 8 月(163.8mm)，最少月出现在 1 月(0.5mm)。年总日照时数2 187.9小时，年日照百分率 49.0%。比上年偏少 19.6 小时，比历年同期平均值偏多 215.9 小时。

【天气灾害】 干旱。2009 年 10 月至 2010 年 4 月，文山县降雨稀少，干旱持续时间长达 7 个月，干旱导致全县大部分小春及冬农作物无法正常播种，已播种的农作物出苗不好、缺塒断垄现象较为突出，长势较差，部分地区已出现人畜饮水困难。灾情蔓延到全县所有的乡镇和村寨，即 15 个乡镇 137 个村委会78 565户农户342 571人。全县因干旱尚未耕种的地块共 1.33 余万公顷；在地农作物(包括尚未收获的大春作物)因旱受灾 21 068.5 公顷，成灾 16 954.9 公顷，绝收 10 200.0公顷，造成直接经济损失21 754万元。

冰雹 洪灾。4 月 22 日下午 4：30 开始，县境内陆续普降大雨并伴夹杂有冰雹，在旱情得到初步缓解的同时，部分乡镇农作物遭受冰雹、暴风袭击，农业生产受到一定影响。全县共有 7 个乡镇 17 个村委会 55 个自然村1 859户农户8 030人受灾，共造成农作物受灾 267.2 公顷，成灾 121.7 公顷，绝收 2 公顷，其中：玉米(2010 年大春)受灾 20 公顷，成灾 20 公顷；三七受灾 45.7 公顷，成灾 15.8 公顷，绝收 2 公顷；杂粮(养子等)受灾 31.3 公顷，成灾 26.7 公顷；冬马铃薯受灾 20 公顷；蔬菜受灾 11.3 公顷，成灾 4 公顷；水稻秧苗受灾 10.0 公顷，成灾 0.8 公顷；辣椒秧苗受灾 1.2 公顷；其他作物受灾 17.5 公顷；果树受灾 121.5 公顷，成灾 54.4 公顷，房屋受损 45 间，冰雹还造成薄竹镇畜禽死亡，其中：鸡死亡 10 只、仔猪死亡 6 头，共造成直接经济损失 184.1 万元。受灾较重的乡镇主要是薄竹镇和坝心乡，薄竹镇冰雹最大直径达 5 厘米，降雹时间长达 5 分钟。直至 23 日上午路边还堆积着尚未融化的冰粒。5 月 1 日下午 2：50 分左右，文山县开化镇出现小范围的降雨，同时，少部分地区还夹杂着冰雹，降雹时间 5 ~ 10 分钟，冰雹小的直径 1 厘米，大的直径 2 厘米左右，冰雹存积厚度 3 ~ 5 厘米。造成开化镇的里布嘎、七花、白沙坡、大以古 4 个社区 11 个村寨 1450 户农户的农作物遭受不同程度的损失。共造成农作物受灾 196.4 公顷，成灾 102 公顷，绝收 22 公顷，其中：蔬菜受灾 146.7 公顷，成灾 100 公顷，绝收 20 公顷(其中：大棚蔬菜受灾 33. 公顷 3，成灾 20 公顷，绝收 5.3 公顷)；冬玉米受灾 46.7 公顷；水稻秧苗受灾 1.1 公顷；葡萄受灾 2 公顷，成灾 2 公顷，绝收 2 公顷；房屋瓦片损坏 1 间 80 平方米。估计此次灾害共造成农业直接经济损失 114 万元。9 月 21 日下午 5：30 开始，县境内陆续普降中到大雨，局部地区暴雨并伴夹杂有冰雹，部分乡镇农作物遭受冰雹、暴雨袭击，农业生产受到一定影响。全县共有 1 个乡镇 5 个村委会 12 个村民小组 786 户农户3 120 人受灾，共造成农作物受灾 441.6 公顷，绝收 24.3 公顷，造成直接经济损失 396.9 万元。

【经济综述】 全县生产总值(GDP)完成 100.1 亿元，比上年增长 14.8 %，其中：第一产业实现增加值 10 亿元，增长 3.0%；第二产业实现增加值 48.1 亿元，增长 19.4%；第三产业实现增加值 41.9 亿元，增长 13.0%。三次产业结构由上年的 11.5：46.1：42.4 调整为 10：48.1：41.9。全年农业总产值实现 16.03 亿元，比上年增长 4.63%。实现工业总产值 86.1 亿元，比上年现价增长 33.5%。全社会固定资产投资完成 75 亿元，比上年增长 25.1%。全县社会消费品零售总额达 45.1 亿元，比上年增长 21.0%。全年居民消费价格总指数(CPI)为 103.6，比上年上涨 3.6%，商品零售价格指数为 103.3%，比上年下降 3.3%。全县进出口总额2 845万美元，比上年增长 68.3%。其中进口完成 346 万美元，下降 8.5%；出口完成2 499万美元，增长 90.5%。全年接待游客 138.68 万人(次)，比上年增长 8.93%。全县实现旅游业总收入 114 110.51万元，比上年增长 14.5%。全县财政总收入完成 11.7 亿元，比上年增长 25.6%。其中：地方一般预算收入完成 6.8 亿元，增长 26.9%。全县财政总支出完成 16.18 亿元，比上年增长 29.6%。年末全县金融机构各项存款余额 150.7 亿元，比年初增加 29.19 亿元，增长 24.02%。各项贷款余额 139.1 亿元，比年初增加 27.19 亿元，增长 24.3%。全年完成货运周转量 349 万吨；旅客周转量85 600万人/千米。完成邮政业务总量2 261万元。

【农 业】 农业生产和农村经济平稳发展。全年农业总产值实现 16.03 亿元，按可比价格计算，比上年增长 4.63%。其中：种植业产值 8.7 亿元，增长 2.93%；林业产值 0.3 亿元，增长 16.0%；畜牧业产值 6.35 亿元，增长 6.39%；渔业产值 0.13 亿元，增长 11.4%；农业服务业产值 0.55 亿元，增长 4.6%。全年农作物播种面积 109.91 万亩，下降 3.5%。

其中：粮食作物种植面积 58.13 万亩，经济作物种植面积 38.3 万亩，其它作物种植面积 13.48 万亩。粮经比例为 53∶47。粮食总产量达152 200吨，比上年增加 3571 吨，增长 2.4%。粮食综合平均亩产 262 千克，比上年增加 33 千克。油料产量4 901吨，减产2 956吨，减 37.6%；蔬菜产量91 674吨，减产9 482吨，减 9.4%；烤烟产量8 725吨，增产 706 吨，增长 8.8%；三七产量1 444吨，增产 228 吨，增 18.8%；甘蔗产量134 411吨，减产43 708吨，减 24.5%。全年实现畜牧业产值 6.35 亿元，占农业总产值的 40.0%，畜牧业在农业经济的重要产业。生猪出栏466 829头，比上年增长 9.1%，年末生猪存栏365 560头，增长 4.0%；大牲畜出栏25 089头，增长 15.3%；家禽出栏1 303 449只，增长 9.5%。肉类总产量46 217吨，比上年增长 9.5%。其中：猪肉产量40 571吨，增长 10.0%；禽肉产量2 401吨，增长 8.8%；牛肉产量2 597吨，增长 3%；羊肉产量 617 吨，减 3.1%。禽蛋产量 3009 吨，比上年增长 13.2%。水产品产量 2291 吨，比上年增长 100%。不断加大农业基础设施建设力度，农业生产条件继续得到改善。年末全县农业机械总动力 18.64 万千瓦特，比上年增长 11.7%，其中：排灌机械动力 1.98 万千瓦特，比上年增长 1.7%；沼气池21 797口，比上年减少 283 口；农村用电量5 254万千瓦时，比上年增长 5.9%。农田水利建设得到加强。全年新增有效灌溉面积 2.34 万亩，累计达到 23.775 万亩；年末拥有各种水库 34 座，累计库容9 199万立方米。2010 年全县完成中低产田改造 4.74 万亩。年末实有封山育林面积达 7.18 万亩，全年共造林 11.857 万亩，其中，人工造林 6.2 万亩。全县森林覆盖率达到 33.9%。

【工　业】 工业是全县经济发展的基础，是支撑和带动全县经济增长的重要动力。2010 年，文山县各级各部门努力化解金融危机的冲击和影响，工业经济持续回升，在烟草、中成药、电力和水泥等主要产业的拉动下，工业经济实现稳步增长。实现工业总产值 86.1 亿元，比上年现价增长 33.5%，创造工业增加值 38.2 亿元，比上年增长 20.3%（可比价，下同），工业拉动经济增长 7.49 个百分点，贡献率达 50.6%，其中规模以上工业增加值 37.5 亿元，比上年增长 20.7%。全县规模以上国有工业企业完成增加值 18.3 亿元，比上年增长 39.0%；股份制工业企业完成增加值 19.2 亿元，比上年增长 7.0%，国有、股份制工业比重为 48.7∶51.3。全县规模以上轻工业完成增加值 18.7 亿元，比上年增长 19.0%；规模以上重工业完成增加值 18.8 亿元，比上年增长 22.0%，轻重工业比重为 49.8∶50.2。节能降耗减排工作积极推进。通过严格污染源头控制，加强污染整治力度，加快减排基础设施建设，推行清洁生产，发展循环经济，工业企业能源消费结构得到改善，能源利用效率进一步提高，全县节能降耗工作成效明显。2010 年全县社会能源消费量达 108.2 万吨标准煤，比上年增长 8.4%，全社会万元 GDP 能耗为 1.08 吨标准煤/万元，其中：全县工业耗能 66.9 万吨标准煤，工业增加值能耗 1.75 吨标准煤/万元，比上年下降 5.54%。全县万元 DGP 能耗下降 5.88%。

年产 80 万吨氧化铝项目的土建工程基本完成，红舍克矿山、卖酒坪矿山场平完成，办公研发项目基础施工完成，完成铝厂赤泥外部输送管线土地丈量，总计丈量土地面积 42.096 亩，大型设备及进口设备采购已结束，全厂综合管网累计开挖 80.0%、埋管 60.0%。配套的 30 万吨烧碱、30 万吨 PVC 项目一期工程进展顺利，氧化铝扩建及电解铝、铝型材项目有序推进。非公经济增加值完成466 325万元，上缴税金40 253万元，从业人员51 120人。

【财政金融】 财政收入快速增长。全县财政总收入完成 11.7 亿元，比上年增长 25.6%。其中：地方一般预算收入完成 6.8 亿元，增长 26.9%。其中增值税完成 0.78 亿元，增长 6.0%；营业税完成 3.13 亿元，增长 46.7%；企业所得税完成 0.18 亿元，增长 35.3%；上划中央两税累计完成 3.04 亿元，增长 18.5%；上划中央、省所得税（84.0%）完成 1.9 亿元，增长 33.7%。

财政支出结构优化，民生支出不断增加。全县财政总支出完成 16.18 亿元，比上年增长 29.6%。年末全县金融机构各项存款余额 150.7 亿元，比年初增加 29.19 亿元，增长 24.02%。各项贷款余额 139.1 亿元，比年初增加 27.19 亿元，增长 24.3%。

【基础设施建设】 全年各种运输方式完成货运量 349 万吨，比上年减 14.9%；货物周转量26 780万吨千米，比上年减 46.7%；旅客周转量85 600万人千米，比上年增长 9.2%；客运量 390 万人，比上年增长 6.9%；境内公路里程2 615千米，比上年增长 3.7%。年末全县汽车保有量达455 981辆（包括三轮汽车和低速货车 803 辆），比上年增长 361.2%，其中：营运车26 443辆，增长 119.3%；非营运车429 538辆，增长 394.8%。汽车86 852辆，增长 123.4%，其中：载客车54 005辆，增长 125%；载货车30 157辆，增长 114.3%。

招商引资的数量和质量得到提高。2010 年全县共实施国内新签及结转经济合作项目 38 个，项目协议总投资 121.2 亿元，完成项目到位资金 19.86 亿元，利用外资项目 1 个（结转项目），协议投资总额 1.52 亿元，本期实际到位资金 988 万元（折合 152 万美元）。农田水利基础设施建设抓好布都河水库工程续建；完成黄龙片区中低产田地改造，团结大沟土方开挖 10.4 千米，管道安装 11 千米，建成高稳产农田 2.34 万亩；完成黄龙片区 3#提灌片区配套建设，增加灌溉面积4 787亩；做好小水电以电代燃二河沟一级电站工程的续建；组织实施饮水安全工程建设，可解决 30 个村委会 84 个村民小组 2.3177 万人和 0.5717 万头牲畜的饮水困难；完成“共产党员爱心水窖”工程。分三批实施“共产党员爱心水窖”建设2 111口，完成投资1 055.5万元（其中：共产党员捐献金补助 422.2 万元，群众自筹 633.3 万元），解决4 465人和 971 头大牲畜饮水问题；实施小河尾水库干支渠防渗及马塘白革龙引洪渠工程；完成因旱干涸水库和坝塘等应急修复工程 94 件；完成

石漠化综合治理投资155.9万元；完成盘龙河主城区新老河道严重阻水段清淤4.214千米，对1号翻板闸进行改造，可保护7.436千米沿河两岸7.76万人生命财产安全。实施农业基础设施建设项目10个，完成投资1 805.02万元，建成各类沟渠建设27条34 077.6米，改善耕地灌溉及耕种条件面积20 063.36亩，机耕路5条6 091.4米；完成沼气池浇灌185口，

【信息化建设】 全县邮政业务总量2 261万元，增长10.8%。年末全县固定电话用户6.8万户，其中：住宅电话4万户，其中城市电话用户2.6万户，乡村电话用户1.4万户。移动电话2.1万户。广播、电视人口覆盖率分别达到98.7%和96.72%。有线电视用户65 927户，入户率61.0%。

【城乡建设】 年内，全县组织实施市政基础设施项目44个，公共建筑项目5个，房地产开发项目32个。另外，还负责2009年(续建)、2010年共建12.67万平方米廉租房、2 530户(续建1 530户)危改工程的建设任务。截至12月底，共完成城镇固定资产投资30.03亿元，占任务数24亿元的125.12%。其中市政项目完工项目17项，完成投资7.33亿元。房地产开发项目32个，完成投资12.03亿元。私人自建住房完成98.64万平方米，完成投资83 844万元。保障性住房建设工程中廉租房2009年建设任务为2 272套11.36万平方米，已全部竣工，完成工程投资13 827.24万元(含土地费2 880万元)，现已安排入住1 392户。2010年建设任务200套10 000平方米，概算投资1 300万元。累计完成工程投资1 155万元，占工程总投资的88.8%。棚户区改造，全县2010年棚户区改造任务为6万平方米。已启动实施东风路北片区的一、二组团改造项目，改造户数共334户，改造面积8.5万平方米，完成投资10 680万元。农村危房改造2009年度任务为1 530户，工程从2009年11月份动工实施，已全部完工通过验收，完成投资4 057.76万元；2010年度任务1 000户，已全面开工，已完工380户，累计完成投资3 008万元。民居地震安全工程，2009年度任务800户，工程于2009年6月动工实施，已全部完工通过县级验收，完成总投资1 428.94万元。

【扶贫开发】 年内，实施整村推进扶贫重点建设村61个。覆盖15个乡镇61个村(组)，受益农户2 745户11 984人。项目完成投资4 979万元，占计划数的其中108%。其中：省级补助915万元，市级补助305万元，部门整合795万元，小额信贷110万元，群众自筹及投工投劳2 854万元。上海浦东发展银行挂钩平坝镇，投入资金20万元；州属9个单位定点挂钩扶贫8个乡(镇)的9个村，投入帮扶资金39.7万元(含以物折资)，引进资金63万元，引进项目6个，援建示范村2个；县属部门定点挂钩单位共有110个，分别挂钩扶贫15乡(镇)的85个行政村，105个自然村；社会各界人士到村考察130人次，捐资121.08万元，捐物折资22.9万元，引进资金42万元，引进项目5个，援建卫生室54个。全年深入到点考察的工作人员有1 096人，其中处级领导67人(次)。共投入社会帮扶资金651.28万元(含以物折资)，引进资金35万元，举办培训班27期1 442人(次)，建设水窖80口，沼气池50口，修建公路7.8千米，受益47 229人。

【教育科技】 全县幼儿园数33所，幼儿入园率77.86%，在园幼儿13 921人，比上年增长9.1%，教职工847人，增长8.45%。小学校数191所，在校学生46 185人，比上年减0.5%，小学专任教师2689人，比上年增1.7%，学龄儿童净入学率99.42%，学龄儿童毛入学率109.6%，小学在校学生辍学率0.19%，小学毕业生升学率达98.46%。普通中学校数25所，普通中学在校学生33 149人，比上年增长1.28%，其中：初中22 961人，减少5.73%；普通中学专任教师2 060人，比上年增长0.98%，其中初中1 388人，增长7.02%。职业中学数8所，在校学生5 841人，职业中学专任教师304人。初中学龄人口净入学率92.76%，初中阶段学龄人口毛入学率达到了107.65%，初中在校学生年辍学率1.8%，初中阶段学生升学率91.34%。全县人口平均受教育年限为7.66年。全县扫除青壮年文盲35人。2010年共获得免除学杂费补助3 225.5万元，53.14万人(次)中小学生享受国家免费教科书。

全县实施国家科技计划项目1项，省级科技计划项目5项，新批准高新技术企业1个，申请专利53项。全年全县共投入科技项目资金348.5万元，比上年增长79.6%。截至年底，专利申请量520件，授权书200余件。

【文化卫生体育】 全县各种艺术表演团体5个，其中：专业表演团体1个、文化馆1个、公共图书馆1个、公共图书馆藏书量4万余册。广播电台3座，电视台2座，广播电视台2座。全县卫生机构154个，其中医院、卫生院16个，社区卫生服务中心(站)2个，妇幼保健院(所、站)1个，专科疾病防治院(所、部)2个，疾病预防控制中心(防疫站)1个，卫生监督所(中心)1个。

卫生机构床位数1 322张，其中医院床位数926张，卫生院床位数360张；专业卫生技术人员1 112人，其中执业医师及执业助理医师540人；村卫生所130个，卫生员306人；全年乙、丙类法定报告传染病发病人数1 404例，比上年下降12.69%，报告传染病发病率308.63/10万，报告死亡34例，死亡率7.74/10万。农村卫生厕所普及率72.10%。新型农村合作医疗参合农民达33万人，参合率为95.94%，比上年提高0.23个百分点。新型农村合作医疗基金累计支出总额11 604.42万元，累积受益204.58万人(次)。

体育事业蓬勃发展。文山籍运动员在云南省第十三届运动会中取得8枚金牌、7枚银牌、5枚铜牌的成绩。在文山州第八届少数民族传统运动会中获得16枚金牌、9枚银牌、10枚铜牌的成绩。

【人民生活】 全年城镇居民人均可支配收入为15 837元，比上年增长13.0%；城镇居民人均消费性支出9 480元，比上年增长7.8%。全县在职职工年平均工资29 043元，比上年增长9.5%。农民人均纯收入达到3 547元，比上年增长20.4%。

全县农村就业人员1.5万人，增加0.2万人，增长16.0%；城镇新增就业人数2 186人，增加700人，增长47.7%。年末全县城镇实有登记失业人数714人，城镇登记失业率3.25%。

全县参加城镇基本养老保险人数11 966人，比上年末增加1 444人，其中在职职工10 252人，离退休人员1 519人。参加农村养老保险的人数为5 973人，比上年末减少7人。全县参加基本医疗保险人数为395 840人，参加城镇基本医疗保险的人数66 087人。

全县享受城市最低生活保障的居民为7 119人，比上年减少38人；享受农村最低生活保障的农民20 120人，比上年增加1 900人。年末全县各类收养性社会福利单位床位379张，收养各类人员1 618人。城镇建立各种社区服务设施7个，社区服务中心1个。

【领导名录】

县委书记　黎家松(壮)
副书记　李　洁(女，瑶)
　冯在跃
　杨　昆(3～)
常　委　何跃祥
　马绍明(苗)
　周廷喜
　冯永仁(～4)
　张永林
　李建达
　朱世新
　杜　勇
　付秀堂(4～)
人大主任　何海波
副主任　陈　柱
　王家安
　段　勇
　崔文涛
县　长　李　洁(女，瑶)
常务副县长　周廷喜
副县长　朱世新
　马贵迎
　周卫明(壮)
　李成明(白)
　谭家文
　王　静(～4)
　殷晓群(6～)
政协主席　柏应明(彝)
副主席　黄　利(女，苗)
　王永康(～12)
　何锦涛
　曾茂云
纪委书记　马绍明(苗)

(王　文)

# 砚山县

【行政区划人口】　砚山县辖江那、平远、稼依、阿猛4个镇，阿舍、维摩、盘龙、干河4个彝族乡，八嘎、者腊、蚌峨3个乡，平远、稼依2个华侨管理区和1个国营回龙农场管理区，93个村民委，7个社区，1 016个自然村，1 241个村民小组。境内驻有文山普者黑机场、省属文山监狱和州属新民农场。全县年末总人口468 850人，其中，少数民族人口303 584人，占64.75%；农业人口427 321人，占91.14%；非农业人口41 529人，占8.86%；人口出生率11.05‰，人口自然增长率6.83‰。人口密度每平方千米122人。

【气候特点】　2010年全县平均气温17.6℃，比历年平均值(16.1℃)偏高1.5℃，属特高年份。气温变化10～11月正常，12月偏低，其余月份偏高0.6～3.5℃。全年总降雨量832.9毫米，比历年平均值(1008毫米)偏少175.1毫米，属偏少年份。降雨量分布7～9月为正常，其余月份均属偏少到特少。年总日照时数2 165.7小时，平均日照时数8 648小时，属偏多年份。月平均最高气温22.6℃，最低气温11.4℃，日极端最高气温34.9℃，日极端最低气温1.0℃，平均无霜期日数276天。全年总体气候特点为高温少雨，光照充足，干旱、冰雹、局部暴雨和大风灾害严重。

【天气灾害】　2009年10月至2010年4月30日，全县降水稀少，干旱持续7个月，是百年一遇的特大干旱之年。4月27日，江那镇、铳卡、羊街、听湖、路德等片区出现雷雨冰雹大风天气，农作物受灾4 632.3亩，成灾2 219亩，毁灭345亩，造成经济损失231.23万元。6～7月，全县大部地区降水异常偏少，气温偏高，出现了严重的夏旱，至农作物受旱灾40.46万亩，成灾20.58万亩，毁灭4.03万亩，直接经济损失1.19亿元。全年全县因干旱导致11个乡(镇)、2个华侨管理区、104个村民委(社区)、1 016个村小组、9.34万户34.98万人(次)受灾和28.1万人、22.46万头(只)畜禽饮水困难，1117头大牲畜死亡；大部分小春及冬农作物无法正常播种，已播种的农作物出苗不好，缺塙断垄现象较为突出，长势较差；全县农作物受旱灾58.91万亩，成灾37.88万亩，绝收24.92万亩；林果受灾面积38.79万亩；有小二型水库13座、小坝塘128座、1.03万口水窖干涸；因干旱造成直接经济损失3.12亿元，其中农经济损失2.12亿元。

【经济综述】　年内全县实现地区生产总值51.64亿元，比上年增长12.1%。一、二、三产业分别实现地区增加值9.43亿

元、22.94亿元和19.27亿元，分别比上年增长2.0%、15.8%和13.6%，一、二、三产业占GDP的比重分别为18.26：44.42：37.32。按常住人口计算，人均GDP 11 149元，增15.35%。全年非公有制经济创造增加值27.89亿元，同比增12.3%，占GDP的比重54.0%。全年全社会固定资产投资完成43.15亿元，比上年增长25.9%。其中城镇投资31.71亿元，增29.9%；农村非农投资8.17亿元，增21.6%；农村私人建房投资2.08亿元，增长4.4%；房地产投资1.19亿元，降7.6%。全年全社会实现消费品零售总额17.5亿元，增17.1%。其中城镇零售额10.74亿元，增17.5%；乡村零售6.65亿元，增16.5%。其中：批发业7180万元，增16.1%；零售业14.42亿元，增17.1%；住宿业431万元，增13.1%；餐饮业2.33亿元，增17.2%。

【农 业】 全县实现农业总产值16亿元，增长9.15%。；其中：种植业产值9.7亿元，增8.48%；林业产值1 076万元，降10.56%；畜牧业产值5.71亿元，增12.62%；渔业产值2 616万元，降16.42%。农作物播种面积169.49万亩，增9.44%，其中：粮食播种面积95.43万亩，总产量20 236.2万千克，增3.7%；经济作物播种面积58.41万亩，增14.22%。农民人均有粮415千克，增4.5%；农民人均纯收入2 900元，增15.5%。全年农产品产量：蔬菜10 988.3万千克，降15.33%；辣椒4 112.64万千克，增30.16%；花生650.2万千克，增7.06%；烤烟1641.37万千克，增19.71%；三七45.8万千克，产值3.17亿元。桑园种植面积1.09万亩，总产蚕茧287.3万千克，产值571.5万元；粮经种植比调整为57.6：42.4。"两杂"良种推广45.02万亩，其中：杂交水稻11.11万亩，全县水稻良种覆盖率91.4%，优质品率达61.7%；杂交玉米33.91万亩，杂交玉米良种覆盖率85.0%，优质品率达26.3%。全县高产稳产农田已达到57.26万亩，占常用耕地面积的40.96%。年末，三七在地面积1.2万亩。全年全县销售三七43.5万千克，收入2.84亿元。年末全县农业机械总动力4.22亿瓦特，农机固定资产净值达1.51亿元，其中大中小型拖拉机10 423台，联合收割机3台，农副产品加工机械2 683台，农用排灌机械5 137台，畜牧业机械45 161台。农田有效灌溉面积29.04万亩，增2.45%。

全县以农产品加工或流通的龙头企业不断得到培育发展。2010年全县年销售收入1亿元以上的龙头企业有2家，500万元以上规模的涉农龙头企业有24家，年销售收入500万元以上的龙头企业15家，其中省级龙头企业6家，州级龙头企业5家。全年全县涉农企业共实现销售收入104 780.8万元，上缴税金1 646.25万元，实现净利润4 667.65万元，出口创汇2 837.7万美元；外销产品有100余种，产品销售辐射全国并外销美国、墨西哥、日本、韩国、新加坡、马来西亚等11个国家和地区。截至2010年底，全县以辣椒、蔬菜、花生等为特色的产业化生产已形成"公司＋基地＋科技＋农户"的发展格局，已建立企业产业化生产基地29万亩，出口基地18万亩。全年全县共举办高产样板13片14.24万亩，其中：千亩展示13片2.01万亩，百亩核心样板13片0.48万亩。

全县以发展专业户、家庭农场和专业合作社3种种烟组织形式为重点，共发展10～50亩的种烟专业户1 353户32 673亩，占全县种烟面积的30.2%；50～100亩的种烟专业户139户8 542亩，占全县种烟面积的7.9%。同时严格按照国家烟草总局的要求，建立了上海烟草基地单元（平远回龙项目区1.67万亩，5万担）和红云红河基地单元（江那镇、盘龙乡、干河乡1.67万亩，5万担），并实施了安徽中烟特色优质烟叶开发项目（平远华侨管理区、洪福村民委、稼依镇共1万亩，3万担）。全年收购烟叶32万担，比上年增18.52%；实现烟农收入2.18亿元，比上年增6.34%；实现烟叶税收0.48亿元。

年末生猪存栏31.57万头，出栏39.07万头，分别增长4.4%、16.8%；大牲畜存栏14.18万头，出栏5.85万头，分别增长6.1%、1.7%；羊存栏6.83万只，增2.4%；家禽存栏124.58万只，增2.4%。肥猪出栏39.07万头，增16.8%；肉牛出栏5.86万头，增11.1%；羊出栏6.65万只，增8.8%；家禽出栏203.06万只，增4.2%。肉类总产量4.31万吨，增长10.1%。

全年水产品产量5 412吨，增12.5%。完成名特优水产品养殖面积308亩，单产132千克；池塘精养高产示范749亩，单产280千克。全年发展"一村一品"示范村42个，涉及种植面积2.96万亩，其中辣椒村26个，蔬菜村10个，水果村1个，花生村3个，优质稻村2个。

全年完成造林9.02万亩，其中石漠化综合治理林业项目人工造林1.83万亩，封山育林2.56万亩，木本油料基地油茶造林2.53万亩，防护林0.5万亩，退耕还林1.6万亩。全县总森林面积232.49万亩，森林覆盖率26.77%。完成省级公益林区划界定39.61万亩，补植造林2 000亩（油茶），并全部兑付了管护资金。全年确权集体林面积233.84亩（集体商品林110.91亩，公益林122.93亩），集体林确权率99.9%，集体林均山到户率85.75%。共受理林地林木流转218宗31933.6亩；办理林权抵押贷款登记3户3405.5亩，贷款金额175万元；办理小额贴息贷款698万元，涉及林农33户，造林面积11 678亩。全年发生森林火情286起，一般性林政案件83起。实施森林监测106万亩，监测覆盖率96.0%。完成林业有害生物防治3.4万亩，防治率91.0%。检疫调运和过境调运各类木材2.62万立方米。全年共审批商品材410份，采伐林木1.68万立方米，其中人工林340份1.33万立方米，天然林70份0.35万立方米。发放退耕还林补贴1 098万元。

【工 业】 全年实现工业总产值53.95亿元，增19.5%，其中：规模以上工业产值40.52亿元，增21.6%；规模以下工业产值13.43万元，增13.5%。国有企业产值11.87亿元，降7.5%；集体企业产值249万元，增4.6%；其他企业产值42.05亿元，增30.2%。实现全部工业增加值18.08亿元，增16.0%，其中：规模以上工业增加值14.29亿元，增19.0%。年销售收入500万元以上独立核算工业企业产值27.52亿元；规模以下工业增加值3.79亿元，增3.9%。

主要工业产品产量：供电量19亿度，增3.5%；发电量802万度，降20.1%；原煤7.32万吨，降37.7%；水泥112.62万吨，增7.7%；页岩砖42 649万块，降3.1%；锰矿石成品14.15万吨，增28.3%；铁合金(基准量)26万吨，增11.4%；电石5.13万吨，降23.9%，自来水供应171.1万吨，降2.3%；食用植物油0.86万吨，增8.2%；电石(碳化钙)5.1万吨，降23.9%。

**【财政金融保险】** 全年完成财政总收入4.65亿元，增27.5%，其中地方财政一般预算收入2.82亿元，增19.1%(其中：国税4 507万元，增45.3%；地税1.78亿元，增1.5%；财政5 896万元)。全年地方财政一般预算支出11.89亿元，增24.0%，其中：公共服务1.33亿元，占11.19%，增72.4%；公共安全5 970万元，占5.02%，降1.1%；教育2.73亿元，占22.96%，增20.1%；科技676万元，占0.57%，增171.5%；文化体育与传媒1 241万元，占1.04%，增27.2%；社会保障和就业1.32亿元，占11.1%，增15.9%；医疗卫生1.06万元，占8.92%，增4.7%；环境保护3 266万元，占2.75%，降8.1%；城乡社区事务1 809万元，占1.52%，降47.8%；农林水事务2.3万元，占19.34%，增78.7%；交通运输5 426万元，占4.56%，增3.6%；其他支出1.31万元，占11.02%。收支相抵，节余19万元。年末全县金融机构各项存款余额37.66亿元，增23.0%。其中城乡居民储蓄存款余额22.84亿元，增23.5%。各项贷款余额23.44亿元，增14.9%。全县保险费收入9 739万元，增24.3%，其中人寿保险费2 310万元，财产保险费7 429万元。人保赔付397万元，赔付率17.18%；财保赔付3 155万元，赔付率42.47%。

**【基础设施建设】** 2010年全县境内有各种等级公路3 144.75千米，其中有国道248.86千米(包括323线137.47千米，高速公路111.39千米)，省道103千米，农村公路2 792.89千米，公路密度81.7千米/每100平方千米；全县11个乡镇全部通油路或水泥路，100个村民委(社区)全部通等级路。全县11个乡(镇)已建成阿舍、稼依、维摩、八嘎、者腊、蚌峨、阿猛7个四级农村客运站，总投资480万元，开通农村客运线路39条，运行农村客运车辆334辆，年内新建了砚山二级客运站(总投资460万元)和平远三级客运站(总投资160万元)；云桂铁路建设项目砚山段完成临时用地311.162亩(阿猛镇214.162亩、平远镇97亩)，平远镇完成征地480.515亩，开挖路基7千米，阿猛镇完成隧道开挖5米；全年货运量575万吨，货运周转量16.92亿吨千米，增27.7%；客运量达349万人(次)，客运周转量8.69亿人千米，增42.1%。

年内全县累计投入水利建设资金1.1亿元，其中：国家补助1.06亿元，群众投入0.04亿元。累计动工6 620件，完工6 419件，建成6 051件(其中：小水池417件，小水窖5 229件，小水井405件)，新增有效灌溉面积0.53万亩，节水灌溉面积0.14万亩，恢复灌溉面积0.07万亩，改善灌溉面积5.5万亩，解决3.95万人和1.1万头大牲畜饮水困难，水利灌溉程度达到45.0%，治理水土流失面积2.25万亩。

**【信息化建设】** 全年邮政业务总量1 050万元，增2.0%。通讯业务收入8 367元(电信、移动、联通)，增10.1%。全县有固定电话4.3万部，移动电话用户1.40万户，国际互联网宽带用户1.09户。全县广播人口覆盖率99.0%，电视人口覆盖率97.5%。

**【城乡建设】** 城镇化和城市现代化水平逐步提高。县城建成区面积7.6平方千米，占规划区面积的75.77平方千米；城镇绿化覆盖面2 089公顷，绿化覆盖率35.94%，城镇化率34.02%；县城排水管网工程铺设完成20 835米，累计完成投资2 337万元；城市生活垃圾处理工程概算总投资2 842.61万元，建设总库容70万立方米的垃圾卫生填埋场1座；市政基础设施建设稳步推进，县城墨山公园工程竣工并投入使用；商住楼开发和廉租房建设已完成80.0%的工程量；累计投入350万元对城区路灯改造、维护市政道路、实施城区绿化工程及环卫保洁工作；启动实施了百货公司片区旧城改造项目，对9个产权单位、116户居民房占地面积17 232.4平方米、建筑面积21 180.09平方米进行拆迁改造；启动实施了全县1 016个村庄的规划编制和县城总规编修工作；完成了统筹城乡、危房改造和保障性住房等《十二五规划编制》(初稿)上报工作；全年处理污水129万吨，削减COD(化学需氧量)167吨；全年实施了金色家园、盛禾现代城、平远山水鑫村等10个房地产建设项目，共完成房地产投资5 977万元，占计划的43.14%，同比下降15.6%。

**【扶贫开发】** 年内实施整村推进新农村建设70个，其中省重点扶持60个、上海对口帮扶10个，总投资5 385.35万元，其中省投资970万元，上海对口帮扶380万元，部门整合1 571.02万元，群众自筹和以劳抵资2 464.33万元；新建小水窖171口，沼气池307口，完成村道硬化21.49万平方米，改造危房433间、厨房328间，建厩舍和卫生厕所418间，新建科技活动室23间；种植经济作物5 222亩，林果8 052亩；养殖商品猪3 390头，商品牛1 477头，封山育林8 250亩；实施易地开发项目1个(江那镇凹唐村)，涉及78户365人，总投资405.58万元，其中：财政专项补助资金182.5万元，群众自筹和以劳抵资223.08万元；建成安居房78套，7020平方米；铺设塑料引水管6千米，入户管5千米，安装水表、水龙头78套；完成进村路2千米、面积8千平方米；建成沼气池78口，举办科技培训4期400人(次)。年内在稼依镇拉白、江那镇凹塘、阿猛镇空心山、干河乡马鞍山、上舍克、小竜白、下新寨7个贫困村开展“互助资金”试点工作，共投

入上级财政互助资金 100 万元，吸纳农户 420 户入互(共入资 3.91 万元)，截至 11 月 15 日，累计发放贷款 102.45 万元，受益农户 246 户、3 758人，共发展养猪2 129头、牛 4 头，种植烤烟 560 亩、辣椒 160 亩，鱼腥草 400 亩，购置农用车 1 辆，争取到革命老区专项资金 100 万元，在江那镇凹塘、大青龙 2 个村小组实施新农村建设开发项目。

全县共发放小额信贷资金4 723.85万元，资金覆盖 11 个乡(镇)、2 个管理区、129 个村民委、740 个村小组，4 157户农户得到扶持，其中种植业投入3 318.3万元，养殖业投入 1 384万元，其它行业 21.55 万元。上海对口帮扶共援助资金 460 万元，援建"白玉兰"整村推进新农村建设 10 个，受益农户 439 户2 327人；援建产业项目 2 个，完成蔬菜种植4 500 亩，养殖肉鸽 0.8 万对。全年共向外地输出农村剩余劳动力 3 800人(使用扶贫资金)，劳动力转移培训基地共开展缝纫、餐饮、家电维修等各类劳务培训 1 期，受训 800 人。

**【教育科技】** 全县有各级各类学校 203 所，其中，完中 3 所、普通初级中学 16 所、职业高级中学 1 所、小学 164 所、幼儿园 19 所、另有教学点 150 个(其中一点一教师教学点 54 个)。全县有各级各类在校学生92 094人，其中：普通高中 100 个班5 131人、职业高中(含职业中专)2 292人、普通初中 401 个班24 569人、职业初中 22 个班1 330人、小学1 635个班 49 974人、幼儿园 298 班8 798人。全县民办学校由上年的 17 所增加到 19 所。学龄儿童入学率 99.61%，小学升学率 97.3%，辍学率 0.24%。初中入学率 83.25%，升学率 46.72%。高中辍学率 14.03%。全县共有教职工5 625人，其中专任教师5 321人，占教职工总数的 94.6%(其中：普通高中 383 人，学历合格率 97.65%；普通初中1 342人，学历合格率 97.47%；职业高中 87 人；初中1 342人，学历达标率 97.47%；小学3 302人，学历合格率 98.85%；幼儿园 209 人，学历达标率 98.09%)。截至 12 月 20 日，全县共组织实施校舍安全工程项目学校 34 所，开工建设校舍面积 6.41 万平方米；民族中学教学楼、稼依镇稼依小学 16 所学校竣工验收，累计完成实物工程量投资5 853.82万元，占年度投资计划的 103.48%；校舍安全工程建设落实到位资金5 490.94万元，占计划的 97.0%。先后争取香港慈恩基金会、日本侨乡联谊会、周大福慈善基金会等集体和个人捐赠援建项目款 228.8 万元，新建了平远车白泥、盘龙响水龙、稼依大坝小学等 10 所学校的教学楼、学生宿舍楼。全县参加普通高考考生1 580人，上线1 343人，上线率 85.0%。比上年提高 10.64 个百分点。全年全县 161 名中学生被评为"三好学生"，其中省级 45 名、州级 20 名、县级 96 名；33 个教学班被评为"先进班集体"，其中省级 2 个班、州级 2 个班、县级 29 个班；全县有省一级二等示范学校 2 所，省一级三等示范学校 5 所，省二级一等示范学校 3 所，省级文明学校 4 所，省绿色学校 4 所，州级文明学校 16 所，州级绿色学校 4 所，省级民族团结教育示范学校 4 所；县二小被省人民政府教育督导团评为"优级甲等学校"。

全年投资 27.95 万元支持"锑在冶炼过程中砷碱渣综合回收利用技术研究与开发"、"云砚黑羽乌鸡绿壳蛋鸡养殖示范"等 6 个县级科技项目；组织申报的《利用电炉烟尘等制备 5 万吨/年优质复合球团产业化研究》项目获州科技进步一等奖；完成专利申请 14 件，其中 11 件获国家知识产权局专利受理通知书；建立小青龙、拉白、石丫口、铁厂等 5 个科普惠农服务站，并开展"全国百名科技专家和致富能手进文山活动"5 次；在全县建立了 48 个科技示范村，培养农村科技示范户1 000户，其中农业 300 户、林业 170 户、畜牧 250 户、三七 30 户、烤烟 250 户；新成立"砚山县蚌峨乡种桑养蚕协会"、"砚山县牛肝菌专业技术协会"、"砚山县森林防火协会"、"平远镇西瓜产业协会"等科协组织。

**【文化卫生体育】** 年内，文化设施建设得到加强，公共文化服务网络不断完善。全县有各种艺术表演团体 516 个(县民族歌舞团 1 个，农村农民文艺队 515 支)，文化站 12 个，公共图书馆 1 个，完成 5 个文化站的建设，新增建筑面积1 618平方米；启动了 4 个乡(镇)综合文化站建设和维摩白沙坡村文化惠民示范村创建以及 3 个农村文化体育广场建设；八嘎综合文化站文化信息资源共享工程基层服务点已于 6 月投入使用，11 个农家书屋建设中，每个书屋配送各类农业科技图书 16 544册，光碟1 100盘，各类期刊5 808余种；全年组织到农村放映电影 883 场 170 余部，开展文艺演出 86 场，收缴非法出版物 61 册、音像制品 520 张(盘)，取缔"黑网吧"4 户；在文物复查和调查中，新发现文物 11 项(含清代碑刻 3 项、清代石拱桥 2 项、新时器时代的岩画 1 项)；在文山州第八届民运会上，砚山组队表演的文艺节目分别获一等奖 1 项，二、三等奖各 2 项。

全县有乡镇广播站 12 个，广播人口覆盖率 99.0%，有线电视入户率 44.82%，电视人口覆盖率达 97.5%。全县有国家医疗卫生单位 20 个、社区卫生服务站 4 个、其他医疗机构 11 个，乡(镇)合管办 11 个，专业技术人员 810 人(含执业、助理医师 363 人)，乡村卫生员 338 人，全县每千人口拥有卫技人员 1.7 人。农村卫生所普及率 47.3%。全年开放病床 850 张，每千人口拥有病床 1.83 张。全年全县有 41.75 万人参加新型农村合作医疗，增 6.7%，参合率 97.7%，占全县总人口的 89.05%。全县参加合作医疗的乡(镇)及行政村覆盖率 100%。全年参合人口有 265 万人(次)享受到新农合医药补偿，减免补偿新农合基金 1.38 亿元，占新农合可使用资金的 93.8%。

全县体育设施建设得到较大改善。2010 年底，全县建有 3 个标准体育运动场、1 个体育馆、398 块标准篮球场(含 7 个灯光篮球场)、7 块门球场、3 块网球场、2 个游泳池、8 条健身路径等公共体育设施；县、乡(镇)两级均建立全民健身指导机构，有体育骨干 186 名，等级社会体育指导员 89 名，并先后成立老年体育协会等体育协会 15 个；投资 500 余万元、占地面积 1206.4 平方米、可容纳 500 名观众的墨山体育馆和砚山沙滩排球场已竣工并投入使用；全县社会体育、农民体育、职工体育协调发展，并在城区、乡(镇)、部门相继组织开展了形式多样的群体活动；在省第八届民运会中，砚山县获7枚金牌、5枚银牌、9枚铜牌；在文山举办的省第十三届民运会上，砚山县27名运动员参加摔跤等8个比赛项目分别获7金6银7铜的奖牌；年内向州输送了28名体育后备人才。

【人民生活】 全年农民人均纯收入2 900元，增15.5%，城镇居民人均可支配收入14 651元，增11.1%。全县城镇居民参加医疗保险2.24万人，职工参加基本养老保险1.2万人，参加失业保险职工9 786人，享受城市最低生活保障8 410人，享受农村最低生活保障2.19万人。年末全社会从业人员27.36万人，年末城镇登记失业人数560人，失业率3.8%。在岗职工年平均工资25 414元，比上年增加1 614元，增6.8%。

年内，进一步落实中央扩大内需政策，扎实推进保障性住房建设，人民政府采取集中新建186套9 300平方米、向房地产开发企业回购114套5 700平方米的方式，分别在县城和平远镇建设。截至年底，已完成投资1 330.9万元，占计划的74.0%，完工158套7 900平方米。

全年及时足额兑付各项惠民补贴资金7 781万元，其中：农资综合补贴3 142万元，受益农民91 548户41.98万人；退耕还林补贴1 098万元；农机具补贴183万元，涉及农户1 434户；良种补贴666万元，41.3万人受益；落实国家客运燃油补贴政策，共发放上年度城乡道路客运燃油补贴资金285.6万元，其中：城市公交用油382.85吨，补贴44.36万元；城市出租车用油533.38吨，补贴43.71万元；农村道路客运用油2 710.08吨，补贴197.53万元。水库移民后补资金494万元，6 577人受益；全年兑付家电下乡补帖23 976台(件)475万元；汽车、摩托车下乡补贴1 637辆1 454万元；兑现独生子女一次性奖金132户43人，兑付12.15万元，落实独生子女父母养老生活补助594人46.08万元；发放独生子女奖学金1 496人28.16万元；落实符合农村计划生育家庭参加新农合个人缴费全额资助9 798人29.39万元。为全县599名学生办理生源地助学贷款341.58万元。

【领导名录】

县委书记 马志山(回)
副书记 李云龙(彝)
李　红(女)
许　勇(2～)
常　委 万玉梁(苗)
侯自明(～10)
袁泽江(彝)
胡国仙(女)
宋小川
蒋秀全
陈永明(苗)
邓良成
人大主任 赵砚生
副主任 代金安(壮)
杨莲芬(女)
侯金发(苗)
马传猛
县　长 李云龙(彝)
常务副县长 陈永明(苗)
副县长 邓良成
杨生宏
陶艳红(女，苗)
田瑞文
王树忠(彝)
敖洪林(8～)
政协主席 陈光祥
副主席 马耀增(回)
卢仕海(壮)
代忠昌
黑绍琼(女，彝)
纪委书记 万玉梁(苗)

(高保元)

# 西畴县

【行政区划人口】 2010年末全县辖西洒、兴街、蚌谷、莲花塘、新马街、柏林、法斗、董马、鸡街九个乡(镇)，69个村民委员会，3个居民社区，1 567个自然村，1 782个村民小组，总人口25.57万人，其中：非农业人口2.79万人，农业人口22.78万人，城镇人口4.9万人，乡村人口20.67万人，少数民族人口4.74万人。人口出生率12.65‰，死亡率6.8‰，人口自然增长率5.85‰，城镇化率19.16%。

【气候特点】 气温：2010年年平均气温17.0℃，比历年平均值偏高1.0℃，属偏高年份。气温变化：11月偏低，6、8、10月正常，4、7月偏高，1～3、5、9、12月特高。年日照总时数1849.9小时，比历年平均值偏多414.2小时，属特多年景。年总降雨量为974.5毫米，比历年平均值偏少303.4毫米，属偏少年景，主要分布为：1～3月特少，4月、6月、8月、10～11月偏少，5月、7月、9月正常，12月特多。全年总气候特点为降雨偏少，气温偏高，光照特多。

【天气灾害】 2010年属偏暖欠水年，年内温、雨、光时空分布不均匀，春旱明显，小春作物生长受到较大影响，大春作物在栽播关键期降雨情况较差，主汛期洪涝灾害偏轻。

干旱：2010年，西畴县降雨偏少，气温偏高，持续的高温少雨造成西畴县特大干旱。截至5月10日止，全县有9乡(镇)62个村委会1 655个村寨37 808户162 999人受灾。农作物受灾面积10 290公顷，成灾5 654公顷，绝收3 838公顷。因灾减产粮食3 879万斤。因灾饮水困难153 080人，饮水困难大牲畜125 650头。因灾造成直接经济损失12 889万元，其中农业直接经济损失69 92.55万元。

暴雨洪涝：6月25日、7月18日、23日西畴县分别受中低层切变、台风影响，董马、鸡街、法斗、兴街、蚌谷、莲花塘等6个乡(镇)持续降大到暴雨，据统计，造成55个村委会782个村小组42 656人受灾，玉米、小秧、杂豆均不同程度受灾，受灾面积36 910亩，成灾24 028亩，绝收4 864亩，因灾减产粮食323.6万斤；因灾损坏房屋22户104间，损坏瓦片716余块，损坏水池1口，因灾造成直接经济损失1 057.8万元。

**【经济综述】** 2010年全县完成地区生产总值13.6亿元，增长13.3%。其中：第一产业4.6亿元，增长2.2%；第二产业1.8亿元，增长28.6%；第三产业7.3亿元，增长19.7%。工农业总产值完成13.5亿元，增长9.8%。其中：工业总产值5.93亿元，增长21.0%；农业总产值7.5亿元，增长2.4%。全社会固定资产投资7.8亿元，比上年增长47.0%。社会消费品零售总额5.4亿元，增长28.6%。

**【农　业】** 全年实现粮食总产9 093.3万千克，比上年增长1.1%，其中：经作总产2 753万千克、蔬菜总产4 715万千克，分别比上年增1.14万亩、99.4万千克、286.7万千克和72.4万千克。完成5.5万亩核桃定植任务，实施中低产林改造2万亩，实现林业产值3 797万元，同比增长15.8%。种植烤烟2.02万亩，收购烟叶5.83万担，实现烟农收入3 933.65万元。茶、桑、果在地面积3.26万亩，实现总产量502.3万千克，比上年增0.15万亩和21.3万千克，分别增长4.8%和4.4%；比2005年增0.8万亩和76.8万千克，增长32.5%和18.1%，年均递增5.79%和3.26%。。以小额信贷资金扶持畜牧业发展为动力，共发放小额信贷资金6 203万元，实现肉类总产量3.37万吨，畜牧业产值4.3亿元，分别比上年增长8.7%和4.9%。实现生猪存栏23万头、出栏35万头，完成年计划的100%；大牲畜存栏7万头、出栏3万头，完成年计划的100%；山羊存栏4 800只、出栏6 098只，完成年计划的100%；家禽存栏139万只、出栏188万只，完成年计划的100%。水产品总产量105万千克，比上年增4.8万千克，增长4.8%；农村劳务总收入2.32亿元，比上年增0.32亿元，增长16.0%。

**【工　业】** 年内西畴县共有工业企业单位1 414个，规模以上工业企业单位有3个。实现工业总产值5.93亿元，比上年增长21.0%，其中：规模以上工业企业完成产值1.17亿元，增长17.5%。

**【财政金融保险】** 全年完成地方财政总收入10 260万元，比上年增长23.8%，其中：地方财政一般预算收入6 086万元，增长19.8%；财政一般预算支出78 092万元，完成预算调整的99.9%，增长19.6%。实现了预算平衡。实现各项存款余额20.5亿元，各项贷款余额10.4亿元，分别比年初增长29.9%和6.2%。积极拓展社会保险覆盖面，充分发挥商业保险在转移风险和实施补偿中的作用，2010年共完成保险费收入2 617万元，保险赔付929万元。

**【基础设施建设】** 全年共编制申报项目计划131个，组织实施重点建设项目41个。启动兴街二期开发及县城北回公园综合开发，改造县城及乡镇街道路面2.3万平方米。县境内二级公路建设共完成路面砂石材料采备55万立方米，沥青进场近1 000吨；各标段正在积极开展路面铺设前期准备工作。西畴县城过境线(含连接线)全长13.4千米，起点为西畴县西洒镇马家地，止点为西洒镇磨角村和西畴县城塘房丫口。过境长10.1千米(其中，1.3千米为老路拓宽改建，8.8千米为新建)，连接线长3.3千米，计划总投资约9 200万元。截至目前，文天二级公路西畴县城过境线路基工程已全部通过转序检测，正在开展边坡处理、完善排水设施等扫尾工作。完成路面改造工程28条(段)376.8千米，投入补助资金685.3万元，实施自建路面硬化工程149条(段)195.8千米 。截至2010年12月止，全县公路总里程达2 189.482千米，公路密度145.38千米/百平方千米，四级以上公路覆盖率54.93千米/百平方千米。按行政等级分，省道216.852千米，县道333.758千米，乡道345.703千米，村道1241.459千米，专用公路51.71千米；按公路技术等级分，有三级公路118.977千米，四级公路708.239千米，等外公路1362.266千米；按路面结构分，有水泥路67.918千米，沥青路128.6千米，弹石路209.564千米，碎石路422.728千米，等外公路1360.672千米。全县9个乡(镇)已全部实现公路硬化，并全部开通客运班线；72个行政村(社区)中42个通省道或县道，30个行政村通简易公路，66个通客车，通公路率100%，通客车率92.0%；全县1 778个村民小组中，1 712个通公路，66个自然村不通公路，自然村通路率96.3%。建成农村饮水安全工程1 776件、山区节水小水窖2 035件、沟渠18条(段)19.35千米，新增灌溉面积4 951亩，改善灌溉面积1万亩，有效解决了3万人、0.79万头大牲畜的饮水不安全问题。完成土地整理5 121亩，新增耕地256亩，启动实施中低产田地改造5 450亩，实施退耕还林基本口粮田建设3 000亩。新建千伏线路53.9千米，实施“一户一表”改造1 990户。

**【信息业】** 全年共实现邮政业务收入501万元，完成年计划100.77%。固定电话用户数达12 810户，致富通用户数达13 620户，宽带用户数达5 041户，中国电信移动用户11 200户，中国电信IPTV用户数达823户。境内致富通信号覆盖率达97.0%以上，中国电信移动网络信号覆盖率达90.0%以上，实现西畴县城、兴街、莲花塘等乡镇3G网络信号覆盖。完成755个村21 267户广播电视“村村通”工程和2 500户数字电视整体平移，广播、电视综合覆盖率达95.3%和95.8%。

【城乡建设】 西畴县始终坚持"生态立县"战略，年内城镇人均公共绿地面积4.3平方米。县城垃圾处理厂和污水处理厂先后开工建设，广泛开展绿色生态示范创建活动，莲花塘乡被命名为省级生态乡，江龙生态村和北塔绿色社区通过州级验收。

【扶贫开发】 年内累计争取中央、省、州、县扶贫专项资金6 396万元，其中：整村推进重点村资金945万元，省级重点村120万元，上海对口帮扶460万元，易地开发扶贫资金200万元，农村劳动力培训转移资金116万元，小额信贷扶贫资金3 500万元，扶贫到户贷款贴息175万元，村容村貌整治资金680万元，扶贫安居工程资金200万元。投资资金7 633万元，建成整村推进新农村61个，完成200个村容村貌整治，实施异地搬迁165户580人。积极引导农民外出务工，完成农村劳动力转移引导性培训63期1.3万人，有组织输出1 000人，在外务工人数达5.1万人，实现劳务收入2.2亿元，比上年增加2 000万元。

【教育科技】 全县有各类学校246所，专任教师3 263人，在校学生4.54万人。学龄儿童入学率99.94%，普通初中学龄人口入学率90.61%，普通初中升学率100%，高考上线率79.62%。2010年共投入资金1 873万元，排除学校危房18所9 173平方米，新建校舍1.8万平方米，撤并小学校点24所，校点布局得到进一步优化。围绕支柱产业培育及优势特色农产品开发，开展试验示范和科普工作，发展农村专业合作组织7个，评审奖励县级科学技术奖33项，培训农函大学员1 900人。

【文化新闻】 年内有各种艺术表演团体104个(专业性1个，农村业余性103个)，有文化馆1个，乡(镇)文化站9个，公共图书馆1个，藏书量4.5万册。广播、电视覆盖率分别达91.5%和92.8%，有线电视入户率68.0%。组织开展"送辅导、送图书、送戏、送电影"下乡活动，共派出文艺辅导员274人(次)，辅导文艺节目106个，组织开展文艺演出115场1290个文艺节目，观众达2.3万余人(次)，其中到县外交流演出10场，县内各乡镇之间相互交流演出19场。共开展送图书下乡活动4次、读者读书活动3次，图书流通14 214人(次)，外借7 062人(次)、16 104册(次)。同时，完成了19个农家书屋建设点的图书配送工作。组织上演节目15个，其中，小品1个、声乐(演奏)2个、舞蹈11个、快板(说唱)1个，演出2场，观众达2万余人(次)。向人民代表播放故事片、科教片1 368场(次)，观众达19万余人(次)。建成了2个乡镇综合文化站、图书馆信息资源共享工程、广播电视村村通等文化惠民工程项目。全年共采、编、播《西畴新闻》208期，上送新闻被云南电视台采用13条，云南人民广播电台采用75条，文山电视台采用250条，文山人民广播电台采用986条，其它媒体采用110条。

【卫生体育】 年内共有卫生机构97个，乡以上的卫生医疗机构14个，病床466张，其中：医院床位数140张，卫生院床位数306张，；有专业卫生技术人员439人，其中执业医师、执业助理医师占134人。全县设村卫生室69个，有乡村医生226人(女乡医129人)，其中乡村主治医师1人，乡村医师23人，乡村医士54人，卫生员148人。农村卫生厕所普及率55.03%。全年共有21.614万人参加新型农村合作医疗，其中民政资助22 625人，计生资助7 304人，参合率达95.08%。

【人民生活】 完成全社会固定资产投资7.8亿元，增长47.1%。城镇居民人均可支配收入13 420元，增长10.3%；城镇居民人均消费性支出7 862元，增长2.1%，全县职工工资总额2.02亿元，比上年增长12.7%，。农民人均纯收入2 415元，增长17.0%；农民人均生活消费支出2 010元，增长24.3%。完成社会消费品零售总额54 043万元，增长28.6%。年末全社会从业人员14.91万人，增长0.54%，城镇登记失业率控制在3.78%以内，人口自然增长率控制在5.85‰以内。

【领导名录】

县委书记　马忠俊(苗)
副书记　杨秀文(壮)
　陈　凌(~3)
　李　永(彝，6~)
　刘诗映
常委　胡天和(壮)
　杨安凤(女)
　高　鉴(彝)
　徐顺勇(彝)
　杨玉波(女)
　熊清明(~5)
　边富斌(5~)
　尚元超(6~)
　冯世福(8~)
人大主任　陆永明
副主任　李任育(壮)
　祝正松
　骆玉彪
　王俊文(女)
县长　杨秀文(壮，~4)
　马骞林(彝，6~)
常务副县长　杨安凤(女)
副县长　徐顺勇
　韦　超
　胡国贵
　牟洪操
　王祖锐

政协主席　王　俊(壮)
副 主 席　李廷洪
　　　　　余　永(壮)
　　　　　贾万文(彝，兼)
　　　　　陶　英(女，苗，兼)
纪委书记　胡天和(壮)

(唐明磊)

## 麻栗坡县

**【行政区划人口】** 麻栗坡辖麻栗镇、大坪镇、董干镇、天保镇、猛硐瑶族乡、下金厂乡、八布乡、杨万乡、六河乡、铁厂乡、马街乡和93个村民委员会、3个社区、15个居民小组、1 920个自然村。年末总人口277 634人，少数民族占40.4%。

**【气候特点】** 全年平均气温18.7℃，月平均最高气温23.9℃，最低月气温5.7℃，日极端最高气温34.1℃，日极端最低气温2.6℃；年日照1677.6小时，平均日照4.6小时；年总降雨量795.1毫米，平均无霜期365天。

**【天气灾害】** 上半年持续高温少雨，造成百年一遇的特大旱灾，全县大面积农作物绝收、大部分地区人畜饮水困难。随后，大部分乡镇又不同程度遭受洪涝、风雹等自然灾害，造成农作物、经济作物受灾50.48万亩，成灾33.83万亩，绝收9.16万亩；民房损坏1 156户3 468间，损坏瓦片64.5万片、石棉瓦3 000余匹；烤烟房受损60座，烤烟化肥受潮200吨，烤烟育苗大棚受损60个；低压线路损坏600米；因灾死亡5人、大牲畜6头。灾情涉及全县11个乡镇96个村(居民)委会1 918个村小组，受灾人口23.95万人，经济损失2.4亿元，其中农业经济损失1.1亿元。此外，发生民房火灾30起，受灾33户112人，烧毁房屋126间，造成直接经济损失125万元。面对灾情，全年投入救灾资金1 386.26万元，修复倒损民房1125户3 352间，发放和储备救灾粮食450吨，发放矿泉水12 180件，塑料管1 000米，21金维他10件，运水车2辆，救灾衣服53 160件、棉被1 814床、帐篷142顶，建设部分应急供水工程和缺水地区的小水窖，救助特困群众和受灾群众2.27万户10.24万人，确保特大旱灾期间人民群众的正常生活。

**【经济综述】** 年内实现地区生产总值25.47亿元，比上年增长11.3% 。其中：第一产业实现增加值59 620万元，同比增长3.7%；第二产业实现增加值105 638万元，同比增长15.3%；第三产业实现增加值89 458万元，同比增长12.1%。第一产业增加值占地区生产总值的比重为23.4%，下降4.1个百分点；第二产业增加值比重为41.5%，上升4.6个百分点；第三产业增加值比重为35.1%，下降0.5个百分点。三次产业比重调整为23.4∶41.5∶35.1。固定资产投资完成26.3亿元，同比增长26.3% 。完成社会消费品零售总额9亿元，同比增长18.1% ；边贸进出口总额22.28亿元，同比增长16.2% ；接待游客78.53万人(次)，旅游综合收入4.79亿元，同比下降27.3%。全县人均GDP达9 149元，比上年增加1 510元，增长10.5%；城镇居民人均可支配收入12 444元，同比增长10.7% ；农民人均纯收入2 630元，同比增长17.0%。

**【农　业】** 投入资金1.23亿元，完成退耕还林基本口粮田建设1 800亩，中低产田(地)改造1.15万亩，建成烟水工程项目32个，小坝塘2座41 000立方米，水池29口33 000立方米，农灌沟渠44.47千米，新增农田有效灌溉面积0.65万亩。完成大春粮豆播种36.7万亩，产量8 503.9千克，分别占计划34.7万亩和8 431万千克的101.4%和97.4%。其中：玉米种植面积194 402亩，水稻种植面积66 360亩，大豆种植面积29 564亩，薯类种植面积26 200亩，杂粮种植面积48 564亩；“两杂”良种推广11.34万亩，旱地覆膜栽培5.4万亩，测土配方施肥示范20万亩。将计划晚秋粮豆作物播种面积15.5万亩调整到17万亩，实际完成154 531亩，总产1 087.8万千克，分别占计划的102%、94.0%。全年实现粮食总产量9 806.1万千克，增长2.5%，农民人均产粮386千克，增长2.0%。完成烤烟种植2.79万亩，收购烟叶8.39万担，烟农户均收入3.18万元。发展种植咖啡、香蕉、核桃、油茶、木薯等产业基地11.4万亩，粮经比例由上年的6.6∶3.4调整到6.7∶3.3。集体林权制度主体改革通过省州验收，完成中低产林改造10万亩。年末生猪存栏26.8万头、出栏3.6万头，大牲畜存栏12.11万头、出栏2.8万头，肉类总产量3.75万吨，畜牧业总产值5亿元，同比增长6.0%。完成养殖水面2 700亩，同比增0.2%，其中池坝塘养殖1 545亩，水库养殖1 155亩(网箱养殖3亩)；完成水产品产量1 803吨，比上年增87.4%，实现产值2 000万元，农民人均以此增收27元。培训转移输出农村富余劳动力4.97万人(次)，创劳务经济总收入5亿元，其中纯收入3.2亿元，农民人均劳务收入1 246元。实现农业总产值9.52亿元，同比增长4.0% 。

**【工　业】** 将电力、矿业、建材等优势产业作为全县工业经济增长的主导产业来培育，实现工业总产值18.4亿元，同比增长13.0% ，工业对GDP增长的贡献率33.9%，单位GDP综合能耗下降5.5%。其中有规模以上工业企业19户，实现产值增加值6.98亿元；矿业产值4.75亿元，同比增长96.3%；电力产值3.76亿元，同比增长24.2%；实现冶炼产值2.6亿元，同比下降8.4%。

重点工业建设项目有：投资4 560万元完成中信硅业12500千伏A矿热电炉技改扩建，并投入试生产；计划投资3 500万元技改扩建的联营铁合金厂16500千伏A矿热电炉已完成土石方开挖6万立方米，水泵房、1200米的输水管道引水工程和钢架基础全部完成，机器设备已基本安装结束，总工程量完成80.0%；预计总投资1 412.25万元迁建的玉尔贝矿泉水加工厂，场地平整、挡土墙、道路改造和场地块石铺设已完成，厂房、蓄水池等附属设施已基本完工，完成总工程量的90.0%；预计投资10亿元建设的5万吨电解锰项目已收购控股了猛硐河二站、八布二级电站、南令三级电站和岩腊山一、二、四站等6座小水电站，收购（控股）电力装机4.523万千瓦。收购了广南老龙锰矿探矿权、花鱼塘锰矿和砚山朵新寨锰矿探矿权。完成了土地征用和民房搬迁工作，已兑现土地征用及民房拆迁安置补偿16 118 294元；完成了工商注册、项目备案、科研以及项目建设用地的土地勘界和进厂公路的勘测设计；完成厂区范围勘界、施工用水管、基建电力线路架设及变压器的安装；进厂公路（1.88千米）路基已开挖完成。项目累计完成投资4.3亿元，占计划总投资的43.0%。农网改造建设项目已完成茨竹坝村委会13个自然村的复测，电杆拉到位472基，挖坑506个，立杆420基，勾家岩村、上福田村10千伏及0.4千伏线路施工完毕。

制定出台《麻栗坡县关于进一步加快发展个体私营经济实施意见》和《麻栗坡县关于鼓励支持和引导个体私营等非公有制经济发展实施意见》等政策措施，至年末全县非公企业5 166户，从业人员11 884人，创造增加值128 890万元，上缴税金7 851万元。完成乡镇企业增加值（含个体工商户）84 200万元，占目标任务数的100%。

**【财政金融保险】** 完成地方财政总收入3.1亿元，同比增长25.4%；其中地方一般预算收入1.7亿元，同比增长25.1%。地方财政总支出11.6亿元，同比增长29.3%；其中一般预算支出11.34亿元，同比增长29.7%。地方财政自给率15.0%。年末金融存贷款余额分别为30.6亿元、21.1亿元，比年初分别增加4.74亿元、3.22亿元，同比分别增长18.4%、18.0%。保费收入2 951.17万元，同比增29.7%；保费理赔704.76万元。

**【基础设施建设】** 年内完成公路建设投资80 150万元，超上级业务主管部门下达数71 278万元12.45 %。其中农村公路建设投资4 420.8万元，在建项目14个149.04千米；马鹿塘水库库周公路复建58.861千米，完成投资4 531万元，占年度计划的78.77%；城区隧道完成投资2 910万元，占总投资的57.2%；文天二级公路麻栗坡段53千米，完成投资67 329万元，占年度计划投资48 474万元的138.9%。

至年末，全县公路总里程3 099.45千米，同比增长0.82%。按行政等级划分，省道169.61千米，县道有611.75千米，乡道416.2千米，村道1 723.55千米，支用道178.34千米。按技术等级划分：二级公路1.4千米，三级公路14.24千米，四级公路1 254.32千米，等外公路1 829.49千米。全县11个乡镇有6个建成沥青（水泥）路面、3个建成水泥混凝土预制块体路面，2个在已建成弹石路面基础上实施水泥混凝土预制块体路面提级改造；93个行政村有88个修通了等级公路，等级公路率95.0%；1 920个村民小组，通公路率90.6%。

全年完成客运量152.7万人，增长57.9%；货运量367.7万吨，增长19.5%；旅客周转量16 983万人千米，增长46.4%；货运周转量22 062万吨千米，增长19.5%。

完成水利投资11 352.88万元（上级补助资金7 114万元，地方配套及群众投工投劳折资3 691.08万元，其它资金547.8万元），为上年完成数的302%；建成各类水利工程4 804件，是上年完成数的368%。其中：重点工程项目南油水库完成投资2 620万元，苏麻地水库完成投资596.35万元，普腊水库完成投资600万元。农村饮水安全工程完成投资2 219.51万元，同比增长153%；建成农村饮水工程1161件，同比增长127%；建成自流引水工程141件，铺设引水管道930千米，小水窖小水池1 020件，解决全县11个乡（镇）、56个村委会、163个村小组4.4197万人0.8839万头（匹）大牲畜的饮水安全问题，同比分别增长154%、20.0%。建成水利工程4804件（水小池小水窖4243口），新增蓄水容积8.92万立方米。其中：管道引水工程249件，铺设管道1270.24千米；灌溉沟渠50条，长62.34千米；小坝塘3座，小泵站8处，其它工程251件。新增蓄水容积30.77万立方米，新增节水能力120万立方米，新增有效灌溉面积0.45万亩，改善灌溉面积0.32万亩，改造中低产田0.95万亩。年末有效灌溉面积10.9747万亩，有效灌溉程度18.15%，较上年提高4.15个百分点。

电力产业以电站建设、电网改造、电力配置为重点，抓住“已建、在建、待建”三个环节，使马鹿塘二期等电站先后建成投产，电力装机62.5万千瓦；投入2 000余万元实施“一户一表”工程3 092户，农网输电线路改造118.2千米；建成县城至新街、县城至竜林、曼棍至城子上输变电线路，县境“两纵一横”骨干电网全线贯通。全年完成发电量13.78亿度，电力产值3.76亿元，同比增长32.0%，电力覆盖村、组100%。

**【信息产业】** 实现邮政通信业务收入7 945万元，比上年增长15.0%；邮路总长644千米，农村投递线路总长1 257千米；完成函件5.2万件，报刊期发数12.41万份；新增固定电话、致富通、小灵通及移动电话用户12 760户，年末累计132 580户，电话普及率48部/百人，比上年增加5部；互联网用户数7 317户，比上年增加1 255户，增长20.7%。

全县有电视广播发射台3个，广播覆盖面96.3%，电视人口综合覆盖率96.0%；有线电视用户14 200户，其入户率为26.0%。

**【城乡建设】** 年内完成城乡固定资产投资5.9亿元。全县城镇面积5.7平方千米，其中县城建成面积3.48平方千米，人均住房面积18.42平方米，绿化率为24.6%，城镇化水平为24.63%；供水普及率、项目工程报建率、备案率、项目工程招投标率均100%。

年内完成《麻栗坡县城总体规划》、《国家级天保口岸经济区发展总体规划》和《国家级天保口岸经济区详细规划》，

以及大坪镇、董干镇、铁厂乡、猛硐乡、八布乡、马街乡总体规划修编、171个村庄规划编制任务。

确定市政重点项目24个，其中续建项目11个，新建项目13个，已实施开工建设的项目14个；概算总投资为72 499万元，计划年内完成投资44 698万元，实际完成投资16 920万元，占计划投资的37.85％。

全年监督管理74个工程项目，投资37 634.658万元，建筑面积333 479.75㎡。

全年房地产开发建设项目竣工面积40 564平方米，完成投资7 390万元；办理二手房转让登记241户，房产交易面积4.95万平方米，交易额6 930万元；办理房地产抵押登记1 118户，房产抵押面积23.18万平方米，估价金额42 189万元，贷款金额23 399万元；办理房产登记1 728户，建筑面积43.03万平方米；办理变更登记154户3.71万平方米；严格执行“三审”报批制度，发证率达100％。

完成2009年度廉租住房433套21 650平方米的建设任务；年内计划建廉租住房1 000套50 000平方米、投资5 500万元（县城364套18 200平方米，乡镇636套31 800平方米），工程于7月全面开工，至年末完成工程总量的31.82％，竣工面积15 910平方米，完成投资3 330万元；发放租赁补助394户789 300元。

县城垃圾处理场工程建设概算总投资2 489.34万元，累计完成投资1 509万元；启动县城污水处理厂及截污干管工程建设，概算总投资4 120万元。

**【扶贫开发】** 全年投入各类扶贫资金12 881.687万元，其中：兴边富民专项转移支付整村推进项目专项补助资金1 450万元，边境县整村推进项目专项补助资金900万元，整村推进扶贫重点村专项补助资金105万元，新农村省级重点建设村专项补助资金195万元，县级财政配套资金80万元，以工代赈项目专项补助资金320万元，民族团结示范村专项补助资金300万元，产业扶贫专项补助资金160万元，小额信贷指标资金2 500万元、扶贫贴息资金125万元，信贷扶贫贷款940万元、扶贫贴息资金28万元，扶贫易地搬迁专项补助资金134.5万元，贫困地区劳动力转移培训专项补助资金122万元，扶贫安居工程专项补助资金190万元，村级公益事业一事一议财政奖补资金780万元，外交部、上海市及其闸北区，省、州、县挂钩帮扶、对口帮扶及党员干部结对帮扶等社会各界帮扶资金2 350.597万元，部门整合及其他资金2 201.59万元。重点实施整村推进项目104个，项目覆盖全县11个乡镇47个村委会129个村民小组4 221户17 761人；投入各类补助资金3 980万元，整合资金1 319.39万元，群众自筹和投工投劳折资6 966.525万元，小额信贷815万元；建成进村路23.684千米，道路硬化73.69千米，危房改造407户，沼气池180口，圈舍改造1 028间，厨房改造1 047间，厕所改造1 026间，科技活动室30间，活动场地1 800平方米，卫生公厕30间，庭院美化1 237户，科技培训4 070人，经济作物3 096亩，经济林果4 730亩，广播电视948户，封山育林、植树造林5 960亩，节柴改灶1 239户；新帮助17 024人脱贫。

**【教育科技】** 全县有各级各类学校239所，其中教师进修学校1所，完中3所，职业高级中学1所，初级中学12所，完小122所，教学点88个（含一师一校45个），幼儿园12所（含民办幼儿园8所）。有教职工4 142人，其中小学2 317人，初中1 184人，高中282人，职业高中139人，进修学校36人，幼儿园128人。有专任教师3 619人，其中小学2 104人，初中966人，高中282人，职业高中117人，进修学校34人，幼儿园116人。有各级各类学校在校生49 608人，其中普高2 885人，职高2 507人（含招收40岁以上的农民学员289人），初中12 270人，小学25 467人，在园（班）幼儿6 479人（含在一年级就读的3～6周岁幼儿1 709人）。有各级各类学校校舍建筑总面积300 776平方米，其中框架结构49 871平方米，砖混结构182 948平方米，砖木结构67 335平方米。实施农村远程教育项目点225个，覆盖率100％。

全县小学适龄儿童入学率99.98％，初中阶段毛入学率102.81％。普高教育得到进一步发展，完成普高招生1 195人，在校生2 885人，高中阶段毛入学率为42.11％，比上年提高0.93个百分点；高考取得历史最佳成绩，676名考生参加考试，有649人达录取最低控制线，其中有337人达本科录取最低控制线，上线率96.01％，比上年增14.24个百分点。职成教育通过“订单培训、校企合作、校校合办”等方式，县职中年内招生1 596人，在籍学生达2 507人，并先后与上海市建筑工程学校、上海市经济管理学校、福建闽江职业技术学校、福建台资企业冠捷电子、广东比亚迪汽车股份有限公司等学校和企业开展联合办学，输送就业或实习生254人；有82人报名参加高职考试，上线70人（本科7人），上线率85.36％。全年开展文化科技班培训194班4 104人，农函大班培训14班420人，实用技术培训604期41 585人次，农村劳动力转移培训68期3 871人次，培训后就业3 197人，就业率82.3％。6月，县职中被云南省教育厅认定为“云南省示范性中等职业学校”。全县人均受教育年限由上年的5.58年提高到6.96年。

开展先进实用科技成果引进试验示范，实施中药材种植示范、立式全微机选矿技术示范、杂交包谷冬季制种示范、大木漆种植示范4个项目。中药材（天门冬）种植示范项目，由马街乡、杨万乡、下金厂乡分别承担实施，计划示范种植天门冬200亩，实施示范种植249亩；杂交包谷冬季制种示范，由县农业局种子站承担实施，计划面积300亩，实际完成343亩，但因严重干旱绝收208.7亩，实收面积134.3亩，平均单产229.4千克；立式全微机选矿技术示范项目，由个体业主李正提承担，已获国家专利；大木漆种植示范项目由麻栗坡印鑫柒业股份有限公司印斌承担实施，计划实施示范种植1 500亩，完成示范种植2 051亩。于8月20日对有关单位和科技人员申报的2009年度科学技术奖项目进行评审，评出科学技术奖励项目10项，其中科技进步类8项（一等奖2

项，二等奖3项，三等奖3项），科普贡献类2项。全年完成农村实用技术培训1 850期82 516人次，分别占计划数的115.6%和106.5%；农函大开班126个，招收学员4 061名。边疆解“五难”(学科技难)惠民工程项目顺利通过省科技厅、州科技局邀请有关专家验收。

**【文化　卫生】** 全县有公共图书馆1个，藏书4.2万册，艺术表演团体1个，文化馆1个，口岸文化中心站1个，乡镇文化广播电视站11个，边境广播电视转播台3座，船头边境广播电视站1个。

年内完成董干、猛硐等6个乡镇文化站维修改造和边境村文化活动室等文化设施建设；组织参加文山州第八届少数民族传统体育运动会文艺表演各项比赛，荣获两金一银两铜的成绩；完成各类文艺演出70场，观众3万余人(次)；到村寨、社区和部队、单位开展文艺辅导81次，辅导业余文艺队23支，排练文艺节目58个；举办舞蹈培训班1期，培训学员22人；举办刺绣协会创作设计培训班1期，培训会员55人；完成民间文学集成第六、七、八集的收集和整理；登计录入42处不可移动文物点的基本数据，绘制文物点平面图15份，征收集少数民族文(实)物资料3件；完成第三次全国文物普查实地调查阶段工作，并通过专家组验收；开展图书借阅5 000人次2万册(次)，办理图书借阅证250本，建成图书流通点48个，新增图书流通点2个，辅导基层图书室10个，送书下乡38次41 433册；完成电影放映1 106场，观众7.94万人(次)；出动扫黄打非检查1 163人(次)、3 375户(次)，查书刊零售经营户111人(次)、224户(次)，音像155人(次)、207户(次)，网吧459人(次)、1 529户(次)，检查印刷厂978人(次)、310户(次)。

全县有医疗机构21个(不含诊所)，其中县医院1个，乡镇卫生院13个，疾病预防控制中心1个，保健院1个。卫生机构共有病床795张，专业卫生技术人员574人。

争取专项经费用于推进医改重点项目，其中县医院整体搬迁项目建设配套经费660万元，疾病预防控制经费38万元，处突经费60.8万元，乡镇卫生院、村卫生室建设配套经费50万元；至年末已建立城镇居民健康档案15 734人份、建档率67.19%，农村居民55 164人(份)、建档率21.79%；全年发生并报告突发公共卫生事件2起，报告法定乙、丙类传染病17种492例，发病率为177.88/十万，死亡5例，死亡率1.81/十万，总发病率较上年同期下降了7.32/十万；全年出生儿童3 305人，建卡率100%；发放麻疹疫苗22 000人份，实种19 306人，总接种率97.02%；发放脊灰疫苗17 287人(份)，实种16 865人，接种率为98.22%。碘盐和水质监测，随机抽取9乡36个村288户居民食用盐进行检测，合格率在96.18%以上；完成水质检验样品335个，其中城区饮用水检测合格率为68.0%，农村饮用水检测合格率为6.0%，学校生活饮用水检测合格率为12.4%。

全年诊疗门诊病人205 920人(次)(含村级诊疗)，收治住院病人12 446人，其中县级总诊疗83 685人(次)、住院6 698人(次)、乡级总诊疗122 235人(次)(含村级)、住院5 748人(次)；病床使用率县医院为139.42%，县保健院为61.97%，乡镇卫生院为71.68%。全县有已婚育龄妇女50 805人，孕产妇4 130人，其中分娩产妇3 352人、进行孕产妇保健3 303人、保健覆盖率98.54%；进行孕产妇系统管理2 911人，系统管理率86.77%；新法接生3 250人，新法接生率96.87%。监督检查食品从业户6 218户次，办理、校验“卫生许可证”1 525份，从业人员健康体检3 177人(次)；抽检382户餐饮单位的1 195个餐饮具样品，合格率75.6%；抽检鲜粮制品、豆类制品、糕点、乳制品87个样，合格率81.6%。开展HIV检测12 914人，检出确认阳性病例21人；累计报告HIV感染者192人，开展免费抗病毒治疗45人，死亡5人，退出治疗4人。年内新农合应参合人数为252 305人，实际参合人数为245 252人，参合率为97.20%。实施药品配送制度，全年各医疗卫生机构共向中标公司采购药品金额2 319.37万元。

**【人民生活】** 年内实现农村经济总收入94 839万元，增长15.0%；农民人均纯收入2 630元，增长19.3%；城镇居民人均可支配收入12 444元，增长10.7%。全县单位从业人员劳动报酬30 925万元，增长9.5%；在岗职工年平均工资24 753元，增长8.9%；城乡居民储蓄余额30.6亿元，同比增长18.4%。

同时，全面推进社会保障体系建设。投入低保资金7 139万元，解决3 112户6 732名城镇居民和34 383户71 790名农村特困群众的最低生活保障问题；采取“五到位、五同步、五结合、五确保、五统一、五监管、五核对”的做法，推进新型农村社会养老保险试点，完成年满16周岁以上农村参保人员登记153 603人，占应参保人数165 339人的92.9%；扩大城镇职工、城乡居民基本医疗保险，参加职工基本医疗保险13 291人，是任务14 000人的94.9%；参加城镇居民基本医疗保险6 450人，为任务6 300人的102.4%；参加新农合245 252人，参合率97.20%；投入资金7 400万元，建成廉租住房1 000套5万平方米，完成农村危房改造1 900户，城乡低收入人群“住房难”问题有所缓解；启动实施麻栗镇、猛硐、下金厂、铁厂、董干5个乡镇敬老院建设；发放五保供养资金298.32万元，解决2 495人的“五保”供养问题；计投入救灾资金1 386.26万元，救助特困群众和受灾群众2.27万户10.24万人。

**【领导名录】**

县委书记　彭　辉(回)
副 书 记　彭正兴
　　　　　胡大权
常　　委　陈　辉(女)
　　　　　张传德
　　　　　李　俊
　　　　　苟开波

杨　金
韦元光
时　洪
周云鸿
张晓宏
人大主任　冉忠平
副主任　王国海
艾金明(苗)
吴兴明
陆天梅(女，壮)
县　长　彭正兴
常务副县长　张传德
副县长　韦元光
戴　忠
和进东
王荣聪(苗)
邓丽男(女)
张晓宏
政协主席　项廷超(苗)
副主席　李红梅(女)
胡　明
王嘉国
盘文玉(瑶)
纪委书记　陈　辉(女)

(李云章)

## 马关县

**【行政区划人口】** 马关县辖4个乡(南捞、大栗树、篾厂、古林箐)、9个镇(马白、坡脚、八寨、仁和、木厂、夹寒箐、都龙、金厂、小坝子)、120个行政村、4个社区、1 992个村民小组。县境东西横距79千米，南北纵距61千米，县城马白镇距州府驻地文山城67千米，距中越边境线20余千米。与越南接壤的国境线长138千米，有3个镇11个行政村与越南相连。

2010年，全县总人口90 432户369 125人。其中男性人口193 884人，农业人口329 152人。在全县人口中，汉族48 959户187 732人，壮族13 773户57 462人，苗族17 697户78 378人，彝族6 465户28 875人，傣族1 567户6 877人，布依族1 276户6 418人，少数民族占总人口的49.14%。年内，出生人口4 516人，其中男2 315人；迁入人口3 422人，迁出人口3 010人，人口密度每平方千米138人。人口自然增长率6.85‰。

**【气候特点】** 2010年全年日照时数1 858.7小时，比上年偏多131.0小时，比历年平均值偏多80.0小时。全年平均气温18.2℃，比上年偏高0.4℃，比历年平均值偏高1.2℃；年极端最高气温为31.8℃(4月12日和5月6日)，年极端最低气温为2.2℃(1月15日)。全年降雨量922.7毫米，比上年偏多188.2毫米，比历年平均值偏少429.4毫米；年内一日最大降雨量62.6毫米(5月30日)。

**【自然灾害】** 年内，县内相继发生干旱、风雹、洪涝等自然灾害，灾情涉及全县13个乡(镇)124个村委会(社区)1 971个村民小组，受灾人口75 403户264 307人，因灾致伤1人，死亡2人，紧急转移安置人口466人，造成农作物受灾575 955亩，其中：成灾387 978亩，绝收156 948亩。因灾损坏房屋9 053间，损坏房屋瓦片286万余片，涉及3 592户11 638人。因灾造成直接经济损失69 486.93万元，其中：农业经济损失29 488.3万元。发生民房火灾29起，涉及农户57户259人，直接财产损失100余万元。此外，由于2009年8月以来全县发生秋、冬、春三季连旱的严重旱情，发生16起荒火和4起森林火灾，收到卫星热点22个，总过火面积855亩，受灾面积510亩，造成经济损失达260余万元。因旱共造成直接经济损失61 553万元，其中农业经济损失22 234.3万元。

**【经济综述】** 全年完成生产总值36.1亿元，比2009年增长11.4%，其中：第一产业实现增加值7.8亿元；第二产业实现增加值16.2亿元；第三产业实现增加值12.1亿元，人均生产总值达9 204元，三次产业比重调整为22∶45∶33。全年完成固定资产投资23.3亿元，同比增长19.2%。

全社会消费品零售总额146 969万元，同比增20.6%，其中：公有经济完成4 369万元，比上年下降4.5%，非公经济完成117 526万元，同比增长21.5%。完成边贸进出口总额42 610万元，同比增15.1%，其中：进口15 630万元，同比增4.73%，出口26 980万元，同比增22.1%。

**【农　业】** 年内，出台《农业产业化经营扶持奖励办法》等政策，加大对涉农企业和种植、养殖大户的扶持力度，农业产业化进程进一步加快。完成农业总产值13.5亿元，比上年增长9.6%，实现增加值78 220万元，同比增长6.5%，拉动GDP增长1.43个百分点。粮食总产14.16万吨，比上年增长2.53%。农作物播种面积为130万亩，比上年增7.1%。其中：粮豆作物91.6万亩，比上年增长6.3%；经济作物24.7万亩，比上年增长8.8%。实现粮食总产量1.4亿千克，比上年增长8.8%。农民人均有粮363千克，比上年增4千克，增1.0%；农民人均纯收入3 005元，比上年增417元，增16.1%。

全年县实现草果在地面积10.9万亩，新植面积3.2万亩，实现产量567.3吨，产值1 362万元；实现三七在地面积1.37万亩，采挖0.61万亩，实现产量76.6万千克，实现销售收入3.17亿元；实现八角种植面积9.8万亩，新植面积0.1万亩，实现产量798.6吨，实现产值1917万元；实现香蕉在地面积8.2万亩，新值面积1.7万亩，实现产量9 672.6万千克；实现茶叶在地面积1.8万亩，实现产量22.9万千克，茶农鲜叶收入突破135万元。完成良种补贴面积50.3万亩，落实补贴资金584.38万元，涉及1 915个村民小组，惠及7.6万户农户；落实农资增支综合补贴资金2 982万元，惠及7.5万户种粮农户；兑现农机购置补贴160万元，涉及大型拖拉机及配套机具、茶叶机械和微型耕机三种类型。

2010年，全县林业总产值达3.49亿元。其中：第一产业2.59亿元、第二产业0.77亿元、第三产业0.13亿元、农民人均林业收入达942元，为全县经济社会发展作出积极的贡献，充分发挥林业在经济社会发展中的经济、生态和社会“三大效益”的作用。全年完成核桃新植6万亩、补植补造3万亩；完成油茶种植1万亩；完成更新造林6万亩，完成抚育面积1万亩，完成义务植树160余万株。完成特色经济林种植4 200亩、补植补造2 500亩、种植薪炭林2 000亩、技术培训1 000余人(次)，分别占计划的100%。项目涉及7个乡镇，32个村委会，99个造林小班，3 580户农户。退耕还林工程及巩固退耕还林成果项目建设的有效实施，使全县新增有林地面积12万余亩，在已有2万亩八角、1 500亩茶叶、1 900亩橘子林产生经济效益的基础上，每年可实现产值500万余元。

年末，全县完成生猪存栏35.71万头，同比增长1.85%，出栏肉猪44.61万头，同比增长8.53%；大牲畜存栏11.71万头(匹)，同比增长2.32%，出栏肉畜1.91万头(匹)，同比增长14.81%；山羊存栏4 959只，同比增长10.2%，出栏肉羊4339只，同比增长17.24%；家禽存栏1 138.09万只，同比增长0.62%，出栏肉禽174.42万只，同比增长5.61%。肉类总产量3.97万吨，同比增长10.43%，禽蛋产量1 586吨，同比增长6.6%。全县实现畜牧业总产值4.85亿元，同比下降4.72%。实现农民人均畜牧业纯收入675.7元，同比增长6.41%。

年内，全县引进苗种1 410万尾，投放鱼种578万尾，完成渔业养殖面积6 265亩，实现水产品产量2 351吨，比上年1 905吨增长23.4%。其中：池塘养殖面积2 075亩，产量1 475吨；坝塘养鱼240亩，产量121吨；水库养鱼3 600亩，产量256吨；河流养鱼350亩，产量57吨；完成捕捞产量185吨；完成稻田养鱼6 500亩，产量257吨。完成渔业科技示范2 775亩，总产量1 920.4吨。其中：稻鱼工程示范1 002亩，产量81.2吨；冬水田养殖示范5 000亩，产量140吨；池塘精养高产示范544亩，总产鲜鱼462.4吨；名特优水产养殖示范510亩，产鲜鱼307.5吨，鲜虾1.25吨。

**【工　业】** 大力实施“工业强县”战略，出台《关于进一步加快工业经济发展的实施意见》和《马关县发展工业经济考核奖励办法》等政策，工业发展扶持力度不断加大，工业园区和重点工业项目建设取得新突破，全县工业经济总量、质量和效益实现新跨越。2010年，全县完成工业总产值35.1亿元，比上年增长17.3%，实现工业增加值13.7亿元，同比增7.4%。完成锌精矿100 706吨，比上年增3.67%；锡精矿4 182吨，比上年增10.99%；发电量77 494万度，比上年减少21.18%；铜精矿5 932吨，比上年减1.41%；原煤57 717吨，比上年增42.48%。水泥47 431吨，比上年增1.27倍。

**【财政 金融】** 着力巩固和培育财源，加强税收征管，强化财政监督，财政收入持续增长。2010年，完成财政总收入5.3亿元，比上年增长38.8%，其中地方财政一般预算收入完成2.7亿元，增长37.6%。在“保工资、保运转、保稳定”的前提下，调整优化支出结构，加大对“三农”、民生、基础设施及社会事业等重点领域的支持力度，全年地方财政总支出14.3亿元，增长48.9%，为全县经济社会发展提供了坚强的财力保障。

信贷资源配置进一步优化，金融存贷款再创存贷历史新高，金融机构各项存、贷款余额分别达40.4亿元、23亿元，分别比年初增长38.3%、0.9%。完成全社会消费品零售总额14.7亿元，比上年增长20.6%。

**【基础设施建设】** 树立大项目促进大发展的理念，以突破“瓶颈”制约为目标，切实加大投入力度，一批事关全县经济社会发展全局的水、电、路等基础设施建设项目相继开工或建成。2010年，达号水库建设进度加快，马洒水库开工建设，完成农田水利建设投资8 379.82万元，其中基建工程完成投资4 092.1万元，小农水完成投资4 287.72万元。组织群众投入15.6万个工日，建成小型农田水利工程2 081件，治理水土流失面积20.1平方千米，库塘蓄水达1 969万立方米，新增灌溉面积0.51万亩，新增节水灌溉面积0.28万亩，改善灌溉面积1.25万亩，解决改善24 139人1.85万头大牲畜的饮水安全问题。全县电力装机容量增加到26.4万千瓦；电力城网、农网改造扎实有效，农村同网同价覆盖率达73.0%。

年内，实施公路建设项目34个411.06千米，完成投资9 193.4万元。全年全县纳入统计的公路总里程达2 450千米，比“十一五”末增加897千米，公路路网密度达92千米/百平方千米。其中：国道11千米、省道78千米、县道627.7千米、专用道18千米、乡道533.3千米、村道1 182千米；三级及以上公路52千米，四级公路869千米，等外公路1 529千米，等级公路率为37.6%。全县13个乡镇，全部修通沥青路面，通畅率达100%；124个建制村，已实现100%通达；1 542个自然村，已有1 471个修通公路，尚余71个未通公路，自然村通公路率为95.39%。

**【信息化建设】** 全年邮政业务总量908.05万元、年底固定电话机总数3.1万部，移动电话用户13.9万户，电话普及率46部/百人。互联网用户8 248户，比上年新增1 610户。广播、电视人口覆盖率分别达98.2%和95.0%。

**【城乡建设】** 至年底，全县城镇规划区面积达191.8平方千米，其中县城182平方千米；城镇建成区面积达14.106平方千米，其中县城5.71平方千米；城镇绿化面积达52万平方米，其中县城36万平方米；城镇街道面积增加到97.41万平

方米，其中县城66.4万平方米；城镇市政道路增加到54.41千米，其中县城25.9千米；城镇居住人口为11.997万人，其中县城4.69万人；县城日供水能力达8 000立方米，居民用水普及率达100%；县城人均住房面积达29.45平方米；县城绿化率、道路亮化率分别为35.0%、98.0%；全县城镇化水平达32.0%。

**【扶贫开发】** 年内，全县投入各类扶贫资金13 359.98万元，其中：国家补助资金3 446.86万元，部门整合952.57万元，上海帮扶资金950万元，其他资金187万元（互助金、贴息资金、劳动力转移培训资金），信贷资金330万元，群众自筹7 493.55万元，完成整村推进新农村建设95个（其中：2009年度边境县整村推进项目45个、上海对口帮扶援建小坝子镇整村推进项目10个，2010年度边境县整村推进项目30个、上海对口帮扶援建金厂镇整村推进项目10个），完成易地扶贫项目3个。安居房建设、小额信贷、劳务输出、扶贫贴息、产业化扶贫、互助资金试点等其他各项工作顺利推进。

**【教育科技】** 2010年，全县有各级各类学校193所，其中：教师进修学校1所，职业高级中学2所，普通中学21所，小学159所，幼儿园10所；有在校学生58 520人，其中：高中生6 111人、初中生13 075人、小学生29 454人、在园（班）幼儿9 880人；有教职工4 114人，其中，在职在编3 861人。全县3～6周岁幼儿入园（班）率为55.27%，小学适龄儿童入学率为99.89%，辍学率为0.08%；初中阶段在校生毛入学率为101.86%，辍学率为2.07%。全县有1 009名考生报名参加高考，其中，文史486人，理工483人，三校生40人。参加普通高考人数为969人，上线858人，比上年增加88人；上线率达88.55%，比上年提高18.55个百分点。其中，本科上线253人，上线率26.11%，专科上线605人，上线率62.44%。三校生报考人数为40人，上线12人，上线率30.0%，比上年提高了1.87个百分点。有1 795名考生报名参加中考，实际参加考试1 638人。实考600分以上的考生169人，占10.32%，比上年增加了44人，提高1.47个百分点；实考500分至599分的考生615人，占37.55%，比上年增加74人。2010年提高公用经费补助标准，小学年生均400元，初中年生均600元，全年共收到中央、省和县下拨公用经费2 015.62万元，为小学生29 328人、初中生12 530人免除杂费。提高中小学贫困寄宿生生活补助费标准，小学年生均750元，初中年生均1000元，划拨学校贫困学生生活补助费2 956.58万元，补助贫困小学生26 927人，初中生12 285人。划拨资金423.44万元为29 274名小学生，12 339名初中生免教科书费。按生均750元的标准下达中职学生生活补助费406.45万元，补助学生2 896人（次）。全年启动实施校舍安全工程31校，排除危房21 149平方米，新建校舍面积25 387平方米，总投资3 271万元，其中上级校安工程专项资金1 500万元。

结合科技三下乡、科技活动周、科普宣传日等活动，在全县开展室内和室外科技培训728期，培训农村劳动力51 230人（次），其中：种植业431期3.07万人（次），养殖业294期2.03万人（次），非劳动技能培训（农民工培训）3期230人（次），受益群众8.12万人（次）。培养农业科技示范户210户。发放科技培训教材5 000余册，科技培训宣传资料3 000余份。

**【文化卫生体育】** 全县有县级专业艺术表演团体2个，全县13个乡镇及城区有346支农村业余文艺队开展各种节日文艺活动，全年利用农村书屋、村委会场地等开展内容丰富、形式多样的业余文艺演出、民族节日活动、体育竞赛300余场（次）。有县级图书馆1个，现有馆藏图书48 823册（其中：外借室22 902册，少儿室3 368册，资料室11 168册，下架图书11 385册，报废图书182册）。有文化（新闻出版）市场经营户144户（截至2010年11月20日），其中网吧20户，卡拉歌舞厅22户、电子游戏厅46户，出版物7户、音像制品经营户30户、打字复印店19户（4户暂停营业）。全年开展送戏下乡21场，观众达2.2万人（次）、灯光、音响服务62次，各种礼仪服务66次；送书下乡20次，流通图书0.6万册（次），接待读者0.8万人次；组织上映了爱国主义教育电影20场，完成农村电影放映任务1448场，其中科教片615场，数字电影放映132场，观看人数达30万人（次）。

全县有乡级以上医疗卫生单位22个，其中：县级有卫生局卫生监督所、县医院、县中医院、县疾控中心、县妇幼保健院和县皮肤病防治站6个单位。乡镇有15个卫生院和马白预防保健所。卫生系统有干部职工730人，其中：卫生技术人员630人。2010年，全县参加新型农村合作医疗302 703人，其中民政和计生部门代缴80 556人，自筹222 147人，参合率92.58%，比上年提高1.09个百分点；2010年全县参合群众就诊51.05万人（次），新农合补偿报销4 656.87万元。全年报告乙、丙类传染病17种638例，死亡46例，发病率173.98/10万，无甲类传染病和纳入甲类管理的传染病发生开展了接种率调查，小年龄组接种率为：卡介苗100%、脊灰疫苗100%、百白破制剂100%、麻疹疫苗100%、乙肝疫苗100%、乙脑疫苗94.4%、流脑疫苗94.4%；大年龄组接种率为：卡介苗100%、脊灰疫苗75.0%、百白破制剂100%、麻疹疫苗100%，百白破复种率为92.17、麻疹疫苗复种率为93.09%、乙肝疫苗95.8%，流脑A+C疫苗20.8%，甲肝疫苗12.5%。报告疟疾疫情29例，与上年同期24例相比，上升20.83%，发病率为0.79/10万。血检12 747人（次），查出疟原虫阳性9例，阳性率为0.07%。对两年内疟史及疑似疟史病人1 559人进行根治，共治疗1 559人，服足疗程1 559人，服足率为100%。假定性治疗939人。年内实施的卫生项目有县医院整体搬迁建设项目，项目建筑面积35 846平方米，项目总投资8 420万元（其中：申请中央预算内资金2 100万元；申请省级配套1 280万元；申请县人民政府给予配套550万元；向银行申请贷款1 870万元；利用单位现有资产置换价值2 000万元；县医院自筹620万元）。该项目于8月1日开工建设，已经完成住院楼工程桩基础施工，正在进行地圈梁施工，；完成医技楼工程桩基础钢筋混凝土浇注；完成门诊楼工程人工挖孔桩。截至年底，累计完成投资2 500万元。

年内，全县相继有政府办、建设局、国税局、公安局、财政局、锌铟公司、都龙镇、木厂镇、八寨镇、仁和镇、夹寒箐镇等部门、乡镇开展了全民健身活动。为切实做好"全民健身日"活动，迎接云南省第十三届运动会在文山召开和全民健身日的到来，于7月22日至8月8日由县委宣传部、文明办主办，县体育局、教育局、总工会、文化局、共青团、妇联承办的首届省、州级文明单位职工运动会。运动会有36个单位33支代表队参赛，设比赛项目14个(其中，团体项目4个、个人项目10个)。省运会圆满结束后，10月18~24日，积极协助马关县林业局成功举办了马关县林业系统职工篮球运动会，共有局机关、森林公安、金城林场、古林箐林场等9个男队，5个女队参加。

【人民生活】 全年，马关县城镇居民人均可支配收入达14 757元，农民人均纯收入3 005元。城乡居民储蓄存款达246 457万元，比年初增长29.22%，人均存款6 645元，同比增长27.8%。全县职工年平均工资29 296元；商品零售价格指数103.6%、城镇居民消费价格指数103.7%。全年全县新增就业岗位1 528个；下岗失业人员实现再就业321人；就业困难人员再就业227人，城镇登记失业人数498人；城镇登记失业率为4.1%；有536位下岗失业人员享受社会保险补贴95.39万元；发放小额担保贷款142笔710万元；发放鼓励创业"贷免扶补"贷款168笔840万元；117位下岗失业人员享受岗位补贴69.97万元。年内，全县参加养老保险单位117户(各类性质企业116户、个体工商户1户)，参保人数8 935人(在职参保职工7 410人)。参加企业职工工伤保险155户6 869人。参加企业职工生育保险59户3 894人，扩面新增生育保险11户406人。年内，全县新农保应参保农民222 853人，已参保200 835人，参保率90.12%；收缴保费1 731.93万元；发放基础养老金人数38 456人，发放金额633.94万元。年内，全县有302户18 173人参加基本医疗保险和大病补充医疗保险。基本医疗保险基金收入2 504万元；支出2 439万元。大病收入76万元，支出107万元。特殊人员(离休、伤残)医疗费收入246万元，其中财政拨入240万元；支出256万元。全县有15 501人参加城镇居民基本医疗保险，征收城镇居民基本医疗保险费274万元，支付7 184人次医疗保险待遇279万元。参加失业保险5 219人，征收失业保险费190.97万元，审核发放失业保险金105.45万元。年末，全县有城镇低保对象3 703户5 863人，全年累计发放低保金1 057.9万元，城镇低保资金社会化发放率达100%。按照省州关于2010年农村低保扩面工作相关要求，全县扩面指标12 700人，并从3月起按人均月增加10元标准提高农村低保补助，扩面提标后，全县有农村低保对象83 350人，人均月保障标准提高到70元，全年累计发放保障资金6 326.7万元。实施困难救助1 951户7 446人，发放救济资金71.641万元；实施城乡医疗救助117 715人(次)，救助资金1 117.92万元；资助参保7 502人(次)，资助资金37.285万元，资助参合105 973人(次)，资助资金317.379万元；发放58名精减退职老职工补助金10.923万元；发放五保供养对象1 580人保障金143.3万元；按每户每年1 000元标准，对距边境线1千米以内村寨定居群众2 800户发放生产生活补助金280万元。从11月起，在县内23个定点医疗机构设立了特困群众"一站式"医疗救助结算服务平台，有202人得到了"一站式"医疗救助，救助资金14.2万元。全年转移农村劳动力1.62万人，实现劳务经济收入9 496万元。

【领导名录】

县委书记　兰朝明(彝)
副书记　李献文
　谢瑞彪
常委　陈子品
　黄顺昌
　单志友
　蒋生华
　吴广明
　付坤林
　熊廷韦(女，壮)
　蔡　远
人大主任　马朝洪(苗)
副主任　袁崇恩
　蔡治林
　熊天武(苗)
　肖世兰(女)
县长　李献文
常务副县长　陈子品
副县长　黄顺昌
　张基武
　章　杰
　杨恩情(女)
　冯光焰(~10)
政协主席　沈章华(壮)
副主席　李　飞(苗)
　邓小兵
　段顺松
　侯发道(女，彝)
纪委书记　单志友

(资荣华)

## 丘北县

【行政区划人口】 丘北县共辖锦屏、双龙营、曰者3镇和八道哨、腻脚、新店、树皮、舍得、官寨、温浏、天星、平寨

9个乡，99个村民委(社区)1 264个村民小组，县城驻地锦屏镇距州府文山114千米，距省城昆明280千米，全县国土面积4 997平方千米，其中山区面积1 668平方千米，占总面积的33.38%。总人口47.06万人。其中，农业人口43.7万人，占总人口的92.9%，非农人口3.36万人、占总人口的7.2%；少数民族人口29.45万人，占总人口的62.7%；人口密度每平方千米472.1人；人口自然增长率6.7‰，死亡率6.86‰。

【气候特点】 年平均气温18.1，比2009偏高0.6℃，月平均气温最高月出现在5月(23.5℃ )，最低气温出现在12月(11.4℃)；年总日照1 785.4小时；年总降水量858.9毫米，月降水量最多出现在6月，降水量256.1毫米，月降水最少是2月降水量0.9毫米；汛期于5月15日开始，10月17日结束；全年无霜期233天。

【经济综述】 2010年全县完成地区生产总值263 953万元，增长14.5%，其中：第一产业107 476万元、增长7.8 %；第二产业48 374万元、增长28.9%；第三产业108 103万元、增长15.9%；"一二三"产业比例为41 ：18 ：41，人均地区生产总值5 643万元，；全县农业总产值万185 200元、增长幅度12.1%，粮食总产量185 645万吨，增长3.1%；工业总产值117 271万元，增长14.8 %；全社会固定资产投资179 676万元，增长29.1%；全社会消费品零售总额100 093万元，增长率33.1 %。自营外贸出口总额1 000万美元，招商30个项目，引资258 000万元。

【农　业】 2010年丘北县面对历史罕见的低温冰冻和百年不遇的干旱，把"抗大灾、保民生、抓生产、促发展"作为压倒一切的中心工作，采取"小春损失大春补，粮食损失经济作物补、种植业损失畜牧业补、农业损失非农补"的工作措施，投入抗旱资金5 223.9万元，有效弥补灾害带来的损失。落实各项支农惠农政策，累计兑现农业生产补贴、良种补贴等各项资金18 793万元。农业产业结构调整力度加大。2010年完成粮食种植面积89.2万亩，全年粮食产量185 645千千克，产增5 433千千克，人均有粮396千克，农业总产值185 200万元。2010年丘北县被农业部表彰为全国粮食生产先进县。多渠道进行土地整理，实施了马者龙新烟区建设，建立烤烟生产自然灾害风险救助机制，推行家庭农场种植模式，扶持烟叶种植专业大户，2010年收购烟叶28万担、实现烟农收入17 253万元，烟叶税收3 852万元；狠抓科技兴椒措施，组织实施万亩生物多样性规范化种植示范项目，亩均单产明显提高，种植辣椒35万亩，产值70 000万元；蔬菜、葡萄、三七种植发展迅速，粮经比例为59 ：41。推进特色林产业基地建设，全县2010年全县在地红豆杉10.8万亩，核桃27万亩、油茶4.2万亩。抓好生猪、大牲畜养殖基地建设和动物疫病防治、抓畜禽品种改良，扶持发展规模化养殖，畜牧业健康发展。实现畜牧业总产值75 363万元，肉类总产量80 637吨、生猪出栏66万头。累计投入各类扶贫资金37 000万元，建成小康及温饱示范村419个，44个僰人村寨群众生活条件明显改善，雄山革命老区建设和山区综合开发试点有序开展。完成"一事一议"财政奖补项目建设534个，实施农村危旧房改造、地震安居工程5 134户。

【工　业】 做好铝土矿开发项目前期工作，与云南冶金集团文山铝业公司签订铝土矿资源整合、勘探、开发协议，探明铝土矿、钛矿资源达到大型矿床全规模，为建设年产80万吨氧化铝项目创造条件，启动年产4万吨电解锰生产线项目建设。坝达、猴爬岩、等电站建成投产，六郎洞电站技改扩建顺利开展，羊雄山风力发电场开工建设。110千伏乐利变电站建成投入运营，电力装机容量大2.2万千瓦，年发电量5亿千瓦时。筑辰公司石材加工、60万吨水泥磨粉站一期工程等项目建成投产。云泰、太阳魂等一批弄特产品加工和制酒企业逐步发展壮大。加快工业园区基础设施及项目建设，抓好龙头企业的培育扶持，有26户企业入园，有7户企业纳入省级农业产业化龙头企业重点扶持，"太阳魂"、"达平"、"一吃福"、"腻脚"、"啊着底"、"羊雄"6个品牌荣获云南省著名商标，丘北工业园区获得文山州先进工业园区称号，辣椒系列产品加工基地进入全国农产品加工创业基地行列。2010年，实现工业总产值117 271万元，比上年增长14.8%，完成工业增加值28 256万元，按可比价计算比上年增长11.3%。

【财税金融保险】 2010年，财政总收入23 023万元，增长19.5 %，其中地方财政一般预算收入16 298万元，增长23.8%，地方财政一般预算支出16 298万元，增长23.8%。城镇居民人均可支配收入14 049元，增长10.3%；加强金融生态环境建设，优化信贷结构，加大信贷投入，年末金融机构各项存款283 487万元，比上年增长38.3%，各项贷款163 139万元。比上年增长21.5 %；全县发放金穗惠农卡28 631张，授信金额6 336万元；发放以惠农卡为载体的农户小额贷款3 080笔，金额4 621万元；发放"贷免扶补"创业小额贷款392户，金额1 370万元，共完成创业小额担保贷款103户，金额510万元。保险费收入1 631.52万元，支付赔款717.64万元。

【基础设施建设】 抓住国家扩大内需的机遇，把上项目、增投资作为保增长的重要突破口，争取实施了一批基础设施建设，累计完成固定资产投资573 800万元，争取了云桂铁经过丘北并在幸福村设置火车站，已开工建设。普炭一级公路和丘广三级公路建成通车。景区快速通道建设；深化"路、站、运、管、安一体化"工作；完成"畅通工程"170千米、"通达工程"864千米；城乡运力资源不断优化，98个行政村通公路，全县公路里程达2 930千米；完成了石缸坝新城区主要道路，椒莲广场等公共服务设施建设，供水、供电等基础设施进一步完善，天成太和酒店、胜德花园等项目竣工投入使用。

启动小新寨片区开发建设，县医院整体搬迁、公安指挥中心等项目有序推进，实施金色荷塘、普者黑大街路面等老城区改造项目进展顺利；土地利用总体规划、乡(镇)总规修编及村庄规划编制工作有序开展。建成经济适用房、廉租房和棚户区改造2 419套11.3万平方米。解决了8 360人的住房困难。县城生活垃圾处理场、污水处理厂建成投入使用；城乡规划的龙头作用进一步凸现。县委县人民政府高度重视规划工作，调整充实了城镇规划委员会，制定和规范了规委会的议事规则，为做好规划审批和管理工作奠定了坚实的基础。县城总规修编已完成正在报批中，普者黑国家级风景名胜区总规完成部际审查会正待国务院审批。编制完成《丘北县盛业时代广场规划设计方案》、《丘城金界规划设计方案》、《周正大厦规划设计方案》、《丘北县火车站片区控制性详细规划(含概念性规划)》、《清水河流域控制性详细规划》、《丘北普者黑中学园区控制性详细规划》等详细规划。委托文山州规划院开展对全县11个乡镇规划修编工作，2010年完成双龙营、腻脚、八道哨、曰者、温浏、平寨等6个乡镇，完成村庄规划165个，占任务100%。同时，切实加大规划实施和监督管理工作，规划在城乡建设管理工作中起到明显的调控作用。

兴建各类水利工程1.3万件，新增灌溉面积3.3万亩，改善灌溉面积18.4万亩，治理水土流失面积186平方千米，水利化程度达到43.0%。实施中低产田地改造26.2万亩，完成了树皮树木架革、长塘子等6个土地整理项目和普者黑水沟坝、马者龙现代烟草农业项目建设。干龙潭、增产水库除险加固工程竣工投入使用，大型灌区续建配套和“珠治”水土保持综合项目稳步实施。

**【旅游业】** 抓住全省旅游“二次创业”和普 公路建设的机遇，将旅游产业发展与加快推进城镇化进程有机结合，多方筹集资金2亿元打造十里长廊，使县城和景区融为一体，扩大景区规模，拓展发展空间。积极做好普者黑国家风景名胜区总体规划编制报批工作，坚持保护与开发并重，旅游产业取得新突破。积极配合做好《普真黑旅游休闲度假基地暨旅游循环经济试验区总体规划策划》和《普者黑旅游休闲度假基地部分片区修建性详细规划》编制工作。深入开展“七彩云南保护行动”，积极推进普者黑湖滨带治理等旅游循环经济试点项目建设。组织实施了普者黑生态旅游基础设施、景区绿化靓化等工程，修缮了部分码头、游路、桥梁，景区基础设施逐步完善。加大旅游宣传促销力度，举办“万人抹花脸”狂欢活动并创造了吉尼斯世界纪录，普者黑景区晋升为国家AAAA级旅游区。摆龙湖被国家水利部命名为国家级水利风景区。普者黑被列为云南省9大康体休闲度假基地之一，普者黑知名度进一步提高，国内外游客不断增多。2010年共接待游客116.7万人(次)、增长幅度9.7%，实现旅游综合收入49 000万元，年均增长34.9%，实现旅游直接收入2 622万元，年均增长22.9%。

**【信息化建设】** 加强农村信息网络建设，实现乡村基础信息上网，发布和“乡乡有网络，村村有网页”。全县邮政总量793万元，固定电话16 387部、移动电话156 320部，

**【新农村建设】** 全年共完成各类扶贫项目总投资11 362万元，其中：各类扶贫专项补助资金4 246万元、部门整合资金1 991万元、劳物折资5 125万元。共解决2.59万贫困人口的温饱和增收问题。

实施整村推进新农村建设130个村(组)，其中：省级重点扶持村88个村(组)、上海援建“白玉兰”扶贫重点村9个村(组)、易地扶贫搬迁7个村(组)、僰人扶持发展项目11个村(组)、社会主义新农村省级重点建设村14个村(组)、革命老区扶贫开发项目1个村(组)。2010年省、州下达丘北县小额信贷扶贫资金4 700万元，共发放小额信贷扶贫资金4 706.66万元，项目覆盖11个乡(镇)273个村小组，受益农户5 128户21 537人，共收回到逾期贷款2 907.05万元。2010年劳务输出任务是示范基地培训700人，引导性转移培训3 000人。完成示范基地培训700人；引导性转移培训3 000人，其中：省内1 720人、省外1 280人。

**【教育科技】** 丘北县把“两基”巩固提高与争先创优活动及创建省级文明城市相结合，举全县之力，攻坚克难，奋力拼搏，强势推进“两基”巩固提高工作。成立了以县委书记任组长，县长和分管副县长任副组长，县直相关部门负责人为成员的“两基”迎国检工作领导小组，制定下发“两基”工作实施方案及相关文件。建立县四班领导及县级部门领导联系教育工作机制，实行县处级领导分片联系，县级单位挂钩乡镇抓“两基”工作责任制，形成主要领导亲自抓、分管领导具体抓，层层负责抓落实的工作机制，为工作推进奠定坚实的组织保障。稳步推进“两基”巩固提高工作。2010年4月8日，县委、县人民政府召开了2010年教育重点工作会议，8月30日，县委、县人民政府再次召开“两基”迎国检推进大会，县委书记余波作了重要讲话，县长李华富向全县发出了“两基”攻坚的动员令，要求大家发扬艰苦奋斗、顽强拼搏的精神，倾全县之功力、举全民之智慧、集八方之财源，拼搏攻坚，确保在2010年11月前全面完成“两基”攻坚任务，把“党以重教为先、政以兴教为本、民以支教为荣、师以从教为乐”的口号庄重地落实在具体的行动上。营造“两基”工作氛围，县委宣传部、广电局积极开辟“两基”专栏，播放专题片、电视讲话等，广泛宣传“两基”工作动态、典型事例、法律法规等，使“两基”工作家喻户晓，深入人心。共书写永久性宣传标语1500条，丘北电视台曾先后6次播报“两基”工作开展情况，全县出刊各种板报墙报500余期，编发“两基”工作简报及教育信息40余期。通过努力，11月23日普及实验教学工作顺利通过省州检查验收，11月30日“两基”工作代表省人民政府接受国家教育督导团的检查验收，教育部副部长陈小娅给予了高度评价。全年教育项目工程建设预计投资14 157.7万元，完成投资9 664.9万元(国家投资8 273.9万元、自筹及其它1 390.9万元)，项目受益地区群众投工投劳10万

个工日，折款150多万元，其中用于投资校舍建设经费8 019.5万元，新建校舍89 575平方米，用于附属设施建设经费1 645.3万元，极大地改善了农村中小学办学条件。

全县有各级各类学校337所，其中，进修学校1所、高级中学1所、完全中学1所、高级职业中学2所、初级中学15所、民生职业技术学校1所、普通小学302所(完小169所、教学点133个)，幼儿园15所。全县有教职员工6 170人，其中：小学教师3 855人、普通中学教师1 814人(普通高中356人)、职业高中教师222人、进修学校教师13人、幼儿园教师266人。全县有在校生102148人，其中：小学57 278人、普通中学26 261人、高中9 525名(职业高中4 616人)、幼儿园9 084人。全县中小学入学情况，有适龄儿童49 612人，入学49 204人，小学入学率99.18%，有适龄少年26 187人，初中在校生26 261人，初中毛入学率100.28%。中小学巩固情况：小学辍学率0.67%，初中辍学率2.58%。有小学校舍27.6万平方米，小学生均占地4.82平方米，初级中学校舍15万平方米，中学生均占地5.71平方米。全县普通高等学校招生考试报名1 129人，上线1 039人(重点40人、二本246人、三本155人、专科598人)，上线率92.02%；三校生报名参加考试323人，比上年增加36人，上线266人，上线率82.4%。

全年共征集储备上报科技计划项目8项，共获得科技计划项目扶持资金70万元。其中：丘北县云泰公司申报的《丘北县蔬菜速冻技术研究及产品开发》(非公经济项目)获得项目资金30万元，丘北县普者黑牧业公司申报的《生猪副产品综合研究与产品开发》(技术创新及产业化项目)获得项目资金40万元。

开展各种农村实用技术培训1 085期82 860人(次)，受训群众能够掌握1~2项农村科技实用技术，科技应用水平得到进一步提高。其中：农函大培训372期18 352人(次)；辣椒育苗和大田移栽种植技术培训120期13 600人(次)；烤烟育苗和大田移栽种植技术培训110期11 900人(次)；畜牧养殖培训250期16 800人(次)；核桃育苗和移栽种植技术培训135期11 150人(次)，油茶种植技术培训142期10 900人(次)。农村科普带头人科技培训6期158人。

**【文化广电】** 加大文化基础设施建设，实施了8个乡镇综合文化和22个村级农家书屋。共组织组织送戏下乡56余场(次)，累计观众达12万余人(次)，送书下乡34 520册，实施农村电影放映"2131工程"，送电影下乡912余场(次)，累计观众达23余万人(次)。组建了6个农村电影流动放映队，每队负责2个乡镇流动放映工作。有效缓解了广大群众看戏难、看书难、看电影难的问题；文辅人员累计下乡辅导300余天(次)，为城乡文艺队编创辅导了《欢天喜地》、《和谐中国》、《青青茉莉花》等30余个的文艺节目。在普者黑景区协助组建并辅导培训了一支70余人的彝族弦子队，免费为游客表演。充分利用县图书馆藏书资源，精选各类科普知识，汇编成《致富信息》4期，印发各乡镇。同时积极创新服务方式，建设图书流通点。在原有5个图书流通点的基础上，新增了交警大队图书流通点，坚持为每个图书流通点更换书刊，共流通书刊2000余册，并派出业务人员对各图书流通点进行业务指导和培训，规范各流通点的管理，使广大群众能就近就地阅读书籍，获取知识。组织县文化馆工作人员多次联合县妇联、团县委、县旅游局、老年大学、彝学会、壮学会、敬老院等单位，开展了书画摄影展、文艺演出等丰富多彩的群众文化活动。乡镇文化活动活跃。各乡镇在春节、"三八妇女节"、壮族"三月三"、"五四青年节"、"六一儿童节"等节庆日均组织开展形式多样的文化活动。文化活动形式包括：文艺演出、文艺调演、山歌比赛、书画展览、篮球比赛、游园活动等。围绕县委、人民政府的中心工作，结合各重大节庆日，精心策划各种文艺演出活动。包括开幕式文艺表演、社区文艺汇演、书画摄影展、广场电影放映活动等。开幕式文艺表演新编创了戏剧小品《朱大婶请财神》、独唱《为祖国干杯》、舞蹈《飞向春天》等优秀文艺节目；社区文艺汇演节目形式多样，有戏曲、小品、武术、器乐、歌舞等，共20余支文艺队700余名演员参加了汇演；书画摄影展展出摄影作品22件，书画作品68件，观众1 000余人(次)；放映了《拳王》、《警察传奇》、《夺标》等优秀国产故事片，并在映前播放了2009年花脸节"千人跳弦子，万人抹花脸"现场录像，让广大群众沉浸在成功申报世界吉尼斯记录的喜悦之中。积极组织开展了春节送戏下乡演出活动，深入到双龙营、平寨、树皮马恒等地进行演出，共演出3场，观众近万人(次)。联合县民宗局精选了民族特色浓郁的《跳牛头》(壮族)、《打扁担》(壮族)、《抢姑娘》(彝族)、《过天梯》(苗族)、《僰人乐》(彝族)和民族大联欢节目《绕山欢歌》(白族)参加全州第八届少数民族运动会表演项目，并取得了2金、1银、2铜的优越成绩。同时丘北县民族大联欢节目《绕山欢歌》，充分展现丘北白族独有的风情和魅力，受到组委会和社会各界人士的好评。积极响应县委、人民政府"抗大旱，保民生，保稳定，促春耕"的号召，积极组织县花灯剧团精心编创了一组以抗旱救灾为主题的专题文艺节目，深入全县各乡镇进行慰问演出。同时积极组织县文化馆文辅人员精心编排文艺节目，深入官寨乡各村民委、舍得落母村进行为期7天的演出。演出活动得到各级领导和广大群众的赞扬，取得良好的效果。按照省十三届运动会州筹委会和县委、人民政府的安排部署，积极协调各有关部门，组织抽调男女演员各200名，出色地完成开幕式文艺表演第3场《山之韵》"彝族大三弦舞"表演任务。为做好"两基"宣传工作，组织编创了"两基"工作主题迎宾晚会，宣传展示"两基"工作取得的成绩。新编排的音乐快板《两基颂》等节目得到中央教育督导团和各级领导的肯定和好评。为强化广大干部群众对国土资源相关法律法规的认识，县国土资源部门开展"双百"(争取在全县放映100场电影，演100场戏，简称"双百")宣传活动。以群众喜闻乐见的电影和文艺演出形式，把国土资源法律法规送到农村、社区、矿山、企业、广大干部群众心中。11月"双百"宣传活动文艺节目全部编排完成，深入全县各乡镇巡回演出。

3月23日启动实施第二批直播卫星村村通，丘北县提前三个月超额完成省级配套的4884套和自行采购的761套直播卫星村村通工程建设任务。全年共计完成5 645套直播卫星村村通建设任务，涉及12个乡镇57个村民委160个自然村(组)，惠及5 645户28 225人。通过实施直播卫星村村通工程，丘北县广播电视综合覆盖率分别达到92.0%和93.0%。

**【卫生体育】** 全县共有医疗卫生机构20个、病床761张；有专业卫生技术人员760人(执业医师326人)。新型农村合作医疗参合人数419 998人参合率96.76 %。完成曰者、清水江、腻脚中心卫生院建设，配套12个乡(镇)及清水江卫生院、个村卫生室医疗设备。县医院整体搬迁工作有序开展。

加强麻风病防治工作，还专题召开消除麻风病防治工作会议，安排布置工作，并组织专业人员对12个乡镇进行督导。2010年全县共发现13例麻风病病例，均给予联合化疗，规则服药率达100%。

艾滋病防治工作。全县新发现感染者70例，CD4检测63人，CD4检测率为90.0%。组织人员上街开展宣传，发放宣传资料11 747份，受益人口达33 169人，开展入户宣传23 457户。开展电视宣传460次，广播宣传14次，受益人口达80 000人(次)。开展艾滋病监测检测10 169人，其中自愿检测782人，占任务数600人的130.33%，检出阳性36人；美沙酮门诊治疗人员HIV抗体检测56人，检出阳性2人；结核病病人HIV抗体检测329人，检出阳性3人(原阳1人)。羁押人员HIV抗体检测107人，检出阳性3人(原阳性)。开展孕产妇检测6 734人，占任务数6 500人的103.6%，开展婚姻登记检测2 192人，占任务数1 600人的137%，查出阳性8人。发放安全套48 402只，其中，星级宾馆摆放10 526只，使用3 685只，娱乐场所摆放640只，使用60只，育龄人群发放73 020只。在外展服务中，为吸毒人员发放安全套3 965只，感染者及病人家庭发放2 900只，女性性工作者发放63 145只。积极开展行为干预工作，共发放清洁针具38 024具、回收34 103具，回收率为89.69%，覆盖注射吸毒人员283人。暗娼人群性病、艾滋病知识培训班3期，共培训性服务人员76人，培训合格76人，培训合格率为100%。美沙酮社区维持治疗门诊为接受治疗者提供有效的维持治疗和健康教育，累计入组人数204人，维持治疗人员101人，脱失85人。开展抗病毒治疗工作，截至12月底共累计175人入组治疗，正在治疗130人，完成任务数的108.33%。累计中医药治疗128人，在治疗110人，完成任务数的137.5%。

年内，出动卫生监督员667人(次)，共监督检查食品、公共场所、学校、饮用水、放射、职业卫生674户(家)次。警告餐饮经营户85户(次)，责令限期整改45户(次)，发放餐饮服务许可证244份；公共场所及饮用水卫生监督，警告43户(次)，发放《公共场所卫生许可证》233份，督促从业人员健康体检2 753人，对城区生活饮用水五项反指标监测110件，合格63件，合格率57.3%。医疗卫生监督，换发《医疗机构执业许可证》122份，办理护士执业注册53人，医师资格证25人，医师执业注册48人，医疗执业证755人，发放《乡村医生执业证书》227本，《母婴保健技术考核合格证》66本。查获无证镶牙摊点12摊，非法行医2摊，均当场取缔。查12家乡镇卫生院放射诊疗许可证，有19名放射专兼职工作人员。共有419 998人参加新型农村合作医疗，应筹集参合基金总额为5 879.97万元。参合率达96.76%。开展新农合业务培训18次674人；累计检查督导366个(次)定点医疗机构；每月对新农合运行情况进行1次综合分析，共有838 850人(次)享受新型农村合作医疗补偿，占参合农民总数的199.73%，补偿金额为5 510.17万元，占年度统筹基金的93.71%。2011年度新型农村合作医疗筹集参合资金1 279.75万元，参合人数为426 584人，参合率达97.61%。

全县举办县级比赛18次参赛人数近7.3万人(次)，开展各种形式的体育交流15次，单项体协举办各种培训班23次，受训人数1 267人(次)，全县经常性参加体育锻炼的38.0%，全年完成体育彩票销售220万元，即开型体育彩票210万元。

年内共组织举办了18次大中型群众性体育活动(其中：全县活动6次、承办或指导组队参加级比赛5次、指导和协助乡村开展比赛、活动6次)。活动项目有篮球、足球、乒乓球、门球等现代体育，也有摔跤、动物角斗、踩花山、象棋、拔河、划船等民族民间传统体育。参加人员结构上有老、中、青、少年儿童年龄层次，有少数民族、残疾人等不同群体，把全县全民健身推向高潮。

全县参加体育健身活动的人数达194 650人(次)。体育人口比例达41.6%。通过组织和举办各类形式多样，健康向上的群众性体育活动，极大地丰富了城乡人民群众的文体活动，提高了全县各民族的健康体质和健身意识。全县学校共开展各类运动会238次，参赛人数为11 456人(次)。学校执行《学生体育健康标准》的学校数占100%，合格率为95.0%。“元旦”期间城区举行5千米长走、拔河等活动，乡镇有篮球、中国橡棋、乒乓球等活动，参加人数达10 000余人(次)；“春节”期间，城区举行“通信杯”足球赛、“三人制”篮球赛、乒乓球赛、气排球赛；乡镇及行政村开展了篮球、花山节等体育活动；组队参加全州体育系统第五届运动会，向上级体育部门培养输送后备人才80人。并于2月27日至3月5日，组织参加全省摔跤调赛，丘北县运动队荣获男子摔跤季军，女队获第四名的好成绩。

**【人民生活】** 2010年累计有城市低保户37 015户(次)67 065人(次)，共支出保障金1 012.8万元；有农村低保对象21 785户29 414人，月发放保障资金171.08万元，共发放保障金1 965.49万元。有五保对象1 030户1 205人(其中：集中供养8户8人、分散供养1 022户1 202人)，共支出五保供养经费149.48万元。有五、六十年代精减退职职工176人，累计发放精减退职费27.53万元。发放特困医疗救助资金472.845万元占上级划拨资金总数的514.91万元(农村特困医疗救助442.66万元、城市医疗救助72.25万元)的91.83%(其中：救助农村特困医疗对象1 830人发放救助资金335.59万元；

救助城市特困医疗对象319人发放救助资金65.98万元；支付58.69万元为29 346个农村五保户、农村低保对象交纳农村合作医疗款；支付12.585万元为2 891个城市低保对象交纳农村合作医疗款），剩余的42.07万元已于12月底全部发放完毕。2010年县级配套农村低保资金368万元、城市低保资金150万元、农村和城市医疗救助资金各配套5万元。

全县12个乡(镇)99个村民委(社区)1 263个自然村不同程度遭受干旱灾害，导致23.05万人10.81万头大牲畜饮水困难，缺粮人口83 557人。全县有8个乡镇21村民委53村出现了不同程度的风雹、洪涝灾，共造成5 241人受灾，因灾受伤4人；造成民房倒塌21间，损坏1 445间，紧急转移安置88人。灾害共造成直接经济损失3.29亿元，农业经济损失1.11亿元。另外，全县发生火灾42起涉及到全县12个乡镇172户487人，烧毁房屋424间，造成直接经济损失288.7万元。全县成立民政救助应急分队、实施流动民政以来共为受灾群众、弱势群体送粮140吨、饮用水1000余吨、各类补助资金2 000余万元惠及10万余人。全年全县共回供粮食240吨，下拨抗旱救灾资金1 373.27万元，发放救济棉被2 404床、全新救济衣服1 311套(件)、救灾帐篷46顶。接收并发放矿泉水13 530件、桶装矿泉水1 000桶、饮料1 388件、抗旱救灾运水车1辆；多方采购并发放抗旱救灾物资。下达48.5万元资金解决251户1 165人753间民房恢复重建。目前，救灾仓库有库存物资救灾帐篷170顶、救灾棉被2 713床、全新衣服1 876件(套)、应急照明电筒100支、大衣592件、钢板床50张、发电机2台；与粮食部门采购储备粮食318.6吨。在2010年的抗旱救灾工作中，全县12个乡(镇)99个村民委(社区)1 263个自然村不同程度遭受干旱灾害，导致23.05万人10.81万头大牲畜饮水困难，缺粮人口83 557人。

2010年劳务输出任务是示范基地培训700人，引导性转移培训3 000人。完成示范基地培训700人；引导性转移培训3 000人，其中：省内1 720人、省外1 280人。

**【领导名录】**

县委书记　余　波(壮)
副书记　李华富
　陆　勇(壮，~10)
　秦文波(10~)
　武友德(3~)
常委　赵廷跃
　吴桂友
　王　毅(女)
　罗涌铭
　朱法飞
　龚　卿(彝)
　黄国洲
　农光怀(壮)
人大主任　朱建春
副主任　王丽波(女，~11)
　黄安恒
　吴家任
　马文华(苗)
县长　李华富
常务副县长　王　毅(女)
副县长　龚　卿(彝)
　程　军
　白光福
　李　春
　张　帅(壮)
政协主席　戚守存
副主席　黄家和
　尹少云
　杨海华(彝)
　陈　利(女)
纪委书记　农光怀(壮)

（杨绍平）

# 广南县

**【行政区划人口】** 2010年，全县辖7个镇、11个乡、167个村民委员会、7个社区、3 209个村小组(队)。总人口779 520人(非农业人口41 971、农业人口737 549。少数民族人口484 018，妇女371 050人)，人口出生率13.65‰、死亡率6.94‰，人口自然增长率6.71‰。

**【气候特点】** 年平均气温18.4℃、比历年平均值偏高1.7℃，实属特高年份。月平均最高气温24.3℃，最低月平均气温10.8℃，日极端最高气温37.6℃(6月5日)、最低气温-0.3℃(12月17日)。年日照总时数1280小时，平均日照时数3.5小时，年总降水量920.5毫米，平均无霜期60天。

**【天气灾害】** 2009年8月至2010年3月气温持续偏高，降水持续偏少，总降水量158.4毫米，比历年同期减少316.6毫米(67%)。高温少雨干旱异常气候灾害持续时间长，影响程度深、范围广、损失严重，在历史上属罕见。截至4月26日，严重的旱灾造成全县农作物受灾面积96.9万亩，占已播种面积91.0%以上，其中成灾68.3万亩、绝收32.7万亩。预计全县小春粮食(夏粮)将因灾减产1705万千克，相当于常年小春总产的42.0%以上。全县45.8万人和21.3万头(匹)大牲畜饮水受影响，其中缺水人口34.2万人、牲畜15.5万头(匹)。林地受灾面积479万亩。干旱造成全县直接经济损失5.02亿元，其中林业3.03亿元、农业1.07亿元、水电0.92亿元。7月1~20日，先后12个乡镇27个村委会(社区)65个村小组受洪涝灾，造成783户3 089人不同程度受灾，房屋倒19间，受损116间，受伤4人，紧急转移安置13人。农作物受灾368.8公顷，成灾210.4公顷，绝收48.1公顷，冲毁沟渠750米、公路3 900米，灾害共造成直接经济损失

96.8万元，其中农业经济损失51万元。8月1～20日，先后7个乡镇14个村委会65个村小组受洪涝灾，造成336户1 355人不同程度受灾，房屋倒8间，受损45间，受伤1人，紧急转移安置4人。农作物受灾230.1公顷，成灾53.4公顷，绝收10.6公顷，冲毁公路3 900米，桥梁受损1座，灾害共造成直接经济损失48.9万元。其中农业经济损失24.1万元。9月1～21日，共7个乡镇11个村委会13个村小组遭受洪涝灾，造成153户685人受灾，房屋倒18间受损15间，死亡1人，紧急转移安置14人，农作物受灾38.3公顷，成灾15公顷，绝收13公顷，灾害共造成直接经济损失40.3万元，其中农业经济损失27万元。

【经济综述】 全县全力实施项目带动、工业强县、文化旅游经济、打工经济、通道经济“五大战略”，加快发展茶叶、油茶、核桃、畜牧、矿冶“五大产业”，生产总值完成42.16亿元，比上年增长5.58亿元，增12.0%，其中：第一产业增加值完成16亿元，比上年增0.7亿元，增5.0%；第二产业完成9.52亿元，比上年增2.36亿元，增23.2%；第三产业完成16.63亿元，比上年增2.51亿元，增13.20%，一、二、三产业结构由上年的42：20：38调整为38：23：39。全县农业总产值完成25亿元，比上年增1.67亿元，增7.2%。农村经济总收入22.69亿元，比上年减8.8亿元，下降3.7%。工业总产值17.5亿元，比上年增2.9亿元，增19.8%。狠抓文化旅游产业发展，打造坝美“世外桃园”旅游品牌，旅游基础设施不断完善，坝美国家AAA级景区申报工作有效推进。全年接待海内外游客53.1万人(次)，其中国内52.72万人(次)，海外0.38万人(次)，实现旅游总收入2.8亿元，比上年增长16.6%。全社会固定资产投资完成47亿元，比上年增14.29亿元，增43.7%，其中基本建设项目完成投资41.82亿元，农村非农户及私人建房完成投资4.55亿元，房地产投资完成0.65亿元。全社会消费品零售总额21.96亿元，比上年增3.96亿元，增22.0%。城镇居民人均可支配收入13 805元，增长12.4%。引进项目9个，协议引资20.05亿元，实际到位资金5.69亿元，比上年增12.9%。

【农　业】 落实各项惠农政策，全力以赴抗大旱，保民生、抓春耕、促发展，调整农业产业结构，种植优质八宝米11.1万亩，优质蔬菜20.4万亩，优质辣椒12.6万亩，茶叶33.5万亩，甘蔗5.36万亩，药材1547亩。粮食总产量27 348万吨、人均有粮食331千克。经济作物种植53万亩、粮食作物种植163万亩、豆类作物种植43.49万亩、三七种植1 418亩、烤烟种植7万亩。加强天然林保护和植树造林，植树造林211 660亩，全县森林覆盖率保持在45.0%以上。畜牧业现价总产值102 562万元，比上年增长10.5%。人均畜牧业产值1 317元，比上年增长9.6%。肉类总产量9 169.8万千克，比上年增长25.4%。生猪存栏78.9万头，比上年增长1.9%；出栏100.34万头，比上年增长22.8%。牛存栏35.3万头，比上年增长3.2%；出栏13.1万头，比上年增长17.0%。羊存栏2.7万只，比上年增长9.3%；出栏2.3万只，比上年增长28.5%。大牲畜存栏37.41万头，比上年增长2.6%；出栏13.14万头，比上年增长17.3%。家禽存栏235.5万只，比上年增长1.1%；出栏265.2万只，比上年增长5.1%。水产品总产量4510吨，比上年增长431.2%、产值3 608万元，比上年增长262.5%。

【工　业】 工业经济主要以培育壮大矿业、能源、建材、特色农产品加工为重点产业，全县工业总产值175 261万元，比上年增长19.8%，其中上规模以工业企业完成产值96 771万元，比上年增长30.2%。主要工业企业实现利润有：木利锑业公司5 000万元；电力公司1 200万元；桂冠糖业1 352.5万元；规模以下工业完成产值78 490万元，比上年增长9.0%；主要工业产品产量增长有：三氧化二锑4 522吨，黄金1 288千克，水泥34.1万吨，原煤9 000吨，子接板12.12万立方米，精制茶864吨，供电量50 301万度。全年广南工业计划建设项目96个，实际开工建设79个，到位资金33.39亿元，完成投资33.39亿元。列入重点建设项目30个，已开工建设29个，到位资金24.39亿元，共完成投资27.44亿元。工业园区建设已具雏形，入园企业11户，注册资金2.75亿元。乡镇企业现价总产值195 989万元，比上年增长1.2%。乡镇企业上缴税金3 434万元，比上年增长3.3%。总收入212 044万元，比上年增长1.6%。

【财政金融保险】 全县财政总收入27 465万元，比上年增长5 260万元，增长23.7%，其中地方财政一般预算收入16 168万元，比上年增长2 708万元，增长20.1%；财政总支出161 200万元，比上年增长35 223万元，增长28.0%；年末金融机构各项存款余额466 445万元，比上年增122 768万元，增35.7%；各项贷款余额217 757万元，比上年增20 439万元，增10.4%；保险费收入3 107万元，比上年增长91万元，增3.0%；支付赔款1 137万元，比上年减少903万元，下降44.3%。

【基础设施建设】 全县公路里程4 337.556千米。按行政等级划分，国道234.143千米、省道206.625千米、县道571.66千米、乡道1 044.136千米、村道2 149.85千米、专用公路131.907千米。按技术等级划分：高速公路103.143千米、三级公路350.806千米、四级公路1 274.68千米、等外公路2 608.927千米。客运量52.49万人(次)，客运周转量13 807.5万人千米，货运量200.19万吨，货物周转量281 677.5万吨千米。全年完成各类水利工程8 953件，新增灌溉面积1.03万亩，改造中低产田0.1万亩，建设高稳产农田221 940亩，治理水土流失面积21平方千米。解决农村4.7613万人和0.9523万头大牲畜饮水困难。全县建成发电厂17座，总装机容量18.6万千瓦，村委会、自然村和村小组通电率分别达100%、94.1%和94.9%。

【**信息化建设**】 邮政业务总量1.1亿元、固定电话4.5万户、宽带用户0.6户、手机用户17.5万户。全县有电视广播“村村通”发射台2 628座，直播卫星接收机58 535座，农村27万人受益，广播电视人口覆盖率93.8%。有线电视用户24 385户、有线电视入户率12.8%。

【**城乡建设**】 全县城镇建成区面积15.6平方千米，县城建成区面积7平方千米、城镇人口发展15.6万人，县城人口6.8万人，城镇化率达20.0%，城镇绿化覆盖率43.64%、人均居住面积22平方米。主要建设工程初步形成1个中心集镇(莲城镇)，6个建制镇(八宝、珠琳、珠街、坝美、那洒、南屏)，11个乡集镇(旧莫乡、八达乡、杨柳井乡等)和32个农村集市(贵马、底基、木利等4级县域城镇体系。在城镇建设上实施以县城为中心，八宝、珠琳、珠街、坝美4镇为重点的各项基础设施建设，部分城镇初具规模。其中完成道路、广场等市政基础设施和房地产开发项目即北宁小区、卫生小区、凯鑫小区、宝宁花园、体育文化活动中心、较场路综合贸易市场片区、珠琳农村特色住宅示范小区、珠街集镇新区；民居抗震工程完成加固改造1 400户，拆除重建3 350户，农村危房改造1 800户；完成廉租住房建设项目1 406套7万平方米，发放住房租赁补贴641万元；城镇公共房屋建筑54处；建成城镇私有房屋建筑59.6万平方米。增强城镇聚集功能和辐射能力，加强服务功能，承载能力明显提高，为全县农村剩余劳动力转移提供平台。完成森林公园一期工程建设、莲城西路人行道，董那箐、北宁路(建设局)、南秀路(国土局)红绿灯路口改造、那糯加油站前路口改造及桃源路左侧车行道翻修等市政重点项目；先后完成北宁路、会堂、兵田塘子、马蹄井、森林公园、体育文化中心绿化和铜鼓广场等绿化改造工程，新种植绿化树4 483棵，城区公共绿地面积达297 124平方米，人均公共绿地达4.79平方米；市政重点项目工程，结合节能、美观的原则，设计建造莲城西路、南秀路、北坛路等主街道的路灯改造工程和体育广场灯光照明工程等一批有特色的照明精品工程。积极做好巷道路灯安装工作，结束部分街巷多年来有路无灯的历史，共维修或更换线路3 700多米，修复路灯4 665盏(次)，更换节能灯1 657盏，城区亮灯率达96.0%。县城清扫面积达70万平方米，日平均清运垃圾量70吨，新增设置垃圾坑点9个。为创建省级甲级卫生城市活动创造良好环境，坚持依法治城，坚决依法取缔占道经营摊点，教育或处罚乱停乱放、拆除违规标语、清理规范影响市容的户外广告牌和违章堆放建筑材料及城市“牛皮癣”等，使城区秩序井然，“脏乱差”得到有效整治。城市供水量(含莲湖、市政用水)1 126万吨，售水量955万吨，通过改造总表，新建和修复供水管网、阀门、水泵等，城市供水率达95.0%以上，确保了城市用水安全。全县环境污染治理水平逐年提高，全县工业废水排放达标率为98.56%，工业固体废物综合利用率为81.5%。建成日处理120吨垃圾处理厂和8 000吨污水处理水厂，解决了城镇环境受污染的问题。

【**扶贫开发**】 投入扶贫资金20 395.93万元(财政扶贫资金3 856.5万元)，其中：中央财政扶贫资金2 472.5万元，省级财政扶贫资金1 270万元，州县财政扶贫114万元。部门整合扶贫资金1 170.66万元，信贷扶贫资金8 524.68万元，社会帮扶资金2 040.19万元，群众自筹资金4 925.9万元。建设整村推进扶贫开发项目重点村143个；产业化扶贫项目1个；实施劳动力转移培训8 800人；建成易地开发扶贫安置点4个。省、州、县154个单位和9家社会团体对全县18个乡(镇)、126个村委会进行定点挂钩帮扶。解决4.78万贫困人口脱贫问题，其中绝对贫困人口2.37万人，低收入人口2.41万人；解决4.76万人和2.38万头(匹)大牲畜饮水安全问题。新增外出务工6.9万人，其中有组织输出8 000人，其中省外就业5.98万人，县外就业0.65万人，县内就业0.27万人，实现劳务收入4.2亿元。

【**教育科技**】 全县各类学校发展到413所(高中4所、初中24所、小学308所、幼儿园57所)，专任教师7 543人，在校学生145 309人，学龄儿童入学率99.58%，普通初中入学率102.36%，高考录取率91.62%。免除学杂费4 978名，金额248.9万元。享受国家免费教科书125 824名。寄宿生活补助40 725名，金额2 707.83万元。

实施科技计划项目22项，其中省级科技成果项目2项获奖，即广油3号等5个油茶品种的选育；油茶无性系繁育研究及示范。科技对国民经济、农业和工业增长的贡献率分别达39.0%、46.0%、45.0%。

【**文化卫生体育**】 全县各种艺术表演团体发展到246个(专业1个、演出场(次)42次)、文化馆1个、公共图书馆1个，公共图书馆藏书量8 200册。2010年元旦，开展文化下乡活动，组织文化馆辅导6家单位举办“迎新文艺晚会”，营造喜庆欢乐的新年氛围。2月22～25日，组织全县14个乡镇(社区)25支民间特色文艺队681名各民族民间艺人和文艺爱好者，参演节目35个，开展“广南县2010年春节民族民间特色文艺展演”，开幕式吸引群众2万余人，采取白天、晚上在铜鼓广场和莲湖大门口交替演出，以“民族民间特色文化”为主题，充分展示丰富多彩的民族民间优秀传统文化。5月7日开始实施“广南县广场群众文化活动”，通过在每周星期五、六晚上，由歌舞团负责每月1个周末文艺专场演出和普及民族舞蹈，文化馆负责每月3个周末的社区文艺调演和普及民族舞蹈培训，倡导广大人民群众健康有益的业余文化生活方式，让广大人民群众共享公共文化服务，满足和丰富广大人民群众的精神文化生活需求。8月，广南县担负文山州人民政府承办的云南省第十三届运动会开幕式600人女子“壮族手巾舞”表演任务，展现了广南县独具特色的艺术魅力，成为云南省第十三届运会开幕式文艺演出的精彩亮点，得到省委、省人民政府、州委、州人民政府领导的好评。参加文山州第八届少数民族传统体育运动会表演项目，以广南壮乡独特的民族文化为依托，精心编排民族健身操等表演项目，竞技类表演项目《击鼓抢鼓》获金奖、表演项目《响筒》和《花脸扇》获银奖、《运南瓜》获铜奖、表演项目代表队获“体育道德风尚奖”。以广南壮乡独特的民族文化为依托，继续打造壮族原生态歌手组成《响把组合》，与富宁县“坡雅歌书代表队”组成“文山坡雅组合”，代表云南参加第十四届CCTV全国青歌赛，获团体“铜奖”，同时获原生态组单项比赛“优秀奖”。卫生机构25家、卫生机构床位数1 076张(其中医院床位数565张、卫生院床位数511张)、专业卫生技术人员992人(执业医师229人、执业助理医师128人)、村卫生所147所、卫生员571人。农村卫生厕所普及率38.0%。新型农村合作医疗参合702 615人，参合率96.33%，全年补偿参合群众752 193人(次)，补偿资金7 912.36万元。

8月，在云南省第十三届运动会上，广南县运动员共获金牌10枚、银牌6枚、铜牌8枚，金牌数占文山代表团获取的31.0%，为全州8县金牌榜首。12月4日在新加坡举行的第三届世界青年武术锦标赛上，广南县武术队陆如飞夺得男子太极拳、剑项目的冠军。

【人民生活】 全县城镇居民人均可支配收入13 805元、年末城乡居民储蓄余额244 247万元、城镇居民人均消费性支出8 786元、城镇居民平均住房面积22平方米，农村人口平均住房面积17.18平方米。全县职工年平均工资25 992元，农民人均纯收入2 626元。全县新增就业岗位2 518个，全县城镇实有登记失业人数460人，解决下岗人员重新就业352名，城镇登记失业率3.2‰、基本养老保险参保255户9 005人、失业保险142户6 941人、城镇职工医疗保险339户21 724人，城镇居民医疗保险12 888人，参加农村养老保险2 437人，参加工伤保险265户5 780人，参加生育保险180户4 410人。享受城市最低生活保障9 318人、享受农村最低生活保障73 170人。

【领导名录】

县委书记 任　安
副书记 张如黎
陈世祥
赖晓荣(哈尼，3～)
常　委 刀建英(女，傣)
李贵洪
毕　波(彝)
张芳明
刘东云
宋子宁
余国平(～4)
赵洪路(4～)
任　明
人大主任 王荣昌(壮)
副主任 黄尚荣(壮)
张　祥
李红虹(女)
张　斌
县　长 张如黎
常务副县长 宋子宁
副县长 任　明
杨　凯
许有胜
娄爱华(女)
王成林
杨　炼(11～)
政协主席 赵世翔(彝)
副主席 袁　昕
张　华(女)
陆连波(壮)
朱　玉(女，苗)
纪委书记 刀建英(女，傣)

(元文跃)

# 富宁县

【行政区划人口】 全县辖13个乡(镇)、145个村(居)委员会、2 568个村小组9.09万户40.77万人(其中女19.57万人)，总人口比上年增加5 926人。其中城镇人口10.4万人，乡村人口30.19万人，少数民族人口30.95万人，少数民族人口占总人口的75.9%。年内人口出生率为13.33‰，人口死亡率6.98‰，人口自然增长率为6.35‰。

【气候特点】 年内，平均气温为21.1℃，比上年偏高0.4℃，比历年平均值偏高1.6℃；月平均气温最高月出现在7月，为27.1℃，最低月出现在12月，为13.7℃；年内极端最高气温出现在5月20日，为38.0℃，极端最低气温出现在12月17日，为2.2℃；总日照时数为1 644.5小时，比上年偏多107.8小时，年日照率为37.5%；总降雨量为985.9毫米，比上年偏多222.9毫米，属特少年份；初霜期出现在12月27日，霜期为1天。

【天气灾害】 冬春连旱：2009年12月至2010年2月富宁县境内出现少雨干旱气候，3个月总降雨量仅有37.5毫米，特别是2月仅有0.6毫米的降雨量，从2010年1月4～21日共18天和2010年1月26日～2月28日共34天，出现两次连续无有效降雨时段；3～5月，全县多以平直西风气流控制，西南暖湿气流偏弱，水汽条件欠佳，三个月总降雨量为143.7毫米，比历年同期值224.9毫米偏少81.2毫米，又遇到严重的少雨干旱气候。冬春连旱导致全县13个乡镇、144个村民委、2 726个自然村36.6万人受灾，10.95万人和7.62万头(匹)大牲畜饮水困难，其中严重缺水村寨77个村委会312个村小组8 732户3.98万人。旱灾造成全县小春、甘蔗等农作物受灾38.8万亩，成灾25.7万亩，绝收3.4万亩，造成粮食严重损失1 534.7万千克，经济损失7 607.4万元。大风灾害：4月1日受冷空气南下影响，全县普降小到中雨并伴有大风，风力7级，最大风速17米/秒，造成5个乡镇18个村委会58个村小组受灾，房屋受损318间，吹落瓦片129.5万片；农作物受灾2 433亩，成灾1 060亩；香蕉受灾1 110亩，成灾450亩，造成经济损失418.1万元。冰雹灾害：2010年4月15日晚23时45分至02时受南支槽天气系统影响，出现短时雷雨大风冰雹灾情，县城测站有12.0毫米的中雨天气。新华等11个乡镇75个村委会376个村小组2 086户8 970人受灾，民房倒损110户473人308间，损失瓦片202万片；电视转播设备损坏55台；农作物受灾693亩，成灾213亩；经济林果受灾25亩，直接经济损失150万元，大风吹倒大树压垮民房致轻伤2人。雷电灾害：2010年8月25日受辐合低压天气系统影响，剥隘镇富宁港工程建设筹备处遭受雷电波侵击，造成直接经济损失5万余元。暴雨灾情：2010年7月16～26日，受台风“康森”、热带风暴“灿都”及切变线的影响，县内普降大到暴雨至大暴雨，全县除谷拉乡外，12个乡镇、93个村委会、441个村小组8 690户4.12万人不同程度受灾，房屋墙体倒塌掩埋身亡1人。全县农作物受灾面积4.94万亩，成灾2.51万亩，绝收1.37万亩；房屋倒损330间；剥隘沿那马河上游洪水暴涨，养鱼网箱被冲走或损坏175箱，鱼塘被冲3个，损失鱼苗87.3万余尾成鱼4 375千克；冲毁水沟43条，乡村公路塌方65条60.7千米，水毁路面1 100平方米，13条县乡公路和96条已建和在建的通达工程以及500余条乡村、村村公路不同程度受损，共造成直接经济损失4143万元。

**【经济综述】** 全县实现地区生产总值(GDP)33.71亿元，比上年同期增长11.5%，其中第一产业增加值8.55亿元，增长3.8%；第二产业增加值11.79亿元，增长16.7%；第三产业增加值13.37亿元，增长12.3%。3次产业结构为25.4：35.0：39.6，形成3：2：1的经济发展格局。按常住人口计算，全县人均生产总值(GDP)达到8 47元，比上年增加719元，增长9.4%。非公经济实现增加值16.81亿元，比上年增长11.2%，占全县GDP比重的49.9%。招商引资项目12项，引资额10.12亿元；实际到位资金11.06亿元，比上年增长14.1%。实际利用外资200万美元。实现农林牧业渔业总产值13.89亿元，按现价计算比上年增长6.8%，其中农业总产值6.50亿元，比上年增长4.8%；林业总产值1.35亿元，比上年下降5.1%，新增造林面积28.5万亩。工业总产值22.15亿元，比上年增长18.5%。全年接待海内外游客74.37万人，实现旅游总收入4.95亿元。完成固定资产投资总额37.24亿元，比上年增长29.7%。实现边境贸易进出口总额3.42亿元，比上年增长16.7%。社会消费品零售总额19.92亿元，比上年增长19.5%；农村市场实现零售额7.64亿元，比上年增长16.2%。

**【农　业】** 全年实现粮食产量13.15万吨，比上年增长2.3%；人均有粮333.6千克；水果产量5 914吨，增长2.1%；蔬菜产量7.87万吨，下降3.6%；水产品产量3 362吨，增长1.1倍；生猪存栏36.67万头，比上年增9 630头，增长2.6%，出栏肉猪39.13万头，比上年增5.99万头，增长18.1%；大牲畜存栏28.00万头(匹)，比上年增5 289头(匹)，增长1.9%，出栏肉牛9.21万头，比上年增9137头，增长11.0%；家禽存栏161.75万只，比上年增4.83万只，增长3.1%。实现肉类总产量3.99万吨，比上年增6 089吨，增长18.0%，其中猪肉产量2.29万吨，比上年增5 208吨，增长22.8%；牛肉产量7 739吨，比上年增711吨，增长9.2%。

**【工　业】** 全县完成现价工业总产值22.15亿元，比上年增长18.5%。其中轻工业完成产值4.63亿元，增长20.9%；重工业完成产值17.52亿元，增长17.8%。从规模工业看，规模以上工业完成产值11.01亿元，比上年增长16.9%。全县14家规模以上工业实现增加值5.69亿元，比上年增长15.8%。实现主营业务收入10.47亿元，比上年增长10.8%；实现利润总额3.73亿元，比上年增长21.7%；实现利税总额4.94亿元，比上年增长12.9%；亏损企业5个，亏损总额2 600万元，同比增亏85.7%；发电量完成3.63亿度，比上年下降4.7%；原煤完成135.11万吨，增长11.7%；水泥累计完成3.38亿吨，下降31.2%；铁矿石原矿完成25.16万吨，增长50.4%；黄金完成104千克，下降55.4%；硅锰合金完成2.86万吨，增长11.8%；红砖完成1.92亿块，增长10.3%；血塞通片完成1.78亿片，增长45.9%；人造板完成1.43万立方米，增长0.5%。年内，全县围绕矿冶、电力、生物资源三大行业和12家重点企业整合资源，开展工业结构的战略性调整：(1)矿冶工业。普阳煤矿第五期技改扩建工程开工建设稳步推进；花甲锰粉厂、金源铁合金硅锰合金生产规模初步形成，20万吨还原铁建设全面开展；5万吨高钛渣项目和年处理3 000吨金矿硫化矿项目建成投产；(2)电力工业。谷拉、小寨、黄果树、百达等一批电站建成投产，全县电站装机容量达15.02万千瓦，全县发电量达3.63亿度，比上年3.81亿度减少1 803万度，下降4.7%；实现销售收入2.25亿元，比上年增长30.4%。(3)生物资源。日处理6 000吨甘蔗的富宁永鑫糖厂建成投产，金泰得三七产业、富嘉林产、红森木业等企业，年销售收入达1.87亿元。全县乡镇企业增加值完成8.08亿元，比上年增长17.0%。

**【财政金融保险】** 全年完成财政总收入3.19亿元，比上年增长17.9%，地方一般预算收入1.80亿元，比上年增长19.9%，其中增值税完成3 055万元，比上年增长4.3%，营业税完成6 436万元，比上年下降10.7%，企业所得税完成544万元，比上年增长46.6%。财政总支出14.64亿元，比上年增长33.4%，其中地方财政一般预算支出13.67亿元，比去年增长26.6%；全县金融机构各项存款余额为32.58亿元，比上年增长32.2%。其中企业存款余额为4.19亿元，比上年增长36.7%；储蓄存款余额为17.60亿元，比上年增长36.7%。金融机构各项贷款余额16.68亿元，比上年增长5.4%，其中短期贷款余额为1.59亿元，比上年下降4.2%；中长期贷款余额为15.09亿元，比上年增长6.5%；全年保险公司保费收入2 853万元，比上年增长9.8%，其中寿险业务保费收入1 172万元，比上年增长1.4%；支付各类赔款1 680万元，比上年下降4.5%。

**【基础设施建设】** 年末全县公路通车里程3 840千米，比上年增加40千米；公路通路里程7 859千米，比上年增加109千米。按行政等级划分：有高速公路1条90千米、三级公路3条179.2千米、四级公路105条1 657千米、等外公路1 321条5 932.8千米；按路面类型划分：有沥青路8条421.8千米、水泥路6条63.56千米、整齐块体弹石路1条51千米、半整齐弹石路6条157千米、砂石路99条1176千米、泥土路1 310条5 989.64千米；已修通简易进村公路的有2 231个，村小组通路率为87.0%。完成货运周转量1.21亿吨千米，增长5.0%；旅客周转量3.02亿人千米，增长4.5%。完成水利水电投资1.51亿元，占年度计划1.45亿元的104.1%，建设“五小水利”工程4418件，其中小型水利水保工程3 288件，人畜饮水工程1 130件；全县新增有效灌溉面积0.48万亩，占计划0.35万亩的137%；恢复和改善灌溉面积0.81万亩，占任务0.7万亩的115.7%；新增节水灌溉面积0.42万亩，占计划0.39万亩的107.7%；新增除涝面积0.15万亩；解决农村人畜饮水安全3.07万人，占下达计划2.94万人的104%；治理水土流失面积18平方千米，占下达计划19平方千米的94.7%；改造中低产田0.16万亩，占下达计划0.1万亩的155%；新增电力装机容量1.65万千瓦；完成库塘蓄水8 050万立方米，占下达任务数5 250万立方米的153%。

**【信息业】** 全年邮电通信业务收入1.06亿元，比上年增长16.3%，城乡年末电话用户3.50万部，比上年减少4 359部，其中城乡年末固定电话用户1.35万部，比上年减少1 395部；小灵通用户1 584部，比上年减少1 508部；致富通1.99万户，比上年减少1 456户，电话普及率每百户达到38.5部；年末移动电话用户达17.58万部，比上年增加4.15万部，增长30.9%，移动电话普及率每百人达到43部，比上年增加10部，增长30.3%；互联网用户7 631户，比上年增加317户，增长4.3%。全县架设有线电视光缆总长303千米，有线电视入网用户达1.58万户，地面卫星接收站1 857个，城区有线电视用户1.58万户，比上年增加1 24户，城区数字电视用户覆盖率达98.0%。

**【城乡建设】** 全县成区面积达9.15平方千米，城镇人口9.95万人，城市化水平24.8%，城区道路49.1万平方米，城区绿化面积达236.98公顷，绿化率达25.9%，人均公共绿地为8平方米，城镇新增住房面积55.27万平方米，人均居住面积39.95平方米。年内，完成建设项目267套1.34万平方米的廉租住房建设任务，项目计划投资1 869万元，已完成主体工程量50.0%，完成投资1 229万元，完成投资计划的65.75%；廉租住房租赁补贴267.57万元。完成农村民居地震安全工程拆除100户，加固200户，农村危房改造2 000户。完成五星级酒店建设主体工程量的80.0%。

**【扶贫开发】** 整村推进项目村：年内投资1.23亿元实施跨年度整村推进项目村100个，其中兴边富民整村推进31个、边境县整村推进53个、县自筹资金建设整村推进16个；财政资金4 360万元，州县乡自筹2 239万元，群众自筹及投工备料折资5 744万元。财政转移支付项目村：投资490.2万元实施财政转移支付村容村貌整治项目村11个。瑶族支系山瑶扶持：投资7 433.43万元，启动6个乡(镇)21个村委会44个村小组的建设；启动实施进县城、进集镇、跨乡外迁安置3个试点村和就地就近扶持4个项目村，完成投资240万元；在归朝那贡安置点(进集镇)安置60户300人，完成投资140万元；在剥隘那岗(跨乡)安置点安置70户350人，完成投资130万元；就近就地扶持4个项目村共131户571人。上海对口帮扶项目：投入帮扶资金580万元，援建田蓬南定尧等11个白玉兰扶贫开发重点村建设；上海社会各界人士捐赠资金186.78万元，援建5个希望工程项目，援助贫困生735名；投入资金500万元，新建抗震安居房50户总面积6 000平方米；虹口区追加资金15万元参与山瑶扶持发展工作，完成科技培训1.28万人(次)，占任务1.06万人(次)的120%。劳动力培训转移：全年劳动力培训转移8 795人，占州下达任务8 100人的108%，全县贫困地区农村劳动力累计输出8.4万人，实现农村劳务经济年收入3.4亿元。

**【教育科技】** 年内，全县有各级各类学校317所，其中进修学校1所、完中4所、职高1所、初中13所、小学289所(完小159所、初小45所、教学点85个)、幼儿园9所、乡镇成技校13所、行政村成技校145所。在校小学生45 347人，初中生18 855人，普通高中学生4 041人，职业高中学生2 228人，在园(班)幼儿8 048人。全县在职中小学教职工5 254人，其中中学教职工1 453人(含职高教职工80人)，小学教职工3 616人，幼儿园教职工185人，幼儿、小学、初中、高中专任教师的学历合格率分别为100%、98.9%、98.2%和85.67%。适龄儿童入学率99.61%，适龄少年毛入学率102.53%，幼儿入园(班)率40.26%，残疾少年儿童入学率为87.97%，青壮年非文盲率99.75%，高中阶段毛入学率为47.46%，高中毕业生升学率88.35%(含三校生)，高考上线率为87.28%，杨志超、赵佳两名学子分别被清华大学、北京大学录取。人均受教育年限7.22年。全年免除学生学杂费6.26万人2 858.1万元，享受国家免费教科书6.26万人301.64万元，寄宿生生活补助5.25万人2 930.72万元。年内实施科技试验示范和推广项目3项，开展科技培训1445期7.33万人(次)，有13项科技项目获县科学技术奖，3项获文山州科技进步奖；科技对国民经济、农业、工业的贡献率分

别为39.3%、42.4%、32.3%。

【文化新闻】 年内共为群众演出145场，观众达14.23万人(次)；送电影下乡和广场“三老”电影放映1 780场，观众达57万人(次)；壮族“坡芽组合”演唱的《坡芽情歌》荣获云南省第三届青歌赛原生态组金奖，代表云南参加全国第十四届青年歌手赛，助推云南队取得团体三等奖。全县有文化馆1个、公共图书馆1个、乡镇文化站14个。公共图书馆藏书5万多册。全年富宁县电视台共播放新闻3 378条，其中被云南电视台采用33条，被文山州电视台采用470条，制作专题85部。年末全县13个乡(镇)已通电视光缆，架设有线电视光缆总长303千米，有线电视入网用户达1.58万户，地面卫星接收站1 857个，城区有线电视用户1.58万户，城区数字电视用户覆盖率达98.0%。

【卫生体育】 全县有卫生机构20个，有病床491张，其中医院床位数280张，平均每千人口拥有病床1.21张；全县专业卫生技术人员516人，每千人口有卫生技术人员数1.25人，其中执业医师及执业助理医师203人。注册护士167人，平均每千人0.4人。全年参加新型农村合作医疗34.56万人，农民参合覆盖率达93.48%，累计报销合作医疗费5 166万元，受益群众达28.51万余人(次)，全县乡村卫生室144个，卫生员432人，农村卫生厕所及率45.21%。年内，成功举办了云南省第十三届运动会的部分赛事和“普阳杯”全国青年体操锦标赛，举办群众体育活动35次，参加人数5.94万人；3月份组建竞赛代表团参加文山州第八届少数民族传统体育运动会，共获得金牌7枚、银牌11枚、铜牌15枚，4个第四名、7个第五名、5个第六名，奖牌总数49枚。

【人民生活】 全县城镇居民人均家庭总收入1.43万元，人均可支配收入1.36万元，人均居住面积达39.95平方米；在岗职工年平均工资2.72万元，其中企业单位在岗职工年平均工资1.99万元；全县农民人均纯收入2 739元，比上年增加402元。年内，参加养老保险职工人数4 818人，比上年末增加578人；参加医疗保险职工人数1.71万人，比上年增加756人；参加失业保险职工人数8 087人，比上年增加509人。全县从业人员25.89万人，比上年增长1.6%，开发就业岗位2 054个，城镇新增就业1 710人，城镇登记失业率降至3.4%。金融机构各项存款余额为32.58亿元，其中企业存款余额为4.19亿元，储蓄存款余额为17.60亿元，城乡居民年末人均储蓄存款4 357元。

【领导名录】

县委书记 罗家祥(壮)
副书记 王　毅
　　刘廷贵(彝)
　　林　浩(3～)
常委 赵　伟
　　马正良(苗)
　　杨秀祥
　　韦思亮(壮)
　　谭金花(女，壮)
　　韦胜辉(壮)
　　向　华
人大主任 郭跃进
副主任 邓炳亮(瑶)
　　马二双(女)
　　熊朝文(苗，～5)
　　王汉业(壮)
县长 王　毅
常务副县长 杨秀祥
副县长 韦思亮(壮)
　　李艳红(女，壮)
　　邵卫民(～11)
　　将　捷(11～)
　　李　灏
　　张泉龙(壮)
政协主席 李广生(瑶)
副主席 朱自友(壮)
　　谢明福
　　罗祥宁(壮)
　　龙　会(女)
纪委书记 赵　伟

(黄志高)

# 人　物

责任编辑：陈昌应

州委州政府欢送2010年新农村建设指导员

**2010年文山州"三项"选拔人员名单**

| 专业分类 | 姓名 | 性别 | 出生年月 | 从事专业 | 任职资格 | 单位及职务 |
|---|---|---|---|---|---|---|
| 卫生 | 李志祥 | 男 | 1961年4月 | 耳鼻喉外科 | 主任医师 | 文山州人民医院耳鼻喉科室主任 |
| | 李广文 | 男 | 1968年10月 | 中医内科 | 主任医师 | 文山州中医院业务副院长，总支书记 |
| | 李佩金 | 男 | 1966年3月 | 疾病控制 | 主任医师 | 广南县疾病预防控制中心主任 |
| 教育 | 安德荣 | 女 | 1959年10月 | 舞蹈、幼教、机教 | 高级讲师 | 文山州民族职业技术学校 |
| | 高丽萍 | 女 | 1966年3月 | 英语教学 | 中学特级教师 | 文山州第一中学 |
| | 彭丽萍 | 女 | 1963年2月 | 小学数学教育 | 小学高级教师 | 砚山县第二小学校长 |
| | 刘先文 | 男 | 1974年10月 | 高中数学 | 中学高级教师 | 广南县第三中学校长 |
| | 黄高胜 | 男 | 1961年10月 | 教育管理 | 中学高级教师 | 富宁县民族中学校长 |
| 农业 | 杨建忠 | 男 | 1960年2月 | 植保 | 副研究员 | 文山三七研究院 |
| | 周天富 | 男 | 1968年8月 | 植保 | 高级农艺师 | 文山州植保植检站副站长 |
| | 杨　芬 | 女 | 1959年10月 | 农作育种 | 高级农艺师 | 文山州农科所 |
| | 陈汝勤 | 男 | 1956年2月 | 农技推广 | 高级农艺师 | 砚山县农经站 |
| | 蔡允霞 | 女 | 1958年12月 | 植保植检 | 高级农艺师 | 砚山县植保植检站 |
| | 赵显坤 | 男 | 1965年4月 | 农技推广 | 高级农艺师 | 西畴县种子管理站 |
| | 李有明 | 男 | 1956年9月 | 种植业 | 高级农艺师 | 富宁县农经站 |
| 工程 | 白应刚 | 男 | 1965年7月 | 测绘 | 工程师 | 文山州国土资源事务中心主任 |
| | 王学章 | 男 | 1966年12月 | 水工建筑 | 高级工程师 | 文山州水利电力勘察设计院 |
| | 朱国山 | 男 | 1963年4月 | 企业管理 | 高级工程师 | 云南华联锌铟股份有限公司总经理 |
| 新闻艺术 | 唐丽萍 | 女 | 1956年9月 | 新闻 | 主任记者 | 文山日报社 |
| | 郭政闻 | 男 | 1965年8月 | 艺术 | 三级演员 | 马关县文工队 |

**文山州2010年度省贴、省突推荐人员表**

| 姓名 | 性别 | 出生年月 | 从事专业 | 学历 | 任职资格 | 单位及职务 | 获奖情况 | 州政府推荐情况 | 省评选情况 |
|---|---|---|---|---|---|---|---|---|---|
| 李志祥 | 男 | 1961年4月 | 耳鼻喉外科 | 本科 | 主任医师 | 文山州人民医院耳鼻喉科室主任 | | 省贴 | 云政发［2010］150号省贴 |
| 李广文 | 男 | 1968年10月 | 中医内科 | 本科 | 主任医师 | 文山州中医院业务副院长，总支书记 | 2006年州卫生先进工作者，2007年州科技进步二等奖1项，2008年州科技进步三等奖2项，省中医药学会"云南省优秀中青年中医" | | |
| 李佩金 | 男 | 1966年3月 | 疾病控制 | 本科 | 主任医师 | 广南县疾病预防控制中心主任 | 1998年卫生部科技进步二等奖，云南省卫生厅表彰4次，1999年州科技进步一等奖1次，州级卫生部门表彰5次，县级表彰14次 | | |

续表

| 姓名 | 性别 | 出生年月 | 从事专业 | 学历 | 任职资格 | 单位及职务 | 获奖情况 | 州政府推荐情况 | 省评选情况 |
|---|---|---|---|---|---|---|---|---|---|
| 彭丽萍 | 女 | 1963年2月 | 小学数学教育 | 大专 | 小学高级教师 | 砚山县第二小学校长 | 县先进教师2次，2005年县农村教育综合改革先进个人及优秀共产党员，2006年“文山州优秀校长”，2007年“云南省优秀教师”及“云南省‘十五’期间教育技术研究先进工作者”，2008年省政府“特级教师”，2009年“全省教育宣传先进个人” | 省突 | 省突三等奖 |
| 黄高胜 | 男 | 1961年10月 | 教育管理 | 本科 | 中学高级教师 | 富宁县民族中学校长 | 2003年县人民政府“普九先进工作者”；2004、2009年州人民政府“文山州优秀校长”，2005年“文山州民族团结进步模范个人”，2006年“文山州教育改革与发展优秀校长”及州第十二届人大代表；2007年省教育厅、人事厅“云南省优秀教育工作者”、州教育局、环保局“创建绿色学校优秀教师”；2008年省教育厅、环保厅“创建绿色学校优秀教师” | | |
| 高丽萍 | 女 | 1966年3月 | 英语教学 | 本科 | 中学特级教师 | 文山州第一中学 | 2002年省教育厅“省级骨干教师”，2004年省人民政府“特级教师”及州人民政府“文山州优秀教师”，2006年州教育局“优秀指导教师”，2007年省教育厅“云南省优秀教师”，2003、2007年学校“先进教师”“先进教职工”，2009年校“优秀班主任” | 省贴 | 云政发［2010］150号省贴 |
| 安德荣 | 女 | 1959年10月 | 舞蹈、幼教、机教 | 硕士 | 高级讲师 | 文山州民族职业技术学校 | 2001到2009获得州委、州教育局、州教科所、妇联等州级部门表彰6次，学校表彰21次；表年第七届“全国小艺术家大赛”暨“2009中国少年儿童童画童话优秀作品大赛”指导教师三等奖；（文化部）中国社会音乐研究会联合相关单位共同主办的“中国青少年文化艺术盛典”系列活动全国总评选优秀辅导老师；《中国新世纪经济科教理论文集》代表作研讨会一等奖 | | |
| 刘先文 | 男 | 1974年10月 | 高中数学 | 本科 | 中学高级教师 | 广南县第三中学校长 | 1999年州委州人民政府“文山州优秀教师”，2006年县委县人民政府“优秀共产党员”“四五”普法先进个人，2007年县总工会“云岭优秀职工”，2008年省教研会组委会《初中数学“复习迎考课”的探讨》二等奖，2009年县委政府“优秀校长”，州委州人民政府“优秀校长”，学校“高三教学能手”。 | | |

续表

| 姓名 | 性别 | 出生年月 | 从事专业 | 学历 | 任职资格 | 单位及职务 | 获奖情况 | 州政府推荐情况 | 省评选情况 |
|---|---|---|---|---|---|---|---|---|---|
| 周天富 | 男 | 1968年8月 | 植保 | 本科 | 高级农艺师 | 文山州植保植检站副站长 | 2004年州科技进步三等奖及省农业厅科技推广三等奖；2005年州科技进步三等奖；2006年州科技进步三等奖，2008年省农业厅科技推广三等奖；2009年州科技进步二等奖2项。 | 省突 | 省突三等奖 |
| 杨建忠 | 男 | 1960年2月 | 植保 | 本科 | 副研究员 | 文山三七研究院 | 近五年主持或参加完成科研项目7项，分别获省科技进步三等奖1项，州科技进步一等奖1项、二等奖2项，三等奖1项和科普创作奖1项，新获2009年度州科技进步二等奖1项，科技创新人才奖1项。 | 省突 | |
| 杨　芬 | 女 | 1959年10月 | 农作育种 | 高中 | 高级农艺师 | 文山州农科所 | 农业部丰收奖一等奖1次（1997年），省科技进步奖三等奖5次，省科技推广奖一等奖1次，三等奖3次，州科技进步一等奖2次，二等奖3次，三等奖1次。最近五年获奖：2005年州科技进步一等奖（第4排名），2009年省科技进步三等奖（第7排名） | 省贴 | 云政发（2010）150号省贴 |
| 李有明 | 男 | 1956年9月 | 种植业 | 中专 | 高级农艺师 | 富宁县农经站 | 1999年州农业局农业科技推广三等奖；2000年度州农学会论文参赛鼓励奖；2001年州委州人民政府“九五”科技工作先进个人，2002年度省农业厅农技推广三等奖，州农业局农技推广一等奖；2005年州农业局州农学会农业科技和州六届农学会工作先进工作者，2006年县委县人民政府“十五”科技工作先进个人，县人民政府“十五”期间科学技术二等奖，2008年县委县人民政府科协工作先进个人 | | |
| 赵显坤 | 男 | 1965年4月 | 农技推广 | 大专 | 高级农艺师 | 西畴县种子管理站 | 1991至1999年获省人民政府科技成果二等奖1项，三等奖1项，省农业厅农技推广二等奖1项，农业系统先进个人2次，州人民政府科技进步一等奖2项，三等奖1项，县委县人民政府表彰3项；2001年州委州人民政府“九五”科技工作先进个人，2005年度县科技进步三等奖，2007年度县科技进步二等奖 | | |

续表

| 姓名 | 性别 | 出生年月 | 从事专业 | 学历 | 任职资格 | 单位及职务 | 获奖情况 | 州政府推荐情况 | 省评选情况 |
|---|---|---|---|---|---|---|---|---|---|
| 蔡允霞 | 女 | 1958 年 12 月 | 植保植检 | 中专 | 高级农艺师 | 砚山县植保植检站 | 2001 年农业部全国农牧业丰收奖一等奖，州农业局农技推广二等奖，2000 年度州农学会论文参赛鼓励奖；2003 年县政府科技成果二等奖；2005 年省农业厅农技推广三等奖；2006 年全国农技推广中心先进工作都；2008 年省农业厅农技推广三等奖，州农业局农技推广三等奖。 | | |
| 陈汝勤 | 男 | 1956 年 2 月 | 农技推广 | 中专 | 高级农艺师 | 砚山县农经站 | 2005 年州农业局农技推广二等奖，2006 年州农业局农技推广二等奖，2009 年省农业厅农技推广一等奖，州农业局农技推广一等奖；2000 至 2009 年共获省政府三等奖 1 项，省农业厅农技推广一、二、三等奖各 1 项，先进工作者 1 次，州科技进步奖二、三等奖各 1 项，州农业局农技推广一等奖 2 项，二等奖 3 项，三等奖 1 项。 | | |
| 白应刚 | 男 | 1965 年 7 月 | 测绘 | 本科 | 工程师 | 文山州国土资源事务中心主任 | 2005 年省国土资源厅“全省国土资源工作先进个人”，州直机关工委“优秀共产党员”；2006 年国土资源部“先进个人”；2007 年“2006 年度文山州‘云岭优秀职工’”；2009 年州直机关工委 2007 至 2009 年“优秀党务工作者”。 | | |
| 朱国山 | 男 | 1963 年 4 月 | 企业管理 | 本科 | 高级工程师 | 云南华联锌铟股份有限公司总经理 | 2001 年国家安全生产监督管理总局二等奖；2002 年中国钢协、金属学会冶金科技奖励委员会二等奖；2005 年安徽省科技进步三等奖，第二届中国技术市场协会“金桥奖”；2006 年江西铜业集团德兴铜矿合理化建设委员会特等奖；2007 年中国有色金属工业协会和中国有色金属学会二等奖；2008 年江西省科技进步三等奖 | 省突 | 省突三等奖 |

续表

| 姓名 | 性别 | 出生年月 | 从事专业 | 学历 | 任职资格 | 单位及职务 | 获奖情况 | 州政府推荐情况 | 省评选情况 |
|---|---|---|---|---|---|---|---|---|---|
| 王学章 | 男 | 1966年12月 | 水工建筑 | 专科 | 高级工程师 | 文山州水利电力勘察设计院 | 2006年文山州突出贡献人才奖，省2006年度水利学会优秀学术论文三等奖；1994、1995和2003、2004、2005、2006年州水务局“优秀工作者”；1989年省水利水电厅水利水电系统先进个人；1992年州水利水电系统工会先进个人。 | 省突 | |
| 唐丽萍 | 女 | 1956年9月 | 新闻 | | 主任记者 | 文山日报社 | 中国地市报新闻评选一等奖1项、二等奖2项、三等奖1项；全国报纸副刊作品年赛二等奖4次、三等奖4次；中国城市党报新闻编辑二等奖1项；云南省报纸副刊好作品一等奖2项，云南报业新闻一等奖1项、三等奖1项，近三年无获奖。 | 省贴 | |
| 郭政闻 | 男 | 1965年8月 | 艺术 | 中专 | 三级演员 | 马关县文工队 | 2000年八届滇中南歌舞戏剧节表演二等奖、编剧三等奖，2004年十届滇中南“官房杯”民族艺术节表演三等奖；2009年首届云南少数民族酒歌大赛最佳创意奖和优秀歌手；州委州人民政府部门颁发的奖中，二等奖1项，三等奖四项，优秀表演奖及优秀个人7项；滇桂五边境县文化交流活动中，获一等奖1项，二等奖1项3项，三等奖1项，创作奖2次；县级部门表彰一等奖1项，二等奖1，项其他奖5项 | | |

**文山州高职人员名单**

| 姓名 | 单位 | 职称 | 省文件号 | 日期 | 州文件号 |
|---|---|---|---|---|---|
| 何源景 | 文山州艺术研究所 | 二级编剧 | 云人社专职资字〔2010〕26号 | 7月12日 | 文人〔2010〕141号 |
| 黄迎春 | 文山州民族歌舞团 | 二级演员 | 云人社专职资字〔2010〕26号 | 7月12日 | 文人〔2010〕141号 |
| 饶　娟 | 文山州民族歌舞团 | | 云人社专职资字〔2010〕26号 | 7月12日 | 文人〔2010〕141号 |
| 陈秀云 | 文山农业学校 | 高级讲师 | 云人社专职资字〔2010〕61号 | 7月28日 | 文人〔2010〕142号 |
| 余德云 | 文山农业学校 | 高级讲师 | 云人社专职资字〔2010〕61号 | 7月28日 | 文人〔2010〕142号 |
| 赵运海 | 文山农业学校 | 高级讲师 | 云人社专职资字〔2010〕61号 | 7月28日 | 文人〔2010〕142号 |
| 邓秋景 | 文山卫生学校 | 高级讲师 | 云人社专职资字〔2010〕61号 | 7月28日 | 文人〔2010〕142号 |
| 黄先友 | 文山卫生学校 | 高级讲师 | 云人社专职资字〔2010〕61号 | 7月28日 | 文人〔2010〕142号 |

续表

| 姓名 | 单位 | 职称 | 省文件号 | 日期 | 州文件号 |
|---|---|---|---|---|---|
| 李汝兰 | 文山卫生学校 | 高级讲师 | 云人社专职资字〔2010〕61号 | 7月28日 | 文人〔2010〕142号 |
| 廖仲庚 | 文山卫生学校 | 高级讲师 | 云人社专职资字〔2010〕61号 | 7月28日 | 文人〔2010〕142号 |
| 陆永彬 | 文山卫生学校 | 高级讲师 | 云人社专职资字〔2010〕61号 | 7月28日 | 文人〔2010〕142号 |
| 依瑞涛 | 文山卫生学校 | 高级讲师 | 云人社专职资字〔2010〕61号 | 7月28日 | 文人〔2010〕142号 |
| 依　鑫 | 文山卫生学校 | 高级讲师 | 云人社专职资字〔2010〕61号 | 7月28日 | 文人〔2010〕142号 |
| 杨文星 | 文山卫生学校 | 高级讲师 | 云人社专职资字〔2010〕61号 | 7月28日 | 文人〔2010〕142号 |
| 陈立胜 | 文山州财贸学校 | 高级讲师 | 云人社专职资字〔2010〕61号 | 7月28日 | 文人〔2010〕142号 |
| 邓兴琼 | 文山州财贸学校 | 高级讲师 | 云人社专职资字〔2010〕61号 | 7月28日 | 文人〔2010〕142号 |
| 向文美 | 文山州财贸学校 | 高级讲师 | 云人社专职资字〔2010〕61号 | 7月28日 | 文人〔2010〕142号 |
| 陈典裕 | 文山州民族职业技术学校 | 高级讲师 | 云人社专职资字〔2010〕61号 | 7月28日 | 文人〔2010〕142号 |
| 代　蓉 | 文山州民族职业技术学校 | 高级讲师 | 云人社专职资字〔2010〕61号 | 7月28日 | 文人〔2010〕142号 |
| 姚美群 | 文山州民族职业技术学校 | 高级讲师 | 云人社专职资字〔2010〕61号 | 7月28日 | 文人〔2010〕142号 |
| 赵宗英 | 文山州民族职业技术学校 | 高级讲师 | 云人社专职资字〔2010〕61号 | 7月28日 | 文人〔2010〕142号 |
| 沈国凯 | 文山州职成教培训中心 | 高级讲师 | 云人社专职资字〔2010〕61号 | 7月28日 | 文人〔2010〕142号 |
| 赵文兴 | 文山州职成教培训中心 | 高级讲师 | 云人社专职资字〔2010〕61号 | 7月28日 | 文人〔2010〕142号 |
| 胡正利 | 文山州富宁县板仑中心学校 | 中学高级教师 | 云人社专职资字〔2010〕103号 | 8月17日 | 文人〔2010〕159号 |
| 潘达品 | 文山州富宁县剥隘中心学校 | 中学高级教师 | 云人社专职资字〔2010〕103号 | 8月17日 | 文人〔2010〕159号 |
| 陈荣兴 | 文山州富宁县第二中学 | 中学高级教师 | 云人社专职资字〔2010〕103号 | 8月17日 | 文人〔2010〕159号 |
| 马加平 | 文山州富宁县第一中学 | 中学高级教师 | 云人社专职资字〔2010〕103号 | 8月17日 | 文人〔2010〕159号 |
| 曾桂英 | 文山州富宁县第一中学 | 中学高级教师 | 云人社专职资字〔2010〕103号 | 8月17日 | 文人〔2010〕159号 |
| 黄成宽 | 文山州富宁县第一中学 | 中学高级教师 | 云人社专职资字〔2010〕103号 | 8月17日 | 文人〔2010〕159号 |
| 李　勤 | 文山州富宁县第一中学 | 中学高级教师 | 云人社专职资字〔2010〕103号 | 8月17日 | 文人〔2010〕159号 |
| 李泽文 | 文山州富宁县第一中学 | 中学高级教师 | 云人社专职资字〔2010〕103号 | 8月17日 | 文人〔2010〕159号 |
| 马加平 | 文山州富宁县第一中学 | 中学高级教师 | 云人社专职资字〔2010〕103号 | 8月17日 | 文人〔2010〕159号 |
| 肖锡宁 | 文山州富宁县第一中学 | 中学高级教师 | 云人社专职资字〔2010〕103号 | 8月17日 | 文人〔2010〕159号 |
| 郑传昆 | 文山州富宁县第一中学 | 中学高级教师 | 云人社专职资字〔2010〕103号 | 8月17日 | 文人〔2010〕159号 |
| 郑　丹 | 文山州富宁县第一中学 | 中学高级教师 | 云人社专职资字〔2010〕103号 | 8月17日 | 文人〔2010〕159号 |
| 何绍昆 | 文山州富宁县洞波中心学校 | 中学高级教师 | 云人社专职资字〔2010〕103号 | 8月17日 | 文人〔2010〕159号 |
| 莫朝献 | 文山州富宁县洞波中心学校 | 中学高级教师 | 云人社专职资字〔2010〕103号 | 8月17日 | 文人〔2010〕159号 |
| 梁胜语 | 文山州富宁县谷拉乡中心学校 | 中学高级教师 | 云人社专职资字〔2010〕103号 | 8月17日 | 文人〔2010〕159号 |
| 龙加宝 | 文山州富宁县花甲中心学校 | 中学高级教师 | 云人社专职资字〔2010〕103号 | 8月17日 | 文人〔2010〕159号 |
| 方　镇 | 文山州富宁县民族职业高级中学 | 中学高级教师 | 云人社专职资字〔2010〕103号 | 8月17日 | 文人〔2010〕159号 |
| 熊　英 | 文山州富宁县民族职业高级中学 | 中学高级教师 | 云人社专职资字〔2010〕103号 | 8月17日 | 文人〔2010〕159号 |
| 张万彬 | 文山州富宁县民族职业高级中学 | 中学高级教师 | 云人社专职资字〔2010〕103号 | 8月17日 | 文人〔2010〕159号 |
| 黎顺龙 | 文山州富宁县民族中学 | 中学高级教师 | 云人社专职资字〔2010〕103号 | 8月17日 | 文人〔2010〕159号 |
| 赵连就 | 文山州富宁县民族中学 | 中学高级教师 | 云人社专职资字〔2010〕103号 | 8月17日 | 文人〔2010〕159号 |

续表

| 姓名 | 单位 | 职称 | 省文件号 | 日期 | 州文件号 |
|---|---|---|---|---|---|
| 蔡天顺 | 文山州富宁县新华中心学校 | 中学高级教师 | 云人社专职资字〔2010〕103 号 | 8 月 17 日 | 文人〔2010〕159 号 |
| 黄　智 | 文山州富宁县新华中心学校 | 中学高级教师 | 云人社专职资字〔2010〕103 号 | 8 月 17 日 | 文人〔2010〕159 号 |
| 廖长宽 | 文山州富宁县新华中心学校 | 中学高级教师 | 云人社专职资字〔2010〕103 号 | 8 月 17 日 | 文人〔2010〕159 号 |
| 韦冬梅 | 文山州富宁县新华中心学校 | 中学高级教师 | 云人社专职资字〔2010〕103 号 | 8 月 17 日 | 文人〔2010〕159 号 |
| 陆云献 | 文山州广南县八宝中心学校 | 中学高级教师 | 云人社专职资字〔2010〕103 号 | 8 月 17 日 | 文人〔2010〕159 号 |
| 蒙明建 | 文山州广南县八宝中心学校 | 中学高级教师 | 云人社专职资字〔2010〕103 号 | 8 月 17 日 | 文人〔2010〕159 号 |
| 何应祥 | 文山州广南县八达中心学校 | 中学高级教师 | 云人社专职资字〔2010〕103 号 | 8 月 17 日 | 文人〔2010〕159 号 |
| 王贵才 | 文山州广南县八达中心学校 | 中学高级教师 | 云人社专职资字〔2010〕103 号 | 8 月 17 日 | 文人〔2010〕159 号 |
| 岑文学 | 文山州广南县坝美阿科中心学校 | 中学高级教师 | 云人社专职资字〔2010〕103 号 | 8 月 17 日 | 文人〔2010〕159 号 |
| 何登云 | 文山州广南县坝美阿科中心学校 | 中学高级教师 | 云人社专职资字〔2010〕103 号 | 8 月 17 日 | 文人〔2010〕159 号 |
| 陆定辉 | 文山州广南县坝美阿科中心学校 | 中学高级教师 | 云人社专职资字〔2010〕103 号 | 8 月 17 日 | 文人〔2010〕159 号 |
| 陆显龙 | 文山州广南县坝美阿科中心学校 | 中学高级教师 | 云人社专职资字〔2010〕103 号 | 8 月 17 日 | 文人〔2010〕159 号 |
| 农兴亮 | 文山州广南县坝美阿科中心学校 | 中学高级教师 | 云人社专职资字〔2010〕103 号 | 8 月 17 日 | 文人〔2010〕159 号 |
| 陆正安 | 文山州广南县坝美八达中心学校 | 中学高级教师 | 云人社专职资字〔2010〕103 号 | 8 月 17 日 | 文人〔2010〕159 号 |
| 王志雄 | 文山州广南县坝美八达中心学校 | 中学高级教师 | 云人社专职资字〔2010〕103 号 | 8 月 17 日 | 文人〔2010〕159 号 |
| 黎永高 | 文山州广南县板蚌中心学校 | 中学高级教师 | 云人社专职资字〔2010〕103 号 | 8 月 17 日 | 文人〔2010〕159 号 |
| 邓国政 | 文山州广南县第二中学 | 中学高级教师 | 云人社专职资字〔2010〕103 号 | 8 月 17 日 | 文人〔2010〕159 号 |
| 田孟宇 | 文山州广南县第三中学 | 中学高级教师 | 云人社专职资字〔2010〕103 号 | 8 月 17 日 | 文人〔2010〕159 号 |
| 尹昌龙 | 文山州广南县第三中学 | 中学高级教师 | 云人社专职资字〔2010〕103 号 | 8 月 17 日 | 文人〔2010〕159 号 |
| 陈志坚 | 文山州广南县第一中学 | 中学高级教师 | 云人社专职资字〔2010〕103 号 | 8 月 17 日 | 文人〔2010〕159 号 |
| 李　松 | 文山州广南县第一中学 | 中学高级教师 | 云人社专职资字〔2010〕103 号 | 8 月 17 日 | 文人〔2010〕159 号 |
| 刘　文 | 文山州广南县第一中学 | 中学高级教师 | 云人社专职资字〔2010〕103 号 | 8 月 17 日 | 文人〔2010〕159 号 |
| 陆严高 | 文山州广南县第一中学 | 中学高级教师 | 云人社专职资字〔2010〕103 号 | 8 月 17 日 | 文人〔2010〕159 号 |
| 罗　文 | 文山州广南县第一中学 | 中学高级教师 | 云人社专职资字〔2010〕103 号 | 8 月 17 日 | 文人〔2010〕159 号 |
| 饶永红 | 文山州广南县第一中学 | 中学高级教师 | 云人社专职资字〔2010〕103 号 | 8 月 17 日 | 文人〔2010〕159 号 |
| 文　伟 | 文山州广南县第一中学 | 中学高级教师 | 云人社专职资字〔2010〕103 号 | 8 月 17 日 | 文人〔2010〕159 号 |
| 张成东 | 文山州广南县第一中学 | 中学高级教师 | 云人社专职资字〔2010〕103 号 | 8 月 17 日 | 文人〔2010〕159 号 |
| 周　剑 | 文山州广南县董堡中心学校 | 中学高级教师 | 云人社专职资字〔2010〕103 号 | 8 月 17 日 | 文人〔2010〕159 号 |
| 曾佐超 | 文山州广南县黑支果中心学校 | 中学高级教师 | 云人社专职资字〔2010〕103 号 | 8 月 17 日 | 文人〔2010〕159 号 |
| 刘海清 | 文山州广南县旧莫昔板中心学校 | 中学高级教师 | 云人社专职资字〔2010〕103 号 | 8 月 17 日 | 文人〔2010〕159 号 |
| 陆贤爱 | 文山州广南县旧莫中心学校 | 中学高级教师 | 云人社专职资字〔2010〕103 号 | 8 月 17 日 | 文人〔2010〕159 号 |
| 梁正华 | 文山州广南县莲城北宁中心学校 | 中学高级教师 | 云人社专职资字〔2010〕103 号 | 8 月 17 日 | 文人〔2010〕159 号 |
| 付　涛 | 文山州广南县民族职业高级中学 | 中学高级教师 | 云人社专职资字〔2010〕103 号 | 8 月 17 日 | 文人〔2010〕159 号 |
| 龙　芬 | 文山州广南县民族职业高级中学 | 中学高级教师 | 云人社专职资字〔2010〕103 号 | 8 月 17 日 | 文人〔2010〕159 号 |
| 潘永学 | 文山州广南县南屏中心学校 | 中学高级教师 | 云人社专职资字〔2010〕103 号 | 8 月 17 日 | 文人〔2010〕159 号 |
| 何开荣 | 文山州广南县曙光中心学校 | 中学高级教师 | 云人社专职资字〔2010〕103 号 | 8 月 17 日 | 文人〔2010〕159 号 |

续表

| 姓名 | 单位 | 职称 | 省文件号 | 日期 | 州文件号 |
|---|---|---|---|---|---|
| 靳忠诚 | 文山州广南县曙光中心学校 | 中学高级教师 | 云人社专职资字〔2010〕103 号 | 8 月 17 日 | 文人〔2010〕159 号 |
| 汪绍聂 | 文山州广南县五珠中心学校 | 中学高级教师 | 云人社专职资字〔2010〕103 号 | 8 月 17 日 | 文人〔2010〕159 号 |
| 王家龙 | 文山州广南县者太中心学校 | 中学高级教师 | 云人社专职资字〔2010〕103 号 | 8 月 17 日 | 文人〔2010〕159 号 |
| 熊金康 | 文山州广南县者太中心学校 | 中学高级教师 | 云人社专职资字〔2010〕103 号 | 8 月 17 日 | 文人〔2010〕159 号 |
| 冉庚亮 | 文山州广南县珠街中心学校 | 中学高级教师 | 云人社专职资字〔2010〕103 号 | 8 月 17 日 | 文人〔2010〕159 号 |
| 姚占发 | 文山州广南县珠琳中心学校 | 中学高级教师 | 云人社专职资字〔2010〕103 号 | 8 月 17 日 | 文人〔2010〕159 号 |
| 李玖富 | 文山州广南县篆角中心学校 | 中学高级教师 | 云人社专职资字〔2010〕103 号 | 8 月 17 日 | 文人〔2010〕159 号 |
| 黄永军 | 文山州麻栗坡县八布中学 | 中学高级教师 | 云人社专职资字〔2010〕103 号 | 8 月 17 日 | 文人〔2010〕159 号 |
| 程芳祥 | 文山州麻栗坡县第二中学(董干中学) | 中学高级教师 | 云人社专职资字〔2010〕103 号 | 8 月 17 日 | 文人〔2010〕159 号 |
| 代刚维 | 文山州麻栗坡县第二中学(董干中学) | 中学高级教师 | 云人社专职资字〔2010〕103 号 | 8 月 17 日 | 文人〔2010〕159 号 |
| 查以厂 | 文山州麻栗坡县第一中学 | 中学高级教师 | 云人社专职资字〔2010〕103 号 | 8 月 17 日 | 文人〔2010〕159 号 |
| 高仁斌 | 文山州麻栗坡县第一中学 | 中学高级教师 | 云人社专职资字〔2010〕103 号 | 8 月 17 日 | 文人〔2010〕159 号 |
| 陆兴发 | 文山州麻栗坡县第一中学 | 中学高级教师 | 云人社专职资字〔2010〕103 号 | 8 月 17 日 | 文人〔2010〕159 号 |
| 邓明泽 | 文山州麻栗坡县六河中学 | 中学高级教师 | 云人社专职资字〔2010〕103 号 | 8 月 17 日 | 文人〔2010〕159 号 |
| 李正贤 | 文山州麻栗坡县猛硐中学 | 中学高级教师 | 云人社专职资字〔2010〕103 号 | 8 月 17 日 | 文人〔2010〕159 号 |
| 陆洪文 | 文山州麻栗坡县民族职业高级中学 | 中学高级教师 | 云人社专职资字〔2010〕103 号 | 8 月 17 日 | 文人〔2010〕159 号 |
| 邬成军 | 文山州麻栗坡县民族中学 | 中学高级教师 | 云人社专职资字〔2010〕103 号 | 8 月 17 日 | 文人〔2010〕159 号 |
| 张胜云 | 文山州麻栗坡县民族中学 | 中学高级教师 | 云人社专职资字〔2010〕103 号 | 8 月 17 日 | 文人〔2010〕159 号 |
| 张胜忠 | 文山州麻栗坡县民族中学 | 中学高级教师 | 云人社专职资字〔2010〕103 号 | 8 月 17 日 | 文人〔2010〕159 号 |
| 田茂兰 | 文山州麻栗坡县盘龙中学 | 中学高级教师 | 云人社专职资字〔2010〕103 号 | 8 月 17 日 | 文人〔2010〕159 号 |
| 骆　飞 | 文山州麻栗坡县铁厂中学 | 中学高级教师 | 云人社专职资字〔2010〕103 号 | 8 月 17 日 | 文人〔2010〕159 号 |
| 李友俊 | 文山州麻栗坡县下金厂中学 | 中学高级教师 | 云人社专职资字〔2010〕103 号 | 8 月 17 日 | 文人〔2010〕159 号 |
| 谭保荣 | 文山州马关县大栗树乡中心学校 | 中学高级教师 | 云人社专职资字〔2010〕103 号 | 8 月 17 日 | 文人〔2010〕159 号 |
| 卢冬梅 | 文山州马关县都龙镇中心学校 | 中学高级教师 | 云人社专职资字〔2010〕103 号 | 8 月 17 日 | 文人〔2010〕159 号 |
| 罗朝萍 | 文山州马关县二中 | 中学高级教师 | 云人社专职资字〔2010〕103 号 | 8 月 17 日 | 文人〔2010〕159 号 |
| 蓬文卫 | 文山州马关县二中 | 中学高级教师 | 云人社专职资字〔2010〕103 号 | 8 月 17 日 | 文人〔2010〕159 号 |
| 王启福 | 文山州马关县二中 | 中学高级教师 | 云人社专职资字〔2010〕103 号 | 8 月 17 日 | 文人〔2010〕159 号 |
| 杨培琼 | 文山州马关县二中 | 中学高级教师 | 云人社专职资字〔2010〕103 号 | 8 月 17 日 | 文人〔2010〕159 号 |
| 戴利华 | 文山州马关县夹寒箐镇中心学校 | 中学高级教师 | 云人社专职资字〔2010〕103 号 | 8 月 17 日 | 文人〔2010〕159 号 |
| 唐俊美 | 文山州马关县夹寒箐镇中心学校 | 中学高级教师 | 云人社专职资字〔2010〕103 号 | 8 月 17 日 | 文人〔2010〕159 号 |
| 李成斌 | 文山州马关县教研室 | 中学高级教师 | 云人社专职资字〔2010〕103 号 | 8 月 17 日 | 文人〔2010〕159 号 |
| 张世芳 | 文山州马关县教研室 | 中学高级教师 | 云人社专职资字〔2010〕103 号 | 8 月 17 日 | 文人〔2010〕159 号 |
| 李树英 | 文山州马关县浪桥中心学校 | 中学高级教师 | 云人社专职资字〔2010〕103 号 | 8 月 17 日 | 文人〔2010〕159 号 |
| 赵昌明 | 文山州马关县浪桥中心学校 | 中学高级教师 | 云人社专职资字〔2010〕103 号 | 8 月 17 日 | 文人〔2010〕159 号 |
| 谢加华 | 文山州马关县马白镇花枝格中学 | 中学高级教师 | 云人社专职资字〔2010〕103 号 | 8 月 17 日 | 文人〔2010〕159 号 |
| 骆发茂 | 文山州马关县马白镇文华中学 | 中学高级教师 | 云人社专职资字〔2010〕103 号 | 8 月 17 日 | 文人〔2010〕159 号 |

续表

| 姓名 | 单位 | 职称 | 省文件号 | 日期 | 州文件号 |
|---|---|---|---|---|---|
| 戴正东 | 文山州马关县马白镇新寨附中 | 中学高级教师 | 云人社专职资字〔2010〕103 号 | 8 月 17 日 | 文人〔2010〕159 号 |
| 卢云川 | 文山州马关县马白镇新寨附中 | 中学高级教师 | 云人社专职资字〔2010〕103 号 | 8 月 17 日 | 文人〔2010〕159 号 |
| 柏再林 | 文山州马关县篾厂乡中心学校 | 中学高级教师 | 云人社专职资字〔2010〕103 号 | 8 月 17 日 | 文人〔2010〕159 号 |
| 蒋茂富 | 文山州马关县篾厂乡中心学校 | 中学高级教师 | 云人社专职资字〔2010〕103 号 | 8 月 17 日 | 文人〔2010〕159 号 |
| 江应国 | 文山州马关县民族职业高级中学 | 中学高级教师 | 云人社专职资字〔2010〕103 号 | 8 月 17 日 | 文人〔2010〕159 号 |
| 兰世会 | 文山州马关县民族职业高级中学 | 中学高级教师 | 云人社专职资字〔2010〕103 号 | 8 月 17 日 | 文人〔2010〕159 号 |
| 李天明 | 文山州马关县民族职业高级中学 | 中学高级教师 | 云人社专职资字〔2010〕103 号 | 8 月 17 日 | 文人〔2010〕159 号 |
| 刘云鹏 | 文山州马关县民族职业高级中学 | 中学高级教师 | 云人社专职资字〔2010〕103 号 | 8 月 17 日 | 文人〔2010〕159 号 |
| 王红梅 | 文山州马关县民族职业高级中学 | 中学高级教师 | 云人社专职资字〔2010〕103 号 | 8 月 17 日 | 文人〔2010〕159 号 |
| 杨启萍 | 文山州马关县民族职业高级中学 | 中学高级教师 | 云人社专职资字〔2010〕103 号 | 8 月 17 日 | 文人〔2010〕159 号 |
| 李正田 | 文山州马关县木厂镇中心学校 | 中学高级教师 | 云人社专职资字〔2010〕103 号 | 8 月 17 日 | 文人〔2010〕159 号 |
| 李自萍 | 文山州马关县木厂镇中心学校 | 中学高级教师 | 云人社专职资字〔2010〕103 号 | 8 月 17 日 | 文人〔2010〕159 号 |
| 杨传富 | 文山州马关县木厂镇中心学校 | 中学高级教师 | 云人社专职资字〔2010〕103 号 | 8 月 17 日 | 文人〔2010〕159 号 |
| 普云鑫 | 文山州马关县南捞乡中心学校 | 中学高级教师 | 云人社专职资字〔2010〕103 号 | 8 月 17 日 | 文人〔2010〕159 号 |
| 尹永斌 | 文山州马关县坡脚镇中心学校 | 中学高级教师 | 云人社专职资字〔2010〕103 号 | 8 月 17 日 | 文人〔2010〕159 号 |
| 刘年春 | 文山州马关县仁和镇中心学校 | 中学高级教师 | 云人社专职资字〔2010〕103 号 | 8 月 17 日 | 文人〔2010〕159 号 |
| 罗正芸 | 文山州马关县仁和镇中心学校 | 中学高级教师 | 云人社专职资字〔2010〕103 号 | 8 月 17 日 | 文人〔2010〕159 号 |
| 唐文芸 | 文山州马关县仁和镇中心学校 | 中学高级教师 | 云人社专职资字〔2010〕103 号 | 8 月 17 日 | 文人〔2010〕159 号 |
| 夏世福 | 文山州马关县山车中心学校 | 中学高级教师 | 云人社专职资字〔2010〕103 号 | 8 月 17 日 | 文人〔2010〕159 号 |
| 杨永成 | 文山州马关县小坝子镇中心学校 | 中学高级教师 | 云人社专职资字〔2010〕103 号 | 8 月 17 日 | 文人〔2010〕159 号 |
| 高廷珍 | 文山州马关县一中 | 中学高级教师 | 云人社专职资字〔2010〕103 号 | 8 月 17 日 | 文人〔2010〕159 号 |
| 黄　玲 | 文山州马关县一中 | 中学高级教师 | 云人社专职资字〔2010〕103 号 | 8 月 17 日 | 文人〔2010〕159 号 |
| 黄子辉 | 文山州马关县一中 | 中学高级教师 | 云人社专职资字〔2010〕103 号 | 8 月 17 日 | 文人〔2010〕159 号 |
| 蒋茂正 | 文山州马关县一中 | 中学高级教师 | 云人社专职资字〔2010〕103 号 | 8 月 17 日 | 文人〔2010〕159 号 |
| 李　勇 | 文山州马关县一中 | 中学高级教师 | 云人社专职资字〔2010〕103 号 | 8 月 17 日 | 文人〔2010〕159 号 |
| 马文蒙 | 文山州马关县一中 | 中学高级教师 | 云人社专职资字〔2010〕103 号 | 8 月 17 日 | 文人〔2010〕159 号 |
| 阮志得 | 文山州马关县一中 | 中学高级教师 | 云人社专职资字〔2010〕103 号 | 8 月 17 日 | 文人〔2010〕159 号 |
| 苏　芸 | 文山州马关县一中 | 中学高级教师 | 云人社专职资字〔2010〕103 号 | 8 月 17 日 | 文人〔2010〕159 号 |
| 王恩庆 | 文山州马关县一中 | 中学高级教师 | 云人社专职资字〔2010〕103 号 | 8 月 17 日 | 文人〔2010〕159 号 |
| 谢正清 | 文山州马关县一中 | 中学高级教师 | 云人社专职资字〔2010〕103 号 | 8 月 17 日 | 文人〔2010〕159 号 |
| 徐　飞 | 文山州马关县一中 | 中学高级教师 | 云人社专职资字〔2010〕103 号 | 8 月 17 日 | 文人〔2010〕159 号 |
| 袁自晗 | 文山州马关县一中 | 中学高级教师 | 云人社专职资字〔2010〕103 号 | 8 月 17 日 | 文人〔2010〕159 号 |
| 周兴东 | 文山州马关县一中 | 中学高级教师 | 云人社专职资字〔2010〕103 号 | 8 月 17 日 | 文人〔2010〕159 号 |
| 蔡永存 | 文山州丘北高级职业中学 | 中学高级教师 | 云人社专职资字〔2010〕103 号 | 8 月 17 日 | 文人〔2010〕159 号 |
| 郭冬梅 | 文山州丘北高级职业中学 | 中学高级教师 | 云人社专职资字〔2010〕103 号 | 8 月 17 日 | 文人〔2010〕159 号 |
| 胡国顺 | 文山州丘北高级职业中学 | 中学高级教师 | 云人社专职资字〔2010〕103 号 | 8 月 17 日 | 文人〔2010〕159 号 |

续表

| 姓名 | 单位 | 职称 | 省文件号 | 日期 | 州文件号 |
|---|---|---|---|---|---|
| 史红琼 | 文山州丘北高级职业中学 | 中学高级教师 | 云人社专职资字〔2010〕103号 | 8月17日 | 文人〔2010〕159号 |
| 汪建宏 | 文山州丘北高级职业中学 | 中学高级教师 | 云人社专职资字〔2010〕103号 | 8月17日 | 文人〔2010〕159号 |
| 张红莲 | 文山州丘北高级职业中学 | 中学高级教师 | 云人社专职资字〔2010〕103号 | 8月17日 | 文人〔2010〕159号 |
| 张红敏 | 文山州丘北高级职业中学 | 中学高级教师 | 云人社专职资字〔2010〕103号 | 8月17日 | 文人〔2010〕159号 |
| 张珍旭 | 文山州丘北高级职业中学 | 中学高级教师 | 云人社专职资字〔2010〕103号 | 8月17日 | 文人〔2010〕159号 |
| 周文毅 | 文山州丘北高级职业中学 | 中学高级教师 | 云人社专职资字〔2010〕103号 | 8月17日 | 文人〔2010〕159号 |
| 邹惠军 | 文山州丘北县八道哨乡中学 | 中学高级教师 | 云人社专职资字〔2010〕103号 | 8月17日 | 文人〔2010〕159号 |
| 曹卫群 | 文山州丘北县第一中学 | 中学高级教师 | 云人社专职资字〔2010〕103号 | 8月17日 | 文人〔2010〕159号 |
| 程　敏 | 文山州丘北县第一中学 | 中学高级教师 | 云人社专职资字〔2010〕103号 | 8月17日 | 文人〔2010〕159号 |
| 段文琼 | 文山州丘北县第一中学 | 中学高级教师 | 云人社专职资字〔2010〕103号 | 8月17日 | 文人〔2010〕159号 |
| 乐升光 | 文山州丘北县第一中学 | 中学高级教师 | 云人社专职资字〔2010〕103号 | 8月17日 | 文人〔2010〕159号 |
| 罗　淑 | 文山州丘北县第一中学 | 中学高级教师 | 云人社专职资字〔2010〕103号 | 8月17日 | 文人〔2010〕159号 |
| 马建航 | 文山州丘北县第一中学 | 中学高级教师 | 云人社专职资字〔2010〕103号 | 8月17日 | 文人〔2010〕159号 |
| 欧　红 | 文山州丘北县第一中学 | 中学高级教师 | 云人社专职资字〔2010〕103号 | 8月17日 | 文人〔2010〕159号 |
| 彭瑞梅 | 文山州丘北县第一中学 | 中学高级教师 | 云人社专职资字〔2010〕103号 | 8月17日 | 文人〔2010〕159号 |
| 戚　杰 | 文山州丘北县第一中学 | 中学高级教师 | 云人社专职资字〔2010〕103号 | 8月17日 | 文人〔2010〕159号 |
| 谈必慧 | 文山州丘北县第一中学 | 中学高级教师 | 云人社专职资字〔2010〕103号 | 8月17日 | 文人〔2010〕159号 |
| 王琼华 | 文山州丘北县第一中学 | 中学高级教师 | 云人社专职资字〔2010〕103号 | 8月17日 | 文人〔2010〕159号 |
| 李元文 | 文山州丘北县官寨乡中学 | 中学高级教师 | 云人社专职资字〔2010〕103号 | 8月17日 | 文人〔2010〕159号 |
| 罗永红 | 文山州丘北县官寨乡中学 | 中学高级教师 | 云人社专职资字〔2010〕103号 | 8月17日 | 文人〔2010〕159号 |
| 杨俊东 | 文山州丘北县官寨乡中学 | 中学高级教师 | 云人社专职资字〔2010〕103号 | 8月17日 | 文人〔2010〕159号 |
| 张志云 | 文山州丘北县官寨乡中学 | 中学高级教师 | 云人社专职资字〔2010〕103号 | 8月17日 | 文人〔2010〕159号 |
| 彭生全 | 文山州丘北县教研室 | 中学高级教师 | 云人社专职资字〔2010〕103号 | 8月17日 | 文人〔2010〕159号 |
| 刘　杰 | 文山州丘北县锦屏镇中学 | 中学高级教师 | 云人社专职资字〔2010〕103号 | 8月17日 | 文人〔2010〕159号 |
| 罗　刚 | 文山州丘北县锦屏镇中学 | 中学高级教师 | 云人社专职资字〔2010〕103号 | 8月17日 | 文人〔2010〕159号 |
| 张从容 | 文山州丘北县锦屏镇中学 | 中学高级教师 | 云人社专职资字〔2010〕103号 | 8月17日 | 文人〔2010〕159号 |
| 张伦刚 | 文山州丘北县锦屏镇中学 | 中学高级教师 | 云人社专职资字〔2010〕103号 | 8月17日 | 文人〔2010〕159号 |
| 陈琼珍 | 文山州丘北县民族中学 | 中学高级教师 | 云人社专职资字〔2010〕103号 | 8月17日 | 文人〔2010〕159号 |
| 何　跃 | 文山州丘北县民族中学 | 中学高级教师 | 云人社专职资字〔2010〕103号 | 8月17日 | 文人〔2010〕159号 |
| 金　杰 | 文山州丘北县民族中学 | 中学高级教师 | 云人社专职资字〔2010〕103号 | 8月17日 | 文人〔2010〕159号 |
| 雷石旺 | 文山州丘北县民族中学 | 中学高级教师 | 云人社专职资字〔2010〕103号 | 8月17日 | 文人〔2010〕159号 |
| 唐书平 | 文山州丘北县民族中学 | 中学高级教师 | 云人社专职资字〔2010〕103号 | 8月17日 | 文人〔2010〕159号 |
| 王秀丽 | 文山州丘北县民族中学 | 中学高级教师 | 云人社专职资字〔2010〕103号 | 8月17日 | 文人〔2010〕159号 |
| 魏石云 | 文山州丘北县民族中学 | 中学高级教师 | 云人社专职资字〔2010〕103号 | 8月17日 | 文人〔2010〕159号 |
| 吴题兰 | 文山州丘北县民族中学 | 中学高级教师 | 云人社专职资字〔2010〕103号 | 8月17日 | 文人〔2010〕159号 |
| 杨国昌 | 文山州丘北县民族中学 | 中学高级教师 | 云人社专职资字〔2010〕103号 | 8月17日 | 文人〔2010〕159号 |

续表

| 姓名 | 单位 | 职称 | 省文件号 | 日期 | 州文件号 |
|---|---|---|---|---|---|
| 赵开文 | 文山州丘北县民族中学 | 中学高级教师 | 云人社专职资字〔2010〕103号 | 8月17日 | 文人〔2010〕159号 |
| 龙廷文 | 文山州丘北县腻脚乡中学 | 中学高级教师 | 云人社专职资字〔2010〕103号 | 8月17日 | 文人〔2010〕159号 |
| 张建忠 | 文山州丘北县平中乡中心校(中学部) | 中学高级教师 | 云人社专职资字〔2010〕103号 | 8月17日 | 文人〔2010〕159号 |
| 田文彬 | 文山州丘北县舍得小学(初中部) | 中学高级教师 | 云人社专职资字〔2010〕103号 | 8月17日 | 文人〔2010〕159号 |
| 胡玉清 | 文山州丘北县实验中学 | 中学高级教师 | 云人社专职资字〔2010〕103号 | 8月17日 | 文人〔2010〕159号 |
| 旃树玉 | 文山州丘北县实验中学 | 中学高级教师 | 云人社专职资字〔2010〕103号 | 8月17日 | 文人〔2010〕159号 |
| 顾云程 | 文山州丘北县树皮乡中学 | 中学高级教师 | 云人社专职资字〔2010〕103号 | 8月17日 | 文人〔2010〕159号 |
| 杨贵珍 | 文山州丘北县树皮乡中学 | 中学高级教师 | 云人社专职资字〔2010〕103号 | 8月17日 | 文人〔2010〕159号 |
| 马登培 | 文山州丘北县双龙营镇第一中学校 | 中学高级教师 | 云人社专职资字〔2010〕103号 | 8月17日 | 文人〔2010〕159号 |
| 王海章 | 文山州丘北县双龙营镇第一中学校 | 中学高级教师 | 云人社专职资字〔2010〕103号 | 8月17日 | 文人〔2010〕159号 |
| 张国英 | 文山州丘北县双龙营镇第一中学校 | 中学高级教师 | 云人社专职资字〔2010〕103号 | 8月17日 | 文人〔2010〕159号 |
| 张良兵 | 文山州丘北县双龙营镇第一中学校 | 中学高级教师 | 云人社专职资字〔2010〕103号 | 8月17日 | 文人〔2010〕159号 |
| 张绍文 | 文山州丘北县双龙营镇二中 | 中学高级教师 | 云人社专职资字〔2010〕103号 | 8月17日 | 文人〔2010〕159号 |
| 张绍周 | 文山州丘北县双龙营镇二中 | 中学高级教师 | 云人社专职资字〔2010〕103号 | 8月17日 | 文人〔2010〕159号 |
| 张永良 | 文山州丘北县双龙营镇二中 | 中学高级教师 | 云人社专职资字〔2010〕103号 | 8月17日 | 文人〔2010〕159号 |
| 高天举 | 文山州丘北县天星乡中心学校(中学部) | 中学高级教师 | 云人社专职资字〔2010〕103号 | 8月17日 | 文人〔2010〕159号 |
| 潘明军 | 文山州丘北县天星乡中心学校(中学部) | 中学高级教师 | 云人社专职资字〔2010〕103号 | 8月17日 | 文人〔2010〕159号 |
| 徐　珍 | 文山州丘北县天星乡中心学校(中学部) | 中学高级教师 | 云人社专职资字〔2010〕103号 | 8月17日 | 文人〔2010〕159号 |
| 杨增琼 | 文山州丘北县天星乡中心学校(中学部) | 中学高级教师 | 云人社专职资字〔2010〕103号 | 8月17日 | 文人〔2010〕159号 |
| 张建国 | 文山州丘北县天星乡中心学校(中学部) | 中学高级教师 | 云人社专职资字〔2010〕103号 | 8月17日 | 文人〔2010〕159号 |
| 刘树刚 | 文山州丘北县温浏乡中学 | 中学高级教师 | 云人社专职资字〔2010〕103号 | 8月17日 | 文人〔2010〕159号 |
| 杨国兴 | 文山州丘北县新店乡中学 | 中学高级教师 | 云人社专职资字〔2010〕103号 | 8月17日 | 文人〔2010〕159号 |
| 杨绍生 | 文山州丘北县曰者镇中学 | 中学高级教师 | 云人社专职资字〔2010〕103号 | 8月17日 | 文人〔2010〕159号 |
| 李树文 | 文山州体育职业学校 | 中学高级教师 | 云人社专职资字〔2010〕103号 | 8月17日 | 文人〔2010〕159号 |
| 王少兵 | 文山州文山县秉烈中心学校 | 中学高级教师 | 云人社专职资字〔2010〕103号 | 8月17日 | 文人〔2010〕159号 |
| 白　剑 | 文山州文山县德厚中心学校 | 中学高级教师 | 云人社专职资字〔2010〕103号 | 8月17日 | 文人〔2010〕159号 |
| 熊陆昌 | 文山州文山县德厚中心学校 | 中学高级教师 | 云人社专职资字〔2010〕103号 | 8月17日 | 文人〔2010〕159号 |
| 熊　强 | 文山州文山县德厚中心学校 | 中学高级教师 | 云人社专职资字〔2010〕103号 | 8月17日 | 文人〔2010〕159号 |
| 石启芬 | 文山州文山县第二中学 | 中学高级教师 | 云人社专职资字〔2010〕103号 | 8月17日 | 文人〔2010〕159号 |
| 姜雅俊 | 文山州文山县第三中学 | 中学高级教师 | 云人社专职资字〔2010〕103号 | 8月17日 | 文人〔2010〕159号 |
| 张国祥 | 文山州文山县第三中学 | 中学高级教师 | 云人社专职资字〔2010〕103号 | 8月17日 | 文人〔2010〕159号 |
| 邹本尧 | 文山州文山县第三中学 | 中学高级教师 | 云人社专职资字〔2010〕103号 | 8月17日 | 文人〔2010〕159号 |
| 谭发良 | 文山州文山县第四中学 | 中学高级教师 | 云人社专职资字〔2010〕103号 | 8月17日 | 文人〔2010〕159号 |
| 杨高文 | 文山州文山县第四中学 | 中学高级教师 | 云人社专职资字〔2010〕103号 | 8月17日 | 文人〔2010〕159号 |
| 史文珍 | 文山州文山县第一初级中学 | 中学高级教师 | 云人社专职资字〔2010〕103号 | 8月17日 | 文人〔2010〕159号 |
| 宋银萍 | 文山州文山县第一初级中学 | 中学高级教师 | 云人社专职资字〔2010〕103号 | 8月17日 | 文人〔2010〕159号 |

续表

| 姓名 | 单位 | 职称 | 省文件号 | 日期 | 州文件号 |
|---|---|---|---|---|---|
| 田维龙 | 文山州文山县第一初级中学 | 中学高级教师 | 云人社专职资字〔2010〕103 号 | 8 月 17 日 | 文人〔2010〕159 号 |
| 王　锐 | 文山州文山县第一初级中学 | 中学高级教师 | 云人社专职资字〔2010〕103 号 | 8 月 17 日 | 文人〔2010〕159 号 |
| 杨超英 | 文山州文山县第一初级中学 | 中学高级教师 | 云人社专职资字〔2010〕103 号 | 8 月 17 日 | 文人〔2010〕159 号 |
| 岑　文 | 文山州文山县第一中学 | 中学高级教师 | 云人社专职资字〔2010〕103 号 | 8 月 17 日 | 文人〔2010〕159 号 |
| 丁承文 | 文山州文山县第一中学 | 中学高级教师 | 云人社专职资字〔2010〕103 号 | 8 月 17 日 | 文人〔2010〕159 号 |
| 樊彩莲 | 文山州文山县第一中学 | 中学高级教师 | 云人社专职资字〔2010〕103 号 | 8 月 17 日 | 文人〔2010〕159 号 |
| 高俊华 | 文山州文山县第一中学 | 中学高级教师 | 云人社专职资字〔2010〕103 号 | 8 月 17 日 | 文人〔2010〕159 号 |
| 黄吉贵 | 文山州文山县第一中学 | 中学高级教师 | 云人社专职资字〔2010〕103 号 | 8 月 17 日 | 文人〔2010〕159 号 |
| 骆　敏 | 文山州文山县第一中学 | 中学高级教师 | 云人社专职资字〔2010〕103 号 | 8 月 17 日 | 文人〔2010〕159 号 |
| 韦琼花 | 文山州文山县第一中学 | 中学高级教师 | 云人社专职资字〔2010〕103 号 | 8 月 17 日 | 文人〔2010〕159 号 |
| 邬维忠 | 文山州文山县第一中学 | 中学高级教师 | 云人社专职资字〔2010〕103 号 | 8 月 17 日 | 文人〔2010〕159 号 |
| 阳厚明 | 文山州文山县第一中学 | 中学高级教师 | 云人社专职资字〔2010〕103 号 | 8 月 17 日 | 文人〔2010〕159 号 |
| 杨文林 | 文山州文山县第一中学 | 中学高级教师 | 云人社专职资字〔2010〕103 号 | 8 月 17 日 | 文人〔2010〕159 号 |
| 杨忠应 | 文山州文山县第一中学 | 中学高级教师 | 云人社专职资字〔2010〕103 号 | 8 月 17 日 | 文人〔2010〕159 号 |
| 戴鸿杰 | 文山州文山县古木中心学校 | 中学高级教师 | 云人社专职资字〔2010〕103 号 | 8 月 17 日 | 文人〔2010〕159 号 |
| 石光梅 | 文山州文山县教研室 | 中学高级教师 | 云人社专职资字〔2010〕103 号 | 8 月 17 日 | 文人〔2010〕159 号 |
| 陈天美 | 文山州文山县柳井中心学校 | 中学高级教师 | 云人社专职资字〔2010〕103 号 | 8 月 17 日 | 文人〔2010〕159 号 |
| 杨应发 | 文山州文山县柳井中心学校 | 中学高级教师 | 云人社专职资字〔2010〕103 号 | 8 月 17 日 | 文人〔2010〕159 号 |
| 白　雯 | 文山州文山县马塘中心学校 | 中学高级教师 | 云人社专职资字〔2010〕103 号 | 8 月 17 日 | 文人〔2010〕159 号 |
| 郑文洪 | 文山州文山县喜古中心学校 | 中学高级教师 | 云人社专职资字〔2010〕103 号 | 8 月 17 日 | 文人〔2010〕159 号 |
| 曾茂猛 | 文山州文山县小街中心学校 | 中学高级教师 | 云人社专职资字〔2010〕103 号 | 8 月 17 日 | 文人〔2010〕159 号 |
| 晋盛尧 | 文山州文山县小街中心学校 | 中学高级教师 | 云人社专职资字〔2010〕103 号 | 8 月 17 日 | 文人〔2010〕159 号 |
| 杨学翠 | 文山州文山县小街中心学校 | 中学高级教师 | 云人社专职资字〔2010〕103 号 | 8 月 17 日 | 文人〔2010〕159 号 |
| 朱荣艳 | 文山州文山县小街中心学校 | 中学高级教师 | 云人社专职资字〔2010〕103 号 | 8 月 17 日 | 文人〔2010〕159 号 |
| 蒋世跃 | 文山州文山县职业高级中学 | 中学高级教师 | 云人社专职资字〔2010〕103 号 | 8 月 17 日 | 文人〔2010〕159 号 |
| 李　琼 | 文山州文山县职业高级中学 | 中学高级教师 | 云人社专职资字〔2010〕103 号 | 8 月 17 日 | 文人〔2010〕159 号 |
| 卢丽婵 | 文山州文山县职业高级中学 | 中学高级教师 | 云人社专职资字〔2010〕103 号 | 8 月 17 日 | 文人〔2010〕159 号 |
| 孙　彬 | 文山州文山县职业高级中学 | 中学高级教师 | 云人社专职资字〔2010〕103 号 | 8 月 17 日 | 文人〔2010〕159 号 |
| 夏　萍 | 文山州文山县职业高级中学 | 中学高级教师 | 云人社专职资字〔2010〕103 号 | 8 月 17 日 | 文人〔2010〕159 号 |
| 杨有成 | 文山州西畴县柏林中学 | 中学高级教师 | 云人社专职资字〔2010〕103 号 | 8 月 17 日 | 文人〔2010〕159 号 |
| 陈华琼 | 文山州西畴县蚌谷中学 | 中学高级教师 | 云人社专职资字〔2010〕103 号 | 8 月 17 日 | 文人〔2010〕159 号 |
| 胡克菁 | 文山州西畴县蚌谷中学 | 中学高级教师 | 云人社专职资字〔2010〕103 号 | 8 月 17 日 | 文人〔2010〕159 号 |
| 熊安荣 | 文山州西畴县蚌谷中学 | 中学高级教师 | 云人社专职资字〔2010〕103 号 | 8 月 17 日 | 文人〔2010〕159 号 |
| 杨明恩 | 文山州西畴县蚌谷中学 | 中学高级教师 | 云人社专职资字〔2010〕103 号 | 8 月 17 日 | 文人〔2010〕159 号 |
| 蒋云珍 | 文山州西畴县第二中学 | 中学高级教师 | 云人社专职资字〔2010〕103 号 | 8 月 17 日 | 文人〔2010〕159 号 |
| 刘　奎 | 文山州西畴县第二中学 | 中学高级教师 | 云人社专职资字〔2010〕103 号 | 8 月 17 日 | 文人〔2010〕159 号 |

续表

| 姓名 | 单位 | 职称 | 省文件号 | 日期 | 州文件号 |
|---|---|---|---|---|---|
| 刘　宁 | 文山州西畴县第二中学 | 中学高级教师 | 云人社专职资字〔2010〕103 号 | 8 月 17 日 | 文人〔2010〕159 号 |
| 骆长万 | 文山州西畴县第二中学 | 中学高级教师 | 云人社专职资字〔2010〕103 号 | 8 月 17 日 | 文人〔2010〕159 号 |
| 牟洪凯 | 文山州西畴县第二中学 | 中学高级教师 | 云人社专职资字〔2010〕103 号 | 8 月 17 日 | 文人〔2010〕159 号 |
| 徐邦柱 | 文山州西畴县第二中学 | 中学高级教师 | 云人社专职资字〔2010〕103 号 | 8 月 17 日 | 文人〔2010〕159 号 |
| 邓　菊 | 文山州西畴县第一中学 | 中学高级教师 | 云人社专职资字〔2010〕103 号 | 8 月 17 日 | 文人〔2010〕159 号 |
| 刘作勇 | 文山州西畴县第一中学 | 中学高级教师 | 云人社专职资字〔2010〕103 号 | 8 月 17 日 | 文人〔2010〕159 号 |
| 聂绪玲 | 文山州西畴县第一中学 | 中学高级教师 | 云人社专职资字〔2010〕103 号 | 8 月 17 日 | 文人〔2010〕159 号 |
| 冉友菊 | 文山州西畴县第一中学 | 中学高级教师 | 云人社专职资字〔2010〕103 号 | 8 月 17 日 | 文人〔2010〕159 号 |
| 孙　斌 | 文山州西畴县第一中学 | 中学高级教师 | 云人社专职资字〔2010〕103 号 | 8 月 17 日 | 文人〔2010〕159 号 |
| 张永文 | 文山州西畴县第一中学 | 中学高级教师 | 云人社专职资字〔2010〕103 号 | 8 月 17 日 | 文人〔2010〕159 号 |
| 陈永红 | 文山州西畴县董马中学 | 中学高级教师 | 云人社专职资字〔2010〕103 号 | 8 月 17 日 | 文人〔2010〕159 号 |
| 张能祥 | 文山州西畴县董马中学 | 中学高级教师 | 云人社专职资字〔2010〕103 号 | 8 月 17 日 | 文人〔2010〕159 号 |
| 冯光树 | 文山州西畴县鸡街中学 | 中学高级教师 | 云人社专职资字〔2010〕103 号 | 8 月 17 日 | 文人〔2010〕159 号 |
| 李发凯 | 文山州西畴县鸡街中学 | 中学高级教师 | 云人社专职资字〔2010〕103 号 | 8 月 17 日 | 文人〔2010〕159 号 |
| 柏耀荣 | 文山州西畴县教育局教研室 | 中学高级教师 | 云人社专职资字〔2010〕103 号 | 8 月 17 日 | 文人〔2010〕159 号 |
| 雷丽文 | 文山州西畴县教育局教研室 | 中学高级教师 | 云人社专职资字〔2010〕103 号 | 8 月 17 日 | 文人〔2010〕159 号 |
| 蒋　靖 | 文山州西畴县兴街中学 | 中学高级教师 | 云人社专职资字〔2010〕103 号 | 8 月 17 日 | 文人〔2010〕159 号 |
| 刘　恒 | 文山州西畴县兴街中学 | 中学高级教师 | 云人社专职资字〔2010〕103 号 | 8 月 17 日 | 文人〔2010〕159 号 |
| 苏武江 | 文山州西畴县兴街中学 | 中学高级教师 | 云人社专职资字〔2010〕103 号 | 8 月 17 日 | 文人〔2010〕159 号 |
| 王世文 | 文山州西畴县兴街中学 | 中学高级教师 | 云人社专职资字〔2010〕103 号 | 8 月 17 日 | 文人〔2010〕159 号 |
| 夏宗奎 | 文山州西畴县兴街中学 | 中学高级教师 | 云人社专职资字〔2010〕103 号 | 8 月 17 日 | 文人〔2010〕159 号 |
| 李永宁 | 文山州西畴县逸夫中学 | 中学高级教师 | 云人社专职资字〔2010〕103 号 | 8 月 17 日 | 文人〔2010〕159 号 |
| 朱国彬 | 文山州西畴县逸夫中学 | 中学高级教师 | 云人社专职资字〔2010〕103 号 | 8 月 17 日 | 文人〔2010〕159 号 |
| 曹正宇 | 文山州西畴县职业高级中学 | 中学高级教师 | 云人社专职资字〔2010〕103 号 | 8 月 17 日 | 文人〔2010〕159 号 |
| 汪　剑 | 文山州西畴县职业高级中学 | 中学高级教师 | 云人社专职资字〔2010〕103 号 | 8 月 17 日 | 文人〔2010〕159 号 |
| 王　旭 | 文山州西畴县职业高级中学 | 中学高级教师 | 云人社专职资字〔2010〕103 号 | 8 月 17 日 | 文人〔2010〕159 号 |
| 黄光廷 | 文山州砚山县阿基中学 | 中学高级教师 | 云人社专职资字〔2010〕103 号 | 8 月 17 日 | 文人〔2010〕159 号 |
| 王仕聪 | 文山州砚山县阿基中学 | 中学高级教师 | 云人社专职资字〔2010〕103 号 | 8 月 17 日 | 文人〔2010〕159 号 |
| 李光云 | 文山州砚山县阿猛中学 | 中学高级教师 | 云人社专职资字〔2010〕103 号 | 8 月 17 日 | 文人〔2010〕159 号 |
| 赵正飞 | 文山州砚山县阿猛中学 | 中学高级教师 | 云人社专职资字〔2010〕103 号 | 8 月 17 日 | 文人〔2010〕159 号 |
| 白万福 | 文山州砚山县阿舍中学 | 中学高级教师 | 云人社专职资字〔2010〕103 号 | 8 月 17 日 | 文人〔2010〕159 号 |
| 李家芬 | 文山州砚山县阿舍中学 | 中学高级教师 | 云人社专职资字〔2010〕103 号 | 8 月 17 日 | 文人〔2010〕159 号 |
| 屈先礼 | 文山州砚山县八嘎农职中 | 中学高级教师 | 云人社专职资字〔2010〕103 号 | 8 月 17 日 | 文人〔2010〕159 号 |
| 李有智 | 文山州砚山县第二中学 | 中学高级教师 | 云人社专职资字〔2010〕103 号 | 8 月 17 日 | 文人〔2010〕159 号 |
| 韦　波 | 文山州砚山县第二中学 | 中学高级教师 | 云人社专职资字〔2010〕103 号 | 8 月 17 日 | 文人〔2010〕159 号 |
| 周绪祥 | 文山州砚山县第二中学 | 中学高级教师 | 云人社专职资字〔2010〕103 号 | 8 月 17 日 | 文人〔2010〕159 号 |

续表

| 姓名 | 单位 | 职称 | 省文件号 | 日期 | 州文件号 |
|---|---|---|---|---|---|
| 张玉法 | 文山州砚山县干河中学 | 中学高级教师 | 云人社专职资字〔2010〕103 号 | 8 月 17 日 | 文人〔2010〕159 号 |
| 李永庭 | 文山州砚山县稼依镇中学 | 中学高级教师 | 云人社专职资字〔2010〕103 号 | 8 月 17 日 | 文人〔2010〕159 号 |
| 李卫荣 | 文山州砚山县江那中学 | 中学高级教师 | 云人社专职资字〔2010〕103 号 | 8 月 17 日 | 文人〔2010〕159 号 |
| 杨敬珍 | 文山州砚山县江那中学 | 中学高级教师 | 云人社专职资字〔2010〕103 号 | 8 月 17 日 | 文人〔2010〕159 号 |
| 李祝文 | 文山州砚山县民族职业高级中学 | 中学高级教师 | 云人社专职资字〔2010〕103 号 | 8 月 17 日 | 文人〔2010〕159 号 |
| 马兆贵 | 文山州砚山县民族职业高级中学 | 中学高级教师 | 云人社专职资字〔2010〕103 号 | 8 月 17 日 | 文人〔2010〕159 号 |
| 魏开国 | 文山州砚山县民族职业高级中学 | 中学高级教师 | 云人社专职资字〔2010〕103 号 | 8 月 17 日 | 文人〔2010〕159 号 |
| 黄芝云 | 文山州砚山县民族中学 | 中学高级教师 | 云人社专职资字〔2010〕103 号 | 8 月 17 日 | 文人〔2010〕159 号 |
| 李加萍 | 文山州砚山县民族中学 | 中学高级教师 | 云人社专职资字〔2010〕103 号 | 8 月 17 日 | 文人〔2010〕159 号 |
| 陆光菊 | 文山州砚山县民族中学 | 中学高级教师 | 云人社专职资字〔2010〕103 号 | 8 月 17 日 | 文人〔2010〕159 号 |
| 孙建国 | 文山州砚山县民族中学 | 中学高级教师 | 云人社专职资字〔2010〕103 号 | 8 月 17 日 | 文人〔2010〕159 号 |
| 王树梅 | 文山州砚山县民族中学 | 中学高级教师 | 云人社专职资字〔2010〕103 号 | 8 月 17 日 | 文人〔2010〕159 号 |
| 阳家佑 | 文山州砚山县民族中学 | 中学高级教师 | 云人社专职资字〔2010〕103 号 | 8 月 17 日 | 文人〔2010〕159 号 |
| 杜春平 | 文山州砚山县盘龙中学 | 中学高级教师 | 云人社专职资字〔2010〕103 号 | 8 月 17 日 | 文人〔2010〕159 号 |
| 王臣荣 | 文山州砚山县盘龙中学 | 中学高级教师 | 云人社专职资字〔2010〕103 号 | 8 月 17 日 | 文人〔2010〕159 号 |
| 张　茹 | 文山州砚山县盘龙中学 | 中学高级教师 | 云人社专职资字〔2010〕103 号 | 8 月 17 日 | 文人〔2010〕159 号 |
| 姜映文 | 文山州砚山县平远第一中学 | 中学高级教师 | 云人社专职资字〔2010〕103 号 | 8 月 17 日 | 文人〔2010〕159 号 |
| 张朝艳 | 文山州砚山县平远第一中学 | 中学高级教师 | 云人社专职资字〔2010〕103 号 | 8 月 17 日 | 文人〔2010〕159 号 |
| 张　顺 | 文山州砚山县平远第一中学 | 中学高级教师 | 云人社专职资字〔2010〕103 号 | 8 月 17 日 | 文人〔2010〕159 号 |
| 曾　山 | 文山州砚山县平远二中 | 中学高级教师 | 云人社专职资字〔2010〕103 号 | 8 月 17 日 | 文人〔2010〕159 号 |
| 普映方 | 文山州砚山县平远二中 | 中学高级教师 | 云人社专职资字〔2010〕103 号 | 8 月 17 日 | 文人〔2010〕159 号 |
| 余海建 | 文山州砚山县平远二中 | 中学高级教师 | 云人社专职资字〔2010〕103 号 | 8 月 17 日 | 文人〔2010〕159 号 |
| 杜天兰 | 文山州砚山县平远三中 | 中学高级教师 | 云人社专职资字〔2010〕103 号 | 8 月 17 日 | 文人〔2010〕159 号 |
| 缪康友 | 文山州砚山县维摩一中 | 中学高级教师 | 云人社专职资字〔2010〕103 号 | 8 月 17 日 | 文人〔2010〕159 号 |
| 曹　宁 | 文山州砚山县一中 | 中学高级教师 | 云人社专职资字〔2010〕103 号 | 8 月 17 日 | 文人〔2010〕159 号 |
| 方玉梅 | 文山州砚山县一中 | 中学高级教师 | 云人社专职资字〔2010〕103 号 | 8 月 17 日 | 文人〔2010〕159 号 |
| 李华柱 | 文山州砚山县一中 | 中学高级教师 | 云人社专职资字〔2010〕103 号 | 8 月 17 日 | 文人〔2010〕159 号 |
| 沈文举 | 文山州砚山县一中 | 中学高级教师 | 云人社专职资字〔2010〕103 号 | 8 月 17 日 | 文人〔2010〕159 号 |
| 阳晓艳 | 文山州砚山县一中 | 中学高级教师 | 云人社专职资字〔2010〕103 号 | 8 月 17 日 | 文人〔2010〕159 号 |
| 杨　彬 | 文山州砚山县一中 | 中学高级教师 | 云人社专职资字〔2010〕103 号 | 8 月 17 日 | 文人〔2010〕159 号 |
| 杨文莉 | 文山州砚山县一中 | 中学高级教师 | 云人社专职资字〔2010〕103 号 | 8 月 17 日 | 文人〔2010〕159 号 |
| 杨兴春 | 文山州砚山县一中 | 中学高级教师 | 云人社专职资字〔2010〕103 号 | 8 月 17 日 | 文人〔2010〕159 号 |
| 詹光艳 | 文山州砚山县一中 | 中学高级教师 | 云人社专职资字〔2010〕103 号 | 8 月 17 日 | 文人〔2010〕159 号 |
| 张田兴 | 文山州砚山县一中 | 中学高级教师 | 云人社专职资字〔2010〕103 号 | 8 月 17 日 | 文人〔2010〕159 号 |
| 唐文跃 | 文山州砚山县者腊中学 | 中学高级教师 | 云人社专职资字〔2010〕103 号 | 8 月 17 日 | 文人〔2010〕159 号 |
| 何丽娟 | 文山州一中 | 中学高级教师 | 云人社专职资字〔2010〕103 号 | 8 月 17 日 | 文人〔2010〕159 号 |

续表

| 姓名 | 单位 | 职称 | 省文件号 | 日期 | 州文件号 |
|---|---|---|---|---|---|
| 李剑梅 | 文山州一中 | 中学高级教师 | 云人社专职资字〔2010〕103 号 | 8 月 17 日 | 文人〔2010〕159 号 |
| 李　林 | 文山州一中 | 中学高级教师 | 云人社专职资字〔2010〕103 号 | 8 月 17 日 | 文人〔2010〕159 号 |
| 梅世明 | 文山州一中 | 中学高级教师 | 云人社专职资字〔2010〕103 号 | 8 月 17 日 | 文人〔2010〕159 号 |
| 依立勇 | 文山州一中 | 中学高级教师 | 云人社专职资字〔2010〕103 号 | 8 月 17 日 | 文人〔2010〕159 号 |
| 王济军 | 文山州一中 | 中学高级教师 | 云人社专职资字〔2010〕103 号 | 8 月 17 日 | 文人〔2010〕159 号 |
| 徐　梅 | 文山州一中 | 中学高级教师 | 云人社专职资字〔2010〕103 号 | 8 月 17 日 | 文人〔2010〕159 号 |
| 严　文 | 文山州一中 | 中学高级教师 | 云人社专职资字〔2010〕103 号 | 8 月 17 日 | 文人〔2010〕159 号 |
| 钟艳秋 | 文山州一中 | 中学高级教师 | 云人社专职资字〔2010〕103 号 | 8 月 17 日 | 文人〔2010〕159 号 |
| 孙玉琴 | 文山三七研究院 | 副研究员 | 云人社专职资字〔2010〕103 号 | 9 月 2 日 | 文人〔2010〕177 号 |
| 高明菊 | 文山三七研究院 | 副研究员 | 云人社专职资字〔2010〕103 号 | 9 月 2 日 | 文人〔2010〕177 号 |
| 曾　江 | 文山三七研究院 | 副研究员 | 云人社专职资字〔2010〕103 号 | 9 月 2 日 | 文人〔2010〕177 号 |
| 曾照云 | 文山州广南县人民医院 | 主任医师 | 云人社专职资字〔2010〕149 号 | 9 月 2 日 | 文人〔2010〕178 号 |
| 李　文 | 文山州马关县人民医院 | 主任医师 | 云人社专职资字〔2010〕149 号 | 9 月 2 日 | 文人〔2010〕178 号 |
| 刘云兰 | 文山州砚山县人民医院 | 副主任医师 | 云人社专职资字〔2010〕149 号 | 9 月 2 日 | 文人〔2010〕178 号 |
| 朱　丽 | 文山州人民医院 | 副主任医师 | 云人社专职资字〔2010〕149 号 | 9 月 2 日 | 文人〔2010〕178 号 |
| 胡厚华 | 文山州广南县珠街中心卫生院 | 副主任医师 | 云人社专职资字〔2010〕149 号 | 9 月 2 日 | 文人〔2010〕178 号 |
| 殷质纯 | 文山州广南县中医院 | 副主任医师 | 云人社专职资字〔2010〕149 号 | 9 月 2 日 | 文人〔2010〕178 号 |
| 李　琼 | 砚山县中医院 | 副主任医师 | 云人社专职资字〔2010〕149 号 | 9 月 2 日 | 文人〔2010〕178 号 |
| 马克春 | 文山州丘北县人民医院 | 副主任医师 | 云人社专职资字〔2010〕149 号 | 9 月 2 日 | 文人〔2010〕178 号 |
| 李达翠 | 文山州西畴县人民医院 | 副主任医师 | 云人社专职资字〔2010〕149 号 | 9 月 2 日 | 文人〔2010〕178 号 |
| 李朝勇 | 文山县人民医院 | 副主任医师 | 云人社专职资字〔2010〕149 号 | 9 月 2 日 | 文人〔2010〕178 号 |
| 卢万仙 | 富宁县人民医院 | 副主任护师 | 云人社专职资字〔2010〕149 号 | 9 月 2 日 | 文人〔2010〕178 号 |
| 姜万华 | 广南县人民医院 | 副主任护师 | 云人社专职资字〔2010〕149 号 | 9 月 2 日 | 文人〔2010〕178 号 |
| 杨安玉 | 砚山县人民医院 | 副主任护师 | 云人社专职资字〔2010〕149 号 | 9 月 2 日 | 文人〔2010〕178 号 |
| 陆华美 | 麻栗坡县妇幼保健院 | 副主任护师 | 云人社专职资字〔2010〕149 号 | 9 月 2 日 | 文人〔2010〕178 号 |
| 刘丕莉 | 麻栗坡县人民医院 | 副主任护师 | 云人社专职资字〔2010〕149 号 | 9 月 2 日 | 文人〔2010〕178 号 |
| 王艾英 | 文山州妇幼保健院 | 副主任护师 | 云人社专职资字〔2010〕149 号 | 9 月 2 日 | 文人〔2010〕178 号 |
| 朱艳红 | 文山州中医院 | 副主任护师 | 云人社专职资字〔2010〕149 号 | 9 月 2 日 | 文人〔2010〕178 号 |
| 王胜锋 | 丘北县人民医院 | 副主任护师 | 云人社专职资字〔2010〕149 号 | 9 月 2 日 | 文人〔2010〕178 号 |
| 陈锡霖 | 文山州人民医院 | 主任医师 | 云人社专职资字〔2010〕149 号 | 9 月 2 日 | 文人〔2010〕178 号 |
| 雷　刚 | 文山县人民医院 | 副主任医师 | 云人社专职资字〔2010〕149 号 | 9 月 2 日 | 文人〔2010〕178 号 |
| 李杯玉 | 砚山县中医院 | 副主任医师 | 云人社专职资字〔2010〕149 号 | 9 月 2 日 | 文人〔2010〕178 号 |
| 马家发 | 丘北县疾病预防控制中心 | 副主任医师 | 云人社专职资字〔2010〕149 号 | 9 月 2 日 | 文人〔2010〕178 号 |
| 许　慧 | 文山州人民医院 | 主任医师 | 云人社专职资字〔2010〕149 号 | 9 月 2 日 | 文人〔2010〕178 号 |
| 陈达琳 | 文山县人民医院 | 副主任医师 | 云人社专职资字〔2010〕149 号 | 9 月 2 日 | 文人〔2010〕178 号 |
| 周定竹 | 砚山县妇幼保健院 | 副主任医师 | 云人社专职资字〔2010〕149 号 | 9 月 2 日 | 文人〔2010〕178 号 |

续表

| 姓名 | 单位 | 职称 | 省文件号 | 日期 | 州文件号 |
|---|---|---|---|---|---|
| 赵仁芬 | 麻栗坡县人民医院 | 副主任医师 | 云人社专职资字〔2010〕149号 | 9月2日 | 文人〔2010〕178号 |
| 冉亚玲 | 西畴县人民医院 | 副主任医师 | 云人社专职资字〔2010〕149号 | 9月2日 | 文人〔2010〕178号 |
| 尹佳会 | 马关县妇幼保健院 | 副主任医师 | 云人社专职资字〔2010〕149号 | 9月2日 | 文人〔2010〕178号 |
| 王金凤 | 砚山县人民医院 | 副主任医师 | 云人社专职资字〔2010〕149号 | 9月2日 | 文人〔2010〕178号 |
| 申　晋 | 文山州人民医院 | 副主任医师 | 云人社专职资字〔2010〕149号 | 9月2日 | 文人〔2010〕178号 |
| 晏　宏 | 文山州人民医院 | 副主任医师 | 云人社专职资字〔2010〕149号 | 9月2日 | 文人〔2010〕178号 |
| 纳崇江 | 文山州人民医院 | 副主任医师 | 云人社专职资字〔2010〕149号 | 9月2日 | 文人〔2010〕178号 |
| 郑开东 | 砚山县中医院 | 副主任医师 | 云人社专职资字〔2010〕149号 | 9月2日 | 文人〔2010〕178号 |
| 潘　波 | 砚山县中医院 | 副主任医师 | 云人社专职资字〔2010〕149号 | 9月2日 | 文人〔2010〕178号 |
| 黄桂芳 | 文山州中医院 | 副主任医师 | 云人社专职资字〔2010〕149号 | 9月2日 | 文人〔2010〕178号 |
| 尚　玲 | 文山州中医院 | 副主任医师 | 云人社专职资字〔2010〕149号 | 9月2日 | 文人〔2010〕178号 |
| 李　斌 | 文山州中医院 | 副主任医师 | 云人社专职资字〔2010〕149号 | 9月2日 | 文人〔2010〕178号 |
| 郭德斌 | 文山州中医院 | 副主任医师 | 云人社专职资字〔2010〕149号 | 9月2日 | 文人〔2010〕178号 |
| 陆　娟 | 文山县人民医院 | 副主任医师 | 云人社专职资字〔2010〕149号 | 9月2日 | 文人〔2010〕178号 |
| 徐永竹 | 丘北县中医院 | 副主任医师 | 云人社专职资字〔2010〕149号 | 9月2日 | 文人〔2010〕178号 |
| 陆　红 | 广南县人民医院 | 副主任医师 | 云人社专职资字〔2010〕149号 | 9月2日 | 文人〔2010〕178号 |
| 崔云山 | 砚山县人民医院 | 副主任医师 | 云人社专职资字〔2010〕149号 | 9月2日 | 文人〔2010〕178号 |
| 程　勇 | 文山州中医院 | 副主任医师 | 云人社专职资字〔2010〕149号 | 9月2日 | 文人〔2010〕178号 |
| 韦继学 | 文山州人民医院 | 副主任医师 | 云人社专职资字〔2010〕149号 | 9月2日 | 文人〔2010〕178号 |
| 王惠萍 | 富宁县人民医院 | 副主任药师 | 云人社专职资字〔2010〕149号 | 9月2日 | 文人〔2010〕178号 |
| 李　黎 | 文山州妇幼保健院 | 副主任技师 | 云人社专职资字〔2010〕149号 | 9月2日 | 文人〔2010〕178号 |
| 郑维华 | 文山州广播电视局 | 主任记者 | 云人社专职资字〔2010〕133号 | 9月2日 | 文人〔2010〕182号 |
| 严贵龙 | 云南大同建筑集团有限公司 | 高级工程师 | 云人社专职资字〔2010〕185号 | 9月14日 | 文人〔2010〕183号 |
| 华学生 | 云南大同建筑集团有限公司 | 高级工程师 | 云人社专职资字〔2010〕185号 | 9月14日 | 文人〔2010〕183号 |
| 范泽方 | 云南大同建筑集团有限公司 | 高级工程师 | 云人社专职资字〔2010〕185号 | 9月14日 | 文人〔2010〕183号 |
| 华一龙 | 云南大同建筑集团有限公司 | 高级工程师 | 云人社专职资字〔2010〕185号 | 9月14日 | 文人〔2010〕183号 |
| 陈定成 | 云南大同建筑集团有限公司 | 高级工程师 | 云人社专职资字〔2010〕185号 | 9月14日 | 文人〔2010〕183号 |
| 熊玉山 | 文山州建设工程施工图设计所 | 高级工程师 | 云人社专职资字〔2010〕185号 | 9月14日 | 文人〔2010〕183号 |
| 王　文 | 文山学院 | 高级工程师 | 云人社专职资字〔2010〕185号 | 9月14日 | 文人〔2010〕183号 |
| 高文兵 | 文山县博大建设工程监理有限公司 | 高级工程师 | 云人社专职资字〔2010〕185号 | 9月14日 | 文人〔2010〕183号 |
| 赵云霞 | 文山州环境监测站 | 高级工程师 | 云人社专职资字〔2010〕185号 | 9月14日 | 文人〔2010〕183号 |
| 杨运一 | 文山州水利电力勘察设计院 | 高级工程师 | 云人社专职资字〔2010〕235号 | 9月25日 | 文人〔2010〕215号 |
| 赵永宾 | 文山州水利电力勘察设计院 | 高级工程师 | 云人社专职资字〔2010〕235号 | 9月25日 | 文人〔2010〕215号 |
| 何文生 | 文山州水利电力勘察设计院 | 高级工程师 | 云人社专职资字〔2010〕235号 | 9月25日 | 文人〔2010〕215号 |
| 罗正高 | 文山州水利电力勘察设计院 | 高级工程师 | 云人社专职资字〔2010〕235号 | 9月25日 | 文人〔2010〕215号 |
| 胡　瑜 | 云南兴电集团有限公司 | 高级工程师 | 云人社专职资字〔2010〕235号 | 9月25日 | 文人〔2010〕215号 |

续表

| 姓名 | 单位 | 职称 | 省文件号 | 日期 | 州文件号 |
|---|---|---|---|---|---|
| 白应刚 | 文山州国土资源事务中心 | 高级工程师 | 云人社专职资字〔2010〕275号 | 9月27日 | 文人〔2010〕216号 |
| 卢光辉 | 文山州农科所 | 高级农艺师 | 云人社专职资字〔2010〕345号 | 10月26日 | 文人社发〔2010〕10号 |
| 罗天刚 | 文山州农科所 | 高级农艺师 | 云人社专职资字〔2010〕345号 | 10月26日 | 文人社发〔2010〕10号 |
| 陈文学 | 文山州农科所 | 高级农艺师 | 云人社专职资字〔2010〕345号 | 10月26日 | 文人社发〔2010〕10号 |
| 刘佳业 | 文山州经济作物工作站 | 高级农艺师 | 云人社专职资字〔2010〕345号 | 10月26日 | 文人社发〔2010〕10号 |
| 王正荣 | 丘北县种子站 | 高级农艺师 | 云人社专职资字〔2010〕345号 | 10月26日 | 文人社发〔2010〕10号 |
| 张文权 | 丘北县植保站 | 高级农艺师 | 云人社专职资字〔2010〕345号 | 10月26日 | 文人社发〔2010〕10号 |
| 田宏武 | 丘北县经作站 | 高级农艺师 | 云人社专职资字〔2010〕345号 | 10月26日 | 文人社发〔2010〕10号 |
| 王丽琼 | 丘北县渔业站 | 高级农艺师 | 云人社专职资字〔2010〕345号 | 10月26日 | 文人社发〔2010〕10号 |
| 张成员 | 丘北县新店农技站 | 高级农艺师 | 云人社专职资字〔2010〕345号 | 10月26日 | 文人社发〔2010〕10号 |
| 韦延恩 | 丘北县新店农技站 | 高级农艺师 | 云人社专职资字〔2010〕345号 | 10月26日 | 文人社发〔2010〕10号 |
| 蔡保达 | 丘北县农经站 | 高级农艺师 | 云人社专职资字〔2010〕345号 | 10月26日 | 文人社发〔2010〕10号 |
| 薛正华 | 丘北县农业执法大队 | 高级农艺师 | 云人社专职资字〔2010〕345号 | 10月26日 | 文人社发〔2010〕10号 |
| 范光亮 | 丘北县腻脚乡农技站 | 高级农艺师 | 云人社专职资字〔2010〕345号 | 10月26日 | 文人社发〔2010〕10号 |
| 殷国莉 | 丘北县农环站 | 高级农艺师 | 云人社专职资字〔2010〕345号 | 10月26日 | 文人社发〔2010〕10号 |
| 张仕云 | 丘北县植保站 | 高级农艺师 | 云人社专职资字〔2010〕345号 | 10月26日 | 文人社发〔2010〕10号 |
| 张文丽 | 丘北县农业执法大队 | 高级农艺师 | 云人社专职资字〔2010〕345号 | 10月26日 | 文人社发〔2010〕10号 |
| 唐明尧 | 丘北县天星乡农技站 | 高级农艺师 | 云人社专职资字〔2010〕345号 | 10月26日 | 文人社发〔2010〕10号 |
| 罗福华 | 富宁县植保站 | 高级农艺师 | 云人社专职资字〔2010〕345号 | 10月26日 | 文人社发〔2010〕10号 |
| 刘成章 | 富宁县土肥站 | 高级农艺师 | 云人社专职资字〔2010〕345号 | 10月26日 | 文人社发〔2010〕10号 |
| 卢永华 | 富宁县者桑乡农技站 | 高级农艺师 | 云人社专职资字〔2010〕345号 | 10月26日 | 文人社发〔2010〕10号 |
| 杨达明 | 麻栗坡县农技推广中心 | 高级农艺师 | 云人社专职资字〔2010〕345号 | 10月26日 | 文人社发〔2010〕10号 |
| 曾忠甫 | 麻栗坡县渔业站 | 高级农艺师 | 云人社专职资字〔2010〕345号 | 10月26日 | 文人社发〔2010〕10号 |
| 陆开喜 | 马关县种子管理站 | 高级农艺师 | 云人社专职资字〔2010〕345号 | 10月26日 | 文人社发〔2010〕10号 |
| 韦美兰 | 马关县马白镇农技站 | 高级农艺师 | 云人社专职资字〔2010〕345号 | 10月26日 | 文人社发〔2010〕10号 |
| 罗仕安 | 西畴县农业技术推广中心 | 高级农艺师 | 云人社专职资字〔2010〕345号 | 10月26日 | 文人社发〔2010〕10号 |
| 祝正德 | 西畴县农业技术推广中心 | 高级农艺师 | 云人社专职资字〔2010〕345号 | 10月26日 | 文人社发〔2010〕10号 |
| 周学书 | 西畴县土肥站 | 高级农艺师 | 云人社专职资字〔2010〕345号 | 10月26日 | 文人社发〔2010〕10号 |
| 李茂能 | 西畴县兴街镇农业技术推广站 | 高级农艺师 | 云人社专职资字〔2010〕345号 | 10月26日 | 文人社发〔2010〕10号 |
| 刘家万 | 文山县经济作物工作站 | 高级农艺师 | 云人社专职资字〔2010〕345号 | 10月26日 | 文人社发〔2010〕10号 |
| 李友良 | 文山县植保植检站 | 高级农艺师 | 云人社专职资字〔2010〕345号 | 10月26日 | 文人社发〔2010〕10号 |
| 赵春和 | 文山县农业行政综合执法大队 | 高级农艺师 | 云人社专职资字〔2010〕345号 | 10月26日 | 文人社发〔2010〕10号 |
| 王桂芬 | 文山县农业行政综合执法大队 | 高级农艺师 | 云人社专职资字〔2010〕345号 | 10月26日 | 文人社发〔2010〕10号 |
| 李春媛 | 文山县渔业站 | 高级农艺师 | 云人社专职资字〔2010〕345号 | 10月26日 | 文人社发〔2010〕10号 |
| 曹红珍 | 文山县开化镇农技站 | 高级农艺师 | 云人社专职资字〔2010〕345号 | 10月26日 | 文人社发〔2010〕10号 |
| 胡学斌 | 文山县马塘镇农技站 | 高级农艺师 | 云人社专职资字〔2010〕345号 | 10月26日 | 文人社发〔2010〕10号 |

续表

| 姓名 | 单位 | 职称 | 省文件号 | 日期 | 州文件号 |
|---|---|---|---|---|---|
| 李碧英 | 文山县种子管理站 | 高级农艺师 | 云人社专职资字〔2010〕345号 | 10月26日 | 文人社发〔2010〕10号 |
| 卢　霖 | 文山县烤烟办 | 高级农艺师 | 云人社专职资字〔2010〕345号 | 10月26日 | 文人社发〔2010〕10号 |
| 马绍顺 | 砚山县渔业站 | 高级农艺师 | 云人社专职资字〔2010〕345号 | 10月26日 | 文人社发〔2010〕10号 |
| 卢　旭 | 砚山县种子站 | 高级农艺师 | 云人社专职资字〔2010〕345号 | 10月26日 | 文人社发〔2010〕10号 |
| 周隆康 | 砚山县蔬菜研究所 | 高级农艺师 | 云人社专职资字〔2010〕345号 | 10月26日 | 文人社发〔2010〕10号 |
| 刘文祥 | 广南县农业技术推广中心 | 高级农艺师 | 云人社专职资字〔2010〕345号 | 10月26日 | 文人社发〔2010〕10号 |
| 陆占武 | 广南县经作站 | 高级农艺师 | 云人社专职资字〔2010〕345号 | 10月26日 | 文人社发〔2010〕10号 |
| 昌义贤 | 广南县种子管理站 | 高级农艺师 | 云人社专职资字〔2010〕345号 | 10月26日 | 文人社发〔2010〕10号 |
| 农树发 | 广南县植保植检站 | 高级农艺师 | 云人社专职资字〔2010〕345号 | 10月26日 | 文人社发〔2010〕10号 |
| 何光耀 | 广南县茶叶技术指导站 | 高级农艺师 | 云人社专职资字〔2010〕345号 | 10月26日 | 文人社发〔2010〕10号 |
| 马　烈 | 广南县珠街镇农业技术推广站 | 高级农艺师 | 云人社专职资字〔2010〕345号 | 10月26日 | 文人社发〔2010〕10号 |
| 何祖山 | 广南县珠街镇农业技术推广站 | 高级农艺师 | 云人社专职资字〔2010〕345号 | 10月26日 | 文人社发〔2010〕10号 |
| 周海生 | 文山州农经站 | 高级经济师 | 云人社专职资字〔2010〕385号 | 10月26日 | 文人社发〔2010〕11号 |
| 卢忠信 | 文山州农经站 | 高级经济师 | 云人社专职资字〔2010〕385号 | 10月26日 | 文人社发〔2010〕11号 |
| 李俊呈 | 文山州地方公路管理处 | 高级工程师 | 云人社专职资字〔2010〕417号 | 11月8日 | |

**云南省第三届拔尖乡土人才文山州获奖人员名单**

| 姓　名 | 单　　位 |
|---|---|
| 高华强 | 西畴县绿飞畜牧有限公司 |
| 李秀龙 | 马关县南捞乡塘房村委会 |
| 何　猛 | 砚山县润辉农产品工贸公司 |
| 付荣华 | 丘北县曰者镇打磨山村委会山林村 |
| 农光乐 | 田蓬郎恒街12号(田蓬镇安良村委会达卡牛龙山养殖场) |
| 张　严 | 文山县盘龙生态农业综合开发有限公司 |
| 陈显德 | 麻栗坡八布佳林咖啡有限责任公司 |

# 索　　引

## 说　　明

一、本索引采用主题分析法编制。索引范围包括全书各部类条目(图片、表格除外)。

二、本索引按主题词首字汉语拼音音序(同音词按音调)排列，若首字拼音相同时按第二字音序排列，以此类推，首字为阿拉伯数字或英文字母者，作“非音序”集中排列在本索引末。

三、索引款目由主题词加修饰词或说明词组成，并采取主题词在前，修饰说明词在后的方式，修饰、说明词是对主题内容的限定，以逗号或括号同主题词相区别。索引款目后的阿拉伯数字表示主题内容所在页码；a、b 字母表示在该页码的栏别(从左至右)。

四、同一主题的不同内容采取“附见”或“参见”形式，在主题词下空一格的款目为“附见”，索引款目两个以上页码的为该主题的“参见”。

五、部类、分目名称直接用作索引款目时用黑体字标引。

### A



### B

## C

## D

## F

## G

## H



## J

## K

M



N

## O



## P



## Q

## R

S

Y

## Z

## 非音序

# 编　后

《文山州年鉴》在各县(市)、州属各部门和省驻文单位、驻军部队的大力支持下，坚持做到一年一鉴，为领导决策和部门提供了翔实的资料、信息服务，深受读者好评。但由于个别单位提供文字、图片说明及编辑人员校对时出现失误，年鉴出版发行后发现一些错误，主要责任在年鉴编辑部。借《文山州年鉴(2011)》出版发行之际，特向有关单位及读者真诚致谦！同时，我们会把读者的批评作为一种动力，进一步完善相关制度，落实工作责任，力求把年鉴文字差错降至最低。

感谢各级领导、各部门及读者对文山州年鉴事业的关心和支持。

《文山州年鉴》编辑部

2011·7